硕放志

无锡市硕放志编纂委员会编

主　　编：邹建平

副主编：钱凤泉　邹锡生

上　册

方志出版社
Publishing House of Local Records

图书在版编目（CIP）数据

硕放志 / 无锡市硕放志编纂委员会编. —北京 ：方志出版社，2021.12

ISBN 978-7-5144-4902-0

Ⅰ. ①硕… Ⅱ. ①无… Ⅲ. ①区(城市)－地方志－无锡 Ⅳ. ①K295.35

中国版本图书馆 CIP 数据核字(2021)第 274012 号

责任编辑：李静
责任校对：刘玉霞
责任印制：赵楚
出 版 者：方志出版社
地　　址：北京市朝阳区潘家园东里 9 号（国家方志馆 4 层）
邮　　编：100021
网　　址：http://www.zgfzcb.cn
发　　行：方志出版社图书营销中心（010-67110500）
印　　刷：无锡轻工大学印刷厂
开　　本：889 毫米×1194 毫米　1/16
印　　张：80
字　　数：1866 千字
版　　次：2021 年 12 月第 1 版
印　　次：2021 年 12 月第 1 次印刷
定　　价：678.00 元

无锡空港产业园

硕放街道党工委、办事处所在地

硕放市民广场音乐喷泉

主街区夜间亮化

硕放市民广场

南河港

地景公园

街区中心

1985年10月，硕放康复中心成立三周年，国家卫生部原副部长黄树则（左四）到硕放视察

1999年7月，无锡市委书记洪锦炘（前排右四）在望虞河安桥里河一段视察洪水灾情

2009年8月12日，无锡市副市长吴建选（中）视察园区道路建设情况

2010年7月，无锡市政协主席贡培兴（中）视察园区绿色环保教育工作

2011年9月9日，无锡市人大常委会主任周解清（前右二）视察生命科技园药检中心大楼

2013年3月22日，江苏省委原副秘书长、政策研究室主任、人大秘书长顾介康（左一）一行考察硕放颐养园建设情况

2013年6月28日，无锡市委书记黄莉新（前排左一）视察无锡百联奥特莱斯

2013年9月19日，最高人民检察院政治部正厅级检察员刘吉恩（左二）赴丽景佳苑社区调研预防职务犯罪工作开展情况

2013年10月11日，无锡市市长汪泉（中）走访颐养园

2015年4月29日，无锡市委书记李小敏（左二）调研空港产业园区

2016年6月13日，江苏省委书记罗志军（前排左三）调研位于生命科技园的和邦生物科技有限公司

2016年10月30日，国家邮政局局长马军胜（前排左二）调研园区快递园

2017年6月1日，无锡市政协主席周敏炜（右三）一行调研园区快递业发展情况

2018年1月30日，无锡市副市长王进健（中）调研空港经济开发区

2020年9月28日，无锡市委书记黄钦（右二）赴空港检查节前安全生产情况

2020年10月10日，江苏省纪委书记王常松（右二）调研空港违法违规“小化工”百日专项整治行动

硕放火车站

沪宁城际高铁硕放段

苏南硕放国际机场航站楼夜景

机场停机坪

硕放大桥

望虞河大桥

环太湖高速硕放互通

沪宁高速苏南硕放机场互通

环太湖高速硕放段

硕放中学

硕放实验小学

南星苑小学

硕放中心幼儿园

硕放文化中心（睦邻中心）

无锡市园林技校

硕放医院

硕放颐养园

润硕苑

新锦园

香楠佳苑

吉祥国际花园

硕放工业园区鸟瞰图

无锡生命科技园

力特半导体（无锡）有限公司

无锡空港产业园科技商务中心

无锡祥生医学影像有限责任公司

中国邮政速递物流

天津市金桥焊材集团有限公司

无锡硕放不锈钢物流园

无锡锡通科技集团有限公司

无锡临空物流园

2014年12月3日，国家邮政局副局长邢小江（右二）将快递产业集聚发展试验区的牌子授予苏南快递产业园区

2015年9月18日，DHL苏南总部项目落户无锡空港产业园区

2016年9月8日，无锡市市长汪泉出席深南电路半导体封装基板15亿元二期项目落户空港园签约仪式

百联奥特莱斯广场

百联奥特莱斯广场

百联奥特莱斯广场

瑞港商业广场夜景

香梅哥伦布广场

硕放商城

上海华联购物中心

无锡瑞港国际大酒店

空港大酒店

全国重点文物保护单位——昭嗣堂

昭嗣堂全景

昭嗣堂正面

香楠厅

2000年4月11日，无锡龙舟队参加澳大利亚悉尼国际龙舟邀请赛

2009年12月29、30日，硕放实验小学举办第九届校园艺术节

2010年，硕放中学举办第五届校园文化艺术节

2011年10月13日，空港产业园区（硕放街道）全民健身节开幕

2011年，空港产业园区合唱队参加新区红歌大合唱活动

2011年10月30日，空港产业园区（硕放街道）代表队亮相无锡市新区运动会开幕式

2015年11月1日，全国政协委员、中国曲艺家协会主席姜昆授予硕放街道“中国曲艺之乡”荣誉称号

2016年全民健身节广场舞展示活动

1997年、1998年，获评江苏省创建文明先进乡（镇）

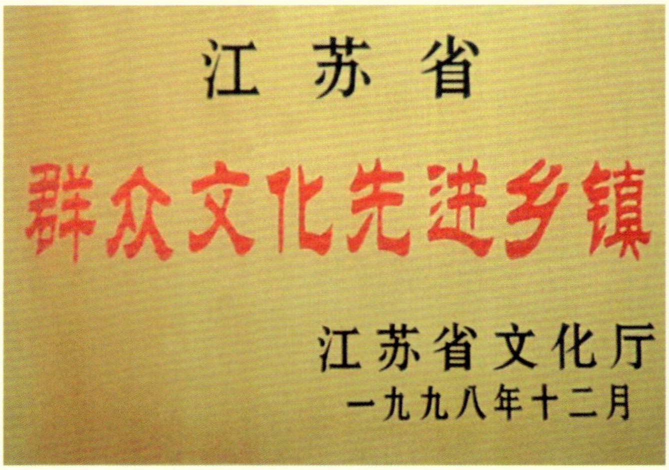

1998年，获评江苏省群众文化先进乡镇

2000年，获评江苏省亿万农民健身活动先进乡镇

2000年，无锡龙舟队参加澳大利亚悉尼举办的国际龙舟邀请赛，荣获250米亚军，500米第四名

2002年，被国家农业部评为全国乡镇企业科技园区

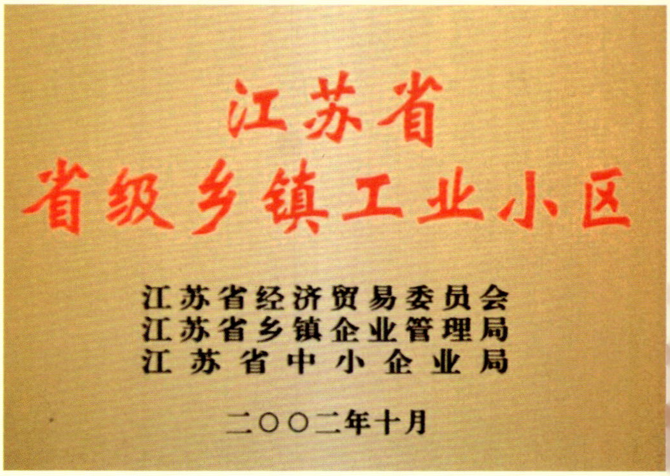

2002年，被江苏省命名为省级乡镇工业小区

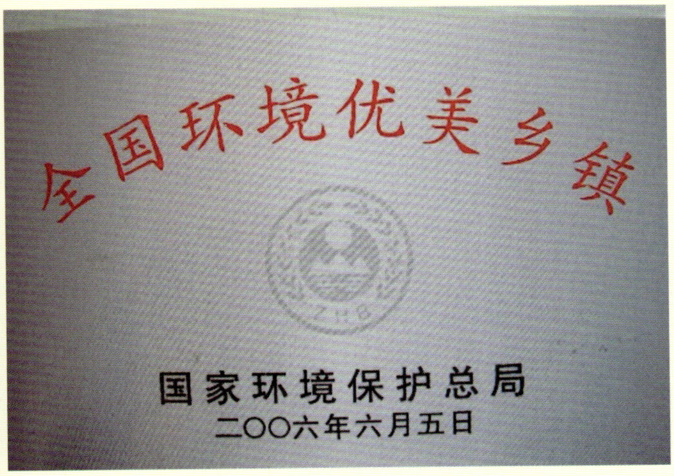

2006年，被国家环境保护总局命名为全国环境优美乡镇

2007年6月，南星苑第二社区被国家环境保护总局评为全国绿色社区创建活动先进社区

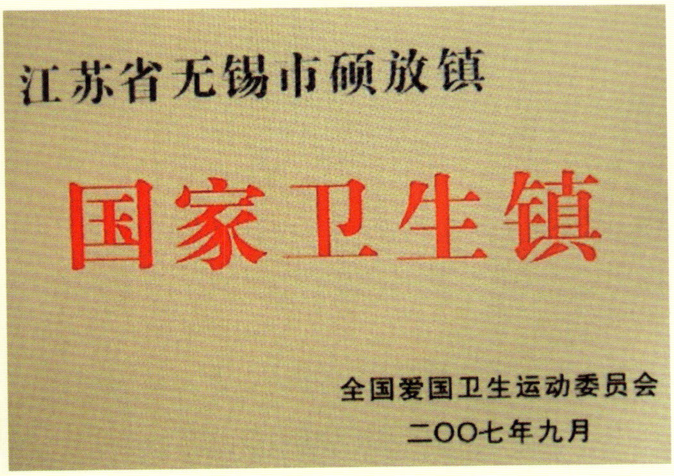

2007年，被全国爱国卫生运动委员会命名为国家卫生镇

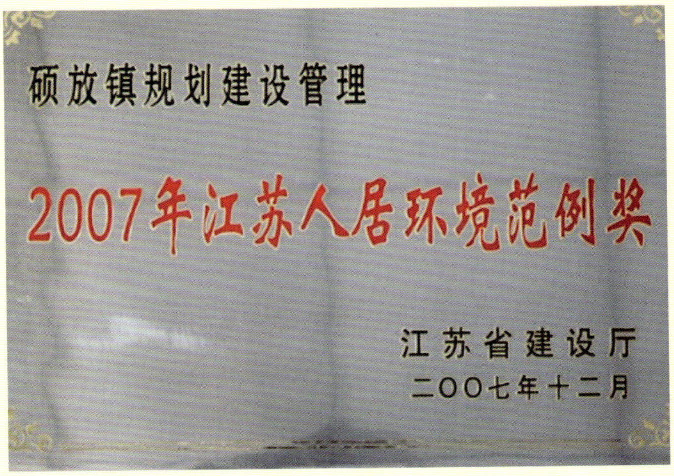

2007年，获评江苏人居环境范例奖

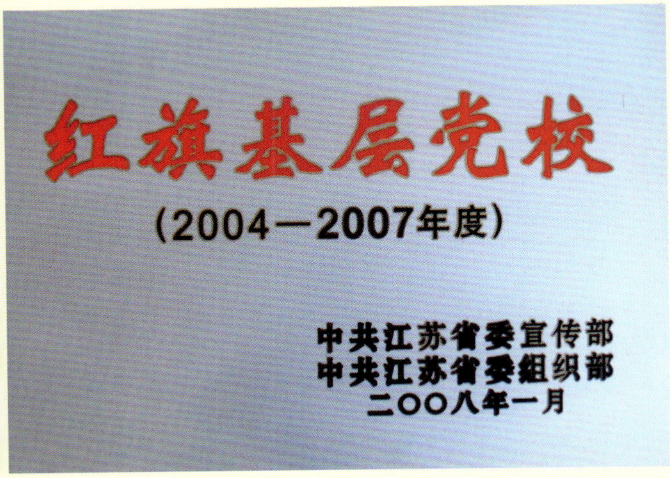

2008年，硕放街道党校被中共江苏省委宣传部、组织部评为2004—2007年度红旗基层党校

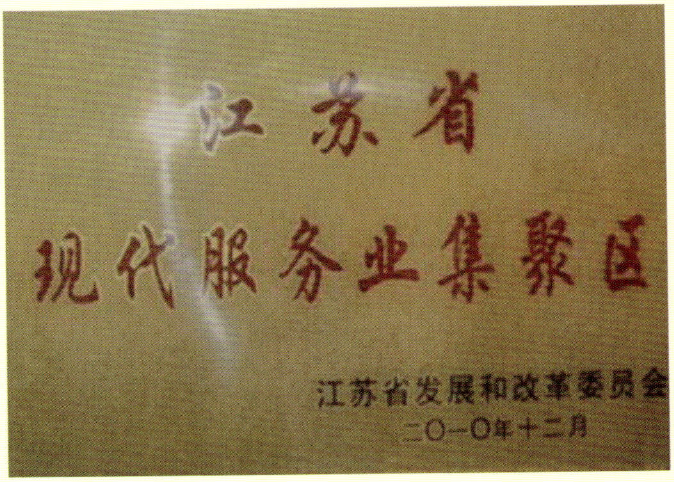

2010年，被江苏省发展和改革委员会命名为现代服务业集聚区

1985年硕放乡党政领导合影
前排左起：邹建平、陆兴元、陆士近、邹水泉、惠根福、夏克威
后排左起：周锡昌、万家福、薛祖荣、袁玉良、周盘均、唐建华、徐大勇

1994年9月硕放镇党政主要领导调整，班子人员合影
前排左起：邹建平、唐建华、惠建良、唐雨旭、华国舜、张永良、万家福、倪南炎、周锡昌
后排左起：夏克威、邹志良、邹明南、沈雪芳、方纪根、薛祖荣、杨建声、吴全林、蔡龙兴、张忠根

2015年空港产业园区领导合影
左起：孙　磊、阎东影、沈雪芳、曹建兴、陶锡强

2018年空港经济开发区领导合影
左起：陆　斌、金晓忠、陈　琼、曹建兴、朱冬青、邹　峰、殷晓军、陆有恒

2019年空港经济开发区领导合影
左起：钱振宇、焦柯寒、殷晓军、邹　峰、章晓明、陈伟良、陆　斌、陆有恒

2020年12月硕放街道党政领导合影
左起：周　丰、钱振宇、陆　斌、陈　琼、章晓明、陈伟良、邹　峰、焦柯寒、钱佳彬

终审工作会议合影照
左起：耿晨亢、龚　伟、顾洪兴、孙　怡、杨永良、顾介康、胡　碧、陈　琼、邹建平、钱凤泉、尤维娜、林其昌

《硕放志》编纂办公室人员合影
前排左起：吴国荣、邹建平、陈　琼、钱凤泉、邹锡生
后排左起：尤俊杰、刘陈杰、唐祖桐、林其昌

《硕放志》编纂委员会

2013年3月

主　任：沈雪芳

副主任：曹建兴　闾东影　汪群峰　周兴荣

委　员：宋剑青　黄锡渭　吴俊芬　俞石英　高前锋　陆毅刚

诸国强　吴治军　金晓忠　陈　琼　陆　斌　殷晓军

郭维毅　张国芬　金荣权　陈剑豪　张　群　邹建平

2016年3月

主　任：曹建兴

副主任：闾东影　孙　磊　陶锡强　周兴荣　朱冬青

委　员：金晓忠　殷晓军　陆　斌　陈　琼　宋剑青　陆毅刚

郭维毅　金荣权　俞石英　张　群　吴美燕　徐　敏

张　锋　周　丰　余一帆　邹建平

2019年5月

主　任：章晓明

副主任：陈伟良　陈　琼　邹　峰

委　员：殷晓军　陆　斌　陆有恒　焦柯寒　钱振宇　金荣权

俞石英　张　群　周　丰　吴美燕　徐　敏　张　锋

余一帆　王瑶磊　邹建平

《硕放志》编纂委员会顾问

特邀顾问：顾介康

顾　　问：邹水泉　华国舜　张永良　李建秋

《硕放志》编纂委员会办公室

一、负责人

2013年3月

主　任：黄锡渭　　　副主任：邹建平

2014年3月

主　任：周兴荣　　　副主任：邹建平

2017年7月

主　任：陈　琼　　　副主任：邹建平

二、编纂人员

主　编：邹建平

副主编：钱凤泉　邹锡生

成　员：吴国荣　尤俊杰

林其昌（2014.5加入）

唐祖桐（2014.3加入）

刘陈杰（2013.10—2018.10）

周明南（2013.3—2014.2）

黄觉玄（2013.3—2013.10）

钱浩荣（2014.3—2014.7）

序

国史、方志、家谱在中国习称三大历史载体。地方志是记载一个地方自然和社会各个方面的历史和现状的科学的资料性著作，具有存史、资政、育人的功能。它是对历史记载忠实、对后人开卷有益的一方全书，可以经世致用，垂鉴后世，是为子孙后代留下的地情资源和精神财富。历经七载寒暑，凝结所有参编人员心血，辛勤笔耕的《硕放志》付梓问世，这是硕放历史上的一件盛事，可喜可贺。

硕放，位于风光旖旎的太湖之滨，地处苏州、无锡交界，地域宽广，河流纵横，大运河、望虞河、伯渎河南北偎依相拥，走马塘纵贯境内，湖河之水，悠悠流淌，滋润大地。腹地有苏南硕放国际机场、沪宁铁路、城际高铁、沪宁高速、312国道、锡张高速穿越其境。得天独厚的区位优势包孕着这里的吴地文化，孕育着这里的数千顷良田，培育着这里的桑梓之花。

硕放历史悠久，源远流长，民风淳朴，人杰地灵。距今6000年的新石器时代，先民便在此择高而居，繁衍生息。春秋时期，周敬王二十五年（前495年），吴王命凿河通运，从苏州经望亭、硕放、无锡至奔牛，由孟河入长江。战国时期，周元王年间（前475—前469年），越大夫范蠡开凿范渎，流经境内杨柳墩（运河口）至漕河段。随着京杭大运河的全线贯通，望虞河的疏浚，加上五代十国时期，北方移民陆续迁徙境内，大小村落先后形成。明宣德年间（1426—1435年），江南巡抚周忱奉旨治水，境内陆地形成大批良田，栽桑养蚕，种植水稻。随之，杨李巷（大墙门口）、薛典等街市渐兴。明清期间，境内便以“人物往来之盛，商贾辐辏之多”闻名江南。

硕放又是革命老区，无数革命先辈为民族的解放和人民的幸福，前仆后继，英勇奋斗，用青春和热血留下感人的故事，谱写不朽的篇章。中华人民共和国成立后，硕放人民在中国共产党的领导下，积极开展社会主义革命和社会主义建设，自力更生，奋发图强，涌现出一大批为国家和地方建设做出重大贡献的人才精英，硕放发生了亘古未有的变化。尤其改革开放以来，国家百业俱兴，政通人和，境内农业生产稳步提高，素有“粮食大乡”之称。1984年，全乡粮食总产达2926.6万公斤，创历史最高水平。乡镇工业异军突起，商业日趋兴旺，文化不断繁荣，小城镇功能日益配套，各项社会事业和新农村建设日新月异。经济的快速提升，人民生活发生翻天覆地的变化。1985年，全乡实现工农业总产值1. 07亿元，首次跨入亿元乡的行列。1995年，农村社会总产值闯过10亿元大关。进入21世纪以来，硕放工业园区迅猛发展。2001年，硕放工业园区被列为无锡市19个重点开放园区之一。2002年，被农业部授予“全国乡镇企业科技园区”殊荣。2004年，全镇经济总量一举超越百亿元大关。2007年，全街道经济发展再上新台阶，经济总量突破200亿元。与此同时，硕放的各项社会事业和人居环境取得长足的发展与提升，创造难以置信的奇迹。先后被国家环境保护总局授予“全国优美乡镇”荣誉称号，被国家爱国卫生运动委员会授予“国家卫生镇”荣誉称号。2010年，无锡空港产业集聚区入选江苏省省级现代化服务业集聚区行列。2013年，空港产业园区（硕放街道）地区生产总值、到位外资、商业销售、工业投入等主要经济指标，在无锡市乡镇排列中均位于前茅，其中到位注册外资位列第一。

盛世呈祥瑞，图强思文饰。《硕放志》博采民风，广集民意，将历史性、时代性、地方性融为一体，匠心记录硕放历史长河中不断变化、不断发展、不断进步的壮丽诗篇。它纵观古今，横陈百业，收录硕放历史沿革、自然地理、民族风情、知名人物等方面的大量珍贵资料。它求真存实，略古详今，系统、客观、真实地记述硕放的政治、经济、文化、社会、生态文明等各方面的历史变迁和成果。它是一部集史实性、知识性、趣味性、广泛性的地情书、资料书、工具书；为政府部门决策硕放、建设硕放、发展硕放提供借鉴；为人们认识硕放、记住硕放、热爱硕放提供帮助，其“存史、教化、资政”之功千秋永鉴。

《硕放志》是集体的创作，凝聚着所有参与者的智慧和辛劳。尤其是各单位、各部门资料采编员及全体编纂人员以高度的历史责任感和使命感，在浩如烟海的资料中广征博采、科学甄别、脚踏实地、考证采集、不厌其烦、反复推敲，力求史料丰富翔实。他们数载如一日，任劳任怨，含辛茹苦，精心笔耕，无怨无悔。省、市、区方志专家顾问和各级领导对志书的编纂给予莫大的关心和悉心指导。尤其是江苏省委原副秘书长、政策研究室主任、江苏省人大常委会原秘书长顾介康为家乡方志的编纂工作殚精竭虑，精心指导，孜孜不倦阅改文稿。各村、各部门和各单位也都给予积极的支持，特别是一些熟悉硕放、热爱硕放的社会各界人士，无私提供弥足珍贵的历史资料和对编纂工作提出中肯有益的建议。所有这些，为志书的编纂提供可靠的保证。值此志书出版之际，谨向为编纂《硕放志》提供资料和帮助的各单位及各界人士表示诚挚的谢意；向参与评稿、审稿的专家、顾问表示衷心的感谢；向不懈努力和辛勤劳作的全体编纂人员致以崇高的敬意！

古人云“以古为鉴，可知兴替”。历史是我们应该珍视的财富。我们要追溯过去，立足当前，放眼未来。忆往昔，岁月峥嵘；看今朝，雄鹰翱翔；展未来，前程似锦。硕放人民必须站在新的起点，在新时代中国特色社会主义理论指导下，与时俱进，自强不息，弘扬勤劳、淳朴、务实、进取的优良传统，谱写出硕放更新、更好、更美的历史篇章，以载入新的史册。

谨此为序。

无锡空港经济开发区党工委书记、管委会主任 硕放街道党工委书记

无锡空港经济开发区党工委副书记、管委会副主任 硕放街道办事处主任

2020年7月

凡　例

一、本志编纂以马克思列宁主义、毛泽东思想、邓小平理论“三个代表”重要思想，科学发展观、习近平新时代中国特色社会主义思想为指导，坚持辩证唯物主义和历史唯物主义立场、观点和方法。实事求是地全面系统地反映硕放自然、政治、经济、文化、社会各方面的历史和现状。

二、本志记事，统合古今，上限力求追溯源端，下讫2013年12月。大事记延至2018年。

三、本志记述详今明古，直书其事，力求准确、严谨、朴实、简洁、流畅，体现时代特点和地方特色。

四、本志依据“横排竖写”的体例，以类系事。全志分篇、章、节、目四个层次。节、目为记述实体。卷首设序、凡例、概述、大事记，卷末设表及人名索引、编后记、参考书目。

五、本志体例采取述、记、志、传、图、表、录等诸体并用，以志为主体，采用语体文、记述体。大事记采用编年体，辅以纪事本末体。图照除综合性的列于卷首外，其余的随文附插，以求相得益彰之效。表格编序用两个数字，前为章序号，后为表格序号，如“表3-3”，即为第三章中的第三张表格。

六、本志纪年用历史纪年标注公元纪年的方式。世纪、年代的表述，用阿拉伯数字，如20世纪80年代或1980年；解放前、后指无锡解放（1949年4月23日）前、后；建国、新中国均指1949年10月1日中华人民共和国成立。

七、本志计量单位与数字的使用按国家统一标准和要求书写。部分单位沿用旧制。

八、本志所记人物，以本地籍为主，《人物》篇中，沿用生不立传的原则。传略中的人物以逝者卒年先后为序；简介中的人物以出生时间先后为序；名录中的人物分村介绍，以出生年先后为序。

九、本志资料主要取自档案、年鉴、报刊、方志、家谱、历史文献、有关著述、口碑资料和有关史志的史实资料等，部分资料来自社会实地调查，经甄别核实后收录，一般不注明出处，凡随文随录都加注“附”字。主要参考书目列于志书，以备查考。志后附“人名”“图”“表”索引，本志图、古文、文摘文稿中的人物不再在索引“人名”中反映。

十、本志多次采用同一名称时，首次使用时用全称，再次出现时用简称。如 “民国”指中华民国；“建国后”指“中华人民共和国成立后”；“市委”指中共无锡市委员会；“市政府”指无锡市人民政府；“乡党委”指中共硕放乡党委；“乡政府”指硕放乡人民政府等。

目　录

序

凡例

概述 …… 1

大事记 …… 11

第一篇　区域环境

第一章　建置区划 …… 63

第一节　建置沿革 …… 64

第二节　行政区划 …… 66

第二章　行政村、社区 …… 71

第一节　行政村 …… 72

大墙门村 …… 77

墙门村 …… 78

薛典村 …… 80

墙联村 …… 83

墙南村 …… 84

墙西村 …… 87

墙北村 …… 90

东新村 …… 93

孙典桥村 …… 94

新农村 …… 97

香楠村 …… 99

里新村 …… 100

里河村 …… 103

安桥村 …… 106

黄家门村 …… 108

西典巷村 …… 111

硕放村 …… 114

杨家湾村 …… 116

合新村 …… 119
建新村 …… 120
塔西村 …… 123
新梅路村 …… 125
中华庄村 …… 127
王家桥村 …… 129
红力村 …… 132
红光村 …… 135
秦村村 …… 138
溇金村 …… 141
建丰村 …… 144
墙裕村 …… 146
第二节 社区居民委员会 …… 149
硕放街道社区 …… 150
振发社区 …… 151
润硕苑社区 …… 152
新锦园社区 …… 152
咏硕苑社区 …… 153
南星苑第一社区 …… 153
南星苑第二社区 …… 154
丽景佳苑第一社区 …… 155
香楠佳苑社区 …… 156
锦硕苑社区 …… 157
吉祥社区 …… 158
第三章 自然环境 …… 161
第一节 地貌 …… 162
第二节 气候 …… 163
第三节 土壤 …… 167
第四节 河流与河浜 …… 169
第五节 植物与动物 …… 174
第六节 自然灾害 …… 177
第四章 土地 …… 183
第一节 土地资源 …… 184
第二节 土地制度 …… 190
第三节 土地利用 …… 192

第四节 土地税费 …… 199
第五节 土地管理 …… 202
第五章 人口 …… 205
第一节 人口状态 …… 206
第二节 计划生育 …… 214
第三节 外来人口 …… 217
第四节 长寿老人 …… 220

第二篇 基础设施

第六章 村镇建设 …… 225
第一节 城镇规划与建设 …… 226
第二节 农村建设 …… 235
第三节 建筑安装 …… 238
第四节 拆迁安置 …… 241
第五节 管理机构 …… 246
第七章 道路桥梁 …… 249
第一节 道路 …… 250
第二节 桥梁 …… 255
第八章 环境保护 …… 263
第一节 污染状况 …… 264
第二节 环境治理 …… 266
第三节 环境卫生 …… 273
第四节 生态环境建设 …… 274
第五节 管理机构 …… 285
第九章 水利 …… 287
第一节 河道改造 …… 288
第二节 农田灌排 …… 292
第三节 灌排设施 …… 294
第四节 防汛抗旱 …… 297
第五节 管理机构 …… 300
第十章 交通运输 …… 303
第一节 水运 …… 304
第二节 陆运 …… 309

第三节 空运 …… 312
第四节 交通管理 …… 315
第十一章 机场 …… 317
第一节 硕放机场 …… 318
第二节 无锡硕放机场 …… 319
第三节 苏南硕放国际机场 …… 320
第十二章 邮政电信 …… 323
第一节 机构 …… 324
第二节 邮政 …… 326
第三节 电信 …… 330
第十三章 能源 …… 333
第一节 供电 …… 334
第二节 供水 …… 338
第三节 供气、供油、供热 …… 339

第三篇 经 济

第十四章 农业 …… 343
第一节 农业生产关系变革 …… 344
第二节 农田基本建设 …… 351
第三节 粮油作物生产 …… 354
第四节 农具农机 …… 366
第五节 管理机构 …… 379
第十五章 多种经营 …… 381
第一节 栽桑养蚕 …… 382
第二节 畜禽养殖 …… 389
第三节 水产养殖 …… 396
第四节 果蔬苗木 …… 405
第五节 民间百工 …… 412
第六节 管理机构 …… 419
第十六章 乡镇（社队）工业 …… 421
第一节 传统手工业 …… 423
第二节 社队工业 …… 426
第三节 镇（乡）村工业 …… 435

第四节 工业行业 …………………………………………………… 446
第五节 体制改革 …………………………………………………… 452
第六节 管理机构 …………………………………………………… 458
第十七章 园区产业 …………………………………………………… 461
第一节 园区建设 …………………………………………………… 463
第二节 产业发展 …………………………………………………… 465
第三节 招商引资 …………………………………………………… 473
第四节 科技进步 …………………………………………………… 476
第五节 外向型经济 …………………………………………………… 478
第六节 管理机构 …………………………………………………… 482
第七节 重点企业选介 …………………………………………………… 482
第十八章 财税金融 …………………………………………………… 501
第一节 财政 …………………………………………………… 502
第二节 赋税 …………………………………………………… 510
第三节 金融 …………………………………………………… 514
第十九章 商贸服务 …………………………………………………… 521
第一节 集市变迁 …………………………………………………… 522
第二节 体制转换 …………………………………………………… 526
第三节 商品购销 …………………………………………………… 536
第四节 商品市场 …………………………………………………… 541
第五节 粮油管理 …………………………………………………… 543
第六节 三产服务 …………………………………………………… 551
第二十章 综合经济管理 …………………………………………………… 555
第一节 工商行政管理 …………………………………………………… 556
第二节 物价管理 …………………………………………………… 558
第三节 安全监管 …………………………………………………… 561
第四节 劳动管理 …………………………………………………… 563
第五节 统计 …………………………………………………… 564
第六节 审计 …………………………………………………… 570
第七节 经营管理 …………………………………………………… 571

第四篇 政 治

第二十一章 中国共产党地方组织 …………………………………………………… 579

第一节 组织沿革和中心工作 …… 580
第二节 地方党员代表大会 …… 590
第三节 党务工作 …… 592
第二十二章 民主党派社会团体 …… 609
第一节 民主党派 …… 610
第二节 社会团体 …… 610
第二十三章 政务 …… 623
第一节 地方行政机构 …… 624
第二节 地方人民代表大会 …… 638
第三节 政务工作 …… 645
第四节 地方人民政协 …… 654
第二十四章 公安司法 …… 657
第一节 公安 …… 658
第二节 司法行政 …… 665
第三节 综合治理 …… 669
第二十五章 军事 …… 673
第一节 人民武装 …… 674
第二节 兵役 …… 676
第三节 预备役 …… 678
第四节 民兵 …… 678
第五节 军民共建 …… 679
第六节 人民防空 …… 680

第五篇 文 化

第二十六章 教育 …… 683
第一节 私塾 …… 685
第二节 学前教育 …… 687
第三节 小学教育 …… 694
第四节 中学教育 …… 718
第五节 成人教育 …… 727
第六节 职业教育 …… 731
第七节 教师队伍 …… 733
第八节 教育经费 …… 747

第二十七章 文化艺术 **751**
第一节 文化设施及活动 752
第二节 文学艺术 758
第三节 文艺博览 774
第四节 广电影视 785
第五节 文物古迹 788
第二十八章 体育 **799**
第一节 社会体育 801
第二节 学校体育 810
第二十九章 诗文谚谣 **823**
第一节 碑文选辑 824
第二节 诗词拾萃 827
第三节 楹联辑录 850
第四节 民歌民谣 856
第五节 方言俗语 864
第六节 地方谚语 872
第七节 歇后语 880

第六篇 社 会

第三十章 人民生活 **885**
第一节 生活来源 886
第二节 衣食住行 892
第三节 消费结构 897
第四节 投资理财 898
第五节 社会保障 900
第六节 生产生活印记 913
第三十一章 社会新风 **935**
第一节 移风易俗 937
第二节 文明创建 938
第三节 新风范例 945
第四节 规则公约 951
第三十二章 医疗卫生 **953**
第一节 医药店铺 954

第二节 医疗机构 …… 958
第三节 医保制度 …… 965
第四节 卫生防疫 …… 966
第五节 妇幼保健 …… 970
第三十三章 乡土风情 …… 973
第一节 民风民俗 …… 974
第二节 其他习俗 …… 986
第三节 行业习俗 …… 987
第四节 宗教 …… 989
第五节 寺庙庙会 …… 992
第六节 轶闻传说 …… 1000
第三十四章 宗祠家谱 …… 1011
第一节 宗祠 …… 1012
第二节 祠堂选介 …… 1014
第三节 族规家训 …… 1015
第四节 姓氏分布 …… 1017
第五节 家谱选辑 …… 1019

第七篇 人 物

第三十五章 人物传略 …… 1027
第一节 革命烈士 …… 1028
第二节 古代人物 …… 1031
第三节 近现代人物 …… 1032
第三十六章 人物简介 …… 1040
第一节 党政军干部 …… 1040
第二节 科教文卫人士 …… 1052
第三节 人物名录 …… 1071
第三十七章 人物表 …… 1077
第一节 享受国务院政府特殊津贴人员 …… 1077
第二节 劳动模范 …… 1078
第三节 先进工作（生产）者 …… 1079

附 录

革命斗争故事……1086
地名由来……1093
火灾事故……1096
文件选辑……1098
报纸摘录……1113

索引……1123
人名……1123
图……1179
表……1180
参考书目及采集单位……1193
编纂始末……1195
《硕放志》特约评审成员……1197
审定单位……1197

概 述

无锡空港产业园区（硕放街道）属无锡市新区，北纬31°7′—30°29′，东经120°26′—119°31′，位于无锡、苏州交界处，地处无锡东南边缘，距无锡市区10公里，苏州市区20公里。东与鸿山街道毗邻，南与苏州相城区望亭镇隔河相望，西与新安街道接壤，北与梅村街道相连。沪宁铁路、沪宁城际高铁、沪宁高速公路和锡张高速、312国道纵贯南北，横亘东西。京杭大运河在境内南端通过，苏南硕放国际机场坐落境内。水、陆、空交通十分便捷，有得天独厚的区位优势。2013年，无锡空港产业园区（硕放街道）区域总面积（含机场）46.42平方公里，辖15个村民委员会，11个社区居民委员会，其中有99个村民小组，207个居民小组。全街道常住总人口102791人，其中有本地常住人口48776人，外来暂住人口54015人。共有邹、顾、杨、朱、王等姓氏277个。据2010年第六次全国人口普查资料反映，硕放区域内有苗族、回族、侗族、蒙古族、土家族等26个少数民族共1144人。境内气候温和，土地肥沃，雨量充沛，日照充足，河道港浜纵横交织，地势平坦，西高东低，具有优越的农业生产自然条件，素有“鱼米之乡”之称。明清时期，境内大墙门、薛典等已成为商贾云集的江南水乡小镇。清末民初，王家桥街市就开办了较大规模的“协和祥”茧行以及“永泰”丝厂，可谓无锡稍有名气的米市、蚕丝之乡。中华人民共和国成立后，通过土地改革、农业合作化运动，掀起水利建设高潮。20世纪60年代至70年代，进行高标准的农田基本建设，促使粮食稳产高产。60年代中期，社队工业萌芽，传统手工业转型为社队工业。1978年改革开放后，全社经济快速发展，乡镇工业成为农村经济的主体，区域环境、文教卫生等社会事业稳步推进，镇村面貌日新月异，人民生活逐步提高。进入21世纪，随着硕放工业园区的建立和发展，全镇综合经济实力快速递增，城镇一体化建设的步伐加快。2005年综合经济实力在无锡市乡镇排行中位列第十五。2013年全街道地区生产总值、到位注册外资、商业销售收入、工业投入等主要经济指标在无锡市乡镇排行中均位列前茅，其中到位注册外资位列第一。

一

距今约6000年前，硕放先民已在这里劳动、生息。先民择河流旁高岗土墩定居。从1954年建造机场和20世纪60年代至70年代农田水利基本建设及2000年后城镇建设大开发所挖掘出的陶器、玉器、石器等出土文物表明，硕放先民使用石制的生产工具从事劳动，使用陶器，已进入原始锄耕农业时代。汉高祖五年（前202年），汉承秦制，会稽郡增设无锡县，境内属之。战国时期，周元王年间（前475—前469年），越大夫范蠡开凿范渎，流经境内杨柳墩（运河口）至漕河段。五代十国时期，随着北方移民陆续迁徙，几十个大小村落先后形成。据《无锡县志》记载，大墙门原名杨李巷，明代，村东有当铺，墙门口为集市处，惯称大墙门口。清嘉庆年间（1796—1820年），徽州盐商遭朝廷责罚重刑，波及整个徽商，于是当地部分百姓纷纷离家出走，有一余姓徽商携家眷仆人迁居杨李巷，靠诚信经营，购置田地房产，随数代人努力，杨李巷形成集镇。当时，当铺建筑气势雄伟，特别是“墙门头”更是显赫，民间曾有“驴驮钥匙马驮锁”的传说。隋大业六年（610年）敕开江南运河，自京口（今江苏省镇江市）经无锡至余杭，长800余里，水面宽10余丈，通700石舟，无锡段西北起洛社，途经新安、硕放，东南迄于望亭。明宣德六年（1431年），江南巡抚周忱奉旨治水，经屯田、治水，境内陆地形成大批良田，普及水稻种植，粮食产量不断增长，种桑养蚕、纺纱织布成为主要产业。随着聚居人口逐渐增多，境内的大墙门、薛典、王家桥、十房桥等街市先后形成。至清乾隆年间（1736—1796年），因得地利之光，乡民互市，货物集散，已发展成为商贾云集的江南水乡小镇。宋元丰八年（1085年），无锡知县马防任上，无锡县全境26个乡裁并为22个乡，境域属无锡县泰伯乡，位于泰伯乡西南部，紧靠京杭大运河，下设4都35保。明洪武年间（1380年前后）为征收田赋，丈量全国土地，编号设图，境内开始按土地等级定税役籍，课征地赋和户役。据《梅里志》记载，薛店杨氏世居。明徵士杨晐自杨墓析居于此，亦作雪典杨枞。《雪典村志》载，元至正年间（1341—1368年），有远人雪典者流寓于此，开河造田，变十年九荒、贫瘠无收的高旱地为水稻田。明嘉靖七年（1528年），福建三明知府曹察怀念爱女曹洛莹（明世宗嘉靖皇帝朱厚熜的端妃），在老家曹家门前建造具有典型江南院落式居住特色的古建筑群，其中有模仿皇家殿园建筑风格的楠木厅，在江南较罕见。他们的故事在当地传为美谈。

硕放在历史上不仅是经济发达之地，同时也是人文荟萃之乡。境内各民族始迁祖宗，有些原是朝廷官吏，十分重视教育事业，人才辈出。明朝年间，曾有任镇江卫指挥所怀远将军邹琴思祖籍建新邹家湾人，其夫人是华太师之女。明崇祯元年（1628年）二甲五十五名进士南京刑部主事曹荃，官至福建按察司副司，祖籍里新曹家门前。还有清光绪年间（1875—1908年）第八名秀才，无锡县后宅图书馆第一任馆长白兆锦，祖籍建新邹家湾人。在近代人物中，有一大批在政治、文化、教育、医疗等领域成就卓著的领军人物。以经济学家杨寿标为代表的一批有识之士，倡导实业救国，发展民族工业，他们著书立说，卓然成家，蜚声于世，邹文海、曹侃、杨震明等分别留学英国、法国、苏联，皆归来报效祖国。他们学养笃厚，殚精竭虑，教育相长，对外国政治思想及制度的研究造诣很深，抱着“教育救国”的宗旨，投身于教学事业。江万里、颜中其等辈教书育人，各有建树。至中华人民共和国成立前夕，境内共有私塾55所，小学32所。“治石泰斗”黄怀觉、“贞石斋”掌门钱荣初均谓一代碑刻大师。辛亥革命时期，境内一批进步青年、有识之士，组织发动群众，积极开展反帝反封建活动。新民主主义革命时期，随着中国共产党的诞生，一批仁人志士奋笔呐喊，唤醒民众，向黑暗势力挑战，在中国共产党的领导下，硕放人民进行了长期艰苦卓绝的革命斗争。尤其在抗日战争和解放战争时期，以小章家桥小学为中共地下党秘密据点开展革命活动，以王中一、杨华生为代表的中共地下党组织成员，深入敌后，建立地方武装，积极开展惩恶锄奸的地下革命斗争。吴道元、郭善尧、陈光梅、万炳初等许多优秀共产党员和革命志士为人民的利益、民族的解放事业献出年轻宝贵的生命。

二

1949年4月23日，无锡解放。境内设区建乡，数度变更。1950年7月进行土地改革运动，贫苦农民分到土地、房屋和其他财产，农民实现“耕者有其田”的夙愿，生产积极性空前高涨，农业生产迅速发展。1951年8月，在1950年6月始建墙门合作社的基础上成立墙门供销合作社，大部分农民先后入社，入社户数达6796户，同时纷纷投资入股，入股股份为10975股。1951年开始农业合作社运动，从互助组到初级农业合作社（以下简称“初级社”），再发展到高级农业合作社（以下简称“高级社”），把个体农业逐步引向社会主义集体化道路。至1957年，境内相继建立22个高级社，组织推广大面积种植三麦（大麦、元麦、小麦）、水稻、油菜。1952年，墙门区成立麻布协会，推广和发展麻布生产。1954年，全国开展对私营工商业的改造，境内成立铁、木、竹业3个生产合作社，后为手工业联社。1956年，全面贯彻党对资本主义工商业的社会主义改造政策，实行公私合营，墙门供应站组建公私合营药店、布店和墙门饮食业合作店，分设15个门市部。1958年9月成立硕放人民公社，22个高级社合并为7个联社，7个联社改为7个工区，几经更换调整为12个工区，并建立工业营，下辖连、排、班，开展大兵团作战。1962年春，根据中共中央扩大的工作会议（又称“七千人大会”）精神，贯彻执行中央“调整、巩固、充实、提高”的八字方针，逐步纠正“左”的错误，硕放人民公社确立“三级（人民公社、生产大队、生产队）所有，队为基础，以生产队为基本核算单位”的体制。全社200多个公共食堂全部解散，恢复社员自留田。1962年7月，夏熟作物全面丰收，三麦总产250.44万公斤，比1961年的137.70万公斤增长81.87%，油菜总产8.21万公斤，是1961年3.05万公斤的2.7倍。20世纪60年代至70年代，在开展“农业学大寨”运动中，大搞整田平地、路渠配套、格田成方的农田基本建设，全社共平整大小土墩1850余个，填塞大小河塘、浜井100余个。既增加了粮田面积，又改善了灌溉条件。经过不断的农田综合治理，建设高标准农田丰产方，农村农田面貌大为改善。同时，进一步改进农业生产技术，提高农业机械化和科学种田水平，促使农业大乡粮食稳产、高产。1975年，全社交售国家“三购粮”（征购、议购、超购）892.5万公斤，位列无锡县第一。60年代，硕放人民公社连续四年被江苏省人民政府评为江苏省农业先进单位。在搞好粮食生产的同时，传统的副业生产也得到较大的发展。但由于片面强调“以粮为纲”，在劳动率不够充分的状况下，盲目扩种双季稻（前季稻、后季稻）、“三熟制”，造成农事紧张，劳力不足，成本增加，效益下降，农民收入长期得不到提高。60年代初期，组织下放回乡的工人、技术人员、管理人员和退休人员，办起社队工业，并得到较快的发展，为乡镇工业的快速发展打下坚实的基础。1978年，全社有工业企业53个，务工人员3377人，工农业总产值1632.45万元。其中，农业产值573万元，副业90万元，工业969.45万元。粮食总产2564.5万公斤，亩产794.6公斤，上交国家“三购粮”741.55万公斤。

三

1978年，中共十一届三中全会召开以后，公社党委、政府认真落实党的各项政策，坚持以经济建设为中心，实行改革开放，积极推行经济体制改革，随着改革开放的不断深入，全社经济和社会面貌发生翻天覆地的变化。1980年冬，中共苏州地委书记罗运来到硕放墙西大队陆家桥生产队，对粮食作物、按劳分配、分组联产承包责任制进行专题调研和组织试点。1981年9月，公社出台《关于粮油作物按劳分配、分组联产责任制》的实施办法。1982年春，按照《中共中央关于印发〈当前农村经济政策的若干问题〉的通知》的指示精神，是年秋，全公社443个生产队，全面推广人分口粮田、劳分责任田、猪分饲料田的家庭联产承包责任制。这一重大历史性的变革极大地调动和提高广大农民的积极性，农业生产关系得到调整，农业生产力得到提高，随着农村家庭联产承包责任制的推行实施，大批农村劳动力成为乡镇企业劳动力的主要来源，成为离土不离乡，“亦工亦农”的新型农民。1983年2月撤社建乡，大队改为村民委员会。是年，部分农户承包田恢复一年稻麦两熟制。1984年，全乡粮食总产达到2926.6万公斤，创历史最高水平。遵循“以粮为纲，全面发展”的要求，全乡逐步调整农村产业结构，发展多种经营，传统的“七种八养九行当”遍地开花，农民收入快速递增，1986年，全乡农民人均年收入达803.58元，是1981年128.60元的6.25倍，使一部分农民率先富起来。随着乡、村两级不断加大资金投入，农机具从小型农机发展成大型农机，从单项农机作业发展到配套农机作业，真正实现农业机械化，有效地推进传统农业向现代化农业的转化。不断加大科技兴农力度，推广应用新品种、新农艺、新肥药，逐步推行农田适度规模经营，促进农业的规模效益。硕放的乡镇工业萌芽于20世纪60年代，起步于70年代，发展于80年代，辉煌于90年代，转制于90年代中后期。乡镇工业初创时期，根据中共无锡县委“围绕农业办工业，办好工业促农业”的总体思路，发扬“踏遍千山万水，吃尽千辛万苦，说尽千言万语，历经千难万险”的“四千四万”创业精神，在生产业务没有订单，原材料采购和供应没有指标的计划经济时代，凭艰苦创业精神，开创乡镇工业异军突起的一片新天地。乡镇工业的产品从城市工业的“拾遗补缺”到为城市工业“配套服务”；从横向联合到独立门户，拓展发展渠道，逐步形成冶金、机械、化工、纺织、电子、建材、食品、轻工等行业门类。1985年，全乡实现工农业总产值10707.8万元，首次跨入亿元乡的行列。无锡县客车厂生产的雄鹰牌 XK121EY 型计划生育车，获评1983年中国汽车工业公司新产品“优秀展品奖”，国务院副总理万里登车并给予赞扬。无锡县第六通用机械厂研制生产的“六菱牌”LTZ-11/350水箱式拉丝机获评“省优产品三等奖”，畅销国内大中城市，远销东南亚各国。90年代初期，先后组建江苏六通机械（集团）公司、无锡通达不锈钢集团公司、江苏宏丰集团公司、江苏盈发集团公司。

无锡是乡镇工业的发祥地，遵循“苏南模式”，走的是集体经济为主、乡镇工业为主、商品经济为主，实现共同富裕的“三为主一共同”的道路。但是，由政府投资兴办企业，政企不分，投资主体单一，产权制度不明晰，企业法人不明确，“政府负责、银行负债、企业负亏、厂长负盈”的弊端逐步显现。20世纪90年代中后期，在中共十五大精神的指引下，为加快个体私营经济的发展，全面落实产权制度改革，根据中共无锡市委、市政府的要求，硕放镇乡镇企业的转制从1994年开始分片搞点摸索经验，制定实施方案，1995年全镇全面推开。在企业转制过程中，坚持从实际出发，不搞一刀切，按照“抓一块、转一块、放一块”的思路，确定“抓大、促中、放小、灭亏、脱钩”的分类实施原则，1999年，全镇镇、村两级集体企业转制工作基本结束。转制后，产权更加明晰，法人地位和责任更加明确，企业发展的内生动力显著增强，从而使企业焕发出新的生机和活力。按照中共党的十五大报告提出“公有制的实现形式可以而且应当多样化。一切反映社会化生产规律的经营方式和组织形式都可以大胆利用。要努力寻找能够极大促进生产力发展的公有制实现形式。”的重要指示精神，为个私经济提供新的发展机遇和更加广阔的空间。1998年初，镇党委、政府按照“布局集中，用地节约，产业集聚”的规划要求，筹建无锡市级私营经济园。1999年，无锡市新区硕放私营经济园开园，成为硕放工业经济发展史上又一新的转折。是年，硕放私营经济园升格为无锡市人民政府单独设立的经济园，硕放的民营企业和个体私营经济得到快速发展。2000年，全镇工业企业237家，职工6191人，工业总产值16.52亿元，占全社会总产值的58.4%。

乡镇工业的发展，促进经济社会面貌发生四大深刻的变化：农村经济结构由农业为主向工业和服务业为主转变；传统农业向现代农业转变；村民由分散的自然村落向城镇一体化转变；农民生活由温饱型向小康型、富裕型转变。经济实力的增强，推动各项基础设施的建设和文教卫生等社会事业的发展。村镇建设有序推进，20世纪80年代，全社基本实现村村通公路，境内五条简易公路均与20世纪70年代建成的第一条公路——锡宅路相贯通，有力地促进全社社会经济的快速发展。统一规划的新农村建设点相继实施到位。1995年，由同济大学及苏州科技学院专家根据“江南特色，水乡风貌，推陈出新，博采众长，美观整洁”的要求，高起点、全方位对镇区区域概念规划和市镇建设编制全面的实施方案，并规划建设具有现代气息的居民新村和新农村别墅区。镇区范围从1.2平方公里逐步向南拓展至5平方公里。20世纪90年代中后期，镇区商业新街通祥路、振发路、盈发路初步形成，商业配套设施不断更新完善，小商品市场日趋活跃，投资4000余万元的“硕放商城”全面启动运行。20世纪80年代，农村农民住房在统一的建房标准下翻建楼房，少数有经济实力的农民建造庭院式小别墅。1998年，墙裕村第一批五幢两层混凝土结构带围墙的别墅竣工入住。在镇村建设发展过程中，道路交通、水、电、气等配套建设全面跟进，改造完善。全镇居民人均住房面积从1949年的10平方米扩大到2000年的45平方米。教育事业全面提升。改革开放以来，教育事业不断发展壮大，随着规模办学的要求，学校几度撤并，布局调整。1982年8月创办光明、硕望桥、曹渡、薛典四所点上初中，归属硕放中学。20世纪90年代点上初中先后撤并至硕放中学。在此期间，硕放中学先后五次翻扩建校舍，配置现代化教育设施。1994年硕放中学物理学科成绩居无锡县第一，1995年8月硕放中学成为无锡市教育委员会的直属学校。硕放中心小学在1983年至1985年连续三年初等教育“四率”（入学率、巩固率、毕业率、普及率）普查验收合格。1991年全乡24所中小学（中学3所、小学21所）全部通过九年制义务教育达标验收。1997年，硕放中心小学被中国关心下一代工作委员会授予“97香港回归知识竞赛优秀组织奖”荣誉称号。2000年，政府投资易地新建硕放中心小学。原校区由硕放成人教育中心开办无锡市硕放职业学校。1984年，硕放成人教育中心在上海交通大学、华东纺织学院的支持下，办起硕放农民专科学校，为地方培养一大批大专学生和农村科技人才。其办学经验及典型事例先后在《人民日报》《新华日报》《文汇报》《解放军报》等报刊登载。1978年硕放中心小学的附设幼儿班，发展成为完整的公社中心幼儿园。至1983年，全乡23个幼儿园相继开办。20世纪90年代幼儿教育贯彻“保教并重、教育结合”的原则，先后撤并调整，全面开展创建示范性实验幼儿园。通信设施快速增强，境内电话交换机（电话总机）从1978年的60门发展到1983年的200门，至2000年全镇固定电话6700余部。20世纪90年代初，境内个别企事业单位负责人、厂长持有“大哥大”“二哥大”移动电话。1994年开通移动通信机站，先后建造机站信号塔五座，开通“139”移动手机网络。1999年开通“小灵通”基站，境内拥有“小灵通”3500部。医疗卫生循序渐进，改革开放以来，农村各大队、市镇有关单位和社办厂的卫生室日臻完善，合作医疗制度更加健全，“赤脚医生”的医疗水平不断提高。1989年，全乡有45名“赤脚医生”经过多年的培训实践，全部通过县级考试达到中专水平。当时乡村医生职称考试总平均分名列全县第一。1984年，无锡县第一个康复中心——“硕放康复中心”挂牌成立，先后收住全国各地病人400余人。翌年，中共中央顾问委员会委员钱信忠（原国家卫生部部长）以及原国家卫生部副部长黄树则等到硕放视察并题词“城乡结合，发展康复”“康复之家”。1987年6月，康复中心成立三周年之际，国家卫生部副部长顾英奇发来贺词“为发展具有中国特色的康复事业作出更大贡献”。1998年，硕放镇被无锡市爱国卫生运动委员会评为无锡市卫生镇。文化体育欣欣向荣，20世纪70年代，公社文化站组建的文艺宣传队深受群众喜爱。尤其改革开放以来，文化站配合党的中心工作，利用广播或穿村走巷，自编自演脍炙人口的优秀节目，歌颂党的改革开放政策，宣传好人好事，弘扬社会正气。舞蹈《绿萍舞》、表演唱《气煞我们老太婆》、锡剧评曲《智夺重围》、折子戏《红管家》等优秀剧目，参加苏州地区和江苏省的群众会演。同时，校园文艺的创作演出成果颇丰。1988年，硕放乡举办“五谷杯”农民运动会，声势浩大，组织严密，堪称硕放历史上一次空前的体育盛会。1999年，硕放镇获评江苏省体育先进乡镇。人民生活步入小康，改革开放以来，随着经济的发展，农村农民的收入大幅递增，全镇人民的生活不断得到改善。1992年，全乡农民人均纯收入1673元，超过国家统计局1992年公布的农民人均纯收入1200元小康水平测评标准。1999年农民人均纯收入达5308元，比1978年人均收入111.4元翻了47.6倍。人民生活从“小康型”向“富裕型”迈进。

硕放经济的快速提升，社会事业的全面推进，人民生活的不断提高，关键是认真贯彻执行中国共产党在农村的一系列改革开放政策，重点是中国共产党建设持之以恒。1982年，硕放人民公社党委创办江苏省第一个乡镇级基层党校，秉承“普及中提高、创新中发展”的思路，坚定不移遵循“姓党、属基、像校”的办学宗旨，践行“围绕中心、服务大局、面向基层、服务党员”的办学理念，党校成为广大党员干部加强理论武装，增强党性锻炼，提升能力素质的主阵地。硕放党校开办以来，一直保持省、市级“先进基层党校”“红旗基层党校”的殊荣。

四

进入21世纪，硕放的民营企业和个体私营经济得到快速发展。这种发展是在体制和经营机制改革中的发展；是在专业化配套中的发展；是在培育主导产品中的发展；是在创新创业中的发展；是在转型升级中的发展。同时，依靠科技进步增强企业迎挑战、抗风险、增效益的能力。1999年，无锡市人民政府单独开辟设立的硕放私营经济园，规模日益扩大，迅速向9平方公里的园区规划面积推进，于2002年被江苏省乡镇工业管理局命名为“江苏省首批乡镇工业小区”。2006年5月又通过国家发展和改革委员会核定为“江苏无锡硕放工业园区”。是年，工业园区工业产值（含建筑业）达100.77亿元，突破百亿元大关，为2000年16.52亿元的6倍。2007年1月，中共无锡市委、市政府决定成立无锡空港产业园区党工委、管委会，实行空港产业园区、硕放工业园区、硕放街道“港、区、街”合一的管理体制。园区党工委围绕打造一流的乡镇科技示范集中区，从战略高度进一步提高认识，以谋求互动发展，着力发挥工业集中区的三大效应，即集中区与城镇建设的互动效应，规模企业的集聚效应，以及实现“三个集中”（农业向规模集中、土地向园区集中、农民向城镇集中）的带动效应。同时，再次调整发展定位，围绕建设“一个新城”（现代和谐宜居空港新城），加快“两个集聚”（加快以空港物流产业为特征的现代服务业的集聚、加快以新兴产业为引领的先进制造业的集聚），实现“三个跨越”（从构建园区骨架到完善区域功能的跨越、从一般制造业主导到新兴产业引领的跨越、从社会和谐到富民幸福的跨越）。工业园区重点发展电子材料、新能源、机电一体化的临空物流业和航空先进制造业集聚群。产业结构也由传统的服装行业、制塑业飞速向电子产业、生物医药、IC、IT等高科技产业方向发展。园区建成“空港商务商贸产业集聚区”“苏南国际物流产业集聚区”和“临空型高新技术产业集聚区”。2013年，空港产业园区共有企业1271家，有高新技术企业30家，名牌企业21家，营业收入超亿元的企业35家，超5000万元的企业62家，超3000万元的企业100家。综合经济实力明显增强，地区生产总值、工业投入、到位注册外资等主要经济指标在无锡市乡镇排行均位列前茅，其中到位注册外资位列第一。实现技工贸总收入526.73亿元，其中工业销售收入251.73亿元，三产营业收入275亿元。地区生产总值（增加值GDP）冲破百亿元大关，达104.86亿元，财政总收入13.59亿元，农村居民人均纯收入28436元。

经济实力的进一步增强，带动各项社会事业及民生工程的顺利推进。主要体现在六个方面：一是拆迁安置。在硕放经济建设步入快速发展时期，开发建设势在必行，拆迁安置工作是一项规模大、涉及面广的民生工程。2000年后，硕放拉开安居房建设的序幕，做到完工一批，安置一批。至2013年，全街道竣工安居房建筑面积274.08万平方米，共22628套，24个行政村的13779户拆迁农户全部入住宽敞明亮的安居房，同时相继成立振发、咏硕苑、润硕苑、新锦园、南星苑、丽景佳苑等9个社区居民委员会。二是新城建设。2002年至2004年，再次聘请同济大学和苏州科学院的专家，制定镇区拓展至5平方公里，镇城周边逐步进行工业园区开发建设的总体规划思路。2007年1月，成立无锡空港产业园区后，委托无锡市规划设计院深度解读，研究编制《无锡空港产业园区控制性详细规划》，并经无锡市、新区规划部门反复论证和不断优化完善，于2010年获得无锡市人民政府关于《无锡市空港产业园区控制性详细规划》的批复，空港新城规划总面积55.88平方公里，新城核心区规划面积4.35平方公里，其范围为东至孙安路，南至香楠一路，西至裕丰路，北至经发七路。全方位提升城市品位，使核心区域成为苏南硕放国际机场的主要配套区域。围绕发展目标和功能定位，空港产业园区（硕放街道）加大开发建设力度，实施园区建成“三个集聚区”的规划，管网建设全面提升，按“九通一平”的要求，全方位改造完善水、电、电信、电视、天然气等地下管网，综合交通体系日渐到位。薛典路、通祥路、裕丰路、孙安路、东安路、政通路、振发路、盈发路、南星路、新宅路“五纵五横”，10条主干道贯通沪宁高速、锡张高速、312国道。睦邻中心（文化中心）、颐养园，香楠佳苑、锦硕苑、丽景佳苑等安居房小区，港欣新天地、空港一号、丰硕苑、吉祥花园等商品房小区的重点规划建设项目如期竣工。一幢幢安居房、商品房不断矗立。硕放工业园区进一步拓展。在1999年经发一路开发建设标准厂房5585平方米的基础上，2002年至2006年，在东安路两旁分期施工建设标准厂房14.74万平方米，引进一批先进高科技、制造业、航空制造业等工业企业。2008年12月，成立临空物流园。中国邮政、德邦物流、特易捷、北京近铁等知名物流企业入驻物流园。2013年12月，全国首家以“快递产业”命名的专业园区——苏南快递产业园落户，形成苏南国际物流产业集聚区。商贸、物流、高新技术3个产业集聚区的形成，城市形象和城市品位全方位提升，一个具有江南水乡特色的现代空港新城映入人们眼帘。三是环境整治。围绕创建文明村镇，改善城市环境，提升城市品位的目标，按照“移步皆是景，举目尽是荫”的绿化规划理念，从河道坡岸、村庄庭院、住宅小区、主干道路、休闲广场、企事业单位等城区，进一步强化绿色环境，2005年全街道人均绿化面积达19平方米，森林覆盖率22.3%，主干道两旁绿化率100%，农田林网绿化率76.3%。根据创建文明村镇的具体标准要求，再次进行河道整治，累计河道清淤长达70余公里。同时，对域区内41条主干道路和69条大小河道建立路长制、河长制的长效管理机制。投资1200万元新建垃圾压缩中转站，确保垃圾的收集分类处理。不断加强行政执法，治理“五乱”（乱设摊、乱搭建、乱堆放、乱停放、乱张贴）“两违”（违法建设、违法占地）。2006年，硕放镇被国家环境保护总局评为全国优美乡镇。2007年，硕放街道获评江苏省建设厅“江苏省人居环境范例奖”，通过省、国家验收合格，硕放街道被命名为“国家卫生镇”。同年，南星苑第二社区被国家环境保护总局评为全国绿色社区活动（第二批）先进社区。2011年，国家卫生镇顺利通过全国爱国卫生运动委员会的复查验收。四是教育科技。2002年，总投资2500万元易地新建的硕放中心小学竣工启用。2005年，镇政府投资2000万元新建南星苑小学，投资1200万元新建南星苑幼儿园。是年，硕放中心幼儿园被评为江苏示范性实验幼儿园，硕放中学被评为江苏省实施教育现代化工程示范初中。2011年11月，总投资2.03亿元易地新建的硕放中学于2013年交付使用。硕放街道形成幼教、小教、中教和成教比较完整的教育体系。2002年，硕放工业园区获农业部授予的“全国乡镇企业科技园区”称号。至2013年，工业园区有30多家省高新技术企业，有23家“530”企业落户园区，引进30多名领军型海外留学生归国创业人才，吸收国内外研发人员近500名，有硕士研究生学位及以上人才66名。无锡祥生医学影像有限责任公司被评为无锡国家高新技术产业开发区博士后科研工作站，无锡锡通工程机械有限公司被评为江苏省企业院士工作站。五是文化体育。21世纪以来，文化体育事业有着长足的发展。文学创作、微雕碑刻、摄影摄像、文玩收藏、休闲娱乐等文化艺术门类齐全，体育健身项目广泛普及。一方面广泛开展群众性的文体活动。随着城市化建设的快速推进，群众性的体育组织机构、设施场所、项目等日臻完善，逐渐向专业运动项目接轨，民乐队、秧歌队、锣鼓队、舞蹈队、演唱队等群众性艺术团队及文化艺术培训中心层出不穷。2000年3月，“硕放龙舟队”更名为“无锡龙舟队”，代表国家参加澳大利亚悉尼国际龙舟邀请赛。在17支龙舟队参加的国际比赛中，获全程250米亚军、500米第四名、1000米第五名，被国家体育总局评为“A级龙舟队”。2000年，硕放镇被评为江苏省“亿万农民健身活动”先进乡（镇）。校园文化星光璀璨，丰富多彩。2002年，中心小学成立的“小星月艺术社团”为无锡市小白鸽少儿艺术团分部。2013年8月，硕放实验小学“小白鸽”舞蹈队赴北京参加第五届全国校园文化艺术节活动，舞蹈《摇到外婆桥》获金奖。另一方面对境内历史性文化遗产进行抢救性的保护，在1997年抢救性修缮昭嗣堂的基础上，2005年投资2000万元进行全面修复。2006年5月，昭嗣堂被国务院、文化部确定为第六批全国重点文物保护单位。翁氏义庄、安桥、杨墓世家桥等历史遗存至今保留完好，均系无锡市新区文物控保单位。具有传统历史文化的家谱修缮工作逐步展开，至2013年，境内有已完工和续修中的存世家谱13部。为切实繁荣文化事业，提升群众文化品位，2007年街道办事处出台关于成立创建“中国曲艺之乡”的系列文件，积极开展社区文化、企业文化、家庭文化等活动。2009年，全国政协委员、中国曲艺家协会党组书记、著名相声演艺家姜昆来空港产业园区检查、指导“中国曲艺之乡”争创工作。占地总面积16.67万平方米的硕放市民休闲街（市民广场）于2009年竣工启用，成为市民健身锻炼、休闲娱乐的主要场所。2011年投资5000余万元建成的硕放文化（睦邻）中心，历经精心打造，集群众文艺、书画展览、图书馆、阅览室、书场、文体活动等公共服务于一体。2013年，全街道有1个广播电视站，1个文化活动中心（含文化站、影视剧院、书场、图书馆等），

12家歌舞厅，11个社区图书馆，25个小型文体活动中心，1个以文化健身活动为主体的休闲广场。先后成立书画、戏曲、舞蹈、乒乓球、篮球、足球等协会。六是人民生活。随着经济的快速增长，各项社会事业和民生工程的顺利推进，全街道人民生活不断得到改善，从“小康型”快速向“强、富、美、高”迈进。至2013年，全街道拥有有线电话36050部，移动电话（手机）61618部，宽带上网户达10502户，有线电视入户率100%。农村居民绝大部分住进安居房、商品房住宅小区，人均住房面积达到55平方米，居民人均纯收入28436元，是2000年5980元的4.76倍。居民储蓄存款45.49亿元，是2000年1.57亿元的29倍。1.47万名失地农民纳入城镇居民社会保险，全街道98%以上的企业均参加社会保险，参保人数共有21648人。参加新型农村合作医疗保险人数26860人，参保率达99.5%。

硕放的经济和社会发展得到在外地工作的硕放籍干部群众的关心和支持，他们为国家和自己家乡的建设作出重大的贡献。至2013年，有硕放籍中国科学院院士1人，享受国务院政府特殊津贴的专家、学者15人。硕放籍在境内外工作的副处级以上干部，军队副团职以上干部，市级及以上的劳动模范、先进工作者和高级职称者共有415人。其中高等院校的教授、副教授54人，副处级以上干部74人，军队副团级以上干部49人，其他高级职称者145人，知名人士11人，市级及以上的劳动模范、先进工作者82人。

回眸硕放，历史沧桑。大运河包孕着这里的吴地文化，太湖水孕育着这里的千顷良田，汩汩望虞河水培育着这里的桑梓之花。硕放的发展历程证实中国共产党领导的正确性；有中国特色社会主义制度的优越性和改革开放的必要性；有科学发展的现实性和伟大复兴的前瞻性。展望未来，方兴未艾，硕放人民信心满怀，昨天的成就昭示着前辈们的智慧和心血，同样也召唤着后来者的传承与创新，承载的深厚底蕴和精神内涵鼓舞着硕放人民。今天，面对机遇和挑战，所肩负的历史担当鞭策着硕放人民，“千亿空港”的梦想即将成真。明天，所展现的光辉前景，描绘的宏伟蓝图激励着硕放人民。硕放，必须站在新的起跑线上，重振雄风，再创辉煌，为实现中华民族伟大复兴的中国梦而努力奋斗。硕放的明天必将更加美好！

大事记

新石器时代

经考古研究发现，距今约6000年前，境内一带有人类繁衍生息，在生活和生产活动中使用石器。

夏

夏朝（距今4000年左右），境域属禹贡扬州之地。

商

武乙（约前12世纪）

商朝末年，古公亶父（周太王）之长子泰伯、次子仲雍，自陕西岐山奔江南（荆蛮），居梅里（今梅村地区）自号“勾吴”，泰伯为吴国始祖，辖地始称吴地，境域属吴地。

春秋

周敬王二十五年、吴王夫差元年（前495年）

吴王命凿河通运，从苏州经望亭、硕放、无锡至奔牛，由孟河入长江。

战国

周元王年间（前475—前469年）

越大夫范蠡开范渎（境内望虞河口至漕河段）。

周元王三年、吴王夫差二十三年（前473年）

十一月，吴为越兵所败，越灭吴，境域属越国。

周显王三十五年（前334年）

楚威王伐越，楚灭越，境域属楚国。

汉

汉高祖五年（前202年）

始建无锡县，境域属无锡县。封韩信为楚王，建楚国。

汉高祖六年（前201年）

废楚王，立刘贾为荆王，建荆国。无锡县先后属楚、荆封地，境域属荆国。

汉高祖十二年（前195年）

立刘邦侄子刘濞为吴王，置吴国，境域属吴国。

征和四年（前89年）

复置无锡县，境域属无锡县。

新始建国元年（9年）

无锡县改称有锡县，境域隶属有锡县。

汉光武帝建武初年（25—27年）

有锡县复称无锡县，境域属无锡县。

三　国

吴大帝孙权黄龙元年（229年）

孙权称帝，建吴国。境域属吴国。

晋

晋武帝太康元年（280年）

复置无锡县，境域属无锡县。

南 北 朝

陈祯明元年（587年）

升无锡县为吴州，不久又复为县。境域属无锡县。

隋

隋炀帝大业三年（607年）

无锡县置望亭驿，境内部分公文传输属望亭驿。

隋炀帝大业六年（610年）

敕开江南运河，自京口（今江苏省镇江市）经无锡至余杭，长800余里，水面宽10余丈，通700石舟。无锡段西北起洛社五牧，东南迄于望亭，全长81.6里，境内段长6.72里。

唐

唐高祖武德三年（620年）

属常州无锡县。境域属无锡县。

唐肃宗至德元年（756年）

置运河望亭堰闸。

五代十国

后晋天福二年（937年）

李昇（徐知诰）废吴帝，改国号南唐，境域属常州无锡县。

后周显德五年（958年）

后周打败南唐，取消帝号，仍称南唐国王，南唐成后周属国，无锡属南唐。境域属常州无锡县。

宋

熙宁八年（1075年）

夏大旱，太湖水退数里，湖底显出丘墓、街衢、井窨。

宋神宗元丰八年（1085年）

无锡县全境26个乡裁并为22个乡，境域属无锡县泰伯乡，下设4都35保，区域位于泰伯乡西南部，紧靠京杭大运河，是泰伯乡的南大门。

元

元世祖至元十三年（1276年）

境域属江淮行中书省常州无锡县泰伯乡。

元顺帝至正十七年（1357年）

境域属常春府无锡州。

明

明太祖洪武元年（1368年）

立南京为直隶，境域属常州府无锡州泰伯乡。

明太祖洪武二年（1369年）

无锡州复为无锡县，境内属常州府无锡县泰伯乡。

明太祖洪武年间（1380年前后）

为征收田赋，丈量全国土地，编号设图。境内地域属泰伯区上扇2都14图，下扇5都18图（区分上下扇，扇下设都，都下设图）。按土地等级定税役籍，课征地赋和户役。

宣德六年（1431年）

江南巡抚周忱奉旨治水，开发圩田。境内经屯田、治水，形成大批粮田。

嘉靖七年（1528年）

进士曹察在境内曹家门前建造香楠厅，宅第中的大厅，面阔五间，进深十一架，硬山顶，全由楠木建成。

嘉靖四十二年（1563年）

境内南河港上建造“环龙月洞”古桥——南河桥。

万历八年（1580年）

全国完成田亩清丈，计户分里，随粮定区。无锡县22个乡裁并为13个区，泰伯乡裁并为泰伯区，境内地域属泰伯区。

万历九年（1581年）

将过去的赋和役分别派征收改为合并征收，按亩计征，使赋役制度化繁为简，由征收什物改为折征银两。

万历三十一年（1603年）

境内北望亭始建跨京杭大运河石梁环龙桥，名龙汇桥。

清

康熙四年（1665年）

冬大寒，太湖冰，运河冰封，运河不通舟楫数月。

康熙二十三年（1684年）

康熙帝首次南巡，十月过无锡、新安、沈渎、望亭，于十月二十六日抵达苏州。

雍正四年（1726年）

无锡县划分为无锡、金匮两县（雍正二年诏，四年划定），各区扇随域归属，境域属金匮县。境内观庄、华庄、唐村、何店、沈渎、包庄、南河等村地属金匮县泰伯区上下扇；薛典、漤上等村地属南延区；秦村属景云区。

乾隆十六年（1751年）

乾隆帝首次下江南，路过境内沈渎。

乾隆五十年（1785年）

旱灾，运河、太湖水枯，舟楫不通。

乾隆五十五年（1790年）

始建于明万历年间（1573—1620年）的唐庄桥重建。

嘉庆二十一年（1816年）

邑令齐彦槐、里人华瑞清重建古龙汇桥，重建后改名为丰乐桥。

咸丰十年（1860年）

太平军攻破清军江南大营。四月，太平军攻克无锡，李秀成攻占新安、望亭。丰乐桥毁于战火。

6月，太平天国建苏福省，废金匮县，并入无锡县，境域属苏福省常州郡无锡县。

同治二年（1863年）

复无锡、金匮两县，同属江苏省常州府，境域属金匮县。

同治九年（1870年）

重建丰乐桥，改名为北望亭桥（俗称“北桥”）。

王老三在大墙门口开办济春堂中药店铺，送诊施药，接济病贫乡民。

光绪六年（1880年）

沈云生在王家桥开办致和堂药店，方便周边乡民撮药治病。

光绪七年（1881年）

为方便百姓去望亭镇赶集，境内蠡河口设立杨家渡渡口。

光绪十七年（1891年）

翁氏族长翁福先商请翁姓同族翁同龢（晚清著名政治家，清同治、光绪两代帝师）筹资在雪典（薛典）建造翁氏宗祠。

光绪二十八年（1902年）

境域遭遇倒黄梅，大雨数日，河水暴涨五天，部分低洼地区积水成灾。

光绪二十九年（1903年）

翁福先等族人又筹资在翁氏宗祠的东南部建造翁氏义庄，前朝正间门面木板上铸就“翁氏义庄”金字斋匾。

光绪三十一年（1905年）

4月，沪宁铁路锡沪段通车，途经境内，乡民可到附近周泾巷、望亭火车站乘车。

是年，邹仲泰在唐庄桥启智义塾基础上集资创办境内第一所小学，名为启智小学。

光绪三十四年（1908年）

4月1日，沪宁铁路全线通车，途经境内。

是年，无锡、金匮两县裁并22乡为17市乡（10市7乡），人口满5万的称“市”，不满5万的称“乡”。无锡县辖3市5乡，金匮县辖6市2乡，城区设无锡市，以城中南北向直河为界，东归金匮县，西属无锡县。境内属金匮县泰伯市。

中华民国

民国元年（1912年）

无锡、金匮两县合并为无锡县，仍设17市乡（10市7乡）。境域属无锡县泰伯市。

是年，黄溪堂创办硕望桥小学。

民国4年（1915年）

1月13日，气温降至-14℃，运河冰冻，境内轮船停驶数日。

民国5年（1916年）

翁景如在薛典杨氏祠堂创办杨氏私塾。

民国6年（1917年）

杨氏私塾由无锡县国民政府接收，改名为泰伯市第十三小学。

民国7年（1918年）

秋冬数月未雨，河水浅涸，境内农作物遭受旱灾影响，损失惨重。

民国10年（1921年）

8月20日起，境内台风伴暴雨持续两昼夜，墙坍屋倾，稻穗折断。秋季稻飞虱成灾，水稻减产。

墙门镇杨祥启投资购置轮船三艘（“恒锋”“恒镒”“恒昌”）出租经营，主要往返苏州、无锡之间接送顾客及运载商货等。

民国11年（1922年）

3月19日20时，境内狂风大作，旧房倒塌。

8月中旬，境内遭两次台风袭击，庄稼损坏，房屋倒塌，受损严重。

民国12年（1923年）

7月10日，无锡南门水位高达4.42米，境内部分地区受淹。

8月11日至12日，又遭台风袭击，降水113.8毫米，境内农田受灾2万余亩，损失惨重。

民国13年（1924年）

乡绅顾春堂在西典巷自然村顾氏祠堂创办西典初级小学。

民国14年（1925年）

境内水稻受螟虫、稻飞虱、稻瘟病危害，稻谷产量损失35%。

民国18年（1929年）

无锡县10市7乡改为17个区，以序数为区名，境域大部分属无锡县十二区（区公所在大墙门口），部分属十三区和二区。

是年，靠近京杭大运河的沈渎乡为方便群众出行，在大沈渎建造渡口。

是年，翁珏如创办翁家里小学。

民国20年（1931年）

2月14日11时，无锡至后宅的恒镒号客轮行经南塘振远丝厂门前河道，因载客过多，且重量偏侧，致使船身倾覆，淹死十余人。

7月1日至11日，境内连续大雨，田禾被淹，轮船停航。7月20日起，又连续八天大雨，总降水397毫米，河水猛涨，境内水稻损失严重。

是年，泰伯市第三小学更名为大墙门小学。

是年，田赋改制，改征地价税，一律以银圆计征。

是年，墙门区公所开通电话。

民国21年（1932年）

安桥头邹阿纪建造20间平房作为油坊和磨坊加工场地，有木制油车10部，方便当地百姓榨油、磨粉。

民国22年（1933年）

无锡县有客运班轮60艘，开辟无锡至上海、苏州、荡口、大墙门等地的20多条航线。

是年，国民政府颁布《兵役法》。民国26年（1937年），境内分批抽签征兵（俗称“抽壮丁”）。

民国22年至24年（1933—1935年）

蝗虫连续三年共五次入境，水稻大面积受害，损失严重。

民国23年（1934年）

6月，无锡县17个自治区合并为10个区，境域属无锡县八区和二区。

6月至8月，久旱无雨，造成特大旱灾，境内稻田龟裂，稻禾枯黄，桑叶脱落，秋蚕无法饲养。

10月，根据《江苏省各县田赋征收章程》，境内将各种田地归并，实行“三等九则”计征赋税，直至新中国成立。

民国26年（1937年）

10月21日，日军侵占大墙门镇，烧杀抢掠，无恶不作。镇上百姓纷纷逃难，途中有11人被日军飞机扫射中弹身亡，其中东街项培琛一家有五口人惨亡。

11月，境内西典巷村有12人被日军用刺刀戳死，16人被打伤，132间民房被烧毁，222

亩稻堆被烧掉。

是年，日军在境内烧、杀、抢过程中，沪宁铁路沿线村庄被日军纵火劫掠，境内铁路沿线周家角、石桥头、大庙上等12个村庄全部被烧毁，住基上、硕望桥等4个村庄部分房屋被烧毁。硕放村共计烧掉房屋560间，稻垛56亩，另有10名妇女被日军奸污杀死，其中马家湾孙水根一家四口被日军杀死。中华庄西头自然村6户人家，20多间房屋被烧毁，烧死猪羊10多头。后华庄、前华庄、小华更自然村百姓在逃难中3人被日军无辜杀害。

民国27年（1938年）

冬，日军为捉拿杨祥启，在墙门大河头与当地游击队发生遭遇战，避难群众3人被日军杀害。

民国28年（1939年）

秋，稻飞虱暴发成灾，境内稻禾一片枯萎。

民国29年（1940年）

7月，中共梅南区委地下党来到境内开展农民运动，成立金桥乡农民协会，开展“减租减息”的群众运动。

秋，中共无锡县委率民运工作队到境内开展民运工作。中共梅南区委和战地服务团指导境内学校成立儿童团。

是年，地方上推举张光磊、张云清、陈祥春筹划准备重建小章家桥，翌年10月建成。

是年，由翁春元、翁志平、翁振元等人在“春园家塾”的基础上创办私立“翁氏开智小学”，学校办在翁氏义庄内。

是年，境内建立杨树坝、大树下、竹桥头、戴家坝四个缉私队，共有队员39人，主要任务是防止粮食、蚕茧外流。

民国30年（1941年）

3月，中共梅南区委在薛典镇建立杨更上党小组。

4月，中共梅南区委组织“区委工作队”，在境内组织建立“中国妇女抗日联合会”，组织妇女参加民主改革，投身抗日救国战地服务。是月，中共梅南区委在薛典乡成立梅南区农民抗日救国协会。

6月，中共后鸿区委在境内建立第一个党支部——施方园党支部，张锡根任党支部书记。

是年，境内有20余名中医师加入“无锡中医协会”。

民国31年（1942年）

是年，日军将大墙门镇上“杨祥启”的戏馆，“杨恒盛”的作坊，“杨志和”、“美丰”的布店及部分住宅烧毁。

是年，日伪统治者给居民发放“良民证”。

民国32年（1943年）

10月底，境内组织100多名抗日积极分子，参加在沪宁铁路望亭—硕放境内沿线的破袭行动，共破坏铁路2公里，迫使日军铁路运输系统瘫痪。

民国34年（1945年）

4月，中共梅南区委在境内薛典、金家里建立两个党支部。

8月15日，日本宣布无条件投降，中共梅南区委在大墙门小学操场召开庆祝抗战胜利群众大会。

是年，境内组成墙门、薛典等七个基干队，主要负责搜集情报，除恶锄奸，就地开展武装斗争。

是年，中共无锡县委派陈光梅到梅南区大墙门一带开辟武工队工作，并在北渡、墙门等乡基干队中抽调11人组建铁路武工队。

民国35年（1946年）

夏，安桥杜家里村民杜福生到吴县殷更上徐家挑痧后不幸感染瘟疫，致使其家人及亲戚5人感染瘟疫死亡。

民国36年（1947年）

12月，塔西乡地主华绍曾在浜斗上设立联合收租处，随意拘捕无辜农民数十人，硕住、塔西、观泗、金娥、大墙门等乡农民150人至无锡县政府集体请愿，震动全县。

是年，大墙门小学附设境内第一个幼儿教育班。

民国37年（1948年）

1月，无锡县裁区设署，合并乡镇，墙门镇、薛典镇隶属荡口署。

7月6日，台风折断树木，境内铁路电线被刮倒，部分旧房屋顶被掀翻。

是年，大墙门小学更名为墙门镇中心国民小学。

民国38年（1949年）

4月19日，由中共梅南区委领导的薛典党支部派遣代表到薛典镇接管，建立薛典镇人民政府，吕炳南任薛典镇党支部书记。

4月23日，中国人民解放军渡江南下，境内中共地下党组织分路配合主力，夹击溃敌，维护社会秩序，无锡解放。

4月25日，苏南行署工作团派工作队进驻墙门镇，建立墙门镇人民政府，郭仁怀任墙门镇党支部书记。

4月，无锡县统一使用人民币，收兑金圆券，禁止银圆在市场上流通。

7月11日至13日，境内遭受强台风暴雨袭击，鲁家园、墙门镇坝后、沈巷上等村地势较低的210户农户家受淹，农作物受灾面积达1000多亩。

中华人民共和国

1949年

10月1日，中华人民共和国成立，境内举行盛大庆典活动。

是月，在墙门镇中心国民小学内率先创办初中补习班，设初一、初二两个班级。

是月，成立墙门工商分会。

11月，无锡县废除旧制，划区建乡，原薛典镇、墙门镇两个政府机构撤销。两镇的区域划分为薛典、观泗、秦村等三个小乡属梅村区，塔西、墙门、墙南等八个小乡属华庄区。

12月，境内第一个共青团支部——墙门乡团支部成立。

1950年

1月，无锡县建立防汛指挥部，华庄区在墙门乡建立墙门戽水站。

是月，境内废除保甲制度。

是月，全乡开展减租减息运动。在运动中，共有573户农户减除租粮共计2042担。

3月，墙门集镇成立店员工会、食品业工会。

5月，经苏南人民行政公署批准，设墙门区，同时成立墙门区人民政府，江静波任区长。

6月，建立中共墙门区委员会，由苏南行署工作大队长王飞岳具体负责，10月被任命为区委书记。

6月，建立墙门合作社。

7月，墙门区撤新安、新南两乡，增设南塘乡，共有12个乡。

9月，境内全面开展土地改革运动。翌年2月，全面完成土地改革。

是年，境内有八名青年参加抗美援朝战争。至1953年春，先后有百余名青年加入中国人民志愿军奔赴朝鲜战场。

是年，境内参加“东南人民反共救国军”的匪首吴明刚、顾叔琴、凌阿弟被当地人民政府宣判死刑，执行枪决。

是年，共青团中央决定，学校应普遍建立中国少年儿童队，境内小学全部建立少年儿童队。

是年，为贯彻执行《新解放区农业税暂行条例》，境内免征公粮公草。

1951年

1月4日，华庄区在墙西乡姚轩坟召开公审大会，对封建地主邹心岳、朱中林和反革命分子邹树林宣判死刑。后召开几次公审大会，对墙门的黑恶势力为首分子杨祥启、安桥的土匪头子陆阿连等13人判处死刑，执行枪决；判刑及劳动改造的有31人。

4月，根据上级“以区建所”的方针，建立境内第一个金融机构——墙门营业所。

6月，无锡县人民政府向农户颁发土地房产所有证。

7月，江静波任中共墙门区委员会书记。

8月，墙南乡北新村庄里顾老坤率先在墙门区成立“顾老坤互助组”。

8月25日，成立墙门供销合作社。

11月，建立中国人民银行荡口办事处墙门服务所。

是年，无锡县财政局在墙门镇老糟坊里建立华庄区税务所，负责本地区和后宅的工商税务工作。

是年，墙门区王阿金（无锡县劳动模范）施用有机肥的经验在无锡县被全面推广。

是年，先后成立墙门区农林水利工会和教育工会。

是年，无锡县人民法院在墙门镇设墙门法庭。1954年冬，墙门法庭随区撤销。

1952年

2月10日，墙门区硕望乡陈生大被苏南人民行政公署评为苏南区农业劳动模范（省劳模）。

是月起，境内组织在党政机关工作人员中开展反贪污、反浪费、反官僚主义的“三反”运动。在私营工商业者中开展反行贿、反偷税漏税、反盗骗国家财产、反偷工减料、反盗窃国家经济情报的“五反”运动。

是年春，墙门区发展常年农业互助组170多个。

是年春，境内有200多名泥水木匠自发组织成立“水木协会”。

4月，各小乡建立爱国卫生运动委员会。

6月1日，成立墙门联合诊所。之后相继成立硕望桥、薛典、塔西、曹渡联合诊疗所。

10月，宗兆善任中共墙门区委会书记。

是年，成立墙门区麻布协会。

是年，无锡县人民政府将境内较大的私立、民办小学接收为公办学校，把规模较小的学校进行撤并。

1953年

年初，成立墙门区工会。区委书记宗兆善兼任工会主席。

1月至3月，境内开展取缔“一贯道”等反动“会道门”运动。

3月，境内组织宣传《中华人民共和国婚姻法》，破除包办婚姻。

4月，墙门区建立墙门粮食购销站，11月更名为墙门粮食管理站。翌年，境内全部实行粮食计划供应和食油定量供应，粮食实行统购统销。

5月6日，境内遭受严重冰雹灾害，瓦屋被打坏，人畜受伤，5000亩三麦、150亩桑田严重受灾。

7月1日，境内开展第一次全国人口普查，全面进行户口登记，开始使用户口迁移证，建立户口簿。

10月，墙南乡在墙门区第一个成立“群跟”（群众永远跟着共产党）初级社，并拟定初级社章程。

是年，墙门戽水站扩建后改名为墙门区抽水站。

是年，境内筹建农村信用合作社。翌年，墙门区的11个乡相继建立信用合作社。

是年，成立墙门渔会，隶属无锡县渔会管理。

1954年

5月27日，境内遭受冰雹灾害。100多间瓦房受损，小麦和桑田受损严重。

是年，境内成立铁、木、竹业三个生产合作社。

是年，境内各小乡分别召开第一届人民代表大会。选举产生正、副乡长，农委主任，财粮委员，生产委员。

是年，始建硕放火车站。

是年冬，墙门区撤销，薛典、观泗、墙门、墙西四个乡划入梅村区。塔西、硕住、里河、墙南、后宅、后西、后南、南塘等乡划归荡口区。

1955年

1月1日，无锡县各乡镇建立出生、死亡、迁出、迁入四项日常的户口管理制度。

5月，建立墙门粮食供应站和收购站。

是年，建立硕放机场派出所。

是年，境内实行粮食定产、定购、定销的“三定”政策。

是年，在硕放机场建设过程中，发现两处古墓，出土席纹红陶罐等16件文物。经鉴定，古墓分别为春秋战国时期和汉代墓葬。

1956年

1月，粮食部门实行公私合营，粮食购、销、调、存均在国家计划指导下经营管理。

3月16日，墙南乡建农等13个初级社合并，率先在境内建立建农高级社。之后相继成立五一、六一、墙西等22个高级社。

4月，撤小乡并中乡。境内合并为墙南乡、宅基乡、薛典乡三个中乡，隶属无锡县华庄区。

11月，墙南乡东朱家浜自然村钱姓人家，因煤油灯翻倒引起屋内柴草起火，烧毁6户人家的房屋共12间，钱家4人丧命。

是年，建立墙门手工业联社。1961年由无锡县手工业局接管。

1957年

7月，开办“墙门初中补习班”。翌年9月，更名为“无锡县墙门初级中学”。

9月，全县撤区并乡，实行县、乡两级领导，墙南中乡，薛典中乡，宅基中乡的塔西、新中及后西乡的部分地区合并，设立硕放乡（为大乡建置），隶属无锡县华庄区。

10月，成立共青团硕放乡总支委员会。

是月，墙南、薛典两个信用社合并为硕放信用社。下设薛典、北桥两个服务站。

11月22日，召开中共硕放乡第一次党员代表大会，邹炳欣当选为党委书记。

是年冬，全乡相继成立五一、六一等22个高级社，21个高级社（除建新高级社）建立党支部。

是年末，全乡共有7917户，总人口32596人。

1958年

1月14日，受寒潮影响，气温骤降至-14℃，河浜、河塘全部封冻。

3月，建办无锡县硕放农业中学。

4月，召开硕放乡人民委员会第三届人民代表大会，杨华生当选为乡长。

7月，22个高级社改为红炬一社、红炬二社等7个联社。

8月，境内掀起大炼钢铁热潮，全乡家家拆灶头、拔锅子、撬汤罐，收交钢铁，投入土高炉大炼钢铁。与此同时，集中农户柴米油盐酱醋糖，村村办公共食堂，农民集体用餐。

9月20日，成立中共硕放人民公社委员会和硕放人民公社。10月1日，在硕放机场大操场召开万人大会，庆祝硕放人民公社成立。

10月，全社各生产队办起公共食堂200多个。

12月，撤销墙门联合诊所，建立硕放人民公社医院。硕望桥、薛典、塔西、曹渡4个联合诊所改称为保健站。

是年，建立墙门邮政所（后为硕放邮电局、硕放邮政支局、硕放邮电支局）。

是年至1959年春，掀起“大兵团作战”高潮，全社近8000名强壮劳动力奔赴硕放沈渎河、伯渎港、江阴青阳河、无锡黄巷铁路、望虞河工程等工地参加会战。

是年，硕放人民公社八一片被江苏省人民委员会评为江苏省农业社会主义建设先进单位。

是年，设立硕放人民公社工业办公室。

是年，建立硕放人民公社武装部。

是年，开办硕放人民公社中心幼儿园。

是年，设立硕放人民公社文化站，组建文化馆、文工团。

1959年

1月，全公社以大队为单位设立22个信用分部。

2月21日至22日，召开中共硕放人民公社第二次党员代表大会，邹炳欣当选为党委书记。

3月，撤销12个工区，相继成立22个生产大队。

4月，开始纠正“共产风”“浮夸风”等倾向，对无偿调用社员的物资、劳力、资金等进行调查登记，民主评议，一一偿还。

5月，陈学桂任硕放人民公社党委书记。

5月23日，召开硕放人民公社第一届社员代表大会。

6月，全社各大队已种植部分前季稻，共计面积2186.9亩。

8月，撤销21个高级社党支部，以大队为单位建立党支部。

10月，硕放人民公社在七一大队许卖河对面建办“万头畜牧养殖场”。1961年自行解散。

是年，全社各农业生产大队通电话。

是年，硕放人民公社先锋大队被江苏省人民委员会评为江苏省农业社会主义建设先进单位。

是年，硕放农业中学校长顾耀栋被评为“江苏省社会主义建设先进工作者”。

是年，建立硕放人民公社交通运输站。

是年，成立硕放人民公社妇女联合委员会。

1960年

是年初，建立硕放人民公社清洁管理所。

4月，硕放人民公社民兵团副团长陆明康，出席全国民兵代表大会，在射击比赛中获评冲锋枪射击第二名和“特等射手”荣誉称号，受到党和国家领导人接见并合影，还被授予56式半自动步枪一支。

5月24日，召开中共硕放人民公社第三次党员代表大会，陈学桂当选为党委书记。

8月15日起，在中共无锡县委统一部署下，全社在干部队伍中再次开展“三反”运动。

9月，建丰大队民兵营胡秀云在江苏省民兵排军政比赛中，获轻机枪射击第二名、政治考试第一名。

10月，硕放派出所组织沿机场周围和铁路沿线11个大队，建立75个保改小组，并对“四类分子”（地、富、反、坏）的改造建立台账。

12月，朱耀祖任硕放人民公社管理委员会主任。

是年，建立硕放人民公社建筑站。

是年，全社以农业生产大队为单位实行独立核算。

是年，成立硕放人民公社计划生育领导小组。

是年，成立硕放人民公社渔业大队。

是年，成立无锡县手工业联社硕放麻类加工收发站。

是年，里河大队种植油菜204亩，亩产150公斤，名列全社第一。

1961年

1月，硕放人民公社被江苏省人民委员会评为江苏省农业社会主义建设先进单位。

4月16日，遭受严重晚霜袭击，境内80%桑田受害，叶芽冻死、桑叶减产、春蚕茧产量减产。

5月20日，中共硕放人民公社第四次党员代表大会召开，黄瑞良当选为党委书记。

5月，硕放人民公社第四届人民代表大会召开，朱耀祖当选为主任（社长）。

6月15日至7月23日，39天干旱无雨，日蒸发量7.95毫米，稻田脱水严重，70%桑田及旱作物受害，其严重程度仅次于1934年的大旱。

是年，粮食严重减产。当年全社粮食总产1147万公斤，比1959年减产695万公斤。

是年，硕放人民公社全面贯彻中共中央关于国民经济“调整、巩固、充实、提高”的八字方针和《农村人民公社工作条例（草案）》（六十条）文件精神。

是年，全社组织开展以反“五风”（共产风、浮夸风、强迫命令风、干部特殊化风、生产瞎指挥风）为重点的整风整社运动。

是年，为方便硕放机场军人子女读书，硕放人民公社在红星大队鳌塔桥新办培鹰小学。

1962年

1月，农村公共食堂解散，恢复社员自留地，人均0.09亩。

4月，原里河大队划分为里河、新星两个大队。

夏秋间，境内发生血吸虫病急性感染，公社采取紧急措施进行集中治疗。

9月5日至7日，境内受14号台风和暴雨袭击，降水量达295毫米，南门水位达4.61米，15个村庄进水受淹，倒塌房屋85间。

12月，墙西蟑螂山发生重大火灾，损失惨重，共烧毁6户房屋24间以及粮食、衣被、家具等物。

是年，硕放人民公社全面贯彻中共中央《关于改变农村人民公社基本核算单位问题的指示》文件精神，明确以实行“三级所有，队为基础”核算的原则。

是年，新星大队杨家渡杨姓人家办寿宴，因寿烛引燃易燃物品发生严重火灾，共烧毁房屋24间。

是年，硕放人民公社被江苏省人民委员会评为江苏省农业先进单位。

是年，建丰大队下沿生产队被江苏省人民委员会评为江苏省农业先进单位。

1963年

2月，红光大队毛家湾发生火灾，5户人家房屋全部被烧毁。

4月，召开硕放人民公社第五届人民代表大会，朱耀祖当选为主任（社长）。

5月8日，水稻专家陈永康亲临硕放人民公社五星大队埝头上生产队进行“一钱三谷”的稀落谷示范。

是月，红星大队浜斗上利用硕放机场电源建起境内第一座电力灌溉站。

是月，由于硕放人民公社受到望亭发电厂烟灰影响，望亭发电厂出资40多万元为受灾地区的里河、里新、先锋等7个大队全部通电，先后在受灾地区建造电力灌站和粮饲加工厂。

是年，硕放大队被上海铁路局评为“护路先锋”，事迹刊登于《华东铁路通讯》刊物上。

是年底至1964年，全社进行社会主义教育活动。向群众进行爱国主义、社会主义、集体主义教育，深入开展“四清”（清理账目、清理仓库、清理财物、清理工分）工作。

是年，广播与邮电分开，建立硕放人民公社广播站，全社381个生产队通广播。

是年，硕放人民公社被江苏省人民委员会评为江苏省农业先进单位。

是年，建丰大队被江苏省人民委员会评为江苏省农业先进单位。

是年，硕放供销站被江苏省人民委员会评为江苏省先进单位。

1964年

6月28日至8月2日，36天高温无雨，其中35℃以上高温天气达15天。

10月30日至12月8日，39天无雨，严重影响秋播作物出苗和油菜成活。

是年，墙门抽水站更名为硕放机电灌溉管理站。

是年，在硕放、新安两社交界处建造跨运河大桥——硕放大桥。

是年，根据毛泽东主席重要指示，全社开展“工业学大庆、农业学大寨、全国人民学习解放军”活动。

是年，建立硕放人民公社副业办公室。

是年，硕放人民公社修筑由机场南1000米处至墙西唐庄桥的第一条碎石路。

是年，硕放人民公社建筑站在墙西大队姚轩坟建造境内第一座双曲拱桥。

是年，成立硕放人民公社血防领导小组，各大队建立血防专业队伍，深入开展查螺灭螺和消灭血吸虫病的防治工作。

是年，硕放人民公社党委书记黄瑞良和光明大队党支部书记徐宝根参加由中共无锡县委组织的赴山西省昔阳县大寨大队参观学习活动。

是年，无锡县硕放手工业联社几经整合，先后办起硕放农机厂、农具厂、综合厂。

是年，开展第二次全国人口普查工作。普查结果全公社总户数8322户，总人口35828人。其中，男17454人，女18374人。

1965年

4月，建立硕放人民公社农业科学技术推广站。

12月14日至21日，召开硕放人民公社贫下中农代表大会。选举产生贫下中农协会。

是年，无锡航运局开设“无锡—后宅”的航运班次。境内设朱家里、东湾、唐庄桥、荷典桥轮船码头。

是年，硕放人民公社贯彻中共中央关于《农村社会主义教育运动中目前提出的一些问题》（二十三条）精神，开展“四清”（清思想、清政治、清组织、清经济）运动。

是年，硕放人民公社被江苏省人民委员会评为江苏省农业先进单位。

是年，全社全面推广种植“双三制”（三麦、前季稻、后季稻）。

是年，全社粮食总产2027万公斤，三麦亩产102.5公斤，水稻亩产476.2公斤，单产、总产超历史最高水平。

1966年

1月13日，召开硕放人民公社第六届人民代表大会，朱耀祖当选为主任（社长）。

3月，墙西唐庄村因小孩玩火，引起严重火灾，共烧毁12户人家36间房屋。

6月，根据《中国共产党中央委员会通知》的文件精神，全社开展“文化大革命”运动。全社部分红卫兵及师生代表分批组织外出“大串联”活动。

7月13日至11月11日，境内93天无雨，35℃以上高温天气17天，干旱严重，农作物普遍受害。

是年，硕放人民公社单季稻亩产首次突破千斤。

1967年

是年初，成立硕放人民公社“文化大革命”领导小组。

3月4日，境内受寒潮袭击，48小时内降温15.5℃，霜冻严重，小麦、油菜受损严重。

1968年

3月18日，硕放人民公社社员代表大会召开，选举产生由十名委员组成的临时权力机构——硕放人民公社革命委员会，黄瑞良任革命委员会主任。下设政工组、生产组。各大队相继成立革命委员会，生产队成立革命领导小组。

9月，墙门中学增设三个高中班，成为无锡县第十三所完全中学。

是月底，水稻稻飞虱严重，3.8万多亩稻田普遍受害，损失较重。

10月，成立硕放人民公社贫下中农代表委员会。

是月，全社中小学实行贫下中农管理学校。硕放人民公社教革组把墙门中学的初中部全部下放到大队，高中部下放到薛典、光明、硕望桥、曹渡及五一大队五个点上联办。

是年，全社户户通广播。

1969年

2月，设立硕放人民公社上山下乡办公室。境内先后有60多名市镇知识青年到农村知青点、农场插队落户。

5月，设立硕放人民公社保卫组，各大队设立治保组。

是月，硕放人民公社实行合作医疗制度。各大队先后建办卫生室，配备“赤脚医生”。

7月，建造第一条硕放通往无锡的公路（锡宅路），铺设泥结碎石，全长约7公里。12月竣工通车。

1970年

3月，成立中共硕放人民公社革命委员会核心领导小组。

是月，硕放人民公社在墙门老街建造12间的“硕放大会堂”。

6月，李一生任中共硕放人民公社革命委员会主任。

9月29日，中共硕放人民公社召开第五次党员代表大会，恢复中共硕放人民公社委员会，李一生当选为党委书记。

10月20日，硕放党委书记李一生、委员谢秀娟（女）等38名代表参加中共无锡县第四次代表大会。

是月，硕放开花厂用电不慎，厂内起火，烧毁轧花设备及棉花数十吨，房屋数间，经济损失达30多万元。

11月18日，建新大队干部四人在安排社员到硕放火车站清筛石子煤渣当燃料划分地段时，不慎被火车撞击，造成2死1伤的重大事故。

是年，硕放人民公社在无锡县率先建立电影放映队。

是年，六一、建新、五星三个大队联合购买全公社第一台“丰收-35型”中型拖拉机。

是年，实行殡葬改革，全社全面推行火化取代土葬。

是年，东方红大队在全社率先100%种植“双三制”。

1971年

1月25日，硕放人民公社整团、建团，组成新一届共青团委员会。

是月，建立硕放人民公社工业交通办公室（简称公交办），对全社所有手工业、社队办工业、交通运输等生产与供销，实行统一领导、统一管理。

5月下旬，连绵阴雨，提早入梅，降水量达200多毫米，造成严重烂麦场。

是月，张瑞和任硕放人民公社党委书记兼革命委员会主任。

是年，红星大队花园里在建桥过程中，由于误判保养期，在拆除支架时桥面突然坍塌，造成2死1重伤的安全事故。

1972年

2月，成立硕放人民公社砖瓦厂筹建领导小组。3月25日破土动工。11月，一座长39米，宽15米，共24个烧火门的转式轮窑竣工点火。

9月23日，低温提早来临，致使全社后季稻普遍翘穗头，造成粮食严重减产。水稻总产比上年减少205.2万公斤。

年末，全社社队办企业25家，实现总产值193.65万元。其中，9家社办企业全年总产值157.09万元，16家队办企业全年总产值36.56万元。

1973年

是年，撤销硕放人民公社革命委员会下设的政工组和生产组，党委各部门委员和行政部门的办事人员恢复原来职称。

是年，硕放人民公社对骨干企业，供销社、粮管所、医院、文教（中、小学）、邮电、银信、机电站等单位陆续恢复建立基层工会。

是年，水稻总产1900万公斤，平均亩产491公斤，年终人均分配水平100.5元，比上年略有增长。

1974年

9月1日下午，境内遭冰雹和暴风雨袭击，最大冰雹有茶杯口大，最大风力10级，刮倒房屋22间。硕放、光明、红力三个大队的2516亩稻穗被折断，露出的穗苞损害严重，三个大队226亩桑树叶子被打落。

10月，硕放人民公社贫下中农协会恢复，同时召开第三次硕放人民公社贫下中农代表大会。

12月21日，唐庄河拓宽工程动工，出动民工565人。翌年2月14日竣工，历时85天，共计开挖土方2.1万立方米。

1975年

6月下旬，连降三次暴雨，降水量达340.6毫米，全社300亩农田受淹。

11月，硕放人民公社支援开拓太仓浏河工程，出动民工750余人，历时20天完工。

是年，全社村村通电，共有变压器31台，总容量2075千伏安。

是年末，连降13场大雪，境内大、元麦幼穗全部冻死，小麦和油菜严重减产。

是年起，全社连续六年100%种植“双三制”，实现粮食产量超历史纪录、上交国家商品粮超历史。

1976年

1月8日，国务院总理周恩来逝世，全社各大队、单位以各种形式组织举行悼念活动。

1月10日，硕放人民公社组织开挖新联河，出动民工1251人，3月15日完工，共开挖土方3.21万立方米。

5月，硕放人民公社投资在硕放粮管所与七一大队陆房湾生产队交界处建造墙门大桥，长30米，宽3米，负荷5吨，是硕放人民公社自主建造的境内最大的一座桥梁。

6月26日，国家农林部在苏州地区无锡县召开南方13省水稻生产现场会议。硕放人民公社党委书记张瑞和、革命委员会副主任邹水泉参加会议。

7月6日，全国人大常委会委员长朱德逝世，全社干部群众开展悼念活动。

是月，建立硕放人民公社农业机械管理站（简称农机站），各大队相应建立农机队。

8月中旬，有关部门预报境内在22号前后三天将发生地震。19号全社开始防震，全社每家每户备干粮，户外搭建防震棚，硕放人民公社领导在广播站轮流值班，机关人员分工到各大队组织人员轮流巡逻值班。后地震未发生，人们虚惊一场。

9月9日，中共中央主席毛泽东逝世，硕放人民公社、市镇各单位、各大队设灵堂，用多种形式举行悼念活动。

10月18日至21日，硕放人民公社组织收听中共中央政治局“对江青反革命集团实行隔离审查的决定”的广播。全社3万多人收听县委召开的“热烈庆祝华国锋任中共中央主席、中央军委主席，热烈庆祝粉碎‘江青反革命集团’篡党夺权的伟大胜利”广播大会。

是年，硕放人民公社在墙西蟑螂山建办种畜南场。翌年8月，又在七一大队蔡更上建办种畜北场。

是年，沪宁铁路复线通车，境内途经红星、建新、五星、硕放、先锋、里新大队，全长5.3公里。

是年，设立硕放人民公社计划生育办公室。

是年，重组硕放人民公社机电排灌管理站。为县排灌公司下属单位。

是年，建立工交党总支，下设手联社、农机厂等九个党支部。

是年，设立硕放人民公社沼气办公室，全社先后建造沼气池682个。

是年，硕放农机厂通过“母厂带子厂，子厂带分厂”的办法，相继建办拉管厂、客车厂、铆焊厂。

是年，全社全年粮食总产2701.7万公斤，常年亩产701.2公斤，完成“三购粮”860万公斤。农、副、工三业总产值达1211.2万元。其中，农业595.2万元，副业45.6万元，工业570.4万元。

1977年

9月15日，境内遭遇8号台风袭击，风力10级以上，并伴有暴雨，损坏房屋10余间，导致8000多亩水稻倒伏。

是年，硕放人民公社农技站在墙西、杨家湾两个大队培育成“杂交稻”，品种有“南优”“汕优”优质品种。

1978年

2月28日，遭受寒潮袭击，霜冻严重，致使全社7000多亩大、元麦主茎幼穗冻死。

10月24日，设立硕放人民公社落实政策办公室，开始对冤假错案、“五类分子”（地、富、反、坏、右）进行平反、摘帽工作。

11月，硕放人民公社出动民工1200余人参加苏州地区主办的“太浦河水利工程”，历时近一个月完工。硕放人民公社民工营被苏州地区“太浦河水利工程”总指挥部授予“一马当先”荣誉称号。

是年，硕放手工业联社研制的苏锡76-4型胶修农具多用机获评“江苏省科技成果三等奖”。

1979年

1月3日，蔡光军任硕放人民公社党委书记。

是月7日至8日，召开硕放人民公社第七届人民代表大会第一次会议。蔡光军任革命委员会主任。

3月，硕放人民公社落实政策办公室对全社的冤假错案进行平反，对“五类分子”一次性全部摘帽。

11月19日，硕放砖瓦厂职工在制坯挖泥时，泥塘塌方，造成3死2伤的重大安全生产事故。

是年，全社开展全国第二次土壤普查，对23个大队的土壤进行抽样调查及剖面理化性状分析。

是年，硕放电子元件厂生产的“双石牌”独石电容获评“江苏省创优产品一等奖”。

是年末，全社血吸虫病基本消灭。

1980年

是年初，成立硕放人民公社汽车运输公司。

3月，王守纪任硕放人民公社党委书记兼革命委员会主任。

是月，设立硕放工商管理组。

5月10日，成立硕放人民公社农工商联合公司。

9月19日起，气温连续15天下降，降至不利于水稻生长的20℃以下，造成全社后季稻普遍翘穗头，比上年减产425万公斤，减产幅度达34%。

是年，建立硕放人民公社劳动服务站。

是年冬，中共苏州地委书记罗运来到墙西大队陆家桥生产队对粮油作物按劳承包、分组联产责任制进行专题调研。

是年，全社桑蚕总产达21.49万公斤，创历史新高。硕放人民公社被列为无锡县蚕茧重点乡镇。红光大队蚕茧总产达1.79万公斤，名列全社榜首。

是年，硕放手工业联社研发的WT80-2型馄饨机获评“江苏省科技成果三等奖”。

是年末，全社耕地总面积43700亩，人口4.19万人，劳动力2.2万个，人均耕地1.04亩。人均分配水平126.9元。

1981年

1981年1月底，气温极低，大雪纷飞，积雪15厘米，部分树木折断，供电中断，交通受阻，部分房屋倒塌。

4月，设立硕放人民公社经营管理办公室。

5月13日，设立硕放人民公社财政管理所。

9月，硕放人民公社出台《粮油作物按劳承包、分组联产责任制》实施办法。

12月25日至26日，硕放人民公社第八届人民代表大会第一次会议召开，撤销硕放人民公社革命委员会，恢复硕放人民公社管理委员会。陆士近当选为管理委员会主任。

是年，中共硕放人民公社委员会增设纪律检查委员会。

是年，设立硕放人民公社司法办公室。

是年，无锡县供电局在新联大队孙典桥建造35千伏变电所一座，解决硕放、后宅两个地区的用电问题，这标志着硕放的用电由原来苏州供电局管理改为无锡供电局管理。

是年，硕放人民公社成立成人教育委员会。

是年，硕放人民公社文书档案室被评为苏州地区文书档案工作先进单位。

是年，全社改铺六条主社道砂石路，全长25.5公里。

1982年

2月，硕放人民公社设立建房办公室。

5月，中共硕放人民公社委员会在江苏省率先创办乡镇级基层党校。党校成立后，先后获评“江苏省先进基层党校”“江苏省红旗基层党校”等荣誉称号。

是月，硕放人民公社在硕放党校建办无锡县第一所“成人教育中心”。

12月，硕放人民公社在硕放中心小学旁建造境内第一个菜市场——墙门菜场。

是年秋，全社443个生产队全面实行家庭联产承包责任制。

是年，竺祥庵大队吴三房生产队被江苏省人民政府评为江苏省农业先进单位，并获省政府嘉奖令。

是年，开展全国第三次人口普查工作。普查结果全公社总人口41490人。其中，男20508人，女20982人。每平方公里人口密度949人。

1983年

2月9日，硕放撤社建乡，建立中共硕放乡委员会和硕放乡人民政府。大队改称村民委员会，生产队改称村民小组。

是月，成立硕放乡经济联合委员会。下设农业服务公司、多种经营服务公司、工业公司、建筑劳动服务公司、生活服务公司。各村相继成立农工商联合社。

3月30日至31日，召开硕放乡第八届人民代表大会第二次会议，陆士近当选为乡长。

4月，无锡县人民法院在硕放设立硕放乡人民法庭。

5月16日，召开中共硕放乡第六次党员代表大会，王守纪当选为党委书记。

是月，硕放乡成人教育中心开办第一届机电大专班。

9月，成立硕放乡硕放居民委员会，管辖墙门市镇居民。

是年，硕放乡人民政府在锡宅路反帝桥桥堍旁投资建造硕放敬老院，占地面积5100平方米。

是年，无锡客车厂生产的“雄鹰”牌XK121EY型计划生育车获中国汽车工业公司新产品优秀展品奖，国务院副总理万里登车并给予赞扬。

是年，墙西村被评为江苏省和无锡市“拥军优属、拥军爱民”先进单位。

是年，安桥村周典巷综合经营户曹大阿弟被评为江苏省劳动模范。

是年，硕放乡人民政府被评为江苏省精神文明先进单位。

1984年

1月17日至19日，连降大雪46小时，积雪25厘米，致使交通受阻，部分房屋倒塌。

3月4日，无锡县第一个康复中心——硕放康复中心揭牌成立。

4月12日，《人民日报》第一版刊登题为“硕放乡办农民专科学校”的文章。

是月，硕放工商管理所成立。

5月，设立硕放乡计划统计站。

7月，邹水泉任硕放乡党委书记。

8月14日，硕放乡第九届人民代表大会第一次会议召开，陆士近当选为乡长。

是月，硕放乡科技普及协会成立。

12月21日，中国联合航空公司首次开通无锡（硕放机场）至北京的航班。

是年，硕放乡人民政府在墙门老街投资30万元建造第一家水厂——墙门水厂。

是年，硕放基督教简易活动点是无锡县八个基督教活动点之一。

是年末，全乡粮食总产达2926.6万公斤，出售商品粮1069.4万公斤，创历史上粮食总产、出售商品粮最高水平。

1985年

是年春，墙西、溇金、秦村三个村率先通过无锡县农业局对农业综合服务站设施标准化、服务优质化的达标验收。

4月，硕放乡渔政管理办公室成立。

6月，硕放乡硕放房管所成立。

8月20日，硕放中心小学教学大楼竣工。

9月，硕放供销合作社陈凤媛被评为全国商业系统劳动模范。

10月，原国家卫生部副部长黄树则到硕放医院康复中心考察，并题字“康复之家”和“发展具有中国特色的康复事业”。

11月7日，中共中央顾问委员会委员、原国家卫生部部长钱信忠到硕放医院康复中心视察工作，并题“城乡结合，发展康复”八个大字。

12月19日，无锡县客车厂生产的家畜繁育车等六种车型的汽车和无锡县第六通用机械厂生产的水箱式拉丝机全部通过省级鉴定。

12月24日，江苏省人民政府、省军区在无锡召开“以劳养武”现场会，出席代表参观硕放乡人武部建办的硕放汽车附件厂。硕放汽车附件厂被江苏省人民政府、省军区评为“以劳养武”先进单位。

是年，无锡县第六通用机械厂研制的“六菱”牌LTZ-11/350水箱拉丝机获评“江苏省优质产品三等奖”。

是年，撤销乡经济联合委员会，下设“五大”公司，职能不变。

是年，全乡养猪大户迅速发展，年末猪存栏数达11573头，饲养50头以上的养猪户达7户，100头以上的达18户。无锡电视台专题播放养猪大户的情况。

是年，全乡实现工农业总产值10707.8万元，首次跨入亿元乡行列。

1986年

3月23日，硕放乡第九届人民代表大会第三次会议召开，陆兴元当选为乡长。

11月，由硕放乡团委、乡妇联、文化站举办硕放第一届农民运动会。

12月25日，中共硕放乡第七次党员代表大会召开，邹水泉当选为党委书记。

是年，硕放乡被无锡县人民政府评为文明卫生乡镇。

是年，硕放乡被江苏省人民政府评为扶贫工作先进单位。

是年，硕放康复中心被中国残疾人福利基金会定为康复中心点，美国、港澳地区学者考察该中心。

1987年

3月22日，硕放乡第十届人民代表大会第一次会议召开，陆兴元当选为乡长。

4月23日，硕放乡教育管理委员会成立。

5月14日，江苏省人民政府批准硕放乡为第三批对外开放重点工业卫星镇。

5月22日，全国政协副主席费孝通到无锡县农业现代化示范村——墙西村考察调研，并题字“为规范农业创造经验，进一步促进工农结合，发展乡村经济”。

6月1日至7月28日，境内梅雨期长达40天，总降水量为433.8毫米，部分农田被淹。

6月，卫生部副部长顾英奇为庆祝硕放康复中心成立三周年寄来“为发展具有中国特色的康复事业做出更大的贡献”的贺词。

7月12日，硕放乡创办的“无锡县红十字康复医院”为江苏省第一家红十字康复医院。

11月27日，强冷空气袭击，48小时连续降温18.8℃，全乡三麦、油菜严重受冻减产，三麦比上年减产180万公斤，减幅达22.2%。同时造成冬季蔬菜供应紧张。

12月22日，硕放乡敬老院被江苏省民政厅评为省文明敬老院。

是年，淩金村养猪专业户杨映春被评为江苏省劳动模范。

是年，硕放乡老龄问题委员会成立。

是年，经无锡县企业整顿领导小组验收，全乡60个乡村企业全部通过验收合格。

是年，塔西村工业总产值在全乡村级工业中率先突破千万元。无锡县冰箱附件厂生产的“夏音”牌化霜加热器获评“江苏省第五届轻工业优质新产品奖”。

1988年

1月，硕放乡人民政府举办“五谷杯”农民运动会。全乡共组成33个代表团592名运动员，参加越野长跑、挑担短跑、自行车慢速、乒乓球等10个项目的角逐。

是月，硕放乡人民武装部被江苏省人民政府、省军区评为国防建设先进单位。

5月15日至16日上午，雷雨交加，降水量达31毫米，境内夏熟作物受损严重。

9月25日至翌年1月5日，103天无雨，严重影响境内秋播作物生长。

是年，全乡发放第一代居民身份证。

1989年

3月20日至21日，硕放乡第十届人民代表大会第三次会议召开，袁玉良当选为乡长。

5月5日，硕放乡土地管理所成立。

6月24日，硕放乡科技服务中心成立。

10月，墙西村唐庄桥佛教点被无锡市宗教局批准为合法宗教活动场所。

11月15日，硕放乡体育运动委员会成立。

1990年

1月17日，硕放机场改建为中型机场，改造后的机场名称更名为无锡机场。

是年春，墙北村陆房湾的“邹育起家庭革命传统教育馆”开馆。

3月12日，中共硕放乡第八次党员代表大会召开，华国舜当选为党委书记。

3月23日，硕放乡第十一届人民代表大会第一次会议召开，袁玉良当选为乡长。

是月，无锡广播电视局批准成立硕放乡广播电视站。

5月，易地新建的硕放乡人民政府办公大楼落成，地址在政通路9号。

9月，各村农工商联合社撤销，成立村实业公司。

10月，硕放乡计划生育协会成立。

是年，无锡县第六通用机械厂在硕放中、小学分别设立“六通奖学金”。

是年，硕放乡被江苏省人民政府评为平原绿化达标乡。

是年，开展全国第四次人口普查工作。普查结果全乡共有人口41166人。其中，男20315人，女20851人。

是年末，全乡实现社会总产值35425万元。其中，第一产业2058万元、第二产业22517万元、第三产业10850万元。财政收入1313万元（其中可用财力437万元），粮食总产2517.6万公斤，农民人均纯收入1025元。

1991年

2月，全乡全面展开农村建设用地和宅基地的地籍调查。

5月21日至7月13日，无锡地区出现罕见暴雨、洪涝，降水量高达801毫米，雨日37天。7月2日，最大降水量178.2毫米。境内800多亩水稻受淹，墙南村鲁家园72户人家受淹，部分单位、厂房进水，损失严重。

10月11日，江苏省副省长吴锡军到硕放考察“九年制义务教育”工作。

10月12日，硕放乡第九次妇女代表大会召开。

10月23日至24日，无锡县副县长张斛西等领导到硕放乡考察中、小学“九年制义务教育”工作，并通过县级验收达标。

11月5日，中共无锡市委书记刘济民等对硕放乡“九年制义务教育”达标，进行复查验收。

11月15日，望虞河工程开工，流经境内黄家门、里新、里河、安桥等村，全长5.4公里。翌年5月29日竣工。

是年，硕放乡科学技术协会成立。

是年，塔西村毛耳坟蔡某家发生凶杀案，无锡县公安局、硕放派出所历时一个多月侦破，将三名杀人嫌疑犯抓获。

是年，乡政府投入资金400万元，在燕村桥附近建造的农贸市场竣工，占地面积2500余平方米。

1992年

1月，安桥村在全乡村级中办起第一家合资企业——无锡威联运动器材有限公司。

4月，硕放乡残疾人联合委员会成立。

7月23日，撤销原三电办、用电站机构，成立硕放乡电力管理站。

12月，硕放乡工会成立。

是年，无锡县第六通用机械厂获评“1992—1993年度江苏省明星企业”荣誉称号。在中国500家最大机械工业企业中排列第423位。

是年，易地新建硕放乡党校，地址在政通路18号。

是年，以无锡县第六通用机械厂为主体，组建成立江苏六通机械（集团）公司。以无锡县拉管厂为主体，组建成立无锡通达不锈钢集团公司。

1993年

2月12日至13日，中共硕放乡第九次党员代表大会召开，华国舜当选为党委书记。

2月23日，硕放乡第十二届人民代表大会第一次会议召开，唐雨旭当选为乡长。

4月1日，撤乡建镇，建立中共无锡县硕放镇委员会和无锡县硕放镇人民政府。

是月，硕放镇关心下一代工作委员会成立。

6月5日，硕放镇文化中心成立。

6月15日，硕放镇农村合作经济资产评估小组成立，对全镇镇村企业全面开展资产评估。

11月，硕放广播电视站开通有线电视网。

是年，墙门村硕放化纤机械厂为全镇第一家拍卖转制企业。

1994年

1月，硕放镇集体资产管理委员会成立。

6月，硕放镇人民政府在墙北村陆房湾易地新建基督教堂（原墙南村方家里的教堂拆除），被无锡市宗教局批准为合法宗教活动场所，占地面积1458平方米。

9月，张永良任硕放镇党委书记。

是月28日，硕放镇第十二届人民代表大会第三次会议召开，万家福当选为镇长。

是年，江苏省关心下一代工作委员会主任储江带领省、市、县百余人参观“邹育起家庭革命传统教育馆”。

是年，江苏六通机械（集团）公司被国家统计局、中国农村评价中心评定为中国500家最大乡镇企业。

是年，硕放镇在无锡市率先实现100%单季稻小苗育秧，受到市政府的嘉奖。

是年，以无锡县轻工机械厂为主体，组建成立江苏宏丰集团公司。以无锡盈发印染服装有限公司为主体，组建成立江苏盈发集团公司。

1995年

3月1日，无锡市区划调整，设立新区。硕放镇整建制划入无锡市新区，改称中共无锡市新区硕放镇委员会和无锡市新区硕放镇人民政府。

是月，硕放供销合作社由无锡市供销合作总社接管。

5月，硕放镇城市管理监察执法中队成立。

6月13日，硕放镇人民政府设立监察室，与纪律检查委员合署办公，一套班子、两块牌子。

7月，中国建设银行无锡市硕放分理处开办。

8月25日，新区乡镇工业会议在硕放镇召开，中共无锡市委副书记陈璧显到会讲话。

9月9日，无锡市新区农村基层组织建设暨党建工作会议在硕放镇召开。

10月，中国银行股份有限公司无锡硕放支行开办。

是年，昭嗣堂被江苏省人民政府确定为省级文物保护单位。

是年，硕放镇被评为无锡市农业先进乡（镇）。

是年，撤销新安税务所硕放税务组，在硕放镇设立“无锡市国税局第八分局第二税务所”和“无锡市地税局新区分局硕放税务所”。

是年，全镇规模20亩以上的规模经营户、小农场共67家，专业承包面积4614亩。

是年，全镇开始实行最低生活保障制度，最低生活保障标准为每人每月120元，以后标准逐年提高。

是年末，全镇实现社会总产值10.8亿元。其中，第一产业0.92亿元、第二产业8.94亿元、第三产业0.94亿元。财政收入2419万元，粮食总产2164.1万公斤，农民人均纯收入3050元。

1996年

1月，开展全国第一次农业普查，至翌年8月结束。普查结果全镇农村住户11465户，农村总人口39067人，粮食作物播种面积28643亩。

3月4日，硕放镇第十三届人民代表大会第一次会议召开，万家福当选为镇长。

4月28日，中共硕放镇第十次党员代表大会召开，张永良当选为党委书记。

10月，硕放镇党委、政府为进一步加快镇村集体企业产权制度改革，建立硕放镇集体企业转制领导小组，全面开展镇村集体企业的转制工作。

11月28日，沪宁高速公路全线贯通营运。在境内薛典村设硕放道口和收费站。

是年，墙西农机厂生产的驱动耙、旋耕耙、半自动脱粒连续三年（1996—1998年）应邀参加北京国际博览会。

是年，全镇土地利用总面积为69836.9亩。其中，农用区耕地面积39315.4亩，园地面积2092.5亩，林地面积975.2亩，居民点及工矿用地面积15319.3亩，交通用地面积3662.2亩，水域面积7532.7亩，未利用土地面积939.6亩。

1997年

2月24日，召开硕放镇第十三届人民代表大会第二次会议，邹建平当选为镇长。

5月18日，无锡市香楠书画协会在硕放镇成立。

8月，硕放镇党委、政府在薛典村启动硕放私营经济园建设。一期工程区域规划面积255亩，基础设施总投资230万元。

12月，硕放镇被评为“江苏省实施教育现代化工程”先进集体。

12月15日，墙裕村被江苏省爱国卫生运动委员会评为江苏省卫生村，成为硕放镇首个省级卫生村。被江苏省精神文明建设委员会评为“1997—1998年度江苏省文明村”。

是年，硕放中心小学被中国关心下一代工作委员会授予“97香港回归知识竞赛优秀组织奖”。

是年，无锡通达不锈钢集团公司连续五年（1997—2001年）产、销、利居全镇榜首。

是年，江苏省副省长凌启鸿考察秦村村水稻丰产方。

是年，溇金村工业总产值达1.13亿元，成为全镇第一个超亿元村。

是年，硕放镇人民政府机关干部对50户贫困户进行结对帮困。

是年，硕放镇人民政府组织全体党员干部开展向延安革命老区黄龙县捐衣捐物及捐资助学，机关党政领导及部门负责人与黄龙县开展结对帮扶活动。

1998年

2月，无锡市人民政府批准，在硕放镇筹建无锡市级私营经济园。

3月18日至20日，无锡地区遭受强冷空气侵袭，溇金村、墙北村专业户蔬菜大棚的西红柿苗和黄瓜苗受冻蔫黄而死，已出土的土豆苗冻死，损失严重。

4月，硕放镇人民政府投资4000余万元，占地2.4万平方米的新农贸市场（硕放商城）竣工投入使用。硕放商城管理委员会同时成立。

4月20日，硕放镇党委、政府决定筹建无锡市新区硕放经济园，建立硕放经济园领导小组和招商办公室领导小组。

8月，谢建初任硕放镇党委书记。

9月12日，无锡市硕放经济发展有限公司成立，引领园区开发建设、招商引资和管理服务。

10月，为配合京杭大运河整治和调运控制水位，无锡市水利局在境内建造第一座闸宽6米的永安桥闸。

是年，硕放镇被江苏省精神文明建设指导委员会评为江苏省创建文明乡（镇）工作先进乡（镇）。

是年，硕放镇政府成立刑满释放解除人员安置帮教工作领导小组及安置帮教工作站。

1999年

1月20日至21日，硕放镇第十四届人民代表大会第一次会议召开，沈雪芳当选为镇长。

2月，总投资1.5亿元的无锡市军工电力电器有限公司落户硕放工业园区，占地面积4.18万平方米。

4月，硕放镇人民政府投资100万元，在唐庄河畔望仙桥旁建造的安息堂（梦仙堂）启用。

5月13日，中共硕放镇第十一次党员代表大会召开，谢建初当选为党委书记。

是月，硕放镇老区开发促进会成立。

7月19日，入梅以来，连续阴雨，太湖水位全线告急。境内安桥、里河、里新、黄家门等村遭受百年未遇的洪涝灾害，粮食作物大面积受淹，经济作物损失严重，部分企业停产，累计损失5000万元左右。

是月，中共无锡市委书记洪锦炘到望虞河安桥里河段考察洪水灾情。

8月18日，硕放私营经济园举行开园仪式。

9月，硕放镇机关全体干部、工作人员再次向延安市黄龙县老区人民捐资8200元、捐物400件。市镇各单位党员干部职工捐书400册、捐物3857件。

是年，硕放镇农副业办公室成立，分管农业服务公司和多种经营服务公司。2002年2月，原农副业办公室、农业服务公司、多种经营服务公司撤销，硕放镇农业服务中心成立。

是年，硕放镇安置房建设指挥部成立，重点负责安置房的规划、立项、设计、建设和竣工验收等工作。

是年，工业园区二期工程开发建设，区域规划面积225亩，基础设施总投资504万元。

是年，“村村通”工程实施，架设光缆14.5公里，光纤总长34.8公里，架设电缆118.9公里，全镇24个村全部通上光纤电视。

是年，硕放镇被评为江苏省体育先进乡（镇）。

2000年

1月，二胡演奏家闵惠芬亲临硕放中心小学为学校民乐队进行二胡演奏并对学生进行指导。

3月，“硕放龙舟队”更名为“无锡龙舟队”，代表中国参加澳大利亚悉尼国际龙舟邀请赛。

4月11日，无锡龙舟队在澳大利亚悉尼国际龙舟邀请赛中获得男子组250米亚军、500米第四名、1000米第五名。是年，无锡龙舟队被国家体育总局评为“A级龙舟队”。无锡龙舟队代表国家参加澳大利亚悉尼国际龙舟邀请赛被评为2000年江苏十大新闻之一。

6月，为调节内河水位在墙南村谢家桥和鲁家园建造节制闸。10月，在安桥村、里河村、里新村建造七座望虞河配套排涝闸及涵洞。

10月18日，硕放镇拆迁安置办公室成立。

11月7日，境内拉开安置房建设的序幕。举行硕放第一个农民安居房工程——振发公寓开工奠基仪式。

是年，硕放镇被评为江苏省“亿万农民健身活动”先进乡（镇）。

是年，墙门村被江苏省爱国卫生运动委员会评为江苏省卫生村。

是年，江苏银行无锡硕放支行开办。

是年，硕放镇人民政府总投资5000万元对全镇主要河道实施排污管网建设，分期、分批对78条内河全面开展清理河底淤泥工程。

是年，硕放镇人民政府启动易地新建硕放中心小学工程。

是年，开展全国第五次人口普查工作。普查结果全镇共有人口44372人。其中，男21733人，女22639人。

是年，全镇完成126家镇村集体企业产权制度改革工作。

是年末，全镇实现社会总产值28.29亿元。其中，第一产业总值1.42亿元、第二产业总值17.07亿元、第三产业总值9.8亿元。财政收入6583万元，粮食总产1918.2万公斤，农民人均纯收入5980元。

2001年

1月，沈雪芳任硕放镇党委书记。

2月19日，无锡市自来水总公司举行接通硕放镇自来水工程开工仪式。7月1日通水。至2013年，月供水70万吨，受益人口10.28万人，全镇覆盖面达100%。

2月20日、21日，硕放镇第十四届人民代表大会第三次和第四次会议分别召开，华雨辰当选为镇长。

6月，无锡市顺丰速运有限公司落户硕放工业园区，总投资12亿元，占地面积为3.42万平方米。

7月，中国工商银行硕放分理处开办。

10月20日，由500人组成的硕放体育代表团出席无锡市新区首届体育运动会。

10月27日，中华庄村和王家桥村撤销，合并组建为新梅路村。

是月，硕放镇人民政府在盈发路508号筹建硕放水处理厂一期工程（2万吨/日SBR项目）。

是年，工业园区三期工程开发建设，A区和B区规划总面积1100亩，基础设施总投资1896万元。

是年，“无锡市国税局第八分局第二税务所”和“无锡市地税局新区分局硕放税务所”撤销，硕放税收工作由无锡市国税局第三分局和无锡市地税局新区分局直接管理征收。

是年，硕放工业园区通过ISO 9000国家质量体系认证，并被无锡市人民政府列为全市19个重点开放园区之一。

是年，无锡硕放镇职业技术学校经无锡市人民政府批准，升级为无锡市硕放职业学校，是无锡市唯一一所乡镇级公立中等技术学校。

是年，全镇完成11所中、小学校和7所幼儿园撤并工作。

是年，无锡华润燃气有限公司投入资金2亿元，铺设各种型号管道45公里，全镇大部分居民用上天然气。

2002年

1月，硕放镇人民政府对男年满60周岁，女年满55周岁的老年农民实行政府保养制度。

1月21日至22日，硕放镇第十五届人民代表大会第一次会议召开，华雨辰当选为镇长。

2月25日，硕放镇党委、政府调整党政机构（部门）设置，成立纪律委员会、党政人大办公室、政工办公室、人武（政法）办公室、农业和经济贸易办公室、社会事业办公室、村镇建设办公室、财政所。镇党政机构的原有部门撤销。

3月7日，硕放镇第十五届人民代表大会第二次会议召开，龚伯云当选为镇长。

4月，硕放物业管理有限公司成立。

5月，硕放工业园区开发过程中，在建新村邹家湾自然村发现明代古墓一座，出土墓志铭一块，刻有“怀远将军镇江卫指挥同知邹琴思墓”字样。所有出土文物被无锡博物馆收藏。

5月28日至29日，中共硕放镇第十二次党员代表大会召开，沈雪芳当选为党委书记。

6月23日，红光晨达模具厂因电火花引燃煤油引发大火，造成两名职工抢救无效死亡的安全生产事故。

8月，硕放粮管所根据上级指示精神全面实行转制工作。

是月25日，总投资2500万元，占地面积为3.56万平方米的硕放中心小学新校舍竣工启用。

11月，硕放镇启动农村大病（住院）医疗保险制度。

是年，工业园区五期工程开发建设，区域规划面积8895亩，基础设施总投资8.77亿元（含境内薛典路、孙安路、东安路的三条纵线主干道及振发路等十余条横线主干道的建设费用）。

是年，无锡硕放机场因多种原因停飞地方航线。

是年，硕放镇第三产业办公室成立。

是年，硕放私营经济园改称硕放工业集中区，被江苏省乡镇工业管理局命名为“江苏省首批乡镇工业小区”，获农业部授予“全国乡镇企业科技园区”荣誉称号。

2003年

3月，墙门村和薛典村村民委员会撤销，合并组建大墙门村村民委员会。

是月，墙南村和墙西村村民委员会撤销，合并组建墙联村村民委员会。

是月，墙北村村民委员会撤销。

是月，振发社区居民委员会成立。

4月，硕放镇人民政府成立防治非典型肺炎（“非典”）工作领导小组，全面开展预防“非典”工作。

5月1日，境内取消农业户口、非农业户口、地方城镇户口、蓝印户口、自理口粮户口等户口，按照实际居住地登记户口，统称“居民户口”。

是月，硕放镇城市管理办公室成立。

7月，硕放镇环境保护办公室成立。

8月，润硕苑社区居民委员会成立。至2011年，咏硕苑、新锦园、南星苑第一、南星苑第二、丽景佳苑第一、香楠佳苑、吉祥、锦硕苑等社区居民委员会先后成立。

10月17日，召开硕放镇第十五届人民代表大会第六次会议，曹建兴当选为镇长。

是年，政府投资在墙联村叶家弄口建造垃圾压缩中转站。

2004年

1月，交通银行股份有限公司无锡硕放支行开办。

2月18日，无锡机场恢复民用通航，定名为无锡硕放机场。

是月，硕放镇人民政府投资在润硕苑82号新建硕放中心幼儿园。

3月2日，硕放镇被江苏省爱国卫生运动委员会评为江苏省卫生镇。

是月，建新村和塔西村村民委员会撤销，合并组建合新村村民委员会。

是月，红力村村民委员会撤销。

4月15日，吉祥国际花园商品房动工建造，占地面积达28万平方米。

是月，孙典桥村和新农村村民委员会撤销，合并组建为东新村村民委员会。

是月，里河村和里新村村民委员会撤销，合并组建为香楠村村民委员会。

是月，中日合资企业——无锡太阳绿宝科技有限公司落户硕放工业园区，占地面积为6.6万平方米，是中国最大的绿茶提取物生产企业。

7月1日，全镇开始免征国家农业税。

9月，天津市金桥焊材集团有限公司无锡硕放分公司落户硕放工业园区。

11月，硕放中心小学通过创建达标，顺利升格为江苏省实验小学。

12月，硕放镇慈善协会成立，并召开代表大会，通过协会章程，选举产生理事会，镇党委书记沈雪芳为名誉会长，无锡市置业建筑工程有限公司董事长李锡惠为会长。

12月，无锡市锡州城郊信用社成立，后更名为无锡农村商业银行股份有限公司硕放分理处。

12月28日，硕放镇商会成立，镇长曹建兴为名誉会长，经济发展有限公司经理金晓忠为会长。

是年，墙联村被江苏省爱国卫生运动委员会评为江苏省卫生村。

是年，工业园区六期工程开发建设，区域规划面积2520亩，基础设施总投资2720万元。

是年，硕放镇成立预防禽流感防控指挥部，对禽类采取消、隔措施，路口设立检查站，严控禽畜及产品的流入，关闭农贸市场禽产品供应和活杀家禽屠宰场。

是年，相继筹建杨家湾工业小区、运河工业小区、红光工业小区，三个小区区域规划总面积4025亩，基础设施总投资2469万元。

是年，硕放工业集中区被列为无锡市五个重点开放园区之一。

是年末，全镇社会总产值首次突破百亿元大关，社会总产值达106.9亿元。其中，第一产业总值0.5亿元、第二产业总值60.9亿元、第三产业总值45.5亿元。财政收入1.71亿元，农民人均年收入8300元。

2005年

3月23日，江苏省副省长黄莉新到硕放工业园区的无锡太阳绿宝科技有限公司调研。

4月，南河港、川桥头、蚂蝗浜、杨更上四座调水防涝泵站开工建设，年内完工。

5月18日，无锡市公安局在硕放镇成立新区分局交巡警大队三中队。

6月，硕放中学被江苏省教育厅评为江苏省实施教育现代化工程示范初中。

7月26日，无锡市副市长贡培兴一行考察硕放镇工业园的诺龙、金桥焊接等重点企业。

8月6日至7日，受台风“麦莎”的袭击，无锡地区普遍出现8级以上大风与暴雨天气，风力高达11级。境内部分供电线路中断，蔬菜大棚坍塌，树枝折断。

10月10日，无锡市政协原主席陈璧显一行考察硕放河道整治工作。

12月26日，无锡机场改扩建工程“民航站区”举行奠基仪式。

是月，硕放中心幼儿园被江苏省教育厅评为江苏省示范性幼儿园。

是年，硕放镇人民政府投资在南星苑二路新建南星苑小学，于2007年2月启用。学校占地面积为3.35万平方米。

是年，硕放镇人民政府投资在南星苑一路新建南星苑幼儿园，于2007年2月启用。幼儿园占地面积为1.45万平方米。

是年，红光村、西典巷村被江苏省爱国卫生运动委员会评为江苏省卫生村。

是年，硕放重点工业园区顺利通过国家、省、市发展和改革委员会对拟保留省级重点开发园区的复审复核，被确认为拟保留省级重点开发园区。

是年末，全镇实现社会总产值135.69亿元。其中，第一产业总值0.36亿元、第二产业总值76.58亿元、第三产业总值58.75亿元。全镇财政收入2.1亿元，粮食总产521.4万公斤，农民人均纯收入10067元。综合经济实力在无锡市乡镇排行中位列第15。

2006年

1月20日，硕放镇被国家环境保护总局命名为“2005年度全国环境优美乡镇”。

是月，开展全国第二次农业普查，至翌年5月结束。普查结果全镇农村住户16782户，总人口47138人，其中农业从业人员1744人，粮食作物播种面积17650亩。

2月，中共硕放镇委员会、硕放镇人民政府撤销，中共无锡市新区硕放街道工作委员会、硕放街道办事处成立，曹建兴任街道办事处主任。

5月，曹建兴任中共硕放街道工作委员会书记。

是月25日，硕放昭嗣堂被国务院、文化部确定为第六批全国重点文物保护单位。

是月31日，硕放重点工业园区通过国家发展和改革委员会清理整顿设立审核，被确定为第六批通过审核公告的省级开发区，命名为“江苏无锡硕放工业园区”。

6月11日，硕放街道党工委、办事处和无锡电视台《今晚60分》栏目组在新锦园社区广场联合举办先进文化进社区、安全生产宣传月暨全民健身活动启动仪式。

6月19日，无锡市新区党工委书记周谦等有关人员到硕放工业园区，参加无锡市美柏行数码科技有限公司等十家高质量项目集中举行的奠基仪式。

是月，无锡硕放工业园区通过ISO 14001国家环境管理体系认证。

7月7日，硕放街道与江南大学共建大学生志愿者社会实践基地。

8月17日，中共江苏省委宣传部主办的全省党课教学观摩交流会在硕放道党校召开。

9月28日，江苏科技大学硕放教育点在硕放职业学校举行揭牌仪式。

10月11日，无锡市人大常委会主任郁家树一行考察硕放昭嗣堂。

10月30日，中共无锡市委常委、政法委书记戴解平一行到硕放调研政法综治工作。

是年，在振发东路易地新建的无锡高新技术产业开发区硕放人民法庭办公大楼落成。

是年，香楠村被江苏省爱国卫生运动委员会评为江苏省卫生村。

是年，硕放街道实行新型农村合作医疗保险，参保者平时门诊均可享受定额结报，住院可享受一定比例补偿。当年参保人数24577人，参保率达98%。

是年，无锡祥生医学影像有限责任公司生产的B型超声波诊断仪、彩色多普勒超声波诊断仪两个产品获评“江苏省科技进步二等奖”。同时，设立无锡国家高新技术产业园区博士后科研工作站。

是年底，南星苑第二社区创办全国第一个社区环保教育馆。

2007年

1月22日，中共无锡空港产业园区工作委员会成立，无锡空港产业园区管理委员会，实行与无锡硕放工业园区、新区硕放街道港区街合一的管理体制。高敏任中共无锡空港产业园区工作委员会书记，张建华任无锡空港产业园区管理委员会主任。

是月，街道村级小学撤点并校工作全部完成。

4月，钟晓栋任硕放街道办事处主任。

是月12日，国家文物局副局长童明康一行考察国家文物保护单位昭嗣堂。

5月8日，街道办事处成立创建“中国曲艺之乡”领导小组，下设办公室。

是月，太湖无锡段蓝藻暴发，水源水质恶化。为落实中共无锡市委、市政府《关于举全市之力开展治理太湖保护水源“6699”行动的决定》，开展贡湖水域整治，对渔民、渔具和渔船等做出政策性处理。

6月30日，“中国曲艺之乡”评审团专家及省、市文联曲协等相关人员到硕放考察指导。

6月5日，南星苑第二社区作为江苏省“绿色社区”创建活动先进社区代表参加国家环保总局在北京人民大会堂召开的全国绿色社区创建表彰大会，并被国家环境保护总局评为全国绿色社区活动（第二批）先进社区。

7月3日至8日，无锡地区出现两次强降雨天气，降水量分别达129.0毫米和159.6毫米，境内道路积水，农田受淹，社区地下车库进水严重。

7月8日，亚洲空运中心有限公司（AAT）行政总裁陈昌盛率领的香港物流代表团一行，考察空港产业园区和无锡硕放机场。

7月26日，无锡空港产业园区内设党政办公室、党群工作处、经济发展和招商服务处、财政审计处、规划建设和环境保护处、社会事业管理处、民航事务管理处七个管理机构。

8月17日，经中共无锡市委批准，中共无锡空港产业园区纪律检查委员会成立。

9月4日，硕放街道被全国爱国卫生运动委员会命名为“国家卫生镇”。

9月29日，无锡硕放机场新航站楼举行落成典礼。

9月29日，成立空港产业园区安全生产委员会。

12月，硕放中心幼儿园被江苏省环保厅、教育厅评为绿色幼儿园。

是年，全街道有线电视入户率达100%。

是年，硕放街道成立河道长效管理领导小组，对境内69条河道实行全覆盖“河长制”管理。

是年，全街道范围内深入开展治理太湖、保护水源活动。

是年，溇金村被江苏省精神文明建设指导委员会评为江苏省创建文明村先进单位。

2008年

1月25日夜至29日清晨，无锡地区普降暴雪，降雪量达51.6毫米，积雪深度30厘米，均超过1955年以来历史气象极值纪录。为保证学生的安全，1月27日无锡市教育局作出全市中小学、幼儿园提前放寒假的决定。

2月1日至2日，无锡再次大雪。雪灾给境内生产、生活带来很大影响，树木压断、房屋坍塌、菜棚压垮、蔬菜紧缺、价格突涨。

3月，硕放街道“小城镇建设项目”被江苏省建设厅授予“江苏省人居环境范例奖”。

4月，李建秋任中共无锡空港产业园区工作委员会书记、管理委员会主任。

5月16日，空港产业园区党工委、管委会对“5·12”四川汶川地震灾区组织募捐仪式活动，共募集到资金145万元支援灾区重建家园。

9月26日，空港产业园区引进的城市综合体瑞港商业广场项目开工建设。瑞港国际大酒店、格桑动漫、世纪联华超市、莫泰168、迪欧咖啡、交通银行等重点项目陆续入驻，先后开业。

是月，硕放中心幼儿园被共青团江苏省委授予“青年文明号”荣誉称号。

11月27日，江苏省人民政府督学龚勇率“无锡市义务教育现代化学校”评估验收组到南星苑小学进行“无锡市义务教育现代化学校”评估验收工作。

12月11日，无锡空港产业园区举行环机场路（经一路）通车典礼和临空物流园揭牌仪式暨丰树物流竣工典礼。

是年，硕放水处理厂扩建二期工程（日处理污水2万吨）。

是年，设立“硕放街道奖学金”，定于每年10月对世代居住于硕放并录取高中、中专及以上的学生进行奖学金兑现。

2009年

1月，中共无锡空港产业园区工作委员会、中共无锡市新区硕放街道工作委员会主办的《新空港·新硕放》报刊出版发行。

2月26日，无锡市副市长方伟到空港产业园区参加腾达航勤设备（无锡）有限公司开业仪式并致辞。

是月，空港产业园区制定《关于空港产业园区“路长制”全覆盖的实施管理意见》文件，对辖区内41条道路实施全覆盖“路长制”管理。

3月，周兴荣任硕放街道办事处主任。

4月9日，无锡硕放机场开通首条国际航线（无锡—大阪），中共无锡市委、市政府、新区等有关领导参加首航仪式。

5月8日，空港产业园区个体及零星税收委托代征工作站挂牌成立。

5月15日，瑞港国际大酒店签约入驻空港产业园区。

5月24日，全国政协委员、中国曲艺家协会党组书记、相声表演艺术家姜昆到园区调研“中国曲艺之乡”争创工作。

6月9日，空港产业园区倾力打造的一个以航空电子、物流研发、临空科技商务为主导的三创载体特色园区——无锡临空总部科技园奠基。市、区有关领导参加奠基仪式。

8月12日，无锡市副市长吴建选到空港产业园区考察经一路延伸、环太湖高速硕放互通、长江南路延伸等三大重点道路工程建设情况。

9月29日，国家投资建设的锡张高速（环太湖高速）无锡硕放互通工程开工，工程在硕放村设有出入口。翌年11月30日，江苏省锡张高速公路通车，与环太湖高速公路相连，途经境内合新、硕放、西典巷、东新、溇金、秦村六个村。

10月28日，空港产业园区顺丰速运、佳达国际、大运航空货代等航空物流产业项目举行集中签约仪式。

12月5日，空港产业园区无锡锡通工程机械有限公司、无锡市滚动轴承有限公司、无锡军工智能电气股份有限公司等12家企业加入无锡高新区工商联（总商会）。

12月7日，空港产业园区举行硕放文化（睦邻）中心开工典礼仪式。

12月7日，空港产业园区首个院士工作站——无锡锡通科技集团有限公司、无锡锡通工程机械有限公司工作站挂牌。

12月31日，无锡市新区硕放惠民物业股份合作社成立。当年共有1624户股民入股，发放红利367.5万元。

是年，硕放街道政协联络工委小组成立，由街道党工委副书记陈志高兼任组长。

是年，硕放街道投资建设16.67万平方米的硕放市民休闲街（市民广场）竣工并投入使用。

2010年

1月28日，无锡市副市长吴建选到空港产业园区考察经一路延伸、环太湖高速硕放互通等工程建设。

1月29日，硕放街道政协工作委员会成立，陈志高任主任。

4月22日，硕放街道总工会成立。

4月24日，空港产业园区举行“情系玉树”慈善募捐活动，共为地震灾区募集善款50.7万元。

7月1日，沪宁城际高速铁路建成通车，途经境内合新、硕放、黄家门、香楠等村。

9月，南星苑第二社区“低碳环保教育馆”被评为省级环境教育基地。

是月，总投资3亿元的无锡当当网信息技术有限公司落户硕放工业园区。

11月1日，无锡硕放机场更名为苏南硕放国际机场。

12月27日，无锡空港产业集聚区入选江苏省省级现代化服务业100家集聚区名单。

是年，第六次全国人口普查工作结束。普查结果全街道共有常住人口83953人，其中男43976人，女39977人。80—89岁1340人，90—99岁151人，100岁以上2人。

是年，新锦园社区姜进生被全国“敬老爱老助老”主题教育活动组委会授予“全国孝亲敬老之星”荣誉称号。

是年，溇金村被江苏省精神文明建设指导委员会评为江苏省文明村。

是年末，全街道实现社会总产值344.7亿元。其中，第一产业总值0.3亿元、第二产业总值220.4亿元（其中三资企业营业收入105.0亿元）、第三产业总值124.0亿元。财政收入5.7亿元，居民人均纯收入18650元。

2011年

1月1日，硕放垃圾中转站启用。

1月21日，苏南硕放国际机场举行无锡至东京航班首航仪式。

3月30日，空港产业园区投资建造的硕放颐养院举行开工奠基仪式。2013年9月12日竣工并交付使用。

5月6日，中央电视台第四频道采访组走进低碳社区的典型——南星苑第二社区进行采访。

5月27日，江苏省水利厅厅长吕振霖一行到硕放考察走马塘延伸拓浚工程。

是月，硕放街道团工委获评“江苏省五四红旗团委”先进单位荣誉称号。

6月22日，总投资10亿元的无锡百联奥特莱斯商业有限公司在硕放工业园区举行开工奠基仪式。

6月28日，注册资本1000万美元的腾达航勤设备（无锡）有限公司在硕放工业园区举行奠基仪式。

7月13日，德国图宾根区三名环保专家参观考察南星苑第二社区低碳环保成果。

10月28日，空港产业园区举行生命科技园入驻企业集中签约及奠基仪式。江苏杰尔康生物科技有限公司、无锡和邦生物科技有限公司、无锡大周生物工程有限公司等十家重点企业签约入驻。

11月1日，空港产业园区举行科技商务中心启用暨项目集中开竣工仪式。

11月3日，中共安徽省委组织部组织80余名优秀大学生村官到空港产业园区考察交流大学生村官（社工）工作。

11月23日，无锡市新区举行无锡市硕放中学新校区开工奠基仪式。

11月26日，《邹氏家谱》续成颁谱并举行首发仪式，该谱为解放后境内首部续谱。

12月30日，硕放文化（睦邻）中心竣工启用。

是年，硕放街道办事处开始对80周岁以上老年人每月发放尊老金。

是年，硕放天主教信众在锦硕苑143号筹建一座占地300平方米的硕放天主教堂。

是年，在公安部开展的“清网行动”中，硕放派出所将在册30名逃犯全部抓捕归案，被无锡市公安局记集体三等功1次。

是年，溇金村被江苏省农村工作领导小组评为江苏省社会主义新农村建设先进单位。

是年，硕放镇顺利通过国家卫生镇复查。

2012年

1月12日，无锡市政协港澳委员一行考察科技商务中心、临空物流园、当当网华东总部、硕放文化（睦邻）中心。

是月，振发社区警务室被江苏省公安厅评为一级警务室。

2月，无锡市硕放建筑安装工程有限公司被江苏省建设工程（招投标）监督管理办公室评为江苏省建筑业50强。

3月31日，空港产业园区在科技商务中心举行重点产业项目集中签约暨开（竣）工仪式，签约的九个项目总投资为39.3亿元。

4月23日，中共中央统战部中国统一战线杂志社外联部主任铁砚章一行到空港产业园区调研民营企业无锡市斯威克科技有限公司。

5月15日，空港产业园区与捷普绿点精密电子（无锡）有限公司共同合作投资建成的捷普绿点康乐园残疾人农疗站启用。

6月26日，空港产业园区（硕放街道）在南星苑第二社区活动中心举行社区戒毒（康复）工作站揭牌仪式。

8月，总投资21.7亿元的无锡深南电路有限公司落户硕放工业园区。

9月4日，中共江苏省委常委、无锡市委书记黄莉新，副市长黄钦、方伟一行调研空港产业园区重点企业当当网华东总部。

10月19日，国家民航局副局长夏兴华率国家民航局相关人员一行到空港产业园区调研苏南硕放国际机场发展情况。

10月23日，中共重庆市石柱土家族自治县县委副书记、县长艾东率代表团一行到空港产业园区参观空港科技商务中心、临空物流园等单位。

是月，沈雪芳任中共无锡空港产业园区工作委员会书记、管理委员会主任。

11月30日，空港产业园区与中国东方航空江苏有限公司举行战略合作协议签约仪式。

12月24日，硕放街道成立《硕放志》编纂工作领导小组，下设办公室。

是月，境内全长11.4公里的走马塘改造工程全面完工。

是月，南星苑第二社区获国家民政部和国家减灾委员会共同颁发的“全国综合减灾示范社区”奖牌。

是年，南星苑第二社区主编的《低碳与环保——中国社区在行动》被中国成人教育协会社区教育专业委员会评为全国社区教育特色教材。

是年，硕放中学被江苏省教育厅、环保厅评为江苏省绿色学校。

是年底，参加城镇居民医疗保险人数达21080人，参保率达99.5%。

是年，位于空港产业园区综合配套生活区核心位置的硕放香梅哥伦布广场项目签约落户并投资建设。

2013年

1月，注册资本8000万元的江苏申凯包装高新技术股份有限公司落户硕放工业园区。3月28日，该公司在天津股权交易所成功上市，为空港产业园区首家上市公司。

3月28日，丽景佳苑第一社区获江苏省民政厅和江苏省减灾委员会共同颁发的“江苏省综合减灾示范社区”奖牌。

6月28日，中共江苏省委常委、无锡市委书记黄莉新，代市长汪泉，市人大常委会主任姚建华，市政协主席周敏炜等一行考察百联奥特莱斯开业前的准备工作。

6月29日，无锡百联奥特莱斯商业广场举行开业仪式。

7月4日至8月15日，境内受到副热带高压控制，35℃以上连续高温日达42天，中午室外温度高达39.7℃，打破历史以来的高温天数的极值。

7月9日，园区内的无锡新能锂业有限公司厂房、生产车间（201标房13号）发生大火，烧毁房屋面积约2500平方米，经济损失惨重。

8月9日，空港产业园区与中国邮政长三角速递物流邮件处理中心项目举行签约仪式。

8月12日，硕放实验小学“小白鸽”舞蹈队赴北京参加全国小学艺术比赛活动，舞蹈《摇到外婆桥》获全国校园文化艺术节金奖。

是月，总投资2.03亿元的硕放中学新校区启用，校区占地面积为6.34万平方米。

9月12日，空港产业园区开展创新社区宣传教育暨“墙门大讲堂”讲师团学习日活动。“墙门大讲堂”新时期宣传工作平台启动。

10月30日，空港产业园区举行无锡中联金投资有限公司、无锡市南方投资发展有限公司、无锡锡通科技集团有限公司等重点企业的竣工仪式。

11月11日，空港产业园区皮拉图斯飞机项目应邀参加在珠海举办的第十届中国国际航空航天博览会。

12月2日至10日，境内浓雾重霾，能见度低。无锡市启动大气重污染黄色预警（3级）。4日，东亭与旺庄监测点空气质量指数（AQI）突破300。5日，无锡地区预警级别升至2级，为橙色预警，天气预报重度污染。境内连续八天被雾霾笼罩，中小学校幼儿园停止一切室外活动。10日中午12点45分，无锡地区解除大气污染黄色预警。

12月10日，南星苑第二社区、漤金村被省精神文明建设指导委员会授予“2010—2012年度省级文明社区”“2010—2012年度省级文明村”荣誉称号。

12月18日，全国首家以“快递产业”命名的专业园区——苏南快递产业园授牌暨园区重大项目奠基开工仪式在空港产业园区举行。

是月，丁惠芬、毕琪、阳冬秋、邹南珍、徐小娟、高重国、黄惠珍、曹建良、韩俊锡、潘宁安十人被评为“硕放好人”。

是年，力特半导体（无锡）有限公司外贸自营出口额9874万美元，名列硕放工业园区第一。

是年，无锡硕放不锈钢物流园不锈钢交易额达100亿元。进驻亚洲最大的不锈钢电子交易平台——无锡市不锈钢电子交易中心。

是年，硕放中心小学被江苏省卫生厅、教育厅授予江苏省健康促进学校银奖。

是年末，全街道累计完成农户拆迁13779户，拆迁房屋面积33.35万平方米，安置安居房套数2.12万套，安居房面积212.23万平方米。

是年末，苏南硕放国际机场开通的国际及港、澳、台航线11条，国内航线38条（含5条货运航线），初步构成覆盖国内，辐射东南亚、东北亚的航线网络。

是年末，全街道出口产品供货额33.33亿元，其中汉廷能源科技（无锡）有限公司自营出口供货额最高达9002万美元。

是年末，硕放工业园区共有企业1271家，其中有高新技术企业30家，名牌企业21家。应税销售超亿元的企业有35家，超5000万元的企业有62家。三产营业收入超亿元的有20家。

是年末，全街道技工贸总收入594.21亿元。其中，第一产业0.33亿元、第二产业318.04亿元、第三产业275.84亿元。财政收入9.59亿元，农民人均年收入28436元。

2014年

1月13日，空港产业园区高校毕业生就业创业工作领导小组成立，搭建企业发展需求与高校毕业生就业意愿双向选择平台。在3月的园区“春风行动”大型招聘会上，38家用工单位提供近600个岗位，有200余人与用人单位达成意向性用工协议。

3月25日，苏南顺丰电商产业园、丰硕无锡国际物流园、优速物流苏南航空物流基地、中通吉航空总部基地四家电商物流项目落户空港产业园区。

4月19日，无锡硕放不锈钢物流园开业。

4月29日，苏南硕放国际机场国际快件中心通过南京海关组织的验收，成为江苏省唯一一个运营的国际快件中心。

5月28日，无锡空港产业园区举行“红五月”重点项目集中签约、投产仪式。

6月20日，中国曲艺家协会党组书记董耀鹏到空港产业园区考察曲艺文化工作。

6月21日，共青团中央书记处书记汪鸿雁、共青团江苏省委副书记王伟一行到空港产业园区考察调研青年工作。

6月28日，中国邮政速递物流无锡长三角邮件集散中心项目在无锡空港产业园区开工建设。

7月10日，美国纽约州立大学布法罗分校经济学教授保尔泽姆瑞卡到空港产业园区开展企业调研活动。

9月22日，国家邮政局批复苏南快递产业园升级为全国快递产业集聚发展试验区，是国内唯一一个国家级的快递产业集聚区。

9月28日，空港产业园区（硕放街道）在硕放文化中心广场举行“锡剧、无锡评曲传习基地”揭牌仪式和国庆文艺晚会。

9月29日，空港产业园区昌盛光伏科技（中国）有限公司在江苏省区域性股权交易市场——江苏股权交易中心无锡分中心挂牌上市。

是月，振发社区骆仟园在江苏省第九届残疾人运动会上获3金2银共5块奖牌的好成绩，赛事组委会为他颁发“体育道德风尚奖”。

10月22日，硕放实验小学与新西兰Aberdeen学校友好结对，进一步推动学校英语教育的发展。

11月28日，集购物、休闲、娱乐、餐饮、办公、居住为一体的高端城市综合体项目——硕放香梅哥伦布广场竣工开业，广场总建筑面积超过25万平方米。

12月15日，新锦园社区通过ISO 14001环境管理质量体系认证。

2015年

1月28日，无锡市新区工商联空港产业园区（硕放街道）商会成立，陆毅刚任会长。

1月29日，空港产业园区（硕放街道）召开《硕放志——村（居）史略》一书出版发行会议。

3月25日，空港产业园区（硕放街道）第四届文化睦邻节开幕式暨“梨花又开春满园”文艺活动在南星苑第二社区百果园内开幕。

4月11日，苏南硕放国际机场开通无锡至韩国襄阳（江原道）间的往返航班。

4月23日，空港产业园区召开第二次全国地名普查工作动员大会，全面开展域内地名普查工作。

4月29日，中共江苏省委常委、无锡市委书记李小敏一行到空港产业园区生命科技园，考察园区建设发展情况，调研生命医药产业研发状况。

6月26日，空港产业园区的无锡深南电路有限公司举行半导体封装基板项目一期落成暨二期合作协议签约仪式。

7月8日，注册资本2500万美元的民生电商现代金融物流园项目落户空港产业园区。

7月21日，江苏省人民政府办公厅同意江苏无锡硕放工业园区更名为江苏无锡空港经济开发区。

8月20日，无锡市新区首家“医养融合”模式护理院落户空港产业园区硕放颐养园。

9月8日，全国著名快递企业DHL——普洛斯无锡航空物流苏南总部项目签约落户空港产业园区。

9月22日，空港产业园区与深圳美林、江苏澄健、江苏福源康三家医疗科技公司举行相关科技项目的集中签约仪式。

9月28日傍晚，在南星二路发生车祸，造成3死3伤的重大交通事故。

10月10日，新锦园社区获江苏省和谐社区建设“示范社区”荣誉称号。

11月1日，中国曲艺家协会向无锡市新区硕放街道授予“中国曲艺之乡”牌匾，硕放成为全国第五十个“中国曲艺之乡”。

12月12日，硕放天主教堂举行开堂仪式。

是年末，全街道实现技工贸总收入633.7亿元。其中，工业销售收入263.7亿元，三产营业收入370亿元。实现地区生产总值141.47亿元、财政总收入19.68亿元、居民人均纯收入34963元。

2016年

1月8日，硕放生态工业园区顺利通过省级生态工业园区技术考核。

1月18日，总投资超10亿元的阿里巴巴集团旗下菜鸟网络——中国智能骨干网无锡空港项目奠基仪式举行。

1月22日，硕放地区遭受极端寒潮灾害，最低温度-8.7℃。

2月24日，《无锡日报》主办的“2016无锡政务新媒体论坛暨2015无锡新媒体年度榜单发布”评选中，“空港硕放”政务公众号跻身全市政务类街道板块第二名。

4月28日，总投资超10亿元的圆通航空物流江苏总部基地项目落户空港产业园区，签约仪式在无锡市新区科技商务中心举行。

4月28日，中共空港产业园区（硕放街道）党工委召开党员代表大会，选举产生21名党代表。

6月13日，中共江苏省委书记罗志军到无锡空港产业园区生命科技园的无锡和邦生物科技有限公司考察。

6月27日，空港产业园区（硕放街道）30名政协委员出席中国人民政治协商会议无锡市新吴区第一届委员会第一次会议。

6月28日，空港产业园区（硕放街道）人大工作委员会选举产生的30位人大代表出席无锡市新吴区第一届人民代表大会第一次会议。

7月1日至3日，境内遭受特大暴雨，部分低洼处民房、园区厂房以及道路、农田等处不同程度受灾。

7月5日，无锡评曲艺术研讨会暨全国优秀作品征集启动仪式在空港产业园区（硕放街道）成功举办。

7月19日，无锡市人民政府与中国邮政速递物流股份有限公司江苏省分公司签订跨境电子商务综合服务战略合作备忘录。

7月28日，空港产业园区的苏南（无锡）快递产业园区被商务部确定为全国20个智慧物流示范基地（园区）之一。

9月8日，深南电路半导体封装基板15亿元二期项目签约仪式举行。

9月19日早上5点半左右，大墙门村庵西海沿锡宅路出租房内发生煤气罐爆炸，造成5

人死亡的重大安全事故。

是月，硕放街道社区卫生服务中心被授予“江苏省免疫规划（预防接种）先进集体”荣誉称号。

2017年

1月20日，美国力特半导体电子晶圆片9000万美元项目签约落户空港产业园区。

3月，锦硕苑社区在“2015‘百县千乡万村无邪教创建示范工程’活动”中，获得国务院防范和处理邪教问题办公室颁发的“创建无邪教示范社区”荣誉称号。

5月27日，根据无锡国家高新技术产业开发区（无锡市新吴区）党政办公室锡新办发〔2017〕102号文件精神，中共江苏无锡空港经济开发区工作委员会、江苏无锡空港经济开发区管理委员会，为新吴区委、区政府派出机关，副处级建制。与无锡市新吴区硕放街道党工委、办事处实行“区政合一”的管理体制。

7月22日，大暑，最高气温达40.3℃，创年内最高气温极值。

是月，朱冬青任硕放街道办事处主任。

8月25日，召开空港经济开发区（硕放街道）第一次妇女代表大会。

9月27日，举行硕放凝禧寺大雄宝殿奠基仪式。

11月1日，无锡市暨新吴区全民终身学习活动周开幕式在空港经济开发区（硕放街道）举行。

12月，曹建兴任中共无锡空港经济开发区工作委员会书记、管理委员会主任。

是月17日，硕放航空小镇启动仪式在苏南硕放国际机场国际出发大厅举行，标志着无锡高新区（新吴区）特色小镇“硕放航空小镇”启航。

2018年

2月2日，硕放街道与陕西省延安市宜川县英旺乡共同召开座谈会，就如何开展结对帮扶工作进行深入对接和探讨。

3月10日，工信部公布第二批绿色制造企业名单，无锡市三家企业入选绿色工厂名单。空港经济开发区企业——格林美（无锡）能源材料有限公司成为高新区（新吴区）唯一一家上榜企业。

4月25日，空港经济开发区（硕放街道）举行2018年重大项目集中开竣工仪式暨复星国药中国智能医药物流网络华东枢纽项目开工奠基仪式。

6月28日，硕放街道与松多藏族乡深入开展对口支援工作交流活动，积极推进结对帮扶工作。

10月，无锡空港经济开发区通过江苏省知识产权局、江苏省商务厅专家组对知识产权试点园区建设工作的考核验收，顺利晋级“江苏省知识产权试点园区”。

11月7日，空港经济开发区集中开竣工仪式暨无锡顺丰丰泰产业园竣工开园典礼举行。

11月17日至18日，硕放街道举行新时代讲好中国故事鼓曲创作研讨会暨原创评弹《郑和下西洋》文本专家论证会，来自全国各地的50多位领导和专家参加会议。

12月5日，江苏省农委督导组赴空港经济开发区对“大棚房”专项清理整治工作进行督导检查。

是年末，空港经济开发区（硕放街道）实现“千亿空港”的目标，技工贸总收入达1016.88亿元，其中工业销售收入403.38亿元，三产营业收入613.50亿元。实现地区生产总值181.64亿元、财政总收入24.60亿元、居民人均纯收入43050元。

第一篇

区域环境

第一章

建置区划

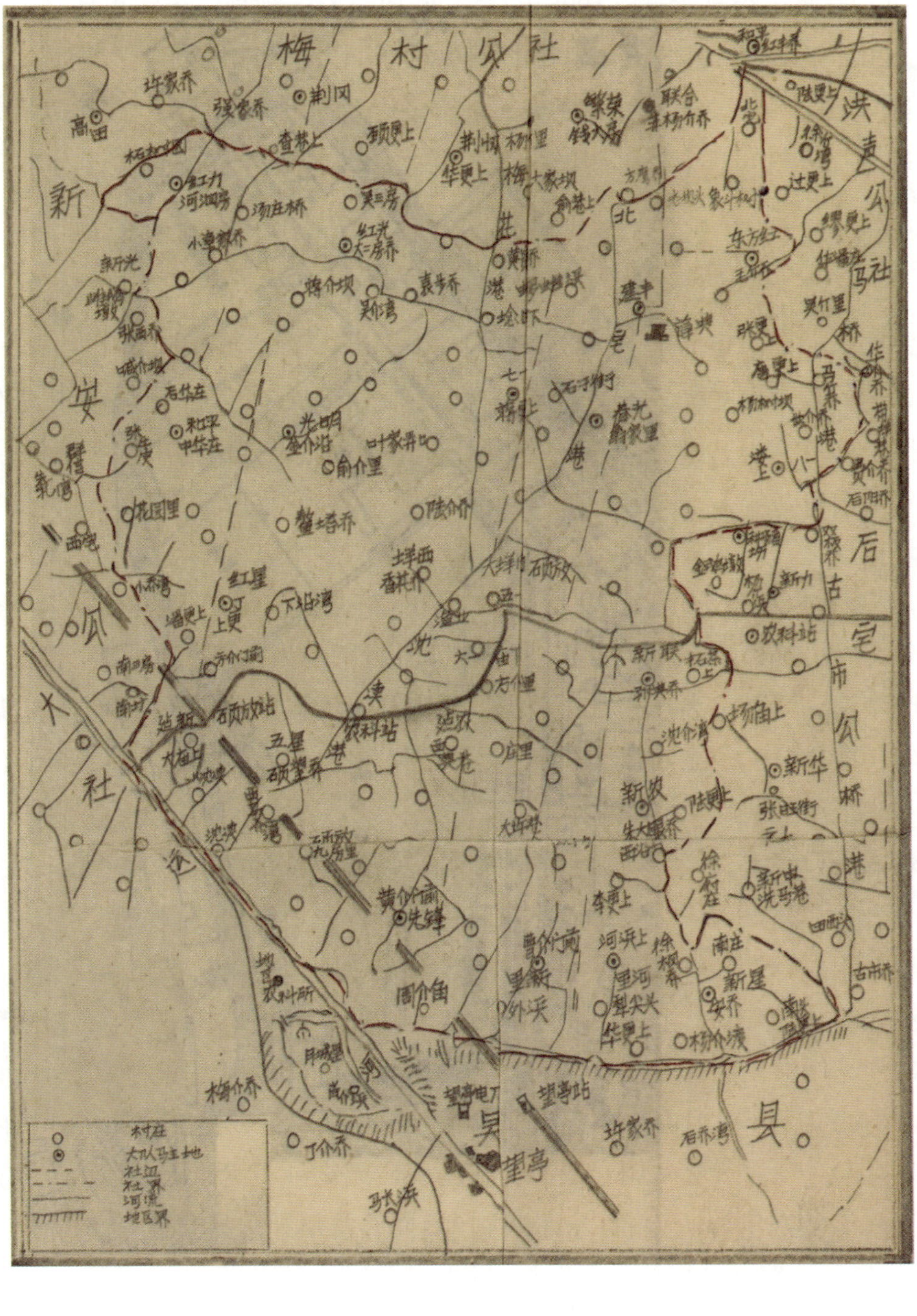

4000年前，境内属禹贡扬州之地。商武乙二十一年（前1127年），泰伯在苏州北50公里梅村梅里处筑城建都，自号“勾吴”，其地始称吴地，境内属之。宋代开始，境内属无锡县泰伯乡。明洪武年间（1380年前后），清丈土地，编号设图，其时，境内属无锡县泰伯区。清雍正四年（1726年），析无锡县为无锡、金匮两县，境内属金匮县。清光绪三十四年（1908年），无锡、金匮两县裁并22乡为17市乡（10市7乡），境内属金匮县泰伯市。民国元年（1912年），无锡、金匮两县合并为无锡县，境内属无锡县泰伯市。1949年4月，境内先后成立墙门、薛典镇人民政府。中华人民共和国成立后，境内区、乡、镇区划屡有变动。1958年9月硕放成立人民公社，1983年2月撤社建乡，1993年4月撤乡建镇，境内所辖区域不变，隶属无锡县管辖。1995年3月，硕放镇整建制划归无锡市新区，隶属无锡市新区管辖。2000年后，随着城镇化建设的不断推进，境内行政区划有所变动，并相继调整。2006年2月撤镇建街道。2007年1月建立无锡空港产业园区。2013年，空港产业园区（硕放街道）辖15个行政村和11个社区居民委员会。

第一节　建置沿革

夏代（距今4000年左右），境内属禹贡扬州之地。

商朝末年，距今约3200多年前，周人古公亶父（周太王）长子泰伯为让王位于弟季历及季历之子昌（周文王），以遂父愿，偕弟仲雍南奔荆蛮，定居梅里（今梅村一带）。商武乙二十一年（前1127年），泰伯君在苏州北50公里梅村梅里处筑城建都，自号“勾吴”，始称吴地，境内属之。

汉初，“高祖以百户为里、五里为乡，四家为邻、四邻为都，在邑为坊、在野为村”。汉高祖五年（前202年），始建无锡县，属会稽郡。封韩信为楚王，建楚国。汉高祖六年（前201年），废楚王，立刘贾为荆王，建荆国。无锡县先后属楚荆封地，境内地域属荆国。汉高祖十二年（前195年），立刘邦侄子刘濞为吴王，置吴国，境内地域属吴国。汉征和四年（前89年），复置无锡县，境内属之。

晋武帝太康元年（280年），废毗陵典农校尉，置毗陵郡，复置无锡县，境内属之。

晋永嘉五年（311年），毗陵郡改称晋陵郡，境内属之。

隋开皇九年（589年），废南徐州，改晋陵郡为常州，境内属常州无锡县。

唐贞观元年（627年），境内属江南道常州无锡县。唐开元二十一年（733年），境内属江南东道常州无锡县。唐天宝元年（742年），常州复称晋陵郡，境内属之。

五代，吴武义元年（919年），杨隆演称帝，建吴国，无锡县随州属吴，境内属之。天祚三年（937年），李昪灭吴，国号唐，史称南唐，无锡县归南唐国，境内属常州无锡县。

宋开宝八年（975年），灭南唐，宋承唐制，境内属常州无锡县泰伯乡。宋元丰八年（1085年），江南隶属两浙路（全国为十五路），境内属无锡县泰伯乡。

元代，沿袭宋制。据元末王仁辅纂修《无锡志》，常州路无锡州有22个乡。境内属无锡州泰伯乡。

明洪武元年（1368年），立南京为直隶，境域属常州府无锡州泰伯乡。次年，无锡州降为无锡县，境内属常州府无锡县泰伯乡。明万历八年（1580年），无锡县22个乡裁并为13个区，泰伯乡裁并为泰伯区，境内区域属泰伯区。

清初，沿袭明制。清雍正四年（1726年），析无锡县为无锡、金匮两县（雍正二年诏，四年划定）。以京杭大运河为界，运河以西称无锡县，运河以东称金匮县，境内属金匮县泰伯区。清咸丰十年（1860年），太平天国建苏福省，废金匮县并入无锡县，境内属苏福省常州郡无锡县。清同治二年（1863年），复无锡、金匮两县，同属江苏省常州府，境内属金匮县。清光绪三十四年（1908年），无锡、金匮两县裁并22乡为17市乡（10市7乡），境内属金匮县泰伯市。

民国元年（1912年）5月，无锡、金匮两县合并为无锡县。境内改属无锡县泰伯市。民国18年至23年（1929—1934年），无锡县10市7乡改为17个区，以序数为区名，设区公所。境内大部分属无锡县十二区（区公所在大墙门口），部分属十三区和二区。民国23年（1934年）6月，江苏省第二行政督察专员公署下辖无锡县原17个区并为10个区。境内大部分属无锡县八区，部分属无锡县二区。其间废闾邻制，设保甲制。民国26年（1937年）11月25日，日军侵占无锡，此后，日伪统治者曾两度变更行政区域。民国27年（1938年）1月，恢复民国23年（1934年）前的17个区。又于民国30年（1941年）2月恢复抗战前的10个区。境内区、乡以下建置不变。民国37年（1948年）1月，无锡县裁区设署，合并乡镇，境内墙门镇、薛典镇隶属荡口署。民国38年（1949年）6月，荡口署改属梅村区，境域属之。

1949年4月19日，由中共梅南区委领导的薛典党支部派遣代表到薛典镇接管，随即建立薛典镇人民政府，下辖3乡（金桥乡、观泗乡、三让乡）共11保。4月23日，无锡解放。4月25日，苏南行署工作团派工作组进驻墙门镇，建立墙门镇人民政府，下辖“四乡一镇”（硕住乡、北渡乡、塔西乡、南家乡、墙门镇）共21保。

1950年2月，无锡县区、乡调整，分15个区，区下设乡、镇，建立乡、镇人民政府，设立乡村制（为小乡建置）。1951年4月，境内12个乡属墙门区，秦村乡、新中乡属梅村区。

1954年冬，墙门区撤销，薛典、观泗、墙门、墙西4个乡划归梅村区（1956年实行大区制，撤销梅村区时又划归华庄区）。塔西、硕住、里河、墙南先划归荡口区，两个月后划归华庄区。后西、后宅、后南、南塘4个乡划归荡口区。

1956年4月，撤小乡并中乡。境内合并为墙南乡、宅基乡、薛典乡3个中乡，属无锡县华庄区。后西乡仍属无锡县荡口区。

1957年9月，全县撤区并乡，实行县、乡两级行政管理体制。10月，经苏州专署批准，将墙南中乡，薛典中乡，宅基中乡的塔西、新中及后西乡的部分地区合并，设立硕放乡（为大乡建置），隶属无锡县华庄区。是年冬，相继成立五一、六一等22个高级社。

1958年4月，无锡县撤销区级建置，全乡22个高级社为经济组织，乡村建置不变。

1958年7月，全乡22个高级社组成7个联社，隶属无锡县。

1958年9月20日，硕放人民公社成立，实行政社合一。7个联社在“大跃进”期间改为12个工区，1个工业营，1个市镇单位。

1959年3月，硕放人民公社行政建置为公社管理委员会、生产大队管理委员会、生产队队委会三级。原12个工区调整为15个生产大队（辖15个副业队、154个农业队、23个蚕桑队）。新建渔业大队。是年5月，调整为22个农业生产大队、1个渔业大队、282个生产队。

1961年4月，里河大队划分为里河、新星2个大队，全社共有24个生产大队，403个生产队。

1966年6月“文化大革命”开始。1968年3月，硕放人民公社、生产大队建立革命委员会，生产队建立革命生产领导小组。

1981年12月，硕放人民公社革命委员会撤销，恢复硕放人民公社管理委员会，重建公社、大队、生产队三级管理体制。

1983年2月9日，撤销硕放人民公社管理委员会，建立硕放乡人民政府，大队改称村民委员会，生产队改称村民小组。

1993年4月1日，硕放乡人民政府撤销，硕放镇人民政府成立，隶属无锡县管辖。

1995年3月1日，无锡市区划调整，硕放整建制划归无锡市新区管辖。

2006年2月8日，硕放镇人民政府撤销，无锡市新区硕放街道办事处成立，隶属无锡市新区管辖。

2007年1月，无锡空港产业园区成立。实行空港产业园区、硕放工业园区、硕放街道“港、区、街”三合一的管理体制。

2013年，无锡空港产业园区（硕放街道）辖15个行政村和11个社区居民委员会。

第二节　行政区划

据《无锡县志》载，宋开宝八年（975年），无锡县分设26个乡，境内属常州无锡县泰伯乡。宋元丰八年（1085年），无锡县全境26乡裁并为22乡，乡下设都（共60都），都下设保（共585保）。泰伯乡下设4都35保，境内属泰伯乡。

元袭宋制，明沿元制。明万历年间（1573—1620年），实行计户分里、随粮定区，区分上下扇，扇下设都，都下设图，图下设甲，10户为1甲，10甲为1保。无锡县的22个乡裁并为13个区，全县共60都415图。原泰伯乡裁并为泰伯区，上扇有原泰伯乡的2都14图，下扇有原泰伯乡和原梅里乡的5都18图，境内属泰伯区的上、下扇。

清沿袭旧制，清雍正四年（1726年）无锡县分无锡、金匮两县，以大运河为界，河东为金匮县，河西为无锡县，各区及扇随域归属，泰伯区属金匮县。据《无锡金县志》记载，境内部分村落仍属泰伯区。上扇1都2图涉及的部分村落有安桥、周典巷、浦家里属34都4图，字号宝；西浜、曹家门前、西庄属34都5图，字号寸；陆贤桥、朱桐眼桥、丁更上、姚更上、沈家湾、南河头属34都7图，字号是；许九房、陈家沿、池家湾、中四房、孙典桥、柘茶上、杨家里属34都8图，字号竞。下扇4都13图分布的部分村落有坟塘桥、黄家门前、石狗头、西码头、秦家坝、西庄桥、金更上属34都6图，字号阴；陆房桥、谢家桥、严家湾、西墙门、肖家桥、丁家浜、汤家桥属35都1图，字号资；前场湾、庙下、唐庄村、大河头、许卖、木桥头、荷典桥属35都2图，字号父；老二房、庄里、大家桥、南河桥、安上、田里四房属35都3图，字号事；小章家桥、东沈巷、西沈巷、毛耳坟、鳌塔桥、施家坝、安桥属35都4图，字号君；石皮桥、吴家桥、赵家桥属35都5图，字号日；王道人巷、朱郎桥、杨家湾、方家门前、树巷里属35都6图，字号严；杨家桥、陆家桥、陆房湾、竹桥头、查家桥、姚家桥、石子街、堰田下、堰田上属35都7图，字号兴；硕望桥、马家桥、白泥墩、沈巷上属36都1图，字号孝；河泗桥、王家桥、汤庄桥、大二房桥、袁步桥、田舍桥、陆家桥、旺二房桥属36都4图，字号力；阙家里、淡上、小园里属57都1图，字号分；薛典、老住基、沈店巷、象斗树下、陈家桥、北宅、过家桥、翁家里属57都2图，字号切；殷家里属57都3图，字号磨。清光绪三十四年（1908年），境内区划不变，仍属金匮县泰伯市（人口满5万的称“市”，不满5万的称“乡”）。

民国元年（1912年），无锡县和金匮县合并为无锡县，仍设10市7乡，境内地域区划不变。民国18年（1929年），行政区域将市、乡制改为区、乡、镇制，无锡县十二区辖3镇（大墙门镇、坊桥镇、后宅镇）33乡。境内的唐庄乡、硕望乡、竹桥乡、观庄乡、金娥乡、大许乡、南河乡、东塔乡、泗水乡、住基乡、淡金乡、秦村乡、薛典乡、曹渡乡属无锡县十二区大墙门镇，区公所设在大墙门镇上。沈渎乡属无锡县十三区，小章家桥乡属无锡县二区。民国23年至26年（1934—1937年），其间硕望、住基两乡撤销合并为硕住乡。境内大墙门镇、薛典镇、北渡乡、金桥乡、观泗乡、硕住乡、塔西乡、三让乡、南家乡、金娥乡、香平乡属无锡县八区。境内华庄乡属无锡县二区。民国26年（1937年）无锡沦陷，在日伪统治下，区域曾两度更改。民国27年（1938年）1月至30年（1941年）1月，境内小章家桥乡属无锡县二区，沈渎乡属无锡县十三区。唐庄乡、硕望乡、竹桥乡、泗水乡、住基乡、淡金乡、秦村乡、薛典乡、曹渡乡属无锡县十二区。1945年9月，抗战胜利后，无锡县境区域划分维持原状。由于日

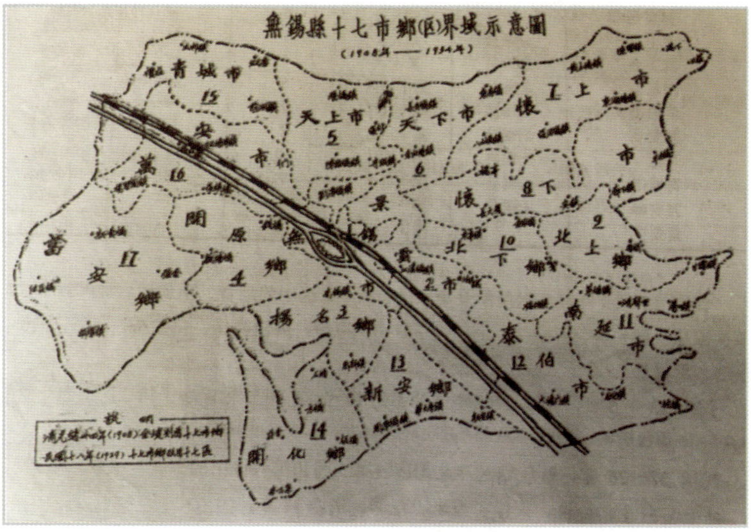

无锡县十七市乡（区）界域示意图

伪统治期间将一些乡镇的归属任意划乱，1945年11月，由无锡县政府决定恢复抗日战争（1937年）前10区区制，只是各区将序数区改为所在地名称。原属八区和二区改属荡口区和东亭区。境内的大墙门镇、薛典镇、北渡乡、金桥乡、观泗乡、硕住乡、塔西乡、三让乡、南家乡属无锡县荡口区。华庄乡属无锡县东亭区。

民国37年（1948年）1月，无锡县裁区设署，合并乡镇。无锡县境划分5个区署，6个指导区及1个自治实验乡，下设57个镇，17个乡。1949年4月19日，由中共梅南区委领导的薛典党支部派遣代表到薛典镇接管，建立薛典镇人民政府，下辖金桥乡、观泗乡、三让乡3乡11保，1949年4月25日，苏南行署工作团派工作队进驻墙门镇，建立墙门镇人民政府。下辖南家乡、硕住乡、北渡乡、塔西乡4乡21保。薛典镇、墙门镇隶属荡口区署。1949年6月荡口区署改属梅村区。1949年11月，无锡县废除旧制，划乡建行政村，原薛典镇和墙门镇两个政府机构撤销。薛典、观泗、秦村3个乡属无锡县梅村区，墙门、塔西、墙西、硕住、墙南、新中、里河、后西8个乡属无锡县华庄区。

1950年5月至1951年4月，无锡县区、乡调整。1950年5月建立墙门区，下辖墙门乡、墙南乡、墙西乡、硕住乡、塔西乡、里河乡、薛典乡、观泗乡、后宅乡、后南乡、后西乡、新安乡、新南乡，是年7月撤新安、新南两乡，归华庄区管理，同时增设南塘乡。秦村乡、新中乡属无锡县梅村区。

1951年4月至1954年末，薛典乡、观泗乡、塔西乡、墙西乡、墙门乡、墙南乡、硕住乡、里河乡、后南乡、后西乡、后宅乡、南塘乡属无锡县墙门区。秦村乡属无锡县梅村区。新中乡属无锡县华庄区。1953年9月，无锡县墙门区人民政府改称无锡县人民政府墙门区公所。1954年8月，无锡县区、乡随之变更，撤销墙门区公所。薛典、观泗、墙门、墙西4个乡划归梅村区（1956年实行大区制，撤销梅村区时又划归华庄区）。塔西、硕住、里河、墙南4个乡先划归荡口区，两个月后划归华庄区。后西、后宅、后南、南塘4个乡划归荡口区。

1954年4月，因国家“四一四工程”建设需要，墙西乡大部分自然村迁移，其他分别并入塔西、硕住、墙门3个小乡。

1956年4月，全县合并区、乡，将原13个区合并为7个区，171个乡镇并为67个乡。境内原来的墙南、里河、硕住3个小乡合并为墙南中乡，乡政府设在墙南包庄；原来的薛典乡、墙门乡、观泗乡部分及秦村乡部分合并为薛典中乡，乡政府先设在薛典，后移至墙门镇上（墙门东路二弄15号）；原来的塔西乡、新中乡、宅基乡及观泗乡部分属宅基中乡，乡政府设在塔西鳌塔桥。境内墙南中乡、薛典中乡、宅基中乡属华庄区，后西乡属荡口区。

1957年9月，全县农业社会主义改造基本完成，对区域又作一次调整。全县撤区并乡，实行县、乡两级行政管理体制，将原7个区合并为5个区，67个乡并为36个乡。10月，境内墙南、薛典2个中乡合并为硕放乡。宅基中乡的塔西、新中、宅基、观泗部分和后西乡的新联、新农也归属硕放乡。硕放乡下辖五一、六一、七一、八一、五星、红星、建新、建农、硕放、先锋、里新、新星、新农、新联、东方红、富强、春光、红光、红力、光明、和平、墙西22个高级社。

1958年7月，硕放乡22个高级社合并为7个联社。红炬一社（六一、五一、墙西、建农）、红炬二社（硕放、五星、建新、红星）、红炬三社（先锋、里新、新星）、红炬四社（红光、红力、光明、和平）、红炬五社（春光、八一、七一）、建丰社（东方红、富强）、新联社（新联、新农）。

1958年9月，无锡县建39个人民公社，实行政社合一体制。9月20日，硕放人民公社成立。7个联社改为7个工区。“大跃进”时期，工区几经改换。1958年底，7个工区调整为9个工区。1959年2月，又由9个工区调整为12个工区，并建1个工业营，1个市镇单位。1959年3月，原12个工区调整为15个生产大队（辖15个副业队、154个农业队、23个蚕桑队），新建渔业大队。1959年5月，新联大队划分为新联、新农2个大队；里河大队划分为里河、里新2个大队；硕放大队划分为硕放、建新、五星3个大队；光明大队划分为光明、和平2个大队；建丰大队划分为建丰、东方红2个大队；原墙西乡划入塔西、硕住、墙门3个乡的自然村重新组合成墙西大队。调整后为22个农业生产大队（辖282个生产队），1个渔业大队。

1958年9月庆祝硕放人民公社成立

1961年4月，原里河大队划分为里河、新星2个大队。全社共有24个生产大队。至1964年10月，全社24个生产大队辖403个生产队。

1982年8月，大部分大队更名以境内桥名、寺庙名、大自然村名。五一大队更名为墙门大队，六一大队更名为墙南大队，七一大队更名为墙北大队，新联大队更名为孙典桥大队，新星大队更名为安桥大队，先锋大队更名为黄家门大队，建农大队更名为西典巷大队，五星大队更名为杨家湾大队，建新大队更名为庙廊大队，红星大队更名为塔西大队，和平大队更名为中华庄大队，光明大队更名为王家桥大队，红光大队更名为竺祥庵大队，东方红大队更名为秦村大队，八一大队更名为溇金大队，春光大队更名为薛典大队。

1983年2月，撤社建乡，23个农业生产大队和1个渔业生产大队改为行政村，445个生产队改为村民小组，境内行政区划不变，硕放乡下辖墙门、墙南、墙北、墙西、孙典桥、安桥、新农、里河、里新、黄家门、西典巷、硕放、杨家湾、庙廊、塔西、中华庄、红力、竺祥庵、王家桥、建丰、薛典、溇金、秦村、渔业24个行政村。是年9月，硕放乡居民委员会成立，管辖墙门市镇居民。

1992年，渔业村更名为墙裕村。

1993年4月，撤乡建镇，境内行政区划不变。

1995年3月，无锡市区划调整。硕放镇整建制划入无锡市新区，境内行政区划不变。是年末，庙廊村恢复为建新村，竺祥庵村恢复为红光村。

随着城市化建设推进，2001年至2013年，境内行政区划变化较大。2001年10月，撤销中华庄村和王家桥村，组建新梅路村。2003年3月，撤销墙北村，其中陆房湾村民小组划归镇居民委员会，蔡家桥、陈家桥、查家桥3个村民小组划归墙西村，撤销墙南村和墙西村，组建墙联村；撤销墙门村和薛典村，组建大墙门村；成立振发社区居民委员会。8月，成立润硕苑居民委员会。2004年3月，撤销红力村；撤销孙典桥村和新农村，组建东新村；撤销里河村和里新村，组建香楠村；撤销建新村和塔西村，组建合新村；成立新锦园社区居民委员会。4月，成立咏硕苑社区居民委员会。2005年11月，成立南星苑第一社区居民委员会。2006年2月，撤镇建街道，下辖大墙门、墙联、墙裕、东新、香楠、安桥、建丰、秦村、黄家门、硕放、杨家湾、新梅路、溇金、合新、西典巷、红光16个村（居）民委员会，硕放街道、振发、润硕苑、新锦园、咏硕苑、南星苑第一6个社区居民委员会。2006年5月，撤销红光村，成立南星苑第二社区居民委员会。2007年1月，建立无锡空港产业园区，实行“港、区、街”三合一的管理体制。无锡空港产业园区（硕放街道）下辖15个村（居）民委员会，7个社区居民委员会。2011年1月，筹建吉祥国际花园社区居民委员会。2013年7月，成立丽景佳苑第一社区居民委员会、香楠佳苑社区居民委员会、锦硕苑社区居民委员会。2013年12月，无锡空港产业园区（硕放街道）下辖大墙门、墙联、墙裕、东新、香楠、安桥、建丰、秦村、黄家门、硕放、杨家湾、新梅路、溇金、合新、西典巷15个村（居）民委员会，99个村民小组，振发、润硕苑、新锦园、咏硕苑、南星苑第一、南星苑第二、硕放街道、丽景佳苑第一、香楠佳苑、锦硕苑、吉祥（筹）11个社区居民委员会，207个居民小组。

2013年各行政村、社区居民委员会所辖村民（居民）小组一览表

表 1-1 单位：个

行政村		社区	
单位	村民小组	单位	居民小组
大墙门	19	振　发	16
墙　联	21	润硕苑	20
东　新	5	新锦园	18
香　楠	7	咏硕苑	23
安　桥	3	硕放街道	10
黄家门	3	南星苑第一	24
西典巷	—	南星苑第二	45
硕　放	—	丽景佳苑第一	11
杨家湾	4	香楠佳苑	21
合　新	7	锦硕苑	—
新梅路	5	吉　祥	19
秦　村	6		
建　丰	3		
溇　金	11		
墙　裕	5		
合　计	99	合　计	207

第二章

行政村、社区

中华人民共和国成立之后，随着农村土地制度、生产关系、生产组织形式、农村集体经济经营机制等不断变化改革，作为农村最基层的村、社区，其建置、区划、归属亦几经变化。

1951年完成农村土地改革后，农村开展农业合作化运动，先后建立互助组、初级社、高级社。1958年7月，22个高级社合并为7个联社。1958年9月成立人民公社，1959年3月，原12个工区调整为15个生产大队。形成公社、大队、生产队“三级所有，队为基础”的格局。1983年2月撤社建乡，大队改称村。1993年4月撤乡建镇，实行镇管村体制。

进入21世纪后，随着城镇化建设的快速推进，区划屡有变动，部分行政村合并调整。大部分居民聚居在社区，陆续建立社区居民委员会。2006年2月撤镇建街道。2007年1月，成立无锡空港产业园区，实行“港、区、街”三合一管理体制。随着社会经济的发展，村（居）民委员会和社区居民委员会的工作职责也随之发生相应变化。至2013年，全街道共有15个村（居）民委员会，99个村民小组，11个社区居民委员会，207个居民小组。

第一节　行政村

中华人民共和国成立初，县以下仍设区、乡（镇）。1951年，境内完成农村土地改革后，各村农户自愿组成互助组。1953年至1954年，在互助组的基础上建立初级社。1956年至1957年，境内相继建立22个高级社。1958年7月，22个高级社合并为7个联社。1958年9月，成立硕放人民公社，实行政社合一。1959年5月，以高级社为基础成立生产大队，公社下辖23个生产大队和282个生产队。1961年4月，公社下辖24个生产大队和403个生产队。1983年2月撤社建乡，生产大队改称行政村，生产队改称村民小组，乡下辖24个行政村和445个村民小组。2000年后，区划变动较大，撤村并村，相应作出调整。至2013年，境内从原来的24个行政村调整为15个行政村99个村民小组。

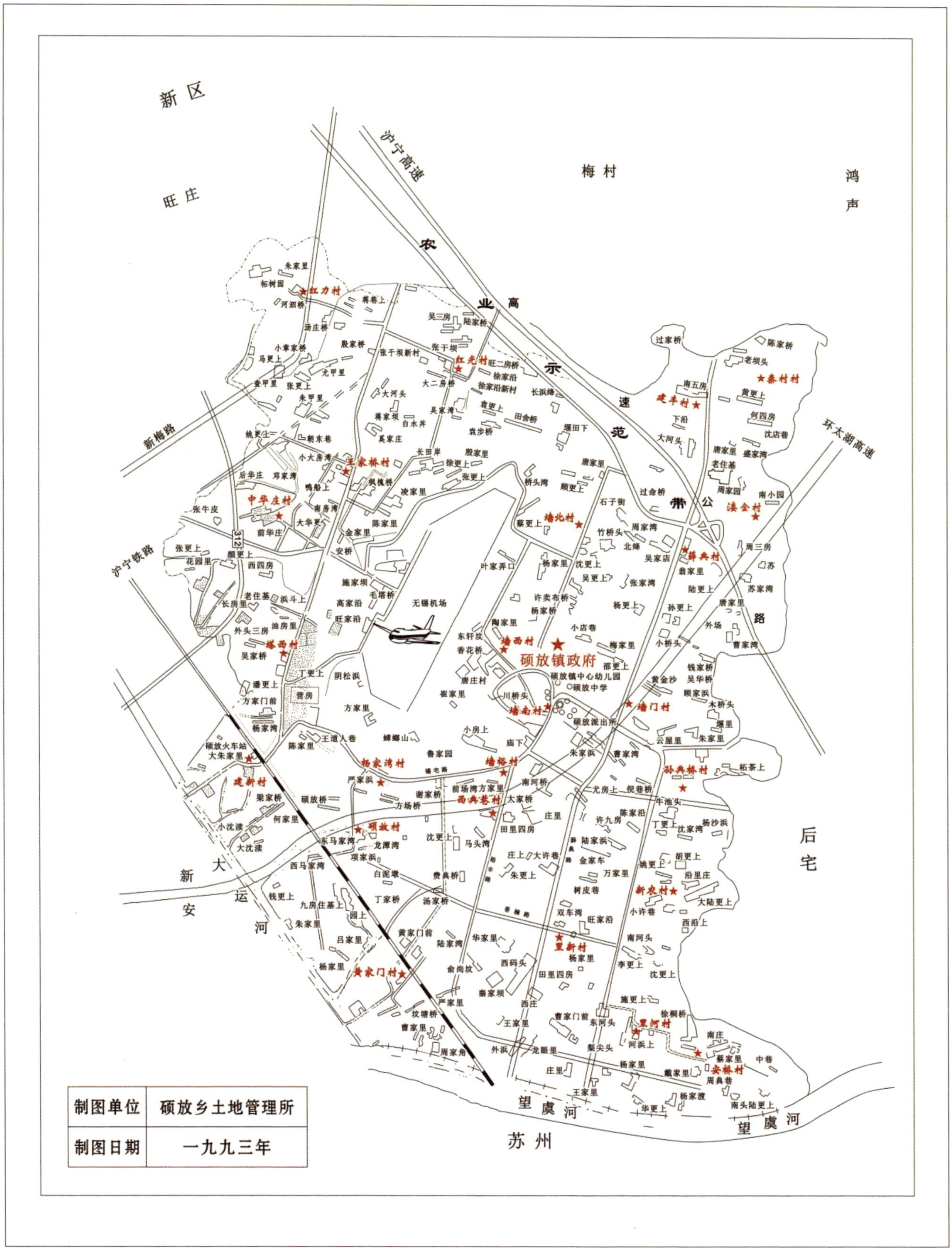

1993年硕放镇乡村分布图

1958—2006年硕放各行政村名称演变情况表

表 2-1

硕放人民公社（1958.9—1983.1）		硕放乡人民政府（1983.2—1993.3）		硕放镇人民政府（1993.4—2006.1）		硕放街道（2006年2月起）	
大 队	办公地点	村	办公地点	村	办公地点	村（居）	办公地点
五 一	大河头、邵更上	墙 门	邵更上	墙 门	薛典路3号	大墙门	薛典路3号
春 光	翁家里	薛 典	翁家里	薛 典	翁家里		
六 一	庙 下、浜 西	墙 南	庙 下、浜 东	墙 南	唐南路79号	墙 联	香花桥、唐南路79号
墙 西	香花桥	墙 西	香花桥	墙 西	香花桥		
新 联	牛池头、孙典桥	孙典桥	孙典桥	孙典桥	孙典桥	东 新	小许巷
新 农	桥 头	新 农	桥 头	新 农	桥 头、大 公		
里 河	毛家浜、河浜上	里 河	河浜上	里 河	河浜上	香 楠	河浜上
里 新	曹家门前	里 新	曹家门前、曹石桥	里 新	曹石桥		
建 新	大庙上	庙 廊	大庙上	建 新	大庙上	合 新	丁更上
红 星	纱巷里、丁更上	塔 西	树巷里	塔 西	丁更上		
和 平	前华庄、中华庄	中华庄	中华庄、前华庄	中华庄	中华庄	新梅路	西沈巷
光 明	西沈巷	王家桥	西沈巷	王家桥	西沈巷		
新 星	毛家浜	安 桥	毛家浜	安 桥	毛家浜	安 桥	毛家浜
先 锋	黄家门、薛家里	黄家门	金更上	黄家门	金更上	黄家门	金更上、香楠路17号
建 农	西典巷	西典巷	西典巷	西典巷	西典巷	西典巷	南星苑第一社区
五 星	硕望桥	杨家湾	杨家湾	杨家湾	杨家湾	杨家湾	杨家湾
硕 放	园 上	硕 放	项家浜	硕 放	项家浜	硕 放	项家浜
东方红	何家里、西来庵	秦 村	西来庵	秦 村	西来庵	秦 村	西来庵
八 一	溇 上、金家里	溇 金	金家里	溇 金	金家里	溇 金	金家里
建 丰	薛更上、阙家桥	建 丰	南五房	建 丰	南五房	建 丰	南五房
渔 业	公社麻纺厂旁	渔 业（墙裕）	公社麻纺厂旁	墙 裕	墙裕村1号	墙 裕	墙裕村1号
红 光	竺祥庵、大二房桥	竺祥庵	大二房桥	红 光	大二房桥、竺祥庵	红 光	南星苑第二社区
七 一	竹桥头	墙 北	蒋更上	墙 北	蒋更上	—	—
红 力	尤甲里、小章家桥 河泗桥	红 力	河泗桥	红 力	河泗桥	—	—

说明：硕放镇人民政府一栏中，其中2001年10月，中华庄村与王家桥村合并为新梅路村；2003年3月，墙门村与薛典村合并为大墙门村，墙南村与墙西村合并为墙联村，墙北村撤销；2004年3月，建新村与塔西村合并为合新村，红力村撤销；2004年4月，孙典桥村与新农村合并为东新村，里新村与里河村合并为香楠村；2006年5月，红光村撤销

1986年硕放乡自然村一览表

表 2-2

行政村名	生产队（村民小组）个数	自然村个数	自然村名
墙　门	21	19	庵西海、荷典桥、小店巷、梅家里、钱家桥、黄金沙、张更上、曹家湾里、张家住基、邵更上、曹家里、程家里、花瓶井、顾家浜、吴华桥、小桥头、观音堂头、大河头、坝上
墙　南	23	17	庙下、方家里、庵上、老二房、尤房上、鲁家园、坟里桥、南河桥、川桥头、朱家浜、谢家桥、宋更上、沿河、南头、旺家浜、塘坊上、小房上
墙　北	26	24	蒋更上、蔡更上、竹桥头、陆房湾、过命桥、周家湾、下沿、邹家里、杨家里、埝头上、堰田下、石子街、许卖、吴家桥、吴更上、沈更上、北绛、顾更上、袁更上、竹桥坟、唐家里、姚家桥、查家桥、陈家桥
墙　西	14	17	香花桥、唐庄桥、叶家弄口、杨家桥、陆家桥、唐庄村、崔家里、陶家里、范家浜、旺家里、杨家角、姚轩坟、丝竹里、朱郎桥、东轩坟、蟑螂山、许家里
孙典桥	20	18	孙典桥、金家车、倪巷桥、西香湾、柘茶上、树皮巷、万家里、周家里、陆家浜、许九房、中四房、陈家沿、牛池头、池家湾、朱家里、云屋里、堰里、木桥头
新　农	18	15	沈家湾、杨沙浜、姚更上、陆更上、小许巷、西沿上、南河头、旺店、江家里、桥头、丁更上、胡更上、沿里庄、赵家里、汪家里
里　河	19	17	河浜上、犁尖头、小王家里、薛家里、施更上、浦家里、田堵里、吴家里、沈更上、张家里、王家里、东河头、李更上、小陆更上、曹家里、毛更上、杨家里
里　新	16	12	曹家门前、外浜、庄里、西庄、旺家沿、双车湾、龙眼里、王家里、西浜、曹石桥、田里四房、杨家里
安　桥	18	18	安桥头、杨家渡、周典巷、南庄、徐桐桥、杜家里、华更上、陆更上、戴家里、江家里、毛家浜、中巷、金家浜、华家里、王家里、曹家里、蔡家里、角里
黄家门	22	28	黄家门前、周家角、陈德屋、汤家桥、严家里、坟塘桥、金更上、顾家湾、张家湾里、朱家里、水井头、毛家里、曹家里、黄泥头、陆家里、小园里、北桥、西码头、秦家坝、西庄桥、石狗头、姚家里、绛湾里、杨家里、陆家湾、俞尚坟、华家里、赵家湾
西典巷	23	25	西典巷、庄里、大许巷、小桥头、西墙门、燕马桥、方场湾、尤家湾、尤家里、前场湾、厅老大房、大家桥、徐家湾、陆贤桥、张家里、朱更上、惠家里、马头湾、沈家里、庄南、周公桥、张桑桥、田里四房、肖家桥、谢家桥
硕　放	23	38	九房住基上、陆家里、钱更上、沈更上、西房、东马家湾、西马家湾、项家浜、俞家里、丁家浜、白泥墩、前头三房、园上、许家里、三家村、季家湾、陈家里、陆房桥、丁家桥、草屋里、老五房、吕家里、吕家墩、陆房村、蒋家里、同桥头、万家里、龙潭湾、石桥头、丁家里、姚家里、朱家里、沈巷上、王家里、杨家里、二亩四里、桥头浜、费典桥

续表 2-2

行政村名	生产队（村民小组）个数	自然村个数	自然村名
杨家湾	14	13	杨家湾、赵家桥、方家里、下沿湾、王道人巷、堰头上、硕望桥、钱家湾、陈家里、阴松浜、良更上、严家湾、唐家里
建　新	10	15	大庙上、大沈渎、小沈渎、邹家湾、梁家桥、大朱家里、小朱家里、王家里、何家里、万家里、屈家里、朝东巷、北海、小二房、谈更上
塔　西	18	22	树巷里、方家门前、鳌塔桥、西四房、老住基、毛耳坟、花园里、吴家桥、潘更上、丁更上、旺家沿、高家沿、松墩沿、浜斗上、油房里、纱巷里、外头三房、小巷郎、长房里、河东湾、杨家湾、施家坝
中华庄	14	11	中华庄、前华庄、后华庄、大华更、翻扒头、张牛皮、史更上、张更上、颜更上、安桥、小华更
王家桥	21	27	西沈巷、东沈巷、小大房湾、小桥头、严家湾、奚更上、泗水庵、白水井、奚家庄、枫槐桥、俞家里、沿河、朝东巷、西浜、朱家里、邓家湾、小园里、大河头、蒋家坝、鸭船上、南房湾、金家里、陈家里、凌家里、王家桥、金家堰、后金家堰
红　力	20	16	河泗桥、小章家桥、陈家里、马更上、柘树园、旺家桥、汤庄桥、蒋巷上、田二房、南头湾、朱家里、夏土婆湾、丁更上、查甲里、张更上、尤家里
红　光	22	21	大二房桥、长田岸、殷家桥、桥头湾、陆家桥、吴三房、吴家湾、袁步桥、徐家堰、张更上、田舍桥、张干坝、长浜绛、旺二房桥、殷家里、徐更上、竺祥庵、袁更上、张家湾、居更上、毛家湾
秦　村	15	15	北宅、朱米山、东堰湾、毛家桥、施方园、象斗树下、何四房、陈家桥、凌家园、项家里、沈店巷、曹家里、杨家湾、顾家湾、何家里
建　丰	21	17	旺市桥、老坝头、小坝头、黄更上、螺蛳浜、南五房、盛家湾、大河头、周清浜、黄贵桥、沈家里、唐家里、阙家桥、下沿、过家桥、桥角里、薛更上
溇　金	30	29	溇上、金家里、小大房、马家桥、曹家湾、张更上、南小园、唐更上、周三房、杨树坝、南安桥、外场、世家桥、朱败六、石桥头、苏家湾、唐家里、阙家里、华家里、庙泾上、沈仙桥、坝东、湾里、浜上、陆家湾、当中横、张修船、井头、长浜上
薛　典	15	14	翁家里、薛典、陆更上、孙更上、毛家浜、杨更上、老住基、翁更上、周家园、陆家里、吴家店、张家湾、周基章、马家湾
合　计	443	448	—

大墙门村

2003年3月，因硕放镇区域调整，由原墙门村、薛典村合并组建成大墙门村。

大墙门村村民委员会

大墙门村位于硕放镇区中心。东以里夫泾港为界，与孙典桥、溇金村隔河相望；南以燕村河为界，与镇区、墙联村隔河相望；西傍走马塘河、北宅浜；北靠建丰村。薛典路、通祥路、锡宅路、新宅路、经一路、沪宁高速公路穿境而过，交通十分便利。

全村区域面积6.80平方公里，有35个自然村，36个村民小组。2013年末，有1096户，2889人，其中部分农户已拆迁安置进社区，但未办理户籍迁移手续。

2013年，全村实现工业总产值6650万元，销售收入6545万元，利税总额185万元，增加值1470万元，居民人均收入28512元。

2010年获评“无锡市森林村”荣誉称号；2011年获评“无锡市新区文明村居先进集体”荣誉称号；2012年被评为无锡市新区幸福安康示范区；2013年被评为无锡市新区先进基层党组织。

2003—2005年大墙门村农村经济收益分配情况表

表 2-3

年份	收入（万元）			总支出（万元）	净收入（万元）	国家税金（万元）	集体积累（万元）	分配		
	全社会总收入	其中						总人口（人）	分配总额（万元）	人均分配水平（元）
		农业收入	非农业收入							
2003	36500	45	36455	33212	3288	638	990.60	2100	1659.40	7901.90
2004	43891	60	43831	40074	3817	782	1211.00	2100	1824.00	8685.70
2005	39686	33	39653	35855	3831	702	838.00	2100	2291.00	10909.50

2003—2005年大墙门村工业经济情况表

表 2-4

年份	企业个数（家）	职工人数（人）	总产值（万元）	销售收入（万元）	结算利润（万元）	国家税金（万元）	职工分配总额（万元）	人均分配水平（元）
2003	22	948	26978	23223	2386	498	984	10380
2004	22	628	31340	29929	2419	494	675	11047
2005	22	827	25796	25469	266	500	978	11312

2003—2013年大墙门村主要干部任职情况表

表 2-5

职 务	姓 名
党支部书记、村民委员会主任	翁 贤、杨国栋
党支部副书记、村民委员会副主任、主任助理	钱 敏、杨国栋、朱 光、夏秋生
会 计	金铭刚

墙门村

墙门村位于硕放镇区中心，曾为区、公社、乡、镇驻地，“大墙门集镇”也在其中，硕放中学、硕放中心小学亦居此地，为硕放的政治、经济、文化中心。东以里夫泾港、苏家湾浜为界，与孙典桥村、溇金村隔河相望；南与墙联村为邻；西傍唐庄河；北与薛典村、溇金村接壤。境内东西走向的燕村河（川桥头浜）和走马塘河横穿全境。辖区主要道路有南北走向的薛典路、通祥路，东西走向的锡宅路、新宅路、经一路、沪宁高速公路。全村区域面积4.5平方公里。

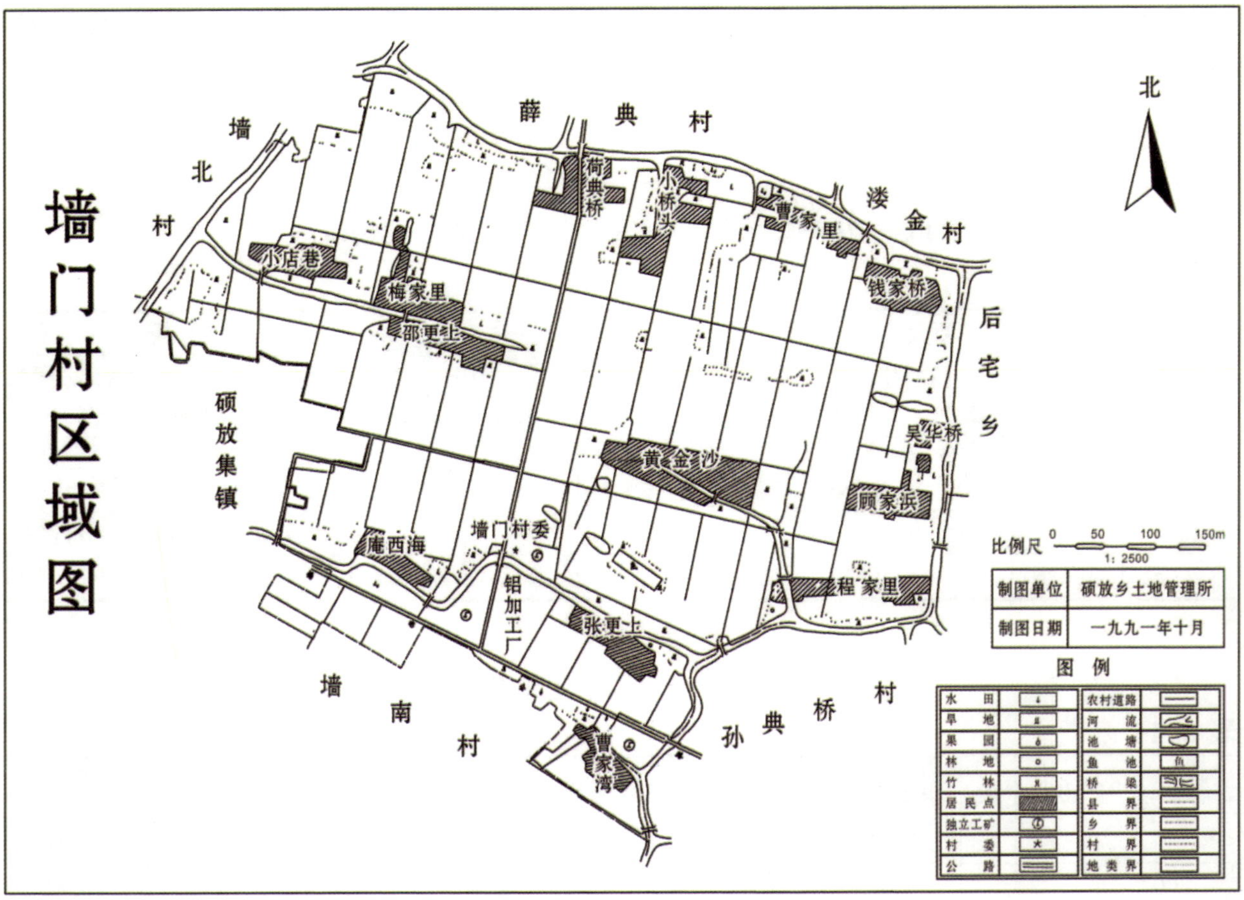

1991年墙门村区域图

1953年成立初级社。1954年冬至1956年4月隶属梅村区墙门乡，1956年成立五一高级社。1958年9月成立硕放人民公社，翌年3月成立五一大队。1982年更名为墙门大队。1983年撤社建乡，改设墙门村。2003年3月与薛典村合并组建大墙门村。

1980年末，全大队有粮田面积1583亩，桑田面积118.7亩。有21个生产队（村民小组）：庵西海、顾家浜、大河头、南街、东街、西街、坝前、坝后、钱家桥、钱家桥西、曹家里、小店巷、吴华桥、荷典桥、前黄金沙、后黄金沙、小桥头、程家里、张更上、邵更上、梅家里。2002年末，有585户，1699人，其中部分农户已拆迁安置进社区，但未办理户籍迁移手续。

墙门村以种植水稻、三麦为主，兼带蚕桑、养殖、运输等副业。在20世纪60年代至70年代，在建设吨粮田的农田基本建设中，整田平地、挑（平）高填低，增加耕地面积近百亩。改善农田排灌条件，方便农业机械化操作，为粮食稳产、高产打下坚实基础。由于地处集镇，做生意的人较多。清光绪年间（1875—1908年），黄金沙杨三庆在墙门老街开办“羊汤店”，后经杨氏几代人经营传承，20世纪80年代登记注册的“杨和尚羊肉馆”成为当地颇有名气的百年老店。墙门村因得地利之势，装卸搬运行业兴旺。同时，坝上的黄豆芽、小店巷的豆腐也颇有名气。

20世纪70年代至80年代，主要工业企业有绣花厂、服装厂、化工厂、电镀厂、玩具厂、电控五金厂、化纤机械配件厂、桥架厂等。主要产品有各类幼教玩具、电器控制箱、服装等。形成以工促农，以工兼农的经济格局。1980年，队办工业产值率先超过100万元，在全社24个大队中名列第一。20世纪90年代中后期，村办集体企业全部转为民营企业，其中硕放化纤机械厂是全镇第一个转制拍卖企业。

并村前的2002年，全社会总收入1.64亿元，其中工业收入8375万元，利税总额1353万元，居民人均收入7474元。

2000年获评“江苏省卫生村”荣誉称号。

1960—2000年（部分年）墙门村（五一）基本情况表

表 2-6

项　目	指　标	1960年	1970年	1980年	1990年	2000年
概　　况	总人口（人）	1298.00	1872.00	2024.00	2061.00	1699.00
	总户数（户）	587.00	602.00	628.00	637.00	585.00
	粮田面积（亩）	1831.00	1677.00	1583.00	1436.00	890.00
粮食生产及三者关系	全年总产（万公斤）	42.04	75.43	77.25	98.35	62.84
	三　麦（万公斤）	6.24	9.01	20.93	24.58	11.78
	前季稻（万公斤）	—	19.78	25.67	—	—
	后季稻（万公斤）	—	17.58	30.66	—	—
	单季稻（万公斤）	35.80	29.07	—	73.77	51.06
	出售商品粮（万公斤）	14.55	17.95	11.70	—	—
	人均分配口粮（公斤）	155.15	262.00	296.75	—	—
副业生产	蚕　茧（公斤）	2856.50	6108.00	8303.00	1123.00	—
	生猪圈存（头）	130.00	928.00	808.00	329.00	—
收益分配	总收入（万元）	12.90	22.07	49.52	397.25	5747.00
	总支出（万元）	5.15	6.43	18.17	174.30	4627.00

续表 2-6

项 目	指 标	1960年	1970年	1980年	1990年	2000年
收益分配	净收入（万元）	7.75	15.64	31.36	222.95	1120.00
	税　金（万元）	1.93	1.68	1.77	7.95	120.00
	集体积累（万元）	0.53	1.27	3.41	7.70	46.00
	分配总额（万元）	5.29	12.68	26.17	207.30	1084.00
	人均分配水平（元）	40.78	71.30	130.70	1006.00	6380.00

说明：1960年至1990年税金为农业税，2000年合作经济收益分配中税金含村办企业缴纳的税金

1978年、1990年、2000年墙门村（五一）工业情况表

表 2-7

经济指标	1978年	1990年	2000年
企业个数（个）	1	6	8
职工人数（人）	171	281	83
工业总产值（万元）	13.91	420.00	3182.00
销售收入（万元）	—	377.53	2762.00
结算利润（万元）	3.35	61.94	136.00
国家税金（万元）	—	21.54	89.00
职工分配总额（万元）	—	39.41	64.20
人均分配水平（元）	—	1404.00	7735.00

1959—2003年墙门村（五一）主要干部任职情况表

表 2-8

职 务	姓 名
党支部书记、村民委员会主任	朱祖耀、朱文信、蔡荣甫、唐仁山、杨永根、钱顺芝、蔡祖国、戴淦生、朱进跃、毛玉敏
党支部副书记、大队长（正、副）、社长、村民委员会（副）主任	杨永根、钱祖兴、蔡祖国、吕其荣、毛玉敏、朱海平、余铁华、朱惠新、杨明芳、钱　敏、朱　光
会　计	盛三元、黄锡明、钱祖兴、周盘林、余铁华、曹祥初、毛进根

说明：戴碧华于1993年至1998年期间为村实业公司经理，负责行政、经济工作

薛典村

薛典村位于硕放镇东北。东与溇金村接壤；南临东西走向的走马塘与墙门村隔河相望；西以南北走向的北宅浜为界，河西为原墙北村；北与建丰村毗邻。全村区域总面积2.3平方公里。

薛典古镇历史悠久。坐落在薛典古镇的翁氏大屋为明代古建筑，是薛典老街的主要标志。解放后，翁氏大屋改造成学校。薛典老街商贸相当繁荣，是周围百余个自然村百姓政治、经济、文化中心。同时，薛典村翁家里还有清代古建筑翁氏义庄，为无锡新区文物控保单位。

1953年成立互助组。1954年成立初级社。1954年冬至1956年4月隶属梅村区薛典乡，1956年成立春光高级社。1958年9月成立硕放人民公社，翌年3月成立春光大队。1982年更名为薛典大队。1983年撤社建乡，改设薛典村。2003年3月与墙门村合并组建大墙门村。

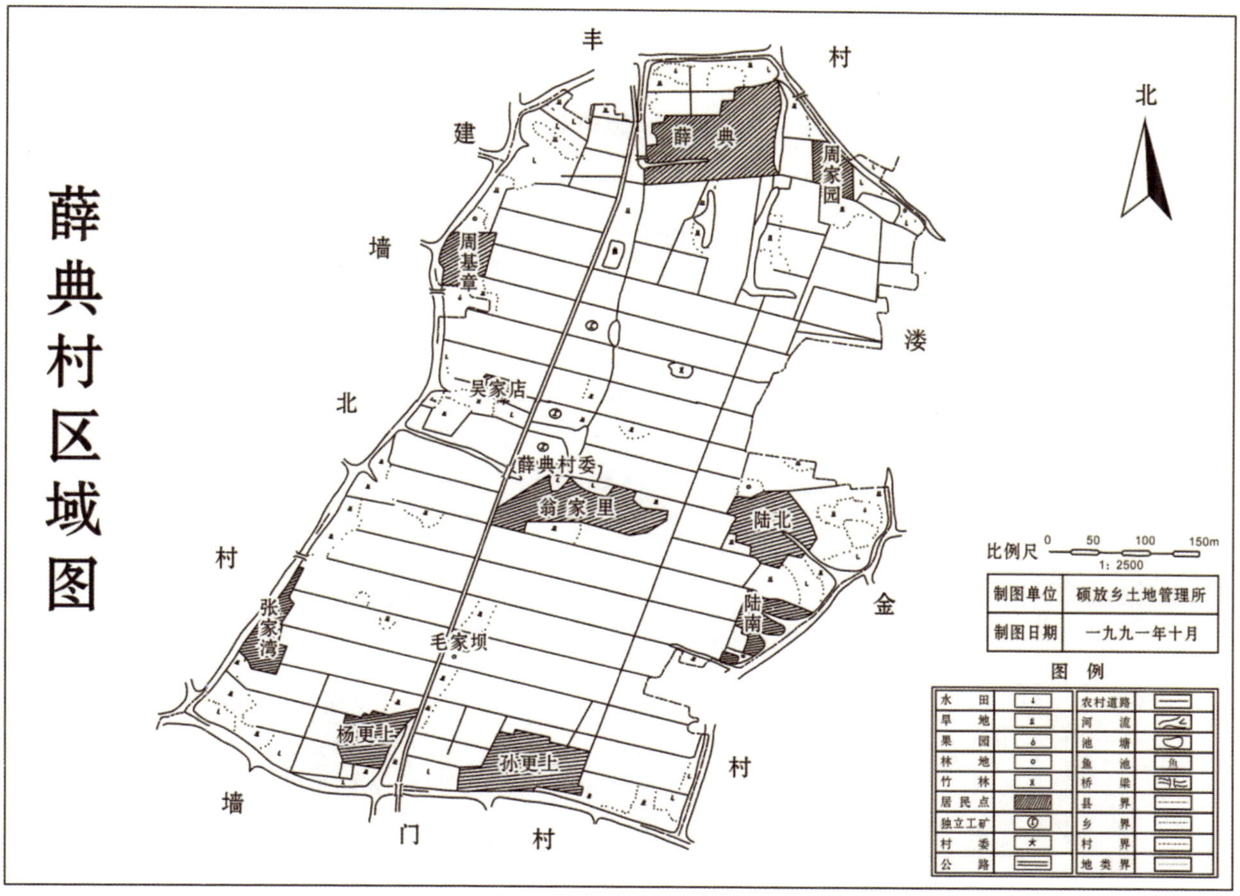

1991年薛典村区域图

1980年末，全大队有粮田面积1381亩，桑田面积117亩。有15个生产队（村民小组）：薛典东、薛典西、陆更上南、陆更上北、周家园、周纪章、吴家店、翁家里、杨更上、张家湾、孙更上前、孙更上后、翁更上东、翁更上西、老住基。2002年末，有363户，1490人，其中部分农户已拆迁安置进社区，但未办理户籍迁移手续。

在“以粮为纲，全面发展”的年代里，大搞农田水利基本建设，平整土地，填平矮凳浜、哑子浜、鲁上浜等10余条河浜，平整大小土墩10余个，增加粮田面积近百亩，桑田10余亩，为稻麦稳产、高产，蚕桑增产、增收，打好坚实基础。为增加农民收入，以传统手工业拓宽家庭副业门路，20世纪80年代初，依靠大队绣花厂的业务和培养出来的骨干力量，把手绣业务全部外发到全村每家每户加工，家庭老少齐上阵，白天抓农业，晚上搞绣花。

村办工业起步较早。1967年大队创办五金厂，为各生产队维修各种农机具等。以后添置大小车床数台，加工县拖拉机厂的零部件，无锡县第六通用机械厂的脚踏开关、抽水站的风扇部件等。20世纪70年代至80年代，先后办起绣花厂、炼锡厂、沙发厂、纸管厂、海绵厂、玩具厂等，主要产品有家用沙发、汽车坐垫、101型离心式塑料泵、1015织机径轴等。1994年全村工业总产值达1301万元。20世纪90年代中后期，村办集体企业全部转制为民营企业。

并村前的2002年，全社会总收入1.63亿元，其中工业收入1.31亿元，利税总额888万元，居民人均收入8208元。

1960—2000年（部分年）薛典村（春光）基本情况表

表 2-9

项 目	指 标	1960年	1970年	1980年	1990年	2000年
概　　况	总人口（人）	1005	1304	1401	1369	936
	总户数（户）	341	352	368	372	383
	粮田面积（亩）	1463.00	1377.00	1381.00	950.00	520.00
粮食生产及三者关系	全年总产（万公斤）	39.68	69.10	78.11	87.87	36.73
	三　麦（万公斤）	5.34	8.43	25.76	24.05	6.63
	前季稻（万公斤）	—	17.04	20.61	—	—
	后季稻（万公斤）	—	19.09	31.74	—	—
	单季稻（万公斤）	34.35	24.54	—	63.82	30.10
	出售商品粮（万公斤）	18.20	24.10	22.15	—	—
	人均分配口粮（公斤）	164.35	278.50	313.75	—	—
副业生产	蚕　茧（公斤）	2272.00	5912.00	9372.00	1672.00	—
	生猪圈存（头）	176	594	813	263	—
收益分配	总收入（万元）	12.41	20.94	40.13	190.72	4201.85
	总支出（万元）	4.11	5.58	16.61	44.16	3591.92
	净收入（万元）	8.30	15.35	23.52	146.56	609.93
	税　金（万元）	1.69	1.43	1.60	2.88	109.50
	集体积累（万元）	0.72	2.55	3.05	1.41	45.02
	分配总额（万元）	5.07	11.37	18.88	142.27	461.00
	人均分配水平（元）	48.40	85.00	134.73	1018.00	7722.00

说明：1960 年至 1990 年税金为农业税，2000 年合作经济收益分配中税金含村办企业缴纳的税金

1978年、1990年、2000年薛典村（春光）工业情况表

表 2-10

经济指标	1978年	1990年	2000年
企业个数（个）	1	3	10
职工人数（人）	115	270	251
工业总产值（万元）	8.80	511.00	4179.00
销售收入（万元）	—	472.36	3582.00
结算利润（万元）	—	75.57	163.00
国家税金（万元）	—	32.93	91.00
职工分配总额（万元）	—	36.69	195.00
人均分配水平（元）	—	1267.00	7769.00

1959—2003年薛典村（春光）主要干部任职情况表

表 2-11

职务	姓名
党支部书记、村民委员会主任	吴关德、毕宪嘉、袁阿弟、陆兴元、周俊德、杨小华、陆雪元、黄锡伦、张道康、陆毅刚、翁　贤
党支部副书记、大队长（正、副）、社长、村民委员会（副）主任	李宪文、袁阿弟、陆兴元、周俊德、陶阿毛、胡瑞生、孙渭明、翁　贤、杨国栋
会　计	奚炳坤、马祥伦、沈英年、顾一定

墙联村

2003年3月，因硕放镇行政区域调整，墙联村由原墙南、墙西村合并组建而成。寓意“墙墙联合”，取名“墙联”。

墙联村位于硕放镇区中心。东以里夫泾港为界，与东新村隔河相望；南以南河港为界，与墙裕村相邻；西与硕放机场接壤；北以东西向的墙宅路为界，与大墙门村毗邻。成反“之”字形的墙宅路（原锡宅路）穿境而过，涉境段长2500米。通祥路、薛典路、振发路、盈发路、政通路贯穿全境。

墙联村村民委员会

全村区域总面积2.82平方公里，有33个自然村，34个村民小组。2013年末，有1113户，3390人，其中部分农户已拆迁安置进社区，但未办理户籍迁移手续。

全村经济持续增长，人民生活不断改善，拆迁安置工作有序推进。2013年，实现工业总产值1.30亿元，销售收入1.28亿元，利税总额561万元，增加值2873万元，居民人均收入28525元。

2004年获评“江苏省卫生村”荣誉称号，2005年和2007年获评“无锡新区文明村（居）”荣誉称号，2010年获评“无锡市水利局农村河道综合整治示范村”荣誉称号，2013年获评“无锡市农委基本实现农业机械化村（社区）”荣誉称号。

2003—2005年墙联村农村经济收益分配情况表

表 2-12

年份	收入（万元）			总支出（万元）	净收入（万元）	国家税金（万元）	集体积累（万元）	分配		
	全社会总收入	其中						总人口（人）	分配总额（万元）	人均分配水平（元）
		农业收入	非农业收入							
2003	17277	633	16644	14462	2815	126	315	2900	2374	8186.20

续表 2-12

年份	收入（万元）			总支出（万元）	净收入（万元）	国家税金（万元）	集体积累（万元）	分配		
	全社会总收入	其中						总人口（人）	分配总额（万元）	人均分配水平（元）
		农业收入	非农业收入							
2004	19999	461	19538	16545	3454	397	437	2903	2620	9025.10
2005	20563	425	20138	16592	3971	651	200	3000	3120	10400

2003—2005年墙联村工业经济情况表

表 2-13

年份	企业个数（家）	职工人数（人）	总产值（万元）	销售收入（万元）	结算利润（万元）	国家税金（万元）	职工分配总额（万元）	人均分配水平（元）
2003	16	279	13286	12110	550	264	307.70	11029
2004	13	226	14525	13017	555	307	249.80	11037
2005	11	222	14391	13214	218	510	251.00	13030

2003—2013年墙联村主要干部任职情况表

表 2-14

职务	姓名
党支部书记、村民委员会主任	杨建国、王　平
党支部副书记、村民委员会副主任、主任助理	方坤泉、钱　斌、顾振华、浦国栋、刘有旻
会　计	王亚萍、陈　君（报账员）

墙南村

墙南村位于硕放镇区中心，有硕放“南大门”之称。东以里夫泾港为界，与新联村相依；南至南河港，与墙裕村、西典巷村为邻；西傍唐庄河，与墙西村隔河相望；北以川桥头河（燕村河）为界，与墙门村接壤。全村区域面积1.72平方公里。

1954年成立6个初级社。1954年冬至1956年4月隶属华庄区墙南乡。1956年，由6个初级社合并成立高级社，取名六一高级社。1958年9月成立硕放人民公社，翌年3月成立六一大队。1982年更名为墙南大队。1983年撤社建乡，改设墙南村。2003年3月，与墙西村合并组建墙联村。

1980年末，全大队有粮田面积1678亩，桑田面积127.5亩。有23个生产队（村民小组）：方家里、安（庵）上、老二房、尤房上、东朱家浜、西朱家浜、前朱家浜、后朱家浜、川桥头七、川桥头八、庙下浜东、庙下浜西、沿河、宋更上、南头、旺家浜、东小房上、南小房上、西小房上、前鲁家园、中鲁家园、后鲁家园、谢家桥。2002年末，有647户，2049人，其中部分农户已拆迁安置进社区，但未办理户籍迁移手续。

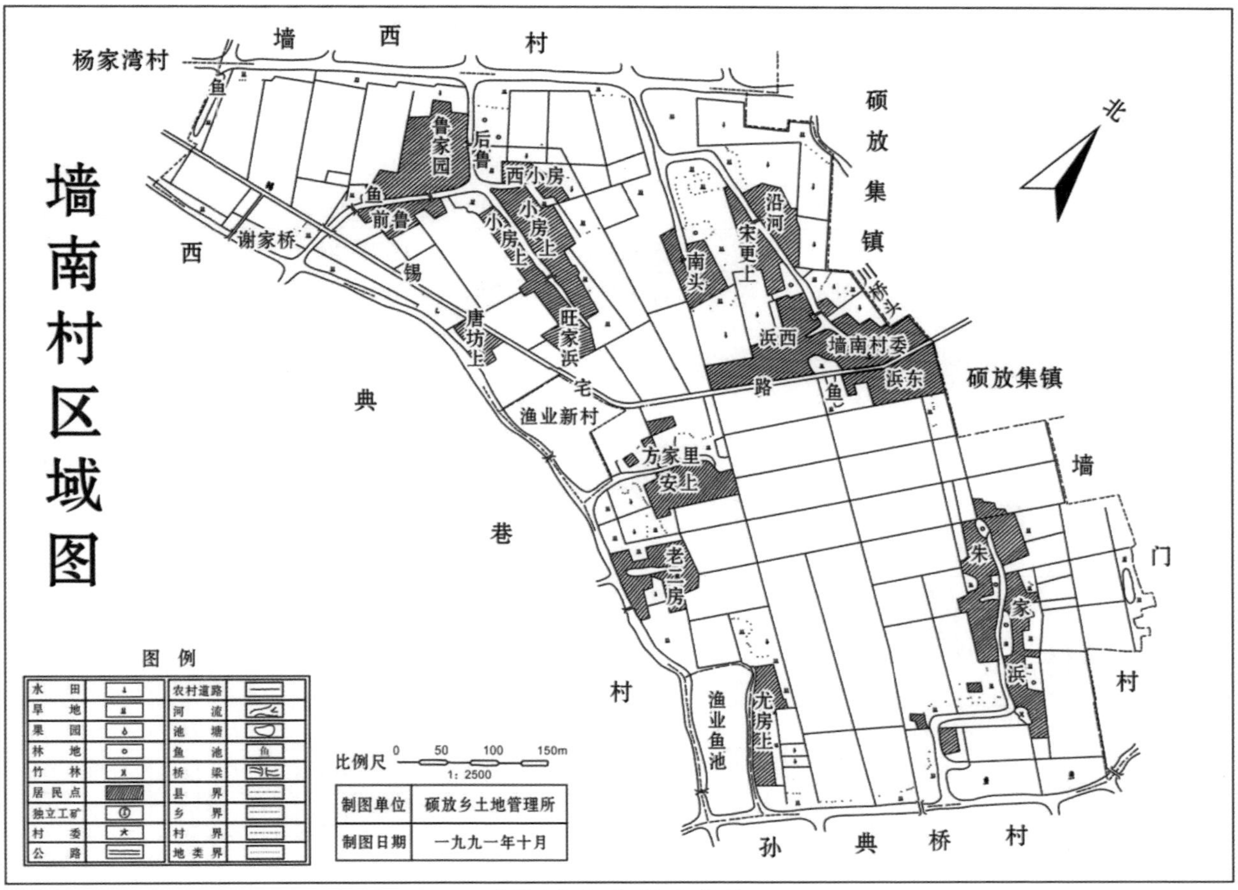

1991年墙南村区域图

墙南村自古以来以农业为主。农业生产合作化时期，田块不成片，大大小小的坟墩、河荡、半干涸浜、断头河浜分布其间，落差不平，灌排水不系统。水稻、三麦亩产相加不足500公斤。1961年至1974年，搬运土方5万多立方米，填没河荡、半干涸、河浜8个，近2.5万平方米；平整低田3万多平方米；新增水旱田97亩；全大队1700多亩水旱田90%以上达到高标准农田要求；开辟新生桑带115亩。农田基本建设为粮食高产稳产奠定坚实基础。1974年，出售国家商品粮超50万公斤，名列全社第一。1976年，三麦单产255.3公斤，名列全社第一。副业生产以养蚕、养猪为主，家庭副业得到发展。鲁家园田少人多，历代传承织麻布。织麻布最早起源在清乾隆年间（1736—1796年），不但在当地出名，而且在苏锡常乃至浙江的杭嘉湖地区也颇有名气。后来全大队大部分农户都从事这一副业。

村办工业起步较早。1968年在庙下浜西办起木器加工厂，主要为苏州西乐器厂加工配件。20世纪70年代至80年代，先后办起渔需网布厂、染整设备厂、锻压厂、南盛机械厂，主要产品有各类渔网，单双梁行车、各型轧辊、多型染整机等。20世纪90年代中后期，村办集体企业全部转制为民营企业。

并村前的2002年，全社会总收入4878万元，其中工业收入1697万元，利税总额90万元，居民人均收入7261元。

2001年被评为无锡市卫生村。

1960—2000年（部分年）墙南村（六一）基本情况表

表 2-15

项 目	指 标	1960年	1970年	1980年	1990年	2000年
概　　况	总人口（人）	1427	1978	2049	2123	2049
	总户数（户）	451	490	556	612	647
	粮田面积（亩）	1918.00	1728.00	1678.00	1476.00	895.00
粮食生产及三者关系	全年总产（万公斤）	51.17	81.06	91.87	101.01	60.97
	三　麦（万公斤）	6.53	9.86	26.20	25.33	9.06
	前季稻（万公斤）	—	22.29	32.31	—	—
	后季稻（万公斤）	—	19.48	33.37	—	—
	单季稻（万公斤）	44.65	29.43	—	75.68	51.91
	出售商品粮（万公斤）	23.65	19.10	12.75	—	—
	人均分配口粮（公斤）	160.00	262.00	311.25	—	—
副业生产	蚕　茧（公斤）	2278.50	4408.50	7557.50	76.00	—
	生猪圈存（头）	114	621	1076	417	—
收益分配	总收入（万元）	17.84	27.28	44.54	273.80	2546.00
	总支出（万元）	6.23	6.30	19.64	66.20	1544.00
	净收入（万元）	11.61	20.98	24.90	207.60	1002.00
	税　金（万元）	2.04	1.85	2.02	4.80	34.00
	集体积累（万元）	1.05	2.06	2.36	7.21	10.00
	分配总额（万元）	8.51	17.07	20.52	195.59	1280.00
	人均分配水平（元）	59.64	86.30	100.17	924.00	6247.00

说明：1960年至1990年税金为农业税，2000年合作经济收益分配中税金含村办企业缴纳的税金

1978年、1990年、2000年墙南村（六一）工业情况表

表 2-16

经济指标	1978年	1990年	2000年
企业个数（个）	1	6	5
职工人数（人）	90	149	76
工业总产值（万元）	5.50	277.00	1620.00
销售收入（万元）	—	251.00	886.00
结算利润（万元）	1.82	23.26	25.00
国家税金（万元）	—	12.75	20.00
职工分配总额（万元）	—	17.57	41.90
人均分配水平（元）	—	1178.00	6758.00

1959—2003年墙南村（六一）主要干部任职情况表

表 2-17

职 务	姓 名
党支部书记、村民委员会主任	张阿根、鲁凤高、滕云初、顾建良、杨建国
党支部副书记、大队长（正、副）、社长、村民委员会（副）主任、主任助理	徐小根、顾根兴、钱明川、徐福康、滕云初、杨建国、滕祖达、陈永康、钱浩春
会　计	盛崇德、许晋培、顾明华、钱汶霞、童荣庆、王亚萍

墙西村

墙西村位于大墙门镇区西侧。东傍唐庄河与墙南村隔河相望；南与杨家湾村赵家桥接壤；西紧靠硕放机场；北与墙北村查家桥相连。全村呈狭长地形，与硕放机场跑道平行，南北全长2公里。全村区域面积1.10平方公里。

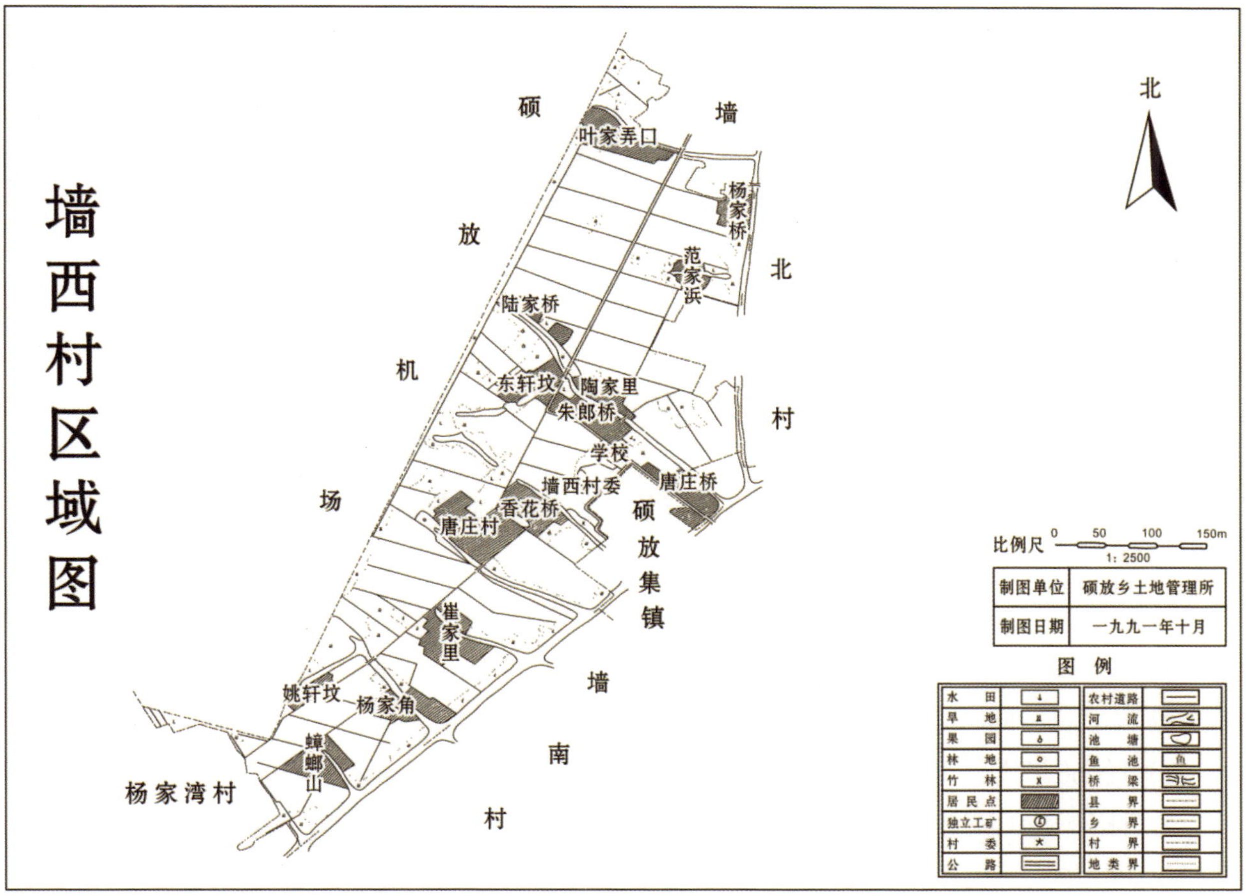

1991年墙西村区域图

墙西村历史悠久，有明代姚轩坟，有清乾隆年间（1736—1796年）香花桥、唐庄大王庙和水月庵，还有明清时期唐庄桥老街。

1951年10月，土地改革后成立生产互助组。1954年组建2个初级社。1954年冬至1956年4月隶属梅村区墙西乡。1955年2月，因机场（“四一四工程”）建设需要，墙西乡部分自然村村民迁移，部分自然村分别划入塔西、硕住、墙门3个小乡。1956年，2个初级社合并成立墙西高级社。1958年9月成立硕放人民公社，翌年5月，原墙西乡划入塔西、硕住、墙门3个乡的自然村重新组合成墙西大队。1983年撤社建乡，改设墙西村。2003年3月与墙南村合并组建墙联村。

1980年末，全大队有粮田面积1051亩，桑田面积104.7亩。有14个生产队（村民小组）：蟑螂山、姚轩坟、崔家里、前唐庄村、后唐庄村、香花桥、唐庄桥、朱郎桥、东轩坟、陆家桥、杨家桥、叶家弄口、陶家里、范家浜。2002年末，有428户，1356人，其中部分农户已拆迁安置进社区，但未办理户籍迁移手续。2003年因建设华友工业园区域调整，墙北村的蔡家桥、陈家桥、查家桥3个自然村并入墙西村。

1980年墙西村“无锡县稻麦百亩吨粮示范方”

20世纪60年代至70年代，将明渠改暗渠，完善配套灌排系统。同时，利用冬春季节开展挑（平）高填低，格田成方，渠系配套的“吨粮田”建设。其间共平整大小土墩20多个，累计3万多个土方，增加粮田百余亩。灌排畅通，方便耕作，为农业机械化打下基础。1977年开始，在唐庄村和崔家里部分田块中规划建成“稻麦百亩丰产方”。1980年更名为“无锡县稻麦百亩吨粮示范方”。1982年，墙西大队被列入无锡县13个农业示范村之一。1982年至1983年，单季稻亩产分别达532.35公斤、526.80公斤，名列全乡第一。1986年又被确定为“无锡县稻麦百亩全程机械化示范方”。是年，在陆家桥、叶家弄口生产队部分田块中建成“无锡县稻麦全程机械化（试验）示范方”，开展水稻“工厂化育秧”，机械化插秧耕作，三麦条播，由开沟机两边飞撒覆土盖麦等试验。1987年5月22日至24日，全国政协副主席、著名社会学家费孝通到村考察，并题字“为规范农业创造经验，进一步促进工农结合，发展乡村经济”。1990年至1992年，工厂化育秧连续三年为墙西村农户供秧。副业生产除养蚕、养猪外，在多种经营发展的年代，因地处机场附近，家家户户还割晒草干，出售到无锡、吴县、吴江等地，经济收入可观。同时还搞起打草包、编草帽辫等家庭副业。

20世纪60年代至70年代，主要工业企业有纸箱厂、网板厂、无锡市小型农机制造厂等。其中最具影响力的工业企业是无锡市小型农机制造厂，也是墙西村的龙头企业。始称五金厂，创办于1968年，是以铁匠店作坊形式存在，1980年更名为无锡县小型农机制造厂。主要产品有5TD-90型稻麦脱粒机、IBSQ-23型水田驱动耙、150-175旋耕机、1K-402型小刀盘开沟机和80-1型碾米机等。中央电视台曾于1996年、1997年两次到该厂，专程拍摄IBSQ-23型水田驱动耙操作实景向全国播出。1996年至1998年，小型农机厂连续三年参加北京国际博览会，参展产品有半自动脱粒机、水田驱动耙、中拖旋耕机。小型农机制造厂曾获评“1985—1986年度无锡市先进集体”。20世纪90年代中后期，村办集体企业全部转制为民营企业。

并村前的2002年，全社会总收入1.24亿元，其中工业收入8610万元，利税总额622万元，居民人均收入7190元。

1983年获评江苏省、无锡市“拥军优属、拥军爱民”先进单位荣誉称号；1982年至1984年获评“无锡市农业示范村”荣誉称号；1983年至1984年被评为无锡县先进村、文明村；1986年获评“无锡县百亩全程机械化示范村”荣誉称号；1986、1987、1988年被评为无锡县先进党支部、文明村；1987年至1990年连续四年被评为无锡市先进集体；1988年至1994年，多次获评无锡县“丰收杯”高产竞赛一、二等奖，无锡县“百亩吨粮方奖”和“三麦丰产方奖”；1997年获评“无锡市卫生村”等荣誉称号。

1960—2000年（部分年）墙西村基本情况表

表 2-18

项　目	指　标	1960年	1970年	1980年	1990年	2000年
概　　况	总人口（人）	969	1287	1390	1412	1356
	总户数（户）	346	371	398	423	428
	粮田面积（亩）	1168.00	1079.00	1051.00	1008.00	910.00
粮食生产及三者关系	全年总产（万公斤）	30.62	53.68	55.66	73.70	63.38
	三　麦（万公斤）	4.77	6.44	17.53	20.45	10.42
	前季稻（万公斤）	—	12.84	18.93	—	—
	后季稻（万公斤）	—	15.19	19.21	—	—
	单季稻（万公斤）	25.85	19.23	—	53.25	52.96
	出售商品粮（万公斤）	11.80	13.35	7.10	—	—
	人均分配口粮（公斤）	180.75	266.50	306.00	—	—
副业生产	蚕　茧（公斤）	3631.00	6218.50	7005.00	472.00	—
	生猪圈存（头）	118	482	719	276	—
收益分配	总收入（万元）	9.41	17.79	28.10	224.62	7637.00
	总支出（万元）	3.13	4.40	13.25	43.73	6926.00
	净收入（万元）	6.28	13.38	14.81	180.89	711.00
	税　金（万元）	1.22	1.10	1.24	2.25	54.00
	集体积累（万元）	0.48	1.77	1.25	3.76	39.00
	分配总额（万元）	4.57	10.52	12.32	174.88	857.00
	人均分配水平（元）	47.20	81.73	88.65	1230.00	6320.00

说明：1960年至1990年税金为农业税，2000年合作经济收益分配中税金含村办企业缴纳的税金

1978年、1990年、2000年墙西村工业情况表

表 2-19

经济指标	1978年	1990年	2000年
企业个数（个）	1	3	7
职工人数（人）	47	334	122
工业总产值（万元）	11.35	1020.00	4160.00
销售收入（万元）	—	844.00	3822.00
结算利润（万元）	2.16	120.27	215.00

续表 2-19

经济指标	1978年	1990年	2000年
国家税金（万元）	—	25.03	23.00
职工分配总额（万元）	—	61.46	91.60
人均分配水平（元）	—	1841.00	7496.00

1959—2003年墙西村主要干部任职情况表

表 2-20

职 务	姓 名
党支部书记、村民委员会主任	范中棋、李宪文、陆明康、许晋培、石兴根、邹向东
党支部副书记、大队长（正、副）、社长、村民委员会（副）主任、主任助理	陆熙康、徐小根、顾根兴、许晋培、严富生、顾宝泉、顾振华、石兴根、邹建平、邹建林、朱建平、许长兴、方坤泉
会 计	许晋培、何仁荣、邹建平、方坤泉、邹玉英

墙北村

墙北村位于大墙门北。东以北宅浜为界，与墙门村、薛典村隔河相望；南与大墙门集镇相接；西与墙西村、硕放机场毗邻；北与建丰村相依。全村区域面积2.25平方公里。

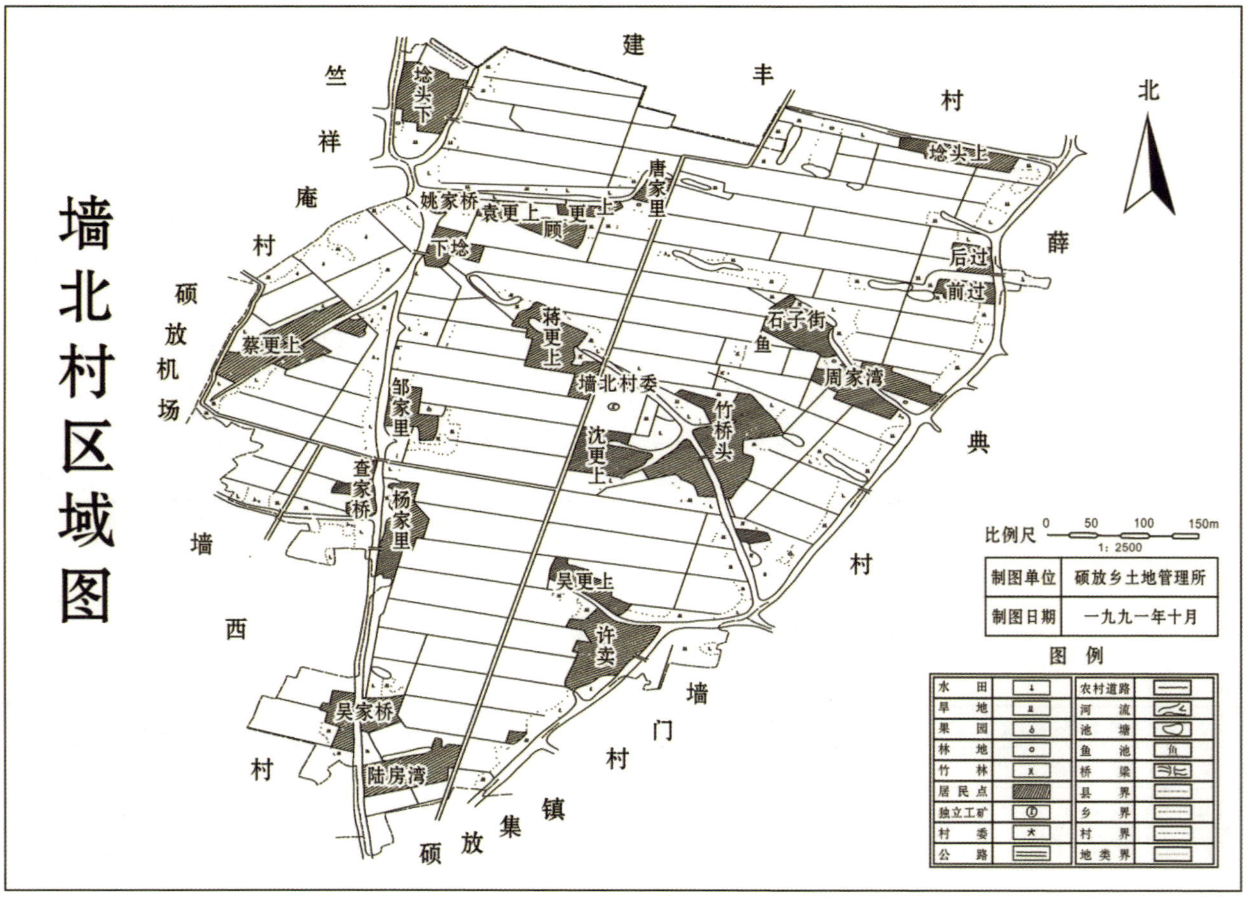

1991年墙北村区域图

1953年成立互助组。1954年成立7个初级社。1954年冬至1956年4月隶属梅村区薛典乡。1956年，7个初级社合并成立七一高级社。1958年9月成立硕放人民公社。翌年3月成立七一大队。1982年更名为墙北大队。1983年撤社建乡，改设墙北村。2003年3月，镇政府决定撤销墙北村。

1980年末，全大队有粮田面积2094亩，桑田面积153.5亩。有26个生产队（村民小组）：陆房湾、吴家桥、许卖、吴更上、沈更上、前竹桥西、前竹桥东、后竹桥、石子街、周家湾、北绛、前过命桥、后过命桥、埝头上、堰田下北、堰田下南、唐家里、顾更上、姚家桥、蒋更上、下沿、蔡家桥、陈家桥、查家桥、杨家里、邹家里。2002年末，有637户，2028人，其中部分农户已拆迁安置进社区，但未办理户籍迁移手续。随着开发建设步伐的加快，2003年3月全村拆迁工作结束。拆迁村民分别安置到硕放街道、振发、润硕苑、新锦园、咏硕苑等社区。在区域调整中，将未涉及拆迁的陆房湾、吴家桥自然村划归硕放镇老居民委员会，查家桥、陈家桥、蔡家桥自然村并入墙西村。

全大队在“农业学大寨”运动中，挑（平）高填低、整田平地、格田成方、建电灌站、挖水渠、灌排分开、三暗（暗渠、暗排、暗降）配套，彻底改变农田水利状况，在全社第一个实现100%暗灌。1978年，农田水利建设成效明显，真正达到土地平整化、沟渠标准化、灌排系统化。粮食产量逐年递增，三麦从1965年亩产100多公斤增长到1983年的275公斤以上，水稻从原来的亩产250多公斤增长到550公斤以上。1979年粮食总产达153.2万公斤，跨入全社粮食总产超150万公斤的行列。1984年全村向国家交售商品粮超50万公斤。副业生产以养蚕、养猪为主。1979年，全大队养猪年末圈存1280头，为全社第一。1980年蚕茧产量达155.64公斤，是全社4个超150公斤的大队之一。同时还发展种蘑菇、掼砖坯、调麻经、打草包、收废品等家庭副业。

村办工业起步于20世纪70年代初，大队办起第一家五金厂，主要业务是为无锡市、县农机公司生产柴油机进，排汽门座。1975年开办童帽厂，为苏州儿童用品厂加工阿拉伯帽（外贸）。1976年开办电镀厂，主要是在金属件上镀锌、镀铜、镀铬、镀镍。20世纪80年代至90年代，先后办起长城输变电设备厂、铝合金装潢厂、自行车配件厂、冶金机械设备厂，主要产品有对焊机、电器控制柜、自行车刹车线、铝合金门窗等。20世纪90年代中后期，村办集体企业全部转制为民营企业。

机耕道与暗渠

撤村前的2002年，全社会总收入1.25亿元，其中工业收入8280万元，利税总额546万元，居民人均收入6997元。

2000年度获评“无锡市新区先进党支部”荣誉称号。

1960—2000年（部分年）墙北村（七一）基本情况表

表 2-21

项 目	指 标	1960年	1970年	1980年	1990年	2000年
概 况	总人口（人）	1517	2017	2238	2198	2018
	总户数（户）	425	442	455	595	637
	粮田面积（亩）	2249.00	2082.00	2094.00	2110.00	1343.00
粮食生产及三者关系	全年总产（万公斤）	66.55	98.09	112.24	135.75	95.67
	三 麦（万公斤）	9.87	12.93	31.31	36.70	22.07
	前季稻（万公斤）	—	22.36	40.08	—	—
	后季稻（万公斤）	—	24.04	40.86	—	—
	单季稻（万公斤）	56.69	38.77	—	99.05	73.60
	出售商品粮（万公斤）	33.45	32.20	26.45	—	—
	人均分配口粮（公斤）	167.00	269.50	315.50	—	—
副业生产	蚕 茧（公斤）	4300.00	8250.00	15550.00	2300.00	—
	生猪圈存（头）	125	822	1220	468	—
收益分配	总收入（万元）	19.28	29.51	53.54	326.29	5239.00
	总支出（万元）	5.63	7.93	25.21	88.40	4234.00
	净收入（万元）	13.65	21.58	28.33	237.89	1005.00
	税 金（万元）	2.62	2.23	2.36	9.00	34.00
	集体积累（万元）	1.58	2.42	3.13	1.00	34.00
	分配总额（万元）	9.45	16.93	22.84	228.00	1110.00
	人均分配水平（元）	62.00	8400.00	102.00	1036.00	5500.00

说明：1960 年至 1990 年税金为农业税，2000 年合作经济收益分配中税金含村办企业缴纳的税金

1978年、1990年、2000年墙北村（七一）工业情况表

表 2-22

经济指标	1978年	1990年	2000年
企业个数（个）	1	7	7
职工人数（人）	140	167	84
工业总产值（万元）	12.30	285.00	3280.00
销售收入（万元）	11.00	233.00	2669.00
结算利润（万元）	2.65	37.42	160.00
国家税金（万元）	—	11.77	23.00
职工分配总额（万元）	—	23.35	62.24
人均分配水平（元）	—	1401.00	7436.00

1959—2003年墙北村（七一）主要干部任职情况表

表 2-23

职　务	姓　名
党支部书记、村民委员会主任	陆瑞兴、徐再良、杨建声、沈君龙、蒋福康、邹炳泉、朱荣铭、周凤楠
党支部副书记、大队长（正、副）、社长、村民委员会（副）主任、主任助理	施云泉、黄英才、邹小荣、徐再良、杨建声、朱耕裕、沈君龙、蒋福康、朱荣铭、邹建中、吴维忠、钱守祥、朱荣初
会　计	浦菊根、吴秀明、蒋福康、沈君龙、钱守祥、沈伟文

东新村

东新村村民委员会

2004年4月，因硕放镇区域调整，由孙典桥村和新农村合并而成，取名东新村。

东新村位于硕放镇区东1公里。东与后宅镇张旺家村接壤；南与香楠村相邻；西以南北向的里夫泾港为界，与西典巷村、墙联村隔河相望；北与大墙门村和后宅镇金娥墩村相依。

全村区域面积3平方公里，有26个自然村，34个村民小组。2013年末，有920户，2827人，其中部分农户已拆迁安置进社区，但未办理户籍迁移手续。

境内有环太湖高速、孙安路、东安路、经一路、锡宅路、振发路、新农路贯通全村，交通十分便利。

2013年，全村实现工业总产值2.09亿元，销售收入2.08亿元，利税总额903万元，增加值4618万元，居民人均收入28505元。

2009年度被评为无锡市民主法治社区；2011年度被评为无锡市农村河道综合整治示范村；2012至2013年度被评为无锡市新区人民调解委员先进集体。

2004—2005年东新村农村经济收益分配情况表

表 2-24

年份	收入（万元）			总支出（万元）	净收入（万元）	国家税金（万元）	集体积累（万元）	分配		
	全社会总收入	其中 农业收入	其中 非农业收入					总人口（人）	分配总额（万元）	人均分配水平（元）
2004	24278	159	24119	21510	2768	369	604	2458	1795	7302.70
2005	28912	131	28781	25702	3210	497	318	2500	2395	9580.00

2004—2005年东新村工业经济情况表

表 2-25

年份	企业个数（家）	职工人数（人）	总产值（万元）	销售收入（万元）	结算利润（万元）	国家税金（万元）	职工分配总额（万元）	人均分配水平（元）
2004	25	462	17100	16358	452	387	541.60	11700
2005	23	535	20500	20969	390	579	673.90	11837

2004—2013年东新村主要干部任职情况表

表 2-26

职 务	姓 名
党支部书记、村民委员会主任	杨　震、陆　斌、吴福民
党支部副书记、村民委员会副主任、主任助理	陆依民、吴永康、朱　伟、钱晓晨
会　计	周雪英

孙典桥村

孙典桥村位于硕放镇东。东与后宅镇新华村接壤；南与新农村相接；西与以里夫泾港为界，与里新村隔河相望；北与墙门村和后宅镇的金娥墩村相靠。境内交通便利，有锡宅路、振发路、环太湖高速、孙安路、经一路在境内交叉贯通。全村区域面积1.6平方公里。

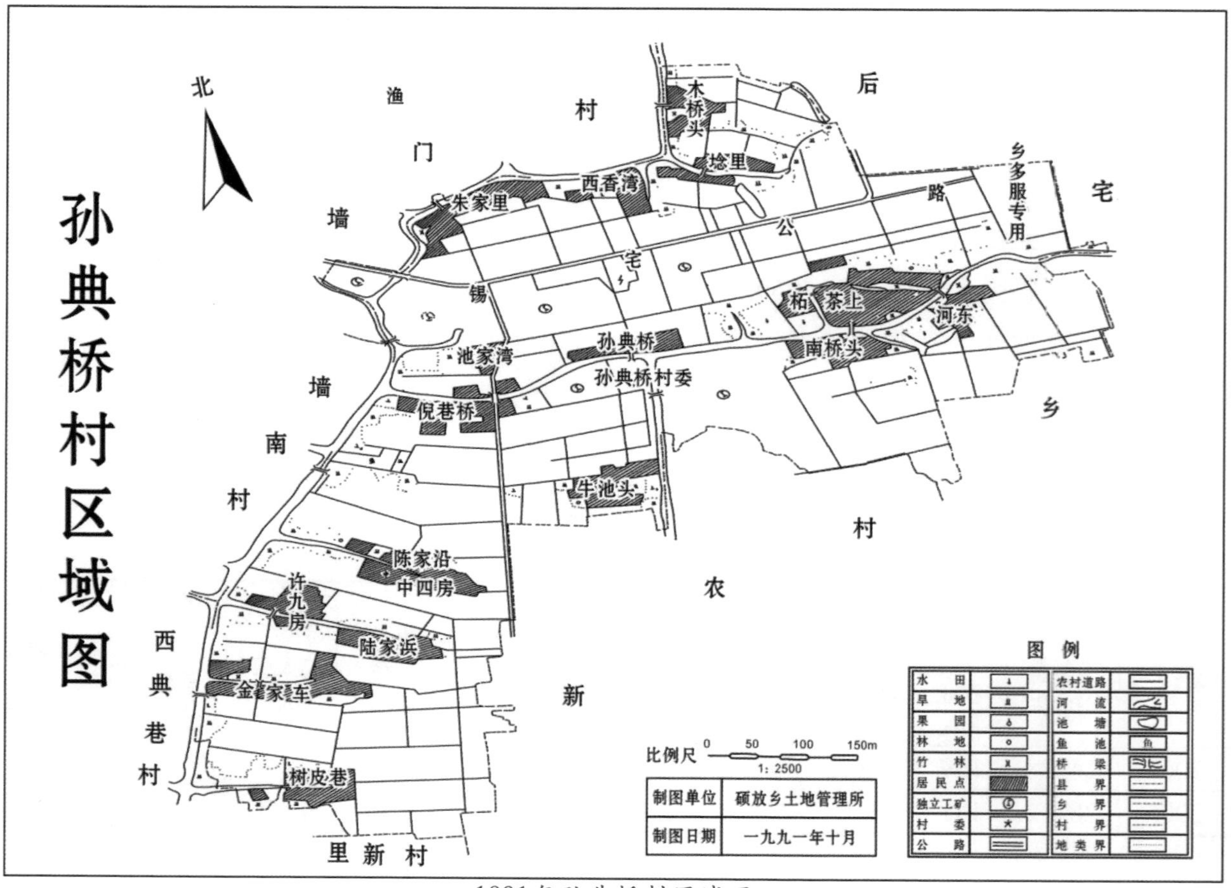

1991年孙典桥村区域图

1953年春，柘茶上钱虎根创办第一个互助组。1954年秋，成立5个初级社。1954年冬至1956年4月隶属荡口区后西乡。1956年秋，5个初级社合并成立新联高级社。1958年9月成立硕放人民公社。翌年3月成立新联大队。1982年更名为孙典桥大队。1983年撤社建乡，改设孙典桥村。2004年4月，与新农村合并组建东新村。

1980年末，全大队有粮田面积1672亩，桑田103.8亩。有20个生产队（村民小组）：树皮巷、金家车、陆家浜、许九房、中四房、陈家沿、牛池头、倪巷桥、池家湾、孙典桥、朱家里、西香湾、堰里、木桥头、杨家里、过家里南、过家里北、南桥头、河南东、河南西。2003年末，有413户，1385人，其中部分农户已拆迁安置进社区，但未办理户籍迁移手续。

全大队以种植粮油作物为主。在“农业学大寨”运动中，大搞农田水利基本建设，全面开展平整土地，格田成方，做到灌排分开，填平1条近100米的棺材浜，5个小池塘，平整大小土墩30余个，新增耕地面积40亩，为粮食稳产、高产奠定基础。1960年是油菜籽单产最高的年份，成为全社亩产超150公斤的5个大队之一。传统副业除养蚕、养猪外，家庭副业种类繁多，还有养蜂、养奶牛、养鸡、养兔、水产养殖等。其中陈家沿村民陈祖兴养殖蜜蜂达80余箱，蜂蜜自产自销。

工业生产从1969年起步，创办五金加工厂。1972年创办五金厂。20世纪80年代，先后办起电机配件厂、化工厂、金属构件厂、木材加工厂、服装厂、塑料制品厂、机械配件厂、衡器配件厂。主要产品有化工产品、木材加工、汽车配件、塑料制品、电机风罩等。1993年，村办骨干企业电机配件厂工业总产值超过1000万元，利税超100万元。同年4月，机械配件厂（中立减震器厂）在企业转制试点中，成为全镇首批转制的私营企业。20世纪90年代中后期，村办集体企业全部转制为民营企业。

并村前的2003年，全社会总收入8044万元，其中工业收入4372万元，利税总额380万元，居民人均收入6463元。

1960—2000年（部分年）孙典桥村（新联）基本情况表

表 2-27

项 目	指 标	1960年	1970年	1980年	1990年	2000年
概　　况	总人口（人）	1073	1377	1506	1534	1411
	总户数（户）	358	369	398	405	451
	粮田面积（亩）	1992.00	1790.50	1672.00	1419.00	1311.00
粮食生产及三者关系	全年总产（万公斤）	59.57	81.38	86.88	101.33	90.82
	三　麦（万公斤）	9.64	9.15	25.41	27.23	15.30
	前季稻（万公斤）	—	19.60	24.10	—	—
	后季稻（万公斤）	—	21.51	37.38	—	—
	单季稻（万公斤）	49.93	31.12	—	74.10	75.52

续表 2-27

项 目	指 标	1960年	1970年	1980年	1990年	2000年
粮食生产及三者关系	出售商品粮（万公斤）	33.25	34.20	26.65	—	—
	人均分配口粮（公斤）	163.55	272.50	314.70	—	—
副业生产	蚕 茧（公斤）	1607.50	3413.00	5862.00	425.00	—
	生猪圈存（头）	110	640	898	598	—
收益分配	总收入（万元）	17.04	22.98	43.17	237.04	3204.00
	总支出（万元）	5.22	6.65	18.26	83.11	2670.67
	净收入（万元）	11.82	16.34	24.91	153.93	533.33
	税 金（万元）	2.39	1.94	1.98	4.08	45.33
	集体积累（万元）	1.07	2.36	2.97	2.05	32.00
	分配总额（万元）	8.37	12.04	19.96	147.80	700.00
	人均分配水平（元）	—	87.40	121.20	954.00	4961.00

说明：1960年至1990年税金为农业税，2000年合作经济收益分配中税金含村办企业缴纳的税金

1978年、1990年、2000年孙典桥村（新联）工业情况表

表 2-28

经济指标	1978年	1990年	2000年
企业个数（个）	1	4	8
职工人数（人）	28	171	74
工业总产值（万元）	6.60	451.00	1715.00
销售收入（万元）	—	315.75	1426.00
结算利润（万元）	1.80	46.67	36.00
国家税金（万元）	—	17.05	31.00
职工分配总额（万元）	—	22.85	56.33
人均分配水平（元）	—	1334.00	7612.00

1959—2004年孙典桥村（新联）主要干部任职情况表

表 2-29

职 务	姓 名
党支部书记、村民委员会主任	顾金根、朱文信、吴炳生、吴国荣、吴全林 姚如荣、吴小米、杨 震
党支部副书记、大队长（正、副）、社长、村民委员会（副）主任、主任助理	许玲仙、朱文信、顾惠良、吴炳生、曹仁杰 吴根福、吴全林、吴国荣、顾水泉、朱桂根 诸学其、邹惠南、吴永康、吴福民
会 计	周义昌、姚如荣、邹惠南、陈炳南

新农村

新农村位于硕放镇东南。东与后宅镇孙家里、安渡桥、徐府庄等自然村相接；南与里河村接壤；西与里新村相接；北紧靠孙典桥村。全村区域面积1.4平方公里。

1954年先后创办3个初级社。1954年冬至1956年4月隶属荡口区后西乡。1956年下半年，3个初级社合并成立新农高级社。1958年5月，新农高级社并入新联高级社。1958年9月成立硕放人民公社。1959年3月，在工区调整为大队时划入新联大队，5月又从新联大队中划出，成立新农大队。1983年撤社建乡，改设新农村。2004年4月，与孙典桥村合并组建东新村。

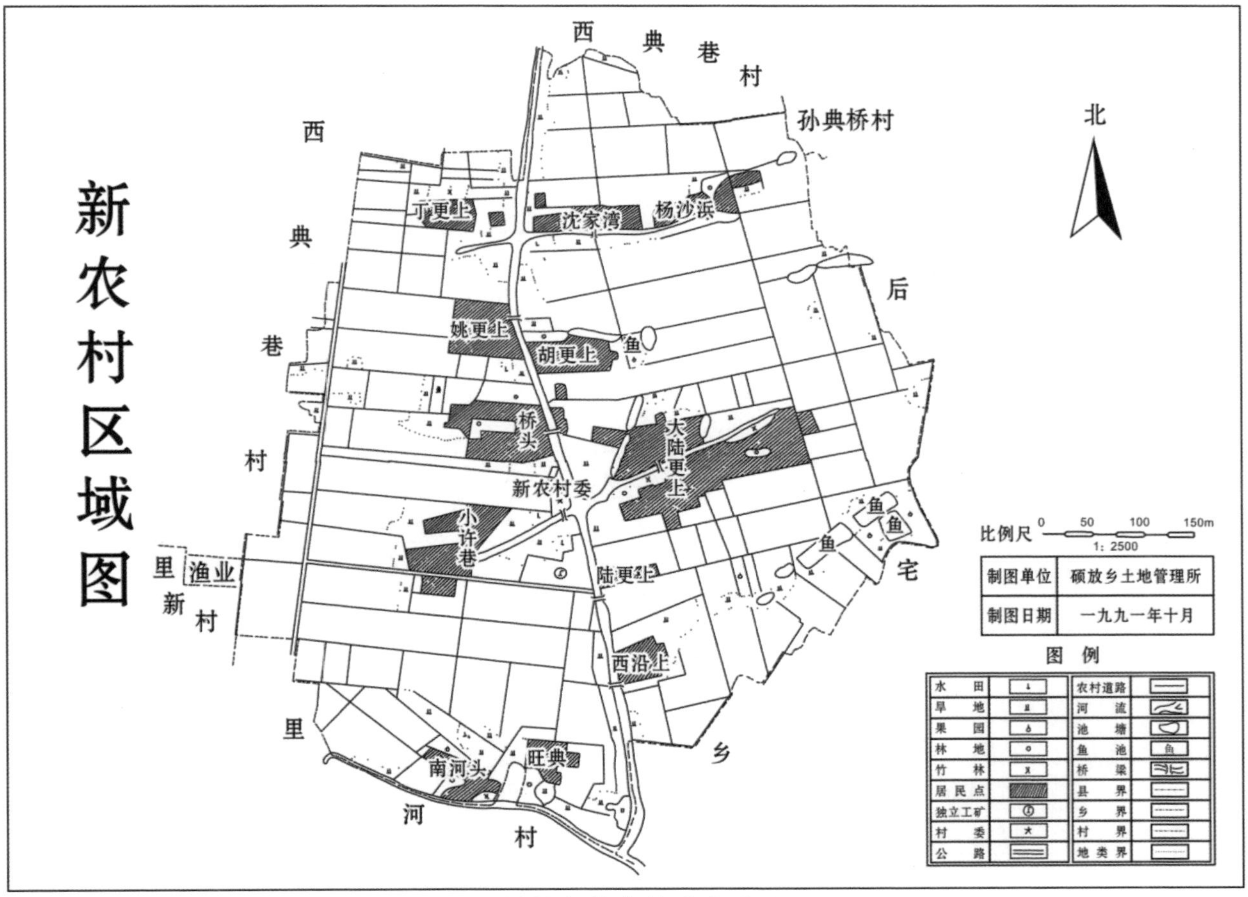

1991年新农村区域图

1980年末，全大队有粮田面积1429亩，桑田面积55.3亩。有18个生产队（村民小组）：南河头、旺店、西沿上、小许巷、江家里、桥头南、桥头北、姚更上、丁更上、沈家湾、杨沙浜、胡更上东、胡更上西、沿里庄、陆更上东一、陆更上东二、陆更上中、陆更上西。2003年末，有378户，1192人，其中部分农户已拆迁安置进社区，但未办理户籍迁移手续。

20世纪60年代中期到20世纪70年代末，大规模进行整田平地，格田成方，增加耕地面积70多亩。20世纪70年代，大搞农田水利建设，逐步实现农业机械化，为稳产高产打下坚实基础。1979年稻麦全年亩产达750公斤。进入20世纪90年代，农业产业结构调整，土地实行流转，劳力田分别转包给种田大户，形成规模经营。副业生产除养蚕、养猪外，门路进一步拓展，其中新兴副业主要是河蚌育珠。1979年胡更上生产队以4.33亩水域面积放养河蚌，做到不占地、投资少、收益大。同时，家家户户从事打柴包、编草帘、调麻经、掼砖坯等家庭副业，在全社颇有名气。

1971年10月创办五金厂，主要加工锭子、水平仪等产品。20世纪80年代起，先后办起电控厂、机械厂、纺机厂、玻璃灯具厂、磨浆机厂等。进入20世纪90年代，又建办通用机械配件厂、塑胶厂、涂料厂，主要生产塑胶制品、机械配件、化工涂料等。20世纪90年代中后期，村办集体企业全部转制为民营企业。2000年后，引进成康机械厂、康贝特清洁剂厂两家私营企业。

并村前的2003年，全社会总收入1.28亿元，其中工业收入1.02亿元，利税总额527万元，居民人均收入6364元。

1960—2000年（部分年）新农村基本情况表

表 2-30

项 目	指 标	1960年	1970年	1980年	1990年	2000年
概　　况	总人口（人）	969	1208	1223	1180	1097
	总户数（户）	302	311	315	328	343
	粮田面积（亩）	1629.70	1436.50	1429.00	1322.00	901.00
粮食生产及三者关系	全年总产（万公斤）	44.86	68.16	80.84	91.90	62.57
	三　麦（万公斤）	7.59	8.23	23.52	24.99	9.95
	前季稻（万公斤）	—	15.25	24.26	—	—
	后季稻（万公斤）	—	16.42	33.06	—	—
	单季稻（万公斤）	37.28	28.26	—	66.91	52.62
	出售商品粮（万公斤）	24.40	25.75	26.95	—	—
	人均分配口粮（公斤）	161.00	275.00	322.35	—	—
副业生产	蚕　茧（公斤）	1418.50	1856.00	3597.50	320.00	—
	生猪圈存（头）	84	939	645	254	—
收益分配	总收入（万元）	12.61	18.92	29.81	164.59	2826.00
	总支出（万元）	3.67	5.24	17.05	46.66	2334.00
	净收入（万元）	8.93	13.68	12.76	117.93	492.00
	税　金（万元）	1.94	1.58	1.76	6.16	68.00
	集体积累（万元）	0.89	1.97	1.41	3.28	14.00
	分配总额（万元）	6.10	10.14	9.58	108.49	552.00
	人均分配水平（元）	—	84.10	78.00	919.00	5031.00

说明：1960年至1990年税金为农业税，2000年合作经济收益分配中税金含村办企业缴纳的税金

1978年、1990年、2000年新农村工业情况表

表 2-31

经济指标	1978年	1990年	2000年
企业个数（个）	1	3	4
职工人数（人）	23	74	85
工业总产值（万元）	4.74	103.00	2435.00
销售收入（万元）	—	64.48	1861.00
结算利润（万元）	1.92	14.47	78.00
国家税金（万元）	—	4.12	28.00
职工分配总额（万元）	—	8.87	66.00
人均分配水平（元）	—	1204.00	7765.00

1959—2004年新农村主要干部任职情况表

表 2-32

职　务	姓　名
党支部书记、村民委员会主任	杨火根、朱文信、吴佐民、顾耀栋、邹根荣、吴协初（以副代正）、邹荣昌、邹林根、吴林春、朱振益、朱福林、陆中明
党支部副书记、大队长（正、副）、社长、村民委员会（副）主任、主任助理	顾根兴、胡阿宝、姚绍荣、陆金根、吴协初、邹林根、吴林春、陆纪根、朱福林、吴治农、朱启年、陆依民
会　计	骆福昌、陆国良、陆中明、周雪英

香楠村

2004年4月，硕放镇行政区域调整，里河村、里新村合并组建为香楠村。因昭嗣堂（又称香楠厅）坐落在曹家门前，故取名香楠村。

香楠村村民委员会

香楠村地处硕放镇东南方，东与安桥村相邻；南临望虞河与苏州市相城区望亭发电厂隔河相望；西以里夫泾港为界，隔河为黄家门村；北与东新村相靠。

全村区域总面积4.4平方公里，有21个自然村，27个村民小组。2013年末，有453户，1423人，其中部分农户已拆迁安置进社区，但未办理户籍迁移手续。

境内经一路、薛典路、孙安路、东安路、长江东路、香楠路、里河路、裕安路贯穿全境，境内交通十分便利。

村内有被国务院、文化部确定的第六批全国重点文物保护单位——昭嗣堂（香楠厅），有无锡市宗教局批准为合法的宗教活动场所——凝禧寺。

2013年，全村实现工业总产值820万元，销售收入812万元，利税总额36万元，增加值

181万元，居民人均收入28460元。

2006年被评为江苏省卫生村和无锡市新区文明村（居）；2010年获评“无锡市新区基层党建工作示范奖”；2011年被评为无锡市新区创先争优活动先进集体；2012年被评为无锡市新区固本强基示范党组织、幸福安康示范新社区（村居）。

2004—2005年香楠村农村经济收益分配情况表

表 2-33

年份	收入（万元）			总支出（万元）	净收入（万元）	国家税金（万元）	集体积累（万元）	分配		
	全社会总收入	其中						总人口（人）	分配总额（万元）	人均分配水平（元）
		农业收入	非农业收入							
2004	16710	57	16653	14763	1947	417	72	1800	1458	8100
2005	24210	59	24151	22193	2017	218	35	1800	1764	9800

2004—2005年香楠村工业经济情况表

表 2-34

年份	企业个数（家）	职工人数（人）	总产值（万元）	销售收入（万元）	结算利润（万元）	国家税金（万元）	职工分配总额（万元）	人均分配水平（元）
2004	16	419	15793	11011	145	267	482.80	11523
2005	13	455	21645	18099	74	243	538.60	10396

2004—2013年香楠村主要干部任职情况表

表 2-35

职务	姓名
党支部书记、村民委员会主任	徐炳根、华正芳、朱佳昌
党支部副书记、村民委员会副主任、主任助理	华正芳、朱佳昌、曹　杰、曹建军、朱　明、王志平
会　计	曹　杰、徐燕明（报账员）

里新村

里新村位于硕放镇东南方，历史上称望亭下塘。东邻里河村；南以望虞河为界，与苏州市相城区望亭发电厂隔河相望；西以里夫泾港为界，与黄家门村隔河相望；北与孙典桥村毗邻。全村区域面积2.3平方公里。全国文物保护单位昭嗣堂（香楠厅）和凝禧寺坐落其中。

1953年成立互助组。1954年冬成立初级社。1954年冬至1956年4月隶属华庄区里河乡。1957年成立里新高级社。1958年9月成立硕放人民公社。1959年3月，在工区调整为大队时划入里河大队，5月又从里河大队划出，成立里新大队。1983年撤社建乡，改设里新村。2004年4月，与里河村合并组建香楠村。

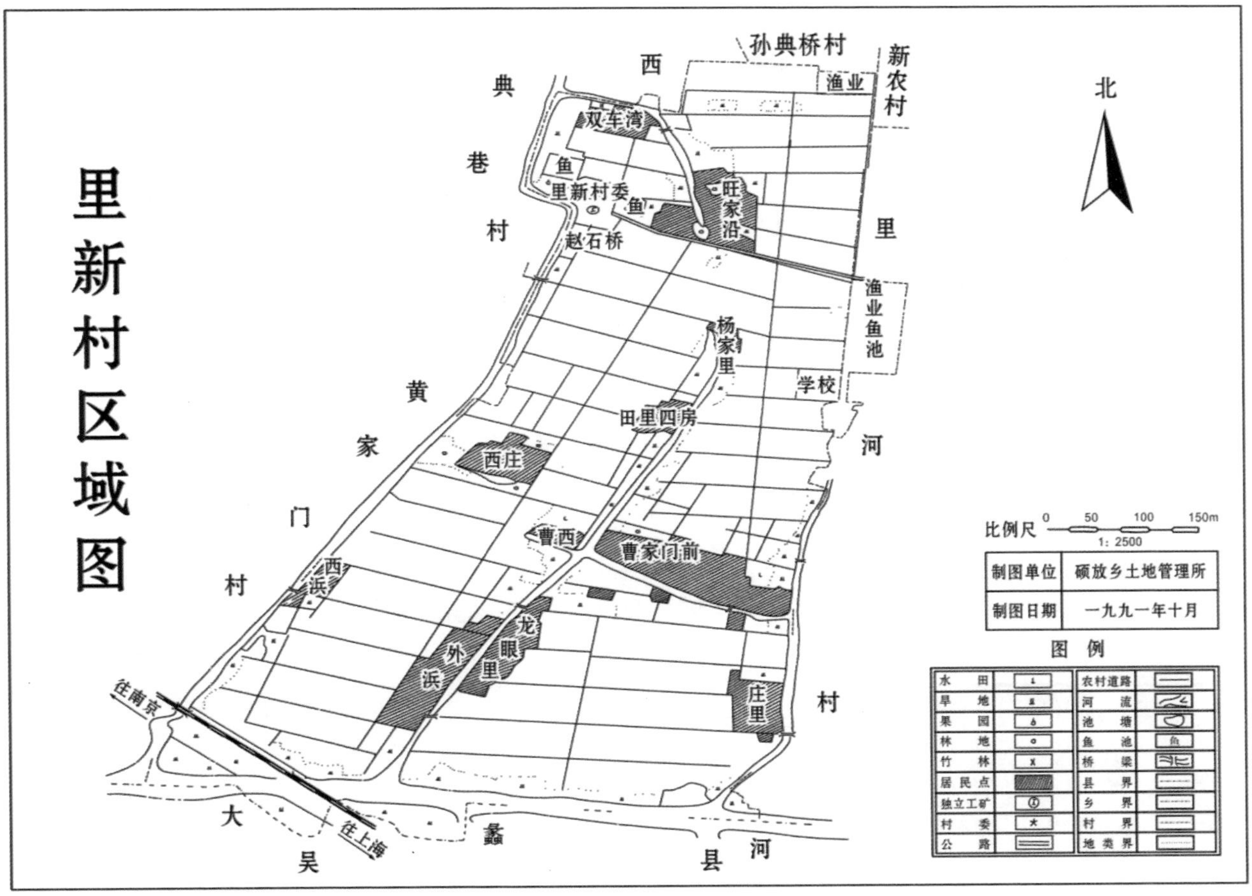

1991年里新村区域图

1980年末，全大队有粮田面积1523亩，桑田面积37亩。有16个生产队（村民小组）：庄里、曹家门前东、曹家门前南、曹家门前中、曹家门前西、龙眼里、前外浜、后外浜、西浜、前西庄、后西庄、田里四房、旺家沿东、旺家沿中、旺家沿西、双车湾。2003年末，有394户，1450人，其中部分农户已拆迁安置进社区，但未办理户籍迁移手续。

全大队以种植粮油作物为主。境内多土墩、水塘、河浜，田地零碎，高低不平，农田耕作和农田灌溉非常困难。20世纪60年代到70年代末，在“农业学大寨”运动中大搞农田基本建设，大规模进行整田平地，挑（平）高填低，格田成方，土地连片。填平河浜、水塘10余条，平整大小土墩100余个，增加耕地面积100余亩。为实现机械化耕作和粮食稳产高产打下坚实的基础。副业生产以养蚕、养猪为主。20世纪70年代，大队先后在曹家门前和曹石桥建造猪舍50间，时称“百头场”，圈存母猪50余头，肉猪80头，自繁苗猪供给当地社员饲养。20世纪80年代后期，家庭副业蓬勃兴起，全大队30%以上的农户做石塘湾发货的服装加工活，男女老少齐动手，户均年收入在3000—4000元之间，这对农户增收起到很大作用。同时竹器加工在当地较为盛行，主要生产马桶豁帚、洗帚、箩筐等竹制品，销往无锡、苏州、江阴、上海等地。

1964年创办塑料印花厂，1970年创办五金厂，先后办起竹器厂、童帽厂。20世纪80年代初，办起无锡县炒货食品厂，主要生产炒货、月饼等。炒货中主要以西瓜子为主，当时还注册“口不离”商标，产品销售到无锡、苏州和周边乡镇、供销社和商店等。1989年创办无锡县华达电机铸造厂。主要生产各种铸铁件，主要产品有电机壳子、机座、机盖等电机配件。1992年开办硕放五金机械厂，主要生产冲压件，产品有电机矽钢片、变压器冲件等。20世纪90年代中后期，村办集体企业全部转制为民营企业。1998年利用村厂房引资开办新凯利皮具有限公司。主要生产各种皮包、皮带、皮夹、手提袋和各种皮革制品等，产品远销日本、韩国等国家和地区。

并村前的2003年，全社会总收入4717万元，其中工业收入3418万元，利税总额234万元，居民人均收入7549元。

1988年被评为无锡县农业（服务）先进单位，1990年被评为无锡县农业生产先进单位，2003年获评“无锡市文明卫生村”荣誉称号。

1960—2000年（部分年）里新村基本情况表

表 2-36

项 目	指 标	1960年	1970年	1980年	1990年	2000年
概 况	总人口（人）	969	1274	1350	1310	1285
	总户数（户）	321	355	367	365	387
	粮田面积（亩）	1600.40	1522.80	1523.00	1444.00	956.00
粮食生产及三者关系	全年总产（万公斤）	40.01	70.44	77.57	99.71	63.19
	三 麦（万公斤）	5.37	10.41	23.00	27.29	9.94
	前季稻（万公斤）	—	14.21	23.18	—	—
	后季稻（万公斤）	—	15.70	31.40	—	—
	单季稻（万公斤）	34.65	30.13	—	72.43	53.25
	出售商品粮（万公斤）	19.85	27.80	24.00	—	—
	人均分配口粮（公斤）	158.50	272.50	318.00	—	—
副业生产	蚕 茧（公斤）	1353.50	1050.50	2565.00	235.00	—
	生猪圈存（头）	76	535	704	287	190
收益分配	总收入（万元）	11.70	20.03	29.68	161.60	2189.00
	总支出（万元）	3.57	5.52	16.19	30.60	1452.50
	净收入（万元）	8.13	14.51	13.49	131.00	736.50
	税 金（万元）	1.87	1.50	1.69	3.38	51.00
	集体积累（万元）	0.85	1.88	0.86	1.50	43.00
	分配总额（万元）	5.40	11.13	10.94	126.12	7824.00
	人均分配水平（元）	55.70	87.70	80.10	963.00	6089.00

说明：1960年至1990年税金为农业税，2000年合作经济收益分配中税金含村办企业缴纳的税金

1978年、1990年、2000年里新村工业情况表

表 2-37

经济指标	1978年	1990年	2000年
企业个数（个）	4	3	4
职工人数（人）	64	59	114
工业总产值（万元）	8.65	180.00	1290.00
销售收入（万元）	—	132.45	1135.00
结算利润（万元）	0.90	4.58	37.00
国家税金（万元）	—	7.31	27.00
职工分配总额（万元）	—	6.72	92.00
人均分配水平（元）	—	1138.00	8070.00

1959—2004年里新村主要干部任职情况表

表 2-38

职　务	姓　名
党支部书记、村民委员会主任	张桂娥、朱水根、黄清泉、陆春祥、曹志良、曹根度、徐炳根
党支部副书记、大队长（正、副）、社长、村民委员会（副）主任、主任助理	朱水根、曹嘉良、韩宝根、陆春祥、曹建明、吴洪昌、陆小龙、顾锡芳、曹周其、华正芳
会　计	王关庚、钱祖兴、俞正明、韩宝根、徐燕明、曹周其

里河村

里河村位于硕放镇东南方。东以安桥浜为界，与安桥村相邻；南靠望虞河，与苏州市相城区望亭镇隔河相望；西以庄里浜为界，与里新村相依；北与新农村相靠。全村区域面积2.1平方公里。

1952年成立互助组。1955年成立初级社。1954年冬至1956年4月隶属华庄区里河乡。1957年成立新星高级社。1958年9月成立硕放人民公社。翌年3月成立里河大队。1983年撤社建乡，改设里河村。2004年4月，与里新村合并组建香楠村。

1980年末，全大队有粮田面积1329亩，桑田面积44亩。有19个生产队（村民小组）：曹家里、杨家里东、杨家里西、犁尖头南、犁尖头中、犁尖头北、河浜上东一、河浜上东二、河浜上西、东河头南、东河头北、施更上、薛家里、小陆更上、田堵里、吴家里、李更上东、李更上西、沈更上。2003年末，有330户，1109人，其中部分农户已拆迁安置进社区，但未办理户籍迁移手续。

全大队粮食生产以水稻、三麦为主。1959年，出售商品粮560.6万公斤，为全社第一。1960年，油菜籽亩产超过150公斤，名列全社前茅。20世纪70年代，开展农田水利基本建设，大规模进行整田平地、灌排分开、格田成方。在“农业学大寨”运动中，填埋河浜7条，平整大小土墩67个，增加耕地面积70亩。农业生产逐步机械化，先后购置“195”手扶拖拉机和中型拖

拉机，改善生产条件。1982年实行家庭联产承包责任制。20世纪90年代，实行土地流转，粮田由种田大户规模经营。副业生产除养蚕、养猪外，还较大规模地种植葡萄、西瓜，经济效益较好。同时家家户户都搞打柴包、打草席、压草帘、调麻经等家庭副业。

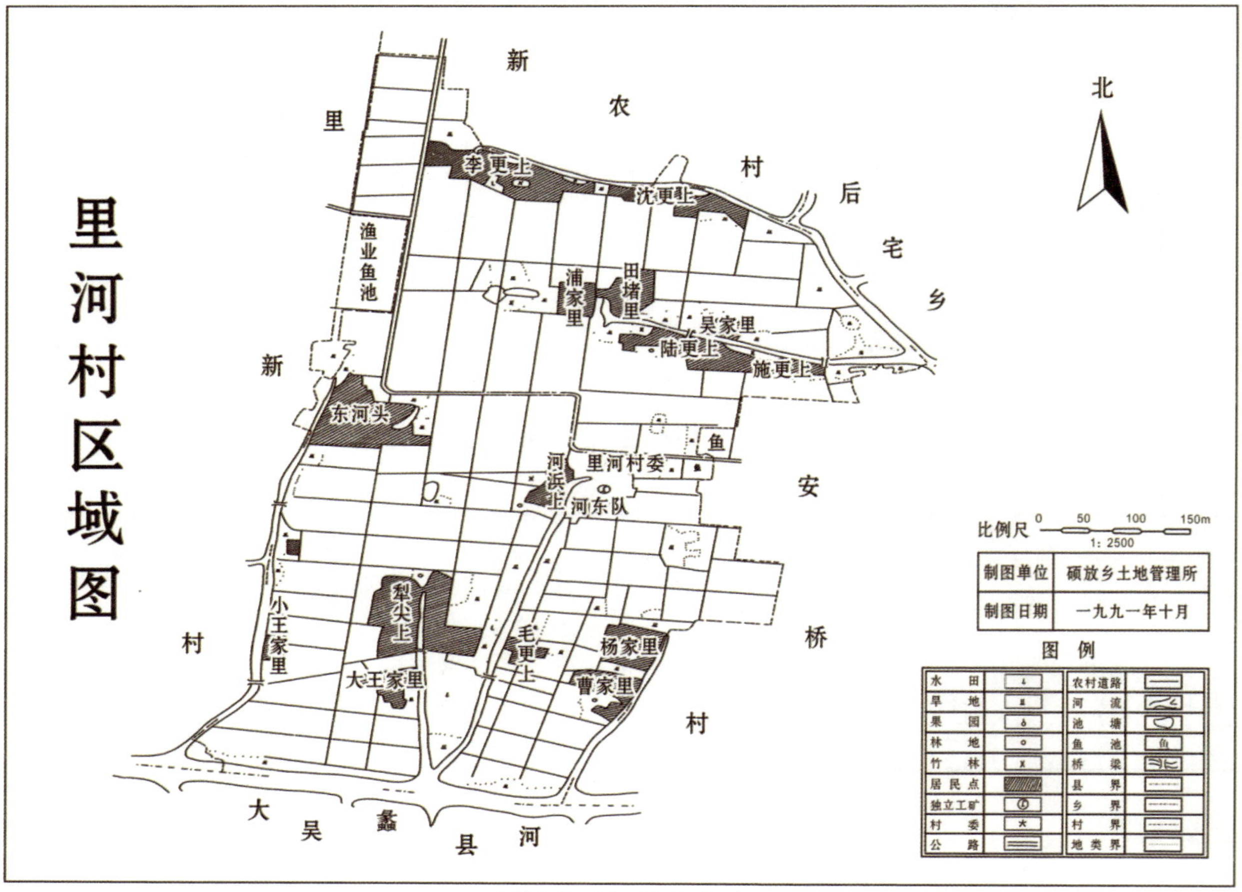

1991年里河村区域图

1970年冬，大队开始筹建里河农机配件厂，当时仅能加工螺丝，还要用板牙绞丝。随着业务逐步拓展，1975年，在河浜上建造新的厂房，更名为“里河五金厂”。1979年变更为里河塑料厂。主要产品有电视机接插件、注塑件等。20世纪80年代，先后办起凹凸彩印厂、印花厂、服装加工厂、地毯厂、昌盛塑料厂等。20世纪90年代中后期，村办集体企业全部转制为民营企业。

并村前的2003年，全社会总收入8838万元，其中工业收入7526万元，利税总额354万元，居民人均收入7203元。1980年被无锡县水利局评为农田水利建设先进单位。

1960—2000年（部分年）里河村基本情况表

表 2-39

项 目	指 标	1960年	1970年	1980年	1990年	2000年
概 况	总人口（人）	1773	1114	1159	1138	1062
	总户数（户）	373	309	317	315	330
	粮田面积（亩）	3129.00	1327.30	1329.00	1277.00	970.00

续表 2-39

项目	指标	1960年	1970年	1980年	1990年	2000年
粮食生产及三者关系	全年总产（万公斤）	77.71	63.60	70.85	88.22	63.82
	三　麦（万公斤）	12.69	7.46	20.01	23.22	9.99
	前季稻（万公斤）	—	15.30	22.21	—	—
	后季稻（万公斤）	—	15.74	28.63	—	—
	单季稻（万公斤）	65.03	25.11	—	65.00	53.83
	出售商品粮（万公斤）	36.20	25.85	24.10	—	—
	人均分配口粮（公斤）	155.00	278.00	324.00	—	—
副业生产	蚕　茧（公斤）	2010.00	2043.00	3470.00	—	—
	生猪圈存（头）	91	535	611	170	130
收益分配	总收入（万元）	22.06	17.33	31.08	127.33	3061.00
	总支出（万元）	6.98	4.63	13.49	18.93	2473.00
	净收入（万元）	15.08	12.70	17.59	108.40	588.00
	税　金（万元）	3.61	1.36	1.49	2.64	42.00
	集体积累（万元）	1.79	1.46	2.16	0.86	20.00
	分配总额（万元）	9.68	9.90	13.94	104.90	610.00
	人均分配水平（元）	53.50	88.90	121.40	945.00	5743.00

说明：1960年至1990年税金为农业税，2000年合作经济收益分配中税金含村办企业缴纳的税金

1978年、1990年、2000年里河村工业情况表

表 2-40

经济指标	1978年	1990年	2000年
企业个数（个）	2	2	6
职工人数（人）	52	87	99
工业总产值（万元）	11.96	117.00	1905.00
销售收入（万元）	—	77.20	1387.00
结算利润（万元）	3.61	14.36	81.00
国家税金（万元）	—	2.96	18.00
职工分配总额（万元）	—	10.44	72.30
人均分配水平（元）	—	1194.00	7303.00

1959—2004年里河村主要干部任职情况表

表 2-41

职务	姓名
党支部书记、村民委员会主任	邹金根、施云泉、陆永春、曹小胖、施小弟、陆浩明、邹林根、张再群、朱洪元
党支部副书记、大队长（正、副）、社长、村民委员会（副）主任、主任助理	陆永春、施小弟、曹小胖、朱敏根、杨义根、浦定荣、施福新、李忠泉
会　计	王伯春、李根水、陆金龙、曹　杰

安桥村

安桥村位于硕放镇东南。东靠后宅镇新星村；南以望虞河为界，与苏州相城区望亭镇隔河相望；西与里河村相邻；北与后宅镇洗马巷村相连。全村区域面积为1.67平方公里。

1954年成立初级社。1954年冬至1956年4月隶属华庄区里河乡。1957年成立利益高级社，后并入新星高级社。1958年9月成立硕放人民公社。1961年4月，从里河大队划分出来，成立新星大队。1982年更名为安桥大队。1983年撤社建乡，改设安桥村。

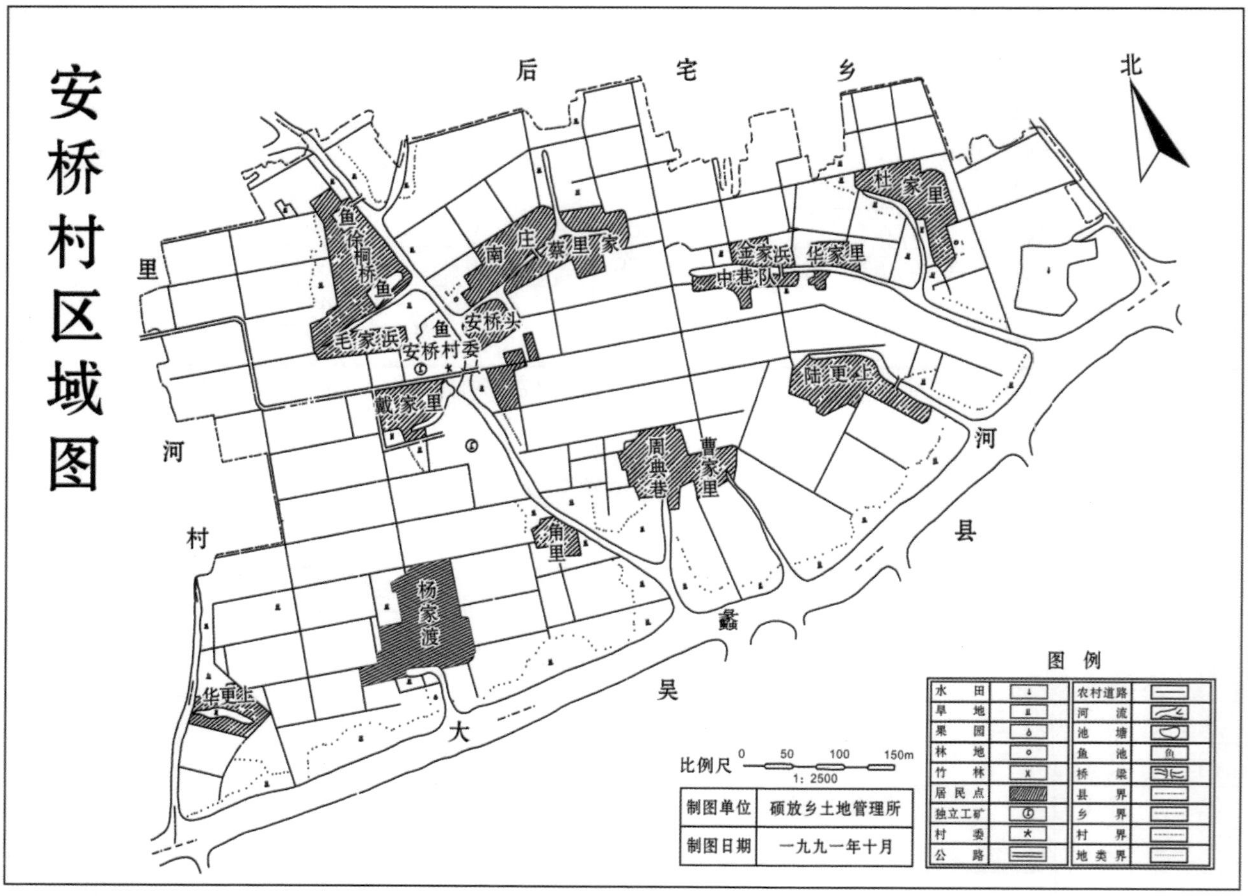

1991年安桥村区域图

1980年末，全大队有粮田面积1539亩，桑田面积65.8亩。有18个生产队（村民小组）：杜家里东、杜家里西、金家浜、中巷、陆更上东、陆更上西、周典巷、蔡家里、南庄、安桥头、毛家浜、徐桐桥南、徐桐桥北、角里、杨家渡北、杨家渡中、杨家渡南、华更上。2013年末，有453户，1472人，其中部分农户已拆迁安置进社区，但未办理户籍迁移手续。

自古以来以种植水稻、三麦为主，在"农业学大寨"运动中，大规模进行整田平地，格田成方。全大队共填平河浜4条，整平大小土墩109个，增加土地面积20多亩。20世纪80年代初，实行家庭联产承包责任制时，适逢村办企业鼎盛期，大批劳动力向企业转移。20世纪90年代中期，土地向种田大户集中，实行规模经营。20世纪80年代，周典巷生产队的曹大阿弟曾有"曹三万"（交售商品粮超万斤、副业收入超万元、家庭纯收入超万元）美誉，1983年至1995年，先后获评"江苏省劳动模范""无锡市劳动模范"（综合经营户、种田大户）等荣誉称号。新星大队副业生产除养蚕、养猪外，主要是掼砖、瓦坯，社员利用蠡湖开挖疏浚的泥土，家家户户掼砖、瓦坯，经济效益可观。养奶牛专业户邹汉民，1998年养殖奶牛40多头，并组织发起成立硕放镇奶牛协会，为全乡奶牛专业户提供社会信息及科学养奶牛的经验。

民国21年（1932年），安桥头邹阿纪建造20间平房作为油坊和磨坊加工场地，有木制油车10部，方便当地百姓榨油、磨粉。1956年，范阿纪在角里开办第一家乐器厂，拥有2台机床，工人4名，为苏州黄泥方桥民族乐器厂加工零部件。1972年，大队办起新星五金厂。20世纪80年代先后办起新星压制厂、安桥灯具厂、硕放皮球厂、安桥氧化厂、太湖钢管厂等。1992年1月，皮球厂与中国香港合资开办无锡威联运动器材有限公司，成为全乡村级第一家合资企业，产品远销韩国、日本、美国等国家及中国台湾地区，1993年外贸供货额达286万美元。20世纪90年代中后期，村办集体企业全部转制为民营企业。

2013年，全村实现工业产值1950万元，销售额1922万元，利税总额58万元，增加值473万元，居民人均收入28470元。

1995年被评为江苏省绿化先进村，1999年度被评为无锡市新区综合治理先进集体，2007年被评为无锡市农村集体财务规范化管理示范村。

1960—2000年（部分年）安桥村（新星）基本情况表

表 2-42

项 目	指 标	1960年	1970年	1980年	1990年	2000年
概 况	总人口（人）	—	1319	1445	1428	1383
	总户数（户）	—	368	380	395	389
	粮田面积（亩）	—	1541.60	1539.00	1502.00	898.00
粮食生产及三者关系	全年总产（万公斤）	—	78.55	87.06	102.73	63.19
	三 麦（万公斤）	—	9.52	25.84	29.86	11.61
	前季稻（万公斤）	—	18.50	27.08	—	—
	后季稻（万公斤）	—	22.51	34.15	—	—
	单季稻（万公斤）	—	28.04	—	72.87	51.58
	出售商品粮（万公斤）	—	30.95	27.55	—	—
	人均分配口粮（公斤）	—	281.50	320.60	—	—
副业生产	蚕 茧（公斤）	—	2895.00	4484.00	—	—
	生猪圈存（头）	—	605	693	508	—
收益分配	总收入（万元）	—	21.74	31.76	239.53	8504.00
	总支出（万元）	—	5.99	16.71	90.16	7321.00
	净收入（万元）	—	15.75	15.04	149.37	1183.00
	税 金（万元）	—	1.63	1.80	7.18	110.00
	集体积累（万元）	—	2.25	1.48	7.27	30.00
	分配总额（万元）	—	11.87	11.76	134.92	844.00
	人均分配水平（元）	—	91.00	81.50	945.00	6103.00

说明：1960年至1990年税金为农业税，2000年合作经济收益分配中税金含村办企业缴纳的税金

1978年、1990年、2000年、2005年安桥村（新星）工业情况表

表 2-43

经济指标	1978年	1990年	2000年	2005年
企业个数（个）	1	7	13	12
职工人数（人）	13	621	259	121
工业总产值（万元）	3.10	511.00	5823.00	7282.00
销售收入（万元）	—	390.00	5035.00	6754.00
结算利润（万元）	0.60	1.49	152.00	306.00
国家税金（万元）	—	7.00	77.00	94.00
职工分配总额（万元）	—	66.00	183.00	136.00
人均分配水平（元）	—	1061.00	7061.00	11231.00

1961—2013年安桥村（新星）主要干部任职情况表

表 2-44

职　务	姓　名
党支部书记、村民委员会主任	施云泉、邹金根、杨泉根、陆明康、邹绍基、邹林根、邹华明、金晓忠、金卫忠、吴德明
党支部副书记、大队长（正、副）、社长、村民委员会（副）主任、主任助理	施金培、杨泉根、邹绍基、邹林根、邹金根、陈泉根、杨德兴、戴新初、杨文兴、吴德明、邹建洪
会　计	杨泉根、吴金坤、戴泉元、杨德兴、邹树德

黄家门村

黄家门村位于硕放镇最南端。东至里夫泾港，与里新村毗邻；南以京杭大运河和望虞河入口交汇处为界，与望亭发电厂隔河相望；西与硕放村相靠；北与西典巷村接壤。沪宁铁路，沪宁城际高铁穿境而过。全村区域面积2.42平方公里。

土地改革完成后，在建立互助组的基础上成立路南、第五、复兴、墙南初级社。1954年冬至1956年4月隶属华庄区墙南乡，1957年下半年，4个初级社合并成立先锋高级社。1958年9月成立硕放人民公社。翌年3月成立先锋大队。1982年更名为黄家门大队。1983年撤社建乡，改设黄家门村。

1980年末，全大队有粮田面积2313亩，桑田面积154.8亩。有22个生产队（村民小组）：周家角四、周家角五、周家角六、坟塘桥、绛湾里、陈德屋、杨家里、严家里、姚家里、黄家门前东、黄家门前西、秦家坝南、秦家坝北、西码头、赵家湾、华家里、汤家桥、顾家湾、陆家湾、俞尚坟、金更上、河北。2013年末，有338户，1043人，其中部分农户已拆迁安置进社区，但未办理户籍迁移手续。

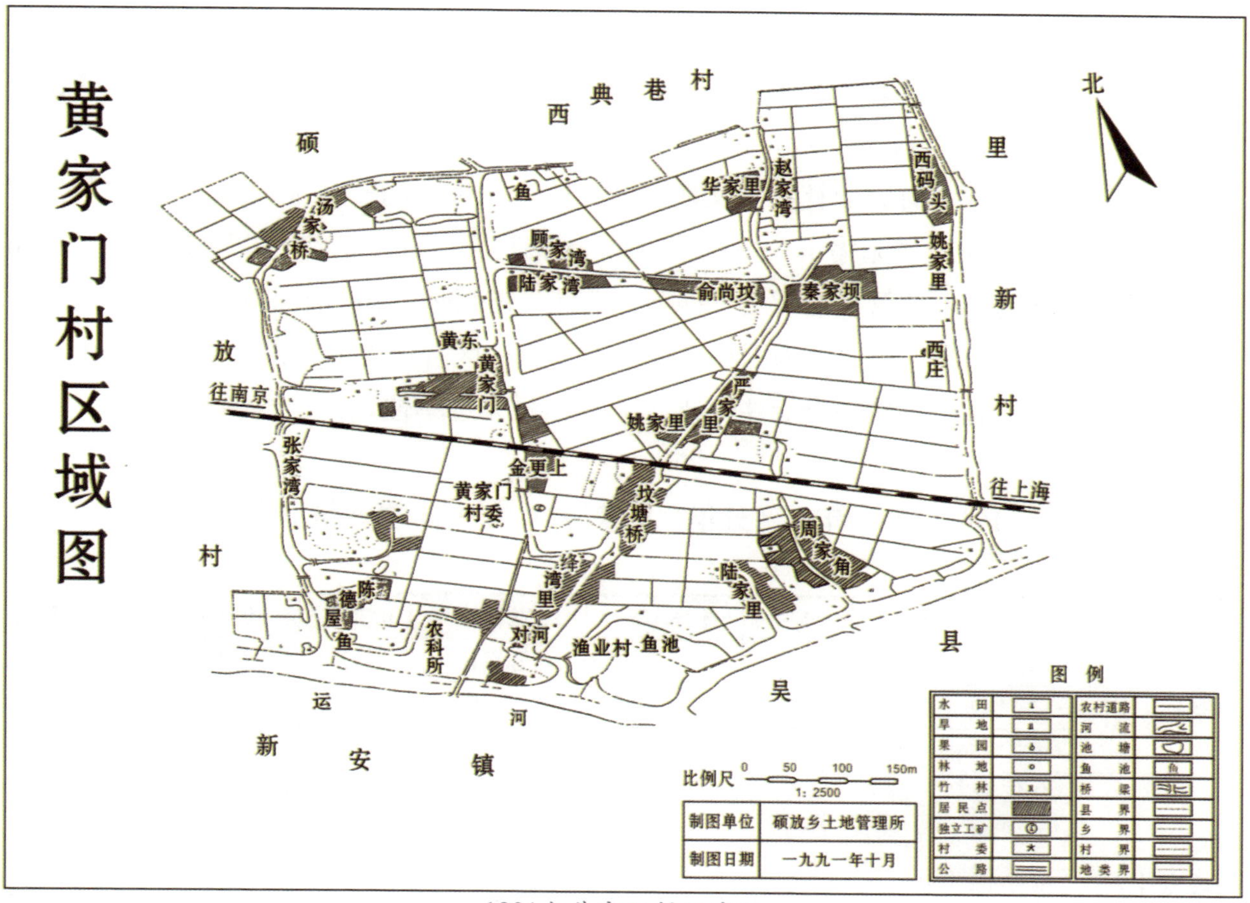

1991年黄家门村区域图

农业以粮食生产种植为主。在“农业学大寨”运动中，各生产队开展大规模整田平地，格田成方，经过平整土墩和填塞河浜，全大队增加粮田40余亩。1966年出售商品粮超50万公斤。1979年，粮食总产为全社5个超150万公斤大队之一。副业生产以养蚕、养猪为主，蚕茧产量1960年为2349公斤，1970年为3745公斤，1980年为13170公斤。20世纪60年代至70年代，家庭副业以养畜养禽为主，一般农户每年可出栏3—5头生猪，既为农业生产积累肥料，又可取得较好经济效益。各生产队都建有大小不等的集体养猪场，以养母猪为主，繁殖苗猪后供本队社员饲养。1979年末，全大队圈存生猪1276头，在全社名列前茅。1982年，农业生产实行家庭联产承包责任制后，生产队养猪场历史使命完成，生猪养殖逐渐向养猪大户过渡。俞尚坟生产队养猪专业户邹长伟，1986年搭建猪舍108平方米，分8个猪圈，自养母猪5头，常年生猪圈存数在80头左右。除养蚕、养猪等大众副业外，20世纪80年代，华家里生产队先后有3家农户种植葡萄面积共8亩。大队在顾家湾自然村办一个苗圃场，种植和培养各类花木，后又转为种水蜜桃，种植面积20亩左右。

工业生产起步较早。1971年初，大队办起了木模厂。1980年办起了规模较大的先锋童帽厂。20世纪80年代先后建办了铸件厂、拉丝模厂、化工厂、冷作厂、农机厂、纺配厂、电视机接收器厂、硕放炒货食品厂等企业。主要产品有佳梅瓜子，曾获评无锡“太湖之春”名胜炒货评比优胜奖、1986年上海西瓜子消费评比活动鼓励奖；酱油瓜子，曾获评1986年上海西瓜子消费评比活动鼓励奖；电视机接收器 U/V 兼容5.7.9型，获评1987年“国家发明三等奖”荣誉奖项。20世纪90年代中后期，村办集体企业全部转制为民营企业。

2013年，全村实现工业产值1.10亿元，销售额1.09亿元，利税总额532万元，增加值2431万元，居民人均收入28470元。

1959年被评为江苏省农业社会主义建设先进单位；2004年获评“无锡市新区文明村居”荣誉称号；2005年获评“无锡市民主法治村”“无锡市新区民主法治村”荣誉称号；2006年被无锡市新区党工委、管委会评为“四五”普法先进集体；2009年获评“无锡市民主法治社区”荣誉称号；2013年被评为无锡市流动人口集中区管理先进单位、无锡市绿色无锡森林村创建先进单位、无锡市社会主义现代化幸福村先进单位。

1960—2000年（部分年）黄家门村（先锋）基本情况表

表 2-45

项　目	指　标	1960年	1970年	1980年	1990年	2000年
概　　况	总人口（人）	1533	2071	2284	2266	2021
	总户数（户）	570	585	612	622	640
	粮田面积（亩）	2399.60	2312.40	2313.00	2333.00	1600.00
粮食生产及三者关系	全年总产（万公斤）	58.88	110.16	122.28	155.55	112.50
	三　麦（万公斤）	7.91	14.65	35.60	40.57	20.18
	前季稻（万公斤）	—	23.66	36.29	—	—
	后季稻（万公斤）	—	32.79	50.39	—	—
	单季稻（万公斤）	50.97	39.06	—	114.98	92.32
	出售商品粮（万公斤）	27.30	39.95	33.20	—	—
	人均分配口粮（公斤）	157.60	271.00	316.75	—	—
副业生产	蚕　茧（公斤）	2349.00	3745.00	13170.00	623.00	—
	生猪圈存（头）	129	761	1005	439	—
收益分配	总收入（万元）	17.41	31.12	60.37	314.90	3812.60
	总支出（万元）	5.20	8.87	28.71	54.99	2579.00
	净收入（万元）	12.21	22.25	31.66	259.91	1233.60
	税　金（万元）	2.77	2.28	2.54	4.61	89.00
	集体积累（万元）	1.03	2.30	2.54	1.48	45.49
	分配总额（万元）	8.41	16.88	24.89	253.82	1213.20
	人均分配水平（元）	54.80	81.40	110.00	1120.00	6003.00

说明：1960年至1990年税金为农业税，2000年合作经济收益分配中税金含村办企业缴纳的税金

1978年、1990年、2000年、2005年黄家门村（先锋）工业情况表

表 2-46

经济指标	1978年	1990年	2000年	2005年
企业个数（个）	2	7	7	13
职工人数（人）	113	296	176	150
工业总产值（万元）	5.65	530.00	2250.00	19121.00

续表 2-46

经济指标	1978年	1990年	2000年	2005年
销售收入（万元）	—	45.30	1885.00	18209.00
结算利润（万元）	1.61	66.04	181.00	1019.00
国家税金（万元）	—	20.54	52.00	518.00
职工分配总额（万元）	—	40.92	153.95	174.30
人均分配水平（元）	—	1380.00	8750.00	14270.00

1959—2013年黄家门村（先锋）主要干部任职情况表

表 2-47

职　务	姓　名
党支部书记、村民委员会主任	黄清泉、吴阿三、姚吾千、雷建明、黄招泉、陈德兴、陆金生、杨晓中、华献丰
党支部副书记、大队长（正、副）、社长、村民委员会（副）主任、主任助理	严阿荣、黄泉根、吴阿三、姚吾千、邹水泉、曹坤生、吴元坤、陈德兴、陆金生、邹锡惠、姚利峰
会　计	严国良、雷建明、黄招泉、黄益明、吴元坤、杨小弟

西典巷村

西典巷村位于硕放镇西南。东以里夫泾港为界，与孙典桥村、里新村相依；南与黄家门村相连；西与硕放村毗邻；北至南河港，与墙裕村相邻。裕丰路和薛典路贯穿全境。全村区域面积1.67平方公里。

1951年8月，在墙门区成立第一个互助组——顾老坤互助组，后相继成立互助组。1954年成立8个初级社。1954年冬至1956年4月隶属华庄区墙南乡。1957年成立建农高级社。1958年9月成立硕放人民公社。翌年3月成立建农大队。1982年更名为西典巷大队。1983年撤社建乡，改设西典巷村。

1980年末，全大队有粮田面积1775亩，桑田面积109.1亩。有23个生产队（村民小组）：方场湾、尤家里、谢家桥、前场湾、西典巷、田里四房、大东、大西、庄东、庄西、庄前、庄南、徐家湾、陆贤桥、许东、许中、许西、浜上、西墙门、肖家桥、朱更上、小桥头、马头湾。2013年末，有62户，166人，其中部分农户已拆迁安置进社区，但未办理户籍迁移手续。

粮食生产以水稻、三麦为主。1960年是全社油菜籽产量最高的年份，为全社亩产超150公斤的5个大队之一。20世纪70年代在“农业学大寨”运动中，大搞农田基本建设，挑（平）高填低、平整土地、格田成方，填平较大的十里亭土墩、谷芒墩、金谷里、五丫浜等土墩河浜，增加耕地面积150亩。在龙尖咀拦河造塘，养鱼、养河蚌。1982年，实行家庭联产承包责任制，逐步恢复稻麦两熟制。1984年单季稻亩产达603.3公斤，名列全乡第一。副业生产以养蚕、养猪为主。1980年蚕茧总产达7410公斤，亩产蚕茧67.9公斤。在多种经营全面发展的年代，有方场湾、前场湾等9个生产队建造蘑菇房，集体种养蘑菇，收到较好的经济效益。编竹篮、织麻布是西典巷村主要的家庭副业。

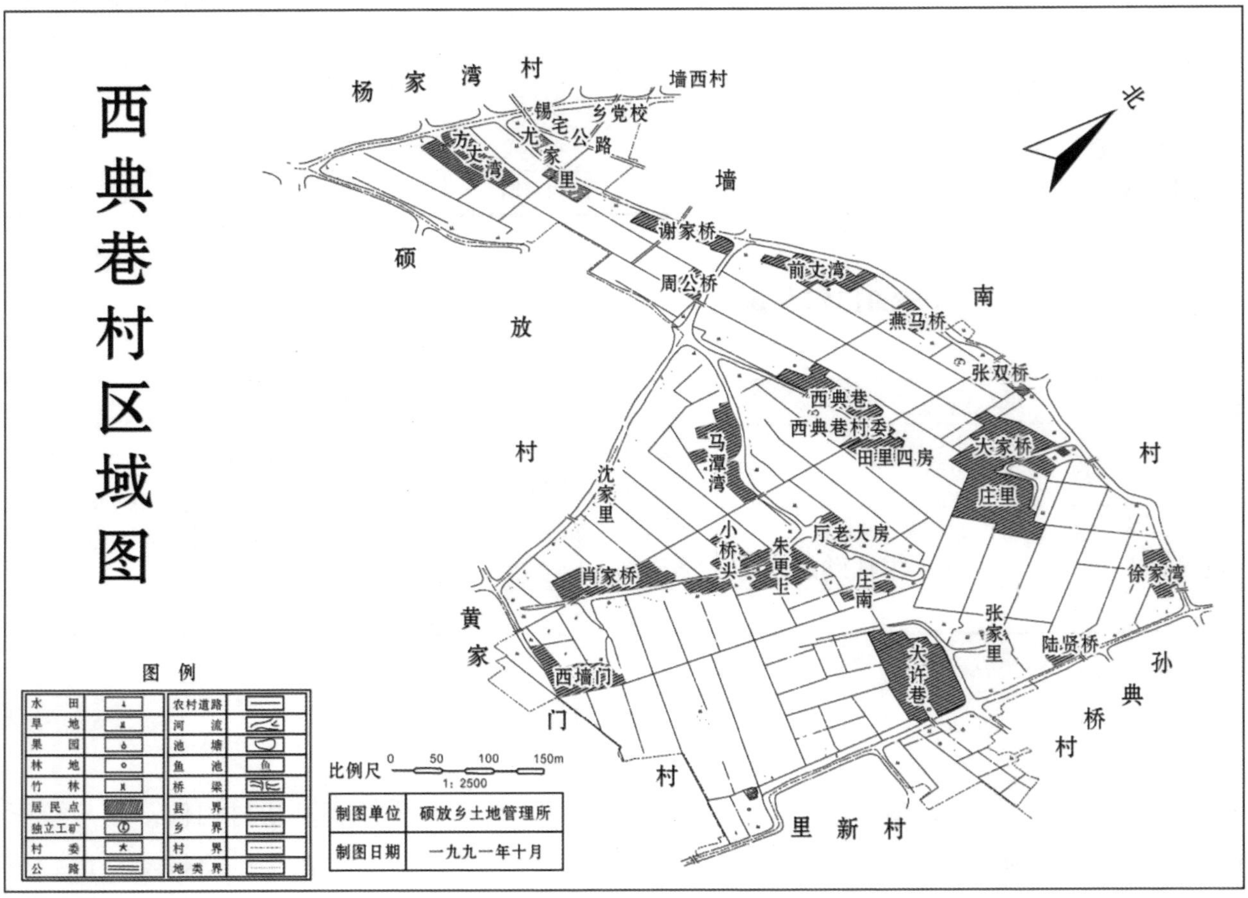

1991年西典巷村区域图

工业生产起步早，发展快。1971年建办小五金零件厂，1974年在小五金零件厂的基础上建办电工电讯器材厂。20世纪80年代先后建办尼龙加弹厂、变压器厂、鞍座厂、烘漆厂、塑料厂、环形灯具厂。主要产品有升降多用控制变压器、环形日光灯等。1980年工业总产值超百万元，名列全社第二。20世纪90年代中后期，村办集体企业全部转制为民营企业。

2013年，全村实现工业产值750万元，销售额724万元，利税总额8万元，增加值165万元，居民人均收入28450元。

2003年，被评为无锡市新区民兵预备役工作先进单位；2005年，被评为江苏省卫生村、无锡市民主法治村、无锡市新区村民自治模范村、无锡市新区文明村（居）。

1960—2000年（部分年）西典巷村（建农）基本情况表

表 2-48

项 目	指 标	1960年	1970年	1980年	1990年	2000年
概　况	总人口（人）	1335	1829	1956	1921	1788
	总户数（户）	343	521	559	556	586
	粮田面积（亩）	1986.00	1837.20	1775.00	1798.00	1502.00

续表 2-48

项 目	指 标	1960年	1970年	1980年	1990年	2000年
粮食生产及三者关系	全年总产（万公斤）	57.53	80.24	92.33	121.78	115.12
	三　麦（万公斤）	6.94	10.34	30.77	31.26	28.86
	前季稻（万公斤）	—	16.46	28.15	—	—
	后季稻（万公斤）	—	18.33	33.41	—	—
	单季稻（万公斤）	50.59	35.13	—	90.53	86.26
	出售商品粮（万公斤）	28.20	21.25	15.30	—	—
	人均分配口粮（公斤）	163.85	263.00	314.05	—	—
副业生产	蚕　茧（公斤）	3490.00	4645.00	7410.00	1617.00	—
	生猪圈存（头）	53	674	1007	249	—
收益分配	总收入（万元）	17.10	22.60	44.34	247.90	2399.20
	总支出（万元）	4.89	6.30	20.90	57.10	1700.30
	净收入（万元）	12.21	16.30	23.44	190.80	698.90
	税　金（万元）	2.14	1.86	2.14	3.87	74.30
	集体积累（万元）	1.00	1.54	2.10	4.94	15.00
	分配总额（万元）	9.06	12.91	19.19	181.99	845.80
	人均分配水平（元）	67.80	76.10	99.00	952.00	4731.00

说明：1960年至1990年税金为农业税，2000年合作经济收益分配中税金含村办企业缴纳的税金

1978年、1990年、2000年、2005年西典巷村（建农）工业情况表

表 2-49

经济指标	1978年	1990年	2000年	2005年
企业个数（个）	1	6	8	8
职工人数（人）	99	199	111	185
工业总产值（万元）	22.60	294.00	1590.00	3360.00
销售收入（万元）	—	238.44	1213.00	3173.00
结算利润（万元）	3.50	26.67	46.00	157.00
国家税金（万元）	—	15.14	52.00	177.00
职工分配总额（万元）	—	24.51	54.61	304.00
人均分配水平（元）	—	1231.00	4920.00	11156.00

1959—2013年西典巷村（建农）主要干部任职情况表

表 2-50

职 务	姓 名
党支部书记、村民委员会主任	顾林生、毕宪嘉、许绍荣、邹福康、徐文明、顾其祥、顾惠康、顾建栋、朱梅生
党支部副书记、大队长（正、副）、社长、村民委员会（副）主任、主任助理	顾凤康、王纪中、徐再良、许绍荣、邹森林、朱祖根、顾伯永、朱建中、顾玲珍、顾其祥、顾建栋、朱梅生
会　计	邹开元、徐文明、邹福康、顾玲娣、顾士兴

硕放村

硕放村位于硕放镇西南，东与西典巷村毗邻；南与黄家门村接壤；西与建新村为邻；北以唐庄河为界，与杨家湾村隔河相望，沪宁铁路、城际高铁穿境而过。全村区域面积2.1平方公里。

1953年成立互助组。1954年成立初级社。1954年冬至1956年4月隶属华庄区硕住乡。1957年成立硕放高级社。1958年9月成立硕放人民公社。翌年3月成立硕放大队。1983年撤社建乡，改设硕放村。

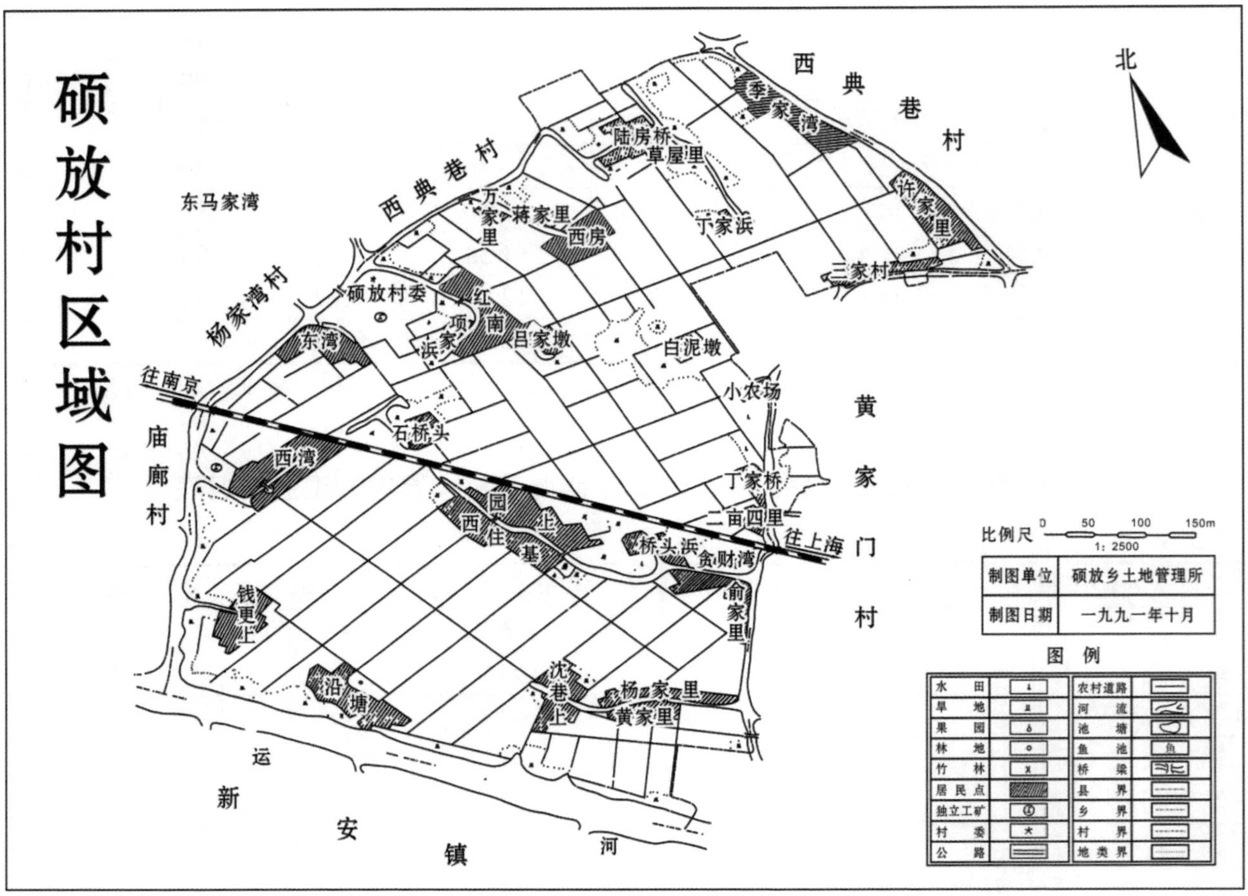

1991年硕放村区域图

1980年末，全大队有粮田面积2019亩，桑田面积135.3亩。有23个生产队（村民小组）：东马家湾、红北、红南、龙潭湾、西房、南房、东房、丁家浜、陆房桥、季家湾、许家里、三家村、园上、前头三房、西住基、俞家里、杨家里、沈巷上东、沈巷上西、陆家里、沿塘、钱更上、西马家湾。2013年末，有62户，176人，其中部分农户已拆迁安置进社区，但未办理户籍迁移手续。

在"农业学大寨"运动中，大规模进行整田平地，格田成方。填平河浜10多条，整平大小土墩110多个，特别是十分有名的"白泥墩"也被整平为耕地，增加耕地面积100余亩。1979年粮食总产在全社5个超150万公斤大队之列。副业生产以养猪、养蚕为主。1971年全大队养猪圈存达1500头，名列全社第一。1977年蚕茧亩产突破50公斤大关，1981年蚕茧亩产达75.5公斤。

1969年，几位退休、下放职工以生产螺帽、螺丝起家，建成第一家队办厂，即硕放五金厂，后逐步壮大，发展到全镇有名的骨干村办企业——无锡针织机械配件厂。1990年，全村村办企业13家，职工539人，工业产值达1304万元，缴纳国家税金80.35万元，在硕放乡村办企业中首屈一指。全村的经济结构也从农业转向农工一体化，形成“以工补农、以工促农”的良好局面。工业企业主要有无锡针织机械配件厂、无锡荣成造纸机械厂、无锡硕放法兰厂、无锡硕放针织厂等企业。主要产品有Z201台车针织弹簧针、滚姆、针姆、造纸机械真空伏辊、化工反应锅法兰及各色针织绒布等。1984年至1986年连续三年工业产值名列全乡村级工业第一。1989年至1994年连续五年工业总量继续领跑全乡村级工业，其中1994年工业产值达7119万元，成为村级工业的排头兵。20世纪90年代中后期，村办集体企业全部转制为民营企业。

2013年，全村实现工业产值4150万元，销售额4137万元，利税总额235万元，增加值994万元，居民人均收入28465元。1963年被上海铁路局评为“护路先锋”。大队护路先进事迹被上海铁路局政治部刊登于《华东铁路通讯》刊物上；20世纪70年代，由于村办工业成绩显著，多次获得中共苏州地委、中共无锡县委、无锡县人民政府表彰；2005年被评为无锡市新区村民自治模范村；2004年、2006年获评“无锡市新区城市建设推进奖”等荣誉称号。

1960—2000年（部分年）硕放村基本情况表

表 2-51

项　目	指　标	1960年	1970年	1980年	1990年	2000年
概　况	总人口（人）	1344	1833	1936	1897	1820
	总户数（户）	475	488	492	498	512
	粮田面积（亩）	1969.40	2021.30	2019.00	2080.00	1626.00
粮食生产及三者关系	全年总产（万公斤）	57.52	96.26	116.74	137.41	116.79
	三　麦（万公斤）	9.62	13.60	34.45	35.58	25.09
	前季稻（万公斤）	—	21.76	39.34	—	—
	后季稻（万公斤）	—	—	42.95	—	—
	单季稻（万公斤）	47.90	60.91	—	101.83	91.71
	出售商品粮（万公斤）	28.40	9.30	1.75	—	—
	人均分配口粮（公斤）	160.15	272.50	325.70	—	—
副业生产	蚕　茧（公斤）	2249.50	4281.50	9136.50	106.00	—
	生猪圈存（头）	121	1500	1098	444	—
收益分配	总收入（万元）	16.62	28.91	54.34	278.00	3151.00
	总支出（万元）	4.50	7.87	21.10	75.62	2270.00
	净收入（万元）	12.12	21.04	33.24	202.38	881.00
	税　金（万元）	2.09	1.96	2.13	4.66	108.00
	集体积累（万元）	1.05	2.88	4.44	2.17	44.00

续表 2-51

项 目	指 标	1960年	1970年	1980年	1990年	2000年
收益分配	分配总额（万元）	8.98	16.20	26.67	195.55	983.00
	人均分配水平（元）	—	88.90	140.10	1030.00	5395.00

说明：1960年至1990年税金为农业税，2000年合作经济收益分配中税金含村办企业缴纳的税金

1978年、1990年、2000年、2005年硕放村工业情况表

表 2-52

经济指标	1978年	1990年	2000年	2005年
企业个数（个）	1	4	12	13
职工人数（人）	260	539	253	494
工业总产值（万元）	22.92	1304.00	2758.00	7036.00
销售收入（万元）	—	1092.00	2108.00	7032.00
结算利润（万元）	6.31	159.13	72.00	126.00
国家税金（万元）	—	80.35	99.00	285.00
职工分配总额（万元）	—	75.87	164.98	550.80
人均分配水平（元）	—	1407.00	6520.00	13416.00

1959—2013年硕放村主要干部任职情况表

表 2-53

职 务	姓 名
党支部书记、村民委员会主任	邹金根、邹耀忠、薛祖荣、曹兴荣、陈根林、姚洪良
党支部副书记、大队长（正、副）、社长、村民委员会（副）主任、主任助理	沈小弟、吴金坤、薛祖荣、丁惠芬、曹兴荣、许才生、邹洪根、查福纪、王铭树、丁永根、钱鸣其、黄建平
会 计	邹仁根、王关庚、薛祖荣、曹兴荣、陈凤林、马其根

杨家湾村

杨家湾位于硕放镇西南。东傍唐庄河，与墙南村、西典巷村毗邻；南以唐庄河为界，与硕放村隔河相望；西连塔西村；北至硕放机场，与墙西村相邻。全村区域面积1.45平方公里。

1953年成立互助组。1954年成立初级社。1954年冬至1956年4月隶属华庄区硕住乡。1957年成立五星高级社。1958年9月成立硕放人民公社。1959年3月，在工区调整为大队时划入硕放大队，5月又从硕放大队划出，成立五星大队。1982年更名为杨家湾大队。1983年撤社建乡，改设杨家湾村。

1980年末，全大队有粮田面积1262亩，桑田面积125.3亩。有14个生产队（村民小组）：赵家桥、方家里、钱家湾、下沿湾、良更上、王道人巷、陈家里、埝头上、硕望桥、硕望桥西、硕望桥中、硕望桥东、严家浜、杨家湾。2013年末，有317户，945人，其中部分农

户已拆迁安置进社区，但未办理户籍迁移手续。

20世纪70年代在“农业学大寨”时期，大搞农田水利建设，挑（平）高填低、整田平地，使土地连片，格田成方。共填平河浜7条，整平土墩30多个，增加耕地面积60多亩，为农业稳产高产奠定坚实基础。1979年是粮食产量最高的年份，粮食亩产达到831.6公斤，名列全社第一。20世纪80年代后，为搞活农村经济，打破以稻麦为主、蚕桑为辅的村级经济格局，在加快发展村办工业的基础上，按照土地现状，规划发展农村经济作物。特别是根据“机场航线内不可有高空建筑”的有关规定，因地制宜，大力发展种植业，招聘外地农民来村承包种植300亩葡萄园，281亩苗木林场，为增加村级经济收入拓宽门路。

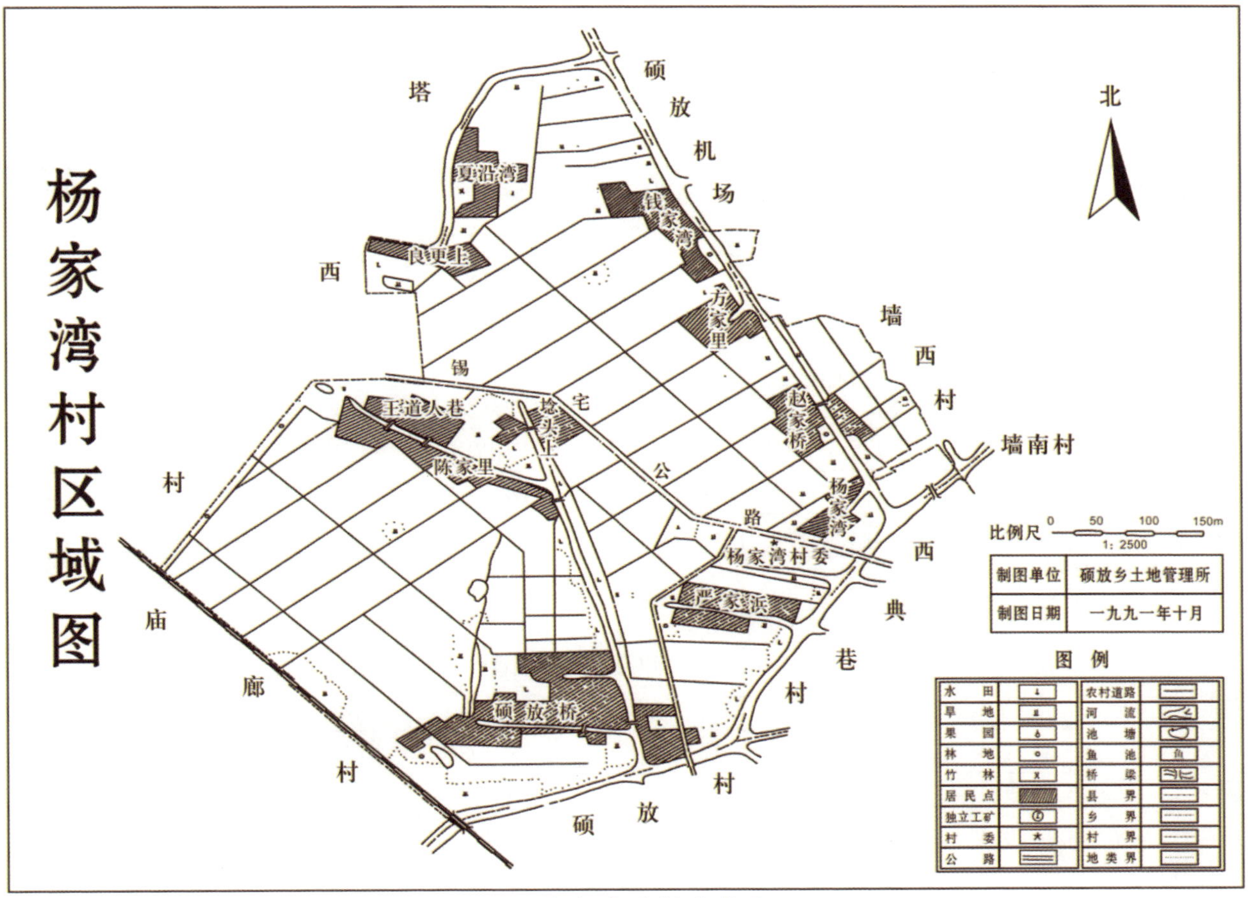

1991年杨家湾村区域图

20世纪60年代中期，大队办起搓麻作坊，在此基础上办起尼龙丝厂。20世纪70年代至80年代，先后办起五金厂、帆布厂、帆布制品厂、珍珠宝石工艺厂、小型农机厂、服装加工厂、保温材料厂、节能保温材料厂、绢纺材料厂等。主要产品有维纶、维棉帆布，硅酸铅制品，绢纺原料等。20世纪90年代中后期，村办集体企业全部转制为民营企业。2004年后，随着硕放工业园区的快速发展，规划筹建杨家湾工业小区。无锡市博康帆布织造有限公司、无锡市凯华减震器有限公司、无锡市通源电器有限公司、无锡市苏锡交通设施有

杨家湾村葡萄园

限公司、无锡市南洋工业炉有限公司、无锡市南洋化工机械有限公司、无锡市新区硕放纺机涂料厂、无锡市新区锡南冷暖设备材料厂等民营企业先后入驻。

2013年，全村实现工业产值3250万元，销售额3204万元，利税总额215万元，增加值752万元，居民人均收入28518元。

2001年被评为无锡市新区文明村；2005年被评为无锡市新区村民自治模范村；2008年被评为无锡市民主法治社区、无锡市新区政法工作先进单位；2009年至2011年被评为无锡市新区调解委员会先进集体；2011年被评为无锡市新区创先争优活动先进集体、无锡市新区党建工作示范点；2012年被评为无锡市新区人民调解先进集体、无锡市新区固本强基示范党组织。

1960—2000年（部分年）杨家湾村（五星）基本情况表

表 2-54

项　目	指　标	1960年	1970年	1980年	1990年	2000年
概　　况	总人口（人）	871	1225	1287	1206	1122
	总户数（户）	340	345	350	364	369
	粮田面积（亩）	1170.00	1219.00	1262.00	1229.00	1180.00
粮食生产及三者关系	全年总产（万公斤）	35.84	57.43	81.68	91.92	81.70
	三　麦（万公斤）	5.41	7.42	21.06	25.88	17.19
	前季稻（万公斤）	—	12.00	31.24	—	—
	后季稻（万公斤）	—	14.19	29.39	—	—
	单季稻（万公斤）	30.43	23.82	—	66.05	64.51
	出售商品粮（万公斤）	17.95	15.90	26.70	—	—
	人均分配口粮（公斤）	160.50	268.00	334.05	—	—
副业生产	蚕　茧（公斤）	2928.00	5839.00	8213.50	1827.00	—
	生猪圈存（头）	63	946	749	213	—
收益分配	总收入（万元）	10.93	18.22	34.39	157.87	1710.67
	总支出（万元）	3.64	4.91	14.74	34.27	1305.92
	净收入（万元）	7.29	13.31	19.65	123.60	404.75
	税　金（万元）	1.34	1.20	1.30	2.87	33.76
	集体积累（万元）	0.83	1.43	2.87	2.00	32.68
	分配总额（万元）	5.12	10.67	15.48	118.79	571.05
	人均分配水平（元）	65.90	87.00	135.00	985.00	5089.00

说明：1960年至1990年税金为农业税，2000年合作经济收益分配中税金含村办企业缴纳的税金

1978年、1990年、2000年、2005年杨家湾村（五星）工业情况表

表 2-55

经济指标	1978年	1990年	2000年	2005年
企业个数（个）	3	6	11	15
职工人数（人）	79	173	89	385
工业总产值（万元）	21.15	627.00	1694.00	16263.00

续表 2-55

经济指标	1978年	1990年	2000年	2005年
销售收入（万元）	—	655.43	1323.00	15127.00
结算利润（万元）	4.54	25.99	84.00	820.00
国家税金（万元）	—	16.31	24.00	697.00
职工分配总额（万元）	—	22.17	57.13	516.50
人均分配水平（元）	—	1280.00	6453.00	11000.00

1959—2013年杨家湾村（五星）主要干部任职情况表

表 2-56

职 务	姓 名
党支部书记、村民委员会主任	杨杏泉、刘寿生、杨俊良、方亭康、顾惠康
党支部副书记、大队长（正、副）、社长、村民委员会（副）主任、主任助理	刘寿生、薛小弟、杨俊良、方尚志、过丽韻、方召兴、薛瑾康、俞国平、赵道根、黄棋南、朱明晓、杨 勇
会 计	黄志超、薛瑾康、俞国平、顾惠康、李银龙

合新村

2004年3月，因硕放镇区域调整，建新村、塔西村合并，当时起名“合新”，寓含建新的“新”和红星的“星”，新星合一，故名合新。

合新村地处硕放镇西南，东靠机场营房、杨家湾村、硕放村；南靠京杭大运河；西靠新安西宅村、华光村；北靠新梅路村。

全村区域面积3.63平方公里，有38个自然村，26个村民小组，1个卫生服务站。2013年末，有622户，1760人，其中部分农户已拆迁安置进社区，但未办理户籍迁移手续。

合新村村民委员会

合新村交通十分便利，京杭大运河、沪宁城际高速铁路、长江南路、老312国道、机场路等贯穿境内。

2013年，全村实现工业总产值1.20亿元，销售收入1.19亿元，利税总额460万元，增加值2625万元，居民人均收入28460元。

2005年被评为无锡市人口和计划生育先进集体、无锡市新区村民自治模范村；2009年被评为无锡市新区先进党支部；2010年被评为无锡市计划生育协会先进单位；2011年被评为江苏省计划生育协会先进单位、无锡市新区十佳基层规范化建设示范点。

2004—2005年合新村农村经济收益分配情况表

表 2-57

年份	收 入（万元）			总支出（万元）	净收入（万元）	国家税金（万元）	集体积累（万元）	分 配		
	全社会总收入	其 中						总人口（人）	分配总额（万元）	人均分配水平（元）
		农业收入	非农业收入							
2004	18391	1226	17165	15132	3259	218	380	3325	2661	8003.00
2005	21900	1288	20612	18397	3503	245	40	3300	3218	9751.50

2004—2005年合新村工业经济情况表

表 2-58

年 份	企业个数（家）	职工人数（人）	总产值（万元）	销售收入（万元）	结算利润（万元）	国家税金（万元）	职工分配总额（万元）	人均分配水平（元）
2004	14	181	15696	14540	389	200	196.30	10843
2005	16	209	18518	18147	358	304	232.40	12994

2004—2013年合新村主要干部任职情况表

表 2-59

职 务	姓 名
党支部书记、村民委员会主任	殷晓军、陈其明
党支部副书记、村民委员会副主任、主任助理	顾仲贤、邹建波、陈其明、何宏伟、沈国华
会 计	陈其明、徐海邦（报账员）、邹梦剑（报账员）

建新村

建新村位于硕放镇西南，硕放火车站旁。东以沈渎浜为界，与硕放村隔河相望；南傍大运河；西与新安镇华光村接壤；北与塔西村为邻。全村区域面积1.18平方公里。

1952年成立互助组。1954年成立沈渎、大庙上两个初级社。1954年冬至1956年4月隶属华庄区硕住乡。1956年成立建新高级社。1958年9月成立硕放人民公社。1959年3月，在工区调整为大队时划入硕放大队，5月又从硕放大队划出，成立建新大队。1982年更名为庙廊大队。1983年撤社建乡，更名为庙廊村。1993年撤乡建镇，更名为建新村。2004年3月，与塔西村合并组建合新村。

1980年末，全大队有粮田面积1007亩，桑田面积66.2亩。有10个生产队（村民小组）：王家里、何家里、大朱家里、谈更上、邹家湾、大庙上、河南、河北、梁家桥、小朱家里。2003年末，有285户，985人，其中部分农户已拆迁安置进社区，但未办理户籍迁移手续。

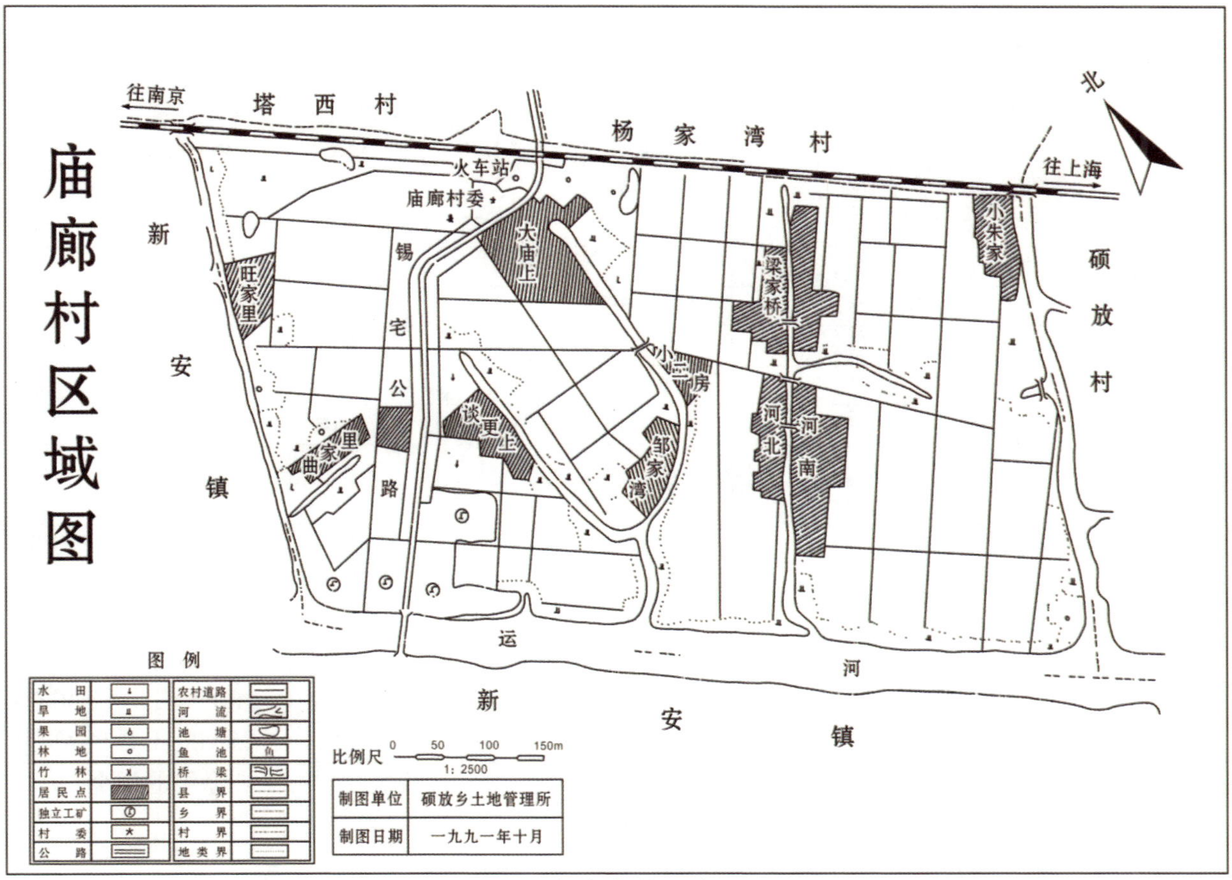

1991年庙廊村区域图

境内农业生产以种植水稻、三麦为主。境内多土墩、坟岗、水塘、河浜，田块零碎、高低不平，农田灌溉非常困难。20世纪70年代，大搞农田基本建设，平整土地，格田成方。填平河浜1条，水塘5个，平整较大土墩5个，增加耕地面积50余亩，为粮食稳产高产打下基础。副业生产在“以粮为纲，全面发展”的方针指引下，村民大搞传统副业、手工业，部分农民办起苗鸡孵坊，苗鸡出售量较大，效益可观。1990年初，当地掀起养鹌鹑热潮，全村有50多户养殖鹌鹑，鹌鹑大多销往无锡、苏州、上海等地。

民国30年（1941年），小朱家里朱杏泉等兄弟4人在村里开办民间榨油作坊。20世纪70年代后，工业企业主要有冷作厂、化工厂等。主要产品有碱式氯化铝，用于自来水厂作净化剂。20世纪90年代中后期，村办集体企业全部转制为民营企业。

并村前的2003年，全社会总收入1.39亿元，其中工业收入1.12亿元，利税总额329万元，居民人均收入6853元。

1993年3月被评为无锡市脱贫致富目标村，1996年1月被评为无锡市脱贫转化达标村。

1960—2000年（部分年）建新村（庙廊）基本情况表

表 2-60

项　目	指　标	1960年	1970年	1980年	1990年	2000年
概　况	总人口（人）	708	944	967	936	918
	总户数（户）	219	238	255	285	283

续表 2-60

项 目	指 标	1960年	1970年	1980年	1990年	2000年
概　　况	粮田面积（亩）	1029.90	1061.00	1007.00	981.00	828.00
粮食生产及三者关系	全年总产（万公斤）	27.05	44.70	55.85	66.04	58.19
	三　麦（万公斤）	4.38	5.70	17.36	17.34	12.09
	前季稻（万公斤）	—	10.77	17.23	—	—
	后季稻（万公斤）	—	8.71	21.27	—	—
	单季稻（万公斤）	22.67	19.52	—	48.70	46.10
	出售商品粮（万公斤）	11.50	13.20	15.80	—	—
	人均分配口粮（公斤）	164.15	265.00	319.15	—	—
副业生产	蚕　茧（公斤）	1599.00	1717.50	3361.00	39.00	—
	生猪圈存（头）	60	464	494	267	—
收益分配	总收入（万元）	7.92	13.18	23.80	113.44	2024.00
	总支出（万元）	2.12	3.82	11.84	29.83	1578.00
	净收入（万元）	5.80	9.36	11.96	83.61	446.00
	税　金（万元）	1.11	1.01	1.06	2.30	25.00
	集体积累（万元）	0.74	0.81	1.11	0.87	30.00
	分配总额（万元）	3.86	7.54	9.79	80.44	530.00
	人均分配水平（元）	54.50	79.90	102.00	859.00	5773.00

说明：1960年至1990年税金为农业税，2000年合作经济收益分配中税金含村办企业缴纳的税金

1978年、1990年、2000年建新村（庙廊）工业情况表

表 2-61

经济指标	1978年	1990年	2000年
企业个数（个）	2	2	3
职工人数（人）	20	85	93
工业总产值（万元）	10.00	212.00	2280.00
销售收入（万元）	—	183.06	1877.00
结算利润（万元）	1.40	7.32	-45.00
国家税金（万元）	—	8.75	24.00
职工分配总额（万元）	—	9.01	67.00
人均分配水平（元）	—	1185.00	7204.00

1959—2004年建新村（庙廊）主要干部任职情况表

表 2-62

职 务	姓 名
党支部书记、村民委员会主任	郭凤根、费其法、陆明康、钱国治、吴佐民、陈达泉、方福培、顾根兴、李金根、薛　钟、杨泉元、殷晓军
党支部副书记、大队长（正、副）、社长、村民委员会（副）主任、主任助理	方福培、徐小英、李金根、朱永根、浦秀珍、朱继平、薛　钟、方锦宇、徐金生、朱建春、谈建南
会　计	王关庚、梅全荣、方桂泉、陈锡泉、邹坚心、梁锡根、屈金培

说明：杨明昌于1992年兼任村实业公司经理

塔西村

塔西村位于硕放镇西，东傍硕放机场，与杨家湾村接壤；南临硕放火车站，与建新村相连；西与新安镇华光村、西宅村相依；北与中华庄村毗邻。长江南路、锡宅路、沪宁高铁穿境而过。全村区域面积2.45平方公里。

土地改革后，各自然村自愿结合组成互助组，后相继成立17个初级社。1954年冬至1956年4月隶属华庄区塔西乡。1956年成立红星高级社。1958年9月成立硕放人民公社。翌年3月成立红星大队。1982年更名为塔西大队。1983年撤社建乡，改设塔西村。2004年3月，与建新村合并组建合新村。

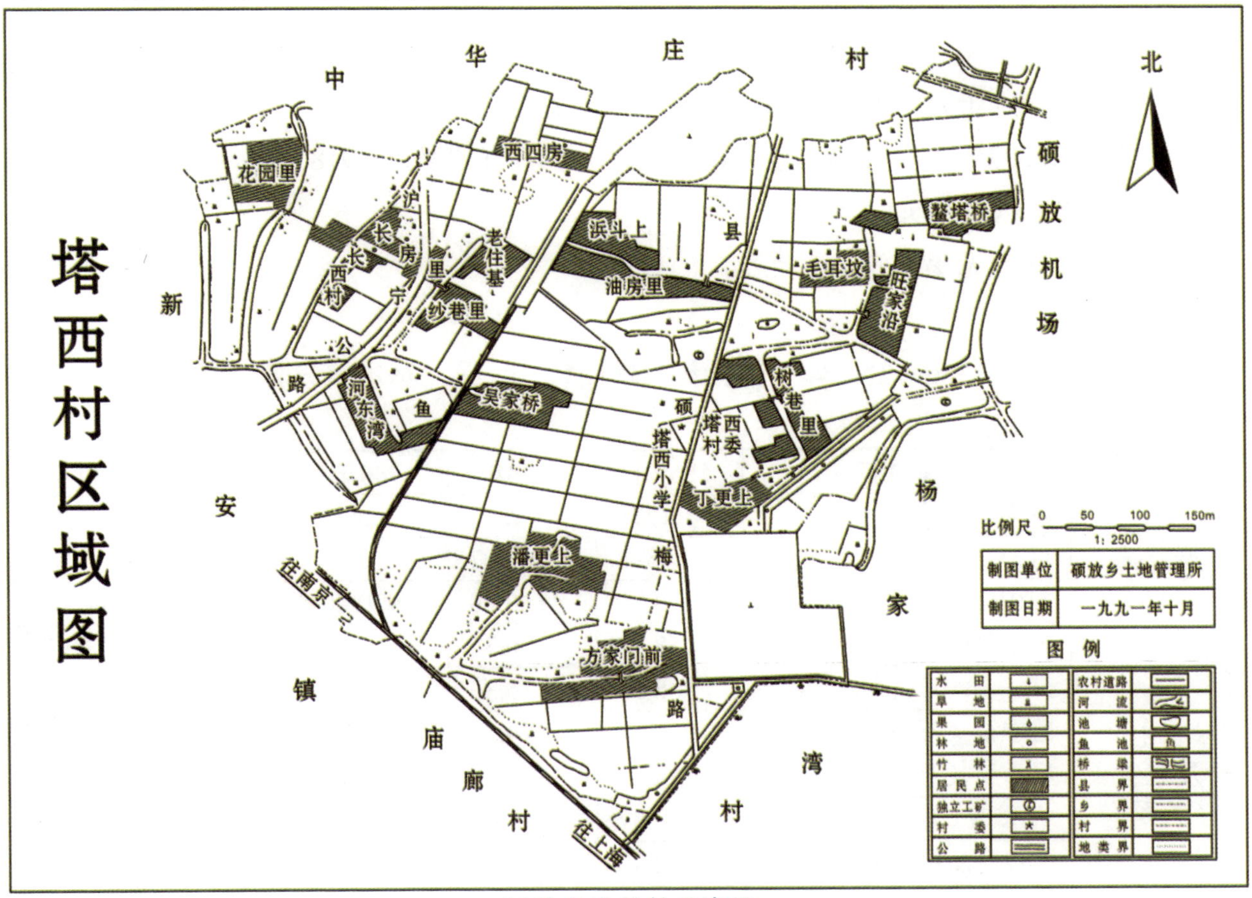

1991年塔西村区域图

1980年末，全大队有粮田面积1970亩，桑田196.3亩。有18个生产队（村民小组）：方家门前、潘更上东、潘更上西、树巷里、吴家桥、旺家沿、鳌塔桥、毛耳坟、油房里、浜斗上、西四房、纱巷里、老住基、河东湾、长房里东、长房里西、花园里、丁更上。2003年末，有685户，2340人，其中部分农户已拆迁安置进社区，但未办理户籍迁移手续。

农业生产以粮油作物为主。境内坟多、墩多、浜多、岗多、塘多。土地高低不平、田与田之间高低落差较大，田地零碎不能成片，造成灌溉困难，严重影响水稻生长。20世纪60年代初，借用机场的电力设施，在浜斗上建造硕放人民公社第一个电灌站，配备100千伏安变压器1台，12英寸水泵2台，开创电力灌溉的新篇章。在“农业学大寨”运动中掀起整田平地、挑（平）高填低的高潮，大搞农田水利基本建设。经过近10年的努力奋斗，挑墩平整假山头等50多个，填平河浜10多条，增加耕地面积90亩。20世纪70年代末，土地成片，格田成方，为粮食稳产、高产夯实基础。1960年油菜籽亩产超过150公斤，在全社名列前茅。副业生产除养蚕、养猪外，1990年，当地养鹌鹑较有名气。全村共有100多户养殖鹌鹑，有肉鹌鹑和蛋鹌鹑两种，远销到上海、杭州、南京等大城市，为村民增加收益。

1965年，大队在浜斗上祠堂里开办红星五金厂。20世纪70年代至80年代，先后办起综合厂、服装厂、铸件厂、冰箱附件厂等。其中，无锡市冰箱附件厂主要产品有冰箱电加热器、电气连接线、磁敏控温器、传感器、铝箔胶带等，销往全国30多家电冰箱厂。1986年获评“无锡市新产品二等奖”，1987年获评“无锡市轻工局优质新产品大奖赛三等奖”“江苏省第五届轻工业优质新产品奖”。1987年全村工业产值实现1057万元，是全乡村办工业产值率先跨入千万元的村。20世纪90年代中后期，村办集体企业逐步转制为民营企业。

并村前的2003年，全社会总收入6998万元，其中工业收入4918万元，利税总额265万元，居民人均收入7667元。

1979年被评为无锡县先进党支部。

1960—2000年（部分年）塔西村（红星）基本情况表

表2-63

项目	指标	1960年	1970年	1980年	1990年	2000年
概况	总人口（人）	1739	2213	2441	2364	2348
	总户数（户）	598	607	611	621	685
	粮田面积（亩）	1998.20	1160.20	1970.00	1894.00	1448.00
粮食生产及三者关系	全年总产（万公斤）	58.91	100.37	105.24	123.25	105.72
	三　麦（万公斤）	8.55	15.37	30.70	31.13	19.35
	前季稻（万公斤）	—	24.52	38.88	—	—
	后季稻（万公斤）	—	18.43	35.67	—	—
	单季稻（万公斤）	50.37	42.06	—	92.12	86.38
	出售商品粮（万公斤）	22.40	25.15	12.15	—	—
	人均分配口粮（公斤）	161.10	273.50	304.80	—	—
副业生产	蚕　茧（公斤）	4915.50	9268.50	12076.50	130.00	—
	生猪圈存（头）	109	1200	1157	408	—
收益分配	总收入（万元）	17.97	29.77	52.39	360.61	3584.00
	总支出（万元）	4.78	7.70	27.85	92.50	2286.00
	净收入（万元）	13.19	22.07	24.54	268.11	1298.00
	税　金（万元）	2.25	1.72	2.00	8.13	72.65
	集体积累（万元）	1.24	2.28	2.01	5.44	44.10
	分配总额（万元）	9.68	18.08	20.53	254.54	1398.02
	人均分配水平（元）	55.70	87.40	85.30	1101.00	5954.00

说明：1960年至1990年税金为农业税，2000年合作经济收益分配中税金含村办企业缴纳的税金

1978年、1990年、2000年塔西村（红星）工业情况表

表 2-64

经济指标	1978年	1990年	2000年
企业个数（个）	1	13	9
职工人数（人）	55	485	119
工业总产值（万元）	14.20	612.00	1921.00
销售收入（万元）	—	449.03	1416.00
结算利润（万元）	5.80	2.90	56.00
国家税金（万元）	—	21.88	24.00
职工分配总额（万元）	—	42.70	66.55
人均分配水平（元）	—	961.00	5592.00

1959—2004年塔西村（红星）主要干部任职情况表

表 2-65

职　务	姓　名
党支部书记、村民委员会主任	李家祥、李光明、陆明康、费金法、林其昌、邹义生、邹大根、顾仲贤
党支部副书记、大队长（正、副）、社长、村民委员会（副）主任、主任助理	费其法、傅炳华、方其初、邹水泉、沈连兴、费金法、邹义生、瞿大本、林其昌、邹明鹤、孙锡祥、邹大根、施凤根、邹剑波
会　计	方其初、邹广忠、邹水泉、沈连兴、邹义生、林其昌、沈乐兴、邹德程

说明：方志仪于1991年至1992年期间担任村实业公司经理

新梅路村

2001年10月因区域调整，由中华庄、王家桥村合并，因“新梅路”公路穿越村内，故取名为新梅路村。

新梅路村位于硕放镇西北，东与硕放机场及红光村交界；南与塔西村相邻；西与新安镇新光、西宅村毗邻；北与红力村相邻。

全村区域面积3.83平方公里，有37个自然村，35个村民小组。2013年末，有467户，1354人，其中部分农户已拆迁安置进社区，但未办理户籍迁移手续。

新梅路村村民委员会

2013年，全村实现工业总产值5330万元，销售收入5328万元，利税总额288万元，增加值960万元，居民人均收入28450元。

2003年，被评为无锡市新区双文明先进单位、无锡市新区先进基层党组织；2003年至2004年，被评为无锡市新区拥军优属先进集体；2005年，获无锡市新区统筹发展奖；2007年，被评为无锡市新区文明村；2009年，被评为无锡市依法治市法制社区、无锡市新区征兵先进单位；2010年，被评为无锡市新区先进党建工作示范点；2011年，被评为无锡市新区综合治理先进集体。

2001—2013年新梅路村农村经济收益分配情况表

表 2-66

年份	收入（万元）			总支出（万元）	净收入（万元）	国家税金（万元）	集体积累（万元）	分配		
	全社会总收入	其中						总人口(人)	分配总额(万元)	人均分配水平(元)
		农业收入	非农业收入							
2001	12441	859	11582	9587	2854	160	219	3766	2475	6572
2002	12526	877	11649	9614	2912	170	87	3755	2655	7070.60
2003	23555	425	23130	22294	1261	170	95	1323	996	7528.30
2004	24349	88	24261	22054	2295	345	438	1791	1512	8442.20
2005	29993	128	29865	25977	4016	296	54	3466	3666	10577
2006	18369	—	18369	16680	1681	310	—	1837	2257	12286
2007	18858	—	18858	16145	2713	446	—	1835	2547	13880
2008	14209	—	14209	11847	2362	440	—	—	2788	15218
2009	11546	—	—	—	—	—	—	—	—	16600
2010	—	—	—	—	—	—	—	1835	—	—
2011	15966	—	15986	10171	5795	305	—	1835	3945	21499
2012	17040	—	17040	13603	3437	260	—	1804	4655	25800
2013	—	—	—	—	—	—	—	1804	—	—

2001—2013年新梅路村工业经济情况表

表 2-67

年份	企业个数（家）	职工人数（人）	总产值（万元）	销售收入（万元）	结算利润（万元）	国家税金（万元）	职工分配总额（万元）	人均分配水平（元）
2001	25	268	9750	8527	544	144	237.03	8844
2002	21	290	10060	8550	620	113	309.50	10672
2003	21	241	13010	11188	624	361	299.00	12407
2004	21	255	13010	14985	649	373	340.80	13363
2005	21	251	13318	13275	196	215	326.10	11228
2006	17	161	11800	12479	237	184	224.00	13913
2007	15	146	12650	12984	268	321	252.00	17260
2008	15	124	6579	6579	313	235	250.00	20161
2009	15	139	5671	5671	226	207	259.00	18633
2010	13	139	6803	6803	237	203	264.00	18992
2011	13	128	5814	5814	216	187	313.00	24453
2012	13	126	5478	5478	219	179	273.00	21666
2013	13	122	5330	5328	160	128	297.00	24344

2001—2013年新梅路村主要干部任职情况表

表 2-68

职　务	姓　名
党支部书记、村民委员会主任	孙建平、焦叶旦
党支部副书记、村民委员会副主任、主任助理	邹建浩、朱国南、陈晓青、焦叶旦、张贤武
会　计	邹荣元

中华庄村

中华庄村位于硕放镇西。东邻硕放机场；南与塔西村相接；西与新安镇过家桥村、西宅村交界；北与王家桥村毗邻。全村区域面积1.49平方公里。村内有一座距今400多年历史的名桥——安桥，至今保存完好，被列为无锡市新区文物控保单位。

土地改革后，各自然村自愿结合组成互助组，后由小西四房、颜更上、中华庄、小华更上等10个自然村组成和平初级社。1954年冬至1956年4月隶属华庄区新中乡。1957年成立和平高级社。1958年9月成立硕放人民公社。1959年3月，在工区调整为大队时划入光明大队，5月从光明大队划出，成立和平大队。1982年更名为中华庄大队。1983年撤社建乡，改设中华庄村。2001年10月，与王家桥村合并组建新梅路村。

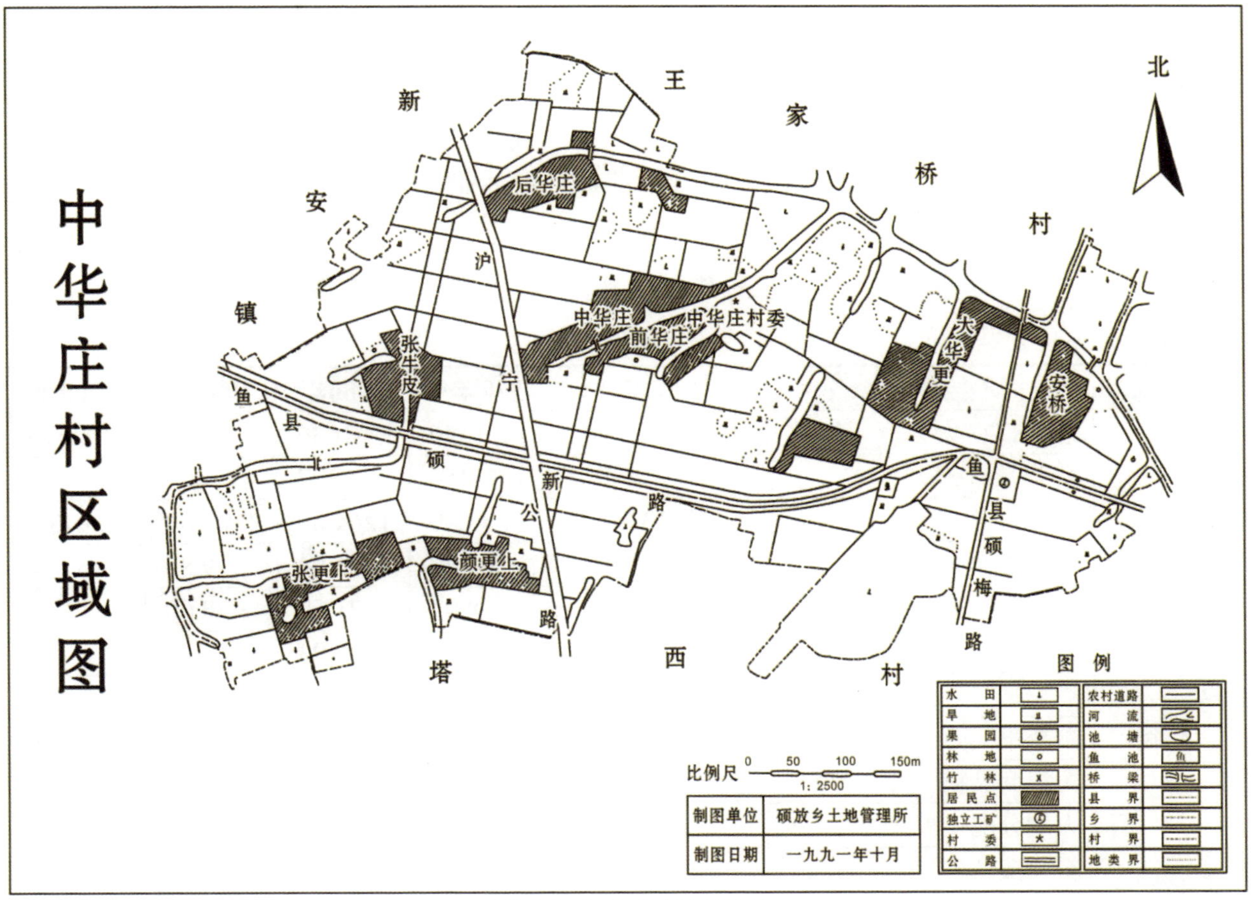

1991年中华庄村区域图

1980年末，全大队有粮田面积1264亩，桑田面积90.8亩。有14个生产队（村民小组）：安桥、大华更、小华更、翻扒头、前华庄、中华庄、西头、后华庄东、后华庄西、张牛皮、史更上东、史更上西、张更上、颜更上。2000年末，有443户，1528人，其中部分农户已拆迁安置进社区，但未办理户籍迁移手续。

粮食生产以种植水稻、三麦为主。田地零散，高低不平，土墩多，大小河道多，农田灌溉不便。民国时期，前华庄邹仁昌、安桥邹仁宝等10户有11条洋龙船，改变牛车水、人力车水及部分特殊地块两人用木桶舀水的落后状况。在“农业学大寨”运动中，大搞农田基本建设，大规模整田平地，格田成方，填平大小河道15个，挑平零星土墩80多个，增加耕地面积100余亩，为粮食稳产、高产打下坚实基础。在全面种植“双三制”的年代里，1977年前季稻亩产达408.4公斤，为全社第一。副业生产以养蚕、养猪为主，在养鹌鹑、养奶牛、养鸭、种蘑菇等方面形成种、养殖特色，有利于增加农民收入。

村办企业因陋就简，稳步发展。1969年在大华更生产队的猪舍内加工螺丝、螺帽，办起第一个村办厂——和平综合厂。1973年建办和平冷作厂，为推广条播麦，生产的手推条播机得到全面推广。1984年建办硕放制药机械厂、印染机械厂、有色金属铸件厂、电镀环保设备厂。1992年建办硕放防水建材厂，购买的上海市化工研究所的专利产品——851防水涂料，解决屋面、隧道、建筑、交通等水的渗漏问题。进入21世纪以来，成为中国建筑防水行业20强企业。20世纪90年代中后期，村办集体企业全部转制为民营企业。

并村前的2000年，全社会总收入5174万元，其中工业收入2807万元，利税总额235万元，居民人均收入6055元。

1982年大队农机队被评为无锡县先进集体，1987年被评为无锡县绿化先进村。

1960—2000年（部分年）中华庄村（和平）基本情况表

表 2-69

项目	指标	1960年	1970年	1980年	1990年	2000年
概况	总人口（人）	1143	1540	1630	1559	1528
	总户数（户）	292	350	397	406	443
	粮田面积（亩）	1313.70	1253.40	1264.00	1162.00	897.00
粮食生产及三者关系	全年总产（万公斤）	40.84	64.29	75.04	79.80	66.14
	三　麦（万公斤）	6.25	8.93	21.09	20.60	13.58
	前季稻（万公斤）	—	16.72	27.93	—	—
	后季稻（万公斤）	—	17.03	26.03	—	—
	单季稻（万公斤）	34.59	21.62	—	59.20	52.57
	出售商品粮（万公斤）	19.85	13.90	12.55	—	—
	人均分配口粮（公斤）	162.35	271.50	310.95	—	—
副业生产	蚕　茧（公斤）	3869.50	6155.50	6711.00	1735.00	—
	生猪圈存（头）	179	604	942	315	—
收益分配	总收入（万元）	12.84	20.86	34.59	234.74	5174.00

续表 2-69

项 目	指 标	1960年	1970年	1980年	1990年	2000年
收益分配	总支出（万元）	3.24	4.78	17.14	85.72	4374.00
	净收入（万元）	9.61	16.08	17.45	149.02	800.00
	税　金（万元）	1.47	1.20	1.38	4.28	78.00
	集体积累（万元）	1.02	2.03	1.71	1.50	34.00
	分配总额（万元）	7.12	12.84	14.36	143.24	925.00
	人均分配水平（元）	61.86	83.60	89.41	919.00	6055.00

说明：1960 年至 1990 年税金为农业税，2000 年合作经济收益分配中税金含村办企业缴纳的税金

1978年、1990年、2000年中华庄村（和平）工业情况表

表 2-70

经济指标	1978年	1990年	2000年
企业个数（个）	1	8	15
职工人数（人）	62	164	177
工业总产值（万元）	10.00	282.00	2800.00
销售收入（万元）	7.35	178.23	2314.00
结算利润（万元）	—	8.17	177.00
国家税金（万元）	2.50	8.67	58.00
职工分配总额（万元）	—	18.54	120.31
人均分配水平（元）	—	1130.00	6797.00

1959—2001年中华庄村（和平）主要干部任职情况表

表 2-71

职 务	姓 名
党支部书记、村民委员会主任	陆明康、王永根、曹德耀、万家福、邹泉培、邵辅南、杨其昌、邹炳生、孙建平
党支部副书记、大队长（正、副）、社长、村民委员会（副）主任、主任助理	华阿荣、邹泉培、华银根、杨其昌、华锡良、邹炳生、邹建浩
会 计	邹利民、邵辅南、邹荣元

王家桥村

王家桥村位于硕放镇西，东与硕放机场相接；南与中华庄村交界；西与新安镇新光村、过家桥相邻；北与红力村毗邻。全村区域面积2.34平方公里。

1952年至1954年，相继建立互助组，成立勤丰、合联、华新、群力、建合5个初级社。1954年冬至1956年4月隶属华庄区塔西乡。1957年成立光明高级社。1958年9月成立硕放人民公社。翌年3月成立光明大队。1982年更名为王家桥大队。1983年撤社建乡，改设王家桥村。2001年10月，与中华庄村合并组建新梅路村。

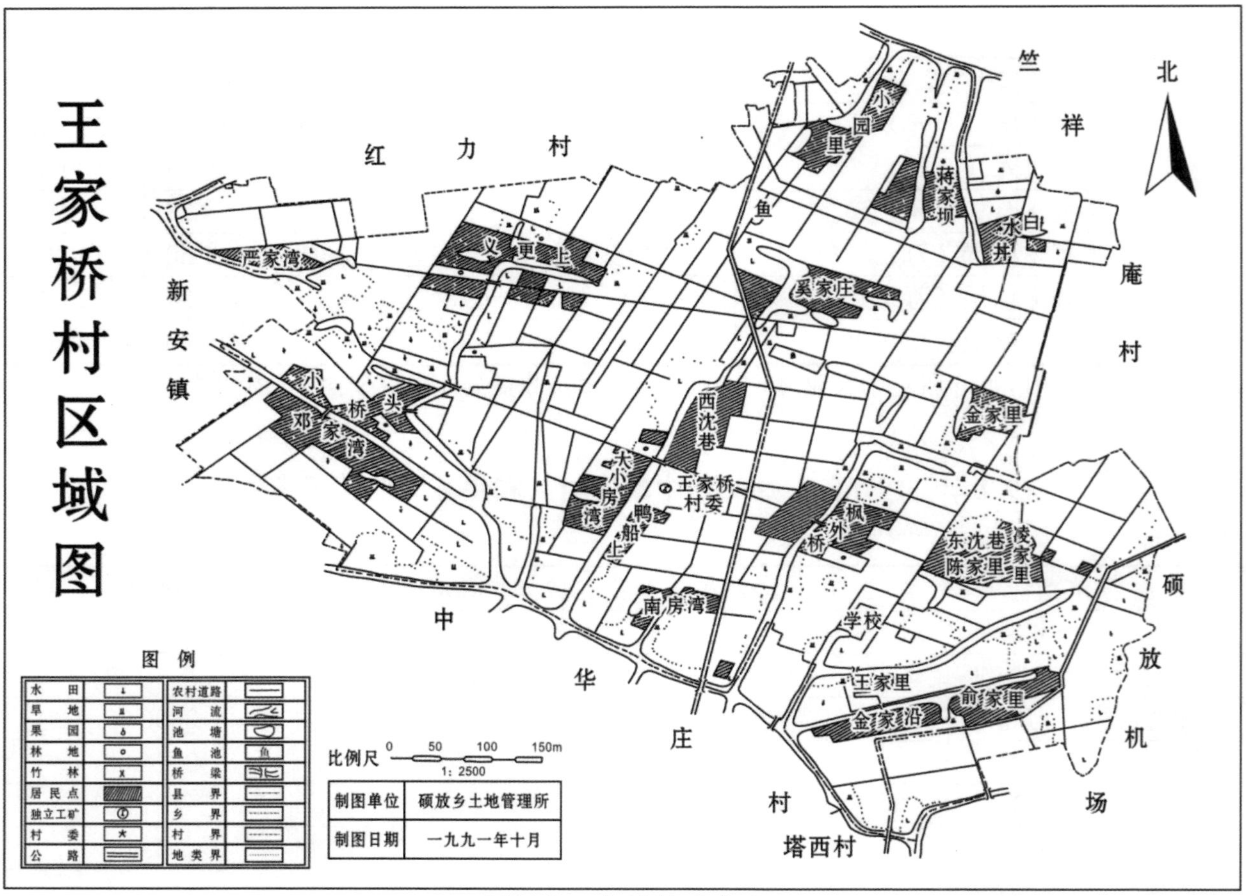

1991年王家桥村区域图

1980年末，全大队有粮田面积1920亩，桑田面积214.3亩。有21个生产队（村民小组）：邓家湾、严家湾、小桥头、奚更上西、奚更上东、小大房湾、鸭船上、南房湾、西沈巷、枫槐桥、奚家庄、奚家庄东、小园里、蒋家坝、白水井、陈家里、凌家里、东沈巷、金家里、金家园、俞家里。2000年末，有642户，2238人，其中部分农户已拆迁安置进社区，但未办理户籍迁移手续。

粮食生产以种植水稻、三麦为主。1964年，硕放人民公社党委书记黄瑞良和光明大队党支部书记徐宝根参加由中共无锡县委组织的赴山西省昔阳县大寨大队参观学习活动。后迅速组织全大队劳动力，掀起“农业学大寨”运动的高潮，大搞整田平地，挑（平）高填低。经过10年的努力，共计填平小河浜20多条，挑平土墩60多个，增加耕地面积200多亩，为增加粮食夺高产夯实基础。20世纪70年代，均为全社农业样板大队，公社经常在此召开现场会。大队搞试验田、丰产方、种子田和单株繁殖苏粳1号、苏粳2号，优良品种供应到全社其他大队。1975年前，季稻单产429.2公斤，名列全社第一，同年出售商品粮超50万公斤。副业生产以养蚕、养猪为主。1971年全大队养猪圈存达1298头，名列全社第二。1980年蚕茧总产达1.34万公斤，亩产达61.5公斤，名列全社前茅。20世纪70年代至80年代，生产队利用水面养鱼、养蚌育珠。实行家庭联产承包责任制后，家庭副业门路不断拓宽，农民利用旱田种植树苗、河塘种植席草、茭白、水芹等农作物，部分农户养鹌鹑，农民的经济收入得到增加。

工业生产以手工业起步。1970年在西沈巷电站办起柳条厂。1972年在小大房湾拖拉机棚内办起油石厂。20世纪80年代，先后办起振动器厂、建筑机械厂，主要产品分别有ZX-35、50、70型插入式振动器，JM-250型金刚石磨石子机等。1991年办起硕放光明轧钢厂，主要生产3×12—40、4×12—60、5×20—60、6×20—70、8×20—50、10×20—60等几十种规格的轧钢产品等，1998年实现产值2600万元，利润86万元，上缴税收80万元。20世纪90年代中后期，村办集体企业逐步转制为民营企业。

并村前的2000年，全社会总收入7015万元，其中工业收入4063万元，利税总额227万元，居民人均收入6649元。

1968年被评为无锡县“农业学大寨”先进单位；1970年被评为无锡县拥军爱民先进单位；1972年被评为无锡县先进党支部；1974年被评为无锡县计划生育先进单位；1986年被评为无锡县先进党组织；1989年被评为无锡县文明单位；1992年被评为无锡县先进基层党组织。

1960—2000年（部分年）王家桥村（光明）基本情况表

表 2-72

项　目	指　标	1960年	1970年	1980年	1990年	2000年
概　　况	总人口（人）	1497	2000	2221	2103	2238
	总户数（户）	390	482	521	584	642
	粮田面积（亩）	1982.40	1921.70	1920.00	1942.00	1300.00
粮食生产及三者关系	全年总产（万公斤）	59.35	100.98	116.63	120.10	91.97
	三　麦（万公斤）	9.51	11.38	28.91	31.20	18.13
	前季稻（万公斤）	—	28.49	44.25	—	—
	后季稻（万公斤）	—	28.59	43.48	—	—
	单季稻（万公斤）	49.84	32.53	—	88.90	73.84
	出售商品粮（万公斤）	29.50	31.20	30.95	—	—
	人均分配口粮（公斤）	159.10	278.00	314.55	—	—
副业生产	蚕　茧（公斤）	7127.50	12967.00	13190.50	4745.00	—
	生猪圈存（头）	59	1298	1167	407	—
收益分配	总收入（万元）	19.11	30.88	49.32	333.36	7015.00
	总支出（万元）	4.67	9.36	25.67	119.09	5393.40
	净收入（万元）	14.44	21.53	23.65	214.27	1621.60
	税　金（万元）	2.35	1.91	2.10	4.84	71.00
	集体积累（万元）	1.79	2.58	2.18	10.30	52.60
	分配总额（万元）	16.21	12.03	19.39	199.13	1488.00
	人均分配水平（元）	68.20	85.00	88.00	949.00	6649.00

说明：1960年至1990年税金为农业税，2000年合作经济收益分配中税金含村办企业缴纳的税金

1978年、1990年、2000年王家桥村（光明）工业情况表

表 2-73

经济指标	1978年	1990年	2000年
企业个数（个）	2	5	8
职工人数（人）	48	156	138
工业总产值（万元）	6.31	315.00	3755.00
销售收入（万元）	4.21	279.61	3276.00
结算利润（万元）	—	33.97	190.00
国家税金（万元）	1.60	6.68	37.00
职工分配总额（万元）	—	16.76	93.87
人均分配水平（元）	—	1080.00	6807.00

1959—2001年王家桥村（光明）主要干部任职情况表

表 2-74

职务	姓名
党支部书记、村民委员会主任	徐宝根、顾　麟、钱金兴、沈元喜、薛瑾康、姚水兴
党支部副书记、大队长（正、副）、社长、村民委员会（副）主任、主任助理	沈桂生、顾　麟、蒋进兴、万德康、钱金兴、沈裕民、沈元喜、奚永生、陈明江、陈云良、朱国南
会　计	顾　麟、严进兴、沈浩忠、沈兴初、奚永生、朱国南

红力村

红力村位于硕放镇西北，东接红光村；南临王家桥村；西与新安镇过家桥、金华村相邻；北与梅村镇高田、香一、荆同村毗邻。全村区域面积1.89平方公里。

抗日战争和解放战争期间，境内小章家桥国民小学和河泗桥小学曾是中共地下工作的情报站。革命工作者薛永辉、王亮以教书为掩护，在当地开展地下革命工作，引导夏介文和王中一走上革命道路。解放后，薛永辉任无锡县县长，王中一任中共无锡县委副书记，夏介文为粟裕大将的秘书。

1952年成立互助组。1954年，所有互助组合并建立7个初级社。1954年冬至1956年4月隶属梅村区观泗乡。1956年，7个初级社合并成立红力高级社。1958年9月成立硕放人民公社。翌年3月成立红力大队。1983年撤社建乡，改设红力村。2004年3月，镇政府决定撤销红力村。

1980年末，全大队有粮田面积1690亩，桑田面积168.9亩。有20个生产队（村民小组）：尤甲里东、尤甲里中、尤甲里西、张更上、小章家桥东、小章家桥西、马更上、查甲里、丁更上、夏家湾、河泗桥、汤庄桥东、汤庄桥西、蒋巷上东、蒋巷上西、旺家桥、朱甲里、柘树园前、柘树园中、柘树园后。2003年末，有535户，1503人，其中部分农户已拆迁安置进社区，但未办理户籍迁移手续。2004年3月，全村拆迁结束。

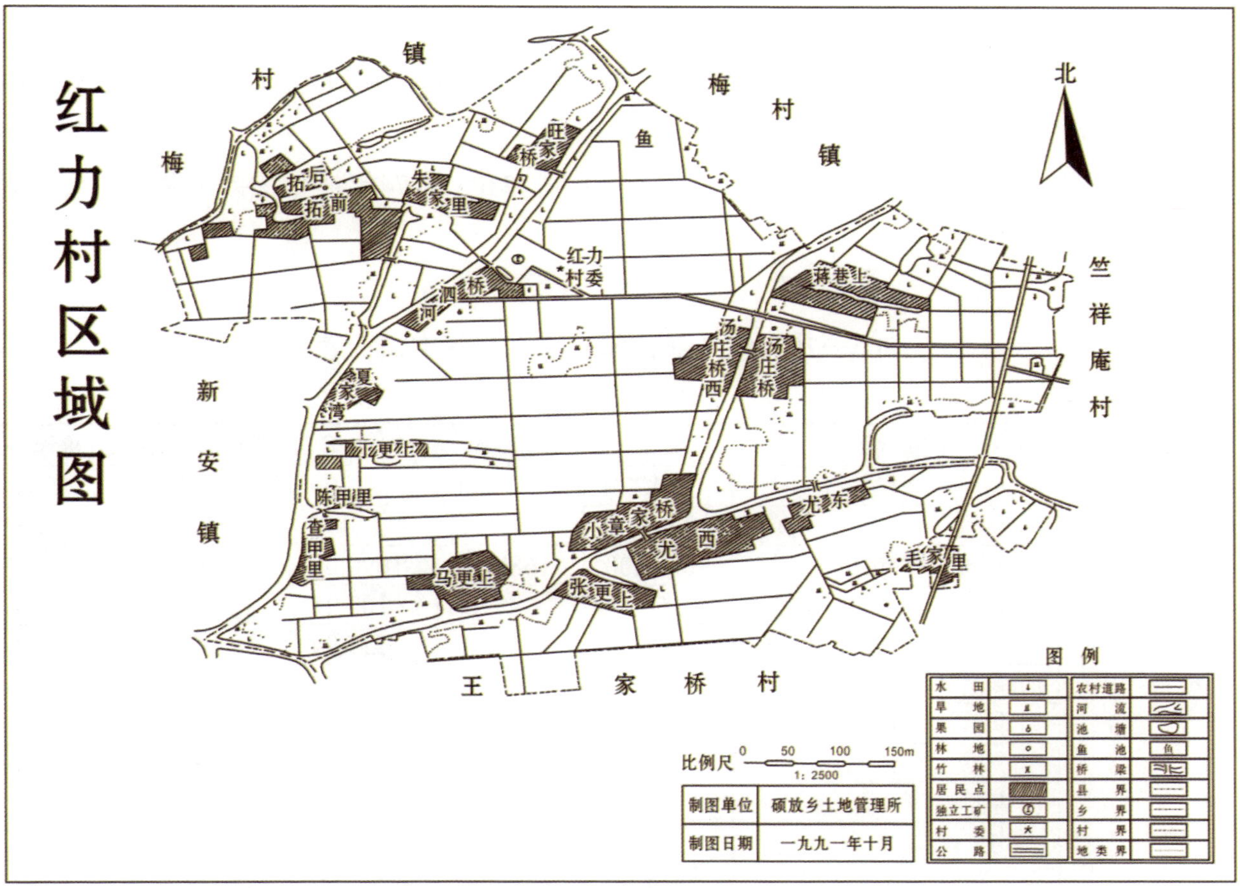

1991年红力村区域图

在“农业学大寨”运动中，大搞农田基本建设，挑（平）高填低，平整土地。通过近10年的努力，共填平河浜、河潭15个，整平大小土墩30个，增加耕地面积150余亩，为夺取粮食高产打下坚实的基础。1979年，前季稻亩产达380.8公斤，名列全社第一。1982年全村全面推行家庭联产承包责任制，彻底打破“大锅饭”，大大调动农民的积极性，粮食自给有余。1984年全村出售商品粮超50万公斤。随着改革开放步伐的加快，生活水平大幅提高，1990年起，大部分农业劳动力向第二、第三产业转移。村民委员会对农业布局作重新规划调整，落实市属蔬菜基地300亩，办起全镇第一个村办农场。副业生产以养蚕、养猪为主。1980年全大队蚕茧总产达1.09万公斤，亩产达64.9公斤。1974年至1976年，全大队家庭养猪达到高峰期，年户均出栏肉猪3—5头。1980年开始发展养猪大户，全大队家庭养母猪户有100多户。汤庄桥吴锡民利用楼房在二楼建猪圈，搞起立体养殖，常年圈存肉猪100头以上，年出栏肉猪250头。在多种经营发展的年代，除养蚕、养猪外，同时发展养鱼、种蘑菇、掼砖坯、织草帘等副业。

20世纪50年代中期，大队开办木棍象棋加工厂。1962年，开办面粉加工厂。1970年至1974年，先后开办五金厂、农机厂、马铁扣件厂。1980年至1987年，先后开办钢窗厂、低压电器厂、电器厂、新中模具厂、轧钢厂、自行车钢篮厂、电扇厂、粉末冶金厂、塑料制品厂、锻压厂等，主要产品有平开中悬式实腹钢门窗、低压动力配电箱、马铁扣件等。1994年，开办印染机械厂，主要产品印染机械及配件。20世纪90年代中后期，村办集体企业全部转制为民营企业。

撤村前的2003年，全社会总收入2081万元，其中工业收入1061万元，利税总额44万元，居民人均收入6132元。

1967年被无锡县人民政府评为粮食夺高产优胜单位；1974年被无锡县革命委员会评为“农业学大寨”先进单位。

1960—2000年（部分年）红力村基本情况表

表 2-75

项 目	指 标	1960年	1970年	1980年	1990年	2000年
概 况	总人口（人）	1229	1620	1709	1586	1584
	总户数（户）	401	421	435	426	485
	粮田面积（亩）	1781.00	1689.50	1690.00	1782.00	1100.00
粮食生产及三者关系	全年总产（万公斤）	50.57	79.44	102.21	121.84	80.83
	三 麦（万公斤）	7.90	9.71	27.94	32.54	17.58
	前季稻（万公斤）	—	18.75	37.15	—	—
	后季稻（万公斤）	—	16.45	37.14	—	—
	单季稻（万公斤）	42.68	34.54	—	89.30	63.25
	出售商品粮（万公斤）	24.95	25.30	30.35	—	—
	人均分配口粮（公斤）	160.75	270.00	324.15	—	—
副业生产	蚕 茧（公斤）	5481.00	8805.50	10967.00	4934.00	—
	生猪圈存（头）	195	617	996	887	—
收益分配	总收入（万元）	14.99	25.64	42.86	222.59	4231.50
	总支出（万元）	4.25	7.09	20.98	63.80	3377.26
	净收入（万元）	10.74	18.55	21.87	158.79	854.24
	税 金（万元）	2.09	1.72	1.94	5.29	79.00
	集体积累（万元）	1.72	2.69	2.33	1.10	31.00
	分配总额（万元）	6.93	14.15	17.60	152.40	892.74
	人均分配水平（元）	56.40	87.30	103.00	961.00	5636.00

说明：1960年至1990年税金为农业税，2000年合作经济收益分配中税金含村办企业缴纳的税金

1978年、1990年、2000年、2005年红力村工业情况表

表 2-76

经济指标	1978年	1990年	2000年	2005年
企业个数（个）	1	8	9	—
职工人数（人）	60	274	115	—
工业总产值（万元）	23.00	561.00	2543.00	—
销售收入（万元）	—	498.00	2011.00	—
结算利润（万元）	4.60	34.00	62.00	—
国家税金（万元）	—	18.00	53.00	—
职工分配总额（万元）	—	33.49	82.13	—
人均分配水平（元）	—	1229.00	7399.00	—

1959—2004年红力村主要干部任职情况表

表 2-77

职　务	姓　名
党支部书记、村民委员会主任	尤祖根、钱国治、李志勇、张凤企、邹明南、曾伟民、华国兴、曾协新、顾富根
党支部副书记、大队长（正、副）、社长、村民委员会（副）主任、主任助理	过耀祖、尤祖根、尤明德、李志勇、顾富根、张凤企、曾伟民、张茂荣
会　计	许义忠、张茂荣、尤晓红、李志茂

红光村

红光村位于硕放镇西北，东与墙北、建丰村相邻；南靠硕放机场；西与红力村接壤；北与梅村镇荆协村毗邻。经一路穿境而过。全村区域面积3平方公里。

1952年成立互助组。1954年成立初级社。1954年冬至1956年4月隶属梅村区观泗乡。1956年成立红光高级社。1958年9月成立硕放人民公社。翌年3月成立红光大队。1982年，红光大队更名为竺祥庵大队。1983年撤社建乡，改设竺祥庵村。1993年撤乡建镇，更名为红光村。2006年5月，街道办事处决定撤销红光村。

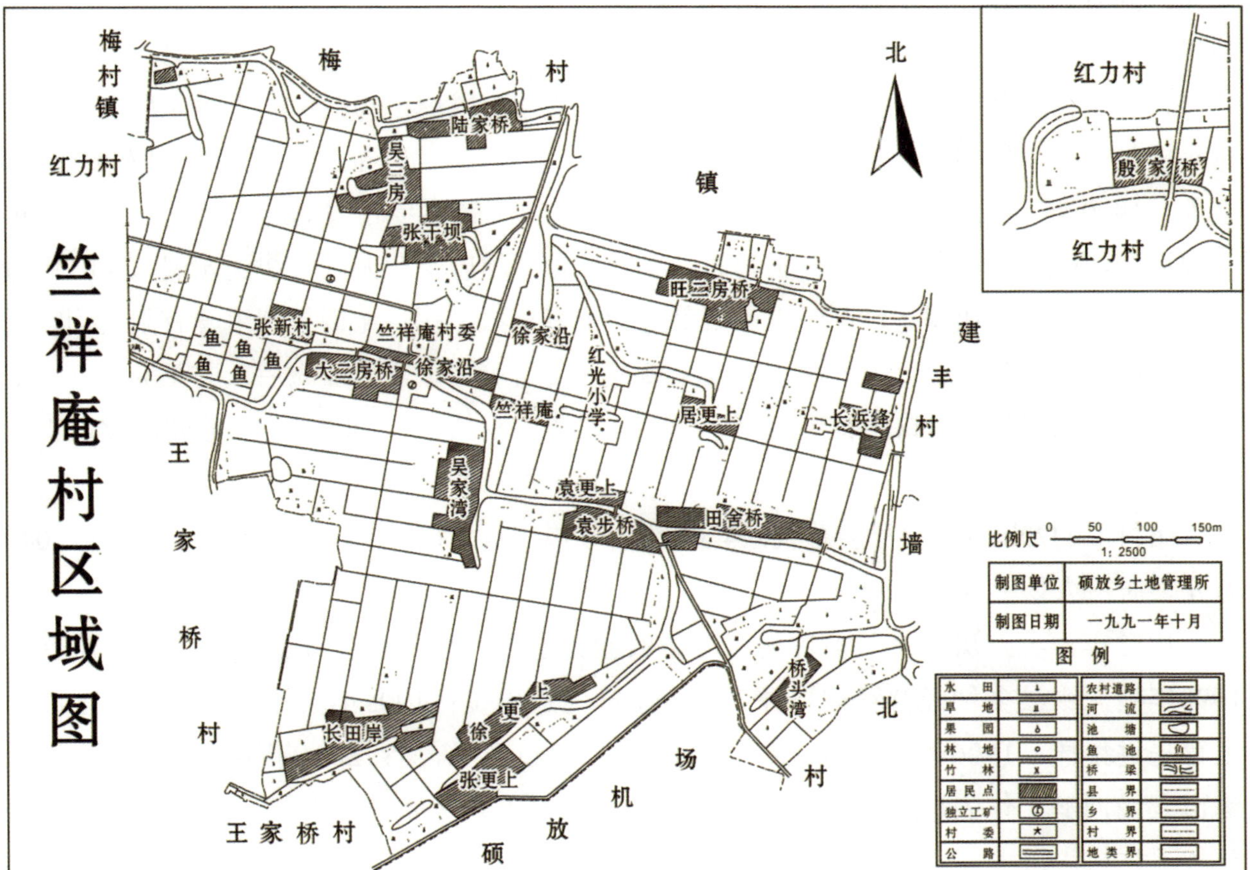

1991年竺祥庵村区域图

1980年末，全大队有耕地面积2450亩，桑田面积235.6亩。有22个生产队（村民小组）：张更上、徐更上、长田岸东、长田岸西、袁步桥、吴家湾、大二房桥、田舍桥东、田舍桥西、袁更上、中心、居更上、长浜绛、旺二房桥、徐家沿、张干坝东、张干坝西、张干坝新村、吴三房、陆家桥、殷家桥、桥头湾。2005年末，有379户，1222人，其中部分农户已拆迁安置进社区，但未办理户籍迁移手续。2006年5月，全村拆迁结束。

20世纪60年代中后期至20世纪70年代中期，大规模进行整田平地，全大队统一规划、格田成方，采用一灌一排的灌排体系，既提高农作物产量，又增强防汛抗灾能力。几年中共平整大小土墩120余个，填平河浜10余条，增加耕地面积100余亩，为粮食稳产、高产打下坚实的基础。1965年、1966年、1973年，每年出售商品粮均超50万公斤，分别达52.8万公斤、54.3万公斤、57.2万公斤，三年均名列全社第一。1979年是粮食产量最高的年份，粮食总产达到170.26万公斤，位列全社第二。副业生产以养蚕、养猪为主，1966年养猪年末圈存1496头，名列全社第一。1979年至1981年，蚕茧产量连续三年超1.5万公斤，其中1980年蚕茧总产达1.79万公斤，名列全社第一。1979年，生猪圈存1377头，位列全社第二。1999年冬，在产业结构调整中，村民委员会办起波尔山羊育种基地。从澳大利亚引进波尔山羊种羊，与徐淮山羊进行杂交，杂交后的徐淮山羊个体重量成倍增加，取得较好的经济效益。同时，还建起260亩的蔬菜基地，养鱼、奶牛生产、打草包、编草帘等家庭副业蓬勃兴起。

1970年初，办起红光农机厂。随着村办企业的逐步发展，20世纪80年代先后办起红光拉丝模具厂、变压器厂、彩灯厂、铸造厂、铜管厂、电扇厂等企业，全村就业人员达300余人。1990年工业总产值达470万元，为以后村级经济的逐步壮大奠定基础。20世纪90年代中后期，村办集体企业全部转制为民营企业。随着硕放工业园区的快速发展，2001年村委规划建立红光工业园区，有无锡市新菊电动工具有限公司、无锡圣利手套有限公司、无锡诚隆电器有限公司、无锡奥斯达机械模具有限公司等10余家企业先后入驻工业园区。主要产品有电动工具、出口外销手套、电子产品、塑料制品等。2005年，工业园区实现工业产值达4.5亿元。

撤村前的2005年，全社会总收入4.58亿元，其中工业销售收入4.44亿元，利税总额1040万元，居民人均收入10276元。

1982年，吴三房生产队被评为江苏省农业先进单位，并获江苏省人民政府嘉奖令；1990年被无锡县多种经营管理局评为副业生产先进单位；1995年被评为无锡市新区计划生育先进集体；1996年获无锡市新区农业新技术推广一等奖；2001年至2002年被评为无锡市人民调解工作先进单位；2004年度被评为无锡市新区先进党支部；2005年被评为江苏省卫生村。

1960—2000年（部分年）红光村（竺祥庵）基本情况表

表 2-78

项 目	指 标	1960年	1970年	1980年	1990年	2000年
概 况	总人口（人）	1590	2108	2223	2055	1925
	总户数（户）	360	430	574	600	585
	粮田面积（亩）	2524.80	2444.30	2450.00	2472.00	1923.00
粮食生产及三者关系	全年总产（万公斤）	71.23	114.59	139.83	167.83	141.58
	三 麦（万公斤）	12.18	14.96	39.17	43.60	34.27
	前季稻（万公斤）	—	26.25	44.83	—	—
	后季稻（万公斤）	—	24.17	55.83	—	—
	单季稻（万公斤）	59.06	49.21	—	124.23	107.30
	出售商品粮（万公斤）	37.15	41.05	44.80	—	—
	人均分配口粮（公斤）	160.70	273.50	316.85	—	—
副业生产	蚕 茧（公斤）	8174.00	14842.00	17886.50	8000.00	—
	生猪圈存（头）	199	977	1200	484	—
收益分配	总收入（万元）	20.27	36.53	57.80	280.19	1961.00
	总支出（万元）	6.21	10.80	28.35	52.89	968.00
	净收入（万元）	14.06	25.73	29.44	227.30	993.00
	税 金（万元）	2.75	2.36	2.60	4.96	42.00
	集体积累（万元）	1.35	4.24	3.13	5.50	18.00
	分配总额（万元）	9.96	19.13	23.72	216.84	1165.00
	人均分配水平（元）	62.00	91.10	108.00	1055.00	6052.00

说明：1960 年至 1990 年税金为农业税，2000 年合作经济收益分配中税金含村办企业缴纳的税金

1978年、1990年、2000年、2005年红光村（竺祥庵）工业情况表

表 2-79

经济指标	1978年	1990年	2000年	2005年
企业个数（个）	2	8	7	12
职工人数（人）	70	330	107	724
工业总产值（万元）	23.40	470.00	2448.00	47915.00
销售收入（万元）	21.00	353.00	2266.00	44365.00
结算利润（万元）	6.81	40.30	82.00	445.00
国家税金（万元）	—	17.00	36.00	595.00
职工分配总额（万元）	—	39.96	68.35	812.90
人均分配水平（元）	—	1211.00	6387.00	13140.00

1959—2006年红光村（竺祥庵）主要干部任职情况表

表 2-80

职 务	姓 名
党支部书记、村民委员会主任	王永根、吴正明、王金虎、袁玉良、邹明南、徐国华、邹如坤、周家明
党支部副书记、大队长（正、副）、社长、村民委员会（副）主任、主任助理	王庭宪、王金虎、袁兴元、袁玉良、邹明南、徐国华、华炳康、钱新元、邹永平、王永良、许望苏、顾国民、王建华
会 计	徐祖庭、尤彩云、金炳南、华炳康、黄金荣、王燕文

秦村村

秦村村位于硕放镇东北。东与鸿声马桥村接壤；南与漤金村相连；西临建丰村和梅村茅塘桥村；北靠鸿声鸿锋桥村。全村区域面积2平方公里。

1952年成立互助组。1954年成立初级社。1954年冬至1956年4月隶属梅村区薛典乡。1957年成立东方红高级社。1958年9月成立硕放人民公社。1959年3月，在工区调整为大队时划入建丰大队，5月又从建丰大队划出，成立东方红大队。1982年更名为秦村大队。1983年撤社建乡，改设秦村村。

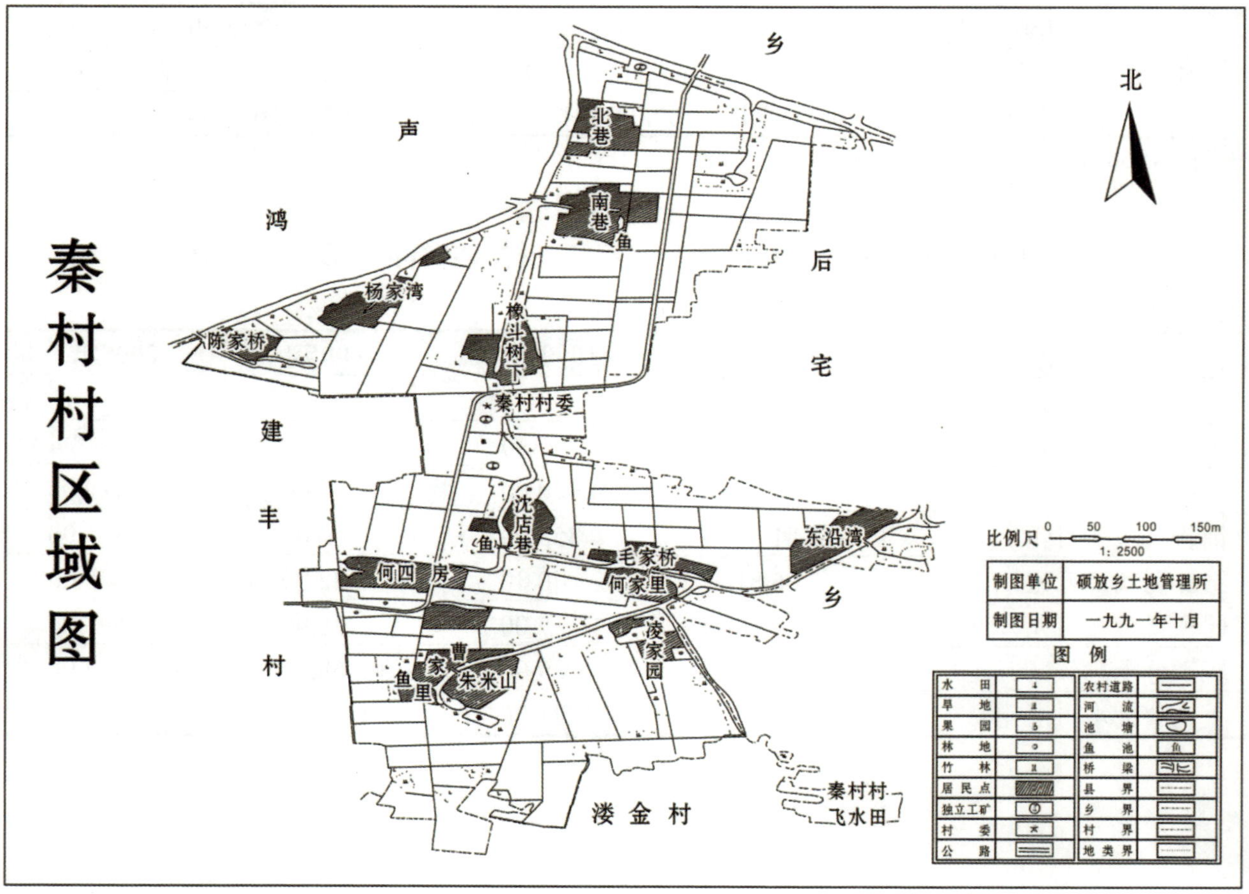

1991年秦村村区域图

1980年末，全大队有粮田面积1344亩，桑田面积128.7亩。有15个生产队（村民小组）：北巷、中巷、南巷、象斗树下、杨家湾、陈家桥、施方园、东何四房、西何四房（1979年原何四房分东何四房、西何四房）、沈典巷、曹家里、朱米山（1980年由前进队分曹家里、朱米山）、凌家园、毛家桥、东堰湾。2013年末，有455户，1375人，其中部分农户已拆迁安置进社区，但未办理户籍迁移手续。

农业生产以种植水稻、三麦为主。在“农业学大寨”运动中，大搞农田水利基本建设，进行大规模的农田改造，平土墩、填河浜，土地连片，格田成方，为粮食生产打下坚实的基础。1970年大队在全社率先100%种植“双三制”。1979年粮食总产108.4万公斤，是1957年粮食总产42.08万公斤的2.57倍，常年亩产达806.6公斤，名列全社第一。1984年三麦亩产达399.6公斤名列全乡第一。1986年建立市级百亩吨粮丰产方，1997年获评“无锡市水稻一等奖”。副业生产以养蚕、养猪为主。蚕茧总产从1960年4490公斤提高到1980年的1.09万公斤；生猪圈存从1960年的92头增加到1980年的1142头。随着农业产业结构的调整，境内的农作物种植呈多样化，以种植桃树、葡萄、西瓜、蔬菜为主。2006年全村种植优质韭菜170亩，不但在临近乡镇销售，而且直供无锡市有关菜市场，深受欢迎。家庭特色副业也颇有名气，蚕匾、箩筐、竹筛、菜篮、蒸笼等竹制品生产在当地十分红火，其中蒸笼直销苏州、无锡、常州等名家酒店。

1967年，前进生产队组织集中本队竹匠，办起大队第一家竹器厂，主要为硕放供销站编制蚕匾。1968年，大队集体购买缝纫机70余台，办起绣品厂，主要为苏州绣品厂加工枕头绣花。20世纪70年代，办起的钢窗厂产品远销新疆克拉玛依油田。20世纪80年代，先后办起无锡市丰硕化工厂、阀门厂、家具厂、刀剪厂。20世纪90年代中后期，村办集体企业全部转制为民营企业。2003年，无锡市丰硕化工厂产值超5000万元，上缴税收57.4万元，实现利润202.8万元，间硝基苯胺年生产总量为全国第一。

2013年，全村实现工业产值4300万元，销售额4282万元，利税总额281万元，增加值950万元，居民人均收入28475元。

1999年获评“无锡市新区先进集体”荣誉称号；2003年被评为无锡市双学双比农业标准化生产示范基地；2004年、2010年获评“无锡市新区先进基层党组织”荣誉称号；2004年至2007年，连续四年被评为无锡市新区文明单位、文明村；2005年被评为无锡市新区民主法治村、无锡市新区村民自治模范村；2006年被评为无锡市新区保持共产党员先进性教育先进集体、无锡市先进基层党组织；2008年、2009年被评为无锡市新区“创建基层党建工作示范点”优胜单位；2011年被评为无锡市新区固本强基示范党组织、幸福安康示范社区。

1960—2000年（部分年）秦村村（东方红）基本情况表

表 2-81

项　目	指　标	1960年	1970年	1980年	1990年	2000年
概　　况	总人口（人）	1068	1378	1458	1414	1333

续表 2-81

项 目	指 标	1960年	1970年	1980年	1990年	2000年
概 况	总户数（户）	450	405	415	424	384
	粮田面积（亩）	1484.80	1348.80	1344.00	1338.00	1141.00
粮食生产及三者关系	全年总产（万公斤）	44.06	76.61	84.08	100.27	84.41
	三 麦（万公斤）	6.65	8.74	26.54	27.02	18.27
	前季稻（万公斤）	—	29.32	28.91	—	—
	后季稻（万公斤）	—	38.55	28.64	—	—
	单季稻（万公斤）	37.41	—	—	73.24	66.15
	出售商品粮（万公斤）	21.15	24.95	23.80	—	—
	人均分配口粮（公斤）	163.65	282.00	314.75	—	—
副业生产	蚕 茧（公斤）	4490.00	6754.00	10892.00	3704.00	—
	生猪圈存（头）	92	741	1142	566	—
收益分配	总收入（万元）	13.08	22.38	40.66	231.28	6544.00
	总支出（万元）	3.85	6.79	18.57	52.73	5718.00
	净收入（万元）	9.23	15.59	22.08	178.55	826.00
	税 金（万元）	1.58	1.40	1.53	2.79	99.00
	集体积累（万元）	0.83	1.87	2.96	1.24	59.00
	分配总额（万元）	6.67	12.31	17.59	174.52	856.00
	人均分配水平（元）	62.40	89.60	121.50	1234.00	6421.00

说明：1960年至1990年税金为农业税，2000年合作经济收益分配中税金含村办企业缴纳的税金

1978年、1990年、2000年、2005年秦村村（东方红）工业情况表

表 2-82

经济指标	1978年	1990年	2000年	2005年
企业个数（个）	3	5	9	15
职工人数（人）	140	228	263	172
工业总产值（万元）	14.00	339.00	6151.00	6194.00
销售收入（万元）	—	285.09	5133.00	6257.00
结算利润（万元）	3.20	20.00	263.00	80.00
国家税金（万元）	—	13.82	77.00	182.00
职工分配总额（万元）	—	26.18	200.60	226.00
人均分配水平（元）	—	1147.00	7627.00	11643.00

1959—2013年秦村村（东方红）主要干部任职情况表

表 2-83

职 务	姓 名
党支部书记、村民委员会主任	周福祥、顾林生、黄瑞昌、曹定良、陈 琼、张 明
党支部副书记、大队长（正、副）、社长、村民委员会（副）主任、主任助理	陆菊根、周福祥、朱根南、周凤楠、许盘生、黄定伟、胡 龙
会 计	盛崇德、黄春元、黄瑞昌、王建华、华晓勇、黄国平

溇金村

溇金村位于硕放镇东北方，东靠后宅董家弄村；南至荷典桥河，与墙门村、后宅金娥墩隔河相望；西与薛典村毗邻；北与秦村村接壤。境内东西走向的沪宁高速公路及南北走向的锡张高速公路穿境而过。全村区域面积2.56平方公里。

1952年成立互助组。1954年成立8个初级社，后合并为3个初级社。1954年冬至1956年4月隶属梅村区薛典乡。1957年成立八一高级社。1958年9月成立硕放人民公社。翌年3月成立八一大队。1982年更名为溇金大队。1983年撤社建乡，改设溇金村。

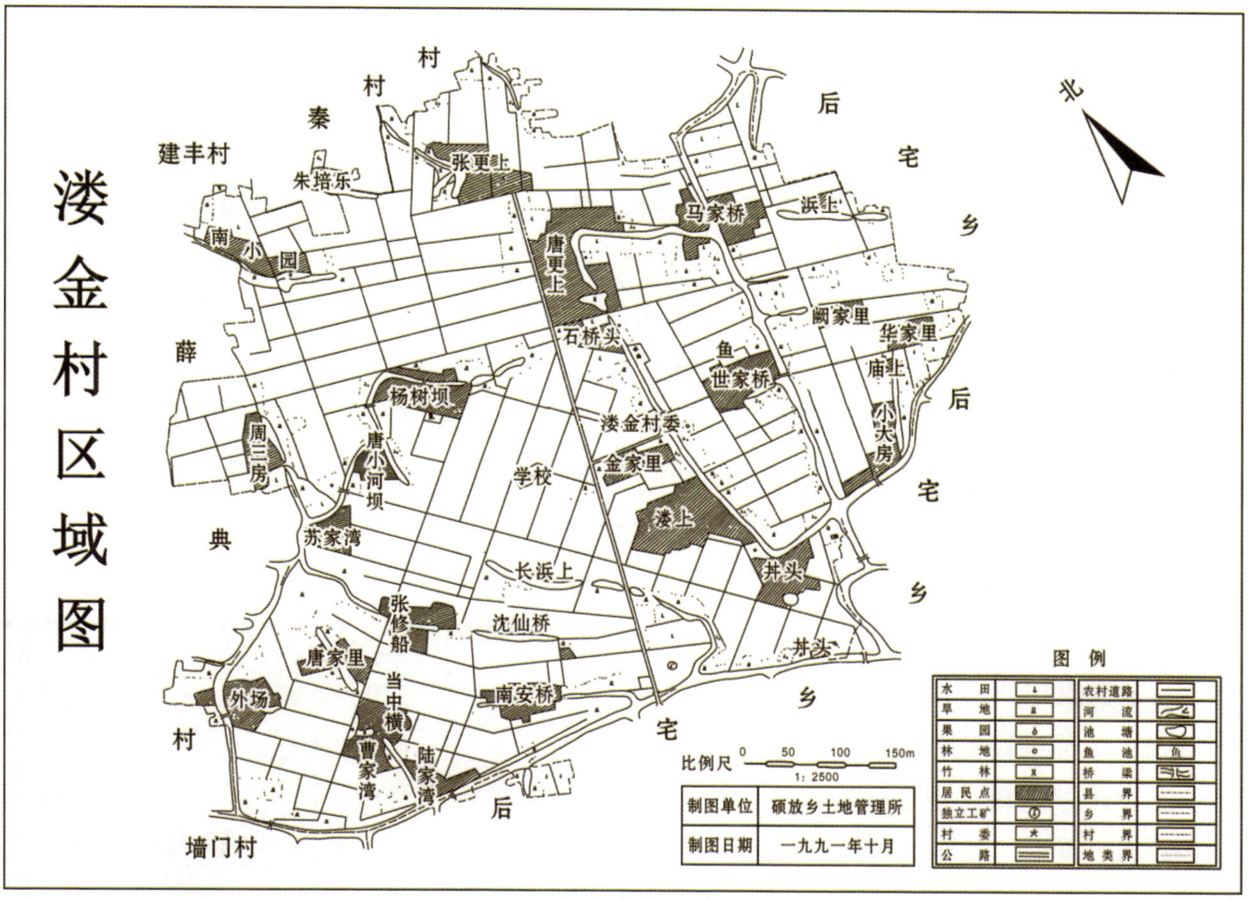

1991年溇金村区域图

1980年末，全大队有粮田面积2479亩，桑田面积237.1亩。有30个生产队（村民小组）：小大房、世（水）家桥、井头、溇上东、溇上西、马家桥、张更上、唐更上后、唐更上中、唐更上前、金家里、南安桥、张修船、当中横、曹家湾、外场、苏家湾、周三房、杨树坝、南小园、陆家湾、华家里、唐更上东、张更上南、坝东、溇上南、溇上中、杨树坝西、周三房北、马家浜。2013年末，有675户，1924人，其中部分农户已拆迁安置进社区，但未办理户籍迁移手续。

农业生产以种植水稻、三麦为主。在"农业学大寨"运动中，大搞农田基本建设，平整土地、格田成方，填平河浜20余条，平整大小土墩100余个，增加耕地面积180亩，为粮食稳产高产打下坚实基础。1974年、1975年、1979年出售国家商品粮分别为55.5万公斤、63.3

万公斤、60.7万公斤，三年均名列全社第一。1979年粮食总产达193.3万公斤，名列全社第一。副业生产以养蚕、养猪为主。1980年蚕茧总产达1.69万公斤，位居全社第二。1960年生猪圈存263头、1970年1164头、1979年达到1669头，均名列全社第一。1982年实行家庭联产承包责任制后发展壮大养猪大户。其中杨映春、杨寿兴等8户养猪大户。杨映春，1985年至1986年度被评为无锡市劳动模范、1987年度被评为江苏省劳动模范、1989年度获评“无锡市十佳青年”荣誉称号。1989年全村生猪圈存达2539头，是全乡生猪养殖的先进村。随着产业结构的调整，20世纪90年代，建办蔬菜种植基地面积280余亩，农民收入得到不断增加。

20世纪60年代，从各类小企业的“小打小闹”，逐步发展积累资金。1962年，溇东生产队开办爆竹厂。20世纪70年代，大队开办帽片厂、竹器厂、皮鞋厂、绣衣厂、五金厂。20世纪80年代至90年代，先后开办八一塑料厂、金达包装容器有限公司、东瑞塑料辅助材料有限公司、特种塑料厂、金翔食品有限公司、南方化工厂。主要产品有塑料地板、塑料包装容器、塑料辅助材料、液体复合稳定剂、塑料轴管、汽车铭板、鸡精等。1995年后，全村工业经济一直名列全镇村级工业经济的前茅。1997年工业总产值达到1.13亿元，是硕放镇第一个亿元村。20世纪90年代中后期起，村办集体企业逐步转制为民营企业。

在国家新一轮宏观经济调控的形势下，民营企业快速发展，通过招商引资，先后有无锡市九龙医疗器械有限公司、特瑞堡模塑件（无锡）有限公司、无锡大陆塑胶有限公司、江苏中通汽车内饰材料有限公司、无锡进源科技开发有限公司等18家企业入驻，形成具有一定规模的工业小区。2004年，全村工业总产值达6.33亿元，增加值达1.55亿元。无锡八一塑料有限公司转变思想，转型发展，注册资本从5万元增到1200万元，2003年实现亿元产值。2013年，年销售收入1.58亿元，利润1177万元，上缴税收1438万元。曾被中国城市车辆总公司评为城市车辆维修联合体成员单位。

1997年硕放镇人民政府授予奖牌

2013年，全村实现工业产值5.63亿元，销售额5.62亿元，利税总额2888万元，增加值9814万元，居民人均收入28565元。

1991年至2013年期间，获评“江苏省民主法治示范村”“江苏省社会主义新农村建设先进村”“江苏省创建文明村工作先进村”“江苏省和谐社区建设示范村”“无锡市社会主义新农村十佳示范村”“无锡市工业明星村”“无锡市尊师重教先进集体”“无锡县文明村”“无锡市新区‘固本强基’示范党组织”“‘幸福安康’示范新社区”等省、市、县（区）级荣誉称号50多项。

1960—2000年（部分年）漤金村（八一）基本情况表

表 2-84

项　目	指　标	1960年	1970年	1980年	1990年	2000年
概　　况	总人口（人）	1802	2402	2515	2442	2091
	总户数（户）	522	575	598	611	675
	粮田面积（亩）	2734.00	2469.10	2479.00	2362.00	1430.00
粮食生产及三者关系	全年总产（万公斤）	68.67	119.61	145.41	168.48	109.14
	三　麦（万公斤）	10.72	13.41	40.15	45.42	26.28
	前季稻（万公斤）	—	30.48	48.18	—	—
	后季稻（万公斤）	—	24.84	57.09	—	—
	单季稻（万公斤）	57.95	50.89	—	123.06	82.87
	出售商品粮（万公斤）	33.10	38.00	37.70	—	—
	人均分配口粮（公斤）	152.90	272.50	328.00	—	—
副业生产	蚕　茧（公斤）	5947.00	9975.50	16933.00	1951.00	—
	生猪圈存（头）	263	1164	1772	939	—
收益分配	总收入（万元）	21.38	37.51	60.74	428.19	25159.00
	总支出（万元）	6.51	11.85	38.01	125.34	22347.40
	净收入（万元）	14.87	25.66	22.73	302.85	2811.60
	税　金（万元）	3.08	2.56	2.86	5.78	790.00
	集体积累（万元）	1.43	3.32	2.27	3.50	200.60
	分配总额（万元）	10.35	19.78	17.59	293.57	1544.00
	人均分配水平（元）	56.40	82.00	70.60	1202.00	7384.00

说明：1960年至1990年税金为农业税，2000年合作经济收益分配中税金含村办企业缴纳的税金

1978年、1990年、2000年、2005年漤金村（八一）工业情况表

表 2-85

经济指标	1978年	1990年	2000年	2005年
企业个数（个）	1	5	10	18
职工人数（人）	82	172	730	1109
工业总产值（万元）	12.00	423.00	25411.00	52115.00
销售收入（万元）	—	404.71	24593.00	35439.00
结算利润（万元）	2.67	32.53	1621.00	463.00
国家税金（万元）	—	21.25	657.00	1336.00
职工分配总额（万元）	—	24.75	613.00	1291.20
人均分配水平（元）	—	1437.00	8397.00	10700.00

1959—2013年漤金村（八一）主要干部任职情况表

表 2-86

职　务	姓　名
党支部书记、村民委员会主任	吕金生、阙明生（以副代正）、华炳炎（以副代正）、唐如生、马恤民、沈雪芳、张德明、王　伟
党支部副书记、大队长（正、副）、社长、村民委员会（副）主任、主任助理	阙明生、唐如生、华炳炎、肖来法、邹根大、浦荣昌、邵炳忠、唐为民、王　伟、顾朝阳
会　计	浦菊根、邹根生、曹国强

建丰村

建丰村位于硕放镇北，东与秦村村、溇金村相接；南与薛典村、墙北村相连；西傍梅花浜，与红光村隔河相望；北与梅村镇繁荣村、茅塘桥村相邻。沪宁高速穿境而过。全村区域面积2.3平方公里。

1926年，大河头钱荣初在苏州开设碑帖印章作坊“贞石斋”（意为“寿之贞石”），后“贞石斋”成为苏州碑刻业著名商号之一。

解放前后，黄怀觉常年奔走于江苏、浙江、上海、安徽等地从事刻字、拓碑裱帖、抚拓钟鼎彝器等，作品难以计数。其裱工和刻工被刘海粟大师赞曰“现下无人能望其项背”，郑逸梅誉之为“刀法佳妙令人莫测，为近百年所未有”。

1952年成立互助组。1954年成立初级社。1954年冬至1956年4月隶属梅村区薛典乡。1956年成立富强高级社。1958年9月成立硕放人民公社。翌年3月成立建丰大队。1983年撤社建乡，改设建丰村。

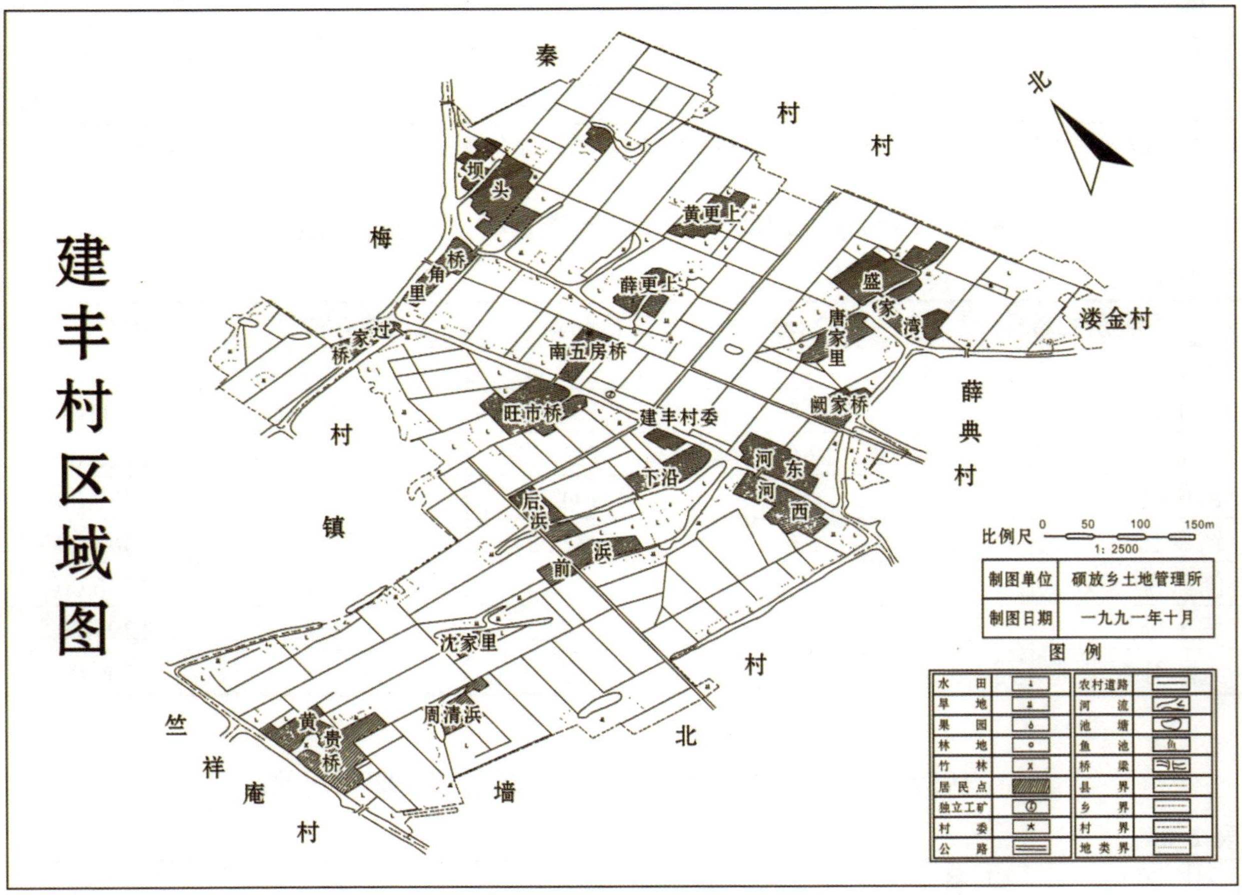

1991年建丰村区域图

1980年末，全大队有粮田面积1843亩，桑田230亩。有21个生产队（村民小组）：盛家湾东、盛家湾西、唐家里、薛更上、黄更上、坝头南、坝头北、桥角里、南五房、过家桥、旺市桥东、旺市桥西、下沿、前螺蛳浜、后螺蛳浜、大河头东、大河头西、沈家里、黄贵桥南、黄贵桥中、黄贵桥北。2013年末，有243户，624人，其中部分农户已拆迁安置进社区，但未办理户籍迁移手续。

粮食生产以种植水稻、三麦为主。在“农业学大寨”运动中，大搞农田基本建设，平整土地，格田成方。填平河浜20余条，平整较大土墩10余个，增加耕地面积100余亩。为粮食稳产、高产打下坚实的基础。多次被公社定为农业样板大队。1966年单季稻亩产达564.8公斤，名列全社第一。1980年三麦亩产达363.2公斤，名列全社第一。副业生产以养蚕、养猪为主。蚕桑生产较有名气，1980年蚕茧总产达1.71万公斤，名列全社前茅。在“以粮为纲，全面发展”的年代，除大众副业外，还发展养殖鹌鹑、兔子、羊、河蚌育珠等。在产业结构调整中，家庭副业门路拓宽，不少农户为增加收入从事收废品、出售圆台、采摘“牛金朴”树叶等。

1969年大队开办农机厂，主要业务是为无锡县拖拉机厂加工手扶拖拉机零配件。是年开办服装厂，与无锡童装厂协作，制作童装。1977年，开办坝南碑帖加工场，为苏州“艺石斋”工艺品厂拓制碑帖，经裱糊成轴后出口到日本等国。20世纪80年代，先后开办彩印厂、玻璃钢制品厂、机械附件厂、机械电器厂、废品加工场。20世纪90年代初，开办装饰复合材料厂、轻工材料厂及服装砂洗厂。20世纪90年代中后期，村办集体企业全部转制为民营企业。1997年通过招商引资，引进全镇第一家中国台湾独资企业——华羿精细纤维（无锡）发展有限公司，主要生产绒粉。

2013年，全村实现工业产值2150万元，销售额2106万元，利税总额206万元，增加值475万元，居民人均收入28484元。

1962年，下沿生产队被江苏省人民委员会评为江苏省农业先进单位；1963年被江苏省人民委员会评为农业生产先进单位；1967年被无锡县人民政府评为粮食夺高产优胜单位；1974年被无锡县革命委员会评为“农业学大寨”先进单位；1975年被无锡县多种经营管理局评为副业生产先进单位。

1960—2000年（部分年）建丰村基本情况表

表 2-87

项 目	指 标	1960年	1970年	1980年	1990年	2000年
概 况	总人口（人）	1472	1959	2048	1952	1671
	总户数（户）	408	476	502	537	578
	粮田面积（亩）	1844.00	1840.00	1843.00	1784.00	1250.00
粮食生产及三者关系	全年总产（万公斤）	61.18	97.48	117.18	133.99	91.73
	三 麦（万公斤）	9.40	11.52	38.46	35.03	17.86
	前季稻（万公斤）	—	27.69	39.76	—	—
	后季稻（万公斤）	—	21.61	38.97	—	—
	单季稻（万公斤）	51.78	36.66	—	98.96	73.88
	出售商品粮（万公斤）	30.00	27.95	29.10	—	—
	人均分配口粮（公斤）	164.25	276.50	322.15	—	—

续表 2-87

项 目	指 标	1960年	1970年	1980年	1990年	2000年
副业生产	蚕 茧（公斤）	6666.50	10766.00	17127.00	13954.00	—
	生猪圈存（头）	259	852	1323	470	—
收益分配	总收入（万元）	19.19	29.97	52.64	250.93	3151.00
	总支出（万元）	5.62	8.65	25.97	52.22	2326.00
	净收入（万元）	13.57	21.32	26.67	198.71	825.00
	税 金（万元）	2.19	1.98	2.15	4.93	47.00
	集体积累（万元）	1.55	3.09	3.17	9.43	36.00
	分配总额（万元）	9.83	16.25	21.35	184.35	960.00
	人均分配水平（元）	66.70	82.90	106.10	944.00	5662.00

说明：1960年至1990年税金为农业税，2000年合作经济收益分配中税金含村办企业缴纳的税金

1978年、1990年、2000年、2005年建丰村工业情况表

表 2-88

经济指标	1978年	1990年	2000年	2005年
企业个数（个）	1	6	9	3
职工人数（人）	37	95	56	23
工业总产值（万元）	15.98	200.00	2352.00	750.00
销售收入（万元）	—	152.40	1917.00	708.00
结算利润（万元）	8.53	14.92	140.00	61.00
国家税金（万元）	—	4.99	47.00	31.00
职工分配总额（万元）	—	12.04	40.08	24.61
人均分配水平（元）	—	1274.00	7157.00	12035.00

1959—2013年建丰村主要干部任职情况表

表 2-89

职 务	姓 名
党支部书记、村民委员会主任	吴连坤、赵惠甫、唐耀忠、盛兴法、曹建兴、王 勇
党支部副书记、大队长（正、副）、社长、村民委员会（副）主任、主任助理	黄英才、赵惠甫、黄锡庆、盛才根、黄林祥、唐耀忠、陆正祥、盛志明、黄根昌、钱福国、汪洪坤、陆凤娟、王 勇、过洪祥、陈义文
会 计	周绍先、盛三元、盛崇德、黄林祥、薛春南、盛兴法、钱生初、盛建明

说明：党支部书记赵惠甫在1967年至1968年养病期间，由硕放镇党委委派万家福代理党支部书记

墙裕村

墙裕村位于硕放镇区中心，东接瑞港商业广场；南临南河港，与南星苑隔河相望；西与南星苑第一社区毗邻；北接锦硕苑。裕丰路贯穿境内。全村区域面积0.7平方公里。

墙裕村是太湖地区涉湖作业的49个渔业村中唯一的一个渔民独立建制村。1953年成立墙门渔会，隶属于无锡县渔会管理。1959年原分散在各公社的渔民陆续回到公社进行渔业生产，成立渔业大队，隶属硕放人民公社管辖。1983年撤社建乡，改设渔业村。1992年渔业村更名为墙裕村，因渔业村地处墙门市镇，“渔”与“裕”谐音，故而得名，寓意渔民生活富裕。

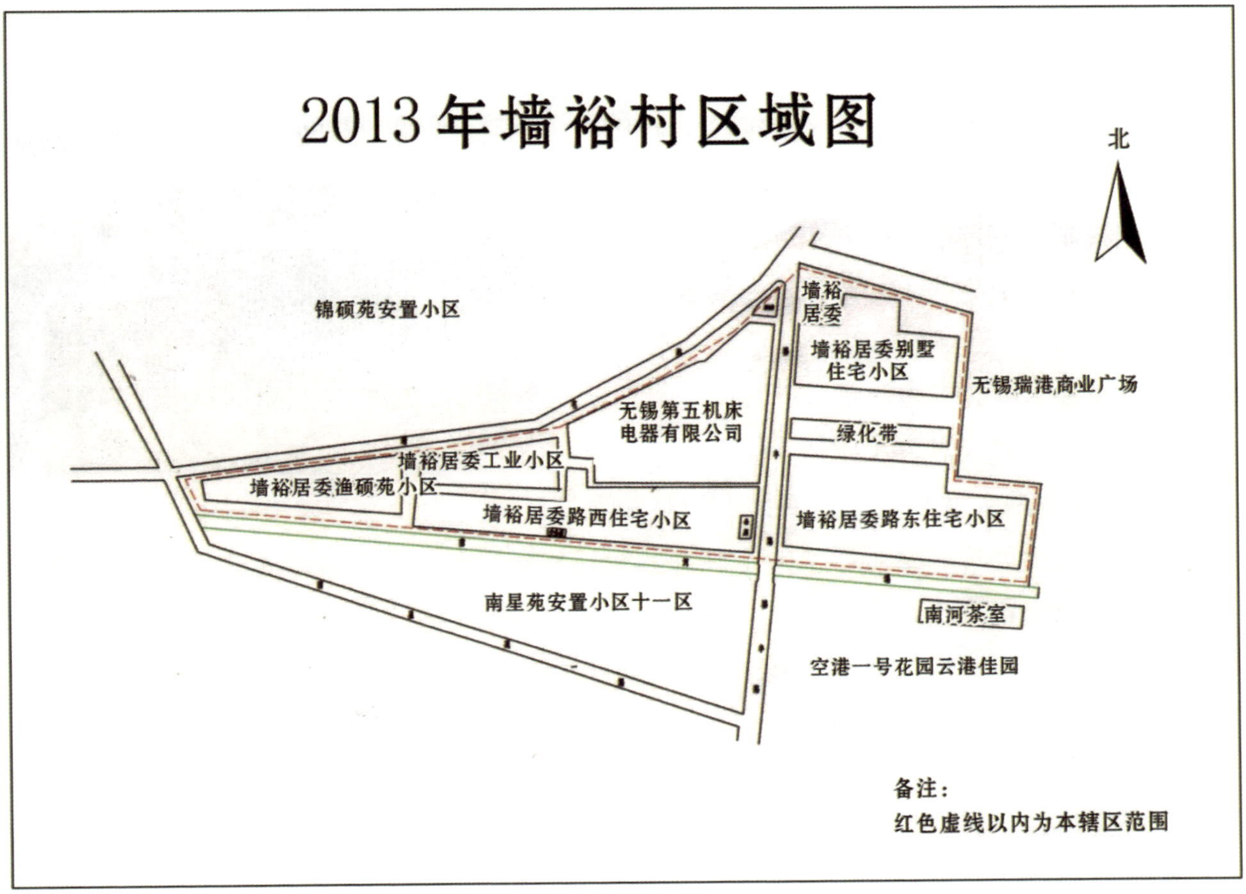

2013年墙裕村区域图

2013年末，有5个居民小组，205户，674人，其中部分渔民已拆迁安置进社区，但未办理户籍迁移手续。

1970年初，散居、漂泊的渔民陆续上岸定居，大多数渔民文化程度较低。上岸定居后，大队（村）先后采取举办“扫盲班”、建立“学子奖励机制”等，大大提高广大渔民子弟的上学积极性。1995年，顾小弟成为村里第一个大学生。2013年，全村文化程度不断提高，有50多人具有大专及以上学历。

1966年后，全社所有河道统归渔业大队管理，先后采取围湖养鱼、渔簖、丝网等多种捕捞方式，捕捞区域从内河向太湖拓展，不断发展壮大集体渔业经济。1976年，渔业生产以赶超红旗为奋斗目标，产鱼9万公斤，名列全县第三，锡南片第一。1979年，产鱼12.5万公斤，为渔业大队历史最高水平。

1970年初，建办五金加工厂，加工一些小五金配件，加工冲压8瓦镇流器的矽片和变压器的矽片。

20世纪80年代，先后开办电器厂（后更名为无锡县电器成套厂）、电器开关厂（后更名为无锡通华电器开关厂）、机床电器厂（后更名为无锡新宇机床电器厂）。主要生产电抗器、电风扇、电柜、变压器、镇流器、加工矽钢片、调速变压器等。1991年，村骨干企业无锡县电器成套厂更名为无锡县第五机床电器厂，主要经营机床控制变压器等，1993年实现销售收入1390万元，利税总额199万元，在全镇村级9个福利企业中名列第一。20世纪90年代中后期，村办集体企业全部转制为民营企业。

1996年后，村民委员会围绕创建省文明卫生村工作，成立卫生保洁队、绿化养护队，并建立长效管理机制。1997年被评为江苏省卫生村，成为全镇首个省级卫生村。

墙裕居民委员会

2007年5月，太湖无锡段蓝藻暴发，水源水质恶化。为落实中共无锡市委、市政府《关于举全市之力开展治理太湖保护水源“6699”行动的决定》，开展贡湖水域整治，对渔民、渔具和渔船等做出政策性处理。除对拆除的定制渔具等作价赔偿外，对符合政策规定的263人列入基本生活保障安置范围。至2013年9月30日，138户渔民先后住进宽敞的安置房。

2013年，全村实现工业产值9900万元，销售额9851万元，利税总额453万元，增加值2625万元，居民人均收入28580元。

1985年至2013年，先后获评“江苏省卫生村”“江苏省太湖渔政管理及发展湖区渔业经济先进集体”“无锡市‘锡环杯’环境卫生示范村（社区）”“无锡市社会主义现代化新农村建设幸福村”“无锡市安全文明村”等省、市、区级荣誉称号30多项。

1990年、2000年、2005年墙裕村（渔业）经济情况表

表 2-90

项目	指标	1990 年	2000 年	经济指标	1990 年	2000 年	2005 年
概　况	总人口（个）	518	597	企业个数（个）	3	5	12
	总户数（户）	127	184	职工人数（人）	270	306	407
	总收入（万元）	105.74	6363.00	工业总产值（万元）	482.00	5722.00	15100.00
村级经济收益分配	总支出（万元）	26.70	5591.00	销售收入（万元）	428.33	5108.00	10376.00
	净收入（万元）	79.04	772.00	结算利润（万元）	50.57	296.00	67.00
	税　金（万元）	0.55	83.00	国家税金（万元）	20.61	227.00	307.00
	集体积累（万元）	2.98	81.00	职工分配总额（万元）	41.76	291.50	530.30
	分配总额（万元）	75.51	461.00	人均分配水平（元）	1547.00	9340.00	12596.00
	人均分配水平（元）	1400.00	7722.00				

说明：2000 年合作经济收益分配中税金为村办企业缴纳的税金

1959—2013年墙裕村（渔业）主要干部任职情况表

表2-91

职务	姓名
党支部书记、村民委员会主任	吴佐明（以副代正）、吴关德（以副代正）、阙明生（以副代正）、徐小根（以副代正）、沈桂生（以副代正）、吴炳生、邹泉培、王纪兴、王纪国
党支部副书记、大队长（正、副）、社长、村民委员会（副）主任	吴佐明、吴关德、阙明生、徐小根、沈桂生、王阿招、王纪南、朱新哥、戴淦生、吴炳生、朱燚福、曾伟民
会　计	诸兴林、顾桂春、曹兴生、马祥伦、朱燚福、王建林、张洪祥

第二节　社区居民委员会

进入21世纪，城市化建设迅猛发展，镇党委、政府根据城镇化建设实际状况，因地制宜制定愿景目标，全面实施“农田变工厂，农民变市民，农村变城市”工作部署，居民安置房先后建成。2003年3月，硕放镇第一个社区居民委员会——振发社区居民委员会成立。随之润硕苑、新锦园、咏硕苑、南星苑第一、南星苑第二、香楠佳苑、丽景佳苑第一、锦硕苑、吉祥花园（筹）等社区居民委员会相继成立。现代化居民安置小区建成，是农村逐步走向城市化的重大标志。

与此同时，借鉴先进社区的管理经验，结合实际，从民生建设、文化娱乐、安全防范、法制教育等方面，加强对各社区的硬件设施建设和软件功能配置，引领广大居民群众向现代化生活迈进。

2003年至2013年，各社区先后成立党支部和居民委员会，下辖以楼道为主的居民小组。为方便群众，社区建有一站式服务大厅，内设党群工作、民事调解、综合治理、人口计生、劳动保障、民政残联、宣教文卫等专职窗口，实行扁平化管理。民生建设：各社区开办市民学校、开设图书室、设立卫生服务站等便民设施，配备专职人员为居民提供全方位服务。文化娱乐：设有乒乓球室、舞蹈室、健身房与广场舞场地等娱乐场所，由居民自发组织的秧歌、腰鼓、合唱、舞蹈队等团体，常年活跃在各社区开展各种文化娱乐活动。安全防范：各社区设有警务室、减灾防灾办公室等，并配备专职人员指导管理安全工作。同时，各社区的地下建筑既是车库又是地下防空设施，以确保居民在极端环境下的人身安全。法治教育：各社区充分发挥老党员、老干部、退休教工和共青团等社会团体作用，建立志愿者队伍，立足社区开展法治宣传、关注环保、预防矫治等工作。进入21世纪后，随着“大学生村官”进入社区数字化、网络化管理，逐渐成为社区管理先导，为社区现代化管理带来新的生机和活力。

在空港产业园区（硕放街道）创新型社区管理模式的引领下，各社区扎实开展“一居一品”项目建设，打造社区特色品牌，在提升社区内涵的基础上，切实提高为民服务的能力，营造文明、和谐、平安的现代化社区氛围。

硕放街道社区

硕放街道社区居民委员会地处墙门西路37号，辖区面积0.84平方公里。辖区范围广、分布散，包括大墙门集镇老街以及1980年以后逐步扩展的唐南路、菜场路、通祥路、通祥一村、通祥二村、通祥三村等多个居民住宅小区。辖区部分地区与相邻的大墙门村和墙联村交错分布。随着户籍制度改革和城镇化建设不断推进，社区居民中除原集镇非农业户居民外，大部分是2002年以后逐步迁入的原农村农业人口和外来务工经商人员。2004年因墙北村大部分拆迁，其靠近市镇的陆房湾和吴家桥2个村民小组并入街道社区居民委员会。2013年，有居民小组10个，1556户，常住人口5756人。

硕放街道社区居民委员会

解放初期，大墙门集镇因市镇居民较少，未设居民委员会。20世纪60年代后期至20世纪70年代，曾设硕放居民领导小组。1980年后，随着集镇规模逐步扩大，居民数量逐年递增，1983年9月成立硕放乡居民委员会，下辖墙门东路、墙门西路和墙门南路3个居民小组。1993年更名为硕放镇居民委员会。2006年更名为硕放街道居民委员会。

2010年5月，居民委员会建立一站式服务大厅，设有党员活动室、老年活动室、康体健身室、世代服务室、健康保姆室、图书阅览室等各种便民、惠民活动场所。居民委员会专门建立一支由30多人组成的“俏夕阳”舞蹈队，经常组织广场文艺体育活动，并积极参加新区、街道组织的各类表演，获得多次表彰奖励。

居民委员会合唱团排练

为提高社区居民的综合素质和文化品位，创办“学习型社区”。通过整合街道社区卫生服务中心、中小学、司法所、劳保所等单位资源，充分发挥志愿者作用，将“学习型社区”建设工作贯穿于社区文明创建、科教体育、技能培训等各个方面，让学习和建设成果惠及全体居民群众，打造社区终身学习的公共资源平台，逐步构建和完善社区终身教育体系，实践和开启“学习型社区”建设的新篇章。

2005年至2013年，先后获评“江苏省档案工作二星级单位”“无锡市民主法治社区”“无锡市和谐示范社区”“无锡市‘五四’红旗团（总）支部”“无锡市新区文明社区”“无锡市新区老龄工作先进集体和人民调解工作先进集体”等省、市、区级荣誉称号。

振发社区

振发社区，位于振发路两侧。东傍薛典路与咏硕苑、润硕苑社区乡邻；南依盈发路与新锦园社区相靠；西靠镇居民委员会的通祥三村、硕放商城；北与墙联村朱家浜接壤。

振发社区居民委员会

社区始建于2000年11月，2003年3月成立居民委员会，寓意“振兴硕放、发展经济”，取名“振发”。后丰硕苑商品房小区隶属振发社区管理。居民主要是来自红力、红光、墙北、墙联、西典巷、建新、香楠、新梅路、建丰、大墙门、秦村、硕放、溇金、安桥、东新15个行政村的村民。2013年，社区下辖16个居民小组，共有1024户，常住人口3415人，其中本地人口2783人，外来租住人口632人。

居民委员会成立后，切实加强社区自治建设，充分发挥党员在管理社区事务、服务社区百姓中的作用，2011年建立“党群365爱心服务站”，为贫困群众奉献爱心，为居民提供便民服务，着力打造“党群365爱心服务”品牌。服务站立足“有事你说话，有我日相伴”的服务理念，坚持“五民五为五最五第一”（“五民”即听民声、知民情、察民意、解民忧、顺民心；“五为”即为群众说说话、为群众跑跑腿、为群众想想招、为群众聊聊天、为群众办实事；“五最”即解决群众最盼问题、解决群众最难问题、解决群众最急问题、解决群众最怨问题、解决群众最实际问题；“五第一”即遇到问题第一时间处理、遇到困难第一时间帮助、遇到求助第一时间赶到、遇到纠纷第一时间解决、遇到危险第一时间出现）的工作原则，做到服务站内365天都有党员为社区居民提供高效优质服务。社区居民委员会先后成立八个志愿者团队，即“和谐橄榄枝”关爱同行志愿者团队、法制志愿者团队、治安综治服务团队、青少年阳光志愿服务团队、“乐尚”文体志愿者团队、“邻里守望”楼道组长志愿者服务团队，“与您相伴、爱暖康乐”爱老助老志愿者服务团队和党群“365”爱心志愿者服务团队。坚持以人为本、立足社区、服务居民。社区设立休闲娱乐健身运动场所，丰富居民业余生活。开办法律咨询室、心理咨询室、青少年家长学校、健康保姆服务站等服务场所。

2003年至2013年，先后获评“江苏省一级警务室”“江苏省二星级档案工作单位”“无锡市文明社区”“无锡市民主法治社区”“无锡市卫生社区”“无锡市和谐示范社区”“无锡市人口管理示范社区”“无锡市绿化社区”等省、市级荣誉称号。

润硕苑社区

润硕苑社区，东以里夫泾港为界，与丽景佳苑二期隔河相望；南靠硕放文化中心；西傍薛典路，与振发、新锦园社区毗邻；北靠振发路，与咏硕苑社区相邻。

社区始建于2002年1月，2003年8月成立居民委员会。2011年1月，新天地商品房小区并入社区。居民主要是来自墙北、西典巷、红力、红光、东新、新梅路、大墙门、墙联、香楠、建丰、硕放、黄家门、合新、安桥、溇金、秦村16个行政村的村民。2013年，社区下辖20个居民小组，共有1133户，常住人口4147人，其中本地人口2956人，外来租住人口1182人。

润硕苑社区服务中心

社区设有一站式服务大厅，为社区居民提供全方位服务。社区从实际出发，以提高居民法律素质为目的，以市民学校为固定场所，在社区创设“法治讲堂”。先后开展交通安全、预防青少年犯罪、食品安全、消防安全、治安管理处罚等法律法规的宣传教育活动，有效促进社区依法建制、居民自治和民主管理，为构建平安和谐社区营造良好的法治环境。

2004年被评为无锡市爱国卫生先进单位；2008年被评为无锡市民主法治社区；2011年分别被评为无锡市未成年人零犯罪社区和无锡市人口计生基层群众自治示范社区；2012年获评“无锡市和谐示范社区”等荣誉称号。

新锦园社区

新锦园社区，东临薛典路，与润硕苑社区相邻；南以南河港为界；西傍通祥路，与瑞港商业街毗邻；北依盈发路，与振发社区相望。

社区始建于2002年1月，2004年3月成立居民委员会。居民主要是来自大墙门、墙联、墙北、东新、香楠、安桥、西典巷、黄家门、杨家湾、秦村、硕放、红力、红光、建丰、溇金、新梅路、合新17个行政村的村民。2013年，社区下辖18个居民小组，共有1219户，常住人口4171人，其中本地人口2971人，外来租住人口1200人。

社区设有一站式办公大厅，强化组织功能，全心打造“爱心服务型社区”。创建爱心工作站，深入开展绿色型、法律援助型、翰墨飘香型、党员学习型、爱心助学型和孝亲敬老型楼道爱心服务创建评比活动。组建爱心志愿服务者队伍，认

新锦园社区居民委员会

真听取居民心声，积极调处居民的大小事情，努力开展扶贫助老活动。同时，社区重点开展“小手拉大手”活动，深入持久开展创建特色楼道工作，成效显著。

2005年至2013年，先后获评“江苏省社区管理民主示范村”“江苏省档案管理二星级单位”“江苏省绿色社区”“无锡市民主法治社区”“无锡市绿色社区”“无锡市新区幸福安康社区”“无锡市新区学习型社区”等省、市、区级荣誉称号40多项。

咏硕苑社区

咏硕苑社区，东临里夫泾港，与硕放颐养园隔河相望；南靠振发路，与润硕苑社区相邻；西傍薛典路，与墙联村朱家浜、丰硕苑小区毗邻；北依锡宅路，与大墙门村接壤。

咏硕苑社区居民委员会

社区始建于2002年11月，2004年4月成立居民委员会，取名“咏硕”，意为“歌咏硕放”。居民主要是来自新梅路、大墙门、红力、红光、墙联、香楠、合新、墙北、西典巷、东新、安桥、黄家门、杨家湾、硕放、建丰、溇金、秦村17个行政村的村民。2013年，社区下辖23个居民小组，共有2507户，常住人口5517人，其中本地人口2813人，外来租住人口2704人。

社区设有一站式服务大厅，创新工作模式。从关系老人生活的小事和热点难点问题入手，通过各种行之有效的服务，全力打造“助老型社区”，上门为孤寡老人和居民服务，为居民提供方便，“敬老、爱老、助老”的氛围在社区蔚然成风。社区组织腰鼓队、舞蹈队以及锡剧演唱等形式，不定期在社区广场进行文艺演出，丰富居民的文化生活。

社区开展“扶孤助老，让爱飞翔”活动

2004年至2013年，先后获评“江苏省民主法治示范社区”“无锡市人民调解示范社区”“无锡市园林式居住区”“无锡市敬老先进集体”“无锡市新区文明社区”“无锡市新区基层民兵工作先进单位”“无锡市新区堡垒党支部”“无锡市新区关爱下一代工作先进集体”“无锡市新区和谐示范社区”“无锡市新区学习型社区”等省、市、区级荣誉称号。

南星苑第一社区

南星苑第一社区，东临裕丰路，与香墅嘉苑相邻；南与香楠佳苑社区接壤；西与南星苑第二社区毗邻；北与南河港为界，与墙裕村隔河相望。

社区始建于2003年4月，2005年11月成立居民委员会。居民主要是来自西典巷、黄家门、东新、墙北、合新、红力、红光、杨家湾、溇金、香楠、建丰、新梅路、大墙门、硕放、墙联、墙裕16个行政村的村民。2013年，社区下辖6个片区，24个居民小组，共有3729户，常住人口11771人，其中本地人口5387人，外来租住人口6384人。

南星苑第一社区居民委员会

社区设有一站式服务大厅，始终以“哪有困难，哪有南一”为服务宗旨，为广大社区居民提供优质服务，并且根据居民的实际需要，结合社区特点，充分发挥资源优势，创建具有社区特色的“防灾减灾”工作站。社区居民委员会通过开展“一人带一楼，一楼带全区”、“以小带大”、发放“防灾减灾身份识别带”等活动，激发社区居民参与“防灾减灾”工作的热情。

2005年至2013年，先后获评“全国综合减灾示范社区”“江苏省民主法治示范社区”“江苏省和谐社区建设示范社区”“江苏省居民学校”“江苏省综合减震示范社区”“无锡市绿色社区”“无锡市新区幸福安康示范社区”等国家、省、市、区级荣誉称号。

南星苑第二社区

南星苑第二社区，东与南星苑第一社区相邻；南靠锡张环太湖高速；西傍华友中路；北接墙宅路，与墙联村毗邻。

社区始建于2003年4月，2006年5月成立居民委员会。居民主要来自硕放、黄家门、香楠、杨家湾、合新、西典巷、安桥、墙联、溇金、秦村、新梅路、大墙门、东新、红光、红力、建丰16个行政村的村民。2013年，社区下辖7个片区，45个居民小组，共有5485户，常住人口12635人，其中本地人口6510人，外来租住人口6125人。

南星苑第二社区服务中心

社区以“创新、和谐、奋进”为主题，全面履行立党为公、执政为民职责，在创建绿色社区、平安社区、文明社区、文化型社区、和谐社区的道路上不断探索、实践，走出一条特色明显的社区建设道路。社区建有一站式服务大厅，建立起以社区干部、片区长、楼道组长为责任人的网格式管理工作机制，并拥有多支志愿者队伍，为民服务更为直接、具体、便利。社区设立卫生服务站，方便群众防病治病。建立绿化队、保洁队，优化美化社区环境卫生。

社区致力于打造一个“绿色环保低碳社区”。2006年底，创办全国第一个社区环保教育馆。教育馆以倡导“低碳生活、绿色环保”为理念，设立“家居生活、节水节能、控制污染、环境保护”四个板块，生动展现环保重要性，宣传“低碳生活、低碳出行、低碳办公”相关知识。同时还创办江苏省首个社区低碳学校——南星苑低碳学校。2011年4月13日，南星苑低碳学校揭牌。由社区干部主编的《低碳与环保——中国社区在行动》被评为全国社区教育特色教材，深受广大居民喜爱。社区以多种形式开展低碳环保教育活动成效明显，受到上级领导、各类媒体、国内外环保专家学者及社会各界的关注，中央电视台、《中国环境报》等众多媒体相继宣传报道，并赴德国进行交流。先后来社区参观的中外友人络绎不绝，社区影响力不断扩大。2012年3月，建成占地16亩的“乐邻公园”，配植梨、枣、枇杷、杨梅、柿子、葡萄、李子等果树木，进一步打响低碳环保的“果园式”社区品牌。

社区环保教育馆

2006年至2013年，先后获评“全国绿色社区活动先进社区”“全国综合减灾示范社区”“江苏省民主法治示范社区”“江苏省2006—2009年绿色社区”“江苏省和谐示范社区”“无锡市文明社区”“无锡市和谐示范社区”“无锡市新区精神文明示范点”等国家、省、市、区级荣誉称号69项。

丽景佳苑第一社区

丽景佳苑第一社区，东以里夫泾港为界；南临长江南路；西靠薛典南路；北与硕放文化中心接壤。

社区始建于2005年11月，2008年10月成立居民委员会筹建组，2012年10月建立社区居民委员会（筹）党支部，2013年7月成立居民委员会，同时撤销社区居民委员会（筹）党支部，建立社区居民委员会党支部。居民主要来自合新、秦村、新梅路、溇金、墙联、香楠、杨家湾、黄家门、东新、建丰10个行政村的村民。2013年，社区下辖11个居民小组，共有1434户，常住人口4519人，其中本地人口2508人，外来租住人口2011人。

丽景佳苑第一社区服务中心

2011年7月，社区服务中心建成投入使用，设有一站式服务大厅。社区秉承“以民为本 为民服务”的理念，为社区居民提供最优质和完善的服务。推出“一本民情日记、一条民生热线、一个QQ群”等系列便民措施。社区创建“孝廉文化”特色，打造一条以中华传统道德经典故事“二十四孝图”“弟子规”为内容的“孝廉文化长廊”，以“让天下、

社区孝廉长廊

让功、让名、将相谦让、邻里互让、夫妻礼让”为内容的“礼让文化之窗”。社区建立“环境整治志愿者”“预防职务犯罪志愿者”“巾帼志愿者”“扶贫帮困志愿者”等12支各类志愿者队伍。开展“传统文化品鉴”“文明礼仪讲座”“国学大讲堂”等系列道德活动，《无锡日报》《江南晚报》《无锡新区》杂志、无锡市新区政务网等媒体对社区的“孝廉文化”相继进行多次报道，形成“以孝为美、以廉为荣”，以民生连民心，以民心聚民力，共同建设和谐家园的氛围。

2010年至2013年，先后获评“江苏省综合减灾示范社区”“无锡市农村社会管理先进单位”“无锡市新区精神文明建设创新案例二等奖”“无锡市新区妇女儿童之家示范点”“无锡市新区特色调解室”“无锡市新区四星级文体活动服务点”等省、市、区级荣誉称号。

香楠佳苑社区

香楠佳苑社区，以国家级文物保护单位——昭嗣堂（香楠厅）“香楠”二字而取名。东临裕丰路，与硕放中学新校区相邻；南靠长江南路；西傍无锡市新区垃圾转运（空港站）；北与南星苑第一社区毗邻。

香楠佳苑社区服务中心

社区始建于2008年9月，2010年4月成立居民委员会筹建组，2012年10月建立社区居民委员会（筹）党支部，2013年7月成立居民委员会，同时撤销社区居民委员会（筹）党支部，建立社区居民委员会党支部。居民主要是来自大墙门、墙联、东新、香楠、安桥、建丰、秦村、黄家门、硕放、杨家湾、新梅路、溇金、合新、西典巷14个行政村的村民。2013年，社区划分7个片区，下辖21个居民小组，共有居民1250户，常住人口8296人，其中本地人口3516人，外来租住人口4780人。

社区设有一站式服务大厅，组织网络健全。重点开辟禁毒教育基地、吸毒人员社区禁毒（康复）工作站等。社区内设有2400平方米的“邻里生鲜中心”，有超市和农副产品集贸市场，方便居民的日常生活。社区还建立居家养老服务中心香楠佳苑服务站，为年老体弱人员维修电器，对水费、电费、天然气的收缴工作实行上门办理。社区建有卫生服务站和建筑面积5800平方米的幼儿园一所。

居民委员会以构建和谐宜居社区为目的，创建特色品牌文化——“正和文化”。把“正”“和”两字作为社区文化的核心理念，以“正”“和”思想理念为统领，深入结合硕放香楠的当地资源——昭嗣堂（香楠厅）深厚历史文化中的“让里世家”家训，把社区文化建设与创建文明社区、平安社区、和谐社区有机结合，社区制定“正心、正身、正言、正行、和善、和乐、和顺、和谐”的十六字公约，开展“每天一观”“每周一影”“每旬一书”“每月一课”“每节一演”“每年四赛”“每年十评”等系列活动，营造文明和谐社区的良好氛围。

社区“正和”广场

2010年至2013年，先后获评“江苏省档案工作二星级单位”“无锡市和谐示范社区”“无锡市新区基层武装工作先进单位”等省、市、区级荣誉称号。

锦硕苑社区

锦硕苑社区，东临瑞港商业广场；南靠锡宅路，与墙裕村相邻；西傍墙联村鲁家园；北依盈发路，与墙联村庙下、南头接壤。

锦硕苑社区服务中心

社区始建于2008年11月，为解决政策性安置问题，社区定位为经济适用房小区。2011年1月成立居民委员会筹建办公室，2012年10月建立社区居民委员会（筹）党支部，2013年7月成立居民委员会，同时撤销社区居民委员会（筹）党支部，建立社区居民委员会党支部。2013年，共有居民876户，常住人口2861人，其中本地居民359人，外来租住人口2502人。

社区一站式服务大厅

社区设有一站式服务大厅，组织网络健全，服务功能完善。根据社区特点，培育一支“新市民自我管理团队”。一方面由新市民推选居民代表，负责摸清本单元住户或租住户的基本情况和利益诉求，形成每周工作日志，及时更新反馈给居民委员会；另一方面打造特色服务品牌——“情满空巢”助老服务，利用周末时间服务居民。社区成立互帮互助和义务小分队，为老年人开展健康咨询、免费义诊、家政服务、免费理发、免费修理小家电、免费维护水、电、气等服务，同时实行健康保姆上门服务，物品、药品代购、卫生清扫等多方面服务，切实提高老年人的生活质量，共同美化锦硕家园。同时，社区还配备较为完善的0—3岁哈哈贝贝亲子早教中心，硬件优越，拥有良好的师资力量，为当地居民提供专业早教和亲子服务。

2012年至2013年，先后获评“江苏省档案工作二星级单位”“无锡市交通安全进社区示范单位”“无锡市先进社区教育先进单位”“无锡市新区基层武装工作先进单位”等省、市、区级荣誉称号。

吉祥社区

吉祥社区（吉祥国际花园）是商品房住宅小区，东临薛典路，与大墙门村相邻；南靠硕放中学（老校区）、硕放实验小学；西傍走马塘河；北至新宅路为界。

社区始建于2004年4月，居民入住后开始由咏硕苑居民委员会代管。2011年1月成立居民委员会筹建办公室。2013年，社区下辖19个居民小组，共有居民1966户，常住人口4513人，其中本地人口1508人，外来租住人口3005人。

吉祥社区服务中心

社区设有一站式服务大厅，组织网络健全。开设居民学校、党群之家、文体苑、妇女儿童之家、电脑房、低碳室、舞蹈房以及700平方米的室外网球场等娱乐活动场所。

社区注重人才培养，创建人文服务型社区，建立有专业特色的青年人才库，有五支特色团队，即吉祥健康互助社、“一家亲”美食组、吉祥姐妹舞蹈队、吉祥魅力合唱队、吉祥老年电脑学习班，开展丰富多彩的活动。健康互助社开展“周二健康日”活动，提供一对一的健康咨询和传授健康保健知识等服务。同时，为方便社区发布通知和居民间联络交流，社区分别开设吉祥家园QQ群和吉祥妈咪育儿QQ群，有效推动社区精神文明建设。

社区开展“社区一家亲”活动

2012年3月被评为无锡市新区妇女儿童之家建设示范点，同年12月被评为无锡市和谐示范社区；2013年5月被评为无锡市民主法治社区。

2013年空港产业园区（硕放街道）社区概况一览表

表 2-92

社区名称	区域概况					党组织		行政管理		辅助设施	
	始建年月	占地面积（万平方米）	住房建筑面积（万平方米）	入住居民		党员人数（人）	党小组（个）	居民小组个数（个）	楼道个数（个）	车库个数（个）	人防面积（万平方米）
				户数（户）	人数（人）						
硕放街道社区	1983.09	84.00	35.00	1556	5756	80	2	10	316	—	—
振发社区	2000.11	4.09	7.77	1024	3415	90	4	16	97	8	0.68
润硕苑社区	2002.01	11.76	18.76	1133	4147	66	4	20	129	20	0.95
新锦园社区	2002.01	9.50	14.98	1219	4171	63	6	18	103	15	1.06
咏硕苑社区	2002.11	20.44	31.11	2507	5517	140	4	23	213	29	2.30
南星苑第一社区	2003.04	32.34	50.10	3729	11771	120	6	24	298	43	4.09
南星苑第二社区	2003.04	33.33	43.12	5485	12635	123	4	45	348	57	4.87
丽景佳苑第一社区	2005.11	10.07	16.87	1434	4519	8	1	11	56	23	2.50
香楠佳苑社区	2008.09	24.31	41.12	1250	8296	23	4	21	196	31	2.02
锦硕苑社区	2008.11	12.51	11.18	876	2861	5	1	—	73	8	0.44
吉祥社区（筹）	2004.04	28.00	29.80	1966	4513	151	—	19	323	191	2.77

1983—2013年硕放街道（乡镇）社区主要干部任职情况表

表 2-93

社　区	党支部书记、主任	党支部副书记、副主任、主任助理
硕放街道社区	蔡水德、张再群、吴小米、邹炳泉、钱月田、顾树东、杨水泉、朱建春	朱　远
振发社区	顾富根、杨建国、戴　敏	朱国南、王荣良
润硕苑社区	朱荣初	邹幼明
新锦园社区	陆金生、邹晓明、王秀芬	周凤媛
咏硕苑社区	陆中明、邹晓明、朱明晓	薛政一、韩晓邦
南星苑第一社区	顾建栋、朱梅生	朱国南、朱建平、陶　旦
南星苑第二社区	周家明	王建华
丽景佳苑第一社区	张辰奇	王纪良（挂职）、谢莹婷
香楠佳苑社区	曹　杰	王　卫、邹建峰
锦硕苑社区	陈晓青	顾振华、陈国昌、王文星
吉祥社区	—	李　萍

第三章

自然环境

硕放地处长江与钱塘江之间冲积而成的太湖平原上，地势西北较高，东南较低。海拔高度5米，地面高程平均值为6米（以吴淞水位为基准），南北纵深长9000米，东西横宽8000米，方圆46.56平方公里。属亚热带季风海洋性气候，又常年受到太湖水体多因素的调节，境内河流众多，河浜密布，四季分明，降水充沛，土地肥沃，气候宜人，动植物资源丰富，素有“鱼米之乡”和“米粮大仓”之称。硕放地貌、气候、水系比较适合居民的生产生活和动植物的生长发育，但由于季风季候的影响，年际降水量不均，旱、涝成为主要自然灾害。

第一节 地 貌

据中国人民共和国成立之初江苏省水利厅测绘的地面高程图标，硕放地势西北较高，东南向蠡河（望虞河）一带倾斜，地面高程平均值为6米（以吴淞水位为基准），地势最高处是红光大队田舍桥，地面高程在7米，地势最低的是六一大队鲁家园，地面高程在4.7米。

境内河网密布、农田平整、土地肥沃，盛产水稻、小麦、油菜等，各村落高低之间都有河道相隔，纵横交错。1982年，按照全国标准高程（青岛高程）基准，境内地势较高的有红光、七一、光明、红力等大队；地势平坦的有五一、墙西、红星、和平、东方红、八一、建丰、春光等大队；地势较低的有里河、新星等大队。

1982年硕放人民公社各大队地面真高情况表

表 3-1

大队名称	其中不同高程的面积					总面积（亩）
	2.5—3.0米（亩）	3.1—3.5米（亩）	3.6—4.0米（亩）	4.1—4.5米（亩）	4.6—5.0米（亩）	
合　计	27.92	3448.38	17293.45	17649.36	3639.63	42059.00
五　一	—	134.48	151.29	1395.23	—	1681.00
六　一	—	73.48	1218.36	553.80	—	1846.00
墙　西	—	—	432.25	802.75	—	1235.00
七　一	—	—	339.00	1017.00	904.00	2260.00
新　联	—	—	983.00	656.60	—	1639.00
新　农	—	—	675.00	825.00	—	1500.00
里　河	27.92	1354.08	—	—	—	1382.00
新　星	—	673.60	1010.40	—	—	1684.00
里　新	—	—	1590.00	—	—	1590.00
先　锋	—	383.20	2184.80	—	—	2568.00
建　农	—	225.72	1655.28	—	—	1881.00
硕　放	—	161.76	1861.24	—	—	2023.00
五　星	—	—	760.55	674.45	—	1435.00

续表 3-1

大队名称	其中不同高程的面积					总面积（亩）
	2.5—3.0米（亩）	3.1—3.5米（亩）	3.6—4.0米（亩）	4.1—4.5米（亩）	4.6—5.0米（亩）	
建 新	—	—	770.00	330.00	—	1100.00
红 星	—	—	395.46	1801.04	—	2197.00
和 平	—	163.08	176.67	1019.25	—	1359.00
光 明	—	278.98	536.50	794.02	536.50	2146.00
红 力	—	—	286.20	1411.92	209.88	1908.00
红 光	—	—	—	735.75	1989.25	2725.00
东方红	—	—	401.49	1085.51	—	1487.00
八 一	—	—	1026.36	1824.64	—	2851.00
建 丰	—	—	839.60	1159.40	—	1999.00
春 光	—	—	—	1563.00	—	1563.00

第二节 气 候

一、四季特征

硕放地域四季分明。春秋两季气候干、湿、冷、暖多变，夏季炎热多雨，冬季少雨寒冷。

1.春季

冷暖多变，低温多雨。自4月初至6月上旬，历时70天左右。4月上、中旬受北方干冷空气和南方湿热空气交换控制，会出现忽冷忽热天气。天晴风和日丽，阴雨寒气逼人，有时因冷空气控制会出现“倒春寒”。5月和6月上旬气温相对稳定，温和宜人。3月、4月和5月春雨连绵，平均降雨日各13天，降雨日为全年最多的三个月。6月初，气温上升很快，当地百姓习惯把端午节作为春夏之交，俗说“吃了端午粽，便把寒衣送”。

2.夏季

炎热，多阵雨、暴雨。自6月上旬至9月中旬，历时99天左右。一般6月中旬至7月上旬为梅雨期，历时25天左右，降水量在230毫米左右，是一年中主要的防汛季节。梅雨结束，进入盛夏天气，日平均气温在28℃—30.9℃，8月极端最高气温40.1℃（2003年），故有“小暑里的日头晒开石头”之说。同时还会出现伏旱，也有年份受雷阵雨天气或频繁的台风影响而出现凉夏。境内偶尔遭受冰雹和龙卷风的袭击。

3.秋季

秋高气爽，温和宜人，是一年四季中最短的季节。自9月中旬至11月中旬，历时63天左右。9月下旬开始，平均气温降到21℃，气温逐渐下降，而且下一次秋雨就冷一次，故有“立秋早晚凉”“白露身不露”“寒露脚不露”之说。有的年份出现高温天气，俗称“秋老虎”。11月上旬降至17.2℃，中旬降至13.7℃，下旬降至11.4℃。昼夜温差大，秋季降水量为120毫米左右，仅占全年降水量的11%左右，11月份也会出现秋旱现象，秋末见初霜，偶有秋末寒潮侵入。

4.冬季

寒冷少雨，时日最长。自11月下旬到翌年3月下旬，历时133天左右。北方冷空气南下频繁，每年12月到翌年3月平均气温在3℃—8℃之间。1月底2月初气温最低，极端最低气温-14℃（1958年），当地有“三九四九冰上走”的俗语。12月份至翌年3月出现寒潮的概率最高，平均每年出现2—3次，冬季雨量稀少，晚冬季节大地回暖，雨量增多，可闻雷声。冬末阶段冷暖交替，气温极端反差时有发生。

二、气象要素

1.日照

境内历年平均日照为2051.1小时，日照率46. 8%。年际变化和季节差异较大，气象资料表明，年日照最多的年份为2359.2小时，最少的为1820.3小时。平均日照时数最高是8月，为225—279小时。平均日照时数最低是2月，仅126—132小时。日照最少月份是1973年2月，共计49.9小时，日照率仅在30%—35%。全年太阳总辐射量每平方厘米为112.35千卡，7月、8月光能资源最丰富，4月至6月为雨季，光能较差。

2.气温

境内年平均地面温度为17.6℃，月最高地温69.6℃（1977年7月31日），月最低地温-16.6℃（1977年1月31日）。据1955年至1983年统计，年平均气温15.3℃。7月、8月份最热，7月平均温度为28.1℃。8月平均温度为27.5℃。历史上最热的夏天是在2013年，持续晴热高温为42天，极端最高气温为40.1℃（2013年8月7日）。1月份最冷，月平均气温仅为2℃—5℃。年极端最低气温为-14℃（1958年1月14日）。全年无霜期为220天。

3.降水

春、夏两季雨水充沛，在1955年至2013年期间，年平均降水量为1095.7毫米，其中年降水量在1000毫米以上的年份有37年，降水量最多的年份为1999年，达1713.1毫米，最少的年份为1978年，仅569.1毫米；最大降水量日平均为93.7毫米，日最大降水量是1962年9月6日，达202.9毫米。年平均雨日在125.2天，雨日最多的年份是1987年，为149天，最少的年份是1978年，为96天。一般每年有三个多雨季节，4月至5月的春雨，连阴雨淅淅沥沥下个不停，“尺麦怕寸水”，容易影响三麦生长。6月至7月的梅雨，因冷暖空气经常在长江流域上空交锋，常常会出现连续一个月左右的降雨期，对生产、生活造成诸多不便。故有“黄梅烂石臼”之说。9月至10月的台风秋雨，因本区域属海洋性气候，常有台风过境，带来强盛的风力和大量的雨水。全年有两个偏旱时期，梅雨结束后7月至8月为伏旱天气，12月至翌年1月，一般降水量不足40—50毫米为冬旱季节，陆地蒸发量为750毫米左右。

1955—2013年硕放街道（镇、乡、公社）降水量情况表

表 3-2

年份	总降水量（毫米）	最大日降水量（毫米）	降水日数（天）
1955	1178.00	149.90	123
1956	1280.00	71.80	135
1957	1438.30	89.70	144
1958	943.20	86.00	122
1959	877.50	35.20	124
1960	1210.00	93.80	135
1961	1022.10	100.90	131
1962	1289.70	202.90	117
1963	1117.80	87.80	122
1964	1102.40	112.80	136
1965	997.30	50.20	116
1966	977.90	70.70	126
1967	890.30	59.20	116
1968	905.40	83.00	128
1969	983.30	77.30	139
1970	1071.30	109.50	137
1971	828.60	104.40	103
1972	1054.30	104.10	134
1973	887.00	41.90	125
1974	1260.80	112.70	135
1975	1141.40	84.00	141
1976	1037.30	80.30	117
1977	1331.80	101.60	145
1978	569.10	60.20	96
1979	910.30	68.80	121
1980	1181.10	93.50	140
1981	1056.20	106.10	134
1982	927.50	67.20	125
1983	1043.00	87.30	129
1984	938.30	74.40	114
1985	1357.60	116.80	148
1986	867.50	62.60	109
1987	1498.90	98.20	149
1988	947.90	164.10	107
1989	1220.30	86.00	127
1990	1088.40	135.50	136
1991	1581.80	178.20	129
1992	881.20	83.70	110
1993	1491.00	104.50	137
1994	863.90	58.30	113
1995	965.60	96.60	97
1996	1152.20	134.10	126

续表 3-2

年份	总降水量（毫米）	最大日降水量（毫米）	降水日数（天）
1997	841.70	57.40	128
1998	1189.20	57.60	121
1999	1713.10	136.80	139
2000	1049.8	57.70	124
2001	1263.70	110.80	117
2002	1332.90	108.20	125
2003	882.80	50.50	121
2004	1039.90	77.00	111
2005	948.20	79.30	102
2006	1096.90	99.00	129
2007	1120.10	116.40	118
2008	1083.10	65.20	125
2009	1280.20	136.40	118
2010	931.10	54.60	126
2011	1066.90	119.20	134
2012	1376.00	135.80	145
2013	1064.30	79.80	103
总 计	64647.40	5527.50	7384
平 均	1095.70	93.70	125.20

说明：最大日降水量是指一年之中日降水量最大的一天降水量，降水日数是指一年之中降水累计数

4.季风

季风对当地气候有较大的支配作用。春、夏季多东南风，秋、冬季多偏西北风。据《无锡县志》记载，无锡地区3月至4月平均风速最大，为每秒3.9米，10月份最小，仅每秒2.8米，年平均风速为每秒3.4米。台风天气发生在7月至9月，年均台风2.4次。8级以上的大风年平均天数为7.8天，平均风速每秒17米。龙卷风次数不多，范围不大，但危害程度较大。

5.霜雪冰期

年均无霜期220天，最长无霜期240天，最短198天，初霜一般在11月上旬，最早的1979年10月22日见初霜。终霜一般在4月上旬，最晚的1961年4月16日仍见霜，年均霜期145天。降雪时间集中在1月至2月，初雪日期一般在12月下旬，最早初雪出现在1976年11月17日，终雪日期一般在3月上旬，最晚终雪日期出现在1980年4月24日，年均降雪8天，1980年至1981年多达20天，1970年、1971年、1974年、1975年降雪仅1天。霜雪期间伴有结冰，年均始冰日为11月23日，最早10月29日，最晚12月5日，年均终冰日为3月24日，最早3月8日，最晚4月16日。

硕放多年气象资料统计

表 3-3

项目	数据	项目	数据
平均风速	3.6米/秒	年平均日照时数	2043小时
历年平均气温	15.6℃	历年平均降水量	1095毫米
1月份气温较低，平均气温	2.7℃	年平均相对湿度	80%
极端最低气温	-14℃	最大积雪深度	250毫米
7月底至8月初气温较高，平均气温	32.5℃	土壤冻结深度	100毫米
极端最高气温	40.1℃	—	—

第三节　土　壤

一、土壤类型及分布

民国20年（1931年）《太湖流域水利季刊》记载：无锡地区土壤分析含细砂23%—30%，属水稻土类型。

1959年，无锡县开展全国第一次土壤普查，采用土壤分区和分类相结合的三级分类制，查明在平田、旱田等土壤类型中，有黄泥土、铁屑头黄泥土、铁质土、乌散土、灰芦心土、黄泥白土、白土头、乌泥底白土八种。

1979年，无锡县开展全国第二次土壤普查，硕放属平原地区，黄泥土、乌散土的水汽状况最好，土壤类型组合主体是“黄泥土—乌散土”组成一个主链核心。在普查中，境内有多种类型土壤，主要分布在平田地区、高平田地区、低洼地区。全社对40257亩土壤分区改良，按土壤质量分级面积为一级1115.86亩，占全社土壤总面积2.8%；二级至三级29757. 92亩，占全社土壤总面积73.9%；四级至五级9383.22亩，占全社土壤总面积23.3%。有关人员对境内23个农业村进行土壤的抽样调查和土壤剖面的理化性状分析。根据283个土壤剖面和944个样本的调查与分析表明：境内土类属水稻土，主要有潜育型、脱潜型、漂洗型三类水稻土。

1979年硕放人民公社土壤普查情况表

表 3-4

土类	亚类	土属	土种				
			名称	同土异名	面积（亩）	占土类（%）	分布及特征
水稻土	潜育型水稻土	黄泥土	黄泥土	黄泥头土	12652	32.75	分布于平田地区，一般地面高程4—5米，全剖面黄土状母质，重壤质地，渗育层无障碍层次，有锈色斑纹

续表 3-4

土类	亚类	土属	土种				
			名称	同土异名	面积（亩）	占土类（%）	分布及特征
水稻土	潜育型水稻土	黄泥土	铁结核黄泥土	铁屑头黄泥土	8636	22.35	多出现于平田地区老河道旁低洼地带，铁结核层紧接犁底层，铁结核数量较多，重量可达干重10%左右
			铁质黄泥土	铁质土	2358	6.11	50厘米内出现铁质土层，形似铁粉，与土相混，游离铁高达4万PPM，比各土种同层高数倍
	脱潜型水稻土	乌泥土	乌散土	乌散土	8577	22.19	分布于平田局部低洼田区，地面高程2—3米，50厘米内出现灰黑色腐泥层
		灰芦土	灰芦心土	灰龙岗土	849	2.20	分布于低洼地带，50—80厘米内出现埋藏层，埋藏层中可见芦柴孔等
	漂洗型水稻土	白土	黄泥白土	黄白土	2602	6.73	分布以平田和高平田地区最多，白土层在50厘米内紧接渗育层出现，厚度一般在10厘米以内，灰白色或黄白色
			白土头	迸煞白土	2116	5.47	分布以高平田地区最多，白土层紧接犁底层出现
			乌泥底白土	乌白土	850	2.20	分布以高平田地区最多，白土层在50厘米内出现，白土层下为黑色埋藏层

二、土壤养分

通过1979年土壤普查，查清各种类型的土壤面积与分布，测定土壤养分和理化性状。全社按千亩农化样（每个土样代表1000亩左右），化验样品35个，测定耕作层平均值13.25厘米，犁底层14.72厘米。土壤有机质含量2.38%，速效氮132PPM，全磷（P_5O_2）1.121%，速效磷10.87PPM，速效钾105PPM，pH 值（5.4—7.5）平均6.2。

1979年硕放人民公社土壤剖面理化性状情况表

表 3-5　　单位：厘米

耕作层	犁底层	渗育层	淀积层
13.25±0.25	14.72±2.85	20.65±5.81	3.9.1±6.58

1979年硕放人民公社百亩土壤养分含量表

表 3-6

有机质（%）	速效氮（PPM）	速效磷（PPM）	速效钾（PPM）
2.38±0.81	132±18	10.87±6.2	105±37

第四节 河流与河浜

硕放区域位于长江三角洲中南部的太湖平原。水系发达，河流成网，河浜密布，遍及所有自然村落。这些河流河浜是农耕时期种植业发展的宝贵资源。至1982年，境内共有主要河流河浜182条，其中京杭大运河、望虞河、走马塘3条骨干河流流经境内，南河港、里夫泾港、安桥浜、北宅港、梅花港、赵家桥河6条主要河流与其贯通。

京杭大运河（硕放段） 境内西起建新村方家浜与新安段相接，东至黄家门村大包庄河汊口与苏州望亭段相接。流经建新村、硕放村、黄家门村，全长3.36公里。2010年至2012年，国家对京杭大运河实施“四减三拓宽”工程（由原来的国家四级航道拓宽成三级航道）。经过改造后的京杭大运河硕放段河宽50—60米，两边河岸建石驳岸，它是调节区域内河水位和泄洪的主要通道。

望虞河（蠡河硕放段） 西起黄家门村杨柳墩，东至安桥村杜家里。流经黄家门村、里新村、里河村、安桥村，全长5.4公里。1991年至1993年，国家投资实施开挖拓宽工程，改造完工后的望虞河河面与京杭大运河连通，河底采用立交式与太湖相通。河底高层-3.0米（吴淞水位），河底宽度72—94米，境内堤防公路2.8公里，堤顶高层5.5—6.5米。

走马塘（硕放段） 走马塘（原为沈渎浜、唐庄河、荷典桥河）是贯穿硕放区域内东北、西南走向的一条主河流。流经合新、硕放、杨家湾、西典巷、墙联、大墙门、溇金、建丰、秦村9个村，全长11.4公里。南接京杭大运河，北通伯渎港、锡北运河，再经张家港的七干河流入长江，这是无锡地区太湖流域水环境综合治理的重要工程。走马塘改造后，河底宽15米，河底高层0.5米（吴淞水位），河口宽80米，水面宽度45—50米，两岸堤坝有10米宽的绿化带。

南河港 西起西典巷村方场湾走马塘（唐庄河）口，东至西典巷村徐家湾里夫泾港口，全长2.26公里，河宽25米。2005年街道投资整治，从清淤、挖浅、建造石驳岸到河岸两边建有亭子、石栏、鹅卵石小道、假山景观灯。昔日的一条臭水河变成水清鱼跃，贯穿硕放中心地段的一条景观河。

里夫泾港 南起里新村西浜望虞河口，北至墙门村张更上，流经里新、黄家门、西典巷、孙典桥、墙南、墙门6个村，全长5.3公里。河底高层1米（吴淞水位），平均底宽4米，边坡1∶1，河口宽24米左右，一般水面宽在17.5米左右。

安桥浜 南从安桥村角里望虞河口起，北至孙典桥村的孙典桥自然村止，流经安桥、里河、新农、孙典桥4个村，全长3.68公里。河底高层1.6米（吴淞水位），平均底宽8米，边坡1∶1.5，河口宽20米左右，一般水面宽在13米左右。其中，1976年人工开掘的全长624米的新联河（新农村杨沙浜段至孙典桥）贯通安桥浜，贯通后往西接通里夫泾港，往东直抵后宅红豆树下浜。

北宅港（硕放段） 南从薛典村张家湾起，北至秦村村的伯渎港止，流经薛典、墙北、建丰、秦村4个村，全长4.35公里。河底高层1米（吴淞水位），平均底宽22米，边坡1∶1，河口宽40米左右，一般水面宽在13米左右。

据《梅里志》记载："北宅浜（北宅港）在分水龙王庙之东，分伯渎之水，南行过成家桥至坝头折而西，复折而南，经薛典之西过顾闵桥（过命桥）、竹桥而梅花浜之水来会，合流而南，接于圣渎其东南合于南河金娥墩在水之曲，又行至双板桥，而合于马桥河，今双板桥前后。"

梅花港（硕放段） 南从墙北村陆房湾起，北至建丰村旺贵桥，流经墙北、建丰、红光3个村，全长3.35公里。河底高层1.2米（吴淞水位），平均底宽8米，边坡1∶1.5，河口宽18米左右，一般水面宽在12米左右。

赵家桥河 东起杨家湾村赵家桥走马塘（唐庄河）口，西至王家桥村王家桥自然村，流经杨家湾村、机场一号桥、塔西村鳌塔桥、机场二号桥、中华庄村、王家桥村，全长5.38公里。河口宽22米，一般水面宽在15米左右。

1982年硕放人民公社主要河浜一览表

表 3-7

隶属区域	河浜名称	条数（条）	总长（千米）	水域面积（亩）
五　一	曹家湾浜、黄金沙浜、大墙门浜、邵更上浜、小栅浜	5	3.68	46.15
六　一	尤房上浜、朱家浜、九车浜、南头浜、庙下浜、安上浜、小房上浜、鲁家园浜、牛车浜	9	5.31	75.57
七　一	吴更上浜、蔡更上浜、唐家里浜、埝头下浜、竹桥头浜、周家湾浜、过命桥浜、埝头上浜、查家桥浜	9	3.36	49.80
墙　西	蟑螂山浜、旺家里浜、崔家里浜、唐庄村浜、香花桥浜、陆家桥浜、范家浜、叶家弄浜	8	3.35	65.40
新　联	树皮巷浜、金家车浜、陈家沿浜、柘茶上港、棺材浜、陆家浜、堰里浜	7	2.91	44.40
新　农	小许巷浜、杨沙浜、丁更上浜、陆更上浜、旺店浜	5	1.10	10.50
里　河	施更上浜、李更上浜、杨家里浜、河浜上浜、犁尖浜	5	4.90	50.50
新　星	南庄浜、毛家浜、戴家里浜、周典巷浜、金家浜、陆家上浜、曹家里浜、杨家里浜、杨家渡浜、蔡家里浜	10	4.63	59.60
里　新	外浜、旺家沿浜、唐庄浜、庄里浜	4	2.05	49.40
先　锋	周家角浜、坟塘桥浜	2	3.25	53.30
建　农	福清浜、方场湾浜、西典巷浜、陈士龙浜、肖家桥浜、西墙门浜、大家桥浜	7	2.36	33.60
五　星	唐家里浜、西桥头浜、六亩浜、严家浜、下沿湾浜、殷松浜、方家里浜、杨家湾浜	8	3.93	52.50
硕　放	西湾浜、丁家浜、沈巷浜、东浜、西浜、东湾浜、沈渎浜、季家湾浜、石乱子浜、九房住基浜、陆家里浜、项家浜、钱更上浜	13	3.70	68.10

续表 3-7

隶属区域	河浜名称	条数（条）	总长（千米）	水域面积（亩）
建 新	大朱家浜、方家浜、邹栅子浜、小沈渎浜、大沈渎浜、小东浜、水沿桥浜、谈更上浜	8	4.51	77.22
红 星	树巷里浜、浜斗上浜、王家沿浜、方家门前浜、吴家桥浜、河东湾浜、花园里浜、长房里浜、纱巷里浜	9	6.55	98.80
和 平	安桥浜、华庄浜、前华庄浜、马夫桥浜、史更上浜、颜更上浜、华更浜、后华庄浜	8	3.60	54.56
光 明	南房湾浜、枫外桥浜、严家湾浜、小元里浜、白水井浜、十亩湾浜、鸭船浜、泗水庵浜、金家沿浜、蒋家坝浜、老鼠浜	11	4.75	81.20
红 光	旺二房桥浜、吴家湾浜、吴三房新开河浜、田舍桥浜、观庄浜、新开河	6	5.50	125.00
红 力	漕头浜、万四房浜、张顺浜、马更上浜、高田浜、牛车头浜	6	3.50	19.05
建 丰	旺树桥浜、盛家湾浜、大河头浜、前螺蛳浜、后螺蛳浜、桥角里浜	6	3.40	62.40
东方红	象斗树下浜、北宅浜、中巷浜、杨家浜、曹家里浜、何四房浜、施方园浜	7	5.00	118.88
八 一	麻和尚浜、唐家浜、溇上浜、周三房浜、张修船浜、华家里浜、马家湾浜、曹家渡浜、新开河、南安桥浜、绛绛井浜	11	5.13	80.49
春 光	陆更上浜、翁家里浜、杨更上浜、薛典浜、周家园浜	5	1.30	14.00
新星、里河、新农、新联	安桥浜	1	3.68	96.00
里新、先锋、建农、新联、五一、六一	里夫泾港	1	5.30	90.50
硕放、建新、五星、建农、六一、墙西、七一、五一、春光、八一	唐庄河	1	7.60	222.30
墙西、七一、红光、建丰	梅花港	1	3.50	6.30
七一、建丰、春光、东方红	北宅港	1	4.35	84.80
建丰、春光、八一	南小元浜	1	2.15	41.90
五星、墙西、红星、和平、光明	赵家桥河	1	5.38	109.60
先锋、建农、硕放	马王浜、黄家浜	2	1.50	26.30
里河、里新	庄里浜	1	1.30	1.31
六一、建农、硕放	五丫浜	1	0.75	13.50
红力、红光	南大河	1	1.50	23.62
和平、光明	后华庄浜	1	0.50	9.00
合 计	—	182	125.28	2115.55

说明：共计全社河浜182条，其中13条河流在大队交界区域相互贯通

随着硕放工业化的快速发展和城镇化建设的迅猛推进，许多河浜被填塞、湮灭。至2013年，境内有相互贯通的河流河浜87条。为如实反映境内各河流河浜的具体地理位置，涉及河流河浜的起点和终点主要以自然村及河道汊口为准。

2013年硕放街道河流河浜分布一览表

表 3-8

序号	河流名称	起 点	终 点	长度（公里）	宽度（米）
1	京杭大运河	方家浜	大包庄河汊口	3.36	60
2	望虞河	杨柳墩	杜家里	5.40	130
3	走马塘	沈渎港口	伯渎港	11.40	45
4	南河港	方场湾走马塘口	徐家湾里夫泾港口	2.26	25
5	里夫泾港	西浜望虞河口	走马塘口	5.30	24
6	安桥浜	角里望虞河口	孙典桥	3.68	20
7	北宅港	张家湾	伯渎港	4.35	40
8	梅花港	陆房湾	旺贵桥	3.35	18
9	赵家桥河	赵家桥走马塘口	王家桥	5.38	22
10	大包庄河	京杭运河口	南河港	3.70	18
11	蚂蝗浜	京杭运河口	大包庄河	2.10	18
12	外里浜	京杭运河口	何家里	0.79	12
13	谈更上浜	京杭运河口	谈更上	1.00	16
14	方家门浜	京杭运河口	铁路桥	0.79	16
15	坟塘桥浜	京杭运河口	华家里	1.60	16
16	外浜	望虞河口	曹家门前	1.10	16
17	庄里浜	望虞河口	曹家门前	0.55	16
18	犁尖头浜	望虞河口	河浜上	1.40	18
19	曹家里浜	望虞河口	杨更上	0.52	18
20	陆更上浜	望虞河口	陆更上	0.37	16
21	金家浜	望虞河口	金家浜	1.95	16
22	川桥头浜	走马塘口	张更上	2.00	20
23	金良桥河（新梅路4号桥）	机场312国道	新梅路	0.80	15
24	南沿港（新梅路3号桥）	机场312国道	新梅路	0.80	15
25	浜斗上浜	赵家桥河	浜斗上	1.00	18
26	红豆树下浜	里夫泾港、孙典桥	后宅长埨头	1.70	20
27	朱家浜	里夫泾港	朱家浜	0.80	20
28	五丫浜	南星苑一区	南星苑六区	1.60	23
29	花园里浜	花园里	新安小桥湾河	0.53	16
30	树巷里浜	树巷里	丁更上	0.70	18
31	毛耳坟浜	毛耳坟	旺家沿	0.43	18
32	纱巷里浜	老住基	河东湾	0.70	15
33	长房里浜	长房里	新安小桥湾河	0.63	16
34	河东湾浜	河东湾	新安小桥湾河	0.30	16
35	吴家桥浜	吴家桥	河东湾	0.40	15
36	双车湾浜	双车湾	里夫泾港	0.55	20

续表 3-8

序号	河流名称	起 点	终 点	长度（公里）	宽度（米）
37	戴家里浜	戴家里	安桥浜	0.30	25
38	毛家浜	毛家浜	安桥浜	0.30	18
39	蔡家里浜	蔡家里	望虞河口	0.60	15
40	安桥头浜	安桥头	安桥浜	0.20	16
41	黄金沙浜	黄金沙	里夫泾港	0.50	18
42	薛典浜	薛典	村庄河道	0.20	11
43	孙更上浜	孙更上	走马塘口	0.20	20
44	小桥头浜	小桥头	走马塘口	0.18	18
45	柘茶上浜	柘茶上	红豆树下浜	0.20	20
46	南桥头浜	南桥头	红豆树下浜	0.15	16
47	许九房浜	许九房	里夫泾港	0.40	18
48	树皮巷浜	树皮巷	里夫泾港	0.30	16
49	金家车浜	金家车	里夫泾港	0.25	16
50	池家湾浜	池家湾	里夫泾港	0.15	16
51	埝里浜	埝里浜	里夫泾港	0.25	16
52	小许巷浜	小许巷	安桥浜	0.70	18
53	严家浜	严家浜	走马塘口	0.40	15
54	杨家湾浜	杨家湾	走马塘口	0.30	15
55	硕放桥浜	硕放桥	走马塘口	1.90	20
56	下沿湾浜	下沿湾	赵家桥河	0.80	20
57	钱家湾浜	钱家湾	赵家桥河	0.10	15
58	西湾浜	西湾	走马塘口	0.35	16
59	陆房桥浜	南星苑六区	走马塘口	1.50	18
60	大许巷浜	大许巷	里夫泾港	0.53	18
61	盛家湾浜	大河头河	走马塘口	0.88	20
62	大河头浜	陈家浜	沪宁高速岔口	0.45	18
63	曹家里浜	曹家里	何四房	0.15	20
64	东沿湾浜	东沿湾	何四房	1.55	18
65	施方园浜	何四房	西来庵	0.80	18
66	石桥头浜	石桥头	荷典桥河	1.10	18
67	小大房浜	小大房	马家桥河	0.25	16
68	杨树坝浜	杨树坝	走马塘河口	0.90	16
69	马家桥浜	马家桥	荷典桥河	0.70	25
70	张更上浜	张更上	村庄河道	0.30	16
71	顾家湾浜	顾家湾	大包庄河	0.70	18
72	黄东浜	黄东浜	大包庄河	0.15	15
73	黄家门前浜	黄家门前	蚂蝗浜	0.15	15
74	庙下浜	庙下	走马塘口	1.00	18
75	香花桥浜	香花桥	走马塘口	0.45	18
76	蔡更上浜	蔡更上	梅花港	0.55	20
77	叶家弄口浜	叶家弄口	梅花港	0.54	16
78	范家浜	范家浜	梅花港	0.20	16
79	陆家桥浜	陆家桥	走马塘口	0.45	18

续表 3-8

序号	河流名称	起 点	终 点	长度（公里）	宽度（米）
80	唐庄村浜	唐庄村	走马塘口	0.48	30
81	崔家里浜	崔家里	走马塘口	0.30	22
82	姚轩坟浜	姚轩坟	走马塘口	0.45	20
83	蟑螂山浜	蟑螂山	走马塘口	0.20	11
84	东沈巷浜	东沈巷	赵家桥河	1.10	18
85	鸭船上浜	西沈巷	赵家桥河	0.90	18
86	安桥浜	安桥	赵家桥河	0.20	20
87	金家园浜	金家园	赵家桥河	0.55	20
88	方家门前浜	方家门前	铁路桥	1.20	15

第五节 植物与动物

境内土地肥沃，气候温和，雨水充沛。自然生长和人工种养的动植物品种繁多，野生动植物品种不少。

一、植 物

1.粮食类

粳稻、糯稻、籼稻、杂交稻、小麦、大麦、元麦、玉米等。

2.油料类

油菜、芝麻、向日葵、花生、蓖麻等。

3.绿肥类

紫云英（红花草）、绿萍、水浮莲、水葫芦、水花生、黑麦草、苏丹草、狼尾草等。

紫云英

4.经济作物类

桑、黄麻、勒麻、苎麻、薄荷、甘蔗、甜叶菊等。

5.豆类

蚕豆、黄豆、绿豆、赤豆、黑豆、豌豆、刀豆、豇豆、四季豆、扁豆等。

6.叶菜类

青菜、白菜、萝卜、胡萝卜、莴苣、大葱、香葱、大蒜、洋葱、韭菜、芥菜、芫荽（香菜）、大头菜、甘蓝（卷心菜）、雪里蕻、菠菜、苋菜、马兰（马菜）、芹菜（水芹、药芹）、荠菜、茼蒿、生菜、豆苗、蕹菜（空心菜）、花菜、苜蓿（金花菜）、紫角叶等。

7.瓜茄类

黄瓜、冬瓜、苦瓜、丝瓜、菜瓜、南瓜、辣椒、菜椒、西红柿（番茄）、茄子等。

8.薯芋类

马铃薯（洋山芋）、菊芋（洋姜）、芋艿、甘薯（山芋）等。

9.水果类

西瓜、香瓜、草莓、水蜜桃、梨、橘子、柿子、葡萄、银杏（白果）、甜栗、枇杷、枣子、李子（嘉庆子）等。

10.水生类

茭白、慈菇、菱、藕、荸荠等。

春 笋

11.食用菌类

蘑菇、香菇、草菇、金针菇、银耳（白木耳）、姬菇、鸡腿菇、猴头菇等。

12.食用笋类

竹芽、春笋、冬笋等。

13.竹类

哺鸡竹、燕竹、淡竹、慈孝竹等。

14.木本类

榉树、朴树、楝树、松树、柏树、榆树、白榆树、香椿树、檀树、乌桕树、泡桐树、梧桐树、枫杨、白杨、柳树、水杉、池杉、桑树、栎树、银杏、广玉兰、女贞（冬青）、榔树、黄杨、洋槐（刺槐）、龙爪槐（盘槐）、构树、皂荚树、山杨树、柞树、石楠树、雪松、棕榈、栾树、楸树、龙柏、五针松、香樟树、地柏、槿树等。

15.草本类

犁头草（粒桔头草）、鼠曲草（棉茧头）、球序卷耳（棉花团草）、猪殃殃草、蛇莓、细叶芹、白花鬼针草、裸柱菊（野胡萝卜）、扬子毛茛（老虎脚趾草）、荔枝草（癞团皮草）、风车草、牛繁缕（鹅肠肠草）、薤白（韭里蒜）、一年蓬（白野蓬头）、细风轮菜（野薄荷）、空心莲子草（水花生）、皱叶狗尾草、香附（黄狗卵子草）、宝盖草（灯台草）、黑麦草、铁苋草、鸭跖草（淡竹叶）、蒲草（水烛）、稗草、野慈姑、鸭舌草、节节草、野芨芨草、蟋蟀草、地锦草（蚂蚁草）、一枝黄花、灯笼草、粘衣草、酢浆草等。

16.花卉类

桂花（木樨花）、杜鹃、海棠、蔷薇、牡丹、荷花、石竹、凤仙花、鸡冠花、牵牛花、梅花、兰花、菊花、野菊花、迎春花、木香花、山茶花、茉莉花、金银花、玫瑰花、代代花、芙蓉花、蝴蝶花、白兰花、石榴花、栀子花、月季花、芍药、菖蒲、万年青、含笑花、含羞草、雀梅藤、仙人掌（球）、芦荟、茶梅、夹竹桃、海桐花等。

17.药物类

益母草（苦草）、苍耳草、鸡冠花、青葙子、挂金灯、苏梗、紫苏、栝楼、马勃、艾草、石榴皮、半枝莲、鱼腥草、丝瓜络、桑叶、桑白皮、嫩桑籽、太子参、萝

益母草（苦草）

卜籽、冬青子、马鞭草、车前草（咸婆婆草）、地锦草（酱瓣草）、木贼（通气草）、背阴草、芍药、葱白、瓜子、陈皮、枇杷叶、苦楝子、红花、桃仁、枸杞子、金钱草、地丁、白头翁草、野白头、马齿苋、菊花、首地皮、皂荚叶、槐球、天花粉、梧桐叶、梧桐花、薤白头、合欢皮、侧柏叶、荷叶、藕节等。

二、动　物

1.畜禽类

猪、湖羊、绵羊、山羊、兔（毛兔、菜兔）、水牛、奶牛、狗、猫、水貂（包括人工养水貂）、鸡、鹅、鸭（包括人工饲养飞鸭）、鸬鹚（水老鸦）、鹌鹑、鸽等。

鸬鹚（水老鸦）

2.水产类

青鱼、草鱼、鲢鱼、鳙鱼（花鲢）、鲫鱼、鳊鱼、鲶鱼、银鱼、白丝鱼、鲹鲦鱼、塘鲤鱼（土婆鱼）、鲤鱼、鲈鱼、鳗鱼（鳗鲡）、黄鳝、河鳝、泥鳅、黑鱼、鳜鱼、黄颡鱼（昂公鱼）、斑鳜鱼（桂鱼）、鳖（甲鱼）、乌龟（草龟、金龟、绿毛龟）、蟹、虾、蚌、蚬、螺、蟛蜞、青蛙、田鸡、牛蛙、蟾蜍（癞蛤蟆）等。

3.飞鸟类

麻雀、锡嘴雀、黄鹂（黄藤鸟）、红交嘴雀、大山雀、画眉、鹩哥、八哥、乌鸫、棕头鸦雀（红头仔）、喜鹊、白头翁、猫头鹰、杜鹃（布谷鸟）、家燕、云雀（叫天子）、鸢（老鹰）、鸳鸯、鸡凤、小鸊鷉（野鸭）、斑鸠（野鹁鸪）、鹦鹉等。

4.虫兽类

鼠（家鼠、田鼠、臭鼠）、野兔、水獭猫、黄鼠狼、狗獾、野猫、刺猬（偷瓜獾）、家蚕、柞蚕、竹叶青蛇、蝮蛇（瞎土灰）、赤链蛇（火赤链）、乌梢蛇（青梢蛇）、水蛇、中国小头蛇（秤杆蛇）、蜥蜴（四脚蛇）、蜜蜂、黄蜂（胡蜂）、蜻蜓、蝴蝶、蝙蝠（老虫蝙蝠）、蜘蛛、螳螂、纺织娘、蚱蜢、蝼蛄、蟋蟀、蜒蚰（鼻涕虫）、苍蝇、蚊子、金蛉子、萤火虫、水蛭（水蚂蟥）、蜗牛、牛虻、蚂蚁、蚯蚓（蚯蝗）、青虫、稻苞虫、螟虫、米蛀虫、麦蛾、地鳖虫、臭虫（放屁虫）、壁虱、跳壁虫、谷蠹（洋子、米象）、乌壳虫、螨虫、蜈蚣（百脚）、天牛（洋夹夹）、蛆、尺蠖（造桥虫）、毛虫、壁虎、金龟子、蝉（知了、蛞蝉）、蠓飞子等。

刺猬（偷瓜獾）

进入21世纪，随着城镇化建设的快速推进，域内生态环境和动植物生存条件有所改变。境内大部分动植物种养淡出人们的视线，有些动植物种类逐步消失。部分动植物的种养和引进具有一定的观赏性、实用性，已成为人们丰富和美化生活的一个点缀。

第六节 自然灾害

境内自然灾害时有发生，主要有水灾、旱灾、风灾、雪灾、火灾等自然灾害。

一、水 灾

清光绪二十八年（1902年）倒黄梅，大雨数日，河水暴涨1.67米，变旱为水。

民国12年（1923年）6月至7月，降水量为608.2毫米。7月10日无锡南门水位达4.42米。8月11、12日又遭台风袭击，降水量为113.8毫米，受灾农田2万余亩。

民国20年（1931年）5月4日至24日，淫雨连绵，7月1至11日持续大雨，田禾被淹，轮船停航。7月20日至28日，又大雨连绵，降水量为397毫米，河水猛涨，长江江潮顶托，当年水稻损失严重。

1949年7月连续阴雨，11日至13日遭受强台风暴雨袭击，河水骤涨，无锡南门水位达4.6米，境内1000多亩农田受灾。鲁家园、市镇坝后、沈巷上等210户农家受淹。

1954年5月5日至7月底，雨日67天，降水量为799.7毫米，河水突涨。7月28日运河水位猛涨至4.73米，出现近百年来罕见的特大洪涝灾害，造成内河泛滥，部分农户进水，大面积农田受灾。

1957年6月下旬至7月上旬，受台风影响，出现暴雨四次，大雨两次，降水量为462.7毫米，绝大部分农田受淹。7月26日至8月10日，又降暴雨两次，大雨四次，降水量为303.2毫米，涝灾严重，水稻减产。

1962年，梅雨接汛期，雨量大而集中，降水量达854.7毫米，造成洪涝灾害。9月5日至7日，受台风影响，降水量达295毫米，无锡南门水位达4.61米。境内15个村庄进水受淹，墙壁倒塌，损坏房屋85间。

1971年，提早入梅，5月下旬连绵阴雨，降水量为200多毫米，造成严重烂麦场。

1975年6月下旬，连降三次暴雨，降水量达340.6毫米，300余亩农田受淹。

1980年6月10日至12日，降水量为63.6毫米，收割在场的麦子受雨霉变，损失一成半。7月30日至8月22日，连阴雨达16天，降水量为276毫米，日照仅72小时，收割的早稻发热霉烂，损失严重。

1983年6月18日至7月19日，连日暴雨，降水量为229毫米，加上浙北山洪下泄，太湖水位猛涨，内河水位跟着上涨，无锡南门水位达4.45米，8个村庄进水受淹。

1987年，汛期降水量达991.8毫米，从6月1日入梅至7月28日出梅，长达40天，梅雨降水量为433.8毫米，部分农田被淹。

1990年8月31日，第十五号强台风横扫境内，普降大暴雨，24小时降水量达222.3毫米，短期受淹范围较大。

1991年5月21日至7月13日，无锡地区出现罕见暴雨、洪涝，降水量高达801毫米，是常年同期的2.6倍，雨日37天，比常年同期多15天。7月2日，最大降水量为178.2毫米。境内800多亩水稻受淹，墙南村鲁家园受淹72户，积水最深处有一人高，所幸救灾及时，秋粮减产幅度微小。

1996年6月3日至7月20日，梅雨降水量达487毫米。7月5日太湖水位4.43米，部分农田受淹，少数农户家中进水。

1999年，汛期降水量为1178毫米，梅雨降水量达702毫米。梅雨季节，降雨集中，雨量大，降雨过程历时长，太湖水位陡涨，超过历史最高水位，形成太湖水严重倒灌。安桥村多个自然村水淹，其中南庄水淹最严重，家家户户都进水。境内部分农田受淹，市镇粮管所露天囤等低洼地区进水。

2007年7月3日晚上至4日下午及7月7日至8日，无锡地区出现两次强降雨天气，降水量分别达129.0毫米和159.6毫米。境内道路积水，农田受淹，多个小区内地下车库进水严重。

随着望虞河、走马塘等水利工程的拓宽改造，配套工程的不断完善，境内建造配套排涝闸站20座，泄洪排涝能力不断提高。至2013年，无重大水灾发生。

二、旱　灾

民国7年（1918年），秋冬数月未雨，造成奇旱亢旱，河水浅涸，境内农作物遭受旱灾影响，损失严重。

民国18年（1929年），夏大旱，秋无禾，岁大饥。

民国23年（1934年）6月至8月，久旱无雨，天气干热，造成特大旱灾。8月26日，无锡南门水位仅1.92米。境内河流断航，小河浜见底，部分稻田龟裂，稻禾枯黄，桑叶脱落，秋蚕无法饲养。

1953年7月下旬至8月底，降水量仅116.2毫米，高温伏旱，无锡南门水位仅2.6米，境内河港浅水，禾苗凋蔫。

1958年6月至7月，持续高温无雨，造成严重伏旱。10月22日至12月1日，一个多月未降雨，旱象十分严重。

1961年6月15日至7月23日，39天干旱无雨，日蒸发量7.95毫米，稻田脱水严重，塌绛漏水田龟裂，70%桑田、旱田作物受害。

1964年6月28日至8月2日，36天高温干旱。10月30日至12月8日，39天无雨，严重影响秋播作物出苗和油菜的成活。

1966年，梅雨不明显。7月13日至8月10日和9月9日至11月11日，前后93天无雨干旱，旱象严重，农作物普遍受害。

1971年7月24日至9月19日和10月6日至12月23日，前后137天无雨干旱，造成夏、秋、冬连续的严重旱象。

1978年6月16日至9月13日，其间69天无雨，旱情严重。由于水利设施的改善，大旱之年水稻仍获得丰收。

1979年9月17日至11月15日和11月18日至12月18日，先后91天无雨，秋播作物出苗受严重影响。

1988年7月4日起连续18天高温无雨，9月25日至翌年1月5日，103天无雨，严重影响秋播作物生长。

1990年7月4日至8月17日，高温伏旱，45天中降水量仅为39.4毫米，农作物因旱受灾严重。

三、雷　击

1952年7月某日，一声雷击发生在墙门乡前朱家浜陈姓家。当天雷声霹雳，一个大火球击穿屋面落在衣柜上，正好击碎一瓶带油性的DDT灭蚊药水，引燃整个房屋。虽全力扑救，但大火仍烧毁两户陈姓人家的8间房屋。

四、风　灾

民国10年（1921年）8月20日起，台风伴暴雨持续两昼夜，墙坍屋倾，稻穗折断。

民国11年（1922年）3月19日20时，狂风大作，旧房倒塌。8月中旬两次台风损坏庄稼，刮倒房屋。

民国27年（1938年）8月9日，台风过境，拔起树木，刮倒墙壁。

民国37年（1948年）7月6日，台风折断树木，铁路电线被刮倒，部分旧房屋顶被掀翻。

1949年7月25日1时许，台风来袭，数间危房被吹塌。

1956年8月1日至3日，台风暴雨袭击，风力10级以上，草屋棚舍倒塌，树木连根拔起，桑叶受损一成至三成。

1962年9月5日至7日，受14号台风袭击，倒塌损坏房屋数间，大批农作物倾倒。

1977年9月15日，10级以上台风夹着暴雨，损坏房屋10余间，部分水稻倒伏。

1983年4月26日至28日，大风和雷雨袭击，小麦大面积倒伏。

2005年4月25日傍晚，无锡地区出现8—9级偏北大风并伴有降水，至深夜再出现春雷隆隆和强降水，境内因供电故障导致部分居民住宅区停电。

2005年8月6日至7日，受台风“麦莎”的袭击，无锡地区普遍出现8级以上大风与暴雨天气，有些地方风力高达11级。境内部分供电线路中断，蔬菜大棚倒伏，行道树干折断。

五、雹　灾

1953年5月6日，遭受严重雹灾，冰雹小的鸡蛋大，大的碗口大。下雹时间持续15分钟左右，冰雹经过的地方屋瓦被打碎，受害麦田5000余亩，桑田150亩。

1954年5月27日，遭受冰雹袭击，近万亩农作物受害，100多间瓦房受损，小麦和桑田受损严重。7月3日下午3点左右，境内遭受冰雹、大风袭击，倒塌房屋数间。

1974年9月1日下午1时50分至2时30分，遭暴风雨和冰雹袭击，最大风力10级，最大冰雹有茶杯口大，刮倒房屋22间。硕放、光明、红力三个大队的2516亩稻穗被折断，露出的穗苞损害严重，三个大队的226亩桑树叶子被打落。

六、雪　灾

1955年1月4日起，连日大雪，积雪深度超过常年三倍，为26年所未遇，河流冰冻断航。

1964年2月18日至19日，降大雪，积雪达16厘米，陆上交通受阻，行人走路困难。

1970年3月12日至13日，连续两天大雪，积雪13厘米。铁路两侧及农村的电杆被压倒，树木折断，旧房压塌，交通、电信、供电全部中断。

1976年冬至1977年初，连降13场大雪，雨雪天气达26天。1月28日、29日两天降雪15厘米，温度-9℃，陆上交通严重受阻。

1981年1月底，气温极低，大雪纷飞，积雪15厘米，部分树木折断，电线压断，交通受阻。

1984年1月17日至19日，降大雪46小时，积雪25厘米，多处电杆被拉倒，供电中断，陆上交通受阻，部分房屋倒塌。

1988年5月15日至16日上午，雨雪、雷电交加，降雪量达31毫米，积雪深度8厘米，气温降到冰点，夏熟作物受损严重。

2008年1月25日夜到26日清晨，境内地区开始降雪。26日夜漫天飞雪甚至暴雪一直持续到29日早晨。据无锡气象局统计，此次降雪量达51.6毫米，积雪深度30厘米，两项纪录均超过1955年以来的历史气象极值记录。为保证学生的安全，1月27日无锡市教育局作出全市中小学、幼儿园提前放寒假的决定。2月1日到2日，境内再次降下大雪。雪灾给生产、生活带来很大影响，行道树倒伏，房屋坍塌，菜棚压垮，蔬菜紧缺，价格突涨。

七、冻　灾

1958年1月14日，受寒潮影响，气温骤降至-14℃，河浜、河塘全部封冻。

1961年4月16日，遭受严重晚霜袭击，80%的桑树和农作物受害，叶芽枯黄死亡。

1964年4月6日至8日出现“倒春寒”，24小时内降温14.6℃，48小时内降温16℃，夏熟作物遭受严重冻害。

1967年3月4日至5日，受寒潮袭击，48小时降温15.5℃，霜冻严重，小麦油菜冻害严重。

1972年3月31日至4月2日，寒潮袭击。4月19日又遭受强冷空气侵袭，小麦、油菜冻害严重。9月23日低温提早来临，致使后季稻普遍翘穗头，严重减产，全年水稻总产比上年减少205.2万公斤。

1977年3月初，寒潮来袭，24小时降温15℃，大、元麦幼穗几乎全部被冻死，油菜、夏粮严重减产。6月16日至24日，温度低于22℃，前季稻空瘪率达31.2%，严重减产。

1978年2月28日，寒潮袭击，霜冻严重，致使7000多亩大、元麦主茎幼穗冻死。由于灾后采用足肥、促蘖、增苗的管理措施，大、元麦仍获丰收。

1980年4月24日至26日，日平均气温低于12℃，最低气温仅4.8℃，造成5000亩前季稻秧苗死亡。9月19日起，连续15天低温（20℃以下），后季稻普遍翘穗头，减产四成左右。

1987年11月27日，强冷空气袭击，48小时降温18.8℃，最低气温-4℃，接着出现连续的低温干旱，三麦、油菜等夏熟作物冻害普遍严重，冬季蔬菜供应紧张。

1998年3月18日至20日，境内出现强寒潮天气，24小时降温17.6℃，48小时降温20.7℃，并伴有雨雪。20日，境内平均气温为-0.4℃～-0.3℃。这是1959年后3月份唯一一次日平均气温在0℃以下。境内夏熟作物普遍受冻，溇金村、墙北村等蔬菜专业户大棚里的西红柿苗、黄瓜苗受冻蔫黄而死，已出土的土豆苗冻死。

2008年12月21日到22日，受北方强冷空气影响，境内气温骤降，并伴有雨水冰冻，24小时内降温达到13℃。境内最低气温降至-5.8℃。街道社区卫生服务中心收治老年慢性支气管炎患者、心脑血管患者增多，许多家庭自来水管被冻。道路结冰给上班族出行带来极大的不便。

八、病虫害

民国10年（1921年），小麦赤霉病大暴发，病穗过半，秋季稻飞虱灾情严重，水稻、小麦大幅度减产。

民国14年（1925年），受螟虫、稻飞虱、稻瘟病危害，水稻大面积减产，损失严重。

民国22年至24年（1933—1935年），飞蝗五次入境，食稻禾，稻飞虱危害甚烈，草枯、谷霉无实，秋收损失严重。

民国28年（1939年）秋，蠓虫、稻飞虱暴发成灾，稻禾一片枯萎，水稻受害严重。

民国33年至37年（1944—1948年），螟害年年加重，水稻枯心白穗比比皆是，年均产量损失10%以上。

1950年，二化螟危害严重，一般螟害率在10%左右，严重田块达30%以上，部分田块失收。

1952年4月至5月多雨，小麦赤霉病大暴发，夏粮减产。夏初多雨，苗稻瘟大暴发，秧苗成片枯死，造成缺秧。抽穗期又遇低温多雨，稻瘟病、稻苞病大暴发，水稻减产严重。

1954年4月至5月多雨，小麦赤霉病大暴发，减产30%以上。

1961年，三化螟大暴发，螟害率为7%左右。

1967年，小麦赤霉病、粘虫、蚜虫大暴发，减产20%。

1968年，稻飞虱大暴发，水稻大面积受害，减产18%。

1976年，油菜菌核病暴发，油菜损失严重，减产47%。

1981年，小麦白粉病大暴发，病叶率100%，损失较大，减产35%。

九、地　震

1979年7月9日18时57分23秒，溧阳上沛发生6.0级地震，境内有震感，屋内门窗响动，挂件摇晃。

1990年2月10日1时57分，常熟太仓交界处发生5.0级地震，震中距离硕放55公里，震感强烈。

1996年11月19日晚，距离无锡约300公里的南黄海海域发生6.1级地震，无锡地区及境内普遍有震感。

2002年3月31日14时52分，台湾以东海域发生7.5级地震，境内部分小高层有震感。

十、高　温

1953年7月下旬至8月底，35℃以上高温日持续39天。

1958年6月至7月，35℃以上高温日持续24天。

1964年6月28日至8月2日，36天高温，其中35℃以上高温日持续15天。

1966年7月至8月，35℃以上高温日持续17天。

1990年7月至8月，35℃以上高温日持续22天。

2003年夏季，无锡地区高温创出四项历史新纪录：高温总天数32天；8月1日最高气温40.1℃；7月29日的日平均气温34.9℃，最低气温31.8℃；持续的高温又创出供电、供水负荷的新高。境内中暑患者增多，建筑工地等露天作业12—15点全部避高温。

2013年7月4日至8月15日，境内受到副热带高压控制，35℃以上连续高温日达42天，中午室外温度高达39.7℃。连续出现高温红色预警的天气预报，打破历史以来高温天数的极值。

十一、雾　霾

2013年12月2日，境内浓雾重霾，能见度低。无锡市启动大气重污染黄色预警（3级）。4日，东亭与旺庄监测点空气质量指数（AQI）突破300。5日，无锡地区大气重污染级别升至2级，为橙色预警。硕放区域连续八天灰茫茫、雾蒙蒙一片，中小学校幼儿园停止一切室外活动，硕放街道社区卫生服务中心呼吸道病人增加两成。直到10日中午12点45分，无锡地区解除大气污染预警。

第四章

土　地

封建时代，土地有官田和民田之分，且土地权属关系复杂，名目繁多，绝大部分土地所有权集中在地主手中，广大农民仅占少量土地。

中华人民共和国成立后，废除封建土地所有制，实行农民土地所有制。1956年农业合作化运动后，建立土地国家所有和集体所有两种形式的社会主义土地公有制。1982年，农村全面推行家庭联产承包责任制，土地所有权和使用权实行分离，建立双层经营的土地管理体制。1989年5月，硕放乡建立土地管理所，对全乡土地由单纯的征、拨用地管理，扩展为如何规划好用地，利用好土地，保护好耕地等行政、经济、法律相配套的管理体系，使有限的土地为国民经济的持续发展和子孙后代的休养生息提供保障。

进入21世纪后，随着产业园区建设的快速推进，城镇化建设的步伐日益加快，土地资源、土地利用发生较大变化。2005年，全镇有耕地面积3.15万亩，至2013年，全街道有耕地面积9985亩。

第一节　土地资源

一、资源开发

硕放地处太湖流域，河道纵横，河浜星罗，土地开发历史悠久。在商朝末年，泰伯偕弟仲雍自陕西岐山南奔荆蛮，定居梅里（包括大墙门地区），与当地农民共同劳作，兴水利，倡农耕。至民国期间，境内属泰伯区上、下扇，大部分土地已得到开发和利用。

20世纪50年代中后期，境内大搞农田水利建设。20世纪60年代后期至70年代，在“农业学大寨”运动中，大搞整田平地，塞河浜、平土墩，使荒废土地改造成粮田和旱田。据统计，全社增加耕地面积3500余亩。

二、土地面积

清袭明制，分平田、高田、低田、滩荡、山丘五等征收田赋。平田1亩作1亩计算，高田折平田0.794亩，低田折平田0.741亩，滩荡田折平田0.398亩，山丘田折平田0.102亩。

民国时期，土地分成“三等九则”。民国20年（1931年），土地分上等田、中等田、下等田三级。民国23年（1934年），按江苏省政府规定，各县田赋科则重新厘定。境内根据无锡县规定土地定为“三等九则”，即上等上、中、下三则，中等上、中、下三则，下等上、中、下等三则。

民国37年（1948年），据《无锡县土地志》记载，境内薛典镇总面积27900亩。其中，水田16740亩、旱田8370亩、园地2790亩。墙门镇总面积44500亩。其中，水田26700亩、旱地13350亩、园地4450亩。两镇合计总面积72400亩。

中华人民共和国成立后，经过多年农田水利基本建设，境内形成较好的农业生产区域。1957年，22个农业生产高级社耕田总面积48566亩。

1986年，硕放乡境域东西最大距离9公里，南北最大距离8公里，总面积（含机场）

69836.9亩。其中，耕地面积42227亩，占总面积的60.47%，人均占有耕地面积1.01亩。

1990年，全乡耕地面积41172亩，人均占有耕地面积0.90亩。

1993年，根据无锡县国土资源局资料显示，全镇（含硕放机场）土地总面积69836.9亩。其中，耕地面积41988.3亩，占总面积的60.12%；园地面积2165.8亩，占总面积的3.10%；林地面积980.5亩，占总面积的1.41%；城镇村及工矿用地面积14368.5亩，占总面积的20.57%；交通用地面积3186.1亩，占总面积的4.56%；水域面积7033.1亩，占总面积的10.07%；未利用土地面积114.6亩，占总面积的0.17%。

1993年硕放镇土地分类面积情况表

表 4-1

项 目	面积（亩）	占总面积（%）	项 目	面积（亩）	占总面积（%）
一、耕地	41988.30	60.12	**五、交通用地**	3186.10	4.56
1.水田	36509.20	52.28	1.铁路	328.10	0.47
2.旱地	5479.10	7.84	2.公路	1016.60	1.46
二、园地	2165.80	3.10	3.农村道路	1841.40	2.63
1.果园	230.40	0.33	**六、水域**	7033.10	10.07
2.桑园	1935.40	2.77	1.河流水面	3046.00	4.36
三、林地	980.50	1.41	2.坑塘水面	1091.30	1.56
1.有林地	318.80	0.46	3.苇地	0.90	—
2.疏林地	639.20	0.92	4.沟渠	1378.70	1.97
3.苗圃	22.50	0.03	5.水工建筑物	1516.20	2.18
四、城镇村及工矿用地	14368.50	20.57	**七、未利用土地**	114.60	0.17
1.村庄	8841.30	12.66	1.荒草地	68.00	0.10
2.独立工矿用地	1448.30	2.07	2.裸土地	46.60	0.07
3.特殊用地	4078.90	5.84	**全镇总面积**	69836.9	100%

说明：特殊用地中含硕放机场 3452.90 亩

2005年、2013年硕放街道（镇）各村耕地面积一览表

表 4-2 单位：亩

村名	2005年	2013年
大墙门	1412.00	509.00
墙 门	—	—
薛 典	—	—
墙 联	3367.00	1479.00
墙 南	—	—
墙 西	—	—
墙 北	—	544.00
东 新	2431.00	402.00

续表 4-2

村名	2005年	2013年
孙典桥	—	—
新　农	—	—
香　楠	1501.00	553.00
里　河	—	—
里　新	—	—
安　桥	1460.00	786.00
黄家门	1903.00	757.00
西典巷	1026.00	126.00
硕　放	1804.00	444.00
杨家湾	1316.00	452.00
合　新	3226.00	1445.00
建　新	—	—
塔　西	—	—
新梅路	2902.00	342.00
中华庄	—	—
王家桥	—	—
红　力	—	7.00
红　光	2747.00	86.00
秦　村	1704.00	594.00
建　丰	1972.00	285.00
溇　金	2729.00	1174.00
合　计	31500.00	9985.00

2013年，空港产业园区（硕放街道）含机场总面积69623.4亩。其中，耕地面积9986.25亩，占总面积的14.34%；城镇村及工矿用地36698.4亩，占总面积的52.71%；园地用地5200.35亩，占总面积的7.47%；交通运输用地13554.75亩，占总面积的19.47%；水域及水利设施用地4030.65亩，占总面积的5.79%；其他用地153亩，占总面积的0.22%。

2013年硕放街道农村土地利用现状二级分类面积统计表

表 4-3

单位：亩

单位名称	土地总面积	耕地	其中		园地	其中		城镇村及工矿用地	其中				交通运输用地	其中				
			水田	旱地		果园	其他园地		城市	建制镇	村庄	风景名胜及特殊用地		铁路用地	公路用地	农村道路	机场用地	港口码头用地
总 计	69623.40	9986.25	3319.65	6666.60	5200.35	531.60	4668.75	36698.40	14.55	32475	3234.60	974.25	13554.75	357.45	6484.35	980.85	5564.70	167.40
大墙门	5251.35	509.10	10.95	498.15	213.00	—	213.00	3416.25	—	3176.10	240.15	—	697.95	—	485.10	212.85	—	—
墙 联	5611.80	1479.00	622.05	856.95	123.45	10.35	113.10	3097.35	—	2603.40	469.20	24.75	366.15	—	255.75	108.00	2.40	—
墙 裕	88.35	—	—	—	—	—	—	76.35	—	53.70	22.65	—	6.75	—	6.75	—	—	—
墙 北	2969.25	544.05	—	544.05	491.70	—	491.70	1460.55	—	1390.05	66.75	3.75	347.25	—	337.65	9.60	—	—
东 新	4956.75	401.70	112.50	289.20	226.50	—	226.50	3416.10	—	3191.70	224.40	—	692.55	—	655.05	37.50	—	—
香 楠	4528.95	553.20	70.05	483.15	326.55	—	326.55	2897.10	—	2807.25	89.85	—	439.20	18.15	363.15	57.90	—	—
安 桥	2493.30	786.00	356.70	429.30	230.70	14.55	216.15	742.50	—	530.70	211.80	—	347.85	—	315.75	32.10	—	—
溇 金	4233.45	1174.20	302.55	871.65	234.60	4.05	230.55	1692.75	—	1349.40	343.35	—	860.25	—	810.75	49.50	—	—
建 丰	3093.15	285.45	61.05	224.40	321.60	—	321.60	1968.75	—	1915.65	53.10	—	428.25	—	346.35	81.90	—	—
秦 村	2249.85	594.00	423.00	171.00	82.35	6.75	75.60	1059.60	—	875.85	183.75	—	263.55	—	155.85	107.70	—	—
黄家门	3859.80	756.90	109.65	647.25	300.15	20.55	279.60	1943.25	—	1696.50	246.75	—	405.60	101.40	232.95	71.25	—	—
西典巷	2884.35	126.30	—	126.30	45.75	—	45.75	2190.75	—	2127.75	63.00	—	411.75	—	305.40	106.35	—	—
硕 放	3436.35	444.45	55.95	388.50	469.05	—	469.05	1691.70	—	1582.80	108.90	—	591.00	86.25	480.15	24.60	—	—
杨家湾	2439.90	451.50	124.35	327.15	634.50	415.80	218.70	947.25	—	413.10	291.00	243.15	240.45	46.20	159.60	34.65	—	—
合 新	5423.40	1444.80	965.40	479.40	294.45	59.55	234.90	2463.15	—	1766.10	500.55	196.50	851.10	105.45	544.95	20.40	12.90	167.40
新梅路	5597.25	342.00	105.45	236.55	339.30	—	339.30	3312.90	—	3239.40	64.95	8.55	1538.40	—	561.30	12.60	964.50	—
红 力	3014.55	7.35	—	7.35	117.45	—	117.45	2601.60	—	2601.60	—	—	206.10	—	200.55	5.55	—	—
红 光	1711.50	86.25	—	86.25	163.65	—	163.65	1169.55	14.55	1153.95	—	1.05	271.50	—	247.65	8.10	15.75	—
硕放机场	5780.10	—	—	—	585.60	—	585.60	550.95	—	—	54.45	496.50	4589.10	—	19.65	0.30	4569.15	—

续表 4-3

单位名称	水域及水利设施用地	其中				其他用地	其中	
		河流水面	坑塘水面	沟渠	水工建筑用地		设施农用地	田坎
总　计	4030.65	2604.90	423.00	82.05	920.70	153.00	58.50	94.50
大墙门	408.45	93.15	138.30	0.15	176.85	6.60	6.00	0.60
墙　联	491.10	253.35	86.55	6.15	145.05	54.75	38.10	16.65
墙　裕	5.25	5.25	—	—	—	—	—	—
墙　北	116.40	54.90	4.50	3.45	53.55	9.30	0.90	8.40
东　新	218.25	152.40	64.50	1.35	—	1.65	—	1.65
香　楠	311.10	277.20	4.65	1.80	27.45	1.80	—	1.80
安　桥	373.65	300.45	17.40	9.75	46.05	12.60	1.20	11.40
溇　金	253.65	151.80	35.70	9.00	57.15	18.00	10.80	7.20
建　丰	85.05	20.10	20.10	3.00	41.85	4.05	—	4.05
秦　村	242.70	81.75	9.00	8.40	143.55	7.65	—	7.65
黄家门	451.05	371.55	3.15	3.60	72.75	2.85	—	2.85
西典巷	109.65	90.60	0.30	1.95	16.80	0.15	0.15	—
硕　放	239.10	160.35	15.75	4.65	58.35	1.05	0.15	0.90
杨家湾	159.45	98.40	1.20	6.60	53.25	6.75	—	6.75
合　新	346.05	286.20	10.65	21.15	28.05	23.85	1.20	22.65
新梅路	62.70	51.15	10.50	1.05	—	1.95	—	1.95
红　力	82.05	82.05	—	—	—	—	—	—
红　光	20.55	19.80	0.75	—	—	—	—	—
硕放机场	54.45	54.45	—	—	—	—	—	—

三、资源保护

中华人民共和国成立后，随着经济和社会各项建设事业的发展，加上人口不断增长，人均耕地呈逐年减少趋势。

1958—2013年（部分年）硕放人均耕地情况一览表

表 4-4

年份	年末面积（亩）	农业人口（人）	人均耕地（亩）
1958	45744.00	32524	1.41
1964	44449.00	36345	1.22
1978	43301.00	42312	1.02
1981	42069.00	42096	1.00
1986	42227.00	41690	1.01
1990	41172.00	42687	0.96
1992	40000.00	42696	0.94
1996	39315.00	42459	0.93
2000	31648.00	42346	0.75
2013	9986.00	48776	0.20

土地复垦和整理是切实保护农业用地和建设用地的重要措施，其经济效益和生态效益较为可观。1958年至1962年，在人民公社化“大跃进”过程中，境内任意平调，无偿占用土地用于水利、交通、窑厂等，大量土地被挖废。1961年，为贯彻中共中央《农村人民公社工作条例（草案）》（六十条），公社纠正“一平二调”现象，对土地进行全面清理，加强对土地的管理。凡基建单位占而未用，集体单位占而未退的各种土地，都退还生产队；对被水利、交通、窑厂等挖掘的土地尽力加以利用。

随着土地与人口的矛盾越来越突出，坚决贯彻执行“十分珍惜和合理利用每寸土地，切实保护耕地”的基本国策尤为迫切。

1989年11月，无锡县人民政府颁发《关于加强土地复垦工作的实施意见》，提出“谁破坏、谁复垦”和“谁复垦、谁使用、谁得益”的原则，推动全乡土地的复垦工作。

1991年，望虞河开始拓浚工程。1993年春，望虞河拓浚工程结束。境内沿河共挖废、压废耕地1100亩。为缓解人地矛盾，根据无锡县人民政府决定花3—5年时间把望虞河挖废、压废的土地复垦成良田的要求。里河、里新、安桥、黄家门四个村民委员会组织劳动力，集中机械，初整河绛，辟成旱田，种上三麦、油菜、大豆、蔬菜等。发挥集体、个人积极性，一方面利用堆土共建窑厂五座，另一方面发动群众掼砖坯。四个村共复垦耕地面积800余亩。

1996年，建成的沪宁高速公路硕放段全长3.6公里，直接用地871亩，其中挖废440.5亩。根据省、市政府关于沪宁高速公路两侧复垦整治的要求，结合当地实际情况，镇政府按照宜粮则粮，宜渔则渔的原则，分阶段实施，修复被损坏的水利设施和道路。对境内挖废的440.5亩坑塘进行全部复垦利用。其中，鱼池380.5亩，水田60亩。1993年至2010年，共复垦土地面积1240.5亩，其中复垦耕地860亩。

硕放镇农地整理工作从1997年至2010年，分三批分期实施，净增耕地140亩。即沪宁高速公路以北的建丰村净增耕地30亩；溇金村净增耕地50亩；硕放机场以西及西北的红光村、王家桥村净增土地60亩。

1997年，全镇基本农田保护区共划定36900亩。其中，基本农田规划面积为2.57万亩，涉及墙西、墙北、孙典桥、新农、里河、里新、安桥、黄家门、西典巷、硕放、杨家湾、建新、塔西、王家桥、红光、秦村、溇金、建丰18个行政村；一般农田规划面积为1.12万亩，涉及墙门、墙南、墙北、孙典桥、西典巷、杨家湾、建新、塔西、中华庄、王家桥、红力、红光、建丰、薛典15个行政村。土地利用采取公示制，除法律规定的国家重点基础建设项目以外，非农建设项目一律不能占用基本农田。

第二节　土地制度

1950年进行土地改革，废除封建土地所有制，实行农民土地所有制。农民自觉组建互助组、初级社，1957年，全乡全面建立高级社，实现土地全民所有与劳动群众集体所有并存的社会主义土地公有制，土地使用形成“无偿、无限期、无流动”的状况。1978年中共十一届三中全会以后，土地使用制度逐步改革，土地所有权和使用权逐步分离。1982年，全社实行家庭联产承包责任制，以后实行土地适度规模经营，集体土地非农业用地存量资产的流动实行租赁办法。1992年起，国有土地使用权可以出让、转让、出租、抵押，实行“有限量、有限期、有流动”的土地使用制度。

一、土地私有制

解放前，境内有157户地主，地租收益有上千石的，甚至也有几千石的。有180户富农，占有较多土地，自耕一部分土地，出租一部分土地。大多数农民仅占少量土地，属自耕农、半自耕农，人均土地多在0.5亩左右。半自耕农则要租入少量土地，或出卖劳动力才够糊口。这类农民占20%左右。

在以上几种土地耕作的形态中，地主的土地是封建所有制的主体。民国18年（1929年）7月，由国立中央研究院社会科学研究所陈翰笙发起，组织45人的农村调查团，共调查77个自然村，8个乡镇，1204家农户的经济情况，整理出版《现今中国的土地问题》《亩的差异》《无锡农村经济调查》等著作。调查资料显示，地主户数占总户数的5.7%，占有土地47.3%；贫雇农户数占68.9%，占有土地14.2%；中农户数占19.8%，占有土地20.8%。

二、农民土地所有制

1950年6月28日，中央人民政府委员会第八次会议通过并公布《中华人民共和国土地改革法》，同年9月开展土地改革运动，至翌年2月结束。境内在土地改革运动中，依法没收地主的土地、耕畜、农具、多余的粮食及其在农村中多余的房屋；征收祠堂、庙寺、寺院、教堂、学校和团体在农村中的土地及其他生产资料；征收富农多余的土地、农具和耕畜。对所有没收和征收得来的土地和其他生产资料，除规定收归国家所有外，均由农民协会接受，统一、公平、合理地分配给无地或缺乏其他生产资料的贫苦农民，地主也按人口均分土地，以促使其自食其力。

1951年秋，无锡县人民政府根据土地改革后新的土地关系，向农民颁发土地、房产所有证，从法律上承认农民的土地、房屋所有权。1953年2月，中共中央发布《关于农业生产互助合作的决议》，推行土地集中经营入股分红的初级社。初级社以社为统一核算单位，实行土地入股、统一经营、劳力统一安排、生产资料统一使用的管理制度。超产部分原则上全部按劳分配。与土地无关的副业生产收入，则全部按劳分配。这种分配形式既承认社员土地私有权，又遵循“按劳取酬，多劳多得”原则。初级社实行统一经营，比互助组更具有优越性，生产力得到进一步发展。

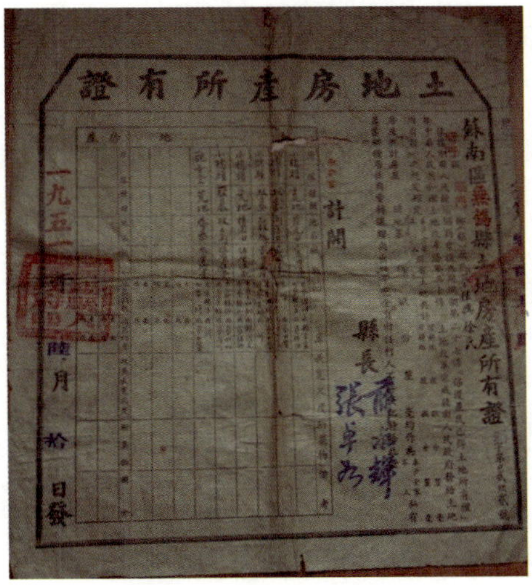

1951年6月土地房产所有证

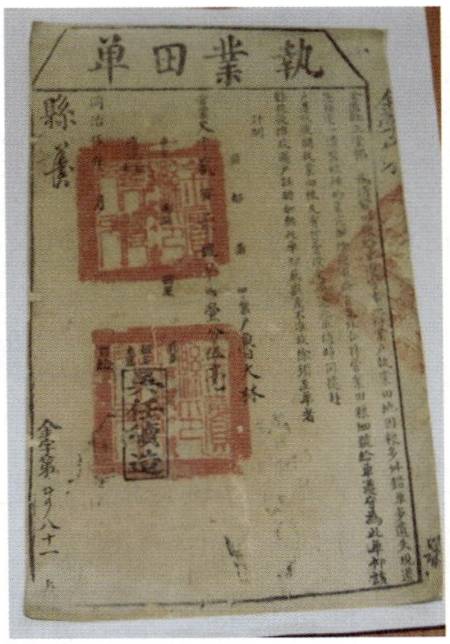

解放前的执业田单

三、土地集体所有制

1956年6月30日，第一届全国人民代表大会第三次会议通过并颁布《高级农业生产合作社示范章程》（以下简称《章程》）。《章程》第二条规定“农业生产合作社按照社会主义原则，把社员私有的主要生产资料转为合作社集体所有。”第十三条规定“入社的农民必须把私人的土地和耕畜、大型农具等主要生产资料转为合作社集体所有。”当时的做法是把社员的私有土地无偿收归集体所有，把耕畜和大型农具作价归公，取消土地分红，产品采取按劳分配的形式。至1957年10月，先后建立22个高级社，基本完成对农业生产资料所有方面的社会主义改造，农村土地由个体农民所有转变为劳动群众集体所有。

1958年7月，将22个高级社合并为7个联社。1958年9月，硕放人民公社成立，实行政社合一体制，建立以公社为基本核算单位，土地、耕畜、大型农具等主要生产资料均归人民公社所有，社员自留地全部收归公共食堂，劳动力统一调度，分配实行供给制。

1959年春，贯彻中共中央第二次郑州会议精神，把所有制落实到生产大队，以生产大队为基本核算单位。同年6月，恢复社员自留地。

1961年3月，中共中央发出《农村人民公社工作条例（草案）》（六十条）。6月15日和7月7日，中共中央分别发出的《农村人民公社工作条例（修正草案）》（六十条）和《关于农村基本核算单位问题的指示》，明确规定“生产队范围的土地，都归生产队所有。生产队所有的土地，包括社员自留地、自留山、宅基地等，一律不准出租和买卖”，“生产队所有的土地，不经县以上人民委员会的审查和批准，任何单位和个人都不得占用”，并指出“生产队是人民公社的基本核算单位”。

四、土地全民所有制

土地全民所有制即土地国有制，根据《中华人民共和国宪法》和《中华人民共和国土地管理法》的规定，国有土地是指城市的土地及法律规定农村和城市郊区属于集体以外的河流、森林、山岭、荒地，以及国家为建设和公共利益需要依法征用的集体土地等。国有土地还包括国营场圃及土地改革时没收的公用房地产等。以后随着国家企事业、交通、居民公共设施等建设和发展，国有土地不断扩大。

1989年11月20日，无锡县人民政府颁发《关于确定土地权属的若干意见》，规定国家土地所有权、集体土地所有权以及取得国有土地使用权、集体土地建设用地使用权的界限。

第三节　土地利用

中华人民共和国成立前，土地为私有制，拥有大量土地的地主可以随时收回出租的土地。同时通过买卖、出租、出典、抵押等形式获得土地，并收取地价、地租、典金、押金。出租、出典、抵押土地都有一定期限，并可在规定期限内转租、转典，进行土地使用权的流动。中华人民共和国成立后，经过土地改革，土地归农民所有。1956年后，实行社会主义土地公有制，土地不得买卖、出租、出典、抵押和承包，国家、集体所有的土地利用，必须由县级及以上人民政府批准。

一、土地规划

1991年起，根据《中华人民共和国土地管理法》及省、市、县政府有关法规规定，是年5月，成立硕放乡土地利用总体规划领导小组，按照乡政府总体规划要求，结合实际，统一以1990年末土地利用现状调查数据为基础，开展土地利用总体规划的编制工作。贯彻“十分珍惜和合理利用每寸土地，切实保护耕地”的基本国策，以及土地利用规划要与村、镇建设规划相衔接的原则，因地制宜、统筹兼顾，从长远利益出发，在服从上级统一规划指标的前提下，合理安排各业用地。同时对民房建设用地也作出规划和管理，制订《民房建设编制规划》，农村住房必须符合民房建设规划、建筑设计要求和间距标准等内容。

土地管理部门根据镇区规划要求，对全镇土地利用总面积进行调查。1996年，全镇土地利用总面积为69836.9亩。其中，农用区耕地面积39315.4亩，园地面积2092.5亩，林地面积975.2亩，居民点及工矿用地面积15319.3亩，交通用地面积3662.2亩，水域面积7532.7亩，未利用土地面积939.6亩。按照镇区规划，硕放小城镇建设用地分三步实施：第一步从1997年至2000年，形成1.2平方公里的小城镇化框架；第二步从2001年至2005年，形成2.5平方公里小城镇的中心区域；第三步从2006年至2010年，镇骨干区小城镇再次扩大到5平方公里。

1996年硕放镇土地利用情况表

表 4-5　　单位：亩

名称	总面积	耕地	园地	林地	居民点及工矿用地	交通用地	水域	未利用土地
总　计	69836.90	39315.40	2092.50	975.20	15319.30	3662.20	7532.70	939.60
墙　门	2513.60	1660.80	49.70	25.20	377.70	119.60	266.30	14.30
墙　南	2542.00	1367.30	17.10	27.00	22.80	62.70	270.40	22.60
墙　西	1826.40	1175.00	74.30	23.70	342.80	27.80	181.00	1.80
墙　北	3432.00	2155.50	147.50	44.70	564.30	175.40	343.90	0.70
孙典桥	2350.50	1562.20	18.40	25.00	385.10	126.20	224.40	8.80
新　农	2179.00	1528.90	44.30	35.30	253.60	77.20	232.30	7.40
里　河	2035.70	1223.00	14.40	53.30	291.10	71.50	253.10	129.30
里　新	2444.40	1486.50	19.80	34.90	277.70	119.80	330.20	175.50
安　桥	2489.00	1195.60	2.50	42.20	379.60	90.40	478.40	300.30
黄家门	3889.30	2247.90	99.30	57.30	506.30	278.40	493.40	205.70
西典巷	2927.80	1937.50	78.50	68.30	434.50	98.00	308.60	2.40
硕　放	3334.80	2341.80	34.40	45.70	454.00	189.30	262.60	7.00
杨家湾	2229.20	1439.00	98.40	43.10	324.50	128.30	188.00	7.90
建　新	1776.80	1084.40	25.90	51.70	243.80	154.90	212.80	3.30
塔　西	3705.10	2268.90	40.80	59.90	740.10	258.60	312.50	24.30
中华庄	2289.10	1267.30	60.80	93.40	476.00	151.10	239.60	0.90
王家桥	3456.70	2099.80	192.90	40.60	568.20	156.40	396.00	2.80
红　力	2841.50	1789.80	215.80	37.00	387.20	106.50	304.90	0.30
红　光	3999.30	2449.80	234.00	36.50	589.40	192.60	491.60	5.40
建　丰	3190.10	1792.30	283.50	23.60	428.70	234.50	425.00	2.50
秦　村	2217.50	1430.70	129.50	37.00	326.00	62.50	231.10	0.70
薛　典	2328.40	1171.60	87.50	23.40	400.50	328.40	317.00	—
溇　金	4338.10	2637.60	123.20	46.40	717.20	244.00	564.00	5.70
墙　裕	120.90	1.80	—	—	69.90	—	153.60	10.00
城　镇	1813.40	—	—	—	1753.30	8.10	52.00	—
机　场	3452.90	—	—	—	3452.90	—	—	—

说明：总面积中包含硕放机场3452.90亩

二、农业用地

1951年土地改革时，土地分成水旱田、园田（包括菜园、桑园）和其他土地（含果地、林地、池塘等）。此后沿用这种分类方法统计农用土地面积。1958年成立硕放人民公社，全社土地面积49051.4亩，其中水旱田42311.1亩，桑田4104.8亩，鱼池319.9亩，竹园、果园、荒岗、土墩等2315.6亩。20世纪60年代至70年代，农村道路、水利基本建设，住房扩建，耕地面积略有减少。为发展粮食生产，政府组织各大队大兴水利，整田平地，格田成方，平荒岗，填低塘，使废弃的土地改造成耕地，进一步扩大农业用地面积。1982年，农村全面推行家庭联产承包责任制，全社共有粮田面积38618亩，桑田面积2939亩。

1982年各大队粮田、桑田承包面积统计表

表 4-6 单位：亩

名称	粮田桑田总面积	其中	
		粮田	桑田
合　计	41557.00	38618.00	2939.00
五　一	1711.00	1563.00	148.00
六　一	1798.00	1678.00	120.00
墙　西	1156.00	1051.00	105.00
七　一	2250.00	2094.00	156.00
新　联	1782.00	1672.00	110.00
新　农	1470.00	1429.00	41.00
里　河	1384.00	1325.00	59.00
新　星	1612.00	1541.00	71.00
里　新	1580.00	1523.00	57.00
先　锋	2439.00	2313.00	126.00
建　农	1891.00	1775.00	116.00
硕　放	2122.00	2022.00	100.00
五　星	1383.00	1257.00	126.00
建　新	1080.00	1009.00	71.00
红　星	2176.00	1970.00	206.00
和　平	1375.00	1264.00	111.00
光　明	2155.00	1920.00	235.00
红　力	1877.00	1690.00	187.00
红　光	2570.00	2450.00	120.00
东方红	1464.00	1344.00	120.00
八　一	2692.00	2479.00	213.00
建　丰	2079.00	1843.00	236.00
春　光	1486.00	1381.00	105.00
小农场	25.00	25.00	—

2005年，全镇农业用地总面积27102.7亩。耕地总面积24806亩。其中，水田18653.8亩、旱地5304亩、菜地848.2亩。其他农用地总面积2296.7亩。其中，畜禽饲料地139.7亩、农村道路903.3亩、坑塘水面513.4亩、养殖水面451.9亩，农田水利用地288.4亩。

2013年，全街道农业用地总面积15186.6亩，其中耕地9986.25亩，园地5200.35亩。

2005年硕放镇农业用地一览表

表 4-7　　单位：亩

名称	农业用地合计	耕地				其他农用地					
		小计	水田	旱地	菜地	小计	畜禽饲料地	农村道路	坑塘水面	养殖水面	农田水利用地
合计	27102.70	24806.00	18653.80	5304.00	848.20	2296.70	139.70	903.30	513.40	451.90	288.40
大墙门	1377.80	990.20	631.00	359.20	—	387.60	193.80	75.40	17.00	83.40	18.00
墙联	3026.20	2796.80	2011.90	550.40	234.50	229.40	57.00	29.00	20.60	116.00	6.80
墙裕	96.90	95.80	95.80	—	—	1.10	—	0.80	—	—	0.30
东新	2326.00	2091.40	1538.00	502.10	51.30	234.60	—	69.20	68.20	67.50	29.70
香楠	1175.20	1102.50	879.90	222.60	—	72.70	2.90	41.60	13.70	2.00	12.50
安桥	1150.90	1002.90	845.80	144.80	12.30	148.00	3.60	54.00	77.10	5.50	7.80
黄家门	1350.30	1283.80	886.40	397.40	—	66.50	3.10	27.50	23.50	5.00	7.40
西典巷	733.40	690.10	548.20	141.90	—	43.30	6.50	17.00	4.00	—	15.80
硕放	1316.90	1228.00	1034.90	193.10	—	88.90	2.40	48.40	22.10	—	16.00
杨家湾	1092.60	1026.40	772.30	254.10	—	66.20	6.90	47.30	3.90	—	8.10
合新	2955.80	2783.10	1896.40	718.70	168.00	172.70	—	64.70	38.10	38.00	31.90
新梅路	2840.00	2603.70	1891.20	447.90	264.60	236.30	15.50	112.20	69.70	16.90	22.00
红光	2472.00	2271.30	1738.60	527.00	5.80	200.70	2.50	97.40	35.60	26.20	39.00
秦村	1472.40	1362.80	1146.60	184.10	32.10	109.60	—	68.50	17.50	4.00	19.60
建丰	1332.80	1210.50	949.40	249.10	12.00	122.30	—	46.50	16.20	45.20	14.40
溇金	2505.00	2213.80	1787.50	358.70	62.60	291.20	39.30	103.00	72.20	42.20	34.50
镇区	66.90	52.90	—	52.90	—	14.00	—	—	14.00	—	—

三、非农业用地

2005年，全镇非农业用地总面积34807.4亩。其中，建制镇、农村居民点、独立工矿用地、特殊用地等城镇及工矿用地面积27239.3亩；铁路、公路、机场、港口码头、水工建筑等交通运输用地7568.1亩。

2013年，全街道非农业用地面积50253.15亩。其中，城镇村及工矿用地面积36698.40亩，交通运输用地面积13554.75亩（机场用地5780.10亩）。

1.居民建房用地

20世纪70年代，老房翻新房。20世纪80年代，政府按照实际情况批准：一个建房户可建造两间新房，房屋全长12米，行间3.6米，后来增加到进深14—16米，行间3.6—3.8米，场地开始为5米，后来增加到8米。为节省土地，大部分农户建造两层楼，少数农户建造三层楼。1988年8月，县政府颁发《无锡县民房建设管理暂行办法》规定：农村居民建房必须按乡镇建设规划进行，应当使用原有宅基地，村内空闲地和其他非耕地；必须使用耕地的，应经乡镇人民政府审查，报县人民政府批准，使用原有宅基地和其他非耕地的，由乡镇人民政府批准。人均耕地在1亩以下的，每户宅基地应少于0.2亩。城镇规划区内的非农业户居民、职工、国家工作人员建住宅，由城镇建设部门统一征地、集体统建或报经批准后由所在单位统建。建筑占地小户不超过45平方米，大户不超过65平方米。1999年起，镇政府停止审批农村住宅用地。

进入21世纪，城镇化建设步伐加快，2001年至2013年，硕放安置房建设工程共占地面积206.53万平方米。至2013年，全街道涉及无锡市新区、硕放工业园区、村镇道路、机场改扩建等工程建设共有13779户拆迁，绝大部分拆迁户安置到镇建造的安居房小区。

2.城镇建设用地

进入21世纪后，按照硕放城镇建设总体规划，充分利用现有建设用地和空闲地，首先利用非耕地和劣质地，切实保护和改善城镇生态平衡。通过土地整理，将其他用地区内零散分布的村庄和镇、村企业向村镇建设用地区集中。至2005年，全镇工矿用地为16763.6亩，交通运输用地7568.1亩（其中铁路用地248.3亩、公路用地3917.3亩、机场用地3399.5亩、港口码头用地3亩）。1998年，无锡市人民政府批准，在硕放筹建无锡市级私营经济园，规划占地面积9平方公里（13500亩）。2002年，硕放私营经济园改称硕放工业集中区，园区开发面积已达6795亩。至2004年，工业园区建设用地面积共7.95平方公里（11920亩）。2004年以来，建成杨家湾、运河、红光3个工业小区，共使用土地面积4025亩。至此，工业园区共使用土地10.63平方公里（15945亩）。至2006年，累计完成主干道路55公里的建设工程。除上述外，还新建硕放商城、学校、商贸区以及文化娱乐等公共设施。由于城镇化建设的快速发展，硕放已形成功能配套齐全、生态环境优美并与城市化接轨的空港新城。

2005年硕放镇非农用地一览表

表 4-8 单位：亩

名称	非农用地合计	城镇村及工矿用地					交通运输用地					
		小计	建制镇	农村居民点	独立工矿用地	特殊用地	小计	铁路用地	公路用地	机场用地	港口码头用地	水工建筑用地
合 计	34807.40	27239.30	4152.50	5847.60	16763.60	475.60	7568.10	248.30	3917.30	3399.50	3.00	123.60
大墙门	2893.60	2366.70	402.90	464.90	1475.00	23.90	526.90	—	526.90	—	—	—
墙 联	2834.90	2396.00	—	685.60	1693.20	17.20	438.90	—	438.90	—	—	—
墙 裕	74.10	52.00	—	8.60	43.40	—	22.10	—	22.10	—	—	—
东 新	2264.40	1954.60	13.40	488.60	1452.60	—	309.80	—	309.80	—	—	—
香 楠	2706.70	2459.10	—	398.20	2060.90	—	247.60	17.80	229.80	—	—	—
安 桥	783.70	723.40	—	329.80	393.60	—	60.30	—	60.30	—	—	0.10
黄家门	1713.50	1470.20	—	384.00	1086.20	—	243.30	72.80	170.50	—	—	118.40
西典巷	1780.60	1483.80	1081.90	218.20	183.70	—	296.80	—	293.80	—	3.00	1.40
硕 放	1286.60	1052.30	392.90	272.70	386.70	—	234.30	60.30	174.00	—	—	—
杨家湾	819.30	741.60	—	294.10	382.60	64.90	77.70	19.40	58.30	—	—	3.70
合 新	2047.00	1729.40	—	643.40	850.70	235.30	317.60	78.00	239.60	—	—	—
新梅路	2704.20	2489.50	—	439.20	1916.60	133.70	214.70	—	214.70	—	—	—
红 光	1149.10	911.00	—	31.60	878.40	—	238.10	—	238.10	—	—	—
秦 村	411.10	382.20	—	295.80	86.40	—	28.90	—	28.90	—	—	—
建 丰	1063.60	843.00	—	348.20	494.80	—	220.60	—	220.60	—	—	—
溇 金	1537.40	1292.30	—	544.70	747.60	—	245.10	—	245.10	—	—	—
镇 区	2546.00	2271.10	2261.40	—	9.70	—	274.90	—	274.90	—	—	—
红 力	2791.50	2620.50	—	—	2620.50	—	171.00	—	171.00	—	—	—
机 场	3400.10	0.60	—	—	—	0.60	3399.50	—	—	3399.50	—	—

2000—2013年硕放街道（镇）部分建设用地情况表

表 4-9 单位：亩

年份	征用单位	征用面积
2000	江苏六通机械（集团）公司	27.43
2000	无锡通达不锈钢集团公司	62.41
2001	无锡派德文具礼品有限公司	28.19
2001	无锡市军工电力电器有限公司	10.89
2001	无锡市新区硕放镇中心小学	49.33
2002	江苏上丰城镇建设发展有限公司	53.03
2002	无锡市新菊电动工具有限公司	40.75
2003	无锡绿宝生物制品有限公司	102.17
2003	江苏台竣企业纺织品有限公司	98.84
2003	无锡祥生医学影像有限责任公司	37.11
2003	康可电子（无锡）有限公司	45.11
2003	无锡安久自动车有限公司	99.64
2003	无锡市景山房屋开发有限公司	392.58
2004	天津市金桥焊材集团无锡有限公司	156.70
2004	无锡诺忆重工有限公司	133.81
2005	无锡市新区硕放镇人民政府（安居房）	1071.02
2005	无锡市硕阳不锈钢有限公司	84.66
2005	无锡天山水泥有限公司	127.40
2006	无锡市新区硕放镇人民政府（安居房）	375.89
2006	无锡市新区硕放镇人民政府（经沪路）	97.95
2007	无锡瑞港房地产开发有限公司	68.42
2007	无锡市新区硕放水处理有限公司	31.64
2008	苏州时代房地产开发有限公司	133.10
2008	无锡锡通科技集团有限公司	100.63
2008	无锡市硕放街道办事处（安居房）	254.64
2009	无锡市硕放街道办事处（咏硕苑停车场）	22.29
2009	无锡空港园区发展有限公司（睦邻中心）	36.74
2010	腾达航勤设备（无锡）有限公司	50.18
2010	国网江苏省电力有限公司无锡供电分公司（220千伏硕放变电所）	45.29
2010	无锡市新区经济发展有限公司（当当网）	72.06
2010	无锡空港园区发展有限公司（硕放颐养园一期）	28.78
2011	无锡威孚高科技集团股份有限公司	409.22
2011	无锡百联奥特莱斯商业有限公司	286.57
2011	无锡市硕放中学（一期）	42.99
2012	无锡市硕放中学（二期）	47.78
2012	无锡深南电路有限公司	36.12
2013	无锡市顺丰速运有限公司	40.47
2013	无锡空港园区发展有限公司（硕果路）工程（一期）	59.18
2013	友和道通航空物流（无锡）有限公司	93.12

四、其他用地

2005年，全镇未利用土地面积3230.7亩。其中，荒草地面积28.8亩，河流水面面积3201.9亩。2013年，全街道水域及水利设施用地面积4030.65亩。其中，河流水面面积2604.9亩、坑塘水面面积423亩、沟渠面积82.05亩、水工建筑用地面积920.7亩。其他土地面积153亩。其中，设施农用地面积58.5亩、田坎面积94.5亩。

第四节　土地税费

一、土地赋税

土地赋税是以土地为课税对象，按照土地面积、等级、地价、权益或增值情况征收的税款。

明洪武十四年（1381年），为征收田赋，丈量全国土地，编号设图，按土地等级定税役籍，课征地赋和户役。明万历年间（1573—1620年），实行计户分里，随粮定区，境内区域分属泰伯区，上扇有泰伯乡的二都十四图，下扇有原泰伯乡和原梅里乡的五都十八图。明万历九年（1581年），内阁首辅张居正推行“一条鞭法”，将过去的赋和役分别派征改为合并征收，按亩计征，使赋役制度化繁为简，由征收实物改为折征银两。

清初征收地税和丁赋。地以田亩为准课赋税，丁以年龄为准纳丁赋。民国承袭清制，以银两计征，折纳银圆。清末至民国19年（1930年），无锡县征收田赋主要有地丁、漕粮和租课。民国20年（1931年），田赋改制，改征地价税，一律以银圆计征。民国23年（1934年）10月2日，江苏省政府第693次委员会议通过《江苏省各县田赋征收章程》，将各种田地归并成三等九则计征，各等分上、中、下三则。无锡县于民国24年（1935年）起按三等九则计征：上等上则每亩征收1.267元、上等中则1.216元、上等下则1.156元；中等上则每亩征1.113元、中等中则1.065元、中等下则0.969元；下等上则每亩征0.769元、下等中则0.594元、下等下则0.393元。按此标准直征至1949年9月30日。

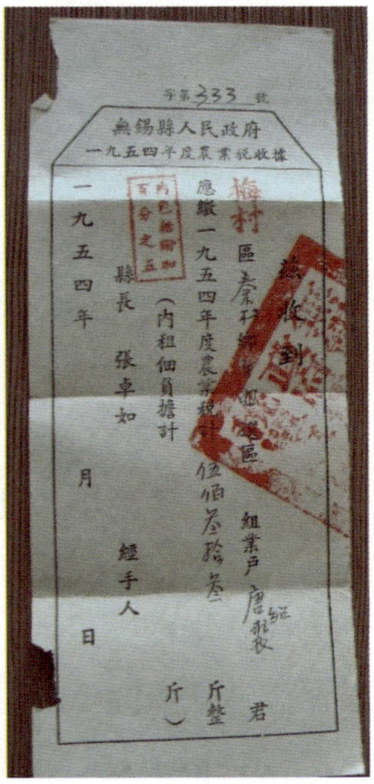

农业税收据

解放初期，田赋称公粮。1949年7月，无锡县开始征收夏季公粮、公草，征收办法借用民国时的田赋税法。1950年，公粮改称农业税。1951年，根据《苏南区1951年农业税施行细则》，改税级为23级，税率8%—30%，取消免征点。1952年10月23日，无锡县颁发《1952年农业税征收工作实施计划》，总方针是“查田定产，依率计征、依法减免、逐步实现统一‘累进制’”。1953年至1955年仍按1952年的税率计征。1958年6月，国家对农业税进行改革，继续实行稳定负担，增产不增税的政策。1961年，由于遭受严重自然灾害，粮食大幅度减产，国家对农业税作了较大幅度调整。

1962年人民公社实行“三级所有，队为基础，以生产队为基本核算单位”的管理制度，农业税以生产队为单位缴纳。1982年，实行家庭联产承包责任制后，采取“任务到队，造纂到大队，户缴队结”的办法。1985年起又改为“任务到村，造纂到队，结算到户”的办法，将原来以生产队为纳税单位改为以村为纳税单位，实行以原粮计征，折征代金，并由乡（镇）财政所和粮食管理所与各村户结算。全镇2004年下半年起免征农业税。

二、契　税

契税为行为税之一种。凡民间有卖、典田地、房屋的行为，照章须购买官契纸立契，经官府盖印后完纳税银，在法律上始得为正式契据。

契税始于东晋，历代仿之。清顺治四年（1647年），规定民间买卖土地房屋，由买主以卖价每一银两纳税银3分，官府盖印为证。清雍正七年（1729年），规定除纳税3分外，加征1分。清宣统三年（1911年），公布契税试办章程，定买契税率为9%，典契税率为6%，凡缴纳契税后盖官府印章的称红契，否则为白契。

民国初期，田房契税按契价每100元征收5元。民国3年（1914年），税率改为卖六典三。民国4年（1915年）1月1日起，税率改为卖四典二。民国6年（1917年）3月1日起，卖契税率为6%，典契税率为1%。民国17年（1928年）契税划为省地方税，税率改为卖九典六。民国23年（1934年）4月起，江苏省政府规定，契税率为卖六典三。民国35年（1946年）7月1日起，契税划归县地方收入，由县税捐征收处于同年8月16日启征。

1950年4月3日，中华人民共和国政务院公布《中华人民共和国契税暂行条例》，规定在完成土地改革的地区征收土地与房屋契税，征收土地、房屋的卖契税按价格的6%征收，典契税按3%征收、赠与契税按6%征收。农业合作化后，土地归集体所有，只有少量房屋（连同地产）买卖。1970年10月19日，财政部在《关于契税若干问题的函复》中指出：“农村耕地、荒地、自留地、宅基地根据《农村人民公社工作条例》第二十一条规定归生产队集体所有，一律不准出租和买卖。对私人房屋经房管部门批准可以买卖、典卖、赠与和交换，并根据契税暂行条例征收契税。”1983年后县内私房买卖时有发生，由乡镇房管部门经办，县房产管理单位批准，卖主照章纳税，县人民政府发给印契，契税解交县财政局。随着房地产的开发，商品房日益增多，契税收入大幅度增加。

三、土地规费

1991年1月1日起，无锡县开始收取非农业建设用地使用费。缴纳对象为已执行《江苏省外商投资企业土地使用管理办法》和缴纳城镇土地使用税的企事业单位及个人以外的各类企业（包括城镇、村企业）、事业单位、联合体、个体工商户和农村居民、集体居民宅基地。收费标准为：（一）企事业单位建设用地，每年每平方米0.20—0.30元；个体工商户的临时用地在镇区范围内的，每月每平方米1—2元，集镇区外的每月每平方米0.50—1.50元。未经过批准或超过批准数量违法违章占用土地的，责令退回土地，限期拆除或者没收在违法违章占用土地上新建的建筑物和其他设施。（二）人均耕地1亩以下的乡镇，农户宅基地使用面积在133平方米以内的，以及人均耕地1亩以上的乡镇，农户宅基地使用面积在166平方米以内的，每年每平方米收0.05—0.10元；集镇居民每户建筑占地在65平方米以内的，每年每平方米收取0.10—0.20元。

超过建房用地标准的部分，按以下计费标准收费。

1991年硕放乡非农业建设用地收费标准一览表

表 4-10

超过面积（平方米）	每年每平方米收费数（元）	超过面积（平方米）	每年每平方米收费数（元）
1—10	0.15—0.35	60—70	1.35—1.55
10—20	0.35—0.55	70—80	1.55—1.75
20—30	0.55—0.75	80—90	1.75—1.95
30—40	0.75—0.95	90—100	1.95—2.15
40—50	0.95—1.15	100 以上	2.15—5.00
50—60	1.15—1.35	—	—

凡1987年1月1日以后未经批准或超过批准用地数量，以及该拆而未拆的房屋，应拆除或没收在非法占地上的建筑物。在违法违章错误纠正之前，按每年每平方米5—10元标准收费。

1993年12月，无锡县人民政府批准全县开展城镇土地定级估价工作，由县土管局具体负责各乡镇土地分等定级估价工作。硕放镇被列为四等集镇。翌年，对镇区不同土地级的商业、住宅、工业用地的基准地价和地段价作了评估。

1994年硕放镇有关项目地价一览表

表 4-11　　单位：元/平方米

项目和地段		平均地价	变幅
项目价格	商业一级地价	780.00	600.00—1000.00
	商业二级地价	430.00	300.00—600.00
	普通住宅地价	290.00	200.00—400.00
	普通工业地价	320.00	200.00—450.00
地段价格	锡宅公路 墙门南路—中心街	833.41	819.18—910.20
	墙门东路 煤球厂—联防队	815.63	710.10—830.16

1994年后，根据省政府文件提出的收费目录及标准，对土地开发基金、城镇基础设施费、土地荒芜闲置费、征地管理费、违章用地处理费等制定相关标准。

2005年，为贯彻落实《国务院关于深化改革严格土地管理的决定》精神，土地建设用地有偿使用费由国土资源管理部门在办理用地审核手续时负责征收。国土资源管理部门在办理审批手续时，通知申请办理新增建设用地审批手续的市、县人民政府在规定的时间内依法缴纳新增建设用地土地有偿使用费。缴纳通知书明确缴纳新增建设用地有偿使用费的地类、面积、适用的征收等别、征收标准以及应缴纳的新增建设用地土地有偿使用费个体数额。

第五节　土地管理

一、地籍管理

明代，通过清丈土地，造送鱼鳞图册，建立都、里（图）、甲制度，由县令与主簿掌管县内的土地管理和田赋征收，地方乡董、区书、图董、图书，按鱼鳞图册作为总管一乡一图的土地田赋事务。清代沿用明代的土地管理制度，对验契课税，包括田房土地买卖、典当、登记、印契有一套严格的管理体制。

民国时期，为维护土地的私人占有、使用、买卖和出租自由，通过土地立法强化国家对土地的控制和管理。民国23年（1934年）和35年（1946年），无锡县两次整理地籍，农村土地首次使用航空测量，城镇进行户地测量，并进行土地产权、户籍登记和变更登记，组织评议委员会估定地价，按价征收。

中华人民共和国成立后，经过农业合作化运动，土地无偿使用，地籍管理一度放松。1978年后，国家要求进一步查清土地资源，掌握土地的数量、质量变化规律，建立土地登记统计制度，地籍工作逐步开展。1978年和1987年对土地航测，为确定农村集体土地权属和土地利用现状调查提供完整和准确的依据。城镇建设用地的地籍测量，使用电子经纬仪、红外测距仪、电子手簿，提高测量精度和速度，加强地籍资料的信息储存。

1989年5月，乡镇建立土地管理所。根据无锡县土地申报登记发证办公室下发《无锡县地籍调查实施办法》的意见，1990年全面开展集镇区地籍调查。同时根据县政府《无锡县国有土地申报登记发证实施细则》，机关、团体、全民和集体企业事业单位、“三资企业”及其他使用国有土地的单位和个人，均申报登记。填写土地登记申请书、递交证件。土地登记机关围绕权属、界址、用途、面积等审核，凡权属性质正确、来源合法、界址清楚、面积准确、用途相符合理、证件合法齐全、手续完备、无争议的即确定权属，填写土地登记卡，颁发国有土地证书。

二、法规监察

中华人民共和国成立前，国家收入主要依赖土地赋税，对地籍、田赋都立有明确的律法。解放后在相当一段时间内很少集中宣传土地政策，有关土地的政策法令都通过行政系统层层贯彻实施。1989年，乡土地管理所建立后，进一步加强土地法规的宣传，同时在全乡范围开展无违法批地、无违法管地、无违法用地的“三无”创建活动。1991年4月，国务院确定6月25日为全国“土地日”。乡土地管理部门每年围绕土地管理主题开展“土地日”宣传活动。围绕土地监察制度，设立专职土地督察员，加强对违法违章用地和造成土地荒芜的有关单位及人员依法认真处理，实行对建设用地的跟踪监察和全程管理。1998年，镇土地管理所在各村及有关单位聘请土管员（村大多由副职干部兼任）以及信息员（多为退休的村干部担任）。土管员协助管理及办理集体和个人用地申报送批任务，调查处理土地纠纷，查处违章违法占地案件等。信息员主要为土管所提供群众建房上的各种纠纷，以及违法用地等信息。2007年至2013年，共查处各类违章违法用地78起，占地面积38.8亩，其中集体建设用地31.5亩，村民乱搭乱建7.3亩，拆除违章建筑45起，计9252平方米，查处率达100%。接待来访案件94起，查处94起，处理来信案件17件次，处理率达100%，调处各类纠纷17件次。

三、管理机构

中华人民共和国成立前，土地由县税务、民政等部门分别管理。经过土地改革，农民的土地、房屋，不论原有或分得，均由地方人民政府发放“土地房产所有证”。国有土地、房屋产权概不发证，由政府主管机关申请登记备案。1958年9月至1982年1月，国家、集体、乡镇建设征用、划拨土地工作由公社民政、文书或财政会计专职人员办理，经公社审查同意，报上级审批。居民及农户建房占用非耕地，由公社人民政府审批，占用耕地的报县审批。1982年2月，公社建立村镇建设办公室，土地管理工作由村镇建设办公室负责。

硕放国土资源所

1989年5月，根据无锡市政发〔1988〕214号、无锡县政发〔1989〕10号文件精神，乡政府建立硕放乡土地管理所，性质为全民事业单位。主要职责为搞好土地资源调查和土地申报、登记、发证工作，建立地籍管理制度；组织编制土地利用总体规划；管理国家、县属、乡村集体、农民建房用地的征用、拨用的审查报批；对本行政区域内的土地利用和保护依法进行检查、监督，查处违法占地案件等。

1994年3月，根据无锡县政府下发《关于明确镇土地管理机构设置有关问题的通知》，明确土地管理所实行垂直领导，归口管理；所长由无锡县土地管理局代表县政府任免；实行独立核算，单独建账，由县土地管理局统一管理和监督检查。

1995年，随着行政区划的变更，硕放乡土地管理所更名为无锡市新区分局硕放国土资源管理所。2013年，再次更名为无锡市新区分局硕放中心国土资源管理所。

1993年以来，硕放国土管理所（中心国土资源管理所）分别被江苏省国土资源局、江苏省档案局评为档案管理复垦合格证，省优秀级标准乡镇土管所，“三无乡镇”竞赛活动成绩突出、验收达标合格等先进单位；分别被中共无锡市委、无锡市人民政府评为土地复垦、土地管理“三无乡镇”，土地执法模范乡镇等先进单位。

1989年至2013年，硕放国土管理所（中心国土资源管理所）历任所长为朱耕裕、俞华明、周锡新、顾伟。

第五章

人　口

据《锡金乡土历史》记载，长江以南自禹驱苗蛮之后，始于汉，民族人口在此繁衍生息。秦汉之际，境内地广人稀。东晋、南北朝时，由于战事不断，民众受害匪浅。为避战祸，自北向南，不分贫富贵贱接踵而至，北方大批人口迁徙江南，境内人口日趋增多。南宋咸淳年间（1265—1274年），元兵南下大肆杀戮，人口剧减。元代中后期，战乱平息，广大民众以长江南岸为乐土，纷纷渡江而来定居，形成硕放汉民族繁盛时代。至清朝咸（丰）同（治）年间，清军残酷镇压太平军起义，逞兵祸及县民，大批平民惨遭杀害，人口锐减。此后于光绪初起数十年，国泰民安，生齿日繁，渐复当初之盛。民国期间，人口缓慢增长。

中华人民共和国成立初，社会逐步稳定，经济恢复，人民生活水平提高，医疗条件逐步改善，政府鼓励多生孩子，奖励“光荣妈妈”，促使人口迅速增长。1953年7月1日，境内开展第一次全国人口普查，全面进行户口登记，开始使用户口迁移证，建立户口簿。1957年建立硕放乡，人口资料基本完整。1957年，全乡人口32596人。1959年至1961年三年经济困难时期，人民生活水平和健康状况有所下降。1963年后经济复苏，人民生活改变，人口出生率大幅回升，死亡率下降。据1964年全国第二次人口普查资料反映，全社常住人口为35828人，其中女性18374人，男性17454人，性别比100∶94.99。1979年，国家提倡一对夫妇只生育一个孩子的政策。对独生子女父母给予奖励，人口逐步呈低增长态势。1981年，全社有人口42096人，每平方公里人口密度为995人。20世纪90年代起，乡镇工业迅速发展，外来务工人员来境内定居逐年增加。据2000年全国第五次人口普查资料反映，全镇常住人口44372人，其中女性22639人，男性21733人，性别比为100∶96。进入21世纪后，现代工业蓬勃兴起，经济持续快速发展，城市化建设有序推进，外来务工人员逐年批量涌入境内。2013年底，全街道常住户数25819户，有常住人口102791人。其中，本地人口48776人（男性23545人，女性25231人）、外地人口54015人（男性29974人，女性24041人）。

第一节　人口状态

一、人口总量

明清时期，境内人口逐渐增多，村落渐密。明初规定16岁丁口（男为丁，女为口）编审入册。清代又将年满16—60岁的男丁编入“黄册”，设保正每年编申户籍。中华人民共和国成立后，国家对人口统计管理逐步规范。

1957年，全乡总户数7917户，总人口32596人。其中农业人口31857人，市镇人口739人。

1961年，全社总户数7264户，总人口31914人。其中农业人口30071人，市镇人口1843人。

从1964年至2010年共开展五次全国人口普查，根据人口普查统计资料：

硕放街道（镇、乡、公社）第二至第六次全国人口普查情况表

表 5-1

年　份		总户数（户）			总人口（人）			性别比例（女=100%）
		合 计	家庭户	集体户	合 计	男	女	
1964年（第二次全国人口普查）		8322	—	—	35828	17454	18374	94.99
1982年（第三次全国人口普查）		10860	10837	23	41490	20508	20982	97.74
1990年（第四次全国人口普查）		11411	11384	27	41166	20315	20851	97.43
2000年（第五次全国人口普查）		12915	12736	179	44372	21733	22639	96.00
2010年（第六次全国人口普查）	城镇合计	27309	23730	3579	83953	43976	39977	110.00
	城	14698	12632	2066	44678	22670	22008	103.01
	镇	12611	11098	1513	39275	21306	17969	118.57

2013年底，全街道常住户数17046户，有常住人口102791人。其中，本地人口48776人（男性23545人，女性25231人）、外地人口54015人（男性29974人，女性24041人）。

二、人口构成

1.民族分布

境内人口民族主要是汉族。1964年第二次全国人口普查时，尚未有少数民族。1982年第三次全国人口普查时，除汉族外，已出现回族、壮族、满族3个少数民族，人口11人。1990年、2000年、2010年随着第二、第三产业的迅猛发展，城镇化建设的快速推进，外来人员急剧上升，少数民族人口日益增多。2010年第六次全国人口普查，除汉族外，有26个少数民族，人口1144人。

硕放街道（镇、乡、公社）第三至第六次全国人口普查各民族人口情况表

表 5-2　　单位：人

民族	1982年第三次	1990年第四次	2000年第五次	2010年第六次	民 族	1982年第三次	1990年第四次	2000年第五次	2010年第六次
汉　族	41479	41121	44237	82809	傣　族	—	—	—	8
蒙古族	—	5	8	23	黎　族	—	—	—	2
回　族	4	2	3	34	傈僳族	—	—	—	2
藏　族	—	—	2	5	佤　族	—	—	—	2
苗　族	—	1	11	123	畲　族	—	1	3	4
彝　族	—	—	3	55	水　族	—	—	—	19
壮　族	6	25	29	49	土　族	—	1	—	11
布依族	—	2	8	29	仫佬族	—	—	—	5
朝鲜族	—	3	4	10	羌　族	—	—	—	3

续表 5-2

民族	1982年 第三次	1990年 第四次	2000年 第五次	2010年 第六次	民 族	1982年 第三次	1990年 第四次	2000年 第五次	2010年 第六次
满 族	1	1	15	37	仡佬族	—	—	—	7
侗 族	—	1	6	38	普米族	—	—	—	2
瑶 族	—	—	3	11	维吾尔族	—	—	2	2
白 族	—	—	—	18	合 计	41490	41166	44372	83953
土家族	—	3	37	634	其中少数民族	11	45	135	1144
哈尼族	—	—	1	11					

2.性别与年龄

性别 从1964年第二次全国人口普查至2000年第五次全国人口普查，女性人口多于男性，性别比（以女性为100）分别是94.99、97.74、97.43、96。2010年第六次全国人口普查时，男性人口多于女性人口，全街道常住人口83953人，其中女性39977人，男性43976人，性别比为100∶110。其主要原因是，外来务工人员中，男性人员多于女性。2013年，全街道常住人口102791人，其中女性49272人，男性53519人，性别比为100∶108.6。

年龄 根据全国人口普查年龄分类，1—19岁为幼儿、学生时代；20—59岁为劳动力、工作时代；60—80岁为老年时代；80岁以上为长寿人口。2010年与1990年对比，学生比例下降，2010年学生人口占总人口的15.3%，1990年则占28.99%；劳动力比例上升，2010年劳动力、工作人员人口占总人口的72.8%，1990年则占58.31%，老年人口快速增长，1990年，全乡80岁以上老人426人（其中90—99岁老人24人）；2010年老年人口达8495人，比1990年的4804人增长76.8%；长寿人口成倍递增，2010年，全街道80岁以上老人1493人（其中90—99岁老人151人，100岁以上2人）；2010年与1990年相比，80岁以上老人增长3.5倍，90—99岁老人增长6.3倍。

硕放街道（镇、乡）第四至第六次全国人口普查年龄构成情况表

表 5-3

年龄组（岁）	第四次（1990年）				第五次（2000年）				第六次（2010年）			
	人数（人）	比例（%）	其中		人数（人）	比例（%）	其中		人数（人）	比例（%）	其中	
			男（人）	女（人）			男（人）	女（人）			男（人）	女（人）
1—19	11934	28.99	6062	5872	8972	20.22	4458	4514	12847	15.300	6633	6214
20—39	14876	36.14	7384	7492	15451	34.82	7256	8195	39173	46.660	20902	18271
40—59	9126	22.17	4608	4518	13490	30.40	7141	6349	21945	26.140	11534	10411
60—79	4804	11.67	2139	2665	5657	12.75	2617	3040	8495	10.110	4390	4105
80—89	402	0.97	117	285	746	1.68	247	499	1340	1.600	473	867
90—99	24	0.06	5	19	56	0.13	14	42	151	0.180	44	107
100岁以上	—	—	—	—	—	—	—	—	2	0.002	—	2
合 计	41166	100	20315	20851	44372	100	21733	22639	83953	100	43976	39977

3.文化与职业

文化 1982年，全国第三次人口普查时，硕放人民公社6岁以上（含6岁）人口37346人。未上过学（文盲）人数7754人，占20.8%；小学文化人数（含扫盲班）16506人，占44.2%；初中文化人数10626人，占28.5%；高中文化（含中专）人数2363人，占6.3%；大专肄业在校生16人，占0.04%；大学本科生81人，占0.2%。至2010年，硕放街道全民文化水平有较大提高。6岁以上（含6岁）人口39571人中，未上过学的为356人，这些人均是80岁以上的老年人群，小学文化人群大大减少，初高中文化人群大幅提升，大学专科、本科人数为3102人，比1982年的97人增长32倍，并有研究生19人。

硕放街道（镇、乡、公社）第三至第六次全国人口普查文化程度情况表

表 5-4 单位：人

文化程度	第三次（1982年）			第四次（1990年）			第五次（2000年）			第六次（2010年）		
	合计	男	女	合计	男	女	合计	男	女	合计	男	女
合 计	37346	18337	19009	37705	18538	19167	42302	20720	21582	39571	22288	17283
未上过学	7754	1922	5832	5216	1014	4202	3169	474	2695	356	97	259
小 学	16506	8792	7714	16201	8317	7884	15206	7316	7890	4935	2515	2420
初 中	10626	6101	4525	13421	7458	5963	17748	9462	8286	21748	12038	9710
高 中	2363	1441	922	2708	1626	1082	5480	3022	2458	9411	5636	3775
大学专科	16	13	3	128	99	29	599	367	232	2437	1559	878
大学本科	81	68	13	31	24	7	100	79	21	665	435	230
研 究 生	—	—	—	—	—	—	—	—	—	19	8	11

职业 1980年前，全社在业人员职业以农业为主，仅有较少人员从事社队工业和商贸服务业。1980年后，在业人员的职业、结构逐步发生变化，主要是从事第一产业农业劳动人口比例逐年减少；从事第二产业乡镇工业建筑业职工人口比例大幅度提高；从事第三产业人口比例急剧上升。

硕放乡（公社）第三、四次全国人口普查职业状况表

表 5-5 单位：人

职 业 类 别	第三次（1982年）			第四次（1990年）		
	合 计	男	女	合 计	男	女
在业人口合计	24692	12784	11908	25726	13201	12525
各类专业技术人员	814	566	248	1284	781	503
国家机关、党群组织、企事业单位负责人	290	272	18	826	783	43
办事人员和有关人员	93	83	10	232	144	88
商业工作人员	446	328	118	1321	950	371

续表 5-5

职业类别	第三次（1982年）			第四次（1990年）		
	合计	男	女	合计	男	女
服务性工作人员	550	398	152	973	602	371
农村牧渔业劳动者	15546	6554	8992	9346	2950	6396
生产工人、运输工人	6949	4581	2368	11724	6975	4749
其他劳动者	4	2	2	20	16	4

说明：第五、六次普查职业分布国家采用长表抽样调查，没有分镇、街道数据

进入21世纪，全镇经济持续快速发展，市场活跃，当地劳动力已不能满足各方用工的需要，外来人口逐渐增加。至2012年，外来人口53815人，其中，外来务工（劳动力）人口39198人，全街道人口职业结构发生较大变化。1985年，全乡在业人口23202人，第一产业人数9516人，占在业人口的41%；第二产业人数10235人，占在业人口的44.1%；第三产业人数3451人，占在业人口的14.9%。至2012年底，全街道在业人口56878人，比1985年增长145.14%。第一产业人数降至1203人，占在业人口的2.1%，比1985年下降87.4%；第二产业的人数增至33838人，占在业人口的59.5%，是1985年的3.3倍；第三产业人数提升到21837人，占在业人口的38.4%，是1985年的6.3倍。

硕放街道（镇、乡）（部分年）在业人口产业分布情况表

表 5-6

年份	在业人口（人）	第一产业（农业）		第二产业（工业、建筑业）		第三产业	
		人数（人）	比例（%）	人数（人）	比例（%）	人数（人）	比例（%）
1985	23202	9516	41.00	10235	44.10	3451	14.90
2000	22410	8726	38.90	8103	36.20	5581	24.90
2005	23695	2747	11.60	11203	47.30	9745	41.10
2012	56878	1203	2.10	33838	59.50	21837	38.40

说明：2012年外来人口53815人，其中劳动力39198人

4.姓氏

2013 年，全街道有姓氏 277 个，其中王姓 5356 人，占总人口的 6.22%，为最多，之后依次是张、杨、邹、李、朱、顾、陈、吴、周、刘等。

2013年硕放街道姓氏情况表

表 5-7 单位：人

序号	姓氏	人数	其中		序号	姓氏	人数	其中	
			当地常住人口	外地暂住人口				当地常住人口	外地暂住人口
1	王	5356	2296	3060	42	孙	1171	511	660
2	张	4476	1644	2832	43	许	1163	857	306
3	杨	4203	2749	1454	44	华	1001	985	16
4	邹	3922	3822	100	45	唐	967	682	285
5	李	3522	922	2600	46	马	887	362	525
6	朱	3143	2412	731	47	胡	873	367	506
7	顾	3010	2833	177	48	方	873	736	137
8	陈	2882	1250	1632	49	蒋	713	492	221
9	吴	2817	2051	766	50	谢	579	341	238
10	周	2635	1723	912	51	何	566	199	367
11	刘	2493	515	1978	52	丁	559	313	246
12	黄	2319	1727	592	53	高	524	126	398
13	徐	1948	1290	658	54	蔡	516	375	141
14	曹	1738	1485	253	55	袁	512	293	219
15	陆	1537	1397	140	56	郭	485	114	371
16	钱	1486	1379	107	57	吕	479	352	127
17	赵	1286	462	824	58	金	461	360	101
18	沈	1283	1081	202	59	姚	443	267	176
19	俞	412	391	21	60	潘	256	63	193
20	万	411	297	114	61	叶	255	120	135
21	阮	402	10	392	62	崔	248	120	128
22	毛	389	316	73	63	过	248	247	1
23	焦	387	29	358	64	严	242	141	101
24	夏	381	209	172	65	秦	241	88	153
25	罗	365	79	286	66	谭	239	32	207
26	盛	362	336	26	67	凌	239	221	18
27	骆	358	82	276	68	戴	238	164	74
28	薛	357	253	104	69	彭	237	43	194
29	杜	348	155	193	70	魏	235	23	212
30	宋	337	53	284	71	邵	235	136	99
31	尤	335	315	20	72	毕	234	196	38
32	冯	332	115	217	73	范	231	119	112
33	汪	328	110	218	74	田	227	34	193
34	程	320	91	229	75	姜	218	99	119
35	陶	319	180	139	76	邓	214	33	181
36	向	312	32	280	77	任	203	24	179
37	郑	308	63	245	78	林	201	63	138
38	韩	302	50	252	79	曾	197	61	136
39	董	295	78	217	80	石	197	61	136
40	余	294	95	199	81	于	196	29	167
41	梁	293	122	171	82	肖	196	52	144

续表 5-7

序号	姓氏	人数	其中		序号	姓氏	人数	其中	
			当地常住人口	外地暂住人口				当地常住人口	外地暂住人口
83	费	269	240	29	126	武	186	28	158
84	施	261	221	40	127	殷	184	108	76
85	鲁	179	131	48	128	邱	103	30	73
86	江	178	104	74	129	童	102	81	21
87	郝	178	33	145	130	诸	101	101	0
88	浦	166	161	5	131	申	99	41	58
89	贾	165	16	149	132	牛	93	5	88
90	孟	155	24	131	133	章	93	56	37
91	苏	149	26	123	134	屈	91	39	52
92	史	147	52	95	135	孔	88	18	70
93	翁	145	128	17	136	韦	87	21	66
94	葛	144	47	97	137	廖	86	16	70
95	白	141	63	78	138	段	86	5	81
96	付	137	10	127	139	贺	86	19	67
97	熊	136	27	109	140	单	85	20	65
98	奚	136	132	4	141	查	84	75	9
99	尹	127	16	111	142	龙	82	12	70
100	倪	127	51	76	143	惠	81	63	18
101	侯	124	24	100	144	耿	81	11	70
102	卢	121	29	92	145	常	80	8	72
103	闫	121	12	109	146	谈	79	72	7
104	龚	120	29	91	147	项	78	52	26
105	庄	120	95	25	148	成	76	8	68
106	汤	114	48	66	149	郁	74	57	17
107	雷	112	26	86	150	吉	72	37	35
108	康	106	14	92	151	梅	72	45	27
109	乔	105	20	85	152	岳	69	18	51
110	樊	69	22	47	153	缪	46	46	0
111	钟	68	14	54	154	喻	45	8	37
112	戚	67	18	49	155	黎	44	7	37
113	瞿	64	50	14	156	覃	43	11	32
114	邢	64	8	56	157	滕	43	24	19
115	左	62	24	38	158	靳	42	2	40
116	莫	60	14	46	159	司	41	20	21
117	阙	60	58	2	160	解	39	8	31
118	欧	58	10	48	161	穆	39	4	35
119	郎	58	9	49	162	伍	38	4	34
120	裴	55	8	47	163	宁	38	6	32
121	祁	55	14	41	164	路	38	4	34
122	聂	55	11	44	165	柴	38	6	32
123	颜	54	20	34	166	纪	37	2	35
124	祝	54	12	42	167	辛	37	6	31
125	文	53	6	47	168	兰	36	4	32

续表 5-7

序号	姓氏	人数	其中		序号	姓氏	人数	其中	
			当地常住人口	外地暂住人口				当地常住人口	外地暂住人口
169	洪	52	26	26	212	蒲	36	2	34
170	时	52	17	35	213	齐	36	1	35
171	卞	52	13	39	214	涂	35	5	30
172	翟	50	7	43	215	霍	35	7	28
173	庞	50	13	37	216	关	35	2	33
174	鲍	49	10	39	217	易	34	8	26
175	包	48	26	22	218	桂	33	6	27
176	苗	47	5	42	219	巫	32	28	4
177	强	46	43	3	220	管	32	5	27
178	甘	31	3	28	221	栾	21	7	14
179	全	29	24	5	222	虞	20	12	8
180	舒	29	5	24	223	闵	20	5	15
181	傅	28	12	16	224	晏	18	7	11
182	赖	28	8	20	225	阳	18	3	15
183	席	28	20	8	226	曲	17	10	7
184	卜	28	9	19	227	连	17	3	14
185	仲	28	8	20	228	匡	17	2	15
186	温	28	2	26	229	封	17	2	15
187	扶	27	6	21	230	谌	17	2	15
188	臧	27	8	19	231	司马	16	15	1
189	柳	26	8	18	232	储	16	3	13
190	柯	26	7	19	233	宗	15	5	10
191	沙	25	11	14	234	古	15	6	9
192	支	24	5	19	235	景	15	1	14
193	艾	24	8	16	236	屠	14	6	8
194	游	24	7	17	237	占	14	1	13
195	欧阳	23	2	21	238	冷	14	3	11
196	荣	22	11	11	239	商	14	5	9
197	符	22	7	15	240	花	13	4	9
198	牟	22	7	15	241	阚	13	2	11
199	稽	22	3	19	242	芮	13	3	10
200	戈	21	13	8	243	柏	13	2	11
201	仇	21	7	14	244	卓	13	1	12
202	詹	21	1	20	245	麻	13	1	12
203	刁	12	3	9	246	巢	4	3	1
204	敖	12	4	8	247	钦	4	4	0
205	闻	12	2	10	248	钮	4	3	1
206	居	11	2	9	249	敬	4	1	3
207	冉	10	10	0	250	濮	3	2	1
208	厉	10	5	5	251	薄	3	1	2
209	芦	10	5	5	252	言	3	3	0
210	衡	10	3	7	253	岑	3	1	2
211	胥	10	5	5	254	郦	3	1	2

续表 5-7

序号	姓氏	人数	其中		序号	姓氏	人数	其中	
			当地常住人口	外地暂住人口				当地常住人口	外地暂住人口
255	鞠	10	4	6	271	萧	2	0	2
256	计	9	2	7	272	宣	2	1	1
257	鲜	9	2	7	273	堵	2	2	0
258	卿	9	3	6	274	冒	2	2	0
259	糜	9	4	5	275	竺	1	1	0
260	应	8	2	6	276	承	1	1	0
261	杭	8	6	2	277	恽	1	1	0
262	阎	7	1	6					
263	荆	7	2	5					
264	侍	7	1	6					
265	狄	6	2	4					
266	况	6	4	2					
267	皮	5	1	4					
268	仓	5	3	2					
269	漆	5	1	4					
270	宦	4	2	2	合计		86117	48328	37789

说明：境内流动人口尚有16226人，没有暂住证件无法查证。当地常住人口为2013年9月底数据

第二节 计划生育

一、人口政策

中华人民共和国成立后，社会稳定，经济恢复，人民生活水平提高，医疗条件有所改善，加上鼓励多生孩子，政府提倡奖励“光荣妈妈”，人口增长速度较快。1950年，国家颁布《中华人民共和国婚姻法》，废除封建婚姻制度，人口增长较快，1956年开始宣传节制生育。1963年，党和政府提倡计划生育，公社召开三级干部会议，专题动员节制生育。

20世纪70年代，国家根据人口增长趋势不断调整计划生育政策。1980年，中共中央发出《关于控制人口增长问题致全体共产党员、共青团员的公开信》，把实行计划生育确定为“基本国策”之一。1989年至1997年，计划生育率均稳定在99.5%以上，1998年至2013年，计划生育率一直保持100%。2001年12月，《中华人民共和国人口与计划生育法》颁布后，全镇人口与计划生育工作全面进入法制化、规范化轨道。1980年至2013年，出生14373人，死亡9994人，自然增长4379人，增长率9‰。

1974—2013年硕放街道（镇、乡、公社）人口自然变动情况表

表 5-8

年份	人口总数（人）	出生		死亡		自然增长		独生子女领证累计人数
		人数（人）	出生率（‰）	人数（人）	死亡率（‰）	人数（人）	增长率（‰）	
1974	41308	721	17.50	248	6.00	473	11.45	0
1975	41596	749	18.11	286	6.92	463	11.90	0
1976	41985	786	18.08	296	7.08	490	11.00	0
1977	42445	757	17.93	243	5.76	514	12.17	0
1978	42312	745	17.58	280	6.61	465	10.97	0
1979	42181	749	17.72	281	6.60	468	11.12	423
1980	41900	587	13.96	296	7.04	291	6.92	745
1981	42096	721	17.17	293	6.97	428	10.20	1216
1982	42182	579	13.70	283	6.72	296	7.02	1935
1983	42090	358	8.50	282	6.69	76	1.81	2306
1984	41888	330	7.86	292	6.95	38	0.91	2609
1985	41643	389	9.31	285	6.82	104	2.49	2922
1986	41690	503	12.07	251	6.02	252	6.05	3333
1987	41815	624	14.95	285	6.83	339	8.12	3871
1988	42115	673	16.04	316	7.53	357	8.51	4480
1989	42353	656	15.50	307	7.30	349	8.20	5055
1990	42687	592	13.95	308	7.24	284	6.68	5520
1991	42785	445	10.41	303	7.09	142	3.32	5943
1992	42696	410	9.59	287	6.71	123	2.87	6313
1993	42634	400	9.38	304	7.13	96	2.25	6634
1994	43117	414	9.66	278	6.46	136	3.17	7028
1995	43237	397	9.19	300	6.94	97	2.24	7462
1996	42459	376	8.77	311	7.25	65	1.51	7720
1997	42462	355	8.36	258	6.07	97	2.29	8088
1998	55971	400	7.13	273	4.85	127	2.26	8398
1999	42388	313	7.38	289	6.82	24	0.56	8729
2000	42346	384	9.07	283	6.68	101	2.39	9061
2001	44112	327	7.41	300	6.80	27	0.61	9421
2002	43355	301	6.88	283	6.47	18	0.41	9740
2003	44629	325	7.39	339	7.71	-14	-0.32	10060
2004	45561	419	9.29	264	5.85	155	3.44	10403
2005	45957	356	7.78	295	6.45	61	1.33	10736
2006	47285	328	7.04	320	6.86	8	0.17	11019
2007	47138	302	6.40	286	6.06	16	0.34	11270
2008	47417	258	5.44	276	5.82	-18	-0.38	11527
2009	47769	319	6.70	320	6.72	-1	-0.02	11749
2010	48151	362	7.55	311	6.48	65	1.07	11997
2011	48533	353	7.30	316	6.54	37	0.76	12124

续表 5-8

年份	人口总数（人）	出生		死亡		自然增长		独生子女领证累计
		人数（人）	出生率（‰）	人数（人）	死亡率（‰）	人数（人）	增长率（‰）	
2012	48818	403	8.28	318	6.53	85	1.75	12346
2013	48776	414	8.45	296	6.04	118	2.41	12522

二、计划生育成果

1974年，境内人口自然增长率为11.55‰，2013年辖区内户籍人口自然增长率仅2.41‰。独生子女领证人数累计达12522人。

硕放镇流动人口计划生育服务中心

1988年，硕放乡被评为无锡县计划生育先进集体；1999年至2000年，薛典村被评为无锡市计划生育工作先进集体；2003年至2007年，硕放镇（街道）连续五年被评为无锡市城区计划生育优质服务工作达标单位；2008年硕放街道分别被评为无锡市人口和计划生育示范镇（街道）、城区计划生育优质服务工作先进单位；2011年，硕放街道被评为无锡市人口文化示范基地；合新村被评为江苏省计划生育协会先进单位；溇金村被评为无锡市“十一五”人口和计划生育先进集体、无锡市人口综合服务示范村、人口和计划生育基层群众自治示范社区，被评为无锡市人口综合服务示范社区的还有润硕苑、南星苑第二、咏硕苑、新锦园、南星苑第一、镇、振发等社区。

三、管理机构

1.计划生育办公室

20世纪60年代，硕放人民公社成立计划生育领导小组。由公社妇女主任，各大队、企事业单位妇女主任，生产队妇女队长组成计划生育网络。20世纪70年代，公社妇女主任兼管计划生育工作，并配备计划生育专职人员，负责全公社的计划生育工作，基层大队、生产队由妇女主任、妇女队长专管。1980年开始，设立硕放人民公社计划生育办公室，配备1名计划生育助理和2名计划生育专职人员。各大队（村）由妇女主任、生产队妇女代表、各企事业单位妇女主任、女乡村医生（赤脚医生）、妇代会人员组成计划生育保健网络。1983年至1993年，随着行政机构的变动，硕放人民公社计划生育办公室改称乡（镇）计划生育办公室。2002年，镇政府成立流动人口计划生育管理服务站，为流动人口提供避孕知识、生殖保健知情选择服务。2009年8月，空港产业园区（硕放街道）成立人口与计划生育办公室，进一步宣传贯彻国家有关计划生育的方针、政策、法律、法规。与各村（居）、社区等基层单位签订人口和计划生育责任书，建立健全相关档案，加强流动人口的计划生育管理，落实计划生育各项奖励，提高行政执法力度并开展计划生育帮扶活动。

2.计划生育协会

1990年10月，成立硕放乡计划生育协会。同时召开第一次会员代表大会，会议通过《硕放乡计划生育协会章程》，选举产生第一届理事会、常务理事。1995年11月，硕放镇计划生育协会成立“人口学校”，宣教阵地设在硕放镇党校。各村（居）成立人口学校分校，实施计划生育、优生优育和妇女“五期”（青春期、新婚期、孕产期、育儿期、中老年期）教育。1993年至2004年分别召开第二次、第三次、第四次协会会员代表大会，选举产生第二、三、四届协会理事会理事、常务理事。各届理事会名誉会长由镇党委书记或镇长兼任，分管计划生育的副乡（镇）长及计划生育办公室负责人为会长、副会长。

硕放镇（乡）历届计划生育协会负责人一览表

表 5-9

届次	时间	名誉会长	会长	副会长	顾问
第一届	1990.10—1993.8	华国舜	杨建声	王月琴	—
第二届	1993.8—2000.8	华国舜、唐雨旭	杨建声	王月琴	夏克威
第三届	2000.8—2004.3	沈雪芳、龚伯云	陆琴英	刘雪燕	万家福
第四届	2004.3—	曹建兴	杜　旋	刘雪燕	—

计划生育协会成立后，构建镇（乡）、村两级计划生育协会网络，形成“村协会、会员小组、会员联系户”的计划生育网络体系，协会会员占总人口的10%。协会会员深入开展面对面的国策宣传，传播婚育新风。2012年7月后，根据市场和流动人口集中居住点的拓展，先后有五家企业以及市场管理有限公司等七个单位也相继成立计划生育协会，切实为流动人口育龄妇女做好宣传服务工作。

第三节　外来人口

20世纪90年代，随着乡镇工业的迅猛发展，当地劳动力已难以满足企业用工的需要，开始招收外来人员进厂，外来人员逐渐增加。1995年开始，集体企业全面转制，廉价劳动力大批吸纳，外来务工人员成批进入。2000年，第五次全国人口普查资料反映，当时办暂住证手续的外来人员2199人，其中省外1446人，省内其他市、县、区753人。进入21世纪，随着经济的快速发展，城镇化建设的有序推进，外来务工、经商的流动人员大批涌入，有的举家迁徙，购房定居，有的长期租房定居。2010年，第六次全国人口普查资料反映，全街道本地户籍常住人口48151人，外来人口已达51633人，已超过本地户籍常住人口。至2013年，硕放常住人口已达102791人，其中外地人口达54015人，外来人口已经超过本地人口的10.7%。

一、人口结构

从年龄结构及职业情况看，20—59岁年龄段外来人口居多，主要是务工、经商人员，占总数的78.2%；6岁以上学生人口占总数的6.4%；婴儿和60岁以上老人及其他人员占总数的15.4%。

2013年硕放街道外来人口情况表

表 5-10　　单位：人

外来人口			劳动力人数				在校学生				婴儿及其他人员
总数	男	女	合计	职业			合计	幼儿园	小学	中学	
				第一产业	第二产业	第三产业					
54015	29974	24041	42198	978	22558	18662	3483	823	2106	554	8334

二、人口分布

2010年，第六次全国人口普查情况反映，外来人口51633人，来自全国30个省、自治区、直辖市，其中江苏本省流入境内人口居多，为13354人，之后依次为安徽、河南、四川、湖北、重庆、山东、陕西等外省市流入人口。

2010年硕放街道第六次全国人口普查外来人员分布情况表

表 5-11　　单位：人

省、自治区、直辖市	人数	其中		省、自治区、直辖市	人数	其中	
		男	女			男	女
一、外省合计	27312	15359	11953	湖　南	764	437	327
北　京	65	52	13	广　东	90	51	39
天　津	36	23	13	广　西	288	162	126
河　北	239	140	99	海　南	21	9	12
山　西	343	191	152	重　庆	2087	1112	975
内蒙古	49	30	19	四　川	2867	1618	1249
辽　宁	74	46	28	贵　州	911	478	433
吉　林	148	92	56	云　南	482	271	211
黑龙江	248	152	96	新　疆	19	10	9
上　海	95	60	35	陕　西	1106	625	481
浙　江	270	161	109	甘　肃	319	177	142
安　徽	7859	4403	3456	青　海	74	42	32
福　建	182	114	68	宁　夏	31	17	14
江　西	632	376	256	二、江苏省内合计	13354	7048	6306
山　东	1716	960	756				
河　南	4061	2340	1721				
湖　北	2312	1270	1042	总　计	40666	22407	18259

说明：半年以下省内流动人口10967人不在内，加上后当年外来总人口为51633人

三、居住安置

2000年后，外来人口居住安置主要是租房居住、集中居住、购房居住。租房居住的人数为25701人，将占外来暂住人口的68%。租房有三种形式，一是尚未拆迁的农村住房；二是安置房、商品房，三是廉租房。集中居住的人数为7558人，占外来常住人口的20%。他们主要集中居住在建筑工地工棚、企业集体宿舍以及两个“打工楼”。一个是在2003年，由无锡市国土资源局新区分局率先在硕放规划统筹，建造“翔苑”打工楼，住房建筑面积17751平方米，总投资891.6万元，住房341间，可容纳2800人住宿。除住房外，还有餐厅、超市、浴室、娱乐、医疗服务等配套设施，居住者的生活需求在这里几乎全部能够得到满足。同时还开辟翔苑生育文化园地。为保证安全，小区实行全封闭管理，人员一律凭证进出，每个宿舍都有管理细则。“翔苑”打工楼的建成，方便硕放当地园区乃至新区外来员工就近住宿，方便企业接送员工，并保障员工的住宿安全，丰富他们的业余文化生活；另一个是大墙门村在2003年投资130万元，建造的2000平方米“打工楼”有住房72间，可容纳400多人住宿。至2013年，外来人口在境内购房1505户，定居人数为4530人，占外来人员常住人口的12%。

四、管理服务

2002年，镇政府成立流动人口计划生育管理服务站。各村（居）社区相应建立流动人口管理分站，配备协管员，加强对外来人口管理服务，做好外来人口信息采集和日常管理工作，形成联防、协作、服务网络。

其后，随着硕放城市化建设的快速推进，外来流动人员务工、经商并举家定居的越来越多，成为真正的硕放新市民。为扎实做好辖区内新市民的管理，为他们营造良好的学习、生活、工作、居住环境，各级把外来人口的管理服务作为重点工作常抓不懈，由硕放派出所、街道综合治理办公室、人口与计划生育办公室组成综合管理机构，建立流动人口协管队伍，切实抓好人口信息采集和日常管理，加强对出租房的规范管理，积极向出租房主和租房人宣传《租赁房屋治安管理规定》等相关法律法规，同时加大对外来人口集中的企业、在建工程、行业场所治安检查力度。逐一签订《雇用外来务工人员治安责任书》指导用工单位落实管理的主体责任。组织开展法治宣传进社区、工地、企业等活动，通过发放便民手册、宣传单、警民联系卡、《防诈骗宝典》、提供法律咨询等方式，宣传国家法律法规和防火、防盗、防诈骗等知识，增强外来务工人口应用法律手段维护自身合法权益的意识。为拓展外来人口就业渠道，建立外来人口就业咨询平台，成人教育中心不定期举办各类专业培训班、岗位培训，为硕放新市民提供优质服务。

第四节　长寿老人

随着经济发展，人民生活水平普遍提高。和谐盛世，精神愉快，人的寿命普遍延长。进入21世纪，民间流传“六十花甲小弟弟，七十出头多来些，活过八十不稀奇，九十才是古来稀，穿越百岁是期颐”的经典民谣。至2013年，全街道有90—99岁长寿老人188人，百岁老人2人，平均人口预期寿命为80岁。

一、百岁人瑞

1.2013年硕放“百岁寿星”简介

朱银仙　女，杨家湾村王道人巷人。1913年12月19日出生，20岁时与周根培结为夫妻，共同生活70年。丈夫周根培于2002年去世，终年90岁。朱银仙老人一生都在农村生活，养育三个儿子四个女儿。平时勤俭持家，儿子相继成家后，她一直跟小儿子周善法生活在一起。老人平时勤快、乐观、开朗，性格温和，与人相处和睦，从不与人争吵，与邻居友好往来，心态平和，心情愉快。平时爱吃荤菜，不喜欢吃零食，生活有规律，耳聪目明，生活基本可以自理。子女孝顺，家庭和睦。特别是小儿子周善法对她的照顾无微不至，小儿媳与她相处数十年，感情特别深厚。

曹菊仙　女，溇金村井头人。1912年7月5日出生，19岁结婚，先后生育3子4女，老伴80岁过世，一直和儿子杨柏林一起生活。

她年轻时从事农田劳作，手脚比较勤快。80岁时曾发生胃出血，经子女精心调理、全心侍奉，病愈后，至今身体状况较好。老人性情温和、性格开朗，与邻居关系融洽，家庭和睦，子女孝顺。

老人有良好的生活习惯与饮食习惯，一般早上7点钟起床，自己洗漱吃早饭，然后踢踢腿，散散步。11点钟吃中饭，荤素搭配，营养均衡，饭后午睡，晚上一般在5点半吃晚饭。洗澡由子女帮助。老人喜欢吃面食，身体依然硬朗。

2.已故百岁寿星

1989年至2013年，境内已故百岁寿星10人，全部为女性。

1989—2013年硕放街道（镇、乡）已故百岁老人情况表

表 5-12

单　位	姓　名	性别	民族	生育状况		出生年月	寿终年月	享寿（岁）
				子（人）	女（人）			
大墙门村	唐秀英	女	汉	—	—	1892.3	1993.2	101
墙联村	夏惠珍	女	汉	—	2	1913.8	2013.8	100
墙裕村	周林妹	女	汉	2	2	1909.10	2010.8	101
香楠村	陆阿妹	女	汉	4	3	1910.2	2012.7	102
合新村	李金凤	女	汉	—	—	1912.10	2013.4	101

续表 5-12

单位	姓名	性别	民族	生育状况		出生年月	寿终年月	享寿（岁）
				子（人）	女（人）			
新梅路村	张巧芸	女	汉	2	2	1888.5	1989.8	101
东新村	曹彩宝	女	汉	1	2	1908.2	2009.10	101
新锦园社区	周小妹	女	汉	2	2	1910.8	2012.5	102
南星苑第二社区	李行宝	女	汉	2	3	1903.10	2003.11	100
咏硕苑社区	姚根娣	女	汉	1	2	1912.7	2012.10	100

二、耄耋寿星

2013年底，空港产业园区（硕放街道）有90—99岁寿星188人，其中男性49人，女性139人。

2013年硕放街道耄耋老人（90—99岁）情况表

表 5-13　　单位：人

村（居）名称	人数			姓名
	小计	其中		
		男	女	
大墙门	10	1	9	蔡阿小、林金妹（女）、杨梅仙（女）、蔡阿娥（女）、殷小妹（女）、顾三云（女）、杨素珍（女）、王金娣（女）、蒋才珍（女）、顾水云（女）
墙　联	13	5	8	邹杏宝、王大奎、朱永林、钱仲良、邹钟麟、蒋玉珍（女）、顾雪芹（女）、方文琴（女）、邹云娥（女）、周梅英（女）、朱秀宝（女）、方四妹（女）、屠金娣（女）
东　新	4	1	3	华文荣、朱素珍（女）、顾菊仙（女）、唐小妹（女）
香　楠	1	1	—	刘荣保
安　桥	1	—	1	朱国英（女）
黄家门	8	1	7	吴生泉、季银云（女）、徐秀英（女）、陆素金（女）、俞云娣（女）、董桂英（女）、吴阿妹（女）、谢金妹（女）
杨家湾	1	—	1	曹阿妹（女）
合　新	5	1	4	王仲达、费彩云（女）、李惠珍（女）、华阿毛（女）、朱凤娥（女）
新梅路	1	—	1	吴莱英（女）
秦　村	2	—	2	王姓娣（女）、沈玉芳（女）
淎　金	2	—	2	朱文仙（女）、金秀英（女）
振　发	12	5	7	丁阿五、吴兴德、徐关生、朱荣生、蒋耀芳、谢银娣（女）、沈宝珍（女）、周小妹（女）、陆阿妹（女）、崔林娣（女）、顾秀凤（女）、陈梅珍（女）
润硕苑	12	3	9	顾廷贤、钱岳山、周宗文、王学宝（女）、施阿妹（女）、王定仙（女）、尚杏仙（女）、周金兰（女）、朱巧珍（女）、杨桂珍（女）、邹凤娥（女）、顾梅宝（女）

续表 5-13

村（居）名称	人数			姓名
	小计	其中		
		男	女	
新锦园	16	4	12	顾玉龙、朱浩文、顾林林、邹云福、何阿毛（女）、黄荷珍（女）、邹根云（女）、张金凤（女）、徐惠芬（女）、王素珍（女）、吴才云（女）、蔡鲁珍（女）、顾根仙（女）、谢杏云（女）、周凤娥（女）、吴月珍（女）
咏硕苑	23	6	17	杨德仁、钱仁贵、徐根娣、顾壬娣、金三宝、汤关宝、蒋桂娣（女）、金和妹（女）、陆菊英（女）、蒋玲娣（女）、何阿妹（女）、周玉英（女）、吴小妹（女）、蒋阿妹（女）、朱腊妹（女）、曹金娥（女）、王玲妹（女）、华根娣（女）、吴秀玲（女）、殷定金（女）、王大姐（女）、陈佩芬（女）、金寿云（女）
硕放街道	8	3	5	沈仁林、王耀明、沈锡宝、周菊仙（女）、熊杰（女）、钱小妹（女）、李月芬（女）、王金妹（女）
南星苑第一	13	4	9	邹福民、王水宝、邵贵元、费菊根、潘荣娣（女）、冯彩英（女）、华阿妹（女）、叶阿仙（女）、杨素英（女）、曹妹妹（女）、华巧娣（女）、邹玲娣（女）、华芹娣（女）
南星苑第二	23	6	17	袁兴昌、李其方、顾定奎、胡阿宝、钱绍康、黄正环、王梅仙（女）、杨宝珍（女）、邹更娣（女）、方柳珍（女）、王赛根（女）、赵素妹（女）、陈银妹（女）、李梅珍（女）、钱云娣（女）、过彩英（女）、顾根娣（女）、吴春凤（女）、邹凤仙（女）、许杏娣（女）、杨杏娣（女）、周凤英（女）、邹妹妹（女）
丽景佳苑	14	4	10	华伯元、华明祥、黄兆良、凌锡荣、周素娣（女）、吕金娣（女）、黄宝仙（女）、蒋梅仙（女）、钱静珍（女）、言锡凤（女）、黄淑珍（女）、华雪影（女）、周惠琴（女）、邹英仙（女）
香楠佳苑	19	4	15	曹进兴、崔文俊、姚阿弟、曹世福、吴阿伴（女）、顾小妹（女）、王妹妹（女）、黄巧珍（女）、曹彩娣（女）、俞爱芳（女）、朱小妹（女）、鲍爱云（女）、朱惠珍（女）、唐荣宝（女）、马西妹（女）、毕小妹（女）、范金凤（女）、周根娣（女）、王云仙（女）
合计	188	49	139	

第二篇

基础设施

第六章

村镇建设

大墙门原名杨李巷，因村东有一个经济实力较强的当铺，建造一座高大的“大墙门头”，由此带来商机，小商小贩争先设摊，市场十分繁荣。明清时期，人口迁居增多，街市渐兴，舟楫塞浜，商贾辐射苏州、无锡、常州，民间赶集顺口就说去“大墙门口”。后发展成为大墙门镇。1954年，因国防需要，建造机场，取名硕放机场。随之大墙门镇改为硕放镇。

中华人民共和国成立后，硕放日趋中兴，特别是中共十一届三中全会后，社队工业的发展迅速带动小城镇建设。1985年，乡政府首次进行市镇规划，规划总体在原墙门老街的基础上向南推进。1995年硕放划入新区后，加快市镇建设的步伐，并向高标准城市化建设过渡。聘请同济大学及苏州科技学院的专家，高起点、全方位地对镇域概念规划和市镇建设编制全面的实施方案，按照镇区规划，硕放小城镇建设从1997年至2000年形成1.2平方公里的小城镇化框架。进入21世纪，全镇基础设施建设掀起高潮，重新调整工业园区、商业区、居住区等布局。2002年至2004年，再次聘请同济大学和苏州科技学院的专家，制定镇区逐步拓展至5平方公里，镇域周边逐步进行工业园区开发建设的总体规划思路，并不断细化完善。2007年1月成立空港产业园区后，编制《无锡空港产业园区控制性详细规划》。2010年，获无锡市人民政府批准，空港新城规划总面积55.88平方公里，新城核心区规划面积4.35平方公里。按照总体规划，镇区道路、桥梁、园区厂房、居民安居房及商品房、市镇管网等新城建设项目分批开工建设。经过不断努力，新城建设项目成效明显，人居环境大为改善，公共设施日趋完善，初步形成工业发达、商业繁荣、交通便捷、环境优美的现代化新型城镇。

第一节　城镇规划与建设

一、城镇规划

1.集镇规划

20世纪70年代以前，硕放集镇主要集中在墙门老街。20世纪70年代后，随着社队工业的发展，对政府所在地集镇建设做过粗略设想，虽有发展但没有完整系统的规划，公共设施薄弱。1980年，公社成立生产建设办公室（后改为村镇建设办公室）。1985年，乡政府首次进行市镇规划，规划范围在原墙门老街的基础上向南推进，扩展到医院桥（反修桥）以南的墙南村区域内，先后建造硕放医院、乡政府、工业公司、邮电支局等。20世纪90年代，集镇区面积逐步扩大，配套设施逐步完善，政府在墙门村燕村桥规划建造硕放农贸市场，后又在墙南村朱家浜规划建造硕放商城。

1997年至2000年，按照硕放镇1.2平方公里小城镇框架规划，启动道路、商业街等重点项目建设。随后又规划2.5平方公里的中心区域，建设横向的振发路，形成中心街格局和道路框架。2002年至2004年，镇政府聘请同济大学、苏州科技学院专家统一规划编制《无锡市硕放镇镇域概念规划》《无锡市硕放镇镇区指导性详细规划》及硕放镇核心区城市设计，制定镇区拓展至5平方公里，周边镇域逐步进行工业园区开发建设的总体规划。主要规划有道路、桥梁、工业园区、安居房、商业小区等建设项目，集中区基础设施规划“九通一平”（市政道路、雨水、污水、自来水、电力、电信、天然气、热力、有线电视管线通及场地平整）的新格局。硕放率先在新区乡镇中完成镇域概念规划、镇区详细规划及核心商贸区城市设计。重点项目的规划有：

道路规划 村镇道路的规划一方面为市镇核心区城市设计，另一方面为工业园区配套服务。规划的主要道路有经发一至九路、振发一至七路、新农路、孙安路、薛典路、裕丰路、振发路、盈发路、裕安路、东安路、香楠路、通祥路、新宅路、中通路、南河路、南星路、南星苑一至三路、经沪路、南开路等，总长55公里。

桥梁规划 规划主要道路上的桥梁有新农桥、施家桥、东沈桥、黄滕桥、陆更上桥、安桥、犁尖桥、东庄桥、里新桥、西庄桥、徐家桥、香楠桥、汤家桥、南河桥、沈渎大桥、马家桥、世家桥、溇上桥、曹石桥、振发桥、振兴桥、墙门北桥、吴家桥等30座。

工业园区规划 工业园区在完成一期、二期、三期规划建设的基础上，2002年起，规划工业园区五期、六期建设以及杨家湾、红光和运河3个工业小区。五期规划在环太湖高速公路以南，沪宁铁路及望虞河以北，新经一路以西，区域规划面积8895亩。六期规划在环太湖高速公路两侧，溇金村的相关区域，区域规划面积2520亩。同时规划建设杨家湾、红光和运河3个工业小区，区域规划总面积4025亩。

安置房、商品房规划 安置房小区在振发公寓建成的基础上，2002年起，规划建设润硕苑、咏硕苑、新锦园、南星苑六层小区及部分小高层，以及丽景佳苑一期小高层等。商品房建设在建成通祥三村、锦苑别墅区、通祥一村别墅区等基础上，规划建设丰硕苑、吉祥国际花园、润硕新天地等商品房小区。

商业区规划 在硕放农贸市场、锦新园宾馆、硕放商城、三联超市等商业用房建成的基础上，2002年起，以振发路、通祥路商业街为中心，形成金融、商贸、休闲、娱乐、购物等为一体的综合性商业区域。

市政管网规划 围绕“九通一平”要求，将电力、电信、有线电视管线等纳入市政管网总体规划。规划铺设自来水主管道70公里；规划天然气管道45公里；利用无锡友联热电厂在镇区内的有利条件，规划建设40公里长的供热管道，淘汰燃煤炉，净化空气环境；在2001年10月筹建硕放污水处理厂的基础上，规划铺设排污管道总长75公里，日处理污水2万吨。

文教事业规划 根据文化教育事业发展的需要，规划新建硕放中心小学和南星小学。新建中心幼儿园和南星幼儿园。规划道路两旁绿化成景，规划14万平方米的市民广场和南河港休闲观赏风景带。

2000年后，硕放拉开大开发、大建设的序幕。至2006年，大部分规划建设项目已经完成，部分项目还在建设中。随着空港新城规划建设的有序推进，集镇建设逐步向城市化建设并轨，为空港新城的建设奠定坚实基础。

2.新城规划

2007年1月，无锡空港产业园区委托国内外知名设计单位日本野村综合研究所、东南大学交通学院、中国城市规划设计院和无锡市交通规划设计院编制《无锡空港产业园区功能定位与产业发展战略研究》《无锡空港及空港产业园综合交通体系规划研究》《无锡空港产业园区概念规划》等，确定园区功能定位、发展规模、产业调整、交通整合、环境协调等规划。2007年11月，又委托无锡市规划设计院深入解读、研究编制《无锡空港产业园区控制性详细规划》。2010年获无锡市人民政府批准，空港产业园区规划总面积55.88平方公里。东自沪宁高速公路—锡张高速公路—锡梅路，南临望虞河，西至京杭大运河，北到新梅路。规划目标是着力发展以空港物流为特征的现代服务业和以新兴产业为引领的先进制造业两个产业，建设一个现代化和谐宜居空港新城。

发展目标和功能定位　发展目标为将空港产业园区打造成为快捷之港、先进之区、创意之园、宜居之地。功能定位为国内干线机场、苏南硕放国际机场、无锡综合交通枢纽，集先进制造业、现代服务业功能于一体的现代化和谐宜居空港新城。完善物流基地和软硬件建设，完善高品质的业务空间和生活服务空间，完善园区的商务功能、国际交流功能、物流功能、研发高附加值生产功能、商业观光服务功能等五大功能。

综合交通体系　规划园区内部快速集疏运通道，重点以机场为中心的一体化综合交通网的构建，加强园区路网与机场的衔接。区域运输交通有沪宁运输通道、宁杭运输通道、澄锡宜运输通道和苏嘉杭运输通道等。区域外交通有外部环线锡梅路、G312、新华路、沪宁高速、环太湖高速、锡张高速以及机场路。区域内部快速通道有经一路、华友中路、薛典路、长江南路。通畅的交通道路，为空港国际化提供良好的交通条件。

空港新城核心区　围绕苏南硕放国际机场的建设发展配套需要，打造现代化空港新城核心区。规划面积4.35平方公里，东至孙安路，西至裕丰路，南至香楠一路，北至经发七路。通过现状形态的整治改造、功能的置换整合，在用地功能上增加商业、办公、居住用地的比例，整合土地资源，促进资源合理利用，提升核心区土地价值，完善公共配套设施，全方位提升城市品位，使核心区成为苏南硕放国际机场的主要配套区域。

临空物流园配套服务中心区　通过位于走马塘、经一路、薛典路之间的500亩临空物流园配套服务中心区，规划围绕苏南硕放国际机场的建设发展，打造“空港物流城”品牌，把空港产业园区建设成“苏南国际物流集聚区”，集空港物流、生产性流程服务和商业服务、临空型先进制造业三大产业于一体的现代化绿色空港新城，打造成城市副中心，凸显空港新城北大门良好的城市门户形象，将成为产业园发展的新地标。

重点规划项目　2007年空港产业园区成立后，规划建设一批重点工程，主要有硕放睦邻中心、硕放颐养园、硕放中学、香楠佳苑幼儿园、安居房（香楠佳苑一、二、三期，锦硕苑，渔硕苑，丽景佳苑二期等）、商品房小区（港欣、润硕新天地、空港一号等）、垃圾中转站（日处理300吨规模），规划建设长江南路、经一路延伸段、薛典路城市化改造等工程。同时还规划建设临空科技商务中心以及重点招商项目（百联奥特莱斯、中联不锈钢交易中心、南方不锈钢市场、当当网、瑞港商业广场等），为园区经济发展和社会民生打下坚实基础。

通过规划，进一步优化用地功能布局，不断完善公共配套设施。至2013年，形成以商贸物流业推动房地产业、信息产业为一体的多元化设施建设。公共开放空间的序列和规划结构也更加的合理，特色更加鲜明，城市形象和城市品位全方位提升，逐步形成一个具有江南水乡特色的现代化空港新城。

二、城镇建设

1.街道拓展

明清时期，仅有大墙门街市与唐庄桥码头相接，客货运输大多依赖水路。街上多数为平房，少数为楼房，楼上住人楼下开店。清末民初，街市开设米行、布店、木行、棺材店、铁匠店、饭馆、理发店、肉铺、茶馆、书场等。中华人民共和国成立后，大墙门街市逐步拓展繁荣。

1972年起，墙门老街向西拓展，硕放供销合作社先后新建供销大楼、饭店、旅馆、照相馆、理发店、生产资料部等。1985年，拉开硕放乡新的市镇规划建设的序幕，道路建设以政通路和通祥路为基础，整体向南推进。随着新城镇建设的快速发展，集镇商业街发展为以通祥路和振发路为中心。2006年起，逐渐形成“五纵五横”10条主干道。

通祥路 新宅路至长江东路，南北走向，全长3.32公里。道路两旁有超市、宾馆、瑞港商业广场、银行、饭店、税务所、电力站、吉祥花园、空港一号住宅区、硕放实验小学、硕放中学（新校区）及各类沿街店铺等。

裕丰路 锡宅路至裕安路，南北走向，全长2.5公里。道路两旁有墙裕村、南星苑、香楠佳苑住宅小区等。

薛典路 鸿西桥至环鸿南路，南北走向，全长11.95公里。道路两旁有咏硕苑、振发、润硕苑、新锦园、丽景佳苑一期等住宅小区、大墙门村、大墙门加油站、文化中心（睦邻中心）、硕放中心幼儿园、文化休闲广场、饭店、旅馆、浴室、工业园区部分企业等。

孙安路 锡宅路至环鸿南路，南北走向。全长3.67公里。道路两旁有工业园区部分企业、颐养园、丽景佳苑二期住宅小区等。

东安路 东新村柘茶上至环鸿南路，南北走向。全长3.7公里。道路两旁有工业园区企业等。

政通路 锡宅路至硕放派出所，东西走向。全长0.55公里。道路两旁有工业公司、镇政府、邮电局、银行、派出所、党校及各类沿街店铺等。

振发路 锡宅路至经一路，东西走向。全长2.29公里。道路两旁有硕放商城、超市、银行、法庭、工商所、交警三中队、工业园区部分企业、振发公寓、咏硕苑、润硕苑、丰硕苑、港欣住宅小区、锦苑别墅区及各类沿街店铺等。

盈发路 薛典南路至锡宅路，东西走向。全长1.44公里。道路两旁有华联、大统华超市、新锦园、振发、锦硕苑住宅小区、污水处理厂等。

南星路 薛典南路至锡宅路，东西走向。全长1.56公里。道路两旁有南星苑、空港一号住宅小区、华润燃气硕放客户服务中心、无锡市自来水总公司硕放营业厅及各类沿街店铺等。

新宅路 墙联村范家浜至锡宅路，东西走向。全长2.3公里。道路两旁有吉祥国际花园住宅小区、工业园区部分企业等。

2.商品房建设

房产开发建设始于20世纪90年代初，当时仅有供销社、医院、中学、农业银行硕放支行等单位建设职工楼。1992年，硕放房地产开发公司成立，负责境内的房地产开发，所建的商品房主要由当地居民购买。其后，在镇区中心通祥路、振发路两条一纵一横公路两侧，至1998年先后建造通祥一、二、三村商品房，总建筑面积7.9万平方米，入住790户。在通祥路东、锡宅路南建造70余幢独栋别墅，振发路北锦苑别墅，镇政府东、邮电局北独栋别墅。1998年，硕放房地产开发公司转制为民营企业。1992年至1998年，房产开发公司负责人为李锡惠。1998年后，无锡通达不锈钢集团公司、江苏六通机械（集团）公司、无锡绿宝天然添加剂实业公司等单位先后建造商品房，优先供本单位职工购买。

进入21世纪，随着经济的不断增长，人民生活水平的大幅提高，城镇化建设快速推进，吸引外埠房产开发商来境内投资开发商品房，先后有无锡市景山房屋开发有限公司、江苏上丰城镇发展有限公司、无锡港欣房地产开发有限公司、无锡立达房地产开发有限公司、无锡时代盛业房地产开发有限公司等单位到辖区开发建设。2000年12月，江苏上丰城镇发展有限公司率先进入，建造丰硕苑商品房，占地面积3.3万平方米，建筑面积4.73万平方米。2004年竣工出售。2004年4月，吉祥国际花园商品房建设开工，2006年10月，一期商品房竣工出售。此后二期、三期分别于2009年10月、2011年10月竣工出售。2013年末，吉祥国际花园占地面积28万平方米，建筑面积29.8万平方米，其中住宅面积25.4万平方米，绿化率40%以上。小区分一、二、三期，共建造独栋别墅、联体别墅、花园洋房、小高层、多层和各种公用配套用房101幢，323个楼道，总户数1966户，入住居民4500余

吉祥花园别墅

人。2005年，位于硕放中心幼儿园前，由无锡立达房地产开发有限公司开发建造润硕新天地商品房小区，占地面积0.60万平方米，竣工建筑面积1.37万平方米。2006年，位于咏硕苑社区南、振发路北，由无锡港欣房地产开发有限公司开发建造港欣商住广场商品房小区，占地面积1.13万平方米，竣工建筑面积2.98万平方米。2009年，位于南河港前、南星苑路北，由无锡时代盛业房地产开发有限公司投资开发建造空港一号（云港佳园），占地面积8.67万平方米，竣工建筑面积20.70万平方米。小区有18栋十二至十五层高层住宅；5栋六层花园洋房；1栋五层花园洋房；3栋二至三层的沿街商铺。至2013年，辖区商品房开发建设占地面积41.7万平方米，竣工建筑面积59.58万平方米。

3.安居房建设

香楠佳苑

20世纪90年代末，经济建设已步入快速发展时期，随着招商引资深入推进，不少工业、商贸企业纷纷入驻境内，带动城镇化建设快速发展，拆迁腾地、农民拆迁安置、安置房建设成为解决千家万户老百姓切身利益的一项规模大、涉及面广的民生工程。1999年，硕放镇安居房建设指挥部成立，全面负责全镇安居房建设的立项、规划、设计、建筑、竣工验收等全过程。2000年11月，镇党委、政府在硕放商城菜场南大门举行振发公寓安居房建设开工奠基仪式，拉开硕放镇第一个安居房建设项目的序幕。通过一年时间的紧张施工，保质保量按时完成7.77万平方米的安居房建设，确保首批拆迁农户住进宽敞明亮且配套齐全的安居房。2002年1月，润硕苑、新锦园安居房同时开工。同年12月，咏硕苑安居房破土动工。2003年4月，新锦园安居房竣工，建筑面积14.98万平方米。同时，南星苑安居房建设全面启动，为节约用地，提高单位建筑面积的使用率，后在安置房建设的层数上作调整，南星苑部分小区采用十一层框架结构建设。2004年11月，润硕苑和咏硕苑安居房竣工，建筑面积49.87万平方米。2005年12月，丽景佳苑一期开工建设。2008年9月、11月，香楠佳苑、锦硕苑开工建设。在安居房建设过程中，同时建造社区居民委员会办公用房、医疗卫生用房、地下车库、门卫、警务室、配电间、消防设施、休闲广场、健身活动场所等一系列公共配套设施。至2013年底，全街道安居房建筑面积274.08万平方米，其中住宅面积241.12万平方米，住宅553幢22628套，解决大部分拆迁农户的安置问题。

2000—2013年硕放街道（镇）安居房建设一览表

表 6-1

小区名称	开工时间	竣工时间	建筑面积（平方米）	其中：住宅			其中非住宅（平方米）
				幢数（幢）	套数（套）	面积（平方米）	
振发公寓	2000.11	2001.12	77740	18	636	69697	8043
新锦园	2002.1	2003.4	149847	38	1220	134020	15827
润硕苑	2002.1	2004.11	187625	44	1468	163374	24251
咏硕苑	2002.11	2004.11	311090	68	2500	284677	26413
南星苑	2003.4	2008.9	966428	210	7488	819181	147247
丽景佳苑一期	2005.12	2010.3	168703	23	1434	153243	15460
丽景佳苑二期	2010.12	2012.10	356389	48	2993	318905	37484
香楠佳苑	2008.9	2013.11	411191	77	3774	365845	45345
锦硕苑	2008.11	2011.11	111777	27	1115	102218	9559
合　计	—	—	2740790	553	22628	2411160	329630

4.商业综合体建设

1982年，利用公社投资及无锡县工商局拨款，在墙门老街建造菜场，占地面积780平方米，内设摊位170个。1991年乡政府投资400万元在墙门燕村桥建造农贸市场，面积2500平方米，内设摊位195个。镇房产开发公司成立后，在通祥路建起硕放首家宾馆——景新园大酒店（后改称空港大酒店）。1997年镇政府开始筹建硕放商城，占地面积24000平方米，内设500个摊位。

1994年启动建设通祥路商业街。沿街主要有三联超市、空港大酒店、杨和尚羊汤店、东吴面馆、大东方百货、上海华联超市、瑞港商业广场等。后又建设振发路商业街，沿街主要有硕放商城、海澜之家服饰店、吴良材眼镜店、无锡太康医疗门诊、肯德基餐饮店、上海青远超市等。

随着空港产业园区城市化进程的快速推进，城市建设和商贸服务同频共振，商业开发的品牌效应更加凸显，品位层次不断提升，商业氛围越来越浓厚。2006年12月，在通祥路与盈发路交叉口西北处，无锡盛邦科技发展有限公司投资建造商业大楼，占地面积1.25万平方米，建筑面积2.40万平方米，主要进驻的有格林豪泰大酒店、江南明悦大酒店、无锡大统华超市等单位。

2008年9月，空港产业园区引进的城市综合体瑞港商业广场项目开工建设。瑞港商业广场位于空港新城的核心位置，占地面积4.56万平方米，总建筑面积8.8万平方米，由瑞港国际大酒店和区级商业配套区两大板块组成，内设瑞港文化广场、休闲广场、美食广场、音乐广场等。9000平方米的世纪联华超市、莫泰168旅店、富桥足浴、迪欧咖啡、稻草人养生会所、精品服饰等商家入驻瑞港广场。

2011年1月，空港产业园区最大的商业企业——无锡百联奥特莱斯商业有限公司落户硕放。总投资10亿元，注册资本2.80亿元，占地面积19.10万平方米，建筑面积12.08万平方米。2011年6月22日举行开工奠基仪式。建造的奥特莱斯广场是百联集团旗下百联股份公司重点打造的集名品、餐饮、娱乐、休闲四位一体的超大型品牌折扣广场。无锡百联奥特莱斯广场于2013年6月29日开业。

2013年，按照规划，集购物、休闲、娱乐、餐饮、办公、居住为一体的高端城市综合体项目——硕放香梅哥伦布广场正在建设中。

5.公共设施建设

20世纪80年代后期，随着“城乡一体化”的推进，辖区文化教育、卫生保健、文体娱乐、公共交通、金融商贸、养老殡葬、水电气油等各项公共事业快速发展，形成振发路、通祥路为中心的商业街，配套设施不断完善，生活品质大大提升，为空港新城的建设奠定坚实的基础。

2013年硕放街道主要公共设施一览表

表 6-2

序号	类 别	单位名称	地 点
1	行政机构	硕放镇人民政府	政通路9号
		硕放镇工业公司	政通路10号
		硕放镇党校	政通路17号
2	执法机构	硕放派出所	政通路1号
		硕放工商所	振发路328号
		硕放法庭	振发路316号
		硕放交警中队	振发路326号
		硕放交管所	锡宅路646号
3	文化教育	无锡市硕放中学	通祥南路111号
		江苏省硕放实验小学	通祥北路8号
		硕放南星苑小学	南星二路23号
		硕望桥希望小学	杨家湾村
		硕放中心幼儿园	润硕苑82号
		硕放南星幼儿园	南星一路138号
		硕放中心幼儿园分园（老乡政府）	墙门东路二弄15号
4	卫生保健	硕放社区卫生服务中心（硕放医院）	锡宅路359号
		咏硕苑社区卫生服务站	咏硕苑156号
		新锦园社区卫生服务站	新锦园9号
		南星苑第一社区卫生服务站	南星苑第一社区180号
		南星苑第二社区卫生服务站	南星苑第二社区305号
4	卫生保健	香楠佳苑社区卫生服务站	香楠佳苑7号
		睦邻中心卫生服务站	薛典中路文化中心一楼
5	公共交通	空港硕放公交场站	长江东路
		硕放公交停车场	薛典路
		硕放社会停车场	通祥北路
		硕放街道社区停车场	振发路
		南星苑社区停车场	南星一路

续表 6-2

序号	类 别	单位名称	地 点
6	水、电、油	无锡自来水总公司硕放服务所	锡宅路648号
		硕放供电所	通祥路7号
		苏锡加油站	塔西村原312国道旁
		大墙门加油站	锡宅路与薛典路交叉口
		硕放加油站	中华庄村原312国道
7	文体休闲	硕放文化中心	薛典中路
		硕放市民休闲街（市民广场）	薛典中路
		南河港书场	南河路
8	广电邮政	硕放邮政支局	政通路7号
		硕放电信支局	政通路7号
		硕放广电网络管理站	锡宅路269号
9	金融系统	中国银行股份有限公司无锡硕放支行	通祥路37号
		中国农业银行股份有限公司无锡硕放支行	政通路5号
		中国建设银行股份有限公司无锡硕放支行	政通路10号
		中国工商银行硕放支行	瑞港商业广场77号
		交通银行股份有限公司无锡硕放支行	瑞港商业广场77号
		江苏银行无锡硕放支行	振发路132号
		无锡农村商业银行股份有限公司硕放分理处	振发路150号
10	商贸服务	硕放小商品市场	通祥路
		三联超市	通祥路
		无锡大统华超市	通祥路63号
		上海华联超市	瑞港商业广场77号
		硕放商城	政通路35号
		上海青远超市	振发路137号
		姑苏莲花超市	南星苑三路
		上海华联超市（南星苑店）	南星苑一路100号
		景新园宾馆（空港大酒店）	通祥路29号
		瑞港国际大酒店	瑞港商业广场77号
11	养老殡葬	无锡市康乐年华硕放颐养园	振发路227号
		硕放梦仙堂管理处	望仙桥
		硕放天灵地墓	黄家门村周家角

6.园区厂房建设

1998年，江苏无锡硕放工业园（无锡市新区硕放私营经济园）按照国家“布局集中、用地集约、产业集聚”的规划要求，对园区9平方公里土地进行整体规划，完善布局和功能定位，使之与城镇规划、可持续发展相结合，凸显园区在城镇现代化建设中的核心地位。1999年，工业园区在经发一路开发建设标准厂房5585平方米。2002年至2006年，先后建设标准厂房（16号标房、201号标房、东安路一期标房、东安路二期标房）共计面积14.74万平方米。

第二节　农村建设

一、农村住房

解放前，境内农民一般以同姓氏族聚居，选择在河道两岸建房，形成零星分散的自然村落。农村经济凋零，农民生活困难，村落破败。由于土地私有制，建造房屋无规则，房屋凌乱，高低不一。草房、瓦房混杂，断墙残垣随处可见，环境脏乱。村庄中露天粪坑、鸡鸭粪便、垃圾灰堆、草垛柴堆处处都有。连续阴雨，粪水溢出，柴草腐烂，脏水流淌。夏天蚊蝇成群，人居环境极差。境内自然村落住房的样式与类型大体有三种，一是土坯草房，此为少数。其式样墙体厚一尺左右，手可触及屋檐，屋面覆盖芦席，再抹一层拌着稻草的黏土烂泥（有的掺以适量石灰）即成。有的户主还以厚厚的茅草铺地为床。二是砖木结构的瓦屋，此为多数。木架相连的平房，多为一家兄弟几人或同族邻居同墙合柱。门闼相同，一般为一至二进，少数三造进深，这种长方形住宅，檐头一般不超过2.67米，开阔3米左右。多数人家以乱砖砌墙，土坯做内墙，室内多为泥地。三是少数富裕人家的住房，多为多进，有天井或庭院。墙体以青石灰拌糯米明矾砌砖而成。屋面也很讲究，仰瓦为滴水瓦当，中有图案呈“福”“禄”“寿”字。正屋从大门起，中轴线上有轿厅、客厅、正房，两侧厢房排列厨房、书房、卧室、堂楼、厫间、浴室等。大门楣上配上相形的砖雕装饰，门的两侧设置砣石，黑漆大门配有铜环。讲究的人家用水磨方砖铺地，一般的也是用青砖铺地，卧房铺以地板。

中华人民共和国成立初期，部分贫苦农民在土地改革中分到房屋，住房条件有所改善。20世纪60年代，自然村落有所拓展，一些农民对原有住房进行翻修，也有少数经济条件较好的农户盖起以平房为主的新瓦房。

20世纪70年代起，部分农户因兄弟分家，子女长大分房居住，进入婚龄需要婚房等原因，开始兴建平房。20世纪70年代中后期，大多农户翻建新房，极个别的农户建起简易“矮脚楼”。

20世纪80年代，翻建、新建两层楼房，大部分在原地拆平房建新楼。当时政策规定是先由建房户书面申请，经生产队社员大会讨论同意，填写建房审批表，上报大队初审，公社（乡）审批，报县政府核准批复。根据公社建房统一标准，一般一个建房户可建造两间新房。房屋进深12米，行间3.6米，后来增加到进深14—16米，行间3.6—3.8米，房屋前场地开始为5米，后来增加到8米。要求新建住宅门面高低相齐一线。原则上建设用地尽量利用老屋基或旱地，少占用、不占用粮田。按照村巷整体面貌保持整齐划一的原则统一规划，根据批复要求钉桩定位，准予开工建房。1982年，全公社农村农户共10601户，近10年翻建、新建平房9377间，楼房1478间，共计10855间。20世纪80年代中后期，全乡又掀起平房翻建、易地新建楼房的热潮。乡政府规定农户建房要按间数向建房办公室缴纳押金，经验收，无违反政策规定的退回其押金。

20世纪90年代，房屋的式样、档次、结构、质量时尚高档，有条件的农户建起小别墅。1998年，墙裕村建造第一批五幢两层独栋别墅，2002年又增建12幢别墅。

进入21世纪，随着农村城市化建设进程的不断加快，农民向市镇聚居，部分农民到市镇购买商品房，符合条件的拆迁户入住安居房。

二、村道修筑

1980年机耕土路

20世纪60年代，农村村落相对分散，乡村的道路以狭窄的泥土路居多。1964年，公社在墙西大队唐庄桥至硕放机场小营房（南1000米）铺设第一条碎石块主干道。1970年初，大搞农田水利基本建设，路网扩展，明渠改为暗渠，筑成通用大道。1976年，公社统一规划修筑乡村社道，有的用八五砖或小石块铺设宽60厘米左右的路面。1978年，公社再次统一规划铺设社道，主要道路拓宽至3—5米，并铺上煤渣或砂石，成为农村的简易公路。农村出现拖拉机、运输汽车，农民也开始骑上自行车，农村道路随之逐步拓宽。1980年至1990年，农村主要道路拓宽至7—9米，并铺设水泥或沥青，达到村与村之间、自然村与自然村之间水泥路、沥青路连接畅通。

三、村级设施

1.办公用房

解放初期，各小乡、高级社、大队的办公场所一般利用本地的庙宇、祠堂或地主房屋，设施十分简陋，办公条件较差。1978年中共十一届三中全会以后，随着村办企业的不断发展，村级经济逐年增长，硕放、墙西、西典巷、红光等村率先建造新的办公楼，随后各大队相继新建或改造办公楼，办公设施逐年更新，办公条件不断改善。村民委员会办公场所设有党员活动室、卫生室、幼儿园、警务室、市民学校等，提升服务群众的整体水平。1996年，墙裕村村民委员会建造三层结构办公楼，建筑面积1038平方米，总投资118万元。内设一站式服务大厅、青少年绿色上网中心、图书阅览室等。

2.农贸集市

20世纪90年代起，随着镇村工业企业的发展壮大，就业人员日益增多，远离市镇的群众购买生活必需品的需求增多，村民到市镇购物有诸多不便，促使部分村民委员会积极筹措资金建造村级小集市。1997年5月，中华庄村村民委员会率先在境内六岔路口大华更生产队建造3000平方米的农贸集市，内设农副产品摊位、小商铺等设施。至2013年，全街道有硕放、杨家湾、中华庄、溇金、安桥、薛典六个村相继投资建造村级小型农贸集市，设有小饭店、小超市、小百货、烟酒批发店、理发美容店、电器修理店、摩托车与自行车修理店，还设有鲜肉鱼虾、鸡鸭蔬菜等摊位，市场非常繁荣。有些村利用集体空闲房屋出租，公路两侧也设有日杂店、熟食店、修车行、公用电话亭等，形成具有乡村特色的小街市。

3.文体场所

20世纪70年代后，五一、六一、七一、八一、春光、墙西、东方红、先锋等大队先后办起图书室。图书室一般陈列马克思列宁著作、毛泽东选集、政治经济学、历史文学、连环画、农业科学、古典文学等书籍，同时还订阅各类报刊等以供阅览。书籍的来源除大队提供外，还由大队的党员、团员、青年和干部群众、中小学生自愿捐献出各类书籍。20世纪90年代起，各村相继开设老年活动室、棋牌室、阅览室、乒乓球室、篮球场、健身房等，为村民提供舒适的休闲娱乐场所。

1998年后，娄金村村民委员会建成占地面积80平方米的棋牌室、250平方米的健身场所、608平方米的篮球场、70平方米的健身房等。2006年，墙联村村民委员会建成占地面积285平方米的健身场所，设有运动器具10件。2008年，东新村村民委员会建成占地面积325平方米的健身场所，设有运动器具8件；香楠村村民委员会建成占地面积208平方米的健身场所，设有运动器具10件。2012年，合新村村民委员会建成占地面积163平方米的健身场所，设有运动器具7件；黄家门村村民委员会建成占地面积200平方米的健身场所，设有运动器具6件。2013年，墙裕村村民委员会建成占地面积120平方米的健身场所，设有运动器具7件。

附：农村老宅记

中华人民共和国成立前，境内农村老宅有长村大巷的，也有零星散落的，但基本上是依水而枕。房屋结构以木质径箍铆梁竖，一门一阖（也有四扇门或六扇门的，专为养蚕设计，方便蚕台蚕匾进出），木窗加天窗为典型，朝向以东南为主，一家一井或多家一井，村巷上有好几个河滩踏大，洗洗刷刷或船运装卸十分方便。

旧时民房有两进、三进的，一般以两进居多。通常一间宽三米左右，进深七米左右（前三架后四架），后进搭些四架头小屋，一可养猪养羊，二可堆放杂零之散。室内格局，按传统习俗“暗房亮灶”、大门间、灶屋间、大房间、小房间来设置。大门间朝南，墙上有财神或山水挂图等；靠墙有长台一张，可放蜡扦和香炉，逢年过节可供奉香火；中间有八仙台一张，靠背椅一对，长凳三张，一日三餐一家人可围坐一桌；靠墙边还有长椽、春凳，夏日夜里可搬到场上，小孩躺大人坐，摇蒲扇乘风凉。

灶屋间靠墙一侧有砖砌双眼灶一座（有少量单眼灶）。灶头上有两口铁镬子，外镬尺寸小，里镬尺寸大；上方有“汤罐（官）”，下方有“发镬（屋）”，这是讨个口彩图个吉利；前两口大铁镬烧饭炒菜（有的铁镬还留有补镬匠的铁水补丁），后两口小铁镬利用余热的温水可洗碗洗镬之用；灶头左边烟柜上砌有半个翘角的小亭子，里边画有灶神爷，两侧有对联一副，上联：上天言好事，下联：下界保平安。烟柜砖壁上画有荷叶莲心、鲤鱼跳龙门、年年有余等彩色图案。每年农历六月初四、十四、廿四和农历过年总共四次作为“谢灶日”（供奉时有蜡烛一对，香三支，伴有豆腐、百叶、粉皮、点心，再烧一点锡箔），寓意是让灶神爷上西天如来佛祖那里去汇报一年来的事情时，要多说好话，回来时给本家带回吉兆，保佑来年平平安安；烟柜上砌有三个小方格，一格放盐钵头，一格放油罐头，还有一格放调味品；灶脚上配有一部木制风箱，有时一手拉风箱，一手撒砻糠，火势烧得相当旺；同时在前烟柜上顺手处砌有一块活动的羊角砖，可挂竹制镬架；前灶脚上砌有一个半圆洞可放洗镬子用洗帚；后灶脚上砌有一个正方形小洞，可放自来火（火柴）防潮；后烟柜上砌有一个长方形观望眼，可边烧火边留心灶台镬里烧饭炒菜的动态；灶脚边还置有铜罐或陶瓷拗柄罐，为节约柴火，待烧火结束，盛水放进灶膛里，利用柴灰余热温水，用于洗脸洗脚；灶脚弄里有一把铁制火铗，一个竹制吹火筒，有时回潮的柴草烧不着时，只要憋气一吹，火就旺起来了；菜具配有木柄广勺、铜勺、铲刀、木制拗勺，木制蒸笼（过年蒸糕用）和竹制蒸笼（逢年过节可蒸菜热饭）。另外，灶屋间还有很多辅助设施：面台一张（台板加厚），上可斩肉切菜，也可放竹壳热水瓶，下可放置碗盏家什（有的碗碎落裂缝，由串村走巷的江西补碗匠用补丁修补后再用）；碗橱一顶（也有砌在墙头里的叫壁橱），可放剩菜剩饭、碗盆勺子等，旁挂有筷橱笼一只；另有挑水提桶一副、吊桶一只、水缸一口。

房间里的摆设是十分简陋的，一般床是用杂树或松木做的，类型有搁凳床（装有抽屉）和雕花床（床的门面上镶嵌雕花板，图案以五子登科居多，也有花鸟等，新婚的床门前还挂有刺绣龙凤戏珠的装饰布幔）。冬天通常人家秋收割稻，先晒点青白稻草作为床柴铺垫，又是暖和又是清香。床上挂有麻布蚊帐一顶，床两边有帐扎钩两个；床前有踏板一块，可放大小马桶或夜壶；梳妆台一张伴有骨牌凳；双门大橱一张，木箱数只加官箱一只；另外有小孩用睡桶、立桶；小房间里屯粮的“米窠”（用稻草编织的），还有俗称“粉桿桶”之类的“硬壳落”家什，如小孩大一点分床睡，可搭一张简易床铺。

浴缸间一般设在小屋（有的人家还没有），用砖砌放上一只大铁锅子，倒进几桶水，用柴火一烧即可。洗浴时为避免烫痛，专门做一块龟状的浴缸板。洗浴水可冲刷猪圈。

农具杂货大部分放置于小屋里，也有人家把铁耙、锄头倒挂在梁柱串爿上；有的人家还存放石臼、石磨之类。总之，生产生活用品的堆放是十分拥挤的，真是屋有千间，只少一间。

一座典型的农村老宅，它的格局、摆设、用料、用具、配置，是一个时代的文化结晶。它集中反映农耕时代江南水乡农家的生产与生活风貌。

第三节　建筑安装

一、建筑施工

20世纪60年代前，境内民房建筑施工均为手工操作，主要由泥瓦匠、木匠承担。农村传统的大型建筑施工，都由民间能工巧匠参照《营造法式》或《营造法源》的构图样式而建。大多民居则是靠祖传图样或凭实践经验而建，采用传统的砖木结构（清水墙、木架和双坡面屋面等）。

20世纪60年代后，部分农户因子女多、住房紧张等原因开始翻建平房。20世纪70年代后，大部分农户翻建平房，少数农户建两层楼房，砖木结构已过渡到钢筋混凝土与砖混结构。20世纪80年代后，大批农户用平房翻建楼房。施工技术发生相应的变化，采用6.5毫米或4毫米钢筋打框壳，浇制水泥预制件、混凝土磨矾石、水泥嵌缝粉刷等成为建筑施工的新工种。建筑地基、结构、材料经历三大变化，一是房屋的地基（石脚）从“三七”土（三成石灰、七成生黄泥）、石渣基础到全部采用砖混基础；二是从砖木结构、砖混结构发展到框架结构；三是门窗材料从木材、钢材到铝合金。砌墙砂浆开始划分不同标号，黄沙石灰、水泥根据不同的砂浆标号进行拌和，“116”粉墙得到普遍推广。20世纪90年代后，大型建筑施工时增加塔吊起重机、推土机、搅拌机，全面推行组合钢制扣件脚手，既减轻劳动强度，又增加安全系数，大大提高工作效率。江苏六通机械（集团）公司、无锡通达不锈钢集团公司、江苏宏丰集团公司及无锡县客车厂等十多家企业集团用全钢架式厂房，取代砖混框架式建筑。进入21世纪，境内的安居房、商品房、标准厂房等建造以钢筋混凝土全框架式为主。

二、建筑队伍

解放前，本地虽然手工业者从业人数众多，但都各自谋业。中华人民共和国成立后，成立墙门区水木协会。1952年春，当地200多名泥水木匠自愿联合成立水木协会，民主推选正、副主任，并设立会计1人。水木协会隶属墙门区政府管辖，主要负责接洽业务、调度安排、制册造账、收缴会费（每月会员缴纳0.2元），按期组织学习等事务。1957年春，无锡县建筑站成立，接着又成立华庄区建筑分站，墙门乡原水木协会被编为建筑基层站，并设置站长、会计，负责主持日常工作。职工到单位和外地做工，均由基层站开票结账，从中提取3%的管理费。基层站根据职工技术程度，民主评定工资级别。一级工，日工资1.5元，最高为五级工，日工资2.3元。1958年5月，基层站改为建筑大队，建立党支部，设书记、大队长，受公社领导。1960年，成立硕放人民公社建筑站，行政上属公社领导，业务上接受县建筑公司指导。有职工200多人，设正、副站长3人，会计1人。建筑站主要负责市镇建设，企事业单位修建及社员家庭住房建造。当时建筑业仅限于地面建设，水泥活还未普及。建站后全站职工互相传授技艺，学习外地先进经验，建筑业快速发展。1962年，县建站组建工程队，抽调硕放20人充实力量，有数人分别担任工地技术指挥，在工程实施中建筑技艺得到进一步提高，后来这些人员陆续归站，成为本站建筑技术主力。1976年组建水泥制品厂，成立桥梁队。1981年底，建筑站设管理站站长、副站长各1人，会计2人，另配备安全员、设备员、调度员各1人和技术员、施工员各2人。1982年，硕放建筑站更名为硕放建筑工程公司。1993年创办装潢公司、水电安装公司。1998年12月企业转制为民营企业。

1952年至1998年，水木协会、硕放建筑站、硕放建筑工程公司历任负责人为朱鹤年、费其法、朱纪根、顾耀栋、张阿根、朱祖耀、杨建声、杨永根、唐耀忠。

20世纪90年代起，随着城市化建设的快速发展，涉及房地产业的建筑单位不断增加。境内建筑单位有硕放建筑工程公司、墙南建筑工程队、无锡置业建筑工程有限公司、无锡开源建设工程有限公司、无锡北大建筑工程有限公司等；外来进驻的建筑单位有江苏宏华建设工程有限公司、江苏盐城建筑集团有限公司、江苏南通六建建设集团有限公司、无锡锡山建筑实业有限公司、江苏天亿建设工程有限公司等。

三、建筑工程

1958年，建筑大队分若干分队，转战硕放、新安、红旗等工地，先后建造公社石灰窑、许卖万头场、公社大会堂，并参加红旗人民公社新村建设，境内高炉修建及沪宁铁路复线等工程。1967年，望亭电厂锅炉抢修曾请硕放建筑站派员援助。1971年，望亭电厂安装30万千瓦发电机组，硕放建筑站组织工程队担负汽机房的建造。在无锡县种禽场首建三层楼30间，经地区、县技术单位检验，质量达到设计标准。1974年起，建筑业务向外扩展，先后承接国防四号工地、安徽铜陵工地、杭州笕桥机场工地、广西长东机场工地建筑及油漆工程。1976年，又在无锡县种禽场进行四层楼建造。1981年，首次在无锡县拖拉机厂建造五层楼房。至2013年，墙南建筑工程队承包境内的建筑工程主要有工业公司、硕放党校、南星苑小学、中国农业银行硕放支行、硕放睦邻中心等。无锡置业建筑工程有限公司承包的境内建筑工程主要有景新园宾馆、通祥一村别墅区、通祥三村商品房、锦苑别墅、通祥路东侧别墅区、新锦园社区安置房等。硕放建筑安装工程有限公司承包的境内建筑工程主要有硕放机场候机楼、硕放中学教学楼、硕放商城、硕放颐养园、社区安置房等部分项目。无锡北大建筑工程有限公司承包的境内建筑工程主要有市民广场、丽景佳苑二期社区安置房等部分项目。无锡开源建设工程有限公司承包的境内建筑工程主要有南星苑小学、振发公寓、南星苑、锦硕苑、香楠佳苑社区安置房等部分项目。

四、建筑装潢

中华人民共和国成立前，境内建筑的装饰装潢较为讲究的是寺庙、宗祠和商行。地主富绅住房等建筑如木柱彩绘雕刻，枋椽注重造型，门窗花板花格，屋面尤重檐脊（有龙凤禽鸟、万年青及铜钱形镶嵌）。民居建筑，门窗上部采用砖砌发圈，以替代过梁板。木工讲究整个框架牢固，门窗制作美观。厅室之间，以屏风、挂落相隔。外墙用石灰纸筋打底，石灰粉刷。

解放初至20世纪60年代，农村住房基本没有装饰装潢。20世纪70年代，农村住房墙面大都用石灰粉刷，地面铺砖或浇水泥地。20世纪80年代，新型建筑材料不断出现，居民对居住条件、住房质量的要求也不断提高，磨矾石、墙地砖、花岗岩、马赛克、墙纸、涂料等新型材料相继用于房屋的装饰装潢，装饰装潢成为建筑业中一个重要的组成部分。20世纪90年代，生活水平逐渐提高，人们对居住环境开始有了更高的要求。应用最为广泛的材料为天然石材（花岗岩、大理石、板岩等）、木材（柚木、水曲柳、榉木等）、瓷砖（釉面砖、抛光砖、破化砖等）、新型门窗（铝合金、不锈钢、钛合金等）、铝扣板（喷涂铝扣板、滚涂铝扣板、覆膜铝扣板等）、马赛克（陶瓷马赛克、玻璃马赛克、鲍贝马赛克等）。

进入21世纪，人们更注重装饰装潢的美观大方、品位高雅、安全环保。

第四节 拆迁安置

中华人民共和国成立后，境内拆迁安置工作主要涉及硕放机场建设工程和城镇化建设工程。硕放机场建设工程，包括机场筹建（“四一四工程”）及机场改扩建工程。其间共拆迁47个自然村，拆迁农户全部得到安置。2000年以来，随着经济建设的大开发，大量的拆迁工作涉及全镇千家万户。镇党委、政府为加强全镇拆迁安置工作，成立镇拆迁安置办公室，按照上级拆迁安置政策，主要负责全镇的道路交通、工业园区发展、镇区公共设施及居民住房建设等工程的拆迁安置工作，具体由一名副镇长分管此项工作。至2013年，境内拆迁共涉及24个村337个自然村，拆迁农户得到全面安置。同时实行房权换股权，拆迁农户入股户数2590户。

一、拆迁工程

1.机场建设动迁

1954年4月，硕放机场筹建（“四一四工程”），涉及机场建设范围内的墙西乡姚轩坟等8个自然村、塔西乡丁更上等11个自然村、观泗乡毕家桥等9个自然村、新中乡大华更自然村。其中有的是整体动迁，有的是部分动迁，有的仅1户动迁。共涉及4个小乡29个自然村、209户、1018人。

2005年，苏南硕放国际机场改扩建，涉及红光村长田岸等12个自然村、新梅路村金家里自然村；部队营房扩建涉及杨家湾村良更上、赵家桥、方家里；受机场噪声影响动迁涉及杨家湾村硕望桥、严家浜、钱家湾。2012年，机场再次扩建，涉及新梅路村东沈巷等6个自然村的动迁工作。

2.市政建设拆迁

2001年至2013年，境内城镇化建设先后涉及拆迁的主要工程项目有：

国家级、省级工程 312国道工程、沪宁高速公路工程、省级走马塘拓浚工程等。

高新区及硕放工业园区 无锡高新区A区、B区、C区、F区，硕放工业园，华友工业园，华阳工业区，新区建设地块，里东工业园，锡东配套区，威孚集团地块等。

市、区、镇级道路 环太湖高速、锡张高速、机场路、长江南路、经一路、薛典路、新梅路、孙安路、裕安路、香楠路、裕丰路、南开路、东安路、里河路、锡兴路、中通路、通祥路等。

社区安居房 振发公寓、润硕苑、新锦园、咏硕苑、南星苑、丽景佳苑一期、丽景佳苑二期、香楠佳苑、锦硕苑等。

公共设施及其他工程 市民广场、梦仙堂、天灵地墓、50万伏高压线项目、瑞港商业广场、昭嗣堂、新区公交总站、翁氏义庄、无锡报业集团、睦邻中心、颐养园等。

2000年，红力、新梅路自然村率先在全镇拆迁，共拆迁农户56户，拆迁面积1.03万平方米。2001年，涉及红力、新梅路、薛典、墙南等12个自然村，共拆迁农户198户，拆迁面积3.64万平方米。

2002年至2005年，开发建设无锡高新区、硕放工业园、华友工业园、机场扩建、吉祥花园商品房、南星苑安居房等工程项目，拆迁涉及墙北、红力、红光、大墙门、墙联、西典巷、硕放、薛典等170个自然村，共拆迁农户7513户，拆迁面积165.32万平方米。

2006年至2009年，开发建设机场扩建、硕放工业园、长江南路延伸、锡张高速、经一路延伸、睦邻中心等工程项目，拆迁涉及西典巷、墙联、合新、秦村、建丰、东新、黄家门、红光、香楠等193个自然村，共拆迁农户3504户，拆迁面积86.34万平方米。

2010年，开发建设省级走马塘拓浚工程以及无锡高新C区、硕放工业园、丽景佳苑、香楠佳苑安居房等工程项目，拆迁涉及秦村、大墙门、溇金、硕放、墙联等60个自然村，共拆迁农户1244户，拆迁面积37.21万平方米。

2011年至2013年，开发建设威孚集团、走马塘工程、无锡高新C区和F区、硕放工业园、吉祥花园、丽景佳苑、机场集团、睦邻中心、机场南路、机场噪声等工程项目，拆迁涉及建丰、秦村、大墙门、合新、墙联、新梅路、黄家门、安桥、东新、溇金、秦村、杨家湾、香楠等村82个自然村，共拆迁农户1264户，拆迁面积39.92万平方米。

在2001年至2013年的开发建设过程中，拆迁安置涉及24个村，337个自然村，共拆迁农户13779户，拆迁面积333.46万平方米。

二、补偿安置

1.补偿

做好农户的安置补偿工作是党委、政府的头等大事，它是惠及千家万户的民生工程。补偿政策严格按照拆迁时间执行。2006年12月31日以前的拆迁农户，执行无锡市新区管理委员会《关于下发〈无锡市新区征地拆迁办法（暂行）〉的通知》的文件精神（简称“137”文件）进行补偿。2007年1月1日起的拆迁农户，执行无锡市新区拆迁办公室于2007年2月25日下发的《新区拆迁办公室关于印发无锡市新区实施〈无锡市集体土地房屋拆迁管理办法〉细则的通知》（简称“363”文件），对被拆迁房屋在全面评估的基础上，给予经济补偿。

2009年1月，空港产业园区党工委、管委会出台《关于无锡空港产业园区惠民物业股份合作社的意见（试行）》文件。是年12月31日，成立无锡市新区硕放惠民物业股份合作社（简称惠民合作社）。主要对执行“137”文件的拆迁农户，采取“房权换股权”的办法，以解决一套政策性住房的部分或全部价款入股。入股形式有三种，入股股民可任选一种。一是以一套房屋全部价款入股；二是不支付购房款入股，即以整套房屋按每平方米2000元计算价格与政策性住房购买价的差额入股；三是交部分房款进行入股。为鼓励广大拆迁农户踊跃入股，2013年11月，街道办事处下发《硕放街道关于被拆迁居民部分安居房股权式安置实施办法》文件，入股对象指在2007年1月1日起拆迁的农户，按拆迁后尚未安置结束的面积进行入股。入股股民采取自愿入股的原则，入股后按惠民合作社有关章程操作执行。入股股民按入股的股金总额计算股息分红，股息按入股总额年收益率8%计算。每年分两次分红兑现。至2013年，执行“137”文件拆迁农户入股的总户数1662户，股民缴纳房股权3893.42万元，入股股金7687.59万元，入股总额11581.01万元，已支付红利4101.61万元。实行“363”文件拆迁的农户入股总户数928户，入股股金2904.13万元，股金分红193.60万元，多余款利息46.96万元，股金分红加利息总计240.56万元。

2.安置

2000年11月7日，硕放第一个安居房工程——振发公寓开工建设。2001年11月竣工。是年，在边建造边安置的情况下，首批安排290套安居房，安置面积3.01万平方米。2002年，润硕苑、新锦园、咏硕苑三个小区分期、分批施工建设。至2004年11月，三个小区安居房全部竣工。2002年至2004年，共安置住房10180套，安置面积103.96万平方米。2005年至2010年，共安置住房9401套，安置面积92.69万平方米。2011年至2013年，共安置住房1306套，安置面积12.57万平方米。至2013年12月，累计竣工安居房建筑面积274.08万平方米，安置住房21177套，安置面积212.23万平方米。

2000—2013年硕放街道（镇）拆迁安置情况表

表 6-3

年份	拆迁户数（户）	拆迁面积（平方米）	安置套数（套）	安置面积（平方米）
2000	56	10300	—	—
2001	198	36412	290	30049.96
2002	2081	483763	2839	290477.44
2003	2237	493026	3237	333123.04
2004	2582	544499	4104	416018.49
2005	613	131958	1011	104578.81
2006	188	32666	297	30499.43
2007	632	160306	1322	130461.89
2008	950	233344	1969	197660.13
2009	1734	437057	2941	285797.94
2010	1244	372120	1861	177929.20
2011	669	234525	872	84364.04
2012	345	69120	377	35749.61
2013	250	95525	57	5561.44
合　计	13779	3334621	21177	2122271.42

2013年末硕放街道各村拆迁安置一览表

表 6-4

行政村（居民委员会）	村民小组数（个）	总户数（户）	涉及拆迁村民小组数（个）	拆迁户数（户）	安置户数（户）	占总户数（%）	尚未拆迁户数（户）
大墙门	36	1623	25	1043	1043	64.30	580
墙　联	40	1421	27	741	741	52.10	680
墙　北	26	713	26	713	713	100.00	—

续表 6-4

行政村（居民委员会）	村民小组数（个）	总户数（户）	涉及拆迁村民小组数（个）	拆迁户数（户）	安置户数（户）	占总户数（%）	尚未拆迁户数（户）
东　新	34	1038	31	1000	1000	96.30	38
香　楠	35	884	25	814	814	92.00	70
安　桥	18	508	18	477	477	98.00	31
黄家门	20	909	17	822	822	90.40	87
西典巷	24	859	24	850	850	99.00	9
硕　放	23	865	23	862	862	99.70	3
杨家湾	14	482	11	417	417	86.50	65
合　新	26	1405	23	1122	1122	79.90	283
新梅路	35	1522	34	1442	1442	92.30	80
红　力	20	744	20	744	744	100.00	—
红　光	22	768	22	768	768	100.00	—
秦　村	15	508	12	403	403	79.30	105
溇　金	30	859	27	679	679	79.00	180
建　丰	21	818	21	783	783	95.70	35
墙　裕	5	209	2	4	4	1.90	205
合　计	444	16135	388	13684	13684	84.80	2451

说明：1.拆迁户数以拆迁安置协议为准；2.安置户包括房屋安置和货币结算；3.涉及合并的行政村以合并后的村名为准

2000—2013年硕放街道（镇）涉及拆迁村落及安置一览表

表 6-5

村（居）民委员会	拆迁村落		安置去向
	数量（个）	自然村名	
大墙门	22	马家湾、翁家里、薛典、荷典桥、吴家店、小桥头、曹家湾、顾家浜、吴华桥、程家里、梅家里、邵更上、小店巷、坝上、周纪章、钱家桥、陆更上、翁更上、孙更上、张家湾、周家园、老住基	振发、润硕苑、咏硕苑、南星苑、丽景佳苑、香楠佳苑、新锦园
墙　联	19	尤房上、庵上、老二房、朱家浜、谢家桥、糖坊上、小房上、方家里、蔡更上、崔家里、东轩坟、陆家桥、旺家里、姚轩坟、叶家弄口、蟑螂山、唐庄桥、旺家浜、丝竹里	振发、锦硕苑、润硕苑、新锦园、香楠佳苑、南星苑、咏硕苑、丽景佳苑
墙　北	19	顾更上、唐家里、姚家桥、北绛、下沿、吴更上、堰田下、埝头上、杨家里、过命桥、沈更上、蒋更上、许卖、石子街、周家湾、邹家里、竹桥头、袁更上、竹桥坟	振发、润硕苑、新锦园、咏硕苑
东　新	28	大陆更上、杨沙浜、小许巷、西沿上、沿里庄、桥头、埝里、池家湾、西香湾、许九房、倪巷桥、牛池头、旺典、金家车、丁更上、江家里、南河头、树皮巷、姚更上、沈家湾、柘茶上、朱家里、孙典桥、陈家沿、陆家浜、中四房、胡更上、木桥头	振发、润硕苑、新锦园、咏硕苑、南星苑、丽景佳苑、香楠佳苑

续表 6-5

村（居）民委员会	拆迁村落		安置去向
	数量（个）	自然村名	
香　楠	22	犁尖头、东河头、龙眼里、外浜、曹家里、田里四房、庄里、西庄、曹家门前、小王家里、施更上、沈更上、河浜上、田堵里、西浜、双车湾、旺家沿、浦家里、吴家里、小陆更上、薛家里、李更上	润硕苑、新锦园、咏硕苑、南星苑、丽景佳苑、香楠佳苑
安　桥	13	华更上、徐桐桥、角里、周典巷、杨家渡、毛家浜、陆更上、金家浜、中巷、杜家里、安桥头、南庄、蔡家里	振发、香楠佳苑、润硕苑、咏硕苑、新锦园、南星苑、丽景佳苑
黄家门	13	汤家桥、姚家里、俞尚坟、绛湾里、西码头、陈德屋、秦家坝、周家角、金更上、顾家湾、华家里、杨家里、陆家湾	咏硕苑、润硕苑、新锦园、南星苑、香楠佳苑、丽景佳苑
西典巷	17	大许巷、大家桥、陆贤桥、肖家桥、庄里、田里四房、西典巷、前场湾、朱更上、马头湾、方场湾、周公桥、谢家桥、尤家里、小桥头、西墙门、徐家湾	振发、润硕苑、新锦园、咏硕苑、香楠佳苑、丽景佳苑、南星苑
硕　放	38	九房住基上、陆家里、钱更上、沈更上、西房、东马家湾、西马家湾、项家浜、俞家里、丁家浜、白泥墩、前头三房、园上、许家里、三家村、季家湾、陈家里、陆房桥、丁家桥、草屋里、老五房、吕家里、吕家墩、陆房村、蒋家里、同桥头、万家里、龙潭湾、石桥头、丁家里、姚家里、朱家里、沈巷上、王家里、杨家里、二亩四里、桥头浜、费典桥	振发、润硕苑、新锦园、咏硕苑、南星苑
杨家湾	7	方家里、赵家桥、良更上、方家里、钱家湾、硕望桥、严家浜	新锦园、咏硕苑、南星苑、润硕苑、丽景佳苑、香楠佳苑
合　新	24	长房里、纱巷里、河东湾、西四房、小沈渎、小朱家里、大庙上、花园里、老住基、潘更上、外头三房、吴家桥、杨家湾、何家里、梁家桥、大朱家里、王家里、谈更上、方家门前、丁更上、油房里、树巷里、大沈渎、邹家湾	丽景佳苑、咏硕苑、香楠佳苑、新锦园、锦硕苑、润硕苑、振发、南星苑
新梅路	31	严家湾、王家桥、小桥头、史更上、张牛皮、张更上、奚更上、小园里、奚家庄、南房湾、小华更上、翻扒头、枫槐桥、小大房湾、蒋家坝、白水井、邓家湾、西沈巷、中华庄、金家里、后华庄、鸭船上、安桥、大华更上、东沈巷、前华庄、颜更上、金家堰、陈家里、凌家里、俞家里	振发、润硕苑、咏硕苑、新锦园、南星苑、丽景佳苑、香楠佳苑
红　力	16	河泗桥、小章家桥、陈家里、马更上、柘树园、旺家桥、汤庄桥、蒋巷上、田二房、南头湾、朱家里、夏土婆湾、丁更上、查甲里、张更上、尤家里	振发、润硕苑、新锦园、咏硕苑、南星苑
红　光	21	大二房桥、长田岸、殷家桥、桥头湾、陆家桥、吴三房、吴家湾、袁步桥、徐家堰、张更上、田舍桥、张干坝、长浜绛、旺二房桥、殷家里、徐更上、竺祥庵、袁更上、张家湾、居更上、毛家湾	振发、润硕苑、新锦园、咏硕苑、南星苑
秦　村	9	陈家桥、杨家湾、凌家园、毛家桥、北宅、象斗树下、朱米山、东堰湾、何四房	振发、润硕苑、咏硕苑、南星苑、香楠佳苑、丽景佳苑、新锦园

续表 6-5

村（居）民委员会	拆迁村落		安置去向
	数量（个）	自然村名	
漤　金	21	马家桥、张更上、唐更上、漤上、阙家里、杨树坝、南安桥、曹家湾、小大房、外场、张修船、当中横、陆家湾、石桥头、坝东、唐家里、南小园、井头、苏家湾、唐小河坝、周三房	振发、润硕苑、新锦园、咏硕苑、南星苑、香楠佳苑、丽景佳苑
建　丰	16	黄贵桥、阙家桥、唐家里、薛更上、大河头、盛家湾、下沿、螺蛳浜、周清浜、桥角里、南五房、过家桥、旺市桥、老坝头、小坝头、黄更上	振发、润硕苑、新锦园、咏硕苑、南星苑、丽景佳苑、香楠佳苑
硕放镇	1	陆房湾	香楠佳苑、丽景佳苑、南星苑
墙　裕	—	部分户在无锡治理太湖蓝藻行动中安置	锦硕苑

第五节　管理机构

一、房产管理所

解放初期，境内公房由无锡县东绛房产管理所管理，由税务员黄建树监管，负责收取房租和维修等工作，隶属无锡县财政局领导，后房管工作划归县基建局领导。1975年8月设立硕放房管组。1985年6月成立硕放房管所，编制2人。1995年3月，因区域调整，硕放房管所由无锡市新区房产管理局直接领导，负责农村房产登记发证工作。2009年5月，硕放房管所撤所并入无锡市新区房产管理局。1975年至2009年，历任负责人为曹洪良、杨泉元。

二、村镇建设办公室

20世纪70年代，境内社员建房由大队统一规划安排宅基地。1982年2月，公社成立建房办公室，负责办理社员建房审批工作，使农村建房逐渐步入有序轨道。是年，公社设立村镇建设办公室，主要职责为组织制订村镇建设发展计划，指导全乡（镇）规划和负责村镇建设的管理工作。2007年1月，成立空港产业园区后，村镇建设办公室归并规划建设和环境保护处（改称规划管理办公室）。1982年至2013年，历任负责人为李俊松（兼）、薛祖荣（兼）、孟建康（兼）、朱耕裕、张再群。

三、建筑管理站

1989年建立硕放建筑管理站，主抓建筑质量、安全生产等监督管理工作。2008年，建管站归并规划建设和环境保护处建设管理办公室。1989年至2013年，历任负责人为张再群、邹林根、滕云初、陈德兴、吴小米、金卫忠。

四、城管执法中队（城市管理办公室）

1995年5月成立硕放镇城管监察执法队，由硕放派出所代管。2003年5月，建立城市管理办公室，负责城市综合整治工作，协调市政、绿化、市容环卫、广场公园等设施的零星工程、应急工程等。2007年2月，成立无锡市新区城管执法大队硕放中队，并通过社会公开招聘10名队员，队伍扩至16人。2011年6月，城管队伍扩至26人。2013年，城管队伍共有执法队员33名，拥有行政执法车4辆。1995年至2013年历任负责人为查锡荣（兼）、陈云良、朱建平、张再群、陈德兴、周凤楠、顾建栋、翁贤、朱燚福。

五、安置房建设指挥部

成立于1999年，主要负责境内的安置房建设工作。1999年至2013年，安置房建设指挥部历任总指挥为杨建声（兼）、陆毅刚（兼）、陈琼（兼），副总指挥为周凤楠、顾建栋。

六、拆迁安置办公室

成立于2000年10月，具体负责境内的拆迁、补偿、安置等工作。2000年至2013年，历任负责人为陈德兴、顾建栋、杨国栋。

七、物业管理公司

成立于2002年4月，负责社区保安、保洁、绿化养护、日常维修等工作。2002年至2013年，历任负责人为顾建良、周凤楠。

八、惠民物业股份合作社

成立于2009年12月，选举产生第一届董事会、监事会。董事长郭维毅，监事会负责人黄锡渭，聘任陆中明为总经理。2013年11月，换届选举产生第二届董事会、监事会。董事长黄锡渭，监事会负责人朱晓晓、邹静芳，聘任陆中明为总经理。

第七章

道路桥梁

解放前，境内交通不便，运输以水路为主。农村道路泥泞，境内除集镇附近有少数条石和青砖铺设道路外，绝大多数是羊肠小道，高低不平、晴天浮尘、雨天坑洼、泥泞不堪、难以行走。

中华人民共和国成立后，随着社会经济的不断发展，道路桥梁的建设在镇村经济建设发展中至关重要，政府加大对道路桥梁建设的投入。1964年，公社修筑一条由机场南1000米处至墙西唐庄桥的碎石路。1969年底，境内第一条硕放至无锡的公交线路开通。20世纪80年代中后期，全乡村村通公路。20世纪90年代后期，为加快工业园区的开发建设，政府更加注重道路桥梁建设，投入大量资金对新区长江路延伸、312国道改道、机场路衔接、高速公路配套工程、境内镇级道路建设等基础设施进行拓展修建。至2000年，村级公路和主要道路共修筑338.70公里，境内道路建设面貌发生日新月异的变化。至2013年，空港产业园区形成独一无二的交通区位优势，沪宁高速、环太湖高速、锡张高速、312国道，构成"一环四射"的放射型对外干道轴线，7条国、省、市级公路穿境而过，共52.60公里；薛典路、通祥路、墙宅路等27条镇级主要公路连接外埠交通路网，累计主干道路共74.34公里；望虞河、北宅港、走马塘、南河港、里夫泾港等主要河道公路桥梁共有50座，其他桥梁还有248座，累计河道河浜上共有桥梁298座。

第一节　道　路

一、高速公路

1.沪宁高速公路

全长274.07公里，硕放境内段4.5公里，途经红光、墙北、建丰、薛典、溇金5个村。1992年6月14日开工，1996年2月全线贯通，11月28日营运。全线双向六车道，在境内薛典村处设硕放道口，建收费站1个。2004年，又进行道路拓宽工程，利用一年多时间，沪宁高速公路全线拓宽通车为双向八车道。为方便硕放机场的进出港营运，拆除老收费站，新设无锡机场互通三进六出高速公路匝道收费站，2008年5月1日建成投入使用。机场互通是沟通无锡硕放国际机场与周边地区的重要枢纽。

沪宁高速薛典出入口标志

2.锡张高速公路

锡张高速公路于2008年3月24日开工。2010年11月3日，江苏省锡张高速公路举行通车仪式。起点无锡，终点苏州张家港，与无锡环太湖高速公路相连，沿苏州、无锡两市交界北延，相接沿江高速公路，止于港丰公路，全长51.1公里。全线采用双向六车道高速公路标准，设计速度120公里/小时。锡张高速在境内也称环太湖高速，大部分采用高架，途经境内硕放、西典巷、东新、溇金、秦村等村，全长9.5公里。2009年9月29日，环太湖高速无锡硕放互通工程开工建设，位于硕放村境内。该工程包括互通区路基、路面、雨水、电力管线等建设项目，工程总投资约2000万元。环太湖高速硕放互通采用单喇叭B型、支线上跨方案，共有A、B、C、D、E五条匝道，匝道设计速度为40公里/小时，匝道均采用路基宽度为8.5米的单车道设计。与长江南路和华友中路沟通，连接线设计行车速度为60公里/小时。为便于营运管理，在C匝道设置收费站。环太湖高速硕放互通的建成，既是无锡市新区重要交通出入口，也是无锡空港物流最为便捷的交通出入口，充分发挥环太湖高速的快速外环功能，提升地区经济辐射能力、区位优势。

二、国　道

312国道

起点为上海，终点为新疆霍尔果斯口岸，全程4967公里。境内312国道分三次建设，第一次为老国道建设，境内长5公里，途经王家桥、中华庄、塔西等村，过公铁隧道接新安界，双向四车道；第二次因无锡市规划建设新区进行改道建设，北接经一路，途经红光、新梅路等村，南接公铁隧道入新安界，双向六车道，境内长5.4公里；第三次为建造硕放机场互通再次改道，由经一路向南延伸，途经红光、墙北、建丰、大墙门、溇金、东新、安桥等村，直至望虞河大桥，境内长10公里，双向六车道。

312国道高架桥薛典路交界处

三、市、区、镇级公路

1969年，为改变农村通往城市的交通状况，第一条硕放通往无锡的公路（锡宅路）建成。境内从硕放大桥到新联大队，全长7公里。20世纪80年代，村村通公路。境内建成五条主要公路有孙典桥村至安桥村、墙南村至黄家门村、机场营房至红力村、墙门村至秦村村、墙门村至墙北村。进入21世纪，工业园区快速发展，大批国内外大中型企业入驻园区，城市化道路建设循序推进，园区道路先后开发建设经发一路至九路、振发一路至七路等，这些园区公路均与镇级“五纵五横”等主要公路相通。至2013年，境内先后建成镇级公路27条，全长74.34公里，大多为沥青路面。

1.锡宅路（墙宅路）

1969年7月开工建设，境内西起硕放大桥东至大墙门，是通往无锡的第一条公路，年底通车。至1973年，锡宅路延伸至后宅杨家浜，砂石路面。境内长7.18公里，路面宽9米。后墙宅路又向东延伸至鸿山街道鸿祥路。

2.机场路

无锡市区至机场的一条高等级快速绿色通道，双向六车道，境内长2公里。路经境内新梅路村。

3.长江南路

西接新区长江北路，东至鸿山街道（后宅），双向六车道，境内长8.7公里。途经合新、杨家湾、硕放、黄家门、香楠、安桥等村。

4.华友路

2003年建成，北起经一路，途经原墙北村，南至新宅路，双向四车道。境内长2.95公里，路面宽18米。

5.硕梅路

1985年建成，为砂石路面。南起机场营房，途经塔西、中华庄、王家桥、红力、红光村，北至梅村荆同村，境内长4.83公里，路面宽5米。1988年重新铺设为沥青路面。2000年后，硕梅路重新规划调整。

6.硕鸿路

1985年建成，为砂石路面。南起锡宅路，途经墙门、薛典、建丰、秦村等村，北至锡甘路。境内长5.5公里，路面宽5米。1988年重新铺设为沥青路面。2000年后，硕鸿路重新规划调整。

7.墙门路

1986年建成，为砂石路面。南起墙门西路，途经粮管所，北至墙北村村民委员会。境内长2.27公里，路面宽5米。2000年后，墙门路重新规划调整。

8.围场路

1987年建成，为砂石路面。从墙西村绕机场连接机场专线，途经红光、王家桥、中华庄等村。境内长5公里，路面宽5米。

9.东安路

2003年开工建设。北起孙典桥村柘茶上，途经新农、里河、工业园区、安桥等，南至环鸿南路。沥青路面，境内长3.7公里，路面宽15米。

10.孙安路

1986年建成，为砂石路面。北起锡宅路，途经孙典桥、新农、里河、里新等村，南至安桥村。2004年扩建铺设为沥青路面，向南延伸至环鸿南路。境内长3.67公里，路面宽15米。

11.薛典路

1985年建成，为砂石路面，当时称硕鸿路。南起锡宅路，途经墙门、薛典、建丰、秦村等村，北至锡甘路。1988年重新铺设为沥青路面。1997年在硕鸿路的基础上，从锡宅路至经一路改建为薛典路。2001年起，从经一路向北延伸至鸿西桥。同时从锡宅路向南延伸至长江南路，途经咏硕苑、振发公寓、润硕苑、丽景佳苑一期等。2008年起，又向南延伸至环鸿南路，全线拓展铺设沥青路面，双向六车道，境内长11.95公里，路面宽16米。

12.通祥路

1997年开工建设，为水泥路面。北起锡宅路，南至盈发路。2005年扩建，全线改铺沥青路面。向北延伸至新宅路，向南延伸至长江南路。境内长3.32公里，路面宽24米。

13.裕丰路

2002年建成。北起锡宅路方家里，途经墙裕村、南星苑、香楠佳苑，南至裕安路。原路为锡宅路至黄家门村的砂石路社道，2002年进行改扩建后铺成沥青路。境内长2.5公里，路面宽15米。

14.南星路

2003年开工建设。东起薛典路，途经空港一号（云港佳园）、南星苑，西至锡宅路。双向六车道，沥青路面，境内长1.56公里，路面宽24米。

15.盈发路

1998年开工建设。东起薛典路，途经振发公寓、新锦园社区、瑞港商业广场、锦硕苑社区、污水处理厂，西至墙宅路。境内长1.44公里，路面宽15米，为沥青路面。

16.振发路

1997年开工建设。西起锡宅路，途经锦苑别墅、中国银行、硕放商城、振发公寓、丰硕苑、咏硕苑、润硕苑、法庭、工商所等，东至鸿山街道金马路。双向四车道，沥青路面，境内长2.29公里，路面宽15米。

17.政通路

1987年开工建设。西起锡宅路，途经镇工业公司、镇政府、邮电局、农业银行，东至派出所。境内长0.55公里，路面宽15米，为沥青路面。

18.新宅路

2004年开工建设。西起硕放机场东侧，途经吉祥国际花园、大墙门村，东至锡宅路。境内长2.3公里，路面宽15米，为沥青路面。

19.南开路

2002年开工建设。西起硕放大桥，途经建新村、硕放村、运河工业小区、黄家门村，东至环鸿南路。境内长4公里，路面宽15米。

2013年硕放街道镇级主要公路情况一览表

表 7-1　　单位：米

序号	道路名称	走向	长度	宽度	起点	终点
1	东安路	南北	3700	15	柘茶上	环鸿南路
2	孙安路	南北	3670	15	锡宅路	环鸿南路
3	薛典路	南北	11950	16	鸿西桥	环鸿南路
4	通祥路	南北	3320	24	新宅路	长江东路
5	裕丰路	南北	2500	15	锡宅路	裕安路
6	南星路	东西	1560	24	薛典路	锡宅路
7	盈发路	东西	1440	15	薛典路	污水处理厂
8	振发路	东西	2290	15	锡宅路	经一路

续表 7-1

序号	道路名称	走向	长度	宽度	起点	终点
9	政通路	东西	550	15	锡宅路	硕放派出所
10	新宅路	东西	2300	15	硕放机场东侧	锡宅路
11	硕梅路	南北	4830	5	机场营房	梅村荆同村
12	墙门路	南北	2270	5	墙门西路	墙北村
13	南星一路	南北	760	15	南星路	南星苑六区
14	敬老院路	南北	500	9	机场东侧	墙宅路
15	经沪路	南北	1900	15	盈发路	环太湖高速
16	唐南路	南北	850	9	唐庄桥	墙宅路
17	中通路	东西	3400	15	薛典路	溇金村
18	南开路	东西	4000	15	硕放大桥	环鸿南路
19	南星二路	东西	1180	15	墙宅路	裕丰路
20	南星三路	东西	1250	15	经沪路	裕丰路
21	南河路	东西	650	15	薛典路	裕丰路
22	香楠路	东西	2700	16	孙安路	硕放村
23	裕安路	东西	3400	15	裕丰路	安桥村
24	新农路	东西	680	15	孙安路	东安路
25	墙宅路	东西	7180	9	硕放大桥	鸿祥路
26	墙门西路	东西	510	9	六通厂	医院反修桥
27	围场路	环形	5000	5	墙西村	王家桥村

四、乡村道路

解放初，境内农村道路都是泥路，仅墙门镇和薛典镇有数条接步石路。1958年，公社在建设“万头畜牧养殖场”时，将路面块石移作建造猪舍，导致石条路又变作泥路，雨天泥泞而行走困难。

1964年，公社修筑一条由机场南1000米处至墙西唐庄桥的碎石路，路宽1.7米，途经五星大队赵家桥、墙西大队蟑螂山、唐庄村、香花桥等，成为当地百姓乘火车、墙门赶集、出行的主要道路。

20世纪60年代末至20世纪70年代中期，随着农田水利基本建设和拖拉机的普及，各大队逐步修筑地下渠道与拖拉机路合二为一的主要道路。1978年，公社开始规划修筑连接各大队的社道，以沟通全公社各大队的社道初步建成，初步改变农村的通行条件，为群众的生产生活带来方便。1981年，公社统一规划，由砖瓦厂负责供应双红砖，在4米宽的社道中间铺设60厘米的双红砖。全公社以墙门镇为中心，铺设六条连接周边各大队的社道。一是由六一大队方家里起，经建农大队到先锋大队严家里；二是由公社砖瓦厂起，经新联、新农、里河大队到新星大队；三是由粮管所旁的墙门大桥起，经七一大队，到建丰大队；四是由供销社采购部（墙门坝后）起，经五一、春光，到东方红大队；五是从八一大队起到后宅双板桥；六是由新安海家坝起，经光明大队王家桥到红力大队河泗桥。六条社道总长度为25.50公里。

20世纪80年代中后期，村村通公路。至2000年，村级公路和主要道路共修筑338.70公里，呈现路网一体化。

2000年末村级主要道路情况一览表

表 7-2 单位：米

行政村	道路长度	行政村	道路长度
墙　门	19060	建　新	6000
墙　南	27700	塔　西	12300
墙　西	20100	中华庄	8620
墙　北	20500	王家桥	9100
孙典桥	7660	红　力	17500
新　农	6550	红　光	16200
里　河	4857	秦　村	27380
安　桥	28800	溇　金	27047
里　新	9000	建　丰	13009
黄家门	10850	薛　典	18730
西典巷	8500	墙　裕	200
硕　放	9100	合　计	338663
杨家湾	9900		

第二节　桥　梁

硕放位于太湖之滨，古运河畔，境内河道密布，桥梁众多。从清朝至民国末年在主要河道上建造的桥梁以石拱桥和石板桥居多，村巷之间相邻的小河浜大多架设木桥，桥梁修筑有官修和民修，均为民间义举。中华人民共和国成立后，贯彻“民需民办，民办公助”的政策，在政府的领导下，由社、队出资对乡村所有桥梁逐步进行修复重建。1964年，国家在京杭大运河硕放与新安地段建造当时最大的硕放大桥。同年，公社建筑站在墙西大队姚轩坟生产队成功建造境内第一座双曲拱桥。1976年5月，公社建筑站桥梁队在硕放粮管所与七一大队陆房湾生产队交界处的唐庄河上，建造境内最大的墙门大桥。20世纪70年代起，全乡都改建成砖石结构的双曲拱桥，供拖拉机等农用车通行。20世纪80年代起，交通事业迅速发展，村村通公路，随之建造的桥梁主要以公路桥梁为主。进入21世纪，大型的平板公路桥梁日渐增多。2009年，江苏省人民政府在安桥村杨家渡与苏州市相城区望亭两乡的交界处，建造跨越望虞河的四跨预应力混凝土悬浇半截连接箱梁桥——望虞河大桥。至2011年，走马塘拓宽工程在境内建造桥梁17座。至2013年，境内共有大小桥梁298座，其中主要河道上的公路桥梁50座，其他桥梁248座。但有的桥梁已改造重建，有的已被拆除，有的已湮没。

一、主要桥梁

1969年，境内建成第一条无锡至硕放的公路后，主要公路桥梁有硕放大桥、反帝桥、鲁家园桥、友谊桥。20世纪80年代村村通公路，重建、扩建、新建公路桥梁。进入21世纪后，随着城镇建设的快速发展，空港新城核心区建设形成通祥路、振发路、薛典路等五纵五横的主要道路，同时在南河港、走马塘等主要河道上配套新建公路桥梁。至2013年，境内主要河道公路桥梁有50座。

1.硕放大桥

跨越京杭大运河的公路桥，是建新村朱家里与新安新建村两乡的交界桥。始建于1964年，为锡宅公路上的梁板式钢筋混凝土桥，长90米，宽5.7米，5孔，中孔净跨20米。1994年由江苏省交通厅、无锡县桥梁工程公司拓建成200米长，引桥长860米，宽10米的钢筋混凝土钢架拱桥。2010年，因苏南运河按三级航道标准整治而又重建。

2.望虞河大桥

跨越望虞河的公路桥，是安桥村杨家渡与苏州市相城区望亭两乡的交界桥。建于2009年，为新312国道上的四跨预应力混凝土悬浇变截面连接箱梁桥，全长521.8米（含引桥），宽24米，全桥悬浇梁段共54对，每幅桥中跨和边跨合龙段共4块，耗资3亿多元（含配套工程），于2010年底通车。

3.丰乐桥（龙汇桥）

无锡境内最南端的一座跨越京杭大运河的大桥，是黄家门村绛湾里与苏州市望亭太湖地区农科所两县的交界桥。据《梅里志》记载，此桥始建于明万历三十一年（1603年），名龙汇桥。清嘉庆二十一年（1816年）重建后改名丰乐桥。清咸丰十年（1860年），太平军攻克无锡，李秀成攻占新安、望亭，丰乐桥毁于战火。清同治九年（1870年）又重建，改名为北望亭桥（俗称北桥）。20世纪70年代，由国家投资将老北桥改建成双曲拱人行桥，名为“五七大桥”（因当时附近有一所“五七”干部学校而名），桥长72米，宽4米。1992年又略加拓宽。因京杭大运河的“四改三”工程，新的大桥于2009年11月开建，为主跨100米两车道的预应力钢管混凝土系杆拱桥，包括引桥在内全长266米，于2011年4月建成。建成后，桥名恢复古名“丰乐桥”。

4.杨家湾大桥（反帝桥）

跨越唐庄河（后又称走马塘）的公路桥，是杨家湾村与西典巷村两村的交界桥。1970年根据锡宅公路需要建此桥，取名反帝桥。2009年，由于走马塘河的拓宽，反帝桥拆除重建，重建后全长51米，宽11米。2011年10月建成，改名杨家湾大桥。

5.墙门大桥

跨越唐庄河（后又称走马塘）的公路桥，是墙北村与墙门村两村的交界桥。1976年5月，公社建筑站桥梁队在硕放粮管所与七一大队陆房湾生产队交界处的唐庄河上，建造境内最大的墙门大桥，全长30米。2009年，由于走马塘的拓宽，墙门大桥拆除重建，2011年10月建成。重建后的墙门大桥全长65米，宽5.5米。桥址在硕放街道社区居民委员会陆房湾。

6.唐庄桥

跨越唐庄河（后又称走马塘）的公路桥，是墙西村与墙南村两村的交界桥。始建于明万历年间（1573—1620年），取名观泾桥。清乾隆五十五年（1790年）重建，更名唐庄桥。1990年唐庄桥拆除，向南移50米新建双曲拱桥。2009年，由于走马塘拓宽，唐庄桥拆除重建，2011年10月建成。重建后的唐庄桥全长40米，宽5.5米。桥址在墙联村。

7.望仙桥

跨越唐庄河（后又称走马塘）的公路桥，是墙南村与墙西村两村的交界桥。最早为三孔梯形石板桥，桥身处河面较窄，不足20米。主桥面两边石桥梁侧面中间各有三个圆环，环中各一字，为“望仙桥”三字。在锡宅公路未通车时，是当地群众到新安、无锡、硕放火车站的必经桥梁。1970年，望仙桥拆除重建双曲拱桥，桥宽2米，供行人和人力车通行。1997年，镇政府在望仙桥西堍建梦仙堂，将原桥翻建可通汽车的水泥双曲拱桥。2009年，走马塘拓宽，望仙桥再次拆除重建，2011年10月建成。重建后的望仙桥全长50米，宽9米。桥址在墙联村。

8.走马塘桥（北）

跨越走马塘的公路桥，位于秦村村。由于走马塘拓宽，于2009年10月新建，为平板公路桥，全长50米，宽22.5米。2012年建成。

9.荷典桥

跨越走马塘，贯通薛典路的公路桥，是墙门村荷典桥与薛典村孙更上的交界桥。1980年建造硕鸿路时，拆除老桥重建公路桥。2009年，由于走马塘拓宽，将原桥再次拆除，重建后为平板公路桥，全长60米，宽34.5米。2011年10月建成。

10.走马塘桥（南）

跨越走马塘，贯通长江东路的公路桥，位于硕放村境内。2009年10月由于走马塘拓宽，新建的平板公路桥是长江南路通往无锡市区的主要桥梁，全长72米，宽45米。2011年建成。

11.杨成桥

跨越杨成河上的公路桥，位于合新村机场南路油房里自然村。1958年前是三孔木桥。1970年改建成石礅水泥桥。1985年，硕梅路建造时拆除老桥，新建公路平板桥。2006年新建机场南路，将原桥拆除，建成全长20.5米、宽13.5米的公路平板桥。2006年建成。

12.培荣桥

跨越燕村河上的公路桥，位于墙门村庵西海自然村。1999年，由于建造通祥路的需要，硕放籍中国香港同胞钱培荣慷慨解囊，捐款5万元建造此桥，建成后镇政府以他的名字命名为“培荣桥”，全长11米，宽26米。1999年建成。

13.南河桥

建于明嘉靖四十二年（1563年），是一座横跨南河港上的“环龙”月洞古桥，是墙南村与西典巷村两村的交界桥。当时桥顶面宽不足2米，桥顶高出地面1米，南北呈梯形，各有八级石阶，桥下环龙月洞直径4米。2003年因新锦园社区建设，古桥被拆除。在建设通祥路中，向西移50余米重建新桥，新建后的桥全长22.5米，宽37.8米，为公路平板桥，桥名仍取古名南河桥。

14.润硕桥

跨越南河港的公路桥，位于薛典路润硕苑西南角旁。建于2009年，全长24米，宽34.5米的公路平板桥，是薛典路的主要桥梁。

15.墙裕村桥

跨越南河港的公路平板桥，位于墙裕村，全长20米，宽16.5米，是裕丰路的主要桥梁。2002年建成。

16.盈发路桥

跨越鲁家园浜的公路平板桥，位于墙联村，全长17.5米，宽18米，是盈发路上的唯一桥梁。2000年建成。

17.沈渎大桥

跨越走马塘，贯通南开路的公路桥，位于合新村与硕放村交界处。2006年建造南开路建造的平板公路桥，是南开路通往无锡的主要桥，全长65米，宽18.6米，于2011年建成。

18.曹石桥

跨越里夫泾港的公路平板桥，位于香楠村，是长江南路的主要桥梁，全长24.6米，宽40米。2009年建成。

19.振发桥

跨越里夫泾港的公路平板桥，位于咏硕苑社区旁，是振发路的主要桥梁，全长23米，宽15米。1997年建成。

20世纪90年代中期至2013年，境内主要公路桥梁还有沪宁高速上跨桥、环太湖高速上跨桥、机场南路上跨桥、新宅路桥、南星路桥、运河二桥、安桥浜桥、李更上桥、先锋桥等。

2013年硕放街道主要河道公路桥梁一览表

表7-3　　　单位：米

桥梁名称	长度	宽度	坐落位置			结构形式
			单位	公路名	河道名	
硕放大桥	90.00	5.70	硕放与新安交界	锡宅路	京杭大运河	平板桥
杨家湾大桥	51.00	11.00	杨家湾与西典巷交界	墙宅路	走马塘	平板桥
鲁家园桥	10.50	10.00	墙南村	墙宅路	鲁家园河	平板桥
朱家里桥	22.00	11.60	孙典桥村	墙宅路	里夫泾浜	平板桥
丰乐桥	266.00	4.00	硕放与望亭交界	南开路	京杭运河	拱　桥
沈渎大桥	65.00	18.60	合新与硕放交界	南开路	走马塘	平板桥
运河二桥	25.60	20.50	黄家门村	南开路	蚂蝗浜	平板桥
运河四桥	15.50	20.50	黄家门村	南开路	大包庄河	平板桥
先锋桥	20.30	20.50	黄家门村	南开路	坟塘桥浜	平板桥

续表 7-3

桥梁名称	长度	宽度	坐落位置			结构形式
			单位	公路名	河道名	
走马塘桥（南）	72.00	45.00	硕放村	长江南路	走马塘	平板桥
长江南路一号桥	24.60	40.00	黄家门村	长江南路	大包庄河	平板桥
长江南路二号桥	24.60	40.00	黄家门村	长江南路	蚂蟥浜	平板桥
李更上桥	24.60	40.00	香楠村	长江南路	安桥浜	平板桥
曹石桥	24.60	40.00	香楠村	长江南路	里夫泾港	平板桥
安桥浜桥	28.00	40.00	安桥村	长江南路	安桥浜	平板桥
南星 724 号旁桥	33.00	39.00	南星苑	南星路	南河港	平板桥
南星 170 号旁桥	25.00	18.00	南星苑	南星二路	南河港	平板桥
南星一路桥	15.00	14.00	南星苑	南星一路	五丫浜	平板桥
盈发路桥	17.50	18.00	墙联村	盈发路	鲁家园浜	平板桥
振发桥	23.00	15.00	咏硕苑社区	振发路	里夫泾港	平板桥
牛池头桥	23.00	15.00	东新村	振发路	新联河	平板桥
陆贤桥	42.50	13.00	丽景佳苑第一社区	振发三路	里夫泾港	平板桥
新宅路桥	40.00	20.00	大墙门村	新宅路	走马塘	平板桥
培荣桥	11.00	26.00	墙门村	通祥路	燕村河	平板桥
南河桥	22.50	37.80	新锦园社区	通祥路	南河港	平板桥
墙裕村桥	20.00	16.50	墙裕村	裕丰路	南河港	平板桥
润硕桥	24.00	34.50	润硕苑社区	薛典路	南河港	平板桥
荷典桥	60.00	34.50	大墙门村	薛典路	走马塘	平板桥
五一桥	13.00	34.50	大墙门村	薛典路	川桥头河	平板桥
薛典路 3 号桥	17.00	34.50	大墙门村	薛典路	燕村河	平板桥
望虞河大桥	521.80	24.00	硕放与望亭交界	G312	望虞河	平板桥
柘茶上桥	23.00	22.50	东新村	G312	柘茶上河	平板桥
倪巷桥	42.50	42.50	东新村	孙安路	倪巷桥河	平板桥
墙门桥	44.00	11.00	大墙门村	墙门路	燕村河	平板桥
墙门大桥	65.00	5.50	硕放街道居民委员会	墙门路	走马塘	平板桥
唐庄桥	40.00	5.50	墙联村	唐南路	走马塘	平板桥
望仙桥	50.00	9.00	墙联村	望仙路	走马塘	平板桥
走马塘桥（北）	50.00	22.50	秦村村	秦村路	走马塘	平板桥
锡协路桥	40.00	20.00	建丰村	锡协路	走马塘	平板桥
黄腾桥	27.00	14.70	东新村	东安路	安桥浜	平板桥
西庄桥	18.00	21.00	香楠村	香楠路	里夫泾港	平板桥
杨成桥	20.50	13.50	合新村	机场南路	杨成桥河	平板桥
尤家里桥	31.00	50.00	墙南村	经沪路	南河港	平板桥
硕放村桥	14.50	52.00	硕放村	经沪路	龙潭湾浜	平板桥
马头湾桥	9.60	16.50	南星苑社区	南星三路	直龙口浜	平板桥
新　桥	12.00	19.50	南星苑社区	裕丰路	直龙口浜	平板桥
沪宁高速上跨桥	120.00	24.50	薛典村	薛典路	—	平板箱梁连体
环太湖高速上跨桥	144.00	40.00	硕放村	长江南路	—	箱梁连体
机场南路上跨桥	252.00	40.00	合新村	长江南路	—	箱梁连体
南星三路中桥	21.50	17.00	南星苑社区	南星三路	五丫浜	平板桥

二、其他桥梁

其他桥梁是指至2013年，为方便百姓出行，以各种不同时期采取不同方式建造的各类木桥、石桥、双曲拱桥、平板公路桥等，先后建造桥梁248座。进入21世纪，随着农村城市化建设的推进，涉及拆迁的区域大部分木桥、石桥、双曲拱桥被拆除。

硕放街道（镇、乡、公社）其他桥梁情况一览表

表 7-4 **单位：座**

单位	小计	桥梁名称
墙　门	13	燕村桥、香花桥、张更上桥、友谊桥、吴华桥、花瓶井桥、云层桥、钱家桥、墙门北桥、小典巷桥、梅家里桥、黄金沙桥、鲤城桥
墙　南	10	坟里桥、张生桥、谢家桥、鲁家园前桥、鲁家园后桥、庙下浜西桥、宋更上桥、川八桥、南头桥、小房上桥
墙　西	9	旺家里桥、唐庄村桥、香花桥、香花桥厂桥、香花桥水泥桥、朱郎桥、东轩坟桥、东轩坟过水桥、杨家桥
墙　北	12	吴家桥、许卖桥、小桥角里桥、前竹桥、后竹桥、北绛桥、堰田下桥、姚家桥、陈家桥、查家桥、灌溉过水桥、过命桥
孙典桥	14	金家车桥、许九房桥、中四房桥、坟里桥、倪巷桥、柘茶上桥、云屋里桥、新联桥、孙典桥、堰里桥、木桥头桥、杨家里桥、南桥头桥、三房桥
新　农	9	吴家桥、毛竹桥、陆更上桥、大公桥、朱洞眼桥、姚更上桥、沈家湾桥、新农桥、东沈桥
里　河	5	毛家桥、施家桥、施更上桥、小陆更桥、犁尖桥
里　新	14	安洋桥、吴洋桥、外浜桥、龙眼里过水桥、西巷门桥、曹西桥、洒作桥、曹东桥、东庄桥、庄里桥、双车湾桥、香楠桥、里新桥、安洋桥
安　桥	7	徐桐桥、安桥、中巷桥、永忠桥、陆更上桥、杨家渡老桥、角里桥
黄家门	13	洛梁桥、古寺桥、新桥、暗洋桥、西洋桥、坟塘桥、西庄桥、联心桥、黄家桥、汤家桥、香花桥、俞尚坟桥、徐家桥
西典巷	7	大许巷东桥、陆贤桥、周公桥、燕马桥、大家桥、中兴桥、肖家桥
硕　放	12	陆房桥、费典桥、丁家桥、十四房桥、小五房桥、杨家里桥、沈巷上桥、西湾桥、许家里桥、红南桥、龙潭湾桥、九房桥
杨家湾	7	赵家桥、严家浜小桥、永安桥、硕望桥东桥、硕望桥西桥、陈家里桥、电站上桥
建　新	5	梁家桥、水沿桥、小沈渎桥、小二房桥、过水桥
塔　西	12	花园里桥、长房里桥、纱巷里桥、吴家桥、方家门前桥、鳌塔桥、周沿桥、旺家沿桥、树巷里桥、船舫浜桥、大长浜桥、河东湾桥
中华庄	8	小安桥、华更桥、前华庄小桥、中华庄桥、后华庄东桥、后华庄西桥、马夫桥、史更上桥
王家桥	8	朝东巷桥、小桥头桥、立公桥、枫槐桥、泗水桥、文革桥、武威桥、王家桥
红　力	8	小章家桥、查甲里桥、河泗桥、旺家桥、朱甲里过水桥、汤庄桥、红力南桥、红力桥
红　光	12	陆家桥、旺二房桥、黄贵桥、田舍桥、袁步桥、大二房桥、殷家桥、观庄桥、新开河桥、袁源桥、竺梅桥、大二房桥过水桥
秦　村	12	秦村桥、陈家桥、秦村大桥、前进桥、毛家桥、顾家湾桥、北宅桥、东堰湾桥、何四房桥、凌家园桥、施方园桥、东方红1号桥
溇　金	13	杨墓世家桥、苏家湾桥、陆家湾桥、杨树坝北桥、杨树坝西桥、马家浜桥、世家桥西桥、钱家桥、外场桥、世家桥新桥、溇上东桥、马仙桥、八一大桥

续表7-4

单位	小计	桥梁名称
建　丰	13	桥角里桥、放鹰桥、过家桥、过家桥东桥、盛家桥、佰仟桥、旺市桥、旺市桥南桥、建丰桥、阙家桥、华家浜桥、下沿桥、建丰过水桥
薛　典	4	薛家桥、薛典西桥、翁家里桥、老住基桥
南星苑	8	南星215号旁桥、352号旁桥、370号旁桥、126号旁桥、132号旁桥、656号旁桥、148号旁桥、300号旁桥
咏硕苑	3	咏硕苑南桥、东桥、平板桥
香楠佳苑	5	香楠佳苑1号、2号、3号、5号、6号桥
其　他	5	六通厂大桥，轻机厂大桥，五冶集团旁桥，薛典路一号、二号
总　计	248	

第八章

环境保护

20世纪50年代，境内很少有工业企业，仅有数家传统手工业作坊机加工型油坊、磨坊，农民种田施用自然肥料，污染源很少，空气清新，河水清澈。20世纪60年代，农业生产开始使用少量化肥、农药，城市部分污染源逐渐流入农村，但总体上对农村自然环境影响甚小。20世纪70年代，农业生产追求复种指数，提高单位面积产量，大量施用化肥农药，农田得不到休闲，部分化肥和农药随水排入河道，造成水体富营养化和环境轻度污染。20世纪80年代，乡镇工业崛起，全乡经济和社会事业快速发展。但由于化工、冶金、电镀等污染行业治污措施及设备一时难以到位，产生的废气、废水等重污染源对环境造成危害。20世纪90年代，由于人流量、物流量的逐渐增加，塑料袋包装物等大量生活垃圾、生活污水以及餐饮油烟的不规范排放，超标的机动车辆尾气、噪声也直接影响环境质量。

1952年4月，墙门乡建立爱国卫生运动委员会，设立卫生助理员，全面开展爱国卫生运动。1965年春，公社在墙门集镇建立清洁管理所，切实加强镇区的清洁卫生管理工作。1989年6月，乡工业公司增设环保管理部门，负责全乡环境保护管理工作。1997年，镇政府建立环境卫生管理所，全面负责镇、村两级环境卫生管理的指导服务。同时镇政府和各相关企事业单位加大环保公共设施及治理污染的投入。对批准的在建项目，坚持环保治理设施与主体工程“三同时”（同时设计、同时施工、同时运行）。全力投入，创建卫生镇、卫生村的系统工程。2007年1月，无锡空港产业园区成立后，下设规划建设和环境保护处，同时在规划建设和环境保护处下设环保办公室。全面开展环境整治、生态修复和环保创建达标活动。逐步形成由政府牵头、多部门配合、全社会参与的环保综合治理队伍，切实建立环境保护的长效管理机制，实行“路长制”“河长制”全覆盖，确保环境污染源得到有效控制，环境质量明显改善。

2004年，硕放镇被江苏省爱国卫生运动委员会评为江苏省卫生镇。2006年6月，被国家环境保护总局评为全国环境优美乡镇。2007年9月，被全国爱国卫生运动委员会命名为“国家卫生镇”，12月被江苏省建设厅授予“江苏省人居环境范例奖”。2011年，国家卫生镇复查通过。1997年至2006年，墙裕、墙门、墙联、红光、西典巷、香楠六个村被江苏省爱国卫生运动委员会评为江苏省卫生村。

第一节　污染状况

一、农业污染

20世纪70年代，农田化肥、农药施用量逐年增多，农田有机氯农药残留量增多，土壤中有毒物质偏高。20世纪80年代末，草塘泥、人畜粪便、垃圾等有机肥基本停用；河内淤泥中积累大量的氮、磷等营养物质，生活垃圾及其他有害物体随雨水冲入河流，形成地表水污染。20世纪90年代中期开始，多数农户不再把作物秸秆作为生活燃料，而是把一部分翻入土中，一部分露天焚烧。农家饲养禽畜的粪便，大多未作为有机肥施用，这些都对农村空气和水质造成污染。由于过去长期在农作物中使用农药，粮食中已发现重金属污染和有机氯农药残留，各类蔬菜和食用油中也能检测到有机氯。

二、工业污染

从20世纪70年代社队工业的兴起到20世纪80年代至90年代是乡镇工业进入快速成长、鼎盛发展的时期，发展工业成为硕放的立镇之本。经过20多年的努力，逐步形成冶金、机电、纺织印染、轻工建材、化工等行业结构。但在这些工业门类中，冶金、印染、化工企业由于其自身工艺流程的需要，在生产过程中产生一定数量的废水、废气。这些废水、废气虽然大多经过企业自建的治污设备处理，但由于各企业治污设施运转常态及治污能力参差不齐，致使一部分有害物质随废水、废气排放，造成境内部分河浜不同程度的污染。

2009年硕放街道部分废水排放情况统计表

表 8-1　　　　**单位：万吨/年**

企业名称	所在地	种类	废水排水量
无锡派德文具礼品有限公司	经发三路	轻工	0.64
无锡市倩云手套有限公司	溇金村	橡胶	1.10
无锡市银湖钢管有限公司	安桥村	钢压延	0.64
无锡市滚动轴承有限公司	振发八路3号	金属制品	1.06
无锡市红叶塑钢制品有限公司	杨家湾一路	注塑	0.62
无锡祥生医学影像有限责任公司	香楠路8号	医疗器械	0.47
无锡吉爱尔精密塑料产品有限公司	振发路6号	塑料	0.53
硕放新能锂业有限公司	香楠路13号	轻工	0.80
无锡市东日昌轴承制造有限公司	裕安一路	金属制品	2.40
麦斯科林（无锡）科技有限公司	裕丰路88号	纺织品	1.20
无锡九晶印花有限公司	盈发路1号	印染	1.20
无锡天龙气球制造有限公司	经发六路8号	橡胶制品	1.80
无锡市恒方不锈钢有限公司	振发六路	金属制品表面处理	0.88
无锡中天环保有限公司	杨家湾一路9号	危废处置	2.50
天津市金桥焊材集团无锡有限公司	南开路108号	焊丝制造	3.00
无锡鸿亿金属制品有限公司	里河路18号	金属制品	1.56
无锡亿全电子有限公司	新宅路12号	电子	1.26
无锡新昶精密铸造有限公司	经发六路	铸造业	1.04
无锡通达不锈钢集团公司	唐南路33号	钢压延	2.14
无锡市硕阳不锈钢有限公司	裕安路A57	钢压延	1.05
无锡天山水泥有限公司	南开路	水泥建材	1.58
无锡宏峰电子有限公司	里河路	电子	1.50
无锡市荣成冷轧钢带有限公司	裕安一路	钢压延	1.20
无锡诺龙铸造有限公司	振发八路	铸造	1.40
无锡市华德电器有限公司	裕安路	电器	2.08
无锡腾达电泳涂装有限公司	唐南路33号	电泳	0.90

续表 8-1

企业名称	所在地	种类	废水排水量
康可电子（无锡）有限公司	振发六路东1号	电子	0.70
无锡金悦科技有限公司	东安路1号	塑料制品	1.10
无锡五冶金属压延有限公司	五期C23号	金属压延	0.90
无锡斯贝歇尔钢管制造有限公司	南开路	钢压延	0.90

三、生活污染

20世纪60年代至70年代，全社有露天粪坑万余个，农户习惯使用马桶、粪桶，遇上“长脚雨”时粪坑污物外溢，随雨水流入河道造成污染。农村大部分生活垃圾经堆放发酵后可作为农田杂肥施用。20世纪80年代开始，境内大量使用塑料袋和农用薄膜，由于回收不力和管理不善，造成白色污染。其他有害物如电池、药瓶、针管等被废弃，同样对环境造成危害。针对当时的水质状况，在老百姓中流传着这样一段顺口溜：“六十年代饮水做饭，七十年代浇菜枯萎，八十年代臭水泛滥，九十年代鱼虾绝代。”20世纪80年代至90年代末，除市镇街道垃圾有专人清扫清运外，农村生活垃圾处于无序堆放、无人管理的状况。露天粪坑、白色污染、垃圾等成为影响农村环境的“三大顽症”。从2000年起，全镇日产生活垃圾150余吨，主要污染物为 COD_{CR}（重铬酸盐指数）。随着交通工具的日益增多，飞机、汽车噪声超标，尾气超标；一些居民住宅区周围工业噪声超标；公共场所吸烟及其他不良生活习惯，都严重影响到居民生活环境质量。

2013年，全街道生活污水排放量为755.2万吨，加上工业污水排放量为546.86万吨，合计1302.06万吨。污水中主要污染物为 COD_{CR}。部分未经无害化处理的有毒物质从地表或地下管道排入日益淤积的河道或浅水井，造成生活用水污染，水质下降，以致不能饮用。

第二节　环境治理

一、环保管理

1991年，乡政府成立环境保护办公室，负责全乡环境保护管理工作。1992年起，硕放镇对批准的建设项目坚持环保治理设施与主体工程“同时设计、同时施工、同时运行”的“三同时”制度，对新增项目做好各阶段的监理督察，确保“三同时”制度落实到位，企业执行率达90%。1996年起，镇环保部门执行环境监督通知书制度，凡企业单位违反环保法规，或“三同时”执行不力，都提出相应的处理意见。1997年，制定小城镇环境保护专题规划，与全镇经济和社会总体规划同步实施。1998年，镇工业公司负责全镇的工业企业环境保护工作。贯彻环境保护政策和法律法规，按照“环境硬压缩”的指导思想，加强污染源的治理和管理，确保境内无“十五小”（小造纸、小制革、小染料、小土焦、小土硫磺、小电镀、小漂染、小农药、小选金、小炼油、小炼铅、小石棉、小放射、小炼汞、小炼砷)、“新六小”(小水泥、小玻璃、小炼焦、小火电、小炼铁、小煤矿)等国家规定淘汰的重污染企业，从源头上堵住各类工业污染源。2007年1月，无锡空港产业园区成立后，建立规划建设和环境保护处，下设环境保护办公室。2008年，境内有一家印染企业的染色废水未经处理直接排放，污染物排放浓度超过国家排放标准，被新区环保局实施关闭处理。当年，按照新区污染源普查的统一部署和实施步骤，为确保普查工作的顺利有序开展，空港产业园区普查办抽调54名工作人员，组成普查工作小组，对园区897家普查对象进行普查工作。依照中共无锡市委、市政府及新区的相关精神，沿太湖1公里范围内所有排污口必须封堵的要求，对沿望虞河、大运河沿岸1公里内19家企业进行全面清查，分门别类，逐一进行封堵；对化工企业进行专项整治；对无证无照企业实施关闭，沿湖、沿河排污口全面封堵。2009年5月，在开展文明示范街创建活动中，先后3次对境内餐饮、理发和洗衣行业进行监察，规范其排污行为，落实整改措施，对空港大酒店和砂锅王小吃等整改不力的，实行立案查办，分别处以2万元和1万元的罚金。2009年8月，配合江苏省环保厅指派的苏州市环保局对园区28家小型化工企业进行专项执法检查，其中4家企业关闭，1家转为机械生产企业，其余23家企业正常生产。针对部分不符合环保规范的，责令其限期整改。与此同时，每年6月夏收和11月秋收季节，对园区秸秆焚烧现象开展专项检查，每日两次到农田集中区查看，改善大气环境，减少烟尘对机场的影响。2010年，抓住环境执法不松，强化现场监督管理，在日常管理执法中，明确目标责任制管理，分片包干、分工到人，确保重点污染企业都有专人负责盯防，有力扼制污染企业擅自停运治污设施，偷排放或超排放污染物等违法行为的发生，共对企业进行日常监察200余次。对违法排污企业作出限期整改通知后，情节严重、整改不到位的报区、市环境监察局立案查处。对洗车场进行专项整治，严格按要求落实隔油池、砂石沉淀池等污水预处理设施，最终达标排放，办理排水许可证。对涉及燃煤锅炉的4家企业进行专项整治，取缔燃煤锅炉，改用清洁能源，陆续接通天然气。2012年，着重开展落实锅炉大气污染防治现状调查工作。根据无锡市环保局《关于转发省环保厅开展全省锅炉大气污染防治现状调查及烟尘治理方案编制工作的通知》文件要求，对园区锅炉进行普查，有13台停用，22台使用天然气、电等清洁能源。同时淘汰华联模具绒粉、圣利手套和金桥焊材3台燃煤锅炉。重视环境信访工作，加大环境矛盾化解力度，2008年共受理信访28件，初信初访结案率达95%以上。2013年，共处理环境信访投诉40件，其中无锡市“12345”信访32件，自受理信件6件，上级部门接转信访2件。所有信访都做到妥善处理，同时还加强对被投诉单位的后续跟踪管理，群众满意率达100%。

二、噪声达标区建设

2012年7月20日，硕放经济发展有限公司委托无锡市新区环境监测中心在境内按不同功能区（居住区、混合区、工业区、交通干线两侧）不同声源类型进行监测，噪声环境监测项目为连续高效A声级。监测结果表明，城市区域噪声昼间≤55.3分贝（A）、夜间≤50.9分贝（A），达到《声环境质量标准》（GB 3096—2008）中二类声环境功能区标准，居住区达到《城市区域环境噪声标准》一类标准，混合区超过二类标准，工业区为三类标准，交通干线超过四类标准。区域声环境质量状况基本良好。

三、污水处理

2001年10月，在盈发路508号筹建硕放水处理厂一期工程（2万吨/日SBR项目），由北京桑德环保工程有限公司承建，2003年7月建成投产。厂区占地面积87亩，配套建设提升泵站4座，收水管网长度为82公里。主要负责无锡市新区东北至沪宁高速公路、西至无锡机场及京杭大运河、南至新区区界65平方公里范围内的污水收集与处理，接管单位达1200多家，总服务人口10.8万人。2008年5月底完成提标改造，达一级A处理标准；2008年开始扩建二期工程（日处理污水2万吨），采用生化工艺和膜过滤工艺组成的形式，前段改良A^3/O生物处理单元，后段为碧水源超滤膜操作单元。综合A^3/O和碧水源膜过滤系统的特点，可以满足严格的排放标准和回用水质标准对有机物去除及脱氮除磷的要求，整个系统的运行灵活、高效、节能。2009年10月投入运行后，MBR工艺运行稳定，出水水质达到国家一级A标准。同时，对境内排污管网进行规划改造，确保排污通畅。2013年，硕放水处理厂日处理能力可达4万吨。

无锡市新区硕放水处理有限公司

污水处理池

2012年硕放水处理厂进出水水质情况一览表

表 8-2

项 目	设计进水（毫克/升）	排放标准（毫克/升）	平均进水（毫克/升）	平均出水（毫克/升）	去除率（%）
BOD_5	180.00	10.00	77.00	4.50	94.16
COD	510.00	50.00	288.00	24.30	91.56
SS	260.00	10.00	139.00	3.00	97.84
TP	3.10	0.50	2.08	0.15	92.79
NH_3-N	40.00	5.80	28.10	0.76	97.30
TN	55.00	15.00	32.00	7.68	76.00

2012年硕放街道排污管网情况表

表 8-3

序号	管线名称	起止点		管线长度（米）	管径（毫米）
		起点	止点		
1	金马路	金马路北	望虞河	3629	Φ300、Φ400 Φ500
2	东安路	东安路北	望虞河	2940	Φ300、Φ400
3	裕安路	裕安路	经一路东	3080	Φ300、Φ400 Φ500
4	薛典路	经一路	望虞河	5432	Φ300、Φ400 Φ500、Φ600
5	通祥路	新宅路	香楠路	2917	Φ300、Φ400
6	锡宅路	杨家湾工业园	环太湖高速	3192	Φ300、Φ400 Φ500、Φ600
7	南开路	锡宅路	天山水泥厂	4461	Φ300、Φ400 Φ500、Φ600
8	裕丰路	盈发路	裕安路	2544	Φ600、Φ800 Φ1000
9	盈发路	杨家湾路	薛典路	2357	Φ400、Φ800 Φ1000、Φ1200
10	新宅路	园艺路	环太湖高速 包括园艺路	2673	Φ300、Φ400
11	孙安路	望虞河	振发路	3484	Φ400、Φ600
12	振发路	金马路	锡宅路	2987	Φ400、Φ500 Φ600
13	经发路	薛典路	新312国道	3834	Φ300、Φ400
14	杨家湾路	锡宅路	机场路	2774	Φ300、Φ400
15	溇金路	中通路	锡宅路	3611	Φ400
16	南星路	裕丰路	薛典路	4020	Φ400
17	南开路	硕放大桥	黄家门	5614	Φ400
18	华友路	经一路	新宅路	6019	Φ400
19	南河路	薛典路	裕丰路	535	Φ400
20	政通路	唐南路	朱家浜	207	Φ400
21	振发路	锡宅路	东安路	3000	Φ400
22	老街路	唐南路	通祥路	1143	Φ300、Φ400
23	香楠路	长江南路	香楠佳苑	3442	Φ400
24	里河路	孙安路	东安路	907	Φ400

四、环境监测

2012年7月以来，无锡市新区环境监测中心对硕放工业园区的环境质量进行系统监测，主要对环境空气、地表水、地下水、城市区域噪声、土壤和底泥质量进行监测。

环境空气质量监测，有街道办事处、通佳电子、舜华机械、贝东电子、污水厂5个点位。

河流水质监测有京杭大运河（国控硕放大桥断面）、里夫泾浜（西庄桥断面）、沈渎港（杨家湾村断面）、璜明桥河（丰华桥断面）、望虞河（下塘、古市桥断面）6个断面。

地下水采样监测分析有溇金村、张家湾、杨家里村、街道办事处、石桥头5个点位。

土壤和底泥监测有溇金村、东新村、黄家门村3个土壤采样点位和杨家湾村断面、西庄桥断面2个底泥采样点位。

2012年硕放街道环境空气质量监测结果情况表

表 8-4 **单位：毫克/标准立方米**

采样点位	采样时间		SO_2	NO_2	TSP
通佳电子	11.8	日均值	0.051	0.050	0.476
	11.9	日均值	0.020	0.034	0.817
	11.10	日均值	0.027	0.060	0.754
	11.11	日均值	0.023	0.056	0.380
	11.12	日均值	0.013	0.035	0.415
舜华机械	11.8	日均值	0.055	0.062	0.432
	11.9	日均值	0.020	0.031	0.352
	11.10	日均值	0.018	0.055	0.414
	11.11	日均值	0.022	0.048	0.099
	11.12	日均值	0.016	0.031	0.288
贝东电子	11.8	日均值	0.026	0.040	0.886
	11.9	日均值	0.048	0.032	0.914
	11.10	日均值	0.025	0.032	0.224
	11.11	日均值	0.033	0.042	0.071
	11.12	日均值	0.013	0.027	0.268
污水厂	11.8	日均值	0.035	0.047	0.388
	11.9	日均值	0.023	0.038	0.380
	11.10	日均值	0.020	0.049	0.212
	11.11	日均值	0.032	0.051	0.156
	11.12	日均值	0.024	0.040	0.211
街道办事处	11.8	日均值	0.042	0.057	2.620
	11.9	日均值	0.020	0.040	0.488
	11.10	日均值	0.053	0.063	0.469
	11.11	日均值	0.046	0.059	0.200
	11.12	日均值	0.012	0.028	0.209

说明：由于第一天受建设工地影响TSP异常偏高，第二天改换监测地点进行监测

2012年硕放街道地表水监测结果情况表

表 8-5

采（送）样日期	断面编号	断面名称	监测项目 单位：毫克/升 pH 值无量纲 色度为倍														
			pH 值	石油类	五日生化需氧量	化学需氧量	氨氮	总氮	总磷	铜	镍	铅	色度	挥发酚	六价铬	氰化物	硫化物
7.19	W1—1	硕放大桥	7.47	0.10	2.80	24	0.883	2.97	0.64	ND	ND	ND	2	0.002	ND	ND	0.023
7.21	W1—2		7.36	0.08	2.60	15	0.836	2.79	0.51	ND	ND	ND	2	0.003	ND	ND	0.022
7.19	W2—1	西庄桥	7.23	ND	2.30	15	0.659	1.42	0.04	ND	ND	ND	2	0.002	ND	ND	0.012
7.21	W2—2		7.38	ND	2.20	18	0.543	1.39	0.04	ND	ND	ND	2	0.002	ND	ND	0.017
7.19	W3—1	杨家湾村	7.44	ND	2.50	25	0.679	2.09	0.18	ND	ND	ND	2	0.002	ND	ND	0.013
7.21	W3—2		7.30	ND	2.70	23	0.843	1.84	0.24	ND	ND	ND	2	0.002	ND	ND	0.017
7.19	W4—1	丰华桥	7.56	0.06	2.80	28	0.863	2.94	0.29	ND	ND	ND	2	0.004	ND	ND	0.011
7.21	W4—2		7.64	ND	2.50	28	0.539	3.29	0.30	ND	ND	ND	2	0.003	ND	ND	0.021
7.19	W5—1	下 塘	7.45	0.07	2.70	16	0.520	1.37	0.14	ND	ND	ND	2	0.003	ND	ND	0.013
7.21	W5—2		7.43	0.05	2.70	16	0.643	1.48	0.13	ND	ND	ND	2	0.002	ND	ND	0.014
7.19	W6—1	古市桥	7.44	0.06	2.60	15	0.690	1.24	0.11	ND	ND	ND	2	0.003	ND	ND	0.012
7.21	W6—2		7.28	0.09	2.70	16	0.599	1.36	0.09	ND	ND	ND	2	0.002	ND	ND	0.016

说明：ND 表示未检出。石油类的方法检出限（HJ 637—2012）为0.05毫克/升，铜的方法检出限（GB/T 7475—1987）为0.05毫克/升，镍的方法检出限（GB/T 11912—1989）为0.05毫克/升，铅的方法检出限（GB/T 7475—1987）为0.01毫克/升，六价铬的方法检出限（GB/T 7467—1987）为0.004毫克/升，氰化物的方法检出限（HJ 484—2009）为0.004毫克/升

2012年硕放街道地下水监测结果情况表

表 8-6

采（送）样日期	测点名称	样品编号	监 测 项 目								
			氨氮（毫克/升）	汞（微克/升）	砷（毫克/升）	镉（毫克/升）	铅（毫克/升）	铜（毫克/升）	镍（毫克/升）	挥发酚（毫克/升）	六价铬（毫克/升）
7.18	漤 金	D1	0.034	ND	ND	ND	ND	ND	ND	ND	ND
7.18	张家湾	D2	0.026	ND	ND	ND	ND	ND	ND	ND	ND
7.18	杨家里	D3	0.053	ND	ND	ND	ND	ND	ND	ND	ND
7.18	街道办事处	D4	0.069	ND	ND	ND	ND	ND	ND	ND	ND
7.18	石桥头	D5	0.029	ND	ND	ND	ND	ND	ND	ND	ND

说明：ND 表示未检出。挥发酚的方法检出限（HJ 503—2009）为0.002毫克/升，汞的方法检出限（《水和废水监测分析方法》（第四版）国家环保总局2002年）为0.05微克/升，砷的方法检出限（GB/T 7485—1987）为0.007毫克/升，镉的方法检出限（GB/T 7475—1987）为0.05毫克/升，六价铬的方法检出限（GB/T 7467—1987）为0.004毫克/升，铅的方法检出限（GB/T 7475—1987）为0.01毫克/升，铜的方法检出限（GB/T 7475—1987）为0.05毫克/升，镍的方法检出限（GB/T 11912—1989）为0.05毫克/升

2012年硕放街道土壤及底泥监测结果情况表

表 8-7

采（送）样日期	测点名称	样品编号	监 测 项 目							
			pH（毫克/千克）	铜（毫克/千克）	镍（毫克/千克）	铅（毫克/千克）	汞（毫克/千克）	铬（毫克/千克）	镉（毫克/千克）	砷（毫克/千克）
7.18	漤金村	T1	7.26	27.76	38.36	65.9	0.12	113.0	0.17	8.02
7.18	东新村	T2	7.14	38.95	45.61	72.8	0.09	148.2	0.25	6.39
7.18	黄家门村	T3	7.33	42.22	47.28	186.2	0.07	100.0	0.18	9.13
7.19	杨家湾村	H1	7.23	283.10	42.72	114.7	0.89	171.9	7.58	10.12
7.19	西庄桥	H2	7.14	293.09	40.54	72.2	0.74	148.2	5.18	6.25

第三节　环境卫生

一、爱国卫生运动

中华人民共和国成立前和成立初期，境内卫生状况差，露天粪坑和垃圾堆设在家前屋后，雨季漫水进水，污水横流，蚊蝇成群。

1952年，毛主席发出“动员起来，讲究卫生，减少疾病，提高健康水平”的号召。1952年4月，各乡建立爱国卫生运动委员会，设文教卫生助理员1名，负责全乡卫生工作。1953年，乡政府发动干部、群众开展春季挖掘蝇蛹，夏季灭苍蝇、灭蚊子，冬季灭老鼠等卫生突击活动。1956年，爱国卫生运动以除“四害”（老鼠、苍蝇、蚊子、麻雀）、灭“四病”（伤寒、疟疾、丝虫病和血吸虫病）为中心，并把这一运动纳入国民经济和生产建设规划中去。1959年，爱国卫生运动的工作重点是查螺灭螺，防治血吸虫病。

20世纪60年代，爱国卫生运动工作以管理粪便、垃圾和饮用水为重点。1965年，公社建立清洁管理所。

20世纪70年代初，农村开展“两管”（管粪、管水）活动。管粪是将露天粪坑搬离家前屋后，生产队专人管理；管水是各生产队挖掘公用水井，有的家庭在家打口“小洋井”，减少因农业生产使用农药、化肥导致河水污染对人体的危害。

20世纪80年代初，农村进行“二管五改”（管水、管粪、改环境、改畜圈、改灶、改水井、改厕所）活动。1982年起，每年3月为“全国文明礼貌月”活动，结合“五讲”（讲文明、讲礼貌、讲卫生、讲秩序、讲道德）、“四美”（环境美、语言美、行为美、心灵美）、“三热爱”（热爱社会主义、热爱祖国、热爱共产党）活动，大搞环境卫生，治理“脏、乱、差”。

20世纪90年代初，硕放乡为贯彻无锡县人民政府《保护饮用水，加强粪便管理》通知精神，大力动员河边露天粪坑集中搭棚加盖，改良厕所，并提倡陈便施肥，不下河洗马桶。1996年，硕放镇被无锡市命名为“文明卫生镇”。

进入21世纪，镇（街道）一直重视爱国卫生工作并一年四季常抓不懈。每年节假日发动各单位大搞环境卫生，组织环境卫生大检查；每年4月为“爱国卫生运动月”，开展春季大环境整治活动；每年按季度、分阶段抓好除“四害”工作，减少疾病的发生。2009年，政府投入1100万元建造垃圾压缩中转站。至2013年，街道环卫所共有垃圾清运车11辆，吸粪车2辆，自动垃圾清扫车3辆，洒水车3辆，铲车1辆，高压泵冲水车1辆，保洁三轮车58辆，消毒喷药器5台，保洁人员198人。

二、创建卫生镇村

1.卫生镇创建

1986年，硕放乡获评“无锡县卫生镇”荣誉称号。1998年，硕放镇获评“无锡市卫生镇”荣誉称号。2003年，镇政府提出“全党动手，全民参与，团结拼搏，创建省级卫生镇”

的奋斗目标，按照江苏省卫生镇标准，有序、全面地开展创建活动。全镇党员干部群众统一思想，明确目标任务，凝心聚力。通过全面发动，全员参与，形成良好的创建氛围。镇、村加大财政投入，分步实施，创建工作取得明显成效。镇区道路建设86.76万平方米，硬化率达100%，建成日处理垃圾4万吨的污水处理厂，完成太湖引水工程，主干道路安装路灯4800盏。2004年3月，硕放镇经省级验收合格，被命名为“江苏省卫生镇”。

2004年，全镇在省卫生镇基础上，进一步提升质量，扩大成果，开展创建全国环境优美乡镇活动。经过两年努力，镇区清洁能源占能源总量的85%，镇区生活污水处理率达82%，镇区生活垃圾无害化填埋处理率达100%，重点污染废水排放达标率达100%，工业废气排放达标率达100%。实现村村通自来水，全镇改水率达100%，饮用水卫生达标率达100%。全镇改厕，无害化卫生户覆盖率达97.4%。主街道绿化普及率达98%，人均绿地面积达19平方米，森林覆盖率为22.3%。2006年6月，通过省、国家验收，获得“全国环境优美乡镇”荣誉称号。此后，全街道干部群众发扬连续作战的作风，争创国家卫生镇活动。2007年9月通过省、国家验收合格，硕放街道被命名为“国家卫生镇”。2011年，国家卫生镇通过全国爱国卫生运动委员会的复查验收。

2.卫生村创建

1997年，墙裕村就开始创建省级卫生村的活动，经过强化意识、整治环境，同年12月，经省级验收合格，墙裕村成为硕放镇第一个江苏省卫生村。在硕放镇开展创建省级卫生镇的同时，创建卫生村活动也全面展开。2000年，墙门村被评为江苏省卫生村；2004年，墙联村被评为江苏省卫生村；2005年，红光村、西典巷村被评为江苏省卫生村；2006年，香楠村被评为江苏省卫生村。

第四节　生态环境建设

生态环境建设是实施环境保护的一项系统工程。良好的环境是人类生存最贴身的“衣裳”和“护甲”。20世纪90年代，政府十分重视环境保护工作，以整治污染源为重点，有步骤地开展创建文明卫生村镇的系列活动。进入21世纪以来，镇政府为巩固创建卫生村镇成果，坚持环境保护和生态环境建设并举的方针，以建设环境优美乡镇为发展定位，大力实施“超常规运作、突破性建设、长效性管理、跨越式发展”战略，做好“水文章”、唱响“绿色戏”、走稳“生态路”。无锡空港产业园区成立以来，围绕空港新城建设的总体规划将环境教育、街道治理、道路整治、改水改厕、镇容村貌的综合治理和绿化造林等生态环境建设纳入空港产业园区（硕放街道）经济、社会发展的总体目标同步实施。

一、环保教育

进入21世纪，农村城市化建设迅猛发展，部分农民随之转为市民，虽然身份转变了，但人们对环境保护的意识尚存一定差距。为加快农民向市民转型的步伐，2006年，南星苑第二社区建成全国第一个“低碳环保教育馆”和“环境教育基地”，组织广大居民分期、分批进行环保知识学习，使广大居民懂得“保护环境就是保护人类自己”的道理。2011年4月，南星苑第二社区成立江苏省首个“社区低碳学校”，组织师资力量，每月系统规范地向居民授课，教育引领居民低碳生活，社区主编的《低碳与环保——中国社区在行动》特色教材深受广大居民喜爱。由此以点带面，有力地带动全街道各社区节能环保工作的深入开展。境内各社区先后同学校、企业、部队等20多个单位建立起“绿色环保社会教育联动机制”，开展“小手牵大手”“碳汇林”等低碳环保活动，深受居民欢迎，80%以上的家庭积极参与节能环保活动，积极使用环保产品。2007年，南星苑第二社区被国家环境保护总局评为全国绿色社区创建活动先进社区，引起社会各界的关注。中央电视台、《中国环境报》等众多媒体相继宣传报道，绿色环保、社会联动的经验在联邦德国被进行介绍。至2013年，前来社区参观的中外友人、群众超过10万人次，社区建设影响力不断扩大。

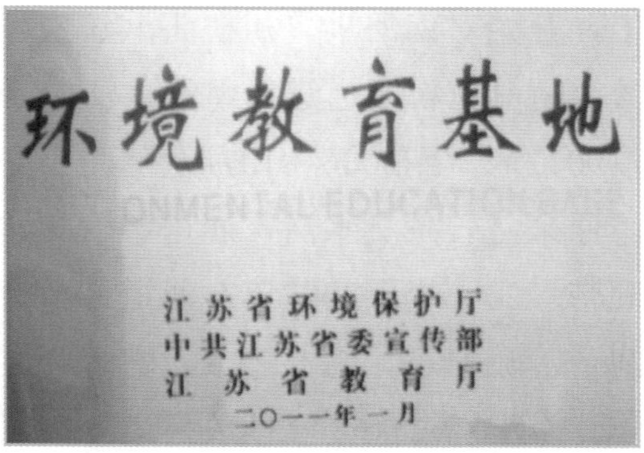

2011年南星苑第二社区环境教育基地

二、环保宣传

进入21世纪，政府切实加强环保宣传工作，专门设立环境保护办公室，加强软、硬件建设，组织专人负责境内的环保工作。综合利用各种有效形式途径，广泛、深入、细致地做好环保宣传工作，以下发环境保护告知书、建造大型公益广告、布置公共宣传画廊等宣传形式，宣传环境保护及文明创建的重要性和迫切性。同时，建立环保举报制度，公布举报电话，引导群众主动参与监督。在每年6月5日“世界环境日”组织机关工作人员，利用图片宣传牌，进企业、社区、农贸市场进行大力宣传，强化“人人为环境，环境为人人”的观念，坚持以人为本，努力在创建中提高人的素质，在提高人的素质中推进创建。同时，政府还把中心幼儿园创建“绿色学校”作为巩固国家卫生镇和全国环境优美乡镇成果的重点工程，立足文明卫生、生态环保从娃娃抓起，让文明环保教育走进课堂，增强学生关爱地球母亲的责任性和自觉性。

三、河道治理

按照“尊重规律、科学治水、远近结合、标本兼治、因地制宜、一河一策”的原则，2005年3月28日，在南河港举行河道整治启动典礼，并成立河道综合治理指挥部。镇政府加大投入力度，对辖区内主要河道进行排污管网建设，清理淤积，实施河堤改建、河床硬化、绿化带建设等。

围绕镇区水环境整治、防汛、水质改善，2005年4月开工建设4座调水排涝泵站（南河港、川桥头、蚂蝗浜、杨更上），排涝泵流量达18立方米/秒。3座节制闸（大包庄、红豆树下、陆房湾）于2005年10月完工，11月通过4座排涝泵站和3座节制闸的验收。在此基础上，开始对南河港、川桥头浜、南星苑小区内河道和溇金村马家桥河道进行整治、清淤、挖浅，建筑石驳岸9012米，到2006年10月全部完工并通过验收。南河港原来是一条臭水河，通过整治和建设已成为绿色景观带。2006年至2007年对河道进行治污清淤，共完成河道清淤41条，总长23.3公里，总土方25万方。2007年，空港产业园区（硕放街道）按照《江苏省河道管理实施办法》和《新区农村河道长效管理意见》两个文件精神，街道成立河道长效管理领导小组，出台《硕放街道河道长效管理实施细则》。领导小组组长由街道党工委书记兼任，根据“以块为主，属地负责”的原则，各河流与河浜由街道党政机关干部和村党支部书记担任河长。各条河道配备1—2名保洁员，境内共配置保洁员78名，还购置保洁船只38条，负责境内河道水面垃圾、漂浮物的打捞保洁。在建立河道长效机制的同时，还明确所在村村民委员会负责河道两旁违建拆除及岸脚垃圾清除。河岸上面由城管负责，河道保洁由水利站负责，河道污水治理由规划建设环保处负责，真正做到条条河道有人管，职责明确。经过多年的努力，“河长制”全覆盖管理工作取得明显成效。2007年5月太湖蓝藻暴发，引起从中央到地方各级领导的高度重视，中共无锡市委、市政府对太湖治理提出“铁腕治污，科学治水”的八字方针，制定“6699”（六大应急对策、六大工作机制、九大清源工程、九大治污措施）重大决策，新区管委会下达望虞河、伯渎港、梅花港3条主要河道的整治和支流河道全面清淤的任务通知书。空港产业园区（硕放街道）按照文件精神，展开河道整治清淤工作，2008年至2009年，完成河道清淤37条，总长37.3公里，完成土方60.7万方，清除岸脚垃圾8653方。

南河港河道清淤

大墙门村2007年“河长制”管理公示牌

2007年硕放街道河长制管理情况表

表 8-8　　单位：公里

序号	河流名称	河长	副河长	长度	属性划分
1	梅花港	郭维毅	顾振华	3.35	区级
2	红豆树下浜	吴福民	陆依民	1.70	镇级
3	朱家浜	王　平	薛政一	0.80	村级
4	五丫浜	周家明	王建华 朱国南	1.60	村级
5	花园里浜	陈其明	何宏伟	0.53	村级
6	树巷里浜	陈其明	何宏伟	0.70	村级
7	毛耳坟浜	陈其明	何宏伟	0.43	村级
8	纱巷里浜	陈其明	何宏伟	0.70	村级
9	长房里浜	陈其明	何宏伟	0.63	村级

续表 8-8

序号	河流名称	河长	副河长	长度	属性划分
10	河东湾浜	陈其明	何宏伟	0.30	村级
11	吴家桥浜	陈其明	何宏伟	0.40	村级
12	双车湾浜	朱佳昌	曹建军	0.55	村级
13	戴家里浜	金卫忠	吴德明	0.30	村级
14	毛家浜	金卫忠	吴德明	0.30	村级
15	蔡家里浜	金卫忠	吴德明	0.60	村级
16	安桥头浜	金卫忠	吴德明	0.20	村级
17	黄金沙浜	杨国栋	钱　敏	0.50	村级
18	薛典浜	杨国栋	钱　敏	0.20	村级
19	翁家里浜	杨国栋	钱　敏	0.36	村级
20	孙更上浜	杨国栋	钱　敏	0.20	村级
21	小桥头浜	杨国栋	钱　敏	0.18	村级
22	陈家沿浜	吴福民	陆依民	0.30	村级
23	柘茶上浜	吴福民	陆依民	0.20	村级
24	南桥头浜	吴福民	陆依民	0.15	村级
25	许九房浜	吴福民	陆依民	0.40	村级
26	树皮巷浜	吴福民	陆依民	0.30	村级
27	金家车浜	吴福民	陆依民	0.25	村级
28	池家湾浜	吴福民	陆依民	0.15	村级
29	埝里浜	吴福民	陆依民	0.25	村级
30	西香湾浜	吴福民	陆依民	0.15	村级
31	小许巷浜	吴福民	陆依民	0.70	村级
32	严家浜	顾惠康	朱明晓	0.40	村级
33	杨家湾浜	顾惠康	朱明晓	0.30	村级
34	硕放桥浜	顾惠康	朱明晓	1.90	村级
35	下沿湾浜	顾惠康	朱明晓	0.80	村级
36	钱家湾浜	顾惠康	朱明晓	0.10	村级
37	西湾浜	姚洪良	黄建平	0.35	村级
38	龙潭浜	姚洪良	黄建平	0.70	村级
39	陆房桥浜	姚洪良	黄建平	1.50	村级
40	大许巷浜	朱梅生	朱建平	0.53	村级
41	盛家湾浜	王　勇	过洪祥	0.88	村级
42	大河头浜	王　勇	过洪祥	0.45	村级
43	曹家里浜	张　明	黄国平	0.15	村级
44	东沿湾浜	张　明	黄国平	1.55	村级
45	施方园浜	张　明	黄国平	0.80	村级
46	石桥头浜	王　伟	顾朝阳	1.10	村级
47	小大房浜	王　伟	顾朝阳	0.25	村级
48	杨树坝浜	王　伟	顾朝阳	0.90	村级
49	外场浜	杨国栋	钱　敏	0.85	村级
50	马家桥浜	王　伟	顾朝阳	0.70	村级
51	张更上浜	王　伟	顾朝阳	0.30	村级
52	顾家湾浜	邹锡惠	姚利峰	0.70	村级
53	黄东浜	华献丰	邹锡惠	0.15	村级

续表 8-8

序号	河流名称	河长	副河长	长度	属性划分
54	黄家门前浜	邹锡惠	姚利峰	0.15	村级
55	庙下浜	王　平	顾振华	1.00	村级
56	香花桥浜	王　平	顾振华	0.45	村级
57	蔡更上浜	王　平	顾振华	0.55	村级
58	叶家弄口浜	王　平	顾振华	0.54	村级
59	范家浜	王　平	顾振华	0.20	村级
60	陆家桥浜	王　平	顾振华	0.45	村级
61	唐庄村浜	王　平	顾振华	0.48	村级
62	崔家里浜	王　平	顾振华	0.30	村级
63	姚轩坟浜	王　平	顾振华	0.85	村级
64	蟑螂山浜	王　平	顾振华	0.20	村级
65	老鼠浜	孙建平	焦叶旦	0.25	村级
66	东沈港浜	孙建平	焦叶旦	1.10	村级
67	鸭船上浜	孙建平	焦叶旦	0.90	村级
68	安桥浜	孙建平	焦叶旦	0.20	村级
69	金家园浜	孙建平	焦叶旦	0.55	村级

四、道路整治

进入21世纪，境内道路建设快速发展。从四车道沥青路面向六车道沥青路面发展，道路绿化从单一平面化向立体化、多元化发展，道路照明从白炽灯向节能灯发展，高规格的道路建设助推硕放经济高速发展。与此同时，在道路管理上还存在建筑垃圾乱倒、广告牌乱设、重型车压坏路面、窨井盖缺失等问题。为全面提升城镇管理水平，有效改善硕放地区环境面貌，按照新区“路长制”管理工作精神，2009年2月，空港产业园区制定《关于空港产业园区“路长制”全覆盖的实施管理意见》，对辖区内41条道路实施全覆盖“路长制”管理，由园区分管领导负总责，各处室及所属各部门负责人担任路长，并且指定督查人员，形成齐抓共管的工作合力，基本做到管一条、治一条、美一条、群众满意一条。

2009年新宅路—长江南路“路长制”公示牌

2009年硕放街道路长制管理情况表

表 8-9

序号	路段起止	路长	督查人	卫生管理责任人	城市管理责任人	文明创建责任人
1	薛典路（原立交口至望虞河）	孙建平	冯小琴	顾惠新	邹建峰	翁　贤
2	盈发路（中心幼儿园至水处理公司）	吴彩萍	黄国祥	项建末	邹浩军	翁　贤

续表 8-9

序号	路段起止	路长	督查人	卫生管理责任人	城市管理责任人	文明创建责任人
3	振发路（锡宅路至东安路）	钱福民	钱福民	顾惠新 项建末	谢仲伟	翁　贤
4	通祥路（新宅路至香楠路）	邹卫星	邹卫星	黄志忠 邹其昌 张菊平 肖朝会 顾惠新	凌浩晓	翁　贤
5	政通路（锡宅路至朱家浜口）	张再群	庄菊惠	郁银华 朱根云	赵　鹰	翁　贤
6	老街路段（医院至织布厂）	顾惠康	周文燕	赵金妹 余志云	沈振中	翁　贤
7	新宅路（园艺路至薛典路）	朱晓晓	曹石红	顾惠新	杨　磊	翁　贤
8	教育路（薛典路至墙门坝后）	朱燚福	许忠辉	顾惠新	朱燚福	翁　贤
9	南星路（薛典路至锡宅路）	张　群	许忠辉	顾惠新	焦叶旦	翁　贤
10	南河路（薛典路至裕丰路）	王建华	王建华	顾惠新	焦叶旦	翁　贤
11	裕丰路（锡宅路至望虞河）	王秀芬	王秀芬	项建末	杨晓峰	翁　贤
12	东安路（振发路至望虞河）	方锦宇	孙浩元	顾惠新	严才兴	钱苏兴
13	裕安路（裕丰路至安桥）	王　勇	周巍峰	顾惠新	黄亚军	钱苏兴
14	新农路（孙安路至东安路）	邹耀奎	郑志强	顾惠新	朱燚福	钱苏兴
15	振发一路	吴林春	吴林春	顾惠新	朱燚福	钱苏兴
16	振发二路	周凤楠	吴林春	顾惠新	朱燚福	钱苏兴
17	振发三路	陆建荣	陆建荣	顾惠新	朱燚福	钱苏兴
18	振发五路	邹能贤	陆建荣	顾惠新	朱燚福	钱苏兴
19	振发六路	华献丰	葛铭华	顾惠新	朱燚福	钱苏兴
20	振发七路	浦丽平	葛铭华	顾惠新	朱燚福	钱苏兴
21	振发八路	曹建三	杨晓峰	顾惠新	朱燚福	钱苏兴
22	经发一路	朱荣铭	郑志强	顾惠新	朱燚福	钱苏兴
23	经发二路	陆中明	郑志强	顾惠新	朱燚福	钱苏兴
24	经发三路	曹莲琴	姚海峰	顾惠新	朱燚福	钱苏兴
25	经发五路	徐伟民	姚海峰	顾惠新	朱燚福	钱苏兴
26	经发六路	顾建民	王纪良	顾惠新	朱燚福	钱苏兴
27	经发七路	毛玉敏	王纪良	顾惠新	朱燚福	钱苏兴
28	经发八路	邹晓华	李　强	顾惠新	朱燚福	钱苏兴
29	经发九路	邹筱琴	李　强	顾惠新	朱燚福	钱苏兴
30	园艺路（垃圾中转站至唐庄桥）	黄锡渭	顾建峰	顾惠新	朱燚福	翁　贤
31	敬老院路（唐庄桥至敬老院）	顾建栋	许卫东	浦国栋	朱燚福	翁　贤
32	锡宅路（合新段）	沈君龙	李　龙	邹建波	金国强	翁　贤
33	锡宅路（杨家湾段）	郑忠林	曹小龙	朱明晓	金国强	翁　贤
34	锡宅路（墙联段）	徐　明	邹小勇	浦国栋	金国强	翁　贤

续表 8-9

序号	路段起止	路长	督查人	卫生管理责任人	城市管理责任人	文明创建责任人
35	锡宅路（东新段）	翁　贤	项建国	朱　伟	金国强	翁　贤
36	锡宅路（大墙门段）（薛典路至洋窑）	张忠林	顾　懿	钱　敏	金国强	翁　贤
37	香楠路（环太湖高架至孙安路）	王铭树	吴卫峰	姚利峰	黄振华	翁　贤
38	南开路（硕放大桥至天山水泥厂）	邹向东	过晓华	邹建波 姚利峰	姚盛寒	钱苏兴
39	南星二路（裕丰路至锡宅路）	朱进跃	朱梅生	钱　斌	朱燚福	钱　斌
40	南星三路（裕丰路至锡宅路）	周家明	王建华	钱　斌	朱燚福	钱　斌
41	南星纵一路（南星路至环太湖高速）	刘雪燕	朱梅生 王建华	钱　斌	朱燚福	钱　斌

2013年，按照市、区统一部署，境内根据道路硬化、亮化、绿化、美化的要求，围绕312国道沿线、沪宁城际铁路沿线、沪宁高速互通立交、老312国道沿线、老机场路沿线、锡张高速沿线、长江南路环太湖高速出口、望虞河沿线等地段，全面开展环境综合整治。在整治过程中，清理废旧堆放8处5000平方米；清理暴露垃圾、渣土25处4800立方米；清理堆场1万平方米；墙面粉刷出新2.5万平方米；拆除乱搭建860平方米；拆除户外广告900平方米；平整土地2.7万平方米；补进土方8446立方米；种植绿化面积2.6万平方米。开展环太湖高速公路出入口环境综合整治工作，对出入口处的环境进行全面改造提升。同时，城管部门对辖区内所有道路绿化、保洁、路灯管理等现状进行调查摸底，提出建设性建议。对辖区内47座桥梁进行全面监测，并逐步开展危桥修复工作。针对主干道路沿线的“三乱”进行大力整治，成效明显。

五、改水改厕

20世纪80年代起，农村开展“二管五改”行动，落实长效管理机制。当时，由于河水污染日益严重，饮水卫生成当务之急，境内掀起生产队开掘公井和家庭打小井相结合的改水运动。20世纪70年代末，58%的村民饮用井水。1984年，乡政府投资建造墙门水厂，第一批用户300余户，其中涉及农行、镇政府、供销社等市镇单位以及无锡县第六通用机械厂、轻机厂、拉管厂等乡办企业，还有西街队、东街队等市镇居民，全乡75%的村民饮用井水。

2002年起，全镇取缔露天粪坑，给予农户一定的经济补偿。同时，组织专业队伍，按统一标准建造三格式无害化粪池。2005年，社区安居房及商品房共有无害化卫生厕所11020座，农村改厕户数7677户，改厕率97.4%。

2005年硕放镇无害化卫生厕所建设情况表

表 8-10

社区	户数（户）	数量（座）	社区	户数（户）	数量（座）
南星苑	990	1250	新锦园	1745	2148
振发公寓	1013	1332	咏硕苑	2465	3025
润硕苑	2152	2859	丰硕苑	235	406

2005年硕放镇农村改厕情况表

表 8-11

村名	总户数（户）	改厕户数（户）	改厕率（%）
大墙门	535	512	95.7
墙　联	598	578	96.7
东　新	623	601	96.5
香　楠	536	523	97.6
安　桥	512	504	98.4
黄家门	863	834	96.6
西典巷	432	410	94.9
硕　放	632	620	98.1
杨家湾	541	521	96.3
合　新	986	953	96.7
新梅路	460	436	94.8
红　光	353	343	97.2
建　丰	378	356	94.2
秦　村	356	323	90.7
溇　金	569	550	96.7
墙　裕	168	154	91.7

六、环境综合整治

维护镇容村貌的环境秩序，突击整治是手段，长效管理是关键。2000年后，严格按照《无锡市城市管理规定》的要求，出台《关于城镇管理的若干规定》，坚持全方位、高标准、严要求，坚持不懈狠抓镇容村貌的综合治理。对农贸市场环境进行专项整治，不讲卫生、占道经营、店外设摊、乱牵乱堆、停车秩序混乱等局面得到有效改观；对市镇车辆停放秩序进行整顿，机动车停放在指定停车场，非机动车在指定区域内有序停放，车辆上路行驶无抛洒滴漏；对店摊经营秩序进行规范，对店外店、占道经营、流动摊贩、夜排档等进行重点整治，对屡教不改者进行处罚直至依法取缔；对建筑工地环境进行专项整治，由村镇建设办公室牵头，城管执法中队、环卫所、经发公司、环保安监等部门参与，明确在建工地整治标准和期限，施工工地封闭作业，围护设施完好，落实工场内食堂、民工宿舍、厕所、垃圾处理等管理制度，物料堆放整齐，无污水外溢，工地出入口硬化，无抛洒滴漏、带泥上路等情况；对镇村接合部环境进行整治，通过组织协调，明确责任，杜绝相互推诿和扯皮现象，通过各方配合，村巷沿线无暴露垃圾，垃圾集中点、垃圾箱、公厕消毒保洁到位，绿地及绿化带内垃圾清理到位。通过综合整治，园区的环境面貌得到很大提升，核心区的城市形象日益彰显。2012年，街道根据建设社会主义新农村精神和新区下达的城乡环境整治目标任务，对83个村庄全面开展“三改二清一绿”（改水、改厕、改村貌，河面河岸清、房前屋后清，种绿补绿）活动，重点整治乱堆放、乱搭建、乱牵挂；清理垃圾、墙面粉刷出新、疏浚河塘沟渠、补植绿化。通过两年的整治，共清理生活垃圾和建筑垃圾2000吨，清理乱堆放350处，取缔非法废品收购点10处，清理露天粪缸90只，清理河道漂浮物及岸脚垃圾350吨，拆除乱搭建3000平方米，疏通河道5000米，绿化补植1000平方米，外墙重新粉刷13万平方米。新建村级垃圾中转站16座，由南河物业日清日运。各个自然村指定专职卫生员，公示卫生公约，做到长效管理。2013年，围绕无锡市“太湖杯”城管创优目标，在“百日攻坚”整治行动中，完善修复市政设施，街道核心区修补破损路面约1500平方米；置换窨井盖85个；修复人行道约800平方米；增设交通隔离护栏519米；增设交通设施信号灯6套；完成薛典南路两侧景观改造16处（块）；整治清理各类无证、流动摊贩。通过全面整治，环境综合面貌得到很大提升。

七、绿化造林

旧时，老百姓都重视在村庄周围、房前屋后种树栽竹。随着农村经济发展和基础设施建设，植树绿化重点向乡、村主干道路以及河边坡岸转移，同时结合农田基本建设，实现农田林网化。1987年至1990年底，开展以农田林网化建设为重点的平原绿化达标活动，全乡林地面积2287亩，平原绿化覆盖率达100%；公路、河流、堤防、干渠总长度225.02公里，已植树总长度215公里，占95.54%；村庄占地面积7150.10亩，村庄树木覆盖面积2991.59亩，占村庄总面积的42%。1990年12月28日，硕放乡被江苏省人民政府评为平原绿化达标乡。

1990年硕放乡平原绿化达标验收一览表

表 8-12

村 名	村庄占地面积（亩）	林木覆盖面积（亩）	比 例（%）
墙　门	283.34	116.82	41.2
墙　南	350.42	156.17	44.6
墙　西	292.75	108.43	37.0
墙　北	452.66	176.54	39.0
孙典桥	246.11	117.40	47.7
新　农	300.20	122.22	40.7
里　河	184.91	87.74	47.4
安　桥	321.65	122.22	38.0
里　新	206.59	66.11	32.0
黄家门	353.73	149.38	42.2

续表 8-12

村 名	村庄占地面积（亩）	林木覆盖面积（亩）	比 例（%）
西典巷	449.70	193.70	43.0
硕　放	350.43	156.17	44.5
杨家湾	202.68	70.79	34.9
庙　廊	169.17	67.90	40.1
塔　西	443.61	186.02	41.9
中华庄	218.30	95.06	43.5
王家桥	572.68	248.02	43.3
红　力	323.33	135.80	42.0
竺祥庵	350.27	155.96	44.5
秦　村	251.48	101.85	40.5
溇　金	355.26	155.96	43.9
建　丰	292.41	142.59	48.8
薛　典	178.35	58.74	32.9
合　计	7150.10	2991.59	42.0

2000年后，随着空港新城的快速发展，农村居民纷纷向社区集聚。各社区居民委员会引导广大居民踊跃参与“绿色社区”的创建活动，街道核心区休闲广场、社区休闲活动区以各类松、竹、花、草点缀。政府以每年3月12日植树节为契机，积极开展以镇区绿化、道路绿化、庭园绿化、苗圃建设为重点的绿化造林工作。2005年，全镇共有农田面积4972亩，农田林网化达标面积3794亩，农田林网化率76.3%。单位区域总面积为2959.98万平方米，总绿化面积667.54万平方米，覆盖率22.55%。

2005年硕放镇农田林网情况表

表 8-13

村名	农田面积（亩）	农田林网化达标面积（亩）	农田林网化率（%）
墙　联	221	161	72.9
大墙门	304	227	74.4
黄家门	215	162	75.3
硕　放	225	164	72.9
合　新	703	556	79.1
香　楠	410	292	71.2
安　桥	270	201	74.4
秦　村	360	270	75.0
溇　金	401	317	79.1
东　新	438	335	76.5
新梅路	379	280	73.9
红　光	201	148	73.6
墙　裕	25	7	28.0

续表 8-13

村名	农田面积（亩）	农田林网化达标面积（亩）	农田林网化率（%）
建　丰	137	110	80.3
杨家湾	267	196	73.4
西典巷	416	368	88.5
合　计	4972	3794	76.3

2005年硕放镇绿化覆盖情况表

表 8-14

单位名称	区域面积（万平方米）	绿化面积（万平方米）	覆盖率（%）	单位名称	区域面积（万平方米）	绿化面积（万平方米）	覆盖率（%）
硕放镇区	442.02	175.34	40	土管所	0.20	0.08	40
新锦园	70.00	17.07	24	农业银行	0.13	0.05	38
南星苑	82.00	18.80	23	派出所	1.67	0.33	20
振发公寓	84.20	24.20	29	敬老院	2.33	0.67	29
润硕苑	78.67	17.33	22	劳服所	0.27	0.13	48
咏硕苑	135.34	17.20	13	交管所	0.40	0.17	43
安　桥	153.34	19.67	13	供电站	0.10	0.03	30
香　楠	161.41	17.87	11	食品站	0.13	0.07	54
东　新	213.34	16.13	8	党　校	1.00	0.47	47
大墙门	157.34	24.13	15	镇区公路	82.14	10.18	12
溇　金	147.74	55.00	37	轻机厂	3.33	1.00	30
秦　村	116.81	23.20	20	六通厂	6.67	2.67	40
建　丰	104.14	33.47	32	拉管厂	8.00	2.33	29
红　光	70.67	14.13	20	电子厂	2.00	0.33	17
新梅路	80.07	20.13	25	电机厂	4.00	0.80	20
合　新	101.47	8.67	9	华友开发区	4.00	2.33	58
杨家湾	123.74	17.67	14	经发公司	43.34	8.87	20
硕　放	171.34	25.33	15	中　学	2.00	0.93	47
黄家门	112.21	37.47	33	小　学	1.20	0.43	36
西典巷	71.00	13.73	19	幼儿园	0.13	0.07	54
墙　联	77.07	24.13	31	卫生院	0.67	0.23	34
墙　裕	42.34	14.67	35	—	—	—	—
合　计	2796.26	635.34	22.72	合　计	163.71	32.17	19.65

境内主干道路绿化按照“移步皆是景，举目尽绿荫”的绿化规划理念，以种植香樟、广玉兰等树为主，绿化带以矮秆常绿树和花草为主，在主干道长江东路、薛典路，利用废弃的池塘、沟洼地整修改造成绿色湿地，加入文化雕塑元素，使之成为人文与自然融为一体的景观大道。同时，在主要十字路口、交叉路口建造“小绿岛”，在河岸植被披绿，河中养殖水草，单位、企业见缝插绿、拆围补绿。2013年末，全街道主要道路绿化面积182.61万平方米。

2013年末硕放街道主干道绿化面积情况表

表 8-15

序号	道路名称	长度（米）	宽度（米）	绿化面积（万平方米）
1	薛典路	6500	12×2	15.60
2	东安路	3500	10×2	7.00
3	裕丰路	2500	10×2	5.00
4	孙安路	3000	10×2	6.00
5	新宅路	2300	5×2	2.30
6	香楠路	2780	8×2	4.50
7	通祥路	2348	5×2	3.40
8	华友路	2500	13×2	6.50
9	长江南路	12000	12×2	2.88
10	长江东路	5000	12×2	12.00
11	振发路	2295	5×2	2.30
12	锡宅路	8000	8×2	12.80
13	盈发路	1440	5×2	14.40
14	南河路	650	10×2	13.00
15	南星路	1560	5×2	1.60
16	南星一路	760	5×2	0.76
17	南星二路	1180	5×2	1.20
18	南星三路	850	5×2	0.85
19	镇区其他道路	—	—	10.52
20	工业园区道路	—	—	60.00
合　计		—	—	182.61

第五节　管理机构

一、环境卫生管理所

1952年4月，乡建立爱国卫生运动委员会，由文教卫生助理员负责全乡卫生管理工作。1965年春，建立清洁管理所（简称清管所），后改称环境卫生管理所（简称环卫所）。负责全镇（街道）的环境卫生工作。

二、文明创建办公室

1986年，乡政府成立文明创建办公室，负责全乡环境卫生、文明创建工作。2007年，空港产业园区（硕放街道）成立河道长效管理领导小组，建立“河长制”管理制度。2009年，空港产业园区（硕放街道）成立道路长效管理机构，建立“路长制”管理制度。

三、环境保护办公室

1991年，乡政府成立环境保护办公室，负责全乡环保工作。1998年，镇工业公司负责全镇的工业企业环境保护工作。2007年1月，无锡空港产业园区成立后，建立规划建设和环境保护处，下设环境保护办公室，全面负责空港产业园区的环境保护工作。

1952—2013年硕放街道（镇、乡、公社）环境管理机构历任负责人一览表

表 8-16

单位	历任负责人
环境卫生管理所	顾林寅、项福明、黄泉根、金水根、徐金生、许长兴、黄建平
文明创建办公室	张再群、顾水生、翁　贤
环境保护办公室	邹耀奎、吴林春、曹建三

第九章

水 利

硕放地处长江下游，属太湖流域，流经区域有京杭大运河（属国家级河道）、望虞河和穿境而过的走马塘（属省级河道）。至2013年，境内有大小河道104条，总长度106.67公里。其中属区级河道的有4条，属镇级河道的有8条，属村级河道的有92条。南北走向的主要河道有走马塘、蚂蝗浜、大包庄河、里夫泾港、安桥浜、梅花港、北宅港。东西走向的主要河道有南河港、川桥头浜、荷典桥河。流程在1000米以上的河流有25条。

解放前，农田灌排处于自然状况，农田常遭旱涝灾害。中华人民共和国成立后，党和政府十分重视水利建设，发动群众大搞农田水利基本建设，平整土地、格田成方、渠系配套、路渠结合、灌排分开，建设高产稳产农田。重视河道改造整治，完善配套设施。1991年至2012年，各级政府先后对望虞河、京杭大运河、走马塘等河道进行拓浚改造工程建设，建成遇旱能抗、遇涝能排的水利体系，实现水资源可持续利用，保障人民生命财产的安全和各行各业经济的持续快速、健康发展。

第一节　河道改造

一、唐庄河拓浚工程

1975年前，位于建新大队小朱家里沈渎浜口至铁路桥地段（唐庄河入口处），因弯道急、河底浅，高水位时水流更加湍急，行船很不方便。1974年12月21日，组织全社民工565人，对沈渎浜口段拓宽加深、裁弯取直。对河东硕放大队一侧长13米的河道拓宽10米；对河西建新大队一侧长122米的河道拓宽8米；对五星大队一段长141米的河道拓宽15米，共开挖土方2.1万立方米。1975年2月14日竣工，历时85天。

二、新联河开挖工程

新联河贯通安桥浜与倪巷桥浜，往西直达墙门镇，往东直抵后宅镇。新联河未开挖前，安桥浜是条断头浜，附近新星、里河、新农和新联4个大队的社员出售公粮、购买农用物资的船只都要从望虞河绕道进入里夫泾港才能到达墙门镇，最远的船只往返墙门镇要行驶5个多小时。1976年1月10日，硕放人民公社在完成江苏省浏河工程后，挥师开挖新联河。从杨沙浜往北到孙典桥，与倪巷桥直交，全长624米，河床断面采用底宽3米，底高吴淞水位1米，边坡1∶1.5，河口宽18米，挖废断面20平方米，堆土压废面积40亩，开挖土方3.21万立方米，参加民工1251人，1976年3月15日竣工，历时65天。

三、京杭大运河改造工程

隋大业六年（610年）凿江南运河，以后各朝都有治理，尤其在大旱之年，撩浅通航。清康熙九年（1670年），修筑长洲之河塘，巡抚尹继善提清枫桥起至望亭通吴桥（无锡县界）。京杭大运河在硕放境内东至黄家门村大包庄河汉口与苏州望亭镇相接，西起建新村方家浜口，流经建新村、硕放村、黄家门村，全长3.36公里。2010年至2012年，国家对京杭大运河实施四改三拓宽工程（由原来的四级航道拓宽改造成国家三级航道）。经拓宽改造后的京杭运河是水上运输、调节境内内河水位和泄洪的主要通道，河宽50—60米，两边河岸砌筑石驳岸。

四、望虞河改造工程

据《苏州河道志》记载，望虞河开凿于公元前475年，两年后完工，比吴王夫差开邗沟北上争霸（前486年）晚一些。它是由越大夫范蠡所建。南起太湖沙墩港口，北至长江边的耿径口，名漕河、蠡河，后名常昭漕河。

1991年，望虞河工程将沙墩港（即乌角溪）并入望虞河。望虞河南起太湖沙墩港口（无锡段），穿过京杭大运河及沪宁铁路，经无锡硕放和苏州望亭交界的常昭漕河，穿过漕湖、鹅真荡、嘉菱荡，绕常熟虞山西北麓至耿泾口入长江，全长62.8公里。

1991年7月，太湖流域连降暴雨，水位暴涨，大批农田受淹。7月10日，水利部太湖流域管理局决定将建于明永乐年间（1403—1424年）的沙墩港口坝掘开60米宽的缺口，加快太湖泄洪。7月11日，又炸开沙墩港西坝50多米缺口，太湖洪水从缺口处流入京杭大运河和望虞河向长江排泄。泄洪5天多，望虞河水位上升33厘米。1991年，国务院决定，用5年时间基本完成太湖综合治理10项（望虞河、太浦河、环太湖大堤、杭嘉湖南排、湖西引排、武澄锡引排、东西苕溪防洪、拦路港、红旗塘、杭嘉湖北排通道）骨干工程，达到能抗御1954年型洪水和1974年型旱涝标准。要求江苏省在三年（1991—1993年）内全面完成望虞河、太浦河改造工程，共同承泄太湖洪水，干旱年份引江济太，补充全流域水量。

望虞河是沟通太湖和长江流域的骨干排泄河道，望虞河工程主要有河道疏浚、堤防加固、望亭立交、常熟枢纽等工程。工程还包括沿线水闸、船闸、桥梁等配套工程，共开挖土方4566万立方米，砌筑石方41.2万立方米，浇灌混凝土及钢筋混凝土25万立方米，永久性占地7670亩，临时用地1522亩，拆迁民房、厂房8576间，总投资7.07亿元。

望虞河工程于1991年11月15日开工，国家水利部、中共江苏省委、江苏省人民政府、江苏省军区领导参加开工典礼。苏州、无锡两市干部群众，驻江苏部队指战员4000多人一起参加开工劳动。工程自沙墩港口至张桥南27.5公里（即望虞河上段），先开挖一个河底宽40米、底高-1米的河槽，总土方量6000万立方米，筑堤和挖压一次完成，两岸配套建筑同步实施。为确保工程工期，实行招标承包，全部实行机械化施工。1992年5月29日竣工。

1992年11月2日，江苏省规模最大的底涵工程——望虞河立交工程破土动工，总造价5646万元。工程于1993年8月10日竣工通水，上部为京杭大运河，下部为望虞河九孔泄洪底涵。2002年实施“引江济太”以后，工程运用条件发生较大变化，工程闸门启闭困难，反向流水严重。2010年7月，国家水利部批准实施望亭水利枢纽更新改造工程，工程总投资为2960万

望虞河望亭水利枢纽

元，总工期为9个月。主要包括闸门启闭系统更新改造、中控室及启闭机房改造，新建上下游检修门库和跨运河人行交通桥等。开展望亭水利枢纽更新改造工程建设，保证工程安全运行，进一步提高保障流域防洪、供水、水生态安全的能力。

望虞河改造工程基本上沿河道拓宽浚深，沿线建71座水闸、船闸和15座跨河桥梁。经1991年至1993年两次整治后的望虞河，河底宽80—90米，底深3米，河口宽130余米。两岸防洪堤配套全线单边公路。

随着望虞河改造拓宽，开挖堆土日益增多，在境内段开挖总土方量540万立方米，推动境内紧靠望虞河旁的黄家门、里新、里河、安桥等村的经济发展。各村充分利用这个有利条件，相继建造不同规格的轮窑，如里新村在西浜建造18门砖瓦轮窑，日出砖3万多块。轮窑的建造给村级经济创造了可观效益，也解决了外来民工的就业问题。不仅为硕放带来经济效益和社会效益，同时还加快望虞河堆土复耕工作的步伐。

望虞河西起黄家门村周家角船闸，河面与京杭大运河相连，河底立交与太湖相通，东至安桥杜家里。流经黄家门、里新、里河、安桥等村，境内全长5.4公里，堤防公路2.8公里，堤顶高程5.5—6.5米，在安桥村建有杨家渡跨河桥梁一座。1996年10月通过省级验收。为进一步提升泄洪能力，2000年，无锡市新区出资新建三座节制闸，七座排涝泵站，泄洪量可达7立方米/秒。改造后的望虞河是太湖泄洪的主要通道，也是“引江济太”的主要通道。实现太湖流域及周边地区“以动制静，以清释污，以丰补枯，改善水质”的目标。同时形成一条北通长江、南连太湖，沟通江南运河等水运网络的五级航道，为流域经济的可持续发展提供保证。

望虞河船闸

1998年10月，太湖治理工作竣工后，江苏省水利厅在沙墩港（望虞河）北侧，隋望亭堰闸和望虞河望亭水利枢纽旁，建治理太湖纪念碑一座。纪念碑底座为正三棱柱，边长15米，大理石质。东侧阴雕《治太碑记》，全文252字，另两侧各阴雕“江苏太湖治理工程纪念”十个字。碑身为合金质，高10米，状如水字，顶端为直径1米的圆球。

江苏太湖治理工程纪念标志

附：《治太碑记》

太湖流域，吴楚之地，东南形胜，古有衣被天下之锦，丝竹清脆之韵，小桥流水之景，鱼米盛产之丰。史誉为天堂之府，杰灵之域。今沐改革开放春风，经济腾飞倚角成金，交通便捷，城乡一体，投资开发蜂拥，现代企业林立。然则，湖域亦有水患之虞，往往暴雨台风频袭，水路吞吐不畅，洪涝盈弥，九一大水，此域尤甚。当之，党和政府，立定治太，确立工程十项，江浙沪协力兴建。江苏儿女，铸剑十年，开挖望虞，太浦诸河以劈太湖出路，建闸站枢纽以行水势调度，固环湖大堤以提高标准并储水源，终使泄洪有路，涝水能排，枯水得补，舟楫便利，民心安定，改革顺利，开放更活，为志治太之盛事，特勒石以记。

江苏省水利厅

公元一九九八年十月

五、走马塘改造工程

走马塘为无锡锡东南北直河，全长16.57公里，在与九里河交叉处分成南北两段。明成化二年（1466年），无锡知县佟珍拓浚走马塘。明成化八年（1472年）续浚，皆指南走马塘而未及北段。1951年，先将锡北运河至双泾河拔坝三重而疏通，1954年、1959年又两次拓浚。1971年，将安镇境内段（双泾河至九里河）拔坝三重而疏通浚深，使两岸漕河地区1.5万亩农田获灌溉之利。

走马塘大墙门段

2008年，根据国务院《太湖流域水环境综合治理方案》和江苏省人民政府《太湖流域水环境综合治理实施方案》，实施走马塘、新沟河、新孟河等流域骨干引排工程，实现太湖与长江的“畅引畅排”，促进水体流动，改善太湖水体结构，增加河体环境容量。走马塘改造是太湖水环境综合治理的一项重要工程。

2009年启动走马塘拓浚延伸工程，境内起于京杭大运河沈渎港口，全工程沿沈渎港、原唐庄河，至锡北运河与张家港河交汇后经七干河入长江。境内从合新村沈渎港口起至秦村村象斗树下连接伯渎河为止，全程11.4公里。流经合新、硕放、杨家湾、西典巷、墙联、大墙门、溇金、建丰、秦村等村。走马塘改造后河床宽15米，河底高程0.5米（吴淞水位），两岸河宽80米，水面宽度40—50米，河防堤顶高度5—5.5米。境内翻建桥梁15座，新建6米涵洞一座，新建排涝泵站两座。2012年底完工。改造后的走马塘河坡一致、弯道变直，在秦村村还改道新开河道1000米，提高境内内河与京杭大运河的泄水能力。

六、河道清淤工程

2000年后，政府加大对河道水环境整治力度，提高防汛抗灾能力，投资5000多万元，对境内主要河道实施排污管网建设。结合环境整治，组织专业清淤队伍分期、分批对78条内河进行全面清理河底淤泥。经过努力，至2007年，累计清淤河道121公里。重点对南河港进行景观带建设，在马桥港、朱家浜、川桥头、南河港4条河道两岸砌筑石驳岸。同时护坡绿化，树种增多且层次分明。河道清淤工程起到清洁河道、调水防汛、美化环境的作用。

第二节　农田灌排

一、灌排系统

土地改革前，农户各自为种，境内大部分土地高低不平，田块大小不一，田埂弯曲不规则，不利于灌水排水，不适应农业高产稳产的要求。人民公社成立后，土地收归集体，以队为基础集体耕种。为适应情况变化、便于农田机电灌溉，全公社开展大规模整田平地、格田成方的农田基本建设，每年冬季除各生产队投入劳动力挑高填低外，对整田平地中任务重、难度大的“硬骨头”，由各大队组织青年突击队完成。1970年起，经过五年的努力，格田成方，改变原来田形不一、田岸弯曲凌乱、田块落差大等不利于农业发展的状况，全公社95%的农田整理为长80—100米、宽13—16米，田岸横竖笔直，面积2亩左右的规范化田块。在农田改造的同时，合理安排一灌渠一排沟的单灌单排水利建设。1971年春，七一、硕放两个大队率先使用“三七”土，打墙盖顶，建筑地下渠道（俗称暗渠），一举成功，在全社推广，并于1975年建造地下排水沟（称暗排）。1974年开始，随着农业机械发展，农机道路急需完善解决，各大队原明渠按路渠结合的要求，全部翻建“三七”土暗渠。至1975年，全社98%的农田达到灌排分开，实行三暗配套（即地下暗渠、地下暗排、田间暗沟）。1980年后，又逐年翻建成水泥涵管暗渠。至1981年，全社累计修筑暗渠总长174.41公里、暗排总长17.39公里、明排总长133.45公里、明渠（支）总长107.94公里、两用沟总长10.72公里。至1982年，境内累计修筑灌排系统土方量达1226.66万立方米。到1985年底，境内灌溉渠道总长228公里，其中地下渠道203公里，占总渠长度的89.03%，排沟总长207公里。通过农田基本建设，渠系配套，机电灌溉得以全面普及，达到田间水“灌得上、排得出、降得下”的要求，真正实现农田灌排系统配套的目标。

1971—1981年硕放人民公社修筑暗渠情况表

表 9-1　　单位：米

年 份	长 度	年 份	长 度
1971	2300	1977	10200
1972	10300	1978	17250
1973	31400	1979	17500
1974	22850	1980	6960
1975	27150	1981	3995
1976	24500	合 计	174405

1975—1981年硕放人民公社修筑暗排情况表

表 9-2　　单位：米

年 份	长 度	年 份	长 度
1975	1730	1979	9760

续表 9-2

年 份	长 度	年 份	长 度
1976	1100	1980	1300
1977	1640	1981	360
1978	1500	合 计	17390

1957—1982年硕放人民公社灌排系统建设情况表

表 9-3　　　　单位：万立方米

年份	完成总土方	年份	完成总土方
1957	2.30	1971	8.41
1958	8.52	1972	11.03
1959	14.30	1973	78.56
1960	4.30	1974	80.46
1961	1.03	1975	138.02
1962	1.40	1976	243.45
1963	5.78	1977	158.77
1964	14.39	1978	135.83
1965	9.30	1979	130.64
1966	4.57	1980	111.99
1967	2.50	1981	31.42
1968	2.30	1982	17.79
1969	5.26	合 计	1226.66
1970	4.34		

二、节水灌溉

自古以来，水稻生长以水为主，除搁田阶段断水外，搁田后建立水层灌溉到水稻收割前10天左右才断水。传统的稻田灌水方式不仅浪费大量的水资源，还严重影响水稻生长。20世纪60年代中期，随着推广全国劳动模范陈永康的水稻生产经验和农业科技，节水灌溉提上议事日程。在水稻生产中，首先随着育秧方式的改变，育秧用水大量减少。育秧方式从水育秧到种植“双三制”阶段改为浇河泥落谷，盖薄膜育小苗秧。恢复单季稻种植后，1987年起，水育秧改为旱育秧，旱育秧基本不灌水。其次，节水灌溉在大面积水稻生产过程中应用。秧苗移栽大田后改深水灌溉为浅水灌溉。中期烤田（搁稻）后由原来的水层灌溉改为间歇灌溉，干湿交替，以干为主，按照稻田内“泥土干而不发白”为标准，灌一次，停泵一星期。比原来传统灌水减少50%的用水量，提高水稻后期抗病虫能力和抗倒伏能力，有利于提高水稻单位面积产量。与此同时，对林果蔬菜经济作物，提倡滴灌、喷灌，消灭沟灌、漫灌。

通过全面开展节水灌溉，防止渗水、减少流失、降低成本，能降能排，稳水性能好，有利于提高水稻高产，同时还可杜绝杂草蔓生现象，方便田间作业，有利于沟系清理。

第三节　灌排设施

一、水车灌溉

龙骨水车

旧时，境内农田灌溉的传统工具主要是龙骨水车和牛车。那时人们还把水稻秧田做在河浜旁和小河边，需要灌溉时，两人用秧水桶往秧田里舀水。龙骨水车（又称人力车），有8人车、6人车和4人车，也有2人车，由扶桁、撑掮、塌枕、轴、车筒、斗板、练头、水架等组成。另一种是牛车，由车盘、座子、塌枕、卧轴、旱砧、车筒、斗板、练头、水架等组成，一部水车一般可灌溉20亩左右农田。牛车虽好，但数量极少，仅为富裕人家有之，这种灌水工具直到解放前后，才被戽斗船（洋龙船）替代。

二、机电灌排

1.戽水机灌溉

洋龙船

民国8年至10年（1919—1921年），无锡机械制造行业仿制进口柴油机成功，生产出无锡产8—18马力的柴油机和18—25厘米口径的离心泵。后来又生产出20—30马力的柴油机和25—30厘米口径的离心泵，把柴油机（老百姓称“冷迸车”）和水泵安装在木船上改装成戽水船，沿河作业，灌溉方便，调度灵活。1927年，墙门镇的杨祥启成为境内第一个拥有2只洋龙船（以内燃机为动力的戽水机，置于木船内）的人，水泵口径为7英寸，配备铁风箱进行鼓风，功率较低，但在当时已经是比较好的。1927年，七一大队竹桥头邹叔道也购买冷迸车机船。1947年，墙西大队叶家弄口朱宪蛟、朱宪达两兄弟，六一大队朱家浜徐宪章等购买机船。日军侵华期间，柴油、汽油为日军管制禁运，当时戽水船油料十分紧张，后改用柴爿车（用木柴作燃料）。中华人民共和国成立后，境内各小乡都有人购买机船，时由国家给戽水船分配足量的平价柴油，农村普遍使用洋龙船打水，戽水船灌溉恢复正常并继续发展。1955年，境内从事灌溉事业的戽水船已达43只，承包3.5万亩稻田的灌溉，戽水船灌溉延续使用到20世纪60年代初。1960年，全社共有1061个灌水车埭，灌溉总面积37048.7亩。

1960年硕放人民公社各大队灌水车埮一览表

表 9-4

大 队	生产队或自然村（个）	灌溉总面积（亩）	灌水车埮（个）
五 一	21	1821.24	47
六 一	23	1877.68	58
七 一	26	2256.00	56
墙 西	14	1130.18	34
新 联	20	1878.15	42
新 农	18	1580.50	36
新 星	18	1648.82	42
里 河	19	1244.17	38
里 新	16	1594.97	48
先 锋	22	1630.19	55
建 农	23	1971.31	60
五 星	14	1147.73	38
硕 放	23	2010.09	62
建 新	10	1025.54	21
红 星	18	839.21	31
和 平	14	1312.78	42
光 明	21	1945.33	73
红 力	20	1599.68	39
红 光	22	2531.66	63
东方红	15	1231.53	45
八 一	30	1838.95	56
建 丰	21	1170.54	49
春 光	15	1162.45	26
合 计	443	37048.70	1061

1962年，全社共有机船81只，担负全社39956亩的稻田灌溉。以后由于固定电（机）灌站的发展而逐年减少，仅留少量作为流动应急使用。

2.电力灌溉

中华人民共和国成立后，大力发展灌溉事业。1963年，红星大队浜斗上利用硕放机场电源建起境内第一座电力灌溉站。1964年起，望亭发电厂对境内优先供电。先后建成里河大队李更上电灌站、五一大队梅家里电灌站、七一大队唐家里电灌站、八一大队南小园电灌站、硕放大队沈巷上电灌站。随着电力设施的普及，各大队都相继建造电灌站。八一大队南小园电灌站配备45千瓦

电力灌溉站

电动机两台，PPA50轴流泵20英寸两台，流量为一台水泵0.5秒/立方米，该电灌站规模最大，为无锡县最大电站之一，担负八一、东方红、春光、建丰四个大队共4800亩农田灌溉。20世纪70年代，由于电力供应紧张，经常停电，严重影响电力灌溉。各电灌站又增配柴油机为动力，实行机电并举，有电用电、无电开机，确保农田灌溉需要。由于水稻“双三制”比例逐年扩大，八一大队南小园等几个大电灌站因灌水不便，东方红、春光、建丰大队各自建造电灌站。为用水管理方便，大队之间相互协调，大队电灌站所辖之死角由邻近大队相灌。1975年起，又因水稻“双三制”种植面积达100%，粮田用水量大且要求高，各大队先后增建小电灌站。1981年，全社除建新大队外，一般大队都建造两座电灌站，种植面积大的大队建三座电灌站，每座电灌站灌溉面积1000亩左右，实行大队、生产队两级管水。有部分大队在增建小电灌站后，曾一度实行大队一级管水。各灌溉站实行“四定三勤”（对机务工灌区内实行定站、定人、定任务、定消耗和勤查、勤擦、勤修）责任制。

1981年硕放人民公社各大队主要电灌站情况一览表

表 9-5

站名		隶属	灌溉面积（亩）	动力配备			
				电动机（千瓦/台）	柴油机（型号/台）	水泵（英寸/台）	变压器（千伏安/台）
五一	小栅里	大队	1160	20/1	冷25P/1	14/1 12/1	100/1
	邵更上	大队	400	17/1	295/1	12/1	100/1
六一	庙下	机电站	1544	14/2，17/1	冷25P/1，295/1	12/3	100/1
七一	唐家里	机电站	939	20/2	冷259/1	14/2	100/1
	蒋更上	大队	893	14/2	295/1	12/3	100/1
墙西	香花桥	大队	1200	17/2	295/1	12/2	100/1
新联	陈家沿	大队	703	22/1	295/1	14/1	50/1
	柘茶上	大队	650	17/1	冷25/1	12/1	50/1
新农	大公	机电站	801	20/1	冷20P/1	14/1，12/1	50/1
	陆更上	大队	700	14/1	295/1	12/1	50/1
新星	金家浜	机电站	894	20/1	295/1	14/1，12/1	50/1
	安桥头	机电站	664	17/1	295/1	12/2	50/1
里河	河浜上	机电站	848	20/1	3110/1	14/1，12/1	80/1
	浦家里	大队	400	13/1	195/1	12/1	—
里新	庄里浜	机电站	892	20/1	295/1	12/2	50/1
	旺家沿	大队	606	14/1	295/1	12/1	50/1
先锋	徐家桥	机电站	1136	20/1	295/1	12/2	50/1
	横亩	机电站	862	14/2	冷20P/1	12/2	50/1
建农	朱更上	机电站	805	14/2，17/1	295/1	12/2	50/1
	西典巷	大队	874	22/1	冷25P/1	14/1，12/1	100/1
五星	陈家里	大队	1206	13/1，17/1	295/1	12/2	100/1
硕放	白泥墩	机电站	750	20/1	295/1	12/2	100/1
	沈巷上	机电站	915	18.5/1	195/1	12/2	50/1
建新	何家里	大队	1003	17/2	295/1	12/2	100/1

续表 9-5

站名		隶属	灌溉面积（亩）	动力配备			
				电动机（千瓦/台）	柴油机（型号/台）	水泵（英寸/台）	变压器（千伏安/台）
红　星	浜斗上	大　队	1500	13/2	295/1	12/1	—
	方家门前	大　队	250	13/1	—	12/1	—
	施家坝	大　队	220	13/1	—	12/1	—
和　平	中华庄	大　队	1200	22/1，13/1	295/1	14/1，12/1	100/1
光　明	西沈巷	大　队	1900	22/1，45/1，14/1	4120/1	16/1，12/1，14/1	100/1
红　力	河泗桥	大　队	1300	22/1，17/1	295/1	12/2	100/1
红　光	大二房桥	大　队	1420	13/3	—	12/3	180/1
	吴家湾	大　队	802	13/1	195/1	12/1，10/1	—
东方红	西来庵	大　队	824	22/1	295/1	14/1，12/1	100/1
	曹家里	大　队	455	—	295/1	12/1	—
八　一	苏家湾	大　队	1007	22/1，17/1	冷 259/1	14/1，12/1	100/1
	马家桥	大　队	300	13/1	195/1	12/1	100/1
	石桥头	大　队	1137	22/1，13/1	295/1	14/1，10/1，12/1	—
建　丰	金家车	大　队	910	22/1，17/1	295/1	14/1，12/1	100/1
	盛家湾	大　队	913	17/2	295/1	12/2	50/1
春　光	翁家里	大　队	1009	17/1	冷 259/1	12/2	100/1
	陆更上	大　队	400	13/1	—	12/1	50/1
合　计			36392	61 台	38 台	76 台	34 台

1983年，全乡23个村有固定电力灌溉站90座，共配套动力：柴油机51台（1426千瓦），电动机117台（1945.5千瓦），还配套13条流动灌溉站。总灌溉面积38640亩，其中机电两用灌溉面积36530亩，净机灌面积1180亩，流动船灌溉面积930亩。90座电灌站中，灌溉200亩以下38座，201—500亩35座，501—1000亩11座，1001—2000亩6座。由于实行电力灌溉，有效地提高机械效率，减少农田戽水费，保障粮田用水需要。

第四节　防汛抗旱

解放前，境内水旱灾害往往交替发生。旱灾发生相对较少，但严重时河浜干涸，田地龟裂，禾苗枯死。解放后，十分重视防汛抗旱工作，各级政府建立防汛抗旱指挥部，及时指挥、指导防汛抗旱工作。由于多年投入，建成的固定灌区工程体系和沟渠配套，排灌分开的田间水利工程体系，可最大程度上减轻旱涝灾害带来的损失。1991年，国务院决定用五年时间基本完成太湖综合治理十项骨干工程。1991年至1993年，江苏省用三年时间全面完成望虞河、太浦河工程，共同承泄太湖洪水，干旱年份“引江济太”，补充全流域水量。境内因河道调水及防汛的需要，相继建造与望虞河配套的泵站和节制闸22座，为防汛抗旱起到保障和决定性作用。

一、防　汛

民国12年（1923年）6月至8月，无锡南门水位达4.42米，境内受灾农田2万余亩。当地百姓积极开展自救。

民国38年（1949年）7月，连续阴雨，遭受强台风暴雨袭击，湖水骤涨，南门水位达4.6米。境内受淹农田1000多亩，鲁家园、市镇坝后、沈巷上等210户农家受淹，地方政府组织发动干部群众防汛抗灾。

1954年5月至7月，雨日67天，降水总量达799.7毫米，河水突涨，出现百年罕见的特大洪涝，境内水稻受灾3.5万亩。中共无锡县委、县政府召开紧急抗洪会议，深入发动群众全力抗洪救灾。县、区两级带领乡村干部对重点灾区进行慰问，并做好防涝抢救和补苗工作。经过共同努力，大部分受淹农田经抢救脱险。

1991年5月21日梅雨早临，至7月13日累计雨日37天，降水总量达801毫米，是常年同期的2.6倍，为百年罕见。其间，7月2日持续大暴雨，最大降水量达178.2毫米。境内有800多亩水稻受淹，墙南村鲁家园受淹72户，积水最深处有1米多。镇政府及时组织干部群众救灾，将灾情损失减少到最小。

1999年安桥村防汛抗洪现场

1999年梅雨季节，梅雨降水量达702毫米，整个汛期降水量达1178毫米，太湖水位超过历史最高水位。安桥、里河等村紧靠望虞河，有多条河浜被太湖水严重倒灌而受淹。特别是安桥村南庄，淹水最严重，家家户户都进水，多则50厘米，少则10多厘米，连续淹水10多天。80%的水稻和农作物被淹没，居民饮水困难，出行不便。镇政府和村民委员会组织广大干部群众抗灾，送净水进村，并搭通连接家家户户的竹便桥，对住在危险房屋的居民组织撤离。同时镇政府组织机关全体干部、市镇各单位、各村民委员会组成抢险突击队，出动救灾人员500余人，在里河、安桥村的望虞河河口进行抢险筑坝。无锡市政府、新区、镇主要领导亲临受灾现场，查看灾情，慰问受灾群众，并要求组织群众灾后尽快恢复生产生活。这次连降暴雨，为确保无锡地区不受水淹，国家防汛抗旱总指挥部指令，太湖水通过望虞河向长江泄洪，使灾情迅速得到缓解。是年10月，由国家投资建成的七座与望虞河配套的排涝闸及涵洞，提高了境内望虞河周边村河道的防洪泄洪能力。

二、抗　旱

1953年7月至9月，高温伏旱，降水量仅116.2毫米，河道浅水，禾苗凋萎，农民竭力引水抗旱，灾情有所减轻。

1971年7月24日至9月19日和10月6日至12月23日，前后137天无雨干旱，造成夏、秋、冬连续的严重旱象。公社组织发动干部群众发挥“千里百担一亩苗”的精神，全力进行抗旱保苗，确保秋播三麦、油菜正常生长。

1978年，春旱接空梅，空梅接夏旱，夏旱接大旱。6月16日至9月13日期间89天无雨，旱情严重。因充分利用机电排灌设备使其发挥作用，秋熟水稻仍获丰收。

1990年7月4日至8月17日，35℃以上高温无雨日达22天，45天中降水量仅39.4毫米，农作物因旱受损。

三、配套设施

20世纪90年代末，随着国家水利工程建设的扩展和境内调水的需要，开始建造水闸或节制闸。

1998年10月，为配合京杭大运河整治，调运控制大运河水位，建造闸宽6米的永安桥闸，这是由无锡市水利局在境内建设的第一座水闸。2000年6月，镇政府投资建造两座调节内河水位的谢家桥闸和鲁家园节制闸。2000年10月，在望虞河疏浚拓展工程中，由国家投资在无锡市水利局和新区农村经济局组织协调下，在境内安桥村的杜家里、陆更上、安桥，里河村的曹家里、犁尖头，里新村的庄里、外浜等地建成七座望虞河配套排涝闸及涵洞；2005年10月，由镇政府投资建造大包庄、蚂蝗浜、南河港、红豆树下、川桥头、陆家桥等节制闸及泵站，用于调节内河水位；2007年6月，香楠村的王家里泵站建成，属望虞河配套节制闸；2012年6月，新梅路村枫槐桥旁的赵家桥泵站建成，用于调节内河水位；2013年6月，硕放村的陆房桥泵站、墙联村的庙下泵站建成，属走马塘整治后的配套设施。随着配套设施的完善，境内防洪抗洪能力得到有效提高。

硕放村陆房桥排涝闸

1998年至2013年，硕放共建有与京杭大运河、望虞河、走马塘等相配套的排涝闸泵站22座，为防汛抗旱起到保障和决定性作用。

1998—2013年硕放街道（镇）排涝闸泵站分布情况表

表 9-6

序号	闸站（涵洞）名称	坐落地址	泵站规模		竣工日期	备注
			水泵规模（英寸）	闸宽（米）		
1	永安桥	杨家湾村严家浜	—	6	1998.10	京杭大运河配套
2	谢家桥	墙南村鲁家园	20	2×2涵洞	2000.6	—
3	鲁家园(节制闸)	墙南村鲁家园	—	4	2000.6	—
4	杜家里	安桥村杜家里	20	5	2000.10	望虞河配套
5	陆更上	安桥村陆更上	20	2×2涵洞	2000.10	望虞河配套
6	安　桥	安桥村安桥浜	32、20	6	2000.10	望虞河配套
7	曹家里	里河村曹家里	20	5	2000.10	望虞河配套
8	犁尖头	里河村犁尖头	20	5	2000.10	望虞河配套

续表 9-6

序号	闸站（涵洞）名称	坐落地址	泵站规模		竣工日期	备注
			水泵规模（英寸）	闸宽（米）		
9	曹家门前	里新村庄里浜口	12	—	—	老泵改造
10	庄　里（涵　洞）	里新村庄里浜口	—	2×2涵洞	2000.10	望虞河配套
11	外　浜	里新村外浜口	20	5	2000.10	望虞河配套
12	大包庄（节制闸）	黄家门村绛湾里	—	5	2005.10	—
13	蚂蝗浜	黄家门村蚂蝗浜	32×2	5	2005.10	—
14	南河港	南河港口	32×3	6	2005.10	—
15	红豆树下（节制闸）	东新村柘茶上	—	5	2005.10	—
16	川桥头	墙联村川桥头	32×2	4	2005.10	—
17	陆家湾（节制闸）	溇金村井头	—	5	2005.10	—
18	王家里	香楠村王家里	12	—	2007.6	望虞河配套
19	赵家桥	新梅路村枫槐桥	32×2 20×1	2×2涵洞	2012.6	—
20	硕放村陆房桥	南星苑入口处	20	5	2013.6	走马塘配套
21	庙　下	墙联村庙下浜口	20×2	5	2013.6	走马塘配套
22	荷典桥泵站	大墙门村荷典桥	40×3 30×2	6	2013.12	—

第五节　管理机构

中华人民共和国成立前，县、乡两级缺少专门水利机构和水利专业人员。水利工作由知县（县长）兼管。中华人民共和国成立初，水利业务工作由县农林水利部门和戽水业同业工会、乡办事处负责管理。

1950年1月，无锡县建立防汛指挥部，华庄区在墙门乡建立墙门戽水站。同时成立防汛指挥部，业务上受上级指挥部指导，担负起全乡防汛抗旱的物资协调、人员组织、统一指挥职责。乡党委书记任总指挥，分管农业的副乡长任副总指挥。

1953年，墙门戽水站扩建为墙门区抽水站。

1954年，无锡县戽水业同业工会撤销，成立无锡县农田灌溉管理总站，乡建立抽水机队，各戽水机船负责按划定的车口和亩数搞好灌溉。

1956年，实行公私合营，成立地方国营无锡县机电灌溉公司，乡仍设抽水机队。

1959年至1960年，机电灌溉业务与县脱钩，全部下放到公社管理。

1961年，无锡县设立安镇、红旗（华庄）、八士、洛社、荡口五个片的机电灌溉管理站，公社重建抽水机队，负责代办灌水燃料，受荡口灌溉管理站领导。1963年，撤销片站。

1964年，成立硕放人民公社机电灌溉站（简称机电站），属全民所有制事业单位。是年，公社成立水利指挥部，全面领导和负责硕放的水利建设和防汛抗旱工作，日常工作由机电灌溉站具体负责。

1976年，无锡县恢复建立无锡县机电排灌公司。公社建立机电排灌管理站，为县排灌公司下属单位。公社排灌管理站的人、财、物全部归县排灌公司统一管理。以大队为单位设灌区，配置1名不脱产灌区主任。公社排灌管理站行政上属县公司和公社政府双重领导，业务上受公社农技站指导。

1977年，公社为加强农田基本建设，重新调整组织，成立硕放人民公社农田基本建设办公室（前身是公社农田水利工程指挥部），主管公社范围内的水利、社道、市镇基本建设。

1995年，硕放划归无锡市新区，硕放机电排灌站属无锡市新区农村经济局和镇政府双重领导。

2002年，农业机械管理站与机电排灌管理站合并为无锡市新区硕放镇水利农机站，属新区农村经济局和街道办事处双重领导。

至2013年，硕放机电排灌管理站（水利站）历任站长（负责人）有邹育启、曹德耀、王福康、张治中、顾均堂、唐建明、费寿南、陈伟其、浦龙昌、高跃峰、万家明、王铭树。

第十章

交通运输

空港产业园区交通体系规划图
至南京、常州、江阴
至安镇
至高铁站
至高铁站
至安镇
接锡东大道
至张家港、南通
接锡通高速
至南京
至市区
至江阴
接友谊路
红力
至市区
至市区
宅基
至市区
机场
至鸿山
至鸿山
鸿山
至苏州
接苏州绕城高速
新宅东路
至鸿山
至太科园
至宜兴
接环太湖高速
至鸿山
硕放
至鸿山
至苏州
至苏州
至苏州
接老312国道
接苏州轨道交通
三号线延长线
至苏州
接太阳路
至苏州
接苏州绕城高速

旧时，境内的交通始于水上运输。吴泰伯率先民开凿泰伯渎，唐朝元和八年（813年），常州刺史孟简疏导拓浚后，水上运输开始兴盛。民国10年（1921年），境内已有客商货轮，往返于苏州、无锡之间。解放前，境内设有杨家渡、沈渎等渡口，方便群众出行。解放初期，主要交通工具是小木船，大多数靠肩挑人抬，陆上基本无交通工具。1954年，随着硕放机场（“四一四工程”）的建设，沪宁铁路增设硕放火车站，为当地群众的生产、生活带来极大的方便。20世纪50年代至60年代，水上交通仍以木船为主，境内群众的生产、生活物资主要靠交通管理所、供销社组建的货运轮队，后逐步用水泥船替代。20世纪70年代起，各生产队均有水泥船用作生产和运输，后改装为12马力的柴油挂桨机船。20世纪80年代，随着乡镇企业的发展，生产运输量大幅增加，农用载重汽车和手扶拖拉机成为主要运输工具。随着自行车的普及、摩托车的不断增加，人们对加快道路建设的期望强烈，地方政府顺应民意，加大修筑道路的力度。20世纪80年代中后期实现村村通公路，农村逐步普及摩托车、电动车和其他机动车辆，真正实现以车代步。1993年，完成“黑色化道路”改造。进入21世纪，境内的道路框架以高速公路和一级公路网作为对外辐射的主要通道。从1969年12月开通的第一条硕放至无锡的7路公交线路，到2013年公交网络一体化，共有32、92、751路等11条公交线路，大巴、货运车辆单位165家，形成运输便捷的陆路交通枢纽。境内线路与城区公交实现全方位无缝对接，构成一流的现代化交通枢纽。交通运输和服务设施更加完善，为广大居民出行带来方便与快捷。

民航运输在1984年开通硕放至北京的首条国内航线。2008年，开通深圳—硕放—深圳全货机航班。2009年，开通硕放—大阪的首条国际航线。至2013年，共开通国内航线36条、国际航线8条、货运航线5条。2013年，全年客运吞吐量达359.02万人次，货运吞吐量达8.76万吨。

第一节 水 运

一、主要航道

1.京杭大运河（硕放段）

京杭大运河江南段又名江南运河。解放前，历经整治和拓宽，河道宽50—70米，通航200吨级船舶。运河硕放段从西南的建新村方家浜起，至东南的黄家门村大包庄河汊口，流经建新、硕放、黄家门村，全长3.36公里。1993年至1995年，国家又对江南运河按四级航道标准进行全面整治，航道拓宽至90米，500吨级船舶可以交会航行。2009年，国家继续对江南运河进行整治，航道从四级标准提升为三级标准。至2013年未变。

2.望虞河（硕放段）

俗称“蠡河”。西起黄家门村周家角船闸，途经黄家门、里新、里河、安桥等村，东至安桥村杜家里，全长5.4公里。1991年，国务院部署的太湖流域洪水治理工程动工，至

1993年工程结束，河道加深拓宽后，河口宽130米，底宽80—90米，属国家三级航道，可通航500吨级船舶。至2013年未变。

3.走马塘（含唐庄河）

南起京杭大运河沈渎浜口，北至秦村村象斗树下连接伯渎河，原为境内主要航道。2009年拓浚延伸开工，2012年底完工后，境内全长11.4公里，河宽80米，河坡一致，弯道变直，途经合新、硕放、杨家湾、西典巷、墙联、大墙门、溇金、建丰、秦村等村，为防洪、泄洪的主要通道。

4.梅花港

北起梅村东侧的大石桥，跨越伯渎港，南经安乐桥到大墙门，全长5.3公里，河宽18米，通航10吨级以下船舶。

5.北宅港

北起鸿声鸿丰桥，经薛典村到墙北村许卖布桥，全长5.76公里，河宽16米，通航10吨级以下船舶。

除上述几条主要航道外，沟通境内主要航道的河道还有赵家桥河、里夫泾港、南河港等。

二、水运项目

1.客商货轮

民国10年（1921年），境内墙门镇杨祥启拥有客商轮船三艘，分别起名“恒锋”“恒镒”“恒昌”。杨祥启将轮船分租他人，其他船往返于苏州、无锡之间，接送顾客或运载商货。

2.航船（接水船）

解放初，境内徐家湾自然村（现属西典巷村）顾阿根撑有木船三艘，素称“接水船”。往来于望亭、鸿声、梅村、后宅等地运货运客，有时也递送邮报。在三艘“接水船”中，有一艘每晚停泊在望亭镇，于清晨出航，去鸿声、梅村、后宅。继顾阿根之后，本地有不同吨位的木船陆续开航，航船大部分由墙门镇店家雇用。解放后，党和政府开展对私营工商业的改造和管理。1952年，本地所有船只编入梅村区航运站，由梅村区政府统一管理经营。1953年，无锡县成立航运局，各区航运站归属航运局领导，船只由航运局统一确认调度。自船只被编以后，本地没有一艘航船，群众有事到苏州、无锡乘轮船须到新安或望亭。

3.班船

民国时期，班船运输兴盛，船舶大小不等，以10吨左右居多，均为个体经营，靠风力、人力行驶。班船都有固定航线，沿途设站，定期开班，客货兼运。本地区大墙门、坊前、梅村等班船停泊在无锡北门外大桥下。20世纪40年代后期，轮船客运兴起，班船以载货为主，航线逐渐减少。

4.班轮

辛亥革命后，客运班轮骤增。民国22年（1933年），无锡县客运班轮增至60艘，总吨位558.81吨。通航河道有京杭大运河、伯渎港、锡澄运河等。辟有无锡至上海、苏州、荡口、大墙门等20多条航线。日军侵华期间，客运业一度衰落。抗战胜利后，通过整理改组，联营复苏。解放前夕，航线有无锡至苏州、荡口、后宅等线。1954年，始建硕放火车站，建火车站后，当地群众凡远途旅行大都在硕放站乘火车，较之比乘轮船方便得多，但由于硕放区域大，建丰、东方红、八一等大队距离火车站有三四公里之远，乘车仍不方便。1965年，为解决远道群众乘火车难问题，由无锡县航运局开设锡宅（无锡—后宅）航运班次，在境内设轮船码头四处（建新大队朱家里、硕放大队东湾、墙西大队唐庄桥、五一大队荷典桥）。轮船每天清晨从后宅开出，下午3时又从无锡南门处返航。虽然有客运班轮，但群众又提出轮船停靠的时间如何赶上乘火车的问题，要求把这个问题妥善解决好。为此，县航运局根据实际情况合理安排航运时间，使轮船停靠朱家里站的时间正好可以赶上乘火车，缓解了群众乘火车难的问题。1971年底，随着硕后公路（硕放—后宅）的开通，旅客大都改乘汽车，轮船客运量日趋减少。1984年，水上客运停航。

5.货运船队

中华人民共和国成立后，境内水上货运能力不断提高。1958年，硕放人民公社建立以渔船为主的运输大队，并组织私人船舶编入运输大队，为境内百姓生产生活提供货运服务。1959年，成立硕放人民公社交通运输站。1965年，改名为硕放人民公社交通运输管理站，负责水上运输船只的管理，处理境内船只的交通事故。1972年，陆续发展拖轮和驳船，组织货运船队。1978年，硕放交管站有货轮5艘，驳船10艘，总吨位120吨，为社队企业、市镇单位提供货物运输服务。全公社水上运输占社会运输量的89.5%。1980年，硕放渔业大队组建货运船队，由1艘货轮，7艘驳船组成，总吨位85吨，为社队企业提供服务。20世纪90年代中后期，随着道路交通的四通八达，水上运输逐年减少，货物运输大部分被公路运输替代。

三、水运运力

解放初期，境内墙门镇码头搬运装卸由13个脚夫肩挑。1956年经墙门乡政府批准，13个脚夫组成墙门镇码头搬运组。1959年公社建立农业生产大队后，搬运组归五一大队管辖，组员工资由大队在营业额中提取支付。是年，搬运组被编为荡口区搬运中队墙门集镇搬运分队，设队长1人。1965年，公社组建硕放交通运输管理站（简称交管站），墙门集镇搬运分队划归交管站管辖，交管站为政企合一的社办企业，一方面对社队运输船只进行管理，另一方面积极发展水上运输，下设运输队、搬运组（脚班）。当时，搬运装卸工具为杠棒、扁担、箩筐、铁铲、绳钩等，大多数肩挑人抬，是当地搬运行业从事搬运装卸的传统方式。

水泥船

20世纪70年代至80年代中期，各生产队水泥船逐步取代农用小木船，基本上拥有3—5

吨人力摇橹行驶的水泥船，7吨、10吨的较少。20世纪80年代初期，逐步产生挂桨机船。1983年，全乡24个大队有挂桨机船103条、水泥船744条、木船150条。从此走上水运高速发展的年代，船舶载重吨位也以适应河道通行能力而上升。

交管站为适应不断增长的运输需要。1972年起，陆续发展驳船和拖轮，组织船队。1981年，交管站共有大小拖船12艘，拖轮3艘，船员79人。其中2艘拖船由交管站经营，载重量为15.5吨，主要来往苏州、无锡之间，有时也到浙江杭州等地，全年运输量在15200吨。其余船只由各单位雇用。

1981年，交管站年运输量达65万吨。1986年，政企分开，成立交管所和运输社。运输社拥有2个船队，有拖轮2艘，水泥拖船20艘，载重吨位300吨。全乡水上运输有拖船4艘，机动船17艘，驳船18艘，挂桨机船70余艘，年货运量12万吨。20世纪90年代后期，随着公路建设的发展，由于水运物资一般都要经过两次运输（水陆），运费成本大，加上河道变迁等因素，水上运输逐步退出运输市场。

1983年硕放乡乡镇企业机动船情况表

表 10-1　　　　单位：艘

单位	机动船	单位	机动船
砖瓦厂	5	轻机厂	2
水泥制品厂	3	纸箱厂	1
交管站	15	六通厂	1
机电站	2	客车厂	2
供销合作社	12	纺织厂	2
粮管所	2	合　计	47

1983年硕放乡各村农用船情况表

表 10-2　　　　单位：条

序号	大队	挂桨机船	水泥船	木船	小计
1	墙　门	3	23	—	26
2	墙　南	3	43	—	46
3	墙　北	4	41	2	47
4	墙　西	3	21	—	24
5	孙典桥	2	28	—	30
6	新　农	2	21	—	23
7	里　河	6	27	—	33
8	里　新	7	29	—	36
9	安　桥	5	25	—	30
10	黄家门	12	36	—	48
11	西典巷	5	32	—	37
12	硕　放	5	43	—	48

续表 10-2

序号	大队	挂桨机船	水泥船	木船	小计
13	杨家湾	4	26	—	30
14	庙　廊	3	17	—	20
15	塔　西	4	32	1	37
16	中华庄	7	31	1	39
17	红　力	3	28	—	31
18	竺祥庵	5	32	—	37
19	王家桥	4	36	5	45
20	薛　典	3	23	3	29
21	建　丰	6	35	1	42
22	秦　村	3	39	1	43
23	溇　金	2	48	2	52
24	墙　裕	2	28	134	164
合　计		103	744	150	997

四、主要渡口

解放前，境内东南端因蠡河（望虞河）和京杭大运河相隔，加上沪宁铁路穿境而过，日军侵华时，还在紧靠铁路旁的石桥头设立据点，造成人们去望亭镇和新安镇等地极为不便。为方便群众出行和太湖游击队摧毁敌人据点的需要，相继建成杨家渡、大沈渎和钱更上三个渡口。1954年，为配合硕放机场（“四一四工程”）建设运输物资的需要，建成方家浜渡口。

1.杨家渡渡口

为方便当地群众去望亭镇赶集和到望亭火车站乘车，在里河乡杨家渡自然村设立渡口，蠡河（后称望虞河）河面宽80米。解放前，初设渡口时为小型木质手摇船，船主为杨永春，摆渡费为每人每次0.01元，对常年摆渡者，到年底时一次性收费3元（有的以米折钱）。1960年，渡船归属杨家渡杨北生产队集体所有，当时摆渡船按户进行轮返，交钱记工。1961年至1970年，先后由本队社员杨金根、华桂林、杨二荣接管，当时每人每次收取摆渡费0.01—0.03元，收入归己。1970年至1980年，由社员周阿纪接管，每人每次收取0.05元。20世纪80年代，更换为双层钢质船。1980年至1992年，由周阿纪子女（周阿妹、周王毛）接管，收费标准不变，收入归己。1992年，在望虞河拓宽工程中建造杨家渡桥后，渡口取消。

摆渡船

2.大沈渎渡口

民国18年（1929年）始，无锡县十三区把沈渎作为中心大区域，成立沈渎乡。沈渎分大沈渎和小沈渎，是京杭大运河上的一个重要港口，从清朝开始便有小街市，俗称沈渎港。

大沈渎在解放前就设有渡口，当时大运河上往东只有北桥，往西要到无锡南门的清明桥。设立此渡口，一是方便当地群众去望亭镇和新安镇，二是方便顾客转乘苏锡班客轮。渡口有1艘手摇木质船，24小时不间断，船主凌阿根（绰号“曲辫子阿根”），对远来的摆渡客人收取现金，平时摆渡本地客人不付钱只记账。除夕前，凌阿根到摆渡客人家里收一些大米、年糕等以作为平时赊欠的摆渡钱。1964年，建造跨京杭大运河硕放大桥后，渡口于1965年撤销。

3.钱更上渡口

解放前，老百姓要往返上塘（运河南）和下塘（运河北），全靠摆渡船。钱更上渡口也是京杭大运河上的一个重要渡口，主要是为太湖游击队摧毁敌人据点而建。渡口在大沈渎渡口的斜对面，位于硕住乡的钱更上，渡口的渡工由大沈渎渡口的凌阿根一人兼管，负责两渡口（钱更上渡口和大沈渎渡口）的摆渡。抗日战争时期，太湖游击队依靠钱更上渡口的出入，经常对“石桥头”（硕放村铁路旁）的日军据点进行伏击，为铁路交通通畅和百姓安全作出贡献。1964年硕放大桥建成，渡口于1965年撤销。

4.方家浜渡口

位于硕住乡方家浜，地处京杭大运河旁。1954年，硕放机场（“四一四工程”）开工建设。因运输物资的需要，从硕放机场营房开始建造公路到方家浜，但由于在方家浜处的运河上无桥梁，为此在方家浜上建造专用渡口。渡口的渡船为平板方头的大型钢质汽渡船，一次可运载大型汽车两辆和小型汽车三辆。当时，硕放机场委托硕住乡在谈更上自然村挑选周根金等贫农出身、政历清白的四位舵工。他们的报酬凭运输车辆的多少而得，以辆计算，由部队支付，起初为0.8元/辆，后增加到1.2元/辆。当时，新安人黄茂生、黄阿寿两人借用该渡口购买摆渡船，为运河两岸来往的群众摆渡，生意较好。1955年，越南社会主义共和国主席胡志明从硕放机场乘车去无锡，途经方家浜渡口摆渡时，留长胡子的胡志明看见同样留长胡子的周根金，主动邀请他合影留念。直到1964年硕放大桥建成后撤销。

第二节　陆　运

一、铁　路

无锡的铁路运输始于清末，清光绪三十四年（1908年）沪宁铁路单轨全线通车。20世纪70年代初铺筑双轨，1976年复线通车。境内途经红星、建新、五星、硕放、先锋、里新大队，共计5.3公里。

硕放火车站

1.硕放火车站

始建于1954年，位于境内西南端，中心位置在周泾巷站东沪宁线K111+879米处。当时主要是硕放机场（“四一四工程”）的配套工程。1963年4月起属无锡站管辖，1978

年划归沪宁铁路车务段管理。有到发线3条，连接102专用线，设客运站台2座、货物站台1座，配6502型电气集中和双线单向移频自动闭塞装置。1985年，每日停靠客车9班，其中快客列车5班，年客运量25.4万人次，年货运量2500吨，为客货运四等站。2006年，沪宁铁路沿线四等站客运业务停止运营，硕放火车站客运业务随之停止。

2.沪宁城际高速铁路

简称沪宁高铁，2010年7月1日通车。硕放段途经合新、杨家湾、硕放、黄家门和香楠等村，共计5.3公里。无锡市新区站距硕放8.5公里，方便广大群众乘坐沪宁高铁出行。

二、公路货运

20世纪60年代，境内始用手推胶轮板车。当时，硕放交管站拥有5辆手推胶轮板车，用于搬运货物。20世纪70年代，随着社队工业和农业的发展，手推胶轮板车普及使用，人们日常出行也由步行改为自行车出行。20世纪80年代初，翻斗车、手扶拖拉机、起重机、载重汽车、装卸机及其他专用设备进入运输市场，机械化程度迅速提高。公社成立汽车运输公司，下设汽车运输队，分设客运和货运车辆，拥有运输车辆24辆。同时，无锡县第六通用机械厂、无锡县客车厂分别拥有小客车和货车，有些单位购买电动板车搞短途运输。为适应不断增长的运输需要，又增设胶轮板车和简单的起重搬运机械。1983年，全乡拥有货车16辆，总载重吨位48.5吨。

沪宁城际高速铁路硕放村段

1983年硕放乡货运车辆一览表

表 10-3

单 位	辆数（辆）	汽车牌号	吨 位（吨）
硕放运输队	12	09—30094	4.0
		09—30095	2.5
		09—30096	4.0
		09—30097	2.0
		09—30098	2.0
		09—30099	2.5
		09—30660	5.0
硕放汽车队	12	09—30730	2.5
		09—30729	2.0
		09—30711	10.0
		09—31003	3.0
		09—30272	1.0
无锡县第六通用机械厂	1	09—30336	2.0
无锡县客车厂	1	09—30848	2.0
硕放供销合作社	2	09—30962	2.0
		09—30100	2.0

1985年，墙西村村民邹宪华率先购置5吨货车1辆，办理个体运输。1998年，全镇拥有各类货运汽车234辆，还有从事运输的手扶拖拉机193辆。2013年底，辖区内有运输车辆单位165家，其中运输专业单位35家，共有货运汽车938辆，载重吨位6680.1吨。

三、公路客运

20世纪70年代初，无锡公交公司三场（中桥）7路汽车开通至墙门、后宅、大坊桥，每天六班。

1977年8月，无锡县农村公共汽车公司成立，车站设在无锡梨花庄。20世纪80年代初，硕放汽车运输公司拥有两辆30座客车（农民班），由墙门始发至无锡梨花庄。

20世纪90年代，个体中巴车逐步增加，成立硕放交通综合服务部，拥有中巴车13辆，由墙门始发至无锡火车站。2007年6月实行农村公交化改造，取消农村中巴车客运。

2007年初，无锡市新区成立公交公司。空港产业园区（硕放街道）着力推进公交畅通工程，公交为民优先发展，交通顺畅。配合完成公交场站建设及公交站台设立，至2013年，先后新增32、92、107、751、752、753、759、761、775共九条公交线路，极大方便了群众出行。

1.无锡市区公交线路

7路　20世纪70年代起，系硕放通往无锡市区的首条公交线路。起点为无锡公交三场（中桥），终点为后宅。境内停靠站点：硕放火车站、营房、杨家湾、谢家桥、方家里、墙门、窑厂。2011年起，起点为无锡公交三场，终点为后宅。首班5:50，末班16:30，班次间隔时间为20—30分钟。境内停靠站点：长江南路（新梅路）、香楠佳苑、南星苑五区、南星苑一区、盈发路（通祥路）、墙门、咏硕苑西、咏硕苑北。

公交32路线

32路　2009年2月2日开通。起点为公交硕放停车场，终点为无锡市新生路（八佰伴）。首班5:30，末班18:30，班次间隔时间为10—20分钟。境内停靠站点：公交硕放停车场、咏硕苑西、新锦园、通祥路（盈发路）、方家里、南星苑一区、南星苑五区、香楠佳苑、合新村、新梅路（长江南路）。

92路　2009年2月中旬开通。起点公为交硕放停车场，终点为无锡火车站。首班5:30，末班20:00，班次间隔时间为8—10分钟。境内停靠站点：公交硕放停车场、咏硕苑西、墙门、盈发路（通祥路）、南星苑一区、南星苑五区、香楠佳苑、合新村、机场、新梅路（机场路）。

107路　起点为无锡招商城汽车南站，终点为鸿山镇政府。首班5:40，末班18:00，班次间隔时间为15—25分钟。境内停靠站点：陆家桥、长浜绛、唐家里、新宅桥、吉祥国际花园、荷典桥、薛典村、盛家湾、秦村、中通路、溇金村。

2.无锡市新区公交线路

751路 起点为鸿山客运站，终点为无锡火车站。首班5:00，末班19:30，班次间隔时间为5—10分钟。境内停靠站点：新联村（硕放工商所）、咏硕苑、墙门、中国银行、瑞港商业广场、方家里、南星苑一路、南星苑小学、南星苑、香楠佳苑、空港硕放公交场站、硕放村、杨家湾工业园、合新村（方家门前）、生命科技园。

752路 起点为鸿山客运站，终点为无锡招商城。首班5:20，末班19:30，班次间隔时间为25—30分钟。境内停靠站点：新联村（硕放工商所）、咏硕苑、墙门（振发公寓）、振发路（中国银行）、通祥路（三联超市）、吉祥国际花园、新宅路、华友工业园、空港物流园。

753路 起点为工博园枢纽，终点为工博园枢纽。首班6:26，末班20:26，班次间隔时间为25—40分钟。境内停靠站点：薛典路（锡协路）、薛典村、硕放职校、荷典桥、硕放（客运站）、咏硕苑西、新锦园、瑞港商业广场、方家里、裕丰路、南星苑、南星苑小学、杨家湾、营房、毛耳坟、六岔路口、新梅路（机场路）。

759路 起点为空港（硕放）公交场站，终点为空港（硕放）公交场站。首班6:30，末班17:30，班次间隔时间为65分钟。停靠站点：空港（硕放）公交场站、翔苑、五冶、昭嗣堂、安桥村、里河路、香楠路、丽景佳苑、硕放幼儿园、润硕苑、振发路、金马路、新安安置区、杨家浜、八一塑料厂、溇上村、世家桥、锡梅路、光伏产业园、薛典路（锡勤路）、薛典路（锡协路）、薛典村、硕放职校、荷典桥、吉祥国际花园、空港产业园、大统华超市、裕丰路、香楠佳苑、空港（硕放）公交场站。

761路 起点为空港（硕放）公交场站，终点为无锡火车站。首班6:28，末班18:00，班次间隔时间为10—30分钟。境内停靠站点：空港（硕放）公交场站、通祥路（黄家门村）、丽景佳苑南、丽景佳苑北、硕放幼儿园、墙门、中国银行、瑞港商业广场、方家里、南星苑一路、南星苑小学、南星苑、香楠佳苑、硕放村、杨家湾工业园、合新村（方家门前）、生命科技园。

775路 起点为后宅，终点为新区科技商务中心。首班6:45，末班17:15，班次间隔时间为60—75分钟。境内停靠站点：新联村、咏硕苑、新锦园、通祥路（瑞港商业广场）、通祥路（南星苑一路）、裕丰路、南星苑、香楠佳苑、空港（硕放）公交场站、硕放村、杨家湾工业园区、合新村（方家门前）。

第三节 空 运

1984年，无锡市人民政府与硕放空军部队协商，利用境内硕放机场开拓民用航空事业，开通无锡至北京的首条航线，无锡民航业起步。硕放机场定位为上海复合型枢纽机场的重要组成部分。依托苏南地区和国际航空客货的需求，客货兼顾，实现一类口岸开放。随着上海浦东国际机场东移，以及沪宁高速公路日渐拥堵，长江三角洲中下游的航运物流中心西迁至此。2003年，在硕放军用机场的基础上进行改、扩、建。2004年开航当年，机场客货吞吐量仅为32.67万人次和0.7万吨。2013年，苏南硕放国际机场共安全保障运输航班起降3.18万架次，旅客吞吐量达359.02万人次，货邮吞吐量8.76万吨，客货吞吐量分别增长10倍以上，为地方经济社会发展起到积极的推动作用。

一、客运航线

1.国内（含港、澳、台地区）

1984年，无锡市人民政府与中国联合航空公司联手，在硕放机场开辟第一条无锡至北京的包机航线。至1985年底，共有航班164班，安全发送旅客8197人次，并办理客机附货运输业务总运量5吨多。1990年，又新辟惠阳、佛山、福州等航线。但由于多方原因，无锡硕放机场于2002年停飞地方航线，空中通道被阻断。2004年2月18日，恢复民用通航，由军用改建成军民合用的无锡硕放机场。先后入驻的航空公司有东方航空（基地航空）、深圳航空（基地航空）、南方航空、中国国际航空、四川航空、天津航空、东海航空、中国联合航空、大新华快运航空、顺丰航空等，机场始发飞机达10余架。2011年8月，开通无锡至中国台北的直航航班，此航线是苏南硕放国际机场着力打造的一条“黄金航线”，两小时的飞行时间促使无锡、中国台湾两地进入“一日生活圈”。2011年春节，苏南硕放国际机场历史性地开通中国台北春节包机航班，共运送旅客2595人次，客座率达75%。经过五年发展，至2013年，开通国内航线36条。

2.国际

2009年4月9日，开通机场首条国际航线（无锡—大阪），并由深圳航空公司执飞。2010年5月，开通无锡—北京—欧美航线通程登机业务，可抵达洛杉矶、悉尼、迪拜等城市。至2013年，先后开通的国际航线有8条。

1986—2013年硕放机场民航客运量一览表

表 10-4　　单位:万人次

年份	客运量	年份	客运量
1986	48.00	1994	2.21
1987	1.87	1995	2.00
1988	1.20	1996	2.00
1989	0.58	1997	1.00
1990	1.00	1998	2.00
1991	2.00	1999	1.00
1992	3.00	2000	1.00
1993	3.00	2001	2.00
2002	1.60	2008	164.25
2003	—	2009	221.79
2004	32.67	2010	253.53
2005	61.91	2011	294.01
2006	92.49	2012	323.86
2007	135.98	2013	359.02

至2013年硕放机场客运航线一览表

表 10-5

航线类别	航线起讫
国内航线（含港、澳、台地区）	无锡—北京，无锡—深圳，无锡—广州，无锡—成都，无锡—重庆，无锡—重庆—昆明，无锡—武汉—昆明，无锡—厦门，无锡—西安—兰州，无锡—西安—银川，无锡—福州—珠海，无锡—石家庄—呼和浩特，无锡—丽江，广州—无锡—大连，沈阳—无锡—厦门，三亚—无锡—沈阳，重庆—无锡—大连，深圳—无锡—济宁，无锡—天津，无锡—长沙，无锡—乌鲁木齐，无锡—贵阳，无锡—太原，无锡—哈尔滨，无锡—海拉尔，无锡—青岛，无锡—桂林，无锡—张家界，无锡—舟山，无锡—佛山，无锡—海口，无锡—三亚，无锡—揭阳，无锡—中国香港，无锡—中国澳门，无锡—中国台北
国际航线	无锡—曼谷（包机），无锡—普吉（包机），无锡—甲米（包机），无锡—清迈（包机），无锡—新加坡，无锡—大阪，无锡—济州（包机），无锡—东京

二、货运航线

2008年1月，无锡硕放机场首次开通深圳—硕放—深圳全货机航班。同年8月，无锡航空口岸顺利通过国家验收。2009年后，无锡硕放机场积极应对各种困难挑战，狠抓运输生产，着力提升航线网络规模，先后加密国内干线，新增通航城市，生产经营继续保持较快增长。2010年1月，机场集团与顺丰速运集团签署顺丰速运合作协议，至此硕放中转场与华东分地区的上海中转场、杭州萧山中转场的“品”字形态势确定。2010年3月，机场货运站续建工程开工建设，并分别于当年4月和8月先后开通硕放—中国香港全货机航班、北京—无锡—泉州全货机航线，无锡硕放机场在货运业务上步入快速发展轨道，机场货运航线数逐年增加，吞吐量逐年递升。至2013年，先后开通郑州—无锡—中国香港，无锡—深圳，无锡—北京，无锡—泉州，深圳—无锡—潍坊五条货运航线。

2004—2013 年硕放机场民航货运量一览表

表 10-6

年份	货邮吞吐量（吨）	比上年增长（%）	年份	货邮吞吐量（吨）	比上年增长（%）
2004	7005.0	—	2009	47021.3	20.4
2005	11524.7	64.5	2010	57070.7	21.4
2006	13877.1	20.4	2011	66208.0	16.0
2007	19710.5	42.0	2012	84026.7	26.9
2008	39065.1	100.8	2013	87600.0	4.3

第四节　交通管理

一、航政管理

1965年，硕放交通运输管理站成立后，遵循无锡交通局港监管理所有关规定，对境内个体运输船只进行初检后报送县港监管理所办理登记手续，领取营业执照和运输许可证等有关航运手续。对船员进行初级培训，报送港监管理所，经考核后核发船员证书，征收航运养护费，统计航道运输计划，保护航运设施。20世纪80年代后期，航政管理事务终止。

二、路政管理

1984年后，路政管理工作由硕放交通管理所负责，主要对公路用地、公路交通标志、行道树、路基、路面、桥涵、边坡、专用房屋、通信安全等公路设施进行维护和管理，负责路面维修保养。严格控制红线以内出现违章建筑，公路旁临时设施、道路开启道口、设置非交通标志、临时路面施工或其他设施经批准后进行。贯彻"以路养路"的方针，征收行驶车辆交通规费，2008年费改税后取消收费。

三、管理机构

1965年，硕放交通运输管理站成立，王庭宪为第一任站长。1984年6月，交通和运输管理机构分设，成立运输社和交通管理所，凌永华任运输社社长，杨永根任交通管理所所长。1986年至2013年，交通管理所历任所长为朱敏根、徐志文、石志忠、华建勇、袁大梁。

硕放交通管理所

第十一章

机　场

硕放机场地处长江三角洲腹地，位于江苏省无锡硕放境内。西北距无锡市区16公里，东南距苏州市区20公里，东北距张家港市区30公里，筹建于1954年。1984年12月，无锡市人民政府、中国联合航空公司和空军方面联手，开辟全国第一条联航航线——无锡至北京包机航班，改称为无锡硕放机场。2002年10月，根据国务院、中央军委指示，全国联航系统全线停航。2004年2月18日，无锡机场恢复民用通航。2009年9月，由无锡市人民政府批准，无锡苏南国际机场集团有限公司成立。2010年11月20日，苏南硕放国际机场有限公司揭牌成立，由多方合资的苏南硕放国际机场有限公司重新注册，无锡硕放机场更名为苏南硕放国际机场。周边有沪宁高速、环太湖高速、锡张高速三个出口和沪宁城际高铁无锡市新区站，有京杭大运河、京沪高铁锡东站为其配套，交通便利、辐射面宽，客货运吞吐量日益加大。2013年，苏南硕放国际机场占地面积3.85平方公里，飞行跑道长3200米，宽50米，机场飞行区等级为4E。成为江苏省第二大机场。

第一节　硕放机场

1954年4月，由于国防需要，国家在境内选址地势较高的墙西、观泗、塔西3乡建造空军机场（“四一四工程”），取名“硕放机场”。在境内征用土地2.11平方公里，同时建造硕放火车站、硕放大桥等配套工程。

一、征地动迁

1954年4月，工程启动在即，在硕放墙西的唐庄桥设立动迁安置工作临时指挥部，无锡县副县长王中一任总指挥，同时江阴、吴县、太仓、昆山、常熟等地的民政局局长协同负责安置工作。动迁安置分两批，共涉及29个自然村，征用土地2.11平方公里，336户农户，1018人动迁。动迁先后涉及自然村落有墙西乡：小园里、潭子泾、周更上、南头张更上、东浜斗、石皮桥、袁家里、姚轩坟；塔西乡：丁更上、油房里、西四房、浜斗上、树巷里、施家坝、吴家桥、潘更上、鳌塔桥、老住基、方家门前；观泗乡：前大三房、后大三房、中大三房、邹家园、南堰里、桥头湾、毕家桥、大树下、观庄上；新中乡：大华更。这些自然村中，有的是整个动迁，有的是部分动迁，有的仅有一户动迁。动迁户安置由吴江、昆山、常熟、江阴等县的民政部门负责。具体安置去向是吴江县的庞山湖（农场）、苏州建新村、常熟冶塘、昆山陆家浜、吴县东桥、江阴顾山、青阳和同属无锡县的军嶂山、八士、张泾、华庄、港下、长安、安镇和阳山等地。另有墙西乡的香花桥、唐庄村、姚轩坟、叶家弄口、陆家桥等村的部分农户，由当地政府就近安置。动迁户的安置房，大多是没收的地主房屋、祠堂、庵堂等。动迁户均有三次选房机会，分配的住房和农田均要优于原居住的住房和自有的耕地（如原本有两间半的可分配三间，分配的耕地要保证是整块的等）。由于当时各级政府领导高度重视、政策到位，群众积极配合，因此不到两个月就顺利完成全部的动迁安置工作，为硕放机场（“四一四工程”）顺利开工建设创造条件。

二、配套工程

1.硕放火车站

始建于1954年。为“四一四工程”运输建材和军用物资的需要，上海铁路局选址在离“四一四工程”最近的沪宁铁路望亭与周泾巷两站中间的硕住乡大庙上设置火车站，铺设临时岔道至硕住乡赵家桥，后铺设军用线至塔西乡浜斗上，硕放火车站的设立与铁轨延伸段的铺设为国防“四一四工程”的建设起到重要作用。

2.方家浜渡口

位于硕住乡方家浜，地处京杭大运河旁。1954年，硕放机场（“四一四工程”）开工建设，当时在方家浜处的运河上无桥梁，为建造机场，因运输物资的需要而建此专用渡口。为进一步解决硕放机场交通运输问题，1964年在建新大队大朱家里与新安新建大队交界处建造硕放大桥，渡口由此撤销。

第二节　无锡硕放机场

1984年，无锡市为加快经济发展步伐，迎合改革开放前沿城市辐射需要，与国家经济委员会下属的中国联合航空公司和空军某部联手，利用硕放机场开拓民用航空事业，开辟无锡至北京首条航线。1985年，共开航164班，安全发送旅客8197人次；并办理客机附货运输业务，总运量5吨多。此后又陆续新辟广东惠阳、佛山、福建福州等航线。1990年1月17日，南京军区空军与无锡市人民政府签订《关于改造空军硕放机场协议》，决定将硕放机场改建为中型机场，改造后的机场名称更名为无锡机场。2002年10月，根据国务院、中央军委指示，全国联航系统全线停航。2003年10月8日，无锡机场有限责任公司成立，是年，深圳航空公司进驻无锡机场。2004年2月18日，无锡机场恢复民用通航，定名为无锡硕放机场。当年完成旅客吞吐量32.67万人次、货邮吞吐量0.7万吨，之后机场的客货流量逐年增加。2004年4月，无锡硕放机场航空安全管理委员会成立。委员会以机场公司为主体，对涉及航空安全范围内的内容进行统一管理、监督、检查与指导。2005年，无锡硕放机场引进东方航空公司江苏分公司和南方航空公司北方分公司、南航海南公司，先后开辟无锡至厦门、武汉、海口航线。经过五年的快速发展，2009年完成旅客吞吐量221.79万人次、货邮吞吐量4.9万吨，步入干线机场行列。随着机场性质功能的变化，机场的原有设施（地面设施、跑道、停机坪等）已不能完全适应发展的需要，江苏省、无锡市、苏州市人民政府共同投资，对机场进行改、扩、建等规划建设。

一、机场改扩建

1984年，开辟无锡至北京包机航线后，随着航线的不断增加，1990年，苏州、无锡两市经与中国人民解放军总参谋部和空军协商同意，于1990年5月6日开始，对硕放机场主跑道、滑行道、联络道进行加厚改造，总投资2100万元。

2005年完成飞行区扩建，跑道由2200米延伸至3200米，飞机滑行道改为2050米×23米，飞行区的等级指标达到4E级。

2007年完成航站区扩建，新征用土地2200亩。航站楼面积达4.3万平方米（含1.1万平方米地下车库），货站8800平方米，停机坪机位15个。

2009年，由江苏省、无锡市及苏州市人民政府共同投资启动机场飞行区改扩建工程，建设内容包括跑道、滑行道沥青加铺工程等。改扩后可满足B747机型减载起降。增建有2E、2D、5C 共9个停机位、1.16万平方米国际货运站，投运后停机位总数达到24个，货邮吞吐量达12万吨/年。

二、新航站楼（一期）

2007年9月28日，无锡硕放机场新航站楼投运。新航站区按旅客年吞吐量300万人次、货邮吞吐量10万吨设计，旅客捷运系统、车站、道路系统等公共配套设施一应俱全。新航站楼为两层前列式结构，采用全玻璃幕墙设计，一楼为到达大厅，二楼为出发大厅，并设有地下停车场，总面积4.2万平方米，相当于10个老候机楼。候机楼内设有28个值机柜台、10个安检通道及6座廊桥可使旅客直接从出发大厅登上飞机。新候机楼二楼顶层和四周采用大面积的保温玻璃采光设计，白天基本可以不用灯光照明。屋顶716平方米的采光玻璃幕墙上，建设有一个75千瓦的太阳能发电站，这是国内机场首次大规模采用光伏玻璃幕墙。候机楼的设计还融入太湖睡莲、紫砂壶、古运河、清名桥、鼋头渚等无锡元素。

候机大厅

第三节　苏南硕放国际机场

2009年9月，经无锡市人民政府批准，无锡苏南国际机场集团有限公司成立。无锡苏南国际机场集团有限公司是在无锡空港产业投资公司的基础上更名组建的国有集团型企业，公司注册资本15亿元，下辖苏南硕放国际机场有限公司、无锡空港物流有限公司、无锡太湖航空票务有限责任公司、无锡空港传媒广告有限公司、无锡新空投资有限公司、无锡联港投资有限公司、无锡联商投资有限公司、无锡联业投资有限公司八个全资和控股子公司，以及无锡东方航空食品有限责任公司一个参股子公司。

2010年11月1日，无锡硕放机场更名为苏南硕放国际机场（IATA 代码：WUX；ICAO代码：ZSWX）。是月，由多方合资的苏南硕放国际机场有限公司重新注册。公司注册资本17亿元，由无锡苏南国际机场集团有限公司、苏州城市建设投资发展有限公司、江苏交通控股有限公司、无锡市新区经济发展集团总公司和深圳航空有限责任公司共同出资组建。公司主要担负机场的日常管理、运行安全管理、航行保障、地面服务和主辅营业务的维护与开拓等主要职责。2010年11月20日，苏南国际机场集团有限公司成立，苏南硕放国际机场从此进入江苏省、无锡市、苏州市三方共同建设、合力发展的新时期。

一、新航站楼（二期）

2011年10月18日，机场航站楼二期扩建工程开工，二期工程位于原航站楼北侧。建筑主楼总占地面积为24505平方米，地上和地下总建筑面积63430平方米，局部最高点有39.2米，工程总投资9.99亿元。航站楼的整体结构显现江南山水园林的意境，主体钢结构屋面呈现出“花瓣”合拢，“莲花”绽放的不同意象。航站楼总建筑面积达10.5万平方米，由入口门厅、候机大厅、二期候机廊、一期二期连接走廊、二期车道边雨棚5个部分组成。工程完成后，与一期航站楼连为一体。二期扩建工程完工后，有登机桥16个，安检通道21个、行李提取转盘6个。就近的苏州、昆山、江阴、张家港等市设有城市候机楼。

机场航站楼

2010—2013年苏南硕放国际机场营运实绩一览表

表 11-1

年份	客运排名	旅客吞吐量（人次）	比上年增长（%）	货运排名	货邮吞吐量（吨）	比上年增长（%）	起降排名	起降架次（次）	比上年增长（%）
2010	39	2535227	14.3	27	57070.7	21.4	47	21978	11.4
2011	39	2940122	16.0	27	66208.0	16.0	49	26040	18.4
2012	40	3238638	10.2	24	84026.7	26.9	51	28499	9.4
2013	39	3590200	10.9	28	87600.0	4.3	—	31800	11.8

二、交通配套

为更好地解决机场与同处长三角地区的苏州、无锡、常州等地在交通上的对接，当地政府及上级有关部门在已有沪宁高速、沪宁城际铁路的基础上，对原有的道路做了规划、改造和提升。

1.机场路

为金城互通经高浪路、新华路至机场段，总长11.5公里，其中金城互通至高浪路3.5公里路段为高架桥，与机场新航站区相配套，驾车从市区到机场仅需20分钟左右。

2.沪宁高速机场互通

位于硕放与梅村的交界处。系沟通机场与沪宁高速公路、312国道及周边道路的重要交通枢纽，也是沟通无锡市新区、空港产业园区与沪宁高速公路的重要节点。互通主线按双向六车道一级公路标准建设，设计车速为80公里/小时，匝道设计车速为40公里/小时，设3进6出高速公路匝道收费站，工程总投资约3.8亿元。它的建成通车，形成机场5公里范围的互通群，极大地顺畅苏南硕放国际机场和新区的对外交通，对推动区域社会经济的发展起到极大作用。

3.机场巴士

每天有10—15趟班车，通往无锡火车站的为一号线，公交梁清站（无锡大饭店旁）的为二号线。机场专线发车时间随苏南硕放国际机场航班而定，车程在40分钟以内。

机场一号线，上行停靠：硕放机场→高浪路→旺庄东路（新区管委会）→招商城（兴源路）→火车站；下行停靠：火车站→招商城（兴源路）→旺庄东路（新区管委会）→硕放机场。

机场二号线，上行停靠：硕放机场→高浪路→旺庄东路（新区管委会）→南扬新村→永和路（太湖广场）→红星路→公交梁清站（无锡大饭店旁）；下行停靠：公交梁清站（无锡大饭店旁）→红星路→永和路（太湖广场）→南扬新村→旺庄东路（新区管委会）→硕放机场。

另辟有南通、苏州、常州、泰州、江阴等方向的长途巴士线路。

4.轨道交通

规划建设的无锡轨道交通（地铁3号线）在机场设站。

第十二章

邮政电信

无锡邮政的雏形可追溯到宋、元时期。从宋朝到清朝官方都设有驿站或铺递。清同治、光绪年间，已有为商民代递信件、汇款、包裹的民信局。清政府开办“大清邮政”后，清光绪二十七年（1901年）8月28日，无锡邮政支局成立。清宣统三年（1911年），无锡电话股份有限公司成立。民国时期，邮政、电信都是国办的公用事业部门，实行自上而下的垂直管理。民国34年（1945年）10月，无锡电报局、电话局合并为无锡电信局。民国37年（1948年），在墙门镇老街设立一个书信传递点。解放初期，成立墙门邮政营业所，主要经营收寄平信、挂号信、汇款、包裹、电报、报刊收订等七大邮政业务。1955年，设立硕放机场邮政代办所。1959年，成立墙门邮电局，增设电话业务。1962年6月，墙门邮电所在五星大队硕望桥、春光大队薛典、光明大队王家桥设立三个邮政代办所。1998年，硕放邮电支局一分为二，设立硕放邮政支局和硕放电信支局，各自独立经营。2000年后，邮政支局增设电子汇款、汇兑回音卡、礼仪汇兑、邮政储蓄等业务。电信支局主要经营电话、电报、传真、传呼机、移动电话、宽带等业务。

第一节　机　构

邮电实为邮政、电信的总称，是负责传递信件和电报、电话往来的重要办事机构。宋朝至清朝，无锡设置邮驿、驿站、铺递。民国34年（1945年）10月，无锡电报局、电话局合并为无锡电信局。民国37年（1948年），在墙门镇老街设立一个书信传递点，有1名邮差。解放初期，无锡县电信专用所由无锡县人民政府接管，改称无锡县电话交换所。墙门邮政营业所由施丽珍主持工作。1955年，设立硕放机场邮政代办所，隶属墙门邮政营业所。1956年，墙门邮政营业所改称墙门邮电支局。1958年11月23日，无锡县邮电广播科成立。1959年，全县各公社均成立邮电局。墙门镇邮电局有营业员1人，话务员2人，机线员2人，装置总机磁石式10门。1960年4月15日，无锡县邮电广播科撤销，成立无锡县邮电局。同年，国家进行企业整顿，墙门邮电局收归国营，人员转为全民所有制职工，受无锡县邮电局和公社双重领导。1962年5月，无锡县邮电局撤销，全县邮电机构仍属无锡市邮电局领导。6月，墙门邮电局更名为墙门邮电所，在五星大队硕望桥、春光大队薛典、光明大队王家桥设立三个邮政代办所。1978年，墙门邮电所升级为硕放邮政支局。1982年7月，硕放邮政支局变更为邮电支局。1988年，无锡县邮电分局始办邮电储蓄，随后硕放邮电支局开办邮政储蓄所。1998年4月28日，国家邮政局成立，中国邮政开始独立经营。硕放邮电支局一分为二，设立硕放邮政支局和硕放电信支局，各自独立经营。2002年，撤销无锡地区所有邮政代办所，邮政代办所机构成为历史。2012年，硕放邮政支局在瑞港商业广场开办硕放邮政支局第二个邮政储蓄网点。

一、农村邮政代办所

解放初，邮件量少，只用社会力量收寄投送信件，没有邮政机构。境内的收寄平信、挂号信、汇款、包裹、电报、报刊收订等七大邮政业务由墙门邮政营业所承担。1955年，为方便硕放空军部队全体官兵办理邮政业务，专门设立硕放机场邮政代办所，隶属墙门邮政营业所管辖。

1959年墙门邮电局成立后，来往信件、报刊投递量日益加大，靠邮电局和代办所的几个人投递较为困难，甚至有延误信件等情况出现，边远村庄群众为投寄信件往返墙门镇一趟需花大半天时间。为便利群众，1962年，墙门邮电所在五星大队硕望桥、春光大队薛典、光明大队王家桥设立三个邮政代办所。硕望桥邮政代办所的信件收发由硕放机场邮政代办所代理发送，薛典邮政代办所的信件由墙门镇邮电所单独包装收发，王家桥邮政代办所的信件收发由新安邮电所分发。硕望桥、薛典的两个邮政代办所业务上受墙门邮电所管辖，王家桥邮政代办所因靠近新安镇，为便利起见，归属新安镇邮电所管辖。

1971年，在公社、大队领导支持下，邮电所根据上级文件精神，除五一、新联、新农大队由墙门邮电所负责投递邮件外，共有20个大队都设置信件邮递员1人，担任大队范围内的信件、汇款单、报刊的投递工作。投递员的报酬由各大队承担，邮电所每月也会发放一部分生活补贴。

1984年，邮政管理又发生一次大的变化，增设专职投递员，工资报酬全部由支局发放。同年，把原吴县望亭邮电部门管理的安桥、里河、里新三个大队的邮政业务划归到硕放邮电支局管辖。全乡划分8个投递段道，10个投递组，投递总路程231公里。

2002年，撤销无锡地区所有邮政代办所，邮政代办所机构成为历史。

二、邮政支局（邮电所）

民国20年（1931年），无锡电话公司将电话线路接通至大墙门集镇，墙门区公所开通电话。1958年，邮电办公营业场所租用在墙门老街的私房内，负责全社信函收寄、包裹投送、报刊收发、电话通信等业务。1992年，在政通路7号新建2500平方米邮电支局大楼（三层楼），12月19日竣工并投入使用。

硕放邮政支局

邮政业作为国家重要的社会公用事业，邮政网络作为国家重要的通信基础设施，在维护国家通信安全、保障公民通信权利、履行服务职能等方面发挥着重要作用。1988年，无锡县邮电分局始办邮电储蓄，随后硕放邮电支局开办邮政储蓄所。1998年，国家对邮电体制进行改革，邮政、电信分开经营，设立硕放邮政支局。邮政投递员统一发放绿色邮电衣帽制服，百姓称之为“绿色天使”。

1959年至2013年，硕放邮政支局（邮电所）历任负责人为范中棋、张惠明、顾惠英、邹伯明、邹才良。

三、电信支局

1998年，随着国家对邮电体制改革，硕放邮政、电信分开经营，设立硕放电信支局。主要业务有电话、电报、传真、传呼机、移动电话、宽带。1999年开通小灵通基站。

2013年底，硕放电信支局共有工作人员35名，有5个销售电信手机的门市部。1998年至2013年，硕放电信支局负责人为吴三平。

硕放电信支局

第二节　邮　政

一、信　函

薛典、硕望桥、王家桥等邮政代办所建立初期，代办员只在附近地段上门投递，其他地段由代办所托人带信或捎口讯，由收件本人到代办所领取邮件。

1954年，平信自费本埠为0.04元，外埠0.08元。保价费为保价额的3%，航空邮费每10克0.08元。1990年，平信资费从0.08元调整为0.20元。1996年，平信资费又从0.20元调整为0.50元。2004年1月1日，平信资费本埠为0.60元，外埠为0.8元。2006年11月15日，国家发展和改革委员会及国家邮政局联合通知，平信资费本埠为0.80元，外埠为1.20元（均指平信重100克以内，超重要加收资费）。

邮政信件包裹卸货

随着信函业务扩大，1978年，国家邮电部推行邮政编码，硕放邮政支局邮政编码为214142、薛典代办所邮政编码为214144、硕望桥代办所邮政编码为214143、王家桥代办所邮政编码为214137、场站邮电所邮政编码为214141。1982年，邮政支局收寄信函21.4万件。1985年8月1日，开办国际、国内邮政特快专递业务。20世纪90年代起，随着现代通信业的快速发展，平信业务量逐年减少，商业广告函件逐年增多。2000年后，增加全球优先函件服务、普通邮资信封（可在信封上做企业形象宣传等内容）、明信片、回音卡、DM 邮送广告（传递商业信息的印刷品广告业务）、EMS“全夜航”（今日寄，明日达）、单证照特快专递等业务。2013年，收寄信函96.4万件，信函业务量为1982年的4.5倍。

二、包　裹

1950年，硕放邮政管理点开办包裹投递业务。投递包裹包括衣服、食品等，邮资以体积和重量计算。1954年至1955年，无锡县各乡代办所经整顿后，私人经办的代办所不再办理包裹业务。

1961年，硕放邮电所开办包裹航空投递业务。交寄包裹取消中国人民邮政三联单收取邮资的办法，邮资以邮票贴在包裹右上角，包裹详情单上盖章核销。1962年6月起，全县有36个代办所停止收寄包裹业务。10月，无锡县有硕放等16个代办所恢复收寄包裹业务。1979年7月1日，硕放邮政支局增加乙类保价包裹业务。翌年，恢复收寄商品包裹。1982年收寄包裹2903件。进入21世纪，随着市场物流业的发展，硕放邮政支局成为江苏中邮物流的一个分支机构，开始对医药、食品、预订机票和长途汽车票业务、电子、出版、高档日用品、电子商务等企事业单位进行邮政物流服务，充分发挥邮政网络和末端物流配送优势，根据市场需求展开商品代理业务。2013年，收寄包裹1.85万件，是1982年收寄包裹件数的6.4倍。

三、汇　兑

解放前，业务种类为普通汇兑、电报汇兑。民国10年（1921年），无锡邮局取消快信及挂号信内附寄钞票的做法，开始办理汇兑业务。民国34年（1945年）12月，无锡邮局开办电报汇兑业务，可与南京等34处通汇。此后，相继开办信汇、电话汇票及旅客自带汇票等业务。

解放初期，邮局与人民银行分工办理汇兑业务，个人汇款归邮局承办。1953年，修订银行与邮局办理汇兑业务的分工办法，邮局办理个人零星汇款，每张限额300元。1959年，汇兑制度作了较大调整，汇票限额为每张1000元，但代办所收寄汇款限额为每张100元。1961年9月，硕放代办所停办汇兑业务。1962年又得以恢复，所寄汇票限额每张30元。1980年，规定每张汇票500元以上为高额汇票。翌年8月，规定每张汇票最高为5000元。2001年，硕放邮电支局开办电子汇款。2003年8月，新增汇兑回音卡业务、礼仪汇兑业务。到2005年底，硕放邮政支局可办理100多个国家和地区的汇款业务，收款人几分钟即可收到汇款。同时，客户可通过邮局寄赠鲜花、礼品等。1982年，邮政支局办理汇兑业务1.23万笔，2013年达6.42万笔，是1982年汇兑业务的5.2倍。

四、报刊发行

民国中后期的报纸征订与发行由私商组织的“报业公会”包销投送，发行报纸主要有《锡报》《大锡报》《人报》《江苏民报》《中央日报》《申报》等。杂志则由书店代销。

解放后，邮局设文化台，试办代订销售《苏南日报》和图书刊物等业务。1950年10月，实行“邮发合一”，当时发行《苏南日报》，以后又陆续发行《工人生活报》《新华周报》《苏南大众》《教育通讯》等报刊。1956年5月，发行《无锡报》。1957年，邮局办理《无锡日报》发行。1959年，邮局以报刊发行为中心，开展党报、党刊征订发行工作。1966年，《无锡日报》停刊，省报及部分报刊停办，报刊征订发行量急剧下降。

中共十一届三中全会以来，各类文艺、科技报刊纷纷创刊、复刊，各单位、企业、学校和个人订阅报刊量明显增加。1983年，发行的报纸主要有《人民日报》《新华日报》《解放日报》《文汇报》《无锡日报》《无锡县报》《参考消息》《中国青年报》《少年报》《无锡广播电视报》等。刊物主要有《红旗》《科学种田》《收获》《中国青年》《中国妇女》《小说月刊》《雨花》等。当年发行报刊投送量7.53万份，刊物8931份。1990年起，自费订户逐年增加，以晚报、文化知识类、健康卫生类为主。1995年，全镇报刊发行量突破10万份，刊物发行量超过2.30万份。2000年，报刊发行量持续增加，达16.23万份。2013年，全街道订阅各类报刊201种，年投送量达94万份；订阅各类刊物663种，年投送量达4.30万份。

五、邮政储蓄

1988年，无锡县邮电分局始办邮电储蓄，随后硕放邮电支局开办邮政储蓄所，服务对象为个人，储蓄业务分定期、活期和定活两便储蓄三种。随着金融电子化建设步伐的加快，20世纪90年代中后期，邮政储蓄办理邮政绿卡，通过网络不仅可以进行本地、异地存取款，还具有消费、缴费、银行转账、查询余额和领取养老金、工资、保险等功能。持绿卡的用户在所有银联卡网点，如商场、超市、宾馆、酒店、休闲中心等场所可刷卡购物消费，无须支付其他任何费用。2004年12月2日，邮政储蓄实行全国统一版本。2007年起，硕放邮政支局为民服务，开始代收移动电话费、固定电话费等各类电信费用。同时还可代收水、电、气、有线电视等各类生活费用。缴费方式可采用现金、刷卡、自动代扣等。为各类企事业单位代发工资、养老金等，代理邮政保险和邮储保险业务。

随着邮政储蓄业务量逐年增多，原储蓄所已不能适应用户需求。2012年，硕放邮政支局在无锡市邮政局和街道办事处的支持下，投资1100万元，在瑞港商业广场开办硕放邮政支局第二个邮政储蓄网点，是年6月12日营业，开设自动存取款业务，实行24小时服务，方便广大群众存取款。2013年底，邮政储蓄累计余额4.18亿元，为1995年0.23亿元的18.2倍。

中国邮政储蓄银行

1981—2013年（部分年）硕放邮政业务一览表

表 12-1

年份	收寄		投送		收发		EMS收寄（件）	邮送广告（件）	汇兑（笔）	邮政储蓄累计余额（万元）	银行对账单（件）	增加值（万元）
	信函（件）	包裹（件）	信函（件）	包裹（件）	报纸（份）	刊物（份）						
1981	104957	1948	93935	1570	52310	8170	—	—	11111	—	—	2.4
1982	111179	1544	102844	1359	63211	8867	—	—	12340	—	—	2.5
1983	121719	1655	112931	1978	75286	8931	—	—	13011	—	—	3.0
1995	132411	2059	121838	5243	102130	23210	3537	5218	18647	2274	—	127.0
1996	115065	2306	106729	2033	112150	22311	3956	5320	11911	3200	—	120.0
1997	871100	1822	106117	2596	135712	21200	2464	5210	11133	3238	—	132.0
1998	862300	2705	117210	3310	148210	22360	3210	8760	13211	4122	—	211.0
1999	853300	3260	132600	3820	152800	23120	4820	9822	14120	7210	—	226.0
2000	832000	4160	137810	3810	162310	23010	5630	10121	15161	10611	—	312.0
2009	621000	8370	351000	4015	863620	37260	12130	22780	23000	22130	2981	561.0
2010	587210	8560	411000	4210	872500	48020	13800	38230	32161	27121	3810	588.0
2011	521000	10260	420000	4430	892300	41200	13200	41010	49581	28760	4720	672.1
2012	480000	13000	475000	4300	930000	42000	15300	43200	63000	30750	5300	683.5
2013	483000	14000	481000	4481	940000	43000	16200	43260	64200	41800	6210	701.2

第三节 电 信

一、电 话

电话机（从左至右为磁石式、脉冲式、音频式）

民国12年（1923年）2月7日，无锡电话公司与武进电话公司联合创办的锡武长途电话线路开通，为江苏省长途电话之先声。每次通话以5分钟为限，超时拆线。付资方式有存银通话，存1元通话6次、存5元通话40次、存10元通话100次；购票通话，每票1联12张，每张通话1次，通话费由挂发装机户负责收取。民国20年（1931年），无锡电话公司将电话线路接通至大墙门集镇，墙门区公所开通电话。民国26年（1937年），日军侵华战火蔓延至无锡，乡镇电话遭摧毁。抗战胜利后，恢复乡镇电话。

解放后，各条长途电话线路开通载波通信，均得到改进。1957年，硕放乡政府装有1部电话机。1958年，境内用毛竹竿架电话线，间距为63米。在公社内设置电话总机，装置磁石式手摇交换机10门，分接10多部电话机，负责7个农业联社及政府机关办公室的电话通信。年底，交换机发展到20门。1959年，每个生产大队都装置1部手摇电话机。

1960年，交换机发展到50门，粮管所、米厂、中心小学、墙门中学、手联社、供销社等都装置电话。1963年起，市镇各单位陆续装上电话，其中供销站一个单位安装10部电话。1964年，全公社架设广播线路，电话线受到干扰，广播时间通话声量低且音不清。

1973年，为排除广播串音，邮政所在墙门镇上架起贯通各单位、社办厂的电缆线。1974年，埋设由墙门至后宅的电缆线（俗称音鸣线路），空架自墙门至新安的电话线。同年，硕放邮电所电话线路架设主线7路、支线3路。1975年起，全公社电话线由5米水泥管取代毛竹竿，实行广播线、电话线两线分开。1978年交换机发展到60门。

1980年交换机又发展到80门，全社电话机发展到102部，各大队办厂也装置电话机。1981年，交换机发展到120门。1983年，交换机发展到200门。全乡共架设电话线路、明线双线65.5对公里，明线单线13条对公里，埋设地缆线4公里。1984年，将原去无锡方向中继线路（长途）由梅村方向改为新安、华庄方向。1985年，先行安装人工载波自动电话2部。第一部安装在无锡县第六通用机械厂内，第二部安装在无锡县客车厂内。1986年，邮电支局又架1根50对线路的普通电缆，经安装直达华庄纵横主机房，解决市镇安装50户程控电话。

1992年12月9日，邮电新大楼落成后，投入资金1000万元，在新机房安装330门直拨自动电话交换机的基础上，新增可安装自动电话1000门的程控交换设备，配备发电机组和100千伏安容量变压器设备，增设电报房等。同年末，无锡县第六通用机械厂、客车厂各自安装半自动交换机50门，方便内部各部门直拨用。因其使用方便灵活，又在乡政府、硕放村委各安装相同的半自动交换机100门，在墙西、黄家门、溇金、西典巷等村村民委员会各安装50门。1993年，直拨自动电话扩容到2000门，安装住宅电话567户。同年，无锡市邮电局投入2500万元，再次改造全镇邮电线路，改用7.5米高标准水泥管，架设电缆由村民委员会通到各自然村，以便农户安装住宅电话。主干线路达70公里，支干线路达120公里。

2000年后，随着镇村城市化建设的需要，电信支局在农村所架的全部电话线路随着拆迁工程先后终止。安居房工程线路设置是取消明线装置，新的地下光缆线直通到各社区楼道总线盒内，居民安装电话先申请，经批准后直接从线盒内端头接通便可通话。2003年，全镇集体单位、私人住宅电话安装突破2万部。至2013年，境内铺设主干电缆250对千米，铺设电缆20万千米。在市镇主要街道、书报亭、个体商店等处安装公用电话总计105部，集体单位、私人住宅电话累计安装3.61万部。

公用电话亭

1960年，无锡城乡电话号码起初为4位制。1980年11月15日，电话号码由4位升至5位；1985年11月23日，电话号码从5位升至6位；1994年8月28日，电话号码从6位升至7位；2005年12月10日后，电话号码从7位升至8位。

2000—2013年硕放街道（镇）电话安装一览表

表 12-2　　单位：部

年 份	累计安装数	年 份	累计安装数
2000	13100	2007	25610
2001	16200	2008	27820
2002	19010	2009	29300
2003	20055	2010	31050
2004	21021	2011	32610
2005	23050	2012	35502
2006	24180	2013	36050

二、电　报

清光绪年间（1875—1908年），电报业务有中文和外文，均有明码、暗码之分。种类分一等官府电报、二等电局公务电报、三等私事紧急电报、四等私事平常电报、五等递传电报。后均按全国统一规定开办各类业务。

1958年起，电报一直都由邮政所采取电话传递方式，通过无锡市邮政局电报房进行收发。收到电报由邮电所派员投送上门。

1992年，新邮电大楼落成，支局增设电报房，可自营收发电报。当年收报10192份，发报9538份。随着信息化时代的快速发展，电报业务逐渐减少。

三、传　真

1993年，硕放电信支局报请无锡市安全局批准，安装 FAX-410佳能国际传真机，传真业务开通。

2013年，全街道行政机关及企事业单位大多装有传真机。

四、传呼机

1989年，硕放始有传呼机（亦称BP机）。在当时一部数字传呼机1000多元，一部中文传呼机3000多元。1999年后，随着手机的逐步推广，传呼机逐渐淘汰消失。

五、移动电话

移动电话，或称为无线电话，早期称之为“大哥大”，后称为手机，是可以在较广范围内使用的便携式电话终端，最早是由美国贝尔实验室在1940年制造的战地移动电话机发展而来。

大哥大、BP机、移动电话

20世纪90年代初，硕放已有两家企业购买“大哥大”，价格为每部3万余元。由于产品更新换代较快，使用时间短而逐步淘汰。20世纪90年代中期开通移动基站。同时，境内建造移动基站铁塔（信号塔）5座，并开通“139”移动手机网络。在电信支局内建造主塔1座，其余4座分布在周边市、区、镇交界处。1999年开通“小灵通”基站。年底，境内拥有“小灵通”手机3500部，后来逐年增多。进入21世纪，“小灵通”手机用户可免差价置换电信移动手机，先后置换电信手机8352部。2012年6月，无锡分公司“小灵通”第一、二套5ESS交换机停机，“小灵通”退出历史舞台。

电信发射塔

随着信息化时代的迅猛发展，境内通信网点日益增多，手机不断升级换代，手机除典型的电话功能外，还包含PDA、游戏机、MP3、照相机、录音、GPS等更多功能，价格也逐渐趋于平民化。硕放电信支局在通祥路、政通路、振发路、南星一路、南星二路地段内有5个电信手机销售门市部。2013年止，全街道手机拥有量达6.16万部。

六、宽　带

2002年12月23日，硕放电信支局开通第一条宽带。上网速度为100兆。2013年，全街道安装宽带1.05万户，互联网端口5.01万个。

2010—2013年硕放街道安装宽带、互联网端口一览表

表 12-3

年份	宽带安装年累计（户）	互联网端口年累计（个）
2010	4031	30100
2011	5301	38000
2012	8102	43000
2013	10502	50100

第十三章

能 源

供电、供油、供气、供水、供热是公共基础设施建设的组成部分，随着经济、社会的发展而演变、完善。

解放前，境内百姓生活照明使用油盏头。解放后，使用洋油灯、汽油灯。1963年，部分大队及农户使用电灯。1975年，全社村村通电。

20世纪50年代后，农村农田灌溉、粮饲加工、农用运输的机帆船、拖拉机等机械设备都使用柴油。随着交通事业的发展，摩托车、汽车等交通工具都使用汽油。

1976年，公社成立沼气办公室，组织指导农户建造沼气池，部分农户使用沼气。20世纪80年代末，部分农户开始使用罐装液化煤气。2004年起，社区居民普遍使用天然气。

20世纪80年代前，百姓普遍饮用河水、井水。1984年，市镇居民及周边村民饮用水厂供应的深井水。2009年，全街道大部分居民使用无锡市自来水总公司直供的自来水。

进入21世纪，随着城镇化建设的快速发展，太阳能等新能源的使用进入人们的生产生活中。

第一节　供　电

一、用电发展

硕放紧靠望虞河，与20世纪50年代国家建设重点工程之一的望亭发电厂仅一河之隔。1963年5月，境内部分大队受到望亭发电厂烟灰的影响，望亭发电厂出资40多万元对受影响较重的新星、里河、里新、先锋、硕放、建农、六一等大队进行有限通电工程建设。工程开工建设时，由于受到道路运输、施工机械等限制，电杆、变压器等都是用河道船运和人拉肩挑。1963年下半年，供电方案确定由苏州地区35千伏望亭变新出10千伏新安线，架设从新安到硕放约6公里长的供电线路，新上配电变压器9台，合计容量为410千伏安，对硕放部分地区进行供电，主要是解决农灌、脱粒和粮饲加工等用电。刚刚通电时，供电设施比较简陋，个别地方用木柱、毛竹来替代电杆架设线路，导线线径比较细，农户用电受到限制，每户人家只允许安装1—2只电灯，功率在15—25瓦。1964年上半年，7个大队全部通电，切实改变过去农田灌溉靠洋龙船和人力车水、脱粒靠人力掼打、米麦磨粉靠牛驴拉磨、生活照明靠洋油灯等落后状况。

1965年起，墙门集镇、唐庄桥粮站和五一、七一等7个大队先后通电，共新增变压器7台，合计容量为610千伏安。

受硕放机场地理位置影响，加上南北距离较大，不利于长距离供电。因此，1972年，东方红、建丰、光明、红光、红力5个大队由35千伏鸿声变10千伏硕放线供电（二线一地供电制），合计容量为450千伏安。

1974年，随着社队工业的发展、用电量的不断增加，里新、新联、墙西、春光、八一等大队共新增变压器6台，合计容量为305千伏安。

1975年，五星、建新、红星、和平4个大队由10千伏新安线供电，合计容量为300千伏安。至此，全社村村通电，23个大队共有变压器31台，总容量为2075千伏安。

1964—1975年硕放人民公社供电容量情况表

表 13-1

时间	大队名称	安装地址	配变容量（千伏安）	线路名称
1964年	新 星	金家浜	50	新安线
		华更上	30	新安线
	里 河	李更上	50	新安线
	里 新	唐庄浜	50	新安线
	先 锋	黄家门前	50	新安线
		徐家桥	30	新安线
	硕 放	白泥墩	50	新安线
	建 农	朱更上	50	新安线
	六 一	庙 下	50	新安线
1965—1971年	七 一	唐家里	75	新安线
	春 光、八 一、东方红、建 丰	南小园	180	新安线
	墙门集镇	市 镇	75	新安线
	五 一	小栅里	100	新安线
	五 星	硕放桥	30	新安线
	粮 站	唐庄桥	100	新安线
	新 农	陆更上	50	新安线
1972年	东方红	施方园	100	硕放线
	建 丰	电 站	100	硕放线
	光 明	电 站	100	硕放线
	红 光	大二房桥	100	硕放线
	红 力	河泗桥	50	硕放线
1974年	里 新	旺家沿	30	新安线
	新 联	陈家沿	50	新安线
	墙 西	香花桥	50	新安线
	春 光	翁家里	75	新安线
	八 一	苏家湾	50	新安线
		石桥头	50	新安线
1975年	五 星	电 站	50	新安线
	建 新	小二房	50	新安线
	红 星	浜斗上	100	新安线
	和 平	中华庄	100	新安线

1981年，无锡县供电局在新联大队孙典桥建造35千伏变电所1座。1983年底，全乡共装置配电变压器51台，变压器容量5135千伏安。其中，硕放线装置28台，变压器容量3340千伏安；锡石桥鸿声线装置17台，变压器容量1065千伏安；新安线装置5台，变压器容量630千伏安；望镇线装置1台，变压器容量100千伏安。全乡共装置电动机876台，总装机容

量12062.77千瓦，其中村级8216.65千瓦，社办厂及市镇有关单位3846.12千瓦。

1983年硕放乡供电设备情况一览表

表 13-2

单位	变压器容量（千伏安）	装机容量（千瓦）	单位	变压器容量（千伏安）	装机容量（千瓦）
墙　门	100	255.50	六通厂	200	672.00
墙　南	100	319.20	拉管厂	180	236.50
墙　西	100	231.50	轻机厂	200	373.50
墙　北	175	539.10	塑料厂	160	222.40
孙典桥	100	261.70	客车厂	250	506.64
新　农	80	266.10	电子厂	200	297.00
里　河	160	199.90	铆焊厂	180	163.50
里　新	100	266.70	砖瓦厂	200	558.00
安　桥	100	191.80	粮管所	100	223.80
黄家门	100	367.00	机　电	50	138.83
西典巷	125	387.80	萍种厂	100	—
硕　放	100	513.40	水泥厂	50	69.60
杨家湾	100	327.00	织布厂	200	225.95
建　新	100	194.20	市　镇	200	—
塔　西	150	315.50	供销社	—	74.30
中华庄	100	305.30	食品站	—	5.90
王家桥	150	399.30	茧　站	—	13.40
红　力	100	259.10	医　院	—	19.20
红　光	150	884.50	小　学	—	7.30
秦　村	100	450.60	纸箱厂	—	14.70
溇　金	300	643.80	中　学	—	23.60
建　丰	150	345.80	—	—	—
薛　典	125	259.70	—	—	—
渔　业	—	32.15	—	—	—
—	—	—	小　计	2270	3846.12
小　计	2865	8216.65	全乡总计	5135	12062.77

1986年，全乡装机容量19513千瓦，变压器容量8070千伏安，用电量985.4万千瓦时（不含新安线）。1995年，全镇装机容量50404千瓦，变压器容量19300千伏安，用电量2632.2万千瓦时。2001年，无锡供电局在华友工业园区建造110千伏华友变电站1座，新放10千伏线路6条（硕放2条）。2003年，无锡供电局又在裕丰路旁建造110千伏墙门变电站1座，主变容量40千伏安2台，新放10千伏线路6条（备用间隔6条）。2005年，全镇变压器容量102605千伏安。

二、输变电建设

1980年前，境内没有一座变电所，主要是由望亭、鸿声、新安变电所供电，这种供电格局已不能满足硕放工农业生产的发展需要。20世纪80年代初，无锡县供电局在新联大队孙典桥建造35千伏变电所1座，解决硕放、后宅两个地区的用电问题，这标志着硕放的用电由原来苏州市吴县供电局管理改为无锡县供电局管理。当时主变容量6000千伏安1台，新架设10千伏线路4条（硕放、后宅各2条），共架设10千伏线路54公里，低压线路667公里，配电变压器增加到87台，总容量达22320千伏安，是20世纪70年代通电时的10倍。随着供电环境的不断改善，硕放的经济总量迅速提升，1983年总供电量494万千瓦时。1993年总供电量2370万千瓦时，是1983年494万千瓦时的5倍，主变容量由当时的6000千伏安增加到10000千伏安。

2001年，国民经济持续快速发展，硕放镇的工业园区建设也在不断壮大，对用电的需求越来越大，无锡供电局在华友工业园区建造110千伏华友变电站1座，新放10千伏线路6条（硕放2条）。2003年，无锡供电局又在裕丰路旁建造110千伏墙门变电站1座，主变容量40千伏安2台，新放10千伏线路6条（备用间隔6条）。输变电建设的不断发展确保地方的电力供应，为硕放经济发展起到重要的保障作用。

三、供用电

20世纪60年代，部分大队通电后主要解决农田灌溉、稻麦脱粒、粮饲加工和社员照明限量用电等问题。20世纪70年代中期，村村通电后，社队办工业逐步发展壮大。20世纪80年代，由于乡镇工业的迅速发展，供、用之间的矛盾比较突出。供电线路时常要拉闸限电，特别是傍晚断电，给人民生活带来诸多不便。为保证工农业生产用电，公社在用电计划范围内，采取保证重点、节约用电的措施。有的厂多开深夜班，采取人等电的办法，避开用电高峰。同时，社队办厂购置柴油机为动力的发电设备，停电时自行发电。1983年，全乡发电机装机总容量计936千瓦。

1975年，农村实现村村通电后，家家用电照明。起初数家或一村合装一只电表，统一规定灯头瓦数，电费按灯头平均负担。往后用户陆续单独装表，基本上一户一表。电表多数为3安培，少数为5安培和1.5安培。电表均由大队电工安装（各大队均配备电工）。电费多数每月收一次，也有按季度收，当时吴县、无锡两供电局统一规定每千瓦时收费0.22元。农业用电主要用于农田灌溉、稻麦脱粒、粮饲加工等，每千瓦时收费0.06元。工业用电每千瓦时收费0.1—0.12元。单独安装变压器的用户，照明用电每千瓦时收费0.19元，工业用电每千瓦时收费0.085元。

1981年，吴县供电局规定全公社日用量农忙2.4万千瓦时，农闲1.7万千瓦时。为用好、管好电力，1982年4月，公社建立三电（计划用电、节约用电、安全用电）办公室，负责全社的用电管理，切实做到计划用电、安全用电、避高峰用电。1986年，全乡用电量985.4万千瓦时（不含新安线），其中乡办厂用电量376.4万千瓦时，农村用电量388.1万千瓦时，其他单位用电量220.9万千瓦时。20世纪90年代，国家电力事业发展迅速，但农村供用电矛盾仍然比较突出，变电所容量尚不能满足实际需求。20世纪90年代末，全镇完成农村电网改造，实行省标准电价，同网同价，减轻企业和农民负担。1999年，全镇用电量3346.6万千瓦时，其中农村用电量2137.9万千瓦时，镇办企业及市镇各单位用电量1031.3万千瓦时，公共设施用电量177.4万千瓦时。2000年后，国家供电趋于正常，企业柴油发电机逐步淘汰。随着城镇化建设和工业园区的快速发展，工业用电、城镇公共设施、社区居民用电量急剧上升，农业用地大量征用后农业用电大幅度减少。2005年，全镇用电量1.63亿千瓦时，其中工业用电1.34亿千瓦时。2013年，全街道总用电量5.52亿千瓦时，其中生活用电0.97亿千瓦时，工业用电4.55亿千瓦时。

四、管理机构

1964年，公社成立用电管理站，为无锡供电局的派驻机构，当时隶属于硕放机电站（水利站），负责人曹志良。1975年后，用电管理站配备专职电工3人。

硕放供电所

1982年4月，成立硕放三电办公室，受无锡县供电局和公社管委会双重领导，重点加强“计划用电、安全用电、节约用电”（简称“三电”）的管理，配有计划员、安全员、节电员3位专职管理员，与用电站一起服务于全乡的供用电工作。此间，还组建安装工程队和电力物资经营部，承担全乡电力设施安装和电力物资供应。1986年，各行政村成立用电管理小组，形成乡、村电力管理网络。

1992年，用电站和三电办公室合并成硕放乡电力管理站，受无锡县供电局、县三电办公室和乡政府领导。1995年，硕放镇划归无锡市新区，更名为硕放电力管理站，受上级主管部门和镇政府双重领导。

2001年，硕放电力管理站变更为硕放供电所，成为电力管理的驻镇单位。

1982年至2013年，历任负责人为俞铁铮（兼）、顾根兴、曹志良、薛瑾康、马周阳、徐敬炎、章文伟、何广志。

第二节　供　水

20世纪60年代前，市镇居民和农村村民饮用水大都取自大运河和河浜。20世纪60年代中期，为防治血吸虫病，开挖深井，解决村民饮用水问题。20世纪70年代后，河水逐步污染，不少农户家中自凿小井，解决饮用水问题。1984年，乡政府投资30万元在市镇西街队建造墙门水厂，随即组建领导班子。1989年，在墙南村增设第二口深井，日供水量增至2000吨，增加墙南村、墙裕村、墙门村部分、墙西村及墙北村陆房湾等用户；1995年，在硕放党校增设第三口深井，日供水量增至3200吨，受益人口约3.2万人；随着工业园区一、二期开工建设，在工业园区增设第四口深井，为工业园区企业提供生产、生活用水。2002年，改地面、深井取水为太湖引水，全面更新和新铺地下自来水管道。2003年，全镇居民开始使用无锡市自来水公司提供的太湖水。2000年，开发拆迁安置房建设启动，硕放的供水事业加速发展。2002年，硕放镇按照无锡市区域供水规划要求，改地面取水为太湖引水，实施太湖引水工程，全面更新和新铺地下自来水管道，接通无锡市自来水总公司供应的自来水，工程于2003年竣工后，全镇企事业单位及社区居民大部分用上太湖水。为执行江苏省严禁开采地下水的通知，境内四口深井从此退出历史舞台。2009年，墙门水厂划归无锡市自来水公司管理，改名无锡市自来水总公司硕放服务所。至2013年，硕放地区月供水70万吨，用户数2.8万户，覆盖面100%，居民水价3.2元/吨，企业水价4.05元/吨。太湖引水工程让全街道人民真正饮用卫生水、放心水。

1984年墙门水厂

1984年至2013年，墙门水厂、无锡市自来水总公司硕放服务所历任负责人为邹泉培、杨俊良、吴小米、朱文清。

第三节　供气、供油、供热

一、沼　气

1976年，公社成立沼气办公室，全社掀起大办沼气的热潮，部分农户开始利用沼气作为燃料。公社规定社员建沼气，材料（石灰、水泥）优先供应，运费由大队承担，建池瓦工报酬由大队支付，社员开挖沼气池有生产队补贴30个劳动工。猪肥料折钱的计算和不建池的社员采取同样的方法。一般5—6口的农户，投资80—90元建一个8立方米的沼气池，若管理得当，每天可产气1—1.5立方米，够一天烧三餐和照明的能源需要。在使用过程中，由于沼气存在着土（池壁材料以石灰、水泥、三合土为主）、大（15立方米左右）、深（3—4米）、死（拱顶无启闭盖）、差（由于短期突击建池，质量差）等缺点，大部分沼气池壁渗水、漏气、倒塌，加上管理不善，使用率不高。1980年，全社有沼气池682个（其中集体建池46个）。20世纪90年代后逐步废弃停用。

二、液化气

20世纪80年代末到90年代初，机关部分人员享受定月供应罐装液化气，少数居民也开始购买使用罐装液化气，钢瓶储装15公斤/瓶。当时由工业公司设立门市部，具体负责供气业务。随着市场经济的放开，经上级有关部门批准，在无锡县硕放汽车附件厂附近（墙南村庙下）开办个体液化气供应站，价格为30元/瓶。到20世纪90年代中后期，液化气供应发展到有关村，设点方便群众供应液化气，罐装液化气价格逐渐上升到70—90元/瓶。20世纪90年代末，全镇80%的农户都用上罐装液化气。2013年，罐装液化气价格最高为120元/瓶。

三、天然气

2000年初，境内部分居民已经不再使用罐装液化气，开始使用由无锡市煤气公司供应的管道煤气。2001年，无锡华润天然气有限公司开始在硕放安装天然气管道，安装总投入2亿元，全长45公里，天然气价格为2.2元/立方米。是年9月，振发社区居民全部使用天然气。2004年起，镇区范围开始全面使用华润天然气。至2013年，振发、润硕苑、新锦园、咏硕苑、南星苑、丽景佳苑第一、香楠佳苑等社区居民大部分都使用天然气，丰硕苑、通祥三村、吉祥国际花园等商品房住宅区居民都使用天然气。

四、汽柴油

20世纪60年代前，煤油、柴油、汽油仅供应农村百姓生活和农业生产所需。20世纪70年代至80年代，大队、生产队的机帆船、拖拉机、粮饲加工普遍使用汽油、柴油。社队工业中部分企业使用柴油机发电。20世纪90年代初，随着乡镇企业的快速发展，交通运输车辆逐渐增多，汽油、柴油使用量猛增。1992年，由硕放党校与无锡县商业局物资公司联合投资，在塔西村原312国道旁建办全乡第一家加油站，取名“苏锡加油站”，经营汽油、柴油业务，占地面积3亩。后在2001年，由于经营业务的扩大，重新进行改扩建，占地面积达12亩。2000年，在咏硕苑西北角，锡宅路与薛典路交叉口建造第二家加油站，取名“大墙门加油站”，占地面积3亩。是年，江苏省石油集团锡山有限公司在中华庄村原312国道开办加油站，取名“硕放加油站”，占地面积4.52亩。2013年9月，在裕安路79号建造加油站，取名“无锡长江路加油站”，占地面积1600平方米。2013年，加油站供应的92号汽油平均价格为7.57元/升，95号汽油平均价格为8.21元/升，0号柴油平均价格为7.21元/升。

五、太阳能

随着太阳能利用技术的广泛应用，居民在20世纪90年代末开始安装太阳能热水器，供洗澡和日常用热水。随后在安置房和商品房的顶层普遍装有太阳能热水器。至2013年，境内安装太阳能热水器2417台。

六、热　能

硕放邻近新区友联热电厂。2003年起，利用热电厂发电余热的优势，境内架设全长12公里热能管道，为大部分企业及单位的生产、生活提供热能。蒸汽的供应，减少了锅炉燃煤的污染，对环境保护、净化空气起到了积极作用。

友联热电厂

第三篇
经济

第十四章

农 业

硕放地处太湖之滨，气候温和，雨量充沛，土地肥沃，河道纵横……具有优越的农业生产自然条件，农业历史悠久，素有“鱼米之乡”之称。

解放前，封建土地制度束缚生产力的发展，农业基础设施陈旧，耕作方式落后，土地高低不平，抗御自然灾害能力低，耕地易旱易涝，粮食品种单一，大部分耕地一年两熟，产量较低。

中华人民共和国成立后，党和政府十分重视农业，农业生产关系不断变革，土地改革让农民“耕者有其田”，广大农民焕发前所未有的种粮积极性。1958年人民公社后，公社组织力量，在兴修水利的同时，增加农业投入，改善生产条件，加快中低产田的改造。1962年贯彻《农村人民公社工作条例（草案）》，实行“三级所有，队为基础”的方针，农业生产稳步发展。1961年、1962年、1963年、1965年，硕放人民公社被江苏省人民政府评为农业先进单位。1965年起，深入开展“农业学大寨”运动，大搞农田水利基本建设，全社逐步推广种植双季稻，其间农业机械化事业得到不断发展。1982年全社全面实行家庭联产承包责任制后，乡、村两级加大科技兴农力度，推广新技术，农业生产得到新的发展，农业经济有了新的突破。墙西村成为无锡县13个农业示范村之一（三麦、水稻夺高产典型）。

1984年，全乡耕地面积38598亩，全年粮食总产2926.6万公斤，出售国家商品粮1069.4万公斤，粮食总产、出售商品粮创历史最高水平，是无锡县农业大乡，素有“粮食大仓”之称。是年，墙西村率先在全乡建立百亩高标准吨粮方。1987年5月，全国政协副主席、社会学家费孝通到无锡县农业现代化示范村——墙西村考察调研，并题字“为规范农业创造经验，进一步促进工农结合，发展乡村经济”。是年，全乡村村建立百亩丰产方，开展高产竞赛。农田适度规模经营和种植结构进一步优化。1995年，全镇规模经营20亩以上的户、小农场共有67家，专业承包粮田4614亩。1996年，全镇种植油菜面积10785亩，亩产162公斤，总产174.7万公斤，位列全市前茅。全镇有大中型拖拉机89台，手扶拖拉机207台，进一步加快现代农业和市场农业的发展，促进设施农业和生态农业的建设。1995年至2003年，硕放镇连续九年被无锡市人民政府评为农业先进乡镇。2000年后，随着城镇化建设的推进和工业园区开发建设的快速发展，耕地面积逐年减少，至2013年，全街道仅有耕地面积6105亩，由38家种植专业户承包经营。

第一节　农业生产关系变革

公元前12世纪，泰伯居梅里，兴农桑。东晋、南北朝时期，大批中原人南迁无锡共同开发。到隋唐时期已形成稻麦两熟制耕作，种植水稻采用育秧移栽。唐宋时期就有品色不一的水稻、麦子、油料作物和各种杂粮种植。明代大兴治水筑圩，促进农业发展，开展栽桑养蚕。明清时代，随着粮田面积扩大，水稻、小麦生产栽培技术逐步向精耕细作方向发展，栽桑养蚕已成为农村的主要副业。民国8年至19年（1919—1930年），境内栽桑养蚕渐趋兴盛。民国前期为农业稳产发展阶段。民国26年至34年（1937—1945年），境内多处房屋和稻堆遭到日军的烧坏，农业受到严重破坏。抗战胜利后，提倡选用良种，改进栽培技术，但由于多种因素，推广不力，流于形式，生产恢复十分缓慢。

中华人民共和国成立后，党和政府十分重视农业生产的恢复和发展。1950年开始进行土地改革，农民分得土地。1952年，开展互助合作化运动。1953年至1956年，相继建立初级社、高级社。1958年公社化后，集中力量，兴修水利，增强农业投入，改善生产条件。1962年，全面深入贯彻《农村人民公社工作条例（草案）》（六十条），实行“三级所有，队为基础”的方针，落实“以粮为纲、全面发展”的农业生产八字方针。1964年，全面开展“农业学大寨”运动，全社大搞整田平地、格田成方，水利灌排配套和农业机械化逐步发展。1965年，公社推广种植“双三制”。1966年，硕放人民公社单季稻亩产达519.2公斤，首次突破千斤大关。1975年至1980年，连续六年100%种植“双三制”。中共十一届三中全会以后，全面推行农村经济体制改革。1982年，全社全面实行家庭联产承包责任制。1984年，调整农业内部结构，恢复种植单季稻。1985年起，全面改为稻麦两熟制。1995年，全镇农业向规模经营发展。至2010年，全街道农业以承包户为单位，规模经营进一步扩大，开展专业化社会服务，促进传统农业向现代化农业的转化。

一、封建土地所有制

1.土地占有及高利贷

在长期的封建社会和半封建半殖民地的社会中，大量土地为地主私有，广大贫苦农民只占有少量的土地。地主靠出租土地剥削农民，收取高额地租，无田少地的农民靠佃入田维持生计，租、佃双方是剥削和被剥削的关系，地租成为地主剥削农民的主要方式。雇工和高利贷是地主剥削农民的又一种形式。境内地主以地租放债，牟取暴利的种类甚多，最普遍的是“粒半头”，春放秋收，加五利率。“物物折换”，利用物价的时间差，以稻折麦，以麦折稻，高利盘剥。农民受高利贷剥削，往往债台高筑，迫使出卖土地、房屋和财产，为地主所占用。高利贷压得农民透不过气来，倾家荡产，妻离子散。为谋取生计，旧时境内部分农户把13—15岁未成年的子女送到上海、苏州等地当学徒、做伙计，亦有青壮年出门种客田。

2.逼租抗租

大地主收地租设有“仓厅”，有的地主设联合收租办事处，甚至利用权势或依仗官府设“追租所”，私设公堂，任意催租逼租，残酷迫害、关押农民。民国8年（1919年）底，境内农民黄仁春之父，因欠租被秦村村地主何式卿捆在两只笆斗里“滚笆斗”，致残终身。地主阶级残酷追租，激起农民自发反抗。民国36年（1947年）底，塔西乡地主华绍曾在浜斗上设立联合收租处，任意拘捕农民数十人，激起硕住、塔西、观泗、金娥、大墙门等乡农民150人至无锡县府集体请愿，震动全县。

1949年10月，无锡县人民政府召开各界人民代表大会，通过关于秋征、减租和春季借粮免还的重要决议。12月，中共无锡县委召开农村工作团干部会议，部署减租减息运动。会后境内开展减租减息运动，发动群众揭穿地主在收租米上耍的各种鬼把戏。实行“二五减租”，对少数农民内部的租佃关系，由乡、村农会组织业、佃双方协商减租。1950年2月，中共无锡县委公布《华东新解放区农村减租条例（草案）》。20日，中共无锡县委就减租减息运动召开扩大会议。境内各小乡召开群众大会，对顽固地主进行斗争，大涨农民的志气，使减租减息运动得到深入发展。当时根据墙南、里河、塔西三个乡的调查统计，在减租减息运动中共有573户农户减除租粮10.21万公斤。

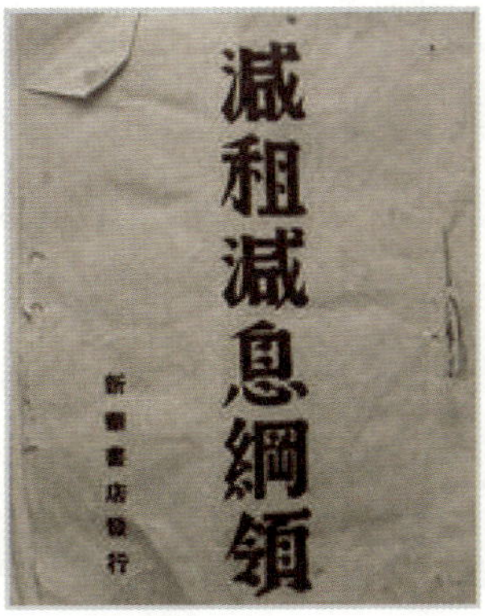

减租减息纲领

二、土地改革

1950年7月，无锡县人民政府根据《中华人民共和国土地改革法》，有步骤、有秩序地开展土地改革运动。是年9月，在苏南区党委、中共无锡县委工作队的直接领导和指导下，境内各小乡的土改全面展开，贯彻“放手发动群众、大胆展开运动”的方针，依靠贫农、雇农，团结中农，孤立富农，有步骤、有分别地消灭封建剥削制度，发展农业生产。在土地改革工作组的帮助下，依靠农民协会，根据《中华人民共和国土地改革法》规定，依法没收境内地主的土地、房屋、耕畜、农具等生产资料和部分多余的生活资料，征收富农多余的土地、农具和耕畜，分给境内无地和少地的贫苦农民，地主也按人口均分土地、房产，以促使其自食其力。

1951年秋，无锡县人民政府向境内农户颁发土地、房屋所有证，从法律上承认和保障农民分得土地、房屋的权益。土地改革使广大劳动农民真正从政治和经济上翻了身，实现“耕者有其田”，真正成为土地的主人。土地改革大大激发广大农民的劳动热情，农业生产在新的生产关系下得到发展。

三、农业合作化

中华人民共和国成立后的土地改革运动，使农民实现“耕者有其田”。然而一家一户的农业生产因无力抗拒天灾人祸，出现买卖土地、房屋的现象。为此，农业合作化运动从临时互助组开始到常年互助组，发展到初级社，再扩大发展到高级社，把个体农业逐步引向社会主义集体化道路。

1.农业生产互助组

解放前，农村在忙季和车水、收脱、罱河泥等农时农活上有多种伴工形式，亲帮亲、邻帮邻，相互组合劳力、畜力和农具。土地改革后，中共无锡县委、县政府及时引导农民走互助合作道路。1951年8月，墙门区墙南乡北新村庄里率先成立顾老坤互助组。在生产互助中，通过制订劳动制度和生产计划，使互助组组员逐步形成集体观念，发挥互助友爱精神，解决实际困难，明显提高劳动效率和粮食产量。互助组大的有10多户，70—80

亩地，小的有5—6户，20—30亩地，分别以伴工或换工的方式进行互助合作。1951年，墙门区共组织临时互助组105个，参加劳动力958人。区政府在总结临时互助组的基础上积极试点，向常年互助组发展，学习中共中央《关于互助合作的决议（草案）》。1952年春，墙门区发展到170多个常年互助组。管理上从帮工、换工转向评工记分，采取以工换工、按时记工、按田定工、按劳评工等方式，使用记工单按田结工，按劳付酬，相互找补，每工单以米折钱计算，耕牛、农具凡属公有的，按田负担，专人或分户饲养使用，私有公用的付给租金或记工结算。常年互助组和规模较大的互助组实行统一领导，分组作业，掀起互助合作和爱国增产竞赛热潮。

2.初级农业生产合作社

1953年起，境内实行国家粮食统购统销政策，广大农民深感小农经济无力抗御天灾人祸，生产力发展受到限制，互助组的形式已不再适应当时农业生产发展的需要。1953年10月，墙南乡在墙门区第一个成立“群跟”初级社，并拟定初级社章程（共七条）。成立后得到各方面的支持，吴县北桥农场（属苏州地区）供给豆饼、化肥，并派两名技术员常年驻社进行技术指导，墙门信用社贷款给予生产资金扶助。为发展生产，“群跟”初级社派人到苏州唯亭购买一艘7吨木船和一头耕牛。在农作物品种改选上，从北桥农场先后引进小麦、水稻、油菜良种。1954年2月7日，“群跟”初级社改名为建农初级社，社员发展到58户。1954年水稻亩产400公斤、油菜亩产125公斤，名列全县前茅，在全县初级社中颇有声望。1955年夏，华家里俞火根互助组带苗加入建农初级社，合作社按苗补贴工、本、种费。是年，建农初级社水稻部分田块亩产525公斤，劳动单价2.05元，人均口粮275公斤。

在“群跟”初级社成立后不久，墙门乡又成立朱祖耀、杨杏根初级社，薛典乡成立吕金生初级社。此后，各小乡也相继成立初级社。初级社以社为统一核算单位，土地入股统一经营，男女劳力统一管理，生产资料统一使用，收益统一按土地、劳力比例分配，划分生产队，固定耕作区。年初制订计划，社员干有目标，采取“四定包工”定额管理的评工记分办法，贯彻勤俭办社的方针，初级社比互助组更具优越性，普遍增产增收。

3.高级农业生产合作社

1956年1月，中共中央公布《农业生产合作社示范章程》，随之掀起大办高级社的热潮。是年3月16日，墙南乡建农等13个初级社合并，率先在境内建立建农高级社。至1957年，相继成立五一、六一、墙西、七一、新星、里新、新农、新联、先锋、建农、硕放、五星、建新、红星、和平、光明、红力、红光、八一、春光、富强、东方红22个高级社。实行土地归集体所有，取消土地分红，耕畜和大农具作价归社，收益按劳分配。高级社规模一般为300—500户，生产队15—30户。1956年，在组建高级社过程中，有的地方急于求成，没有认真贯彻自愿互利原则，出现经营管理不完善，财务账目不公开，干部作风不民主等问题，加上自然灾害的影响，秋季产量普遍减产，平均亩产与往年相比歉收5公斤，挫伤社员的积极性。对此，根据中共无锡县委统一部署，境内及时开展社会主义思想教育，整顿高级社，健全各项管理制度，使高级社逐步发展壮大。

高级社坚持集中领导，统一经营，承认生产队一定的自主权，在固定生产队、固定耕作区、固定耕牛、农具的基础上，实行包产、包工、包成本、超产奖励的“三包一奖”责任制，生产队内部健全定额管理和评工记分制度，坚持按劳取酬、多劳多得的分配原则，通过三包合同结算，克服队和队、人和人收入的平均主义。

四、人民公社

1958年9月20日，硕放人民公社成立。入社总户数7648户，其中贫农4082户、下中农2360户、上中农667户、富农180户、地主157户，其他202户。入社人数30474人，其中男性14059人、女性16415人。入社土地面积49051.4亩，其中水旱田42311.1亩、桑田4104.8亩、鱼池319.9亩，竹园、果园、荒地、土墩等2315.6亩。入社耕牛176头。

人民公社成立后，以公社为经营核算单位。土地、劳力、耕畜、农机、水利设施等均属公社所有，并由公社调度、使用、分配。全社实行组织军事化、行动战斗化、生活集体化。1958年10月起，全公社都开办食堂，提出“鼓足干劲生产，放开肚皮吃饭”，实行“二十五个”不要钱。

1960年12月，根据中共中央《关于农村人民公社当前政策问题的紧急指示》，开展以纠正“五风”为中心的整风整社行动。随即解散食堂，恢复划分自留田，全社平均每人自留田0.09亩。1961年，受自然灾害影响，粮食严重减产（当年全社粮食总产1147万公斤，比1959年减产694万公斤），社员口粮紧张。为贯彻1962年9月27日中国共产党第八届中央委员会第十次全体会议通过的《农村人民公社工作条例修正草案》（六十条）和《关于改变农村人民公社基本核算单位问题》的指示，明确“三级所有，队为基础”。以生产队为基本核算单位，在兼顾国家、集体、个人三者关系的前提下，坚持“各尽所能、按劳取酬、多劳多得”的分配原则，实行定额管理、评工记分。社员口粮以三定为基础，实行超产超购多吃、减产减购少吃、基本口粮加劳动粮的分配方法。

1964年起，全社开展“农业学大寨”运动。1965年，强调“以粮为纲”，推广种植“双三制”，提高复种指数，以增加粮食产量。20世纪70年代起，全社大搞农田水利基本建设，路渠成网，格田成方，粮食产量大幅度提高。1975年全社粮田全部种上“双三制”。由于农业生产成本高、用工多、劳动强度大，出现“高产量、低收入”的现象，社员每天的工分值普遍在0.2—0.3元。少数生产队出现分配倒贴的现象。

在“农业学大寨”运动中，参加生产队劳动的社员，实行“大寨式”记工，采取自报互评。对“五匠”（木匠、泥瓦匠、漆匠、铁匠、竹匠）和社队企业的务工人员采取工作在外、收入归队、交钱记工、合理补贴的办法。大忙时参加生产队劳动，同样评工记分，年底统一分配。

五、家庭联产承包责任制

20世纪70年代后期，公社对生产队主要实行分组作业、小段包工、定额计酬的生产责任制。1980年冬，中共苏州地委书记罗运来到硕放墙西大队陆家桥生产队关于粮油作物按劳承包、分组联产责任制进行专题调研。在调研的基础上，于1981年9月，公社出台《粮油作物按劳承包、分组联产责任制》的实施办法。1982年春，按照中共中央《关于当前农村经济政策的若干问题》的指示精神，全社全面推行家庭联产承包责任制，耕地按人分口粮田、劳分责任田、猪分饲料田的“三田”形式，全部划分到户经营。1982年秋，全社23个农业生产大队的443个生产队全部实行家庭联产承包责任制，对农户实行“三上交”（上交定购粮、农业税、各类统筹费用）承包结算办法。农户承包田的机耕、管水等仍由乡村合作经济组织经营，乡村合作经济组织主要对农、副、工综合发展进行决策，依靠集体经济积累，兴办工、商、运、建、服等业，并适当实行“以工补农”，协调农、副、工三业发展。从而完善全乡农业“户为基础、统分结合”的双层经营体制，充分调动广大社员的生产积极性和责任心，使劳动质量和生产效率大大提高，促进全乡农业稳步发展，农业生产走在全市前列。

实行家庭联产承包责任制后，乡农业职能部门积极探索适合农村家庭联产承包责任制的技术指导和专业服务新模式。1985年初，全乡范围内组建纵向以村为基础，横向以乡村企业为基础的农业管理体系网络。各村由农业经理主管农业，村设农业综合服务站，开展农技、农机、植保、水利、种子等五方面的专项服务。是年，墙西、溇金、秦村3个村率先通过无锡县农业局对农业综合服务站设施标准化、服务优质化的达标验收。至1991年，全乡23个农业村的村综合服务站都达到标准。

20世纪90年代末，随着工业园区的发展，农业土地面积减少，种养业经济比重下降，家庭联产承包责任制逐渐向土地规模经营转变。由于村级行政体制的改革，不再设置农业经理一职，村级农业各项服务工作由村农技组组长分管。

六、土地规模经营

20世纪80年代中后期，大批青壮年劳动力向工厂、企业转移。为解决部分无人耕种土地的局面，动员部分有能力耕种的农户进行灭荒种植，逐步向种田大户发展，起初一般规模在5—10亩。1987年秋，乡政府在总结原有种田大户的基础上，按照各村实际情况，逐步把责任田相对集中起来，进行规模经营试点，墙西、秦村、杨家湾等村率先集中100亩左右的连片土地，办起小农场，由于小农场应用先进农艺，管理相对集中，产量高、收效好。翌年，各村将责任田连片集中，由种田大户承包进行规模经营。1995年，全镇规模20亩以上的规模经营户、小农场共67家，专业承包面积4614亩。

1995年硕放镇农业适度规模经营情况表

表 14-1

村名	规模经营面积（亩）	总承包户（户）	规模50亩以上				规模20—50亩			
			户数合计（户）	其中			户数合计（户）	其中		
				本地户（户）	外地户（户）	承包面积（亩）		本地户（户）	外地户（户）	承包面积（亩）
合　计	4614	67	49	23	26	3996	18	6	12	618
墙　门	147	2	1	1	—	121	1	—	1	26
墙　南	130	2	2	2	—	130	—	—	—	—
墙　西	101	1	1	1	—	101	—	—	—	—
墙　北	144	4	1	1	—	51	3	—	3	93
孙典桥	212	2	2	1	1	212	—	—	—	—
新　农	311	6	3	—	3	198	3	—	3	113
里　河	82	1	1	1	—	82	—	—	—	—
安　桥	88	2	—	—	—	—	2	—	2	88
里　新	110	3	1	1	—	67	2	2	—	43
黄家门	365	5	4	—	4	332	1	—	1	33
西典巷	263	3	3	—	3	263	—	—	—	—
硕　放	627	6	6	4	2	627	—	—	—	—
杨家湾	411	5	5	3	2	411	—	—	—	—
建　新	149	2	2	—	2	149	—	—	—	—
塔　西	316	3	3	1	2	316	—	—	—	—
中华庄	104	1	1	—	1	104	—	—	—	—
王家桥	107	2	2	—	2	107	—	—	—	—
红　力	140	2	2	2	—	140	—	—	—	—
红　光	147	2	2	—	2	147	—	—	—	—
秦　村	110	2	2	2	—	110	—	—	—	—
建　丰	151	3	1	1	—	75	2	2	—	76
薛　典	149	3	1	—	1	73	2	2	—	76
淡　金	250	5	3	2	1	180	2	—	2	70

进入21世纪，随着农业税的免除和种粮补贴的推行，农业技术不断进步，机械化收种和直播稻推广节省工本，经济效益有较大幅度提高。以承包户为单位的经营规模进一步扩大，全镇6990亩土地由38户种田大户承包，户均180亩。规模经营的生产技术由农业公司每年培训1—2次。生产过程中，由村农技组人员全面负责技术指导。据抽样调查，承包50亩左右的种粮大户年收益在3万元左右。

第二节 农田基本建设

解放前，土地私人所有，掌握在少数人手里，田块大小不一，土墩多、坟岗杂、小浜多，高低不平，排灌不畅。中华人民共和国成立后，虽经土地改革和农业合作化运动，但田貌改变不大。人民公社成立后，公社根据农业生产发展需要，开始构筑设施配套的农田水利工程。1962年开始，移高墩、筑明渠、兴建排灌分开的配套工程。1964年，全国掀起“农业学大寨”运动，六一、光明两个大队率先掀起声势浩大的平坟填浜、旱地改水田、桑田连成片的农田基本建设热潮。20世纪70年代，各大队组织青年民兵突击队挑高填低，平整土地。经过3—5年的连续作战，全社共平整土墩高岗1850余个，填塞小河浜近百条，增加耕田面积3500余亩，建成桑带3000余亩。1968年至1972年，在整田平地基础上，各大队相继开展格田成方的农田基本建设，农田能达到单灌单排和农机作业方便的要求。全社90%以上的农田格田成方（一般每块田长80—100米、宽13—16米），达到一头邻渠灌水，另一头邻沟排水，便于机耕灌排。

一、渠系建设

20世纪50年代，随着机灌面积增加、车埠扩大，修建了零星的灌渠和排沟，但渠系不配套，不能相互沟通，仅能小范围使用。20世纪60年代初，各大队建立灌区，修筑明渠。20世纪70年代前后，结合整田平地、格田成方、统一规划，建成农田单灌单排的水利灌排体系。

20世纪70年代，随着全社“双三制”面积扩大，复种指数提高，农田灌溉时间延长，加上农机作业量增加，原明渠（灌渠）不适应“双三制”生产。1973年起，开始建设“三暗工程”（暗灌、暗排、暗降），在地下一定深度，先开挖好沟道，再用“三七”土筑好墙和拱顶，然后在拱顶上铺筑路面，达到“灌得好、排得快、降得低、控得住”的省水省电要求。1978年，路渠结合的暗渠基本得到普及。

20世纪80年代，地下暗渠改用水泥涵管铺设，“三暗工程”质量得到提高，有效地解决“三七”土暗渠存在塌方和淤塞的隐患。同时，又促进农机道路建设的进展，使农田基本建设向建设高产农田迈进一大步。

1990年，全乡地下灌溉渠道总长228公里，可控制面积3.4万亩，排沟总长207公里，可控制面积3.28万亩。1993年，在市、县、乡三级丰产方上，启动田间暗降、田外水泥排沟工程建设。到1995年建成田间暗降（铺设有筋塑料管）450亩，外围水泥排沟1500米。建成田面水排得快，地层水控得住，外围沟排得畅的高标准吨粮田500亩。到2000年，由于建设占地和发展多种经营水改旱种植，实际灌溉面积28613亩，使用灌溉暗渠114.5公里，排沟总长196.6公里，控制面积28000亩。

2000年硕放镇农田渠系工程情况表

表 14-2

村名	灌溉面积（亩）	总动力（千瓦）	暗渠（公里）	窨井（只）	斗门（个）	外围排沟（公里）	机耕路（公里）
合　计	28613	2255.5	114.45	337	7144	196.6	56.6
墙　门	1196	71.0	4.78	15	299	6.0	2.3
墙　南	977	76.5	3.91	11	244	5.0	2.0
墙　西	923	63.0	3.69	10	230	5.0	1.8
墙　北	1419	127.0	5.68	18	354	11.0	2.8
孙典桥	1319	72.0	5.28	14	329	8.0	2.6
新　农	958	74.0	3.83	10	239	10.0	1.9
里　河	972	70.5	3.89	9	243	6.0	1.9
安　桥	927	79.5	3.71	8	231	6.0	1.8
里　新	950	86.5	3.80	9	237	8.0	1.9
黄家门	1642	110.5	6.57	21	410	12.0	3.3
西典巷	1467	105.0	5.87	16	366	8.0	2.9
硕　放	1740	130.0	6.96	18	435	14.0	3.5
杨家湾	1207	88.0	4.83	14	301	7.2	2.4
建　新	873	89.0	3.49	9	218	7.8	1.7
塔　西	1448	132.0	5.79	16	362	11.0	2.8
中华庄	929	59.0	3.72	12	232	7.0	1.8
王家桥	1353	122.5	5.41	19	338	8.0	2.7
红　力	1271	105.5	5.08	15	317	7.8	2.5
红　光	1923	143.0	7.69	25	480	13.0	3.8
秦　村	1248	84.0	4.99	16	312	6.8	2.5
溇　金	1564	145.0	6.26	21	391	13.0	3.1
建　丰	1506	132.0	6.02	22	376	11.0	3.1
薛　典	801	90.0	3.20	9	200	5.0	1.5

二、土壤改良

解放初期，土壤改良工作从治水治渍着手，通过改善水利条件，减轻土壤对作物的渍害，还普遍沤制草塘泥，发展猪、羊、兔养殖业，增加畜禽粪便等农家有机肥下田。用以协调土壤肥、水、气、热条件，熟化土壤，培肥地力。

进入20世纪60年代，全社扩种绿肥（红花草），增加绿肥沤制草塘泥，红花草种植面积逐年有所扩大。1965年又从浙江引进绿萍放养，以每亩水田施用500公斤绿萍为标准作为农田肥源（绿萍含有丰富的氮素和纤维，能增强土壤通透性，增加土壤有机质，培肥地力）。1966年起，公社在黄家门大队周家角等四个生产队利用望亭发电厂热水，从建起200多亩的绿萍繁殖基地扩展到八个生产队550亩，不仅满足境内绿萍放养的需要，还为无锡县各公社提供足够的放养种萍。

20世纪70年代初期，引进“三水”（水葫芦、水花生、水浮莲）作绿肥，用于增肥改土。同时，夏天进行割青草、削草皮，闷酥堆肥，在秋播阶段对小麦进行覆盖。春天大搞肥料库，“家畜禽粪便”“青草”“三水”等混在一起，在水稻移栽前施于田面，上水后用拖拉机反复旋耕、捣耖，与泥土水沤制。还通过多罱河泥增用饼肥，运输城市粪便垃圾下乡，改良土壤团粒结构，使田脚变松，土壤通透性变好，减少杂草，提高作物产量。据1981年土壤普查283个剖面的测定，全社土壤耕作层平均容量为1.27克/立方厘米；犁底层平均容量为1.42克/立方厘米，总孔隙度46.65%，毛管孔隙为47.7%；渗育层的通气孔隙平均为3.3%，略高于犁底层。不同土种的黄泥土、乌散土的水气状况最好，白土头、白土心最差。根据全社土壤类型及结构分析，有针对性地提出分区（高产稳产培肥区、增肥改土区、治水增肥改土区和综合改土培肥区）改良措施。

1981年2月硕放人民公社土壤分区改良利用表

表 14-3

区名	土壤类型	土壤结构分析	改良措施	面积（亩）	占水稻田（%）
高产稳产培肥区	各类土壤的一级土地，部分二级黄泥土、乌散土	耕层不足17厘米，土壤不够疏松，有效养分不够协调	实现精耕细作，年亩施优质草塘泥不少于1.25万公斤，逐年加深耕层至17厘米以上	1115.86	2.7
增肥改土区	二至三级黄泥土、乌散土、黄泥白土	耕作层不足13厘米，土较僵，供肥性能较差	增施有机肥料，配施磷钾肥，实现精耕细作	29757.94	73.7
治水增肥改土区	地下水位在80厘米以上的土地或犁底层、青泥层较重的田块	土壤僵板，渗水性能差，有效养分较缺，早春僵苗迟发。三麦产量较低	完善灌排水系统，加强田间水浆管理，力争晒垡，避免烂耕烂种，增施有机肥料草木灰等	5340.80	13.2
综合改土培肥区	低产白土、下等黄泥土、乌散土等各类四、五级土地	耕层10厘米左右，缺磷、缺钾为主，易出僵苗，产量不稳不高	实行多种形式轮作，增施有机肥料，特别增加稻草还田等粗纤维还田，配施磷钾肥，逐年加深耕层	4042.42	10.4

全乡从1985年起取消“双三制”改为稻麦两熟制，把扩大油菜种植面积作为增肥改土的重要一环。通过几年的种植布局调整，扩大种油菜对实行轮作、培肥地力，充分发挥地力效应，达到节本增产的目的，发挥较大的作用。同时大力推广免耕麦和测土配方，普及水稻、三麦、油菜田化学除草，替代中期人工除草，改良土壤团粒结构。有些农户还实行轮作改良土壤，以更好地发挥地力效应，达到节本增产，对优化土壤理化性状都起到重要作用。

三、高标准农田

高标准农田建设始于20世纪70年代后期。1978年，墙西大队率先在唐庄村生产队建设高标准农田50余亩。20世纪80年代初，以公路沿线为重点，全面开展农田按新标准综合治理（暗渠结合拖拉机道伸到每块田头，排沟不足田面以下1米的重新开挖，小田埂不直的

1984年墙西村高标准农田

按格子化要求重新整直），经过农田综合治理，大面积农田达到灌排分开，路渠配套，为高标准农田建设打下坚实的基础。1984年，墙西村在叶家弄口、陆家桥两个生产队再建100亩高标准吨粮方。1985年至1986年，秦村村在施方园，杨家湾村在赵家桥、埝头上，相继建设市级两个百亩吨粮方。墙西、秦村、杨家湾三个村的吨粮方在市、县、乡农业部门和水利部门大力支持下，花两年时间，建成灌溉暗渠化、田内排水暗管化（先是水泥瓦管、三角脊瓦，后由塑料波纹管替代）、田外排沟水泥化的高标准农田。1987年至1995年，在墙西、秦村、杨家湾三个市级标准吨粮方建设的基础上，村村建立百亩丰产方，开展高产竞赛。墙西村联社在1987年至1988年，被无锡市人民政府评为无锡市农业先进集体；1989年获评“无锡市三麦丰产方优胜奖”。1992年秋，全乡较大范围责任田实行适度规模经营，各村为加快现代农业建设步伐，进一步开展高标准农田建设，按照所有粮田能达到“灌得快，排得畅”的农田水利标准，消灭排灌不畅的死角，到1992年底，90%以上的规模经营粮田基本达到吨粮田建设标准。做到既能管好地面水，又能治理地下水，随时可以调节和控制土壤含水量，全面达到耕作层深、泥肥土松、通透性好、保墒保肥能力强的高标准吨粮方。

1995年划归无锡市新区后，进一步加快农业产业结构调整的步伐，全镇各村相继引进高产优质新品种，在农田基本建设配套、农业机械不断增强的情况下，加快高标准农田建设步伐，并大力开展丰产方、丰产带高产竞赛。镇、村两级多次获评无锡市高产竞赛一等奖、二等奖、优胜奖。1995年至2003年，硕放镇连续九年被评为无锡市农业先进乡镇。1997年，秦村村建立的水稻丰产方获无锡市水稻一等奖，江苏省副省长凌启鸿观看后连声说好。2000年后，根据无公害农产品生产的标准要求，确保优质农产品走入市场，能获得较好的经济效益，农业部门开展产前、产中、产后三个环节的质量监控，规范生产行为。

第三节　粮油作物生产

一、种植概况

解放前，境内一直以种植水稻、三麦为主，同时种植油菜、豆类等。1959年，部分生产队试点种植“双三制”。1965年，全社开始推广种植“双三制”。1973年种植“双三制”面积比例为70.6%。1975年硕放人民公社在全县率先实现100%的比例种植“双三制”，在无锡县引起较大的轰动。秋播时，按“双三制”种植比例100%安排，在220天左右的无霜期内，安排245天左右的两季水稻，公社、大队、生产队三级农技人员，对品种搭配、茬口安排、播种季节、育秧计划，制出一图两表，挂图作战，分批播种，防止错乱。做到茬口田块对号、品种对号、播栽季节对号，以确保“前季不莳芒种秧，后茬不莳立秋秧，秋播不种立冬麦”。1965年至1984年连续20年种植“双三制”，复种指数逐年递升。

1977年，公社农技站在墙西、杨家湾两个大队培育杂交稻，品种有“南优”“汕优”等系列，在各大队示范种植。1981年开始零星恢复单季稻种植。实行家庭联产承包责任制后，单季稻种植面积逐年扩大。1985年，全社100%恢复一年稻麦两熟制。

1965—1975年硕放人民公社夏熟作物种植面积一览表

表 14-4 单位：亩

年份	三麦总面积	其中			油菜	红花草	其他绿肥
		小麦	大麦	元麦			
1965	25258	23678	980	600	1963	10985	1005
1966	23973	14763	7860	1350	2297	11650	1180
1967	24558	19763	3225	1570	2172	11374	968
1968	24600	19894	3306	1400	2481	10832	1095
1969	24783	14786	6702	3295	2403	10670	1210
1970	24796	8782	12830	3184	2400	10650	1083
1971	24939	22601	1230	1108	2391	10682	863
1972	24493	2175	12431	9887	3180	10293	786
1973	23895	3116	12054	8725	3150	11031	616
1974	23508	2384	11210	9914	3143	11290	725
1975	23707	2150	10757	10800	3194	11113	516

1965—1975年硕放人民公社秋熟作物种植面积一览表

表 14-5 单位：亩

年份	水稻总面积	前季稻	后季稻	单季稻
1965	39212	1742	2080	37132
1966	39100	9210	12266	26834
1967	39061	4795	6373	32688
1968	39074	4760	6019	33055
1969	39009	9997	12095	26914
1970	38928	16014	17324	21604
1971	38874	23388	26879	11995
1972	38752	25645	30121	8631
1973	38691	23757	27323	11368
1974	38666	24547	32299	6367
1975	38530	29200	38530	—

1990—2000年硕放镇（乡）粮油种植面积及育秧方式一览表

表 14-6 单位：亩

年份	夏熟		秋熟水稻	育秧方式			
	小麦	油菜		常规秧	小苗秧	工厂秧	抛秧
1990	27332	7340	36138	31200	4588	300	50
1991	26360	7800	36213	26103	8760	1150	200
1992	22705	10611	35363	21650	12063	1150	500
1993	17021	10789	30746	13972	15124	1150	500
1994	15420	11018	30935	—	30335	300	300
1995	16090	10825	30175	—	29875	300	—
1996	16100	10785	29340	—	29040	300	—
1997	21562	10021	28643	—	28643	—	—
1998	21877	9852	28613	—	28613	—	—
1999	19457	8179	28422	—	28422	—	—
2000	14876	7768	26819	—	26819	—	—

2000年后，随着城镇化建设的推进和工业园区开发建设的快速发展，粮食种植面积逐年下降，粮田种植向规模经营户逐步扩大。2004年1月，中共中央、国务院《关于促进农民增加收入若干政策的意见》（中发〔2004〕1号）明确对粮食生产实行补贴政策，地方各级政府也制定相应的补贴政策，进一步提高粮田承包经营户的积极性。至2013年，境内粮田面积6500余亩。

二、栽培管理

1.栽培

水稻 解放前，境内种植水稻主要以水车打水，少有机船打水解决稻田灌溉。育秧秧田大多选在近水源的冬闲田或绿肥田，秧田采用水耕拉平，用木板拖平后播种，干谷播种后浸水一天一夜然后将水排干，再撒好稻柴灰。秧田四周留有围沟一条，落谷后一般35天左右开始移栽。1956年基本实行农田灌溉机灌化，育秧方式不再受水的限制，并开始作畦播种，取代烂污秧田的传统。

20世纪60年代起，大搞水稻样板田，引进并全面推广高产良种“农垦58”（俗称“世界稻”），学习推广水稻专家陈永康“硬秧板和一个铜板三粒谷”的稀播育壮秧经验，形成一整套水稻高产栽培技术。1963年5月8日，陈永康亲临硕放人民公社五星大队埝头上生产队，进行“一钱三谷”的稀落谷示范，为全社稀播育壮秧奠定扎实的基础。1965年，水稻亩产突破千斤，达519.2公斤。

1963年陈永康在五星大队示范秧田落谷技术

20世纪70年代大面积扩种“双三制”后，育秧方式变化频繁，前季稻采用地窖催芽方法，采取旱播旱育的场地育秧和桑田“十边地”上旱育秧。以后又恢复大田通气秧田、薄膜覆盖、湿润育秧、水播小苗两段条寄育秧。移栽水稻时，生产队采取“拉线定点莳秧”。由于“双三制”复种指数高、季节紧，给土地带来沉重的负担，造成土壤理化性状恶化，农业成本增加，籼稻米品质不佳，粮食消耗多，效益下降等不良后果。

1981年，在水稻种植上，新星、八一两个大队试点恢复种植单季稻。1985年全乡大面积推广早熟晚粳品种，应用常规水育大苗方式培育秧苗。恢复种植稻麦两熟制后，大批剩余劳力转移到乡镇企业和多种经营行业上，为解决少数土地无人耕种的难题，1990年乡政府在硕放、墙西、杨家湾、溇金四个村试行土地相对集中连片，选用种田能手承包的土地规模经营方式，翌年在全乡逐步推广，同时全面推广小苗育秧的方式培育单季稻秧苗，收到良好效果。1993年，红光村在全镇率先实现100%单季稻小苗育秧。1994年，硕放镇在无锡市率先实现100%单季稻小苗育秧，受到无锡市人民政府的嘉奖。根据境内土地磷过剩、钾偏少的实际情况，改革传统栽培技术，实施减磷增钾适氮的科学施肥方法，围绕“稀播、足苗、大穗、高产”的目标，采取前期足肥促蘖，达到苗数就搁稻，8月初施足氮钾穗肥攻大穗，使单季稻亩产历年都稳定在550公斤左右。2000年前后，水稻进行抛秧，小麦进行套播。2007年后，水稻直播成为栽培的主要形式。2010年起，试种麦套稻200余亩。

水 稻

三麦　解放前，三麦耕作粗放，翻土作畦后直接播种，田中无沟，排水不畅，因渍害而减产。为此农民视三麦为“小熟”。

解放后，随着农业合作化的深入，农田水利不断改善。20世纪60年代后，田外排沟初步形成，田内田外沟道配套，三麦产量有较大提高。20世纪60年代中期，推广麦田开沟，三沟配套防渍害。20世纪70年代，推广常熟倪永福首创的薄片深翻山芋垅，消灭白田下种，亩施5000公斤草塘泥和15公斤化肥。

1972年，政府组织公社、大队两级农业干部到无锡县玉祁人民公社蓉西大队学习农业先进经验，开挖麦田暗沟，降低地下水，做到麦田一套沟，从种管到收，较好地解决麦田渍害。同时加强管理，适量施足化肥，用药防好病虫害，部分地块的三麦亩产达到225—250公斤。

1982年实行家庭联产承包责任制后，播种形式基本以套播麦为主，麦田开沟实行统分结合，田外沟由村管水组包干清理，田内沟人机结合开挖，麦田三沟配套，在推广壮秆大穗型品种杨麦四号、杨麦158的基础上，完善套播免耕麦栽培技术，小麦亩产常年稳定在250公斤以上。

小 麦

油菜　解放前，油菜种植面积较少，品种都用四月蔓菜、苏州长梗小白菜，多数在旱地种植，栽培技术落后，产量低，亩产仅25—30公斤。

解放后，提倡稻田种油菜，品种普及甘蓝型早熟朝鲜油菜，产量有较大提高。但因移栽季节太晚，后期受病虫害等多种因素压制，一般亩产仅在50公斤上下。20世纪60年代后，油菜一般按总面积10%的比例种植，推广稀播壮苗，合理密植（每亩1万株）、施足基肥、增施淋花肥，形成一整套高产栽培技术。20世纪70年代，推广太仓县横泾公社新华大队宽行条栽高产经验，采用宽行条栽、重施氮肥、增施磷肥、配套沟系、防治病虫等增产环节，使亩产常年稳定在100公斤以上。20世纪80年代初，在小麦试种套播麦的同时，油菜同时试种稻板免耕油菜和套直播油菜。套直播油菜因管理费工，加上产量达不到移栽油菜水平而仅停留在试种阶段；而稻板油菜因免翻土而省工省时争得早栽，板茬田土壤含水量高可提高移栽油菜的成活率。在栽培技术上，稀播育壮秧、适时移栽、合理密植、施足肥料。油菜抽薹开花初期用好药、防好病虫，盛花阶段结合防病治虫喷施硼肥，增加花蕾，提高产量，亩产稳定在150公斤以上。1985年，全乡扩种油菜，种植面积6242亩。1992年起，油菜种植面积连续六年超万亩。1992年，油菜亩产创历史最高水平，达162公斤，成为无锡市油菜种植面积最多、产量最高的乡镇。

油 菜

杂粮　20世纪60年代前，境内杂粮以种植豆类、芋头、玉米等为主。20世纪60年代后，引进种植山芋（红薯）。1970年前后，几乎家家户户都种植，面积达2000多亩。山芋育苗一般在3月下旬至4月上旬排种，育出的山芋苗在5月中下旬移栽。山芋对各类土壤适应性强，生长期间管理方便，一般亩产可达2500—4000公斤。山芋既可以作粮食与米面夹着吃，又可单独煮熟后作菜吃。2000年后又引进紫色山芋，作为绿色食品受人喜爱。

2.品种

水稻　解放前，境内单季稻有晚木樨球、白芒稻、洋稻、芦紫黄、光头黄、罗汉黄、铁粳青、石稻等品种。解放后，粳稻引进上海二六一、八五三、老来青等品种替代老品种大面积种植。糯稻以一粒芒、芦花白等品种为主。1960年初，以老来青晚粳品种为主。老来青米质好，但成熟晚，易倒伏。1963年起，引进矮秆晚粳“农垦58”（老百姓称作“世界稻”）。1965年起，单季稻除糯稻外，全部种植“农垦58”，直到100%种植双季稻为止。

1970年前后，大面积种植双季稻。前季稻（籼稻）品种有二九青、矮南早一号、原丰早、二辐早、广陆矮四号，后季稻（粳稻）品种有松粳二号、南粳33、武农早、沪选19、嘉农、桂花黄、双丰4号、东亭3号、桂珠糯等。

1980年起，逐步恢复种植单季稻。单季稻品种引进矮秆、抗倒伏的大穗型品种“苏粳2号”和“农虎6号”代替“农垦58”。后又增加“锡丰一号”，引进昆农选、武香粳、农林百选等早熟晚粳品种。1987年后，引进武育粳2号连续种植十多年，成为当家品种。1995年，引进9-92、93-25（武香粳9号），同时引进御糯逐步取代紫金糯。1998年，以引进的95-22（武运粳7号）为主要品种，该品种综合性状良好，穗大、粒重、结实率高、米质好、增产潜力大。其中9-92品种产量最高，秦村丰产方最大穗270粒/穗。

三麦 解放前，三麦种子农民自留自种，民间自行串换，只有白麦、自麦。解放后，引进方六柱取代白麦、自麦等品种。20世纪50年代种植的品种有惠山洋麦、无锡红麦、淮麦、南京洋麦、红方六柱、白方六柱等。大麦很少种植。20世纪60年代小麦品种仍以红方六柱、白方六柱为主。同时引进丹利、丹农1号、华东16号、阿夫、扬麦1号等。大麦品种有立夏黄、芒大麦、矮白洋，元麦品种有浙江立夏黄、六棱757等。20世纪70年代，随着“双三制”面积扩大，小麦面积继续大幅减少，大麦、元麦种植面积上升，小麦品种以扬麦1号、武麦19为主，大麦以早熟21-4、早熟3号二棱大麦为主，元麦品种有浙114、立新1号、立新2号、早熟43、林农1号等。1985年，恢复稻麦两熟制，小麦种植面积逐年增加，大麦、元麦基本上被淘汰，小麦品种有扬麦3号、扬麦4号、宁麦3号、西风、群众42。20世纪90年代，小麦以扬麦158为主。1992年，在扬州农学院扬麦育种室支持下，引进扬麦7号新品系试种，该品种茎秆粗壮、矮生、产量高，亩产一般在300公斤以上，高产田块可达400公斤以上。此时，大麦、元麦已经绝迹。

油菜 解放前后，油菜品种以“四月蔓菜”为主。20世纪50年代中期引进“朝鲜菜”品种。20世纪60年代种植“胜利”品种。直到20世纪80年代引进种植“沪油”“苏油”“宁油”等品种。后随着油菜面积不断扩大，以“扬油1号”品种为主。20世纪90年代，以“中油821”为主要品种。

大豆 解放后，种植大豆主要品种有黄毛豆、白花六月枯、红花六月枯、大青豆、牛踏扁、丹阳黑豆等。20世纪80年代后，以种植白花六月枯、红花六月枯、耐湿六月枯和大青豆、牛踏扁等为主。

蚕豆 旧时，蚕豆品种以自选自育为主，不知品名，产量低。20世纪60年代后，引进启东蚕豆替代本地品种。20世纪80年代，相继引进萧山蚕豆、慈溪蚕豆、启东1号蚕豆等品种。这些新品种品质好，产量高。

3.肥料

有机肥 传统有机肥有草塘泥，粪便，猪、羊、兔肥等农家肥料。1951年，墙门区王阿金（无锡县劳动模范）施用有机肥的经验在无锡县得到全面推广。20世纪70年代种植的“双三制”，一熟要求亩施草塘泥80—100担。全社掀起积肥热潮，割草、削草皮，大搞萍肥库，还放养“三水一绿”（水花生、水葫芦、水浮莲、绿萍），并组织到城市运输粪便，以满足稻麦生产用肥。每年8—10月大搞堆肥，加磷肥后堆在田头闷酥，冬天撒在麦垅上面覆盖。每年冬天至翌年3月罱河泥，用河泥水浇三麦，块块浇到。

化学肥料 解放后，互助组阶段开始使用过磷酸钙、氯化铵等化肥。20世纪60年代开始施用氨水，各生产队有组织地到上海用船摇回氨水，兑水浇麦。后由于氨水浓度不一，贮运困难，肥效损失较大，20世纪70年代后逐步停止使用。1963年后，磷肥大面积施用，对缓解土壤缺磷起到很好作用。种植“双三制”后，大量使用化肥，有碳酸氢氨（碳氨）、硫酸铵、氯化铵、尿素、氯化钾、硝酸钾等。其中碳氨、尿素用量最大，钾肥施用较少。碳氨主要用作水稻基肥，三麦深施、穴施分别为基肥和追肥，碳氨在生产中使用量占作物全生育期总用量的50%—65%。20世纪90年代尿素用量上升，碳氨用量快速下降，尿素作基、面、追肥用量占作物全生育期总用肥量的70%—80%。

复合肥 20世纪70年代初，始用氮磷复合肥，然后是氮钾复合肥。1977年使用氮磷钾复合肥。复合肥以国产（石塘湾生产）为主，进口复合肥量少、价高，很少使用。复合肥主要用于油菜生产，种植油菜时每亩施用50公斤作基肥，小麦生产在推广免耕麦后每亩施用25公斤作基肥。水稻生产过程中每亩施用15公斤作长粗肥。增施氮磷钾复合肥后，因养分齐全，稻、麦、油菜基秆粗壮、不易倒伏、穗大粒多、籽粒饱满，增产效果显著。

4.植保

防病治虫 解放前，对稻麦病虫害的防治毫无办法，小麦赤霉病被称为“瘟麦”，水稻螟虫造成的枯心叫“白稍”，稻飞虱危害称“箬帽瘟”，认为这是天意，无法抗拒。1951年，无锡县建立病虫测报站，开展群众性防治病虫工作，贯彻“防重于治”和“人工防治为主，农药防治为辅”的防治方针。1964年起，公社农技站配备专职植保员。1965年开始，大队、生产队均配置农技员，负责生产技术指导和稻麦油菜病虫防治。稻麦大面积采用石灰水浸种，消灭带病种子，用石硫合剂防治小麦赤霉病、锈病，用砷制剂（6401等）防治水稻纹枯病，用223、666、敌百虫、1605等防治稻麦病虫害，用柴油滴水防治稻飞虱，后又推广使用高效低残留农药，减少农药残留。应用多菌灵、粉锈宁等菌类农药防治病害。实行家庭联产承包责任制后，墙西和东方红两个大队率先使用机械化防治水稻、三麦、油菜病虫害，以户为单位用压缩喷雾器防治。1983年开始，以村为单位筹建植保专业队，1985年村村建立植保专业队，每机组配置“工农-36型大水喷射机”和“东方红-18型弥雾机”各一台，每机组固定两人，负责200—250亩粮田的专业病虫害防治工作。由村与植保机组签订防治合同，机组与农户签订合同，各机组实行单机核算，年终按合同兑现。乡农业公司作为职能部门，统一制定专业植保机组的职责和服务标准，统一制定向农户收取的药费标准和对机组的补贴标准；建立病虫观察点，根据病虫害的发生趋势，结合县测报站播报的病虫情况，及时正确地向各村发布病虫防治意见；组织植保人员互相交流，取长补短，进一步提高植保专业队的管理水平和防治效果。1995年后，水稻、三麦、油菜病虫防治，村专业队防治逐步向农场、农户自治过渡。2000年后，土地全面转向规模经营，植保服务在镇农服中心发布病虫信息后，由规模经营户自防为主。

化学除草 境内农田杂草众多。水稻田有牛毛草、瓜皮草、鸭舌草、球花碱草（俗称三棱草）、丁香料、水凤仙、稗草、千金子等，田岸上有水荷延草、水花生等多年生恶性杂草。麦田有看麦娘（青草）、日本看麦娘（大叶青草）、巢菜、猪殃殃、繁缕（俗称粒结头草）、水仙草、棉苋头、蒲公英等十多种杂草。油菜田有看麦娘、猪殃殃、蒲公英、繁缕等与麦田杂草相仿的草种。以前，稻田杂草靠手工耥、耘除草；麦田靠人工锄、拔等方法除草。

1975年，在“双三制”后季稻上试验施用除草醚，效果十分理想，继而逐步推广，至1978年全面普及施用。恢复稻麦两熟制种植后，前期施用除草醚防治下脚草，中期（一般搁田后）施用二甲四氯防治阔叶草。2000年起，扩种直播稻，应用多个品种的直播稻专用除草剂后，防治效果十分理想，因而直播稻发展快。2005年，所剩稻田基本上普及直播稻，并进行套播稻试验。施用国家专业生产的套播稻专用除草剂“苄二氯”，除草效果达到目标要求。2010年，在全市率先试种套播稻，2013年，已种植套播稻1800多亩。

20世纪70年代末期，麦田开始应用杀草丹、绿麦隆，在油菜移栽前施用，杀死油菜栽前草。以后选用稳杀得、盖草能、拿捕净、禾草仙等化学除草剂防治草害，这些新药不但能杀死油菜生长前期草，还能杀死中期阔叶草，效果明显。

1983年，麦田推行绿麦隆，防治看麦娘等禾本科杂草，并在早春喷洒二甲四氯防治阔叶草，至1985年普及使用。1990年后，又改用苯达松、异丙隆、使它隆、绿黄隆、骠马等除草剂防治杂草，效果都十分明显。

化学除草替代农作物人工除草的传统方法，不但效果好，还减轻人工劳作强度，解放生产力，对水稻、三麦、油菜增产及增收作出较大贡献。

三、服务项目

1.供种

1962年前种植品种自由串换。1963年引进“农垦58”（世界稻）开始，建立种子田，繁殖“农垦58”供生产队种植。1965年“农垦58”成为单季稻当家品种。20世纪60年代中期试种“双三制”到20世纪70年代初普及“双三制”后，引进前、后季稻新品种供生产队大面积种植。20世纪70年代中后期，仅是引进、繁殖，供大面积生产用种，无供种体系。1983年，市、县两级提出稻麦“种子生产专业化，种子加工区域化，种子质量标准化和集体供种供秧（水稻）”的要求，做到“集体繁育良种、农户不再留种”。1985年，乡农技站设种子员一人，主管乡级良种繁育和村级种子田建立和供种，建立乡种子田100亩，繁殖种子供公路沿线5个村的生产用种，其余18个村按水稻面积的1.5%建立种子田。为解决大面积生产用种，乡农业公司对175户种子户建立523亩种子田。1991年，繁育供种体系基本形成，1992年全面普及。乡政府投资36万元在杨家湾村建造10间500平方米的国家级标准种子库和近3000平方米的水泥晒场。1991年10月，引进农业部定点的甘肃酒泉生产的稻麦专用种子精选机一台，1992年引进日本原装种子烘干机一台。乡农技站建立15亩原种繁育田，各村以村办小农场为依托，建立原种一代种子田530多亩，形成繁种有责任、供种有体系的形式。1995年，硕放划归新区后，农业结构调整，农户的分散种植由规模经营户替代，用种一般都调（引）进原种，自繁自用。

2.供秧

1986年，硕放乡农业服务公司在墙西村进行水稻“工厂化育秧”，机械化插秧耕作试点，在村小农场育秧100亩进行供秧，以后逐年扩展。1990年至1992年，工厂化育秧连续三年为墙西村农户供秧。1992年，全村农户承包田100%由村统一供秧，供秧面积达1050亩。村里农户不做秧田，不育秧，有的农户也用机插秧。

3.肥药

1981年后，农业服务不光停留在农机、农水、植保、农技四个方面，还对肥药供应提出新的服务要求。1982年，在新星、八一、东方红、建丰、硕放、先锋、红光、红力、光明等10个离镇较远的大队专设肥药供应点。1984年，全乡23个农业村都建立肥药供应网点。少数肥药货源由农业公司组织直供到村，大部分肥药都由供销合作社生产资料部采购供应。2000年后，供销合作社生产资料部转制，农业公司不再组织货源供村，之后肥药由规模经营户于市场自行购买。

四、单位产量

解放前，农业生产没有路、沟、渠系等农田设施，原始生产方式落后，抗御自然灾害能力差，粮食产量低。据民国9年（1920年）11月20日《新无锡》报道：“籼稻每亩二石（一石75公斤），糯稻一石八斗，晚稻一石六斗，小麦五至六斗。”三麦亩产不超50公斤。

中华人民共和国成立后，人民政府重视农业，改善农田基本设施，粮食单产持续上升。1957年，稻麦总产达1275.7万公斤，比1949年增长58.1%。1962年，国家调整国民经济政策，推广“农垦58”水稻高产新品种，粮食总产1450万公斤。

1962年硕放人民公社粮食产、销情况一览表

表 14-7

单位	全年总产（公斤）	三麦			水稻			统销（公斤）	人均口粮（公斤）
		面积（亩）	单产（公斤）	总产（公斤）	面积（亩）	单产（公斤）	总产（公斤）		
合 计	14499603	29598.6	84.60	2504425	39800.2	301.40	11995178	4939500	260.85
五 一	553335	1186.9	79.75	94685	1696.1	270.40	458649	74000	211.20
六 一	675220	1386.0	80.50	111564	1831.0	307.85	563656	208500	250.50
七 一	816017	1593.3	87.70	139765	2176.6	310.65	676253	281000	279.15
墙 西	387906	826.6	73.90	61103	1139.5	287.90	326804	118500	215.95
新 联	641428	1383.8	77.75	107539	1875.2	284.70	533890	296500	251.75
新 农	542709	1141.0	85.45	97690	1534.0	290.10	445020	221500	258.90
里 河	487801	1023.8	81.65	83598	1373.7	294.35	404203	190000	281.80
新 星	564693	1184.0	80.50	97966	1621.6	287.80	466727	229000	271.75
里 新	567260	1178.4	83.65	98563	1568.5	298.80	468697	225500	284.35
先 锋	875240	1723.3	87.50	151264	2354.9	307.45	723977	304000	297.30
建 农	700947	1416.1	80.70	114240	1902.6	308.35	586707	244500	264.50
五 星	469483	936.6	92.50	86661	1217.3	314.55	382823	144500	271.40
硕 放	726797	1426.1	82.95	118324	1979.5	307.35	608474	267000	267.85

续表 14-7

单位	全年总产（公斤）	三麦			水稻			统销（公斤）	人均口粮（公斤）
		面积（亩）	单产（公斤）	总产（公斤）	面积（亩）	单产（公斤）	总产（公斤）		
建　新	351756	759.2	77.70	58969	1043.7	280.55	292788	126500	253.40
红　星	736613	1461.4	90.05	131648	1948.1	310.60	604965	202500	247.70
和　平	479218	1026.0	86.15	88385	1265.5	308.90	390833	124000	249.35
光　明	735896	1482.4	86.80	128655	1930.0	314.60	607240	229000	257.00
红　力	610076	1267.0	91.25	115700	1688.6	292.75	494376	221500	246.05
红　光	923726	1865.0	94.00	175310	2442.0	306.50	748416	339000	298.00
东　红	494509	1038.0	85.50	88674	1383.4	293.35	405835	182000	266.70
八　一	908973	1950.7	78.75	153299	2641.6	286.05	755674	322000	254.15
建　丰	733050	1325.0	91.10	120708	1787.5	342.60	612342	220000	280.90
春　光	516902	1014.0	79.00	80100	1399.3	312.15	436802	167000	280.70

1959年至1961年三年困难时期，加上“大跃进”时期的浮夸风、瞎指挥影响，粮食产量大幅下降。1961年，粮食总产仅1147.3万公斤，比1958年下降24.1%。完成国家征购后，在免去超购、议购任务后，农民口粮维持在低标准水平。

1963年，推广陈永康水稻高产生产技术经验。1966年，稻麦总产达2282.7万公斤，比1961年增长99.0%。

1975年至1980年，连续六年种植双季稻。1979年三麦总产713.5万公斤，前季稻总产918.5万公斤，后季稻总产1246万公斤，全年粮食总产达2878万公斤。家庭联产承包责任制后的1984年，全年粮食总产达2926.6万公斤，创全乡历史最高水平。1985年起，100%恢复稻麦两熟制，常年单产基本稳定在800公斤左右。1992年开始，农户承包的劳力责任田逐步向种田大户过渡。2000年以来，农户承包的责任田大部分由规模经营户承包，全年稻、麦单产基本稳定在550—600公斤和250—300公斤。

1957—2000年硕放镇（公社、乡）水稻、三麦、油菜产量一览表（一）

表 14-8

年份	全年粮食总产（万公斤）	三麦			油菜		
		面积（亩）	单产（公斤）	总产（万公斤）	面积（亩）	单产（公斤）	总产（万公斤）
1957	1275.8	33670	38.2	128.4	2168	67.5	16.7
1958	1512.5	33877	65.6	222.4	2267	64.5	14.6
1959	1841.3	21531	70.7	152.2	1164	43.7	5.0
1960	1143.8	26336	65.9	173.4	2686	148.0	39.7
1961	1147.3	27459	50.0	137.7	1181	25.8	3.0
1962	1449.9	29598	84.6	250.4	1784	46.0	8.2
1963	1621.8	29329	72.8	213.5	2195	30.5	6.7
1964	1745.7	28722	77.2	221.7	2023	64.4	13.0

续表 14-8

年份	全年粮食总产（万公斤）	三麦			油菜		
		面积（亩）	单产（公斤）	总产（万公斤）	面积（亩）	单产（公斤）	总产（万公斤）
1965	2027.1	25258	102.5	258.8	1963	86.5	17.0
1966	2282.7	23973	107.4	257.3	2297	92.0	21.1
1967	1768.7	24531	91.0	223.2	2171	75.1	16.3
1968	1857.1	24660	121.8	300.3	2481	101.3	25.1
1969	1939.8	24738	96.8	239.5	2403	97.6	23.5
1970	1881.6	24796	95.6	237.1	2400	105.3	25.2
1971	1949.6	24939	154.5	369.8	2391	105.0	25.1
1972	1738.3	24493	148.5	363.7	3180	101.0	32.1
1973	2159.2	23895	108.5	259.2	3150	81.5	25.7
1974	2429.4	23508	186.5	438.5	3143	69.0	21.7
1975	2450.7	23707	175.1	415.0	3194	97.5	31.1
1976	2701.7	23835	210.7	502.3	2788	52.0	14.5
1977	2266.6	24100	60.2	114.6	2503	31.0	7.8
1978	2564.5	24095	225.5	543.3	2952	100.6	29.7
1979	2878.0	23370	305.3	713.5	3261	84.5	27.6
1980	2174.4	22193	284.8	632.1	2390	55.9	13.4
1981	1845.0	22190	192.4	427.0	4405	92.4	40.7
1982	2645.6	22464	282.5	635.2	3970	145.0	57.6
1983	2703.1	22464	289.3	649.9	3779	139.5	52.7
1984	2926.6	22646	339.0	761.5	3779	139.5	52.7
1985	2124.7	29838	172.5	514.5	6242	111.0	69.2
1986	2760.1	27811	290.9	808.9	6654	131.7	87.6
1987	2476.2	27039	232.8	629.4	7067	122.4	86.5
1988	2523.2	27265	284.0	774.4	6847	131.0	103.4
1989	2425.7	27332	206.0	563.1	6879	116.0	79.8
1990	2517.6	27332	249.0	680.0	7340	135.0	99.1
1991	2773.3	26360	261.5	689.3	7800	129.4	100.9
1992	2590.5	22705	308.6	700.7	10611	162.0	171.9
1993	2134.3	17021	282.5	480.8	10789	151.0	162.9
1994	2078.4	15420	255.0	393.2	11018	148.2	162.3
1995	2164.1	16090	258.8	416.4	10825	150.4	162.8
1996	2194.8	16100	304.4	490.1	10785	162.0	174.7
1997	2339.0	21562	309.0	666.4	10021	158.0	158.3
1998	2172.5	21877	169.1	369.9	9852	123.0	121.2
1999	2206.3	19457	292.6	569.3	8179	135.0	110.4
2000	1918.2	14876	259.0	385.4	7768	137.0	106.7

1957—2000年硕放镇（公社、乡）水稻、三麦、油菜产量一览表（二）

表 14-9

年份	水稻总产(万公斤)	其中								
		单季稻			前季稻			后季稻		
		面积(亩)	单产(公斤)	总产(万公斤)	面积(亩)	单产(公斤)	总产(万公斤)	面积(亩)	单产(公斤)	总产(万公斤)
1957	1147.4	43278	264.0	1142.5	182.0	189.5	3.5	152.0	92.2	1.4
1958	1290.1	42481	303.7	1290.1	—	—	—	—	—	—

续表 14-9

年份	水稻总产(万公斤)	其中								
		单季稻			前季稻			后季稻		
		面积(亩)	单产(公斤)	总产(万公斤)	面积(亩)	单产(公斤)	总产(万公斤)	面积(亩)	单产(公斤)	总产(万公斤)
1959	1689.1	39277	405.1	1591.4	2186	302.0	66.0	2183	145.1	31.7
1960	970.4	41179	235.7	970.4	—	—	—	—	—	—
1961	1009.6	40784	247.7	1009.6	—	—	—	—	—	—
1962	1199.5	39800	301.4	1199.5	—	—	—	—	—	—
1963	1408.3	39956	352.5	1408.3	—	—	—	—	—	—
1964	1524.0	39679	384.1	1524.0	—	—	—	—	—	—
1965	1768.3	37132	447.3	1660.9	1742	316.9	55.2	2080	251.2	52.2
1966	2025.4	26834	519.2	1393.1	9210	308.9	284.5	12266	283.6	347.8
1967	1545.5	32688	386.0	12620	4795	309.9	148.6	6373	211.6	134.9
1968	1556.8	33055	312.7	1303.7	4760	262.0	118.5	6019	223.6	134.6
1969	1700.3	26914	417.0	1122.3	9997	286.8	286.7	12095	240.8	291.3
1970	1644.5	21604	337.7	729.6	16014	287.5	464.0	17324	260.3	450.9
1971	1579.8	11995	393.8	472.6	23388	271.4	634.7	26879	276.5	472.5
1972	1374.6	8631	345.7	298.3	25645	303.4	778.0	30121	216.2	298.3
1973	1900.0	11368	363.8	413.5	23757	314.7	747.7	27323	270.5	738.8
1974	1990.9	6367	403.0	256.6	24547	310.3	761.6	32299	301.2	972.7
1975	2035.7	—	—	—	29200	363.8	1062.2	38530	252.7	973.5
1976	2199.4	—	—	—	30054	378.8	1138.3	38481	275.8	1061.1
1977	2152.0	—	—	—	30054	350.2	1052.3	38651	284.5	1099.7
1978	2021.2	—	—	—	29521	321.1	947.9	38640	277.8	1073.3
1979	2164.5	—	—	—	26851	342.0	918.5	38640	322.5	1246.0
1980	1542.3	—	—	—	24520	294.0	720.8	38640	212.6	821.5
1981	1418.0	22471	336.9	757.0	11609	296.4	344.0	16168	196.0	317.0
1982	2010.4	24579	476.5	1171.1	11174	364.0	406.8	14039	308.1	432.5
1983	2053.2	25584	486.0	1243.3	10579	332.9	352.2	13053	352.6	457.7
1984	2165.1	30948	536.2	1659.3	5846	386.4	225.9	7650	366.0	279.9
1985	1610.2	38021	423.5	1610.2	—	—	—	—	—	—
1986	1951.2	37067	526.4	1951.2	—	—	—	—	—	—
1987	1846.8	36978	499.4	1846.8	—	—	—	—	—	—
1988	1748.8	36058	485.0	1748.8	—	—	—	—	—	—
1989	1862.6	36293	513.2	1862.6	—	—	—	—	—	—
1990	1837.6	36138	508.5	1837.6	—	—	—	—	—	—
1991	2084.0	36213	575.5	2084.0	—	—	—	—	—	—
1992	1889.8	35363	534.4	1889.8	—	—	—	—	—	—
1993	1653.5	30746	537.8	1653.5	—	—	—	—	—	—
1994	1685.2	30935	544.6	1685.2	—	—	—	—	—	—
1995	1747.7	30175	579.2	1747.7	—	—	—	—	—	—
1996	1704.7	29340	581.0	1704.7	—	—	—	—	—	—
1997	1672.6	28643	584.0	1672.6	—	—	—	—	—	—
1998	1802.6	28613	630.0	1802.6	—	—	—	—	—	—
1999	1637.0	28422	576.0	1637.0	—	—	—	—	—	—
2000	1532.8	26819	571.5	1532.8	—	—	—	—	—	—

第四节　农具农机

一、传统农具

20世纪70年代后，随着现代农业机械应用和普及，耕作方式的进步和改变，有些传统农具逐步被淘汰。传统农具大体可分为铁制农具、木制农具、竹制农具、石制农具和其他农具。

1.铁制农具

铁耙　俗称“铁鎝”，每把铁鎝有四个齿，按形状不同和用途不同分为满锋、凿子头、尖齿、套齿和出灰铁鎝等，主要用于水旱田翻土作业。

锄头　俗称“匙头”，按形状分类，可分为板锄、锐齿和鸰钻匙头等，分别用于松土、除草、倒树、斩根。

铁铲　俗称“铁耖”，由古时大禹手中的“耒锸”演化而来。有阔铁耖、窄铁耖、菜花耖、三角耖和洋耖五种，用于铲土、开沟、筑缺、加田岸、拌料等。

镰刀　俗称“戟子”，常用的有半月形镰刀和鲫鱼背镰刀。用于割草和收割稻麦、芝麻、黄豆等。20世纪60年代，发明刀口呈锯齿状的镰刀（俗称“稻戟”），仅用于割稻。

桑剪　形状如普通剪刀，但比普通剪刀大些，用于修剪桑树和小乔木枝条。

洋镐　两端独齿，一端尖、一端扁平。用于起石块、倒树桩等。

丫枪　铁制的两根丫叉，装柄后用于叉稻、叉柴。

横刀　俗称“爽刀”，形似半月状弯刀，装长竹柄后在河中割捞水草，作为喂猪饲料。

铡刀　俗称“料刀”，上下两片铁片合成，装在专用木凳上铡柴草等。

豆松子　铁制圆锥体，下端的尖头用于打塘种菜、种豆。

犁　古名“耒耜”，铁木合制工具。通过牛拉或绞车牵引耕地。

耙　有铁木合制耙和全木制耙两种，耙呈长圆形，用于水田碎土和莳秧前平整土地。

斜凿　呈锋利状扁平铁片，上端装木柄。用于松土、除草、取菜等。

耥耙　铁木合制，长30—45厘米，宽15厘米，木板上钉的铁钉呈钩状，钉共有6—8排，装3.5—4米竹柄后，用于水稻栽后第一次除草，俗称耥稻。

棬耙　铁木合制，长15—20厘米，宽10—13厘米，木板上铁钉比耥耙小且少，装2米左右竹柄后用于水稻栽后第二次中耕除草，俗称棬稻。

转钩　铁制的两个钩子，中间有销子连在一起，能转动，用于养蚕绞柴龙或绞麻绳等。

铁锚　三个大铁钩合在一起，中间顶端有封圈，用于系链条，是船用固定船只的专用工具。

篙子　篙子有直篙和挽塘篙两种。铁制篙齿头装6—7米长毛竹后用于撑船，直篙只用于撑船，挽塘篙既可撑船，又可钩物。

2.木制农具

拔秧矮凳　由两块木板安装在中间的木柱头上，呈“工字”形状，用于坐着在秧田拔秧。

扁担　用杂木或毛竹做成，木扁担多数用于挑稻、挑麦，竹扁担多数用于挑粪、挑河泥、挑猪羊灰及其他物件。

粪桶　用木片制作的圆桶，不漏水，用于装运大粪或挑水。

粪勺　俗称“粪辽”，有大粪勺和小粪勺两种，大粪勺用于拷粪（水）后装入粪桶，小粪勺用于在粪桶里拷粪（水）后浇菜或其他。

蚕台　用一定长度的方木料制成三角坐状架子，用于叠放蚕匾养蚕。

豁床　用于掼稻、掼麦的木制脱粒工具。

风车　由木架、木罩壳、木制风叶、铁或木制的摇手柄组成，用于扇尽稻麦等作物中的残壳和杂物。

豆扦子　圆木棍上端装一横柄，下端削尖，用于打洞种豆、种菜。

水车　古时称“龙骨水车”，由车轴、扶梁、撑肩、车筒、斗板、链头、水架等组成。车水时脚踏链头转动车轴，车轴带动斗板运转，斗板带水从车筒流出，有4—6人上车合力踩车，有的以牛力牵动为主，用于农田灌溉或排涝。

木砻　用硬木制成的圆形碾米工具，分上下两爿，有大砻、小砻两种，大砻用牛围砻转动牵引，小砻由4—6人牵动，把稻谷碾成糙米。

木臼　用木片制成的圆形木桶，上口宽、底部小，有一架子连一根横木，顶端装上一根1米左右的圆木，下端顶部用铁皮包裹，糙米倒入木桶内，由1人踩横木，上下打糙米。

升箩　木制口大底小的方形量具。主要用于量米、麦，以10合为1升，1升约0.75公斤。

斗　木制圆形量具。以10升为1斗，后来由柳条做成的斗替代木斗。

斛子　木制上下大小不等的方形量具。用于粮食计量，以5斗为1斛。

木船　水上主要运载物资的工具，分前、中、后三舱，配有橹、浆、篙子。用于罱河泥及运输。

橹　摇船工具，长度根据船只大小而定，一般长5—6米。前部由鸭蛋形圆木组成扶手，中部由木棍连接，尾部呈扁状木片，越到下部越宽。行船时1人掌橹摇动，1人扭绷，尾部橹板划水前进。

抄欠　一般用大方木块凿成，后用塑料抄欠，抄欠柄连接竹竿，用于豁河泥。

菱桶　形似盆状，以椭圆形为主，桶深50厘米左右。用于河中采菱。

翻耙　一块长约40厘米、宽约25厘米的木板，装柄后用于翻晒粮食。

3.竹制农具

蚕匾　用竹蔑编成的圆形蚕具，分大、中、小三个类型，大匾饲养二龄以上蚕到上簇，中小匾饲养小蚕。匾一般也用来晾晒食物或其他家用物品。

竹筛　用较厚的竹片编压的圆形农具，筛面眼有大小之分，有粞筛、米筛和围圆与蚕匾大小相仿的大型筛。用于筛米和其他物品。

连枷 用10多条小竹块和皮筋制成长方形状，与竹竿灵活连接，用于击打未脱净的稻、麦等秸头。

抓柴耙 用竹片制成的三角形工具，耙顶头呈90°弯曲，装竹柄后主要用于脱粒场上抓扒乱柴、杂草等。

竹扫帚 用竹梢小枝编结而成，主要用于清扫场地粮食、杂物、垃圾。

竹簸箕 用于搬盛粮食、杂物和垃圾等。

斗笠 俗称“箬帽”，用两层竹篾夹一层油纸制成，顶圆尖、边宽平。用于雨天遮雨，常与蓑衣配套使用。

泥篮 用竹条构成簸箕状后，用竹片编成，底面平整，三边环状略高，两只前角上和后边略高处中央孔里系上绳子，用于挑河泥、运秧苗等。

挡苗 俗称“耥苗”，由一根50厘米长、三根33厘米左右的竹片构成，用数根圆形竹篾穿成半圆形状。用于耘稻时挂在脖子上遮挡稻叶以保护眼睛。

指头篮 俗称“节头篮”，由薄薄的淡竹篾片来回穿成，耘稻时戴在手指顶端，可有效防止耘稻时伤到手指。

栈条 用竹篾片编成的长方形制品，宽1米左右，长度5—8米，与蚕匾配套沿匾边圈成圆形后存放粮食。

竹箩 用篾片编成的圆形箩筐，高约60厘米，直径60—70厘米，四周扣上四条绳子后用于装运粮食，也可存放粮食。

苗篮 俗称“塘篮”，用淡竹片编成的漏空篮，高约50厘米，直径50—60厘米，四周扣上绳子后用于盛放、装运乱柴、青草和其他杂物。

竹篮 用篾片编成后装上竹鋬，用于装运物件的篮子，有大提篮、小提篮、网篮等。大提篮用于装青草和较大型物件，小提篮多用于上街买菜和存放小件物件，网篮多用于装运或存放米、麦、绿豆等细粒物件。

罱网 由两根粗细适中的毛竹组成，下端安装用麻袋制成的罱网，用于夹捞河泥。

4.石制农具

石臼 用整块石头中间凿空，口大底小，呈圆锥状，高约40厘米，圆形直径35—40厘米。旧时用于把糙米舂成白米，也可用来舂去带壳杂物等。

舂柱头 一块石鼓磩中间凿有一方孔，装上能被手握住的圆形木柱后与石臼配套使用。

磨子 由上下两片圆形石头磨盘组成，磨片上有斜形磨纹，上爿凿有2个眼。由2—3人操作，1人拗磨将米粒、麦粒等放入上爿磨孔内，1—2人牵动磨盘，经盘爿中间的石缝碾磨，粉从下爿边沿流出，落入匾内。用于粉碎粮食。

5.其他农具

棚架络 用麻绳扣结而成。用于搬运盛装粮食的笆斗或袋子，也可用于挑柴草、山芋藤等蓬松物。

担绳 用麻皮或粗棉纱绞合而成，长约2.5米，一头粗，一头细，粗的一头装担扎钩（木制）。主要用于挑稻、挑麦、挑柴草等。

布、麻袋 用布制作的叫布袋，用麻线制作的叫麻袋。布袋较小，简称“洋面袋”，一般用于盛装米、麦、面粉等精粮；麻袋较大，一般用于装运稻谷、麦等粗粮杂物。

笆斗 大的俗称“栲栳”，小的俗称“二斗笆”。一般用粗柳条制作，用于装盛粮食或其他物品。

蓑衣 用蓑衣草或棕丝编织而成。为雨天穿戴和遮雨防水的无袖衣，与箬帽配套使用。

草帽 先用麦秆编压成辫，再由缝纫机缝合制成。用于遮阳避暑。

草鞋 用稻柴或细麻绳（片）编成。夏秋天挑运肥料、稻麦时穿。

蒲鞋 用稻柴编成的形如圆口布鞋的草鞋，有的稻柴相夹芦花混编。贫困农民用于冬季替代棉鞋穿着，较暖和，也用于冬季麦田拷麦、踏麦时穿着。

笤帚 用去粟籽的甜粟花枝扎成。用于扫场地和室内清扫垃圾。

随着时代的发展，有些小农具的材质由塑料、金属等替代。

1984年，全社主要小农具共有28.33万件。其中，各种铁耙5.10万把、锄头2.47万把、镰刀2.13万把、粪桶1.86万副（一副两只）、耥耙2.50万把、笆斗1.38万个、翻耙0.24万把、栈条1.98万条、蚕台1.13万张、蚕匾9.04万只、农船0.07万条、其他0.43万件。

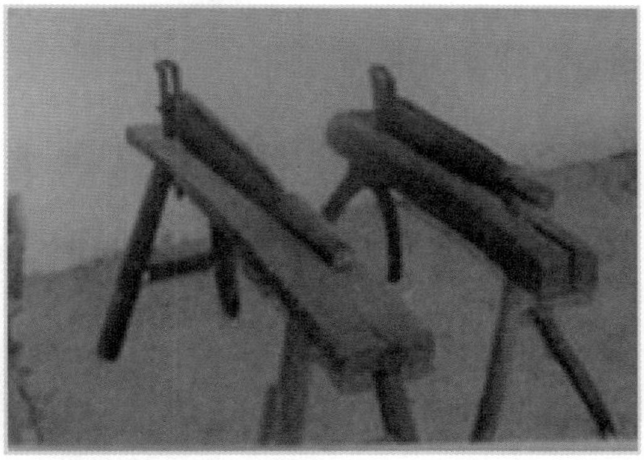

铡刀

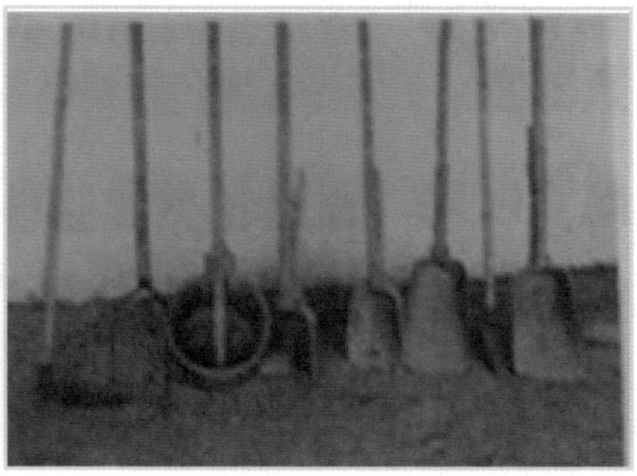

镰刀、丫枪、料勺、捞欠

翻耙、爪耙、连枷、敲麦榔头

脱粒机

铁耙、锄头

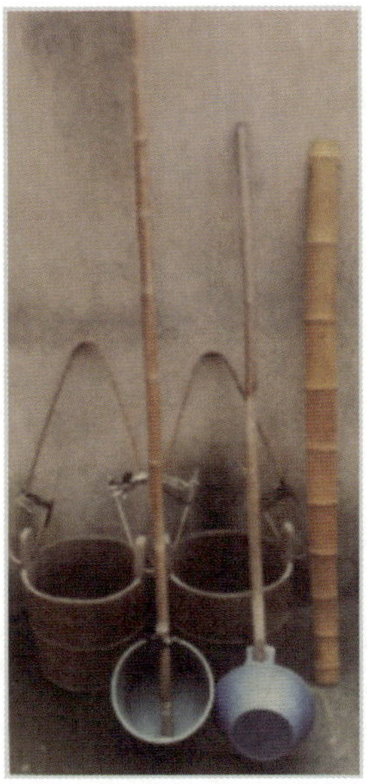
粪桶、扁担、大小粪勺

蚕台、蚕匾

二、现代农机

1.耕作机具

绞关犁 1958年，境内开始使用人力牵引翻土绞关犁，大搞土地深翻。绞关犁耕翻需6人操作，4人用木棍推动绞盘，1人收放绳索（钢缆），1人扶犁耕地，日耕2—3亩。由于成本高，绞盘移地不方便，至1966年停止使用。

手扶拖拉机

手扶拖拉机 1965年，境内红光大队首先购买常州柴油机厂生产的8匹手扶拖拉机2台。1970年初，引进无锡县拖拉机厂生产的东风12型手扶拖拉机。种植“双三制”阶段，手扶拖拉机耕翻逐步替代人工翻土。1987年，全乡共有手扶拖拉机229台。

中型拖拉机

中型拖拉机 20世纪70年代初，硕放第一条通往无锡的公路通车后，公路沿线的建新、五星、六一3个大队联合购买境内第一台中型拖拉机（丰收-35型）。1982年，境内墙西大队添置中型拖拉机2台（丰收-35型），之后各村陆续添置。至1990年，16个村添置中型拖拉机共29台，手扶拖拉机逐步转向运输业。1990年后，加快大型农机的添置，继续添置上海50型中型拖拉机。1996年末，全镇拥有中型拖拉机89台。

小刀盘开沟机

小麦条播机 1983年引进小麦条播机和浅耕灭茬条播机。1988年，中华庄村冷作厂花两年时间研制成功手推小麦条播机，轻便快捷，还可以调节播量。1991年末，全乡拥有手推条播机123台，盖麦机71台，压麦机2台。

小刀盘开沟机 小刀盘开沟机配置于手扶拖拉机上使用，能开40厘米深、10—14厘米宽的麦沟，抛土细碎均匀。1996年，全镇共拥有小刀盘开沟机33台。

由于乡镇企业的迅速发展，集体经济进一步壮大，各村具备购买大型农机具的能力，加上政府对购买农机实行补贴，到1999年，全镇拥有耕作机械274台，4904千瓦，其中中型拖拉机89台，3276千瓦；手扶拖拉机185台，1628千瓦。

1985—2000年硕放镇（乡）手扶拖拉机及配套机具一览表

表 14-10

年份	手扶拖拉机						
	手扶拖拉机（台）	动力（千瓦）	其中：配套机具				
			双铧犁（台）	旋耕犁（台）	开沟机（台）	压麦机（台）	盖麦机（台）
1985	191	2292	202	12	23	10	85
1986	190	2281	179	160	13	19	87
1987	229	2748	169	169	12	6	90
1988	216	2144	170	170	9	9	90
1989	288	2542	172	173	10	3	91
1990	269	2375	165	171	10	3	84
1991	168	1483	144	144	10	2	71
1992	169	1492	144	144	10	3	71
1993	164	1446	146	146	22	6	70
1994	174	1536	86	86	36	6	66
1995	185	1633	32	32	35	10	65
1996	207	1827	24	24	33	13	—
1997	197	1347	—	11	16	9	—
1998	181	1598	—	6	6	9	—
1999	185	1628	—	6	1	—	—
2000	175	1561	—	6	1	—	—

1985—2000年硕放镇（乡）中型拖拉机及配套机具一览表

表 14-11

年份	中型拖拉机						
	中型拖拉机（台）	动力（千瓦）	其中：配套机具				
			牵引犁（台）	旋耕犁（台）	驱动耙（台）	开沟机（台）	“桂林”2号收割机（台）
1985	3	95	3	3	—	—	
1986	4	200	3	3	—	—	2
1987	4	200	4	4	1	—	2
1988	14	700	14	14	1	—	2
1989	22	1100	14	14	1	5	2
1990	29	1067	21	25	11	7	8
1991	54	1986	51	55	26	8	13
1992	55	2034	51	55	27	13	21

续表 14-11

年份	中型拖拉机						
	中型拖拉机（台）	动力（千瓦）	其中：配套机具				
			牵引犁（台）	旋耕犁（台）	驱动耙（台）	开沟机（台）	“桂林”2号收割机（台）
1993	75	2757	51	75	43	17	47
1994	75	2757	51	76	44	22	53
1995	81	2981	51	80	49	23	75
1996	89	3276	51	90	49	24	80
1997	89	3276	51	89	49	24	82
1998	89	3276	51	89	48	25	82
1999	89	3276	46	89	57	25	82
2000	89	3276	43	89	60	27	82

2.植保机械

1958年开始使用手动喷雾机和手摇喷粉机。20世纪60年代后期，开始使用往复式大水喷射机（俗称“揿龙”），由4人分两面上下揿动，压水喷射。20世纪70年代，随着复种指数提高，“双三制”面积大幅增加，逐步引进机动喷雾机和配套喷粉机，手动药械基本被淘汰。

“东方红-18型”背负式弥雾喷雾机

“工农-36型”机动喷雾机 20世纪70年代种植“双三制”阶段，病虫害发生频繁，公社对购置“工农-36型”机动喷雾机实行补贴政策，因此购置数量增多。“工农-36型”机动喷雾机配备3—4马力汽（柴）油机作动力，单向喷水射程可达15米以上，喷雾射程可达10米，防治速度快、功效高、效果好，成为20世纪80年代中期组建植保专业队的必配药械。

“东方红-18型”背负式弥雾喷雾机 “东方红-18型”弥雾机配备1.6匹微型汽油机为动力，使用时药箱加满药液后，背于肩上喷雾作业，每小时可喷雾5—8亩，也可在药箱里加药粉后使用喷粉管喷粉，每小时可喷粉10—15亩，是植保专业队的主要药械。

2000年，全镇累计拥有各种植保机械248台，525千瓦，其中“工农-36型”110台、“东方红-18型”背负式弥雾喷雾机138台。

3.收脱机械

脚踏轧稻机 铁木混合制成，铁制轧稻齿安装在长圆形滚筒上，滚筒顶端有大小齿轮传动，大齿轮与脚踏板有铁钩连接，轧稻时用脚踩踏板，带动滚筒转动，用手拉着捆好的稻把、稻穗放在滚筒上，打下谷粒。

电动脱粒机

电动脱粒机 1964年，开始使用电动脱粒机。由于当时供电不正常，农村供电覆盖率不高，电动脱粒机难以普及应用，脚踏轧稻机仍是主力军。20世纪70年代后，农村用电较为正常，电动脱粒机得以普及，脚踏轧稻机被淘汰。

自动脱粒机 1966年，从外地引进全喂入式锥形滚筒脱粒机（俗称“大炮机”）。1979年，引进镇江脱粒机厂生产的金牛牌TD-400型全自动脱粒机。这两种脱粒机正常情况下每小时可脱粒2—3亩，工效较高。

打风机 1965年，境内开始使用鼓风机飏谷。1970年前后，电动脱粒机普遍使用后，每个生产队又使用电动打风机。1975年，每个生产队一般拥有2—4台，全社共有电动打风机1352台。

割晒机 1977年，引进试用与手扶拖拉机配套的割晒机收割。但由于机械故障较多，加上倒伏田块、泥烂田块不能操作，20世纪80年代初停用。

1988年墙西村“桂林”2号联合收割机

联合收割机 1988年，墙西村率先添置“桂林”2号收割机，与中型拖拉机配套使用。随着中型拖拉机的广泛使用，配套的联合收割机逐年增加。1999年，全镇拥有机械背负式联合收割机82台，其他收割机械8台。

2000年，全镇拥有大小机（电）动脱粒机2305台，总动力2311千瓦，其中全自动脱粒机75台，总动力300千瓦。

1985—2000年硕放镇（乡）脱粒、植保、条播机械一览表

表14-12

年份	电动脱粒机		电动打风机		植保药械				播种	插秧机（台）
	台数	总动力（千瓦）	台数	总动力（千瓦）	台数	总动力（千瓦）	其中		手推条播机（台）	
							工农36（台）	东方红18（台）		
1985	729	545	690	849	193	405	108	85	20	—
1986	1160	2436	987	1214	230	483	108	122	15	2
1987	1269	3187	1106	1360	277	581	110	167	10	2
1988	1619	3342	1376	1692	288	576	133	145	17	2
1989	1720	3676	1482	1631	246	522	119	127	7	4
1990	1759	3892	1536	1688	248	501	119	129	9	4
1991	1250	2500	1250	1375	245	497	119	126	123	4
1992	1250	2500	1250	1375	245	497	119	126	123	7
1993	1444	2966	1440	1540	245	497	119	126	123	7
1994	1740	3580	1540	1694	245	497	119	126	118	7

续表 14-12

年份	电动脱粒机		电动打风机		植保药械				播种手推条播机（台）	插秧机（台）
							其中			
	台数	总动力（千瓦）	台数	总动力（千瓦）	台数	总动力（千瓦）	工农36（台）	东方红18（台）		
1995	1916	4023	1750	1785	245	497	119	126	110	7
1996	2179	4506	1930	2123	240	484	117	123	70	7
1997	2304	4714	2040	2244	239	482	110	129	62	5
1998	2306	4714	2040	2244	239	482	110	129	—	2
1999	2306	4714	2040	2244	245	497	110	135	—	—
2000	2305	2311	2040	2244	248	525	110	138	—	—

4.灌溉、运输机械

灌溉机械 1955年，境内从事灌溉的机械主要有戽水船达43艘，负责3.5万亩稻田的灌溉。1962年，全社已拥有戽水船81艘。1964年随着电力灌溉站的发展而逐步减少。1983年，全乡建成固定电力灌溉站90座，共配套动力：柴油机51台（1426千瓦）、电动机117台（1945.5千瓦）。实行电力灌溉后，有效地提高机械功率，保障粮田用水需要。1985年，共有配套动力：柴油机36台（540千瓦）、电动机94台（1316千瓦）。2000年，全镇仅剩柴油机1台（8千瓦），灌溉电动机150台（1876千瓦）。

农用运输机械 20世纪80年代初期，逐步产生农用挂机船和手拖挂车，替代木船运输，从此步入农用运输发展的新时代。1985年，全乡共有农用挂机船111艘（1332千瓦），手拖挂车29台（261千瓦）。后因农用挂机船运输成本大，加上河道变迁等因素逐步退出运输市场。2000年，全镇剩余农用挂机船21艘（189千瓦），手拖挂车增至175台（1575千瓦）。

1985—2000年硕放镇（乡）灌溉、运输机具一览表

表 14-13

年份	排灌机具							农用运输			
	合计		其中				水泵	农用挂机船		手拖挂车	
			柴油机		电动机						
	台	千瓦	台	千瓦	台	千瓦	台	艘	千瓦	台	千瓦
1985	130	1856	36	540	94	1316	128	111	1332	29	261
1986	131	1868	34	510	97	1358	129	101	1212	46	414
1987	130	1852	32	480	98	1372	125	100	1200	86	774
1988	129	1677	35	525	94	1152	124	90	1080	94	846
1989	148	2012	32	472	116	1540	121	78	688	126	1134
1990	152	2116	30	442	124	1674	125	81	972	118	1062
1991	156	2071	31	454	125	1617	133	76	912	124	1116
1992	156	2071	31	454	125	1617	133	66	792	126	1134
1993	156	2071	31	454	125	1617	133	66	79	126	134
1994	157	2096	32	473	125	1623	134	76	912	128	1152

续表 14-13

年份	排灌机具							农用运输			
	合计		其中				水泵	农用挂机船		手拖挂车	
			柴油机		电动机						
	台	千瓦	台	千瓦	台	千瓦	台	艘	千瓦	台	千瓦
1995	153	2042	26	384	128	1658	141	48	470	175	1575
1996	151	1964	18	254	133	1710	146	28	252	180	1620
1997	149	1921	7	87	142	1834	145	28	252	180	1620
1998	149	1921	7	87	142	1834	145	28	252	172	1548
1999	151	1884	1	8	150	1876	150	25	225	179	1611
2000	151	1884	1	8	150	1876	150	21	189	175	1575

5.粮饲加工机具

解放前，传统的粮油加工磨粉都用木砻、木臼、石磨、牛磨。解放后，境内用戽水机械配置碾米设备，农忙戽水，农闲碾米。

解放初，墙门市镇建有一家私营米厂，后因公私合营转为乡粮饲加工厂。1958年后，各大队逐步建有粮饲加工厂，有碾米机械、磨粉机械。20世纪70年代初，又增加猪饲料粉碎机、打浆机和切草机等。

1986年，全乡粮饲加工机械共有192台（套）（2093.1千瓦）。其中碾米机36台（350千瓦）、磨粉机71台（1384千瓦）、砻谷机36台（338千瓦）、榨油机1台（12千瓦）、饲料粉碎机40台（656千瓦），其他加工机械8台（30.1千瓦）。家庭联产承包责任制后，大型加工厂解体，个体小型砻谷车问世。2000年，全镇拥有小型砻谷车41辆。

1985—2000 年硕放镇（乡）农副产品加工机械一览表

表 14-14

年份	合计		其中		垄谷机		碾米机		磨粉机		饲料粉碎机	
	台	千瓦	柴油机	电动机								
			千瓦	千瓦	台	千瓦	台	千瓦	台	千瓦	台	千瓦
1985	151	1928	692	1236	50	470	52	503	49	955	46	758
1986	143	2072	668	1404	36	338	36	350	71	1384	40	656
1987	111	1946	635	1311	28	243	28	270	55	1071	22	362
1988	124	2103	645	1458	18	192	36	398	55	1071	22	362
1989	116	895	11	884	18	148	35	326	50	367	20	316
1990	101	819	143	676	28	243	29	239	44	337	22	370
1991	97	801	51	750	32	274	27	229	38	298	18	302
1992	97	801	51	750	32	274	27	229	38	298	18	302
1993	84	994	67	727	27	330	25	213	32	251	7	119
1994	65	698	239	459	28	341	15	203	22	154	7	119
1995	84	823	235	588	25	235	35	326	24	265	8	136
1996	78	960	285	675	37	477	17	218	24	265	10	170
1997	78	960	285	675	37	477	17	218	24	265	10	170

续表 14-14

年份	合计		其中		垄谷机		碾米机		磨粉机		饲料粉碎机	
			柴油机	电动机								
	台	千瓦	千瓦	千瓦	台	千瓦	台	千瓦	台	千瓦	台	千瓦
1998	80	973	298	675	38	490	18	228	24	265	10	170
1999	81	986	298	688	38	490	18	228	24	265	10	170
2000	86	1029	252	777	41	512	21	252	24	265	10	170

说明：千瓦合计为柴油机、电动机的总和，又是垄谷机、碾米机、磨粉机的总和，合计中不含饲料粉碎机

三、农机管理

1975年下半年，公社建立农业机械管理站（简称农机站）。各大队相应建立农机队（俗称机耕队），负责农业机械的作业、管理、维修、服务等。

农机站配置2名技术员负责各大队农机大故障维修和农机作业指导，农忙时巡回田头负责各大队农机大故障抢修，冬春阶段开展新型农机技术培训。同时，农机站负责制定农机各类作业收费标准和单机核算标准，以及管理考核标准，提出农机各阶段保管保养标准，并组织阶段性农机保养验收。门市部增加各类农机具配件品种、数量，满足各大队农机维修的需要。

村（大队）农机队由村（大队）农业综合服务站管辖。设农机队队长1人，技术员1人，下设若干机组，每个机组设机组长1人，配备1—2名农机手（驾驶员）。管理上实行单机核算，单机承包，农业综合服务站与农机队签订全年农机承包合同。农机队与各机组签订单机核算承包合同和单机保管保养责任状，单机核算承包合同做到“五个明确，一个落实”，即明确单机作业区域、明确分季节要求和作业质量要求、明确各类作业每亩次油耗标准、明确各类农机按季维修费用标准、明确各类作业收费标准和各类作业的报酬。年终按年初合同兑现，落实节约奖励、超支赔偿的奖惩措施。

在各季农忙结束后，各级签订农机维修保养责任状，按照公社（乡）农机站提出的入库保养标准维修入库，并接受公社（乡）农机站组织的保养入库验收，逐级评分，与年终报酬挂钩。

1995年硕放镇各村农机库房拥有量一览表

表 14-15

村名	机库		配件库		油料库		管理人员（人）
	数量（间）	面积（平方米）	数量（间）	面积（平方米）	数量（间）	面积（平方米）	
合　计	146	4422	28	707	23	550	23
墙　门	5	125	1	25	1	20	1
墙　南	5	155	1	25	1	20	1
墙　西	6	180	1	25	1	25	1

续表 14-15

村名	机库		配件库		油料库		管理人员（人）
	数量（间）	面积（平方米）	数量（间）	面积（平方米）	数量（间）	面积（平方米）	
墙 北	8	224	1	30	1	25	1
孙典桥	6	162	1	20	1	25	1
新 农	6	162	1	25	1	25	1
里 河	5	140	1	20	1	20	1
安 桥	5	140	1	30	1	20	1
里 新	5	148	1	30	1	20	1
黄家门	8	240	2	45	1	25	1
西典巷	6	168	1	30	1	25	1
硕 放	8	256	2	50	1	25	1
杨家湾	6	152	1	25	1	20	1
建 新	5	140	1	25	1	20	1
塔 西	8	250	2	40	1	25	1
中华庄	5	135	1	22	1	20	1
王家桥	6	200	1	25	1	25	1
红 力	6	240	1	30	1	25	1
红 光	8	280	2	50	1	30	1
秦 村	6	235	1	25	1	25	1
溇 金	12	310	2	60	1	35	1
建 丰	6	180	1	25	1	25	1
薛 典	5	200	1	25	1	25	1

四、农机服务与收费

1982年，农机由各大队农机队集中管理，作业由大队统一安排，实行单机核算，经济上由农机队统一结算。农机承包给农机手，每年每台农机上缴农机队10‰左右的机械折旧费和管理费。农机服务收费收入除机械的油料、维修配件等费用和上缴外，均为农机手的报酬收入。1994年，各村农机服务队接受镇农机站的指导管理，实行“五包五统一”（包机、包人、包田块、包维修、包油料费；统一作业时间和质量要求、统一收费标准、统一调试、统一维修、统一清洗后入集体机库保管）。为搞好农机服务，各村每年与农机队签订承包合同，村农机队实行独立核算，单机作业包干，按标准上缴，并由机手按收费标准收取机械作业费。1985年收费标准为犁耕6元/亩，旋耕8元/亩，开沟4元/亩，植保全年收费11元/亩，其中乡村补贴4元/亩。以后农机作业服务收费逐年有所调整，2000年调整为旋耕30元/亩，耖田20元/亩，驱动耙15元/亩，开沟20元/亩，小麦收割55元/亩，水稻收割90元/亩，植保全年收费55元/亩。

1985—2000年硕放镇（乡）农机作业服务收费标准一览表

表 14-16

年份	耕地总面积（亩）	农机各类作业量及收费																	
		犁耕		旋耕		耖田		驱动耙		开沟		小麦收割		水稻收割		植保			
		面积（亩）	单价（元/亩）	面积（亩）	单价（元/亩）	面积（亩）	单价（元/亩）	面积（亩）	单价（元/亩）	面积（亩）	单价（元/亩）	面积（亩）	单价（元/亩）	面积（亩）	单价（元/亩）	稻麦二熟面积（亩）	全年收费（元/亩）	乡村补贴（元/亩）
1985	38021	33787	6	6269	8	29094	6	—	—	200	4.0	—	—	—	—	60357	11.00	4.0
1986	37067	29531	6	5470	8	27175	6	—	—	310	4.0	—	—	—	—	53480	12.00	3.2
1987	36978	27555	6	2880	8	25885	6	—	—	530	4.0	—	—	—	—	65145	13.00	3.8
1988	36058	31100	8	1360	10	32950	8	—	—	300	4.5	230	32	—	—	63750	15.80	4.3
1989	36293	27465	8	3472	10	30337	8	2815	8	5030	4.5	180	35	—	—	65535	16.83	5.2
1990	36183	31000	10	4680	16	31500	10	5400	10	6450	6.0	210	35	—	—	66100	18.97	4.2
1990	36213	29725	10	35850	20	28000	10	6260	10	13510	6.0	2010	40	—	—	66100	19.40	5.0
1992	35363	10767	15	27462	20	15180	12	17130	10	12875	6.0	6200	40	—	—	60420	22.72	3.5
1993	30746	2000	15	30640	23	14860	12	21500	12	20600	6.0	12250	45	710	50	54750	27.13	2.1
1994	30935	800	20	30845	23	12345	12	19300	12	15330	6.0	14455	45	360	50	63420	30.00	2.1
1995	30175	—	—	30075	26	10875	15	23860	12	14280	10.0	15050	45	420	60	61400	40.00	2.8
1996	29340	—	—	28040	26	8400	15	25840	12	11850	16.0	16100	50	480	60	58680	42.00	3.1
1997	28643	—	—	28240	26	9300	15	24860	12	13260	20.0	21533	50	3182	70	57580	49.70	4.8
1998	28613	—	—	28173	30	10087	20	22890	15	19420	20.0	21877	55	5280	80	57226	52.00	3.0
1999	28422	—	—	28018	30	4887	20	23131	15	17620	20.0	19457	55	4770	90	57196	54.00	1.2
2000	26819	—	—	25813	30	3122	20	24785	15	15215	20.0	21078	55	5108	90	57298	55.00	—

第五节　管理机构

一、农业技术推广站

1965年4月，公社建立农业技术推广站，县农业局派驻1名技术员担任公社农技站站长，配备3—4名农技人员。公社农技站建立后，各大队、生产小队也配备农技员，健全三级农技网络，负责全社农业技术推广、农技培训等工作。

二、农业机械管理站

1976年，成立硕放农业机械管理站（简称农机站），配备站长、业务副站长、会计各1人，管理员2人，工作人员3人。1979年，各大队先后成立农机队，由农业大队长或副书记兼任队长。

三、农业服务公司

1983年3月，硕放乡经济联合委员会成立后，下设硕放乡农业服务公司，负责全乡农业服务工作。2002年，撤销农业服务公司，隶属农业服务中心。

四、农副业办公室

1999年春，成立硕放镇农副业办公室，分管农业服务公司和多种经营服务公司。2002年，撤销农副业办公室。

五、农业服务中心

2002年，成立硕放镇农业服务中心，负责全镇农副业等工作。

1965—2013年硕放街道（公社、乡、镇）农业部门主要负责人一览表

表 14-17

单位名称	历任负责人姓名
农业技术推广站	蒋国良、方其初、杨耀良、陆寿宝
农业机械管理站	李家祥、陆明康、钱金兴、吴惠明、王铭树（兼）
农业服务公司	袁玉良、杨耀良、王铭树
农副业办公室	朱荣铭
农业服务中心	王铭树

第十五章

多种经营

解放前，境内百姓主要以饲养畜禽、栽桑养蚕、捕鱼捉虾等作为家庭主要副业，并以草、席、竹、麻、藤编织及民间百工作为辅助产业。中华人民共和国成立后，在粮食生产稳步上升的基础上，传统的副业生产得到长足发展，林、牧、副、渔业得到全面发展。

“文化大革命”时期，强调“以粮为纲”，毁桑种粮、毁池种粮，致使林、牧、副、渔业生产一度跌入低谷。中共十一届三中全会以后，全面进行农村经济体制改革，推行家庭联产承包责任制，纠正单纯追求粮食生产的做法，调整农业生产内部结构，改革开放，拓展经营门路，多种经营得到复苏和发展。境内逐渐形成“七种、八养、九行当”多种经营蓬勃发展的局面。1983年，全乡多种经营收入达315万元。1985年，国家大幅度提高农副业产品收购价格，极大地激发各类专业户的种养积极性，全乡多种经营收入达到455.49万元，各类种养专业户共有1762户。1985年至1989年，连续五年全乡各类专业户超千户。1997年后，连续五年多种经营收入超亿元。1999年，全镇多种经营总值达14460.72万元，为历史最高年份。2001年，全镇多种经营专业户达到1516户，其中水产养殖（包括特种水产）51户、养蚕41户、养猪（出栏生猪和公、母猪）556户、家禽养殖44户、奶牛养殖35户、鹌鹑养殖213户、花卉苗木果树种植108户、蔬菜种植388户、蚯蚓养殖34户、其他46户。同时建立一批蔬菜、畜禽、水产生产的场圃和供应基地。2006年后，为保障农资农产品质量安全，维护公众健康，促进农业和农村经济发展，街道农服中心、各村村民委员会和各种植专业户层层签订生产责任状，对蔬菜种植户的上市蔬菜进行农药残留检测，配合农贸市场通过仪器每天抽样监测，对不安全、不符合标准的农产品坚决销毁，营造农产品安全良好的氛围。

多种经营主要叙述栽桑养蚕、畜禽养殖、水产养殖、果蔬苗木、民间百工五大类型。随着时代的变迁和城镇化建设的推进，农村环境得到改善，至2013年，大部分种养殖行当和民间百工随着时间推移而不复存在。

第一节　栽桑养蚕

栽桑养蚕是境内大宗传统副业。据载吴泰伯时期境内就有蚕桑生产，距今已有3000多年历史。明清时代，栽桑养蚕已成为农村的主要副业。民国期间，蚕桑事业较为发达。农村中，农户在种粮的同时，普遍栽桑养蚕，以补充家庭收入。

红光大队大桑园

中华人民共和国成立后，地方政府重视恢复和发展蚕桑生产，提出巩固老蚕区，发展新蚕区的政策。1957年，境内有桑园面积3914亩，为历史最高年份。但由于蚕的品种原始，管理水平不高，蚕农养蚕水平高低不一，蚕茧总产只达到

5.95万公斤。1961年6月，全县各公社实行“粮桑统一包产、盈亏分开计算、桑田以亩定叶、以叶包茧、以茧折粮、以粮奖赔”的政策。1968年，桑田面积3007亩，配发蚕种4915张，蚕茧亩产达50公斤，总产达15.07万公斤。20世纪70年代，政府对蚕桑生产进行政策扶助，发放蚕业贷款、组织供应桑苗、调拨消毒药剂、建筑材料和专用化肥，提高蚕茧收购价格和奖励政策。1980年，桑田面积3019亩，配发蚕种6082张，蚕茧亩产达71.2公斤，总产达21.49万公斤，创历史最高水平，占无锡县蚕茧年产400万公斤的5.4%，为无锡县蚕桑重点乡镇。20世纪80年代中期，随着乡镇工业发展壮大，农村主要劳力集中向第二、第三产业转移，桑田面积逐年减少。进入21世纪，随着城镇化建设的快速发展，种桑养蚕逐步消失。

一、桑树栽培

1.育苗

桑树是经济作物，栽桑属种植业。20世纪50年代初，桑树田间补缺时，蚕农惯用桑园内压条加密的无性繁殖方法，更新发展桑田用苗，苗源大都从浙江湖州、桐乡等地引进，每年引进数十万株桑苗。20世纪60年代起，贯彻“自繁、自育、自栽”的育苗方针，重视优良品种的繁殖，推行有性繁育，采用袋接、根接、装根接等方法。全社共建立桑苗繁育基地500亩左右，可出圃桑苗400万株左右。满足本地更新补缺桑园用苗之外，还有大量余苗调往山东、苏北等地。同时利用好苗圃地的苗叶养好秋蚕，增加蚕茧产量。20世纪70年代后，以桑葚播种，育出的苗以袋接为主，根接次之，其他嫁接办法不再使用。

2.品种

历史上的桑树品种比较混杂，主要有湖桑、火桑和实桑（俗称野桑）。中华人民共和国成立后，地方政府重视优良桑树品种的引进和推广，推广品种有育2号、育151号、育237号、育7307号、丰驰桑、辐一号、洞庭一号、湖桑7号、湖桑199号、红沧桑、湖桑197号、湖桑87号等品种。20世纪50年代引进湖桑32号，20世纪60年代引进湖桑7号、湖桑199号的桑树品种。20世纪70年代扩大繁殖。20世纪80年代初，全公社实现桑树品种良种化。湖桑7号树冠扩展，树条粗长、节间微曲、皮黄褐色，叶面有泡状缩皱、叶形大、叶质软、秋叶硬化迟，耐旱涝、抗萎缩病较强。全社普遍以种植湖桑7号为主，逐渐淘汰湖桑32号（湖桑32号春季发芽迟，易感染萎缩病）。同时配有优良品种湖桑199号，树冠大、扩展面小、枝条粗长直立，皮呈棕褐色，倒枝较少，发芽率高，叶形大、叶肉薄，春季叶片成长快，抗细菌病、萎缩病均强，秋旱时枝条下部多黄叶。育2号树冠扩展面小，枝条直立细长，多侧枝，皮呈青灰色，叶形小、叶肉薄，无缩皱，发芽早，发芽率高。适用于条桑育蚕，抗萎缩病和细菌病比湖桑32号强。

3.栽桑

桑树原为农户充分利用住宅前后空隙地、荒地、河道两旁等地分散种植。旧时，栽桑采用中杆拳式，亩植300—400株苗。20世纪50年代后，逐步形成低杆拳式密植桑，亩植600—800株苗，提高土地利用率并增加产叶量；也推广过无杆密植速生桑园，亩植1000—1500株苗，但因造成树龄短及田间管理不便而未能全面推广。1958年冬，公社在第七工区（光明大队）邓家湾生产队建立百亩大桑园基地。20世纪70年代中后期，加快步伐发展蚕桑生产，不断扩大栽桑面积，种植高产速生桑树苗。1982年，桑田划归承包户经营管理。

4.管理

20世纪70年代前，桑树由农户分散种植，无专业管理队伍，管理水平低下。20世纪70年代后，大搞农田水利基本建设，各大队将分散的桑田向河边、家前屋后集中，建成成片的桑带，便于桑田管理和防病治虫工作，每个生产队配备桑田管理员3—5人，以2—3个生产队，建立桑田专管组，一年四季轮作桑田管理，整修树形、压条补缺、逐年更新、巧施肥料、松土除草、防病除虫、套种绿肥、增施有机肥等常年管理。针对桑树的细菌病、芽枯病、赤锈病、紫纹羽病、萎缩病和桑天牛、桑尺蠖、蜗牛等虫害，采用栽培防治和人工捕捉等措施，特别是桑树毁灭性的萎缩病传播媒介是菱纹叶蝉，及时用药扑灭防治，效果较好。20世纪80年代，配合无锡县桑病虫测报站工作，乡多种经营服务公司蚕桑科在墙北陆房湾、吴家桥养蚕农户的桑园内设立县桑病虫测报点，指定1名专职蚕桑技术干部全年定点、定期、定时测出桑树长势、虫卵数据、病态发展，及时上报给县桑病虫测报站进行汇总，以利及时发布病虫警报，防病除虫，减少损失。

二、养蚕业

境内养蚕业历经农户、集体、家庭承包养殖三个阶段。1958年至1981年，无锡县多种经营管理局先后分派3名蚕桑技术员到社指导服务栽桑养蚕工作。公社配备3—5名蚕桑辅导员配合工作。

20世纪70年代起，全社蚕桑生产迅速发展，对促进农、林、牧、副、渔各业的兴旺，起到一定的作用。当时，农村流传“一年两期蚕，相抵半年粮”的说法，部分大队养蚕收入占农业经济总收入的三分之一以上。主要产品蚕丝和丝织品可供出口换取外汇及人民日常生活所需品。副产品蚕沙可投放鱼塘当饲料，增产鲜鱼；蚕渣作为农田有机肥料，改良土壤；桑梗皮可作为轻纺工业的优质原料。因此发展蚕桑生产，不仅有助于壮大集体资金，还为农民增加收入做出较大贡献。

1.品种

旧时，农民采用自选、自留、自制蚕种的办法，俗称土种。20世纪20年代起，普遍使用杂交蚕品种。春蚕以一化×一化居多；秋蚕以一化×二化为主、二化×二化次之。20世纪40年代，采用洽桂×华6、号桂×华8、号桂×华9、潭汗×华8、洽桂×华7、潭汗×华9、潭文×华10及其正反交品种。20世纪50年代起，蚕种实行标有红五角星的统一牌子、统一价格、统一订购、统一发种的办法。春蚕品种以潭文×华10、潭汗×华9，秋蚕品种以潭文×华10、华10×306居多。20世纪60年代至70年代，春蚕品种以东肥×华合、潭汗×华9、苏16×苏17等品种，秋蚕中以华10×306为主。20世纪80年代起，春蚕品种苏5×苏6的正反交、75新×7532的正反交，秋蚕品种以苏3、秋3×苏4的正反交为主。苏5×苏6是中、日杂交的二化性品种，具有蚕体强、产量高、丝质优、出丝率高的优点，茧层率24%左右，干壳重10克以上。20世纪90年代起，春秋二季蚕品种以春雷×锡方、苏菊×明虎、苏镇×春光、871×82等四对正反交新品种饲养，具有一日孵化率高、眠起齐一、食桑旺、茧形大、产量高等优点，与20世纪80年代的苏5×苏6相比，有明显的优势。

1985年至1995年，红光村和建丰村先后为“无锡县锡东蚕种场”饲养春蚕“原蚕”种，选择条件好、饲养技术好的蚕农在种场技术员精心辅导下，每年为蚕种场养好原蚕200多张，并完成制种工作，原蚕饲养经济效益高于丝蚕饲养。

2.育蚕

解放前，蚕农以饲养春蚕为主，少数饲养秋蚕。中华人民共和国成立之初，全年饲养春、秋两季蚕，春蚕占60%以上。1955年起，始养夏蚕。“大跃进”年代，全年养蚕增至六期，发蚕种十批。20世纪60年代起，全年饲养春、夏、早秋、中秋、晚秋蚕五期，不再饲养晚秋蚕。各期的收蚁日期，旧时随季节而定。春蚕一般在谷雨收蚁，小满上簇。20世纪50年代，春蚕收蚁改在4月底，秋蚕在立秋后2—3天。随着养蚕次数的增多、农耕时节的变动而形成新的收蚁日期，春蚕为5月4日至6日，夏蚕在6月26日至28日，早秋蚕在8月4日至5日，中秋蚕在9月4日至5日，晚秋蚕在9月13日至15日。

小蚕饲养　20世纪50年代，小蚕的饲养采用火盆、煤炉升温，用挂湿布进行补湿；20世纪60年代起，改用火管道升温，以水盆补湿；20世纪70年代，建造砖砌地火龙加温和补湿的专用小蚕室；养蚕以队为基础集体饲养，小蚕必须实行共育，规模小的生产队并到规模大的生产队进行共育。到三眠开叶时，搬回本生产队进行大蚕饲养。20世纪80年代起，桑田划分给各家各户后，推广采用小炕床和饲育箱等方法进行加温和补湿。加温补湿的补催青工作结束后，开始收蚁，进入小蚕期饲养。小蚕期共育饲养，组织采取联户小蚕共育到三眠开叶，再搬回到各户大蚕饲养，真正做到“共育十天三眠头，养好小蚕一半收”。

大蚕饲养　20世纪50年代至60年代，为缓解劳力、蚕具不足的矛盾，部分蚕农采用四龄蚕放在地上饲养的方式（简称“下地蚕”）。20世纪70年代，开始用人工调节蚕室的温湿度（搭凉棚、地上浇水、梁上挂拉风幔等），同时使用激素调节蚕龄的给桑量，遇到缺桑叶年份，采用“蜕皮激素”添食，促五龄蚕提早成熟集中上簇。桑叶充裕年景，使用“保护激素”，适当延长龄期，多食桑叶，可以增加蚕茧产量和提高蚕丝质量。在劳动力、蚕室、蚕具紧张的情况下，采用大蚕屋外饲养和屋内地上条桑育饲养，再用“蜈蚣簇”（柴山龙）自动上簇的办法进行，节约劳动力和时间。

蚕期防病　常见蚕病主要有白僵、浓病、蝇蛆病等。20世纪50年代用漂白粉、鲜石灰、福尔马林、硫磺等消毒药品防病。20世纪70年代起，用西力生、赛力散、灭蚕蝇、消毒散、敌蚕病、防病一号、防僵粉、四零二、防消散等多种消毒药品防治，做到“无病夺高产”。

上簇 小批量五龄熟蚕出现，扎稻草山帚上簇，蚕农称之“撩考”。大批量熟蚕以绞好的“蜈蚣簇”进行捉“上山”。有条件的购买硬板纸料的方格簇进行“上山”，虽然成本高，但是结出的蚕茧均是上好茧，也可缓解上簇房屋紧张状况。

三、蚕茧收购

中华人民共和国成立以后，蚕茧收购以春、夏、早秋、晚秋四季进行。

20世纪70年代起，春茧收购前夕，公社（乡）召开一次蚕农代表大会。政府有关部门、大队、生产队及社会各界均派出代表参加，声势大、成员多，成为每年的例会。

人民公社成立前，由供销社代收购，售茧形式以蚕农肩挑、手提、步行前往收购点，现金结算到户。人民公社成立后，建立硕放茧站，售茧形式以生产队为单位，车载船运到茧站，蚕茧按质论价进行鲜茧收购，开足五张评茧台，鲜茧一条龙进内场烘灶，当天收茧，当天烘干，当天打包入库。结算方式由银行转账到生产队，当时还有布票、化肥的奖励。1982年，桑田承包到户，售茧形式以户为单位，肩挑车运到茧站，评茧，现金结算到户。

1983年起，蚕茧收购归乡多种经营服务公司接管。乡政府考虑到边远村社蚕农售茧的方便，在王家桥村、秦村村设两个鲜茧收购点进行鲜茧收购。当天收到的鲜茧，由茧站派车准时运回茧站进行烘干入库。

1985—1998 年（部分年）硕放镇（乡）蚕茧收购价格表

表 15-1　　单位：元/百公斤

品质	1985年	1995年	1996年	1997年	1998年
上　茧	125.00	360.50	464.50	475.00	500.00
次　茧	66.50	190.00	245.00	250.00	265.00
双宫茧	59.50	170.00	220.00	225.00	238.00
印烂茧	5.00	14.00	19.00	19.00	20.00
其他茧	44.50	130.00	165.00	170.00	180.00

四、面积产量

1957年，境内共有桑田面积3913.97亩，由于当时生产水平技术落后，蚕茧亩产仅15.2公斤。人民公社成立后，随着经营方式的不断改变，养蚕技术的不断改进，蚕茧产量逐年提高。1968年，全社蚕茧亩产突破50公斤；1980年，全社蚕茧总量达21.49万公斤，蚕茧总值85.94万元，为历史最高年份。实行家庭联产承包责任制后，种桑养蚕由农户承包经营，部分由专业户承包经营。20世纪80年代中期，乡镇工业崛起，大部分劳动力转移进工厂，桑田面积逐年减少。至2000年，全镇桑田面积仅剩467.21亩，随着桑田面积减少，蚕桑生产基本结束。

1957—2000年硕放镇（公社、乡）蚕桑生产一览表

表 15-2

年份	桑田面积（亩）	配发蚕种（张）	蚕茧总量（公斤）	蚕茧总值（万元）	年张产茧（公斤）	年亩产茧（公斤）	专业户（户）
1957	3913.97	2179.30	59450	17.84	27.30	15.20	—
1958	3891.60	3379.80	76860	23.04	20.35	19.75	—
1959	3741.00	5922.00	95335	28.60	16.10	25.35	—
1960	3666.00	5314.00	81005	24.30	15.25	22.10	—
1961	3589.00	2874.00	47850	14.36	16.60	13.35	—
1962	3462.50	1561.80	33995	10.88	21.75	9.80	—
1963	3238.00	1724.30	38750	12.40	22.45	11.95	—
1964	3276.60	2111.80	54305	17.38	25.70	16.55	—
1965	3230.80	2843.10	91005	28.82	32.00	28.15	—
1966	2724.70	4203.90	119445	38.22	28.40	43.80	—
1967	2728.30	3897.20	97885	33.28	25.10	35.90	—
1968	3007.10	4915.00	150715	51.24	30.65	50.10	—
1969	3013.00	4751.30	143465	48.78	30.20	47.60	—
1970	3025.60	4828.00	141930	48.26	29.40	46.90	—
1971	2941.00	4767.00	101350	34.45	21.25	34.45	—
1972	2848.30	4077.50	116570	41.96	28.60	40.95	—
1973	2848.30	3153.70	98085	35.31	31.10	34.40	—
1974	2768.20	2884.80	96040	34.57	33.30	34.70	—
1975	2795.40	2571.60	89475	32.21	34.80	32.00	—
1976	2706.00	2976.70	103525	37.27	34.80	38.25	—
1977	2873.60	4202.90	144000	54.72	34.25	50.10	—
1978	3110.00	4487.00	132700	50.43	29.55	42.65	—
1979	3033.90	5342.50	183410	69.70	34.35	60.45	—
1980	3018.90	6081.50	214850	85.94	35.35	71.15	—
1981	3001.00	5900.50	188400	75.36	31.95	62.80	—
1982	3001.00	6189.00	202680	81.07	32.75	67.55	—
1983	2895.90	5910.00	148715	59.48	25.15	51.35	—
1984	2895.20	5490.00	179485	71.70	32.70	62.00	230
1985	2589.00	3975.50	135160	58.60	34.00	52.20	241
1986	2436.10	3539.40	94200	50.00	26.60	38.65	122
1987	1966.40	1732.70	54770	31.70	31.60	27.85	75
1988	1364.81	1485.00	50180	39.70	33.80	36.75	41
1989	839.81	1458.00	46380	51.30	31.80	55.25	34
1990	839.81	1574.00	49985	53.09	31.75	59.50	35
1991	1012.54	1592.00	52775	53.10	33.15	52.10	38
1992	955.45	1600.00	50050	50.30	31.30	52.40	38
1993	903.14	1542.00	52700	53.30	34.20	58.35	47
1994	874.01	1429.80	50545	79.27	35.35	57.85	82
1995	963.23	1524.00	51035	78.04	33.50	53.00	13
1996	689.63	898.00	29900	47.65	33.30	43.35	19
1997	551.59	725.00	27400	38.90	37.80	49.65	25
1998	473.71	592.00	25750	45.73	43.50	54.35	25
1999	473.71	577.00	25140	37.86	43.55	53.05	27
2000	467.21	294.00	15015	23.85	51.05	32.15	41

附录：江南农村育蚕纪事诗选

1.催青

催青，即使蚕种受暖变青之谓也。于清明后，将种子移入催青室或催青箱。在前一星期内，用火力按日加温1℃，后一星期按日加温2℃，约经两星期，适届谷雨时节，卵即变青而出蚁矣。（旧时温度均以“华氏”计算，1℃=1.8F）。

清明节过日日迟，蚕种催青好护持。

逐渐增温两来复，恰逢谷雨始孵时。

2.收蚁

收蚁者，即将种纸上之蚁蚕收下，放之框内之谓也。有桑收、糠收、打落等方法。时间以午时最宜，取其天温和平耳。

叠架铺框筐备忙，扫除净室作蚕房。

温和气候当收蚁，第一先求种子良。

3.给桑

收蚁后，即需择嫩叶饲之，饲叶统名给桑。

蚁生纤弱细如丝，隐约难窥出没时。

只为蚕儿初发育，给桑须拣嫩柔枝。

4.一龄

自收蚁至初眠为一龄，约六日十六小时。食桑五日后，即需就眠。本龄内扩座三次，除沙一次。温度平均以七十度为适，过犹不及，宜以人力调剂之，更宜防风。

陌上纷纷竞采桑，殷勤饲育不辞忙。

还将温度平均计，更怕风来着意防。

5.二龄

自初眠起身至二眠为二龄，约计五日七小时半。食桑四日即就眠。桑座（以蚁量一钱计）自六坪至十坪，除杀三次。就眠及除沙时，均用砻糠或草灰，筛于蚕身及箔上，取其除沙便利，蚕座干燥。

短促龄期四日眠，除沙扩座逐坪迁。

糠灰仔细频筛箔，始信人工可夺天。

6.三龄

三龄期内，天温已高，故可移去火炉，时开气窗。饲育每日须六次。一切更宜谨慎。缘全龄优劣，与三龄期间有密切关系也。

节暖调寒日六回，火炉才熄气窗开。

关心最是三眠起，操得全龄左券来。

7.四龄

自三眠起身至大眠为四龄。本龄每日给桑五次。桑量（以蚁量一钱计）始则十两（旧秤，一斤等于一十六两），继增至三十五六两。饲育者更觉辛劳。

蚕事连朝猛着鞭，缘章端合乞晴天。

给桑直到更深后，费却蚕娘几夕眠。

8.五龄

自四龄饷食后至终熟，约计七日，名曰五龄。时值夏历清和节。始给片叶两三次，即可给予枝叶。

清和时节熟蚕天，叶给连枝力倍坚。

饷食迄今刚七日，安排上簇共争先。

9.上簇

上簇俗名上山，五龄六七日后，蚕体软黄，昂首游行时，即可捉之上簇，簇中空气须流通，光线以普明或全暗为宜，最忌偏明偏暗。

安排密室作山房，布置停匀上簇忙。

空气既通光线准，改良端为重蚕桑。

10.采茧

春蚕上簇后五六日（夏秋蚕四五日），即可采下。惟须将良茧、同宫茧、薄茧、污茧、不正形茧、着簇茧等分别安放，以便缫丝。

满山一片白如银，密密疏疏处置匀。

优劣两般分采取，好教料理作丝纶。

第二节　畜禽养殖

一、家　畜

1.养猪

“二花脸”猪

养猪业是当地一项传统家庭副业。境内农村素有“养猪积肥”的传统习惯。苗猪品种以太湖地区猪种“二花脸”品系为主，成熟早、产崽多、耐粗饲、肉质鲜，为全国优良地方品种之一。配种方法：传统由公猪为母猪配种，后改为由县畜牧兽医提供既卫生又产崽多的种猪精液配种。20世纪90年代中期，硕放兽医站和种畜南场合作，引进小梅山母猪，配用长白公猪，杂交配种出长梅二元母猪；再用大约克夏公猪或杜洛克公猪的精液交配，生产出三元杂交瘦肉型母猪，逐渐替代“二花脸”品种。全镇三元杂交瘦肉型母猪圈存稳定在1000头左右，产出的生猪长大后，瘦肉率达58%—62%，每头比老品种常规生猪多出瘦肉4—5公斤。全镇每年上市22000头三元杂交猪，光瘦肉型效益年净收入可增130万元左右。

生猪饲养有垫圈和冲圈两种方式。同时推广发酵糖化饲料，充分利用水生青饲料，以粗代精，以生代熟的喂养方法。20世纪80年代后，随着饲料工业的发展，推行复合饲料、配方饲料，采用干湿料的喂养方法再加上杂交良种的优势，一般生猪饲养期为4—5个月，每头75公斤左右出售。

农村农业合作化时期，养猪事业发展较快。境内有90%的农户饲养肉猪，部分农户饲养母猪。猪苗来源于望亭、新安、茅塘桥、梅村、大墙门口等畜禽市场。

1958年，人民公社成立后，大办食堂，造成粮食浪费，加上浮夸风造成农田粮食产量严重滑坡，导致农户养猪数量急剧减少，全社年存栏仅有2526头，比1957年的年存栏量下降13115头。1959年10月，公社在七一大队许卖生产队河对面，建办大型万头畜牧养殖场，占地面积为305亩。社员私养的母猪及部分肉猪均可作价入社，另去周边集市购进苗猪。1959年至1961年三年困难时期，粮食大面积减产，饲料供应困难，全社的生猪饲养量严重滑坡，万头畜牧养殖场难以为继，1961年畜牧场自行解散。

1962年秋，根据中共中央颁发的《农村人民公社工作条例修正草案》文件精神，公社贯彻公养与私养并举的方针，鼓励社员积极养猪，划分饲料田给每户养肉猪的0.15亩，养母猪的0.3亩，促使养猪数量逐年回升。1967年，全公社生猪上市16695头，存栏达11848头（包括母猪圈存700头）。

1975年9月，中共中央又发出《关于大力发展养猪业的通知》，为大力发展集体养猪事业，政府下拨平价建筑材料、钢材等，支持生产队建造集体猪场。20世纪70年代，政府提倡“一亩田一头猪”，全社队队都建有养猪场。由于猪源紧缺，公社、大队组织人员外出到浙江、苏北、吴江、吴县等地采购苗猪，分派到集体猪场和社员饲养，并给予适当经济补助，以调动社员的养猪积极性。1978年至1980年，连续三年养猪数量创历史最高纪录。其中，1980年出栏肉猪38919头。

1981年，公社贯彻执行上级“巩固集体、扶持大户”的指示精神，发展养猪专业户，集体猪场实行个人承包经营。1984年，生产队的集体养猪场停办或转卖。随着国家生猪收购价格的提高，农户养猪数量持续增加，乡政府在稳定养猪专业队伍的基础上，出台扶持养猪专业户的奖励政策。符合“两户一体”先进代表的养猪专业户，政府奖励每户1.5万元，每头上市生猪奖励15元，同时食品站发放生猪收购预付款5万元；银行优先发放信贷；粮管所年供应平价饲料；供销合作社优惠供应扩建猪舍的建筑材料；兽医站提供防疫、防病、治病等服务。是年，全乡有养猪专业户33户。孙典桥村浦小祖当年上市生猪72头，成为全乡第一位“养猪状元”，翌年被推荐选举为无锡县第九届人民代表。溇金村杨映春在1984年至2001年间，共计出栏（包括自宰上市）生猪1.77万头，多次被评为乡（镇）、新区、市先进个人，1994年获评“江苏省劳动模范”荣誉称号。2000年，全镇出栏生猪2.65万头，有养猪专业户458户，生猪上市量占全镇的56.5%。2002年起，全镇生猪养殖户养猪圈存量尚未达到统计部门调整后的专业户标准。2005年，全镇出栏生猪1.74万头。2007年，按照中共无锡市委、市政府《关于举全市之力开展治理太湖保护水源“6699”行动的决定》精神，全街道禁止养殖。

1975—2005年硕放镇（乡、公社）生猪生产情况一览表

表 15-3

年　份	出栏数(头)	存栏数(头)	总产值(万元)	专业户数(户)
1975	24691	17725	88.25	—
1976	26310	18121	90.61	—
1977	20254	15666	78.33	—
1978	31629	19351	96.76	—
1979	33018	23056	115.28	—
1980	38919	22239	111.20	—
1981	29197	15700	78.50	—
1982	25521	17460	87.30	—
1983	26338	15691	78.46	—
1984	22458	13998	69.99	33
1985	16994	11537	218.00	84
1986	22662	8744	220.00	126
1987	18718	9023	503.02	40
1988	19687	10905	613.23	138
1989	19782	12692	703.00	120
1990	19212	10267	587.66	128
1991	19190	10878	596.70	119
1992	19200	14264	639.34	88
1993	19000	12548	1198.75	91
1994	17093	16970	1265.00	248
1995	21000	12000	2249.10	250
1996	22006	12233	2356.84	190
1997	22000	14100	2357.00	162
1998	22000	13500	3350.70	233
1999	22500	12500	4257.00	288
2000	26500	13000	4033.30	458
2001	28000	13500	4261.60	556
2002	29500	14200	4496.00	—
2003	17800	8516	2694.50	—
2004	17000	8200	2607.00	—
2005	17350	8350	2642.00	—

2.养牛

解放前后，境内的养牛以水牛（耕牛）为主，肉用黄牛甚少。全乡也只有部分富裕人家方能饲养耕牛。本地无法自繁小牛，多数于安徽、浙江、苏北一带引进。1984年底，墙南、墙西、孙典桥、里河、硕放5个村共有耕牛6头。

20世纪80年代中期，奶牛生产是全乡一项新兴副业。奶牛饲养成本低，多以柴草、青饲料为主，精饲料为辅，经济效益较高。1984年，竺祥庵村袁惠根饲养奶牛32头。1992年，全乡奶牛饲养大发展，墙南村鲁家园养牛专业户杨耀良接管硕放机场部队奶牛场，奶牛数量从5头发展到30多头，鲜奶经消毒后供应飞行员饮用。1997年，把奶牛搬迁回鲁家园家中饲养。1998年全镇发展到70多头，其中安桥村养牛专业户邹汉民饲养奶牛40多头。

1999年至2001年，全镇奶牛养殖普及到墙南、墙西、墙门、孙典桥、安桥、里新、硕放、杨家湾、中华庄、红力、红光、建丰、溇金13个村；奶牛饲养量分别为121头、472头和696头；鲜奶收购量分别为450吨、1020吨和2300吨。专业户杨耀良、邹汉民数次受到镇党委、政府的表彰。其间，安桥村奶牛专业户邹汉民组织发起成立硕放镇奶牛协会，为全乡奶牛专业户提供社会信息及科学养奶牛的经验，并拓宽鲜奶销售渠道，通过和梅村镇鲜奶收购站协商，决定在硕放地区设立鲜奶收购点，每天定时代收购鲜奶，并准时送到梅村镇鲜奶收购站。

3.养羊

境内农户以饲养山羊、绵羊（也称湖羊）为主，其中绵羊圈养，山羊以野外放养和圈养结合。1959年至1961年三年困难时期，全社养羊数量大大减少。1966年起逐渐回升，全社存栏量达5625只。1971年为养羊高峰年，年存栏量达9355只。1977年，公社为发展养羊业，提高农户养羊积极性，在七一大队蔡更上生产队建办公社种畜北场，引进品种优良的山羊、湖羊公羊，为全社农户家中母羊配种。20世纪80年代后，羊年存栏量逐渐下降。

4.养兔

养兔是传统家庭副业，农民习惯饲养菜兔和毛兔品种。肉用菜兔为青紫兰兔和白色日本大耳兔，毛兔为安哥拉长毛兔。20世纪50年代起，由供销社大量收购菜兔和兔毛。20世纪70年代，从上海崇明岛前进农场引进青紫兰兔和日本大耳兔优良品种1280只，西德纯种长毛兔和安哥拉长毛兔480只，为全社农户家中母兔配种。其间，供销社收购的菜兔，以每只奖励一部分尿素化肥指标的方法来提高农户养兔积极性。

1982年至1983年，全社共出售菜兔7.62万只，收购兔毛1.5吨。1998年至2001年，共出售菜兔12.5万只。

1998年至1999年间，发展獭兔养殖新兴副业。红光村顾福奎从开始饲养獭兔8只，发展到50只。獭兔皮毛是服装厂制作冬衣的高档材料。

二、家　禽

家禽饲养是境内历史悠久的一项大众副业，主要以鸡、鸭、鹅为主。鸡的品种有白洛克、来哼、芦花洛克、洛岛红、上海市青浦赵巷三黄鸡以及本地草鸡；鸭的品种有绍兴鸭、绵鸭、北京鸭和康贝尔鸭；鹅的品种有太湖大白鹅、扬州大灰鹅。

解放前后，以自养自食为主。20世纪60年代至70年代，个别地方以养禽践踏庄稼田为由，禁养、限养家禽，全公社家禽年存量仅在2万至3万羽。20世纪80年代中期，家禽业有了大发展。1984年起，多种经营服务公司养殖科每年从上海青浦赵巷孵坊采购引进青浦三黄鸡苗鸡，春、秋两季苗鸡引进20万羽左右。从无锡市漆塘种禽场采购太湖大白鹅和扬州大灰鹅共1.5万羽、康贝尔优良苗鸭1.5万羽，提供给全乡（镇）农户。

1999年，里河村养鸭专业户薛根元与江苏河埒渔工商集团有限公司订立三年年收购15万只肉鸭供销合同。年饲养4.5万羽，年收入90万元，并带动周边村社农户一起饲养，共同富裕。孙典桥村诸冬初、里河村周永康等5户养鸭专业户，野鸭年存栏量2000羽。销往无锡市曹安农贸市场，少量投放本地农贸市场。

1985年至2001年，全乡（镇）养禽业为鼎盛时期。2001年，全镇养禽专业户114户，出栏家禽72万羽，为历史最高年份。2002年后，随着城市化建设发展，农户拆迁安置进入社区，家禽养殖逐渐停止。

1980—2001年硕放镇（乡、公社）养禽生产情况表

表 15-4

年份	出栏数（万羽）	总产值（万元）	专业户数（户）
1980	4.2	18.90	—
1981	3.9	17.55	—
1982	6.0	27.00	—
1983	5.1	22.95	—
1984	5.8	26.10	16
1985	21.3	106.51	80
1986	19.3	96.50	81
1987	10.0	20.50	114
1988	25.5	280.50	120
1989	12.5	214.96	57
1990	12.1	330.21	73
1991	22.6	329.80	59
1992	13.0	368.75	44
1993	20.0	310.90	27
1994	21.0	268.00	23
1995	23.0	460.00	38
1996	22.0	440.00	40
1997	10.5	210.00	38
1998	20.0	340.00	16
1999	35.0	700.00	27
2000	58.0	1160.00	33
2001	72.0	1440.00	114

三、其他养殖

其他养殖主要有养殖蜜蜂、鹌鹑、蚯蚓、牛蛙、地鳖虫、蝎子等，兴盛时期在20世纪80年代至90年代，随着城镇化建设推进，农村环境日益改善，其他养殖业亦随之停业。

1.蜜蜂

农村养蜂的历史悠久，明清时期，养蜂户将蜜蜂养在腰鼓形木桶里，木桶大小无一定规格，用稀牛粪糊封缝隙，留一个小口供蜂出入。桶两端可打开取蜜，年采两次，每桶年产蜜5—7.5公斤，还可采部分蜂蜡。品种为体型较小的中蜂，靠自然繁殖分蜂。

中华人民共和国成立前后，境内蜜源仅为油菜花、蚕豆花、桃花等。20世纪60年代至70年代，大面积种植紫云英（红花草），蜜源充足，因紫云英蜜营养丰富，成为国家一级蜜。20世纪80年代，随着耕作制度改变，紫云英种植随之绝迹，养蜂只能依靠油菜花、桃花和洋槐树花。蜂农一年四季走南闯北，随着气候、蜜源而转移蜂群，南至广东、广西、四川、福建，北至辽宁、吉林、黑龙江、内蒙古、陕西、河南、山东，素有“追花夺蜜”之称。

20世纪60年代至70年代，全公社有集体养蜂或公有私养两种养蜂方法，数量在50箱左右。20世纪80年代后，全乡以个体专业户养蜂，养蜂数量一般在200箱左右。1991年养蜂达274箱，产蜜1.37万公斤，为历史之最。专业户主要分布在墙西、墙北、硕放、孙典桥、竺祥庵5个村，每箱蜜蜂年产蜂蜜一般在50公斤左右。蜂蜜均由当地供销社统一收购，转销给国家大型食品厂和制药厂为生产原料，少量蜂蜜就地销售给百姓饮用。

1977—2001年（部分年）硕放镇（乡、公社）养蜂情况一览表

表 15-5

年份	饲养箱数（箱）	产量（公斤）	专业户（户）
1977	42	2100	—
1978	44	2200	—
1980	69	3450	—
1981	43	2150	—
1983	27	1350	—
1984	32	1600	2
1985	60	3000	4
1986	60	3000	4
1987	139	3650	4
1988	235	11750	4
1989	240	12000	4
1990	260	13000	4
1991	274	13700	4
1992	200	10000	5
1993	190	9500	5
1994	221	11050	6
1995	190	9500	4
1996	200	10000	4
1997	220	11000	4
1998	150	7500	3
1999	120	6000	4
2000	220	11000	4
2001	220	11000	4

2.鹌鹑

1987年，境内开始养殖鹌鹑，有肉鹌鹑和蛋鹌鹑两种。饲养规模量大、发展快、效益高，适合家庭饲养。绝大部分肉鹌鹑由各地肉联厂收购用于加工罐头食品。大部分鹌鹑蛋每天运销上海市农贸市场供应市民，少量在本地区农贸市场销售。王家桥村专业户沈云飞，有10年养鹌鹑史，其中1997年养鹌鹑6万羽，当年收入达6万元。

鹌鹑专业养殖户从新安等地订购引进幼鸟。1999年开始，塔西村纱巷里施岳根投资10万元建造孵坊，孵育幼鸟提供养殖户。境内共有幼鸟孵坊专业户7户，每月繁育幼鸟21万羽，全年可为广大专业户提供幼鸟250万羽。2000年全镇达到最高峰，共有186户专业户出栏肉鹌鹑1100万羽，销售总额达1650万元。

1987—2001年硕放镇（乡）鹌鹑养殖一览表

表 15-6

年份	全年出栏数（万羽）	全年总产值（万元）	年专业户总数（户）
1987	11.0	12.50	17
1988	21.7	24.70	24
1989	22.5	26.50	18
1990	18.3	21.60	31
1991	147.5	125.00	58
1992	126.0	148.74	68
1993	112.0	180.00	96
1994	103.2	131.75	89
1995	105.0	168.56	95
1996	155.0	248.83	119
1997	317.0	380.00	127
1998	420.0	504.00	128
1999	750.0	975.00	103
2000	1100.0	1650.00	186
2001	1109.0	1640.00	213

3.蚯蚓

蚯蚓是一种制药原料，养蚯蚓是投资少、收获快、效益高的新兴副业。境内部分农户利用自家粪源加稻草，经发酵后铺拌，用少量土地和蚯蚓种子即可饲养。

蚯蚓养殖始于1998年，多种经营服务公司以适当发展、以销定产的原则，和墙西村农科队联合投资3000元，当年养蚯蚓1亩，产出蚯蚓800公斤，收入4500元。1999年是全镇蚯蚓养殖大发展的年份，为解决蚯蚓养殖户的后顾之忧，多种经营服务公司与青岛生物制药厂和南京生物制药厂签订收购合同。当年墙西、墙北、新农、里新、西典巷、黄家门、硕放、红力、红光、薛典等村，有专业户30户，养殖面积15亩，收获蚯蚓20吨。后来发展到30亩，收获蚯蚓40吨。

4.牛蛙

牛蛙原产于美国，一般每只成蛙重可达0.4—0.5公斤，是一种菜肴原料。

1991年至1994年，境内养殖户养殖牛蛙。1991年至1992年，10户养殖户开始养幼蛙4.2万余只，年出售成蛙6000余只。1993年，7户养殖户养牛蛙1.5万余只，其中墙南1户3000余只、塔西1户1000余只、孙典桥2户5000余只、里新1户1000余只、王家桥2户5000余只。1994年，全镇养殖户发展到15户，养殖牛蛙3.5万余只。

5.地鳖虫

地鳖虫生长在阴暗潮湿的草堆及垃圾之内，进行排卵、孵化幼虫的繁殖。农户在自己灶仓角角里也能捕捉到成虫和幼虫，是一种很好的药物昆虫。

1978年，境内部分农户家庭饲养地鳖虫，总产量达0.75万公斤左右，由中药店收购或直接销售给药厂。

6.蝎子

蝎子，学名全蝎，又名全虫，是一种有毒昆虫，药用价值很高，是制作名贵药品的原料。1991年，境内曾有部分农户尝试饲养，因饲养技术要求高而难且产量、效益不理想停止。

四、种畜场

1976年，为进一步加快养猪事业的发展，政府决定在墙西大队蟑螂山生产队建办种畜南场。利用硕放机场南头空隙地，种植山芋、玉米、南瓜、蔬菜等作物，常年供给猪场精粗饲料。从无锡县种猪场引进“二花脸”“约克夏”“杜洛克”“长白”等优良公母猪品种100头。培养良种苗猪，供应社员饲养。苗猪饲养出栏时间短、生长快、经济效益高。2007年5月，太湖无锡段蓝藻暴发，水源水质恶化，根据中共无锡市委、市政府《关于举全市之力开展治理太湖保护水源“6699”行动的决定》精神，硕放街道办事处决定关停种畜南场。

1977年，为进一步发展养羊事业，政府决定在墙北大队蔡更上生产队建办种畜北场。利用硕放机场边缘的空隙地，种植大批山芋、玉米、南瓜、西香瓜、四季蔬菜供给饲养种羊精粗饲料之用。从浙江南浔引进公母湖羊16只、山羊5只。公羊为社员饲养的母湖羊和山羊配好种。1988年12月，机场收回土地，种畜北场停止生产经营。

第三节　水产养殖

境内河浜分布较广，渔业资源丰富。解放前，渔民以捕捞为主，捕捞分内河和太湖捕捞。家有渔船的渔民兼营狩猎、养鸭、种菱和短途运输，分散于集镇、镇郊等水域，以船或搭建简陋草棚茅屋为家，流动作业，运用一切捕捞工具，一年四季进行水产作业。

中华人民共和国成立之初，地方政府设立专业机构，调拨平价饲料及物资供应渔民养鱼，并有计划地发放渔业贷款，充分调动渔业人员积极性。境内对通行的河道加修鱼坝鱼簖，放养水产品。整修新辟鱼池、补缀渔网具、修造渔船，开始恢复和发展渔业生产。

1953年成立墙门渔会，隶属于无锡县渔会管理。渔船渔具入会，开展渔业生产的基础设施建设，改进饲养技术，为渔业生产奠定坚实基础。

1959年，原分散在各公社的渔民陆续回到境内进行渔业生产，成立硕放渔业大队。部分渔民陆上定居。渔民们在大队统一领导下，有组织、有步骤地进行正常的渔业生产。

“文化大革命”期间，毁池种粮，致使渔业生产遭到严重破坏。

1983年后，农村产业结构调整，本着“宜农则农，宜渔则渔”的原则，把低洼田、低产田有计划地开挖为高标准鱼池。一方面，各村把原有老鱼塘加以整修，把种植稻麦产量低的劣质田规划开挖成片鱼池，承包给专人管理和生产；另一方面，乡政府规划成片低洼农田给渔业村，开挖高品位、高产量的鱼池，安排部分渔民定居到陆上鱼塘养鱼，实行合同承包责任制，促使全乡渔业生产基础设施进一步完善，养殖水平得到进一步提高。

1985年4月，无锡县成立渔政管理站，硕放乡成立渔政管理办公室，配备1名专职渔政管理员。主要负责维护渔业生产秩序，保护水产资源，办理渔业许可证及捕捞证，以及每年进行年检，按证缴纳水产资源费和放养增殖费等工作，调查处理渔业纠纷事件，会同环保及公安部门处理好鱼塘污染事故和盗窃捕捞事件。

1988年，国家开征农林特产税。每亩鱼池要上缴国家农林特产税45元，但由于渔业养殖的经济效益高于其他种养殖业，水产养殖户的生产积极性得到提高。1999年，全镇水产放养面积887.7亩，水产品产量90.8万公斤，创历史新高。

一、鱼苗鱼种

鱼苗鱼种是发展养鱼事业的基础，对提高养鱼产量有着极其重要的作用。解放前后，境内渔民去长江捕捉鱼苗，俗称“张弶”。每年暮春，一些有经验的渔民联合船只编队入长江，网张鱼秧归养，回来繁育成夏花，分塘饲养成数尾鱼种。然后鱼种装进活水鱼秧船，以挨村兜售鱼苗的方式进行鱼种放养工作。

20世纪60年代至80年代，改变长江捕鱼苗的方式，采用科学方法自繁自育鱼苗。鱼种培育就是把孵化出的鱼苗（又称“鱼花”“仔鱼”）养成夏花（俗称夏片子），继而分塘饲养到冬季，统称冬片子。鱼种培育过程中，饲养到1公斤左右的叫斤两鱼种。鱼苗培育是一项技术性较强的工作，鱼苗的新陈代谢水平高、生长快，但体小幼弱，活动和摄食能力差，对环境变化和敌害侵袭的抗御能力差。因此，提高苗种成活率和培育出体质强壮、规格理想的鱼种要采取相应的技术措施，才能达到生长快、成活率高的目的。20年中，先后发展鱼种池面积29亩，其中塔西村1亩、红光村3亩、渔业村20亩、多种经营服务公司水产场5亩。孵化鳊草鱼、花白鲢的夏片子有400万至450万尾，育成冬片子400万尾。每年自留斤两鱼种5万余公斤。年繁育的鱼苗基本满足全乡养鱼承包户投放饲养需求。另外，渔政办公室从捕捞费、资源增殖费中提留部分资金购买各类数尾鱼种，每年在400亩的外河投放鱼苗100万尾左右，使其自然生长，为渔民在来年冬季开捕提供水产品资源，渔民自由捕捉而增加收入。

二、成鱼饲养

境内鱼类品种繁多，常见的有青、草、鲢、鳙四大家鱼，还有鲤鱼、鲫鱼、鳊鱼及团头鲂、白鱼、鳝鱼、鳗鱼等。中华人民共和国成立前，受生产力的制约，一般的河潭、河荡（塘）的成鱼为天然繁育养成，有极少数质量较高的池塘由农户放养鱼种。平时禁捕，年内只捕捞1—2次，产鱼数量甚少。绝大多数的河潭、沟、荡、塘荒废，没有水产品产出。

鱼池增氧泵

中华人民共和国成立后，乡、村充分利用自然条件，在荒废的潭、荡、塘内放养鱼苗，饲养成鱼。高级社后，鱼池收归集体饲养。当时鱼池零星分散、大小不一、深浅不同、形状不等。成鱼的饲养品种单一，亩产只有150公斤左右。人民公社化后，集体组织劳动力对鱼池进行大规模改造，小塘扩为大塘、浅池改为深池，便于渔农的管理，使之成为稳产高产的鱼池。

1984年，全乡鱼池面积828亩，水产品总产达23.9万公斤，亩产鱼288.7公斤。饲养方式均由渔民、村民承包饲养。渔农注重科学养鱼、调节水质，采用复合饲料搭配青饲料，配备鱼池增氧设备，备足各种防虫、防病、防菌的常用药物，精心管理，高密度分层放养，品种搭配。为防偷、防投毒破坏，渔政采取有力措施，保证渔业生产的总产量和亩产量逐年增长。成鱼的饲养离不开增氧泵和调节水位用电动机（俗称马达）和水泵等大型生产工具。境内全部养殖水面积共有增氧泵61个，电动机和水泵有26套（105千瓦）。1999年，水产养殖专业户125户，水产放养面积887.7亩，总产量90.8万公斤，亩产达1023公斤。2005年，全镇水产放养面积805亩，总产量63.45万公斤，亩产达788公斤。

1975—2005年硕放镇（乡、公社）成鱼养殖情况一览表

表15-7

年份	放养面积（亩）	年总产量（公斤）	年总收入（万元）	每亩产量（公斤）	每亩收入（元）	专业户数（户）
1975	1300.00	77000	21.34	59.3	164.15	—
1976	1400.00	99250	27.50	70.9	196.43	—
1977	1020.00	116700	32.34	114.4	317.06	—
1978	270.00	109550	30.36	405.8	1124.44	—
1979	270.00	125000	34.64	463.0	1282.96	—
1980	310.00	120000	33.23	387.1	1071.94	—
1981	822.00	110000	30.43	133.8	370.19	—
1982	1269.00	169000	46.83	133.2	369.03	—
1983	1132.00	168000	46.56	148.4	411.31	—

续表 15-7

年份	放养面积（亩）	年总产量（公斤）	年总收入（万元）	每亩产量（公斤）	每亩收入（元）	专业户数（户）
1984	828.00	239000	66.24	288.7	800.00	16
1985	900.00	247500	68.60	275.0	762.22	57
1986	1027.00	253700	71.80	247.0	699.12	72
1987	1064.00	299500	84.76	281.5	796.62	62
1988	839.00	310000	105.67	369.5	1259.48	66
1989	648.69	314750	156.07	485.2	2405.93	51
1990	535.15	285000	130.85	532.6	2445.11	52
1991	614.15	359000	235.50	584.5	3834.57	68
1992	908.37	360000	164.01	396.4	2702.75	61
1993	828.80	683000	225.70	824.1	2723.21	68
1994	761.40	713000	217.00	936.5	3100.87	85
1995	775.00	750000	306.88	967.8	4451.61	98
1996	802.70	785000	219.87	978.0	5120.22	76
1997	818.35	790000	415.00	965.4	5071.18	101
1998	832.60	763000	329.16	916.4	3953.40	69
1999	887.70	908000	448.70	1022.9	5054.64	125
2000	808.93	873000	488.00	1079.2	6475.22	116
2001	806.16	870000	934.00	1079.2	6475.14	51
2002	801.00	900000	547.00	1123.5	6828.96	—
2003	804.00	905000	543.00	1125.5	6753.73	—
2004	805.00	686500	412.00	853.0	5118.01	—
2005	805.00	634500	381.00	788.0	4732.92	—

三、特种水产养殖

中华人民共和国成立之前，境内的白鱼、鲶鱼、黄鳝、鳗鲡、鲈鱼、虾、蟹等水产品一般作为野生处理，市场售价不高，没有引起渔农们的注意和重视，忽视对特种水产品的饲养工作。

1990年起，随着人们生活水平提高，农业产业结构逐步调整，全乡（镇）个别村社和单位相继引进特种水产品的养殖。境内多种经营服务公司水产场承包户方林兴、朱培兴、杨解康，溇金村水产品专业户陆海兴等主要饲养鲶鱼、青虾、罗氏沼虾、黄鳝、蟹、中华鳖等品种，填补硕放乡特种水产品养殖的空白。

1.鲶鱼

1990年，多种经营服务公司水产场放养鲶鱼面积5亩，鲶鱼产量达5000公斤。多数被锡城大、中饭店订购，少量投放市场供应，经济效益较高。

2.黄鳝

1995年，有溇金村专业户和多种经营服务公司水产场分别饲养1亩和2亩，总产1000公斤，亩产334公斤。

3.青虾

1998年，多种经营服务公司水产场试验养殖青虾2亩，虾源来自太湖，产量只达到400公斤。后因效益不高而未持续饲养下去。

4.罗氏沼虾

1998年，多种经营服务公司水产场和专业户共放养面积5亩。利用望亭发电厂余热，温水繁育罗氏沼虾幼虾。每年春季，投放5万尾虾苗（成活率50%—60%），10月至11月份可收获捕捉，亩产达200公斤，总产1000公斤，效益不错，连续放养三年。后因无虾苗供应，该项养殖业停止。

罗氏沼虾

5.中华绒蟹

1998年，多种经营服务公司水产场养蟹面积1亩。蟹源来自无锡市河埒水产公司。由于管理不善，亩产只达50公斤，因效益不高而停止养殖。

6.中华鳖

1998年，多种经营服务公司水产场在3亩水面中鱼、鳖混养，进幼鳖25公斤。经两年饲养，产量达750公斤。

1998年，境内共有水产养殖专业户69户，其中有特种水产养殖专业户19户。但由于技术、管理、种苗等多种因素，特种水产养殖始终没有形成规模。

四、捕捞工具和方式

中华人民共和国成立之前，境内渔民分布较散，渔民以船为家，散居游荡在沿大河集镇、湖荡沿岸。常年捕捞为生，兼营狩猎、运输。渔民户户有自己的捕捞工具，他们根据河、湖不同的水层，制作出不同类型的渔具，昼夜进行捕捞。捕捞渔具和捕捞方法多种多样。

1.剪网

又名拉网、荡网。网长50—100米，宽3.5米。网上有根粗的绳子作牵引，一面漂着“浮子”，另一面系着铁块作沉子。剪网将一条河或鱼塘围住，两岸人齐力向一边拉，慢慢收缩，河塘中用小船打理，剪网将河塘中一角围起，慢慢收缩将渔网拉到船中，捕获量不等。旧时素有“农民三日三夜牵夜砻，不及渔船一网就成功”之说。

2.丝网

用很细的白丝线结成，根据网眼的大小，分掺三网、掺五网、掺六网等几种。网的上口有麻绳串连，并有漂着的“浮子”，下口有锡坠子。丝网长宽不等，一般长16.67—20米、宽0.67米。丝网有浮网、沉网两种，浮网下口的坠子轻，“浮子”露出水面；沉网下口坠子重，几乎沉到河底，一网可捕鱼10公斤左右。

3.扛网

网的大小根据河面宽度而定，小的23.33—26.66米，大的33.33米。网张在河中，一端露出水面，另一端沉在水底，待半小时左右，用绞盘起网，如鱼正好游经网内，即可捕获。

4.小网

网口呈三角形状，后设一个网袋，网口底边2—2.66米，一般在河荡浅处或小河内捕捉。几条船聚在一起，一手张网，一手持棒头将鱼往网里赶，时放时提，大小鱼均能捕到。

5.撒网

俗称“天打网”。网撒开时呈圆锥形，直径6.67米，网底一圈布满沉铁片，中心为一条网纲。一般两人操作，一人摇船，一人站在船头将网撒下，将游鱼罩在网里，拉起即获。

6.线网

规格大小不等，长16.67—33.33米，宽0.67—1米，网眼大小也不同。根据河面大小、季节变换，选择不同规格与方式下网，把网依次从“网纤”抹下往河里放，经过一段时间收回，将撞入网中的鱼捕获。

7.绰网

把丝网两边扎在两根结实的长竿上，网前宽后狭。操作时，把绰网放到河底，渔民坐在船头，用肩膀顶住竹竿随船前移。一网上来，有螺蛳、小鱼等。

8.捣网

用丈把长的丝网绑在两根结实的长竹竿上，中间连接一根能左右移动的横杆。河面宽，两根竹竿向外移；沟头小就向内移。横杆搁在船头上，用左脚踏着，网沉到河底，再用棒篙（竹头上装有扁圆形木头），双手不停地在网前和左右捣，由远而近，把潜伏在河底的鱼虾赶到网里。

9.罱网

又名夹网，由传统的罱网演变而成。网长1.33—2米，高1米，网下边绕着竹片，由两根竹竿撑开罩入水底后撑合捕鱼。

10.拖虾网

网长1.5米，宽2—3米，呈兜状，大多在浅滩处捕捉小鱼小虾。

11.耥网

用一扁平的竹片做网口，在河边平坦处下网，向河中心推到顶杆处后快速拉回，在水中洗去烂泥，然后倒在河滩上拾起小鱼小虾、河蚌螺蛳。

12.套卡

用煮过的嫩芦柴截成1厘米的芦管，叫套卡。用细竹枝剪成16.7厘米长，两头用刀削尖，中间锯条线槽，再用16.7厘米长的麻绳系到卡线上，叫“爪”。每隔1公尺扣一把卡，卡上用诱饵捕鱼。

13.扳罾

3.33—5米见方的线网，用两根或四根弓形竹竿将网对角架起，张在河中心或河边，随时提起，鱼虾游过起网即可捕到。

打 簖

14.打簖

一种古老的捕鱼方法，用编制好的竹栅栏插在河里，上端露出水面（后来用尼龙网代替栅栏）。在栅栏上的进口处设两个鱼笼子，鱼、虾、蟹等进入笼子以后就难以出笼。太湖簖每条长100米，宽50米，内河簖稍短。

15.麦钓

又叫“弹钓”。用有弹性的竹丝制成，连在一根线上，一条线上可系数百个钩子，钩子装有诱饵，鱼吃进饵时竹丝弹开，将鱼嘴撑住，鱼就难以挣脱。白天数小时收钩一次，也有晚上放钩，次日凌晨收钩。

16.踢罾

用一块方桌大小的白布，把四角分别扎在篾头上，像豆腐店浪浆的伏子。人站船头，右手抓住罾头放到水里，略向前倾斜，有鱼就把踢罾一提，倒进鱼桶。

17.蹬篓

俗称“打棒皮”。用竹篾做成0.33米宽、0.66米高的披蓬。用时把两片合起来，插进篓底，上面用扎箍套紧，两片上都有鱼门。然后，在船上不断用脚踏木板，发出声音，把鱼赶进蹬篓捕捉小鱼。

18.挂钩

用寸把长的铁钩，线扣在纲绳上，选择“水溜”处，分地段张几条挂钩，纲绳两头固定在两岸的桩上，绳头上系响铃。鱼上钩，绳头的铃声响起来，渔民就把钩拉出水面取鱼。

19.罩笼

用竹篾织成高1米、宽0.67米、直径1米多的圆状体。春夏发水时，荒草田积水，鲤鱼都来产子，渔民就利用这段时间，到荒田里“罩鱼”，往往可罩到几斤鱼。

20.退笼

用竹篾编成1米或1.33米长的桩体状，进口处有倒刺，放在流水口，鲫鱼、鳊鱼等逆水而上，只进难出。

21.虾笼

虾笼有照盖、笼身、后盖三部分组成，是用竹篾做成直径0.1—0.13米的直圆筒，筒内放进饵料。一般虾闻到饵料香味，就从后盖或直角进口处爬进，钻进去出不来。

22.抓螃蟹

“西风起，蟹爪痒”。寒露后天气渐冷，成蟹开始生殖洄游，正是捉蟹的好时光。其方法有，排蟹：用大网或丝网放在三叉河面或有螃蟹顺流而下的河面用网张蟹。蟹被网缠住；挖蟹：九月重阳前后，渔民在田岸坎找寻蟹洞，发现泥洞有螃蟹爬过的现象，就用铁锹挖到洞底捉蟹；烟索捕蟹：用火烤成枯黑色的粗草绳，拦在水流湍急认定有蟹的河里，两头固定在两岸桩上，螃蟹在水底爬行，碰到烟索，闻到焦味，沿着烟索向上爬就可逮捉。

23.鸬鹚

俗称水老鸦或鱼鹰。捕鱼时细绳系住鸬鹚喉咙，以防鸬鹚捉到鱼后直接吃入肚中，鸬鹚捉到鱼就会上船，由人把鱼倒出来。一只上等鸬鹚的价格相当于一头小牛。

24.鳝篓

渔闲季节，渔民劈篾编织成一只只进口大、颈口小带有“逆梭”的折角鳝篓，黄鳝只能进不能出。水稻移栽后一个星期左右，渔民肩挑一担鳝篓，在稻田田岸边按一定距离埋放鳝篓，篓内放上诱饵引鳝进篓，傍晚放篓，来日清晨收篓倒黄鳝，效益可观。

25.耥螺蛳

螺蛳，包括田螺，软体动物，壳为螺旋形，太湖、大河、鱼池内都有，肉肥鲜嫩。用一口三角网，在河塘浅滩处着底来回耥几下，即可耥到很多螺蛳。太湖螺蛳被饲养在青鱼产区用作上等饵料。

26.捉生

工具有猎枪、套黄鼠狼铁夹子等。解放初期，进入秋冬季节，有些渔民用两种方法进行劳作。不善狩猎的人，在当地用套黄鼠狼夹子，装上诱饵，在野兔、黄鼠狼出没的地方诱猎它们；有打猎经验的人，带好猎犬潜进荒岗野坟猎杀野鸡、野兔、黄鼠狼等猎物，猎获的皮毛和野生肉品销量极好。后来，政府为保护野生动物，收缴猎枪和其他猎杀工具，严禁捕猎，保护生态平衡。

传统的捕鱼工具还有管网、耥网、地笼网、飞机网、退笼网、踏网、鱼叉、鱼钩等，有的干脆水浅时徒手捉鱼或“竭泽而渔”。

五、鱼苗渔具

1.鱼秧船

又名活水船。这种船的头部额下两边有两个进水眼，靠近中舱两侧有两个出水眼。装运时把鱼种装入头舱，航行时新鲜水从进水眼流入舱内，再不断从出水眼流出，鱼苗处于活水中。这种鱼秧船头舱小、船身短、中舱阔，一般一船装运鱼种2万尾左右。

2.小水车

配套在鱼秧船上的小水车，一个人凭双手就可戽水。在鱼秧船停泊时，用小水车把船中的陈水排出，新鲜水从进水眼中引入，鱼秧船均装置这种小水车，防止鱼苗缺氧死亡。至20世纪70年代，多数生产队购置水泥挂机船，鱼秧船才相继被淘汰。

3.网具

捕捉鱼苗一般需用篦网，旧时的篦网都用麻线织成。它分量重、出水慢、易腐烂、使用寿命短。一节篦网（20—23.33米）用活剥麻皮搓成的纲绳有5公斤重，干网25公斤重或出头，浸水后重100多公斤。俗话说“三天篦鱼，四天晒网”，鱼池篦鱼一般要用2

—3节网，6—7个人拉也颇为吃力，而且用过一次要晒上几天。用过一季之后，就要用栲皮水煮，否则1—2年后就要烂掉。20世纪70年代起，网具改用尼龙聚乙烯线织成，具有分量轻、出水快、耐腐烂、使用方便、使用寿命长等优点。

4.鱼筛

民国时期，多数养殖鱼苗户用线织成网眼大小不一、规格不同的网兜（络海）来筛选鱼种。部分养鱼户从无锡城里引进鸟笼筛（方形），用竹片做成，一套共6只，规格有小有大。鸟笼筛比络海操作方便，工作效率高。还有部分养鱼户用竹篾制成筲箕形络海筛选鱼种。1949年以后，由于鱼种规格越来越多，鱼筛在式样与规格上都有改进，筛选八分到三寸半鱼种的各种规格的鱼筛一套共有12个，每只口径0.5米左右，深0.2米左右，小巧玲珑，操作方便。

六、河蚌育珠

蚌珠最早产于河（湖）荡的野生蚌中。农民习惯在农闲时节，用塘耙编上竹篾片，在河中扒河蚌，多的一天扒上几十斤。有的农民在河荡游泳用脚踏手摸的方法捕获河蚌，捕获的大蚌能剖到蚌珠数粒。

20世纪70年代中叶至20世纪80年代末，人工河蚌育珠在境内先初见成效、后失败、再成功。

1975年5月，硕放人民公社副业办公室水产技术部门去湖南省寿县周坟庙人民公社引进河蚌2.5万公斤左右，运回后分配给少量有兴趣的养蚌专业户，品种有三角帆蚌和棉蚌两种。同时还成立接蚌珠专业队伍，并委派他们到常州、武进等地学习嫁接河蚌的技术，回来帮助养蚌专业户进行嫁接河蚌。初养蚌两年，收效甚好，产蚌珠100公斤左右。

1983年，因河蚌育珠效益可观，全县兴起养蚌业。于是全乡无计划、跨大步地盲目发展养蚌。由于当时专业技术力量跟不上发展的需求，错失嫁接的有利时间，加上池塘挂蚌密度过高，形成长势慢、死蚌多，导致蚌珠劣质；又遇到蚌珠大跌价（外贸销路迟销），养蚌专业户手中过多的珠子囤积在家中，只能低价销售，严重挫伤养蚌户的积极性。

1986年后，水产技术部门认真总结失败经验，把全乡有经验的养蚌户集中起来，专业化地进行放养，有计划地进行养蚌育珠工作。集中在新农、庙廊、塔西、中华庄、秦村、建丰、渔业等村及多种经营服务公司水产场，年嫁接河蚌2万只。每年可采获优质蚌珠200公斤左右，销售到无锡县珍珠厂，每斤蚌珠可售得5000元。

1987年，由多种经营服务公司水产技术推广站牵头，成功繁殖育小蚌，既能解决蚌源，又能节省成本，一举两得。建丰村、塔西村、中华庄村、渔业村、多种经营服务公司水产场的5个育蚌专业户，成功培育幼蚌200万余只，除供应本乡用蚌外，还外销到周边地区。

七、鱼池、鱼塘

高标准鱼池

1958年人民公社化后，境内外河围养面积约400亩。利用全公社大河水面进行围养。以不影响交通运输为前提，采用毛竹打好扎实的排桩，用毛竹片编排竹帘软片，软竹片伸露水面约30厘米，距离两只农船可进出，河内部分还用尼龙网围住竹帘面，以防鱼种外逃，这就叫“鱼坝”或“鱼簖”。渔业大队委派渔民长年累月在渔船上昼夜看管，大暴雨涨水加高竹帘，农船进出撞坏及时抢修。各类鱼苗集体出资进行投放，渔政人员进行鱼苗监放。每逢开捕时间，渔业大队（村）的渔民可任意捕捉、自行销售。

1984年至1986年期间，乡政府统一划出105亩低洼农田，其中里河村东河头生产队40亩、墙南村老二房生产队65亩，由渔业村开发高标准鱼池。渔业村安排渔民在鱼池旁造房起屋，常年居家经营鱼池，订立承包经营合同。高标准鱼池为方形、长方形形状，单体鱼池面积大小以2—3亩为宜，深1.33—2米，池埂、池岸按比例扎实牢固为原则，便于平时管理。池埂、池岸种植黑麦草，既牢固池岸，又备足青饲料，一举两得。同时，竺祥庵村、红力村、孙典桥村将低洼农田开挖成标准鱼池共155亩（张干坝60亩、旺家桥50亩、拓茶上45亩），由专业户承包经营，并与村及多种经营服务公司签订承包合同。

1985年、1995年，中华庄村、墙北村、建丰村、薛典村、溇金村等村民委员会分别利用老312国道和沪宁高速公路取泥挖泥潭，在多种经营服务公司的指导下，建成鱼池80亩左右。同时，选择养鱼专业人员，村与专业户签订承包经营合同。进入21世纪，随着新区的开发建设和硕放工业园区的发展，境内鱼塘逐渐消失。

第四节　果蔬苗木

一、蔬　菜

中华人民共和国成立前后，农民在家前屋后以及荒地空隙地种有各类蔬菜，以自种自吃为主。自给有余的各类蔬菜上市出售。

1958年“大跃进”时期，农村拆“灶头”办公共食堂。为供应食堂用蔬菜，境内建有集体蔬菜地1500亩左右。

1960年12月，全社公共食堂解散，恢复社员自留地，人均0.09亩。根据季节，蔬菜种植以套种和连茬种植为主。既解决自用，又可供售市场。

1978年改革开放后，各类蔬菜可以自由种植，在市场上任意销售。

1993年至1998年，根据无锡市人民政府发展“市属蔬菜基地”的要求，镇多种经营服务公司设立“市属蔬菜基地”办公室，管理蔬菜基地工作。墙北、新农、里新、黄家门、硕放、塔西、王家桥、红力、红光、溇金10个村社480户专业户经营发展“市属蔬菜基地”2316亩，每年完成无锡市人民政府下达的各类蔬菜指标1400万公斤。2000年起，全镇大众蔬菜面积一直保持在6200亩左右。2013年，市属蔬菜加农民自发蔬菜专业户共有蔬菜大棚500个，蔬菜面积8516亩，其中叶菜类2180亩、瓜菜类1500亩、块根块茎类800亩、茄果类1500亩、葱蒜类500亩、菜用豆类1216亩、水生蔬菜520亩，其他品种300亩。

1.青菜

20世纪50年代以传统的白梗菜为主，20世纪60年代为较抗寒防冻的小圆叶菜为主。20世纪70年代以来，一度推广杂交选育的“双白梗”，并应用南京农学院园艺系培育的“矮杂1号、2号”为秋冬菜主栽品种。境内农民还习惯栽种“上海青”“苏州青”“黑塔菜”。

青 菜

2.萝卜

20世纪50年代以“宜兴一点红”“晚白长萝卜”为主。20世纪60年代初，高产品种以“浙大长”“笕桥一点红”（梭形萝卜）“上海白圆”“长形萝卜”等为主栽品种，并兼作春栽夏收品种。还大批种植“小红圆萝卜”“青头萝卜”。

3.冬瓜

20世纪50年代后期，以“宜兴白皮冬瓜”为主。20世纪70年代引进“圆冬瓜”“杭州青皮”等。“白皮冬瓜”由于抗病力弱，逐渐减少种植。20世纪80年代后，以“杭州青皮”冬瓜为主成为境内主栽品种。

冬 瓜

4.马铃薯

马铃薯又称土豆、洋山芋。20世纪50年代后期，引进“上海红皮”“男爵”等品种。20世纪60年代至70年代，由于品种退化，引进“里外黄”“白发财”和上海的“丰收”“丰收白”等。20世纪80年代后，以比较稳定的黑龙江“克新1号”为主栽品种。

5.黄瓜

黄瓜有春黄瓜和秋黄瓜之分。春黄瓜品种有“津优一号”“津研四号”；秋黄瓜品种有“津春五号”“津春二号”（大棚用品种）；另外还有水果脆黄瓜品种“节节多”。

6.番茄

番茄又称西红柿。20世纪50年代后期栽培，品种以“大红”为主，后以“早雀钻”“524大红”为主。20世纪70年代引进“强力米寿”品种，因长势强、抗花叶病毒等而成为主栽品种。20世纪80年代起，无锡市蔬菜种子公司良种繁育组，从中筛选出“锡粉1号”逐步替代“强力米寿”品种。

番 茄

7.长豆

长豆又称豇豆。有春长豆和秋长豆之分。春长豆品种有“之豇2-82”“宁豇3号”；秋长豆品种有“紫秋豇6号”。

8.茄子

茄子有紫色、白色、青色等。形状有秤砣茄、长条茄等。本地品种有“杭茄一号”“上海棉条茄”。

9.大蒜

大蒜每家农户都种植，1980年后优良品种有“射阳白蒜”和“山东洋大蒜”。

10.苋菜

家家户户都种植苋菜，一般有红苋菜、一点红苋菜、青苋菜等。20世纪90年代种植的主要品种有“台湾白苋菜”“大红苋一号”。

11.空心菜

空心菜又名蕹菜，是一种容易种植的大众蔬菜。其品种有“港白柳叶空心菜”“碧玉柳叶空心菜”“泰国空心菜”。

12.莴苣

莴苣境内一般冬天种植，来年5月份始上市（大棚则一年四季种植上市）。品种有“无锡青皮”“无锡三青皮”“浦巷莴苣”。

13.大白菜

20世纪60年代至70年代，每家农户少量种植，自吃为主。20世纪70年代，全公社部分生产队以副业收入集体种植白菜，有“福山大包头”“城阳青”为主栽品种，面积300亩左右，总产150万公斤，总收入54万元。20世纪90年代，采用优良白菜品种“87114”和“898”大批量种植。以蔬菜基地批量种植1000亩左右，总产500万公斤，以上交无锡市蔬菜市场为主，农村零售为辅。

14.韭菜

韭菜为常年叶菜类作物，是多年生、多刀割、轮茬性蔬菜。各家各户都有种植少量韭菜的习惯，自吃为主。20世纪80年代至90年代，秦村村的农户大量发展韭菜的种植，面积有200多亩。同时还发展到周边建丰村、溇金村的农户。农户每天清晨准时运输投放到无锡朝阳蔬菜等市场销售和批发。

韭 菜

15.水芹

水芹为水生叶菜类蔬菜，适宜生长在低洼水田内，是产量较高、效益较好的蔬菜品种。境内墙北、新农、里新、硕放、黄家门等五个市属蔬菜基地中，有一定比例的水芹面积。菜农每天采拔上市场销售。

16.茭白

茭 白

中华人民共和国成立前后，境内茭白有少数农户种植，零星市售。20世纪50年代以红花壳为主的茭白，兼种一些野生品种。公社化后，集体种植，但数量也不多，难以满足市场需求。从镇江丹阳、无锡刘潭等地区调剂茭白供应市场。20世纪70年代后，从红花壳茭白品种中选育肉质白嫩、产量较高的中介茭，后又应用二熟晚茭的晚熟品种。20世纪80年代后，全乡市属蔬菜基地的500亩水生作物中，多以种植茭白为主，满足本地区市场。

二、瓜　果

1.西瓜、香瓜

西 瓜

中华人民共和国成立前，农民零星种植西瓜和香瓜（也称熟瓜）。还少量种植既白又大、既香又酥的老太婆瓜。中华人民共和国成立后，瓜果品种逐渐增多。西瓜品种主要有三白（白皮、白瓤、白子）瓜。以后，又种植解放瓜华东24（红瓤）、华东26（黄瓤）、浙蜜1号、苏蜜1号等主要西瓜品种。香瓜品种主要有青皮绿肉瓜、黄十筋条瓜、青十筋条瓜、白小娘瓜、老太婆瓜、苹果瓜、田鸡头瓜、雪里青等香瓜品种。20世纪60年代至70年代，全公社西香瓜每年以队为基础集体种植，面积800亩左右，作为副业收入集体分配。20世纪80年代起种植面积逐年增多，1985年全乡种植西瓜、香瓜专业户972户，种植面积1438亩，总产173.24万公斤。1986年种植西瓜、香瓜专业户850户，种植面积1332亩，总产133.23万公斤。安桥、里河、里新三个村社为全乡重点西香瓜村，种植西瓜、香瓜面积300亩之多，以东北塘的黄土塘优良品种育秧种植，品味好、瓜形大、产量高、收效佳。1990年，秦村村用钢杆大棚种植“红玉”小西瓜品种300亩，一年早晚二茬种植，小西瓜供不应求，经济效益极高。2000年后，随着时代的变迁，境内西瓜、香瓜面积降幅到100亩左右，市场供应都是从广东、广西、海南、新疆等地区引入。

2.草莓

草莓种植以零星为主，品种老、果形小、种植户少。2000年以后，境内栽种面积60余亩，品种新、果形大、产量高。溇金村种植户较多，专业户杨秋红，年种植草莓9亩，搭建大棚11个，经济收入较好。

3.甘蔗

甘蔗种植是一项新兴副业。1984年，塔西村种植专业户瞿耀明种植甘蔗1.8亩，总产1.35万公斤，亩产达0.75万公斤。1986年全乡专业户37户，种植甘蔗面积63.07亩，总达16.86万公斤。

4.水蜜桃

桃树有实生桃树（俗称野桃树）和嫁接桃树（称“水蜜”桃树）两种。中华人民共和国成立前后，境内部分农户在家前屋后少量种植，自己食用，少有上市。1978年后，政府在提倡不影响粮食生产的前提下积极发展多种经营，水蜜桃生产随之有所发展。1985年，安桥村邹荣昌选用水蜜桃核播种，幼苗用优良品种之芽嫁接，精心培育桃苗，当年销售近万株。1989年，全乡水蜜桃种植盛行，种植“雨花露”“白凤”“白花”“国庆”等早、中、晚熟品种，种植桃树面积221.83亩，总产达33.5吨。

5.葡萄

少数农户有利用庭院培育葡萄的习惯，多为玫瑰香、白香蕉等小粒种品种。1986年春，多种经营服务公司组织参观上海嘉定县几个百亩葡萄园，成功种植中熟“巨峰”新品种。无锡县多种经营管理局和乡多种经营服务公司决定合作发展葡萄生产。当年秋冬，两次上沈阳、大连地区组织采购“巨峰”葡萄苗4.6万株，境内自留1.8万株，其余的苗由县多种经营管理局分配给其他乡镇。1986年冬，多种经营服务公司内部职工带头种植，全乡发展葡萄园31亩左右，以后逐年增加种植面积。2000年，全镇共有专业户70户。葡萄品种有巨峰、藤念（俗称乒乓葡萄）、夏黑、金手指、黄金香等早、中、晚熟优质高产品种。至2013年，全街道共有葡萄专业户85户，其中杨家湾村葡萄园发展到300多亩。

1994—2000年（部分年）硕放镇（乡）葡萄种植情况表

表 15-8

年份	种植面积（亩）	总产量（公斤）	专业户（户）	备 注
1994	65	60000	44	—
1996	115	115000	62	—
1997	84	59900	50	—
2000	300	300000	70	包括杨家湾百亩葡萄园在内

6.柑橘

当地农村有种植香橼、枸橘的习惯。香橼树结的果只能观赏，不能食用；枸橘树带刺，结有枸橘，成熟时呈黄色，也不能食用。1997年，黄家门村试种柑橘3.5亩。但柑橘只适宜山坡、丘陵地带种植，硕放地区地势平坦低洼、高温多湿，不利于柑橘的生长，效益不理想。

7.菱

品种有四角菱、红菱、元宝菱、和尚菱。20世纪60年代，渔业大队部分渔民（利用渔船的有利条件），在全社各地大河阔漾，打桩围养种植。农历五月下菱种，六月菱苗出水面，七月长嫩菱，八月中秋盛产收获菱，九月谢菱盘头，十月菱种再收获。

菱

8.莲藕

境内少数人利用部分低田及浅河水田种植莲藕。20世纪60年代至70年代，人们在采掘莲藕的同时又采集莲蓬，可代粮充饥。

三、食用菌

解放前，境内无食用菌栽培。乡民偶尔在杨柳、桑树、洋槐或腐木上采集到香蕈、松蕈和野木耳等野生菌类。由于识别有误，使用后会有中毒现象的发生。

1.蘑菇

蘑菇生产是一项投入少、见效快、产量高的新兴副业。20世纪70年代初，以种养蘑菇为主，后逐渐发展平菇、香菇、凤尾菇、草菇、鸡尾菇等多种食用菌。公社副业办公室配备专职食用菌辅导员2名，服务指导八一、春光等10多个大队60多个生产队集体种养蘑菇。政府投资建造蘑菇房180多间，菌种来源于常熟，年种养蘑菇19.98万平方尺，春秋两季每平方尺产菇0.9公斤，总产达17.98万公斤。供销社代收购鲜蘑菇，当天装运到红旗人民公社脱水厂。1983年，食用菌生产逐步转为家庭专业户种养，通过精心管理，节约成本支出，收效高于集体种养。1984年，庙廊村殷金花采用“无粪合成堆料法”，利用稻草加尿素化学合成配置库料，经发酵，试养396.6平方尺蘑菇，产量达400公斤，方法简便，成本又低，推广到全乡专业户。

2.平菇

平菇生产是20世纪80年代新开发的食用菌项目，每年由多种经营服务公司从苏北、常熟等地采购“176”优质菌种万瓶和棉籽壳料数5万公斤。平菇销往本地和周边乡镇农贸市场。

1984—1993年（部分年）硕放镇（乡）食用菌种植情况一览表

表 15-9

年份	蘑菇（平方尺）	平菇（平方尺）	总产量（公斤）	专业户（户）
1984	57500	—	51750	68
1985	95800	3000	88900	18
1986	22150	27300	43500	39
1987	11700	70064	73550	45
1989	8900	28010	33200	16
1991	8770	15000	21400	14
1993	—	6200	5600	6

四、加工类食品

1.豆芽菜

豆芽菜有黄豆芽和绿豆芽两种。境内主要以墙门村坝后杨全生等十多家农户为主，一年四季精心培育豆芽菜。1公斤黄豆可育出2—3公斤豆芽菜；1公斤绿豆可育出6—8公斤豆芽菜。长年累月供应全乡农贸市场，既活跃市场又增加家庭收入。

2.豆制品

豆制品有豆腐干、百叶（也称千张）、香干、油豆腐。中华人民共和国成立前后，在全乡各地只有少数人会制作豆制品。墙北村杨家里豆制品重点专业大户杨水金，合家经营豆制品，高峰时每天豆制品用黄豆500公斤左右，少时也要近100公斤，每年耗用黄豆5万公斤左右。20世纪60年代至70年代，还为硕放供销社加工市镇居民的豆制品（居民豆制品凭券供应）。

3.粉皮

境内粉皮多以山芋粉原料制作为主，少量也有绿豆粉为原料的粉皮。制作方法是农民以山芋淀粉水解成浓浆状，用铁锅把水烧开，专用铝制品镟子放进淀粉浆在开水锅中转熟即成。西典巷村肖家桥陆凤妹，已有30多年经营粉皮加工的历史，年收入甚佳。

五、花卉苗木

民国初期，政府就提倡植树造林。民国3年（1914年）颁布《森林法》，翌年公布《森林法实施细则》和《造林奖励条例》。民国17年（1928年），南京国民政府将3月12日定为全国植树节。

中华人民共和国成立后，大力提倡植树造林，绿化祖国，积极开展农村环境绿化和农田林网建设。1979年，全国人大常委会把3月12日定为中华人民共和国植树节。1984年，《中华人民共和国森林法》颁布后，全乡实行各级领导任期的绿化目标责任制，硕放乡农村绿化成为无锡县重点典型乡镇。1985年至1993年，共进池杉子2193公斤，发展苗木基地150亩左右。1986年至1990年，种植池杉幼苗20万株，两年后成为1.5—2米的池杉苗。出圃池杉苗除满足境内绿化种植外，1991年至1997年，向西漳、八士、堰桥、鸿声、钱桥等乡镇调出池杉苗69.2万株。

20世纪80年代，西典巷、王家桥、红光、薛典、溇金、黄家门等村建立苗圃场。1984年，西典巷村花卉苗木专业户方家栋精心经营管理30多亩苗圃场，品种有山茶、含笑、桂花、樱花、月季、杜鹃、雪松、黄杨、广玉兰、香樟等70多个，供应机关、学校、企业、农户绿化所需苗源。

附记一：关于评选“两户一体”先进代表的通知

硕党发〔1984〕73号文件，关于评选“两户一体”先进代表的通知精神，规模评选下列“专业户、重点户、经济联合体”。

1.向国家交售商品粮3000公斤以上的承包户；

2.承包桑田1亩年以上，亩产茧100公斤以上或亩值400元以上；

3.年出售肉猪十头以上农户；

4.饲养母猪两头以上（产崽四窝）的农户；

5.饲养兔子200只以上或出售100只以上的农户；

6.饲养家禽400羽以上或出售200羽以上的农户；

7.种植蘑菇1000平方尺或收入1000元以上的农户；

8.副业收入超6000元的农户；

9.承包水面3亩以上，亩产成鱼400公斤以上的农户；

10.年产值3万元或人均创利2000元以上的联合体；

11.年产值万元以上的个体、工商户；

12.全乡农副工年收入超万元的户。

附记二：防禽流感

2004年11月，全国开始暴发禽流感，来势凶猛，后果严重。无锡市人民政府成立禽流感防控指挥中心，硕放镇相应成立禽流感防控指挥部，镇禽牧兽医站为实际防控单位，站内工作人员分工，昼夜值班服务。采取措施是：路口设立检查站，严控禽畜及其产品的流通；关闭农贸市场禽产品供应和活杀家禽屠宰场所；发放消毒药片，每天消毒棚舍与禽群；宰杀上市的鹌鹑、鸡、鸭、鹅胴体，放入食品站冷库内冰冻处理，并一律免费而后上市。镇禽流感防控指挥部每天向市政府禽流感防控指挥中心汇报有无疫情等工作，防患于未然。由于禽流感的暴发，严重影响全镇农户家禽的饲养，导致经济受到很大损失。

附记三：太湖水治理

2007年，由于太湖水位偏低，近太湖周围工业污染水流入大河，渔民渔船生活污水倒入河、湖，所有禽畜粪便处理不当流入大河，农田用药病源水流入河道等，周边河流污染水直接流入太湖，致使水面水质严重污染而引起蓝藻大暴发，水厂停止供水，直接影响太湖周边数百万人日常生活饮用水。太湖风景游览景点旅游业暂停。党中央国务院、江苏省委省政府高度重视，中共无锡市委、市政府确定《关于举全市之力开展治理太湖保护水源“6699”行动的决定》，下决心采取强有力措施，制定治理太湖的实施方案，成立治理太湖领导小组。在沿太湖5公里之内取缔所有猪、牛、羊、兔、鸡、鸭、鹅及鹌鹑的养殖；关、停、并、转沿太湖所有化工行业工厂，污水必须进污水处理厂；太湖渔船，内河渔船的渔民上岸陆地生活，禁止常年水上作业和生活垃圾入河、湖等措施。农服公司抽调大批人力、物力，多次上门动员，经济予以损失补偿。关停禽畜场圃和百姓专业户饲养的禽畜经营，关闭境内所有化工厂，从源头抓起，使污源物不再流入河、湖，还太湖山清水秀的本来面目。

第五节　民间百工

解放前后，境内民间手工艺（俗称小百工）种类繁多。主要有制作类、编织类、杂行类三种。这些小百工与人们生产活动、生活需要息息相关，从业者大多以家庭成员经营，少数雇用伙计经营，或以师收徒等方法。生产工具比较原始，生产资金也有限。随着时代变迁，民间百工有些消失，有些尚存。

一、制作类

1.木匠

木匠主要分圆作木匠和方作木匠。方作木匠又分小作木匠和大作木匠（包括杂作木匠）以及雕花匠。20世纪90年代后，随着人民生活水平的提高，生活方式和房屋结构的改变，木匠行业逐步消减，部分转型为家庭装饰装潢行业。

圆作木匠　又称箍桶匠。制作小家具时每块木板大多锯成弧形，再用铁箍或竹箍等约束成桶。1949年前后，大墙门口、薛典街头均开设圆木作坊，所制作品种有面粉桶、蒸饭桶、盛饭桶、浴盆、脚盆、拗手、锁桶、睡桶、立桶、坐车、水桶、锅盖、汤盘、菱桶、油料桶、粪桶、便桶（大、小马桶）等。圆作业主要生产经营方式有专门制作白坯家具（旧时嫁女需陪嫁16—32件圆木器）；专接做行货批发；制作各种农具和建筑、炊事用具三种类型。后发展塑料制品替代圆作制品。

方作小木匠　主要制作床、柜、桌、椅、棺椁、小型农具等。床、柜、桌、椅的用料有红木、楠木、杉木、榉木、榆木、松木等，制作工艺由木匠师傅参照图样或实践经验而定。方作小木匠工艺流程精细，比起大木匠而费工费力，民间流传“一世木匠，三世力”之说。

方作大木匠　解放前后，专为乡农建造木结构住房，条件好的农户有木结构两层楼房。营造作头师傅带好徒弟和客师，根据图纸或客户的结构要求，设计好柱、梁、门、窗、椽子。上正梁时选好日子，用茶盘点心说吉利话进行抛梁。木匠师傅还有“喜封”，工资结算一般在房子完工后一并支付。

雕花匠　根据主人要求，在搁凳床、五斗橱、梳妆镜台等家具上设计雕刻出“凤穿牡丹”“藤结葫芦”“万年青”“花鸟”“花草”等式样新颖的花板，装潢到床、橱、台上，美观大方有观赏感。在20世纪60年代至70年代是盛行行业。

2.泥瓦匠

泥瓦匠从事建房造屋，其工具有泥刀、灰桶、木尺、角尺、夹板、刷帚、水平尺等。建筑设计大多靠祖传图样和实践经验，也有按房屋主人的建造要求进行施工。泥瓦匠人几乎分布境内各自然村，一个领头师傅带上数名徒弟一起作业。建造人工费用一般以点工结算，也有包工结算，待工程全部结束后结算工资。

3.石匠

选用优质石料，雕刻成石刻、石碑、建筑用石柱子、方块石、门槛石、墩子石、狮子石、井栏石、磨盘石、桥栏石、踏级石、河滩石、穴坑砖石等。石匠按用户要求，靠榔头、凿子，凿成一定形状或雕刻成美观图案或文字，供人观赏。自古以来用石料凿成的“泰山石敢当”形状品，按一定位置座定，有“驱邪止煞、吉祥平安”之说。凡是用石料建成的石桥都由石匠承建。

4.竹匠

竹匠有扁竹和圆竹两种。竹器以毛竹、淡竹、孵鸡竹为主要原料。扁竹匠制作的竹器主要有筛、匾、栈条、酱缸帽。煤球箩、竹篮、苗篮、筲箕、篾席、畚箕、罩笼、鱼篓、退笼、酒篓等。圆竹匠制品的竹器主要有竹床、竹台、竹凳、竹椅、竹橱、竹梯、蒸笼、筷笼、躺椅、竹榻、竹扁担、竹梢、铁耙柄、爪柴耙、栈条、扫帚、粪桶夹、连枷等。竹器家具价格低廉，使用广泛。境内东方红、八一、建农等大队部分自然村，竹器生产比较盛行。20世纪60年代至70年代，乡间匠人制作的各类竹器去节场、村巷及邻近城市销售，部分调换粮票籴米回家。20世纪80年代，竹器具由塑料制品、铝制品、不锈钢制品等取代，竹器编织行业趋向消减。

5.皮匠

皮匠又称鞋匠。中华人民共和国成立前后，皮匠有的挑副担子，有的肩背大帆布包，内放楦头、锥子、弯炳刀、铁托子（亦称“朝天凳”）、锤子、砧板及钉子和鞋绳，走村串巷为百姓上新鞋、补旧鞋、钉掌子。旧时每逢春节，大人小孩都要做一双新鞋子过大年，皮匠生意特别好。

6.船匠

中华人民共和国成立前后，境内极少数农户备有木船作为载货运输工具，大部分渔民拥有木船（也称“网船”），为捕鱼生产工具。人民公社后，船匠们打造木船，为集体农业生产、运输、积肥之用。

新打造的木船多用长梢杉木由船匠一剖为二，分别用作船底（有的船底也用柏树木）、船帮、船头、船艄建造之用，每块用材相互抽槽，再用两头尖中间圆的铁钉（俗称“枣核钉”）拼接而成，前后舱坐板，一般在12—13厘米厚度。木船的造型大有讲究，主要以装运货物多少、划船之快慢、修理拔船轻便等方面考虑。1958年，公社在建丰阙家桥的开阔大河丼地方，建造小型修造船厂和拔船上岸的码头，由造船匠师傅章木虎、谢金亭、陶进德等，带领徒弟10多人，为渔业大队渔民的网船轮流预约上岸修补及桐油刷新工作（包括修理私人木船）。

二、编织类

1.棕藤编织

旧时，经济宽裕人家多用棕、藤制作用品，大多由竹匠兼做。棕绷以榉、柚、榆、槐、朴树木做框架，以棕绳、棕线做棕绷面，坚韧耐用。境内多以浙江、福建等地客商来经营制作和修理。20世纪70年代至80年代，大小藤椅、藤榻等藤制品一方面由生产资料部采购、销售，另一方面由个体匠人制作和走街串巷兜售。

2.蒲草编织

席草蒲草编织种类很多。常见的有结婚用的和合席、单人床席、双人床席、枕席、摇篮席、沙发席、蒲包、草鞋、柴包、米窠、脚炉窠等。

20世纪60年代至70年代，境内家庭副业以编织柴包居多。供销社大量收购柴包，每只在0.30—0.35元。柴包作为军用、水利及防洪抗灾物资。农户备有织机和调经机，原料为青白稻柴，利用冬天、雨天和夜间的时间，一条龙进行调经、疏柴、添柴、织包的工艺流程。20世纪80年代，蛇皮袋替代柴包，打柴包逐渐消失。

20世纪50年代至70年代，贮存稻米一般用米窠，大部分农户都会扎米窠。米窠制作工艺简单，原料用秋后晒干的青白稻柴，工具有铁质或竹制的窠制钻用于钻孔、扎柴符。扎一只装100—300公斤米的米窠，1—2天便可完成。同时还可制成大小不一的柴盖、坐垫、脚炉窠、饭锅的焐窠等出售。

境内靠近吴县望亭一带的农户有种植席草的习惯。春夏时节，在水田内莳好席草秧，秋冬时节收获晒干，按质量好坏及长短整理成捆藏好。打席的农户，有一台硬树料制成的席机和调经机。工艺先用麻皮调成麻经，然后再在席机上攀排成行麻经（按所需席的品种排好多少条经），麻经穿过梳板（襻紧席草用的工具），由下手搽席草，主妇用梭子钩席草、梳板正反来回襻紧而成。来春由织席户肩挑车载走村串巷或上农贸角场推销草席。

中华人民共和国成立前后，境内一些农民多用蒲草、芦苇、稻麦柴、树皮、动物筋类等编织，俗称草编。品种有芦席、蒲席、蒲包、蒲垫、蒲鞋、米窠、草鞋、草帽、草绳、树皮绳、草帘、蒸垫等。还利用芦苇花梗织成芦花蒲鞋，好看又保暖，严寒天大人小孩均喜欢穿。

3.织网

中华人民共和国成立前后，境内渔民都会织网。早先以棉、麻、蚕丝织成。结网时为使网具获得一定的形状，必须要把绷紧的网衣放松，使拼拢的网目适当张开，网衣长度就会相应缩短，把网衣均匀地固定在网绳上。结网的网具除供自用外，有一些织网具专业户每年可赶节场，在周边地区销售。20世纪60年代至70年代，逐步用化学纤维织成的塑料线、尼龙线、锦纶线替代。

三、杂行类

1.漆匠

一般家具，如浴盆、脚盆、拗手、锁桶、睡桶、立桶、木桶、坐车、汤盘、盛水桶、面粉桶、长凳、长台、八仙台、圆台、春凳、樟木箱、床、柜、橱等，还有庙堂寺院的梁柱、神台、匾额、神位等，由漆匠进行刮粉嵌缝，待干后砂拭擦清，加工数次，最后上漆两三次，使之光亮耐用。20世纪80年代后，房屋装潢的木门窗、墙面涂料等也由漆匠来完成。

2.缝纫

缝制衣服皆用手工工艺完成。工具主要有一把剪刀、一把竹尺和一根软皮尺。大多以夫妻档开店或一个师傅带几个徒弟，名声响的可称“大裁缝”。中华人民共和国成立初期，男子穿着由长衫逐步转向中山装。时髦女子穿着多以旗袍为主。中华人民共和国成立后，缝纫机普及，居民喜爱穿着人民装、列宁装、学生装、中山装等。改革开放前，由于商品少、成品衣少、价格贵，一般农户买进布料请裁缝上门量身定制。每到春节前或遇婚丧等事，都是请裁缝上门制作衣服。

3.理发

理发俗称剃头。从业者必须拜师学艺，一般三年期满。工具有剃刀、剪刀、轧剪、围裙、毛巾、刮刀皮（又称皮刀布）、肥皂等。农村剃头师傅一般串村走巷上门为顾客服务。20世纪70年代前，每位成年人剃头收取工钱0.05—0.10元。20世纪90年代起，每位成年人剃头一般收取工钱5—20元。

4.铜匠

铜匠浇铜勺、铲刀、手炉、脚炉、汤婆子、帐钩、香炉、蜡扦等，都有一套工具和模子。铜匠还有一副铜匠担，工具有套箍长板挫、陀螺形牵仔钻、十锦台虎钳、长短身大剪刀。挑担走街串巷，走起路慢条斯理，进村时肩膀略微晃动，担子上所挂铜片“钦嚓、钦嚓、钦嚓”作响，响声引得顾客前来，有修锁配钥匙、包角装门环、修理铜制品等业务。20世纪50年代，铝制品（俗称钢精）流行，又出现白铁铜匠，专为人们修钢精锅、水壶，打造水桶、畚箕等。

5.刻章

刻章有私章、公章两种。雕刻公章必须有单位介绍信并指定处雕刻。厂矿、企事业单位、行政机构雕刻私章和公章，财务专用章。雕刻需办好公安局特种行业许可证。起始以手工雕刻为主，工具有一副红木夹具、多把专用刻刀、笔、墨、纸、砚，达到“真、草、隶、篆”四体书法水平即可。20世纪90年代后，刻章逐步被电脑刻章所取代。民间也有雕刻爱好者。

6.制秤

制秤又称钉秤。制秤一般大秤可计量50公斤、100公斤两种，小秤可计量5公斤、10公斤两种，金店、药店用的为微量“克”数精制小铜秤等。钉秤匠人根据用户所需要而制作。选用质地较好的材质，有红木、乌木、紫檀木等上等材料做成秤杆，然后秤杆上按“两”“斤”“克”“微克”钻眼钉上银丝表示，先抹上银光墨粉或特种涂料，后秤杆两头包上铜皮，秤头配上两处绳子拉手和秤钩、秤砣。

7.爆炒米

爆炒米者备上爆炒米机、风箱、煤炭、麻袋、小座椅的一副担子，走村串巷，哟喝“爆炒米咯，香是香嘞，脆是脆唷”，引得大人小孩带着米在村旁避风处排队等候，只听得爆米机“轰”地一响，小孩喜气洋洋拿着炒米回家当零食吃。如今经济条件好转，市场食品丰富，但乡间爆炒米者不绝，爆出的炒米加进白糖加工成方块糖炒米糕，更受人们欢迎。

8.弹棉花

弹棉花大多在家中个体经营，也根据季节外出加工。弹花匠人都靠手工操作。工具有一张弦丝大弓、一把圆木弹棉花木榔头，肩上一根吊弓棒及定做的圆木垫、竹笪等。弹花匠将棉花反复弹得又蓬又松，以碾纱木盘成型，配以红绿纱线固定，即成棉絮。一人一天一般可弹10公斤棉花（亦包括旧棉絮），可加工3—4条棉胎。20世纪80年代后，工艺改革，以机制棉胎而减轻劳动强度，加工速度加快，经济效益又高。弹花匠用料开始只是棉花，后发展到羊毛、驼毛、化学纤维（太空棉、真空棉）等花色品种。随着城乡絮棉织毯厂家增多，居民都以购买商品棉胎、羊毛胎、驼毛胎，弹棉花生意逐步清淡。

9.制香烛

普通人家照明点豆油灯，富裕人家照明点蜡烛。乡间寺庙喜庆拜佛也燃烛，境内凝禧寺庙燃香点烛盛行。制香工艺原料是榆树根的皮，剥下晒干，打碎成末加进香粉末，拌和呈干湿状，装进制香机（多孔），通过挤压成线条，平放进木匣晒干包装成把即成。

10.扎纸马

扎纸马包括扎花圈花篮。中华人民共和国成立前，乡间手工艺人用竹片、柳条、芦苇秆、彩纸、铁丝等为原料，扎成动物骨架、花灯骨架或灯笼，糊上油彩纸，统称扎纸马。多用于喜庆、婚丧或庙会游戏。中华人民共和国成立后，扎纸马以残疾人居多，在家中除扎灯笼、纸马外，还有花圈和纸扎箱子、房子、椅子、自行车、汽车、电器设备等冥器，供后人祭奠先辈而用。

11.豆腐花担

豆腐花做在两只圆形的保温木桶内，一只桶上面盛放油、盐、酱、葱、姜、辣椒等佐料，另一只桶上面盛放10多只碗具等，走村串巷叫卖。20世纪70年代前，肩挑担子卖豆腐花的较为常见，当时一小碗热腾腾的豆腐花卖价0.05元。20世纪90年代后，豆腐花设摊在农贸市场附近叫卖，每杯卖价1—2元。

12.磨剪刀

从业者肩扛长板凳，两头各有粗细磨刀石，凳子边上挂一只水桶、水刷、拭刀布、榔头，走村串巷吆喝着“磨剪刀嘞抢菜刀”招呼生意。磨刀师傅一般用的是一块细砂石，用来磨薄刀口子。细磨刀石为一块磨光青砖，用来磨出刃口，俗称“出锋”。同时能把两爿剪刀用榔头轻敲剪刀中轴，使松紧适中，使用方便。

13.修钟表

一般经济条件好的家中都置座钟或挂钟和闹钟。随着戴手表的人逐渐增多，修理钟表业由此而产生。

14.修伞

从事修伞的匠人肩上担子一头为一个扁圆桶，内放修理的零配件，另一头插满多种新旧伞柄的骨架。破旧的油布伞、纸伞稍加修理，继续使用。1980年后，市场上自动伞、缩折伞增多，修补的部位大多用在伞骨和开关上。

15.补碗

破碗舍不得扔掉，就请钉碗匠人修补。补碗匠挑一副转担，有人招呼即歇担，坐矮凳，膝盖上铺一块布，先将破碗片对接好，再绕上几圈线固定，夹在双膝间，然后取一夹有极细的金刚钻头的小弓，在裂缝两边钻上几个对称小孔，按上铜搭钉，小锤轻轻敲平，粘上白色瓷浆即成。

16.补锅

乡间补锅人一人肩挑担子，另一人提一只破锅子边走边喊“生铁补镬子”，然后停在村巷中心地方用生铁补锅。开始拉风箱升火，炉中放一只小坩埚，插满碎铁片，上盖稻草圈，熔化成铁水。操作时，先将破损处擦干净，用尖嘴榔头轻轻敲出一条小缝，揭去坩埚上草灰，捞去铁水上氧化层，左手垫一块圆形厚布，上铺一层黑沙，准确地放置裂缝下面，右手抓一卷旧布卷，往铁水上一按，固定在裂缝里，这样顺裂缝反复操作几次，裂缝补满，用白泥水一涮就成。

17.屠宰

屠宰者穿一件挡水胶布围兜，带上一套单刃尖刀、刮毛刀、挺杖、大斩刀等工具，专为人家杀猪宰羊。年尾岁暮为忙季。中华人民共和国成立前，杀猪的工钱仅给1公斤左右猪肉及猪肺等内脏；也有主人家请屠宰者宰完后再代为卖肉，卖完肉后工钱以时日或数量支付。

18.货郎担

乡村中一些中老年人常肩挑装着日用小百货的货郎担，也有的身背长方形货箱。日用小百货大到书包、笔筒、杯盘、毛巾，小至胭脂花粉、针头线团。他们手摇拨浪鼓，走村串巷，常去离集镇较远的偏僻村落，为大娘大嫂提供方便。有的货郎担备有小孩的专用专吃物品，以换取钱物。

19.换糖担

换糖人用面粉与饴糖配料做成扁圆形状糖饼，放在筐上面干净的木板上，肩挑担子走村串巷，用竹笛或小锣，边吹边敲，边拉长音吆喝“破布头烂棉絮，破铜烂铁换糖吃唷”，喊声不绝，引得一众小孩回家拿些碎布旧物或破烂金属换糖吃。

20.卖酒酿

每年阳春三月，卖酒酿者头戴草帽、身穿夹背心，挑一副竹圈担子，两头置放2—3面盆酒酿，一只盛有清水，浸有十多只高脚浅口的小碗和漂浮着十多片状似划桨的小竹片。食者只要花0.05元就可尝到一碗鲜甜酒酿。原料为糯米和甜酒药（当地以苏州甜酒药最好）。工具为木蒸笼，把浸透水的糯米蒸熟，拌匀甜酒药，分装在面盆里，用玻璃瓶插在盆中间再拔起，呈圆形隙洞，用草、旧棉胎包裹焐上24小时，待酒酿盆圆形隙洞里的酒卤已满，即可出担叫卖。卖酒酿人串村走巷，有的乘火车、轮船到苏州、无锡叫卖。

旧时每逢立夏，有的农家也自己做酒酿和酿米酒。

21.卖糖粥

从业者每天早上两三点钟起来，挑着粥担上集镇卖糖粥。担子一头是木桶，盛有煮好的糖粥，冬天围有旧棉絮保暖；另一头是一只小炉子，炉子上置放深口铁锅，以文火煨热糖粥，卖主备有小汤碗。糖粥品种较单一，仅是黄糖枣子粥，或加些栗子。食者花上0.05元就能买到一碗糖粥。

22.吹糖担

庙会、集市常有周边镇在内的民间艺人肩挑担子，担子中间存放各色饴糖，歇在街市一边，吹糖人手拈黄豆大一粒饴糖在手中捏上几遍，接着往嘴里一吹，用数十秒钟就能捏成造型逼真的“金猪献宝”“龙凤呈祥”“偷油老鼠”“大公鸡”“孙悟空”“猢狲偷桃”“仙女胖娃”“飞禽走兽”等。然后把他们粘在一根小竹棒上，插在担中扎实的柴垛上供游人观赏、购买。这些吹糖人表演时众人围观。由于既可食又好玩，孩童闹着要大人购买以供其玩耍食用。

23.挖井

20世纪70年代至80年代，村民大多饮用井水，挖井行业顺应而生。家用小井一般深5—6米，挖井人一上一下配合作业，井下人快速往下挖泥，上面一人用葫芦绳的吊筐取出泥土，挖掘到泉眼后，地面上人向下输送砖或瓦，由井里人从底向上盘，完后井底用黄沙、石子沉淀，再浇筑井面和井拦圈，一口井便开挖完成。

24.扎笆斗

俗称扎三笆。20世纪60年代至70年代，境内有部分能工巧匠利用农闲时节外出扎三笆。服务对象为江苏、浙江、上海地区的粮库、米厂和生产队集体及农户的坏笆斗，经过匠人一番修理，又可重新使用。工具有铁仔钻头、竹刀、锯子、榔头、陀螺型钻头等。材料有毛竹片、野生藤或塑料藤、榉树皮、旧皮带等。工艺流程：对坏掉的笆斗环用新毛竹更换，对笆斗身柳条松动和损坏之处用铁仔钻头钻好匀称的眼，按次序扎进藤条一眼一眼收紧。损坏面积过大的还需衬垫上榉树皮或开发丝皮带，再钻眼扎藤收紧增加牢固度。

第六节　管理机构

人民公社成立以来，公社党委、政府都由副书记或副主任分管副业生产，并有供销社配备人员，负责和指导各类农副产品包括加工产品的收购工作；又设立相关部门具体负责各种副业生产。

一、畜牧兽医站

1958年，公社设立畜牧兽医站，受县（区）多管局及当地政府的双重领导。主要职能是负责境内的畜禽防疫和防病、治病、检疫工作，组织采购鸡、鸭、鹅优良品种，配合村社发展畜禽养殖专业户。

二、副业办公室

1964年，公社成立副业办公室。各大队配备抓副业生产的副大队长，主要负责全公社林、牧、副、渔业生产的技术指导和服务工作。

三、多种经营服务公司

1983年1月，公社成立经济联合委员会，下设硕放乡多种经营服务公司，撤销副业办公室。公司下设蚕桑科、水产科、养殖科、种植科、经营科、茧站等，同时管辖畜牧兽医站。各村配备农工商联合社社长，分工抓农、副业生产，并配备1名副业组长。1999年春，成立硕放镇农副业办公室，多种经营服务公司隶属其领导。2002年，撤销多种经营服务公司，并入硕放镇农业服务中心。

1958年—2002年硕放镇（公社、乡）多种经营主要负责人一览表

表 15-10

单位名称	历任负责人姓名
畜牧兽医站	徐小根、毕宪嘉、王庭宪、沈桂生、李广明、毕明荣、王铭树（兼）
副业办公室	黄以新（兼）、王介英（兼）、叶胜和（兼）、白瑞根（兼）、龚三弟、薛祖荣（兼）
多种经营服务公司	薛祖荣、万家福、杨建声、薛瑾康、王金虎、顾桂春、赵锡昌

第十六章

乡镇（社队）工业

硕放的工业源于传统手工业，历经萌芽、成长、成熟三部曲的社队工业、乡镇工业的发展历程。经历40多年的曲折和磨难，萌生于20世纪50年代，停滞于20世纪60年代，再生于20世纪70年代，兴盛于20世纪80年代，转型于20世纪90年代。

中华人民共和国成立前后，境内仅有少数人从事与农业生产及人民生活相关产品的小型加工制造业。1956年，全国开展对私营工商业的社会主义改造，开始有集体所有制工业企业。1959年至1961年三年困难时期，在贯彻中共中央“八字方针”（调整、巩固、充实、提高）和《当前工业问题》的指示精神下，采取“办、并、转、留、停、放”的六字措施进行整顿，大部分工厂停办，职工下放，仅剩为农服务和生活相关的农机厂、缝纫厂、粮饲加工厂等少数企业。全社共有企业职工436人，有313人下放参加农业生产。1961年，国务院颁发《手工业三十五条》政策后，公社将原来的铁、木、竹业合作社改建成大集体性质的手工业联社。

“文化大革命”时期，由于城市工业不稳定，给农村社队工业发展带来机遇。20世纪60年代至70年代，社队工业在星星点点、敲敲打打中孕育诞生，创办一些为农业、农村服务和城市工业拾遗补缺的加工型小工厂。特别是20世纪70年代后期，中共十一届三中全会确立以经济建设为中心，坚持四项基本原则，坚持改革开放的方针，释放工业经济发展活力。1982年，全社社队工业企业67家，职工人数5256人，工业总产值2601.35万元，实现利润269.37万元。按照中共“调整、改革、整顿、提高”的新八字方针等系列政策，围绕经济建设为中心，大力发展工业经济，依托城市工业基础，掀起农村工业化浪潮，充分利用实施农业生产家庭联产承包制以后的农村剩余劳力、土地、集体经济积累和借助“星期六工程师”，实施“外引、内育、借智”策略，培育科技人才，大力发展乡镇企业，弘扬“四千四万”（踏遍千山万水、吃尽千辛万苦、说尽千言万语、历经千难万险）创业精神。乡村工业依靠自己的力量，“滚雪球”式发展，成为农村经济的支柱。异军突起的乡镇企业铸就了“三分天下有其二”的辉煌历史，创造了影响全国、盛极一时的“苏南模式”，形成大中型企业并举、高中低技术并存、门类比较齐全的制造业基础。1985年，全乡实现工农业总产值10707.8万元，首次跨入亿元乡的行列。无锡县客车厂生产的雄鹰牌XK121EY型计划生育车，获1983年中国汽车工业公司新产品优秀展品奖，国务院副总理万里登车并予以赞扬。1985年12月19日，客车厂“家畜繁育车”等六种车型和无锡县第六通用机械厂生产的水箱式拉丝机通过省级鉴定。是年，无锡县第六通用机械厂研制的“六菱牌”LTZ-11/350水箱式拉丝机获评“省优产品三等奖”，畅销国内，远销东南亚各国。为加快苏州、无锡、常州地区发展外向型经济，1987年5月14日，江苏省人民政府批准硕放乡为第三批对外开放重点工业卫星镇。20世纪90年代初期，镇属企业先后组建江苏六通机械（集团）公司、无锡通达不锈钢集团公司、江苏宏丰集团公司、江苏盈发集团公司。20世纪90年代中期，镇村集体企业全面进行产权制度改革，对镇村“微、小、亏”企业进行兼并、租赁、转让，组成股份合作制企业和有限责任公司。全镇126家集体企业，产权全部先后转让，进一步激活企业发展的内在活力，提高经济运行质量。2000年，全镇工业企业237家，企业职工6191人，工业总产值16.52亿元，占工农业总产值的92%，国内生产总值（GDP）3.62亿元，工业增加值占国内生产总值55.5%。有冶金、机械、化工、电子、电器、建材、纺织、印染、食品等全面发展的工业行业。从事工业生产的劳动力占农村劳动力总数的30%，有1532个外来劳动力陆续入境，充实到农、工、商等各个领域。

乡镇工业的发展具有时代特征、符合地方实际。乡镇工业积累的资金，反哺农业，支持农副业生产发展，支持文化教育、医疗卫生等各项社会事业的发展。同时为交通道路、电力通信、给水排污、环境绿化等基础设施建设提供大量资金，为农民生活水平提高、住房建设、新农村建设提供可靠的保障。改变单一的农业经济结构，繁荣农村经济，缩小城乡差别，解决农村剩余劳动力的就业，为推进城市化建设奠定坚实的基础。乡镇工业的发展为工业向园区集中、与国际接轨、促进新型工业化进程创造条件。同时，乡镇企业的转制为民营经济的快速发展奠定坚实的基础。进入21世纪，镇党委、政府根据当地城镇化建设的愿景目标，制定“农田变工厂，农民变市民，农村变城市”的规划，工业经济鼎盛发展，企业数量增加，就业人员增多；企业规模扩大，整体素质提高；产品更新，质量提高，市场扩大。

第一节　传统手工业

中华人民共和国成立前，境内百姓以农耕为主，仅有少数从事手工业生产。大多是夫妻店、父子铺。既加工又经营，资金微薄，工具设备简陋，工艺落后。少数大一些的作坊店铺，有大墙门老街春和祥、毕春和糟坊，邹同生米厂，项培生、顾继春米铺，以及皮匠摊、银匠店、铁匠店、裁缝店、染布坊等。

作坊店铺的加工经营有粮油加工类，如糟坊、碾坊、磨坊、砻坊、豆腐坊等；农具制作类，如铁制农具、竹木农具；纺织服装类，如打线扣布、染坊、缝纫、刺绣、绱鞋等；生活用品类，如铜匠（浇脚炉、汤婆子、修锁配钥匙）、钉秤、生铁补镬（锅）子、补碗、竹器编制等。

一、粮油加工

粮油加工业历史悠久，有碾坊（砻坊）碾米、磨坊磨粉、油坊榨油、糟坊酿酒、豆腐坊制作食用豆制品。境内在解放前无工业企业，仅有加工作坊。南有安桥头邹阿纪油坊，西有建新大队小朱家里朱世泉四兄弟油坊，北有薛典周家园周桂坤三兄弟油坊、秦村曹家里曹培川三兄弟油坊等。民国21年（1932年），安桥头邹阿纪建造20间平房作为油坊和磨坊加工场地，先后添置木制油车10部（油车：多用硬质树木制成，长约3米多，宽、高均0.45米左右，底部有油槽，使油流向油缸。油坊加工一般靠耕牛拉磨，也有用人力的）。同时，备有耕牛3头、石磨1副，雇用伙计5人。利用农耕休闲时机，昼夜连续劳作，专门代客加工榨油，主要加工菜油、豆油。经营范围除当地里河乡的农户，近邻的望亭、后宅等地的老百姓都不约而同到此油坊榨油。榨油的操作为先通过牛牵石磨，把油菜籽磨细，然后蒸熟，再放入油车，通过圆木挤压，使油溢出。加工后的残渣称“小豆饼”，作为水产、畜禽饲料或农田有机肥。当时，邹阿纪的油坊规模甚大，全天可榨油1500余公斤。民国37年（1948年），油坊卖给当地曹家里三兄弟（曹祥和、曹大阿弟、曹阿火）经营。解放后，随着时代发展，有了简陋的榨油机器，逐渐替代油坊手工榨油。

解放前，砻坊、碾坊、磨坊在当地比较普遍，境内共有41家。旧时，粮食碾米磨粉靠畜力、人力操作，使用石臼、石磨工具。之后出现用牛力（也有人力）牵转的木砻车、碾稻谷成糙米的砻坊和人力脚踏木臼舂糙米的臼坊。砻坊、磨坊、臼坊大多集中在大墙门口、薛典、王家桥、硕望桥等集市的粮栈、米埠人家。20世纪40年代，大部分砻坊改为机船，冬季流动轧米，夏秋季戽水。磨坊以磨粉为主，主要靠牛牵动石磨加工而就。一般农户家的麦粉、米粉都用石臼舂，后有小石磨推磨，有2人牵，1人拗，俗称“牵磨”，劳作辛苦，效率很低。解放后，逐步向机械化发展，动力轧米机、橡皮砻、钢磨等粮饲加工设备不断更新。1964年后，境内逐步通电，陆续办起粮饲加工厂，电力取代人畜拉磨。

旧时磨坊

二、棉麻加工

织布加工盛于民国初期，境内部分村落有投梭织机。起先，农妇自纺棉纱，自织土布，除供自穿外，多余出售或以布换米。清乾隆年间（1736—1796年），纺织机械为木制布机，手摇袜机等，境内鲁家园沿袭“织小机”“织麻布”。手工织成的丝绸品用于衣、裙、官服、戏服、道袍等，后来“织小机”逐渐淡出。民国时期，织麻布日渐盛行，邻近村庄谢家桥、方场湾日益普及，直至20世纪70年代兴盛不衰。后成为家庭副业，遍及硕放境内。麻布主要是以黄麻、勒麻、苎麻等草本植物纤维为原料，麻布的主要产品为渔网布、罱河泥网袋、各种包皮袋、麻叉袋（装粮用）、蚊帐、夏布短衫等。织麻布工艺复杂，工具较多。其十道工序为（一）收麻纱（粗、中、细三档收购）；（二）炝、煮、漂麻纱（石灰炝、铁锅煮、水中漂）；（三）拣麻纱（挑拣至麻纱均匀）；（四）络纱（绷紧麻纱，转络到篗脚上）；（五）经布（据布匹规格，数好纱头，通过经布工具，把篗脚上的麻纱绕成链条股绾）；（六）运布（将链条股纱穿好前后两只竹筘，把布机上的纱盘头架在运床上，拉开链条股，拖石绷直，上稀面浆，勒光麻纱至干爽后，经纱盘头上卷，每匹布的长度做好记号，直至全部卷上盘头）；（七）架机织布（将运好的布纱盘头装上布机，上下开合穿好棕，再穿织

织麻布机

筘，把做好的纡子纱放在梭子内，脚踏布机杠，两手来回穿梭，一手接梭，一手扣压纬纱，织成布）；（八）剪布（按运布的记号，织一匹剪一匹）；（九）晒布（绷直晾晒，织一匹晒一匹）；（十）折叠成品（晒干后，剪修毛头，挑拨均匀，折叠包装，待售待解）。

三、铁制农具

境内有名气的铁匠铺被称为“阿三铁匠铺”。民国时期，先由墙门王阿根开办，在唐庄桥堍朝东一开间门面，收胡国良（阿三）为徒，生意红火。当时的打铁铺设备简陋，主要有红炉一座（亦称“乡作炉”）、手拉风箱一部、铁墩一个、榔头铁钳若干把。解放前夕，王阿根铁铺移至大墙门集镇，胡国良就搬到自己家中续开。胡国良排行老三，大家都叫他“打铁阿三”。阿三家朝北，门对朱郎桥口一间门面（土改时分到的房产），阿三教两个兄弟做下手，锻打、修理锄头、铁耙、铁铲、镰刀等各种农具以及修造船用铁钉。他打铁技术全面，主要是淬火恰到好处，冷锤结实。锻打的农具美观锋利，不易磨损弯折。当时远近闻名，百姓赞不绝口。解放后，“阿三打铁铺”成为境内最后一个私营打铁铺。

四、竹器生产

境内竹器编制历史悠久，素有名气的秦村乡（现秦村村）朱米山、曹家里、何家里、施方园、毛家桥等自然村竹器作坊遍布。据朱米山一位86岁的老人王根生回忆：清光绪年间（1875—1908年），他的爷爷就是一个家传熟练的竹匠，主要编制大小不一的竹篮、竹匾、米筛、栈条、篾席等生活用品，有的向集市出售，有的以物换米。由于竹器制作颇有名气，民国期间，朱米山装门牌号时称“朱米筛”。竹器编制工具简陋，工艺亦不十分复杂，可随做随收，在当地家庭作坊式经营盛行。随着时代发展的进步、产品的不断更新，市场需求的拓宽，竹器产品逐步走向城市、宾馆、企业。

竹匾

1956年，全国开展对私营工商业的改造，传统的家庭作坊逐一兼并，成立“生产合作社”，由手工业联社管理。

清末民国时期境内手工业情况一览表

表 16-1　　单位：家

家庭式作坊	油坊	磨坊	碾坊	砻坊	染坊	豆腐坊	铁铺	木铺	竹坊	裁缝店	铜匠铺	皮匠铺	糟坊	银楼
合计	10	37	2	2	2	20	7	6	37	11	4	5	8	1

第二节　社队工业

1958年9月，硕放成立人民公社后，全社掀起社会主义建设高潮，公社设立工业办公室，领导工业生产。是年10月，全社各工区土法上马，办起小高炉、小农药厂等，后来公社和大队办的工厂称社队办厂，它是乡镇工业发展的主要基础。硕放社队工业的发展主要分三个阶段：社队工业的萌芽阶段（1956—1969年）“折腾多，发展慢，规模小，封闭式”，这是一个艰难曲折的过程；社队工业的起步阶段（1970—1977年）“求生存，谋发展，成规模”，这是一个由量变到质变，逐渐形成规模的过程；社队工业向镇村工业的过渡阶段（1978—1982年）“条件好，调整快，路子宽，基础实”，这是一个健康发展的兴旺时期。

20世纪60年代中后期，农村电力普及。社队工业异军突起，职工实行农忙务农、农闲务工，农村长期执行“劳动在厂，收入归队，评工记分，合理补贴，参加生产队统一分配”的亦工亦农制度。社队工业的起步发展，主要“围绕农业办工业，办好工业为农业”和“三就地”（就地取材、就地加工、就地销售）的基本原则，确定“以小为主、以补为主、以配为主、以联为主”的四个为主和“为农业服务、为城市大工业服务、为外贸出口服务、为人民生活服务”的四个服务的发展指导思想，社队工业的成长壮大为硕放工业的发展转型奠定坚实基础。

一、社办工业

1969年，全社社办厂仅有2家，职工75人。至1982年，全社社办厂发展到16家，职工2653人。当时均为亦工亦农人员，除砖瓦厂、铆焊厂外，都聚集在大墙门镇西唐庄河畔，形成社办工业区。

1.无锡县轻工机械厂

前身是无锡县手工业联社。1954年，全国开展对私营工商业的社会主义改造，境内成立铁、木、竹业三个生产合作社，隶属梅村手工业生产合作社。1957年，改名为硕放乡铁、木、竹业生产合作社。当时靠5个铁墩、7张竹凳、5把竹刀、2台土车床起家，共有人员17人，资金2000元。1958年，属无锡县手工业管理局和硕放人民公社政府双重领导。1961年，由县手工业管理局接管，属大集体性质。当时由县社办企业局分配生产资料，进行家具、竹器和铁制农具等生产，定期缴纳税金，自负盈亏。尔后，县社办企业局根据组织形式和收益分配不合理等具体情况，进行经济改组、生产改组、生产核定、定股定息、人事安排等一系列的调整和组织整顿。同时，扩建铸件车间、机械车间，承接农机铸件加工，农用脱粒机和喷雾器的制造和维修。几经整合，当时的纸盒厂、农机厂、缝纫机厂、塑料厂、印刷厂等单位从中分离，独立建厂，相继组建硕放农具厂、硕放农机厂、硕放综合厂（纸盒、弹花、皮匠、缝纫等为一体）等。20世纪70年代初，以生产铁木器具及其他日用品为主，零星经营农机具维修及外单位小五金零件加工。1975年，手工业联社从县属下放到公社，资产和人员随企业一起下放，基本人员仍享受大集体待遇。研制的苏锡76-4型胶修农具多用机1978年获评“江苏省科技成果三等奖”。在此基础上，在合作商店陆桂根的配合下，研发成功 WT80-2型馄饨机，1980年获评“江苏省科技成果三等奖”。1981年，更名为无锡县轻工机械厂。1994年组建集团公司，20世纪90年代后期集体企业转制。

2.无锡县硕放纸箱厂

前身是1964年由17个职工合股投资起家的纸盒生产合作社，隶属于无锡县手工业联社。当时仅有6把铡刀，1台大冲床和9把手工小刀，为外单位制作墨油盒、药盒和其他多种食品包装盒。经过几年的积累，增加瓦轮机和花线机设备，部分职工开始试制土设备，筹备缝纫机塑料零件的生产。1972年，缝纫机塑料零件投入生产，大部分职工转到塑料零件生产上。1973年，该厂分离，建办缝纫机塑料厂，剩余职工维持纸盒生产。是年，与弹花、皮匠、缝纫等为一体组建成立硕放综合厂。1980年，筹备纸箱大包装，同时扩建厂房，增添设备，加工经营各类纸箱、彩印、包装业务。20世纪90年代中期由江苏宏丰集团公司兼并。

3.无锡县硕放塑料厂（缝纫机塑料厂）

前身是塑料制品厂，1973年与纸盒厂分厂建立，时有1.8万元资产（2台电动机、2台自制的制塑机、1台旧冲床），生产密封件和氧气瓶及手轮开关发家。1975年，国家轻工机械部驻上海办事处慕名到此考察，把该厂作为轻工业部的一个生产点，专业生产“七〇一型”家用缝纫机零件（缝纫机里面的一个齿轮）。1976年，产品通过国家轻工机械部销往杭州、徐州、靖江、洛阳、西安、上海等地缝纫机厂，后由于本高利薄，导致亏损，被迫停产。1979年，开始生产“如意牌”电扇。1981年重建厂房，更新设备，为无锡县申达电机厂发展打下扎实的基础。20世纪90年代中后期集体企业转制。

4.无锡县第六通用机械厂（硕放农机厂）

原是手工业联社的一个机械车间，于1971年从手工业联社分离，先后培植新厂3家（拉管厂、客车厂、铆焊厂）。分离办厂前，在墙西大队唐庄桥租用房屋6间，以2台老式皮带车床，经营农机具修理逐步积累资金，开始电动机生产。7月建造电动机车间、机修车间、仓库及办公用房，工厂初成雏形。当时生产的电动机最大功率3千瓦，后逐渐增到10千瓦。1972年，开办钢柱轴承厂与农机厂，设备仅有球磨机、抛光机2台，两个厂一套班子，统一核算。1973年，在麻纺站天井里搭起5间毛竹棚，开办冷作车间。后经整合，轴承厂又并入农机厂。1975年，在电动机正常生产情况下，又扩建厂房16间（8间门面的楼房）开办汽修车间。1978年，投资20万元购进大拉机1台，筹建拉管车间。1979年，自行设计的喷浆机投入生产，喷浆机被广泛应用于城防建筑。1980年，增加生产250公升搅拌机和 M711型蒸呢机，电动机停止生产。1981年冬，试验生产拉丝机，开始投入各种规格型号的拉丝机生产，在硕放社队工业的发展史上独占鳌头。无论在硕放工业萌芽成长和起步发展阶段，还是发展到向镇村工业迅猛崛起的过渡阶段一直起到领头羊的作用。1982年，实现产值146万元，上缴利税25.05万元。1992年组建集团公司，20世纪90年代中后期集体企业转制。

5.无锡县拉管厂

1978年，由无锡县第六通用机械厂投资筹建而成。厂房建筑面积3348平方米，有职工110名。拉管车间主要经营不锈钢管和无缝钢管的加工改制，金工车间各有车床、刨床、磨床、冲床等生产必需设备及辅助设施。1979年投入生产，2台20吨拉机、1台行车、1座回火炉，40多名职工三班制作业。当年实现产值51.6万元，获利17.58万元。翌年，在原来两幢28间厂房和2间配电室的基础上，增建12间厂房、4间发电间和配电室。同时建楼房27间，用作食堂、宿舍、办公、仓房。增添240千瓦发电机组及各种矫直机和小拉机设备。生产秩序井然，管理逐渐完善，营销队伍日趋强大，是江苏省第一家不锈钢无缝钢管的专业生产企业。产品经销苏州、无锡、常州、安徽、浙江等地区的金属公司、土产公司、锅炉厂、轻机厂等单位。1982年，实现产值168万元，上缴税金10.6万元，名列全社前茅。1992年组建集团公司，20世纪90年代中后期集体企业转制。

6.无锡县客车厂

前身是硕放汽车修理厂。1976年1月，公社从有利于工业生产的发展考虑，决定无锡县第六通用机械厂将汽修车间和冷作车间及部分设备共计价值27万元的资产划拨，筹建硕放汽车修理厂。分厂后，先后得到上海汽车制造厂保障供给汽车配件和上海汽车三厂的技术培训支持。1977年，派工作人员到上海安亭小客车厂培训，是年冬面包车投入生产。1978年初，第一辆面包车出厂，紧接着络绎不绝，各社会集团竞相购买。下半年，社会购买面包车受到江苏省计划委员会集团购买控制办公室控制，面包车生产受阻。此外，还派人到苏州地区学习大客车生产。开创生产“623型面包车”“641型大客车”和车辆修理三者并举，生产直线上升的新局面，连续三年生产形势看好。1980年5月至8月，厂区面积由原10亩扩展到40亩，建造厂房50间（生产车间、食堂、办公室）。翌年，又增加200吨压机等设备资产。同时，再建三层6间和两层4间厂房，添置缝纫机100多台，开设绣品车间。1981年，又增加生产“421型环境监测车”，年产量达100多辆。在硕放社办厂发展的历史上，与无锡县第六通用机械厂、无锡县拉管厂三足鼎立，成为社办工业的“三巨头”。1982年，全厂实现产值408万元，利润42.3万元，上缴利润及税收47.46万元，名列全社之首。20世纪90年代中期由无锡通达不锈钢集团公司兼并。

雄鹰XK625型小型客车

7.硕放铆焊厂

位于京杭大运河硕放大桥北桥堍下。原是农机厂的一个车间，1971年划归汽车修理厂，1978年8月单独建厂，厂区占地面积20亩，厂房建筑面积1934平方米。分冷作、金工两个车间，主要加工生产各种规格及类型的行车、QTg-40塔式起重机、MG 80-1手扶抹光机。

还曾生产过炼钢用的38吨盛钢桶和中间包。加工生产的最大行车是龙门行车，负荷量20吨，跨度28米，产品销往上海、北京、抚顺、黑龙江、连云港、南京、杭州、新疆维吾尔自治区等地。金工车间主要辅助冷作生产，兼营其他金属加工。办厂之初，14间厂房既当冷作车间又作金工车间和办公室，全厂仅40多个工人，依靠1台卷板机、5台电焊机和10多瓶氧气罐进行生产。同时，利用1台土镗床、2台6136车床和1台 Z32横臂钻床自我武装。1979年实现产值70万元，利润23万元。在蓄足资本的基础上又扩建金工车间和厂部办公室及宿舍、食堂。在京杭大运河边修筑长150米、高2米的石驳岸，为企业的发展夯实基础。1994年加入江苏盈发集团公司，20世纪90年代中后期集体企业转制。

8.硕放水泥制品厂

原是硕放建筑管理站的附属工厂，1976年组建水泥制品厂，隶属硕放建筑管理站管理。当时，建筑工程前景十分看好，农村集体单位、厂房扩建，百姓造房盛行。加上水泥建筑构件是新型的造房专用材料，生产量越来越大，市场供不应求。1980年8月，从硕放建筑管理站划出，单独建立工业生产型企业，生产水泥楼板、水泥桁条及其他民用建筑构件，销往上海、苏州、无锡等地，并承接外来水泥预制构件。同时，为当地企、事业单位的工程建设和社员家庭造房提供极大的方便和优质的服务，为社队工业的发展注入新的活力。20世纪90年代中期由硕放汽车附件厂兼并，后加入江苏盈发集团公司。

9.硕放麻类加工收发站

简称麻纺站。硕放织麻布历史悠久，追溯到清乾隆年间（1736—1796年），境内已有织麻布、缝麻袋的家庭手工业，民国时期较为盛行。解放后，在地方政府的重视下，1952年墙门区成立麻布协会，推广和发展麻布生产。1957年秋，乡筹建麻布厂，调集能工巧匠进厂，厂址在近墙门镇的唐庄桥，租用民房作厂房，进厂人员自带土布机与附属设施。当时进厂织布机70台，职工130名。1959年“大兵团”作战模式结束，租用的厂房退回，麻布厂又搬迁至墙北许卖的万头畜牧养殖场，但好景不长。为纠正人民公社化刮起的“浮夸风、平调风”，平调使用的房屋必须退回，麻布厂被迫停产解散。当时，织布职工属鲁家园居多，故转移到鲁家园办起两个分厂。1960年，重组麻布生产，成立无锡县手工业联社硕放麻类加工收发站，站址设在六一大队庙下（南河大王庙内）。1966年5月，根据无锡县手工业管理局文件精神，麻类加工的收发站下放到公社来办。当时，加工市场进一步拓展，加工产品从原来的江浙一带太湖流域逐步扩大到杭州、嘉兴、上海、舟山以及苏北洪泽湖、安徽巢湖、江西鄱阳湖及山东等水网地区。其时，全社80%左右的村庄家家户户、老老小小利用空闲以及晚上时间，参与撕麻调经、编织麻布的家庭副业行列。20世纪70年代早期，随着科技事业的发展，以塑制品原料聚乙烯丝替代麻类原料，以机械化生产替代土布机劳作，新一代渔网布、包皮袋布问世，麻布生产渐被市场淘汰。后改名为硕放织布厂。

10.无锡县硕放织布厂

前身硕放麻类加工收发站，简称麻纺站。麻布生产淘汰后，麻纺站仅留10多人，经营莳秧线和渔网线的绷线加工。1976年，从上海买进1392型160锭绷线车1台，人员发展到27人，产品销往南方各省、市、县农贸公司。1977年，又添置193型绷线车2台（80锭），增加生产锦纶和维纶出口线盒。当时，全省绷线生产只有两家，而农业（渔业）的需求量较大，加上绷线质量过硬，发展势头甚好，至1980年仍为该厂的主要产品。1977年初，建造织布车间，厂房面积2501平方米。同时置办4台1511型布机（204锭），4台翻桶车和自制1台纡子车，当年开织尼龙线布。1978年，又增加20台1511型布机，改织手帕布。翌年，增加织维棉布。1980年，又扩展20台布机，进行中长布和中长华达呢布生产。1982年，实现产值191万元，利润15.1万元，上缴利税8.13万元。20世纪90年代中后期集体企业转制。

11.硕放砖瓦厂

硕放砖瓦厂

1972年2月，成立砖瓦厂筹建领导小组。是年3月25日破土动工。整个厂区占地包括坯场100亩左右，有59间厂房，1台450型制砖机及整套一条龙生产设备。另有200千瓦发电机组，305名职工分大窑、小窑、制砖、机修、包装带5个车间。轮窑筹建阶段，经过8个多月的艰苦奋战，一座长39米，宽15米，共有24个烧火门，烟囱高40米，上口径1米，下口径4米的转式轮窑建成。1972年11月，点火烧砖，当年产85红砖800万块。1973年至1975年，红砖产量保持在1500万块，年产量最高纪录为2000万块红砖、300万片瓦。当时，社会砖瓦用量供不应求，为缓解矛盾，在农村14个小窑（五一、六一、七一、新联、里新、硕放、红星、红力、红光、建丰等大队）的基础上，该厂于1973年建立小窑车间（相邻3只小窑），主要生产加六瓦（本瓦）、望砖、四料砖，供给全社集体单位和农村家庭的老房改建及主要道路的铺设，逐步改善农村的居住条件，解决农民渴望已久的老屋翻旧建新问题，为改善民生作出不可磨灭的贡献。1982年产值达60万元，上缴利税5.89万元。1991年停产歇业。

12.硕放开花厂

在无锡县生产资料公司的扶持下，组建于1968年，厂址在墙西香花桥东侧唐庄河畔，厂房建筑面积近400平方米。主要生产设备有轧花机、打包机等。工艺简单，操作工将皮棉输送到轧花机里，将棉花与棉籽分离，棉花打包，即加工而成。1969年10月，在轧花过程中，轧花轧出铁屑与转动机械摩擦，爆出火星，引燃皮棉，引起重大火灾，全部资产毁于一旦，被迫关闭。

13.硕放花炮厂

1969年，公社在八一大队杨兴南的家庭花炮小作坊基础上，由八一大队沈伯荣负责组建为硕放人民公社花炮厂。厂址设在硕放中学校舍内。当时花炮制作是用粗糙纸、硫磺加木炭碾磨成火药。火药是一种烈性爆炸物，虽制作简单，但危险性甚大。当年为吸取硕放开花厂大火劫难的沉痛教训，加上中国共产党第九次代表大会胜利召开，学生返校复课，公社党委决定撤厂停办。

14.硕放五金工具厂

始建于1971年，厂区占地面积3.5亩，厂址在原硕放开花厂的废墟上得以重建。兼并原硕放、八一两个大队的小五金厂，其生产设备是小型仪表车床、铣床和锉齿机。主要经营手用螺丝锥和圆板牙的生产。产品销往江苏、江西、广东、甘肃、湖南、湖北、河南、河北等地。1975年，由于缺乏技术改造，生产的螺丝锥和圆板牙受市场制约，最终停产。按照当时“乡镇企业船小调头快”的特点，迅速调整产品结构，向高科技电子元件探索，后改名为无锡县电子元件厂。

15.无锡县电子元件厂

前身硕放五金工具厂。1976年新建楼房一幢，更新装配仪表车12台，小仪表车6台，6136车床1台，四尺半车床1台，自制土钻床6台。生产产品向电子元件转移，在安徽黄龙八三七〇工厂的技术指导下，于当年冬开始 Cr_3、Cr_4的试样生产。该产品规格 Cr_3从0.01到4微法，Cr_4从39P 到6800P，由氧化银、硝酸银、二甲苯等72种原料混合组成。整个生产经过配方、轧膜、印叠、镀头、焙烧、焊接、镀漆、测试、打字、检验、包装11道工序。1978年，注册登记“无锡县电子元件厂”。置办8台仪表车床，1台轧膜机，继续进行试样生产。1979年，五金加工缩编为金工车间，仍然生产锥梢和柱梢，大部分投入电子生产，对外启用五金、电子两个厂名，内部实行一套班子、统一管理、单独核算。1982年，实现产值67万元，上缴利税14.52万元。20世纪90年代中后期集体企业转制。

16.硕放印刷厂

前身硕放尼龙制品厂，于1980年建立。当时在“以工养文”的思想指导下，公社文艺宣传队办起尼龙制品厂，后改为印刷厂，经营纸张塑料印刷，由公社文化站直接领导，主营业务与无锡、苏州、上海等市的对口工厂建立关系。坚持白天厂内工作，晚上排练演出节目，既减轻公社的经费支出，又提高宣传队员的福利待遇。1982年，实现产值11.74万元。后并入硕放纸箱厂。20世纪90年代中后期硕放纸箱厂由江苏宏丰集团公司兼并。

二、队办工业

20世纪60年代，队办企业星星点点，在家庭作坊模式中演变。境内很少有队办企业，仅有个别生产队社员联手出资，办起与农业生产、人民生活密切相关的小型加工厂。1956年，新星大队角里村范阿纪发起建办乐器厂，为苏州民族乐器厂加工零部件，这是硕放第一家从作坊经营模式中走出来的队办企业。1963年，红星大队开办红星五金厂，主要生产各种规格的六角螺丝、螺帽。春光大队工业起步较早，1967年筹办五金厂，修理脱粒机和各种农机具，加工拖拉机零部件；后又生产自行车、摩托车坐垫，电风扇部件等。1967年，东方红大队前进生产队队长陆启良，组织队里的竹匠，办起竹器厂。1968年，六一大队综合厂组建木工车间、漆工车间，为苏州西乐器厂加工大、小提琴的琴轴等乐器配件。1969年，硕放大队以西湾生产队办的小五金加工厂为本，利用下放工人的一技之长，在东湾老农会学堂里，砌几个炉子，经营小五金加工；后被公社吸纳，办社办五金厂。其时，人们从磨坊、碾坊、砻坊的生产模式中探索，各大队粮饲加工厂相继问世。在社办工业、手工业联社发展的启示下，各大队利用农村工匠的一技之长及传统手工业的优势，择优选才，组建以刺绣、缝纫、纺织、编织、印刷、剪纸、铁木竹加工等"一条龙"生产服务的综合厂。当时以"农兼副"管理模式，逐步健全管理组织、管理职能、管理制度，为后阶段队办工业的茁壮成长奠定坚实的基础。

1970年，中共无锡县委第四次党员代表大会号召"围绕农业办工业，办好工业为农业"。境内掀起大办"五小"（小农机、小五金、小纺织、小化工、小建材）工业的热潮，集中必要的人力、物力、财力，大力发展支农工业。这一时期，社队携手，相互配套。各大队因地制宜，陆续办起五金厂、农机农具修理厂、电讯器材厂、绣花厂、砖瓦小窑、渔网织布厂、儿童用品厂等。

20世纪70年代硕放人民公社队办企业一览表

表 16-2

大队名称	企业名称	负责人	主要产品、业务渠道
五　一	硕放五一综合厂	蔡兴荣	服装、刺绣来料加工
六　一	六一木器加工厂	夏福民	铁路木道尺、西乐器配件、医用木箱盒，销往苏州西乐器厂、医疗器厂
	六一渔需网布厂	鲁根大	尼龙丝渔需网布，销往硕放麻纺站
	六一粮饲加工厂	钱德华	粮食、粮饲加工
	六一童帽加工厂	顾正平	童帽来料加工，苏州外贸公司
墙　西	墙西五金厂	陶小弟	小五金、螺丝螺帽加工，销往苏州
七　一	七一农机厂	徐纪达	柴油机配件，无锡市、县农机公司
	七一童帽厂	邹雪康	加工阿拉巴童帽，苏州儿童用品厂，外贸业务
	七一电镀厂	杜永才	镀锌、铜、铬、镍，华庄拖拉机厂，苏州电表厂
新　联	新联五金厂	朱寿元	加工生产铜、铁螺丝、手扶拖拉机零配件等
	新联砖瓦窑厂	诸阿莲	85青砖、望砖、本瓦，社员燃料调换
新　农	新农砖瓦窑厂	陆文云	85青砖、望砖、本瓦，社员燃料调换
	新农五金厂	陆中和	锭子水平仪
里　河	里河农机具修配厂	施小弟	螺丝、螺帽小五金，苏州仪表元件厂
	里河服装加工厂	管水生	加工服装
里　新	里新塑料印花厂	朱水根	丝网印花
	里新无线电元件厂	王金荣	冲压件
	里新砖瓦厂	俞桂泉	85砖、本瓦等
新　星	新星五金厂	陆建华	加工手扶拖拉机零配件
先　锋	先锋模具厂	徐浩文	木模
	先锋五金厂	浦学文	五金加工

续表 16-2

大队名称	企业名称	负责人	主要产品、业务渠道
建　农	建农童帽加工厂	吴启兴	与苏州儿童用品厂加工童帽、童鞋
	建农电工电讯器材厂	谢仁根	自产自销
硕　放	硕放五金加工厂	吴金坤	螺丝、螺帽、铁桶、电扇等，销往市五金公司
	硕放绣花制品厂	薛培荣	苏绣，苏州外贸公司加工
	硕放帽料厂	沈水根	代苏州、无锡鞋帽公司加工帽料
	硕放剧装厂	吕明兰	为戏剧团加工戏衣
五　星	五星五金厂	杨虎根	五金加工
建　新	建新冷作厂	朱云生	锅炉配件、法兰，上海市4805工厂
	建新化工厂	朱继平	碱式氯化铝、氯化钙，定点单位上海自来水厂
红　星	红星农机厂	林建荣	为县拖拉机厂加工农机配件
	红星综合厂	邹浩兴	擦车布等
	红星砖瓦厂	华福其	望砖、本瓦，为民服务
和　平	和平综合厂	王继中	竹签、竹马、螺丝、螺帽、冷作件
	和平冷作厂	杨根泉	五吨以下双梁、单梁行车
光　明	光明粮饲加工厂	奚巧生	开砻、打草糠、磨米粉
	光明柳条厂	周才宝	编织柳条筐及各种油石包装箱
	光明油石厂	沈金根	圆形、三角形、长方形等主要产品
红　力	红力马铁机件厂	尤祖根	钢管脚手扣件
红　光	红光农机厂	吴进高	拖拉机配件
东方红	东方红绣花厂	陈国祥	机绣枕花，为苏州绣品厂加工
	东方红成革厂	陈国祥	枕边缝合，为苏州绣品厂加工
	东方红五金厂	陈国祥	螺丝攻
	东方红竹器厂	陆启良	蚕匾、缸帽，为硕放供销社定点加工
	东方红钢窗厂	华寿元	钢窗，销往新疆克拉玛依油田
建　丰	建丰农机厂	盛松林	为县拖拉机厂加工拖拉机配件
渔　业	渔业五金加工厂	朱银泉 冯纪兴	鞋钉、8瓦镇流器的矽片、变压器矽片、磁蕊
八　一	八一帽片厂	张永林	帽片，销往苏州
	八一竹器厂	朱景德	架手板，销往苏州
	八一五金厂	华士明	小五金，销往苏州、无锡
	八一包装带厂	马兴根	包装带，销往附近单位
春　光	春光粮饲加工厂	毛才福	粮饲加工，为民服务
	春光水泥预制场	毛才福	预制楼板，为民服务
	春光五金厂	杨水泉	修理农具、五金加工
	春光绣花厂	杨水泉	苏州绣品厂加工机绣花业务
	春光纸管厂	袁德明	纸管，销往杭州、江西
	春光炼锡厂	陆生元	电解锡，销往无锡第六制药厂废水
	春光沙发厂	陆生元	汽车坐垫、家用沙发，为社办客车厂定点生产

20世纪80年代初，社队企业初具规模。借鉴农业联产承包责任制的经验，积极推广无锡县堰桥乡“一包三改”（全面实行经济承包责任制，改干部任免制为选聘制，改工人录用制为合同制，改固定工资制为浮动工资制）和“三制配套”（厂长任期目标制、企业两

级核算制和集体经济内部审计制）的成功经验。在继续完善承包机制，激励机制和增强企业活力的同时，更注重强化积累机制，约束机制和宏观调控机制，初步形成以“两权分离、双层经营、两级核算、两段分配、两个市场”为基本特征的新的改革思路。中共十一届三中全会将社队工业纳入国民经济计划。各大队多业并举，绝大部分企业从加工型转为生产型，行业门类齐全，产品结构完整，销售渠道拓宽。1982年，全社24个大队共有队办企业51家，企业职工2314人。队办企业职工都是农忙务农、农闲务工的“亦工亦农”人员，为硕放工业的起步和发展作出不可磨灭的贡献。

1982年硕放人民公社初具规模队办企业一览表

表16-3

大队名称	企业名称	负责人	职工（人）	产值（万元）	利润（万元）	主要产品
五　一	五一综合厂	蔡兴荣	206	29	-0.80	服装、刺绣
六　一	六一木器加工厂	夏福民	50	6	2.00	西乐器配件、医用木箱盒
墙　西	墙西综合厂	邹建平	40	20	4.00	钢管蚕台
七　一	七一电镀厂	杜永才	21	47	5.00	金属件上镀锌、铜、铬、镍
新　联	新联五金厂	朱寿元	39	11	2.30	电动机、拖拉机配件
新　农	新农五金厂	陆永年	12	4	-0.30	五金加工
里　河	里河塑料厂	周惠民	75	80	15.00	电视机接插件、电器配件
安　桥	安桥氧化厂	华瑞康	45	58	20.00	铝氧化和表面处理
里　新	无锡县炒货食品厂	陆小龙	70	120	12.00	各种炒货
先　锋	先锋木模厂	徐浩文	16	17	0.80	木模
建　农	建农电工电讯器材厂	谢仁根	60	110	25.00	控制变压器
硕　放	硕放五金加工厂	陈根林	286	31	1.43	螺帽、网罩、滚姆
五　星	五星帆布厂	方亭康	25	15	1.80	帆布加工
建　新	建新化工厂	朱继平	30	12	0.80	尿醛树脂、环氧树脂胶粘剂
红　星	红星农机厂	林建荣	40	25	5.00	加工齿轮、行车滚轮、半自动制钉机
和　平	和平综合厂	邵辅南	75	120	15.00	铸件、五金加工，双梁、单梁行车
光　明	光明振动器厂	沈三南	35	14	1.80	建筑工地振动棒、磨光机
红　力	红力钢窗厂	张新根	65	120	15.00	钢门、钢窗
红　光	红光农机厂	钱新元	45	60	7.00	手扶拖拉机配件
东方红	东方红钢窗厂	华寿元	80	100	15.00	钢窗
建　丰	建丰农机厂	黄再庆	53	18	1.91	五金加工、手扶拖拉机配件
春　光	春光沙发厂	陆生元	50	80	20.00	汽车坐垫、家用沙发
八　一	八一综合厂	马兴根	102	26	2.33	竹器、五金、帽片、包装带
渔　业	无锡县硕放电器厂	戴淦生	12	6	1.50	电抗器、镇流器

三、社队办厂的经营成果

社队工业“从无到有，从小到大”，一部分企业规模扩大，社队企业靠市场调节和间接计划，工厂不吃大锅饭，工人没有铁饭碗（大部分人员为亦工亦农），干部不是终身制。充分发挥其灵活性、适应性的特点，适应市场变化。当时为多数加工工业当配角，发挥补缺配套作用，补国家计划之不足。至1983年，注册登记的社队工厂有67家，坚持“以工补农”政策为前提，不断完善内部管理，调整产品结构，推动企业联合，拓宽市场营销，提高经济效益。10多年来，工业总量以45%的平均增长速度快速递增，为镇村企业的进一步发展创造条件。

1969—1982年（部分年）硕放人民公社社队工业综合情况表

表 16-4

年份	层　次	企业个数(个)	职工人数(人)	产值(万元)	利润(万元)
1969	社队合计	4	87	21.98	2.05
	社　办	2	75	21.25	2.00
	队　办	2	12	0.73	0.05
1972	社队合计	25	750	193.65	47.83
	社　办	9	445	157.09	38.69
	队　办	16	305	36.56	9.14
1975	社队合计	36	1963	393.73	94.43
	社　办	8	970	232.55	40.64
	队　办	28	993	161.18	53.79
1978	社队合计	46	3377	969.45	153.44
	社　办	11	1509	692.13	81.76
	队　办	35	1868	277.32	71.68
1980	社队合计	59	4406	2061.26	360.95
	社　办	12	1961	1310.16	196.92
	队　办	47	2445	751.10	164.03
1982	社队合计	67	4967	2601.35	269.37
	社　办	16	2653	1786.41	151.06
	队　办	51	2314	814.94	118.31

说明：20世纪60年代少量的队办企业经营数据尚未列入工业上报，仅作农村副业统计

第三节　镇（乡）村工业

20世纪80年代至90年代为乡镇工业快速成长、转型发展时期。中共十一届三中全会确定的路线、方针、政策为国民经济的发展创造前所未有的历史机遇，同时也为乡镇工业的发展提供重要条件，使乡镇工业进入成长、壮大、快速发展的新阶段。硕放乡（镇）党委、政府运用乡镇工业灵活的经营机制，调整产品结构，提出乡镇工业“五个轮子一起转”（乡办、村办、联户办、个体办和条线办）的发展战略，形成一定规模的农村工业体系。在此期间，乡镇企业发扬“四千四万”的创业精神、“一包三改”的改革开拓精神、“三上三创”

的奋发向上精神、年年困难年年上的积极进取精神、农村建设“一盘棋”的全局精神。乡镇工业在激烈的竞争中不断发展壮大。乡镇工业的所有制以乡村集体经济为主，企业规模以中小型为主，技术结构以机械工业为主，产品门类为劳动密集型和技术密集型兼而有之。陈旧的技术设备得到更新改造，技术管理队伍茁壮成长，横向联合之路越发宽广，出口创汇步伐加快，企业规模愈显强大。尤其是20世纪90年代中后期，镇村集体企业产权制度全面改革，股份制企业、有限责任公司、私营企业应运而生。乡镇企业迅猛崛起，为转型升级发展奠定坚实基础。2000年，全镇镇、村两级工业企业237家，职工6191人，实现工业产值16.52亿元，销售收入13.81亿元，利税总额1.11亿元，职工人均分配7694元。进入21世纪，镇村工业企业隶属工业园区产业。

一、新经济联合体

1983年和1984年的中共中央一号文件，充分肯定乡镇企业在中国经济现代化建设中的地位和作用。各级政府对发展乡镇工业给予政策上的优惠和扶持，乡镇工业取得较大发展。此后的10年中，工业产值年均增长速度为40%，乡（镇）办、村办企业从逐年增多到逐年增大。工业总产值从1983年的2898万元发展到2000年的16.52亿元，增长了57倍。

1983—2000年（部分年）硕放镇（乡）村工业情况表

表 16-5

年份	层次	企业数量（家）	职工人数（人）	工业总产值（万元）	销售收入（万元）	利税总额（万元）	年末固定资产总额（万元）	职工分配	
								报酬总数（万元）	人均分配水平（元）
1983	全乡合计	78	5068	2898	2608	554	—	—	—
	乡　办	13	1974	1609	1448	336	—	—	—
	村　办	57	2499	922	830	186	—	—	—
	其他条线	8	595	367	330	32	—	—	—
1986	全乡合计	154	7377	9912	8039	829	2311	792	1074
	乡　办	13	2952	5516	4213	487	1783	361	1221
	村　办	108	3707	3650	3129	287	528	365	983
	其他条线	33	718	746	697	55	—	66	919
1988	全乡合计	184	9764	19942	18702	2540	3980	1316	1348
	乡　办	14	3227	8533	8892	1069	2530	463	1433
	村　办	133	5733	9984	8878	1315	1450	741	1293
	其他条线	37	804	1425	932	156	—	112	1393
1990	全乡合计	190	9603	21084	17738	1842	4772	1279	1332
	乡　办	13	2997	8302	7295	588	2586	439	1469
	村　办	133	5647	10483	8807	1150	2186	722	1278
	其他条线	44	959	2299	1636	104	—	118	1230
1992	全乡合计	153	9224	56278	46342	5132	8245	1816	1969
	乡　办	12	3050	28946	25165	2196	4473	751	2464
	村　办	120	5491	24317	18955	2652	3772	952	1734
	其他条线	21	683	3015	2222	284	—	113	1655

续表 16-5

年份	层次	企业数量（家）	职工人数（人）	工业总产值（万元）	销售收入（万元）	利税总额（万元）	年末固定资产总额（万元）	职工分配	
								报酬总数（万元）	人均分配水平（元）
1995	全镇合计	139	7768	114329	76818	3446	19432	3060	3939
	镇　办	7	2849	66972	45587	1214	10627	1314	4612
	村　办	108	4387	44175	28706	2069	8805	1584	3611
	其他条线	24	532	3182	2525	163	—	162	3045
1998	全镇合计	186	5960	95303	83611	4305	27053	3420	5738
	镇　办	7	1723	31024	28969	729	11675	1053	6112
	村　办	153	3805	48261	41749	3256	13276	2136	5614
	其他条线	26	432	16018	12893	320	2102	231	5347
2000	全镇合计	237	6191	165183	138110	11108	30243	4763	7694
	镇　办	10	1577	48584	41667	2187	13061	1227	7881
	村　办	189	3962	93264	81005	6202	13880	2999	7569
	其他条线	38	652	23335	15438	2719	3302	537	8236

说明：此表不含村以下工业

1984年2月，中共无锡县委召开“两户一体”勤劳致富表彰大会，提出在农村工业上要有新突破，乡镇工业要“乡办、村办、小队办、条线办、联合办、个体办”六个方面一齐上。当时，条线办企业、联合体及个体小工业如雨后春笋般在境内不断涌现，尤其是个体工商户迅猛发展，从1985年的380户发展到1990年的1215户。特别是个体工业凸显强大的生命力，推动全镇集体企业转制工作进程。

1985—1990年硕放乡工业经济联合体情况一览表

表 16-6

年份	镇（乡）合计		镇（乡）办企业		村办企业		村以下办工业			专业户（户）
							生产队（组）	联合体	个体	
	职工人数（人）	产值（万元）	职工人数（人）	产值（万元）	职工人数（人）	产值（万元）	产值（万元）	产值（万元）	产值（万元）	
1985	7651	9224	3729	6000	3639	2947	92	88	97	380
1986	8750	10283	4004	6262	4287	3650	123	109	139	585
1987	9113	14375	4118	7506	4580	6460	133	133	143	641
1988	9468	19942	4319	9565	4889	9984	56	214	123	858
1989	9127	19051	4120	9986	4547	8757	105	58	230	1032
1990	8533	23286	3813	10601	4415	12332	48	42	263	1215

1987年，乡办工业稳步增长，村办工业突飞猛进，生产队、联合体、个体工业齐头并进，工业在硕放经济中的主体地位更为突出，工业总产值的比重占全乡全社会总产值的89%，以39%的速度快速递增。雄厚的技术、精湛的设备、周到的服务、齐全的工业行业

为国内外提供各种优质产品。产品不但遍及全国各地，还远销西欧、东南亚，外贸供货以20%的速度递增。尤其是新经济联合体的崛起，村办工业产值成倍增长，增长率达95.5%，比全县村办工业平均增长速度高44.9个百分点，消灭百万元产值以下的村。

1987年硕放乡、村工业产品目录一览表

表 16-7

企业名称		主要产品		厂 长	厂 址
		名称	规格型号		
乡办企业	无锡县拉管厂	碳结无缝钢管	管径6—127毫米 壁厚1—10毫米	费干泉	墙门镇
		不锈无缝钢管	管径6—108毫米 壁厚1—10毫米		
	无锡县铝加工厂	铝合金型材	轻工业型材 车辆、船舶型材 建筑，装潢、装饰类型材	毛兴宝	墙门镇
	无锡县第六通用机械厂	拉丝机	LW-6/560 LW_1-6/360	黄锡伦	墙门镇
		水箱式拉丝机	LT_2-11-15/350、LT-11/450、LT-12/250、LT-10/200	黄锡伦	墙门镇
		轧尖机	8—2毫米		
		卸线机	350千克		
	无锡县客车厂	旅行车9座、13座、15座、18座	XK621型、XK621 A型、XK621 B型、XK625型、XK625 A型	李宪武	墙门镇
		计划生育车	XK130 E型、XK625 EY型		
		环保监测车	XK130 HN型		
		家畜繁育车	XK130 NE型		
		救护车	XK130 JH型、XK625 JH型		
		国土测量车	XK625 GJ型		
		工商管理车	XK625 GL型		
		税务检查车	XK625 SW型		
		劳动保护车	XK625 BH型		
		物价检查车	XK625 WJ型		
		双排座客货车	XK130型、XK130 A型		
	无锡县混凝土机械厂	手扶混凝土抹光机	MG80-1型	黄锡庆	京杭大运河硕放大桥北桥堍
		混凝土振动梁	ZDL		
		混凝土切缝机	HGG87-1型		
		混凝土路面拉毛机	LM87-1型		
	无锡县汽车附件厂	双速直流电动刮水器130备胎架	CF400—CF1040	杨水泉	墙门镇
		直流电焊机	0—315安		
		不锈钢金属软管	TMH201-20、TMH201-15		
		手工钨极氩弧焊控制器	NSA-300型		
	无锡市华达电机一分厂	三相异步电动机	$Y80_1$-2等各种型号	吴洪昌	墙门镇
	无锡县电子元件厂	玻璃轴独石瓷介电容	CT4、CC4	顾桂春	墙门镇

续表 16-7

企业名称		主要产品		厂长	厂址
		名称	规格型号		
乡办企业	无锡县硕放织布厂	涤棉布	幅宽：38.5英寸 纱支：$45^{S}\times45^{S}$ 经纬密度：96×87 96×72	赵惠甫	墙门镇
		纯棉布	幅宽：38.5英寸 纱支：$42^{S}\times42^{S}$ 经纬密度：63×62		
		中长派力思	幅宽：63.5英寸 纱支：$32^{S}\times32^{S}$ 经纬密度：70×62		
		色织涤棉布	幅宽：48.5英寸 纱支：$45^{S}\times45^{S}$ 经纬密度：100×70		
	无锡县轻工机械厂	高温高压卷染机	M141-160型 M141-180型	周渭江	墙门镇
		平幅等速卷染机	M125B-130型 M125B-160型 M125B-180型 M125B-110型 M122-160型 M122-180型		
		呢毯整理机	LQ911型		
	无锡县硕放彩印纸箱厂	各类彩印纸箱、纸盒	—	钱国治	墙门镇
	无锡县硕放砖瓦厂	八五红砖	8×5	鲁凤高	孙典桥村
		加六瓦	—		
		双块望砖	8×5		
	无锡县硕放水泥制品厂	水泥空心预制板	YKB、YKA	蔡水德	墙门镇
		水泥桁条	YCT		
		各类小构件	—		
村办企业	无锡县硕放幼教玩具厂	空心积木	大号	朱建南	墙门村
		宫殿积木	大号、中号		
		幼儿彩色拼图	—		
		幼儿智力接龙游戏	—		
		智力彩色七巧板	—		
	无锡县硕放电控五金厂	各类电器控制箱(柜)	—	朱建南	墙门村
	无锡县硕放渔需网布厂	水箱网	60厘米×80厘米	鲁林祥	墙南村
		银鱼网	60厘米×80厘米		
		撇网	40厘米×80厘米		
	无锡县硕放起重设备厂	单、双梁行车	10.5—38米 1—50吨	鲁过根	墙南村
	无锡县小型农机制造厂	脱粒机	5TD-90型	邹菊泉	墙西村
		小刀盘开沟机	1K-402型		
		稻麦条播机	—		
		碾米机	80-1型		

续表 16-7

	企业名称	主要产品		厂长	厂址
		名称	规格型号		
村办企业	无锡县小型农机制造厂	砻谷机	XL-180型	邹菊泉	墙西村
		农用打风机	—		
		圆盘割晒机	—		
	无锡县硕放电焊机厂	对焊机	5—15千伏安	邹家明	墙北村
		脚踏开关	LT-1		
		混凝土振动台	HZT-10.6×0.6米		
		汽车轮胎剥装机	QT-1		
	无锡县硕放通用电控厂	电器控制柜	BFC低压抽屉系列	朱荣本	墙北村
			PGL低压柜系列		
			TGN镉镍电池柜系列		
	无锡县硕放电机配件厂	电机风罩	Y80-180 J80-180	吴子英	孙典桥村
	无锡县硕放电控设备厂	日光灯整流器	20瓦、30瓦、40瓦	惠　君	新农村
		控制变压器	BK50—2000瓦 ST50—2000瓦		
	无锡县硕放里河五金塑料厂	电视机电器接插件	—	朱洪元	里河村
	无锡县球厂	牛皮大花足球	SWB32	邹华民	安桥村
		复合黑白大花足球	SWB32 S		
		复合黑白中花足球	SWB432 S		
		牛皮中花足球	SWB432		
		仿皮大花足球	KS32 S 、KWB32		
		仿皮中花足球	KWB432		
		小仿皮花足球	KWB332		
		仿皮儿童足球	KWB2110		
		牛皮排球	KY311		
	无锡县炒货食品厂	西瓜子	水果型	陆小龙	里新村
			传统型		
		月饼	广式（大）、苏式（小）		
		兰花豆	甜、咸		
	无锡县硕放电位器厂	带开关电位器	WTK4.7K-470K	徐正南	里新村
		直滑式电位器	WH-20.1K-1000K		
		小型带开关电位器	WH-15		
	无锡县硕放炒货食品厂	西瓜子	酱油、奶油、佳梅、九龙	徐云泉	黄家门村
		小胡桃	—		
		白瓜子	—		
		花生果	—		
	无锡县硕放电视机接收器厂	电视定向接收天线	U/V兼容-5.7.9型	浦煜文	黄家门村
		单向性电视接收天线	三维可调型		
	无锡县硕放模纺厂	复印机复速箱	F1200	胡扬忠	黄家门村
	无锡县硕放先锋化工厂	磷酸	85酸	周大兰	黄家门村
	无锡县硕放电工电讯器材厂	升降多用控制变压器	BK50—2000瓦	许炳生	西典巷村
	无锡县硕放塑料厂	仿铁塑料日光灯架	20—40瓦	顾浩勤	西典巷村
	无锡县硕放环形灯具厂	环形日光灯	22瓦、32瓦	陈永福	西典巷村

续表 16-7

企业名称		主要产品		厂 长	厂 址
		名称	规格型号		
村办企业	无锡县针织机械配件厂	Z201台车针织弹簧针	22、28、$32^{\#}$	陈根林	硕放村
		Z201台车针织机械滚姆	20、22、28、32、34、36、$40^{\#}$		
		Z201台车针模	20、22、28、32、34、36、40^{*}		
		提花袜机	3.5 160针503A 3.5 240针503A		
	无锡县硕放针织厂	各色棉绒布	28”、29”、30”	邹晓平	硕放村
	无锡县织针厂	电动袜针	17A5、$90^{\#}$	邹晓平	硕放村
	无锡县硕放帽料厂	帽料	人革、猪皮、漆布	沈水根	硕放村
	无锡县硕放帆布厂	维纶、维棉帆布	91.4厘米	方定康	杨家湾村
	无锡硕放帆布制品厂	维纶、维棉篷盖油布	2米×2米以上	薛 亮	杨家湾村
	无锡县硕放珍珠宝石工艺厂	珍珠宝石项链	3股	梁益明	杨家湾村
		人造刚玉	3—20毫米		
	无锡县硕放节能保温材料厂	硅酸铅制品	40厘米×60厘米×1厘米	梁益明	杨家湾村
	无锡县硕放绢纺材料厂	绢纺原料	—	顾阿福	杨家湾村
	无锡县硕放化工厂	脲醛树脂	50千克/平方厘米	朱继平	庙廊村
		对甲苯胺—3—磺酸	98%		
		D、S、D酸	94%		
		酞菁蓝B	4352		
	无锡市冰箱附件厂	家用电冰箱化霜电加热器	根据用户要求	方志仪	塔西村
	无锡县硕放和平冷作厂	ZGH系列真空进料高效混合机	0.5—3立方米	华荣昌	中华庄村
	无锡县硕放纺织印染设备厂	多烘筒烘燥整理机	MH500-1600 MH500-1800	邹仲文	中华庄村
		呢毯整理机	LQ911		
	无锡县硕放成套电镀设备厂	自动挂、滚镀线	根据用户要求	杨根泉	中华庄村
	无锡县硕放净化环保设备厂	三废处理设备厂	根据用户要求	孙泉兴	中华庄村
	无锡县硕放和平冷作厂	单梁行车	LD1—5吨	华荣昌	中华庄村
		双梁行车	SB、SC1—10吨		
	无锡县硕放振动器厂	插入式振动器	ZX-35、50、70型	沈三南	王家桥村
		金刚石磨石子机	JM-250型		
	无锡县硕放红力钢窗厂	实腹钢门、窗、纱窗	平开、中悬式	钱志军	红力村
	无锡县硕放低压电器厂	低压配电屏	PGL-1型 PGL-2型	张新根	红力村
		低压静电电容器屏	BJ（F）-3型		
		低压动力配电箱	XL-10、12、15、21型		
		低压照明配电箱	XM（R）-7型		
	无锡县拉丝模厂	硬质合金拉丝模具	YG8管径0.4—80毫米	华炳康	竺祥庵村
	无锡县硕放红光电子器材厂	盒装声控彩灯	ALKD	周胜林	竺祥庵村
		声控器	ALKD-180瓦、400瓦		
		声控灯管	6米		
		四路循环灯控制器	4×300瓦		

续表 16-7

企业名称		主要产品		厂长	厂址
		名称	规格型号		
村办企业	无锡县硕放电器设备厂	控制变压器	BK50—2000瓦	邹介伦	竺祥庵村
	无锡县硕放铜材厂	铜管、铝管	外径：3—35毫米 壁厚：0.3—5毫米	邹建生	竺祥庵村
	无锡县防火钢门窗厂	实腹钢门窗	平开、中悬式	黄儒初	秦村村
		钢制防火门	耐火极限0.6—1.5小时		
		木制防火门	耐火极限0.9—1.2小时		
	无锡县硕放阀门厂	快开式排污闸阀	244H-FG16	朱家乐	秦村村
	无锡县硕放八一塑料厂	中孔塑料地板	110×25-30厘米	沈雪芳	溇金村
	无锡县硕放机械电器厂	控制变压器	BK50—200瓦	唐林根	建丰村
		变流接触器	CJ10-10A-40A		
	无锡县硕放机械附件厂	罗马尼亚吉普车	243、244	钱荣寿	建丰村
		前轮自由装置	—		
		凉纸板	80厘米×45厘米×140厘米 23—80层		
	无锡县硕放玻璃钢船厂	玻璃钢瓦（阻燃）	72厘米×180厘米	盛惠初	建丰村
		玻璃钢瓦（普通）	72厘米×180厘米A、B、C型		
		玻璃钢槽车	3T、5T、10T		
		玻璃钢游览船	4—6人机动手划		
	无锡县硕放春光家具厂	家用沙发	各式	孙春泉	薛典村
		汽车坐垫	各式客车坐垫		
	无锡县硕放塑料机械厂	离心式耐腐蚀塑料泵	4FAPP-102-B	陆生元	薛典村
		离心式塑料泵	101型		
	无锡县硕放春光纺机配件厂	1515织机径轴	44、50、56、75、100；112	周卫南	薛典村
	无锡县硕放纺织纸管厂	纺织纸管	3°30′斜管	周仁昌	薛典村
			5°57′斜管		
		气流纺管	99×49直管		
		布棍	118×40直管		
	无锡县硕放电器厂	控制变压器	BK50—2000瓦	王纪兴	墙门镇
	无锡县机床电器厂	控制变压器	BK50—2000瓦	朱兴生	墙门镇
	无锡县硕放电器开关厂	各类电器控制箱(柜)	—	戴淦生	墙门镇

二、校办企业

20世纪60年代，为发展教育事业，弥补办学经费的不足，开展勤工俭学活动。进入20世纪70年代，学校办企业（挂校办企业牌子）享受国家减免税待遇，一时风靡全乡，中小学全面启动，兴办企业。20世纪80年代末，乡工业总公司增设校办工业公司，全面负责境内校办企业。

1972年5月，硕放中学率先办起校办小工厂。靠红旗中学捐助的5000元启动资金及租借的冲床和矽钢片原材料起家，教师加班生产。第一年获得1万多元利润，购回第一批办公桌28张，新课桌100多套，替代部分土课桌。从此开始改善办学条件。1973年，以积累的资金添置5吨冲床两台，聘请钳工师傅，负责修理和研制冲床模具。同时招收女操作工6

名，小工厂正常生产。1975年又购买两台25吨的大冲床，开始生产自己的产品（各种规格的控制变压器）。后又办起海绵制品厂。中学校办厂经过10多年的努力，改善学校的教学条件和教师福利待遇，提供部分翻建校舍的资金。

1975年开始，硕放中心小学以及部分村校相继办起校办小工厂。20世纪80年代末，全乡校办企业有22家，实现产值866万元，利润170万元，享受税金减免32.5万元。20世纪90年代，校办企业继续保持上升趋势。1998年，国家取消校办企业减免税政策后，企业全部转制兼并，成为私营企业。

1990—1998年硕放镇（乡）校办工业经营成果一览表

表 16-8

年份	企业数量（个）	产值		销售		利润		税金		职工分配		
		总额（万元）	人均（万元）	总额（万元）	人均（万元）	总额（万元）	人均（万元）	上缴国家税金（万元）	减免税金（万元）	分配人数（人）	报酬总额（万元）	人均水平（元）
1990	18	1288	3.60	1159	3.23	31.00	0.087	5.57	23.57	358	42.00	1156
1991	16	1480	3.07	971	2.01	129.99	0.270	35.33	60.89	482	71.83	1480
1992	8	582	2.03	580	2.02	66.96	0.248	47.98	29.64	270	40.12	1488
1993	13	1705	5.43	1432	4.56	108.67	0.346	56.00	56.00	314	66.98	2133
1994	11	1550	7.35	1322	6.27	14.27	0.067	59.00	59.00	211	47.00	2227
1995	11	1500	6.73	1186	5.32	45.07	0.202	46.00	—	223	59.00	2646
1996	10	1150	7.10	986	6.09	8.00	0.049	48.00	—	162	52.53	3253
1997	10	973	7.00	969	6.97	-26.00	-0.187	47.00	—	139	51.37	3696
1998	9	871	6.54	812	6.11	15.00	0.113	43.00	—	133	60.47	4547

三、福利企业

社会福利企业由民政部门管理，主要安置残疾人员就业，国家对这类企业给予政策上的扶持，实行减免税政策。进入21世纪后，政策优惠力度逐渐下降。

境内福利企业在20世纪80年代形成。第一家是纸盒生产合作社演变的无锡县硕放纸箱厂。1990年，有社会福利厂8家，年产值458万元，1991年增至10家，年产值903万元。主要企业有乡办的粮食电机厂、纸箱福利厂、华美印染厂，村办的里新商业机械厂、西典巷塑料厂、庙廊精细化工厂、塔西家用电器专件厂、竺祥庵电器配件厂、秦村伯渎五金电器厂、薛典鞋帮福利厂。1995年，全镇福利企业发展到14家，职工人数1288人，年产值27017万元，销售收入18898万元，实现利润319万元，减免税443万元。

1990—1995年硕放镇（乡）福利企业经营情况一览表

表 16-9

年份	企业数量（家）	工业产值（万元）	销售收入（万元）	利润（万元）	减免税金（万元）
1990	11	1129	920	45	48

续表 16-9

年份	企业数量（家）	工业产值（万元）	销售收入（万元）	利润（万元）	减免税金（万元）
1991	11	3126	2500	105	125
1992	13	5187	4178	97	150
1993	14	14207	10864	387	557
1994	14	22683	12443	361	640
1995	14	27017	18898	319	443

1995年硕放镇福利企业经营实绩一览表

表 16-10

企业名称	职工人数（人）	工业产值（万元）	销售收入（万元）	利润（万元）	减免税（万元）
无锡市申达电机厂	96	2050.00	1497.23	-0.51	28.62
江苏宏丰集团华美印染服装厂	144	7012.00	1014.65	-30.50	1.85
江苏宏丰集团华立彩印装璜厂	135	587.22	577.57	-43.23	26.30
无锡市永新绢绵绸织造制衣厂	87	487.65	392.10	0.23	28.87
无锡六通通信电缆厂	121	7350.00	7324.62	137.00	68.06
无锡通达金属穿孔厂	45	4350.00	3976.59	175.00	154.98
无锡市新区电机铸造厂	40	527.00	450.20	3.82	9.29
无锡市新区硕放机械配件厂	80	680.00	417.12	27.01	10.44
无锡第五机床电器厂	183	1385.00	1123.82	84.97	53.25
无锡硕放鞍座厂	41	437.59	369.03	-3.04	12.67
无锡市长风化工厂	30	880.00	671.07	7.65	21.07
无锡市夏音电器厂	117	412.34	302.94	-26.85	18.77
无锡晨通电机厂	101	600.00	559.45	-20.00	3.14
无锡市新区东方阀门电器厂	68	258.21	221.18	7.24	5.78
合　计	1288	27017.01	18897.57	318.79	443.09

四、外贸企业

民国时期，境内仅有少量农副产品、生丝、花边及绣品通过洋商与上海洋行签订合同销往海外。

20世纪60年代至70年代，硕放人民公社部分队办企业为苏州外贸公司加工童帽、童鞋、儿童用品、机绣枕花及出口绣品等外贸产品。主要企业有五一大队综合厂、先锋大队童帽加工厂、七一大队童帽厂、建农大队童帽厂、硕放大队帽料厂、绣花制品厂、东方红大队绣花厂、成革厂、春光大队绣花厂等。20世纪80年代至90年代，出口产品逐渐增多。

1.无锡市六通机械有限公司

1985年，产品出口以后，品种、批量逐年递增，出口范围不断扩大，生产的“六菱”牌拉丝辅机远销欧美、东南亚、非洲等20多个国家和地区。1992年，出口创汇达350万美元。

2.无锡威联运动器材有限公司

主要产品为以各类牛皮、人造革为原料的复合大、中花色足球、排球，产品远销美国、韩国、日本及中国台湾等地。1993年外贸供货额为286万美元。

3.无锡县华美丝绸印染厂

1990年创办，1991年投产，主营真丝染色和真丝印花等外贸产品。1992年，与上海宇宙平绒厂、香港亚洲实业公司三方共同投资，创办无锡望春花平绒印花有限公司，主要产品是平绒印花，销往中国台湾、中国香港等地区。1994年报省外贸后，申办获得自营出口权，生产的产品打入国际市场。

2000年，全镇外贸企业6家，外贸供货额达16329万元。2000年后外贸企业的经济情况在园区产业外向型经济中记述。

1994—2000年硕放镇外向型经济情况一览表

表 16-11

年份	企业数量（家）	外贸供货额（万元）
1994	6	13550
1995	5	9434
1996	5	4906
1997	4	3038
1998	4	5407
1999	8	12152
2000	6	16329

五、职工队伍

硕放工业企业的职工队伍大体有三种类型：一是经营管理人员，二是工程技术人员，三是操作工人。乡镇企业第一代经营管理人员大多来自农村基层，以生产队、大队干部为主。乡镇企业第二代管理人员大部分从企业内部的骨干中挑选。1982年，在工业战线实行“一包、二改、三调整”的措施中，改革企业用人制度，对乡办企业的干部作了调整，选拔在工业战线上经过长期实践，有文化、懂经营、会管理的中青年担任厂长、副厂长，充实企业的领导班子，并选拔品德好、业务素质高、技术熟练的中青年担任科室领导和车间主任。1981年7月至1983年9月，成人教育中心开办第一届机电大专班，由上海交通大学、华东纺织大学负责教学。1985年，全乡层层推荐，78名大专生分配到乡镇企业的不同工作岗位，发挥其独特的作用。1988年开办经济管理培训班，学员42人，人员为厂长、经理、财务人员，由无锡市干部学校、苏州大学负责教学。技术人员主要来源，一靠聘用，当时很多企业联系自身企业的实际情况，到挂钩单位、产品销售的业务单位聘请退休技术人员，培养技术人员骨干。二靠专业培训，对科技人员的培训，则主要采取请进来教、送出去学的办法，提高技术业务素质；对企业职工主要进行社会主义思想教育和文化技术培训，树立“厂衰我耻，厂兴我荣”的共识，确立主人翁思想，强化民主意识，积极参与企业管理。1983年，乡、村两级企业职工有5068人，1992年有9224人。随着经济发展，不断从外来劳动力中进行补充，2000年全镇外来劳动力1532人，大部分充实乡镇企业。

1985年，镇村工业管理人员占职工总数的10.5%，工程技术人员占2%。其中，大专以上占1.5%，中专、中技占3%，高中占16.5%，初中占61%，小学占15.2%，初识字的占2.8%。有工程技术人员155人，已评定职称的43人。其中，工程师1人，助理工程师9名，技师6名，技术人员27人。

企业发展过程中，造就和培养一批农民出身的第一代乡镇企业家。杰出的代表有江苏六通机械（集团）公司黄锡伦、无锡通达不锈钢集团公司杨小华、无锡八一塑料有限公司张耀康三人，均获评“无锡市劳动模范”荣誉称号。

1969—2000年（部分年）硕放镇（乡、公社）企业务工人员情况表

表16-12 **单位：人**

年份	务工人员合计	其中		
		镇（社、乡）	村（队）办	条线办
1969	87	75	12	—
1972	750	445	305	—
1975	1963	970	993	—
1978	3377	1509	1868	—
1980	4406	1961	2445	—
1982	5256	2653	2603	—
1983	5068	1974	2499	595
1986	7377	2952	3707	718
1988	9764	3227	5733	804
1990	9603	2997	5647	959
1992	9224	3050	5491	683
1995	7768	2849	4387	532
1998	5960	1723	3805	432
2000	6191	1577	3962	652

第四节　工业行业

乡镇工业的产品起初主要为农业和农民生活需要服务。20世纪60年代末至70年代初，为城市工业拾遗补缺，20世纪70年代末，逐步走上为城市大工业配套和市场服务的道路。20世纪80年代中后期，乡镇企业以大专院校、科研单位、国营大中型企业为技术依托，产品不断向深度、广度开发，质量不断提高。企业以市场为导向，注重产品结构的调整，按照市场需求开发、引进新产品，原有产品不断更新换代。20世纪90年代初期，全乡（镇）产品已涵盖冶金、机械、化工、纺织、电子、建材、食品、轻工业等多个行业。

一、冶　金

冶金是硕放工业的重点行业，起步最晚、发展最快。1991年，硕放乡有冶金企业6家，年产值4512万元，占全乡总产值的16.3%。其中，无锡县拉管厂（无锡通达不锈钢集团公司前身）是硕放冶金行业的龙头企业，生产的多种规格型号的碳结无缝钢管、不锈钢无缝钢管产品销往全国各地，成为硕放冶金工业迅速发展的新起点。随着无锡通达不锈钢集团公司的组建成立，公司内外联动，抓人才培养，强攻市场营销；抓内部管理，提高经济效益；抓科技创新，提升产品质量。1991年，年产值3404万元，占该行业的75.4%。随着系列产品的不断开发，市场占有率的急剧上升，1997年起连续五年产、销、利居全镇榜首，2000年实现产值1.93亿元，销售收入1.73亿元，利税总额1174万元。全镇冶金行业在无锡通达不锈钢集团公司龙头作用的带动下，一批村办企业跻身于该行业，墙南村的锻压厂、安桥村的无锡县太湖钢管厂、红力村的有色金属铸件厂、王家桥村的轧钢厂等，主要产品有铁合金、冷轧薄板、钢管、不锈钢管、铜管、铝管、铝铁铸件等。

无缝钢管

二、机　电

机电工业起步较早，是境内乡镇工业的支柱产业。社队工业的发展源于手工业联社和铁、木、竹三个合作社。生产工具从几只铁墩、几把榔头开始，逐步发展到具有车床、铣床、刨床等机械加工设备。1961年，社队联手逐步办起规模不等的农机厂、五金厂。境内机电行业规模较大的重点企业主要有无锡县第六通用机械厂、无锡县客车厂、无锡市华达电机厂一分厂、墙西村的无锡县小型农机制造厂、硕放村的针织机械配件厂、墙裕村的无锡第五机床电器厂、墙门村的华凯桥架厂等。

无锡县第六通用机械厂是我国机械工业部拉丝绳设备行业中最大的拉丝绳设备专业制造企业之一，是全国同行业中唯一的国家二级企业和自行进出口企业。20世纪80年代初期，企业生产的“六菱”牌拉丝辅机，畅销国内28个省、自治区、直辖市，远销欧美、东南亚、非洲等20多个国家和地区，产品产销量、外贸出口量、产品质量和企业管理、市场占有率在全国行业中均列第一。1985年起，产品先后获“中国公认名牌产品”“江苏省优质新产品奖”“江苏省优质产品”荣誉称号，并被中国质量检验协会推荐为国产精品。1992年至1993年获省级明星企业；1993年，在中国500家最大机械工业企业中排列第423位；1994年被国家统计局、中国农村评价中心评定为“中国500家最大乡镇企业”。

滑轮式连续拉丝机

无锡县客车厂于1976年建厂以来，从虔诚为用户修理车辆打开局面，逐步研发制造环保监测车、家畜繁育车、国土测量车、工商管理车、税务检查车等规格不一的11个汽车品类。20世纪80年代初，与无锡县第六通用机械厂、拉管厂三足鼎立，成为社办工业的“三巨头”。1982年，产、销、利名列全社之首。1983年，生产的雄鹰牌 XK121EY 型计划生育车获中国汽车工业公司新产品奖，国务院副总理万里登车并予以赞扬。

无锡市华达电机厂一分厂主要生产“华达牌”“永阔牌”三相异步电动机，产品有：YD、YH、YN、YA、YVP、FX、PXD、FGX_2、FVX、JFO_3、FO、FO_2等系列纺织专用电动机和 YSJ 注塑专用电动机。企业技术力量雄厚，具备先进的检测仪器，生产设备齐全，具有中国质量认证中心质量管理体系认证证书和出口产品质量许可证书。以“加强质量管理，提供一流‘永阔’电机，树立‘申达’信誉，开创优质满意服务”为宗旨，寻求合作伙伴，更新系列产品，拓宽国内外市场。2000年，实现产值3420万元，利税132万元。

永阔三相异步电动机

墙西村的无锡县小型农机制造厂从螺丝、螺帽的小五金加工起步，先后制造钢管蚕台、打风机、碾米机、脱粒机、小刀盘开沟机、条播机、水田耙等各式农机。20世纪80年代中后期，大搞科技创新，向现代农机制造迈进，是无锡地区最大的纯农机生产厂家，是境内村办厂的“龙头”企业。20世纪90年代初，产品除在太湖流域的无锡、苏州、常州销售外，还销往泰州、扬州、淮阴、盐城等地，并远销浙江、上海等省、市。1995年至1996年度销售额达2000万元以上，中央电视台摄制组曾两次到厂，专程拍摄 IBSQ-23型水用驱动耙日间作业实景，在中央电视台第七频道农业栏目中向全国播放推广。1996年起，生产的水田驱动耙、旋耕耙、半自动脱粒机连续三年参展北京国际博览会。

IBSQ-23型水用驱动耙

机电行业中还有一大批村办企业从社队办小五金加工中脱颖而出，从事轻工机械、建设机械、针织机械、纺织机械、电机配件、电器配件等机械电器行业，撑起境内乡镇工业的“半边天”。

三、化　工

化学工业是硕放镇工业起步较晚的行业之一。20世纪70年代，境内仅有一家精细化工厂，厂址选在京杭大运河硕放大桥旁，是建新村的一个村办企业。1977年，开发碱式氯化铝，从单一品种逐步发展，生产尿醛树脂、环氧树脂胶粘剂、酞青蓝颜料、荧光增加剂、对羟基苯甲醛、4-5-6三甲氧基苯甲醛等系列产品。由于种种原因，

化工产品生产车间

1991年濒临停产。后经领导班子和产品结构的调整，化工厂重振旗鼓，恢复生产。1993年，投资2000多万元建造厂房，添置设备，引进（大学生）人才，生产农药中间体——醚醛。1995年，建新化工厂更名长风化工厂，分设两个分厂，生产经营的产品为甲苯二甲苯、丙酮、酒精、醋酸乙酯、香蕉水、松香水等。1999年，再次招聘人才，生产酚醛树脂，但还是以亏损而告终。

中华庄村的硕放防水建材厂购买上海市化工研究所的专利产品——851防水涂料（当时是上海市指定的攻关产品），用于屋面、隧道、建筑、交通等防水、防漏、防渗。企业历经磨难，勇于创新，进入21世纪，成为中国建筑防水行业二十强企业。

秦村村的丰硕化工厂在三间半平房中起家，最初生产合成桐油、磷镁包装材料，后因销售不佳而停产。1989年，又发展生产油漆稀释剂、647酸酐等。1992年再次调整产品结构，生产间硝基苯胺（染料中间体），在取得成功的道路上，不断发展壮大。1995年，新建车间400平方米，安装三套间硝基苯胺生产设备，月产量从几百公斤上升到120吨，成为同类产品中规模最大、总量最多、质量过硬的企业。1996年又增加二苯醚的生产，成为村办企业的重点骨干企业。

20世纪80年代中后期，安桥、黄家门、溇金等村相继办起小化工厂，生产各种涂料，包括工业涂料、反光涂料、亚光涂料、防腐涂料、水处理剂、防水材料和特种油品等精细化工产品。2000年后，由于小化工厂废气、废水等排放指标达不到环保要求逐步被淘汰。

四、纺　织

织布车间

硕放地区纺织行业起步较早，在对私营工业、手工业改造完成后，各公社（乡、镇）都建有缝纫厂和纺织厂。20世纪80年代初，无锡县硕放织布厂沿袭麻纺收发站和麻布厂社队工业的发展历史，根据市场需求，不断探索改革，更新产品，从麻布生产到尼龙线的绷线加工，从绷线加工到生产锦纶、维纶出口，再到涤棉布、纯棉布的生产以及从棉纺白坯布到色织阔幅产品。同时，与无锡光明内衣厂合作联营建办制衣车间，生产工艺不断调整，产品日益增多，销往上海色织十四厂和上海丝绸进出口公司，出口中东、日本和美国。曾获评无锡县“明星企业”和“文明生产企业”荣誉称号。1991年完成产值1419万元，上缴利润68万元。

20世纪80年代中后期，正是镇村工业发展的鼎盛时期，部分村办企业跻身于纺织行业。墙南村的渔需网布厂，主要产品有水箱网、银鱼网、皮网、窗纱；硕放村的织针厂、针织品厂，主要产品有各色棉绒布；杨家湾村的帆布厂、帆布制品厂、绢纺材料厂，主要产品有维纶、维棉帆布、篷盖油布、各种绢纺原料等。当时，纺织行业的部分产品成为外贸产品，进入世界市场。

五、电　子

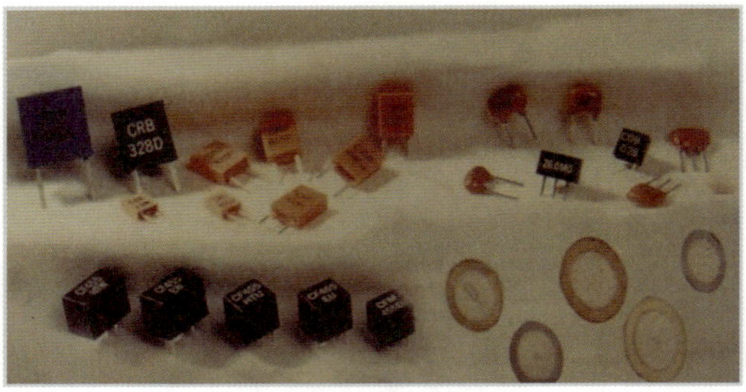

各类电子产品

电子是硕放工业的稀有行业之一。20世纪70年代中后期，少许企业从事电子产品的生产。1978年，无锡县电子元件厂注册“SS”商标。生产双石牌高低频瓷介独石电容器，广泛应用收录机、电视机、电子仪表等配套产品。生产的厚膜电容为军工厚膜电路配套，厚膜电路是高空无人侦察机中电子系统解剖品，用氧化银及化工原料经高温910℃—1250℃烧结而成，体积小（米粒大小）、功效大。1979年至1982年，双石牌独石电容曾获江苏省创优产品一等奖，产品销往北京、天津、上海沪宁沿线多家电器生产厂家。1993年，无锡县电子元件厂更名为无锡市海翔电子元件厂，同时成立无锡市豪迈电器厂、无锡盛通复合材料有限公司和无锡嘉邦电子有限公司，有完善的ISO9002质量管理体系，是一家专业生产压电陶瓷材料、元器件和PP-R冷水管的专业公司。

20世纪80年代中后期，硕放村的电容器配件厂、里新村的电位器厂和电子元件厂、黄家门村的电视机接收器厂、农服公司的振兴电器厂等融入电子行业。1987年，黄家门村“无锡县硕放电视机接收器厂”生产的电视定向接收天线获国家发明三等奖。

六、轻　工

境内从事轻工产品的企业较多，生产产品有金属制品、塑料制品、橡胶制品、印刷制品、工艺美术品、文教娱乐用品、旅游用品、防护用品、电讯器材、生活用具、幼教玩具、日用五金、日用电器等。境内轻工行业规模较大的重点企业主要有塔西村的无锡市冰箱附件厂、溇金村的无锡县硕放八一塑料厂等。

塔西村的无锡市冰箱附件厂主要生产家用电冰箱电加热器。1987年生产的“夏音牌”化霜加热器曾获江苏省第五届轻工业优质新产品奖、无锡市新产品二等奖、无锡市轻工业局优质新产品大奖赛三等奖。1987年产值超1000万元，实现利税400万元，成为当时轻工业产品的“龙头”企业。

1981年，溇金村无锡县硕放八一塑料厂是一个年销售不足100万元的手工作坊型企业，主要生产塑料中空地板和扶手管。通过10年的艰辛创业，积累资金，长足发展。1991年，根据市场的需求，引进PVC地板等生产线，与国内汽车制造行业的企业建立良好的合作关系，生产汽车内饰材料。20世纪90年代，先后获由中国城市车辆总公司颁发的“城市车辆维修联合体成员单位”证书，由中通机械集团颁发的“科技进步先进企业”证书和由无锡市乡镇工业局颁发的“五百家最佳经济效益企业”证书。

七、建　材

20世纪70年代，境内建材产品主要有砖瓦和水泥预制品等。其时，农村老房改建，集体厂房拓建，公共设施兴建，建材需求矛盾凸显。当时，境内五一、六一、七一、新联、里新、硕放、红星、红力、红光、建丰10个大队共办14座小砖瓦窑，烧制青砖、瓦片及望砖。1972年2月，筹建硕放砖瓦厂。于1973年初，一座24门的轮窑投产，职工人数300余人，是社办厂人数最多的厂家。由于刚投产，设备简陋，日产红砖仅5万块。1974年，引进大型制砖设备，配有自动化输送设备和发电机组，日产量从5万块增到15万块。1976年，拆除六一、新联、七一3座小窑，合并建在大砖窑旁，受公社砖瓦厂统一管理。主要生产瓦片、望砖，与大窑生产的85红砖配套。后经调整、完善、巩固、提高，年生产量一直保持在生产85红砖2000万块、瓦片3000万张。由于砖瓦厂取土，造成土地资源破坏，公社砖瓦厂于1991年停产歇业。20世纪90年代初，利用望虞河拓浚工程的堆土，安桥、里河、里新、黄家门等村也办起砖瓦厂，主要生产红砖，至2002年停产。

1976年，无锡县硕放水泥制品厂生产水泥空心多孔楼板、水泥桁条、墙板、楼梯板、花窗等各类预制构件和水利建设用的涵管等。以钢筋混凝土复合而成，年生产空心多孔楼板5000多块，水泥桁条8000多根，一定程度上满足农村建房的需求，收到可观的社会效益。20世纪90年代，水泥制品日趋衰退而停产。

水泥空心多孔楼板

20世纪80年代中期开始，生产新型的建筑材料产品，有铝合金建筑门窗、不锈钢建筑材料、建筑用钢结构材料、玻璃钢、彩钢板、强化复合板等。无锡县硕放红力钢窗厂和秦村的无锡县防水钢门窗厂生产的实腹钢门窗、钢制防水门等产品深受用户青睐，销售渠道通畅，供货额较大。

八、食　品

食品行业最初主要是粮油加工厂，为当地农民生活服务，规模小、产值低。20世纪80年代，境内先后办起炒货食品厂。里新村的无锡县炒货食品厂和黄家门村的无锡县硕放炒货食品厂是境内食品行业的“孪生兄弟”，他们以“不离口”“口不离”瓜子为注册商标。生产酱油西瓜子、奶油西瓜子、佳梅西瓜子、小胡桃、白瓜子、花生果、兰花豆、月饼（广式、苏式）。黄家门村的“口不离”佳梅西瓜子和酱油西瓜子曾获无锡“太湖之春”名优炒货评比优胜奖和1986年上海西瓜子消费评比活动鼓励奖。溇金村创办的无锡市金翔食品有限公司，生产的鸡精等各类调味品远近闻名，产品供不应求。

酱油西瓜子

20世纪90年代初期，境内工业行业比较齐全。尤其是机械行业所占比重达43.2%，其次为冶金行业占比16.2%、轻工行业占比17%。

1991年硕放乡工业行业结构情况表

表 16-13

行业	全乡合计			乡 办			村 办		
	企业数量（家）	工业总产值（万元）	所占比例（%）	企业数量（家）	工业总产值（万元）	所占比例（%）	企业数量（家）	工业总产值（万元）	所占比例（%）
总 计	135	27837	100	14	13769	100	121	14068	100
冶 金	6	4512	16.2	2	3479	25.3	4	1033	7.4
机 械	45	12015	43.2	3	4949	35.9	42	7066	50.2
化 工	7	1273	4.6	—	—	—	7	1273	9.0
纺 织	8	3202	11.5	2	1719	12.5	6	1483	10.5
电 子	6	635	2.3	1	255	1.9	5	380	2.7
轻 工	49	4732	17.0	2	2564	18.6	47	2168	15.5
建 材	5	581	2.0	2	223	1.6	3	358	2.5
其 他	9	887	3.2	2	580	4.2	7	307	2.2

第五节　体制改革

20世纪70年代末，乡镇企业进行内部体制的改革探索，推行“五定一奖”（定产值、定销售、定利润、定上交、定报酬、实行超产奖励）的责任制形式。

1984年，全乡实行“一包三改”的经济承包责任制，即厂长承包制，改干部任命制为聘用制，改固定工资制为浮动工资制，改职工录用制为合同制。

1987年起，深化企业改革，实行两权（所有权、经营权）分离，三权（干部任免权、职工招收权、内部分配权）下放，强化企业在经营上的责任，建立起既有激励又有约束的企业经营机制，逐步把企业推向市场竞争、自主经营、自负盈亏的轨道。推行厂长资金抵押承包责任制，年终根据生产经营实绩确定厂长报酬，企业内部层层落实承包。无锡县拉管厂“横向包到边，纵向包到底，全面承包，不留死角”的做法在全乡（镇）推广。

一、组建集团公司

进入20世纪90年代，集体承包经营模式逐渐暴露出不少弊端，放权与管理矛盾突出，企业行为短期化，负盈不负亏，“穷庙富方丈”的现象日趋显现。根据少数企业市场占有率偏低，行业内部产品结构重叠，管理层次不一等实际情况，政府探索从产权制度上进行改革。1992年至1994年，围绕“整合、兼并、重组、提升”的八字方针，相继组建集团公司。

通达集团

集团公司的组建，为企业新一轮的经营发展注入新的活力。1992年，以无锡市第六通用机械有限公司为主体，由铸造厂、机械加工厂、铜材厂、通讯电缆厂、六菱供销公司、珠海六菱机械有限公司、珠海六菱机械配件公司等组建成立江苏六通机械

（集团）公司，在当时是国家工业部拉丝绳设备行业中唯一的国家二级企业和自营进出口企业。公司占地面积15.3万平方米，建筑面积10万平方米，拥有固定资产8000多万元，共有生产设备500多台（套）。1994年至1996年，产、销、利及对国家集体的贡献份额均列全镇榜首。

1992年，以无锡县拉管厂为主体，由无锡通达金属穿孔厂、无锡通达进出口有限公司组建成立无锡通达不锈钢集团公司。1995年，兼并无锡县客车厂。1997年至2000年，搏翼腾飞，拓宽销售市场，探索技改新路，连续五年各项经济指标跃升全镇之首。

1994年，以无锡县轻工机械厂为主体，由华美丝绸印染厂、无锡望春花平绒印花有限公司、无锡宏丰物资公司、无锡精工达印染机械工程公司、无锡华夏彩印装璜厂等公司组建成立江苏宏丰集团公司。

1994年，以无锡盈发印染服装有限公司为主体，由盈发印染服装公司（合资企业）、建筑机械厂、印花机械厂等公司组建成立江苏盈发集团公司。后又兼并硕放水泥制品厂、硕放汽车附件厂。

1994年硕放镇镇办集团公司经济营运状况一览表

表 16-14

公司名称	职工人数（人）	产值（万元）	销售（万元）	利税		
				总额（万元）	其中	
					利润（万元）	税金（万元）
江苏六通机械（集团）公司	775	28080	20338	1228	1005	223
无锡通达不锈钢集团公司	281	11040	7622	436	436	—
江苏宏丰集团公司	652	10182	3361	285	227	58
江苏盈发集团公司	350	6877	3144	78	78	—
合　计	2058	56179	34465	2027	1746	281

2000年硕放镇镇办集团公司经济营运状况一览表

表 16-15

公司名称	职工人数（人）	产值（万元）	销售（万元）	利税		
				总额（万元）	其中	
					利润（万元）	税金（万元）
江苏六通机械（集团）公司	298	14201	11780	409	80	329
无锡通达不锈钢集团公司	371	19278	17297	1174	807	367
江苏宏丰集团公司	289	3464	2928	208	69	139
江苏盈发集团公司	34	680	350	19	—	19
合　计	992	37623	32355	1810	956	854

二、镇村企业转制

1992年，全乡共有镇、村、公司条线办工业企业153家，其中镇办企业12家，村办企业120家，公司条线办企业21家（镇级公司10家、条线3家、校办8家）。

1992年硕放乡镇工业经营成果一览表

表 16-16

单位	企业数量（家）	产值（万元）	销售（万元）	结算利润（万元）	实交税金（万元）	固定资产原值（万元）	职工分配		
							人数（人）	报酬总额（万元）	人均（元）
全乡总计	153	55248	46342	4266.91	865.36	8245.00	9224	1816.24	1969
1.工业公司	12	28946	25165	1898.07	297.93	4704.31	3050	751.40	2464
拉管厂	1	8392	7882	625.56	60.55	1200.57	289	100.80	3488
六通厂	1	10888	10138	616.00	136.60	1371.28	652	226.11	3468
客车厂	1	1330	1076	90.73	8.87	455.47	380	79.34	2088
铆焊厂	1	708	639	71.35	14.77	62.99	105	23.30	2218
汽车附件厂	1	421	326	22.86	12.74	95.03	95	15.96	1680
电机厂	1	1818	1642	138.06	17.53	301.99	294	69.21	2358
电子厂	1	501	248	45.38	7.21	178.92	182	34.36	1888
织布厂	1	2403	1120	72.97	7.36	407.98	568	104.64	1842
轻机厂	1	1455	1390	202.43	22.52	213.03	264	67.00	2538
纸箱厂	1	114	116	−11.57	2.21	45.05	110	11.00	1018
印染厂	1	858	540	18.28	4.57	350.20	91	16.38	1800
造粒厂	1	58	48	6.02	3.00	20.00	20	3.30	1651
2.村办合计	120	23759	18955	2142.00	509.81	3689.28	5491	952.00	1734
3.镇级公司	10	1377	1134	91.76	20.07	76.40	303	47.61	1571
4.条线	3	584	508	68.12	19.21	130.94	110	25.11	2283
5.校办	8	582	580	66.96	18.34	103.00	270	40.12	1488

1993年起，镇政府对乡镇企业试行所有制改革，镇村各企业遵循“以卖为主、卖租结合、一次定性、分段实施”的方针，首先在村办企业中试点，当时的指导思想是企业流动资产卖断，固定资产租赁经营。1996年，镇党委、政府提出“抓大扶强，转中放小”的工作思路，要求各级领导把企业经营机制转换工作摆上重要位置。在工业企业经营机制转换过程中，镇政府对改制形式、企业兼并、资产评估、股权设置、股本募集、职工安置、债权债务处理、资产收缴、职工社会保障、企业执照变更等业务操作环节、办法，都作出明确的规定。镇经营管理办公室拟定《关于镇、村集体企业转制工作规范操作的意见》，要求主管部门和企业按规范进行。2000年，全镇中小型集体企业产权制改革基本结束，全镇应转制集体企业126家，累计转制企业126家，占应转企业总数的100%。其中，股份合作制企业2家、有限责任公司10家、转为私营企业98家、租赁经营企业16家。转制后的境内私营企业通过几年的艰苦创业，走上平稳、高速发展之路。企业管理得到加强，经济效益

有所提高，主要经济指标呈阶梯式上升，规模以上企业（年销售500万元以上）逐步增加。

截至2000年硕放镇企业改制基本情况表

表 16-17

层次	企业数量（家）	改制企业（家）			改制形式（家）				资产界定（万元）	
		总数	已办理工商变更企业	歇业企业	有限责任公司	股份合作制企业	租赁企业	私营企业	总资产	净资产
全镇合计	126	126	120	6	10	2	16	98	56620	16037
镇　办	7	7	7	—	3	—	—	4	23944	8315
村　办	99	99	93	6	6	2	12	79	29124	6618
条线办	20	20	20	—	1	—	4	15	3552	1104

三、企业管理

1. 基础管理

20世纪60年代至70年代，社队工业分别由公社、大队直接管理。财务管理一直套用农业的财务会计制度。社办企业实行独立核算、自负盈亏；大队企业由大队统一核算。确定社队工业财务管理制度，其核心内容是，认真贯彻“以农业为基础，工业为主导”的方针。加强民主理财，建立以工人为主体，工人、干部、财务人员三结合的民主理财小组。加强计划管理和财产、物资的管理，企业固定资产（单项200元以上，使用年限一年以上）设立账册，编号登记，专人保管。同时，作出资金管理和费用审批管理等规定，其中包括资金使用范围及各项收支审批权限等。

20世纪80年代初期，社队企业制定“定产值、定销售、定利润、定上交、定报酬、超产奖励”的“五定一奖”制度。随着市场机制的转变，市场调节比例加大，进入市场自主经营，注重生产适销对路的产品，改进经营管理方法，加强对企业产品质量、人事工资、劳动安全、财务成本等管理。20世纪80年代中期，对企业进行全面整顿，对照企业管理最基本的要求进行检查验收。1984年，乡成立企业整顿办公室，由乡工业公司与乡经营管理办公室统一步骤，组织实施对全乡154家企业全面进行“六基”管理，即标准化、计量、信息、定额、规章制度、职工教育六项企业基础管理工作。在基础管理工作达标的基础上，企业开展质量管理升级，推行全面质量管理工作。1988年，硕放镇办企业开展“企业升级”活动，内容为产品质量优化、标准化、定额管理、信息管理、安全生产、班组建设、管理现代化、能源管理、物资管理、经济效益十个方面。到1990年，全镇有一批企业领到计量合格证书，两家企业经省标准计量局验收，达到二级计量合格。八家企业产品采用国际标准组织生产。

20世纪90年代初期，继续认真贯彻党中央、国务院治理整顿的方针，切实加强企业内部管理，健全岗位责任制和内部核算制，深入开展“双增双节”（增产增效、节本节支）活动，压缩三项资金（应收款、库存产品、库存材料），加快资金流转，进一步加快企业整顿，建立内部审计制度，不断更新产品，更新项目，增加资产存量。

20世纪90年代中后期，绝大部分企业对产品结构、工艺方法进行调整，加大对人才引进的力度，加快工装设备的引进和改造。在此期间，一批企业获得“江苏名牌”荣誉称号。1985年起，江苏六通机械（集团）公司生产的“六菱”牌拉丝辅机，先后获“中国公认名牌产品”“江苏省优秀新产品奖”“江苏省优质产品”荣誉称号。无锡申达电机有限公司、无锡海涛塑胶电子有限公司等一批单位通过 ISO9002国际质量体系认证，部分企业通过 ISO14000环保认证。

20世纪90年代中后期，随着乡镇企业的全面转制，极大地激发企业的积极性，进一步提高企业管理的水平，逐步与国际接轨，企业现代化管理日趋完善。

2. 积累分配

主要包括资金积累、企业职工分配办法、企业职工报酬水平。

资金积累 20世纪60年代初期，队办工业主要依靠集体公积金、公益金等资金积累，利用庙宇、祠堂、校舍、仓库等作为厂房，购买廉价或国营企业淘汰的二手设备修旧利废。社办厂坚持走自力更生、艰苦奋斗的创业之路，靠企业自身积累发展。硕放农机厂靠租用六间房屋，以两台老式皮带车床起家，经营农机具修理，逐步积累资金，开始电动机生产。1976年以后，公社党委提出“母厂带子厂，老厂带新厂”的滚动式发展思路，形成新一轮发展链。决定将农机厂的汽修车间和冷作车间共27万元的资产划拨，筹建硕放汽车修理厂。1978年又将农机厂的拉管车间、金工车间划出投资筹建拉管厂。是年8月，又将汽修厂的金工车间划出，单独筹建铆焊厂。

在社队工业的发展过程中，采用的资金运用和积累方式主要是企业利润，社办企业的利润按照1966年5月10日无锡县经济委员会《关于社办企业的管理方法》（试行草案）实行：实现利润后留30%—40%给企业作公积金，作为发展再生产资金；留8%—10%作为福利基金和奖励基金，用于职工的医药工伤补助和必要的奖励。其余的上缴公社，作为地方财政收入，主要用于对社办企业投资，发展新项目，扩大再生产；用于公社范围内的农业基本建设，如兴修水利、添置农机机械、修建道路桥梁等；用于支援穷队，添置必要的农机具；用于照顾补贴贫下中农发展家庭副业；用于补助学校、卫生院、农技推广站等事业单位的发展。除此之外，当时社队工业对务工社员每月只发几元菜金，年终结算分配，工资转队记工，工厂套用大部分资金作为生产周转，而务工社员的工资与记工后实际分配报酬有一定差距，此差额是资金积累的一部分。1981年5月6日，中共无锡县委下达《关于改进社队企业利润分配和使用的意见》，明确指出社办企业按“四马分配（肥）”的原则进行分配，即20%—25%用于返回生产队直接参加分配，20%—25%上缴给公社，30%左右用于补充企业的流动资金，20%左右用于发展再生产和归还欠款。队办企业可按下列标准分配：30%左右用于直接返回生产队参加分配；30%左右上交大队；40%左右留给企业，其中用于补充流动资金的不应少于留给企业部分的60%。由于社队企业的基础不同，行业利润不同，企业发展前途不同，公社、大队对各个企业的提留可作适当调整。

20世纪80年代中后期到20世纪90年代中后期，企业的积累奖除企业利润留成外，还有一条主要途径是充分利用国家政策优势，即在政策许可范围内，享受减免税待遇，新办企业享受所得税“二免三减半待遇”（新办企业自开办之日起两年内免征所得税，第三年所得税减50%）；校办企业按增值税额度减免70%；福利企业税收全免。新产品及技术改造经省级批准，产品及项目可享受贴息贷款或技改奖励基金。

企业职工分配办法 贯彻“按劳分配、多劳多得”的原则，1958年至1964年，社队工业的计酬形式为干部实行固定工资制，职工为基本工资加奖励。20世纪60年代中后期，外出务工社员向生产队交积累后收入归已，或收入交队评工记分，同务农社员一样享受劳动粮分配标准。20世纪70年代沿用这一办法，但到社队办厂的务工人员可得到每天0.10—0.15元的菜金补贴；对劳动强度大、技术水平较高的人员，所得工分可高于务农社员的10%—15%。由于各生产队的财物管理水平不同，工分单价不同，差距较大，务工社员的实际收入难以体现出与工厂职工的同工同酬，分配上不尽合理。其间，社队办企业还不多，为此，当时农村流传着“有路可进社办厂，无路只能学五匠”。针对当时小手工业外出盛行的局面，为稳定农村劳动力，公社党委认真贯彻中共无锡县委《关于务工社员分配办法的补充意见》，对“工资转队、按比例分配、企业对生产队适当补贴”的分配办法进一步补充完善。1981年，又规定工资转队比例最多不超过40%，企业对生产队按转队工资总额补贴10%，其中一半作为积累，一半纳入分配。1982年实行家庭联产承包责任制后，企业职工计酬方法不断完善，不断改变。根据不同行业采用不同计酬方法，有“定额承包、超利分成、减利减酬”，有“基本工资加奖励”“计件工资制”等方法。管理人员实行基本工资、职务工资、超产奖励的组合工资，平时发基本工资，年终一次性结算进行二段分配。20世纪90年代，随着企业的转型发展，企业职工的工资报酬与企业绩效相挂钩，主要是基本工资、计件工资和绩效工资相结合。

企业职工报酬水平 20世纪50年代至60年代，社办厂职工日工资为0.80—0.90元，即月工资24—27元，最高30元。20世纪70年代实行“收入归队、评工记分、合理补贴”的办法，日工资为1.00—1.20元，即月工资30—36元，人均年收入不到400元。学徒工资第一年日工资为0.46元，第二年为0.56元，第三年为0.66元。20世纪80年代，对职工工资进行调整，日工资为1.20元、1.30元、1.50元，技术人员最多日工资为2元。农村家庭联产承包责任制后，企业职工主要以计件工资、计时工资为主，收入归已，取消转队工资。1986年，全乡职工人均分配水平为1069元，平均月工资为89元（其中乡办厂职工1221元，平均月工资101.75元；村办厂职工983元，平均月工资84元）。进入20世纪90年代，随着工业发展壮大，企业职工年收入不断增加，从1990年的职工人均年收入1332元，增加到2000年职工人均年收入7694元。

第六节　管理机构

中华人民共和国成立前，境内工商企业没有商会、同业公会、属群众性的协商管理机构。

1955年，经过社会主义改造，境内工业及手工业隶属梅村区政府和墙门区政府领导。1956年，以乡建手工业生产合作社。墙门乡领导铁、木、竹三个生产合作社。1958年，公社设立工业办公室，主辖公社工业营。1961年，工业办公室及所属工业营解散，设立工业科，主要领导社办企业。1971年1月，公社建立工业交通办公室，由党委分工抓工业的委员担任办公室主任，办公室对境内所有手工业、社队办工业、交通运输等生产与供销，实行统一领导、统一管理。1983年1月，公社成立经济联合委员会，成为全乡经济工作的领导机构。下设工业、农业、多种经营、建筑劳动、生活服务五大公司。各村相应成立农工商联合社，负责经济管理工作。1985年撤销乡经济联合委员会，下设的五大公司原职责职能不变。1990年9月，村农工商联合社改为村实业公司。乡、镇工业公司一直沿袭到2002年，改为镇经济贸易中心。

1971—2002年硕放镇（乡、公社）工业公司历任负责人一览表

表16-18

职　务	机构名称	姓　名	任　期
经　理（主　任）	硕放公社工业交通办公室	颜国良（兼）	1971—1976
	硕放乡工业公司	俞铁铮（兼）	1978—1986.3
	硕放镇工业公司	邹建平	1986.4—1988.10
	硕放镇工业公司	黄锡伦	1989.1—1990
	硕放镇工业公司	何子裕（兼）	1991—1992.11
	硕放镇工业公司	惠建良（兼）	1991.12—1995.9
	硕放镇工业公司	金石平（兼）	1995.9—1997
	硕放镇工业公司	程海根（兼）	1998—2000
	硕放农业和经济贸易办公室	金晓忠	2001—2002
副经理（副主任）	硕放公社工业交通办公室	顾根兴	1975—1980
	硕放公社工业交通办公室	张阿根	1976.9—1981
	硕放乡工业公司	钱国治	1980.11—1983
	硕放乡工业公司	吴正明	1981—1987
	硕放乡工业公司	凌永华	1982—1986
	硕放乡工业公司	邹广忠	1982—1995
	硕放乡工业公司	黄锡伦	1987—1988
	硕放乡工业公司	李家祥	1987—1989
	硕放镇工业公司	吴全林	1989—1994
	硕放镇工业公司	费干泉	1990—1990.12
	硕放镇工业公司	石兴根	1991—2002
	硕放镇工业公司	杨小华	1997—2002
	硕放镇工业公司	吴洪昌	1997—1999

续表 16-18

职　务	机构名称	姓　名	任　期
副经理（副主任）	硕放镇工业公司	邹耀奎	1998—1999
	硕放农业和经济贸易办公室	陆　斌	2000—2002.12
书　记	硕放公社乡办工业党支部	吕金生	1970.10—1973.5
	硕放乡工业公司党支部	吴正明	1983.6—1987
	硕放乡工业公司党支部	邹建平	1987—1988.10
	硕放镇工业公司党支部	吴全林	1989.12—1994
	硕放镇工业公司党支部	曹兴荣	1999—1999.12
	硕放镇工业公司党支部	吴洪昌	2000—2001
	硕放镇工业公司党支部	朱荣铭	2002—2002.12

说明：1977年度硕放人民公社党委副书记何学明分工主抓工业

1958—2000年硕放（镇、乡、公社）企业主要负责人一览表

表 16-19

创办年份	企业名称		负责人
	原名	更名	
1958	硕放手工业联社 无锡县轻工机械厂	江苏宏丰集团公司	朱鹤年、吴关德、邹绍基、顾林生、李家祥、周渭江、金石平、华国兴
1960	硕放麻纺收发站	无锡县硕放织布厂	陈达泉、杨杏泉、王宪廷、顾耀栋、赵惠甫、邹永康
1961	无锡县硕放农机厂 无锡县第六通用机械厂	江苏六通机械（集团）公司	李家祥、陆才兴、黄锡伦
1964	无锡县硕放综合厂 硕放印刷厂 无锡县硕放纸箱厂	无锡县彩印纸箱包装厂	费其法、钱国治、顾桂春、邹福康、石兴根、邹建林
1969	硕放开花厂 硕放五金工具厂	无锡县电子元件厂	徐小根、范中棋、吴正明、吴连坤、钱顺芝、顾桂春、赵海良
1972	无锡县硕放砖瓦厂	—	朱文信、施云泉、顾根兴、万家福、邹林根、鲁凤高、吴全林、蔡水德
1973	无锡县缝纫塑料配件厂	无锡申达电机厂	陆熙康、李家祥、吴洪昌、杨卫国
1976	硕放汽车修配厂	无锡县客车厂	李宪文、顾伯兴、李宪武、马恤民、吴全林
1976	无锡县硕放水泥制品厂	—	吕金生、鲁凤高、蔡水德、滕祖群
1978	无锡县铆焊厂 无锡盈发印染服装有限公司	江苏盈发集团公司	吴惠明、王金虎、黄锡庆、沈伯荣、杨明昌
1978	无锡县拉管厂	无锡通达不锈钢集团公司	陆才兴、费干泉、杨小华
1986	无锡县铝加工厂	—	顾伯兴、吴正明、毛兴宝、邹明南、戴淦生

第十七章

园区产业

江苏无锡硕放工业园区是无锡国家高新技术开发区的配套区，位于长江三角洲中心腹地太湖平原地区，海拔为5米，土地的地耐力为18—23吨/平方米。园区距无锡市区10公里、苏州市20公里，沪宁高速公路、312国道、沪宁铁路、沪宁城际高铁、京杭大运河穿境而过，苏南硕放国际机场坐落境内。

20世纪90年代后期，在中共十五大精神指引下，为加快个体私营经济的发展，全面落实产权制度改革，全镇镇、村两级集体企业全面实行产权制度改革，在明晰产权的基础上，分期、分批转为民营企业。中共十五大提出公有制实现形式可以而且应当多样化，充分肯定个体私营等非公有制经济是社会主义市场经济的重要组成部分。1998年初，为认真贯彻落实中共十五大精神，镇党委、政府按照国家“布局集中、用地节约、产业集聚”的规划要求，建设产业特色鲜明、综合配套能力强的现代制造业集聚区，并经无锡市人民政府批准，筹建无锡市级私营经济园。同年9月建立无锡市硕放经济发展有限公司，引领园区开发建设，招商引资和管理服务。经过一年的努力，1999年8月18日，无锡市新区硕放私营经济园开园，成为硕放经济发展史上又一新的转折。硕放私营经济园是无锡市人民政府单独开辟设立的经济园，规划占地面积9平方公里。2001年，被无锡市人民政府列为全市19个重点开放园区之一。2002年，硕放私营经济园改称硕放工业集中区，园区开发面积4.53平方公里。是年，被江苏省乡镇企业管理局命名为“江苏省首批乡镇工业小区”、获农业部授予的“全国乡镇企业科技园区”荣誉称号。2004年被列为无锡市五个重点开放园区之一。2005年，园区遵循集约发展的宗旨，顺利通过土地市场秩序治理整顿，顺利通过国家、省、市发展和改革委员会对拟保留省级重点开发园区的复审复核，被确认为拟保留省级重点开发园区。2006年5月31日，硕放重点工业园通过国家发展和改革委员会清理整顿设立审核，被确定为第六批通过审核公告的省级开发区，命名为“江苏无锡硕放工业园区”。在此基础上，成立无锡空港产业园区。2010年12月27日，无锡空港产业集聚区入选江苏省省级现代服务业集聚区名单，成为省发展和改革委员会“十一五”规划建成100家集聚区目标任务的最后一批成员。

园区围绕打造一流的乡镇科技示范集中区，从战略的高度进一步提高认识，以谋求互动发展，发挥带动效应为突破口，进行科学规划和集约发展，着力发挥工业集中区的三大效应，即集中区与城镇建设的互动效应，规模企业的集聚效应以及实现“三个集中”的带动效应。坚持集约开发，把工业集中区建设成经济发展的核心区。2007年，硕放升格为空港产业园区后，推行招商“选”资，集聚高新企业；坚持集中布局，扶持规模企业；提升服务水平，营造环境优势。重点发展电子材料、新能源、机电一体化的临空物流业和航空先进制造业集聚群。产业结构也由传统的服装行业、制塑业向电子产业、生物医药、IC、IT 等高科技产业方向发展。推进空港产业园区向空港新城转型，将园区建成“空港商务商贸产业集聚区”“苏南国际物流产业集聚区”“临空型高新技术产业集聚区”。

2013年，园区共有企业1271家，其中高新技术企业30家、名牌企业21家。应税销售超亿元的企业有35家，超5000万元的企业有62家。较大规模的重点企业有力特半导体（无锡）有限公司、汉廷能源科技（无锡）有限公司、天津市金桥焊材集团有限公司无锡硕放分公司、无锡百联奥特莱斯商业有限公司、无锡市顺丰速运有限公司、无锡当当网信息技术有限公司等。是年，空港产业园区（硕放街道）实现工业总产值310.76亿元，工业营业收入310.11亿元（其中三资企业营业收入125.14亿元），工业增加值70.33亿元，第三产业营业收入275.84亿元，第三产业增加值49.65亿元，出口产品供货额33.33亿元，协议注册外资1.55亿美元，实际利用外资1.25亿美元。

第一节　园区建设

1998年，江苏无锡硕放工业园（无锡市新区硕放私营经济园）按照国家“布局集中、用地集约、产业集聚”的规划要求，镇党委、政府反复研究、考察、论证，围绕打造一流的乡镇科技示范重点开放园区，坚持科学规划和集约发展的理念，以“高起点规划、高标准建设、高效能管理”的总体目标，由苏州大学城市规划设计院专家对城镇建设及发展做细致、科学的总体规划。围绕城镇建设如何与农村工业化、城市化产生互动效应，对园区9平方公里土地进行整体规划、完善布局和功能定位，使之与城镇规划、可持续发展相结合，凸显园区在城镇现代化建设中的核心地位。由此，根据园区工程建设总体目标要求分六期实施。相继完成园区基础设施“七通一平”（通给水、通排水、通电力、通电信、通燃气、通热力、通道路和平整场地）以及“五纵五横”等50多公里镇级主干道路建设和绿化、亮化工程，构筑“东西便捷，南北沟通，内外衔接，市、区、镇一体”的交通新格局。

一、工业园区一期建设

1997年8月，镇党委、政府在薛典村拉开硕放私营经济园建设的帷幕。工业园一期位于薛典路以东，走马塘以北，薛典村的孙更上、翁更上、陆更上等自然村，区域规划面积255亩，工程建设总投资230万元。无锡市硕放经济发展有限公司（园区指挥中心）位于一期工程区域间。1999年8月18日开园，首批进园投资的企业共有35家，其中私营企业11家、外资企业2家、注册公司22家，集科、工、贸于一体，塑造一个功能齐全、设施配套和环境优美的园区形象。

硕放工业园区（一期）首批进驻企业一览表

表 17-1

序号	企业名称	序号	企业名称
1	无锡市新区龙腾电器有限公司	6	无锡东慧化工物资有限公司
2	无锡市新区华德电气有限责任公司	7	无锡市新区蓝深科技有限公司
3	无锡市新区源鑫电器厂	8	无锡市大地宾馆有限公司
4	无锡市新区中华成衣厂	9	无锡市大地宾馆有限公司城中分公司
5	无锡市泉裕包装材料有限公司	10	无锡市常青树装饰有限公司

续表 17-1

序号	企业名称	序号	企业名称
11	无锡通佳电子有限公司	24	无锡市丰维纺织品有限公司
12	无锡市荣亿塑料电器有限公司	25	无锡市惠罗纺织印染有限公司
13	无锡市天龙制衣有限公司	26	无锡市大统不锈钢有限责任公司
14	无锡派德文具礼品有限公司	27	无锡市新区伟敏汽车经贸有限公司
15	无锡市三友调味食品有限公司	28	无锡市启博电子有限责任公司
16	无锡市永富铜铝管厂	29	无锡市立芳木业有限公司
17	锡山市蓓蕾电子有限公司	30	无锡市鼎天物贸有限公司
18	无锡市先锋塑料五金厂	31	无锡市宏能物业管理有限责任公司
19	无锡市四阳空调净化工程有限公司	32	无锡市旺峰贸易有限责任公司
20	无锡市美时商贸有限公司	33	无锡市华来装饰工程有限公司
21	无锡市人才大酒店有限公司	34	无锡市意利办公家俱有限公司
22	无锡市锡能电力发展有限公司	35	无锡市博森电子有限公司
23	无锡市通源达摩托车销售有限公司		

二、工业园区二期建设

硕放工业园区二期工程于1999年开发建设，位于薛典路以西，走马塘以北，薛典村的吴家店、张家湾、杨更上等自然村，薛典路贯穿其中，经发一至五路贯穿园区。区域规划面积225亩，基础设施建设总投资504万元，其中投资313万元的经发一路二期标准厂房坐落该期工程，共计厂房面积5585平方米。首批入园企业有无锡市新中纺纺织服装有限公司、无锡双珍针纺织工艺品有限公司、无锡市晨纺色织有限公司、无锡盛源祥制衣有限公司等轻工纺织业企业。同时，还有无锡市军工电力电器有限公司、无锡市美菊电器有限公司、无锡市炜瑞机械有限公司、无锡正运汽车零部件有限公司、无锡市华欣兴模具有限公司等一批机械制造业企业。

三、工业园区三期建设

硕放工业园三期工程于2001年开发建设，分A区、B区先后施工。A区位于走马塘以南，薛典路两侧，墙门村的黄金沙、梅家里、吴华桥等自然村一带。B区位于新宅路北，从墙门村钱家桥到墙北村许卖一带，经发八路贯穿园区。A区和B区规划总面积1110亩，基础设施建设总投资1896万元。入园的主要企业有无锡亿全电子有限公司、无锡三丰阀门工业有限公司、无锡宏峰电子有限公司、无锡新昶精密铸造有限公司、无锡宝益塑料制品有限公司、无锡天龙气球制造有限公司、无锡百晟科技有限公司、江苏台竣企业纺织品有限公司、无锡五丰家用纺织品有限公司、无锡沪东麦斯特环境工程有限公司、上海业纺精梳机械配件制造有限公司、蓝阳食品（无锡）有限公司等外资、独资企业。

四、工业园区五期建设

硕放工业园五期工程于2002年开发建设，园区范围涉及孙典桥、新农、里河、里新、安桥、黄家门6个村的相关区域，位于环太湖高速公路以南，沪宁铁路及望虞河以北，新经一路以西，区域规划面积8895亩，基础设施建设总投资8.77亿元。境内的三条纵线主干道（薛典路、孙安路、东安路）及振发路、香楠路、里河路、裕安路等十余条横线支干道贯通园区。从2002年至2006年，分期施工建设的标准厂房（16#标房、201#标房、东安路一期标房、东安路二期标房）坐落该区域范围，共计占地面积14.74万平方米，总投资2.2亿元。先后入园的主要企业有康可电子（无锡）有限公司（力特半导体）、无锡宏展（硕阳）不锈钢有限公司、无锡锡通工程机械有限公司、无锡晶心精密机械有限公司、无锡市斯威克科技有限公司、无锡市滚动轴承有限公司、无锡五冶压延金属有限公司、无锡富杰电器有限公司、无锡诺龙铸造有限公司、无锡安捷科技有限公司、甲与壹精密工程（无锡）有限公司、无锡美罗钢格板有限公司、无锡太阳绿宝科技有限公司等。

标准厂房

五、工业园区六期建设

硕放工业园区六期工程于2004年开发建设，涉及溇金村的相关区域，位于环太湖高速公路两侧，区域规划面积2520亩。该区域主要道路等基础设施建设资金由无锡市新区投入，工业园区仅投入基础设施建设的资金为2720万元。园区内有环太湖大道与沪宁高速公路交叉穿越，锡勤路、锡协路、中通路等支干道贯通园区。先后入园的主要企业有无锡中通汽车内饰材料有限公司、特瑞堡模塑件（无锡）有限公司、江苏申凯包装有限公司、无锡罗姆半导体科技有限公司、无锡进源科技开发有限公司、安德鲁工业纺织品制造（无锡）有限公司、莱德尔工业纺织品制造（无锡）有限公司等。

六、工业小区建设

2004年后，境内相继筹建杨家湾工业小区、运河工业小区（合新村、硕放村、黄家门村）、红光工业小区，三个小区区域规划总面积4025亩。其中杨家湾工业小区位于锡宅路至长江南路之间，区域规划面积360亩；运河工业小区位于沪宁铁路与京杭大运河之间，区域规划面积3390亩；红光工业小区位于境内红光村内，区域规划面积275亩。三小区内基础设施总投资达2469万元。小区交通优势凸显，红光工业小区临近硕放机场，312国道和经一路贯通园区。运河工业小区紧靠京杭大运河，长江南路、香楠路贯通园区。相继入园的主要企业有天津市金桥焊材集团有限公司无锡硕放分公司、无锡天山水泥有限公司、无锡市平盛机械有限公司、近江化工（无锡）模具有限公司、无锡建邦混凝土有限公司、无锡华欣电气有限公司、无锡斯贝歇尔钢管制造有限公司、无锡市江达商品混凝土有限公司、无锡红叶塑钢制品有限公司、无锡保瑞特万邦油气防腐有限公司、无锡锡南铸造机械有限公司等。

第二节　产业发展

21世纪以来，硕放经济的大幅增长标志着硕放园区产业的快速发展。从1997年开始酝酿启动，1998年筹建，1999年8月18日开园，到2006年5月31日通过国家发展和改革委员会核定为“江苏无锡硕放工业园区”，走过了艰难曲折的历程。

2006年被江苏省人民政府定名为“江苏无锡硕放工业园区”

2002年，无锡市新区硕放私营经济园改称硕放工业集中区。是年，被江苏省乡镇工业管理局命名为“江苏省首批乡镇工业小区”。在此期间，园区经济实现裂变式增长。园区企业销售收入从1999年的1.28亿元递增到2003年的26.3亿元，增长20.5倍，并占全镇经济总量的66.5%。2005年，实现销售收入78.07亿元。园区电子材料、新能源、机电一体化等主导产业收入占园区营业收入的58%。2006年，硕放重点工业园区升级为省级开发区，定名为“江苏无锡硕放工业园区”。

2007年1月，空港产业园区成立，实行与无锡硕放工业园、新区硕放街道“港区街合一”的管理体制，乘着升为省级工业园区的东风，空港产业园区调整发展定位，围绕建设“一个新城”、加快“两个集聚”、实现“三个跨越”，即建设现代和谐宜居空港新城；加快以空港物流产业为特征的现代服务业的集聚，加快以新兴产业为引领的先进制造业的集聚；努力实现从构建园区交通骨架到完善区域功能的跨越，从一般制造业主导到新兴产业引领的跨越，从社会和谐到富民幸福的跨越。2006年6月，硕放工业园区顺利通过ISO 14001认证，2008年成立临空物流园。2010年启动建设生命科技园，是年，空港集聚区被批准为省级现代服务业集聚区。重点发展临空物流业和航空先进制造业、空港商务商贸业以及IC、新材料、生物医药等新兴产业，优化航空快速交通网络组织，增加客货航线，形成覆盖全国主要城市乃至东南亚的空中网络，使园区健康有序地步入转型发展的轨道。2013年，园区依托空港优势，围绕打造“千亿空港新城”的愿景目标，加速发展产业新优势。

一、先进制造业

硕放工业园区在不断发展和壮大过程中，始终注重制造业企业的培育和引进。先后引进金桥焊材、硕阳不锈钢、军工电力电器、美国力特半导体、英国汉廷能源、斯威克光伏科技、日本清美通达锂能科技、日本新和信精密机械、锡通科技干混砂浆生产线成套设备等制造业项目。2002年，园区引进专业从事5寸晶圆生产的中国台湾康可电子（无锡）有限公司，后被美国力特集团收购，更名为力特半导体（无锡）有限公司。2004年，引进美国格兰登福托马斯气动系统有限公司；同年引进无锡市国星光电科技有限公司。2009年，引进全球电子集团荷兰第二大电子企业新为电子。2010年，锡通科技新研发的新型干湿砂浆设备等项目推进启动，加快产学研合作步伐，成立锡通院士工作站，斯威克博士后工作站。2011年，引进爱沃富光电等优秀IC项目。2012年，投资30亿元的中航工业下属深南电路封装基板等一批投资体量大、带动力强、占据产业高端的项目先后入驻园区。升为省级工业园后，园区加快推进传统制造产业的转型升级。2013年，总投资6000万美元的建铝（中国）精密不锈钢科技、韩国莲岩精密制造、东海锻造等优质高端制造业企业落户园区。

二、航空制造业

园区着力提升临空先进制造业水平，以飞机及零部件制造、航空地勤设备、航空运输、航空培训为重点，大力引进国际、国内知名的航空零部件制造及研发企业，不断完善航空产业链条，加快形成“航空制造产业集聚带”。2008年，总投资2000万美元的全球最大的航空地勤设备制造商法国腾达集团一期项目在园区投产。至2013年，腾达集团无锡分公司产值超1.1亿元。2013年，投资1.5亿元的航空产业核心零部件制造企业航亚科技竣工投产，实验室叶片产品已得到世界知名飞机生产商赛峰集团及罗罗集团的认可，预计量产后将成为国内最先进、规模最大的航空发动机叶片专业化制造企业；投资10亿元的瑞士皮拉图斯飞机运营和维修服务中心项目即亚捷通用航空（无锡）有限公司已签约落户，未来将带来包括飞机制造、维修保养、销售、培训等在内的完整通航产业链，园区临空先进制造业实现关键性跨越。

三、生物医药业

园区拥有无锡锡新医药有限公司、无锡祥生医学影像有限责任公司等知名医药企业。新区生命科技园总部研发区位于空港产业园区规划范围内，已建成3.2万平方米的研发载体，无锡市药检中心研发大楼顺利建成。先后引进大周生物、和邦生物、杰尔康医药、新和源生物、施贵宝医药、鑫连鑫医药6个国家一类新药项目，19家医药企业先后入驻，其中8家新建GMP厂房，1家整体购买D幢研发大楼，10家入驻C幢研发大楼，总投资达12亿元，建立一批重大公共管理服务平台。2012年，总投资1.08亿美元的美国新和源生物香兰素项目落户，并建立无锡新和源生物制造有限公司，为园区生物医药新兴产业注入新的活力。

四、临空物流业

空港产业园区交通发达，沪宁铁路、沪宁城际高铁、沪宁高速公路、环太湖高速公路、锡张高速公路、312国道，规划中的地铁三号线构成园区对外主要干道轴线。京杭大运河、望虞河、走马塘贯穿园区，加上位于园区腹地的苏南硕放国际机场，共同构成四通八达的水、陆、空立体交通网，得天独厚的地理优势成为园区发展临空物流的外在优势。凭借着苏南硕放国际机场的交通区位优势，园区集聚空运、陆运、仓储、集散、分拨、包装等国内外知名物流配套服务，先后被评为江苏省现代服务业集聚区，“空港物流服务业标准”列入国家级标准。2007年以来，园区先后引进新加坡丰树物流、美国普洛斯物流两大物流地产商，引进嘉里大通物流公司，拉开临空物流产业发展的序幕。2008年12月，空港产业园区成立临空物流园，先后引进日本近铁、住商物流、中远空运、顺丰速运华东基地等项目。2009年，引进中国邮政、德邦物流、特易捷、德邦安得、北京近铁运输等知名物流企业入驻临空物流园。2010年，中通速递、韵达速递在园区设立地区总部。2013年，丰硕物流、友和道通航空物流、无锡传云物联网有限公司等企业入驻临空物流园。2013年12月18日，全国首家以“快递产业”命名的专业园区——苏南快递产业园落户空港园区。苏南快递产业园区有顺丰、中通、韵达、中国邮政速递、优速、友和道通、国通快递7家全国排名前十的物流企业区域总公司或大型分拨中心进驻，形成以顺丰速运为代表的临空物流；以普洛斯、丰树为代表的现代物流；以当当网为代表的电子商务物流；以苏宁电器为代表的总部经济物流；以硕放不锈钢物流园为代表的不锈钢物流；以东方航空、深圳航空为代表的临空型现代服务业等，形成集临空物流和现代服务于一体的“空港物流产业集聚带”。

五、商贸服务业

2007年，园区引进投资5000万美元的城市综合体——瑞港商业广场项目。2009年，投资10亿元的上海百联奥特莱斯项目入驻园区，它是百联集团在苏州、无锡、常州唯一一家奥特莱斯项目，聚集200多家国内、国际各类餐饮、休闲、购物等知名品牌商家入驻。同年，苏宁电器苏南总部项目落户园区。2010年，当当网华东总部落户园区，成为除北京外当当网最大的区域总部项目。2011年7月，瑞港商业广场盛大开业。2012年，香梅哥伦布广场签约落户并投资建设。

六、产业运营状况

进入21世纪以来，园区经济快速增长。2008年，空港产业园区实现工业销售收入152.27亿元，其中工业园区达122.8亿元，占80.6%。2013年，空港产业园区实现工业销售收入310.11亿元，其中工业园区达251.06亿元，占80.96%。

2000—2013年硕放工业园区经济运行情况表

表17-2

年份	总产值（万元）	销售收入（万元）	利税总额（万元）	增加值（万元）	注册外资（万美元）	实际利用外资（万美元）
2000	15178	13095	834	3339	1150	943
2001	68328	61682	5740	15032	4520	2500
2002	111885	91309	10500	24614	15500	11100
2003	160419	99000	15588	35292	8274	4663
2004	268579	206085	26761	59087	11500	5500
2005	420188	345559	39692	92441	14100	6600
2006	661535	578089	51677	124522	80599	4100
2007	892131	871225	67097	220306	85050	5180
2008	1276577	1228007	81669	288200	87415	8100
2009	1433627	1341185	80958	290870	233427	7800
2010	1532900	1463779	102999	336670	250564	5900
2011	2103327	2021601	147826	427250	277366	9200
2012	1890000	1873807	127784	419580	279171	9200
2013	2520000	2510568	184062	557390	281958	12500

2013年及2008年空港产业园区所属行业比重及人均销售对比表

表 17-3

指标名称	2013年				2008年			
	销售收入（万元）	从业人员（人）	人均销售（万元）	比重（%）	销售收入（万元）	从业人员（人）	人均销售（万元）	比重（%）
食品制造业	10323	340	30.4	0.42	5743	268	21.4	0.40
纺织服装、鞋帽业	70966	2546	27.9	2.90	86416	3562	24.3	5.70
家具制造业	11472	232	49.4	0.47	7608	331	23.0	0.50
纸制品印刷及文教体育用品业	119741	1373	87.2	4.90	42295	1171	10.9	2.80
石油、化工制造业	59333	764	77.7	2.43	41302	772	53.5	2.70
塑料、橡胶制品业	181271	3838	47.2	7.42	158614	4414	36.3	10.42
非金属矿物制品业	164885	879	187.6	6.75	121253	1116	108.6	7.96
金属冶炼及压延加工业	663859	2182	304.2	27.16	302600	2032	148.9	19.87
金属制品业	114577	2818	40.7	4.69	69150	1917	36.1	4.54
通用、专用设备制造业	561751	11100	50.6	22.99	328215	7812	42.0	21.55
交通运输设备制造业	75665	1285	58.9	3.10	34950	913	38.3	2.30
电气机械及器材制造业	131627	2965	44.4	5.39	86873	2773	31.3	5.71
通信设备、计算机及其他电子设备制造业	216315	3375	64.1	8.85	220400	3954	55.7	14.47
仪器、仪表及文化办公机械制造业	18826	633	29.7	0.77	10061	274	36.7	0.66
其他（包括无销售企业）	43277	405	106.9	1.77	7221	133	54.3	0.47
合　计	2443888	34735	70.4	100	1522701	31442	48.4	100

2013年园区工业应税销售前100位企业排序表

表 17-4　　单位：万元

序号	企业名称	应税销售	税金
1	天津市金桥焊材集团有限公司无锡硕放分公司	85287	1953
2	力特半导体（无锡）有限公司	65070	2449
3	汉廷能源科技（无锡）有限公司	62499	412
4	无锡天山水泥有限公司	50167	2410
5	无锡斯贝歇尔钢管制造有限公司	36907	138
6	无锡新恒来水泥有限公司	31850	209
7	无锡市硕阳不锈钢有限公司	23925	849
8	无锡市军工电力电器有限公司	23829	3306
9	无锡五冶金属压延有限公司	23678	420
10	无锡建邦混凝土有限公司	20904	2254
11	无锡市江达商品混凝土有限公司	20806	1194
12	无锡晶心精密机械有限公司	20632	694
13	无锡格兰登福托玛斯气动系统有限公司	18504	1556
14	无锡锡南铸造机械有限公司	16632	719
15	无锡中通汽车内饰材料有限公司	16557	807
16	无锡锡通工程机械有限公司	16254	1096
17	无锡八一塑料有限公司	15841	1438
18	无锡市斯威克科技有限公司	15194	1252
19	无锡市新菊电动工具有限公司	14873	353
20	无锡国飞绿色能源有限公司	14807	76
21	无锡金鑫商品混凝土有限公司	14465	1004
22	无锡市德济商品混凝土有限公司	12606	867
23	近江化工（无锡）模具有限公司	12451	529
24	无锡市飞天油脂有限公司	12086	293
25	无锡新通联包装材料有限公司	11855	1019
26	江苏天山水泥集团有限公司无锡新区混凝土分公司	11535	801
27	腾达航勤设备（无锡）有限公司	11328	102
28	无锡创景制衣有限公司	10787	1065
29	无锡美罗钢格板有限公司	10779	1161
30	无锡市金声锻造有限公司	10731	514
31	江苏申凯包装有限公司	10652	206
32	无锡市天王包装容器有限公司	10413	312
33	无锡佳丰寝室用品有限公司	10257	77
34	无锡祥生医学影像有限责任公司	10185	343
35	无锡市滚动轴承有限公司	9811	507
36	无锡宝益塑料制品有限公司	8621	119
37	无锡衡耐电子科技有限公司	8093	151
38	无锡市博伟锻造有限公司	8024	234
39	无锡新为电子有限公司	7787	58
40	无锡依莱斯机械有限公司	6723	680
41	卡塞尔（无锡）科技有限公司	6696	246
42	无锡莲岩精密加工有限公司	6644	1877

续表 17-4

序号	企业名称	应税销售	税金
43	特瑞堡模塑件（无锡）有限公司	6456	442
44	阳政精机（无锡）有限公司	6408	339
45	无锡源盛塑业有限公司	6310	711
46	艾伦（无锡）商用车部件有限公司	6239	390
47	立合斯顿科技（无锡）有限公司	6039	227
48	甲与壹精密工程（无锡）有限公司	5975	284
49	无锡华力钢杆有限公司	5713	251
50	无锡乾昌服饰制造有限公司	5687	126
51	无锡德园泡塑制品有限公司	5618	278
52	无锡罗姆半导体科技有限公司	5487	174
53	江苏台竣纺织品有限公司	5450	72
54	无锡市安捷脚手架有限公司	5388	82
55	无锡市贝尔机械有限公司	5332	184
56	无锡市梦阳汽车电机有限公司	5248	217
57	无锡新柯工具制造有限公司	5181	82
58	无锡华统包装材料有限公司	5161	140
59	无锡保瑞特万邦油气防腐有限公司	5161	248
60	富美精密元器件（无锡）有限公司	5053	260
61	无锡沪东麦斯特环境工程有限公司	4897	502
62	无锡泽威机电科技有限公司	4725	92
63	无锡基裕汽车配件制造有限公司	4599	65
64	无锡金也汽车部件有限公司	4501	204
65	无锡市成康机械电器有限公司	4461	176
66	无锡太阳绿宝科技有限公司	4447	187
67	无锡同心塑料制品有限公司	4362	91
68	无锡富杰电器有限公司	4313	207
69	无锡创立达科技有限公司	4268	39
70	无锡中电互感器制造有限公司	4208	162
71	无锡华欣电气有限公司	4099	197
72	无锡新昶精密铸造有限公司	4059	15
73	无锡市中方包装有限公司（中汇）	4007	32
74	无锡金都机械设备有限公司	3972	302
75	无锡新中纺纺织服装有限公司	3952	31
76	无锡法拉塑胶有限公司	3949	103
77	无锡宇阳锻造有限公司	3933	101
78	无锡东日昌轴承制造有限公司	3925	354
79	无锡研通塑料电器有限公司	3925	220
80	无锡市新区金达包装容器有限公司	3871	131
81	无锡晶合精密冲压件有限公司	3773	26
82	麦斯科林（无锡）科技有限公司	3718	113
83	无锡派德文具礼品有限公司	3711	61
84	无锡市同步港机制造有限公司	3654	84
85	无锡恒源办公机械有限公司	3595	74
86	无锡市夏音电器厂	3578	62

续表 17-4

序号	企业名称	应税销售	税金
87	蓝阳食品（无锡）有限公司	3574	330
88	无锡市锡山港口起重机械有限公司	3560	146
89	无锡市红叶塑钢制品有限公司	3538	73
90	无锡市新区平盛机械厂	3505	99
91	无锡进源科技开发有限公司	3504	114
92	无锡安捷科技有限公司	3503	287
93	无锡长源冷拉型钢有限公司	3492	101
94	清美通达锂能科技（无锡）有限公司	3446	66
95	无锡市华凯电气成套有限公司	3441	199
96	无锡明珠钢球有限公司	3421	135
97	无锡大力起重机械有限公司	3379	403
98	无锡明基机械制造有限公司	3359	134
99	福泰科塑料技术（无锡）有限公司	3311	57
100	无锡市华欣兴模具有限公司	3263	97

2013年园区三产营业收入前20位企业排序表

表 17-5　　单位：万元

序号	单位名称	营业收入（万元）
1	无锡当当网信息技术有限公司	336292
2	无锡浦新金属制品有限公司	220325
3	中国东方航空江苏有限公司无锡分公司	153864
4	深圳航空有限责任公司无锡分公司	114982
5	无锡海德钢材加工有限公司	109786
6	苏宁云商江苏苏南有限公司	100058
7	无锡高端金属贸易有限公司	99883
8	无锡市新苏油脂有限公司	62805
9	无锡通达进出口贸易有限公司	49983
10	无锡金丽雅不锈钢有限公司	43257
11	无锡时代盛业房地产开发有限公司	42922
12	无锡市成特物资有限公司	35321
13	无锡市顺丰速运有限公司	34093
14	无锡市朋和不锈钢有限公司	29763
15	无锡百联奥特莱斯商业有限公司	24722
16	无锡通达金翔钢材剪切有限公司	22581
17	无锡苏南国际机场集团有限公司	18996
18	无锡慈嘉影视有限公司	12674
19	无锡市华威金属制品有限公司	11560
20	无锡德邦物流有限公司	10402

第三节 招商引资

园区建立以来，始终坚持以招商引资为龙头，把招商引资项目开发作为园区工作的出发点和落脚点。园区建有一支过硬的招商队伍，招商办以“坦诚沟通、专业咨询、创新思维、快捷服务”为宗旨，为园区企业和意向投资者提供全方位的系统服务。

建园初期，招商引资围绕项目开发转，围绕资金到位跑，抓住政策宣传、捕获信息、跟踪落实三个环节。在跨国公司、科技院所、招商机构中聘请知名和权威人士为园区招商顾问，同时在深圳、广东、昆山、北京等招商黄金地区设立招商点。2002年起，园区招商倡导“服务招商、感情招商”，把亲商、近商作为招商引资的一项长期要求，强化服务意识，提高招商技能，完善职责权限。2006年后，招商思路逐步调整到内外结合，把诚信服务、规范服务、优质服务作为招商、留商的法宝，注重引进外资和高科技项目的突破。2008年起，招商引资突出为招商“选”资，围绕年度工作目标，创新招商思路，拓展招商领域，强化招商服务，抓住招商项目，紧紧围绕“建设国际化、现代化空港新城”的总体目标，整合招商资源，调整选资思路，筛选项目信息。

2010年后，园区招商办以园区建成“空港商务商贸产业集聚区”“苏南国际物流产业集聚区”“临空型高新技术产业集聚区”为立足点，建立健全招商“选”资工作机制，打造高素质的招商队伍，强化认识，超越产业竞争，开创全新市场，拓展项目信息源。至2013年底，园区共招商引资企业671家，其中外资企业143家。

一、招商政策

硕放私营经济园是无锡市人民政府单独开辟的经济园，享受多项优惠政策。园区本着“服务企业”的宗旨，凡在经济园投资的项目，从项目审批、土地批租、工程建设、水电供给、工商登记等由私营经济园招商办公室提供一条龙服务，并提供包括海关、商检、报税仓库、生活娱乐等配套服务，以高效、快捷、完善的服务筑巢引凤，吸引海内外客商来园投资兴业。1998年4月，镇党委、政府制定《关于加快招商引资、开发开放的若干优惠政策》。其主要内容是：

1.中外合资企业、独资企业在享受国家的所得税“二免三减半”政策后，视项目的规模和对地方经济的带动情况，可适当延长。

2.新建工业企业年缴纳增值税中的地方留成部分12.5%且额度达25万元以上的，全额返回企业。

3.投资在本镇范围内的工业企业和三产企业，视项目情况，可注册在无锡市国家高新技术产业开发区，并享受相关的政策待遇。

4.土地出让金视项目及用地规模，可在规定的土地出让基准价基础上下浮动20%—30%。

5.除享受上述优惠政策外，在地方税收、规费上缴等方面给予如下优惠：

（1）工业企业缴纳的地方税收：除城建税、土地税、印花税外，两年内全额返回，后三年返回50%。应交的各项镇规费给予前两年全免、后两年减半的优惠。优惠政策享受结束后，规费不超过0.8%。

（2）对注册资本超过50万元，年销售收入达200万元以上，或租用镇内房屋、设备、土地等年租金额达20万元，或常年使用本镇内劳动力20名以上，或进硕放私营经济园的，在上述基础上，地税全额返回期再延长一年，减半优惠期再延长两年，规费全免期再延长一年，减半优惠期再延长两年。

（3）三产经营性企业，视经营规模等情况，所缴地税、镇规费给予50%的减免。

（4）对注册资本超过50万元或进硕放私营经济园的企业，可照顾办理无锡市居民户口1人。

（5）电费按市确定的综合电价予以征收。

十多年来，园区根据上级主管部门的招商政策，联系本地实际不断修订，完善相关招商政策，彰显政策优惠的魅力，加快经济发展的步伐。

二、队伍建设

1998年4月，镇党委、政府为加快招商引资、开发开放步伐，实现全镇经济跨越式发展，建立硕放经济园筹建领导小组及招商办公室。根据园区开发开放建设的总体要求，全面开展园区的招商引资工作。2000年，工业公司、硕放工业园进一步壮大招商队伍，扩大招商网点。2003年，工业公司（经贸中心）与工业园区将招商人员进行合并重组。同时，扩展招商网点，在北京、深圳、东莞、昆山等地增设招商驻外机构，以引进外资为突破口。2006年，硕放重点工业园升级为第六批省级开发区，产业结构不断调整，企业转型升级，产品不断更新，高科技项目日新月异。招商工作势必创新招商思路，拓展招商领域，强化招商服务，抢抓招商项目。2007年，空港产业园建立后，根据“优胜劣汰”的原则，再次进行人员调整，进一步充实人员。2010年，面向社会公开选聘专业招商人员。2011年，修订《招商人员项目考核办法》，完善招商机制。2013年，再次面向社会公开招聘专业招商人员，使招商队伍进一步扩大，业务水平不断提高。

三、招商成果

招商引资是园区建设发展的重中之重。历年来，围绕地方党委、政府经济发展的总目标、总思路，不断创新思维，强化优质服务，确立“招商招才并举，引资引智并重”的工作理念，按照不同阶段园区产业发展的要求，拓展招商领域，促使园区环境优越、产业齐全，大批高科技项目和外资项目纷至沓来，规模型企业日渐增多。

1999—2013年硕放工业园区招商情况一览表

表 17-6　　单位：万元

注册日期	企业名称	法人代表	总投资	注册资本
1999.11	无锡市飞天油脂有限公司	蒋小军	2600	1000.0
2000.9	无锡佳丰寝室用品有限公司	高京乐	5000	1800.0

续表 17-6

注册日期	企业名称	法人代表	总投资	注册资本
2000.12	无锡宝益塑料制品有限公司	蒋锡宝	2000	1550.6
2001.4	无锡国飞绿色能源有限公司	戴亚红	5000	5000.0
2001.6	无锡军工智能电气股份有限公司	周鑫诚	15000	6550.0
2001.6	无锡新为电子有限公司	徐海平	5500	5324.0
2001.6	无锡市顺丰速运有限公司	陶志强	120000	9700.0
2001.9	无锡太阳绿宝科技有限公司	屈永军	2500	2500.0
2001.11	无锡市天王包装容器有限公司	张文清	1200	1000.0
2002.1	无锡市新菊电动工具有限公司	孙延新	5500	4500.0
2002.1	无锡金鑫商品混凝土有限公司	杭玉夫	8000	7656.3
2002.2	无锡晶心精密机械有限公司	张　平	4000	3862.2
2002.9	无锡中通汽车内饰材料有限公司	黄小裕	10000	3000.0
2002.9	天津市金桥焊材集团有限公司无锡硕放分公司	张　里	7000	2000.0
2002.11	力特半导体（无锡）有限公司	郑修实	40000	31471.0
2002.12	江苏台竣纺织品有限公司	姜永超	6000	4126.3
2003.2	无锡天山水泥有限公司	王　斌	9958	8000.0
2003.4	无锡建邦混凝土有限公司	杨朝安	12000	10716.6
2003.5	无锡市金声锻造有限公司	徐君良	12960	2700.0
2003.6	无锡祥生医学影像有限责任公司	莫善珏	5000	5000.0
2003.8	无锡依莱斯机械有限公司	高海晖	5000	1800.0
2003.9	无锡创景制衣有限公司	陈生巍	6000	3749.3
2003.12	无锡金峰水泥有限公司（新恒来）	吴新意	9000	1700.0
2004.4	无锡格兰登福托玛斯气动系统有限公司	邹刚祥	5200	3920.8
2004.4	无锡源盛塑业有限公司	邹朝忠	4500	1000.0
2004.6	无锡斯贝歇尔钢管制造有限公司	黄　芳	10000	8000.0
2004.6	无锡市滚动轴承有限公司	韩俊锡	3000	1000.0
2004.7	无锡市华威金属制品有限公司	华伟江	12500	6250.0
2004.8	无锡华力钢杆有限公司	许凤鸣	3000	3000.0
2004.8	艾伦（无锡）商用车部件有限公司	哥伦布	2500	2171.3
2004.12	无锡罗姆半导体科技有限公司	夏华忠	3500	2000.0
2005.5	无锡五冶金属压延有限公司	陈盘兴	21700	5380.0
2005.6	无锡市硕阳不锈钢有限公司	黄潮佳	33000	23329.9
2005.9	江苏申凯包装高新技术股份有限公司	程一龙	15000	8000.0
2006.11	无锡市中通快递有限公司	赖建法	10000	4500.0
2007.1	特瑞堡模塑件（无锡）有限公司	刘德勇	5200	2894.0
2007.1	无锡新柯工具制造有限公司	陆曙辉	5000	3903.8
2008.3	无锡市德济商品混凝土有限公司	陈瑞源	1500	1000.0
2008.6	无锡锡通工程机械有限公司	陆元明	7700	3888.0
2008.7	苏宁云商江苏苏南有限公司	赵　蓓	100000	28000.0
2008.10	无锡英杰科技有限公司	王末兴	5000	2300.0
2008.11	无锡美罗钢格板有限公司	周小金	6000	4198.0
2008.12	腾达航勤设备（无锡）有限公司	吴建强	15000	6740.7

续表 17-6

注册日期	企业名称	法人代表	总投资	注册资本
2009.3	固世特包装材料无锡有限公司	迪斯特	2200	1613.0
2009.11	汉廷能源科技（无锡）有限公司	张小军	9000	8382.5
2010.3	无锡宇吉科技有限公司	周丽琴	6800	2800.0
2010.9	无锡当当网信息技术有限公司	姚　晰	30000	15000.0
2010.10	无锡鑫连鑫生物医药科技有限公司	瞿伯荣	8000	4500.0
2010.11	无锡市江达商品混凝土有限公司	蒋国芳	11500	4500.0
2011.1	无锡大周生物工程有限公司	宋东光	40000	6000.0
2011.3	清美通达锂能科技(无锡）有限公司	杨立新	45000	15000.0
2011.6	江苏韵达腾云物流有限公司	聂腾云	20000	9000.0
2012.8	无锡深南电路有限公司	杨之诚	217000	55000.0
2012.12	无锡新和源生物制造有限公司	陈少麟	64800	4419.0
2012.12	金南物联甩挂运输股份有限公司	俞成良	50000	15000.0
2013.1	无锡航亚科技有限公司	储文光	15000	4200.0
2013.6	无锡百联奥特莱斯商业有限公司	葛伟勇	100000	28000.0
2013.7	无锡莲岩精密加工有限公司	赵显亿	4890	3107.4
2013.9	友和道通航空物流（无锡）有限公司	张煊楠	70000	18000.0
2013.10	建铝（中国）精密不锈钢科技有限公司	李庆柏	36000	12000.0
2013.12	皮拉图斯华东营运中心（亚捷通用航空）	刘　清	100000	18000.0
2013.12	江苏省邮政速递物流有限公司	顾　汶	720000	50000.0
2013.12	丰硕仓储开发（无锡）有限公司	Loh Syh	42000	24000.0
2013.12	无锡和邦生物科技有限公司	杨建良	15000	2591.7

说明：注册资本1000万元以上的部分企业

第四节　科技进步

硕放工业园区始终把科技进步作为引领园区建设、招商引资、基础管理等的重要工作来抓。2001年，通过 ISO 9000国家质量体系认证，被无锡市人民政府列为全市19个重点开放园区之一。2002年，获评农业部授予的“全国乡镇企业科技园区”荣誉称号。2005年，又被无锡市人民政府列为全市5个重点开放园区之一。2006年5月，被江苏省人民政府批准设立省级开发区，并命名“江苏省无锡硕放工业园区”。是年6月，通过 ISO 14001国家环境管理体系认证。2011年，无锡锡通工程机械有限公司被国家高新技术企业复审合格。2013年，无锡太阳绿宝科技有限公司获得中华人民共和国国家知识产权局关于高儿茶素速溶绿茶粉、高氟茶提取物、富硒速溶绿茶粉、颗粒速溶茶产品的认证证书。天津市金桥焊材集

2002年工业园区被农业部授予“全国乡镇企业科技园区”荣誉称号

团有限公司无锡硕放分公司曾获中国高新技术企业、中国制造业500强、全国质量先进单位等殊荣。

一、高新科技企业

突破企业发展“瓶颈”必须依靠科学技术作为第一生产力。2007年以来，工业园区引进无锡锡通工程机械有限公司、无锡锡南铸造机械有限公司、无锡祥生医学影像有限责任公司、康可电子（无锡）有限公司、无锡格兰登福托玛斯气动系统有限公司、无锡知谷网络科技有限公司等20家江苏省高新技术企业。精心培育“530”企业，至2013年，园区已落户的“530”企业23家，其中，A类企业8家，B类企业7家，C类企业8家。

2013年硕放工业园区高新技术企业一览表

表 17-7

序号	企业名称	序号	企业名称
1	无锡锡南铸造机械有限公司	11	无锡知谷网络科技有限公司
2	无锡友达电子有限公司	12	无锡市斯威克科技有限公司
3	无锡太阳绿宝科技有限公司	13	无锡鼎邦科技有限公司
4	无锡祥生医学影像有限责任公司	14	无锡银联齿轮传动机械有限公司
5	无锡市滚动轴承有限公司	15	江苏新银叶传动机电有限公司
6	无锡市军工电力电器有限公司	16	盈锋紧固系统（无锡）有限公司
7	无锡罗姆半导体科技有限公司	17	无锡创明传动工程有限公司
8	无锡格兰登福托玛斯气动系统有限公司	18	无锡大力起重机械有限公司
9	康可电子（无锡）有限公司	19	无锡锡通工程机械有限公司
10	无锡信达胶脂材料股份有限公司	20	江苏申凯包装高新技术股份有限公司

二、高科技人才

2007年以来，工业园区围绕无锡市人民政府出台的《关于引进领军型海外留学归国创业人才计划的实施意见》（简称“530”计划），即五年内引进不少于30名领军型海外留学归国创业人才，重点是环保、新能源、生物三大先导产业，以及服务外包、文化创意等产业的创业领军人才。吸引国内外研发人员近50名。“530”计划的这种人才集聚效应在空港产业园区催生“尊重劳力、尊重知识、尊重人才、尊重创造”的文化氛围。

2008年，无锡祥生医学影像有限责任公司被评为无锡国家高新技术产业开发区博士后科研工作站。2010年，无锡锡通工程机械有限公司被评为江苏省企业院士工作站。至2013年，工业园区有研究生学历以上高科技人才66人，其中硕士研究生48人、博士研究生16人、博士后2人。

第五节 外向型经济

一、“三资”企业

工业园区成立以来，镇党委、政府十分重视招商引资工作，不断完善招商优惠政策，境内“三资”企业（外商独资、中外合资、合作企业）发展迅猛。20世纪90年代末期，先后有8家“三资”企业入驻园区。进入21世纪，“三资”企业快速发展、逐渐壮大，至2013年，园区“三资”企业达129家。

2002年11月，中国台湾独资企业——康可电子（无锡）有限公司成立，2006年9月被Littelfuse.lne 公司并购。由美方投资6000万美元，注册资本4470万美元。主要产品生产电路保护元器件，包括晶元产品线、组装生产线、实验室三个部分。产品远销欧洲、美国、东南亚等国家和地区。

2007年，新增“三资”企业4家。园区新批外资项目投资总额6156万美元，其中，超2000万美元1家（无锡大力起重机械有限公司），超千万美元项目1家（无锡新柯工具制造有限公司）。增资项目5家，其中，无锡晶心精密机械有限公司增资至1000万美元，新增投资2712万美元，累计总投资6546万美元，注册资本5966.5万美元。

2008年，新增“三资”企业17家，外资到位8100万美元。

2009年，新增“三资”企业22家，外资到位7816万美元。其中有法国的腾达航勤设备（无锡）有限公司，荷兰的无锡新为电子有限公司、固世特包装设备（无锡）有限公司等。

2010年，引进外资项目11个，外资到位5881万美元，其中超千万元项目3个。注册外资1.1亿美元（其中主要项目有懿峰塑料100万美元、泓盛源传感器1000万美元、中达航空部件750万美元、德特威勒汽车部件500万美元、村田汽车弹簧210万美元），增资项目6个（金枫林增资100万美元、格兰登150万美元、金都机械225万美元、宝塑塑料25万美元、莱越德94万美元、建邦580万美元）。

重大项目推进力度明显加快，主要有无锡港龙汽车租赁有限公司，注册资本1000万美元；鹰普（中国）有限公司增资2000万美元（原注册资本1600万美元）；瑞士德特威勒汽车部件无锡项目投资额1200万美元，主要生产汽车用密封件；村田汽车弹簧无锡项目主要生产汽车变速箱内精密弹簧，投资额达500万美元。是年，落户园区的外资项目还有富美精密元器件（无锡）有限公司、无锡竹虎护理用品有限公司、伊姿美制衣机械（无锡）有限公司、无锡顺旺现代包装材料有限公司、无锡超品伊份餐饮有限公司等。

2011年，外资实际到位9230万美元。其中，诺龙铸造到位1035万美元、腾达航勤475万美元、安德鲁（奥斯龙）450万美元、德特威勒300万美元。麦斯科林（无锡）科技有限公司在原注册资本的基础上，新增1000万美元。通达集团公司与日本 AGC 清美株式会社签订合资协议，成立清美通达锂能科技（无锡）有限公司，注册资本1.5亿元。

2012年，外资实际到位9179万美元。其中，清美通达锂能科技（无锡）有限公司实际到位外资1338万美元。

2013年，实际利用外资1.35亿美元。友和道通航空物流、新和源生物制造、新和信精密机械配件、建锠科技等外资项目先后入驻园区，“三资”企业注册资本500万元以上的企业共有60家。

2013年硕放工业园区“三资”企业一览表

表 17-8　　单位：万元

企业名称	法定代表/负责人	注册资本
无锡日新时装有限公司	植田文裕（Ueda Fumhiro）	1000.0
无锡布勒机械制造有限公司	谢　浩	2300.0
无锡美罗钢格板有限公司	Wong Kimsiong	507.0
力特半导体（无锡）有限公司	Ian Paul、David Highl	4470.0
无锡双珍针纺织工艺品有限公司	杨惠珍	531.6
无锡中顺生物技术有限公司	黄忠平	835.0
无锡亿金电子有限公司	曾玉定	633.0
无锡新为电子有限公司	罗伯特（Loisen Robrecht）	720.0
安德鲁工业纺织品制造（无锡）有限公司	Lordian、Burnham	1105.8
无锡阿福家用纺织品有限公司	刘红亮	520.0
无锡沪东麦斯特环境工程有限公司	陆吉明	800.0
无锡宏峰电子有限公司	周建华	2100.0
无锡金鑫商品混凝土有限公司	杭玉夫	1000.0
甲与壹精密工程（无锡）有限公司	林永康（Lin Yongkang）	500.0
无锡晶心精密机械有限公司	黄亮茳（Wee Liangkiang）	500.0
竹田（无锡）精密冲压件有限公司	竹田嘉彦	67800.0
格林也科技（无锡）有限公司	黄杰标	900.0
无锡诺龙铸造有限公司	董　平	1955.2
麦斯科林（无锡）科技有限公司	余春明	1006.0
无锡安久自动车有限公司	付治国	2100.0
江苏台竣企业纺织品有限公司	江仲立	500.0
无锡乾昌服饰制造有限公司	姬清杰	500.0
无锡宝美锋金属加工配送有限公司	坂田一成（Sakata Takazunari）	800.0
无锡建邦混凝土有限公司	吴昌修	1540.0
无锡联合包装有限公司	小泽善孝	5540.0
无锡竹虎护理用品有限公司	竹下雄大（Takeshita Yudai)	10000.0
无锡创景制衣有限公司	陈生巍	500.0
无锡塔尔基热交换器科技有限公司	林隆司（Hayshi Takashi)	522.0
无锡格兰登福托玛斯气动系统有限公司	杨　镇	500.0
无锡太阳绿宝科技有限公司	山崎长德（Yamazaki Nagano)	2500.0
无锡昱晁科技有限公司	徐荣城	500.0
无锡金都机械设备有限公司	刘海萍	1000.0
楠见（无锡）科技有限公司	楠见健次郎（Kusumi Kenjiro）	500.0
无锡汇欧陶瓷有限公司	祝伟中	700.0
无锡市硕阳不锈钢有限公司	黄潮佳	3750.0
无锡金雅悦洋钢业有限公司	霍志斌	600.0
长津金安精密光学部件（无锡）有限公司	牧野俊清（Makin Toshikiyo）	600.0

续表 17-8

企业名称	法定代表/负责人	注册资本
沃登塑胶（无锡）有限公司	郑佩琴	680.0
无锡市美柏行数码科技有限公司	檀来锁	1250.0
无锡爱沃富光电科技有限公司	贾明杰	4500.0
无锡普洛斯物流发展有限公司	陈　雷	1256.0
丰树物流仓储开发（无锡）有限公司	Chung Yewfai	800.0
无锡新柯工具制造有限公司	陆曙辉	550.0
无锡大力起重机械有限公司	王汛杰	832.0
无锡美上日东弹簧有限公司	Takeshi Morioka	1545.0
无锡东航食品有限公司	吴铭义	1578.0
汉廷能源科技（无锡）有限公司	Tan Danil sze hwa	1250.0
德特威勒橡胶部件（无锡）有限公司	Lambrecht Dirk	500.0
无锡新和信精密机械配件有限公司	笹沼靖憲（Sasaivuma Yasuno）	80000.0
江苏傲智数码科技有限公司	李应樵	850.0
日进精密模具制造（无锡）有限公司	田木桂三（Tagi Keizo）	18000.0
宜毗爱电子科技（无锡）有限公司	潘新宇	3800.0
无锡新和源生物制造有限公司	Chen Steven	3600.0
无锡联爽商贸有限公司	早田让二（Soda Joji）	500.0
友和道通航空物流（无锡）有限公司	张煊楠	2500.0
建锠（中国）精密不锈钢科技有限公司	李庆柏	2000.0
丰硕仓储开发（无锡）有限公司	Loh Shyh	24700.0
汉太能源装备（无锡）有限公司	Tan Danil sze hwa	500.0
易康姆贸易（无锡）有限公司	Hajizadeh Mahyar bar	500.0
腾达航勤设备（无锡）有限公司	Dorn Thomas	1000.0

说明：此表为注册资本500万元以上企业

二、外贸出口

进入21世纪，随着“三资”企业的不断增多，工业园区外贸出口额成倍增长。

2001年，园区仅有“三资”企业15家，出口产品交货值3515万美元。2008年，“三资”企业达到102家，营业收入83.82亿元，进出口交货值4.1亿美元，其中，自营出口2.4亿美元。2013年，园区“三资”企业129家，自营出口500万美元以上的企业22家，营业总收入达122.88亿元，比2008年增39.06亿元，增长46.6%；进出口总额7.46亿美元，比2008年增3.36亿美元，增长82%；其中，自营出口5.36亿美元，比2008年增2.96亿美元，增长123.3%。是年，园区出口额较大的力特半导体（无锡）有限公司外贸出口额达9874万美元，汉廷能源科技（无锡）有限公司外贸出口额达9002万美元。

2001—2013年硕放工业园区“三资”企业营运状况一览表

表 17-9

年份	企业家数	注册资本（万美元）	营业收入（万元）	实际利用外资（万美元）	进出口交货值（万美元）	其中：自营出口（万美元）
2001	15	4520	27014	2500	3515	2880
2002	24	15500	42131	11100	4702	4166
2003	35	8274	60454	4663	6235	5450
2004	52	11500	95411	5500	6702	5516
2005	65	14100	135254	6600	9212	7965
2006	81	80599	233157	4100	13408	12000
2007	85	85050	683181	5180	20120	18000
2008	102	87415	838216	8100	41000	24000
2009	124	233427	910051	7800	43000	26000
2010	125	250564	1035565	5900	66000	38000
2011	128	277366	134854	9200	65100	41600
2012	128	279171	1201543	9200	69600	50800
2013	129	281958	1228800	12500	74600	53600

2013年硕放工业园区自营出口企业情况表

表 17-10

企业名称	出口额（万美元）
力特半导体（无锡）有限公司	9874
汉廷能源科技（无锡）有限公司	9002
无锡隆基硅材料有限公司	5502
无锡塔尔基热交换器科技有限公司	3355
光洋（无锡）密封科技有限公司	2191
浩明紧固系统（无锡）有限公司	2018
无锡格兰登福托玛斯气动系统有限公司	1918
腾达航勤设备（无锡）有限公司	1871
卡塞尔（无锡）科技有限公司	1091
无锡祥生医学影像有限责任公司	1032
无锡晶心精密机械有限公司	870
无锡锡南铸造机械有限公司	809
无锡市安捷脚手架有限公司	804
无锡友达电子有限公司	747
无锡新柯工具制造有限公司	683
无锡太阳绿宝科技有限公司	674
无锡水登机械有限公司	658
山城精密机械（无锡）有限公司	657
无锡新昶精密铸造有限公司	652
无锡近江塑料模具有限公司	620
无锡日创电子塑胶有限公司	616
无锡派德文具礼品有限公司	581

说明：此表为自营出口500万美元以上企业

第六节　管理机构

一、无锡市硕放经济发展有限公司

无锡市硕放经济发展有限公司于1998年9月12日在无锡市工商局注册登记，集管理、开发、招商、服务为一体，是硕放工业园区的管理服务中心。主要围绕党委、政府的总体规划目标，全权负责工业园区的功能定位、开发建设，按照各不同时期产业发展的定向组织实施，全权负责落实招商引资和项目入驻；根据园区企业的不同特点，全面负责各类企业的综合管理以及项目审核、报批等一站式服务，以及经济职能部门的联络工作。

二、空港产业园区经济发展和招商服务处

2007年8月成立。2008年，无锡空港产业园区管理体制实行机构、职能归口分类管理构架，体现职能明确、岗位明确、责任明确。主要负责园区总体发展规划纲要、产业发展规划、国民经济综合计划的编制并组织实施工作；负责科技创新、技改、统计等工作；负责园区内各类企业的综合管理，新增项目权限内的审核与报批工作；负责安全生产监督工作；负责与上级综合经济管理部门的对口衔接工作；负责做好市条线驻园区相关经济职能部门的联络工作；负责园区招商引资和企业服务工作；配合做好经济发展动态的研究工作。另对口管理硕放经济发展有限公司。

三、空港产业园区规划建设和环境保护处

设立规划管理、建设管理、建筑安全与监督、环境保护等部门。主要职能为负责做好园区建设发展规划的组织实施工作；协调机场规划建设中的相关工作；负责公共基础设施的建设和管理工作；负责建设工程监督管理工作；负责绿化、环保等工作。

1998—2013年空港产业园区经济管理机构历任主要负责人一览表

表 17-11

机构名称	历任负责人姓名
无锡市硕放经济发展有限公司	唐建华、曹定良、曹建兴、金晓忠
空港产业园区经济发展和招商服务处	席善政、陆毅刚
空港产业园区规划建设和环境保护处	陆毅刚、席善政、诸国强

第七节　重点企业选介

一、力特半导体（无锡）有限公司

力特半导体（无锡）有限公司是外商独资企业（美资），位于无锡市新区硕放工业园区振发6路3号。其前身是2002年11月19日入驻的康可电子（无锡）有限公司。2006年9月，被 Littelfuse.Inc 公司并购。2013年11月，更名为力特半导体（无锡）有限公司。力特集团主要负责力特无锡工厂、力特苏州保险丝工厂、力特苏州传感器工厂，力特东莞工厂以及

力特菲律宾工厂。

该公司占地面积29988.8平方米，其中建筑面积20551.44平方米，投资总额6000万美元，注册资本4470万美元。至2013年12月，拥有固定资产38281万元，具有先进的自动生产线，建有专门的实验室。企业员工1100余人，拥有大批专业人才和技术人才，其中硕士学位9人、本科生116人。2013年，分公司实现销售65070万元，利税总额18265万元。

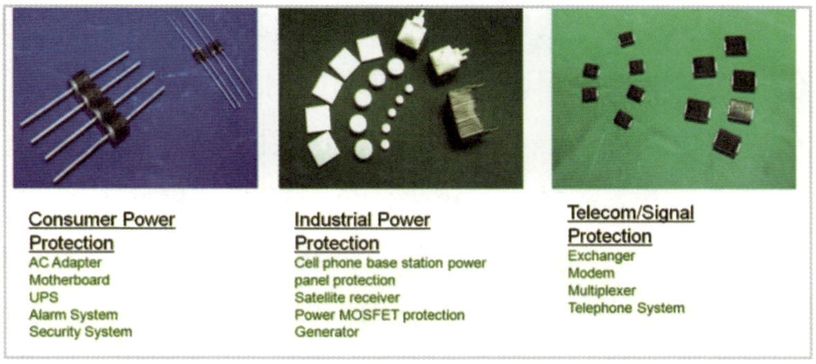

企业系列产品

公司投资方为世界领先的保险丝生产商 Littelfuse 公司，力特半导体（无锡）有限公司是 Littelfuse 公司主要的子公司，营业额占总公司的70%，其主要产品有半导体控制元件可控硅、半导体保护元件瞬态抑制二极管和固体放电管，广泛应用在安防、通信、白色家电等领域，产品远销欧、美、东南亚等世界各地。企业销售额一直保持在10%以上的增长速度。

产品通过 ISO9001/QS9000质量体系（DIVV）认证、ISO14001环境质量体系（SGS）认证、AS9100航空产品认证体系、TS16949汽车产品认证体系。产品所使用的 Littelfuse 为国际著名商标。2013年无锡分公司已申请34个发明专利、20个实用新型专利，通过省级高新技术产品认证。公司多次获得无锡市“封测五强企业”“和谐劳资关系先进企业”“清洁生产审核验收”等多项荣誉称号，在无锡市出口创汇百强企业中排名前20。

二、无锡深南电路有限公司

无锡深南电路有限公司于2012年8月注册成立，坐落于空港产业园长江南路18号，占地面积360亩，注册资本5.5亿元，总投资21.7亿元。无锡深南电路是深南电路股份有限公司（以下简称“深南电路股份”）的全资子公司。

深南电路股份成立于1984年，是中国航空工业集团公司（央企）成员企业，系国家技术创新示范企业、印制电路板（PCB）行业首家国家企业技术中心，中国封装基板行业先行者，本土综合实力最强的 PCB 制造及研发企业，CPCA（中国印制电路行业协会）的理事长单位。

企业系列产品

公司专注于电子互联领域，致力成为世界级电子电路技术与解决方案的集成商，2007年至2013年营业收入复合增长率达22%。深南电路股份致力于为中国电子信息产业发展提供完善、卓越的配套支持，推动国内元器件尤其是通信设备核心元器件的国产化水平。公司以通信领域为核心，同时重点关注航天及军工电子、医疗设备、工控/仪器、服务器及汽车电子五大领域。多年来，公司拓展并积累丰富的市场和客户资源，与多家国内外一流的客户，如华为、阿尔卡特、朗讯、霍尼韦尔、罗克韦尔柯林斯、通用电气（GE）、迈瑞等均有良好稳固的合作。公司拥有一支由600余名技术及管理经验丰富人员组成的团队，一直推行自主创新战略，在高多层及普通高密度印制电路板等领域拥有多项国家专利，在国内、国际发表论文100余篇。经过多年用心经营，公司建立完善的管理体系，制定各类业务标准操作流程，先后通过 ISO9002、ISO/TS16949、AS9100、Nadcap、ISO14001、OHSAS1800、ISO27001、ISO13485等体系认证。

无锡深南电路有限公司是深南电路股份高密度封装基板制造与研发的重要基地，是深南电路股份在华东地区的运营中心，是深南电路股份转型升级的战略举措，与深南电路股份深圳生产基地遥相呼应，辐射中国电子信息产业最为发达的东部和南部地区。无锡深南电路有限公司主要开展IC载板、高端印制电路板、精密仪器与模块产品制造三项业务。建成后，年产IC载板60万平方米、高端印制电路板50万平方米、精密仪器与模块产品5000万片。

三、无锡百联奥特莱斯商业有限公司

无锡百联奥特莱斯商业有限公司于2011年1月成立，地处硕放工业园区锡勤路18—28号。注册资本2.8亿元，占地面积191046平方米，其中建筑面积120784平方米。有员工39人，其中高层（含总助）4人、中层（含副助）6人、高级职称2人、中级职称3人。

百联奥特莱斯广场

百联奥特莱斯广场是百联集团旗下百联股份公司重点打造的集名品、餐饮、娱乐、休闲四位于一体的超大型品牌折扣广场，下辖上海青浦、杭州下沙、武汉盘龙及江苏无锡四家。江苏无锡一家就落户在空港（硕放）产业园区。无锡百联奥特莱斯广场于2013年6月29日开业，延续百联奥特莱斯所倡导的“真品、真情、真价”的一贯经营理念，处处彰显“升级版”的全新魅力。开业前两天，销售就突破1000万元，车流量超1万辆。2013年，完成销售2.6亿元，上缴税收1467万元。

无锡百联奥特莱斯广场以罗马为蓝本进行构思，区域格调高雅、富贵，充满异国风情。通过对古罗马元素的提炼和运用，打造富有罗马风格景观空间的假日广场。开业之际，有235个品牌馆铺全新亮相。亚洲第一辆城市有轨双层开放型观光电车启用，共设11个站点，环绕整个广场，方便游客观光购物。色彩亮丽的儿童主题成长乐园、34个购物指示亭、1500余个免费停车位、160个大型铁艺垃圾桶、70张长1.8米的铁艺休闲长椅、25台广场手扶式和上下式升降电梯等完善配套设施，为购物者休闲娱乐提供便利。

2013年，公司获得江苏省食品安全委员会办公室颁发的“食品卫生安全示范街”荣誉称号，获得无锡市消费者权益保护委员会颁发的“优质一站式购物商场”荣誉称号。

四、天津市金桥焊材集团有限公司无锡硕放分公司

天津市金桥焊材集团有限公司无锡硕放分公司，组建于2004年9月，坐落于硕放工业园区南开路108号。

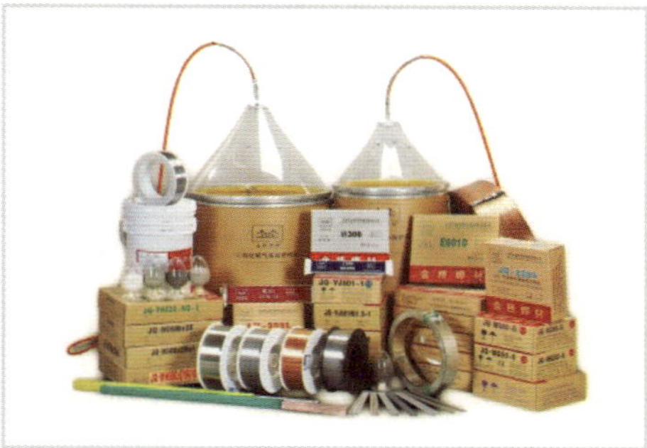

企业系列产品

2013年，硕放分公司有员工700多人，销售收入8.53亿元，在园区工业企业销售排序中位列第一。公司主要产品有电焊条、药芯焊丝、实心焊丝、埋弧焊丝、氩弧焊丝、焊剂等十几个大类，还有400多个品种的焊接材料，销售网络覆盖全国，部分产品远销到世界发达国家和近百个发展中国家。

分公司按照集团总公司的发展思路坚持发展民族品牌、振兴民族工业的宗旨，秉承着八个受益（国家、用户、经销商、股东、社会、供应商、员工、家属）的原则，以提高经济效益和促进企业全面健康发展为核心，以市场为导向、以技术创新为依托、以成本控制为主线。本着不断创新发展的理念，一直坚持产品创优、设备更新、集约经营。2010年后，集团申请专利160余项，授权78项（其中申请发明专利43项，授权13项）。集团公司曾获中国高新技术企业、中国制造业500强、中国民营企业500强、全国质量先进单位、AAA级信用企业等殊荣。

五、无锡顺丰速运有限公司

无锡顺丰速运有限公司创建于2001年6月，地处长江南路35号科技商务中心B幢四楼，是一家主要经营国际、国内速递的民营企业。公司占地面积34165平方米，注册资本9700万元，资产总额4016.74万元。2013年，有员工2050人、运营汽车86辆、摩托车90辆、助动车239辆。所有车辆均有安装GPS，通过GPS跟踪服务，可以了解运营车辆实时的位置及运行状态参数；营业网点已达到143个，业务量保持在45%以上的同比增长速度。同时在无锡硕放机场投入飞机全货机运营3架，共计9个架次（无锡—北京、深圳、潍坊、泉州），机场货件量达4.5万吨，占无锡机场吞吐量的50%以上，促进机场航空货运的发展。

顺丰货运专机

公司经营国内快递（邮政企业专营业务除外）、国际快递（邮政企业专营业务除外）、普通货运、国际货运代理。2013年，在无锡市进出港的凯迪货物超过45000吨的总量，销

售收入34093万元，利税总额2571万元。

2008年公司被评为无锡市重点物流企业，2009年1月获江苏省快递协会颁发《快递服务》标准达标企业证书，2009年2月成为全国快递协会会员，2009年8月获共青团江苏省委颁发“青年文明号”荣誉证书。2010年底被国家邮政管理局评为邮政行业统计工作先进企业。

六、无锡格兰登福托玛斯气动系统有限公司

无锡格兰登福托玛斯气动系统有限公司是美国Gardner Denver在无锡地区的一家全资子公司。公司坐落于硕放工业园区东安路1号。

公司于2005年4月投产运营，厂区占地面积24000平方米，注册资本500万美元，至2013年底，固定资产2746万元。员工120人，其中研发人员35人。实现销售收入18504万元，利税总额6597万元，外贸供货额1918万美元。

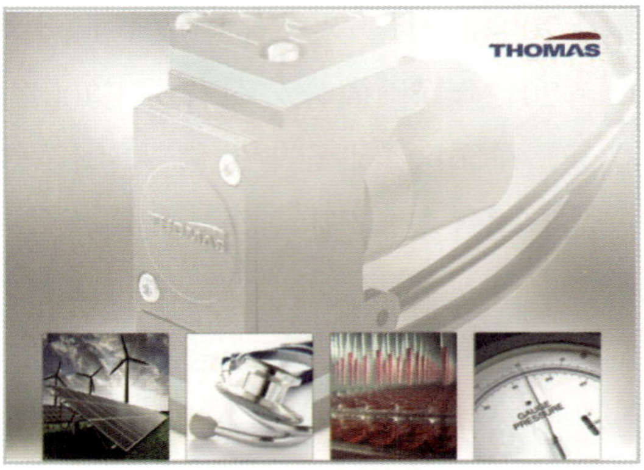

企业系列产品

长期以来，公司致力于满足OEM对泵和压缩机的需求。Thomas拥有多项压力、真空和液体技术，如：WOB-L活塞、铰接活塞、隔膜泵、旋片泵、线性泵和蠕动泵，产品种类为业界之最。无锡分公司90%以上的产品为OEM产品，同时还为建筑、实验室、泄漏检测和医疗市场等设计和生产各种产品。客户遍及日本、韩国、印度、澳大利亚、英国、美国、法国、德国、意大利等国。公司通过挪威船级式DNV的ISO 9001:2008质量体系认证，公司内部通过精益生产和六西格玛等现代管理体系，凭借企业内部40%以上的科研人才，设计理想的定制压力、真空和液体技术解决方案，根据该方案制造原型和进行生产，确保产品质量无忧，切实满足客户需求。同时，Thomas总部在北美、欧洲和亚洲设立三个制造厂，拥有25个全资销售分公司及18个分销商，服务网络遍布全球。

2012年，公司被江苏省科学技术厅授予“高新技术企业”荣誉称号，申请300多项专利，获得无锡市及新区专利资助。公司经理邹钢祥曾多次获得“优秀企业家”荣誉称号。

七、无锡当当网信息技术有限公司

当当网图书仓储中心

无锡当当网信息技术有限公司坐落于硕放工业园区经一路与华友中路交界处。当当网于1999年11月开通，由国内出版机构科文公司、美国老虎基金、美国IDG集团、卢森堡剑桥集团、亚洲创业投资基金（原名软银中国创业基金）共同投资成立，是全球领先的综合性中文网上购物商城、国内首家在美国上市的B2C（商对客）电子商务企业、商务部首批认定的电子商务示范企业、中关村国家自主创新示范区首批“十百千工程”

企业。

当当网成立以来，为顾客提供全天候服务，同时建立7×24小时客服体系，并开通"12315"用户投诉专线，同时在为全国30多个城市提供当日达、200多个城市提供次日达、1800多个城市提供货到付款服务，是国内电子商务领域物流配送网络较广泛和服务产品较丰富的企业。公司在库图书近100万种，占据全国图书三分之一的市场。

公司一直致力于产品、技术和服务的创新，相继推出实现移动购买功能的手机当当网、网上自助式的退换货系统、订单跟踪查询系统、个性化推荐软件、定制图书业务、自主研发基于云计算的电子书发行平台、触摸式"都看"在线移动阅读器等革命性的产品和服务，这些都大大提升当当网的商品交付能力、用户体验和平台粘性，并成功积累起价低、诚信的消费品牌形象，是国内第一家B2C（商对客）电子商务企业。

2013年，当当网注册用户已超过6000万人，其中活跃用户2090万人，遍及全国各省、自治区、直辖市。同时在全国10个城市建立20个物流中心，仓储面积45万平方米。随着公司的发展壮大，当当网供应商有3000多家，形成以电子商务、文化创意为主的规模型现代服务业产业集聚效应。平均每天有400万访客光临，30万人完成交易，每月销售商品超过2000多万件。2013年实现交易额33.63亿元，缴纳各类税金2958万元。

八、无锡天山水泥有限公司

无锡天山水泥有限公司成立于2003年2月，于2004年9月投产，是江苏天山水泥有限公司的子公司（粉磨站），属中国水泥行业两大央企之一的中国中材集团，坐落于硕放工业园区南开路1号。公司注册资本8000万元。

无锡天山水泥有限公司

公司占地面积84931平方米，其中，建筑面积8800平方米。有员工150人，其中大专学历43人，本科学历8人，其中高级职称2人，中级职称2人，初级职称8人。公司主要从事水泥的生产、销售，最大年产能力150万吨水泥。拥有两台管径4.2×11米的水泥球磨机，配备两台RVP120-80型的辊压机，中控采用先进的DCS集散控制规模，其自动化技术在同行中处于先进水平，生产过程连续、封闭、能耗低、产能高、对环境污染低、具有强大的竞争力。公司生产各种等级普通、复合及缓凝水泥，包括52.5、42.5、32.5等各级水泥，其中P.042.5和P.C32.5获得产品质量认证证书。2013年，实现销售50167万元，上缴税收2520.46万元，利润4038万元，在园区工业销售排序中名列前茅。

公司通过ISO9001质量管理体系认证、ISO14001环境管理体系认证及OHSAS18001职业健康安全管理体系认证。2004年以来，先后获"江苏省粉磨十强企业""江苏省安全生产二级企业（建材）”“无锡市两型社会示范企业”“‘十一五’节能工作先进集体”等荣誉称号。

九、无锡军工智能电气股份有限公司

无锡军工智能电气股份有限公司成立于2011年11月。前身是太原防爆电器厂无锡分厂。1994年变更为无锡市军工电力电器厂。1999年2月，企业改制变更为无锡市军工电力电器有限公司，落户硕放工业园区，位于经发五路26号。

公司注册资本6550万元，占地面积41778平方米，其中建筑面积25431平方米，员工230人，其中科技人员56人，2013年实现销售2.38亿元，利税5600万元。

生产车间

无锡军工是高新技术企业，严格执行 ISO9000 国际标准，优化管理、以质取胜，是江苏省企业技术中心、江苏省矿井应急救援装备测试工程技术研究中心、江苏省科技型中小企业、江苏省民营科技企业。公司产品列入国家火炬计划项目，主要产品包括矿用一般型高低压开关设备，矿用隔爆型高低压设备、自动监控系统、矿用可移动式硬体救生舱、无功功率自动补偿装置、移动变电站及干式变压器以及断路器等保护装置。经过20年的发展，无锡军工的产品已遍布全国20多个省1000多个大小矿区，同时无锡军工产品已走出国门，产品出口孟加拉国、加拿大等国家，产品质量赢得国内外的广泛赞誉。公司重视企业的科技创新，2003年10月获得 ISO9000质量管理体系认证，2012年7月获得 ISO14000和 ISO18000环境安全健康体系认证。公司现有专利24项，其中5项发明专利、18项实用新型专利、1项外观专利。系列产品曾获“江苏省高新技术产品”“江苏省重点新产品”“江苏省首台（套）重大装备产品”“江苏省著名商标”“无锡市名牌产品”等荣誉称号。

十、无锡锡通工程机械有限公司

无锡锡通工程机械有限公司于2007年落户硕放工业园区，位于薛典南路88号，是无锡锡通科技集团公司下设企业分公司之一。

集团总公司占地面积140000平方米，注册资本5000万元，总投资3亿元，拥有员工700多人，其中专业技术人员200多人，中高级以上职称80人。

企业一角

公司是一家以研发制造筑养路机械、公路工程施工以及国际贸易为主的高新技术民营企业。20余年来，集团继承“自主创新、求实高效”的企业精神，本着“质量卓越、用户至尊、以诚相待、信誉为本”的经营理念，致力于筑、养路机械的研发及制造，先后成功开发以沥青混合料搅拌设备为主导及相关配套的一系列筑、养路机械产品。拥有主导产品“沥青混合料搅拌设备”的核心技术自主知识产权。同时，公司拥有国家级新产品5项、实用新型专利55项、发明专利18项、软件著作权1项。公司依托院校的科研优势，积极引进人才，增强企业的自主创新能力。2009年，集团与南京理工大学合作成立以苏哲子院士为核心的“省级企业院士工作站”。

2003年，在国内率先自主开发QLB-4000型沥青混合料搅拌设备、ZSLQ系列再生沥青设备。2005年，又在国内率先自主开发QLB-5000型沥青混合料搅拌设备。2008年，自主创新开发具有国际先进水平的环保型系列、移动式系列沥青混合料搅拌设备，QLB系列沥青混合料搅拌设备获评“江苏省名牌产品”，锡通商标获评“江苏省著名商标”。2010年，锡通投资建设占地面积为4万平方米的科技研发大楼。凭借上千套沥青混合料搅拌设备制造经验的积淀及雄厚的技术研发力量，融合当前国内外预拌砂浆搅拌设备的先进技术，研制YSBJ系列的预拌砂浆搅拌设备，并成为全国预拌砂浆生产及相关设备制造示范企业。公司生产的多套设备应用于广州、成都、泸州、广元、常州等地。同时在国际市场也赢得良好的信誉，产品畅销全国，并远销东南亚、中亚、中东、非洲、南美等国家和地区。

2013年，总公司销售额达6亿元（其中工程机械有限公司硕放分公司销售16254万元），利润691万元。

十一、无锡八一塑料有限公司

无锡八一塑料有限公司前身为无锡县八一塑料厂，创建于1980年11月，原系溇金村办企业。2008年9月经重新整合，更名为无锡八一塑料有限公司。

无锡八一塑料有限公司

公司占地面积40000平方米，其中厂房面积31000平方米，注册资本从5万元增到1200万元，2013年注册“豪程”“锦程”两个著名商标。拥有地板革线、涂层线、贴膜线、ABS线等十条生产线设备以及配套生产设备。2003年就实现亿元产值。2013年，员工200余人，年销售收入15800万元，利润1177万元，缴纳税金1438万元。

2000年以后，公司在生产传统产品的基础上不断开发新型产品满足市场需求，主要生产GAHA车用地板、BY商用地板两大系列，产品配套国内各主要汽车厂商，部分产品出口国外中东和东欧地区，公司通过TS16949质量管理体系认证，产品通过国家强制性CCC认证，并通过荷兰交通局颁发的E-Mark认证。

1994年，公司加入中国城市车辆总公司城市车辆维修联合体成员单位。1997年4月，获得中通车辆机械集团科技进步先进企业。2000年，被评为中信实业银行十佳合作伙伴企业。2001年，获得江苏东宇国际咨询评估有限公司企业资信等级AAA企业证书。2013年，

“豪程”被江苏省工商行政管理局授予“江苏省著名商标”。

十二、无锡市斯威克科技有限公司

无锡市斯威克科技有限公司成立于2007年10月，坐落于硕放工业园区孙安路16号。公司占地面积15700平方米，建筑面积12822.7平方米，注册资本816万元，固定资产3613万元，员工200多人。

无锡市斯威克科技有限公司

无锡市斯威克科技有限公司是一家集金属合金带、涂锡铜带、金属复合带、金属扁线、导电带研发、制造销售和技术服务为一体的高新技术企业。公司主要产品为涂锡焊带，是太阳能电池板上不可缺少的焊接材料。长期以来，公司利用自主研发的成套设备既安全环保又节能降耗。生产的软态和超软态涂锡铜带焊接性及导电性能良好，产品的导电率提高31.3%以上，减少企业对进口原材料的依赖。公司主要产品除满足国内大中型高新技术企业外，还远销日本、德国、马来西亚、印度、肯尼亚、泰国、美国、加拿大等国家和地区。2013年，公司营业收入15194万元，实现利润1214万元，上缴各项税收1252万元。

公司在2008年获得 ISO9001质量体系认证，2011年获评“无锡市名牌产品”荣誉称号。公司拥有专利27项，其中发明专利2项、实用新型专利25项。公司产品于2013年获得江苏省高新技术产品的认定。

十三、江苏中通汽车内饰材料有限公司

江苏中通汽车内饰材料有限公司始建于1996年3月，公司名称历经两次变更，始建时和无锡市新区硕放八一塑料厂合作经营，1999年3月终止租赁合作，成为民营企业，企业更名为无锡中通汽车内饰材料有限公司，2002年9月更名为江苏中通汽车内饰材料有限公司。

公司占地面积16.87万平方米，建筑面积11万平方米，注册资本3000万元。2013年，资产总额15145万元，位于硕放工业园区六期B18、19号地块。拥有员工200多人，其中高级职称1人、中级职称6人、初级职称15人，工程技术人员20人。2013年，销售收入16557万元，利润540万元，缴纳税金807万元。

江苏中通汽车内饰材料有限公司

公司是主要为大型汽车工业配套生产汽车内饰材料的主要供应商和生产基地。主要产品有PVC地垫革、门护板表皮、侧围顶棚革、座椅革、ABS板材及其复合板，其他塑料制件包括民商用PVC塑胶地板和运动地板。产品已形成60个系列上千个花色品种，并具备二次深加工配套服务能力，与国内外一汽集团、东风集团、上海大众、金龙客车、丰田公司、西沃公司、郑州宇通客车公司等200多家汽车制造商及其下游零部件

公司配套供货。2010年后，投入科技创新活动经费百万元，拥有专利20项，其中外观专利17项、实用新型专利3项。公司先后通过ISO9001:1994和ISO9001:2000质量管理体系认证、TS16949-2000质量管理体系认证、国家强制性CCC认证、欧盟E-Mark认证、产品证书的认定，覆盖6个产品系列的全部产品，涉及3个证书，是用于出口欧盟客车内饰材料的入门证。

公司成立以来，曾获评江苏省“民营科技企业”、无锡市“优秀民营企业”等荣誉称号。2013年9月，被授予“江苏省质量服务信誉AAA级优秀企业”和“无锡市AAA级重合同守信用企业”荣誉称号。

十四、无锡晶心精密机械有限公司

无锡晶心精密机械有限公司成立于2002年2月，是中国与新加坡合资企业，坐落于无锡国家高新技术开发区硕放工业园五期 C21-1号地块。公司总投资1250万美元，注册资本500万美元。

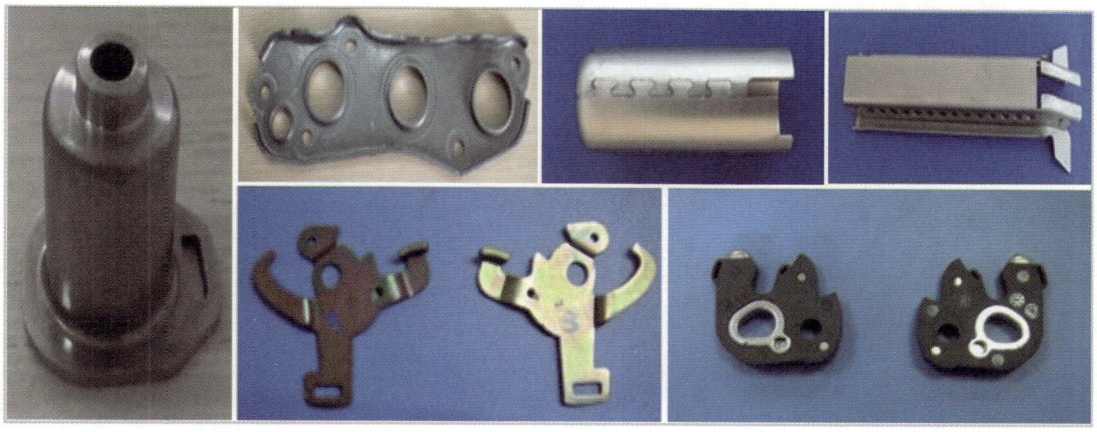

企业系列产品

公司占地面积15000平方米，拥有员工400人左右，其中大专学历70人、本科学历12人。公司拥有雄厚的研发能力、先进的加工工艺、精湛的加工技术、完善的品质管理体系以及先进的加工设备和稳定而高素质的团队，在汽车行业拥有十多年的丰富经验。核心业务为生产研发汽车零部件产品，用于汽车排气系统、门锁系统、座椅系统、底盘系统。公司的产品质量、科研力量、检测设备以及检测水平在行业内及国内外市场均处于领先地位。历年来，获得广大客户的一致好评，陆续获得过优秀供应商、优秀质量奖、最佳供应商等各类奖项。2007年，公司获得 TS16949质量体系认证，同年通过江苏高新技术企业认证。2013年，实现销售收入20632万元，利税总额3835万元。

十五、无锡航亚科技有限公司

无锡航亚科技有限公司（Hyatech，以下简称公司）成立于2013年1月，坐落于硕放工业园区东安路35号，是一家为顺应全球化经济发展、满足全球航空工业市场拓展需求而新组建的民营企业。公司注册资本1亿元，总投资2.65亿元（其中固定资产投资2.1亿元），占地面积约17000平方米，其中建筑面积12400平方米。

无锡航亚科技有限公司

公司专注于金属材料精锻成型、精密数控加工及特种加工技术在航空和医疗领域的实际应用，其主要产品为航空发动机叶片、整体叶盘和医疗矫形器械人工关节。

公司坚守“没有深耕就没有发展”的专业化理念，秉承“严谨、高效、精益、创新”的企业精神，拥有一支来自以色列和国内资深航空工业制造企业的技术管理团队，在航空发动机零件（特别是压气机精锻叶片）制造领域拥有丰富的管理经验和专业技术经验。公司有员工90余人，专业技术人员占三分之一以上。

公司拥有全自动锻压生产线3条，配有五轴数控加工中心、三坐标测量仪、真空热处理炉、荧光探伤、化铣、振动光饰等设备，满足航空零部件精密锻造产品制造的所有工序。

十六、腾达航勤设备（无锡）有限公司

腾达航勤设备（无锡）有限公司是法国TLD集团在中国的一家分公司，组建于2009年2月，当时租赁硕放工业园区新农路11号厂房，经过两年多的努力，公司在园区置办土地建造厂房，于2011年6月，公司移址硕放工业园区裕安路16号。

航勤产品

公司占地面积33443平方米，建筑面积18801平方米，注册资本1000万美元。2013年，有员工76人，生产并发运900多台地勤设备，销售收入11328万元，利润241万元，缴纳税金102万元。

法国TLD集团是机场地勤设备专业制造商中的龙头企业，公司致力于设计、生产航空地勤用设备，带式运送机、航运升降平台、清污水车、牵引车等，并提供维修服务和技术服务。公司成立以来，发展迅速，严格按照安全生产标准化实施，所有的产品符合国家ISO9001:2008标准，使TLD以产品质量为荣。主要航勤产品有行李转运车、行李牵引车、电源车、食品车、客梯车及拖板车等七大系列产品。服务于国内各大机场，并远销东南亚、大洋洲、欧洲、南美洲、北美洲。

公司通过ISO9001:2008质量保证体系认证，2013年9月获评“国家安全生产标准化三级企业”（机械）。2013年度，Freightquip Australia接触支持奖、江苏省外商投资企业协会会员、德商会—无锡科院双元制职业技术培训中心董事会成员单位。

十七、无锡祥生医学影像有限责任公司

无锡祥生医学影像有限责任公司，是一家高新技术企业。创建于1996年1月，地处硕放工业园区五期51、53号地块，长江南路228号。

公司拥有占地面积为7280平方米的研发中心，占地面积为24500平方米的生产基地。注册资本从50万增至5000万，专业从事医用超声波诊断仪研究、开发、生产销售，拥有先

进的研发设备。2013年，公司员工有300余人，实现销售10185万元，利润2700万元，缴纳税金343万元。

公司主要以国际化标准生产B型超声波诊断仪、彩色多普勒超声波为主，成为国内乃至国际的医用超声诊断行业的领跑者。已成功开发并投产黑白、彩色、兽用超声波等30多个型号产品，是国内医用超声波领域较大，综合开发实力较强的研发基地之一。2006年，获得中国知名品牌证书，生产的高新技术产品CHISON iVis 60全数字彩色超声诊断系统和CHISON Q8全数字便携式彩超纳入国家火炬计划，同时设立无锡国家高新技术产业开发区博士后科研工作站。公司的系列产品赢得国内外10多万用户的信赖，产品远销美国、德国、法国、英国、西班牙、俄罗斯等140多个国家和地区。

至2013年，公司多次被省、市评为“重合同守信用企业”、银行信用等级“AAA级企业”。是国内超声厂家中唯一彩超全线产品通过欧洲CE认证、美国FDA认证，国内ISO9001质量体系认证、ISO14001环境体系认证，确保各项标准符合国际一流水平。产品研发项目获得40余项软件著作权、70余项专利。2013年，公司产品获得国家重点新产品计划、知名商标等16项，多年蝉联“高新技术企业”荣誉称号。

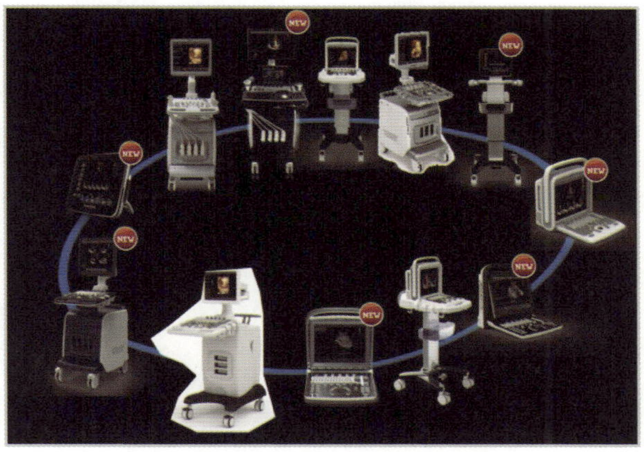

企业系列产品

2006年以后，曾获评“中国进出口商品质量信用保障企业”“全国诚信单位光荣榜”“江苏省科技进步二等奖”“江苏省创新型企业”“江苏省优质产品”“江苏省明星企业”“江苏省质量诚信五星级企业”“江苏省工程中心”“江苏省软件产品金慧奖”“江苏省认定企业技术中心”等诸多荣誉称号和奖项。公司总经理入选江苏省科技企业家培养工程。

十八、无锡锡南铸造机械股份有限公司

无锡锡南铸造机械股份有限公司前身为无锡市锡南铸造机械厂，始建于1958年，长期致力于节能减排、绿色铸造。专注于硬砂造型制芯设备，碱酚醛树脂砂、水玻璃砂型铸造废旧砂循环利用技术和装备，旧砂再生回用的工艺方案设计、成套设备的研发、制造、工程承包和相关技术服务。1984年，更名为无锡锡南铸造机械有限公司。2010年7月落户硕放工业园区，位于南开路50—1号。

2013年，公司占地面积25000平方米，注册资本600万元，有员工254人，其中大专及以上176人。拥有设备数控龙门镗铣床、数控落地镗铣床、五面体卧式加工中心和钣金加工设备50台。实现销售额16632万元，利税总额1410万元。

企业生产车间

至2013年，公司拥有近百项国内外专利，自行研制开发生产的碱酚醛树脂砂、酯硬化水玻璃砂及其热法再生核心设备已达到国际同行业先进水平。为国内重机、造船、矿山机械、机车车辆、机床、石油机械、兵器工业、航空航天、发电设备等行业的大、中型企业提供大量技术、设备与服务。为确保在自硬砂产品技术处理领先地位，研制生产的升降式固定双臂混砂机到60吨三臂移动混砂机、100吨/米大型连续式混砂机、全自动四爪合箱机、长9米直径3.8米的世界上最大翻转起模机、6.5×7米大型双质体落砂机、120吨/小时特大震实台、多轴歇式搓擦再生机、落砂破碎一体机、铬铁矿分离设备、高速热法再生焙烧炉等先进铸造装备在铸造领域投入应用。产品从无到有、从小到大、从弱到强，逐渐闯入代表先进铸造技术的大型自硬砂装备市场。40吨/小时酯硬化水玻璃热法再生成套装置、大型震动破碎再生机、80吨/小时双臂连续混砂机、新型震动落砂破碎机、多功能机械手等省级高新技术产品遍及全国各地，远销俄罗斯、日本、东南亚等国家和地区。

“锡南铸机”的品牌在自硬砂铸造装备行业位居国内同行前三名。“水玻璃砂型铸造废旧砂循环利用技术和装备”产品获2012年国家机械技术科技进步二等奖，振动破碎除尘输送一体机、80吨/小时移动式连续混砂机、双罐气力输送产品获铸造协会铸造装备创新奖，是铸造装备行业排头兵企业、国家高新技术企业、江苏省民营科技企业、无锡市资信等级AAA级企业。公司通过ISO9001质量管理体系认证。2013年，被评为江苏省著名商标、无锡市知名商标。

十九、无锡市天王包装容器有限公司

无锡市天王包装容器有限公司前身是八一包装容器厂，始建于1995年，是当地的一家村办企业。小批量试制注塑桶，为国内最早生产PP、PE注塑桶厂家之一。2001年，成立天王包装容器有限公司，位于硕放工业园里河路5号。公司专注于研究和大批量生产1—20升注塑桶，并取得技术上的重大突破，规模逐渐扩大。2009年后，在四川成都、天津等地设立分厂投产。

企业生产车间

公司占地面积13340平方米，其中建筑面积12000多平方米，有员工200多名。拥有先进的注塑及配套设备40多台，年生产能力达到1200万套注塑桶。2013年实现销售收入10413万元，利润总额167万元。

公司拥有630—3000克注塑机31台、全自动高速注塑机18台，具备热转印自动流水线和全自动丝印流水线各一条，有表面电阻测试仪器等十几种检测设备。为提高产品的核心竞争力，公司组成专业团队对现有塑料包装桶进行专项技术研发和革新。主要产品为1—20升注塑桶，普遍应用于涂料、润塑油、化工等行业的包装。

公司成立以来，通过ISO14001:2004环境管理体系认证；ISO9001:2008质量管理体系认证；OHSAS18001职业健康安全管理体系；获得出口商品包装容器质量许可证UNII；获得危险化学品包装物、容器生产许可证；拥有注塑桶外观及实用新型专利11项；拥有自主进出口经营权。2013年获得省、市著名商标证书。

二十、江苏申凯包装高新技术股份有限公司

江苏申凯包装高新技术股份有限公司前身为“无锡盛和医用包装材料有限公司”，创建于2005年9月。2013年1月，公司名称变更为“江苏申凯包装高新技术股份有限公司”，位于无锡市新区硕放中通路99号。

江苏申凯包装高新技术股份有限公司

公司占地面积28462平方米，其中建筑面积21100平方米，注册资本8000万元，2013年有员工200人。拥有一流的GMP检测实验室和产品研发中心，众多高档的检测设备，如安捷偏气象色谱仪等。先进的机械设备有陕西北人全自动电脑控制十二色高速凹版印刷机、陕西北人十色印刷机、陕西北人高速干式复合机、淋膜机、诺德美克无溶剂复合机等。印刷宽度最大可达1350毫米，复合最大宽度1200毫米，制袋最大宽度1200毫米。2013年4月，取得HACPP22000认证。2013年5月，通过可口可乐第三方社会责任认证。公司一直注重各类软塑料复合包装材料的研发、生产和销售，专为农产品、食品、药品、电子、日化等行业提供软塑包装。主要产品为种子包装、食品包装和药品包装用复合卷膜（袋）。特色产品有高强度可防伪种子膜、高耐腐蚀农用包装袋、安全环保食用包装袋、安全高密封性医用包装袋等。以国际知名公司、500强企业作为公司的优质客户，如可口可乐有限公司、杜邦有限公司、乐天食品有限公司、悠哈味觉糖食品有限公司、葵花药业集团、哈药集团、北京康仁堂药业有限公司等国内外知名企业。2013年实现营业收入10652万元，利税总额828.1万元。

企业生产车间

公司于2007年通过CNAS ISO 9001认证，2012年获取SGS颁发的FSSC认证。2012年10月通过并获得江苏省科学技术厅颁发的高新技术企业证书，2013年获得无锡市人民政府颁发的“AAA重合同守信用企业”证书。目前拥有商标2项、实用新型专利21项。2013年，申报的100项专利（其中发明专利50个、实用新型专利50个）获得专利申请受理书。

二十一、无锡太阳绿宝科技有限公司

无锡太阳绿宝科技有限公司前身是无锡绿宝天然添加剂实业公司，始建于1993年，为硕放多种经营服务公司的条线企业。2001年7月公司重组，更名为无锡绿宝生物制品有限公司。2004年4月，与日本太阳化学株式会社合资，成立中日合资企业——无锡太阳绿宝科技有限公司，坐落于硕放工业园区95号地块。

无锡太阳绿宝科技有限公司

公司占地面积66000平方米，建筑面积19000平方米，注册资本2500万元，固定资产7200万元，2013年有员工80人，大专及以上学历32人，其中技术人员15人，拥有高级工程师1人、中级工程师2人、博士1人、硕士2人。公司是中国最大的绿茶提取物生产企业，是全球专业的绿茶提取物生产、研发和应用的引领者。产品质量、科研力量、检测设备以及检测水平在行业内及国内外市场均处于领先地位。2013年销售收入4447万元，利润428万元，缴纳税金187万元。

公司主要经营食品添加剂茶多酚、茶氨酸和茶多糖等茶制品。以绿茶提取物产品茶多酚、速溶茶两大系列为主，98%的产品出口到日本、美国、欧盟和东南亚等国家和地区。速溶茶系列产品是利用宝洁公司（P&G）的先进技术，不使用任何溶剂，通过膜分离法从茶叶中提取生产而得。产品主要销往可口可乐、雀巢、安利、家乐氏、卡夫、花王等全球500强的客户群。

1997年起，建立和实施国际化标准质量体系，连续取得ISO9001质量管理体系认证、ISO22000食品安全质量体系认证。在绿茶提取物行业中，是第一家获得GFSI-FSSC22000认证的企业。2011年、2013年，分别获得中华人民共和国国家知识产权局关于高儿茶素速溶绿茶粉、高氟茶提取物、富硒速溶绿茶粉、颗粒速溶茶产品的认证证书。2007年、2008年、2009年、2011年，分别被江苏省科学技术厅评为江苏省高新技术企业。

二十二、无锡信达胶脂材料股份有限公司

无锡信达胶脂材料股份有限公司

无锡信达胶脂材料股份有限公司成立于1998年（原无锡信达精细化工有限公司，位于城南路28号）。2006年，成立无锡信达胶脂材料有限公司，落户硕放工业园区，位于华友东路6号，占地面积20000平方米，注册资本510万美元。2011年12月11日，与江西进贤县麻山化工有限公司达成增资扩股并购协议，江西麻山化工有

限公司成为无锡信达胶脂子公司。2012年，无锡信达胶脂材料有限公司更名为无锡信达胶脂材料股份有限公司。

公司参与编制口香糖胶基原料国家安全标准（GB2760中D部分中的D3树脂和D4蜡类）等项目的立项工作，及有关胶基的标准制定。专业生产口香糖胶基原料、食品级松香系列树脂和食品级蜡。股份公司成立后，双方实现优势互补，无锡信达长期提供胶基制造商合格原材料。在质量控制、食品安全保障、管理体系等软硬件建设有多年运行经验，江西麻山化工在萜烯树脂生产工艺控制、产品规格调整方面有长期的经验积累。将以确保高品质、多品种萜烯树脂生产，强化食品安全监控体系建立和运行，改进和完善麻山化工食品安全生产体系。2013年，主要产品和销售量分别为食品级松香甘油酯10000吨、聚合松香甘油酯1500吨、食品级石蜡2000吨。经多年积累在行业中有一定影响和品牌优势，主要客户群为全球著名的口香糖生产厂家，有历经考验的食品安全管理体系、质量管理体系、环境安全管理体系等一些国内外认证。

公司本着“科研立企，诚信为本”的宗旨，长期与江南大学、南京林业大学等高等院校签订产学研合同。目前已申请专利27项，获得专利证书18项，其中大气自然成膜型食用菌培育菌棒的水性保水剂、包装石蜡（热熔胶）、聚合松香甘油酯（CAMERO）、松香甘油酯（酯胶）和高纯度氢化松香甘油酯取得高新技术产品认定证书。

二十三、无锡锡新医药有限公司

无锡锡新医药有限公司前身为无锡硕放供销合作社医药批发部。2001年，改制为无锡山禾集团锡新医药有限公司（股份制企业）。2006年，更名为无锡锡新医药有限公司，地处硕放工业园区薛典路与经发七路交界处。

公司注册资本1200万元，拥有固定资产3081万元，占地面积11820平方米，其中建筑面积27626平方米、库房面积9800平方米。2013年，拥有员工66人，其中专业技术职称人员20人，实现销售5356万元。

公司始终坚持“以优质的药品造福大众，以完善的服务拓展市场”为经营理念，健全质量管理体系，规范各类台账记录，加强日常监管力度。2003年后，通过江苏省药监局的GSP认证和相关验收。公司主要从事中成药、化学药制剂、化学原料药、抗生素、生化药品、生物制品、二类精神药品及二类医疗器械、三类医疗器械、危险化学品等经销业务，经营品种2000多种。公司内部实行计算机网络管理，对所有经营药品的进、销、运、存各环节全部实行计算机联网管理，并配备专业的计算机管理人员，及时响应医疗机构发出的采购订单，实现药品快速分拣，保证药品配送及时、质量安全、服务周到。

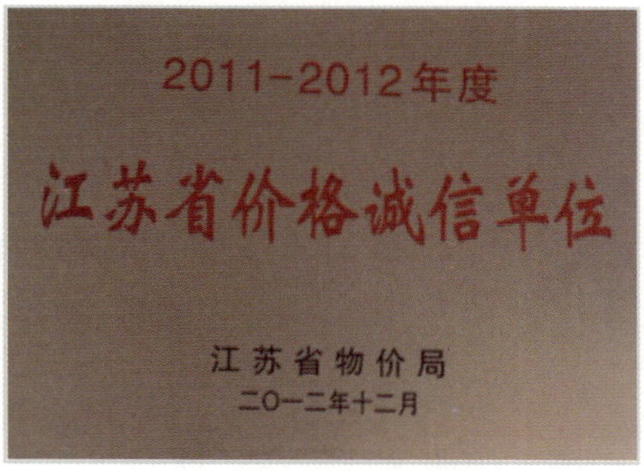

公司获“2011—2012年度江苏省价格诚信单位”荣誉称号

2006年至2008年，被无锡市经贸委、无锡市工商业联合会授予“贸易业五十强企业”荣誉称号；2012年，被江苏省物价局授予“2011—2012年度江苏省价格诚信单位”荣誉称号；2013年，被无锡市信用办授予“无锡市商业诚信企业”荣誉称号，公司多年被评为无锡市重合同守信用企业。

二十四、无锡硕放不锈钢物流园

无锡硕放不锈钢物流园，坐落于沪宁高速、锡张高速与312国道交界处。2011年入园开工建设，成立于2013年10月。

物流园占地面积53万余平方米，建筑面积40万平方米，其中仓储面积20万平方米，能满足2000家不锈钢及相关行业的商家进驻交易。2013年，不锈钢交易额达100亿元。

无锡硕放不锈钢物流园

改革开放以来，江苏依托上海的区位优势，经济发展较快，开放程度较高，全省经济持续保持快速增长，无锡的不锈钢行业也在全省经济中占有较大比重。据不锈钢市场分析，世界不锈钢三分之一在中国，中国不锈钢三分之一在无锡。无锡的不锈钢市场目前已经成为全国规模最大的不锈钢产业集群。无锡硕放不锈钢物流园进驻亚洲最大的不锈钢电子交易平台——无锡市不锈钢电子交易中心。上海宝钢、山西太钢、酒钢集团、中国五矿、张家港浦项、东方特钢、广青集团、河南天宏、江苏甬金等国内大型钢铁企业集团也相继进驻。硕放不锈钢物流园依托已形成国际影响力的电子交易平台，依托信息、交易、物流、融资等商务要素的集成产业链服务平台，创新经营模式，为交易商提供交易、金融、信息、物流等综合服务，建设具有展示交易、价格发现、信息发布、电子商务等一体化物流服务功能的商贸物流园区，促进我国不锈钢及有色金属产业流通现代化的发展。

无锡硕放不锈钢物流园以强大的交通优势、资源优势、融资优势、加工配套优势、电子交易优势、信息优势等，为广大客商打造覆盖全国、可持续发展的大型不锈钢专业物流园。

二十五、中通快递股份有限公司无锡分公司

中通快递股份有限公司无锡分公司创建于2006年11月，位于无锡市新区硕放经一路与薛典路交叉处，是一家集物流与快递于一体、综合实力位居国内物流快递企业前列的大型集团公司，注册商标为“中通®”“ZTO®”。

中通速递无锡中心

公司成立以来，在“诚信、创新、发展、和谐”的服务宗旨下，坚持“迅速、方便、安全、准确”的质量方针，大力贯彻“诚信塑造

品牌，激情迎接挑战，敬业提升管理，创新开拓市场，服务创造价值，实现客户、员工、企业共赢”的核心价值观，竭诚为客户提供安全、快捷、周到、优质的服务，赢得社会各界的信赖和支持。

公司拥有员工1200余人，无锡服务网点80余个，大型分拨中心1个，运输、派送等支干线车辆800余辆。公司的服务项目有国内快递、国际快递、物流配送与仓储等，提供“门到门”服务和限时（当天达、次晨达、次日达等）服务。同时，开展电子商务配送、代收货款、签单返回、到付、代取件、区域时效件等增值业务。目前服务无锡地区100余个电商客户，进出无锡地区快件每天达10万余件。

公司近年来不断加大基础设施投资建设的力度。2010年，投入运营集办公、分拣、生活于一体的中通速递无锡中心，并于2012年8月27日全面启用，年转运量达950万件。公司先后在原有基础上拓地发展、投资扩建大型航空快件分拨中心，极大地优化全网服务水平，提升中通速递的品牌形象。

中通快递股份有限公司无锡分公司先后被评为上海市现代服务业民营百强企业、诚信企业、无锡市快递协会副会长单位、无锡市“三进工程”先进单位、邮政行业统计工作先进企业。

二十六、无锡市硕放建筑安装工程有限公司

无锡市硕放建筑安装工程有限公司前身是无锡硕放建筑安装工程总公司，位于通祥路32号。1998年12月，总公司转制为民营企业。2009年起为建筑二级总承包资质。

2013年，公司占地面积2491.1平方米，其中建筑面积7780平方米。拥有资产4786万元，其中固定资产1600万元，用于建筑的各类专业设备650万元，流动资产3100余万元。公司下设28个土建、水电安装工程队，员工700余人，其中注册二级建造师16人，工程师35人，技术人员63人。实现产值1.66亿元，销售收入1.28亿元，利税总额825.25万元。

1990年后，公司实行“总公司一级总承包，公司、项目部（工程队）二级经济核算”的合作经济模式，充分发扬“开拓、创新、合作”的团队精神，创造企业信誉，占领建筑市场；1993年起，建筑竣工面积6万平方米，到2002年达15万平方米；1999年至2013年，年均销售额达1.15亿元，年均缴纳税金502万元。其中2006年销售额达1.97亿元，成为无锡新区规模最大、历史最长、享有较高社会信誉的建筑专业公司。

公司推行“优良工程战略”。1991年至2000年，工程质量创优率超20%；1998年至1999年，创市优工程率达40%；2000年后，公司主要承建安居房和标准厂房；至2013年，完成房屋建筑409幢，约223万平方米，其中在硕放街道、旺庄街道、江溪街道、梅村街道、鸿山街道建造安居房共291幢，约142万平方米。同时，在硕放工业园区、梅村工业集中区等地建造标准厂房，还承接硕放中心幼儿园、硕放睦邻中心、硕放颐养院等建筑工程。

公司以“安全为天”的理念扎实开展常年创建平安公司活动。强化法人、项目经理的责任意识，加强安全专管人员及施工现场专职安全员的网络建设。2005年，获得无锡市建筑企业第一批“安全生产许可证”，十几年来未出现重大工伤事故。

1995年起，公司分别获得无锡市人民政府“重合同、守信用”荣誉称号、江苏省建筑企业协会“十佳企业”、江苏省AAA级重合同守信用企业、江苏省建筑企业50强、全国质量安全信誉AAA级优秀施工企业。法人代表唐耀忠被中国工程建设监督管理协会评为“全国优秀施工企业家”，被中共无锡市委、市政府评为“明星厂长（经理）”。

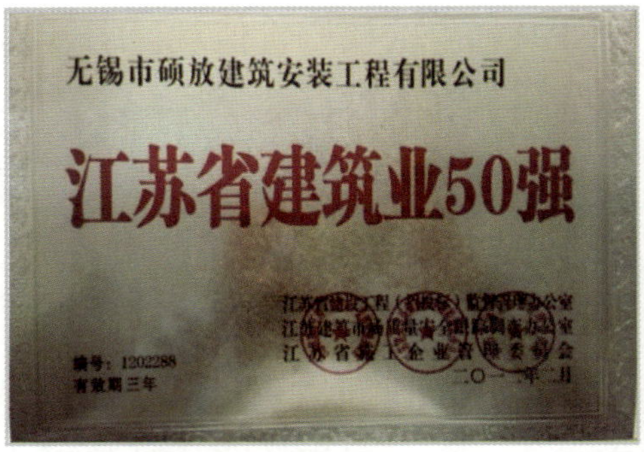

2012年公司获江苏省建筑业50强荣誉

2013年硕放工业园区部分重点企业主要负责人一览表

表 17-12

序号	企业名称	企业主要负责人（董事长、总经理、厂长）
1	力特半导体（无锡）有限公司	郑修实（总监）
2	无锡深南电路有限公司	杨之诚
3	无锡百联奥特莱斯商业有限公司	葛伟勇
4	天津市金桥焊材集团有限公司无锡硕放分公司	张　里
5	无锡顺丰速运有限公司	黄　伟
6	无锡格兰登福托玛斯气动系统有限公司	邹钢祥
7	无锡当当网信息技术有限公司	姚　昕
8	无锡天山水泥有限公司	李　阳
9	无锡军工智能电气股份有限公司	周鑫诚
10	无锡锡通工程机械有限公司	陆元明
11	无锡八一塑料有限公司	张德明
12	无锡市斯威克科技有限公司	程中广
13	江苏中通汽车内饰材料有限公司	黄小裕
14	无锡晶心精密机械有限公司	黄亮茳
15	无锡航亚科技有限公司	严　奇
16	腾达航勤设备（无锡）有限公司	郑宗功
17	无锡祥生医学影像有限责任公司	莫善珏
18	无锡锡南铸造机械有限公司	朱旭东
19	无锡市天王包装容器有限公司	张文清
20	江苏申凯包装高新技术股份有限公司	陈岳锋
21	无锡太阳绿宝科技有限公司	山崎长德
22	无锡信达胶脂材料股份有限公司	党渭铭
23	无锡锡新医药有限公司	王建中
24	无锡硕放不锈钢物流园	郁晓春
25	中通快递股份有限公司无锡分公司	赖建法
26	无锡市硕放建筑安装工程有限公司	唐耀忠

第十八章

财税金融

中国建设银行
China Construction Bank
中国建设银行
China Construction Bank

清代，财政与课税均集中于中央。民国初期，开始划分国家税和地方税，县级地方性开支大部分来源于赋税附加和杂捐。民国17年（1928年），无锡县始设财务局。民国23年（1934年）实施地方预算，次年国民政府颁布《国家财政收支系统法》，确定中央、省、县三级财政体制，后因抗战爆发未能实施。抗战胜利后，国民政府重新公布《修正财政收支系统法》，无锡县财政有九种地方税和六种国税（包括田赋）取得分成，另有规费、公产收入等。民国36年（1947年），划给地方的税捐收入有营业税等七种，其他财政收入来自地方财产生息和罚款收入等。

中华人民共和国成立后，乡（镇）人民政府的经费主要由无锡县人民政府的行政、事业费拨款。1951年，无锡县财政局在墙门镇老糟坊里建立华庄区税务所，负责本地区和后宅的工商税务工作。1958年，撤销华庄区税务所并入公社财务所，设专职税务员1人。随着公社（乡镇）财政体制建立，1981年5月，公社财税分设，建立财政管理所。1982年12月，设立硕放税务组。乡镇财政通过财政资金的筹集和运用，参与乡镇范围内国民收入的分配和再分配，为乡镇经济发展和公共事业发展提供资金保证。1995年，硕放分设国税所和地税所。2001年，硕放的税收工作由无锡市国税局和市地税局直接管理征收。

1951年11月，设立中国人民银行墙门服务所，1952年改为墙门营业所。1954年冬，墙门区的12个乡相继成立信用社。1968年，硕放信用社和硕放营业所合并。1995年至2004年，中国银行、中国建设银行、中国工商银行、江苏银行、农村商业银行、交通银行等先后在硕放镇设办事处或支行。

2013年，硕放街道财政收入9.59亿元，其中，税收收入7.31亿元；可用财力6.05亿元，其中预算内收入5.46亿元，预算外收入（自筹）5931万元。辖区内年末银行存款余额62.46亿元，其中居民存款（不含邮政储蓄）余额达39.99亿元。

第一节　财　政

一、收　入

中华人民共和国成立初期，乡财政收入来源全部依靠国家供给，干部实行供给制，乡的主要干部为书记、乡长、财粮员，供给制时干部每人每月发给大米22.5公斤。后来供给制改为工资制，每人每月工资15元、办公费1.5元。20世纪60年代至70年代，公社财政实行“收支两条线，超收奖励，结余留用”的办法，收入全部上缴国家，支出由县政府按计划拨款。1979年起，公社实行固定比例包干的财政管理体制，即收入按固定比例留成和增收分成。1983年撤社建乡后，乡政府财政收入除上级政府的行政事业费、水利建设统筹费、公用设施配套费等拨款外，还来自工商税、农业税的分成，乡办企业的上缴利润，各企业的教育事业附加费、建农补农基金等。1986年1月，无锡县人民政府根据《江苏省财政厅关于建立乡（镇）一级财政报告的通知》精神，全县各乡（镇）普遍建立乡（镇）一级财政，确定国家预算内资金的财政管理，实行“定收定支，收支挂钩，比例留成，增收另给分成”的财政管理体制。收支基数核定，预算内收入项目以1985年实际收入为基数，预算内支出以1985年12月基数为依据，分成比例的确定根据全县各乡镇的情况划分档次。当时硕放乡增收分成比例为11%。1993年撤乡建镇后，财政实行“收支挂钩，比例包干，总额分成，增收另定分成比例”的办法。农村税费改革前，地方财政收入由预算内收入、预算外收入和自筹资金三部分组成。农村税费改革后，财政收入范围作了调整，为预算内收入和预算外收入两大块。预算内收入主要是税收收入，来源于国、地税在乡（镇）范围内组织征收的增值税、所得税、工商各税等法定留成部分。预算外收入主要是法定非税收入，来源于综合基金的返回款收入、罚没收入、地方性的土地出让金收入、经营性资产收益收入、村镇配套收入、福利企业减免税集中款等。划入新区后，所有税收收入列入财政总收入，剔除上缴中央财政部分（指增值税75%，个人所得税、企业所得税60%）后，列入一般预算收入，反映地方财政收入情况。随着全镇经济的快速增长，2003年全镇财政收入突破亿元大关，达到1.09亿元，比1994年财政收入增长4.57倍。2013年，硕放财政收入9.59亿元，其中，税收收入7.31亿元、非税收入1.35亿元、上级补助收入0.93亿元。与2003年相比，财政收入增长8.8倍，税收收入增长15.3倍，非税收入增长3.2倍。2013年可用财力6.05亿元，其中预算内收入5.46亿元，自筹收入0.59亿元。与2003年相比，可用财力增长6倍，预算内收入增长9.2倍，预算外收入增长1.4倍。

1986—2013年硕放街道（镇、乡)财政收入情况一览表

表 18-1 单位：万元

年份	收入	其中		
		税收收入	非税收入	上级补助收入
1986	939	653	166	120
1987	1089	789	183	117
1988	1276	882	245	149
1989	1383	945	300	138
1990	1313	866	323	124
1991	1086	723	324	39
1992	1389	742	588	59
1993	1708	985	667	56
1994	2385	1372	939	74
1995	2419	1467	637	315
1996	1778	572	1146	60
1997	1972	764	1128	80
1998	2093	902	1176	15
1999	4564	2841	1723	—

续表 18-1

年份	收入	其中		
		税收收入	非税收入	上级补助收入
2000	6583	4294	2133	156
2001	6008	3275	2529	204
2002	8022	3495	3062	1465
2003	10904	4788	4187	1929
2004	17135	10453	4525	2157
2005	21205	14428	4764	2013
2006	26552	16424	7831	2297
2007	34141	24331	6311	3499
2008	36158	26270	6958	2930
2009	44124	31285	9774	3065
2010	56517	42092	11492	2933
2011	73874	52817	17302	3755
2012	87871	61056	19746	7069
2013	95898	73096	13497	9305

说明：税收收入明细见表 18—2

1986—2013年硕放街道（镇、乡）税收收入明细表

表 18-2

单位：万元

年份	税收收入	税收项目														
		增值税	营业税	企业所得税	个人所得税	城建税	房产税	印花税	城镇土地使用税	土地增值税	车船税	屠宰税	农业税	耕地占用税	契税	其他税收收入
1986	653	305	98	190	—	5	—	—	—	—	—	—	54	—	—	1
1987	789	365	121	233	—	5	—	—	—	—	6	—	58	—	—	1
1988	882	429	154	204	—	6	—	—	—	—	2	—	58	3	—	26
1989	945	557	154	124	5	6	—	—	—	—	2	—	69	3	—	25
1990	866	562	125	88	5	6	—	5	—	—	4	—	69	1	—	1
1991	723	414	130	85	4	5	—	5	2	—	1	—	75	1	—	1
1992	742	423	135	87	3	5	—	—	3	—	1	—	82	1	1	1
1993	985	644	114	96	4	27	4	4	2	—	5	—	82	1	—	2
1994	1372	967	80	73	9	72	24	3	6	—	1	7	127	3	—	—
1995	1467	1047	78	98	3	73	24	2	6	—	5	2	127	—	—	2
1996	572	—	92	123	35	92	33	3	17	—	5	2	170	—	—	—
1997	764	—	50	336	48	83	44	7	20	—	3	5	168	—	—	—
1998	902	—	122	323	85	116	35	2	28	—	2	8	181	—	—	—
1999	2841	—	725	1579	154	155	36	2	24	—	6	1	159	—	—	—
2000	4294	—	995	2325	175	274	52	6	36	—	2	1	166	262	—	—
2001	3275	—	432	2380	255	—	66	3	27	—	1	—	111	—	—	—
2002	3495	—	711	1168	264	—	106	16	23	—	—	—	107	1100	—	—
2003	4788	—	2041	1462	281	—	162	20	33	15	—	—	101	673	—	—
2004	10453	1649	2603	1914	482	680	348	145	83	129	—	—	51	300	2069	—
2005	14428	3139	3896	2935	362	1004	576	249	126	144	—	—	—	1150	847	—
2006	16425	4229	2944	3885	616	1088	848	327	168	134	—	—	—	1426	760	—
2007	24330	5909	4169	4453	875	1526	1006	423	1582	459	—	—	—	227	3701	—
2008	26270	7949	4061	5249	999	1882	1214	568	2644	292	—	—	—	947	465	—
2009	31285	7585	6516	4949	1559	2113	2545	510	2735	402	—	—	—	1268	1103	—
2010	42092	9901	9488	7964	2147	2709	2585	681	2686	780	—	—	—	592	2559	—
2011	52817	11095	11490	11144	3478	4641	2949	914	2921	1004	—	—	—	1573	1608	—
2012	61056	11612	20513	10005	3071	5547	3452	1177	3104	637	—	—	—	509	1429	—
2013	73096	17705	20546	9464	2810	6459	4149	1301	3670	2139	—	—	—	1538	3315	—

1986—2013年硕放街道（镇、乡）可用财力情况表

表 18-3　　单位：万元

年 份	可用财力总收入	其 中	
		预算内	预算外
1986	278	116	162
1987	291	113	178
1988	384	144	240
1989	428	133	295
1990	437	119	318
1991	469	150	319
1992	764	176	588
1993	1020	353	667
1994	1318	401	917
1995	1272	637	635
1996	1671	547	1124
1997	1872	744	1128
1998	1962	897	1065
1999	4387	2778	1609
2000	6135	4138	1997
2001	5994	3533	2461
2002	7343	4355	2988
2003	10081	5944	4137
2004	10272	6504	3768
2005	12522	9273	3249
2006	16808	11434	5374
2007	18267	13873	4394
2008	21434	16225	5209
2009	28812	20494	8318
2010	37195	27714	9481
2011	49949	39900	10049
2012	62240	51063	11177
2013	60517	54586	5931

二、支　出

1985年前，乡财政支出基本上按县财政局核定的基数合理安排使用。1986年起，在“取之于民、用之于民”的方针指导下，各项附加税收为加速全乡经济建设和各项事业的发展提供必需的资金。乡财政支出主要包括公共事业、农田水利、文化教育、社会救济和行政管理。随着财政收入的逐年增长，硕放的财政支出逐年也有所增加，按照各个时期的财政体制而确定地方财政收入。本着“量入为出、量力而行、收支平衡、略有结余”的原则，合理安排各项支出，2006年前支出预算计划须经乡（镇）人民代表大会通过实施。

在财政一般预算支出中，行政、公安、司法、教育等部门支出的全部费用和文、科、卫、农、林、水等部门支出的部分费用，主要用于“人头费”支出，即用于人员工资、奖

金、补贴、福利、社会保障及办公经费的支出。还有社会公共事业费支出和文、科、卫、农、林、水等部门支出的部分费用，主要用于道路、环卫、绿化、农田水利、防洪、安居、环保、社区建设、文化卫生事业的设施建设和事业经费，抚恤和社会救济支出用于社会保障、社会救济、敬老院等其他民政事业的公共支出。除此以外，还有工业、交通、商业事业等较为特殊的支出，主要用于偿付镇办集体转制企业改制中历史遗留问题的清理费用、支付原乡（镇）企业下岗职工的社保费、拆迁安置中失地农民生活补贴等。

1986—2013年硕放街道（镇、乡）财政支出情况表

表 18-4　　单位：万元

年　份	总支出	其　中	
		上解支出	财政支出
1986	926	661	265
1987	1075	798	277
1988	1308	892	416
1989	1399	955	444
1990	1327	876	451
1991	1084	617	467
1992	1398	625	773
1993	1719	688	1031
1994	2384	1067	1317
1995	2416	1147	1269
1996	1782	107	1675
1997	1965	100	1865
1998	2102	131	1971
1999	4535	177	4358
2000	5204	448	4756
2001	5073	14	5059
2002	7986	679	7307
2003	10462	823	9639
2004	17254	6863	10391
2005	22919	8683	14236
2006	24523	9744	14779
2007	35250	15874	19376
2008	37278	14724	22554
2009	43002	15312	27690
2010	56729	19322	37407
2011	72352	23925	48427
2012	84770	25631	59139
2013	101902	35381	66521

说明：上解支出即缴给国家的税收

1986—2013年硕放街道（镇、乡）财政支出明细表

表 18-5　　　　单位：万元

年 份	支出合计	支　出　项　目					
		公检司法	文教卫生事业支出	公共事业支出	行政支出	农业支出	其他支出
1986	265	—	118	29	24	81	13
1987	277	1	130	27	51	50	18
1988	416	2	180	99	68	52	15
1989	444	2	170	99	62	90	21
1990	451	1	174	118	70	48	40
1991	467	1	197	119	78	50	22
1992	773	12	288	112	147	106	108
1993	1031	17	464	204	131	39	176
1994	1317	9	571	349	174	41	173
1995	1269	22	429	295	177	185	161
1996	1675	40	566	206	214	394	255
1997	1865	49	710	236	328	213	329
1998	1971	72	583	232	353	346	385
1999	4358	110	681	277	619	241	2430
2000	4756	86	971	63	682	1058	1896
2001	5059	229	975	416	763	454	2222
2002	7307	174	1117	530	622	1354	3510
2003	9639	489	2121	1545	796	1670	3018
2004	10391	463	1860	2086	912	1913	3157
2005	14236	605	1977	5547	1167	1817	3123
2006	14779	922	2590	5644	1470	589	3564
2007	19376	984	3282	8330	2765	402	3613
2008	22554	1292	3278	10270	4193	575	2946
2009	27690	1274	4091	14489	5526	833	1477
2010	37407	1520	6296	20873	5745	2043	930
2011	48427	1894	8676	22172	6431	2547	6707
2012	59139	2112	17769	23541	6601	2603	6513
2013	66521	2156	19634	23780	5715	7122	8114

三、收支平衡

硕放财政工作在贯彻执行上级改革措施和管理规定的同时，从当地实际情况出发，逐步建立和完善预决算管理、财务公审、资金运行、电脑化管理等制度。随着各项开支项目的逐年增长，本着开源节流、量入为出的原则，尽可能求得财力集聚与使用平衡。财政收支平衡主要反映预决算平衡、动态平衡和综合平衡三个方面。

1.预决算平衡

即通过预算管理，增强支出安排的计划性，在实际操作中运用预算来控制支出的规模、结构和时序进度。2003年初，镇政府根据预测，确定本级财力预算收入7550万元，实际完

成10081万元，完成率133.5%；支出预算7623万元，实际完成9639万元，完成率126.4%，实际收支基本平衡，结余442万元。

2.动态平衡

根据当年收支的实际情况，在平衡的总前提下，量入为出，灵活调整，谋求收支的动态平衡。如2004年，镇可用财力预算7754万元，实际完成10272万元，为年初预算的132.5%，比预算增加2518万元，为此镇政府适当调整支出结构，相应增加社会公共事业、工业园区建设等支出，由此达到当年镇财政年度收支基本平衡。

3.综合平衡

2000年前，镇有关部门行政、事业费收支尚未纳入镇财政收支，后来这部分非预算收支逐步纳入镇财政预决算体系，使镇财政的整体运行日益完善，财政收支基本平衡。

从2000年至2013年的财政收支情况来看，其中8年略有结余，6年略有赤字。如2000年可用财力0.61亿元，财政支出0.48亿元，财政略有结余；2013年可用财力6.05亿元，财政支出6.65亿元，财政略有赤字。总体上，14年间财政收支平衡观念和相关措施落实较为到位。

2000—2013年硕放街道（镇）财政收支平衡情况表

表 18-6　　单位：万元

年份	可用财力收入	财政支出	结余	平衡率（%）
2000	6135	4756	1379	28.99
2001	5994	5059	935	18.48
2002	7343	7307	36	0.49
2003	10081	9639	442	4.58
2004	10272	10391	−119	−1.14
2005	12522	14236	−1714	−12.04
2006	16808	14779	2029	13.73
2007	18267	19376	−1109	−5.72
2008	21434	22554	−1120	−4.97
2009	28812	27690	1122	4.05
2010	37195	37407	−212	−0.57
2011	49949	48427	1522	3.14
2012	62240	59139	3101	5.24
2013	60517	66521	−6004	−9.03

说明：可用财力等于当年财政总收入减去上解支出（上缴中央、省、市的税收收入）

四、管理机构

中华人民共和国成立初期，乡财政工作由乡财粮委员会负责。1981年5月，公社建立财政管理所，受公社管委会和县财政局双重领导。1983年撤社建乡，改称无锡县硕放乡财政所。1993年撤乡建镇，改称无锡县硕放镇财政所。1995年，硕放镇划归无锡市新区，改称无锡市新区硕放镇财政所。2002年，设立硕放镇财务核算中心，为财政所内设机构。2006年撤镇建街道，改称无锡市新区硕放街道办事处财政所。2007年，设立无锡空港产业园区财政审计处。2009年，园区财政审计处下设个体及零星税收委托代征工作站。

1994年至1996年，硕放财政所获评“无锡市财政局农业税收工作先进单位”荣誉称号。2006年，获评“无锡市财政局乡农税收入重大贡献单位”荣誉称号。

第二节　赋　税

一、田　赋

宋代起，无锡县分夏、秋两季纳赋，夏纳小麦、秋纳糙米。

明代后期，江南地区土地普遍采用永佃制。土地所有权分田底权和田面权，地主享有田底权，可以向佃农收取土地租金，佃农享有田面权，地主一般不可以退佃或租予他人。

清初，地以田亩为准课赋税，丁以年龄为准纳丁赋。田每亩征银5厘3毫至1钱1分7厘3毫；丁以男者16—60岁纳丁赋，分上、中、下三等，平均每丁纳银1钱3分。

民国初期，沿用清制，漕粮以石为单位按糙米市价征银两。民国21年（1932年）改征田赋，按亩计纳，并以银圆征收，土地一律以平田为准折算，银1两折银圆1.50元，高田每亩折平田7分9厘4毫，低田每亩折平田7分4厘1毫，滩荡田每亩折平田3分8厘8毫，山峰田每亩折平田1分2毫。民国22年（1933年），办理土地查报，翌年10月2日，按《江苏省各县田赋征收章程》，将各种田地归并成三等（每等分上、中、下三则）九则计征，统称田赋。定上等上则每亩征1.267元，上等中则每亩征1.261元，上等下则每亩征1.166元；中等上则1.113元，中等中则1.065元，中等下则0.969元；下等上则0.769元，下等中则0.594元，下等下则0.193元。日军侵占时期，仍按三等九则计征。民国33年（1944年），一律改征糙米实物，税率上等上则至中等中则一律每亩征糙米1斗，中等下则每亩征9升5合，下等上则每亩征6升8合，下等中则每亩征4升4合，下等下则每亩征1升6合。抗战胜利后，国民政府以示大庆，豁免一年田赋。后按三等九则折征稻谷，规定54公斤为1石，糙米5斗2升折稻谷1石，小麦7斗折稻谷1石。民国35年（1946年），每赋元征稻谷2斗1升6合1勺。至民国37年（1948年）增加到每赋元征稻谷3斗5升。民国时期，当地农村田亩税（田赋）以图为单位，各庄轮流负责征收，一年一轮。各庄设有具体负责人，称为庄首。

二、农业税

据史料记载，农业税始于春秋时期鲁国的“初税亩”，到汉初形成制度。这一古老的税种，先后延续2600年的历史。历史上，“皇粮国税”一直牵动着中国的兴衰。尽管中国历史上出现过“两税法”“一条鞭法”“摊丁入亩”等改革，以扩大纳税面，让有地产、有钱财的人多纳税，但由于吏治腐败，负担最终都转嫁到农民头上。即使是屡被提起的“文景之治”“贞观之治”“康乾盛世”，也只是短暂的轻徭薄赋，历代封建统治者始终未能跳出农民负担越减越重的“黄宗羲定律”。

1949年，沿用旧制等级及赋元计算，分夏、秋两季征收公粮、公草。1950年执行《新解放区农业税暂行条例》，以户为单位，按每人平均年农业收入实行全额累进制，夏、秋两季并征，免征公草。在征收农业税的同时，征收一定比例的地方附加，用于地方建设事业，全县的地方附加为应征农业税的15%。1952年，执行常年亩产依率计征，依法减免，增产不增税的统一全额累进制。1958年，为贯彻《中华人民共和国农业税条例》，执行稳定负担，增产不增税，灾歉减免的全国统一税制，按自然条件以正常年景的产量评定常年亩产计征。1963年起，按江苏省规定，农业税改为“按价计算、以粮抵交”的办法，以征粳稻为主，每50公斤定为10元，统一由生产队缴纳。1982年起，全社实行家庭联产承包责任制后，农业税额如数落实到户，改为以人民币计征。

2004年，无锡作为国家农村税费改革试点地区之一。7月1日起，全镇免征国家农业税。2006年1月1日，国家废除延续千年的农业税。

1986—2004年6月硕放镇（乡）农业税征收情况表

表 18-7　　　　**单位：亩、万元**

年份	耕地面积	正税	附加	小计
1986	42227	54	8.10	62.10
1987	41595	58	8.70	66.70
1988	41101	58	8.70	66.70
1989	38564	69	10.35	79.35
1990	41172	69	10.35	79.35
1991	40559	75	11.25	86.25
1992	40000	82	12.30	94.30
1993	36000	82	12.30	94.30
1994	34740	127	19.05	146.05
1995	34380	127	19.05	146.05
1996	39315	170	25.50	195.50
1997	39240	168	25.20	193.20
1998	39330	181	27.15	208.15
1999	39120	159	23.85	182.85
2000	39030	166	24.90	190.90
2001	37740	111	16.65	127.65
2002	27640	107	16.05	123.05
2003	27885	101	15.15	116.15
2004	26085	51	7.65	58.65

三、工商税

清末，征收盐引、茶引、酒税、渔税、当税、牙税、契税、土药（鸦片）税、常关税、厘捐、茧捐、房捐和其他杂税、杂捐，税制不系统。民国时期的税捐除田赋以外，另有厘金、货物税、牙税、当税、营业税、所得税、遗产税、印花税、屠宰税、营业牌照税、使用牌照税、筵席税、娱乐税、土地税、房捐、杂捐及附捐等。其中所得税、遗产税、营业税、印花税、货物税、契税等收入全归中央，余下的所有税捐收入归地方征收。工商税由街镇收取，其办法为包税制。国民政府发动全面内战时期，苛捐杂税名目繁多，税收混乱，农民不堪重负。

解放初期，在整理旧税制的基础上，废除一切苛捐，逐步推行新税制，开征货物税、营业所得税、存款利息所得税、印花税、营业税、屠宰税、房捐、筵席税、娱乐税、营业牌照税、使用牌照税11个税种。

1950年1月起，全国统一工商税制，共14个税种。境内开征的有货物税、工商业税、存款利息所得税、印花税、屠宰税、城市房地产税（1951年7月起停止）、特种消费行为税、车船使用牌照税共8种。1953年，国家修正工商税制。境内开征有商品流通税、货物税、印花税、屠宰税、利息所得税、文化娱乐税、车船使用牌照税、牲畜交易税、工商业税共9个税种。1958年，国家改革工商税制，单列所得税。对工农业产品从生产到销售实行二次课征制。1959年起，停征利息所得税。1963年，开征集市交易税，1965年停征。1966年，境内仅征工商统一税、工商所得税、屠宰税和车船牌照税4个税种。1973年起，取消车船牌照税。1979年后，逐步形成多种税、多环节、多层次的征税体系。1981年4月，对个体工商户以8种超额累进税率征收所得税。1985年，境内先后开征产品税、增值税、营业税、工商所得税、个人所得税、屠宰税、牲畜交易税、国营企业奖金税、国营企业所得税、建筑税、城市维护建设税、能源交通建设基金、国营企业调节税13个税种，对集体企业征收新的8种超额累进税，税率10%—55%不等。1987年，境内开征产品税、增值税、营业税、工商所得税、屠宰税、国有企业所得税、房产税、城市维护所得税、能源交通建设基金、车船牌照使用税10个税种。1994年，国家实行增值税制，把原来各种税率，改成统一按17%（农副产品、农机产品为13%）计算纳税。2013年，硕放工商税收达73096万元。

1986—2013年硕放街道（镇、乡）工商税收统计表

表 18-8　　单位：万元

年 份	工商税收		
	合 计	国 税	地 税
1986	653	—	—
1987	789	—	—
1988	882	—	—
1989	945	—	—
1990	866	—	—
1991	723	—	—
1992	742	—	—
1993	985	—	—
1994	1372	—	—
1995	1467	1125	342

续表 18-8

年 份	工商税收		
	合 计	国 税	地 税
1996	572	92	480
1997	764	50	714
1998	902	122	780
1999	2841	725	2116
2000	4294	995	3299
2001	3275	432	2843
2002	3495	711	2784
2003	4788	2041	2747
2004	10453	4252	6201
2005	14428	7035	7393
2006	16425	7173	9252
2007	24330	10078	14252
2008	26270	12010	14260
2009	31285	14401	16884
2010	42092	19389	22703
2011	52817	22585	30232
2012	61056	32125	28931
2013	73096	38251	34845

四、管理机构

解放初，农业税由乡的财粮员具体经办，后由农村信用社代收。

1951年，无锡县财政局在墙门镇老糟坊里建立华庄区税务所，负责本地区和后宅的工商税务工作。所长戴介林，并设税务员1人。

1958年，撤销华庄区税务所并入公社财务所，设专职税务员1人，后增配1名税务员，具体负责公社的税收征缴工作。“文化大革命”期间，财政税务所几经并撤。

1981年5月，公社财税分设，设立硕放税务组，税务组的征税工作由新安税务所领导。

1995年，新安税务所硕放税务组分设为“无锡市国税局第八分局第二税务所”和“无锡市地税局新区分局硕放税务所”。

2001年，撤销“无锡市国税局第八分局第二税务所”和“无锡市地税局新区分局硕放税务所”，硕放的税收工作由无锡市国税局第三分局（原国税第八分局）和市地税局新区分局直接管理征收。2007年，无锡市国税局第三分局升级为无锡高新区国家税务局，直接管理硕放地区的税收征缴工作，主要办理流转税、所得税、个人所得税的征收管理。

2009年5月，设立“无锡空港产业园区个体及零星税收委托征收工作站”。职责归新区集中管理，负责辖区内个体工商户、临时经营个体工商户的办税业务，以及地税部分发票领用和开票业务。工作站隶属空港产业园区财政审计处管辖，并受无锡高新区国税局和无锡市地产三分局督导。

1981—2013年硕放税务管理机构历任主要负责人一览表

表 18-9

机构名称	历任主要负责人姓名
硕放国税所	钱德昌、秦雪根、朱福根、蒋卫国、朱华平
硕放地税所	金宪国、林海康

第三节　金　融

一、典　当

典当亦称“当铺”或“押店”。是旧中国以收取物品作抵押，发放高利贷的一种机构。典款视典押品的价值而定。典当物品大多为衣物，只押得一半的典款，故亦称“当半”。

隋唐时期，境内唐庄桥老街有一家较大的典铺。典铺主营收当，除军火、戏衣、神袍、消防器材外的货物，均可典当。营业方式先由朝奉（当铺管事）对物品鉴别新旧、好坏、真伪，然后按市价50%左右喝价，经当物人同意后，留下当物，开具当票，付钱给当物人。当规规定当期为一年（押店为6个月），在一年中当物人可持当票和本金加20%的利息赎回所当物品，逾期则由典当公开拍卖，当物人无权干涉。

明清时期典当行业兴盛，清末逐渐衰败；抗战胜利前夕，物价飞涨，货币贬值，典当业萧条；抗战胜利后，典当业逐渐复苏。

中华人民共和国成立后，出于稳定经济的目的，典当行暂时保留。1956年后，随着公私合营的社会主义改造基本完成，典当业陆续被取缔。中共党的十一届三中全会后，改革开放政策逐步推进，典当业开始复苏，墙门集镇又出现两家当铺。进入21世纪，典当业务品种不断创新，民营经济成为主要服务对象。至2013年全街道共有当铺三家。

二、民间借贷

民国初期，无锡地区民间借贷有搭会、借米债、利滚利、卖青苗和现扣等多种形式。

中华人民共和国成立初期，由于政府对分到土地的农民发放救济款和低息贷款，民间的借贷在当地少有发生，逐渐淡出人们的视线。

1.搭会

系民间盛行的一种信用互助形式，一般由急需用钱的人委托他人说合若干人参加（一般为9人）。第一个收钱的人为会首或头会，参加的人为会脚。搭会有单刀会、摇会、轮会、寿星会、标会五种形式。境内主要盛行两种，一种叫“单刀会”，由各个会脚把会金交给要办事（结婚、丧葬、造房）的头会，从第二位开始，头会按事先商定的次序，依次无息归还给会脚，到还清为止；另一种叫“摇会”，约定每月、每季或每年举会一次。每次各缴一定数量的会款，轮流交由一人使用，借以互助。会首先收第一次会款，以后按摇骰子的方式，决定会脚收款次序，直到参加者轮完为止。会金原先用货币结算，货币贬值后用大米结算。

2.借米债

俗称“粒半头”。农户因婚、丧、喜、庆等事发生经济困难时，急需用钱，向债主春借1石米，秋还1石5斗。借米数量较多的，债主需要债户田单抵押，并央人写契约为凭。债户在期内无力偿还，又无上利者，从到期日起，要以1石5斗为基数计算新的欠债。年复一年，以此类推，计算新的欠债（俗称“利滚利”）。

3.卖青苗

俗称卖青稻，即农户在极其困难时，请人作保，向财主、股户借粮，将未成熟的稻谷作物出售。价格一般低于市价二至三成，后用新粮抵还。

4.现扣

借款时，债主现扣利息。如借100元，月息2元，现扣利息24元，只给76元，一年到期归还100元。

三、银　行

1.无锡县硕放信用合作社

1953年，境内筹建农村信用合作社，属集体所有制性质，主营业务是吸收农村闲散资金、发放农业贷款。动员社员群众投股，每股3元（相当于旧币3万元），信用社总股金为31723元。投股社员群众交0.1元（相当于旧币1000元）入社费后，由信用社发给社员证。根据社章规定，信用社社员享有贷款优先权。

1954年8月，墙门、墙南、薛典、里河、硕住、观泗、塔西、后宅、后南、后西、南塘11个乡相继建立信用合作社。信用社设有主任、会计各1人。1956年，并中乡时信用社随之合并。墙门、薛典两个乡合并为薛典信用社；墙南、里河、硕住三个乡合并为墙南乡信用社；塔西乡信用社并入宅基乡，属新安的张场桥信用社；观泗乡信用社并入梅村信用社；后宅、后南、后西、南塘四个乡合并为后宅乡信用社；原梅村区的秦村乡信用社，以东西之分划归薛典乡信用社和梅村信用社。同时，墙南乡信用社在望亭北桥设立一个信用分站。合并后的六个信用社（站），随域归属荡口、华庄、梅村等区银行营业所管辖。

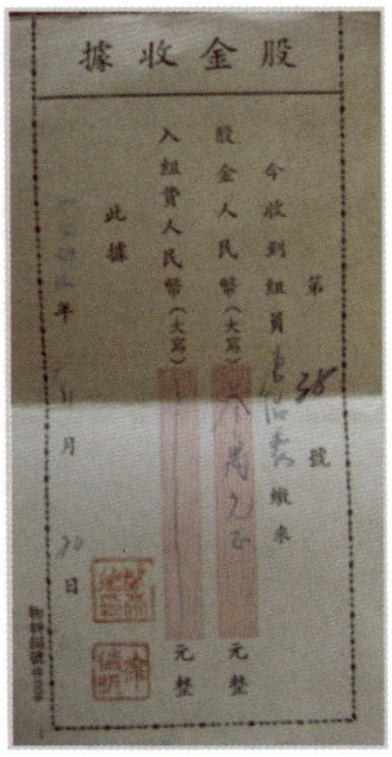

股金收据

1954—1957年境内小乡信用社负责人一览表

表 18-10

小　乡	历任负责人	小　乡	历任负责人
墙　门	顾海泉、颜国良	观　泗	吴岳高、凌子才
墙　南	毛玉琪、顾金虎	后　宅	曹　静
薛　典	王阿凤、阙明生、盛崇德	后　南	张文荣
里　河	张桂娥、颜雪英	后　西	诸菊根
硕　住	陆炳生、葛寿宝	南　塘	唐志芳
塔　西	方　冷、方耀昌		

1957年10月，墙南、薛典两个信用社合并为硕放信用社，下设薛典、北桥两个服务站。1959年3月，信用社被营业所取代。全公社以大队为单位设立22个信用分部，分部负责人分别由大队会计兼任。1960年起，22个信用分部分片成立墙门、硕望桥、王家桥、薛典、曹家门前五个工作站，负责各片所属大队的业务工作。

1960—1961年硕放营业所工作站情况一览表

表 18-11

工作站	负责人	分管所属大队
墙　门	毛玉琪	五　一、六　一、七　一、墙　西、建　农、新　联、新　农
硕望桥	季蓉玉	硕　放、五　星、建　新、红　星
王家桥	顾彩娣、严南平	和　平、光　明、红　力、红　光
薛　典	曹志良、曹荣根	东方红、八　一、建　丰、春　光
曹家门前	曹志良	新　星、里　河、里　新、先　锋

1962年2月18日，硕放人民公社信用合作社恢复建立，同时撤销墙门、硕望桥、王家桥、薛典、曹家门前五个工作站，下设薛典、王家桥、曹家门前、硕望桥四个信用服务站。1966年下半年，硕放信用社撤销以上四个服务站，在红星、红光、八一、先锋等大队设立四个亦工亦农服务站。1968年至1970年，全公社除邻近市镇的五一、六一、七一、墙西、新联、新农、建农七个大队外，其余的16个大队都建立亦工亦农站。1968年，根据上级“行、社合并，联合办公”的指示精神，硕放信用社与硕放营业所采用“一套班子、两块牌子、分开核算、自负盈亏”的管理办法。1971年，硕放信用社恢复建立薛典、王家桥、曹家门前三个信用服务站。1996年，硕放信用合作社所有业务并入中国农业银行硕放营业所。

2.中国农业银行股份有限公司无锡硕放支行

解放初期，本地集体与个人的储蓄、贷款、救济，全靠“背包银行”，由荡口区营业所派员流动服务。

1951年4月，根据上级“以区建所”的方针，建立境内第一个金融机构——墙门营业所，为薛典、观泗、塔西、墙西、墙门、墙南、硕住、里河、后西、后南、新安、新南12个小乡办理存款贷款等业务。

1958年9月，中国人民银行墙门营业所与硕放信用合作社合并为硕放人民公社信用部。对外挂中国人民银行硕放营业所、硕放人民公社信用部两块牌子。

1959年1月，在上面“以所代社”方针指导下，原信用社撤销，建立硕放人民公社营业所。营业所设薛典、王家桥、曹家门前、硕望桥四个服务站。1963年3月又以经济区建所，硕放营业所并入梅村营业所。

1968年3月，重新设立硕放营业所，与硕放信用社合署办公，分别办理国营和集体单位的资金往来业务。1973年5月，恢复硕放营业所、硕放信用社两块牌子。1979年8月，更名为中国农业银行硕放营业所。1995年2月，更名为中国农业银行无锡市硕放办事处，地址在政通路5号。2003年1月，升格为中国农业银行无锡硕放支行。2009年8月，更名为中国农业银行股份有限公司无锡硕放支行。

3.中国建设银行股份有限公司无锡硕放支行

1995年7月，开办中国建设银行无锡市硕放分理处，地址在政通路10号。2005年4月，更名为中国建设银行股份有限公司无锡硕放分理处。2007年9月，升格为中国建设银行股份有限公司无锡硕放支行，隶属于中国建设银行股份有限公司无锡高新技术产业开发区支行。

4.中国银行股份有限公司无锡硕放支行

中国银行股份有限公司无锡硕放支行于1995年10月开办，地址在通祥路37号。

5.江苏银行无锡硕放支行

其前身为2000年开办的无锡市商业银行硕放支行，地址在振发路132号。2007年，更名为江苏银行无锡硕放支行。

6.中国工商银行硕放支行

其前身为2001年7月开办的中国工商银行硕放分理处。2004年9月，升格为中国工商银行硕放支行。2007年7月，隶属中国工商银行股份有限公司无锡泰伯支行（一级支行）。2009年9月底，撤销无锡泰伯支行，硕放支行隶属无锡高新技术产业开发区支行，地址在瑞港商业广场77号。

7.无锡农村商业银行股份有限公司硕放分理处

其前身为2004年12月开办的无锡市锡州城郊信用社，后更名为无锡农村商业银行股份有限公司硕放分理处，地址在振发路150号。

8.交通银行股份有限公司无锡硕放支行

交通银行股份有限公司无锡硕放支行开办于2004年1月，2008年，搬迁至瑞港商业广场77号。

四、存　款

硕放各银行和信用社的存款均来自两个方面，一是财政和企业的存款；二是居民储蓄。财政和企业存款指在银行开户的机关、团体、学校等事业单位和国营工商业、集体企业、合作商业、个体工商户、外资企业、中外合资企业所发生的流动资金，以及物资供销资金、专项拨款、结余闲散资金存入银行账户的款项。居民储蓄指个人（及家庭）自愿将其部分收入不用于消费，而是积累起来存入储蓄机构。

20世纪70年代初，少数农户经济上开始有所积蓄，有少量现金存入银行。1978年，随着农村经济体制的调整和改革，社队办企业的蓬勃兴起及生产分配、交换形式的改变，农村货币流通渠道发生巨大变化，为大力支持工农业生产的经济发展，银行和信用合作社充分运用储蓄利率的杠杆作用，进一步鼓励人民群众参加储蓄，积极组织对公存款。根据“存款自愿、取款自由、存款有息、为储户保密”的原则，按照“存贷挂钩，多存多贷”的信贷资金管理办法，提高吸储能力，扩充信贷资金的来源。2013年，全街道各银行累计储蓄额62.46亿元，其中居民存款额39.99亿元（不包括邮政储蓄），比2000年居民存款1.57亿元增加38.42亿元，增长24.47倍。

1986—2013年硕放街道（镇、乡）银行存款年末余额表

表 18-12

年份	存款余额		其中居民存款（万元）
	人民币（万元）	美金（万美元）	
1986	9981	—	8238
1987	10392	—	8321
1988	10508	—	8366
1989	10816	—	8505
1990	10918	—	8831
1991	11156	—	9133
1992	11330	—	9365
1993	11428	—	9889
1994	11930	—	9838
1995	12097	—	10182
1996	13162	—	11256
1997	14444	—	12250
1998	15094	—	13410
1999	17200	—	14957
2000	19753	—	15673
2001	24253	—	19203
2002	28761	—	20178
2003	47367	7	34566
2004	53524	15	38160
2005	99786	253	56260
2006	113452	258	70529
2007	128019	80	77819
2008	146819	203	105027
2009	188467	204	125796
2010	374481	394	232109
2011	426651	726	259596
2012	508981	2119	304062
2013	624561	125	399919

五、贷　款

1951年4月墙门营业所建立以来，境内开始发放农业贷款，对象为互助组和农业合作社，用于购买种子、农药和大型生产农具等。20世纪60年代以来，农业贷款主要以生产队为对象进行放贷，用于购买化肥、农药、农资产品、农机具及粮管所的收粮、茧站收茧的放贷工作。另外发放人民群众个人救急贷款，主要用于帮助生活困难户解决口粮、医治大病等。

1958年开始发放工业贷款，主要用于境内大炼钢铁、建造土农药厂等。20世纪60年代至70年代，发放满足农业服务的企业贷款，压缩非农业及加工服务性行业的贷款。改革开放以来，贷款方法坚持以行业、企业、产品择优的原则和以销定贷的方法进行发放。在“决不放松粮食生产，积极开展多种经营”方针指引下，本着“以农为主，以副养农”的精神，农业信贷工作的主要发放对象由过去的以生产队集体为主，转变为以承包户、专业户和经济联合体为主。有力地支持了境内农副业生产的发展。20世纪80年代中期，推行定额贷款和贷款合同制。20世纪90年代以后又相继推行担保贷款和抵押贷款方法，使坏账和不良贷款降到最低。

至2013年，全街道各银行累计发放贷款总额26.61亿元，其中工业贷款23.19亿元、商业贷款5810万元、个人贷款1.33亿元。

1986—2013年硕放街道（镇、乡)银行贷款年末余额一览表

表 18-13　　单位：万元

年份	工业贷款	农业贷款	商业贷款	粮食收购贷款	个人贷款
1986	4606	297	232	25	138
1987	4809	322	255	28	140
1988	5017	334	318	23	112
1989	5166	210	377	25	185
1990	6509	250	584	30	230
1991	6849	250	145	471	238
1992	7184	300	592	315	236
1993	7253	420	481	218	235
1994	7217	430	205	17	258
1995	7884	864	210	—	360
1996	7025	1100	210	—	312
1997	7295	1250	210	—	356
1998	7876	1516	210	—	388
1999	8732	1803	350	—	340
2000	4184	1625	250	—	380
2001	6755	1613	280	—	332
2002	6500	—	220	—	325
2003	5525	—	800	—	285
2004	5673	—	850	—	270
2005	10670	—	630	—	272
2006	11560	—	520	—	264
2007	13800	—	480	—	250
2008	19550	—	960	—	268
2009	56030	—	2730	—	370
2010	160285	—	3650	—	3885
2011	238838	—	5000	—	3710
2012	209073	—	6420	—	9008
2013	231949	—	5810	—	13317

六、保 险

中国人寿保险股份有限公司硕放办事处和中国财产保险股份有限公司硕放营业部是无锡保险市场上人寿险和财产险在硕放唯一的分支机构。

1982年，中国人民保险公司无锡县支公司在硕放信用合作社设保险股代理保险业务。1991年12月，从信用合作社分离，成立硕放保险服务所。1995年，成立中国人民保险公司新区支公司硕放办事处。1998年，中国人民保险公司新区支公司分设中国人民保险公司硕放办事处和中国人寿保险公司硕放办事处。2003年，中国人寿保险公司硕放办事处更名为中国人寿保险股份有限公司新区支公司硕放办事处。中国人民保险公司硕放办事处更名为中国人民财产保险有限公司无锡市新区硕放营业部。

人寿保险主要办理人身财产险、人寿险、团体意外险、学生平安险、补充医疗险、个人养老险、义务兵险等险种。2013年，保险收入216.6万元，承担社会风险责任27.7亿元，当年理赔103.6万元。财产保险主要办理汽车险、企业财产险、家庭财产险、货物运输险、建筑安装工程险、人身意外险等险种。2013年，保险收入600.88万元，承担社会风险责任9.36亿元，当年理赔427.16万元。此外，华泰、太平洋等保险机构在硕放设有营销部或服务网点，开展健康保险、子女教育险、养老险等业务。

1951—2013年硕放金融保险单位主要负责人一览表

表 18-14

单位	历任负责人姓名
无锡县硕放信用合作社	葛寿宝、黄　颖、朱炳兴、曹　静、陆光英
中国农业银行股份有限公司无锡硕放支行	袁新恭、邹洪德、项玉坤、吴云章、方承德、唐志芳、夏中孚、何志荣、戴石安、杨建国、鲍秉强、姚　红、洪　浩
中国建设银行股份有限公司无锡硕放支行	李希丹、顾中伟、倪晓伟、苏伟东、陈　熠、何宏伟、成本君
中国银行股份有限公司无锡硕放支行	邹明伟、吕　兵、贾明夏
江苏银行无锡硕放支行	黄建栋、潘丽军、朱　宇、朱伟杰
中国工商银行硕放支行	王建芳、邹大勇、朱宇倩、黄利敏
无锡农村商业银行股份有限公司硕放分理处	赵　旋、顾国荣、史建敏
交通银行股份有限公司无锡硕放支行	安　中、钱晓荣
中国人寿保险股份有限公司新区支公司硕放办事处（硕放保险服务所）	严益明、顾　平
中国财产保险股份有限公司新区支公司硕放营业部	严益明、戴建梁

第十九章

商贸服务

境内商业历史悠久，明清时期，人口迁居增多，街市渐兴，稍具规模的集市有五处，即唐庄桥老街、墙门老街、薛典老街、硕望桥老街、王家桥老街。抗日战争时期，日军侵占，市场萧条，商店大批倒闭，抗日战争胜利后稍有恢复，但物价猛涨，商业仍不景气。解放前夕，境内共有个体商业店铺142家。

中华人民共和国成立以后，按照“发展经济，保障供给”的方针，大力发展供销合作事业。1951年8月25日，经苏南区无锡县供销合作总社批准，在1950年6月始建墙门合作社的基础上，成立墙门供销合作社。1956年完成对私营商业的社会主义改造，成立合作商店。1958年人民公社成立后，供销合作社由集体所有制升级为全民所有制。1979年，建立供销合作社为主体的集体商业购销体制。市场物价长期稳定，但由于处于计划经济时代，商品匮乏，物资紧张，只能采取计划限额、凭票供应。

中共十一届三中全会以后，改革开放政策给商业经济注入新的活力。1983年，随着计划经济和市场经济双轨并进，私营企业、个体商业迅速发展，形成多种经济成分、多条商业渠道、多种经营方式齐头并进的商贸流通体制。是年1月，在合作商店的基础上成立硕放商业合作社。1984年，无锡县个体劳动者协会硕放分会成立。供销合作社、合作商店产权制度改革后，商业以民营个体为主，出现繁荣兴旺的新局面。超市、连锁店、大卖场、专卖店等新兴业态得到进一步拓展，彩电、空调、电脑、摩托车、手机等新潮消费品不断增加，美容美发、按摩足疗、家政服务等新兴项目和经营范围更加广泛。1998年，江苏省农村最具规模的农贸市场——硕放商城开张，以商贸服务为主的第三产业迅速兴起，当地和外来的经商人员不断增多，一批设施完备、商品齐全的商业新街、广场超市、社区市场相继建成。至2013年，空港产业园区（硕放街道）共有个体经商户3449家，形成硕放商贸服务的繁荣景象，为空港新城的快速推进奠定基础。

第一节　集市变迁

一、唐庄桥老街

唐庄桥老街紧靠唐庄河，位于墙门老街西边，老街前建有古石桥，取名唐庄桥。老街有坐西朝东门面20多间，坐北朝南门面10多间。对面朝南为石小妹独门宅院，隔开20米左右，西边为凌家大院，内设义学堂。石、凌大户街对面还有邹、顾、陈等6户。唐庄河东岸门面朝西，有做酱油的糟坊，专治黄病（肝病）的邹杏初诊所。唐庄桥东北一转角，面朝唐庄河和朱郎桥浜。老街临河，街市占据着地理优势。

隋唐时期，唐庄桥有一家经济实力较强的典当铺，建造了一座雄伟的“大墙门头”，看新奇的老百姓络绎不绝，由此带来商机，小商小贩争先设摊，商贾云集。明清时期，人口迁居增多，街市渐兴，舟楫塞浜，民间赶集顺口就叫去“大墙门口”，朝东、朝北的门面房前面都搭有四架头落椽瓦凉棚，供摆摊、喝茶、歇脚用。商家店铺一字排开。有典当铺、米行、布店、木行、棺材店、铁匠店、理发店、肉铺、茶馆、书场等。河边有轮船码头。凉棚里卖蔬菜、豆腐、鱼虾、本地土特产等。唐庄桥东北两面环水，是一个便利经商的水码头。开木行的有好几家，宁波程姓人家最大。街市木行生意是大头。河里有好多连着扎好的木排。“米蛀虫”邹志仁米行也很出名。周围村庄的人们，都来这里购物交易。相当长一段时间里，唐庄桥街市非常热闹，印证旧时老百姓相传的“先有唐庄桥，后有大墙门”之说。后大墙门集市逐渐兴起，唐庄桥集市日趋萧条。

二、大墙门老街

解放前，大墙门老街的街道十分狭窄，纵横交叉，素有“百脚街”之称。早在清末民初，境内商贩毕建东就在大墙门老街开设一家规模较大的“毕春和”糟坊，店面在大墙门老街（后为粮油供应站），作坊在唐庄桥（后为手联社），有房屋几十间。当时生意十分兴隆，在梅村还开设分店，做一次酒要粮食几十担，所做酱酒除就地销售外，还批发给外地商贩。其弟在老街（后为邮电局）经营糟坊。同时杨祥启、余石庆等人在大墙门老街开办南货店。民国31年（1942年），侵华日军放火烧毁大墙门镇，其中“杨志和”和“美丰”两家布店、“杨恒盛”作坊、住宅、戏馆被烧得精光。民国34年（1945年）抗战胜利前夕，因附近新安镇、望亭镇均被日军设卡封锁，不少外地商户前来墙门镇开店，经过几年努力，墙门镇的商业迅速发展，呈现繁荣景象。至解放前，有大小店铺57家，其中糟坊3家，南货13家，棉布4家，饭店、小吃店7家，理发店6家，药店5家，茶馆1家，糕饼店3家，文具书画店1家，银匠店1家，铜匠店1家，豆饼、布匹、豆制品店5家，染坊1家，肉摊、鱼摊等店6家。

解放前大墙门老街

解放初期，大墙门老街还没有较大的发展。20世纪70年代后，农村经济不断发展，集镇贸易日趋兴旺，公社对集镇制定新的规划，大墙门老街向西发展，供销社先后建造五化交大楼、百货大楼等，形成墙门镇商业一条街。

三、薛典老街

薛典老街位于大墙门东北角，老街由薛典浜和南小园两条河浜围绕着，南接唐庄河；北通伯渎河，紧靠北宅浜，只有东南面与陆路相连；东北面有老住基桥；西面有薛典西桥与外路相接，形成一个南北宽500米，东西长570米，路河相隔的四方形地块。老街往西铺设石板路面直通西桥，过桥向北是一条“工”字形接步石路通往建丰阙家桥。相距周边梅村、鸿声、后宅老街均只有2.5—3.5公里路程。

解放前薛典老街

薛典老街当时是周围百余个自然村的政治、经济、文化交流集聚地。主街道有7米宽，全部用青砖侧铺路面，街面平整，下面建有窨井、下水道，畅通到河浜里。街道两边都建有宽2.5米的木结构廊棚，廊棚直通到南面薛典浜的大河滩码头，外埠人们可乘坐船只进出薛典老街办事，下雨天不用带雨具，三伏天无须戴遮阳帽。

薛典老街的房屋鳞次栉比，错落有致，具有浓厚的生活气息，建筑风格在当时的江南水乡别具一格。民国23年（1934年），老街上有杨福宝负责的薛典镇邮政代办所，翁景和创办的公立无锡县薛典镇中心小学，还有民间救火会等。不同时期的薛典镇公所，均设在杨学庆家朝南临街的三间木结构楼房里。解放前后，老街有许小弟开的饭店；王阿宝开的面饭店；祥泰开的馄饨店；彭金连开的大饼油条点心店；杨文仙、曹阿小、吴春生、杨凤斌等开的五家米铺头；朱伯良、袁丁山等开的三个糟坊；杨秋文、杨竹君、刘源益、徐伯生等开的五爿鲜肉店；杨念春、杨义三开设的两个鱼虾摊头；周金福、周培金开的两家羊肉店；杨雪庆、朱老坤、阿九开的三家茶馆、书场；盛和尚、盛大元等开的三家布店；吴岳之、薛元来开的两家南货店；黄镇中开的百货店；翁汉元开的文具杂货店；何可人、吴培元、吴国钧开的私人诊所；潘辉章开的“仁寿堂”药店；吴景芝开的“树本堂”药店；蔡祖根开的铁匠店；袁立桥开的银匠店；刘阿大开的白铁皮店；卖糖阿大开的糖果食品店；孙伯林、杨盘生、钱三弟开的裁缝店；唐绍宇开的纸马香烛店；姜阿荣开的棺材店；姜金根、阿火生等人开设的三个皮匠摊及“哑子”理发店；黄荣梅、周阿根、周应泉等人开设的豆腐、百叶摊；还有老百姓临时拿来买卖的各种蔬菜等商品。几家茶馆店不管晴天、雨天，总是茶客盈门。老街两边长长的廊棚内，人群川流不息，是一个相当繁华的农村街市。

四、硕望桥老街

硕望桥老街位于唐庄河畔，紧靠沪宁铁路。解放前，硕望桥是境内较大的自然村，有100多户人家，其中有地主14个。大地主黄文超，曾是无锡县参议员，有土地200多亩，楼房10间，平房7间。地主黄溪堂出资建造“黄氏义庄”，创办一所完全小学，还出资建造一座水泥架结构的永安桥。

硕望桥老街是周边村落政治、经济、文化交流集聚地。刚解放时是解放军区中队所在地，是打击黄、赌、毒的指挥部。后来又是墙南乡政府所在地和生产大队办公室。

从东桥头进村往西走，参差不齐的民居中间隔着中药铺、邮代所，到小桥附近可见一棵三人合抱粗的大槐树，接着西桥头有肉铺、商店、救火会、诊疗所。当时的诊疗所也有模有样，西医有黄振环，中医有黄汉英，推拿针灸有谢最良，妇产科有方英芬。老街上还有茶馆和铁匠铺，村巷中心有一所学校和一片操场。学校里有一个单独在操场北端的教室，老百姓习惯叫它“两间头”，白天作为学生教室，晚上作为扫盲民校。每年除夕夜，由当地青年在教室门前搭台（后来在东南头上填了一座土戏台）演戏。主要演出地方戏曲，锡剧《双推磨》《庵堂相会》《珍珠塔》等，偶尔也请别的剧团到此演出。

五、王家桥老街

王家桥，原名横界桥。原是一座小木桥，地处泰伯市与景云市交界处赵家桥直河上，故称横界桥。民国时期改建为石板平桥。王家桥小桥头街在清光绪年间（1875—1908年）就形成百余米长的老街，老街有各类店铺80余间，有布店、米行、药店、南北货店、茶馆、铁匠店、肉店、理发店等。光绪六年（1880年），由沈云生开办的“致和堂”药店在当地较有规模，小有名气。该药店一直经营到1960年，由县医药公司梅村国药店兼并。稍有名气的店铺还有清末民初由凌云亭在王家桥西开办的“永泰”丝厂和“协和祥”茧行，在当时较为盛名，茧行有烘茧灶12间，每年的收茧量在无锡地区一直领先。每到收茧期间，各地小商小贩集聚摆摊做生意，市场十分热闹繁荣，胜过庙会集市。茧行还设有码头，有开往无锡的班船，直至1954年停止。老街还有尤三茂的蜡烛店，浦德富的铁匠店，钦根培的理发店。王家桥桥堍南有陈阿水开办的榨油坊、面店，桥边三角场有姚三度的肉店，邹永根的南北货店等。民国20年（1931年），小桥头各店铺自发筹资建办公益性的救火会，有房屋1间，揿压式木水龙1台，参加者7—8人，参加附近发生的救火活动，直至1980年由光明大队接管。

解放后，1954年凌云亭的茧行停业，由墙门供应站开设王家桥分店，开展供应站的经营业务。1962年，由硕放信用社在王家桥开设信用服务站。由新安邮电局在王家桥开办邮电代办业务，办理光明、红力、红光、和平、红星等大队的信件、包裹、汇票及报刊收发业务。

六、硕放新街

2010年振发路商业街

20世纪80年代中后期，乡政府再次对市镇建设作规划，编制《硕放市镇规划》，规划总体以医院桥（反修桥）为界，向南扩展。1997年至2000年，由上海同济大学及苏州科技学院规划设计，面积扩大1.2平方公里。2002年至2004年，再次聘请同济大学和苏州科技学院的专家，制定镇区面积扩大5平方公里的建设规划，形成“五纵五横”的新街格局：南北向通祥路、裕丰路、薛典路、孙安路、华友路，东西向政通路、振发路、盈发路、南星路、新宅路。通祥路为境内政治、经济、文化、教育、商业的综合街道，主要有空港大酒店、杨和尚羊汤店、瑞港国际大酒店、无锡大统华超市、三联超市、瑞港广场店铺、移动电话、银行、电信、服装、东吴面馆、照相馆、中小学等。振发路主要有硕放商场、海澜之家服饰店、金利来皮鞋店、黄子面包店、吴良材眼镜店、肯德基餐饮店、上海青远超市、水果店、药店等。盈发路主要有上海华联超市、水果店、酒店、服装店、旅馆等。薛典路主要有饭店、浴室、中心幼儿园、加油站等。

第二节 体制转换

一、个体商业

中华人民共和国成立前，境内个体商业主要集中在唐庄桥、大墙门老街、薛典老街、硕望桥、王家桥等地。1949年，境内共有个体商业店铺142家，其中，唐庄桥老街有各类个体商业店铺13家，大墙门有各类个体商业店铺57家，薛典有各类商业店铺52家，其他街市如硕望桥、王家桥、曹家门前等地也开设商店20家。至1950年，境内有工商业登记的商店91家，各类摊贩44户。

大墙门商业店铺情况一览表

表 19-1 单位：人

店 号	店 主	经营时间	主营品种	从业人数	坐 落	合作时间
毕春和	毕献郊	清末—1952	糟坊	8	原粮食供应站里	1956.1
杨恒盛	杨祥启	清末—1953	南货	5	东街队砖坊	—
余生记	余情初	1890—1983	豆饼饲料	3	农工商门市部拐角	—
杨志和	杨敬甫	清末—1946	豆饼布匹	8	原食品站肉店里	—
老和东	杨亦超	1913—1956	南货	5	五金部仓库	1956.1
老和西	杨绍伯	1914—1949	南货	4	陈绍君住处	—
老和祥	杨亦超	1935—1950	糟坊	5	杨华生书店	1956.1
典新源	吴初衍	1947—1953	南货	2	刘炳生住处	—
飞 泰	赵保根	1944—1953	南货	4	“吴新源”斜对过	—
翁人和	翁御心	1924—1950	南货	3	小农具部对过	—
开 泰	杨绍元	1939—1949	南货	3	五一皮匠店里	—
陈鸿兴	陈三宝	1925—1956	南货	3	老日用店对过	1956.1
邹新星	邹炳芳	1935—1956	棉布	3	刘世氏隔壁	1956.1
吴 丰	翁新香	1931—1956	棉布	3	农具部底子里	1956
朱泰盛	朱浩清	1937—1950	棉布	3	老粮管所西一间	—
新昌祥	刘夷清	1934—1951	棉布	3	农具部底子里	—
春和恒	毕献圻	1938—1947	糟坊	5	白铁门市部之上三间	—
朱大生	朱明澜	1912—1936	豆饼	3	弄堂口老日用店里	—
杨子卿	杨子卿	1913—1949	铜器农具	1	华金云住处	—
戴源茂	戴力君	1907—1950	糕饼	4	新街之角上	—
锦香春	王国良	1910—1958	糕饼	8	史阿宁住处	1958.3
项福号	项中英	1938—1958	糕饼	4	东街三角上	1958.3
中兴馆	司阿宁	1941—1956	饭馆	3	肉店隔壁	1956.1
南兴馆	尚宝善	1935—1947	饭馆	4	东街之口	—
屎 坑	顾阿土	1944—1947	饭馆	3	供销社食堂边	—
大 众	黄中德	1949—1956	饭馆	5	日用批发部对面	1956.1
庄 场	孙经如	1941—1956	饭馆	1	老乡政府后边	1958.3
柯复兴	柯昌大	1950—1956	饭馆	2	—	1956.1
大 余	余石庆	清末—1915	南货	2	图书借阅室	—
王阿兴	王阿兴	1944—1956	馄饨	2	新街中间	1956.1

续表 19-1

店 号	店 主	经营时间	主营品种	从业人数	坐 落	合作时间
洪　记	张保生	1939—1945	馄饨	2	胶楼部底子里	1958.3
杨德兴	杨林宝	1910—1956	鱼摊	1	原粮食供应站门口	1958.3
杨公兴	杨亚新	—	鱼摊	1	杨华生书店前	1958.3
钱福泰	钱阿福	—	豆制品	1	杨华生书店前	1958.3
华隆泰	华阿金	1950—1962	豆制品	1	杨华生书店前	1958.3
正　大	陆贵根	1945—1956	酱酒	2	杨基雄住处东	1956.1
新　雅	杨人寿	—	茶馆	—	顾再达家中	1958.3
老和祥仁记	沈仁林	1950—1956	南货	—	老和祥底子里	1956.1
夏源兴	夏浩生	1914—1954	银匠、南货	—	自己住房	1956.1
朱德顺	朱素宝	1946—1956	南货	2	供销社食堂边	1956.1
恒大昌	杨惠甫	1916—1943	南货	4	供销社食堂边	—
新　盛	杨人寿	1940—1958	南货	3	东街街稍头	1958.3
于源茂	丁元宽	1912—1949	染坊	3	陆桂根西边	—
—	杨基雄	1920—1956	石灰、砖瓦	2	农具部仓库	1956.1
周福泰	周曰甫	1933—1956	文具、书画	1	缸硼店	1956.1
雷容轩	毛锡泉	1945—1958	理发	2	原文化馆底子里	1958.3
红玫瑰	吴阿土	1928—1958	理发	3	杨基隆住处	1958.3
长　记	邹长松	1949—1958	理发	1	新街上	1958.3
兴　记	施兴元	1935—1958	理发	4	碗店里	1958.3
同　乐	邹士龙	1930—1958	理发	4	原老乡政府东	1958.3
徐和记	徐和生	1937—1960	理发	1	新街上	1958.3
恒大生	杨君儒	1930—1947	药店	4	供销社食堂底子里	—
济春堂	王老三	1850—1946	药店	3	小农具部仓库	—
三星堂	邹康候	1939—1956	药店	4	胶接部东隔壁	1956.1
泰山堂	唐泰山	1941—1950	药店	3	交管站底子里	—
人寿堂	陆景苏	1941—1956	药店	3	南街杨永康家	—
兴　昌	杨尧甫	—	肉铺	—	史阿宁住处隔壁	—

1952年，少数工商业主对商业政策持怀疑态度，以致消极经营，甚至关门歇业。针对这一情况，当地政府积极帮助扶持个体经商业主，发放贷款，调整税收政策，境内个体商业得以恢复。

1953年，墙门合作社接受上级党委和国营商业的委托，开始对私营商业进行社会主义改造的试点工作，首先由6户私营商贩组成一个日杂合作商店。

1956年，全面贯彻党对资本主义工商业的社会主义改造政策，实行公私合营，将境内个体商业全部并入集体商业，经批准的10户个体商贩亦合并为一个合作小组，统一经营、统一核算，以致个体商店逐渐减少。集体商业在计划经济下运行，个体商业仅为集体商业的补充。

1978年，实行改革开放后，市场经济逐步放开，给个体商业带来蓬勃生机。1983年，全乡领取新证的个体商贩有95户，主要经营南货、百货、日用杂货、各类小吃及豆制品等。

1984年，个体商业、流动商贩、摊贩如雨后春笋般迅猛发展。为切实加强个体劳动者的规范管理，是年，无锡县个体劳动者协会硕放分会成立。1986年，全乡个体商店发展到238户，从业人员304人，商业、饮食业、服务业收入达189万元，全乡社会商品零售额达202万元。

20世纪90年代，随着镇区核心区范围的扩大，通祥路、振发路中心街的形成发展延伸，硕放商城的建成，第三产业迅猛崛起，给个体商户带来新的生机。境内超市、装潢建材、通信网络、酒家、饭店、休闲中心、浴室、足浴、歌舞厅等相继出现，个体商店逐年增多，个体商户的经营范围逐渐扩大，使商品批发、农副产品、地方工业品的销售实行跨地区、跨行业、跨所有制的经营，下岗职工、离退休职工和农民、工人等跻身经商行列。部分机关企事业单位工作人员下海经商。

进入21世纪，硕放城镇化建设快速推进，农村居民纷纷向城镇集聚。社区建设日臻完善，南星苑社区四周道路（南星路，南星一路、二路、三路）逐一贯通，商店的门面全面开张，瑞港商业广场（步行街）建成、哥伦布广场的筹建，个体经商者蜂拥而至，商业网店四通八达，商业经营的范围进一步扩大。至2013年，硕放街道个体经商户已达3449家，为空港新城的建设奠定商贸基础。

二、供销合作社

硕放供销社始建于1950年6月，当时称“墙门合作社”，地址在墙门老街北弄堂口西首两间楼房里。下设粮油购销站、日用部、棉布部、百货部。1951年8月25日，经苏南区无锡县供销合作总社批准成立墙门供销合作社。合作社在业务、行政上，分别隶属无锡县合作总社和区政府的双重领导。供销合作社成立后，认真贯彻落实“发展经济，保障供给”的财政工作总方针，运用国家对合作社在税收、信贷、利率、价格、商品分配等方面的优惠政策和扶持政策，向农民积极开展购销业务。合作社的资金来自社员股金，境内先后入社户数加上外地转入共计6796户，10975股，每股股金不等，股金总额为39335.47元。其中4元股8361股，3元股1320股，2元股454股，1.1元股386股，1元股335股，1.17元股45股，2.18元股43股，2.1元股6股，2.2元股1股，4.1元股3股，4.3元股21股。对入股社员持证购买商品在价格上可享有一定的优惠。1950年底，墙门合作社迁移至东街东首，共有人员12人，增加米、花旗布、杂货等经销品种。1951年，墙门合作社又迁至坝上，人员扩展到20人。1953年春，墙门合作社根据上级扩大市场阵地的指示精神，分设薛典、小章家桥两个供应站。是年11月，在中共墙门区委的领导下，合作社在原来一个综合门市部的基础上，随即开设棉布、百货、日用、副食、山地五个门市部，占领农村初级市场的阵地。1954年8月，根据以区建设社的原则，墙门合作社改称“墙门供应站”划归梅村中心社领导，统一核算盈亏。同年，党对农村私营商业贯彻“统筹兼顾、全面安排、积极改造”的方针，供应站就将薛典、小章家桥两个分站撤让给小商小贩经营。到年底，供应站的粮油购销业务，在国家统购统销政策规定下，全部划归墙门粮油购销站经营。1955年，为有利于对私营商业的改造，供应站撤销山地门市部。1956年，对私营商业实行社会主义改造完成后，供应站已成为农村商业购销的主渠道。

1958年6月，墙门供应站由梅村中心社划出来，建立单独核算的墙门国营商店，下设农具部、农副产品采购部、生猪收购鲜肉供应部、盐酱日用部、日用批发部、棉布部、百货部、文化书刊部和山地货门市部，共有工作人员48人。“大跃进”时期，区供销社撤销，以乡建立供销社，供销社经济性质由集体所有制上升为全民所有制，人、财、物下放到乡政府。1958年10月，人民公社化运动处于高潮，党对农村基层商业实行“二放、三统、一包”的办法（二放：商业机构下放，经济权力下放；三统：公社统一领导、统一经营、统一核算盈亏；一包：包上缴利润）。将墙门国营商店下放给硕放公社领导管理，并改称“硕放供销分配部”，利润上缴公社。公社还增派一位副主任主管商业。全社所有商店都成为分配部的门市部，同时还纳入不少个体手工业者。如缝纫、理发、白铁、修钟表等店、铺、门市部以及手联社的铁、木农具门市部。当年营业额达157.22万元，比上年的86.77万元增长81%；商品零售总额为122.42万元，比上年增长73.6%；采购商品总额为25.71万元，比上年增长121%；主要商品销售量亦有较大幅度的增长。1959年冬，根据江苏省财政厅《关于农村商业机构体制问题的意见》，合作商店从供销社划出，同时撤销分配部，供销社更名为国营商店，并把以前吸收的个体手工业者全部划分出去，恢复他们原来的经营特色。部门之间进行撤并调整。调整后，门市部个数恢复到与建分配部前一样，工作人员仅剩40余人。

1961年5月15日，公社管理委员会根据中共中央《农村人民公社工作条例修正草案》即“六十条”的指示精神，制定恢复供销社，改善经营管理的初步意见。即农村商品流通通过国营商业、大集体商业（供销社）、小集体商业（公私合营商店、合作商店、合作小组）、个体商业和集市贸易等多条渠道来进行，以充分发挥各种所有制不同的商业作用。供销合作社是集体所有制，是人民公社的一个组成部分，受公社管理委员会和县供销合作社的双重领导，供销社主要负责农村零售业务；负责一、二类商品和派购的三类产品的收购工作；负责其他农副产品的收购；加强国营商业，个体商业和集体集市贸易的领导。同时为发挥小商小贩的经营积极性，供销社把原来是小商小贩的从业人员，约90人，仍旧分行业组成七个合作商店，一个合作小组。合作商店和合作小组业务上为供销社代购代销商品为主，取得代购代销手续费或者批零差价，同时也可以在集市上进行合法的购销活动。1962年，供销社饮食业在原有四个门市部的基础上，增设老虎灶和茶馆两个门市部，共有工作人员23人。服务行业仍是一家理发店和一家个体茶食饭店，从业人数为8人。

1963年4月，在国务院“整顿、巩固、充实、提高”八字方针指引下，农村供销社再次调整，硕放供销社又划归梅村中心社领导，并改称“硕放供销站”。同年底，公私合营的“美新”布店划并供销站经营。1964年起，供销站在支持全社蚕桑、养猪等重点副业发展的同时，新增扶持“三麻二草一只兔”（黄麻、苎麻、大麻；席草、蓑衣草；毛兔和菜兔）的副业项目，提高整体自给水平，增加集体和社员的收入，毛兔、菜兔和草织品的收购量名列全县前茅。1967年，供销站为进一步支持农业生产，增设胶接门市部，为客代装竹柄铁脑头，胶接竹木扁担等。1968年6月，在“斗、批、改”的号召下，进行商改，硕放供销站改称硕放供销合作社，建立供销社党支部。

1970年，原食品站由梅村管理划给公社供销社接管。原国营墙门药店在只零售、不批发的基础上，开设一个中西药批发门市部，负责硕放、后宅、新安（1971年始）三个公社的中西药批发业务。1974年，原国营墙门药店划并供销合作社接管。供销合作社在镇上设有生产、农副产品采购、食品等生活资料门市部和仓库12个部门，在农村设有王家桥一个综合门市部和硕放大队农业生产资料仓库一个，共有从业人员109人。硕放供销合作社的小油库在无锡县第一个实现柴油进出管道，发货计量自动化。1976年，全社饮食业在墙门饭店的基础上，扩展为硕放饭店、墙门饭店和硕放小吃部三个单位。1978年中共十一届三中全会以来，商品流通体制改革不断深化，流通政策逐渐放开，流通渠道日益扩展，商品购销、商品供应由计划经济逐步向市场经济转变，凭票定量供应逐渐淡出历史舞台。供销合作社实行“三多一少”（多种经营成分、多种流通渠道、多种经营方式、少环节）流通体制，恢复供销合作社组织和管理上的群众性、灵活性，进一步开展“三支三为”（支援农业、支援副业、支援社队工业发展；为农业生产、为城乡人民生活、为外贸出口服务）活动，农资供应从经营品种、供应网点、供应方法、科技服务等方面，适应农村经济发展的新情况。供销合作社发放扶持资金27万元，支援种植、养殖、编织等副业的发展，帮助农民脱贫致富。改革开放以来，硕放供销合作社逐渐形成农资、废旧物资回收、日用杂品、五化交、医药批发五大传统经营行业。

20世纪80年代，随着商品流通体制改革的不断深化，流通渠道日益扩展，传统的经营模式被打破，农产品购销政策首先放开，供销合作社的传统行业顺应改革潮流，转变经营体制，扩大经营范围，向工业品、工业生产资料等各个流通领域拓展；同时利用传统经营优势，在传统经营领域占据主导地位。1980年，供销合作社新建的照相馆营业，与硕放饭店统一核算。1981年，硕放照相馆和硕放服务合作商店（小吃、旅馆、浴室、老虎灶）从硕放饭店中划出来，为三个单独核算单位。1982年8月，供销合作社进行体制改革，撤销王家桥供销站，建立王家桥合作商店。11月，供销合作社设立“三部一店”（生产资料经理部、生活资料经理部、农副产品采购经理部和集体商业总店）。1983年4月10日，硕放供销合作社举行第五届社员代表大会。出席会议代表158名。大会讨论通过《供销社章程》，选举产生由9人组成的理事会和7人组成的监事会，同时选举产生12名出席县联社的代表。是年，供销合作社有门市部17个（不包括合作商店），共有职工154名，固定资金68.58万元，流动资金110.77万元，全年营业额738万元，利润16万元。1985年，硕放供销合作社建造营业大楼和仓库，建筑面积25280平方米，主要用作销售生活资料的商铺。当年实现销售总额1060.13万元，比1950年的62万元增加998.13万元，实现当年利润跨入全无锡县七个

“双超”供销合作社之一。

20世纪90年代起，供销合作社一方面以五金为依托，按乡镇企业所需供应部分工具及零配件，分别与苏州市机电设备公司、无锡县五化交公司挂钩，为乡镇企业解决各种机械设备，并增设硬质合金模具项目，既扩大销售，又增加效益；另一方面加上供销合作社医药批发部规模的发展与扩大，使供销合作社的销售额逐年大幅上升，连续三年实现“销售超千万、利润三十万”，被无锡市供销总社评为“双超大社”。1992年至1993年，由于政策的放开，生活资料经营销售连年翻番，经营收入从1991年的713万元上升到1993年的2430万元，同比增长3.4倍，占供销合作社总销售的43%。

20世纪90年代中后期，医药批发开始成为供销合作社一大特色经营项目，经营业务逐步打破地区界限，销售网点进一步扩大到苏州、吴江、昆山、太仓、张家港、常州等地，并多次参加全国性订货会，经营品种达2000多种。1993年销售额达1945万元，占供销合作社总销售的34%，成为当时无锡县供销合作社下属医药批发部中销售额最高的医药批发部。1996年销售额达到5000万元，经上级药监部门批准，硕放供销合作社医药批发部升格为无锡市硕放医药公司，并从1997年1月起成为无锡市供销总社的直属公司。2001年供销社改制，医药公司组建股份合作制企业，成立有限责任公司。改制后的医药公司不断完善各项制度，扩大公司规模，拓展经营网点，逐步走上专业化、规模化、特色化发展的轨道。

20世纪90年代末，随着硕放城镇化发展步伐的加快和商品经营结构的调整，供销合作社一些部门店面由于地段、位置、经营机制不灵活等原因逐渐失去原来的优势，业务逐渐缩小，经营出现不景气的局面。加上历史包袱沉重、人员结构不合理等因素，1997年关闭日用批发部、日用杂品部、信托、建材、竹材、衣饰、装潢等一些亏损比较严重的部门和项目，并于1997年12月28日组建“三联超市”；1998年6月增设烟草批发部。1999年又关闭老百货大楼，组建“硕放商厦”，2001年硕放商厦合并到三联超市。是年10月，硕放供销合作社下属网点已由1991年的24个逐步减少到9个，分别是硕放医药公司、五化交门市部、三联超市、文具书店、采购部、生产资料部、烟草批发部、五金模具、供销合作社行政办公室。在机构撤并转换的同时，硕放供销合作社专门成立股金清退领导小组，根据上级有关精神“规范完善社员股金管理”，对“保息分红”股金进行清理，按照股金的不同来源，采取不同形式，有组织、有步骤地开展社员股金的清退工作。至2003年底，供销合作社800多万元的社员股金及股息基本清退结束。

2003年对农业生产资料部门进行转制。2004年废旧物资回收公司关闭，并退出供销合作社的全部资本，多余职工全部安排到医药公司。2005年底，供销合作社完成无锡锡新医药有限公司、无锡旺盛医药连锁有限公司、无锡市大墙门超市有限公司、五化交门市部、文具书店、烟草批发部、无锡市新区硕放永和硬质合金有限公司7家企业的转制。

三、合作商业

1950年，境内有工商业登记的个体工商户91户，个体摊贩44户。1952年3月，墙门集镇的5户商贩组成一个烟酒专卖联营，属无锡县烟酒专卖公司直属领导。

1953年，根据党中央关于私营工商业“利用、限制、改造”的方针，墙门商业站接受上级党委和国营商业的委托，开始对农村私营商业进行社会主义改造的试点工作。首先由6户（8人）私营商贩组成一个日杂合作商店。1956年初，私营商业的社会主义改造达到高潮。全饮食行业14个商贩参加合作，组成合作小组1个，从业人员10人。采取分散经营、自负盈亏的经营模式，组成1个合作馄饨店、1个合作生面店、1个合作茶馆、2个合作饭店、2个合作大饼店，加上烟酒专卖联营，共8个门市部，统称“墙门饮食业合作店”，共有人员19人。同时，组成公私合营商店2家，一家是“美新”布店，人员4人；另一家是墙门药店，人员6人，隶属梅村中心药店的领导。

1958年，墙门集镇又新增3个合作商店：百食合作商店、墙门地货店、墙门理发店。百食商店中有小百货、茶食、南货3个门市部。至此，全公社共有合作商店4个（包括1956年的墙门饮食业合作店），从业人员55人。是年，在农村有薛典、王家桥和戴家里3个合作商店，从业人员31人；全公社有合作小组1个，从业人员8人；公私合营商店2家，从业人员10人。

经过两年多时间的私营商业社会主义改造，至1958年底，全社共有商业合作组织10个（含墙门药店、“美新”布店2个公私合营单位），有门市部15个，从业人员104人，合作入股资金9637元。

1958年硕放人民公社合作商店情况表

表 19-2

单位名称	性质	门市部个数（个）	合作人数（人）	入股资金（元）	合作时间
墙门日用百货商店	集体	3	13	2508	1956.3
墙门饮食合作饭店	集体	3	24	2682	1956.3
墙门药店	公私合营	1	6	—	1956.3
“美新”布店	公私合营	1	4	1461	1956.3
墙门山地副食合作商店	集体	2	9	721	1958.3
墙门理发合作商店	集体	1	9	397	1958.3
薛典综合合作商店	集体	1	12	848	1958.3
王家桥综合合作商店	集体	1	7	572	1958.3
戴家里合作商店	集体	1	12	448	1958.3
合作小组	集体	1	8	—	1956.3
合　计	10	15	104	9637	

合作商店职工工资实行拆账、死分活值和基本工资加奖金的工资制度。合作商店的货源大部分从外地采购，业务上属供销社领导，行政上受公社领导。

1965年，根据上级“面向农村”的要求，为支援农业生产，方便群众，扩大购销，解决农村商业网点不足的矛盾，在各合作商店抽出一批人并安排小商小贩分别到硕望桥（包括火车站、纱巷里)、黄家门前、陆贤桥、曹家门前（包括戴家里)、薛典（包括溇上、象斗树下)、王家桥（包括小章家桥、袁步桥）等地设店。这些商店的经济核算仍归各派出商店，故称“下伸店”。此外，供销站于当年在新农大队试点办起第一个代购代销店（简称“双代店”)。“双代店”行政上由大队领导，营业员由大队配备，业务上由供销站管理。1966年7月，陆续对日用品、副食品等行业实行全额代销，合作商店股金全部归供销站代管。

1971年，实行贫下中农管理，除保留薛典、王家桥、曹家门前、火车站4个“下伸店”外，其他“下伸店”全部撤销改为“双代店”，各大队在供销合作社的配合下，先后办起14家“双代店”。之后，供销合作社又在新联、七一大队分别设立“双代店”。至此，全社除邻近市镇的五一、六一、墙西3个大队外，其他大队都有“双代店”或“下伸店”。硕放食品站也在各“双代店”设立鲜肉代销点。

“双代店”的经营资金（即铺底资金）由供销合作社根据经营范围、业务大小、离镇远近等因素确定。根据勤进快销的原则，一般不超过一个月的平均销售额。购销旺季、节日、农忙和特殊情况，可以根据需要临时增拨，到期收回。

“双代店”的费用由供销合作社按其营业额4%—4.5%的比例结算手续费，根据离镇远近，费用大小定出手续费率后，定期拨付给大队。“双代店”人员的工资、运杂费均由大队支付。“双代店”人员的工资由大队根据供销合作社规定的28元和30元两个级别，转到生产队参加分配，享受同等劳力待遇。1982年实行家庭联产承包责任制后，“双代店”人员的工资由大队直接付给本人。到街镇进货，供销合作社还另贴给“双代店”人员每月4元的伙食费。年终，供销合作社按“双代店”代购代销实绩组织“双代店”人员进行评奖，给予适当奖励。

1980—1982年硕放供销合作社农村“双代店”经营实绩一览表

表 19-3

单位	铺底资金（元）	双代员（人）	1980年完成实绩			1981年完成实绩			1982年完成实绩		
			小计（元）	代购（元）	代销（元）	小计（元）	代购（元）	代销（元）	小计（元）	代购（元）	代销（元）
七　一	3000	3	36265	24	36241	33503	—	33503	48352	11536	36816
新　联	3500	2	47387	2744	44643	43014	3014	40000	50561	7499	43062
新　农	4200	3	47842	5648	42194	49923	9157	40766	53547	10105	43442
新　星	4000	3	52207	5680	46527	52531	5341	47190	60632	10839	49793
建　农	3000	2	42614	1702	40912	36072	—	36072	38758	—	38758
先　锋	4200	2	49511	2869	46642	51918	5938	45980	58758	10104	48654
北　桥	4000	2	37086	32	37054	39284	6	39278	42174	—	42174
硕　放	4000	2	54042	2990	51052	51786	6110	45676	54751	12225	52526
五　星	4000	3	46568	3938	42630	47238	5815	41423	56070	9991	46079
红　星	4000	2	53197	2832	50365	51120	2630	48490	53754	6202	47552
和　平	4000	2	45360	2445	42915	42306	3348	38958	55208	7380	47828
红　力	4500	2	54811	2670	52141	53402	3812	49590	59653	7328	52325

续表 19-3

单位	铺底资金（元）	双代员（人）	1980年完成实绩			1981年完成实绩			1982年完成实绩		
			小计（元）	代购（元）	代销（元）	小计（元）	代购（元）	代销（元）	小计（元）	代购（元）	代销（元）
红　光	4500	2	50774	37	50737	51986	959	51027	70198	8014	62184
建　丰	3900	3	52770	659	52111	49282	641	48641	68261	6481	61780
东方红	3800	2	49823	1227	48596	58478	4138	54340	71532	7904	63628
八　一	4500	2	51012	2420	48592	53804	4863	48914	60168	11935	48233
合　计	63100	37	771269	37967	733302	765647	55772	709875	912377	127543	784834

1982年，全社共有墙门日用商店、墙门文百商店、墙门山地商店、硕放饭店、墙门饭店、硕放小吃一店、硕放小吃二店、墙门照相馆、硕放旅社、硕放理发店、曹家门前合作商店、薛典合作商店、火车站合作商店、火车站饭店、王家桥合作商店15家合作商店，门市部31个，共有店员106人，全年营业额1172765元，利润35055元。

1982年硕放供销合作社合作商店基本情况表

表 19-4

单位名称	单位性质	门市部个数（个）	从业人数（人）	固定资金（元）	流动资金（元）	全年营业额（元）	利润（元）
墙门日用百货合作商店、墙门文百商店	集体	2	9	423	21488	302847	12388
墙门山地合作商店	集体	3	10	4026	5443	128918	7318
硕放饭店	集体	3	16	46624	8756	113031	626
墙门饭店	集体	4	12	11292	4023	48460	556
硕放小吃一店、硕放小吃二店	集体	2	14	7338	2171	61060	2315
墙门照相馆	集体	1	4	10798	1549	8307	749
硕放旅社	集体	4	8	74082	3039	22582	902
墙门理发店	集体	1	7	2190	424	9123	504
曹家门前合作商店	集体	3	3	6531	12744	125009	3213
薛典合作商店	集体	3	4	563	8758	102003	3866
硕放火车站合作商店、火车站饭店	集体	4	13	6820	21728	208540	2089
王家桥合作商店	集体	1	6	—	85	42885	529
合　计	—	31	106	170687	90208	1172765	35055

1983年，合作商店门市部根据各时期实际需要进行调整。1月，成立硕放商业合作社。原有供销合作社代管的公积金、公益金全额移交商业合作社。商业合作社与供销合作社脱离隶属关系，人、财、物全部划开，商业社自成体系，并全面推行经营承包责任制，实行集体承包，利润分配。2002年5月，商业合作社实行产权制度改革，转为私营经营，职工的收入与部门的经济效益挂钩。

四、食品站

20世纪50年代至60年代，境内有20多家鲜肉店，成为自由收购生猪屠宰点。生猪收购按毛重定等级、定单位收购规格，每头标准毛重54公斤，每100公斤的价格按52—56元计算，一般上门收购。1954年，鲜肉开始实行半计划供应。1958年，公社大办集体养猪场，社员所养生猪折价归队公养，引起农民大量私宰，收购量锐减。20世纪60年代，政府多次提高收购价格，促进生猪圈存量，收购量持续上升。1970年前，硕放组建的食品组隶属于梅村中心食品站。1970年划入硕放供销合作社，成为供销合作社的一个鲜肉供应门市部，拥有职工28人，下辖19个鲜肉代销点，基本覆盖到每个大队，主要承担全公社所有生猪的收购和鲜肉的供应。1971年，食品站建起150多平方米的生猪屠宰场，以后不断改造扩建。1976年由无锡县食品公司接管。1979年7月，食品组改称为硕放食品购销站（简称食品站），为全县36个食品站之一，属县商业企业，为全民所有制性质。政府为保障硕放食品购销站的生猪收购量和全社四万多人的鲜肉供应，一方面发展生产队集体养猪；另一方面积极鼓励农民养猪。凡向食品站出售一头生猪，都有一定的平价饲料供应。生猪收购规格以每头54公斤起，分五个等级。初级收购价为45.2元/50公斤。在政府提倡生猪饲养的政策鼓励下，养猪专业户不断涌现，硕放成为生猪养殖大乡。1980年，生猪出栏38919头，创历史最高。是年4月，硕放成立农工商联合公司，公司下辖食品站、采购部和信托贸易三个部门，有职工35人。食品站集生猪屠宰、猪舍、冰库、鲜肉销售门市部、办公场所、职工宿舍为一体，在当时是较为先进的综合性屠宰场，占地面积2.3亩。1995年，硕放划入无锡市新区，农工商联合公司更名为“无锡市新区硕放食品站”，主要职责转变为协调鲜肉个体户（“小刀手”）的市场经营。20世纪80年代后期，随着改革开放的深入，逐步走向市场经济，个体屠宰户（“小刀手”）不断发展，食品站不再独家经营，生猪收购、猪肉等价格也逐步放开。当时，硕放市场共有鲜肉个体户（“小刀手”）42家，时常出现私屠乱宰现象，食品安全得不到保证。1997年根据国务院《生猪屠宰管理条例》对生猪进行定点屠宰、集中检疫的要求，硕放食品站被无锡市人民政府确定为无锡市首批生猪定点屠宰场之一，受无锡市屠宰管理办公室的监督和管理。镇政府根据本镇实际情况制定“四统一分”（统一收购、统一屠宰、统一检疫、统一纳税，分散经营）的原则，有效遏制私屠乱宰的现象，保证养殖户的利益，起到对鲜肉销售的有效监控，使百姓能吃上放心肉，成为当地政府“菜篮子”工程的重要内容。

2008年，国务院修订《生猪屠宰管理条例》，更加严格和规范对屠宰场的要求。食品站根据无锡市人民政府颁布的《无锡市生猪屠宰销售管理办法》文件精神，进行生猪的屠宰和经营，严格把关。随着工业经济的不断发展，城镇化建设快速推进，农村生猪的饲养越来越少，外来人口不断增多，鲜肉销量加大，食品站开始从外地大量调入生猪。2005年后，平均每年从外省调入优质活猪6000多头，折合鲜肉900多吨，从而保证硕放当地鲜肉市场供应，有效地稳定鲜肉的价格，为当地百姓吃肉提供方便。

随着时代的进步，生活水准不断提高，对食品安全、环境保护的要求越来越高。2010年起，无锡市人民政府决定关停合并一切落后的、达不到环保要求的小型屠宰场，在全市范围内只建立六个标准的大、中型屠宰场。硕放食品站响应市政府的号召，在硕放街道的帮助和支持下克服困难，缓解矛盾，于2011年2月，关停屠宰场，从此“一把刀，一口锅”的落后屠宰方式退出历史舞台。

1951—2013年硕放商业单位历任负责人一览表

表 19-5

单位	历任负责人
硕放供销社（墙门供销合作社）	吴辛耕、陈佳昌、朱耀祖（兼）、蔡洪先、吴纪文、尤阿根、邹耀奎、李丕绩、潘静华、李煜伟、陈根度、王建中
商业合作社	陆桂根、顾明霞、余国华、邹祖泉、罗荣春、许　康
农工商联合公司（食品站）	陈绍君、俞铁铮（兼）、邹炳荣、邹泉培、浦荣昌、邹大浩

第三节　商品购销

一、农副产品购销

中华人民共和国成立后，供销社按照“发展经济、保障供给”的方针，调节供应各类农副产品。1958年6月，供销社设立农具部、农副产品采购部、生猪收购鲜肉供应部、盐酱日用部和山地门市部等，使供销社成为名副其实的农村商业主渠道。1959年至1961年三年困难时期，供销社竭尽全力支持发展副业生产和组织购销各种代销食品。同时建立集市贸易，开放市场，增加山芋、胡萝卜等货源收购，以改变过去无货上市的状况。1964年，供销社在支农支副上又有新的发展。在支持蚕桑、养猪等重点副业的同时，发展“三麻二草一只兔”的副业项目。其中黄麻1959年收购0.5万公斤，大麻收购2500公斤，分别比1958年增长235.2%和114.59%，提高整体自给水平，增加集体和社员的收入。“文化大革命”期间，供销社在购销价格倒挂情况下，坚定不移发展新兴副业“三菇”（蘑菇、香菇、平菇）生产，实行产前、产中、产后系列化服务，既增加集体和社员收入，又增加外贸出口。1986年收购部支援种植、养殖等副业的发展，与全乡的种植户及126户养殖专业户签订购销合同，帮助农民脱贫致富。1988年后，农副产品的购销逐步市场化。

1.蚕茧

民国期间，境内农家大都种桑养蚕。1951年，蚕茧由国家收购。政府指定由当地供销社代购，现金结算到养蚕户。1960年初建立硕放茧站，售茧以生产队单位运到茧站，茧站按质论价进行鲜茧收购，鲜茧一条龙进内场烘灶烘干。蚕茧生产成为全社农民的大宗副业。1980年全社收购鲜茧21.49万公斤，为历史收茧之最。1982年，农村实行家庭联产承包责任制后，桑田承包到户，售茧形式以户为单位，由茧站收购。1983年，乡政府考虑边远村蚕农售茧的方便，在王家桥、秦村设立鲜茧收购点进行鲜茧收购，当天运到茧站进行包烘。其后，由于多种原因，致使桑田面积不断减少，蚕茧生产一度徘徊，收购逐年下滑，后渐行渐止。

2.生猪、家兔

20世纪50年代至60年代，境内农家历来有养猪养兔肥田的传统。供销社收购部每年收购生猪和家兔。20世纪70年代初，食品站成立后，生猪收购、鲜肉销售划归食品站。收购形式有定点收购和上门收购两种。1976年，为推动生猪和家兔的进一步发展，公社种畜场先后引进“二花脸”“杜洛克”等优良公母猪品种，培养良种苗猪，源源不断供给生产队集体和社员饲养。1980年硕放成为无锡县生猪养殖大乡，全社收购生猪3.89万头，为历史收购之最。20世纪80年代后期，生猪收购日趋市场化，食品站不再独家经营。

1976年，公社种畜场在引进公母猪优良品种的同时，从上海崇明岛前进农场引进肉用菜兔“青紫兰”、日本大耳兔、西德纯种长毛兔和安哥拉长毛兔，公兔全年为社员饲养的母兔配种，产仔多，经济效益高。1982年，全社农户养兔3.98万只，供销社采购部收购兔毛679.5公斤，为历史之最，比1978年121公斤增长5.6倍。

3.其他农副产品

供销社还收购羊毛、毛皮、麻类、杂骨、红花草籽、草包等农副产品。

1978—1983年硕放供销合作社其他农副产品收购一览表

表 19-6

名称	1978年	1979年	1980年	1981年	1982年	1983年
羊毛（公斤）	1012.0	805.5	930.0	968.0	900.0	790.5
毛皮（张）	1481	1613	3281	2965	3446	3219
麻类（公斤）	7960.0	7160.0	1773.5	760.0	625.0	91.5
杂骨（公斤）	5977.5	7392.0	6653.0	5045.5	5056.0	7229.0
红花草籽（公斤）	11037.5	719.0	1161.5	19330.0	—	—
草包（只）	81561	15395	10280	10142	37227	43449

二、生产资料销售

1.农业生产资料销售

饼肥　把豆饼、菜饼、棉饼等油饼碾碎后作为有机肥撒入农田。1954年，饼肥实行凭证供应。1957年后，饼肥购销业务由粮食部门经营。20世纪60年代至70年代，化学肥料逐步推广，供销社组织大量氨水供应，饼肥逐渐停止购销。

粪肥　20世纪60年代至70年代，供销社根据粪肥计划分配到大队，细化到各生产队，各生产队凭计划用农船到市镇及无锡指定地点装粪，俗称“摇粪”。当时每百担大粪13.2元。20世纪70年代后期，推行三格式化粪池，粪肥质量下降。家庭联产承包后，供销社不再供应粪肥。

农药 1954年，供销站生产资料部只有少量“666”粉供应。1955年，发生虫害，推广使用“1605”、西力生、硫酸铜新剂。1958年，供应土农药6.28万公斤，同时使用石灰硫磺合剂防治病害。20世纪60年代至70年代，供应的农药主要有6%可湿性“666”粉剂、敌百虫粉、敌敌畏乳剂、“1605”“苏化203”、乐果、稻瘟净、马拉松等。20世纪80年代开始，主供乐胺磷、甲胺磷等高效低毒菊酯类农药，推广使用除草剂。1982年禁用“666”粉、DDT等，停止供应高残毒农药。1983年起，开始大量供应化学除草剂，当年供应除草剂9250公斤。2000年起，农药不再由供销社独家经营。

化肥 境内农户施用化肥始于互助合作化时期，时称“肥田粉”。1959年，化肥列为国家一类物资，由供销社按计划购销。1964年后，化肥销售量日渐增加，供销社设农资门市部和专用仓库。1966年4月，无锡县化肥厂建成投产，供应基本稳定。碳酸氢铵供应量从1971年的92.8万公斤增加到1980年的590.4万公斤。推行家庭联产承包责任制后，对优质化肥需求量越来越多，供销合作社为满足生产需求，每年向外组织优质化肥供应。2000年起，化肥供应日趋市场化。

小农具、农业机械及农用薄膜等 解放后，生产资料部积极组织采购镰刀、扁担、竹柄、竹篙、蚕匾、畚箕、粪桶、粪勺、挱欠等小农具，以保障农业生产所需。1963年后，由于资源紧缺，小农具按计划凭票供应。1965年起，供销社增设农机专柜，开始经销压缩式喷雾器、背包式喷雾器、电动机、打风机等机电设备以及汽油、柴油等农用油料。手工业联社还生产铁耙、镰刀、铁锹等铁制农具和耥耙、捲耙等铁木制农具。1971年销售喷雾器2847个，销售竹柄1.04万根，销售柴油37.73万公斤。1982年销售木竹扁担10082支、笆斗2173个、栈条2502条。1971年以来农用薄膜销售逐年增加，1983年全乡销售农用薄膜4.38万公斤。

1971—1983年（部分年）硕放供销合作社主要生产资料供应情况一览表

表19-7

名 称	1971年	1973年	1975年	1978年	1980年	1983年
碳　氨（公斤）	927950.0	1317950.0	1973650.0	4483650.0	5904050.0	3666300.0
磷　肥（公斤）	65300.0	70400.0	626550.0	606950.0	636650.0	543600.0
666 药粉（公斤）	86366.5	143743.0	141985.0	121250.0	150000.0	106050.0
乐　果（公斤）	21680.5	4114.5	2947.5	4700.0	4000.0	3100.0
敌百虫粉（公斤）	47509.5	45277.5	119218.5	18000.0	20150.0	1450.0
稻瘟净（公斤）	—	333.0	4584.0	6300.0	1750.0	5000.0
马拉松（公斤）	430.0	1758.5	7980.5	6000.0	2300.0	150.0
除草剂（公斤）	—	—	—	1050.0	3000.0	9250.0
杀虫醚（公斤）	—	—	—	6500.0	—	—
手摇喷雾（只）	2847	106	155	163	208	1526
竹　柄（根）	10419	8008	9054	9460	15786	7733
木竹扁担（支）	5710	7732	6358	7327	7993	8150

续表 19-7

名称	1971年	1973年	1975年	1978年	1980年	1983年
稻 箩（副）	—	—	—	—	—	—
栈 条（条）	497	173	725	813	279	1909
巴 斗（只）	1676	840	2480	1438	2094	1467
柴 油（公斤）	377268.0	270892.0	472116.0	346587.0	266061.0	190257.0
桐 油（公斤）	3648.0	2297.5	3609.5	1325.5	557.0	1740.0
煤 炭（公斤）	1265150.0	1693400.0	1382700.0	1837050.0	4534400.0	1603650.0
农用药膜（公斤）	8865.5	11264.0	15522.5	41262.5	40397.0	43841.5

2.工业生产资料销售

1980年以来，供销合作社执行上级“三支三为”工作方针。转变经营体制，扩大经营范围，向工业品、工业生产资料等各个流通领域拓展。同时利用传统经营优势，供销合作社一方面以五金为依托，分别与社队办企业建立挂钩关系，在帮助社队企业销售产品的同时，供应部分工具及零配件。另一方面还分别与苏州市机电设备公司、无锡县五化交公司挂钩，为乡镇企业解决各种机械设备，并增设硬质合金模具项目，既扩大销售，又增加经济效益。

三、生活资料销售

1.百货、针纺织品

1949年，境内墙门、薛典两镇有棉布店11家、百货店17家、文具书店1家。主要经营绸纺料、棉纱土布、鞋袜帽子、胭脂花粉、针镊刀剪、文具用品及各类书籍等。1962年，供销社对一些商品改变有凭票供应和实行高价政策，工业品、副食品价格作了很大调整。如上海牌手表，每块从80元调至220元；永久牌自行车，每辆从120元调至240元；白酒，每公斤从1.48元调至8.4元；食糖，每公斤从1.36元调至8元。1980年，供销社的百货大楼全年供应棉布13.37万米、化纤布3.61万米、呢绒1334米、绸缎8524米、棉毛衫9419件、卫生衫裤2060条、绒线3120公斤、各类服装6874件。从上海、苏州等地采购供应台钟193台、手表572块、收音机342台、缝纫机180台，采购供应胶鞋、皮鞋、塑料鞋17501双。

2.糖烟酒副食品

1949年，境内有糖烟酒副食品、肉铺等商店共22家。其中规模稍大的商铺有老和东、开泰、飞泰、锦香春、恒大昌和兴昌肉铺等。1958年对私营改造后，商业由供销社统一负责管理。“文化大革命”期间，副食品大多要凭证（券）供应（有81种计划商品凭票、凭证卡、发券供应）。1980年，供销合作社的商铺、商店全年供应香烟16.18万条、糖果3.21万公斤、食糖6.9万公斤、白酒6.49万公斤、食盐29.87万公斤、鲜肉59.84万公斤。1997年12月，供销合作社组建三联超市，以供应糖、烟、酒、副食品为主。2000年以来，面积在1000平方米以上经营副食品为主的超市有华联超市、青远超市、大统华超市、姑苏莲花超市、好又多超市等，同时还有数以百计的糖、烟、酒、副食品零售商店。

3.五金交电

解放前，五金用品主要由匠铺自产自销，以家用五金为主。1952年，供销社开设五金商店，五金、交电、化工等商品由无锡县五金公司分配，业务量较小，主要以元钉、铁丝、铰链为主。1972年，五金交电营业收入达15.2万元。改革开放以来，五金交电是硕放供销合作社的主体经营行业，分别从上海、南京、杭州、无锡、苏州等地进货的自行车、玻璃、家电等在本地区热销。1980年，自行车销售达1355辆。1985年至1987年，供销合作社以五金为依托，按乡镇企业和民用所需，分别与苏州市机电设备公司、无锡县五化交公司挂钩，为乡镇企业提供各种机械设备和民用生活所需的自行车、电视机、民用建材等。1995年以来，随着个体工商户的增加，五金交电逐步向专营商店转移。

1971—1983年（部分年）硕放供销合作社主要生活资料供应情况一览表

表 19-8

名称	1971年	1973年	1975年	1978年	1980年	1983年
香烟（条）	85157	118904	106702	141437	161770	198235
糖果（公斤）	16826.0	20042.5	16454.0	25760.0	32100.0	30700.0
食糖（公斤）	29020.5	29203.5	25256.0	46735.5	69000.0	112300.0
白酒（公斤）	—	—	46092.5	47260.0	64850.0	90000.0
鲜肉（公斤）	236482.0	1006256.5	898628.0	1134300.0	598400.0	—
食盐（公斤）	292300.0	263200.0	263400.0	315100.0	298650.0	236000.0
棉布（米）	110575.0	104585.0	121184.0	152254.0	133673.0	130442.0
化纤（米）	16792.0	35342.0	20685.0	16670.0	36104.0	56291.0
呢绒（米）	270.0	1055.0	1218.0	1482.0	1334.0	778.0
绸缎（米）	—	4251.0	12087.0	4037.0	8524.0	9743.0
卫生衫裤（件）	1287	1056	1588	1738	2060	886
棉毛衫裤（件）	1132	1625	3146	4140	9419	10773
绒线（公斤）	1616.0	1646.0	1984.0	4946.0	3120.0	4532.0
各种服装（件）	—	—	6327	6480	6874	9627
被单（条）	287	286	347	591	—	1310
热水瓶（只）	1689	2252	1811	3747	4041	3027
皮、胶鞋（双）	4506	6621	8965	9876	11968	16812
塑料鞋（双）	1033	1055	2475	5195	5533	5893
钟（台）	55	75	99	156	193	145
手表（只）	—	59	258	378	572	450
收音机（只）	—	10	65	346	342	76
缝纫机（架）	30	58	55	108	180	133
自行车（辆）	34	32	104	121	1355	350

四、废旧物资收购

20世纪50年代至60年代，供销社废品回收由采购部门以收购废纸、废棉胎和废铜烂铁为主。20世纪70年代，废品收购逐步以工业废材料、杂铜废铁、橡胶为主。20世纪80年代以后，废品收购由多种经营服务公司建办的硕放废品回收站负责，收购的品种以废钢材、纸品、旧棉胎、破衣裤、废塑料为主。1984年，塔西村的硕放废旧金属物资收购站主要回收工业企业废旧设备及各种金属管等。20世纪90年代中后期，境内废旧物资收购主要以个体经营的废旧物品收购站为主。废品收购人员穿村走巷、进社区上门收购各类废旧物品，然后再转销到个体废旧物品收购站。

1978—1983年硕放供销合作社废旧物品收购情况表

表 19-9

名 称	1978年	1979年	1980年	1981年	1982年	1983年
杂　铜（公斤）	2687.5	4393.0	1788.5	1101.0	778.0	2404.0
废　铁（吨）	139.0	143.0	181.0	155.0	140.0	258.0
橡　胶（公斤）	5400.0	4984.0	545.5	7138.0	16003.0	28558.5

第四节　商品市场

一、传统集市

中华人民共和国成立以来，墙门集镇每月逢农历初二、十二、廿二为传统集市，百姓俗称“二郎”。当时墙门老街禽畜交易市场设在七一大队陆房湾，苗猪、苗羊、苗鸡、苗鸭等品种繁多，交易市场十分活跃，生意十分兴隆。自从20世纪80年代后期开始建造硕放新街的中心街——通祥路、振发路形成后，成为硕放政治、经济、文化、教育、商业的综合街道。硕放的商业农贸市场开始兴旺，每逢“二郎”节场，小商小贩从四面八方涌入硕放新街，将通祥路、振发路两条主干道全部占领，各式各样的品种摆满，设点摆摊，各类商品琳琅满目，吃的、穿的、用的、玩的应有尽有，而且价廉物美，深受广大老百姓喜爱。当时，每逢“二郎”节场，都是人山人海，商品交易十分火热。“二郎”这一传统节场一直延续到2002年底，随着城市化建设的需要，于2003年被取消。

二、农贸市场

1.农村集市

20世纪90年代中期，随着村级工业经济的快速发展，务工人员日益增多，特别是远离墙门集镇的边缘村，群众购买日常生活所需品很不方便，中华庄、安桥、溇金等村民委员会考虑到为方便群众，在村民委员会所在地投资建造小型农贸市场。1997年5月，中华庄村民委员会在大华更上（六叉路口）投资建造3000平方米的农贸市场，共有固定蔬菜摊位18个、鲜肉摊位8个、水产摊位3个、豆制品摊位3个、冷冻摊位2个。公路两侧有餐饮小饭店5家、烟酒日食品店4家，还有小超市、冷库、面包房、服装店、药店、五金装潢店、农药种子店、理发店、油漆店、熟食店、烤鸭店、洗衣店等。1998年至1999年，安桥村在戴家里村主干道北建平房16间和封闭式钢大棚1座，建造村级农贸市场，共有小超市、小饭店、小百货店、点心店、服装店、轧面店、烟酒店、羊汤店、水果店、蔬菜摊、猪肉摊、水产摊、小杂货摊等9个店面和7个摊位。同时，溇金、硕放、杨家湾等村都有小商品农贸市场相继开设，极大地方便当地百姓的生活需求，市场十分活跃。进入21世纪后，随着空港新城建设的快速推进，村级农贸市场逐步消失。

2.社区市场

进入21世纪，随着全镇农村的大拆迁，大批农户被安置到社区，外来务工经商人员日益增加，全镇常住人口急剧上升，加上南星苑、香楠佳苑等社区离硕放商城较远，带来诸多不便，硕放商城农贸市场难以满足广大百姓的日常生活所需。2006年，政府立足以人为本，为民着想理念，通过招商，在南星苑三路建造钢达农贸市场，建筑面积达2880平方米，一楼为农贸菜场，设立摊位82个，二楼和三楼为超市，各类商品、农副产品齐全，基本满足居住在南星苑居民的生活所需，极大地方便群众。2010年，政府在香楠佳苑社区投资建造3800平方米的社区商场，一楼为农贸菜市场，设摊位45个，二楼为超市，居住在社区的居民不出社区门就可购买到日常生活用品。

香楠佳苑亿家乐生活超市

3.城镇市场

1982年底，公社投资2.8万元，无锡县工商局赞助1万元，在墙门老街硕放中心小学旁建造一个钢架玻璃结构的墙门菜场，菜场面积780平方米，摊位170余个，极大地满足百姓的日常购物需求。1991年，市镇建设开始按硕放新城规划的要求，从墙门老街向南扩展。政府投资400万元在燕村桥建造农贸市场，占地面积2500平方米，设有摊位195个，商品贸易十分活跃。由于新的硕放商城落成，燕村桥菜场改造转型为小商品市场，共有门面房136间，主要经营小百货、针织服饰、床上用品、电子玩具等各类商品。1997年，随着人们生活水平的不断提高，为进一步丰富老百姓的“菜篮子”需求，政府开始筹建硕放商城，总投资4000万元，占地面积2.4万平方米，可设500余个摊位，年上市商品达300余种，各种时令蔬菜、山珍海味应有尽有，是一座封闭集中型、综合多功能的商品交易中心，为当时江苏省内农村集镇中现代化程度较高的集贸商城之一。商城大厅内设肉类、豆制品类、水产类、蔬菜类等固定摊位，还有各类小超市、小百货等摊位，

硕放小商品市场

2011年硕放商城被评为文明诚信市场

并在大厅内添置食品检测化验设备和公平秤，确保老百姓的食品安全。同时还设立适时电子报价屏幕供百姓参考，预防和遏制哄抬物价的现象。商城四周还有烟酒、水果、粮油、卤菜、点心、服装等店面房。为加强农贸市场的管理，镇政府成立商城管理委员会，下设办公室负责商城的日常管理工作。2011年5月，硕放商城被无锡市文明诚信市场评审委员会评为四星级“文明诚信市场”，属无锡市新区第一家。

第五节 粮油管理

1949年5月，苏南行政公署建立国营苏南建中贸易公司，管理粮食购销工作。墙门区设粮食购销点，机构设在供销社。1953年4月成立无锡市粮食公司，境内设墙门粮食购销站，后几经变革成立硕放粮油管理所，一直担负着硕放农业大乡的粮油管理工作。从1959年起至1984年，每年完成国家征购500万公斤以上，最高年份1988年达1069.4万公斤。按照国家粮油“四统一”（统一收购、统一销售、统一调拨、统一库存）规定，积极开展粮油“收购、销售、调剂、存储、加工”工作。同时，加强农村“三粮”（种子粮、饲料粮、储备粮）保管，为农业生产的产前、产后服务，为工农业生产和人民生活做好服务工作。

一、旧时粮行

解放前，墙门有大小粮行、米铺头46家，较大的粮行有祥丰、晋泰、大丰、顾裕隆四家，最大的粮行有库存粮食二百多担，一般在几十担左右，个别铺头仅几十斗。这些粮行一般开创在抗战胜利前，当时粮行处于畸形发展，铁路、运河均被日军封锁，粮食进出困难，所以粮源都以本地货为主，进行小股买卖，品种以米麦为主、稻谷为辅。1949年解放时，境内仅剩粮行、铺头27家。

解放前境内粮行一览表

表 19-10

店号	店主	原地址
祥　丰	杨亦超	坝上采购部
晋　泰	司晋卿	唐庄桥对桥堍
大　丰	石灰阿大	唐庄桥对桥堍
顾裕隆	顾荣春	南石桥
顾裕隆瑞记	顾继春	东　街
瑞顺丰	吴炳源	杨定康家（东街）
蔡森茂	蔡培森	墙门镇方老太家
项永茂	项培琛	西街陆晋德门口
开　泰	安寿堂	东街头上
—	邹志仁	陆林仁门口
—	邹渭德	夏子珍茶点门口
—	邹子芳	墙门镇肉店身底

续表 19-10

店号	店主	原地址
—	陈复根	西街日用部身边
陈福康	陈复宝	“老和祥”门口凉棚
—	顾泉生	东街头上
—	吴培岳	东街中段
杨茂盛	阿贵姐	东街中段
—	顾伯贤	阿贵姐东
—	顾望岵	尚根邦旁边东街
—	顾介生	硕望桥旁边
—	邹志义	墙门镇
—	陈寿宝	墙门镇
—	吴梅春	墙门镇
正　丰	邹岳祥	墙门镇
—	阿哥根	墙门镇
—	杨坤荣	墙门镇
—	杨阿根	墙门镇

二、粮食购销

1954年10月，根据国家1953年《关于实行粮食计划收购和计划供应的命令》和1954年《无锡县粮食局计划收购和计划供应暂行办法》，国家对粮食实行统购统销，本地区的粮食统购统销工作在梅村区政府和县粮食局的领导下进行，取消粮食自由市场，对城乡非农人口、工商行业用粮全面计划销售。并对农民征购粮食，按照多余多购、少余少购、不余不购的原则，实行计划收购。

1956年1月，粮食部门实行公私合营，粮食购、销、调、存均在国家计划指导下统一经营管理。

1959年至1961年三年困难时期，粮食降低供应标准，粗粮、细粮按比例供应。

1965年，国家对粮食进行“三定”政策，进一步减轻农民负担。1966年各行各业都受到冲击，但粮食行业坚持“四统一”的管理制度，保证军需民食的正常供应。

1953年至1978年，保持粮食统销价格基本不变。

1979年，国家实行对农民出售粮食给予提价补贴的政策。从当年夏粮上市起，粮食收购价平均提高20%，超出基数出售的粮食再加价50%，购销价格倒挂幅度增大。同年9月，恢复粮食议购议销。如晚粳统销价为每百斤10.2元，统购价则为13.6元，统购价超过统销价的30%。

1979年至1984年9月，硕放粮管所粮、油、副产品购销价格按国家原价购销，1984年10月起按调整后的国家新价购销。

1984年硕放粮、油、副产品购销价格一览表

表 19-11 单位：元/百公斤

品种	统购价		统销价
	原价	新价	
标一杂交米	—	35.6	26.4
标二杂交米	—	34.0	25.2
标一元米	40.8	43.0	34.2
标二元米	38.0	41.0	32.6
标三元米	—	—	32.0
标一籼米	28.6	34.8	25.2
标二籼米	27.4	33.2	24.0
标一粳米	32.8	39.0	29.4
标二粳米	31.2	37.2	28.0
面　粉	32.0	39.0	32.2
七五面粉	36.0	46.0	36.4
小　麦	26.2	31.6	22.6
大　麦	—	21.8	15.6
早熟3号大麦	19.4	25.2	16.4
元　麦	22.0	25.6	20.0
籼　稻	19.2	23.2	16.8
杂交稻	—	23.8	17.4
晚粳稻	22.8	27.2	20.4
元　稻	31.0	29.0	23.4
菜　籽	56.0	72.0	72.0
大　豆	41.6	70.6	28.2
玉　米	19.2	23.4	17.0
蚕　豆	24.0	38.0	21.0
菜　油	166.0	212.0	156.0
豆　油	200.0	330.0	166.0
大槽麻油	200.0	240.0	180.0
小槽麻油	220.0	256.0	194.0
花生油	180.0	230.0	164.0
棉清油	142.0	168.0	142.0
棉毛油	156.0	136.0	124.0
绿　豆	52.0	68.0	54.0
赤　豆	50.0	66.0	52.0
花生仁	—	96.0	96.0
芝　麻	—	116.0	116.0
糠　饼	—	7.6	7.6
棉仁饼	—	12.6	12.6
糠　油	—	168.0	136.0
毛糠油	—	120.0	100.0
热榨豆饼	—	20.8	20.8
菜籽饼	15.6	18.0	18.0
棉籽饼	—	8.2	8.2

续表 19-11

品种	统购价		统销价
	原价	新价	
花生果	—	69.2	69.2
生仁饼	—	20.8	20.8
芝麻饼	—	20.0	20.0
麸　皮	8.6	10.0	10.0
七五麸皮	—	14.8	14.8
清　糠	8.6	10.4	10.4
三七糠	7.2	—	—
大　糠	1.3	—	—
纯统糠	7.2	—	—
地脚面粉	24.0	—	—
豆　渣	1.6	—	—

1982年，国家粮食全购全销改为购销差额包干，一定四年不变。将减少统购总量，增加超购部分，让农民多得实惠。

1984年起，国家逐步减少统购品种，大麦、元麦、蚕豆、大豆等品种退出统购范畴，统购品种由原来的七种减少到两种（稻谷、小麦）。其余实行市场多渠道经营。

1985年起，国家取消粮食统购，改为合同定购（征购）。合同定购任务纳入国家计划，完成合同定购任务以外的粮食可以自由上市，形成粮食购销的“双轨制”，粮食市场放开搞活。

1988年，国家对粮食计划销售项目从原来的15个压缩到7个。市场调节进一步扩大，打破粮食部门独家经营的“一统天下”，出现社会个体多渠道粮食竞争经营的格局。

在农业生产集体化时期，1975年全社出售商品粮892.5万公斤，为历史最高。实行家庭联产承包责任制后的1984年，全乡出售商品粮1069.4万公斤。

1959—1984年硕放粮食征购、储备、口粮一览表

表 19-12

年份	国家征购				集体储备（万公斤）	口粮水平	
	合计（万公斤）	其中				人数（人）	水平（公斤）
		征购（万公斤）	超购（万公斤）	议购（万公斤）			
1959	658.70	658.70	—	—	703.45	29411	151.90
1960	546.70	546.70	—	—	—	28339	159.70
1961	496.50	496.50	—	—	573.30	29673	177.20
1962	493.95	493.95	—	—	31.90	29842	260.85
1963	501.25	501.25	—	—	—	33257	317.50
1964	638.75	506.25	112.85	19.65	82.05	34235	278.00

续表 19-12

年份	国家征购				集体储备（万公斤）	口粮水平	
	合计（万公斤）	其中				人数（人）	水平（公斤）
		征购（万公斤）	超购（万公斤）	议购（万公斤）			
1965	769.70	559.80	145.95	63.95	11.05	34769	293.30
1966	844.10	560.80	193.00	90.30	160.05	35495	300.00
1967	612.20	549.70	62.50	—	159.55	35966	272.50
1968	546.90	513.40	16.50	17.00	115.15	36528	259.00
1969	752.30	553.30	99.50	99.50	105.00	37274	271.00
1970	603.30	527.55	43.95	31.80	6.75	37872	272.00
1971	745.00	629.05	67.25	48.70	58.30	38367	292.50
1972	682.60	623.00	59.60	—	21.80	38660	281.30
1973	753.95	627.75	61.40	64.80	10.40	38969	286.30
1974	802.00	636.40	67.30	98.30	87.35	39271	292.50
1975	892.50	636.35	112.85	143.30	—	39695	291.75
1976	860.00	644.20	103.00	112.80	22.80	40124	294.85
1977	725.50	633.60	67.25	24.65	14.20	40381	289.60
1978	741.55	640.60	33.30	67.65	5.55	40678	310.20
1979	785.45	672.25	13.80	99.40	10.00	40468	331.90
1980	559.00	534.00	25.00	—	—	40460	317.05
1981	460.55	340.90	119.65	—	—	40137	276.55
1982	756.90	436.90	309.40	10.60	2.05	39978	392.05
1983	781.95	441.60	310.55	29.80	8.40	39648	382.25
1984	1069.40	448.50	310.40	310.50	—	39729	367.00

三、粮油供应

1954年后，按照国家和地方有关粮油供应标准，境内粮油以定量、定销、统销、补助粮油和批核粮食五种方式进行供应，该政策一直延续到1979年。

1.定量供应

根据江苏省人民委员会颁布的标准，供应对象为市镇居民。口粮标准为1—3周岁每人每月3.5公斤；4—5周岁每人每月6.5公斤；6—10周岁每人每月10公斤；11周岁以上每人每月12公斤。市镇单位企业人员每人每月14公斤；大、中专学生每人每月15公斤；下放干部每人每月19.5公斤；退休干部、教师、企事业单位工作人员、机关干部每人每月14—14.5公斤；轻工业劳动者每人每月14—17公斤；重工业劳动者每人每月18—20公斤；特重工业劳动者每人每月21—24公斤。1980年后，全社市镇居民平均每人每月12.5公斤。居民定量供应食油每人每月200克，1981年9月起调整为每人每月250克，逢春节、元旦、国庆每人另加100克。

1955—1982年硕放市镇居民粮食供应一览表

表 19-13

年份	定量人口（人）	月供应粮(公斤)	年份	定量人口（人）	月供应粮(公斤)
1955	1610	18764.0	1969	1735	22085.0
1956	1582	18164.0	1970	1712	21787.0
1957	1465	16714.5	1971	1831	22824.0
1958	1405	15934.5	1972	1789	22478.0
1959	1477	16884.5	1973	1723	21910.0
1960	1598	18382.5	1974	1785	22724.5
1961	1625	18600.0	1975	1799	22406.5
1962	1587	19250.0	1976	1878	23433.5
1963	1745	21310.0	1977	1870	23329.5
1964	1618	19551.5	1978	1892	23616.0
1965	1697	20500.0	1979	1942	23683.5
1966	1675	21289.0	1980	1953	23835.0
1967	1689	20987.0	1981	1785	23574.0
1968	1708	21237.0	1982	1839	24118.5

2.定销供应

定销粮供应是全国范围内的一种供应办法。主要供应对象有两种一是迁入定销人员，指知青以及退伍军人退伍后，在没有参加生产队分配前供应的粮食；另一种常年定销人员，指农业人口性质，由国家规定市镇定量供应办法供应的粮食。如公社信用社、退休工人等，每人每月定量为14公斤和14.5公斤两种。

3.统销供应

统销供应对象按“三定统销”政策，对农村缺粮队、经济作物队由国家供应粮食。1971年，粮食统销实行新的“三定”政策，核定五一大队西街、坝后等六个生产队为统销队，全年口粮每人不超过255公斤，一般都是供应原粮，并指定品种供应。

4.补助粮油

根据上级规定，在粮油计划供应之外，还对机关、团体、全民企事业人员出差、夜班人员按照具体情况补贴粮油，县粮食局批准的临时工、中学生、剧团成员以及大型会议的工作人员，经过审批给予粮食补助，夜餐粮每人次为100克，出差粮每人次为50克，工种粮补足同工种。住院病人10天内的按30人次补100克。二等以上残废军人凭民政局证明，每月补助食油250克。

5.批核粮食

批核的粮食主要用于副食品和饮食服务单位，如境内的饮食业、小吃部、副食品业（山地货、豆腐店等）。饮食行业主要批核粮票，凭票供应粮米、面粉；氽油条批核的菜油、糠油；豆腐加工场批核的大豆（市镇居民每人每月500克的豆制品）。1981年，全社批核粮食8万公斤，食油5000公斤。

1961年，政府对生产队实行油料定产、定购、包干自给的政策，生产队在完成定购任务的前提下，多产多吃，少产少吃。1965年，粮食实行“三定”的农村统销粮核定基数。1966年，改为“定产、定购、统购有余、只购不销”的政策。1982年实行家庭联产承包责任制后，农户口粮田中一部分种植油菜，产出后到乡、镇粮管所或个体兑换点兑换，以供家庭食油，不足部分向市场购买。1988年6月起，无锡地区统一实行粮油“凭证、凭票、定点、定量记录”的供应办法，以控制粮食销量、粮票购卖，保证本市居民口粮正常供应。1991年，国务院决定从5月1日起提高城镇居民粮油的销售价格，这是粮食统销价20多年来首次大幅度调整。1993年2月25日，国务院颁布《关于加快粮食流通体制改革的决定》。4月，中共江苏省省委、省政府在全省范围内，对粮油价格和经营实行全面放开，城镇居民购粮油价格随行就市，到1993年末，全国98%的市、县先后放开粮食价格和经营，结束实行40年的城镇居民粮食供应制度（统销制度）。

四、粮食储存

1950年，无锡县粮库荡口支库在境内翁家里、唐庄桥、香花桥、硕望桥（1951年撤除）等地设置收纳库，负责墙门区域的公粮征收工作和存粮业务。

1956年，根据无锡县粮食局的要求，乡政府腾出供应部、茧行、税务组、老乡政府4处房屋用以储粮。当时，7个粮库共有仓库66个，存粮房屋156间，可容粮食222.5万公斤。

1958年，硕放粮管站保留春光翁家里、墙西唐庄桥、香花桥3处粮库，其余粮库全部撤除。

1969年，硕放粮管站为方便周边生产队交售粮食，在先锋大队水闸边建造粮库收购粮食，容量为50多万公斤。同时撤除墙西大队香花桥粮库。

1971年，随着“双三制”种植面积的扩大和粮食产量的提高，粮食入库量大大增加，仓容严重不足。为解决仓储困难，在唐庄桥西侧向朱郎桥生产队借用土地筑建露天囤。到秋粮结束，唐庄桥粮库共有仓房48间，其中可用仓库4个，计31间。有烘干房屋6间，每小时烘干粮食3000公斤。砖园仓1个，合计仓容为225万公斤，露天囤44个（有砖砌的，有柴泥垒筑的），约堆粮470万公斤，合计可堆放存量699.5万公斤。同时撤除春光大队翁家里粮库。

1971年硕放粮管所露天囤

1976年3月，无锡县粮食局和公社共同决定，征用西街队土地开始筹建新粮库。1981年12月全部竣工，全部仓房建筑面积2500平方米。新粮库有仓库19个，计46间，仓库容量555万公斤；有露天囤3个，可储粮37.5万公斤。总存粮可达592.5万公斤。新建烘干楼房1间计120平方米，10个烘干砖园仓容量50万公斤。烘干房造价32500元，每小时烘干粮食1万公斤。有5米平面输送机1台、10米平面输送机5台；10米等高输送机1台、15米等高输送机2台。1978年，撤除先锋大队水闸粮库。1981年，撤除墙西大队唐庄桥粮库，启用硕放

1982年硕放粮库

粮管所新粮库。新粮库的建成改善了粮食储藏条件，硕放粮管所从1973年起实现“四无粮仓”（无虫害、无霉变、无鼠雀、无事故）。1985年被评为县级“四无免检”单位，1986年被评为市级“四无免检”单位，1987年被评为省级“四无免检”单位。1990年，经江苏省粮食局检查评审验收，获评“江苏省文明粮库”荣誉称号。

20世纪60年代起，硕放粮管所（站）先后为生产队、无锡市人民政府、国家储存储备粮。1964年至1982年，硕放粮管所（站）逐年储备粮库存达438.3万公斤，动用储备粮352.3万公斤，累计库存储备粮结余86万公斤。

五、粮油加工

解放前，境内农民耕耘着4万多亩土地，种植的粮食作物主要为水稻、小麦，而粮食加工仅靠一些落后的工具和手工作业，稻谷加工用小木砻人工牵砻磨去砻糠，过筛后成糙米。糙米经缸臼舂米过筛后成白米；小麦加工成面粉一般都用石磨人工牵磨，磨细后用绷筛过筛后即成面粉；食油加工有专门木质油车，将油菜籽经炒熟、粉碎、压榨后产油。中华人民共和国成立时，稻谷加工用砻谷机和米机加工大米的作坊仅墙门西街邹同生一家，以“冷进车”为动力，稻谷直接加工成大米。随后，在茧行内抽水工人合伙开办一个加工稻谷的作坊。由于当时粮食供应站在墙门老街，与西街相邻，供应居民的稻谷由邹同生米厂代加工，到1956年公私合营，成立国营墙门米厂。并对设备和厂房进行翻新和改造，安装30厘米橡皮砻，提高碾米的质量。当时有些抽水船也安装碾米机到各村庄，用抽水船动力碾米为农加工。在农村相继通电后，各大队纷纷办起粮饲加工厂，改变农村落后的手工作业的加工方法，减轻农民在粮食加工中的劳动强度，提高粮食品质。1982年实行家庭联产承包责任制后，粮食加工以户为对象，利用手扶拖拉机安装小型碾米机，串村走巷为农户加工，方便农户的粮食加工。随着城镇化建设的深入发展，粮食种植面积逐年减少，粮食加工行业逐渐淡出。

1972年，粮管所在唐庄桥粮库西侧筹建米厂，全部由电动机传动，安装新的砻谷车和碾米机，开始为无锡市区加工大米。1981年，新的粮库在五一大队西街基本建成，同时建造新的米厂。新米厂的大米车间为一幢四层楼建筑，并建有20万公斤稻谷原料筒库和50万公斤大米副产品仓库，新米厂实行自动化生产，大米加工产量2吨/小时，加工精度为标一到特二级，常年为无锡市区供应大米，特别是新粮上市，硕放加工的新大米成为无锡市内粮店的抢手货源。实行家庭联产承包责任制后，粮管所为方便群众，开展农户稻谷兑米寄存业务，1981年全年兑换大米41.3万公斤，为1030户农户寄存大米14.5万公斤。随着粮食流通体制改革的不断深入，粮管所企业改制，人员全部分流，粮食加工业务停止。

六、管理机构

1949年5月，苏南行政公署建立苏南建中贸易公司，管理粮食购销工作，墙门区设粮食购销点，机构设在供销社。1953年4月，成立无锡市粮食公司，墙门区设墙门粮食购销站。11月，墙门粮食购销站更名为墙门粮食管理站。1958年9月硕放人民公社成立，墙门粮食管理站更名为硕放粮食管理站。1964年，梅村成立中心粮食管理所，硕放粮食管理站隶属梅村中心粮食管理所。1970年，无锡县撤销各中心粮食管理所，各公社成立粮油管理所。1995年3月，硕放划入无锡市新区，硕放粮油管理所隶属新区粮油管理中心领导。

2002年8月，根据无锡市人民政府转发粮食局《关于市区国有粮食购销企业改革的实施意见》的通知精神，硕放粮油管理所对46名职工分流安置，不再履行粮油购销管理职能，企业转制，国有资产实施租赁。

1949年至2002年，硕放粮油管理所（站）历任负责人为吴云章、陆兴根、华仁始、袁文元、邹中其、陆益民、邹凤生、过正生、董占元。

第六节　三产服务

一、服务行业

1.餐饮

解放前，墙门老街有小饭店、小吃店8家。解放后，餐饮业一直以小饭店、小吃店为主，直至1976年墙门市镇在原墙门饭店的基础上，扩展为硕放饭店、墙门饭店和硕放小吃部等。在当时国家计划经济时代，餐饮业处于不温不火的状况，吃阳春面、馄饨、大饼等小吃既要付钱又要付粮票。1992年以后，国家取消粮票，粮价放开，餐饮业得以发展。硕放餐饮业中，杨和尚羊肉店是远近闻名的品牌。黄金沙杨三庆在清光绪年间（1875—1908年）墙门老街就开办羊肉店。随着时代变迁，杨和尚后代杨忠祥等兄弟在20世纪80年代初申办个体营业执照，在墙门老街老菜场对面搭建60平方米的草棚，开办杨和尚羊肉店。到1993年3月，搬迁到燕村桥小商品市场，购买两间门面经营羊肉店，每天供应150—200公斤的羊肉。2002年又搬迁到通祥路36号。在墙门老街及新街，号称杨和尚羊肉的连锁店有四家，最高一天营业销售达1000公斤。杨和尚羊肉店的羊肉品种齐全、味道鲜美，苏州、无锡等地的人慕名而来。硕放餐饮业除杨和尚羊肉店外，还有空港大酒店、瑞港国际大酒店、新洲府大酒店、石铭大酒店、格林豪泰酒店、吴地人家酒店、金大祥酒店、九喜园大酒店、香楠阁大酒店、吉祥坊大酒店等20多家酒店。除此以外，还有各类风味小吃、点心店等百余家。

2.旅馆

解放初，境内仅有墙门商业社办起的大墙门旅社一家。改革开放以来，随着市场经济的快速发展，境内先后由个人开起旅馆、客房。20世纪90年代后，随着城镇建设的发展，投资经营者不断增多，旅馆、客房逐渐向规模化发展。进入21世纪后，规模较大、具有现代商业气息的酒店有空港大酒店、格林豪泰酒店、莫泰168旅馆、大唐宾馆等。2012年，硕放引进首家四星级酒店——无锡瑞港国际大酒店，有客房170多间，有可容纳1000人会议及用餐的多功能宴会大厅。至2013年，全街道有各类大小旅馆30多家。

3.理发

旧时，唐庄桥、大墙门、薛典、硕望桥、王家桥等老街都有理发店，其中大墙门老街有理发店六家，都是私人经营。1958年，硕放商业合作社在墙门镇上开办一家墙门理发店，其余都是个体开办的理发店。20世纪60年代至70年代，农村理发师串村走巷流动为百姓理发，男子理发收费0.1元，女子理发收费0.15元。1978年改革开放后，女子盛行烫发，一般男子理发收费1元，以后理发收费价格随市场物价的波动而调整。进入21世纪，随着人们生活水平的提高，人们的穿着打扮越来越讲究，美容美发越来越受青睐。新的商业街形成后，美容美发的个体户纷纷投资入驻，较有名气的有稻草人发廊、扬州发廊、标榜理发店等，经济效益较好。至2013年，全街道有理发美容店78家。

4.浴室、足浴、按摩

解放前，境内没有一家像样的浴室。20世纪70年代初，硕放商业社在墙门老街办起一家大众浴室，每客洗浴收费0.1元。随着时代的变迁，人口不断增多，大众浴室不能满足广大群众的需求，个体商户在墙门老街上办起花都浴室。20世纪90年代后，不少投资商在硕放新街纷纷办起足浴店、按摩店。薛典路建成后，在薛典路旁先后办起规模较大的大墙门浴室、星光灿烂浴室、锦华浴室、金沙港浴室等，生意十分兴隆。进入2000年后，在新开发的南星苑等地也先后办起浴室、足浴、按摩等店面。至2013年，全街道共有15家规模较大的浴室。

5.清洗和保洁

清洗和保洁是进入21世纪以来的新兴服务行业。清洗主要包括餐具消毒、服装洗涤及车辆清洗等。保洁主要把企业和社会公共设施作为服务对象，有些附属于物业管理的，负责环境卫生和企业卫生。至2013年，有车辆清洗单位12家，有家政保洁服务单位5家，有服装洗涤店8家，另外还有餐具消毒店3家。

6.中介

进入21世纪，中介服务方兴未艾，主要提供招工信息、房产买卖及租赁信息、经济市场信息，每介绍成功便收取一定的费用。至2013年，硕放有注册登记的中介（信息咨询）公司25家。

7.照相

20世纪80年代初，硕放只有一家照相馆。2001年，硕放供销合作社实行企业转制，照相馆转制给个人经营。由于摄影数码设备的普及和手机照相的逐渐盛行，专业照相行业逐步淡出人们的视线。至2013年，全街道仅有万艺照相馆、小李子照相馆两家。

8.修理及其他

20世纪80年代初，境内马路旁出现多家自行车修理摊；20世纪90年代，摩托车修理店也出现好几家；进入21世纪后，汽车修理店在硕放有10多家。方便群众的家电修理、手表修理以及传统的皮匠摊、缝补摊、配钥匙摊等有30多家，眼镜店6家。随着人们的穿衣品位逐渐提高，大多数人进入商场购买款式新颖的服装，因此服装加工逐渐萧条，个体裁缝大多转行。至2013年，全街道只有6—7家像样的个体裁缝店。

9.物业管理

随着硕放安置房和商品房的建成，面临的管理问题不断凸显，2002年，镇成立硕放物业管理公司（后为硕放物业管理有限公司），负责全街道安居房的物业管理工作。各商品房小区相继成立物业管理有限公司，负责商品房小区的物业管理工作。物业管理有四大职能，即保安（全）、保洁（净）、保绿（化）和维修管理。安居房业主由政府提供免费服务，商品房业主要缴纳一定的费用。

2013年硕放街道物业管理情况一览表

表 19-14

物业公司名称	管理区域	收费情况	备注
硕放物业管理有限公司	振发、润硕苑、咏硕苑、新锦园、南星苑、丽景佳苑一期、香楠佳苑、锦硕苑	业主全免，物业管理费由政府全额拨款	管理地段是安居房，对象是失地农民
丰硕苑物业管理有限公司	丰硕苑	每平方米收费0.88元	商品房物业自负盈亏
吉祥花园物业管理有限公司	吉祥花园	每平方米阶梯房1元；电梯房1.2元；联排别墅1.5元；单体别墅1.8元	商品房物业自负盈亏
润硕新天地物业管理有限公司	新天地	每平方米收费1.1元	商品房物业自负盈亏
港欣物业管理有限公司	港欣商住广场	每平方米收费1元	商品房物业自负盈亏
云港佳园物业管理有限公司	云港佳园	每平方米收费1.5元	商品房物业自负盈亏

二、经营实绩

20世纪80年代后期，随着改革开放政策的进一步深化，农村经济得到全面发展，第三产业（商业、餐饮、娱乐、旅游、仓储、物流等）服务性行业也蓬勃兴起，个体工商户发展迅猛。1992年，境内商业饮食业营业额为3590万元，比1991年的923万元增长3.9倍。

1996年，“三产”营业额3.9亿元，比1986年增长63倍；增加值1.0亿元，占全镇国内生产总值的30.23%，比1986年增长33.3倍。2006年，“三产”营业额75.92亿元，比1996年增长19.5倍；增加值14.83亿元，占全街道国内生产总值的40.56%，比1996年增长14.8倍。

2013年，空港产业园区（硕放街道）共有个体工商户3449家，第三产业营业额283亿元，增加值4.97亿元，占全街道国内生产总值的41.30%。

1986—2013年（部分年）硕放街道（镇、乡）第三产业情况表

表 19-15

年份	营业额(万元)	增加值(万元)	占国内生产总值比(%)
1986	622	297	8.66
1996	39040	10047	30.23
1997	42054	11155	31.26
1998	53032	12015	30.00
1999	73712	18020	35.80
2000	98018	22002	33.73
2001	170051	33005	32.35
2002	300166	60123	39.75
2003	354998	80567	42.18
2004	455216	105052	42.42
2005	587498	117369	40.61
2006	759241	148342	40.56
2007	1012723	202163	39.45
2010	1240200	220030	30.06
2013	2829994	496507	41.30

三、管理机构

20世纪90年代中后期，随着第三产业经济总量占全镇经济总量的比例不断增长，镇政府高度重视第三产业的发展，由一名副镇长分管第三产业。2002年，镇政府成立第三产业办公室，出台发展第三产业的相关政策，形成服务业配套发展的组织机制、政策机制和工作机制，形成硕放第三产业与工业经济齐头并进的格局。2013年8月15日，改称无锡空港产业园区（硕放街道）服务业办公室，主要负责编制第三产业发展总体规划并组织实施，切实做好第三产业的招商引资工作；研究第三产业发展的重大问题，制定促进第三产业发展的政策措施；协调和管理第三产业发展各项工作。2002年至2013年，第三产业（服务业）办公室负责人为徐伟民。

第二十章

综合经济管理

民国时期，境内在工商、物价等方面的管理相当薄弱。20世纪50年代初期，国家对农业、手工业和资本主义工商业进行社会主义改造，并统一计量，较快地控制物价，稳定市场。1958年“大跃进”时期，经济发展比例失调，工农业生产产量连年下降。1959年至1961年三年困难时期，管理机构涣散。在中共中央“调整、巩固、充实、提高”的八字方针指引下，经济比例关系逐步得到调整。在中共十一届三中全会精神指引下，全国上下拨乱反正，贯彻“改革、开放、搞活”的方针，全面进行经济体制改革。20世纪80年代，乡镇工业异军突起，第三产业蓬勃兴起。各级管理部门及相关管理机构设施完善、制度健全、管理规范、步入正轨。进入21世纪，工业转型发展，通过招商引资，外向型经济快速发展，工业企业向园区集中，工商行政、经济管理、安全生产、劳动管理等现代化管理日趋完善。经过多年的努力，千亿空港已形成雏形，园区经济和社会事业持续、快速、稳定、协调发展。

第一节　工商行政管理

一、机构沿革

清末，境内工商管理对社会上的经济活动惯用契约，对主要水路必经处设卡收税等。民国时期，近代机器工业的兴起带来工商业的发展，因此地方政府根据中央政府颁布的各种单行法规，对工商业进行管理，经济合同开始使用。但由于当时战乱频繁，社会动荡，商品市场均为自由买卖，度量衡单位不一，物价暴涨，商业投机盛行，市场极度混乱，再加上市场流通货币先后有银圆、法币、美金券、金圆券等，更迭频繁。因此，工商税的收取由地方政府根据分派的指标数包干收取，足额上缴。

1949年5月，无锡县工商会在东亭成立，工商管理方面的制度和法规逐步形成、不断完善。开展企业登记管理、市场管理、个体工商管理，并对市场经济活动定时监督，保护合法经营、取缔非法活动。同年10月，成立墙门工商分会，主要事务协助政府贯彻政策法令，带领工商业者接受社会主义改造。1956年，生产资料私有制的社会主义改造完成后，社会主义的市场管理和市场价格逐步形成和规范。

1958年9月，硕放人民公社成立，境内工商管理归公社领导，供销分配部配合，统一对市场物价实施管理。

1971年9月，为加强农村市场的领导管理，管好农村集市贸易，严厉打击投机倒把活动，公社建立由7人组成的市场管理委员会，下设市管会办公室，主要负责农贸集市及摊贩的管理。中共十一届三中全会以后，国家实行改革开放政策，工商管理机构逐步恢复完善，管理队伍不断扩大，管理网络逐步形成。1980年3月，公社重新组成硕放工商管理组。管理组由1名工商员和3名市管员组成，管理组隶属公社和县工商局红旗管理所双重领导。1984年4月25日，无锡县成立工商行政管理局，随后成立硕放工商所，属无锡县工商局垂直领导，1999年划归无锡市新区工商分局领导。2008年1月，更名为无锡市空港工商所，主要负责工商企业的登记管理、注册商标管理、经济合同管理、市场管理，以及配合有关部门对食品的规格、质量、物价的检查管理。2008年12月，办公地点由原来的燕村桥搬迁至振发路328号。至2013年，空港工商所共有工商人员10人，负责境内各类企业、个体工商户等市场主体的登记注册，并进行监督管理。

二、企业登记

工商所负责对各类企业、个体工商户等市场主体的开业、变更、歇业等进行注册登记，同时对注册商标进行监督管理。2013年，新增注册登记企业180户，变更429户，注销58户；注册新增个体工商户319户，注销52户。至2013年9月，空港产业园区（硕放街道）注册登记企业2076户、个体工商户3449户，其中私营企业共1718户，包括个人独资企业及分支机构107户、内资企业166户、外资企业210户。

三、市场管理

工商所对各类市场、企业单位、个体商户的生产经营活动进行管理。主要负责经营秩序、法律法规的维护，以及对流通领域的商品质量和食品安全进行监督管理，组织开展有关服务领域的消费维权工作，规范各类广告经营行为，引导企业诚信经营。至2013年，空港产业园区（硕放街道）累计有“重合同守信用”企业77家，其中省级1家（江苏中通汽车内饰材料有限公司）、市级AAA级企业45家、区级A级企业31家。硕放个体有照率、亮照率均达98%，镇区范围内达到100%。2013年，硕放工商所共查处各类案件58起，案值金额达48万元，查扣假冒伪劣物品及过期食品共计22批次；查处并抄告各类无证无照经营行为58起；受理各类“12315”投诉举报案件86起；受理“12345”转办案27起。每逢节前，工商所在境内开展食品安全专项检查工作，并积极开展“食品安全示范店”创建活动，为群众的食品安全保驾护航。

四、商标管理

1982年8月，国家颁布《中华人民共和国商标法》。硕放工商管理组根据国家商标法及时进行办理核转、变更及转让，不断加强对商标使用和印刷单位监督检查。

1990年10月1日起，开始实施国家工商局发布的《商标印刷管理办法》，对商标印刷实行专项许可制度。工商所依法保护商标专用权并查处商标侵权行为。至2013年10月，园区企业力特半导体（无锡）有限公司产品所使用的 Littelfuse 为国际著名商标，无锡祥生医学影像有限责任公司、无锡八一塑料有限公司、无锡军工智能电气股份有限公司等企业的8个注册商标被江苏省工商行政管理局认定为“江苏省著名商标”，有15个注册商标被无锡市工商行政管理局认定为“无锡市知名商标”。至2013年，空港工商所查处假冒“洋河”白酒案件6起，查扣假酒147瓶；查处侵权油桶案件5起；查扣各类侵权塑料桶共计4593个；查处假冒日化品案件7起；查扣假冒洗发露、沐浴露等共计1867件；另外还有各类侵权奢侈品包装袋、侵权食品、侵权标签及纸箱等共计1万余件，为当地消费者以及市场经营户挽回数百万元的损失。

五、个体经济管理

中共十一届三中全会以后，根据政策恢复发展个体经济，使原来所剩无几的个体工商户，逐步得到发展。1983年9月，乡政府建立无锡县个体劳动者协会硕放分会，协助工商所加强对个体工商户的领导和管理。1986年，开始对个体工商户办理登记发照，加以管理，对近千个个体工商业主进行遵纪守法和社会主义商业道德教育，规范个体工商户合法经营，较好地发挥个体户在市场上拾遗补缺、方便群众的积极作用。

第二节　物价管理

一、物　价

民国初期，境内市场以银圆为流通货币，币值较为稳定。

日伪时期，工农业生产遭到严重破坏，商品流通受阻，物资供求紧张，货币严重贬值，物价直线上升。民国30年（1941年），大米价格上涨10倍，食糖、火油、肥皂、火柴等在市场上几乎绝迹。民国31年（1942年）6月1日起，汪伪政府发行中储券，比价2∶1，物价猛涨。民国34年（1945年），大米、面粉、食油按当时法定货币价格分别上涨56倍、102倍、70倍。

抗日战争胜利后，国民党中央政府发行关金券，每元兑新法定货币20元，两种货币同时流通，物价暴涨，中等大米每石由5.5万元涨至104万元，暴涨18.9倍。民国37年（1948年）8月发行金圆券，实行限价，但未奏效。此后，金圆券面额越发越大，物价也越涨越烈，货币贬值的速度为世界罕见。

1949年5月，中央人民政府在国内使用人民币，限期禁用金圆券。地方投机势力趁人民币立足未稳，抬高金银市场，掀起涨价风潮。7月又遇水灾、风灾，一时粮食供应紧张，城乡投机势力又一次掀起以粮、棉为主的涨价风，市场零售价格直线上升。是年5月至8月，大米上涨7.67倍、棉花5.77倍、白布4.33倍、食糖5.81倍、食盐4.64倍。国家采取有力措施打击投机倒把，平抑物价，至1950年3月，市场物价日趋稳定。

1959年至1961年三年困难时期，农副产品产量大幅度下降，农村社员口粮紧缺，城镇副食品供应匮乏。工农业生产大幅度下降，主要消费品供不应求，贸易市场价格大幅度上涨，最高时大米每公斤6元左右，猪肉每公斤10元。1964年，取消高价商品，肉禽蛋恢复平价供应，物价指数又比上年下降24.2%。1965年，农业全面丰收，工业生产有新的发展，大米每50公斤的统销价格由13.92元调整为14元，适当提高棉花、针织品等400多种商品的价格，调低肉、禽、蛋、鱼、日用品等2000多个品种的价格，物价指数再度下降3.7%。

1967年5月，取消小百货、文化用品、棉织品、五化交和日用杂品的城乡差价，实行统一价格。1972年，无锡县商业局统一规定，大饼、油条、面、饭等7种大众食品和18种汤、炒、卤菜的规格和价格，总额经营毛利率不得超过25%。1975年，调整化肥、农药调拨价与部分品种的销售价格，化肥调拨价折扣率由原来的6.5%调整为3.5%，农药由7%调整为4%，地方生产的碳酸氢氨出厂价每吨150元，比原价降低4元。1979年下半年起，开放农贸市场，实行"低进低出、高进高出、随行就市、微利经营"的政策，物价全面放开。同年4月，三等生猪收购价由每50公斤51.05元调至63.5元，蚕茧由每担110元调至138元。同年10月，提高鲜肉、家禽、水产品销售价格；蔬菜、豆制品及饮食业等仍保持原价；卤菜、糕点、糖果等价格从严控制。

1981年调整烟、酒销售价格。其中香烟上海产前门牌由每包0.36元调为0.5元，飞马牌每包由0.29元调为0.39元，南京牌每包由0.31元调为0.42元，江苏产60度0.5公斤装洋河大曲每瓶由1.98元调为2.38元，60度优质黑酒由每0.5公斤0.56元调为0.66元，14.5度普通黑酒由每0.5公斤0.44元调为0.47元。

1983年1月，豆制品供应实行平价定量，议价敞开。同时调整部分日用工业品的销售价格，纯棉布26个大类品种平均调高24%，化纤布10类品种平均调低29.6%，14英寸彩电由1200元降至998元，南京英雄牌闹钟由13.6元调为11.5元。1987年后，随着市场经济体制的出台，物价管理的品种逐步减少。

1952—1985年（部分年）硕放乡（公社）商品价格一览表

表 20-1　　单位：元

品名	规格	单位（克）	年份				
			1952年	1962年	1970年	1979年	1985年
大　米	中白粳	500	0.138	0.139	0.140	0.140	0.140
面　粉	标准粉	500	0.154	0.161	0.161	0.161	0.161
食　油	菜籽油	500	0.462	0.740	0.790	0.790	0.790
鲜猪肉	统　货	500	0.623	0.850	0.800	0.843	1.220
活母鸡	1.3公斤以上	500	0.695	1.310	1.000	1.150	1.590
鸡　蛋	统货	500	0.400	1.000	0.824	0.890	1.294
青　鱼	2.5公斤以上	500	0.650	0.918	0.800	0.872	1.230
鲢　鱼	0.5公斤以上	500	0.369	0.663	0.450	0.477	0.660
黄　酒	15度	500	0.344	0.430	0.430	0.430	0.380
食　盐	粗散装	500	0.125	0.145	0.145	0.145	0.145
白　糖	石榴花砂	500	0.725	0.720	0.790	0.790	0.790
酱　油	散装一级鹅湖	500	0.140	0.210	0.180	0.210	0.210

1955—1992年（部分年）硕放乡（公社）粮油收购价格表

表 20-2

年份	粳稻（元/百公斤）	小麦（元/百公斤）	油菜籽（元/百公斤）
1955	4.35	4.60	6.80
1963	5.10	5.65	11.75
1978	5.70	6.55	14.00

续表 20-2

年份	粳稻（元/百公斤）	小麦（元/百公斤）	油菜籽（元/百公斤）
1983	6.80	7.90	23.40
1986	9.50	9.50	24.00
1987	10.38	11.75	25.00
1988	10.38	11.75	28.00
1989	13.40	12.50	28.00
1990	13.40	12.50	28.00
1991	13.40	12.50	28.00
1992	15.90	15.50	29.00

1990年起，境内按照国家的价格法规，基本上完成从单一的计划价格到市场价格的过渡。

1990—2013年（部分年）硕放街道（镇、乡）商品消费价格统计表

表 20-3　　单位：元

品种	规格	单位	年份			
			1990年	2000年	2005年	2013年
大　米	特二粳	公斤	0.48	2.23	3.10	4.80
面　粉	特二	公斤	0.56	2.58	3.00	4.00
菜　油	二级	公斤	4.00	6.25	6.60	12.00
猪　肉	去骨腿肉	公斤	7.60	12.50	16.00	25.00
母　鸡	中等	公斤	8.20	15.73	18.00	30.00
鸡　蛋	新鲜	公斤	4.50	4.36	4.60	9.60
鲢　鱼	中等以上	公斤	3.80	4.86	5.00	7.00
鲫　鱼	0.5公斤以上	公斤	7.80	11.80	12.00	18.00
带　鱼	0.5公斤以上	公斤	8.20	18.27	18.00	30.00
青　菜	新鲜	公斤	0.45	1.73	1.60	3.20
土　豆	新鲜	公斤	1.10	1.95	2.20	5.00
冬　瓜	新鲜	公斤	0.70	2.04	2.60	2.60
包　菜	新鲜	公斤	0.65	1.35	1.20	3.80
白　菜	新鲜	公斤	0.45	1.50	2.00	2.00
萝　卜	新鲜	公斤	0.45	1.65	2.00	2.80
茭　白	新鲜	公斤	1.90	3.60	5.00	10.00
豆　腐	水豆腐	公斤	0.70	1.55	1.40	4.00
食　盐	0.5公斤	袋	0.32	2.20	1.50	2.50
酱　油	—	公斤	1.00	4.25	4.30	4.30
醋	500克瓶装	瓶	3.16	3.43	3.00	3.00
味　精	—	公斤	3.00	14.75	22.40	18.00
绵白糖	机制一级	公斤	3.20	4.26	6.00	8.20
白　酒	洋河普曲	瓶	2.75	4.12	6.00	6.00
啤　酒	太湖特啤	瓶	1.42	2.65	2.50	2.50
苹　果	一级	公斤	4.20	5.25	6.00	8.40
梨	一级	公斤	2.90	3.20	3.60	4.20
橘　子	一级	公斤	2.50	2.77	3.60	3.60

续表 20-3

品种	规格	单位	年份			
			1990年	2000年	2005年	2013年
香　蕉	一级	公斤	3.20	5.48	5.50	4.60
西　瓜	一级	公斤	0.65	2.50	2.70	4.00
饼　干	袋装	袋	3.80	10.50	13.80	15.00
大　饼	—	只	0.15	0.40	0.50	1.00
油　条	—	条	0.15	0.40	0.50	1.00
阳春面	—	碗	0.50	1.50	2.00	5.00
洗衣机	小天鹅 XQB30-8AL	台	532.00	1653.00	1780.00	1800.00
电风扇	菊花牌 FL40-88	台	245.00	380.00	420.00	300.00
电冰箱	上菱牌180立升双门	台	1690.00	2080.00	2880.00	2800.00
肥　皂	光荣牌	块	1.03	1.80	2.20	3.50
香　皂	夏士莲150克	块	2.57	4.30	5.00	5.00
洗衣粉	白猫低泡450克袋装	袋	3.55	4.50	6.30	6.00
牙　膏	中华牌中号	支	1.20	3.78	4.35	3.50
暖水瓶	彩花铝肩五磅一级	个	13.60	45.00	65.50	70.00

二、管　理

1976年，公社配备市场管理员1名，协助供销社加强市场物价管理。1980年，无锡县建立物价局。1981年，公社配备物价员1名，协同市场管理员负责全公社的市场物价管理。1995年区域调整，硕放镇划归无锡市新区，物价管理行政上属镇政府领导，业务上受新区物价管理办公室指导。2007年1月，街道成立价格监督管理服务站，负责传达上级的物价方针政策和有关文件，指导商场各部门根据市场行情变化，正确运用价格杠杆，根据价格动态进行物价分析，开展价格信息服务工作，并配合新区物价管理办公室对境内物价进行监督检查。

第三节　安全监管

一、监管举措

20世纪70年代至80年代，随着乡镇工业的不断发展，企业生产安全隐患日益凸显，安全监管工作尤为重要。乡（镇）政府按照《中华人民共和国安全生产法》《江苏省安全生产条例》以及无锡市加强安全生产工作的有关文件精神，陆续出台一系列安全生产工作制度和规范意见，通过建章立制强化安全生产工作的力度。

1.系统宣教

政府安全管理部门每年开展“6月安全生产月”“夏季百日安全无事故竞赛”“119消防周”“消防安全‘三进’（进学校、进社区、进企业）”等安全主题活动。2006年至2013年，空港产业园区（硕放街道）安全生产委员会共举办起重机械操作培训14期，参加人数2100人；压力容器操作工培训4期，参加人数600人；特种设备管理员2期，参加人数250

人。2013年，开展安全生产宣传巡讲活动，设置事故案例和安全知识图片展板50余块，向学校、社区、园区重点企业发放宣传资料4000多份；在开展“夏季百日安全竞赛”活动中，发放安全知识问答2000多份；开展“119”消防宣传活动中，现场展览各类消防安全知识展板，发放《消防安全手册》等资料600多份。组织举办企业负责人、安全员、特种作业人员等培训，规范特种作业人员持证上岗。

2.制度落实

每年年初，政府召开安全生产工作会议，总结年度安全生产工作，表彰在安全生产工作中涌现出的先进集体和个人，提出新一年安全生产工作要求。政府同各村（居）民委员会、社区居民委员会及有关单位签订安全生产责任书，园区安全生产监督办公室同园区企业签订安全生产告知承诺书，各生产单位都配备安全管理员，经常性的开展企业的日常安全管理工作。

3.规范整治

2000年后，安监部门根据上级安全生产管理部门的工作部署，对重点行业领域开展专项整治工作，开展对生产和使用危险化学品的重点企业、冶金行业、烟花爆竹经营店、人员密集场所、“三合一”场所（居住与生产、销售相通连的家庭作坊场所）、非法经营等场所的各类专项整治活动。关停先锋化工、长风化工、新明化工、洪华化工等15家安全隐患企业，改造淘汰小锅炉65台，关闭烟花爆竹经营店5家，关停文达铸造有限公司，规范辖区安全生产秩序，提升辖区安全管理水平。

4.持续监管

安监部门把开展安全生产检查作为一项重要制度来抓，除上级部门开展安全生产的大检查外，把常规检查、专项检查、突击检查、企业自查等有机结合，每年劳动节、国庆节、春节等重大节日期间，开展全方位检查。通过日常检查巡查，对发现企业生产现场存在的安全隐患及时指出，帮助和督促企业整改落实，消除事故隐患发生。2013年，安监部门抓好特种设备专项整治工作。质监办开展特种设备安全大检查，共出动检查人数累计482人次，共检查特种设备使用单位241家，特种设备1272台，发现安全隐患125处，整改125处，整改率100%，企业开展自查自纠323份，发放特种设备安全告知书336份。

5.严格追查

凡出现安全生产事故，严格执行2007年6月起施行的《生产安全事故报告和调查处理条例》，各企事业单位发生生产安全事故，事故单位负责人须在接报后1小时内上报安监部门；事故发生单位及其有关人员谎报、隐瞒事故，或伪造、故意破坏事故现场的，将被处以经济罚款。对事故发生相关的干部问责处理，同时将作为年终干部考核的重要依据，构成犯罪的依法追究刑事责任。2013年，硕放派出所、消防办共出动消防检查人员2960人/次，检查沿街店面2868家，开展日常检查1019次，发现隐患或违法行为103处，督促整治火灾或违法行为103处，下发责令改正通知书93份，受理一般程序行政办案32起，裁决一般程序行政办案32起，下发行政处罚决定书47份，处罚个人31人，当场处罚办案42起，下发当场整改通知书42份，当场处罚个人42人。

二、监管机构

1971年起，硕放工业交通办公室明确专人监管企业安全生产工作。1978年起，公社工业公司下设安全生产保卫科，承担全公社工业企业安全生产职能，业务上接受无锡县劳动局下设的安全生产职能部门的指导。

2002年机构改革，原硕放镇工业公司和其下设的安全生产保卫科全部划归硕放镇经济贸易中心，仍负责全镇的安全生产工作。

2007年无锡空港产业园区成立，下设经济发展和招商服务处、建设与环境保护处，同时成立无锡空港产业园区安全生产委员会。原经济贸易中心下设的安全生产保卫科，一部分职能划归经济发展和招商服务处下设的安全生产监督办公室，承担园区安全生产的监管职能；另一部分划归建设与环境保护处下设的建筑安监办，承担园区建筑施工的安全监管职能。同年5月28日，硕放街道“安全生产监察中队”挂牌成立，办公地点设在经济与招商服务处安全生产监督办公室。

1978年以来，硕放工业公司安保科获评无锡市安全生产先进集体1次，无锡县安全生产先进集体8次，新区安全生产先进集体2次。2011年和2013年，空港产业园区（硕放街道）分别被无锡市人民政府评为安全生产先进集体。

第四节　劳动管理

一、劳动就业

解放初，主要由人民政府解决市镇居民的就业，安排市镇待业人员到手工业联社和供销社等大集体单位就业。1963年至1970年，境内共安排60多名市镇知识青年到农村知青点、农场插队落户。1974年开始，对“上山下乡”知识青年分期、分批上调安排就业，到1980年上调工作结束。20世纪80年代初，部分待业人员由政府安排进社办企业，优先安排烈、军属和退伍军人及困难户。

20世纪70年代初，公社安排18名知青进社办厂就业，同时开办一家知青商店，安排3人就业。还将35名知识青年安排到供销社、商业社、雪浪等地就业。1982年，农村实行家庭联产承包责任制后，劳动力过剩，引起硕放乡党委、政府高度重视，主动与无锡市钢铁厂等企业联系落实，安排农村剩余劳动力450人到无锡市钢铁厂，市缫丝一厂、二厂、三厂，市柴油机厂，市油嘴油泵厂，县钢丝绳厂，县化肥厂等工厂务工。

1995年区划调整，硕放镇划入无锡市新区，劳动服务站积极配合做好与企业的协调衔接工作，建立长期的就业渠道，组织辖区内的就业年龄段人员去新区人力中心和市人才市场报名求职。

2003年，着力促进被征地农转非劳动力、城镇下岗失业人员充分就业。随着城镇化建设的不断推进，工业园区的快速发展，失地农民、无业人员急剧增加，就业压力日益增大。为缓解矛盾，劳动保障所主动出击，采集就业信息，寻找各种不同的就业岗位，积极有效地开发公益性岗位。针对不同的就业群体和人员，举办就业招聘专场，将就业岗位招聘活动进村进家；对个别特殊困难人员，做到一对一的递岗活动；对单亲家庭和双失业的家庭确保有一人上岗；对辖区内的失地农民承诺“不挑不拣，确保一周上班”。至2007年，园区共有21206人就业，约占有就业愿望劳动力的97%，确保辖区内失业率控制在2.5%以内。

2004年起，免费为被征地农民、城镇下岗失业人员提供创业培训、技能培训和就业指导培训。每年举办不少于两期的创业培训班，邀请创业成功人士和专家举办创业讲座。2008年起，开辟创业孵化基地和创业实训基地。每年完成各类培训人数1600余人，其中创业职工培训1100余人，城乡劳动者职业技能培训200余人，创业培训180余人，高技能人才培训100余人，其中97%以上的参训人员均获得国家级技能资格证书。职业指导培训200余人，新成长劳动力培训50余人，再就业培训100余人。

2005年后，硕放劳动保障所每年春、秋两季举办大型就业招聘活动，重点解决失地农民、下岗失业人员、困难人员等再就业问题。2013年，进场招聘企业达78家（次），提供就业岗位1965个，进场求职人数2028人，现场落实就业意向1312人，已安置解决就业、再就业3208人。就业率达95%，失业人员再就业人数2772人，其中就业困难人员再就业人数919人。

二、劳动监察与仲裁

2005年，硕放镇成立劳动监察中队，设立劳动仲裁庭。其主要工作是依法调处劳动纠纷，保障劳动者权益不受侵害。根据工作职责和构建和谐社会的要求，每年对560家企业进行劳动保障书面年检，年检合格率90%以上。对有违法、违规行为的中介公司进行依法取缔和整治，并对160家企业实施巡查、监察，调处和化解劳动纠纷案件每年不少于百件（起），调处率达96%以上，妥善处理个别企业转制后的后遗症问题及少数企业拖欠工资案件。

三、管理机构

1969年2月，公社设立“上山下乡办公室”，属市镇大集体性质，由无锡县主管部门指导工作，主要负责知识青年“上山下乡”、待业人员和城镇下放工人的安置工作；1980年，成立硕放公社劳动服务站；1998年，更名硕放镇劳动管理服务所，为事业单位编制；2002年，更名硕放镇劳动和社会保障服务中心；2003年7月，更名硕放劳动保障所；2011年1月，在原单位基础上成立硕放街道人力资源和社会保障所。

第五节　统　计

中华人民共和国成立后，乡镇统计工作由经济管理部门负责，根据无锡县统计局定期统计报表和资料上报分析的要求，结合国家普查、重点调查、典型调查、抽样调查、城乡一体化调查等进行科学分析及提供咨询服务，为地方经济发展和城乡一体化建设提供可靠的决策依据。

一、统计职能

贯彻执行《中华人民共和国统计法》及其实施细则和地方统计法规，依法对乡、镇、街道经济和社会发展情况进行统计调查、统计分析，提供统计资料，实施统计监督。负责组织和协调乡、镇、街道统计工作，管理基层统计报表和各项地方综合性统计数据，确保统计数据的准确性、及时性和客观性。执行统计报表制度，按时、全面完成国家和上级统计部门规定的统计报表及布置的统计调查任务。调查研究乡、镇、街道经济和社会发展情况，对目标计划完成情况实施统计监督，进行统计分析和统计预测，为制定政策、指导工作提供可靠依据。收集、整理乡、镇、街道历史和现实统计资料，发布乡、镇、街道经济和社会发展情况统计公报。加强基层统计基础工作，建立健全各类统计台账，负责基层统计网络建设，组织基层统计人员进行业务培训。完成乡、镇、街道布置的各项统计调查任务。

二、统计调查

硕放人民公社（乡、镇、街道）统计部门参与并组织开展各种重大的调查工作。参加全国性的统计调查有人口普查（1982年第三次、1990年第四次、2000年第五次、2010年第六次）；经济普查（2008年第二次、2013年第三次）；基本单位普查（1996年第一次）；农业普查（1996年第一次、2006年第二次）；工业普查（1985年第二次、1996年第三次）；三产普查（1991年第一次）。同时，还组织实施地方性的典型调查、专项调查、常规性抽样调查等。

从1995年统计资料反映，全乡共有劳动力23438人，从事第一产业的劳动力8429人；从事第二产业的劳动力10777人（其中工业8272人、建筑业2505人）；其他劳动力2475人；外出劳力1757人。

1995年硕放镇各村劳动力情况一览表

表 20-4

村名	村民小组（个）	总人口（人）	总户数（户）	劳力合计（人）	其中			
					农业（人）	工业（人）	其他（人）	外出劳力（人）
总　计	449	39987	11420	23438	8429	10777	2475	1757
墙　门	21	2113	680	1310	616	392	212	90
墙　南	23	2174	608	1316	343	789	146	38
墙　西	14	1455	425	832	25	717	67	23
墙　北	26	2188	600	1283	506	610	119	48
孙典桥	20	1596	430	849	213	509	81	46
新　农	18	1162	333	694	278	309	51	56
里　河	19	1077	303	576	213	255	44	64

续表 20-4

村名	村民小组（个）	总人口（人）	总户数（户）	劳力合计（人）	其中			
					农业（人）	农业（人）	农业（人）	农业（人）
安　桥	18	1372	391	927	256	463	121	87
里　新	16	1293	385	775	402	291	55	27
黄家门	22	2238	641	1371	438	713	81	139
西典巷	24	1860	598	1117	399	554	84	80
硕　放	23	1867	512	1105	120	748	132	105
杨家湾	14	1191	363	710	378	320	9	3
建　新	10	937	280	538	259	153	90	36
塔　西	18	2325	622	1310	405	580	297	28
中华庄	14	1615	406	1125	341	310	324	150
王家桥	20	2122	596	1071	368	451	94	158
红　力	20	1580	459	844	580	216	27	21
红　光	22	2042	571	1231	456	468	110	197
秦　村	15	1381	423	880	283	322	100	175
建　丰	21	1962	545	1082	446	396	77	163
溇　金	30	2481	689	1369	740	565	46	18
薛　典	15	1373	404	745	147	495	98	5
墙　裕	6	583	156	378	217	151	10	—

三、统计报表

1984年至2013年，硕放统计部门执行国家规定统计方法和统计报表制度，按时完成上级统计部门布置的各类统计报表。主要统计报表有乡、镇、街道主要经济指标月报，固定资产投资月报，全部工业生产销售总值月报，全部工业企业主要经济指标月报，规模以上工业产销总值及主要产品产量月报，规模以上工业企业财务状况月报，工业企业增加值月报，原材料、燃料、动力购进价格月报，规模以上工业企业能源购进、消费、库存及用水情况季报、年报，规模以下工业企业样本调查季报、年报以及第一、第二、第三产业各类统计月报、季报、年报。1984年至2005年，根据基层各类上报报表及相关资料，每年搜集整理编制《统计年鉴》和发布统计信息，可为当地政府领导及时掌握经济发展动态，加快社会经济发展提供决策依据。

1990年，全镇工农业总产值2.26亿元，其中工业总产值2.05亿元、农业总产值0.21亿元。1995年，全镇社会总产值10.80亿元，比1994年增长3.6%，工农业总产值9.32亿元（其中村级5.22亿元），比1994年增长1.16%。2000年，全镇工业总产值16.52亿元，其中镇办工业总产值7.19亿元、村级工业总产值9.33亿元。

1995年硕放镇各村主要经济指标情况表

表 20-5

村名	工农业总产值（万元）	农民人均收入（元）	工业产值（万元）	销售收入（万元）	利税总额（万元）
总 计	52205	3050	44175	28706	2069.00
墙 门	1853	3214	1200	1043	138.99
墙 南	1392	3480	842	403	43.57
墙 西	4044	3100	3850	2387	210.82
墙 北	1084	2321	850	486	22.58
孙典桥	2205	3365	1750	733	114.56
新 农	978	2604	765	468	35.90
里 河	1474	2717	1288	356	36.89
安 桥	2947	3503	2670	2086	124.41
里 新	1232	3282	1020	671	-13.15
黄家门	1800	3138	1400	467	104.77
西典巷	1478	2786	1230	963	93.12
硕 放	5568	3110	5260	2755	-26.27
杨家湾	1334	2560	1111	745	11.20
建 新	1202	2666	1070	815	30.37
塔 西	2479	3225	1931	1413	11.72
中华庄	1378	2569	1070	559	58.24
王家桥	2728	3035	2450	1418	172.23
红 力	2038	3023	1702	1008	78.25
红 光	1437	2814	1072	958	93.66
秦 村	2289	3382	2018	1556	174.59
溇 金	6375	3426	5462	4644	324.57
建 丰	1068	3118	700	350	28.48
薛 典	1342	2917	1184	635	-14.55
墙 裕	2480	3780	2280	1787	214.05

2000年硕放镇各村工业主要经济指标情况表

表 20-6

村名	总人口（人）	劳动力（人）	总产值（万元）	销售收入（万元）	利税总额（万元）
总 计	37280	22410	90264	81005	6202
墙 门	1699	953	3182	2762	225
墙 南	2049	1158	1620	886	45
墙 西	1356	756	4160	3822	238
墙 北	2018	1255	3280	2669	183
孙典桥	1411	783	1715	1426	67
新 农	1097	621	2435	1861	106
里 河	1062	500	1905	1387	99
安 桥	1383	930	5823	5035	229
里 新	1285	677	1290	1135	64
黄家门	2021	1174	2250	1885	233

续表 20-6

村名	总人口（人）	劳动力（人）	总产值（万元）	销售收入（万元）	利税总额（万元）
西典巷	1788	1058	1590	1213	98
硕　放	1820	1223	2758	2108	171
杨家湾	1122	720	1694	1323	108
建　新	918	591	2280	1877	-21
塔　西	2348	1834	1921	1416	80
中华庄	1528	990	2800	2314	235
王家桥	2238	1584	3755	3276	227
红　力	1584	886	2543	2011	115
红　光	1925	1026	2448	2266	118
秦　村	1333	848	6151	5133	340
溇　金	2091	1187	25411	24593	2278
建　丰	1671	778	2352	1917	187
薛　典	936	499	4179	3582	254
墙　裕	597	379	5722	5108	523

1986年后，硕放经济逐年增长，经济效益成倍递增。进入21世纪，全社会总产值从2000年的28.29亿元发展到2013年的594.21亿元，增长21倍；国内生产总值从2000年的6.52亿元发展到2013年的120.11亿元，增长18.4倍。社会事业蓬勃发展，人民生活水平不断提高。

1986—2013年（部分年）硕放街道（镇、乡）社会、经济发展综合情况一览表

表 20-7

类别及指标		1986年	1990年	1995年	2000年	2005年	2010年	2013年
基本情况	村民委员会个数（个）	24	24	24	24	16	15	15
	居民委员会个数（个）	1	1	1	1	5	7	11
	年末耕地面积（亩）	42227	41172	34466	31663	15635	11689	6105
	其中：有效灌溉面积（亩）	37067	36141	29205	27630	9700	7880	4100
	乡镇总户数（户）	11216	11088	11277	14935	16478	16398	25819
	乡镇总人口（人）	41690	41166	43200	44372	74942	83953	102791
	其中：外来人口（人）	—	—	—	1532	29044	46751	54015
	乡镇企业个数（个）	198	207	1046	1294	1723	865	880
	乡镇从业人数（人）	23266	23422	23438	22410	38901	41554	46808
	其中：工业从业个数（个）	8291	10974	8715	6718	18744	31799	36808
主要经济指标	农村社会总产值（万元）	14889	35425	107960	282921	1356995	3446666	5942149
	其中：1、第一产业（万元）	2216	2058	9203	14200	3636	2879	3313
	其中：2、第二产业（万元）	12051	22517	89422	170703	765861	2203587	3180464
	其中：工业（万元）	10594	20511	83957	165183	733809	2128324	3101102
	建筑业（万元）	1457	2006	5465	5520	32052	75263	79362
	3、第三产业（万元）	622	10850	9335	98018	587498	1240200	2758372
	国内生产总值（万元）	3430	8161	40204	65230	288992	731859	1201145
	其中：1、第一产业（万元）	443	412	5062	7018	1440	1143	1325
	其中：2、第二产业（万元）	2590	4718	25248	36210	170183	510686	703313
	其中：3、第三产业（万元）	297	3031	9894	22002	117369	220030	496507

续表 20-7

类别及指标			1986年	1990年	1995年	2000年	2005年	2010年	2013年
主要经济指标	农业	粮食总产量（吨）	27601	25176	21641	19182	5214	5737	5860
		油菜籽总产量（吨）	876	991	1668	1067	603	247	170
	工业	总产值（万元）	10594	20511	83957	165183	733809	2190147	3107581
		营业收入（万元）	9005	17028	76818	138110	705852	2128324	3101102
		利税总额（万元）	909	1367	3493	11108	56225	236163	247915
	外向型经济	三资企业营业收入（万元）	—	—	—	11000	135254	1049372	1251366
		出口产品供货额（万元）	—	—	13550	16329	64513	239356	333267
		协议注册外资（万美元）	—	—	—	2154	14100	14620	15476
		实际利用外资（万美元）	—	—	—	206	6600	5881	12500
财政与金融		财政收入（万元）	936	1313	2419	6583	21205	56517	95898
		财政支出（万元）	926	1327	2416	5204	22919	56729	101902
		年末多项存款余额（万元）	—	—	—	—	—	453300	638331
		年末各项贷款余额（万元）	—	—	—	—	—	192870	280033
相关指标		全社会固定资产投资完成额（万元）	796	557	1305	15023	112140	336950	568837
		其中：工业性投资（万元）	621	480	1250	11491	71940	191637	336462
		全社会总用电量（万度）	765	2106	2632	4717	16342	48140	57823
社会事业		学校总数（个）	29	27	18	10	5	4	3
		其中：中学（个）	5	5	3	1	1	1	1
		在校学生（人）	5983	5875	5982	5355	5500	5606	5482
		教师总数（人）	274	327	391	361	387	326	365
		其中：中学（人）	104	110	128	123	132	130	145
		医院个数（个）	1	1	1	1	1	1	1
		医护人员总数（人）	34	55	60	85	126	135	127
		敬老院、福利院（所）	1	1	1	1	1	1	1
		其中：床位数（床）	48	62	80	110	120	135	321
人民生活		养老保险人数（人）	—	—	—	—	7663	19157	21648
		合作医疗参保人数（人）	—	22829	—	—	25800	26509	26860
		最低生活保障人数（人）	—	—	—	—	1188	479	508
		居民人均纯收入（元）	804	1025	3050	5980	10067	18650	28436
		人均住房面积（平方米）	39	40	43	45	50	55	55
		拆迁安置累计户数（户）	—	—	—	60	5021	11271	13684
		有线电视入户率（%）	—	—	20	75	90	97	100
		自来水普及率（%）	7.6	12.0	28.0	45.0	60.0	100.0	100.0
		居民储蓄存款余额（万元）	—	8831	10182	15673	56260	232109	454866
		社会消费品零售总额(万元)	202	406	817	2033	6204	112260	339216

四、统计机构

1984年5月，设立硕放乡计划统计站，配备专职统计员，由钱凤泉负责全乡统计工作。1993年，改称硕放镇计划统计站。2006年，改称硕放街道计划统计站。2008年，空港产业园区（硕放街道）机构改革调整，计划统计站划归经济发展和招商服务处下设的计划（规划）统计办公室。

第六节　审　计

1992年前，乡镇一级没有专职审计部门，相关财务等审计事务一直由乡经营管理办公室负责。随着经济的不断发展壮大，对系统的专项审计工作要求越来越高。根据上级部门的统一部署，1992年设立审计办公室，与乡经营管理办公室合署办公，徐文明兼任乡审计办公室主任。2000年起，审计工作由镇（街道）纪委、财政所、经管办共同负责。2007年起，审计工作由空港产业园区（硕放街道）纪工委、财政审计处、集体资产管理办公室联合负责。

一、财务审计

1992年设立审计办公室以来，财务审计主要对镇、村两级财务收支审计。乡镇企业审计依照国家法律法规和政策的规定，对企业财务收支及有关经济活动的真实性、合法性、效益性进行监督审查，以维护财经法纪，改善经营管理，提高经济效益。村级财务审计主要通过对村级财务收支的真实性、合法性以及财经纪律执行情况的有效性进行审计，监督村级财务。

2002年起，由镇（街道）纪（工）委牵头，联合相关部门组成专项督查小组，每年对各村、各事业单位年度财务逐项检查，对存在的问题提出整改意见。违规情况得到及时纠正，杜绝“白条”列支现象，财务运营渐趋正常。

二、专项审计

1.工程项目审计

为加强政府建设投资项目资金规范化管理，2005年，根据新区管委会文件规定，凡是涉及工程项目建设，具体由镇（街道）纪（工）委把好立项、报建、招标、验收、决算和审计等环节，纳入规范化管理轨道。工程项目结束后由上一级专项审计部门负责审计，审计结束后才能支付工程款。

2.亏损企业审计

20世纪80年代至90年代，集体企业严重亏损群众反响较大的，根据乡（镇）党委、纪委的要求，由审计办公室对亏损企业整个资产经营状况、亏损原因进行全面审计，出具审计报告，上报乡（镇）党委、纪委。由乡（镇）党委、纪委做出具体处理意见。

3.村民委员会换届审计

2008年起，村民委员会换届审计工作由街道资产管理办公室负责。其间，历经第九届、第十届村民委员会换届选举和第四届、第五届社区居民委员会换届选举，根据街道党工委、办事处换届选举前必须先审计后选举的要求，先后对13个村民委员会、6个社区居民委员会的财务收支状况进行专项审计，为党委对村民委员会、社区居民委员会领导班子的建设提供一定依据。

三、离任审计

干部离任审计，是对领导干部任期内所在部门、单位财务收支真实性、合法性、效益性的审计，是对其有关经济活动所承担的经济责任的审计，是对领导干部履职情况的一种审计。1992年至2013年，硕放审计部门对100多个企业事业单位、村（居）民委员会主要负责人进行干部离任审计，正确评价原负责人在任期内的经营业绩、社会事业发展、资产增减状况等。党委、政府把审计结果作为考察领导干部的重要依据，既维护财经法纪，促进领导干部遵纪守法、廉洁自律，又发挥经济责任审计在干部监督中的作用。

第七节　经营管理

中共十一届三中全会以来，硕放农村合作经济组织的财务管理、集体资产管理、乡镇企业经营管理等经济管理事务主要由经营管理办公室负责。按照上级管理部门的指导性意见，结合当地实际，深入基层调查研究，为党委、政府出台经济发展中的一系列政策性文件，起到决策参谋的作用。

一、财务管理

1.管理模式

1954年，初级社贯彻“民主办社、勤俭办社”方针，实行民主理财，财务公开，账目公布。1958年9月人民公社成立初期，采用高度集中的统一管理方式，当时“一平二调”（一平是指在人民公社范围内把贫富拉平，搞平均分配；二调是指对生产队的生产资料、劳动力、产品以及其他财产无代价地上调）倾向较严重，财物管理一度混乱。以后采取统一经营、分级管理办法，逐步恢复高级社时期“三包一奖”等管理制度，财务管理渐趋正常。1971年，在全社范围内健全和建立会计制度，经济收支审批制度，“三不见面”（总账会计管账不管钱，现金会计管钱不用钱，经办人用钱不存钱）的现金管理制度，财物资产管理制度，现金不预支、实物不赊欠、年终不超支制度，评工记分制度，社队企业财务制度。1978年9月，贯彻执行中共省委《财务管理若干规定》的十三条规定，坚持按劳分配、等价交换，逐步建立财务岗位责任制，各生产队建立民主理财小组，加强财务监督管理，并做到各生产队财务账目每月上墙公布。1982年，公社经营管理办公室在全社范围内开展农村财务整顿活动，组织大队与大队对口财务大检查，全面对各生产队财务账目和仓库财产物资进行清理和盘点，进一步规范农村财务管理制度。实行家庭联产承包责任制后，生产大队和集体经营单位的财务管理得到进一步完善。

改革开放后，着重抓好村级财会队伍建设，加强财务规范管理，负责对财会人员的业务培训、指导、考核和监督。1997年，与镇纪委、民政办一起开展村级村务、财务“两公开”活动。2007年3月，村级财务收支归街道统一管理，由集体资产管理办公室下设的会计代理服务中心统一代管各村（居）民委员会财务结算工作，分村建账，及时准确进行财务记账，规范核算，编制和报送会计报表。

2.记账方式

1954年至1955年，初级社统一按农业部会计教材中级本，设总分类账、明细分类账、现金日记账、库存物资账、工分账，用单式收付记账法。1956年普建高级社后，会计记账采用复式收付记账法。1962年农村人民公社实行以生产队为基本核算单位后，贯彻执行江苏省会计制度，采用钱物记账法。1970年，有些地方又一度恢复以现金为主体的收付复式记账法。20世纪70年代，乡、村工业迅速发展，乡、村工业企业单位在记账方式上均用商业的增减记账法。1982年实行家庭联产承包责任制后，一些种田大户规模经营单位自立账目，自行核算，都用简单的收支流水账本记账。1988年，农业部、财政部对乡镇企业会计制度做出改革，江苏省对村级会计制度也相应改革，从1989年起农村全部采用借贷记账法。

二、联产承包

1981年，根据公社党委、政府对农业生产如何选择建立承包责任制的意见，经营管理办公室到墙西大队和建新大队就家庭联产承包责任制进行专题调研。同年9月，公社出台《粮油作物按劳承包、分组联产责任制实施意见》草案。1982年，全社全面推行家庭联产承包责任制，耕地按“三田”形式划分到户经营，全公社443个生产队全部实行家庭联产承包责任制。

三、企业管理

社队工业在开始阶段，大多数土法上马，因陋就简，作坊式生产和管理，随着规模扩大，管理上要求逐步提高。1986年起，经营管理办公室和工业公司组织指导企业基础管理整顿工作，全面开展“六基”（标准化、信息、计量、定额管理、规章制度、基础教育）管理。随着管理目标的提高，开展企业管理升级、全面质量管理活动，争创各级质量管理奖。同时还开展计量、档案、仓库、安全、财务单项管理达标和争创“重合同、守信用”企业等活动。每年年初，根据政府制定的经济发展目标任务，组织各企业开展“一年早知道”活动，围绕企业盈亏平衡点，切实搞好“量、本、利”的预测分析。1988年后，围绕“压缩三项资金”（应收款、产成品、库存材料）在全乡全面开展“双增双节”（增产、增效、节约成本、节省非生产性开支）活动。

经营管理办公室作为全乡企业财务管理的主管业务部门，深入企业调查研究，对企业财务业务人员在财务、资金、物资、仓库等管理方面进行指导。同时加强业务培训，每年不定期举办会计业务培训，配合税务部门举办税务知识业务培训，确保企业管理日趋完善。

四、企业转制

1993年，根据中共无锡县委农工部《关于乡镇企业实行股份合作制的试点工作意见》，在党委、政府的统一领导下，经营管理办公室先后在硕放村针织机械配件厂、镇办企业无锡县拉管厂、无锡县第六通用机械厂实行股份合作制试点工作。同年，按照“公开、公平、公正”的转制原则，在墙门村硕放化纤机械配件厂开展全镇首家村办企业的转制拍卖工作。1993年4月，在孙典桥村机械配件厂实行固定资产租赁，流动资产拍卖的试点工作，为全镇乡镇企业实行租赁拍卖积累一定的经验。1996年10月，经营管理办公室根据镇党委、政府提出的“抓大扶强、转中放小”的工作思路，出台《关于镇村集体企业转制工作规范操作的意见》，对实行拍卖企业、租赁企业、组建有限责任公司的基本做法做了具体规定。在全镇范围内，全面启动对镇村企业产权制度改革的转制工作，经营管理办公室分镇办及镇办公司条线、村级五个片的工作小组，通过对企业的资产评估、拍卖标的、租赁形式、职工安置、债权债务处理、企业变更登记等环节，确定企业转制的形式。2000年，全镇126家集体企业全部完成转制工作，同时变更企业营业执照手续。

五、资产管理

1994年1月成立镇集体资产管理委员会，下设办公室。主要负责对镇、村集体资产的管理，健全和完善镇、村集体资产的管理体制，保证镇、村两级集体资产的使用和收益、确保集体资产不流失。

1995年，组织集体资产清理工作班子，对镇办企业的集体资产进行一次全面的清理。通过评估资产、盘点仓库物资、清理债权债务等，摸清企业的家底，确保集体资产的保值和增值。

1999年，针对村级集体资产管理比较薄弱的状况，组织力量对村级集体资产（经营性、非经营性、资源性）进行专项性清理，并建立台账。

表 20-8

1999年硕放镇村级集体资产清查一览表

单位名称	非经营性资产						经营性资产				资源性资产			集体经济组织全部资产总值（万元）
	非经营性资产总值（万元）	村级资产净值（万元）	下属单位资产净值（万元）	公共事业资产总值（万元）	公益福利资产总值（万元）	等待界定资产总值（万元）	汇入企业数量（家）	资产总值（万元）	负债总值（万元）	资产净值（万元）	行政辖区总面积（亩）	其中		
												集体土地面积（亩）	水域面积（亩）	
合　计	5895.61	386.56	301.84	2492.61	429.83	2284.77	106	15916.89	15300.45	616.44	58951.10	54959.53	3991.57	6512.05
墙　门	154.94	70.59	—	48.24	7.14	28.97	3	—	15.95	−15.95	2326.00	2140.70	185.30	138.99
墙　南	1.19	−174.64	27.44	72.98	13.11	62.30	4	859.32	1054.47	−195.15	2387.00	2199.40	187.60	−193.96
墙　西	51.97	−205.79	10.86	156.61	8.65	81.64	6	289.59	188.61	100.98	1734.90	1682.50	52.40	152.95
墙　北	367.26	−21.50	64.61	169.73	—	154.42	6	168.27	361.95	−193.68	3177.00	3043.60	133.40	173.58
墙　裕	763.13	617.09	—	—	102.73	43.31	1	141.00	—	141.00	235.30	81.70	153.60	904.13
孙典桥	212.70	33.43	23.58	103.20	0.56	51.93	5	123.33	42.42	80.91	2202.60	2092.20	110.40	293.61
新　农	144.84	1.32	12.44	99.70	6.84	24.54	3	93.19	112.60	−19.41	2124.00	1933.70	190.30	125.43
里　河	98.58	−51.00	—	77.18	5.60	66.80	2	35.38	—	35.38	1900.20	1782.60	117.60	133.96
安　桥	264.05	104.51	8.38	102.68	7.00	41.48	5	1395.77	1241.24	154.53	2170.90	2010.60	160.30	418.58
里　新	119.37	−27.73	16.83	70.35	—	59.92	2	195.63	98.77	96.86	2192.00	1987.00	205.00	216.23
黄家门	241.47	−2.95	3.51	99.09	6.29	135.53	5	122.17	189.20	−67.03	3443.90	3135.69	308.21	174.44
西典巷	200.88	−19.41	—	96.25	1.20	122.84	5	109.30	120.01	−10.71	2793.20	2612.40	180.80	190.17
硕　放	63.23	−212.14	0.39	154.29	2.00	118.69	11	2645.40	3614.45	−969.05	3092.00	2896.00	196.00	−905.82
杨家湾	197.89	−16.40	20.00	97.11	9.80	87.38	6	22.76	127.27	−104.51	2071.00	1974.80	96.20	93.38
建　新	121.14	−9.29	—	50.60	2.73	77.10	2	1198.02	2062.56	−864.54	1543.70	1461.40	82.30	−743.40
塔　西	214.30	21.37	—	84.65	—	108.28	5	550.29	810.78	−260.49	3235.70	3024.80	210.90	−46.19
中华庄	234.80	54.41	3.63	72.95	4.89	98.92	4	42.04	32.68	9.36	1959.60	1832.40	127.20	244.16
王家桥	341.95	2.88	45.68	128.51	41.44	123.44	2	555.32	356.91	198.41	3288.90	3060.70	228.20	540.36
红　力	−23.50	−240.99	64.49	80.28	—	72.72	8	549.30	398.80	150.50	2731.30	2536.60	194.70	127.00
红　光	245.57	43.00	—	102.12	4.55	95.90	3	130.14	181.00	−50.86	3766.70	3469.50	297.20	194.71
秦　村	310.29	3.58	—	195.42	16.47	94.82	5	1236.25	1066.32	169.93	2116.20	1986.40	129.80	480.22
溇　金	1253.62	404.92	—	259.08	178.00	411.62	1	4811.92	2559.45	2252.47	3944.80	3818.74	126.06	3506.09
建　丰	40.13	−126.74	—	109.84	—	57.03	8	203.09	175.03	28.06	2818.10	2630.30	187.80	68.19
薛　典	275.81	138.04	—	61.75	10.83	65.19	4	439.41	489.98	−50.57	1696.10	1565.80	130.30	225.24

2011年，资产管理办公室根据新区地方经济管理局等七个部门联合下发的《实施农村集体“三资”清产核资及监理信息化监管平台》的实施方案，对农村集体经济中的资金、资产、资源进行全面清理。2012年，在全面清理的基础上，建立信息化监管平台，逐步完善信息化监管平台的规范操作，提升集体资产管理水平。

六、考核结算

干部考核结算是党委历来作为衡量镇、村两级及有关单位一年来完成目标任务的业绩，作为计算定员干部年终报酬的依据。

经营管理办公室成立以来，每年年初，根据党委每年对村（大队）的工作目标任务指标的总体要求，起草对村级干部实行“双百分考核”（党建精神文明建设百分考核、物质文明建设百分考核）计酬意见，考核意见通过后下发到各村、社区、企事业单位。经营管理办公室到基层各单位核实半年度经济完成情况，年终根据文件规定，物质文明百分考核由经营管理办公室（2002年改称农业和经济贸易办公室，2008年为资产管理办公室）负责，精神文明百分考核由党群口、社会事业等职能部门进行考核打分。重点工作推进百分考核由涉及有关分管领导扎口，分管部门负责打分。通过考核，由经营管理办公室负责汇总、结算各单位主要负责人报酬，统一上报党委，由党委集体研究讨论后确定主要负责人报酬，在确定主要负责人报酬的基础上，对定员副职的报酬由乡（镇、街道）分片领导会同村主要负责人一起合理确定。对各社区同样根据干部考核文件进行考核结算，先确定书记（主任）报酬标准，再由镇（街道）分管领导会同居民委员会主要负责人对定员副职合理确定其报酬。对镇（街道）管条线定员干部的报酬，原则上根据党委对村（居）民委员会主要领导干部所确定的报酬标准；同时根据定员副职的岗位职责（参照上年分配水平），合理确定其报酬。以上各层次干部报酬确定后，统一由经营管理办公室（资产办）出具年终干部报酬分配单，由各村、社区、企事业单位进行分配兑现。

七、年终分配

1950年至1980年，农村年终分配以生产队为独立核算单位，编制粮食方案和现金分配方案，由公社会计辅导员和农业银行、信用社一起负责审批年终分配方案。1981年起，由经营管理办公室负责审批。1982年，实行家庭联产承包责任制后，实行“三上交”承包结算。

20世纪80年代起，乡镇工业迅猛发展，经营管理办公室把镇、村两级集体企业职工年终分配作为一件大事来抓。年初出台文件，年终公社（乡、镇）党委每年召开分配工作会议。20世纪90年代初，职工分配实行“二段分配”（第一段为基本报酬；第二段为企业核实的结算分配总额减去第一段报酬后的余额，按比例结算报酬），年终统一由经营管理办公室到各企业核实利润，统一编制审批方案，组织分配兑现。来年春节过后，组织实施年终分配验收，对超分及违反财经纪律的一经查实，严肃处理。该项工作一直到20世纪90年代末企业转制结束。

2000年以来，由镇（街道）纪委、财政所、经营管理办公室一起进行专项分配验收和审计，重点抓干部分配。检查干部是否存在超分配和违反财经纪律等情况，对发现的超分配情况一经查实，上报纪检部门严肃处理。

八、机　构

1958年前，财务管理没有统一规定，全乡一本账。1960年起，农村人民公社以大队为单位实行独立核算。1962年，实行以生产队为基本核算单位。1973年，公社设农村财务会计辅导站，配备一名专职财务会计辅导员，与银行、信用社共同合作，负责全社的农村财务管理，对财会人员进行会计业务辅导，监督会计账目的收支。1973年至1981年，会计辅导站历任辅导员为周洁、许可。

1981年，无锡县统一在各公社成立经营管理办公室。公社经营管理办公室主要职能是负责全社农副业生产的经营管理，审核公社下属的大、小队财务及会计业务辅导。1985年，乡镇企业管理纳入经营管理办公室管理范畴。1994年，成立资产管理办公室，隶属经营管理办公室。2002年，政府机构改革，改称镇农业和经济贸易办公室。2008年，街道机关职能改革，经营管理办公室人员一分为二。一部分划归经济发展和招商服务处下设的计划（规划）统计办公室，另一部分划归街道办事处集体资产管理办公室。

1969—2013年硕放综合管理部分单位历任负责人一览表

表 20-9

单位	历任负责人姓名
空港工商所（硕放工商所）	徐世茂、周洪生、陈国良、谈锋、徐小京
个体劳动者协会硕放分会	鲁凤高、沈连兴、顾侣芳、邹锡生
价格监督管理服务站（物价管理办公室）	周盘林、张再群、余铁华、王建华
安全生产监督办公室（安全生产保卫科）	凌永华、沈伯荣、邹瑞根、吴林春、姚洪良
人力资源和社会保障所（劳动管理服务所）	孟子英（兼）、沈连兴、张再群、邹明南（兼）、顾其祥、毛玉敏、顾建良

硕放志

无锡市硕放志编纂委员会编

主　编：邹建平

副主编：钱凤泉　邹锡生

下　册

方志出版社
Publishing House of Local Records

图书在版编目（CIP）数据

硕放志 / 无锡市硕放志编纂委员会编. —北京 ：方志出版社，2021.12

ISBN 978-7-5144-4902-0

Ⅰ. ①硕… Ⅱ. ①无… Ⅲ. ①区(城市)－地方志－无锡 Ⅳ. ①K295.35

中国版本图书馆 CIP 数据核字(2021)第 274012 号

责任编辑：李静
责任校对：刘玉霞
责任印制：赵楚
出 版 者：方志出版社
地　　址：北京市朝阳区潘家园东里 9 号（国家方志馆 4 层）
邮　　编：100021
网　　址：http://www.zgfzcb.cn
发　　行：方志出版社图书营销中心（010-67110500）
印　　刷：无锡轻工大学印刷厂
开　　本：889 毫米×1194 毫米　1/16
印　　张：80
字　　数：1866 千字
版　　次：2021 年 12 月第 1 版
印　　次：2021 年 12 月第 1 次印刷
定　　价：678.00 元

第四篇
政治

第二十一章

中国共产党地方组织

民国16年（1927年）8月，中共党员堵一、马定柏等在薛典一带从事革命活动。民国20年（1931年）“九一八”事变发生前后，张伟（薛永辉）在小章家桥小学任校长，从事宣传抗日救亡运动。民国27年（1938年）至民国29年（1940年）夏，中共党员李政、过省哉、徐明等以教师身份，宣传中共抗日主张、抗日前途，教育、团结和组织群众，组织保家队。民国29年（1940年）秋末，建立中共梅南区委，开始中共民主建政工作，县、区、乡三级都建立抗日民主政权。民国30年（1941年）6月，中共后鸿区委在境内建立第一个党支部——中共秦村乡施方园支部。民国30年（1941年）8月，因日伪“清乡”，中共梅南区委公开的党政干部撤离，党的领导转入地下开展秘密工作。民国34年（1945年）3月，中共梅南区委恢复正常活动，建立薛典、金家里两个党支部。在解放战争时期，中共梅南区委领导境内地区武装斗争和抗丁抗租抗税斗争。民国38年（1949年）4月23日，无锡解放。解放初期，在中国共产党领导下，境内先后成立工、青、妇等群团组织，充分发挥联系群众的桥梁和纽带作用，积极参加社会主义革命和建设。民国38年（1949年）5月，墙门、薛典两镇分别组建墙门镇和薛典镇党支部。1957年11月，建立中共硕放乡委员会。1958年9月，建立中共硕放人民公社委员会。1970年3月，成立中共硕放人民公社革命委员会核心领导小组，4月，恢复建立中共硕放人民公社委员会。1982年5月，率先创办江苏省乡镇级最早的硕放人民公社基层党校，作为培训党员干部的主阵地。1983年2月撤社建乡，又恢复建立中共硕放乡委员会。1993年4月撤乡建镇，建立中共硕放镇委员会。1995年3月，随区域调整，改称中共无锡市新区硕放镇委员会。2006年2月，撤镇建街道，建立中共无锡市新区硕放街道工作委员会。2007年1月，建立中共无锡空港产业园区工作委员会。2013年底，中共空港产业园区工作委员会（硕放街道）下辖60个党支部（总支），党员2368人。

第一节　组织沿革和中心工作

一、抗日战争时期

民国29年（1940年）秋，中共无锡县委陈克（赵建平）率民运工作队方继德、沈太明等到薛典镇、过家桥、放鹰桥、施方园等地开展民运工作，在群众中广泛宣传革命真理。先后动员青年农民黄荣根、王友松一起到群众中串联，在坝头、观庄办民众夜校，动员群众共同进行抗日，发动组织农会，进行“二五减租”。秋末，建立中共梅南区委，江益青任区委书记，程进任区委副书记，方继德任组织委员，郭泉生任宣传委员。区委建立后，党的主要工作是放手发动群众，开展党的民主建政工作，县、区、乡三级先后建立农民抗日救国会（简称农抗会）、妇女抗日救国会（简称妇抗会）、青年抗日救国会（简称青抗会）等抗日民主政权群众组织。同时民主选举村长，吸收贫苦农民中的积极分子，发展党员，动员参军，开展减租减息、统一战线等工作。是年10月，薛典镇杨更上杨汉英、杨继贤由区委副书记程进介绍入党，观泗乡柘树园王中一由区委组织委员方继德介绍入党。

民国30年（1941年）3月，墙门镇小店巷杨华生和梅家里钱仁达由程进、杨汉英介绍入党。中共梅南区委在薛典镇建立杨更上党小组，党员4人，组长杨继贤。是年6月，中共后鸿区委在境内建立第一个党支部——中共施方园支部，有党员7人，张锡根任党支部书记。当时，梅南、后鸿两个区委共发展党员21人。是年8月，因日伪“清乡”，中共无锡县委决定区委、区政府撤离，党的活动转入地下。

民国31年（1942年）初形势好转，中共无锡县委恢复工作，重建武装，组织群众进行反“清乡”斗争，县委派组织部部长朱帆来梅南区恢复党组织活动。不久，区设特派员、联络员，梅南区特派员王中一、联络员杨华生，根据以往经验教训，在党内分甲、乙两条战线：甲线开展半公开活动、乙线转入秘密活动（凡本地发展的党员除在武装部队的均为乙线党员）。此时，因党支部书记张锡根身份暴露，由杨华生单线领导，原施方园党支部改为溇上党支部，共有党员12人，吕子良任党支部书记，分薛典、溇上、马桥（鸿声镇）三个党小组开展活动。是年11月，根据县委指示，在坚持党的领导的同时，组织力量开展锄奸工作，以张锡根为组长的锄奸小组先后铲除汉奸13人。

民国32年（1943年）3月，区联络员杨华生在小桥头发展唐杏泉等2人入党。民国33年（1944年）3月，杨华生在小桥头又发展蔡士贤等3人入党，随即建立墙门镇小桥头党小组，有党员5人，唐杏泉任组长。在反“清乡”斗争中，紧密依靠群众，坚持执行县委关于甲、乙两条战线活动的指示，组织得到发展和壮大。民国33年（1944年）底，境内已有党员49人，其中在反“清乡”斗争中发展党员34人。

民国34年（1945年），全国抗战形势高涨，县、区两级党政机构进入全面恢复阶段，境内中共党员发展到84人。1月，重建中共锡东县委，3月恢复中共梅南区委，唐一民任区委书记。4月，建立区政府和区常备队。基层党组织在境内又建立薛典、金家里两个党支部，共有党员57人。梅南区党员、基层骨干队员在县委、区委的组织领导下，参加大规模破坏日军铁路运输线的突击行动。区政府布置在全区河道交通线上筑起42道河坝，切断17座桥梁，阻拦敌汽艇水上交通。8月15日，日本宣布无条件投降，梅南区在墙门小学操场召开庆祝抗战胜利群众大会，区委书记唐一民、区长王中一分别作了讲话，号召大家为党的事业、民族解放继续努力。

二、解放战争时期

抗日战争胜利后，民国34年（1945年）10月10日，国共双方在重庆签订《国民政府与中共代表会谈纪要》（简称《双十协定》）。根据《双十协定》，是年11月，苏南党政军奉命北撤，境内分批北撤的中共党员有唐一民、王中一、吴道元、周谷香、凌一茹、黄云龙、过水兴、沙阿根、黄寿娣、黄凤贤、朱银寿、黄凤娣、吕炳南、张振华、吴勤志等，其余中共党员均就地隐蔽。此时，县委派周二男（化名许中杰）任中共梅南区委书记，以单线联系的方式领导留守党员，坚持原地斗争。

民国35年（1946年）6月，国民党发动全面内战。薛典镇有国民党青年军二〇二师的一个排，墙门镇成立伪自卫团。梅南区秘密党组织负责人周二男在北撤时，以养病为掩护，由唐一民秘密安排在墙门小桥头可靠的党员家中隐蔽，经常出没于夜晚，坚持敌后斗争。县委副书记惠峻山在十分恶劣的环境下，仍关心党的工作和党员的生命安全。后因叛徒凌伯平和杨步云的告密，遭到敌人袭击，周二男和惠峻山两人先后壮烈牺牲。由于种种原因，境内有29名党员一度与党组织失去联系。民国37年（1948年）10月，苏锡工委指派唐云清和吕炳南在境内恢复党组织关系，组织武装斗争。其间，唐云清、吕炳南领导的区武工队在塔西、观泗等小乡开展活动，与敌人展开针锋相对的斗争，并在奚家庄、长田岸等村先后发展13名党员。民国38年（1949年）4月初，唐一民到墙门镇，布置迎接解放事宜，传达江南办事处指示，组织欢迎队伍，迎接亲人解放军。

三、社会主义革命和建设时期

民国38年（1949年）4月23日，无锡解放。5月，墙门镇、薛典镇两个党支部成立，隶属中共荡口区委领导。墙门镇党支部有2个党小组，党员13人，党支部书记郭仁怀。薛典镇党支部有2个党小组，党员18人，党支部书记吕炳南。10月1日，中华人民共和国成立，区、乡（镇）召开庆祝大会，举行盛大庆典活动。

1950年6月，建立中共墙门区委员会，由苏南行署工作大队长王飞岳具体负责，10月被任命为区委书记。当时全区12个小乡除薛典、观泗、墙门3个乡外，其他乡由区委视党员情况，有计划地培养发展党员，逐个建立党支部，支部书记兼任农会主任。党支部以下一般不分党小组。

1950—1954年中共墙门区委负责人任职表

表 21-1

职　务	姓　名	任　职　期　限
书　记	王飞岳	1950.10—1951.6
	江静波	1951.7—1952.9
	宗兆善	1952.10—1954.6
副书记	金　坚	1950.6—1952.2
	王静轩	1953.10—1954.5

1950年7月，中共墙门区委员会根据《中华人民共和国土地改革法》，土地改革运动逐步深入，土地改革中将没收和征收地主的土地及房屋分配给无地、少地、无房的农户，农民实现耕者有其田的夙愿，生产积极性空前高涨，农业生产迅速发展。10月，响应国家号召开展“抗美援朝、保家卫国”运动。薛典乡百余名有志青年联名上书给中共中央，要求参加中国人民志愿军保家卫国。12月，政务院和最高人民法院颁布《关于镇压反革命运动的指示》。翌年，境内开展镇压反革命运动，惩治一批罪大恶极的地主和反革命分子，稳定社会秩序。

1951年8月，墙门区墙南乡北新村庄里率先成立顾老坤互助组，明显提高劳动效率和粮食产量。翌年春，墙门区发展到170多个常年互助组，实行统一领导，分组作业，掀起互助合作和爱国竞赛热潮。

1952年2月起，在中共无锡县委领导下，墙门区在党政机关工作人员中开展“三反”运动。在私营工商业者中开展“五反”运动。

1953年初，墙门区政府开展取缔反动“道会门”组织运动。3月，开展学习宣传、贯彻执行《中华人民共和国婚姻法》。是年冬，宣传贯彻“一化三改造”（社会主义工业化，农业、手工业、资本主义工商业的社会主义改造）为中共过渡时期的总路线，实行粮食统购统销政策。

1954年2月，开展农业合作化运动，墙南乡在墙门区第一个成立的“群跟”初级社更名为建农初级社，社员发展到58户，推动全区各小乡初级社的组建工作。

至1954年，境内墙门、墙南、墙西、塔西、新中、观泗、薛典、秦村、里河、硕住、后西11个小乡建立党支部。

1954年各小乡党支部负责人一览表

表 21-2

单　位	书　记	副书记
墙　门	邵宗衡	—
墙　南	许绍增	—
墙　西	黄树生	—
薛　典	唐仁山	—
秦　村	黄英才	—
后　西	吴佐民	钱虎根
里　河	钱金坤	朱寿金
硕　住	邹祥林	邹耀忠
观　泗	朱士根	—
塔　西	顾火泉	邹叙福
新　中	张祖康	万士良

1956年1月，中共中央公布《农业生产合作社示范章程》，掀起建办高级社的热潮，境内相继建立22个高级社。同时，境内开展改造资本主义工商业，先后建立公私合营商店和合作商店。

1956年至1957年，境内21个高级社相继建立党支部，各支部设书记1人。

1956—1957年境内高级社党支部书记一览表

表 21-3

序号	单位	书记	序号	单位	书记
1	五　一	朱祖耀	12	五　星	黄树生
2	六　一	张阿根	13	红　星	李家祥
3	墙　西	范中棋	14	和　平	邹稼英
4	七　一	周柏生	15	光　明	王永根
5	新　农	胡阿宝	16	红　力	尤祖根
6	新　联	吴佐民	17	红　光	吴正明
7	新　星	施云泉	18	春　光	杨大本 吴关德
8	里　新	张桂娥			
9	先　锋	黄清泉	19	富　强	毕宪嘉
10	硕　放	杨方健	20	东方红	周福祥
11	建　农	赵阿大	21	八　一	吕金生

说明：境内共有22个高级社，建立党支部的有21个，其中建新高级社党员人数未达建立党支部的标准，故未建立支部

1957年11月，硕放乡召开中共第一次党员代表大会，选举产生由5名委员组成的中共硕放乡委员会。

1958年7月，硕放乡22个高级社合并为7个联社。

1957—1958年9月中共硕放乡委员会负责人任职表

表 21-4

职　务	姓　名	任　职　期　限
书　记	邹炳欣	1957.8—1958.9
副书记	华寿康	1957.9—1958.9

1958 年 9 月 20 日，硕放人民公社成立，撤销硕放乡党委，建立中共硕放人民公社委员会。公社成立后，以公社为经营核算单位，7 个联社改为 12 个工区。全社实行组织军事化、行动战斗化、生活集体化。普遍办公共食堂，实行吃饭、看病、读书等“25 个不要钱”。

1959年3月，境内行政区域调整，12个工区调整为15个生产大队，以大队为单位建立党支部。1959年4月，开始纠正“共产风”“浮夸风”等倾向，对无偿调用社员的物资、劳力、资金等进行调查登记，民主评议，一一偿还。

1960年初，开展整风整社运动。8月15日起，在中共无锡县委统一部署下，全社在干部队伍中再次开展“三反”运动。但由于工作上的失误和自然灾害造成的粮食严重减产，口粮严重不足，从11月起实行粮食定量供应，提倡节约粮食。

1961年，公社党委按照党中央指示精神，组织开展以“反五风”为重点的整风整社运动。4月，新建新星大队党支部（从原里河大队分出）。

1963年至1964年，在中共无锡县委的统一部署下，公社党委在全公社开展社会主义教

育运动，全面贯彻“双十条”，即《中共中央关于目前农村工作中若干问题的决定（草案）》（前十条）和《关于农村社会主义教育运动中一些具体政策的规定（修正草案）》（后十条）。开展“四清”工作，向群众进行社会主义、集体主义、爱国主义教育。1964年，在全社范围内开展“工业学大庆，农业学大寨，全国学人民解放军”活动。

1965年初，贯彻中共中央关于《农村社会主义教育运动中目前提出的一些问题》（二十三条）精神，开展“四清”运动。是年，开展比、学、赶、帮、超运动。

1958年9月—1966年5月中共硕放人民公社委员会负责人任职表

表 21-5

职　务	姓　　名	任　职　期　限
书　记	邹炳欣	1958.9—1959.5
	陈学桂	1959.5—1961.3
	黄瑞良	1961.5—1966.5
副书记	黄瑞良	1960.12—1961.9
	华寿康	1958.9—1966.5
	陈荣金	1959.4—1962.7
	杨华生	1960.11—1963.5
	张有道	1961.1—1961.10
	秦嘉洪	1963.5—1966.4

1966年5月，“无产阶级文化大革命”开始，在全社范围内掀起破“四旧”（旧思想、旧文化、旧风俗、旧习惯）立“四新”（新思想、新文化、新风俗、新习惯）运动。

1967年4月，公社建立由人武部部长为负责人的生产办公室，负责全面工作。

1968年3月，公社和大队成立革命委员会，生产队成立革命领导小组。

1970年2月，成立中共硕放人民公社核心领导小组。9月，召开中国共产党硕放人民公社第五次党员代表大会，恢复建立中国共产党硕放人公社委员会，党的组织生活逐渐趋向正常。

1971年10月，根据中央统一部署，先党内后党外，传达中共中央关于揭露林彪反革命集团罪行的5个文件。

1976年9月9日，毛泽东主席逝世，举国哀悼，全社各单位举行悼念活动。

1976年10月，中共中央粉碎江青反革命集团，全社人民欢庆胜利。是年10月，公社党委为加强社办企业党组织建设，建立工交党总支。下设手联社、砖瓦厂、农机厂、五金厂、塑料厂、交管所综合厂、麻纺站、建筑站、汽修厂9个党支部。

1966年5月—1976年10月中共硕放人民公社委员会负责人任职表

表 21-6

职务	姓名	任职期限
书记	黄瑞良	1966.5—1969.4
	李一生	1970.9—1971.6
	张瑞和	1971.7—1976.10
副书记	周理萍	1966.5—1967.3
	华寿康	1966.5—1967.3
	陈璧显	1970.3—1972.1
	盛　宪	1970.3—1976.10
	黄美金	1971.5—1976.10
	王云鹤	1973.5—1975.1
	何学明	1973.5—1976.10
	蔡文渊	1973.5—1975.1

四、改革开放和社会主义现代化建设新时期

1978年10月24日，公社落实政策办公室，对“文化大革命”期间受隔离审查、揪斗的648人（学校教师不在内），根据中共纠正冤假错案的政策，对其中464人进行平反纠错（全错的有61人，部分错的有403人），公社、大队相继召开平反大会，并落实经济政策。全社对涉及的21人落实补偿经济2757元，由公社落实政策办公室工作人员上门送到受害者及家属的手中，对涉及的205人落实工分3298工。

1982年，根据中共无锡县委精神，认真学习贯彻《全国农村工作会议纪要》，在全社443个生产队全面推行农村家庭联产承包责任制，实施“人分口粮田、劳分责任田、猪分饲料田”。5月，率先在全省创办基层党校。党委利用党校阵地，以面向基层，服务党员为宗旨，组织党员进行培训，学理论、学党章，进行形势、政策、法律、道德等教育。

1983年2月，撤社建乡，建立中共硕放乡委员会。未建立党支部的乡直属单位也陆续建立党支部，全乡共有党支部51个。

1984年起，乡党委在完善和稳定农业生产责任制的基础上，积极推广土地适度规模经营，农田向种田大户集中。大力发展乡镇工业，全面发展多种经营，加快农业产业结构调整，促进商品经济发展。

1987年至1989年，全乡学习贯彻《中共中央关于社会主义精神文明建设指导方针的决议》，加强精神文明建设。继续深化农村经济体制改革，加快经济建设步伐。其间，乡党校被中共江苏省委授予“江苏省先进基层党校”荣誉称号。

1989年至1991年，全乡组织党员干部认真学习中共四项基本原则（坚持社会主义道路；坚持人民民主专政；坚持共产党的领导；坚持马列主义、毛泽东思想），深入开展反对资产阶级自由化的教育活动，坚定社会主义信念。1991年6月，全乡遭受百年不遇的特大洪涝灾害。乡党委带领全乡人民全力以赴，投入抗洪救灾斗争，大大降低灾害所造成

的损失。

1992年至1993年，全乡全面贯彻落实中共十四大精神，以邓小平南方谈话为指针，乡党委组织党员、干部学习中共党史、党建理论，继续抓好中共基本路线教育、民主法制建设，注重精神文明和物质文明同步发展。1993年4月，撤乡建镇，建立中共硕放镇委员会。

1994年至2002年，在全镇党员干部中广泛开展学习邓小平理论，进行“三个代表”重要思想教育，切实加强社会主义精神文明建设教育，深入开展讲学习、讲政治、讲正气的“三讲”活动。其间，以经济建设为中心，全镇逐步实行镇、村集体企业转制，成立有限责任公司、股份制企业和私营企业，形成多种经济成分并存、共同协调发展的新格局。

2002年至2005年，坚持以邓小平理论和“三个代表”重要思想为指导，全面建设小康社会。在党员中广泛开展学习邓小平理论，进行“三个代表”重要思想的教育。其间，全镇各单位围绕镇党委出台的《2002年全镇党的建设、精神文明建设工作意见》文件精神，扎实开展保持共产党员先进性教育活动。

1976—2006年硕放镇(公社、乡)委员会负责人任职表

表 21-7

（一）中共硕放人民公社委员会（1976年10月—1983年5月）

职　务	姓　名	任　职　期　限
书　记	张瑞和	1976.10—1978.12
	蔡光军	1979.1—1980.2
	王守纪	1980.3—1983.5
副书记	盛　宪	1976.10—1978.10
	黄美金	1976.10—1981.10
	何学明	1976.10—1980.3
	高福泉	1976.10—1980.3
	张秋明	1977.9—1983.5
	周锡忠	1977.9—1981.4
	陆士近	1978.10—1983.5
	王守纪	1979.9—1980.3
	蔡龙兴	1980.3—1983.4
	邹水泉	1981.10—1983.4

（二）中共硕放乡委员会（1983年5月—1993年4月）

职　务	姓　名	任　职　期　限
书　记	王守纪	1983.5—1984.7
	邹水泉	1984.7—1989.12
	华国舜	1990.1—1993.4

续表 21-7

职　务	姓　名	任　职　期　限
副书记	邹水泉	1983.4—1983.5 1984.2—1984.7
	陆士近	1983.5—1985.10
	惠根福	1983.5—1986.12
	陆兴元	1984.11—1988.12
	许嘉模	1986.11—1988.3
	周锡昌	1986.11—1993.4
	邹建平	1988—1993.4
	袁玉良	1990.3—1992.12
	唐雨旭	1992—1993.4
	倪南炎	1992—1993.4
	惠建良	1992—1993.4

（三）中共硕放镇委员会（1993年4月—2006年4月）

职　务	姓　名	任　职　期　限
书　记	华国舜	1993.4—1994.8
	张永良	1994.9—1998.7
	谢建初	1998.8—2001.1
	沈雪芳	2001.1—2006.4
副书记	唐雨旭	1993.4—1994.3
	惠建良	1993.4—1995.12
	倪南炎	1993.4—1998.8
	邹建平	1993.4—1998.8
	万家福	1994.3—1997.2
	沈雪芳	1996.12—2001.1
	季荣坤	1998.8—2001.2
	唐建华	1998.11—2001.3
	杨建声	2001.2—2004.1
	华雨辰	2001.2—2002.3
	曹定良	2001.11—2006.4
	龚伯云	2002.3—2003.10
	曹建兴	2003.10—2006.4
	陆毅刚	2004—2006.4

2006年2月，撤镇建街道，建立中共无锡市新区硕放街道工作委员会。街道成立以后，根据胡锦涛总书记在第十届中国人民政治协商会议第四次会议的民盟、民进联组会上发表的“关于树立社会主义荣辱观”的讲话精神，街道党工委制定《关于组织开展学习树立和实践社会主义荣辱观活动的意见》，在党员干部中开展廉政警示教育，同时组织党员干部学习中共十六届六中全会精神，围绕“塑形象、创和谐、促发展”主题开展活动。对党员进行轮训，组建党课教育报告团、宣讲团到基层开展宣讲活动，发挥党校主阵地作用。

2006—2013年硕放街道党工委历任领导任职表

表 21-8

职　务	姓　名	任　职　期　限
书　记	曹建兴	2006.5—2012.11
	周兴荣	2012.11—
副书记	陆毅刚	2006.5—2007.8
	陈志高	2006.6—2013.5
	钟晓栋	2007.4—2009.3
	周兴荣	2009.3—2012.11
	吴治军	2013.5—

2007年1月，建立中共无锡空港产业园区工作委员会。成立以后，空港产业园区党工委在党员干部中开展“建新空港，创新业绩，树新形象”为主题的教育实践活动，以改革创新精神，全面加强党的建设。2009年1月，中共无锡空港产业园区工作委员会、中共无锡市新区硕放街道工作委员会主办的《新空港·新硕放》报刊出版。旨在立足空港产业园区精神文明建设，及时报道园区经济社会发展的热点新闻，关注百姓生活，丰富群众文化，普及法律知识。2012年，空港产业园区党工委编制《权力内控机制建设基本规范手册》。2013年，出台《空港产业园区作风效能建设责任追究暂行办法》，在园区基层党组织和党员中开展学习中共十八大精神及党的基本理论知识教育和牢记廉政建设的“八项规定”等专题教育活动，切实增强广大党员干部的作风效能建设的责任感、紧迫感，牢固树立政治意识、大局意识和责任意识。

2007—2013年空港产业园区党工委历任领导任职表

表 21-9

职　务	姓　名	任　职　期　限
书　记	高　敏	2007.1—2008.4
	李建秋	2008.4—2012.10
	沈雪芳	2012.10—
副书记	张建华	2007.1—2008.4
	曹建兴	2013.4—
委　员	曹建兴	2007.4—2013.3
	王建南	2007.4—2009.10
	汪群峰	2007.4—2013.12
	夏　阳	2007.4—2009.10
	闾东影	2013.5—

第二节　地方党员代表大会

一、中共硕放乡第一次党员代表大会

中共硕放乡第一次党员代表大会于1957年11月22日召开。会议听取并讨论中共硕放乡前总支委员会一年的工作情况报告，通过党委工作的决议。大会选举产生由5名委员组成的中共硕放乡委员会，邹炳欣为党委书记，华寿康为副书记。同时选举产生监察委员会，书记由华寿康兼任。

二、中共硕放人民公社第二次党员代表大会

中共硕放人民公社第二次党员代表大会于1959年2月21日至22日召开，会议听取并讨论通过上届党委会的工作报告，讨论确定1959年的各项生产指标和工作任务。选举产生第二届中共硕放人民公社委员会、监察委员和出席无锡县党代会的代表。邹炳欣为书记，华寿康为副书记。

三、中共硕放人民公社第三次党员代表大会

中共硕放人民公社第三次党员代表大会于1960年5月24日召开，出席代表62人，会议听取并讨论上届委员会关于工作总结和新一届工作任务的报告。选举产生由11人组成的第三届中共硕放人民公社委员会。陈学桂为书记，华寿康、陈荣金为副书记。

四、中共硕放人民公社第四次党员代表大会

中共硕放人民公社第四次党员代表大会于1961年5月20日召开，出席代表92人，会议听取并讨论上届委员会所作的工作报告，通过新一届工作决议。选举产生由15人组成的第四届中共硕放人民公社委员会。黄瑞良为书记，华寿康、陈荣金、杨华生、张有道为副书记。

五、中共硕放人民公社第五次党员代表大会

中共硕放人民公社第五次党员代表大会于1970年9月29日召开，大会由中共硕放人民公社党的核心小组筹备并主持。大会选举李一生、陈璧显、盛宪、朱耀祖、叶胜和、高福泉、谢秀娟（女）、徐宝根、黄美金（女）9人组成第五届中共硕放人民公社委员会。李一生为书记，陈璧显、盛宪为副书记。

六、中共硕放乡第六次党员代表大会

中共硕放乡第六次党员代表大会于1983年5月16日召开，会议时间2天，出席正式代表137人，列席代表20人。会议听取并讨论通过上届党委所作的《加强党的领导，为我乡农业经济全面振兴而奋斗》的工作报告。大会选举王守纪、陆士近、惠根福、周锡昌、周盘均、徐大勇、邹水泉7人组成第六届中共硕放乡委员会，王守纪为书记，陆士近、惠根福为副书记。

七、中共硕放乡第七次党员代表大会

中共硕放乡第七次党员代表大会于1986年12月25日在乡党校召开，出席正式代表144人，列席代表50人。邹水泉代表乡党委作《坚持改革，不断创新，扎扎实实抓好两个文明

建设》的工作报告。大会选举邹水泉、陆兴元、许嘉模、周锡昌、方纪根、邹志良、张忠根、袁玉良、徐大勇9人组成的第七届中共硕放乡委员会，邹水泉为书记，陆兴元、许嘉模、周锡昌为副书记。

八、中共硕放乡第八次党员代表大会

中共硕放乡第八次党员代表大会于1990年3月12日在乡党校召开，出席正式代表123人，列席代表47人。华国舜代表乡党委作《聚精会神抓好党的建设，为夺取两个文明建设新胜利而奋斗》的工作报告，会议通过相应的决议。大会选举华国舜、袁玉良、周锡昌、邹建平、徐大勇、方纪根、邹志良、张忠根、唐建华9人组成的第八届中共硕放乡委员会，华国舜为书记，袁玉良、周锡昌、邹建平为副书记。

九、中共硕放乡第九次党员代表大会

中共硕放乡第九次党员代表大会于1993年2月12至13日在乡党校召开，出席正式代表125人，列席代表51人。华国舜代表乡党委作《以经济建设为中心，切实加强党的领导，为夺取两个文明建设新胜利而努力奋斗》的工作报告。大会选举华国舜、唐雨旭、倪南炎、邹建平、惠建良、邹明南、邹志良、方纪根、薛祖荣、唐建华、张忠根、黄锡伦12人组成的第九届中共硕放乡委员会，华国舜为书记，唐雨旭、倪南炎、邹建平、惠建良为副书记。同时选举倪南炎、邹志良、邹明南、徐文明4人组成中共硕放乡纪律检查委员会，倪南炎为书记，邹志良为副书记。

十、中共硕放镇第十次党员代表大会

中共硕放镇第十次党员代表大会于1996年4月28至29日在镇党校召开，出席正式代表126人，列席代表28人。张永良代表镇党委作《以经济建设为中心，切实加强党的建设，奋力推进全镇两个文明建设再上新台阶》的工作报告。代表们审议镇党委工作报告、纪律检查委员会报告及党费收缴和使用情况报告，讨论行政村、镇办厂党组织建设三年规划（草案）。大会选举张永良、万家福、倪南炎、邹建平、邹明南、吴全林、张道康、张忠根、杨建声、唐建华、邹志良、金石平、黄锡伦、沈雪芳14人组成第十届中共硕放镇委员会，张永良为书记，万家福、倪南炎、邹建平为副书记。同时选举倪南炎、吴全林、邹明南、郑忠林、林其昌5人组成中共硕放镇纪律检查委员会，倪南炎为书记，吴全林为副书记。

十一、中共硕放镇第十一次党员代表大会

中共硕放镇第十一次党员代表大会于1999年5月13至14日在镇党校召开，出席正式代表123人，列席代表16人。谢建初代表镇党委作《求真务实，开拓进取，全面开创跨世纪发展新局面》工作报告。代表们审议镇党委工作报告、镇纪委工作报告和《1999—2001年基层党组织建设三年规划（草案）》。大会选举谢建初、沈雪芳、季荣坤、唐建华、杨建声、张忠根、程海根、陆琴英（女）、邹明南、张道康、曹定良11人组成第十一届中共硕放镇委员会，谢建初为书记，沈雪芳、季荣坤、唐建华为副书记。同时选举邹明南、曹定良、钱凤泉、朱晓晓、黄益明5人组成中共硕放镇纪律检查委员会，邹明南为书记。

十二、中共硕放镇第十二次党员代表大会

中共硕放镇第十二次党员代表大会于2002年5月28至29日在镇党校召开，出席正式代表109人（其中非公有制企业党员代表10人），列席代表13人。沈雪芳代表镇党委作《坚持实践“三个代表”重要思想，为加快富民强镇，率先基本实现现代化而努力奋斗》的工作报告。杨建声代表镇纪委作《实践“三个代表”，履行纪律检查职能，努力开创纪律检查工作新局面》的纪检工作报告。到会代表听取和审议中共硕放镇第十一届委员会的工作报告和中共硕放镇纪律检查委员会的工作报告。大会选举沈雪芳、龚伯云、杨建声、曹定良、张忠根、周捷、陆毅刚、杜旎、刘家桂、曹建兴10人组建成第十二届中共硕放镇委员会，沈雪芳为书记，龚伯云、杨建声、曹定良为副书记。同时选举杨建声、黄益明、朱晓晓、钱凤泉、郑忠林5人组成中共硕放镇纪律检查委员会，杨建声为书记，黄益明为副书记。

自2006年2月撤镇成立街道起，建立中共无锡市新区硕放街道工作委员会，根据上级规定，不属于一级地方党委机构，不再召开党员代表大会。

第三节　党务工作

一、思想建设

1.党员教育

1957年11月，中共硕放乡委员会利用每年冬季举办学习班（冬训），对党员进行社会主义和共产主义理想教育、无产阶级专政理论教育、党的基本知识教育、时事形势和党的路线方针政策的教育。1971年10月起，开展揭批林彪反革命集团罪行运动。1976年粉碎江青反革命集团后，进一步肃清极左思想的影响，展开“实践是检验真理的唯一标准”的大讨论，端正思想路线，把中共工作重点转移到以经济建设为中心的轨道上来。1982年5月，公社党委在小农场（知青点）建办党校和干部学校，培训党员和干部，进行党性、党风、党纪和党的基本知识教育。每年年初制订培训计划，由党校按计划实施。同时各党支部建立健全“三会一课”（支部委员会、支部大会、党小组会、党课）、“四簿一册”（党的活动记载簿、党的组织生活记载簿、党费缴纳记载簿、党员好人好事记载簿和党员花名册）制度，并每年年终组织检查、评比，使党的活动正常化、制度化、规范化。1983年至1986年，着重加强对党员进行思想作风、组织纪律、形势、民主法制、更新观念等的教育。全乡党员分两批进行整党，组织学习《中共中央关于整党的决定》《中国共产党章程》《关于党内政治生活的若干准则》等重要文件，进行理想宗旨、党风党纪、党员标准等方面的教育，全乡各党支部组织党员

党员先进性教育工作会议

开展批评与自我批评，进行党员自查自评、组织考核登记，经中共无锡县委组织部门验收全部合格。1987年至1989年，对党员进行“一个中心，两个基本点”的党的基本路线教育，教育党员坚持以经济建设为中心，坚持改革开放，坚持四项基本原则，反对资产阶级自由化，坚定不移地走中国特色社会主义道路。教育党员为改革建功立业，为党的形象增光添彩。1990年至1991年，开展党的基本路线教育、形势任务教育和社会主义思想教育。每年开展对党支部（总支）、党务委员（政工员）、党员三个目标的百分考核，开展两年一度的民主评议党员活动，并作为党内争先创优的依据。1992年至1995年，党员教育的重点放在学习中国共产党第十四次全国代表大会精神，关于建设中国特色社会主义理论和邓小平南方谈话，学习中共党的十四大通过的新党章。在党员干部中开展学理论、学党章的“双学”运动，在全体共产党员中开展“学雷锋，见行动；增光彩，树形象”活动。1995年镇党委制定《硕放镇基层党组织建设三年规划》。1996年至1998年，利用党校阵地，结合党员冬训，组织全体党员学习中共十五届一中、二中、三中全会精神，全面落实《中共中央关于农业和农村若干重大问题的决定》，贯彻党在农村的各项方针政策，保持农村改革、发展、稳定。在党员干部中开展讲学习、讲政治、讲正气的“三讲”活动。同时，在全镇广泛开展学习孔繁森先进事迹活动。组织党员学习新《中国共产党章程》，教育党员，弘扬先进，保持中国共产党员的纯洁性和先进性。1997年2月，根据中共江苏省委组织部统一部署，开展民主评议党员工作，集中对广大党员进行新时期共产党员标准的再教育。1999年至2001年，学习中共十五届三中、四中全会精神，在全体党员中进行加快经济发展教育，思想作风建设教育，精神文明建设教育和党的宗旨、政策、法制教育，开展“致富思源、富而思进”的双思教育活动。2002年至2005年，在党员干部中认真组织学习邓小平理论、“三个代表”重要思想和中共十六大精神，举办学习新《中国共产党章程》培训班。紧紧围绕“二次创业”总目标，教育党员干部“带头创业，带头创新，带头致富”，为全面建设小康社会，实现党委提出的“富民强镇”总目标而努力奋斗。2006年，按照中央统一部署，深入开展保持共产党员先进性教育活动。学习《中共中央关于构建社会主义和谐社会若干重大问题的决定》和学习贯彻“八荣八耻”要求，坚持科学发展、率先发展、和谐发展，提高党员干部的执政能力和构建和谐社会的能力，教育党员做实践党的宗旨的模范。2008年，全街道建立22个党员远程教育站点，对党员干部进行廉政教育培训。2009年，空港产业园区党工委开展“建新空港，创新业绩，树新形象”的主题教育活动。2010年，学习中共十七届四中、五中、六中全会精神，在基层党组织和党员中开展“创先争优”活动，落实科学发展观，切实提高基层党组织和党员干部的创造力、凝聚力和战斗力，教育广大党员永葆共产党员的先进性。2012年，学习贯彻中共十八大精神，全面准确把握精神实质。在党员中进行党的基本理论知识教育，推动各项工作的落实。2013年，根据中央“八项规定”，结合空港产业园区实际，空港产业园区党工委制定《关于进一步加强和改进园区党员干部作风建设的意见》。党员干部围绕园区党工委提出的“正视现实，敢于担当，面向未来，再创辉煌”发展理念进行大讨论，开展“选择道路坚定不移，圆梦中国坚定不移”“筑牢思想防线，反腐倡廉”“牢记‘八项规定’，重在行动”等专题教育活动。加强党风廉政建设和内控机制建设，从制度上加强和改善对党员干部的监督管理，立足教育，从源头上预防和治理腐败。

2.教育基地

硕放党校是党员教育、干部培训的重要基地。1982年5月，公社党委在望仙桥旁小农场（知青点）创办江苏省第一个乡镇级基层党校。随着硕放行政区划的调整，硕放党校先后由公社党校更名为乡党校、镇党校和街道党校。1992年，党校易地新建，坐落于政通路18号。建校三十多年来，党校围绕党的中心工作，以全街道（公社、乡、镇）党员、干部和各类业务骨干为对象；以政治理论、党建知识、法律法规知识和其他业务知识为内容；以面向基层，服务党员为宗旨；以理论武器增强党性，提高本领为目的，自觉开展各种教学实践活动，取得显著成效。

1982年党校旧址

党校在办学实践中，始终坚持正确的办学方向，做到因地制宜、因时制宜，积极探索适应形势发展要求、符合农村基层特点、满足广大党员干部需求的办学之路，秉承“普及中提高，创新中发展”的思路，做到“阵地不丢、队伍不散、建设不止、活动不断”，党校阵地硬件、软件建设渐入佳境。党校创办的当年，公社党委在党校分批举办党员培训班，培训党员1033人，培训内容为学习中共十二大文件，开展党性、党风、党纪和党的基本知识教育。1983年初，硕放乡党委出台“两个必须”的规定，即入党积极分子必须参加党校培训，学习党章等党的基本知识后才能发展入党；中青年后备干部必须进入党校参加系统培训才能提拔录用。党校坚定不移遵循“姓党、属基、像校”的办学宗旨，坚定不移践行“围绕中心、服务大局、面向基层、服务党员”的办学理念。坚持做到“三个不动摇”（坚持主动“抢抓发展机遇，高举红旗”不动摇；坚持践行“干什么学什么，缺什么补什么”不动摇；坚持“阵地不丢、队伍不散、投入不减、办学不断”不动摇），使党校成为“两种对象”的集结地（在职党员干部理论武装、党性锻炼的集结地；广大青年干部大学生村官增智扩能、提高本领的集结地）。中共十八大后，党校深入持久

1992年党校新址

硕放乡中青年骨干培训合影

地开展“学习先进·实干圆梦”主题活动，通过邀请各类专家、教授现场解读和先进榜样现身说法等手段，解读政治理论、宣讲英雄模范事迹、学习管理经验、领会上级要求等，使党员领导干部在新的历史条件下的执政服务能力、政治理论素养、分析解决实际问题的水平和广大党员参与经济建设及社会事业的热情得到显著提高。党校始终遵循“攀高争先、求实创新”的宗旨，坚定“作为决定地位”的理念，省、市各级组织多次来校进行专题调研，党校多次在相关现场会上交流办学经验。至2013年，全国各省、市及本省各市、区宣传党建部门先后来校横向交流的团队达20批次之多。自创办至2013年，共举办各类培训班578期，参训对象达56198人次，经党校培训走上领导干部岗位的干部415人次，为全街道各项事业的健康发展发挥积极作用。先后举办政治、党建、理论培训班共248期，占各类培训班总数的42.8%；经济管理知识培训班128期，占各类培训班总数的22.2%；业务知识、技能培训班共94期，占各类培训班总数的16.3%；财政讲座42场，占各类培训班总数的7.16%；学历证书、专业知识培训班共66期，占各类培训班总数的11.54%。参训人员有党员干部共32792人次，占参加培训总人次的58.35%；后备干部、入党积极分子共8716人次，占参加培训总人次的15.51%；各类业务、技术骨干共14690人次，占参加培训总人次的26.14%。党校已成为广大党员、干部加强理论武装，增强党性锻炼，提升能力素质的主渠道、主阵地。

至2013年，党校先后7次获“江苏省先进、红旗基层党校”荣誉称号（三年评审一次）；11次蝉联“无锡市先进、红旗基层党校”荣誉称号（其中两度获“无锡市基层党校”“创新工作示范点”荣誉称号）；10多次获区（县）级表彰奖励。

1983—2011年硕放街道（镇、乡）党校荣誉情况一览表

表21-10

年　　度	荣誉名称	年　　度	荣誉名称
1987—1989	江苏省先进基层党校	1999—2001	无锡市红旗基层党校
1990—1992	江苏省先进基层党校	2002—2003	无锡市基层党校创新工作示范点
1993—1994	江苏省红旗基层党校	2004—2006	无锡市基层党校创新工作示范点
1995—1997	江苏省红旗基层党校	2007—2011	无锡市红旗基层党校
1998—2000	江苏省红旗基层党校	1985—1986	无锡县合格党校
2001—2003	江苏省红旗基层党校	1987—1988	无锡县先进党校
2004—2007	江苏省红旗基层党校	1989—1990	无锡县先进乡镇党校
1983—1985	无锡市先进基层党校	1990—1992	无锡县一级党校
1986—1988	无锡市先进基层党校	1977	无锡县“双学”活动先进单位
1989—1991	无锡市先进基层党校	1988、1991	无锡县文明单位
1992—1993	无锡市先进基层党校	1999	江苏省党员电化教育先进单位
1993—1994	无锡市先进基层党校	1999	无锡市单位庭院绿化达标单位
1995—1996	无锡市红旗基层党校	2007	无锡市党员教育成果图片展一等奖
1997—1998	无锡市红旗基层党校	2010	无锡新区社区教育工作先进单位

硕放党校部分荣誉成果

二、组织建设

1.支部建设和党员发展

民国16年（1927年）8月，中共党员堵一、马定柏等在薛典一带从事革命活动。民国19年（1930年），中共党员张伟（薛永辉）在小章家桥小学任校长，“九一八”事变发生后从事宣传抗日救亡运动。全民族抗日战争期间，境内先后建立施方园、溇上、薛典、金家里党支部，一批批进步青年加入党组织，其中观泗乡柘树园村王中一、墙门镇杨更上杨汉英、杨继贤，小店巷杨华生、梅家里钱仁达等先后入党。在反“清乡”斗争中，共发展党员34人，按照中共无锡县委关于甲、乙两条战线活动（半公开和秘密活动）的指示精神，在境内开展革命活动。至民国33年（1944年）底，境内已有党员49人，使党的组织得到发展壮大。解放战争时期，民国34年（1945年）中共梅南区委秘密党组织负责人周二男领导留守党员，在境内坚持地下革命斗争，发展党员。民国35年（1946年）冬，由于种种原因，境内有29名党员一度与党组织失去联系。民国37年（1948年）至民国38年（1949年9月30日止）3月，先后发展党员13人。民国37年（1948年）11月，苏锡工委指派唐云清和吕炳南在境内恢复党组织关系，奚毛根、杨大本、邹良根等9名党员恢复党组织关系。民国38年（1949年）5月，建立墙门、薛典两个党支部，周柏生、蔡阿巧、蔡士贤等7名党员恢复党组织关系，两个党支部共有党员31人。

中华人民共和国成立后，各级党组织结合中共中心工作，将出身成分好、思想觉悟高的乡村干部和涌现出来的青年积极分子吸收入党。1957年以后，发展对象重点为贫下中农，同时吸收机关、文教卫生、工交财贸等各条战线上的积极分子入党。1971年，发展党员20人，全社共有党员562人。中共十一届三中全会后，根据积极慎重的方针，在优秀知识分子和工交财贸第一线的中青年骨干、有文化的青年农民中发展党员。

1971年至2013年，党组织不断吸收新鲜血液，壮大党的队伍，党员队伍结构逐渐趋向年轻化、知识化，女性党员比例上升，其间共发展党员1244人。如1996年，全镇发展新党员60人。其中，女性党员31人，占51.7%，男性党员29人，占48.3%；25岁以下3人，占5%，26岁至35岁34人，占56.7%，35岁以上23人，占38.3%；大专及以上学历12人，占20%，中专、高中、初中学历44人，占73.3%，小学学历4人，占6.7%。至2013年，全街道有党（总）支部60个，共有党员2368人，其中女性党员571人。党员中汉族2364人，少数民族4人；35岁以下的566人，36—59岁的933人，60岁以上的869人；研究生31人，大学本科、专科共

728人，中专、中技、高中共580人，初中及以下1029人；企业、事业、机关、村（居）社区人员1028人，离退休人员950人，自由职业和个体劳动者390人。年龄最大的党员是大墙门村党支部的姚阿弟（98岁），党龄最长的党员是硕放街道离退休党支部的李扣林（65年党龄），入党年龄最小的党员是硕放街道居民委员会党支部的严进兴（18岁入党），超过50年党龄的党员有197人。

1971—1992年硕放乡（公社）党员情况一览表

表 21-11　　单位：人

年份	党员数		合计	其中		新发展党员
	正式	预备		男	女	
1971	562	—	562	503	59	20
1972	574	—	574	505	69	37
1973	611	3	614	543	71	22
1974	654	—	654	583	71	38
1975	718	—	718	640	78	32
1976	785	—	785	697	88	35
1977	799	20	821	732	89	24
1978	850	—	850	765	85	28
1979	839	51	890	809	81	27
1980	914	39	953	867	86	31
1981	964	41	1005	913	92	14
1982	1004	29	1033	—	—	14
1983	1028	25	1053	—	—	14
1984	1044	34	1078	—	—	17
1985	1060	31	1091	990	101	28
1986	1070	44	1114	1010	104	39
1987	1111	43	1154	1050	104	26
1988	1141	40	1181	1075	106	32
1989	1164	28	1192	1082	110	10
1990	1189	24	1213	1103	110	17
1991	1215	37	1252	1139	113	31
1992	1243	42	1285	1167	118	23

1993—2000年硕放镇新发展党员情况一览表

表 21-12　　单位：人

项目	类别	1993年	1994年	1995年	1996年	1997年	1998年	1999年	2000年
总　计		51	41	38	60	47	38	42	28
性别	男	46	37	34	29	34	26	35	14
	女	5	4	4	31	13	12	7	14
民族	汉　族	51	41	38	60	47	38	42	28
	少数民族	—	—	—	—	—	—	—	—

续表 21-12

项目	类别	1993年	1994年	1995年	1996年	1997年	1998年	1999年	2000年
年龄	25岁以下	1	5	1	3	5	5	3	4
	26—35岁	15	13	18	34	29	15	17	12
	36—45岁	31	21	12	17	11	12	19	9
	46—55岁	4	2	7	6	2	6	3	3
	56—60岁	—	—	—	—	—	—	—	—
	61岁以上	—	—	—	—	—	—	—	—
职业	工　人	—	—	—	3	—	—	2	—
	营业员、服务员	2	—	—	—	—	—	1	—
	机关干部	2	6	6	8	5	1	2	1
	国有集体、企业管理人员	3	—	—	—	2	1	2	2
	国有集体、企业专技人员	—	—	—	—	7	7	3	2
	其他职工	—	5	—	1	2	—	—	—
	农牧渔民	9	11	8	9	7	11	11	16
	乡镇企业劳动者	30	19	24	36	22	16	21	6
	其他职业	5	—	—	3	2	2	—	1
学历	研究生	—	—	—	—	—	—	—	—
	大学本科、专科	6	6	6	12	7	6	6	6
	中　专	3	5	3	4	7	6	5	3
	高　中	17	11	12	15	14	7	12	12
	初　中	22	17	17	25	19	18	18	7
	小　学	3	2	—	4	—	1	1	—
	文　盲	—	—	—	—	—	—	—	—

2001—2013年硕放街道（镇）新发展党员情况一览表

表 21-13　　单位：人

年份	总数	女	年龄			学历					在岗职工		农牧渔民	其他
			35岁以下	36—59岁	60岁及以上	本科以上	大专	中专	高中	初中及以下	工人	管理技术人员		
2001	35	10	18	17	—	1	6	6	11	11	—	26	5	4
2002	24	3	16	8	—	1	6	1	6	10	—	20	2	2
2003	32	9	16	16	—	2	2	6	10	12	—	18	14	—
2004	23	10	14	9	—	—	11	2	6	4	—	16	7	—
2005	27	6	14	13	—	3	4	7	7	6	—	20	7	—
2006	14	4	11	3	—	4	3	3	2	2	—	9	—	5
2007	22	7	12	10	—	1	8	6	7	—	—	20	—	2
2008	12	3	7	5	—	4	2	—	3	3	—	12	—	—
2009	28	12	19	9	—	5	11	4	6	2	—	21	—	7
2010	22	11	12	10	—	6	6	3	7	—	—	9	—	13
2011	25	9	18	7	—	10	10	1	2	2	5	13	—	7
2012	36	16	27	9	—	20	7	3	3	3	1	26	—	9
2013	40	15	19	21	—	7	14	6	8	5	4	30	—	6

1971—2000年硕放镇（乡、公社）党组织情况统计表

表 21-14

年份	党（总）支部个数（个）					党员人数（人）
	工业	农业	市镇	其他	合计	
1971	1	23	8	—	32	562
1972	1	23	8	—	32	574
1973	2	23	7	—	32	614
1974	6	24	8	—	38	654
1975	7	24	8	—	39	718
1976	8	24	7	—	39	785
1977	10	27	7	—	44	819
1978	9	27	8	—	44	850
1979	10	27	8	—	45	890
1980	12	27	9	—	48	953
1981	9	26	13	—	48	1005
1982	12	28	9	—	49	1033
1983	12	29	10	—	51	1053
1984	13	26	12	—	51	1078
1985	13	27	13	—	53	1091
1986	16	27	15	—	58	1114
1987	15	27	16	—	58	1154
1988	16	27	15	1	59	1181
1989	16	27	14	1	58	1192
1990	16	27	14	1	58	1213
1991	14	27	14	2	57	1252
1992	14	27	14	2	57	1285
1993	10	27	16	2	55	1323
1994	9	27	16	2	54	1376
1995	7	27	16	2	52	1422
1996	13	27	18	2	60	1485
1997	13	27	17	2	59	1530
1998	14	28	12	6	60	1586
1999	13	26	15	3	57	1613
2000	14	28	15	3	60	1612

2001—2013年硕放街道（镇）党组织情况统计表

表 21-15

年份	总数（个）	党委（个）	党总支（个）	党支部（个）	基层支部					党员人数（人）
					企业（个）	事业（个）	机关（个）	村（居）社区（个）	其他（个）	
2001	66	1	5	60	23	5	8	28	2	1675
2002	45	1	4	40	13	5	2	23	2	1723
2003	56	1	5	50	11	7	7	23	8	1758

续表 21-15

年份	总数（个）	党委（个）	党总支（个）	党支部（个）	基层支部					党员人数（人）
					企业（个）	事业（个）	机关（个）	村（居）社区（个）	其他（个）	
2004	54	1	5	48	9	12	4	21	8	1806
2005	55	1	4	50	8	11	3	27	6	1910
2006	54	—	4	50	8	10	2	21	13	1901
2007	63	—	4	59	18	10	2	21	12	1959
2008	63	—	4	59	18	10	2	21	12	2017
2009	60	—	4	56	18	11	4	21	6	2104
2010	52	—	3	49	18	8	5	21	—	2170
2011	57	—	3	54	24	4	6	21	2	2239
2012	60	—	3	57	24	4	6	24	2	2309
2013	60	—	3	57	24	2	6	24	4	2368

说明：2006年2月起，撤销中共硕放镇委员会，建立中共硕放街道工作委员会

2.干部选拔和管理

中华人民共和国成立后，干部管理权限历来有分级分工。20世纪50年代初期，小乡干部由区（县）委组织部、人事局管理。1957年并乡后至1994年，镇（乡、公社）党委成员、正副镇长（乡长、主任、社长）、人大主席团正副主席（办公室主任）等国家工作人员均由中共无锡县委组织部、人事局负责管理。1995年划归新区后，镇（街道）党工委正副书记、委员，办事处正副主任、人大主席团正副主席等领导人员及公务员由无锡市新区组织人事部门负责管理。2007年，建立无锡空港产业园区，党工委、管委会正副书记、委员、正副主任由中共无锡市委组织人事部门管理。街道党工委正副书记、委员，办事处正副主任、人大工委正副主任等领导人员仍由无锡市新区组织人事部门负责管理。

1983年2月起，硕放乡党委对村党支部正副书记、村民委员会正副主任、村农工商联合社社长、实业公司正副经理、村主办会计，乡所属企事业单位（部门）负责人等（由党委发文任命）定为定员干部，并明确由乡党委管理。1993年，镇党委下发《硕放镇干部管理章程》。1998年，镇党委下发《关于加强镇办企业镇管干部管理的意见》。2004年，镇党委又下发《关于加强全镇干部管理的意见》等。这些章程和意见，系统全面地规范了镇、村两级干部（含镇管企业、单位）的管理范围、选用条件、退休保养干部的任职时间、退休年龄、退休费的来源、发放标准、社会保障和社会福利等，使两级干部的提拔、使用、退休保养等有章可循，有利于消除干部的后顾之忧，稳定干部队伍，提高两级干部的工作积极性、主动性和责任心。进入21世纪，为建立一支文化层次高、年龄结构合理的后备干部队伍，实行公开招聘，公开竞岗；采取交流轮岗和竞争上岗的方式，提高选人用人的公信度和透明度，落实分层管理、分类培养和动态培养，完善干部梯队建设。

3.非公企业党组织建设

20世纪90年代末，镇办、村办集体企业改制后全部转为非公企业。镇党委积极探索和完善非公企业党的建设新途径，充分发挥企业在经济发展中的主力军作用。2007年，无锡空港产业园区党工委建立后，十分重视非公企业党组织建设工作，在党群工作处内设立新经济社会组织党工委，具体负责非公企业的党建和管理工作，对有3人以上党员的非公企业，引导和帮助建立党支部。至2013年底，共建立园区非公企业党支部22个。

4.表彰先进

1985年起，围绕党的中心工作，结合当地社会经济发展实际，进行先进党支部、优秀党支部书记和优秀共产党员的评选。先进党组织的评选标准是“五个好”（领导班子好、党员队伍好、工作机制好、工作业绩好、群众反映好）。优秀党支部书记和优秀党员的评选标准是“五带头”（带头学习提高、带头创佳绩、带头服务群众、带头遵纪守法、带头弘扬正气）。党委在每年“七一”建党庆祝大会上，对评选出来的先进党支部、优秀党支部书记和优秀共产党员给予表彰激励。充分发挥基层党组织的战斗堡垒作用和共产党员的先锋模范作用。

1985—2013年（部分年）硕放街道（镇、乡）党组织先进情况一览表

表 21-16

年份	先进党支部（个）	优秀党支部书记（个）	优秀党员（人）
1985	5	5	63
1989	10	9	108
1998	10	10	83
2006	12	10	96
2013	8	5	55

三、宣传工作

民国20年（1931年）“九一八”事变发生后，中共党员张伟（薛永辉）在境内利用小章桥村小学校长身份，从事宣传抗日救亡运动。民国27年（1938年）至民国29年（1940年）夏，中共党员李政、过省哉、徐明等分别在小章家桥小学和河泗桥小学利用教师身份，从事中共抗日主张、抗日前途的宣传，教育组织民众参加革命活动。民国29年（1940年）秋末，中共无锡县委在境内民众中广泛宣传革命真理，并秘密建立“农抗会”“妇抗会”“青抗会”等组织，教育动员民众共同参加抗日，解放战争时期，在中共无锡县委和中共梅南区委领导下开展革命形势教育，宣传农村“三抗”（抗丁、抗租、抗税）斗争的重大意义，使广大民众确立推翻旧中国、建立新中国的信念。

中华人民共和国成立后，境内各级党组织根据各时期党的中心工作和重大方针政策实施开展宣传工作。1950年，重点宣传《中华人民共和国婚姻法》《中华人民共和国土地改革法》。1951年，围绕抗美援朝战争开展宣传工作，动员广大民众捐款捐物，组织发动青年踊跃参军，保家卫国。1953年起，各级党组织都有专人负责宣传工作，使其形式更加多样。1958年，开展社会主义建设总路线、“大跃进”、人民公社化运动的宣传。1961年，先后宣传贯彻中共中央八届九中全会关于对国民经济实行“调整、巩固、充实、提高”的方针和中共中央关于《农村人民公社工作条例（草案）》（六十条）。1963年，开展“向雷锋同志学习”的宣传活动。1966年至1970年，先后开展宣传和学习焦裕禄、王国福等先进事迹活动。1978年12月起，宣传中共十一届三中全会精神，开展“实践是检验真理的唯一标准”的讨论。1981年6月，开展学习《关于建国以来党的若干历史问题的决议》的宣传。1982年9月，宣传中共十二次全国代表大会精神，动员全社人民努力开创现代化建设新局面。1983年以后，深入开展以“五讲四美三热爱”为主要内容的活动，创建文明单位（村）、文明户。1987年起，在干部群众中开展“一个中心，两个基本点”的宣传教育，坚定不移地走中国特色社会主义道路。1992年，开展学习宣传邓小平南方谈话精神，继续深入开展社会主义思想教育活动。1993年至1995年，全镇学习贯彻中共十四大精神，进行社会主义市场经济理论教育，同时开展学习《邓小平文选》活动。1995年，结合抗日战争和世界反法西斯战争胜利50周年，开展爱国主义、集体主义、社会主义的宣传活动。1996年，开展纪念红军长征胜利60周年活动，加强宣传爱国主义、集体主义、革命英雄主义和革命乐观主义教育精神。1997年，学习贯彻中共十五大精神，宣传学习邓小平理论。

硕放镇党员“学理论、学党章”培训班

进入21世纪后，开展“致富思源、富而思进”的“双思”宣传教育活动。2000年9月，举办“任国庆先进事迹报告会”，号召广大党员干部向任国庆学习。2002年，宣传贯彻中共十六大精神，开展学习和实践“三个代表”的活动，镇党委出台《2002年全镇党的建设、精神文明建设工作意见》。2004年，开展学习宣传胡锦涛总书记视察江苏的讲话精神，落实科学发展观。2006年8月17日，中共江苏省委宣传部主办的“全省党课教学观摩交流会”在硕放街道党校召开。2007年，贯彻宣传中共十六届六中全会精神和中共十七大精神。2008年，宣传弘扬奥运精神、抗震救灾精神，激发群众爱国热情，增强凝聚力。2009年1月创办《新空港·新硕放》月刊，打造宣传空港园区发展的窗口，服务居民群众的载体。形成电视、电台、报纸、网络等全方位、立体式宣传，多角度、多层次地宣传硕放，提升硕放整体形象。五年来《新空港·新硕放》积极探索，不断创新，发放范围逐渐扩大，每期印刷量达2万余份，共出版60期，其中特刊3期。2010年，大力推行学习型党组织建设。启动园区“做志愿先锋，建幸福硕放”党员志愿者活动。成立文明礼仪宣讲团，开展“文明礼仪进万家”宣讲活动。2011年，精心制作《空港产业园区2010回眸》画册和空港园区对外宣传片，宣传新空港、新硕放近年来取得的成就，提升对外形象。2012年，围绕“高新区建设二十周年”“新区率先基本实现现代化”“学习十八大，感受新变化”“学习先行，实干圆梦”等主题开展多种形式的宣传教育活动。2013年，组织开展以中共十八届三中全会精神为主题的报告讲座，并创新宣传工作方法，开设“墙门大讲堂”的阵地，组织宣讲志愿者进社区，建立网上交流平台，把宣传贯彻落实中共十八大精神同当地社会事业经济发展紧密联系起来，开展“感动空港·硕放好人”推荐评选等活动，进一步把党员群众的思想统一到中共十八大精神上。凝聚到社会事业建设，园区建设发展中来。2009年至2013年，在省市级媒体刊发空港产业园区（硕放街道）的宣传稿件488篇。

墙门大讲堂活动

四、纪律检查工作

1957年11月22日，中共硕放乡第一次党员代表大会召开，大会选举产生中共硕放乡委员会和监察委员会。由党委副书记华寿康兼任监委书记，负责处理人民来信和检查党纪执行情况。

1960年8月，公社党委在开展的整风整社运动中，规定干部的五不准、五执行、五兑现（五不准：不准打人、骂人、绑人、吊人、抄家；不准扣社员家的口粮；不准随便罚款；不准弄虚作假；不准随便扣工。五执行：坚决执行党的路线方针，坚决执行四同制度，坚决执行统购统销的市场价格政策，坚决执行等价交换原则，坚决执行干部预支钱、粮规定。五兑现：养猪政策兑现、自留地植边政策兑现、劳逸结合和妇女三制保护兑现、三包一奖制兑现、干部补贴兑现）十五项制度。

1964年，公社党委遵照中共无锡县委组监工作会议精神，讨论研究如何发挥基层党支部的集体领导作用和健全党内民主生活等问题，并对全社537名党员进行排队摸底，分别进行教育帮助。做到每个季度对党员进行一次考察了解，年底对党员作一次鉴定。

1970年9月，召开中共硕放公社第五次党员代表大会，选举产生第五届中共硕放公社委员会，党组织活动恢复，党的纪律检查工作由一名党委委员兼管。

1981年，中共硕放公社委员会增设纪律检查委员会。1982年7月，公社纪律检查委员会设立纪律检查办公室，负责查处党纪执行情况。

1993年2月，中共硕放乡第九次党代会选举产生中共硕放乡纪律检查委员会，倪南炎为纪委书记，邹志良为副书记。1996年4月，镇第十次党代会后，纪检工作严格执行中共无锡市委、市政府《关于市级党政机关从严治党、勤政廉政的暂行规定》，认真贯彻“事实清楚、证据确凿、定性准确、处理恰当、手续完备”的方针，切实加强党风廉政建设，转变工作作风，提高办事效率，使纪检工作走上程序化、制度化、规范化的轨道。

1999年5月，在镇第十一次党代会上，邹明南代表镇纪委作了工作报告，代表们审议并通过《1999—2001年基层党组织建设三年规划（草案）》。2002年2月成立镇纪律检查委员会（监察室），为镇党委、政府的职能部门，主要负责党的纪律检查工作和行政监察工作。同年5月，在镇第十二次党代会上，杨建声代表镇纪委作了《实践“三个代表”，履行纪律检查职能，努力开创纪律检查工作新局面》的工作报告。大会选举产生中共硕放镇纪律检查委员会。镇第十二次党代会后，纪检工作把支持改革开放，促进经济发展，维护社会稳定作为纪检工作的基本出发点、着力点和落脚点。结合党风廉政教育月活动，组织开展世界观、人生观、价值观教育和警示性教育。12月，获中共无锡市委、市政府授予的“1999—2002年无锡市纪检监察先进集体”荣誉称号。

2006年以后，街道党工委强化党风廉政建设，在党员干部中开展党纪和国家法律法规教育、党的优良传统、优良作风以及党的宗旨教育。2007年，建立中共无锡空港产业园区工作委员会，设立党群工作处（挂“纪检监察室”牌子），保留中共无锡市新区硕放街道纪律检查工作委员会，成立中共无锡空港产业园区纪律检查工作委员会，夏阳任纪委书记，2013年闾东影任纪委书记。空港产业园区纪工委为贯彻落实《新区2012年权力运行监控机制建设指导意见》文件精神，进一步完善惩防体系和处室部门内控机制建设，促进权力在制度约束下规范、透明、高效运行，编制《权力内控机制建设基本规范手册》。

中共十八大以后，空港产业园区纪工委深入贯彻中央的新要求、新部署，进一步转职能、转方式、转作风，立足于“监督的再监督，检查的再检查”，坚持聚焦园区党风廉政建设和反腐败斗争工作不动摇，从管住作风、权力、钱袋三方面着手，以推进“职能三转”为动力，以强化“讲规矩守纪律”政治意识为主，从严执纪，切实履行纪委监督责任，努力做到守土有责、守土负责、守土尽责。空港产业园区党工委每年年初和各党支部（总支）签订党风廉政建设责任书，建立园区定员干部以上人员的廉政档案。空港产业园区纪工委逐年开展“作风与基层组织年、提升年、突破年、深化年”活动，并印发《空港产业园区作风效能建设责任追究暂行办法》。注重廉政文化建设，打造丽景佳苑第一社区“孝廉文化长廊”和香楠佳苑“风和苑”两个教育基地。在空港园区发展有限公司创建“市级廉政文化示范点”。组建倡廉小分队开展廉政文化进社区活动。园区纪工委强化纪检队伍建设，在无锡八一塑料有限公司等7家非公有制企业党组织中建立纪检组。2013年，又在15个村居、10个社区、以及12家非公有制企业党组织中共建立36个纪检组，每年组织纪检组进行业务培训，实现纪检组织网络的全覆盖，教育党员增强党性、端正党风、反腐倡廉，从源头上预防和治理腐败。

1958年至1982年，硕放人民公社党委纪检部门共查处各类违纪党员56人，其中开除党籍3人、留党察看7人、严重警告21人、警告24人，取消预备党员资格1人。1983年至2013年，境内受党纪、政纪处分的党员有70人。

1983—2013年硕放街道（镇、乡）党员党纪政纪处分情况表

表 21-17　　　　单位：人

年份	受处分总人数	纪律处分					行政处分						取消预备党员资格
		警告	严重警告	撤销党内职务	留党察看	开除党籍	警告	记过	记大过	降级	撤职	开除公职	
1983	7	3	3	—	—	—	—	—	—	—	—	—	1
1984	4	2	1	—	—	1	—	—	—	—	—	—	—
1985	—	—	—	—	—	—	—	—	—	—	—	—	—
1986	5	2	2	—	1	—	—	—	—	—	—	—	—
1987	—	—	—	—	—	—	—	—	—	—	—	—	—
1988	—	—	—	—	—	—	—	—	—	—	—	—	—
1989	3	—	1	1	—	—	—	—	1	—	—	—	—
1990	1	—	1	—	—	—	—	—	—	—	—	—	—
1991	1	—	1	—	—	—	—	—	—	—	—	—	—
1992	2	—	—	—	—	1	—	—	—	—	—	—	1
1993	2	—	—	—	—	2	—	—	—	—	—	—	—
1994	—	—	—	—	—	—	—	—	—	—	—	—	—
1995	2	—	—	—	1	1	—	—	—	—	—	—	—
1996	4	—	—	—	1	2	—	—	1	—	—	—	—
1997	3	—	—	—	1	2	—	—	—	—	—	—	—
1998	3	—	1	—	2	—	—	—	—	—	—	—	—
1999	3	—	—	—	—	2	—	—	—	—	—	1	—
2000	2	—	1	—	1	—	—	—	—	—	—	—	—
2001	2	—	—	—	—	1	—	—	1	—	—	—	—
2002	1	—	—	—	—	1	—	—	—	—	—	—	—
2003	1	—	—	—	—	1	—	—	—	—	—	—	—
2004	1	1	—	—	—	—	—	—	—	—	—	—	—
2005	—	—	—	—	—	—	—	—	—	—	—	—	—
2006	3	—	—	—	—	3	—	—	—	—	—	—	—
2007	2	1	1	—	—	—	—	—	—	—	—	—	—
2008	5	—	1	—	—	3	—	—	—	—	—	1	—
2009	—	—	—	—	—	—	—	—	—	—	—	—	—
2010	2	—	—	—	—	2	—	—	—	—	—	—	—
2011	4	—	1	—	1	2	—	—	—	—	—	—	—
2012	3	1	—	—	—	1	—	—	—	—	—	1	—
2013	4	1	—	—	—	3	—	—	—	—	—	—	—
合 计	70	11	14	1	8	28	—	—	3	—	—	3	2

五、统战工作

中华人民共和国成立后的统战工作，在中共无锡县委的领导下开展。为加强中共基层统战工作，县委在1980年4月和1985年8月先后两次规定，各乡镇统战工作由党委宣传委员兼管或配备统战专职委员。此后，各基层党支部也都明确兼职统战委员，基本形成一支专兼结合、上下贯通的统战干部队伍。乡（镇）相继成立政协小组、侨台联小组、工商联小组，形成较为完善的统战工作网络，开展各项活动。随着改革开放和经济建设及民主政治建设的不断发展，镇、村基层统战工作进一步得到加强，作用日益显现。

20世纪90年代后，党委确立统战工作为经济建设服务理念，发挥统一战线人才智力和海外联系的优势，积极为硕放经济服务。每年中秋节、春节，街道（乡、镇）召开统战对象（侨联侨胞、工商联、无党派人士、少数民族及宗教人士等）代表茶话会，同时开展走访活动，并帮助解决少数民族困难家庭的一些实际问题，营造亲商、助商的投资环境。加强同台湾同胞、港澳同胞、海外侨胞的联系，激发他们爱国、爱家乡的热情。1997年起，中国香港爱国人士钱培荣（硕放籍）为家乡贫苦家庭捐资助学、扶贫帮困。2003年至2005年，马来西亚华裔许明宗总经理慷慨捐赠，为硕放公益事业尽一份心意。

境内有佛教、基督教、天主教三种教派。1978年6月，硕放基督教堂被无锡市宗教局批准为合法宗教活动场所。1989年10月，墙西村唐庄桥佛教点被无锡市宗教局批准为合法宗教活动场所，2009年12月，硕放凝禧寺被无锡市宗教局批准为合法宗教活动场所。2011年，在锦硕苑社区筹建天主教堂，为硕放天主教信众的活动点。2007年后，空港产业园区（硕放街道）通过建立健全各宗教活动场所的规章制度，使宗教活动进一步规范化、制度化、经常化，使宗教信徒有了活动场所，并通过慰问宗教活动点，采取各项安全检查等有效措施保护宗教活动场所合法权益。认真开展“教风建设年”主题活动，积极引导宗教界人士，投入教风建设年、创建和谐寺院的各项活动工作中去，积极开展“宗教慈善周”活动。同时以工商联、侨联等统战性社团为依托，以牵线搭桥、铺路搭台为手段，在非公有制经济代表人士等统战成员中广交朋友，开展以情招商、以商招商，促进硕放招商引资在新的层次、新的领域广泛展开。统战宣传教育面向社会，开展“政协、统战知识竞赛”活动、“统战宣传系列报道”活动等。

1958—2013年硕放街道（镇、乡、公社）机关党群口各部门负责人任职表

表 21-18

部门	时间	职务	姓名
党委办公室	1958—1993	秘 书	王伯泉、赵文骅、叶胜和、葛秉法、蔡友诚、姚嘉炳、许嘉模、唐建华
党政办公室	1994—2013	主 任	陆毅刚、孙　磊、杨晓中（副）、孙建平、黄锡渭
空港园区党政办公室	2007—2013	主 任	宋剑青、高前锋（副）
空港园区党群工作处	2007—2013	处 长	陈志高、吴治军、俞石英（副）
组织办公室	1958—2006	委 员	王福康、高福泉、李俊松、惠根福、周锡昌、徐大勇、邹明南、曹定良、孙　磊、杜　旎
		干 事	邵耀祖、惠　康、吴彩萍
干部人事办公室（政工办）	2007—2013	主 任	吴彩萍（副）

续表 21-18

部门	时间	职务	姓名
纪律检查办公室	1983—2005	委　员	徐大勇、邹志良、邹明南、吴全林、陆毅刚
		干　事	吴彩萍、郑忠林、徐国华
纪律检查工作委员会、纪律检查监察室	2006—2013	书　记	黄益明（副）
		主　任	黄益明、黄锡渭
宣传统战办公室	1965—2006	委　员	李俊松、金仁根、周锡昌、周盘均、方纪根、张道康、赵文斌、杨晓中
		干　事	杨泉元、郑忠林
宣传统战办公室（政工办）	2007—2013	主　任	郑忠林（副）
空港园区宣传统战办公室	2013—	主　任	邹晓华（副）
机关党支部（党总支）	1970—2013	书　记	陈璧显、蔡文渊、高福泉、周锡忠、陆士近、李俊松、惠根福、许嘉模、唐建华、倪南炎、季荣坤、杨建声、曹定良、陈志高
人民武装部	1958—2013	部　长	陆明康、吕　锋、顾如东、钱凤根、盛　宪、吴寿荣、惠根福、张忠根、刘家桂、杨晓中、宋双喜（负责人）
综合治理办公室	1991—2013	主　任	邹明南、丁招根、王　勇
经营管理办公室（资产管理办公室）	1981—2013	主　任	陆士近（兼）、陆兴元、邹建平、邵辅南（副）、徐文明、林其昌（副）、钱凤泉、顾惠康、邹筱琴、邹　焰
工　会	1992—2013	主　席	倪南炎（兼）、丁招根、朱进跃
共青团硕放委员会	1958—2013	书　记	陆明康（兼）、张祖康、孙煜民、周振嘉、王福康（兼）、冯德生、薛祖荣、王惠琴、高福泉（兼）、王云鹤、顾德君、邹桂和、许嘉模、陆琴英、陆　斌、金晓忠、孙　磊、邹晓华、吴唯婷
妇女联合委员会	1959—2013	主　席	盛　珍（副）、杨毓英、王贞英、王福康（兼）、黄美金、高素华、刘雪燕
党　校	1982—2013	专职副校长	顾耀栋、张道康、朱进跃
老龄工作委员会	1987—2013	专职副主任	夏克威、李俊松、邹耀奎、宋双喜

说明：1986年12月成立党委办公室；1994年1月党委办、政府办合并为党政办公室

附：抗日战争、解放战争时期境内发展的共产党员名录

民国29年（1940年）秋至民国30年（1941年）8月

王中一、黄佐达、王大弟、华阿金、朱荣根、朱培兴、黄荣泉

过香宝、黄阿炳、杨汉英、杨继贤、杨华生、钱仁达、张锡根

吕子良、金纪山、钱觉民、陆根宝、张凤山、华宪章、曹友琴

民国30年（1941年）9月至民国33年（1944年）12月

黄阿大、杨龙生、杨应龙、王巧生、杨桂兴、杨文钊、杨增荣
杨大本、唐杏泉、蔡阿巧、李光楣、蔡士贤、蔡根福、毛增福
周才福、吴月甫、陆钟灵、沙阿根、杨廷龙、杨继周、姜三男
朱金寿、王福妹、黄和珍、张宝其、张彩珍、黄寿娣、俞金祥
俞水泉、俞福林、黄德甫、华兴根、黄根泉、凌增宝

民国34年（1945年）1月至11月

吕炳南、张振华、吕晓初、吴勤志、奚毛根、黄伯范、徐大毛
徐增林、周柏生、邹良根、吴全宝、沈和生、周培祥、王阿弟
孙荣生、孙金生、马阿二、马德生、吕祖福、吕振新、华克东
杨彩娥、华如兴、过寿根、钱三弟、黄凤贤、王召生、黄阿弟
朱银寿、黄凤娣、王阿妹、过水兴、黄才根、黄阿兴、黄金初
徐和尚、杨岳九、陶南根、过小兔、周阿桂、黄云亭、王彩娣
杨凤高、蔡福定、黄小弟、过寿荣、过银寿、薛中川、黄定吉

民国37年（1948年）至民国38年（1949年）3月

奚绍中、王金根、王祖高、沈寿根、沈泉根、袁文元、奚巧生
王君鑫、王君铭、王静轩、王廷昌、王天才、王阿凤

第二十二章

民主党派 社会团体

民国15年（1926年），国民党无锡县、市党部发展党员，境内有极少数人参加。直至1949年4月无锡解放，组织解体，国民党停止活动。解放初，境内民主党派均无组织，但也有少数人参与活动。中华人民共和国成立后，经有关部门介绍，才有人参加有关组织并参加活动。

全民族抗日战争爆发后，在中共梅南区委领导下，组织农抗会、青抗会、妇抗会等开展抗日活动。解放战争期间，这些进步社会团体，在中共无锡县委的领导下，开展地方武装斗争和抗丁、抗租、抗税等活动。解放前后，在农民、职工、青少年、妇女、老年、工商和其他成员中成立社会团体，在地方党组织的领导下，积极投入社会主义革命和建设。

第一节　民主党派

中华人民共和国成立前后，境内无民主党派组织，很少有人参加相关活动。至2013年，境内先后有14人经有关部门介绍加入中国国民党革命委员会（简称民革）、中国民主同盟（简称民盟）、中国农工民主党（简称农工党）、中国致公党（简称致公党）等党派组织，直接接受上级组织领导。其中，民革1人（无锡军工智能电气股份有限公司高级工程师孙宝琪）、民盟3人（无锡市硕放中学副校长夏春生和教师朱建平，无锡军工智能电气股份有限公司副经理丁金萍）、农工党4人（无锡鑫连鑫生物医药科技有限公司总经理万里明和部门经理陈小芳，无锡祥生医学影像有限责任公司总经理莫若理，无锡市新景观绿化有限公司总经理杨军）、致公党6人（无锡空港产业园区经发处招商办主任马文龙和服务业办工作人员邹凤华，无锡军工智能电气股份有限公司总经理周鑫诚、副总经理陆春、总经理助理赵俊雯，无锡市恒通医药卫生用品有限公司总经理黄焕斌）。他们积极参加上级民主党派组织的学习文件、参政议政、民意调查、结对帮扶、慈善捐赠等活动。

第二节　社会团体

一、农民团体

1.乡农民协会（简称农会）

民国29年（1940年）7月，中共梅南区委地下党孙殿安来到境内，指导建立农民协会，开展农民运动，成立梅南区金桥乡农民协会，农会主任由张金荣担任，农会总务股长由杨汉英（薛典杨更上人）担任。10月，分别成立观泗乡（农会主任万少云）、薛典乡农民协会（农会主任黄佐达）。在区委的领导下，开展减租减息运动（减租就是减掉农民每年向地主要缴的“租米”，减息就是减掉农民每年向地主要缴的“利米”），重点目标针对当地翁家里、竹桥头、戴家坝三家大地主。按照党的“双减”政策，当地农民按4∶6减租缴租，利息超过借债基数的退回抵押文书。

2.农民抗日救国协会（简称农抗会）

民国30年（1941年）4月，中共梅南区委在薛典乡戴家坝召开梅南区农民抗日救国协会成立大会，黄佐达任区农抗会会长。会后即与戴家坝大地主黄志达进行清算。农抗会的主要任务是领导广大农民对地主减租减息、宣传抗日救国的道理、参加地方政权建设、武装建设、参军支前等工作。组织各界人士参加抗日活动，对敌伪势力起到震慑作用。

3.区、乡、村农民协会（简称农会）

1949年10月，区、乡、村均成立农民协会，设区、乡、村农会主任、副主任。农会配合党的中心工作，发动农民参加土地改革等运动。主要任务是斗地主、富农，没收他们侵占的土地及浮财分给贫下中农。土改结束后，又积极投入互助合作化运动，发展农业生产。

4.贫下中农协会（简称贫协）

1959年5月23日，召开硕放人民公社第一届社员代表大会，大会通过《硕放人民公社整改十项规定》的决议。1963年底，无锡县社会主义教育工作队进驻硕放，开展社会主义教育运动，原来的农民协会改为贫下中农协会，公社、大队设立贫下中农协会，配备贫协主任。1965年10月26日，在墙门镇上召开公社第三届第三次社员代表会议，各大队大队长和生产队长列席参加会议。是年12月14日至21日，召开公社贫下中农代表大会，1289人参加会议，会议选举产生公社贫下中农协会，王福康兼任主席，朱炳兴担任副主席。1968年10月，公社成立“贫代会”，主要任务是组织毛泽东思想宣传队，进驻企事业单位；进驻各中小学，实行贫下中农管理学校。1974年10月，恢复硕放人民公社贫下中农协会。同时召开第三次公社贫下中农代表大会，选举产生新一届贫下中农协会，由贫协委员27人组成，贫协主任由党委副书记蔡文渊兼任。1976年4月，按中共无锡县委组织部要求，进行换届选举，黄美金任公社贫协主任。“文化大革命”结束不久，贫下中农协会撤销。

二、职工团体

1.乡镇级工会

1950年3月，墙门市镇成立店员工会、食品业工会。1951年，墙门区农林水利工会和教育工会先后成立。区农林水利工会下设薛典、塔西、硕放、墙南、后宅5个分会，共有会员200余人。墙门区教育工会下设墙门、新安、观庄、西宅、后宅5个分会。1954年8月，随着行政区划调整，撤销墙门区农林水利工会和区教育工会，所属基层工会划归无锡县农林水利工会和县教育工会直接领导。1953年，墙门区工会成立，区委书记宗兆善兼任工会主席，下设宣传、学习、组织、财务、福利、文体、安全7个委员。工会会员按工资的1%缴纳会费，享受规定福利，会员们在对劳资合作、私营工商业进行社会主义改造，增产节约运动以及改革和发展教育事业等方面发挥积极作用。1973年开始，公社骨干社办企业、供销社、粮管所、医院、学校（小学、中学）、邮电、银信、机电站等单位陆续恢复，建立基层工会组织，各基层工会设正副主任各1人，专人负责工会事务。1982年，全社共有基层工会8个，设50个工会小组，会员482人。会员按工资的0.5%缴纳会费。工会开展为

“四化”立功、合理化建议、技术协作、技术操作比赛等活动。积极协助企业处理劳资关系，稳定职工队伍，开展增产节约运动，办好集体福利和生活设施，建设“职工之家”等。1992年4月，建立乡工会筹建领导小组。是年12月，硕放乡工会宣告成立，设委员8人，乡党委副书记倪南炎兼任主席。1993年，全镇共有基层工会组织18家，其中镇办企业工会10家，市镇单位工会8家，共有工会小组165个，会员3431人。此后，又陆续在镇办企业及市镇单位建立基层工会组织。基层工会组织按照镇工会工作条例，推行职工代表大会制度，参与企业民主管理，围绕党在各时期的中心任务，履行“维护、建设、参与、教育”四项职能，积极开展工会系列活动。随着硕放工业园区的快速发展，2010年，硕放街道组建成立硕放街道总工会和硕放工业园区工会联合会，设委员9人，朱进跃任总工会、联合会主席。总工会下设“女职工委员会”“经费审查委员会”及“劳动争议调解委员会”。至2013年，街道总工会下辖工会联合会1家，企业独立工会103家，共有工会会员39810人，达到工会组织的全覆盖。2007年，硕放总工会被无锡市总工会授予“四有五好”财务竞赛活动先进集体；2011年，被无锡市总工会授予“法制宣传教育”先进集体。

2010年硕放总工会揭牌仪式

2.小学基层工会

20世纪50年代初期，成立墙门区教育工会，下设墙门、新安、观庄、西宅、后宅5个小学基层工会，共有会员60余人。1954年，随行政区划调整，撤销墙门区教育工会，所属基层工会划归无锡县教育工会领导。“文化大革命”后期，硕放中心小学工会恢复组织活动。在实际工作中不断增强教职工的主人翁意识，牢牢抓住素质工程、民主政治建设工程和“帮困互助温暖人”工程建设，积极开展“共建文明校园”活动，注重师德修养教育；开展“青蓝工程”建设，新老教师结对，拜师学艺，持之以恒组织赛课活动，并组织教职员工积极参加各类文体活动，以陶冶职工情操、展示教育才艺；利用寒暑假期，一方面组织全体工会会员参加旅游活动；另一方面开展结对帮扶、走访慰问工作。2013年底，硕放小学基层工会共有会员172人。

3.中学基层工会

1980年9月，成立硕放中学工会，有会员57人。工会组织凝聚全体会员的力量，同心同德，推进教育事业，提升学校品位，热心为民、积极维权、民主参与、科学管理。每年9月，开展“青蓝工程”建设，组织会员参加形式多样的体育文艺活动；与退休教师协会联手，每年组织两次社会实践考察，积极投身“行知农场”实践；开展形式多样的送温暖活动，利用寒暑假走访慰问老教师；组织参与“文明办公室”的创建活动。曾获无锡市“爱生三走进”（走进困难学生群体、走进困难学生家庭、走进社区，为困难学生奉献爱心）

先进集体、“行知式”青年教师先进集体。2013年，工会共有会员137人。

4.硕放卫生院工会

1985年4月，硕放乡卫生院成立工会组织，经民主选举选出9名委员，由朱宝明任工会主席，金建成任工会副主席，分设9个工会小组，有会员192人，其中医疗印刷厂80人、卫生院56人、卫生服装厂56人。卫生院工会成立后，遵照工会法的要求，积极推行以职代会为基本形式的职工民主管理制度，切实落实职工的知情权、参与权、评议权、监督权和决策权。工会组织配合单位的各项中心任务开展工作，对职工进行“三爱”教育，宣传学习普法教育及职业道德教育，维护职工民主权利，开展“三基培训”和专业技术操作比赛等。开设职工活动场所、图书阅览室，搞好集体福利，办托儿所、职工食堂，慰问困难职工等。开展职工喜闻乐见的各项文体活动，同时组织开展职工体检、外出参观、旅游等活动，使职工在活动中受教育、得实惠。2013年共有会员150人。2007年至2008年度，被无锡市新区总工会评为模范基层工会。

1950—2013年职工团体历任负责人一览表

表 22-1

单位名称	历任负责人姓名
小学基层工会	吕相周、王兴林、陈岐南、孙宏庆、顾伯勤、钱红明、毕小伟
中学基层工会	王子琏、过西民、唐建忠、邹东艺、丁爱萍（女）
卫生院工会	朱宝明、朱洪斌、谈家福

三、青少年团体

1.青年抗日委员会（简称青抗会）

民国30年（1941年）4月，中共梅南区委工作队派钱佩芝（女）、徐雅仙（女）到境内开展抗日救国的宣传工作，唱抗日救亡歌曲，演抗日戏，贴抗日标语等。江南抗日游击队转移后，新四军六师师长谭震林带兵进驻梅南区，金桥乡抗日人民自卫队在新四军六师的指挥下开展一系列抗日救国行动。民国30年（1941年）7月，中共梅南区委成立“青抗会”。当时，杨汉英为金桥乡农民抗日自卫队队长。“青抗会”的主要任务是捉拿降敌的奸细，扫除日伪军“清乡扫荡”的耳目，为新四军开辟澄、武、锡抗日基地扫清障碍。抗战胜利后改称“青联会”。

2.中国共产主义青年团（简称共青团）

中华人民共和国成立后，成立中国新民主主义青年团荡口区委员会，各乡设团支部。1949年12月，境内第一个团支部——墙门乡团支部成立，团支部书记王志仁。中华人民共和国成立初期，团员青年积极投入土地改革、抗美援朝、镇压反革命、农业合作化等运动。1957年5月，中国新民主主义青年团改称中国共产主义青年团。是年10月，成立共青团硕放乡总支，书记陆永青，各高级社相应建立团支部，全乡共有团员613人。人民公社成立后，建立共青团硕放人民公社委员会，组织团员青年学习毛主席著作，开展争当“五好青年”（听党的话、立场坚定、宣传执行党的政策好；带头出勤、积极劳动、模范作用好；克服困难、急事难事处理好；爱护公物、维护集体利益好；团结互助、尊重老农、学习技术好）等活动。1963年，全面开展“向雷锋同志学习”活动。1967年3月，共青团委员会由红卫兵团委员会（简称“红团会”）取而代之。1971年1月25日，公社整团建团，组成新一届团委，由高福泉、谢秀娟、王云鹤、万凤德等17人组成共青团硕放人民公社委员会，高福泉兼任书记，谢秀娟、王云鹤、万凤德任副书记。各大队恢复团支部活动。各级团组织先后建立读书小组、业余文艺宣传队、青年突击队、科学实验小组等，在“农业学大寨”运动中，充分发挥团员青年的突击模范作用。是年9月，组成第二届硕放人民公社红卫兵团委员会，共有委员21人，顾德君为红卫兵团团长。1973年，全社共有团支部27个，团员1339人。1976年，取消红卫兵，“红团委”随之消失。1980年10月14日至15日，召开共青团硕放人民公社第七届代表大会，出席代表276人，选举产生15人组成的新一届团委，这次大会贯彻改革精神，充分发扬民主，《中国青年报》刊登公社团代会题为《民主春风吹绽改革花》的专题文章。1981年，共青团江苏省委赠给公社团委14英寸电视机一台。其间，全社团员青年深入进行高产试验和生产能手等科研活动，广泛开展“争当新长征突击手”“为您服务”“学雷锋，树新风”“五讲四美三热爱”等社会活动。20世纪90年代以后，积极开展“希望工程”“献爱心”“手拉手”“争创青年文明号”“争当青年岗位能手”“青年志愿者行动”“青年星火带头人”等活动。“五四”青年节、国庆节及重大庆典活动中，开展征文比赛知识竞赛、演讲比赛等，积极推进团员青年的志愿者活动。2006年后，硕放街道团工委曾获“江苏省五四红旗团委”“江苏省青年志愿服务行动组织奖”等荣誉称号。2012年12月，题为《爱心驿站网站群 时尚公益新势力》的文章，获共青团江苏省委运用新媒体和文化载体引导青年创新案例奖。至2013年，共青团硕放街道委员会下辖49个团支部（含1个二级团委——硕放中学团委），其中社区团支部11个、村居团支部14个、市镇单位团支部7个、企业团支部9个、青年社会组织团支部8个，共有共青团员1792人，其中男829人、女963人。

硕放乡团委出席共青团无锡县第十一届代表大会的全体代表

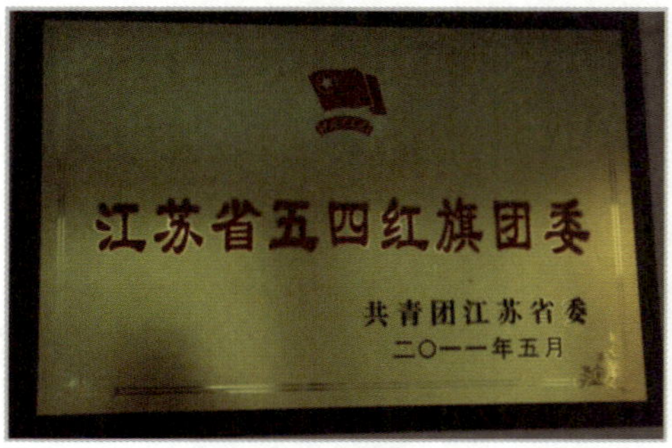

2011年共青团江苏省委授予江苏省五四红旗团委

3.中国少年先锋队（简称少先队）

民国29年（1940年）秋，在中共梅南区委和战地服务团的指导下，境内学校成立儿童团。1950年，共青团中央决定，学校应普遍建立中国少年儿童队，境内小学全部建立少年儿童队。1953年6月，共青团中央决定，中国少年儿童队改称中国少年先锋队。少先队员的标志是佩戴红领巾，红领巾意为红旗的一角。初中、中心小学、完全小学均设少先队大队部，班级及初级小学设中队，中队以下设小队。少先大队、中队设委员会，分别设正副大队长、正副中队长以及大队、中队委员若干。少年先锋队组织受共青团组织的领导。学校行政聘任大队、中队辅导员（老师兼任）。根据需要常年聘请老干部、老党员、老工人、退休教师、现役（或退役）军人、公安干警、司法干部、英模先进、优秀团干部等担任校外辅导员。中心成立辅导区，指导全社的少先队工作。1966年8月下旬，“文化大革命”初期，少先队组织一度被“红小兵”所取代。1978年10月，撤销“红小兵”组织，恢复中国少年先锋队组织。1980年，中国少年先锋队章程规定，5月1日起凡年满6周岁的少年儿童都可以参加少先队，一般在10月13日建队日举行入队仪式，佩戴红领巾，向队旗宣誓。少先队员进入初中后，年满14周岁的应离队。1982年，全社在校儿童4116人，参加少先队组织的有3126人，全社共有少先大队23个、中队108个、小队432个。进入21世纪，城镇化步伐加快，乡村小学全部并入硕放实验小学，辅导区少先队组织随之消亡，实验小学的少先队组织得到扩大。2013年，硕放街道在校儿童4478人全部参加少先队组织，共有少先大队4个、中队94个、小队704个。其中硕放中学初一在校儿童478人全部参加少先队组织，有少先大队1个、中队12个、小队48个；小学（含南星苑小学、希望小学）在校儿童3970人全部参加少先队组织，有少先大队3个、中队82个、小队656个。

少先队在辅导员的组织下接受革命传统和革命英雄主义教育，开展文娱体育活动，参加阅读、征文、书画等比赛。20世纪60年代至70年代，以“学雷锋，争三好”（思想品德好、学习好、身体好）为主要标准。20世纪80年代，以“五讲四美三热爱”为主旋律开展系列活动，教育少年儿童从小立志，听党的话，做共产主义接班人。20世纪90年代，以系列“雏鹰行动”为重点，积极参加力所能及的公益劳动和社会实践，深入开展“手拉手、献爱心”活动，尤其是让少年儿童学会生存，自理自律；学会服务，乐于助人；学会创造，追求真知，提高全面素质。进入21世纪，重点以“四好文明少年”（热爱祖国、理想远大的好少年；勤奋学习、追求上进的好少年；品德优良、团结友爱的好少年；体魄强健、活泼开朗的好少年）为主题，把“培育和践行社会主义核心价值观”“小手拉大手，共创文明城”等主题教育摆进周课课程表。塑造少先队员优良的行为品格，开展“向国旗敬礼，做有道德的人”

少先队员敬老爱老

“青春激扬，梦想飞翔”“伸出你的手，付出你的爱”等各种特色活动。硕放中学赵佳佳在“为梦奋进，你我同行”的演讲比赛中，获无锡市中学组金奖。

硕放中小学历任少先队大队辅导员一览表

表 22-2

学校	时间	辅导员姓名
小学	1950—2013	沈丽芬（女）、吕相周、王瑞璋、支学良、王荷娣（女）、秦昌福、唐和生、朱俊英（女）、吴天福、龚若芳（女）、陆　刚、杨雪芬（女）、杨小莲（女）、曹秋涛、邹晓来（女）、陶瑞清、毛　蓉（女）
中学	1962—2013	朱渝云（女）、王俐平、顾泉洪、费明华、王惠秋、李　华（女）、程德兴、胡国民、俞忠德、周文莲（女）、董　明、钱小花（女）、吕　鹃（女）

四、妇女团体

1.妇女抗日联合会（简称妇抗会）

民国30年（1941年）4月，中共梅南区委组织区委工作队派钱佩芝（女）、徐雅仙（女）到境内帮助开展抗日救国的宣传工作，组织建立“中国妇女抗日联合会”。其主要工作是宣传男女平等，破除“三从四德”对妇女的束缚，提高妇女的政治权利和社会地位，组织妇女参加民主改革，投身抗日救国的战地服务，为当时江南抗日游击队做了大量的后勤保障工作。抗战胜利后，“妇抗会”改称“妇女联合会”。

2.妇女联合会（简称妇联）

中华人民共和国成立初期，各区、乡、村都配备妇女干部，杨毓英（女）任墙门区妇女联合会主任。妇联组织发动广大妇女积极配合党和政府做好各项工作，反对封建势力，提倡婚姻自由。抗美援朝时期，做军鞋、筹集支前物资支援前方，同时还发动妇女投入土地改革等各项社会活动，并组织妇女参加大生产和学习文化活动。1959年，成立硕放人民公社妇女联合委员会，主任黄贞英（女），设委员若干人。各生产大队相应建立妇女代表大会（妇代会），配备妇女主任，生产队配备妇女队长。妇联组织妇女参加各项政治、生产活动，投身生产实践和科学实验，开展社会主义劳动竞赛，展开妇幼保健、教育，保护妇女儿童合法权益等宣教工作。1976年以后，国家把计划生育列入妇女工作的重要内容。中共十一届三中全会以后，各级妇女组织动员和鼓励广大妇女以经济建设为中心，积极参与经济活动，开展“五好家庭”（努力学习、生产工作好；遵纪守法、安全生产好；家庭和睦、邻里互助好；计划生育、教育子女好；勤俭持家、移风易俗好）。“四好妇代会”（认真组织发动妇女参加两个文明建设，为四化出力好；积极动员妇女投入“一教四普及”活动，努力提高妇女素质好；坚决维护妇女合法权益，抚育、培养、教育儿童少年健康成长好；组织网络健全，活动制度正常，发挥作用好）。“三八红旗手”（集体）、双学双比、巾帼示范岗、五好文明家庭、文明楼（院）等争创活动。时任供销社副主任陈凤媛是广大妇女的杰出代表，1981年和1982年连续被评为江苏省“三八红旗手”，1983年被评为全国“三八红旗手”。

进入21世纪后，常态化开展“走进春天、玫瑰有约”妇联干部约访活动，深入开展“巾帼建功”“双学双比”主题活动，引导各行业因地制宜，组织岗位女性开展技能练兵、岗位创优、“巾帼文明岗”创建等活动；积极开展“岗家（妇女儿童之家）结对”“岗农共建”活动，引导企业（岗位）积极履行社会责任，开展寻找“最美家庭”，开展“妇女儿童之家”示范创建活动，组织家庭教育志愿者队伍，加强对未成年人的思想道德教育，开展社会妈妈助春蕾活动、开展新市民家庭亲子教育嘉年华活动，在“三个文明”（物质文明、政治文明、精神文明）建设中不断提高妇女自身的素质和地位。2010年，墙联村孙丹（女）、农业服务中心黄蓓华（女）获江苏省农村妇女“双学双比”竞赛活动先进个人。2012年，硕放街道南星苑第二社区获“江苏省示范妇女儿童之家”荣誉称号。

“三八”妇女节社区活动

1965年至2013年，街道（公社、乡、镇）共召开12次妇女代表大会。

五、老年团体

1.老龄工作委员会（简称老龄委）

1987年，建立硕放乡老龄问题委员会。1990年，改称硕放乡老龄工作委员会。同时，首次对机构成员作了调整，由副乡长孟建康兼任主任。各行政村和居民委员会也相继成立老龄工作领导小组，村主任任组长，另配1人专职副组长，从而健全乡、村两级老龄工作机构。老龄工作委员会在党委、政府的领导下，上级老龄工作委员会的指导下开展工作。主要任务是围绕党的中心工作，认真贯彻党中央、国务院《关于加强老龄工作的决定》和《中华人民共和国老年人权益保障法》，以“老有所养、老有所医、老有所教、老有所学、老有所为、老有所乐”为目标，坚持“党政领导、社会参与、全民关怀”的方针，为老年人办实事，做好事。维护老年人的合法权益，切实加强自身建设，努力开创老龄工作的新局面。1988年，江苏省人民政府将农历九月初九“重阳节”定为老人节（后改为“敬老日”）起，每年在重阳节召开老龄工作大会，总结表彰老龄工作的先进集体和先进个人，营造敬老、爱老氛围，组织机关、学校、企事业单位深入敬老院以及社区、村落对孤寡老人进行探访慰问。1987年起，各村（居）民委员会先后建立老年人活动室。20世纪90年代起，老龄工作委员会先后组织开展“争一流”老年活动室的创建工作。进入21世纪后，要求各村、社区居民委员会老年活动室配备健身房、阅览室、棋牌室等活动场地，老年活动室张贴《老年法》、组织网络、活动制度、健身养生知识、宣传画等，同时要求建立老年活动登记台账。1995年，又一次调整机构成员，副镇长周锡昌兼任主任。2001年，机构成员再次调整，镇长沈雪芳任名誉主席，副镇长杨建声兼任主任。镇老龄会的常年工作为每年年初做好排查摸底工作，统计老年人的年龄结构情况；统计90岁以上高龄老人和排查特困老人，做好专访慰问工作；每年开展“冬送温暖，夏送凉”活动；发放好高龄老人尊老金和百岁老人长寿补贴款；开展敬老院老人和特困老人的专访活动；为老年人办好优待证、高龄证和免费公交IC卡（2008年首批办理60—70岁老年人优待证5838张）。开展独居老人关爱结对活动，机关、医院、学校、村及社区居民委员会组织志愿者不定期开展服务活动，明确结对的重点对象，采用上门服务和电话联系的形式使他们安度晚年，对老年人精神上予以关爱，送戏、送文艺节目到敬老院。2012年起，街道老龄工作由宋双喜具体负责。2013年9月，空港产业园区（硕放街道）投资9500万元建设的一个现代化的养老机构——无锡市新区硕放康乐年华颐养院竣工使用。集机构养老、社区养老、居家养老以及日间照料为一体的综合性养老服务机构，是关爱老年人的实事工程。

2.退（离）休教师协会

1985年9月10日，硕放中小学退（离）休教育工作者分会成立，隶属无锡县退（离）休教师协会管辖，共有退（离）休教师38人。1995年，硕放划归无锡市新区管辖，硕放退（离）休教育工作者分会隶属于无锡市新区社会事业局领导。1997年，中、小学退（离）休教师分离，分别建立硕放小学退休教师协会、硕放中学退休教师协会。退休教师协会在学校退管会、工会组织领导下，在新区退教协会的指导下开展工作，按照协会章程，每三年进行一次换届选举。根据老龄工作方针，协会组织会员学习、参观、走访、慰问、祝寿，开展健身旅游、知识讲座、校外辅导、关心下一代工作、志愿者活动等。2013年，硕放街道中、小学退教协会共有会员206人，其中中教会员71人，小教会员135人。

1985—2013年退（离）休教师协会历任负责人一览表

表 22-3

单位名称	历任负责人姓名
小学退教协会	杨汉文、李树德、唐和生
中学退教协会	顾中兴、王鸣九、王子琏、尤瑞麟、钱浩荣

3.老年人协会

1990年硕放乡老年人协会成立大会

1990年，随着老龄工作委员会机构的调整完善，成立硕放乡老年人协会。会长由老龄工作委员会主任孟建康兼任。在乡党委、政府领导下，在县、乡老龄工作委员会指导下开展工作，是自我教育、自我管理、自我服务的群众团体。同时，又指导村（居）老年人协会开展工作。乡老年人协会发动组织老年人学习党的路线、方针、政策，宣传移风易俗、勤俭节约、敬老爱幼、邻里团结、维护社会治安、构建和谐社会、维护老年人合法权益，协助关工委开展关心下一代工作，开展适合身心健康的文娱体育活动，积极组织并参与力所能及的志愿者活动，使老年人健康长寿，欢度晚年。组建社区居民委员会后，对老年活动的要求更高，室内有阅览室、健身房，并配有彩电、空调等设备，协会建有老年登记簿和老年活动台账。室外配置健身活动器材，辟有广场舞场地。

六、工商团体

1.工商分会

1949年5月，无锡县工商会在东亭成立。同年10月，墙门镇成立工商分会，主要事务为协助政府贯彻政策法令，带领工商业者接受社会主义改造。

2.个体劳动者协会

1983年9月，无锡县个体劳动者协会硕放分会成立，会员有263户个体工商户，协会由工商部门主管，工商所长兼协会会长，专职副会长由政府委任，主持协会日常工作。1992年，成立个私企业协会，与个体劳动者协会合署办公，改称硕放乡个体私营经济协会。协会以自我教育、自我管理、自我服务为宗旨，开展多次个体经营管理和服务工作，为会员提供法律咨询、信息服务、技术培训。为维护私营企业个体工商户的合法权益，积极发挥政府与会员之间的桥梁纽带作用。会员开始每年缴纳6元会费，以后增加到12元及以上。会费用于年度评比表彰先进、困难会员的补助等。1997年，全镇个体户发展到1380户，私营企业269户。

3.商会

2004年12月28日，硕放镇商会成立，镇长曹建兴为名誉会长，经济发展有限公司经理金晓忠为会长。商会由个体工商户与私营企业组成，旨在更好地贯彻执行党和政府在非公有制的法律法规、方针政策，充分发挥乡镇商会的桥梁纽带作用，促进非公有制经济快速、健康发展，实施“三个转变”，加快实现富民强镇的目标。商会成立后，开办法律知识讲座，为企业的经济发展保驾护航。按企业行业分类，不定期组织参观、考察、学习，相互交流企业创办经验，获取开拓市场信息，规划发展远景等。同时，有的放矢开展扶贫帮困，捐资助学献爱心等活动。

2009年12月5日，江苏无锡硕放工业园区有无锡锡通工程机械有限公司、无锡市景山房屋开发有限公司、无锡市滚动轴承有限公司、无锡市置业建筑工程有限公司、天津市金桥焊材集团有限公司无锡硕放分公司、无锡八一塑料有限公司、无锡天山水泥有限公司、无锡市金声锻造有限公司、无锡市新菊电动工具有限公司、无锡军工智能电气股份有限公司、无锡宝益塑料制品有限公司、无锡祥生医学影像有限责任公司12家企业加入新区工商联（总商会）。

七、其他社会组织

1.关心下一代工作委员会（简称关工委）

1993年4月，硕放镇关心下一代工作委员会成立，由镇党委、政府分管领导、专职人员、团委、工会、妇联、司法及学校退教协会等领导组成。党委副书记倪南炎为名誉主任，夏克威任主任。在镇党委的领导下，上级关工委的指导下开展工作。广泛开展宣传关工委的性质、任务、意义、目的等活动，关工委组织延伸到村、厂、企业、学校。当时，全镇共有37个关心下一代工作小组，共有人员275人，其中80%以上的人员由“五老”（老干部、老党员、老教师、老模范、老军人）组成。镇、村两级组织建立后，先后开展多项丰富多彩的教育实践活动。

关工委成立后，加强对青少年特别是在校学生的爱国主义、集体主义、社会主义的道德教育、素质教育、传统教育、法制教育。根据各个不同的历史时期，针对青少年的理想信念和价值观的趋向，结合当地鲜为人知的典型事例，有的放矢地开展各项宣传教育活动，先后创建8个教育基地。社会主义教育基地（邹育起家庭革命传统教育馆）；勤劳致富教育基地（安桥村曹大阿弟家庭艰苦奋斗、勤劳致富的典型事例）；尊老爱幼民族传统教育基地（镇敬老院）；革命传统教育基地（吴道元革命烈士陈列室）；军民共建基地（硕放机场）；爱国主义思想教育基地（以镇影剧院、文化中心为阵地）；学工基地（以江苏六通机械（集团）公司、江苏宏丰集团公司和华达电机厂为中小学学工的联系点）；农业科技教育基地（与太湖地区农业科学研究所挂钩）。

邹育起家庭教育馆

无锡市中小学生社会实践基地

在创建8个教育基地的基础上，关工委还组建“五老”宣讲团，根据中央、地方不同时期的中心任务，结合当地青少年的思想动态，以身边的人和事，深入开展巡回宣讲活动，使青少年从小就在心灵上播下“爱祖国、爱人民、爱劳动、爱科学、爱社会主义”的种子，逐步形成文明的行为习惯，良好的道德风范和遵纪守法意识，从而树立正确的人生观、价值观。同时，关工委还组建20多人参加的“五老”网吧义务监督队伍，为净化社会文化环境出谋献策。为预防、减少青少年违法犯罪，维护青少年合法权益，广泛开展法制教育和矫正工作。还组成“五老”关爱队伍，开展对贫困学生、后进、失足、吸毒青年的结对帮困、帮就业、帮教活动，营造全社会关心下一代健康成长的良好氛围。

2.老区开发促进会（简称老促会）

1999年5月，成立硕放镇老区开发促进会，会长万家福。老促会协助相关部门落实扶贫工作方针，本着“调查研究搞建设，改革开放当参谋，牵线搭桥做好事，量力而行办实事”的宗旨，坚持把服务老区发展作为工作的出发点和落脚点。几年来，通过广泛的调查研究，深入的宣传发动，围绕“三农”工作的重点、难点、热点，分阶段、分层次，有计划地开展调查研究、扶贫帮困、技术开发、资金融通、典型引导等工作，努力发挥促进会中老年人的余热和优势，为全镇经济工作快速发展起到较好助推作用。

3.科技普及协会

1984年8月18日，硕放乡科技普及协会召开成立大会。大会选举产生硕放乡科技普及协会第一届委员会，委员由15人组成，党委副书记惠根福兼任主任。会议通过“科技普及协会”章程，同时科普协会下设“宣传、农业、蚕桑、水产、种植畜禽、工业、建筑、卫生、青少年教育、商业”10个科普技术学研小组。协会是以普及、推广科学技术知识，促进科学技术进步，选择培养科技人才，提高科学技术水平为宗旨的群众性科技基层团体。1987年3月，成立乡技术职称资格审查小组，由副乡长袁玉良兼任组长。全面负责全乡各行各业技术职称的评审工作。1987年4月，建立硕放乡农业技术学校，副镇长万家福兼任校长。全面负责全乡农业技术干部的培训教育工作。1989年6月，成立硕放乡科技服务中心，党委副书记邹建平兼任主任。具体加强对科技人员的引进、使用和管理。1991年，政府设立专职科技干部，由邹耀奎任科技助理，全面负责科技管理工作。2000年，调整科技服务中心成员，镇党委委员孙磊兼任主任。

4.慈善协会

1998年，溇金村村民周汝川（硕放籍港澳同胞钱培荣侄孙）提议以钱培荣的名义创立民间“钱培荣基金会”。基金会成立后，连续11年对硕放300多户社会特困家庭慈善救助120万元，同时对硕放的教育、医疗、养老等社会事业提供慈善资助180余万元。随着慈善事业的逐渐发展壮大，2004年12月，硕放镇慈善协会依法成立，并召开代表大会，通过协会章程、资金管理办法等，选举产生协会理事会。镇党委书记沈雪芳任名誉会长，无锡市置业建筑工程有限公司董事长李锡惠任会长。2006年，撤镇建街道后，协会理事会人员作了调整，名誉会长由街道党工委书记曹建兴兼任，理事长由党工委副书记陈志高兼任，其余人员不变。协会成立以后，始终秉承“安老、抚孤、助学、助残、扶贫、济困”的慈善宗旨，以“发展慈善事业，增强全社会慈善意识”为己任，大力宣传慈善文化、凝聚爱心、造福百姓、大爱无疆、慈善永存的慈善理念。至2013年，协会共募集善款1700万余元，先后救济困难群众2500余人次，发放救济金1230万余元。同时，在四川汶川、青海玉树地震中，共募捐赈灾款200万元。

5.残疾人联合会（简称残联）

硕放乡残联领导小组成立于1992年4月，是全乡各类残疾人的统一组织。残联领导小组组长由副乡长孟建康兼任。残联具有代表、服务、管理三种职能。认真贯彻《中华人民共和国残疾人保障法》，代表全乡残疾人的共同利益，维护残疾人的合法权益，全心全意为残疾人服务。为政府发展残疾人的事业提供咨询和建议，动员和发动社会力量，管理和兴办残疾人事业。2003年，根据中共无锡市委组织部、人事局、编委、财政局、残联联合下发《关于加强镇、街道残联建设意见》精神，硕放镇成立残疾人联合会。残联为残疾人事业的群众团体，与民政办公室联合办公。残联遵循“人人享有康复”服务的理念，重点推进各类助残服务，平均每年为20多名肢体残疾人发放轮椅、腋拐、双下肢矫形器、站立架、助听器等辅助器具。每年组织100名残疾人参加免费康复体检，为68名残疾人提供抚养服务。完善残疾人分类补助，每年为60多户低保内重残对象发放补助金；每年为80多户无固定收入重残、一户多残、以老养残发放补助金；为100多户残疾家庭结对帮扶，积极组织残疾人参加体育运动。在无锡市第十一届残疾人运动会上，街道残联获得金牌4块、银牌1块、铜牌4块，在新区残疾人运动会上，街道残联获得金牌3块、银牌2块。2013年11月，硕放街道召开残疾人联合会第一次代表大会，成立硕放街道残疾人联合会。选举产生第一届主席团主席、副主席、执行理事会理事长、副理事长。硕放街道残疾人联合会主席团主席由街道社会事业处副处长吴俊芬（女）兼任。是年12月，振发、新锦园、咏硕苑等9个社区相继成立残疾人协会，在街道残联的统一领导下开展工作。2013年，空港产业园区（硕放街道）共有残疾人1243人，其中持证残疾人1001人，疑似残疾人242人。

6.无锡市香楠书画协会

1997年5月18日，无锡市香楠书画协会成立，名誉会长由江苏省书法家协会会员、无锡市书法家协会常务理事邹建平担任，协会会长由江苏省书法家协会会员唐怡生担任。协会有会员40余人，主要由硕放籍各界书画爱好者自愿加入。协会以“挥毫泼墨，于点画之间，妙趣横生，奇芳异草，尽展书画爱好者风采”为宗旨，以“腹中有墨，心中有爱，笔下有神”为会训。经过多年的磨砺，已有长足的发展，协会在硕放文化中心辟有书画创作室，经常与全国、省、市级书画行家相互交流，切磋技艺，常年展出并不断更新会员作品。协会成立以后，历年开展丰富多彩的活动，在无锡市群艺馆举办会员书画展，同时在中华人民共和国成立60周年、改革开放30周年等重大节庆活动中举办重大书画展，定期举办汇报展，经常开展迎春送春联及书画进社区、进军营等活动。部分会员的作品多次获得全国、省、市级书画大奖。

第二十三章

政　务

无锡市新区硕放街道人大工作委员会
无锡市新区硕放街道办事处
中国共产党无锡市新区硕放街道纪律检查工作委员会
无锡市新区硕放街道工作委员会

民国元年（1912年），无锡县辖10市7乡。民国18年（1929年）8月，无锡县17个市乡改为17个区，境内属无锡县十三区、二区、十二区，十二区的区公所驻地在大墙门口。民国30年（1941年），属无锡县八区和二区。政权形式为区、乡（镇），由县政府分别委任区、乡（镇）长。民国34年（1945年）11月，在境内建立大墙门镇、薛典镇和硕住乡、塔西乡等8个乡。

1949年4月无锡解放，境内先后建立薛典镇人民政府和墙门镇人民政府，后又几经分合，于1957年10月建立硕放乡人民政府。1958年9月，建立硕放人民公社管理委员会。1968年3月，硕放人民公社革命委员会成立。1981年12月又恢复硕放人民公社管理委员会。1983年2月，撤社建乡，恢复建立硕放乡人民政府。1993年4月，撤乡建镇，硕放镇人民政府成立。1995年3月，无锡市区划调整，更名为无锡市新区硕放镇人民政府。2006年2月，撤镇建街道，无锡市新区硕放街道办事处成立。2007年1月，无锡空港产业园区管理委员会成立，实行空港产业园区、硕放工业园区、硕放街道“港、区、街”三合一的管理体制。

1954年起，硕放实行人民代表大会制度。是年春，境内薛典、墙门等10个乡分别召开第一届人民代表大会。至2005年2月，硕放共召开十五次人民代表大会，大会选举产生硕放正副乡长、社长、镇长。人民政府在组织生产、发展经济、镇村建设、文教卫生、优抚安置、扶贫助残、拥军优属、计划生育、治安保卫、环境保护、社会保障等方面做了大量工作，取得人民的信赖和拥护。2004年，硕放镇被江苏省爱国卫生运动委员会评为省级卫生镇。2006年，被国家环境保护总局评为全国环境优美乡镇。2007年，被全国爱国卫生运动委员会评为国家卫生镇，被江苏省建设厅授予“江苏省人居环境范例奖”荣誉奖项。

第一节　地方行政机构

一、民国时期

民国元年（1912年）1月，无锡、金匮县两县合并为无锡县，机构设置沿承清制，无锡县所辖10市7乡，设市、乡公所。

民国18年（1929年）8月，行政区域将市、乡制改为区、乡、镇制。十二区的区公所驻地在大墙门。大墙门镇下辖16个乡公所，由县政府分别委任镇、乡长。同时废都、图，设村、闾、邻。乡以下村民以五户为邻，设邻长1人；五邻为闾，设闾长1人；四闾以上为村，设村长、副村长各1人。

民国18年（1929年）大墙门镇及16乡负责人一览表

表 23-1

单位	职务	姓名
大墙门镇	镇　长	杨亦超
	副镇长	毕显郊、杨戟臣、费鸿泉、顾春梅

续表 23-1

单位	职务	姓名
唐庄乡	乡　长	陆宗游
	副乡长	朱蕙芬、陆钟英
硕望乡	乡　长	方伯平
	副乡长	黄璞山、方进益、黄康候
竹桥乡	乡　长	邹叔道
	副乡长	朱铭兰、翁心畬
泗水乡	乡　长	毕道南
	副乡长	方德新、顾鸣鹤
溇金乡	乡　长	吕培清
	副乡长	周士綗、唐启益、周启云、杨继臣
秦村乡	乡　长	何　铭
	副乡长	何宗棠、翁齐贤、何载贤
薛典乡	乡　长	翁景祐
	副乡长	翁振中、黄恒初、翁春苑
曹渡乡	乡　长	曹颂美
	副乡长	曹鹰昌、陆季庭、沈纪生
观庄乡	乡　长	万槃人
	副乡长	王友松、王兆先、钱颂章
金娥乡	乡　长	邹寿衡
	副乡长	邹凤楣、杨交泰
大许乡	乡　长	顾毓麟
	副乡长	顾松贤、方云祥
南和乡	乡　长	顾若琴
	副乡长	杨燦峯、毛凤仪、顾挹清
东塔乡	乡　长	毕绍裘
	副乡长	方啸声、方云藻、沈介伦
小章家桥乡	乡　长	张光磊
	副乡长	孙莘农、张仲篪
住基乡	乡　长	顾瞻岵
	副乡长	方德新、顾鸣鹤
沈渎乡	乡　长	廉孟熙
	副乡长	唐正镛、白近智

民国23年（1934年），国民政府为加强统治，划并区乡，无锡县原17个区合并为10个区。境内大部分属无锡县八区，部分属无锡县二区。设保甲制，每10户为1甲，每10甲为1保，每10保为1乡。保甲制一直沿袭到解放。

民国23年（1934年）大墙门、薛典镇及各乡负责人一览表

表 23-2

单位	职务	姓名
大墙门镇	镇　长	杨召伯
薛典镇	镇　长	翁士锋
北渡乡	乡　长	邹心卓
金桥乡	乡　长	邹仲怡

续表 23-2

单位	职务	姓名
观泗乡	乡　长	王友松
硕住乡	乡　长	黄文藻
塔西乡	乡　长	邹家琛
三让乡	乡　长	王养源
南家乡	乡　长	许文标
金娥乡	乡　长	邹心活
香平乡	乡　长	强学曾
华庄乡	乡　长	张光磊

民国26年（1937年）11月，无锡沦陷，汪伪政府沿袭国民党政府乡、保、甲制度。

民国34年（1945年），县、区、乡三级再次建政。8月抗战胜利后，县政府决定恢复民国26年（1937年）前十区区制。11月，境内归属荡口区和东亭区管辖，下辖2个镇8个乡，原金娥乡和香平乡不再属于境内管辖。

民国37年（1948年）1月，无锡县裁区设署，合并乡镇，境内墙门镇、薛典镇隶属荡口署。

二、社会主义革命建设时期

1949年4月19日，薛典镇人民政府成立，下辖11个保。是年4月25日，墙门镇人民政府成立，下辖21个保。薛典镇、墙门镇各设保长1人，下设民政、财粮、武装、生产、支前等办事机构。

1.墙门区人民政府（1950.5—1953.9）

1950年5月，经苏南人民行政公署批准，设墙门区，墙门区人民政府成立。下辖墙门、薛典、观泗等13个乡，同年7月，新安、新南2个乡划归华庄区管辖，同时增辖南塘乡。

1950年墙门区人民政府负责人任职表

表 23-3

职　名	姓　名	任　职　期　限
区长	江静波	1950.5—1952.10
	侍朝谦	1952.11—1953.9
副区长	吕炳南	1950.5—1950.8
	李　培	1952.6—1953.9

1950年硕放境内各小乡干部一览表

表 23-4

乡名	乡长	农会主任	财粮委员
薛　典	钱金坤	邹柏生	吴辛根

续表 23-4

乡名	乡长	农会主任	财粮委员
秦 村	黄根泉	凌增宝	徐祖定
观 泗	徐增林	朱土根	徐英棠
墙 门	邹洪德	袁文元	俞君惠
墙 西	杨方健	黄树生	—
塔 西	奚绍中	王金根	—
硕 住	梁生根	邹祥和	—
里 河	严晋德	沈和生	吕惠贤
墙 南	朱培德	王金根	许绍增

2.墙门区公所（1953.9—1954.8）

1953年9月，无锡县墙门区人民政府改称无锡县人民政府墙门区公所。管辖范围和驻地均不变。

1954年8月，遵照江苏省人民政府关于整顿编制、精简机构的决定精神，撤销墙门区公所，所辖地区分别划归荡口、梅村、华庄3个区。

1956年4月，境内各小乡合并为墙南中乡、薛典中乡、宅基中乡。先后建立五一、六一、七一等22个高级社。

1953年墙门区公所负责人任职表

表 23-5

职 名	姓 名	任 职 期 限
区长	侍朝谦	1953.9—1954.8
副区长	李 培	1953.9—1954.5

1954年硕放境内各小乡干部一览表

表 23-6

乡名	乡长	副乡长	财粮委员	生产委员
薛 典	吴关德	—	奚炳根	毛华根
秦 村	黄鹤嘉	朱根林、黄进宝	朱浩然	高杏生
墙 门	颜国良	钱文英、朱祖耀	钱益田	蔡兴荣
塔 西	张秋明	林炳生	陆彩霞	李家祥
硕 住	杨方健	何锡根	王伯泉	张祥生
里 河	颜雪英	范阿纪	施云泉	杜小狗
墙 南	马志良	薛梅根	尚志凤	赵阿大
后 西	吴祥兴	朱文信	李宪文	顾金根
新 中	朱森泉	—	郁根生	龚吕坤

1956—1957年硕放乡高级社社长一览表

表 23-7

高级社	姓名	高级社	姓名
五　一	蔡兴荣	五　星	钱阿虎
六　一	张阿根	建　新	方福培
七　一	陆瑞兴	红　星	费其法
墙　西	陆熙康	和　平	华阿荣
新　联	顾金根	光　明	徐宝根
新　农	陆兴方	红　力	尤祖根
里　新	施云泉	红　光	钱国贤
里　河	范阿纪	东方红	周福祥
先　锋	严阿荣	溇　金	唐如生
建　农	顾老坤	富　强	钱惠德
硕　放	邹金根	春　光	翁文仙

3.硕放乡人民委员会（1957.10—1958.9）

1957年10月，经苏州专署批准，将墙南中乡、薛典中乡和宅基中乡部分、后西乡部分合并为硕放乡，硕放乡人民委员会（简称乡人委）成立。乡人委设在墙门镇，隶属无锡县人民委员会领导。1958年4月召开硕放乡人民委员会第三届代表大会，选举产生乡长、副乡长。

1957—1958年硕放乡人民委员会负责人任职表

表 23-8

职　务	姓　名	任　职　期　限
乡　长	杨华生	1957.10—1958.9
副乡长	黄以新	1957.10—1958.9

4.硕放人民公社管理委员会（1958.9—1968.3）

1958年9月，根据江苏省人民委员会通知精神，无锡县硕放人民公社管理委员会成立。管辖原硕放乡行政区域范围，驻地和隶属关系不变。1961年5月召开硕放人民公社社员代表大会，选举产生正、副主任（正、副社长）。1966年1月召开硕放人民公社第六届人民代表大会，选举产生正、副主任（正、副社长）。

1958—1966年硕放人民公社管理委员会负责人任职表

表 23-9

职　务	姓　名	任　职　期　限
主　任（社长）	杨华生	1958.9—1960.12
	朱耀祖	1960.12—1966.5

续表 23-9

职　务	姓　名	任　职　期　限
副主任（副社长）	黄以新	1958.9—1966.5
	王介英	1962.10—1965.11
	庞志犟	1965.9—1966.5
	徐同一	1964.9—1966.5

1967年3月，从县到公社（镇、场）的各级行政机构都建立由人民武装部部长为负责人的生产办公室，全面负责全公社的生产建设和日常工作。

1966—1968 年硕放人民公社管理委员会负责人任职表

表 23-10

职　务	姓　名	任　职　期　限
主　任（社长）	朱耀祖	1966.5—1968.3
副主任（副社长）	黄以新	1966.5—1967.2
	王介英	1966.5—1967.12
	庞志犟	1966.5—1967.12
	徐同一	1966.5—1967.12

5.硕放人民公社革命委员会（1968.3—1976.10）

1968年3月8日，无锡县革命委员会成立，全县36个公社（镇、场）也先后成立革命委员会。1968年3月18日，召开硕放人民公社人民代表大会，组成临时权力机构——硕放人民公社革命委员会，选举产生正、副主任。

1968—1976年硕放人民公社革命委员会负责人任职表

表 23-11

职　务	姓　名	任　职　期　限
主　任	黄瑞良	1968.3—1970.9
	李一生	1970.6—1971.6
	张瑞和	1971.7—1976.10
副主任	朱耀祖	1968.3—1972.11
	盛　宪	1968.3—1976.10
	陈璧显	1969.6—1973.5
	何学明	1972.10—1976.10
	颜国良	1973.5—1976.10
	蔡文渊	1973.5—1976.10
	邹水泉	1976.3—1976.10

三、改革开放和社会主义现代化建设新时期

1.硕放人民公社革命委员会（1976.10—1981.12）

1979年，硕放人民公社召开第七届人民代表大会第一次会议，选举产生公社革命委员会主任、副主任。

1976—1981年硕放人民公社革命委员会负责人任职表

表 23-12

职　务	姓　名	任　职　期　限
主　任	张瑞和	1976.10—1978.12
	蔡光军	1979.1—1980.3
	王守纪	1980.3—1981.12
副主任	盛　宪	1976.10—1981.12
	何学明	1976.10—1980.3
	颜国良	1976.10—1981.12
	邹水泉	1976.10—1981.12
	高福泉	1976.10—1980.3
	周锡忠	1977.4—1981.4
	张秋明	1977.4—1980.12
	白瑞根	1977.4—1981.4
	陆士近	1978.10—1981.12
	夏克威	1979.11—1981.12
	俞铁铮	1979.3—1981.12
	王守纪	1979.9—1980.4
	黄美金	1978.10—1981.8
	蔡龙兴	1980.3—1981.12
	李俊松	1981.9—1981.12

2.硕放人民公社管理委员会（1981.12—1983.2）

1981年12月，在体制改革中，根据党政分开的原则，撤销公社革命委员会机构，恢复公社管理委员会。同时，召开第八届人民代表大会第一次会议，选举产生硕放人民公社管理委员会委员、主任、副主任。

1981—1983年硕放人民公社管理委员会负责人任职表

表 23-13

职　务	姓　名	任　职　期　限
主　任	陆士近	1981.12—1983.2
副主任	李俊松	1981.12—1983.2
	夏克威	1981.12—1983.2
	俞铁铮	1981.12—1983.2
	邹水泉	1981.12—1983.2

续表 23-13

职　务	姓　名	任　职　期　限
副主任	薛祖荣	1981.12—1983.2
	蔡龙兴	1981.12—1983.2

3.硕放乡人民政府（1983.2—1993.3）

1983年2月，实行政社分设，撤销硕放人民公社管理委员会，硕放乡人民政府成立。是年3月27日召开第八届人民代表大会第二次会议，选举产生正、副乡长。1984年8月、1987年3月、1990年3月和1993年2月，分别召开第九届、第十届、第十一届和第十二届人民代表大会的第一次会议，分别选举产生正、副乡长。

1983—1993年硕放乡人民政府负责人任职表

表 23-14

职　务	姓　名	任　职　期　限
乡　长	陆士近	1983.2—1986.3
	陆兴元	1986.3—1989.3
	袁玉良	1989.3—1993.2
	唐雨旭	1993.2—1993.3
副乡长	李俊松	1983.3—1984.7
	夏克威	1983.3—1984.7
	薛祖荣	1984.8—1990.3
	袁玉良	1984.8—1989.1
	万家福	1986.3—1994.8
	邹建平	1989.3—1991.3
	杨建声	1990.3—1993.3
	孟建康	1990.3—1993.3
	何子裕	1991.3—1993.2
	惠建良	1993.2—1993.3
	周锡昌	1993.2—1993.3

4.硕放镇人民政府（1993.3—2006.2）

1993年3月，硕放撤乡建镇，硕放乡人民政府改称硕放镇人民政府。1995年3月，无锡市区域调整，硕放镇以整建制划归无锡市新区管辖。1993年3月至2006年2月，先后召开硕放镇第十三届、十四届和十五届人民代表大会的第一次会议，分别选举产生正、副镇长和人大正、副主席。

1993—2006年硕放镇人民政府负责人任职表

表 23-15

职　务	姓　名	任　职　期　限
镇　长	唐雨旭	1993.3—1994.9
	万家福	1994.9—1997.2
	邹建平	1997.2—1999.1
	沈雪芳	1999.1—2001.2
	华雨辰	2001.2—2002.3
	龚伯云	2002.3—2003.10
	曹建兴	2003.10—2006.2
副镇长	万家福	1993.3—1994.3
	杨建声	1993.3—2003.2
	惠建良	1993.3—1995.12
	周锡昌	1993.3—1995.12
	唐建华	1994.3—2001.2
	邹志良	1995.8—1999.1
	金石平	1995.8—1999.1
	张忠根	1999.1—2002.2
	程海根	1999.1—2001.1
	陆琴英	1999.1—2002.1
	曹定良	2001.2—2006.2
	陆毅刚	2001.12—2006.2
	曹建兴	2003.2—2003.10
	周　捷	2002.6—2003.2
	杜　旎	2003.2—2006.2
	曾益明	2003.2—2006.2
	孙　磊	2005.2—2006.2

1991—2006年硕放镇人大负责人任职表

表 23-16

职　务	姓　名	任　职　期　限
人大主席	华国舜	1993.1—1994.8
	张永良	1994.8—1996.12
	万家福	1997.1—1998.12
	谢建初	1999.1—2001.2
	沈雪芳	2001.2—2005.2
	邹建平	2005.2—2006.5
人大副主席	薛祖荣	1996.3—1998.12
	吴全林	1999.1—2005.10
	张忠根	2003.2—2005.10
	杨建声	2004.2—2006.5
人大联络组长	薛祖荣	1991.1—1996.2

5.硕放街道办事处（2006年2月—　）

2006年2月，硕放撤镇建街道，无锡市新区硕放街道办事处成立。设立街道办事处正、副主任，衔接原无锡市新区硕放镇人民政府机构和部门设置。2007年8月，根据中国共产党无锡市新区工作委员会、无锡市人民政府新区管理委员会文件精神，加快实施港区街合一管理体制和调整党政机构（部门）设置。

2006—2013年硕放街道办事处负责人任职表

表23-17

职　务	姓　名	任　职　期　限
主　任	曹建兴	2006.2—2007.4
	钟晓栋	2007.4—2009.3
	周兴荣	2009.3—
副主任	陆毅刚	2006.2—2007.8
	杜　旎	2006.2—2009.11
	曾益明	2006.2—2008.11
	孙　磊	2006.2—2008.11
	郭维毅	2008.11—2013.5
	陈　琼	2008.11—
	殷晓军	2008.11—
	吴俊芬	2009.11—

2006—2013年硕放街道人大工委负责人任职表

表23-18

职　务	姓　名	任　职　期　限
人大工委主任	邹建平	2006.5—2009.6
	曹建兴	2009.4—2013.5
	周兴荣	2013.5—
人大工委副主任	鲍建嘉	2006.5—
	刘家桂	2006.5—
	郭维毅	2010.5—

6.无锡空港产业园区管理委员会（2007年1月—　）

为进一步加快机场建设，更好地发挥空港产业对区域经济的带动和辐射效应，为早日建成苏南国际机场创造条件，中共无锡市委、市政府研究决定，建立中共无锡空港产业园区工作委员会、无锡空港产业园区管理委员会，由新区党工委、管委会管理，正处（县）级建制，实行与无锡硕放工业园区、新区硕放街道港区街合一的管理体制。2007年7月，行政内设机构有社会事业管理处、经济发展和招商服务处、规划建设和环境保护处、财政审计处、民航事务管理处五个处，分别设立处长、副处长职务。

2007—2013年无锡空港产业园区管委会负责人任职表

表 23-19

职　务	姓　名	任　职　期　限
主　任	张建华	2007.1—2008.4
	李建秋	2008.4—2012.10
	沈雪芳	2012.10—
副主任	王建南	2007.4—2009.9
	汪群峰	2007.4—2013.12
	曹建兴	2007.4—

2007—2013年无锡空港产业园区处室负责人任职表

表 23-20

处　室	姓　名	职　务	任　职　期　限
社会事业管理处	钟晓栋	处　长	2007.8—2009.3
	周兴荣	处　长	2009.3—
	郭维毅	副处长	2008.11—2011.11
	陈　琼	副处长	2008.11—2013.5
	殷晓军	副处长	2008.11—
	黄锡渭	副处长	2013.8—
	杜　旎	副处长（正科级）	2007.8—2009.11
社会事业管理处	吴俊芬	副处长（正科级）	2009.11—
	陆　斌	处长助理、副处长	2007.8—2008.10 2012.11—
	张　群	处长助理	2013.11—
经济发展和招商服务处	席善政	处　长	2007.8—2008.3
	陆毅刚	处　长	2008.3—
	金晓忠	副处长	2007.8—
	陆　斌	副处长	2008.11—2009.11
	金荣权	副处长	2009.11—
规划建设和环境保护处	陆毅刚	处　长	2007.8—2008.2
	席善政	处　长	2008.3—2009.3
	诸国强	处　长	2010.7—
	陈剑豪	处长助理、副处长	2007.8—2008.7 2008.8—
	谭　健	副处长（正科级）	2007.8—2008.9
财政审计处	汪群峰	处　长（兼）	2007.8—
民航事务管理处	张国芬	副处长、处　长	2009.5—2013.9 2013.10—

说明：钟晓栋（主任）、陆毅刚、杜旎（副主任）仍保留街道办事处原职务

1957—2013年硕放政府机关各部门负责人一览表

表 23-21

部门	时间	职务	主要负责人
民政办	1957—2013	文书（助理）	颜国良、盛三元、张祖康、陈祖其、陆嘉良、袁文元、邹志良、周培胜、吴国荣、邹耀奎、陆琴英、王月芹、林其昌、陆中明、刘雪燕
财政所	1981—2013	所长	毛泰祥、瞿泉明、徐文明、朱晓晓
集镇管理办公室 村镇管理办公室 镇建设管理服务所	1993—2013	主任（所长）	李俊松（兼）、薛祖荣（兼）、孟建康（兼）、杨忠德、朱耕裕、张再群
计生办	1983.6—2013	主任	王月琴、陆琴英、刘雪燕、庄菊惠
文卫办	1993—2013	助理	吴国荣、张 群
司法办（所）	1983.6—2013	助理（所长）	邵耀祖、张雪芬、方锦宇
统计站	1984—2013	助理（站长）	钱凤泉、顾惠康
文化站（文化中心）	1958—2013	站长（主任）	黄锡庆、朱永康、周家明
科技办	1984—2013	主任（助理）	惠根福（兼）、邹耀奎、孙 磊（兼）
社事办	2006—2013	主任	杜 旎（兼）、孙建平
信访办	2007—2013	主任	朱荣铭、黄国祥（兼）、王纪良
创建办	2000—2013	主任	张再群、顾水生、翁 贤

1949年10月—2013年12月硕放行政机构演变图

（1949.10—1949.11）

梅村区
薛典镇人民政府
金桥乡、观泗乡、三让乡
（共11个保）

荡口区
墙门镇人民政府
硕住乡、北渡乡、塔西乡、南家乡、墙门镇
（共21个保）

（1949.11—1950.5）

梅村区
薛典乡、观泗乡、秦村乡

华庄区
塔西乡、新中乡、墙西乡、墙门乡、
墙南乡、硕住乡、里河乡、后西乡

（1950.5—1951.4）

梅村区

新中乡、秦村乡

墙门区

墙门乡、墙南乡、墙西乡、硕住乡、塔西乡、里河乡、薛典乡、观泗乡、后宅乡、后南乡、后西乡、新安乡、新南乡（注：1950年6月撤新安、新南两乡，增设南塘乡）

（1951.4—1954.8）

梅村区

秦村乡

华庄区

新中乡

墙门区公所

薛典乡、观泗乡、塔西乡、墙西乡、墙门乡、墙南乡、硕住乡、里河乡、后南乡、后西乡、后宅乡、南塘乡

（1954.8—1956.4）

梅村区

秦村乡、薛典乡、观泗乡、墙门乡、墙西乡

华庄区

墙南乡、里河乡、硕住乡、塔西乡、新中乡

荡口区

后南乡、后西乡、后宅乡、南塘乡

（1956.4—1957.10）

荡口区

后西乡

华庄区

墙南中乡
（墙南、里河、硕住）
薛典中乡
（薛典、墙门、观泗部分、秦村部分）
宅基中乡
（塔西、新中、宅基、观泗部分）

（22个高级社）
五一、六一、七一、八一、五星、红星、建新、建农、硕放、先锋、里新、新星、新农、新联、东方红、富强、春光、红光、红力、光明、和平、墙西

（1957.10—1958.9）

无锡县硕放乡人民政府

墙南中乡、薛典中乡、宅基中乡部分、后西乡部分 →

（7个联社）
红炬一社、红炬二社、红炬三社、红炬四社、红炬五社、建丰社、新联社

（1958.9—1968.3）

无锡县硕放乡人民公社管理委员会

7个联社 → 7个工区 → 9个工区 → 12个工区 1个工业营 1个市镇单 → 15个生产大队 新建渔业大队 → 24个生产大队 五一、六一、七一、墙西、新联、新农、里河、里新、新星、先锋、建农、硕放、五星、建新、红星、和平、光明、红光、红力、建丰、春光、八一、东方红、渔业

（1968.3—1981.12）

无锡县硕放乡人民公社革命委员会

（24个生产大队）

五一、六一、七一、墙西、新联、新农、里河、里新、新星、先锋、建农、硕放、五星、建新、红星、和平、光明、红光、红力、建丰、春光、八一、东方红、渔业

（1981.12—1983.3）

无锡县硕放乡人民公社管理委员会

（24个生产大队）

墙门、墙南、墙北、墙西、孙典桥、新农、里河、里新、安桥、黄家门、西典巷、硕放、杨家湾、庙廊、塔西、中华庄、王家桥、竺祥庵、红力、建丰、薛典、漤金、秦村、渔业

（1983.3—1993.3）

无锡县硕放乡人民政府

24个生产大队改为24个行政村（渔业大队改墙裕村）

硕放乡居民委员会

（1993.3—1995.3）

无锡县硕放镇人民政府

24个行政村和1个镇居民会员会不变

（1995.3—2006.2）

无锡市新区硕放镇人民政府

（6个社区居民委员会）

润硕苑、振发、新锦园、咏硕苑、南星苑第一、硕放镇

（16个村居民委员会）

大墙门、墙联、墙裕、东新、香楠、安桥、建丰、秦村、黄家门、硕放、杨家湾、新梅路、漤金、合新、西典巷、红光

（2006.2—2007.1）
无锡市新区硕放街道办事处

（7个社区居民委员会）
润硕苑、振发、新锦园、咏硕苑、南星苑第一、硕放镇、南星苑第二

（15个村居民委员会）
大墙门、墙联、墙裕、东新、香楠、安桥、建丰、秦村、黄家门、硕放、杨家湾、新梅路、溇金、合新、西典巷

（2007.1—2013.12）
无锡市空港产业园区管理委员会
（硕放街道办事处）

（11个社区居民委员会）
振发、润硕苑、新锦苑、咏硕苑、南星苑第一、南星苑第二、硕放镇、丽景佳苑第一、香楠佳苑、锦硕苑、吉祥（筹）

（15个村居民委员会）
大墙门、墙联、墙裕、东新、香楠、安桥、建丰、秦村、黄家门、硕放、杨家湾、新梅路、溇金、合新、西典巷

第二节　地方人民代表大会

一、代表选举

1954年春至1979年，境内人民代表大会选举历经7次普选。依照《中华人民共和国人民代表大会及地方各级人民代表大会选举法》的规定，开展宣传发动、划分选区范围、组织选民登记、审查、公布名单、核发选民证等。代表的选举，先把代表的名额、类型分配到各选区，再经选民酝酿协商提出候选人，采取等额选举，以无记名投票方式，由选民选举产生乡（公社）人大代表。县人民代表大会的代表由乡（公社）人民代表大会选举产生。1981年至2002年的8次普选，根据1979年第五届全国人民代表大会第二次会议通过的《全国人民代表大会和地方各级人民代表大会选举法》和江苏省《选举实施细则》规定，进行选民登记，提名协商确定代表候选人等程序，采取差额选举，以无记名投票方式，由选民直接选举产生镇（公社、乡）、县（市、区）人大代表。

硕放镇（公社、乡）第五至十五届人大代表一览表

表 23-22

届别	选区个数（个）	选民总数（人）	代表人数（人）	性别		代表构成				其中			平均年龄（岁）
				男（人）	女（人）	干部代表（人）	工农代表（人）	知识分子代表（人）	各界人士（人）	中共党员（人）	非党代表（人）	大专以上文化（人）	
五	—	19198	453	340	113	67	249	40	97	181	272	2	—
六	—	18181	429	322	107	64	227	39	99	176	253	3	—

续表 23-22

届别	选区个数（个）	选民总数（人）	代表人数（人）	性别		代表构成				其中			平均年龄（岁）
				男（人）	女（人）	干部代表（人）	工农代表（人）	知识分子代表（人）	各界人士（人）	中共党员（人）	非党代表（人）	大专以上文化（人）	
七	—	18353	238	179	59	36	133	21	48	98	140	4	—
八	41	27027	96	74	22	14	54	9	19	61	35	5	—
九	42	28761	96	75	21	13	73	5	5	61	35	7	—
十	45	29256	89	66	23	21	47	14	7	58	31	8	41.0
十一	41	30477	82	61	21	23	50	7	2	55	27	14	41.4
十二	40	31791	83	62	21	20	50	7	6	52	31	15	42.0
十三	36	33451	73	59	14	8	53	6	6	44	29	11	43.1
十四	36	34681	73	56	17	10	53	5	5	47	26	16	43.2
十五	36	35009	73	54	19	14	49	5	5	45	28	20	42.0

二、历届（次）人民代表大会

1954年春至1957年10月，境内薛典乡、观泗乡、墙门乡等小乡分别召开第一届至第二届人民代表大会。各乡人民代表大会选举产生正、副乡长，农会主任，财粮委员，生产委员。

1.硕放乡第三届人民代表大会

1958年4月召开。会议贯彻《高级农业生产合作社简章》，坚持民主办社和勤俭办社的方针，开展农业增产运动。会议选举产生第三届硕放乡人民委员会，杨华生当选为乡长，黄以新当选为副乡长。

2.硕放人民公社第四届人民代表大会

1961年5月召开。会议贯彻中共中央“大办农业、大办粮食”的方针，总结整风整社经验，加强领导班子建设，大力发展多种经营，争取农业全面丰收。会议选举产生第四届硕放人民公社管理委员会，朱耀祖当选为主任（社长），黄以新当选为副主任（副社长）。

3.硕放人民公社第五届人民代表大会

1963年4月中旬召开，出席大会的代表453人。会议贯彻党的八届十中全会精神，深入开展社会主义教育运动，进一步开展农业生产，巩固人民公社集体经济和加强人民民主专政。大会选举产生由21名委员组成的第五届硕放人民公社管理委员会，朱耀祖为主任（社长），黄以新、王介英、庞志翚为副主任（副社长）。还选举人民陪审员2名，硕放乡监察委员会委员5名。同时选举产生12名出席无锡县第五届人民代表大会的代表。

4.硕放人民公社第六届人民代表大会

1966年1月13日召开，出席大会的代表429人。朱耀祖代表上届管委会作工作报告，大会选举产生由21名委员组成的第六届硕放人民公社管理委员会，朱耀祖当选主任（社长），黄以新、庞志翚、徐同一、王介英当选副主任（副社长）。还选举产生由秦嘉洪、邹耀忠、钱玉珍（女）、黄金根、冯伯云5名委员组成的硕放人民公社监察委员会，徐再良、胡秀云

2人为公社人民陪审员。同时选举产生14名出席无锡县第六届人民代表大会的代表。

1968年3月18日，公社召开社员代表大会，黄瑞良向大会作工作报告。大会选举产生由10名委员组成的临时权力机构——硕放人民公社革命委员会，黄瑞良为革命委员会主任，朱耀祖、盛宪为革命委员会副主任。

5.硕放人民公社第七届人民代表大会

1979年1月7日至8日召开，出席大会的代表应到238人，实到228人，代表全社26938名选民出席大会。蔡光军代表公社革命委员会作工作报告，会议主要贯彻无锡县革命委员会提出的“动员全县人民，同心同德、群策群力，发展安定团结的局面，为建设高标准大寨县而奋斗”的精神。大会选举产生新一届革命委员会，蔡光军当选为主任，何学明、邹水泉、周锡忠、张秋明、白瑞根、陆士近、俞铁铮、高福泉当选为副主任，沈年庆、姚文英（女）当选为公社人民陪审员。同时选举产生39名出席无锡县第七届人民代表大会的代表。

6.硕放人民公社第八届人民代表大会第一次会议

1981年12月25日至26日召开，出席大会的代表96人，代表全社27027名选民出席大会。王守纪代表上届革命委员会作工作报告，会议着重贯彻“调整、改革、整顿、提高”的方针，实行党政分开的原则，撤销公社革命委员会，恢复公社管理委员会。大会选举产生由17名委员组成的第八届硕放人民公社管理委员会，陆士近为公社管理委员会主任，李俊松、夏克威、俞铁铮、邹水泉、薛祖荣、蔡龙兴6人为公社管理委员会副主任，同时选举产生5名公社人民陪审员。

7.硕放乡第八届人民代表大会第二次会议

1983年2月，根据经济体制改革的需要，实行政社分设，撤销公社管理委员会，改称硕放乡人民政府。1983年3月30日至31日召开硕放乡第八届人民代表大会第二次会议。会议讨论通过关于《市镇卫生管理的规定》《村镇建设用地的规定》《进一步做好计划生育工作的具体规定》。会议选举陆士近为乡长，李俊松、夏克威为副乡长。

8.硕放乡第九届人民代表大会第一次会议

1984年8月14日至15日召开，出席大会的代表96人，代表全乡28761名选民出席大会。陆士近代表上一届人民政府作工作报告，大会讨论通过《硕放乡土地保养使用规定草案的决定》。大会选举陆士近为乡长，薛祖荣、袁玉良为副乡长。同时推选陆海泉、邹永平、陈凤英（女）、郑宝国、陆锡元、邹育起、张丽珍（女）、蒋永才为乡人民陪审员。

9.硕放乡第九届人民代表大会第二次会议

1985年4月11日召开。会议听取、审议乡长陆士近关于乡九届一次代表大会以来的工作报告，并通过相应决议。

10.硕放乡第九届人民代表大会第三次会议

1986年3月23日召开。陆兴元作硕放乡人民政府工作报告。会议选举陆兴元为乡长，补选万家福为副乡长。

11.硕放乡第十届人民代表大会第一次会议

1987年3月22日至23日召开，出席大会的代表89人，代表全乡29256名选民出席大会。陆兴元代表上一届人民政府作工作报告，乡财政所所长毛泰祥作财政预决算报告。大会审议通过《关于计划生育的规定》《关于村镇建设和民房建筑用地的规定》《硕放乡公民守则》。大会选举产生陆兴元为乡长，袁玉良、薛祖荣、万家福为副乡长。同时推选邹瑞根、蒋永才、邹永平、张丽珍（女）为乡人民陪审员。

12.硕放乡第十届人民代表大会第二次会议

1988年4月19日召开。乡长陆兴元作硕放乡人民政府工作报告，乡财政所所长毛泰祥作1987年财政执行情况和1988年财政预决算报告。

13.硕放乡第十届人民代表大会第三次会议

1989年3月20日至21日。会议同意陆兴元辞去乡长职务。宣读中共无锡县委《关于同意硕放乡正副乡长候选人的批复》（锡组发〔1989〕26号）文件，提名袁玉良为乡长候选人，邹建平为副乡长候选人。大会选举袁玉良为乡长，补选邹建平为副乡长。袁玉良作硕放乡人民政府工作报告，毛泰祥作1988年财政执行情况和1989年财政预决算报告。

14.硕放乡第十一届人民代表大会第一次会议

1990年3月23日至24日召开，出席大会的代表82人，代表全乡30343名选民出席大会。袁玉良代表上一届人民政府作工作报告，毛泰祥作财政预决算报告。大会审议通过《硕放乡实施九年义务制教育规划》的决议。大会选举产生袁玉良为乡长，邹建平、万家福、孟建康、杨建声为副乡长。

15.硕放乡第十一届人民代表大会第二次会议

1991年3月22日至23日召开。袁玉良作硕放乡人民政府工作报告，毛泰祥作1990年度财政执行情况和1991年的财政预决算报告。杨建声作《硕放乡九年义务制教育规划》实施意见决议的报告。华国舜代表硕放乡人民代表大会主席团作工作报告。会议补选何子裕为副乡长。

硕放乡第十一届人民代表大会第二次会议

16.硕放乡第十二届人民代表大会第一次会议

1993年2月23日至24日召开，出席大会的代表83人，代表全乡31791名选民出席大会。唐雨旭代表上一届人民政府作工作报告，乡财政所所长瞿泉明作1992年财政执行情况和1993年预决算报告。大会通过硕放乡《“八五”期末实现初级卫生保健》的决议。大会同意袁玉良辞去乡长职务，选举唐雨旭为乡长，万家福、杨建声、周锡昌、孟建康、惠建良为副乡长。根据锡山人发〔1993〕3号关于撤乡建镇的文件精神，乡长自然转换为镇长的名称，唐雨旭为镇长，万家福、杨建声、周锡昌、孟建康、惠建良为副镇长。同时选举16名参加无锡县第十二届人民代表大会的代表。

17.硕放镇第十二届人民代表大会第二次会议

1994年3月1日至2日召开。唐雨旭作硕放镇人民政府工作报告，华国舜作硕放镇人大主席团工作报告，瞿泉明作1993年财政执行情况和1994年财政预决算报告。会议补选唐建华为副镇长。

18.硕放镇第十二届人民代表大会第三次会议

1994年9月28日召开。会议同意唐雨旭辞去镇长职务，选举万家福为镇长。

19.硕放镇第十二届人民代表大会第四次会议

1995年8月28日召开。会议补选金石平、邹志良为副镇长。

20.硕放镇第十三届人民代表大会第一次会议

1996年3月4日至5日召开，出席大会的代表73人，代表全镇33451名选民出席大会。万家福代表上一届人民政府作工作报告，张永良作人大主席团工作报告，镇财政所所长徐文明作1995年财政执行情况和1996年财政预决算报告。大会审议通过上述报告，并组织代表学习八届全国人大一次会议精神，深入学习人大性质、地位、作用等内容。大会选举万家福为镇长，杨建声、唐建华、邹志良、金石平为副镇长，张永良为硕放镇人大主席团主席，薛祖荣为硕放镇人大主席团副主席。

21.硕放镇第十三届人民代表大会第二次会议

1997年2月24召开。邹建平作硕放镇人民政府工作报告，万家福代表人大主席团作工作报告，徐文明作1996年财政执行情况和1997年财政预决算报告。会议同意万家福辞去镇长职务，选举邹建平为镇长。会议同意张永良辞去镇人大主席团主席，选举万家福为镇人大主席团主席。

22.硕放镇第十三届人民代表大会第三次会议

1998年2月26日召开。邹建平作硕放镇人民政府工作报告，徐文明作1997年财政执行情况和1998年财政预决算报告。

23.硕放镇第十四届人民代表大会第一次会议

1999年1月20日至21日召开，出席大会的代表73人，代表全镇34681名选民出席大会。沈雪芳代表上一届人民政府作工作报告，谢建初代表人大主席团作工作报告，徐文明作1998年财政执行情况和1999年财政预决算报告。大会同意邹建平辞去镇长职务，选举沈雪芳为镇长，杨建声、唐建华、张忠根、程海根、陆琴英（女）为副镇长。大会同意万家福辞去镇人大主席团主席，选举谢建初为镇人大主席团主席，吴全林为副主席。

24.硕放镇第十四届人民代表大会第二次会议

2000年1月20日召开。沈雪芳作硕放镇人民政府工作报告，朱晓晓作1999年财政执行情况和2000年财政预决算报告。

25.硕放镇第十四届人民代表大会第三次、四次会议

2001年2月20日、21日分别召开。华雨辰作硕放人民政府工作报告，吴全林代表人大主席团作工作报告，朱晓晓作2000年财政执行情况和2001年财政预决算报告。会议审议讨论通过关于《硕放镇国民经济和社会发展第“十五”计划》的决议。会议同意沈雪芳辞去镇长职务，唐建华辞去副镇长职务，选举华雨辰为镇长，补选曹定良为副镇长。会议同意谢建初辞去镇人大主席团主席职务，选举沈雪芳为镇人大主席团主席。

26.硕放镇第十四届人民代表大会第五次会议

2001年12月14日召开。会议补选陆毅刚为副镇长。

27.硕放镇第十五届人民代表大会第一次会议

2002年1月21日至22日召开。出席大会的代表73人，代表全镇35009名选民出席大会。华雨辰代表上一届人民政府作工作报告，吴全林代表人大主席团作工作报告，朱晓晓作2001年财政执行情况和2002年财政预决算报告。大会选举华雨辰为镇长，杨建声、陆琴英（女）、陆毅刚、张忠根、曹定良为副镇长。沈雪芳当选硕放镇人大主席团主席，吴全林为副主席。

28.硕放镇第十五届人民代表大会第二次会议

2002年3月7日召开。会议同意华雨辰辞去硕放镇人民政府镇长，选举龚伯云为硕放镇人民政府镇长。

29.硕放镇第十五届人民代表大会第三次会议

2002年6月20日召开。会议补选周捷为副镇长。

30.硕放镇第十五届人民代表大会第四次会议

2003年2月26日至27召开。龚伯云作硕放镇人民政府工作报告，吴全林代表人大主席团作工作报告，朱晓晓作2002年财政执行情况和2003年财政预决算报告。会议补选曹建兴、杜旎（女）、曾益明为副镇长，张忠根为硕放镇人大主席团副主席。

31.硕放镇第十五届人民代表大会第五次会议

2003年10月17日召开。会议同意龚伯云辞去硕放镇人民政府镇长职务，选举曹建兴为镇长。

32.硕放镇第十五届人民代表大会第六次会议

2004年2月10日召开。曹建兴作硕放镇人民政府工作报告，张忠根代表人大主席团作工作报告，朱晓晓作2003年硕放财政执行情况和2004年财政预决算报告。会议选举杨建声为镇人大主席团副主席。

33.硕放镇第十五届人民代表大会第七次会议

2005年2月1日召开。曹建兴作硕放镇人民政府工作报告，杨建声代表人大主席团作工作报告，朱晓晓作2004年硕放财政执行情况和2005年财政预决算报告。会议同意沈雪芳辞去镇人大主席团主席职务，选举邹建平为镇人大主席团主席，补选孙磊为副镇长。

2006年2月，撤镇建街道，成立硕放街道办事处，不再作为一级地方政府机构，按规定不再召开人民代表大会。

2007年4月30日，硕放街道办事处成立选举出席滨湖区新一届人民代表大会代表领导小组，曹建兴为组长，邹建平、钟晓栋、陈志高为副组长。选举出席滨湖区新一届人民代表大会代表。

三、人大主席团、办公室

1.镇（乡）人大主席团

历届（次）人民代表大会都由预备会议通过主席团成员，由大会主席团负责并主持人大会议。由大会主席团审议并通过大会的主要议程、日程安排及有关事项；收集代表批评、意见和建议，并提交政府办理；汇总代表对报告的讨论情况，通过预决算审查报告、提案审查报告和有关决议；汇总对候选人的提名和选举办法的意见和建议，讨论确定正式候选人、选举工作人员；组织大会选举，听取、审核选举结果。闭会期间，人大工作在党委领导下，上级人大指导下开展工作，并由人大正、副主席负责。1991年起设人大主席团常务主席。1996年起设人大正、副主席。2006年起设街道人大工委正、副主任。

2.镇（乡）人大办公室

为加强人大工作，1991年起设人大工作联络员，后成立乡人大办公室。其主要工作是根据镇（乡）人大主席团的要求，制订全年工作计划，并按工作计划协助正、副主席组织实施。在代表活动中，负责通知、安排、联络、活动记载、宣传报道等。在换届工作中，具体做好代表选举的业务工作；召开代表大会例会时，做好会议的有关准备工作；会后做好总结、归档工作。

四、代表活动

1.组织代表学习，提高自身素质

人大主席团利用培训班及有关会议，邀请市、区（县、市）等有关领导到硕放讲课，组织代表学习邓小平理论，中共路线、方针、政策和有关法律、法规。组织代表到外地参观学习，不断提高代表对人大性质、地位和作用的认识，提高代表的代表观念、法制观念和政策水平，增强代表参政议政的能力，较好地发挥代表的作用。20世纪90年代，镇人大主席团在人大代表中广泛开展“人民选我当代表，我当代表为人民”的争先创优活动，开展“好建议、争贡献”的竞赛活动。这些活动既调动代表对人大工作的积极性，又进一步提高人大代表的自身素质。

2.组织代表调研，加强法律监督

代表除参加历届（次）人代会外，在闭会期间，人大主席团组织代表开展各项有关活动，定期和不定期地组织代表对政府重点工作目标和有关部门工作情况进行专项调研，切实加强工作监督和法律监督。对公共场所的食品卫生、环境污染、劳动法贯彻、社保中的职工退休养老保险等紧贴人民群众的热点问题进行调研，重点解决卫生系统医德、医风、设施、管理、规范收费等问题；教育系统九年制义务教育等问题。围绕依法治镇进行调研，重点解决有关法律法规在镇村的贯彻实施，推进平安创建工作，促进全镇（乡、公社）法制建设，起到发挥地方国家权力机构的作用。

3.组织代表视察，积极建言献策

代表的视察被列入人大工作的议事日程，每年都要组织数次视察活动，对社会事业发展中的重点问题进行视察。1991年，为加快全乡实施九年制义务教育达标工作，人大主席团组织代表对全乡14所中小学、联中村校进行视察，邀请部分校长进行座谈，听取学校领导的意见和建议，通过视察提出很好的建议和意见，解决学校危房的修缮和贫困少儿上学难的问题。保护饮用水水源，加快改水工作是全乡人民群众所关心的大事，各代表小组在活动过程中，根据当地、当时实际情况，采取多种形式进行座谈活动，汇集代表采集到的建议，人大主席团认真学习讨论并建议政府迅速筹集资金，改造水厂供水能力，解决水质污染，使全乡人民饮用上洁净的自来水。20世纪90年代中后期，镇人大主席团组织代表小组进行视察活动，视察调研企业转制工作中的成功经验及尚存不足之处，提出为下阶段的企业转制工作顺利进行而不走弯路，汇集代表意见，为党委、政府献计献策，为顺利完成全镇企业的转制工作起到人大代表应有的作用；听取政府对新建农贸市场筹建情况的汇报；听取文化站对《江苏省文化娱乐市场管理条例》《江苏省书刊、音像、出版发行的管理条例》实施情况的汇报；听取派出所对社会治安情况的汇报；听取司法办对法制工作和民事调解工作情况的汇报后，人大主席团从中进行分门别类提出批评和建议，责成政府和有关职能部门办理，并将办理结果报告人大主席团。历届（次）人代会议上，通过代表的建议和批评意见，反馈到政府各部门，做到件件有落实，事事有答复，不断提高代表建议的积极性和建议处理的满意度。

第三节　政务工作

一、经济工作

中华人民共和国成立之初，境内区、乡政府组织开展土地改革、农业合作化运动，农民分得了田地，生产积极性得到极大提高，粮食生产、蚕桑生产迅速发展。同时，先后成立手工业联社、供销合作社、农村信用合作社，进一步促进农村经济的发展。1957年并乡后，成立硕放乡人民政府。1958年，“大跃进”和“人民公社化运动”开始。是年9月，硕放人民公社成立。1959年至1961年三年困难时期，使农村经济陷入困境。1961年，贯彻国民经济“调整、巩固、充实、提高”的方针和《农村人民公社工作条例》（六十条），农村经济逐年得到好转。1962年，为贯彻国家《关于改变农村人民公社基本核算单位问题的指示》文件精神，由原来以大队为基本核算单位改为以生产队为基本核算单位，明确“三级所有，队为基础”。1966年至1976年，片面强调“以粮为纲”，多种经营及工业生产受到遏制，农村集体经济薄弱。1978年中共十一届三中全会后，以经济建设为中心，实行改革开放，农村经济迅速发展。经济工作作为政府的主要工作，列入历届（次）人民代表大会政府工作报告的重要内容。政府每年与各村、企事业单位签订经济目标责任状。进入20世纪80年代后，全社全面实行家庭联产承包责任制，粮油生产稳产、高产，多种经营全面发展，农业经济效益不断提高。乡镇工业迅速发展，加大资金投入、加强企业管理、加快拓展市场，经济效益显著。1985年，全乡经济总量首超亿元。1992年，邓小平南方谈话后，进一步解放思想，农村经济得到长足发展。20世纪90年代中后期，家庭联产承包责任制逐步向规模经营发展，加快产业结构调整，镇村集体企业转制，进一步解放生产力，民营企业、“三资”企业大发展。1998年，经无锡市人民政府批准，在硕放筹建无锡市级私营经济园，企业转型发展，解决污染等问题，全镇工业企业相对集中。进入21世纪，工业园区生产稳健快速发展，第三产业迅猛崛起。2000年，全镇农村社会总产值达28.29亿元。2006年，全街道社会总产值达177.09亿元，其中园区工业产值突破百亿元，达100.77亿元；第三产业营业收入达75.92亿元，占全社会总产值的42.9%。2013年，空港产业园区（硕放街道）经济总量达594.21亿元，其中第一产业0.33亿元，第二产业318.04亿元，第三产业275.84亿元，财政收入9.59亿元。

1984—2013年硕放街道（镇、乡）社会总产值一览表

表 23-23

年份	社会总产值（万元）	增长（%）	其中：		
			第一产业（万元）	第二产业（万元）	第三产业（万元）
1984	7647	—	1765	5882	—
1985	10707	40.0	1483	9224	—
1986	14889	39.1	2216	12051	622
1987	19848	33.3	2449	16475	924
1988	28254	42.4	2860	24348	1046
1989	27694	-0.2	3507	23129	1058
1990	30271	9.3	3875	25286	1110
1991	36657	21.1	4780	30627	1250
1992	69398	89.3	5670	59783	3945
1993	111143	60.2	5790	100262	5091
1994	104204	-6.2	8586	89288	6330
1995	107960	3.6	9203	89422	9335
1996	134907	25.0	9525	86342	39040
1997	142676	5.8	10957	89665	42054
1998	164311	15.2	10981	100298	53032
1999	216003	31.5	12046	130245	73712
2000	282921	31.0	14200	170703	98018
2001	455297	60.9	16033	269213	170051
2002	668617	46.9	18206	350245	300166
2003	837624	25.3	6551	476075	354998
2004	1068994	27.6	5199	608579	455216
2005	1356995	26.9	3636	765861	587498
2006	1770937	30.5	3956	1007740	759241
2007	2426670	37.0	3894	1410053	1012723
2008	2783160	18.8	3203	1601057	1178900
2009	3054755	9.8	3050	1846172	1205533
2010	3446666	12.8	2879	2203587	1240200
2011	4477265	29.9	2822	2818593	1655850

续表 23-23

年份	社会总产值（万元）	增长（%）	其中：第一产业（万元）	第二产业（万元）	第三产业（万元）
2012	4996794	11.6	3764	2891642	2101388
2013	5942149	18.9	3313	3180464	2758372

1990—2013年硕放国民生产总值一览表

表 23-24

年份	国民生产总值（万元）	第一产业		第二产业		第三产业		增长（%）
		增加值（万元）	三次产业比（%）	增加值（万元）	三次产业比（%）	增加值（万元）	三次产业比（%）	
1990	8161	412	5.05	4718	57.81	3031	37.14	—
1991	12882	1060	8.22	9909	76.92	1913	14.85	57.85
1992	25325	2186	8.63	18993	75.00	4146	16.37	96.59
1993	39109	2933	7.50	23465	60.00	12711	32.50	54.43
1994	40283	5152	12.79	27702	68.77	7429	18.44	3.00
1995	40204	5062	12.59	25248	62.80	9894	24.61	-0.20
1996	33234	5239	15.76	17948	54.00	10047	30.24	-17.34
1997	35684	6026	16.89	18503	51.85	11155	31.26	7.37
1998	40041	6035	15.07	21991	54.92	12015	30.01	12.21
1999	50327	6144	12.21	26163	51.99	18020	35.80	25.69
2000	65230	7018	10.76	36210	55.51	22002	33.73	29.61
2001	102010	8978	8.80	60027	58.84	33005	32.76	56.39
2002	151240	9103	6.02	82014	54.23	60123	39.75	48.26
2003	191011	3147	1.65	107297	56.17	80567	42.18	26.30
2004	247659	2052	0.83	140555	56.75	105052	42.42	29.61
2005	288992	1440	0.50	170183	58.89	117369	40.61	16.69
2006	365738	1618	0.44	215778	59.00	148342	40.56	26.56
2007	512488	1385	0.27	308940	60.28	202163	39.45	40.12
2008	593012	1500	0.25	361310	60.93	230202	38.82	15.71
2009	673963	1593	0.24	403169	59.82	269196	39.94	13.65
2010	731859	1143	0.16	510686	69.78	220030	30.06	8.59
2011	942539	1088	0.12	643398	68.26	298053	31.62	28.78
2012	955102	1332	0.14	575520	60.23	378250	39.63	1.33
2013	1201145	1325	0.11	703313	58.55	496507	41.34	25.76

2000—2013年硕放固定资产投资完成额一览表

表 23-25

年份	固定资产投资完成总额（万元）	增长（%）	其中：工业性投入（万元）
2000	15023	—	11491
2001	28610	90.44	18068
2002	39820	39.18	22000
2003	75105	88.61	43705
2004	90010	19.85	55780
2005	112140	24.59	71940

续表 23-25

年份	固定资产投资完成总额（万元）	增长（%）	其中：工业性投入（万元）
2006	132050	17.75	80946
2007	178000	34.80	100580
2008	165000	-7.30	102300
2009	300933	82.38	184472
2010	336950	11.97	203855
2011	397448	17.95	242443
2012	472429	18.87	297630
2013	568837	20.40	365478

二、实事工程

1983年后，乡政府一手抓经济建设，一手抓民生实事工程，在历届（次）人民代表大会政府工作报告中，把实事工程列为全年工作的目标和任务，经过人大代表审议并通过后组织实施。这些实事工程，留下硕放的经济从农业大乡向工业强镇迈进和社会事业不断发展变化的印记；记录硕放镇区由小到大、由散落的村巷小道向繁华的现代城镇不断发展变化的过程；反映硕放人民衣、食、住、行从温饱型到小康型不断发展变化的真实面貌。进入21世纪，是经济和社会发展的最好时期，镇政府抢抓机遇，招商引资，加快园区建设步伐，想大事、办实事，把硕放建设成为经济发达、市镇繁荣、人民富裕、环境优美的社会主义新城镇。1983年至2013年，政府共提出实事工程182件。除特殊情况外，基本上件件有落实，事事有结果，造就硕放街道（乡、镇）政府工作的辉煌业绩。

1. 1983年实事工程

拨款20.4万元建造医院门诊大楼、康复中心、市镇菜场、汽车站候车棚和敬老院；投资20万元建造市镇自来水厂；投入14.5万元发展教育事业，建造硕放中心小学教学楼，建筑面积1000平方米；乡开办机械、电子专科班，择优录取78名高中毕业生就读；全乡贯通竣工9个村的公路，全长12.8公里；安排32名残疾人员进福利厂；发放1.48万元扶贫资金，扶持315户困难户，当年脱贫87户。

2. 1984年实事工程

投资16.1万元建造自来水厂、市镇贸易市场、敬老院及3座桥梁；10个村的万米乡村公路路基工程基本完成；投资10万元新建中学校舍400平方米和中心小学教学楼的翻建工程；投资13.56万元市政建设费，改变市镇“脏、乱、差”面貌；发放扶贫款1.49万元，扶持困难户156户，当年脱贫118户。

3. 1985年实事工程

完成中心小学教学楼的翻建工作，竣工面积2900平方米；首届机械、电子专科班78名大专生结业，分配进乡镇企业工作；拨款8.32万元扩建乡敬老院，全乡54位“五保”老人全部入住进院；自来水厂竣工后，集镇受益人口达3500人；10个村的万米乡村公路竣工通车，全乡共建设公路22.62公里，并建造好公路桥梁7座；发放扶贫资金1.99万元，扶持困难户136户，当年脱贫126户；发放151户烈军属优待金7.05万元，安排28名退伍军人进乡、村办厂工作。

4. 1986年实事工程

投入文教卫生事业经费共128.89万元，建成中心小学教学楼和王家桥初中；改扩建硕放卫生院和乡敬老院；建乡村公路28.85公里和公路桥梁14座；发放扶贫资金3.64万元，扶持困难户115户，当年脱贫113户；优先安排烈军属、复退军人建筑房屋用砖47万块。

5. 1987年实事工程

投资65万元建成的中学教学大楼交付使用；投资11万元翻建塔西等4个村校的校舍；建造集镇外围公路，拓宽墙门大桥；完成自来水厂管道延伸改造工程，受益人口约8000余人。

6. 1988年实事工程

投入教育事业经费25万元翻建全乡村校的危房、校舍；为西片各村和单位安装90门程控电话，改变通信困难状况。

7. 1989年实事工程

投入教育事业经费92万元改变中小学办学条件，翻修建造校舍9182平方米；自来水受益人口扩大至1.2万人；开通农民班车，解决群众进城难；拓宽机场至后宅的“道路黑色化”工程，解决群众行车难；铺设老街至中学的水泥路和燕村桥至中学的砂石路，方便学生上学；为市镇主要街道安装路灯，方便群众夜间出行。

8. 1990年实事工程

修建墙门老街至坝后的道路，方便群众出行；墙门老街1200平方米商品房竣工；建造桥梁4座；解决墙门集镇“脏、乱、差”状况，新建公共厕所3所、垃圾房7座，对97个露天粪坑加盖封闭；继机场营房至孙典桥8公里“道路黑色化”工程修筑完工的基础上，投资21.05万元整修公路路肩排水沟工程建设，并完成7公里的路灯工程。

9. 1991年实事工程

投入资金250余万元扩建硕放中心小学教学楼；投入资金400余万元在燕村桥建造农贸市场，建筑面积2500平方米，内设摊位195个；投入资金13万元，新建机电灌溉站6个；投入资金25万元，铺设墙门到鸿丰桥、中华庄到梅村界的两条柏油路，翻建“反帝桥”公路桥。

10. 1992年实事工程

投入教育事业经费170.9万元用于中心小学教学楼扩建和支付中学教学楼工程款；投入文教卫生资金59.9万元改造文化娱乐场所和农村广播路线，增加合作医疗和计划生育补贴；投入市镇建设资金120.6万元新建农贸市场、新党校一期工程，完成东片“道路黑色化”工程建设。

11. 1993年实事工程

投入市镇建设209.9万元用于中心街的建设和市镇建设的土地使用费；投入66.5万元支付新党校建设工程款、农村合作医疗费和独生子女奖励的经费；拨款70.8万元建造新的派出所和敬老院。

12. 1994年实事工程

投资建造的2200平方米的硕放中学综合教学楼竣工使用；投资在墙北村陆房湾自然村新建的基督教堂竣工使用，占地面积1458平方米。

13. 1995年实事工程

投入90万元用于敬老院改扩建工程；自来水管道再延伸，自来水受益人口增加到14000人；投入教育经费213.4万元翻建村校舍1.1万平方米；投入182.5万元用于盈发路和部分公路桥梁建设；投入15.8万元增添消防器材及设施；建造有线电视站，发展用户1000户；完成电话升位，新增电话1080门；投入572万元铺设道路9028米，修建桥梁14座。

14. 1996年实事工程

投入400万元用于建设完成沪宁高速公路硕放段的配套工程，加速经一路和薛典路竣工通车；投入53万元用于扩建敬老院1000平方米工程款及民政社会救济款；自来水厂新增水井1眼，新铺排水管道301米，改造人行道2000米；投资100多万元建设的硕放医院门诊综合大楼竣工启用；拨款61.3万元对2733人（次）的重点户进行民政优抚、济困、拥军优属等活动；全面完成京杭大运河硕放段2.5公里的整治工程；东新小学竣工，验收达标交付使用。

15. 1997年实事工程

投入水利工程320万元，翻建地下水泥涵管渠道17公里，新翻建泵站19座，疏通河道4170米，新建水泥明排水工程840条；投入120万元，用于经一路延伸工程，镇区建围64米，新增绿化面积1500平方米，改造农村低压线路58公里，新增电话用户1200户；政府机关干部结对帮扶50对贫困户，组织全镇干部群众开展向延安革命老区黄龙县捐衣募被及捐资助学活动；发放54万元困难补助、优抚、社会救济款；完成西典巷到黄家门路的拓宽工程；建造集镇社会停车场；启动小商品市场扩建工程；完成安息堂一期工程。

16. 1998年实事工程

投入市镇建设资金141.2万元建造政通路、西典路工程；投入创三优工程52.8万元改变镇容镇貌，改善环境，顺利进入无锡市文明卫生镇行列；投入民政福利资金119.5万元建造安息堂工程，发放优抚、社会救济及敬老院费用；投资100万元建造的私营经济招商楼竣工启用；完成高浪路至硕放镇的给水工程9400米；占地面积49亩、建筑面积13000平方米的农机市场竣工；硕放商城竣工，小商品市场改造完成；新增有线电视用户1000户。

17. 1999年实事工程

完成硕放火车站“平改立”（地下隧道）工程；启动振发公寓安居房工程建设。

18. 2000年实事工程

投入市镇建设资金123.6万元改变集镇“脏、乱、差”的面貌；投入资金131.9万元用于“道路黑色化”和建造桥梁，完成“六桥六路”的建筑工程；发放民政福利资金68.1万元用于民政补助、优抚对象、社会救济、最低生活保障和敬老院等经费。

19. 2001年实事工程

完成11000平方米振发公寓安居房工程；投入市镇建设资金814.1万元用于中心小学易地新建工程、路桥建设、自来水工程、集镇建设以及创建省卫生镇专款；拨款78.2万元扶持困难、薄弱村；发放民政福利费用73.3万元用于优抚、低保、社会救济等；投入资金500万元用于清理河道32条，总长35公里；新建翻造泵站30座；水泥涵管渠道36公里；镇、村两级干部帮困结对子100户，当年脱贫65户；振发公寓安居房竣工。

20. 2002年实事工程

全镇新铺彩色道板砖2万平方米；新建1万平方米集镇停车场；建造12公里道路主干网，启动10公里“二纵四横”道路工程和22公里市政管线建设工程；完成润硕苑11.4万平方米、新锦园7万平方米安居房建设以及星月苑A区10.8万平方米和丰硕苑2.3万平方米商品房建设；投入资金100万元规划建造污水处理厂主体工程及管网工程，日处理2万吨污水厂一期工程投入试运行；发放各类社会救助金107万元，用于民政补助、优抚对象、社会救济、最低生活保障及敬老院的经费；投入资金40万元完成振发公寓、润硕苑两个小区的电视网络建设，新增有线电视用户600户；投入300万元用于中心小学易地建造。

21. 2003年实事工程

投入4.2亿元推进工业园区建设，建成标准厂房6.6万平方米；润硕苑、新锦园、咏硕苑安置房竣工；启动南星苑83万平方米的安置房工程建设，当年完成60万平方米交付使用；投资1亿元完成南开路、中通路、南星一路、南星二路等12公里道路及沿线的20余座大型桥涵建设，5平方公里间的镇区道路全面铺设雨水、污水、电力、电信、煤气、自来水等市政管线；投资3400万元的污水处理厂一期工程全面竣工；投资1200万元新建中心幼儿园；发放各类社会补助金130.8万元；推荐就业人员2500人，解决特困户就业50人；镇区新增绿化面积35万平方米。

22. 2004年实事工程

竣工安居房建设25万平方米，并完成南星苑小区建设；完成道路建设6.5公里（经沪路、南星路、南河路）；社会事业建设总投入1035万元用于中心小学基础工程、市镇基础建设、自来水工程、中心幼儿园工程、创建工程、敬老院建设；发放民政福利费用179万元，为民政补助、优抚对象、社会救济、最低生活保障及敬老院经费；推荐“4050”人员就业、再就业300余人。

23. 2005年实事工程

完成硕放市民休闲活动中心建设；完成南星苑小区安置房建设；启动南星苑幼儿园和

南星苑小学建设；推荐就业2500人，其中有150户困难户家庭的人员。

24. 2006年实事工程

累计投入2000多万元完成“国家级文物保护单位”昭嗣堂的修缮工作；硕放慈善协会为38户贫困户发放救助金9.05万元；为105名大、中、小学生发放助学金30.26万元。

25. 2007年实事工程

完成南星苑G区11.48万平方米的安置房建设工程；完成河道清淤41条，总长23.3公里，总土方25万立方米。对全街道69条河道实行长效管理，实施河长负责制。

26. 2008年实事工程

空港产业园区组织干部群众募捐145万元支援四川汶川大地震救灾工作；锦硕苑A区安置房竣工；完成香楠佳苑安置房50%的主体工程建设；完成自来水“村村通”工程，铺设管道15万米；发放最低生活保障、低保、残疾人、优抚对象等扶贫帮困基金450万元；对街道682名学生发放助学补助金129万元；年内完成清淤河道37条，长度37232米；完成锡宅路、红光工业小区污水管网建设以及振发公寓、丰硕苑、润硕苑、咏硕苑生活小区的雨污管网分流改造工程，建设管网总长26.5公里。

27. 2009年实事工程

投资7亿元用于完成总长15公里的环机场路、薛典北路工程建设；全年开工建设安居房工程总面积42.25万平方米，已完成22万平方米，在建的20万平方米已完成80%，安置总户数4190户；完成7个社区14673户阳台截污；336家排水单位通过达标验收，154家企业污水接管道工作完工，实施27个自然村的截污改造。惠民物业股份合作社对当年1624户入股居民发放红利367.5万元。清淤河道22条，总长度14.3公里，清淤土方29.096万立方米。举办就业招聘会7场，提供就业岗位5500余岗次，实现就业人数2007人，城镇失业人员再就业1221人。分期、分批为2015名60岁以上老人免费健康体检工作。对678名大学本科、专科生及高中、中专、职技校生发放助学金121.1万元，对部分家庭相对困难的中小学、大中专学生发放困难补助金21.6万元。社区环境整治中，对南星苑等社区的地下车库进行改造，建设公共停车位21403平方米。为无业重残疾人员发放救助金30.4万元，春节前走访慰问活动发放慰问金159万元，发放重病救助及白血病、糖尿病等专项救助金27.2万元。

28. 2010年实事工程

完成墙门老街1.8万米的截污建设，建成6个排水达标区截污工程；完成4.66公里锡宅路（机场南路至环太湖高速公路）改造工程；新增就业2600余人，城镇失业人员再就业1827人；惠民物业股份合作社对1935户股民发放红利879.69万元；对728名特困家庭人员发放临时生活补助金71万元；开展慈善助学的助困活动，对133名学生发放助学金19.2万元；竣工交付安居房56幢，共计27万平方米，安置2556户；投入资金400万元，改造社区车库214个；新建咏硕苑社会停车场投入使用；完成小区的绿化养护补植87776平方米，改造停车位1043平方米；对低保户和优抚对象发放低保金和物价补贴263.1万元。

29. 2011年实事工程

竣工交付安居房9.8万平方米，安置政策性住房486套，安置面积4万平方米；惠民物业股份合作社对股民发放红利946.66万元；新增就业2000余人，城镇失业人员再就业1561人；发放征地农民一次性生活补助6000余万元；补贴居民医疗保证金513万元；总投入资金9500万元的硕放颐养院主体工程完工；易地新建的硕放中学奠基开工；南星苑幼儿园扩建工程完成；香楠佳苑幼儿园开工建设；对380名老年人发放老年手机；为5399名妇女提供妇科咨询、治疗服务；投资5000万元的硕放文化中心投入使用；分期、分批为12230名参保人员进行全面体检工作；发放城市低保金250.3万元；发放临时价格补贴46.8万元；自来水补贴19万元，发放生活救助金53万元，救助困难群众776户；发放奖学金111.8万元，581人享受助学补助金；兑现16名退伍士兵自谋职业补偿金52.8万元。

30. 2012年实事工程

投入2600万元启动孙安路城市化改造；投入5300万元快速推进南开路翻建二期工程；完成环太湖高速硕放出入口、薛典路、长江南路两侧增林工程，新增绿化面积5.1万平方米；新增就业2115人，城镇失业人员再就业1877人；对2000余户困难家庭发放救助金300万元；南星苑幼儿园扩建工程竣工启用；惠民物业股份合作社对股民发放红利899.14万元。

31. 2013年实事工程

投资6000万元完成孙安路、南开路、锡宅路城市化改造工程；新增绿化造林面积18万平方米；投资600万元开展村庄环境综合整治，覆盖率达到100%；丽景佳苑二期竣工使用33万平方米，2993套安居房全部分配农户入住；香楠佳苑三期竣工，832套安居房交付使用；9月1日，硕放中学建成投入使用；硕放颐养院建成使用，共有床位430张；政府募集资金280万元，救助重大疾病困难户超过300户；惠民物业股份合作社对股民发放红利1008.62万元。

三、提案办理

1983年2月，召开硕放乡第八届人民代表大会第二次会议。此前，代表的提案都由公社管理委员会负责办理。从第八届人大二次会议开始至第十五届人大七次会议，代表提出的提案（议案、建议、批评、意见）共有876件，其中农业水利农机92件，占10.50%；工业105件，占11.99%；科教卫生（计生）178件，占20.31%；政权建设134件，占15.30%；交通路桥建设118件，占13.47%；镇村建设167件，占19.06%；财贸物资19件，占2.17%；环保创建32件，占3.65%；其他31件，占3.55%。每次代表会议收到提案后，先由提案审查小组整理，然后交提案审查委员会作代表建议的审查报告，会后由镇（乡）政府组织各部门根据轻重缓急予以办理，并在下一次会议向代表报告建议的办理情况。对代表提出的提案，作为政府工作的重要内容，是一项为人民负责的重要政治任务，要求开好政府办公会议，把代表提案落实到有关部门进行办理。办理过程中作为政府工作的重点工作进行督促检查，对办理情况要向人大代表通报，进一步征求是否满意，一时不能办理的要向代表说明情况，取得代表们的理解。

1983—2005年硕放镇（乡）历届（次）人民代表大会提案一览表

表 23-26　　　　单位：件

届别	次别	提案类别										解决或基本解决或措施基本落实	反馈意见		
		农业水利农机	工业	科教卫生（计生）	政权建设	交通路桥建设	镇村建设	财贸物资	环保创建	其他	合计		满意	基本满意	不够满意
八	1	20	10	14	28	10	—	—	—	10	92	81	72	9	—
	2	5	10	7	1	10	5	3	—	—	41	37	32	5	—
九	1	6	9	24	10	—	22	4	—	—	75	67	52	15	—
	2	5	7	10	3	—	—	—	—	3	28	24	22	2	—
	3	4	6	8	2	3		4	—	2	29	26	21	5	—
十	1	—	17	23	7	—	41	4	—	—	92	75	58	16	1
十一	1	11	10	23	5	7	40	4	—	2	102	68	61	5	2
十二	1	7	—	8	6	1	3	—	—	—	25	22	21	1	—
	2	7	9	18	19	18	—	—	—	—	71	61	54	7	—
	3	2	2	2	7	7	—	—	—	—	20	18	17	1	—
十三	1	8	8	7	9	13	21	—	5	—	71	68	62	5	1
	2	1	4	10	8	11	—	—	5	1	40	31	23	8	—
	3	2	1	—	8	—	10	—	—	2	23	21	19	2	—
十四	1	3	5	5	5	—	13	—	5	—	36	29	21	7	1
	2	2	2	—	4	9	—	—	4	2	23	20	18	2	—
	3、4	2	1	7	5	5	4	—	4	2	30	29	25	4	—
十五	1	3	2	3	4	15	6	—	2	2	37	25	19	6	—
	3	4	—	4	—	3	2	—	—	4	17	17	17	—	—
	6	—	1	—	1	3	—	—	4	1	10	10	10	—	—
	7	—	1	5	2	3	—	—	3	—	14	14	14	—	—
共计		92	105	178	134	118	167	19	32	31	876	—	—	—	—

第四节　地方人民政协

1956年2月，从无锡县召开第一届政治协商会议起，硕放乡就有参加县（市）政协会议的委员，并逐渐增多。俞铁铮等7人曾分别为无锡县历届政协委员。20世纪80年代后期，政协小组由党委宣传委员分管。1981年，政协委员陆桂根等2人参加无锡县政协第五届一次会议。1984年11月，政协委员俞铁铮等4人参加无锡县第六届一次会议。1993年，无锡县政协第九届一次常委会决定，任命薛祖荣为硕放政协小组组长，邹钰泉为副组长。1995年8月，镇党委设专职统战委员，镇政协工作由统战委员薛祖荣分管。1995年至2002年，无锡市新区不设政协管理机构。2003年至2012年，硕放政协委员参加政协无锡市滨湖区第一届、第

2012年硕放街道政协委员与群众代表座谈

二届、第三届政协会议。2009年成立硕放街道政协联络工委小组，由街道党工委副书记陈志高兼任组长。2010年1月29日，成立中国人民政治协商会议无锡市新区硕放街道工作委员会。至2013年，分别由陈志高、陈琼担任主任。

2003—2012年历届滨湖区政协会议硕放委员一览表

表 23-27

年份	届次	委员
2003—2008	政协无锡市滨湖区第一届委员会	曹定良、赵文斌、陈志高、杨晓中、毕明荣、王国强、邹钰泉、居　斌
2009—2011	政协无锡市滨湖区第二届委员会	夏　阳、陈志高、毕明荣、王　媛、夏春生
2012	政协无锡市滨湖区第三届委员会	陈志高、陈　琼、俞石英、陈　涛、程中广、顾　萍、杨　勇、周鑫诚、马文龙、夏春生

政协硕放工作委员会（政协联络工委小组）坚持以科学发展观为指导，围绕民主、团结两大主题，组织政协委员学习时事政治、开展各项视察活动，听取群众意见和建议，开展侨务活动和联络“三胞”（海外侨胞、台湾同胞、港澳同胞）工作。切实履行政治协商、民主监督、参政议政职能，充分发挥人民政协服务大局、协调关系、汇聚力量的作用，为区域经济、社会健康可持续发展做出贡献。

第二十四章

公安　司法

中华人民共和国成立后，境内各小乡民兵中队长兼治安中队长。1951年，无锡县人民法院在墙门镇设立墙门法庭。1955年，无锡县公安局在塔西乡鳌塔桥设立硕放机场派出所，负责保卫硕放机场的国防工程建设，在境内相继开展镇压反革命、禁毒、禁赌等运动，社会治安良好。1962年，硕放机场派出所改为硕放派出所。20世纪80年代，党委、政府高度重视，公安部门狠抓社会治安。1983年4月，无锡县人民法院在墙门老街设立硕放人民法庭，负责硕放、新安、后宅三个乡的案件等受理工作。20世纪90年代，境内广大干部群众积极参加社会治安综合治理工作，开展创“三安”（安全文明村、安全文明单位、安全文明小区），创建民主法治村、村民自治模范村、“无毒村”和建设平安硕放等一系列活动，营造社会稳定、治安良好、法治规范的环境。1995年5月，成立硕放镇社会综合治理委员会，协调和指导公安、司法和综合治理等部门开展工作。硕放派出所在2006年至2007年被无锡市委、市政府评为文明单位，2012年荣立市公安局集体三等功，2013年，硕放街道被中共无锡市委、无锡市人民政府命名为法治镇（街道）创建工作示范单位。

第一节　公　安

一、治　安

解放前，墙门、新安、华庄、望亭等沿太湖一带的乡村经常发生强盗打劫案件，直至解放初期也时有发生。望亭是太湖近段一带的强盗聚集点，墙门地段强盗小头目周氏两兄弟勾结外地强盗在境内抢劫作恶。

解放初期，政府为维护社会秩序，保障人民生命财产的安全，加强社会治安。通过多次运动，对土匪强盗及反革命案件进行清查。境内治安的主要任务是禁赌、镇压反革命（肃反）、取缔反动“会道门”。1950年，境内参加匪东南人民反共救国军的匪首吴某刚、顾某琴、凌某弟被人民政府枪决。是年11月，开展镇压反革命运动。1951年1月4日，华庄区人民政府在墙西乡姚轩坟等地数次召开公判大会，境内共惩处坏人44人，其中判处死刑的13人、劳动改造及判刑31人。1953年，境内反动“会道门”在其塔西乡小园里等地设佛堂，以传道讲经为名骗取钱财、制造谣言，煽动群众抗拒和破坏国家政策法令，政府对有罪道首、坛主等根据情节轻重或依法惩处、或交群众管制；对误入其门的道徒，则劝其退出。是年4月，水上开展民船民主改革运动，以加强内部团结，推翻封建势力，提高政治觉悟，走集体化道路为内容，组织教育渔民检举揭发坏人坏事，同封建势力作斗争。1954年春，公安局逮捕强盗杀人团伙主犯朱某宝、赵某大、朱某娣、朱某英，并判处有期和无期徒刑。1955年，由硕放机场派出所主持开展肃反运动，利用40天时间将墙门境内的渔船统一集中到鳌塔桥（塔西乡）。经背对背检举揭发，破获多起枪击行凶及反革命案件。是年6月，水火帮惯匪周某其等12人由公安局逮捕入狱。经过肃反运动惩办坏人、伸张正义，但仍有水火帮余党继续作案。由于尚未彻底查清案情，渔民仍未建立户口。1958年5月，县公安局就硕放乡境内渔民要求建立户口之机，有意图地开展了一次水上渔民集训。深入开展形势、政策、前途教育，号召广大群众检举揭发，对34名嫌疑分子排队摸底，其中27人解放后继续作案。是年9月，望亭公安分局对硕放人民公社船只中的水火帮和反革命嫌疑分子进行集中审查。召开对水火帮成员周某其为典型的坦白大会，终于使周某纪为首的水火帮攻守同盟彻底破产。经过前后多次清查，逐步纯洁渔民队伍。

1955年，硕放机场派出所成立后，在做好硕放机场安全保卫工作的同时，配合部队做好机场范围和周边的巡逻工作，防止和杜绝非正常事故发生。组织机场周围墙西、五星、建新、红星、和平、光明、红光等大队的基干民兵开展夜间巡逻工作，严防不法分子搞破坏活动。

1960年10月，硕放派出所组织沿机场周围、铁路沿线的11个大队党支部书记、治保主任、生产队干部和治保积极分子对社会改造对象进行全面调查摸底。11个大队共有“四类分子”202人，其中地主78人、富农97人、反革命分子16人，坏分子5人，依法管制6人。对全社“四类分子”相应建立75个保改小组，并对“四类分子”的改造建立台账。1965年，全社发动民兵500余人次为机场、铁路等周边地区做好保卫工作。

20世纪70年代起，越来越多的国家领导人、国际友人到华访问。时任美国国务卿基辛格一行到无锡等地访问，飞机降落硕放机场，硕放派出所配合无锡市、县公安局和硕放部队，做好一级安全保卫工作。

1971年2月，硕放人民公社革委会发出《关于维护机场秩序、做好援场护场的通告》。历年来，全社广大干部群众为维护机场秩序保护人民生命安全，保障战备落实，确保飞行训练顺利完成，做了大量的工作。

1978年10月24日，公社成立落实政策办公室，根据中央文件精神，实事求是地对“五类分子”进行复查纠错。1979年3月，全社494人（除死亡和已摘帽的264人），剩下230人一次性全部摘帽。这一年，全社464人的冤假错案得到平反。

20世纪80年代起，治安管理以“严打整治”“禁毒禁娼”“治爆缉枪”“打黑除恶”等为重点，严厉打击各类违法犯罪活动，破获一批大案、要案。1981年4月，县司法部门和公社保卫组合办法制宣传教育图片展览，在全社各大队和市镇单位巡逻宣讲30次，受教育的有2.8万多人次，受教育面达75%以上。对赌博问题，公社三令五申，严禁赌博活动，一旦发现，及时处理。1970年至1982年，公社以行政拘留、经济处罚等形式先后处理涉赌博活动人员170人次，其中有5人因赌博上升为刑事犯罪分子。由于教育处理从严，聚众赌博的现象日趋减少。20世纪80年代中期，铁路沿线的黄家门、里新、硕放、建新、塔西5个村在铁路沿线建造护路棚（以村为单位建），各村安排专人夜间值班巡逻，无锡火车站保卫部门和硕放派出所定期召开铁路沿线5个村的治保主任会议，逢重大节日或党和国家领导人、重要人物乘火车经过，组织基干民兵值班巡逻，经常同无锡火车站保卫部门联系，研究制定出一系列的安全保卫措施，确保硕放铁路段安全。1989年5月，在无锡县公安局的直接领导下，派出所用3个月的时间，集中精力将发生在塔西村浜斗上邹某家的特大盗窃案犯罪嫌疑人抓获。1990年9月，及时侦破硕放康复调味品厂被诈骗案，成功抓获该团伙犯罪嫌疑人4人，追回赃款1万余元及味素695公斤。1991年，塔西村毛耳坟蔡某家发生凶杀案，无锡县公安局、硕放派出所历时1个多月侦破此案，将3名杀人犯捉拿归案。

20世纪90年代起，针对社会治安新情况和新特点，以“三个争先”为引领，从发动群众、健全制度、规范管理着手，强化社会治安措施。按照“以防为主，打防并举”的要求，派出所会同工商、执法队、文化管理等有关部门，重点对全镇歌舞厅、浴室、发廊、网吧、路边店、私人出租户以及企业财会室、仓库、学校周边等地段和行业进行整治，促进规范经营，净化社会风气。派出所针对性地开展一系列的专项斗争，取缔打击非法经营的赌博老虎机“黑店”等，打击带有黑社会性质的恶势力团伙。

派出所民警治安检查

2000年，派出所破获八大类案件（故意杀人、故意伤害致人重伤或死亡、强奸、抢劫、贩卖毒品、放火、爆炸、投毒罪）8起。2005年，破获八大类案件11起。2013年，破获八大类案件36起，大案、要案破案率逐年上升，成功侦破2010年“4·22”故意杀人案和2012年“12·22”入室抢劫杀人案。2010年至2013年，共破获刑事案件1002件，查获刑事作案人员884人。

2000—2013年（部分年）硕放街道（镇）案件发案及破案情况表

表 24-1

年份	刑事案件数（件）	破获刑事案件数（件）	查获刑事作案人员（人）	治安案件数（件）
2000	202	101	77	104
2005	395	139	101	1041
2010	1444	229	212	1757
2011	1716	256	236	1884
2012	1779	326	234	2477
2013	1868	191	202	2037

2008年后，政府逐年加大经费投入，建立技防监控中心。辖区内住宅小区共安装监控87个，街头路面布设监控107个，安装CK报警器56个，将监控图像实时传输、采集到派出所监控室，实现对全街道主要路段、公共场所和重点要害部门全天候、全方位监控。至2009年，全街道设有9个警务室，派出所拥有16辆公务用车（其中6辆警车）。设有警务装备室、审讯室、询问室、留置室、档案室、警营文化室、警务指挥室等。

2009年3月，硕放派出所会同工商部门在硕放南星苑某出租户内取缔一非法传销窝点，当场查实正在参与传销培训的青年男女50人。经查，该非法传销窝点是由安徽来无锡无业人员董某和代某创立，借用广州某集团的产品进行非法传销授课活动，授课内容完全是虚假信息。工商部门依法对董某、代某进行处罚。

2011年，在公安部开展的“清网行动”中，硕放派出所高举“为党和人民利益而战、为人民警察荣誉而战”的旗帜，坚持“有逃必抓、除恶务尽”。先后成立30个追逃小组奔赴全国各地对在册的30名逃犯进行追捕，至12月15日，30名逃犯全部归案，被无锡市公安局记集体三等功1次。

2006年至2013年，硕放派出所先后获评无锡市文明单位，无锡市公安局“五好五无所、队创建”先进集体，“2010年度绩效考核集体三等功”，无锡市“规范执法示范点”等荣誉称号。

二、禁　毒

清末民国初期，境内吸毒者甚多。日伪统治时期，侵华日军采取毒化政策，境内毒品泛滥，鸦片、吗啡等随处可买。

解放后，政府明令禁毒，关闭烟馆，收缴毒品，境内吸毒贩毒基本绝迹。

20世纪90年代后，境内吸、贩毒者逐年增多。2000年起，硕放派出所将禁毒工作摆上重要议事日程，始终坚持打击、防控、服务三大机制，常抓不懈。禁毒宣传采取日常宣传与集中宣传相结合的方式，利用重大活动和“6·26”国际禁毒日，举办禁毒图片巡回展览和“远离毒品，珍惜生命”的签名活动，组织开展“建设无毒社区”“不让毒品进我家”等一系列禁毒宣传活动。2012年6月26日，空港产业园区（硕放街道）在南星苑第二社区活动中心举行社区戒毒（康复）工作站揭牌仪式。2013年，设立“流动人口禁毒教育基地”（全市首家以服务流动人口的禁毒教育机构）。重视对辖区学校的禁毒宣传教育，兼任学校法制副校长的社区民警定期指导各学校禁毒教育工作，落实学校禁毒责任制，印制禁毒宣传教育课本，并向学校学生发放。切实提高广大人民群众识毒、防毒、拒毒的能力。对正在吸毒的人员，其所在单位建立“四位一体”（领导、民警、信息员、亲属）的帮教小组，经常登门教育，定期检测尿样。

2012年南星苑第二社区禁毒教育

至2013年，共查获吸贩毒人员258人，其中29人被判刑、25人被强制戒毒、52人在社区戒毒（康复）工作站戒毒，剩余人员被进行罚款教育，被劝其远离毒品。

三、消　防

解放前后，每到冬春季节，农村有自发组织“喊火烛”的习俗，有专人敲锣喊话或手敲竹梆走街串巷，高喊“寒冬腊月，小心火烛，水缸满满，灶仓清清”以引起人们的警觉。境内较大的村都建有民间的救火会。当时，都是自筹资金购置揿压式木水龙、水枪等救火工具，自发组织救火会人员8—10人，均为义务救助。一旦发生火情，各村都会敲响镗锣，以告知有火警发生，听到报警，无论男女老少都会自觉带着脸盆、水桶等盛水工具，奔向火场，奋不顾身，全力救火。

1965年，一个以防火为中心、防盗为重点的“四防工作”在全社全面展开。学校组织学生写标语、喊火烛、扫灶仓，各大队、单位全面检修消防设备，有机龙、木龙的地方进行试龙，部分单位和部门增置灭火机、太平缸、黄沙等消防器材，并实行民兵夜间巡逻，安全值日。20世纪70年代，政府投资添置机龙救火机一台，配备义务消防队员15人。境内一旦发生火灾，凡是有救火设备的单位都会主动奔赴火场，全力扑救。20世纪80年代，乡镇企业按照消防管理部门的要求安装消防设施。全乡企业先后添置手提泡沫式灭火器3000只，大型建筑物必须通过消防部门安全检查验收才能交付使用。企业设有安保科长或安全管理员，负责消防安全管理。对重点部门和重点消防设施定期检查，发现隐患，及时整改。20世纪80年代后期，由于交通便利，加上火警减少，农村义务消防队伍解散，消防设施失修弃用。遇到火警，即打“119”电话报警，由无锡市消防大队迅速赶赴现场灭火。20世纪90年代初期，乡政府投资添置消防车1辆，消防手抬泵2台，消防水带6条等，消防队员10人，由硕放派出所具体负责和管理。

撳压式木水龙

2005年起，消防工作由硕放派出所负责，消防安全办公室设在硕放派出所内。每年夏季、冬季、安全生产月，“119”消防宣传进社区、学校、工厂等，发放居民消防安全实用手册到每家每户；组织学校、社区开展消防演习活动；对园区1000多家企业和消防重点单位、场所进行消防检查、整治，消除火灾隐患。多年来，政府加大对消防安全的投入。到2013年，先后对多层楼房的楼道按标准配备手推式干粉灭火器5800余个。对高层楼房建立消防控制室，并接入无锡市城市远程火灾报警系统，并配备专人值班。

社区消防演练

2010年度，硕放派出所被无锡市公安局评为“消防监督管理先进派出所”。

四、户　政

民国18年（1929年），以5户为邻，5邻为闾，编组户籍。民国23年（1934年）6月，全面推行保甲制度，10户为甲，10甲为保。日伪时期，汪伪政府发放“良民证”。抗战胜利后，国民政府施行《户籍法》，设户口登记管理机构，各乡镇设户籍干事，重新编制户口册，发放国民身份证。

解放初，因无专职管理户口人员、人口迁出迁进、出生登记、死亡注销和年终统计上报，均由区乡（大乡）社民政部门办理。1950年2月，废除保甲制。1953年，结合第一次人口普查，全面进行户口登记，使用户口迁移证，建立户口簿。1955年1月1日，无锡县各乡镇建立出生、死亡、迁出、迁入四项日常的户口管理制度。

1958年1月，全国人大常委会通过《中华人民共和国户口登记条例》，第一次将城乡居民区分“农业户口”和“非农业户口”两种不同户籍，并用法律形式明确，奠定我国现行户籍管理制度的基本格局。1962年起，户口管理工作由硕放派出所接收。1964年，全社24个生产大队，403个生产队，共有8322户，36345人（男17703人、女18642人）。1982年第三次全国人口普查前，市镇居民换发市镇居民户口簿，农村户口也改为以户为单位使用农村户口簿。是年，全社24个生产大队，443个生产队，22个社直单位，共有11168户，42182人（男20813人、女21369人）。1988年1月起，实行居民身份证管理，年满18周岁及以上居民人人办理第一代居民身份证，有效期分10年、20年、长期有效三种。1995年3月31日，户籍材料使用计算机管理，境内户籍人员的所有信息输入电脑。1996年4月，成立硕放镇流动人口管理工作领导小组，加强外来人口管理服务，实行流动人口暂住证发放“全覆盖”，提高实有人口服务管理水平。

2002年12月16日，江苏省人民政府批准省公安厅《关于进一步深化户籍管理制度改革的意见》，江苏户籍管理制度作出重大改革。从2003年5月1日起，建立城乡统一的户口登记管理制度。在全省范围内取消农业户口、非农业户口、地方城镇户口、蓝印户口、自理口粮户口等户口性质，按照实际居住地登记户口，统称“居民户口”。居民可按实际居住地和工作需要，在所在地落户，并按上级有关文件精神完善对外来人员的户籍管理。2004年1月起，开始换发第二代居民身份证。2013年底，空港产业园区（硕放街道）常住人口102791人。其中本地常住户数17046户，常住人口48776人（男23545人、女25231人），外地暂住人口54015人（男29974人、女24041人）。

五、交通安全

1965年，硕放交通运输管理站主要负责水上运输的交通安全管理工作。

1971年，境内第一条公路锡宅路建成后，辖区内的交通安全管理具体由硕放交通运输管理站负责。

1984年，原硕放交通运输管理站改称为硕放交通管理所，负责境内公路设施的维护、保养、管理等工作，征收行驶车辆的交通规费，负责处理境内发生交通事故等事务。1988年至2005年，境内发生的交通事故处理由硕放派出所负责。

2005年5月18日，无锡市公安局新区分局交巡警大队三中队在硕放挂牌成立。负责辖区公路、道路的巡逻执勤，依法查处各类交通违章行为，保障道路安全畅通；负责交通事故的调查处理，配合新区交巡警大队对重大事故的调查处理；负责对“五小”车辆进行年检；对接送学生车辆和危险品车辆驾驶员进行安全教育；协助车管所做好摩托车驾驶员培训和摩托车上牌照等工作；在治安卡口检查过往车辆，发现违法犯罪线索，堵、拦截嫌疑

2013年交警在通祥路执勤

车辆和人员，协破刑事治安案件。至2013年，境内有国、省、市级公路5条31.1公里，镇级公路30条58公里，村级公路和道路共300公里，形成四通八达的交通网络。人、车、路的不断增长，给交通管理带来新的挑战，道路交通违法行为和交通事故呈逐年上升趋势。面临严峻的交通安全隐患，空港产业园区（硕放街道）加大资金投入，完善道路交通设施；在街道范围内主要道路所有交叉路口都安装交通信号灯；划人行横道线、道路中心线；设置指路、禁令、学校、医院、限高限速等标志。2005年至2013年，在街道投入资金完善道路交通设施的同时，硕放交巡警中队更新和增加设备，从而提高交警的工作效率和实战能力，使道路交通管理从农村模式向城市模式迈进。中队交警进学校、村（社区）、企业、外来人员居住点、农贸市场等地宣传交通法规，累计受教育人数达8万人次。随着硕放经济快速发展，大量外来务工人员涌入，“小飞龙”不断出现给交通管理增加一定难度，带来交通治安隐患。2012年起，联合街道城管中队开展交通整治行动，查扣“小飞龙”620余辆，查纠“小飞龙”违法行为470余起，有效地规范道路交通秩序，共查处非机动车违法行为2200余起，开展交通整治行为行动，共拍摄违停车2200余辆，查处违法行为600余起。同时，加强对硕放实验小学租赁的4辆校车安全的规范化管理。2013年，交警三中队共查获机动车驾驶员酒驾28起，根据上级“大排查、大教育、大整治”货车违法行为专项行动以来，共查处（包括工程车、危化品车等）违法行为220余起。

2010—2013年硕放街道交通事故处理情况表

表 24-2　　单位：起

年份	事故总数	现场快速	协商处理	立案处理	立案受理		
					重大	一般	简易
2010	246	185	—	61	2	24	35
2011	3243	1411	928	904	14	77	813
2012	2735	1256	615	864	16	44	804
2013	1968	819	310	660	7	11	642

至2013年，交警三中队机构进一步完善。配有交通民警9人，其中中队长1人、副中队长1人、民警7人、协警20人。警用汽车4辆，警用摩托车2辆，酒精检测仪1台，以及民警配备的其他警务设施。

六、机构设置

中华人民共和国成立后，境内各小乡民兵中队长兼管治安工作。

1954年，筹建硕放飞机场。1955年，无锡县公安局在塔西乡鳌塔桥设立硕放机场派出所。1958年，成立人民公社，设公安特派员1人，负责全公社治安工作。公安特派员先后由余金培、周海达、郭凤根、钱育良、顾泉根担任。1959年，派出所搬迁至红星大队方家门前蒋廉培家。1962年，更名为硕放派出所。1977年，搬迁至机场营房东侧。1994年9月，搬迁至硕放镇政通路1号。

1995年区划调整，受无锡市公安局新区分局管辖，更名为无锡市新区公安分局硕放派出所。1980年，派出所共有民警7人，以后逐年增加。至2013年，共有民警31人，其中所领导5人、刑侦民警6人、治安民警2人、社区民警14人、内勤民警2人、首接民警1人、人民调解室民警1人，派出所协管员、后勤、联防保安等各类辅助人员209人。

第二节　司法行政

一、法治宣教

中华人民共和国成立后，法治宣传由乡（公社）宣教委员负责，主要宣传土改法、婚姻法、宪法、惩治反革命条例、惩治贪污条例等各个历史时期的国家法律、法令。1986年开始，按照国家五年计划的时间周期，开展“一五”“二五”“三五”“四五”“五五”普法教育。20世纪90年代起，重点学习宣传《中华人民共和国村民委员会组织法》《中华人民共和国劳动法》《中华人民共和国土地管理法》《中华人民共和国消费者权益保护法》《中华人民共和国行政诉讼法》等。中共十六大报告提出要依法行政，打造法治政府，国家确立每年12月4日为法制宣传日，硕放司法所在境内深入开展全民普法活动。2007年后，在司法所引领下，制作征订法律宣传读本3万余册，法制宣传条幅1000余条，活动展板1000余块，开展法制宣传进机关、乡村、社区、学校、企业、单位“法律六进”活动，每月至少开展一次宣传活动，同时利用节假日、法制宣传日等各种形式法制宣传活动，受教育人数达9万人次。在创建“民主法治村（社区）”活动中，溇金村、咏硕苑社区、新锦园社区、南星苑第一社区、南星苑第二社区、丽景佳苑第一社区成为省级“民主法治村（社区）”，其余19个村（社区）成为市级“民主法治村（社区）”。2011年，硕放司法所被无锡市政府评为“法制宣传先进单位”。

社区宪法教育宣传活动

二、民事调解

解放前，境内的民事纠纷一般采用政府调解和乡民自行调解的方式，由当事人约请同族族长、地方贤绅或保长、乡长出面调停，俗称“吃讲茶”。

解放后，人民政府重视民事调解工作，有专人负责处理。1958年，公社成立调解委员会，设有主任和委员若干人。大队的民事调解工作由大队副职干部兼管，对群众的家庭、婚姻、财产等纠纷，根据党的方针、政策，进行妥善调解处理。1981年6月，公社设立司法办公室，负责全社的民事调解工作，民调工作坚持纠纷登记制度、学习碰头制度、分级调解制度、定期汇报制度。是年7月，各大队成立人民调解委员会，主任由大队长兼任，副主任由治保主任担任，民兵营长、团支部书记、妇女主任等为委员。全社共有调委会25个，民调干部122人，其中女性26人，专门调处民事纠纷。是年，全社共受理民事纠纷308起，其中房产纠纷26起、婚姻13起、赡养6起、斗殴211起、宅基纠纷40起、继承1起、抚养1起、恋爱解约8起、其他2起，调解结案282起。由于及时正确调处，防止因民事纠纷引起非正常死亡7起。1982年，对调委会进行充实与调整，增建渔业调委会，调整后共有调委会干部118人，其中女性27人。全社共受理各类民事纠纷267起，比上年下降13.3%，其中受理斗殴纠纷106起，比上年下降45%。经调处有轻微犯罪的9起，未结案的3起，防止非正常死亡11起，移交法庭3起，全年民事调解结案率达97.8%。1980年、1982年，七一大队调委会副主任蒋永才曾两次出席江苏省人民调解工作先进分子代表会议和调解工作积极分子代表会议，受到江苏省人民政府的嘉奖。1983年，各村成立村民委员会后，由村委副主任兼任调委会主任，下设1—2名调解员。20世纪90年代后，人民调解进入一个新的发展阶段，从调解的组织和原则，到调解的内容和程序，都得到进一步的充实和完善。2006年，街道设立人民调解委员会，主任由街道办事处主任兼任，下设征地拆迁纠纷、劳资纠纷、医患纠纷及规划环保纠纷4个专业性纠纷调解小组，每个专业性调解小组配备1名专职调解员，1名兼职调解员。村、社区居民委员会调委会配备1名专职调解员，5—7名兼职调解员。街道人民调解委员会把矛盾纠纷排查调处与专项治理有机结合，针对性地排查调处久调不决的纠纷积案，及时化解突发性的重大、疑难纠纷，切实防止矛盾纠纷激化或发生群体性事件，有力促进社会的稳定。2009年后，开展矛盾纠纷排查大会150余次，排查各类矛盾纠纷1389起，直接调处重大疑难纠纷221起、调处诉调对接案件20起、公调对接案件5起，调处率达100%。未发生一起“民转非”（民事纠纷引发非正常死亡）和“民转刑”（民事纠纷转化为刑事案件）案件。

1990—2013年（部分年）硕放街道（镇、乡）民事纠纷调解一览表

表 24-3 单位：起

年份	婚姻	赡抚	房屋财产宅第	债务	打架	邻里家庭	其他	合计
1990	13	1	5	4	26	13	10	72
1995	15	2	6	3	35	10	8	79
2000	—	3	3	5	32	13	15	71
2005	—	2	4	7	28	12	31	84
2008	—	1	2	4	30	10	28	75
2009	—	—	4	8	26	13	34	85

续表 24-3

年份	婚姻	赡抚	房屋财产宅第	债务	打架	邻里家庭	其他	合计
2010	—	—	3	12	28	15	22	80
2011	—	—	5	9	36	19	28	97
2012	1	—	8	13	39	23	19	103
2013	—	—	10	15	41	25	9	100

三、安置帮教

1998年，镇成立刑满释放解除人员安置帮教工作领导小组及安置帮教工作站，并在各个村（社区）配备帮教员，其职责是对本辖区内刑释解教人员进行回归社会后的安置帮教，并协调全社会共同参与，与其签订帮教责任书。在回归期内，对其中表现良好的刑释对象及时给予撤帮。2006年6月，各社区矫正试点工作启动。街道矫正安帮工作以安置帮教工作人员为主，社会工作者和社会志愿者积极协助的专群结合的工作队伍为辅，建立接收、监管、教育、解除矫正等制度，形成工作流程、矫正工作体系和保障机制。1998年至2013年，累计接纳刑释解教人员255人，撤帮228人，安置率达95%，重新犯罪率控制在1%以内。2011年，硕放司法所被无锡市人民政府评为“矫正安帮先进工作单位”。

四、法律服务

1988年，成立硕放法律服务所，负责辖区内法律服务，依法维护企事业单位及个人合法权益，协助办理各种公证事务。1988年至2013年，为企业和单位及个人追讨债款1350万元，代理民事诉讼2150件，代写法律文书2680件，法律咨询58000人次，办理各类见证和协助公证800件。2013年，全街道已有20家企业（单位）聘请法律顾问。

五、机构设置

1958年，公社设立调解委员会。1981年6月，公社设立司法办公室，设司法助理1人。1983年，改称乡司法办公室。1993年，改称为镇司法办公室。1998年12月，升格为硕放司法所。2006年，设立街道人民调解委员会，与司法所“两块牌子、一套班子”。

六、法庭审判

1951年，无锡县人民法院在墙门镇设立墙门法庭，设庭长、审判员、陪审员及书记员。1954年冬，墙门法庭随区撤销。1983年4月，无锡县人民法院在墙门老街设立无锡县硕放人民法庭，案件受理范围为硕放、新安、后宅三个乡镇。主要负责受理民事案件，并承办自诉案件和经济纠纷案件的审理。民事案件主要包括婚姻、房屋、赡养、扶助、抚养、财产继承、债务和赔偿等其他案件。硕放法庭在审理过程中，坚持依靠群众、调查研究、着重调解、就地办案的原则，对大量简易民事案件则由各级人民调解组织解决，以增强人民之间的安定团结，有

硕放法庭开庭审判

利于社会稳定和两个文明建设。根据《中华人民共和国民事诉讼法（试行）》和《中华人民共和国经济合同法》，行使审判职能，受理经济合同纠纷案，在经济审判活动中，把为社会主义经济建设服务列为审判工作的出发点和立足点，深入乡镇企业宣传《中华人民共和国经济合同法》，了解企业执行《中华人民共和国经济合同法》和债权、债务情况，提供司法建议，帮助清账理财，运用法律手段帮助企业收回宕欠款等。严格区分经济纠纷和经济违法犯罪的界限，对经济违法犯罪案件送交公安、检察机关查处。

2002年3月，经江苏省高级人民法院批准，无锡高新技术产业开发区人民法院在硕放镇设立硕放法庭，管辖硕放镇（街道）、鸿山镇（街道）。硕放法庭最初的办公地点在锡宅路燕村桥，2004年借用硕放交管所部分办公楼作为办公场所。2006年1月，在硕放振发东路新建办公大楼，占地面积4283平方米，建筑面积1982平方米，于2006年11月建成投入使用。2013年，硕放法庭共有工作人员18人，其中审判员4人。

2005年至2013年，硕放法庭共受理各类民、商事案件6845件，审结案件6708件，为辖区挽回经济损失10.31亿元。

2005—2013年硕放法庭受理各类民、商事案件情况一览表

表 24-4

年份	受理案件（件）	审结案件（件）	挽回经济损失（万元）
2005	385	350	3389.72
2006	519	503	5191.25
2007	539	551	4938.60
2008	746	702	7489.98
2009	710	718	11116.97
2010	694	707	9592.30
2011	1007	1009	12515.47
2012	1022	1027	17535.63
2013	1223	1141	31357.15
总　计	6845	6708	103127.07

硕放法庭充分发挥审判职能，为社会稳定和经济发展提供司法保障和法律服务。2006年至2010年，被中共无锡市委、市政府评为“法治无锡”先进集体；2007年，被无锡市中级人民法院评为“集体三等功”；2008年至2010年，被无锡市中级人民法院评为优秀人民法庭；2010年、2011年，分别被江苏省高级人民法院评为“全省法院涉诉矛盾纠纷化解工作”先进集体；2011年，被江苏省高级人民法院评为“2010年度学习陈燕萍”先进集体；2011年度，被无锡市中级人民法院授予“创先争优”活动优质绩效奖。2005年至2006年，硕放法庭庭长任璐（女）被江苏省高级人民法院评为全省法院优秀案例分析三等奖。2012年，硕放法庭庭长邵明被江苏省高级人民法院评为“江苏省优秀法官”。

第三节　综合治理

一、群防群治

20世纪90年代初，各村、单位在加强和完善治安组织的同时，组织和动员群众自觉参与群防群治，各村、单位都成立兼职治安联防队。江苏六通机械（集团）公司、无锡通达不锈钢集团公司等企业成立护厂队。

2005年，全镇各村、社区居民委员会都建立警务室，开展创建星级警务室达标活动，规定警务室有专人值班，配备电脑、电话、对讲机、手电筒、警务室标志灯箱，台账齐全，制度上墙。2010年，通过无锡市综合治理委员会验收，全街道各村、社区居民委员会警务室达三星级标准。

2006年，硕放街道26个村、社区（含筹建小组），1个工业园区，6所校园均建立治保调解组织，配备治保主任、调解主任、专职综治社工，负责日常工作。注重加强村（社区）综治站、警务站建设，充实综治站成员，调整警务站布局，形成条块结合、齐抓共管、共同推进基层群防群治工作的良好局面。强化责任机制建设，建立和完善政法综治一票否决制、责任追究制和矛盾纠纷定期排查调解等一系列工作机制。壮大群防群治队伍，各村（社区）按照标准建立各类群防群治队伍。

街道成立以后，在加大对违法犯罪打击力度的同时，加快治安防范体系建设。2001年，硕放镇被无锡市社会治安综合治理委员会评为“群防群治工作”先进单位。2006年，硕放街道被无锡市综合治理委员会、无锡市公安局评为“二星级技防镇”。2012年后，政府继续加大技防建设投入，提高街道技防监控中心的改造升级。至2013年，全街道共计有CK报警用户68户，南星苑第一社区、第二社区安装摄录一体机500个。

至2013年，全街道有专职巡逻保安130余人，小区保安、公益性保安326人，组建治安志愿者1200余人，有治安红袖标人员2000余人，治安信息员800余人和180余人的外来人口协管员队伍。

二、平安创建

2003年开始，镇、村、社区和各单位成立由主要领导任组长的创建平安硕放领导小组，确定单位负责人为创建第一责任人，全面开展创建“平安硕放”活动。制定2003年至2007年五年创建规划，每年年初镇（街道）与各村、社区、各单位签订平安创建目标管理责任书，列入年度考核内容。各村、社区、各单位利用宣传栏、横幅、标语等，开展法律法规等宣传教育。自2003年开展平安创建工作以来，连续十年被评为无锡市社会治安安全镇（街道），21个村、社区被无锡市新区评为社会治安安全村（社区）。

综合治理委员会建立健全应对突发性事件和群体性事件工作预案，明确部门分工，密切协同配合，定期梳理和分析镇（街道）社会稳定、社会治安形势，有效控制和化解社会矛盾。2006年，硕放率先在无锡市新区街道一级建立国家安全工作领导小组，紧紧围绕硕放机场的安全保卫工作，大力加强国家安全人民防线建设，严密防范和严厉打击敌对势力的破坏活动。

2006年后，为方便非机动车辆入库，投入资金改造社区车库233个，并安排专人24小时看管，保证入库车辆的安全。各村（居）社区、企业切实加强治安值班巡逻、突发事件快速处置、楼道治安楼长制等治安管理措施，通过专职巡防保安、物业保安、治安志愿者、治安信息员及“红袖标”义务巡防力量，群专结合，为平安硕放建设构筑安全保障网。

2008年，空港产业园区（硕放街道）为实现“社会平安和谐，人民安居乐业”目标，不断加强法制宣传教育，开展法律知识讲座，增强居民法律意识。以创建“平安硕放”为抓手，把稳定工作作为硬任务来抓，做到工作不留死角，矛盾化解在萌芽状态，调处在第一时间，打击在初始阶段，全力保障全国两会和奥运会期间安保应急值守工作。完成“四个确保”（确保不发生大规模进京集体上访和聚集，确保不发生因信访问题引发的重大群体性事件，确保不发生有影响的个人极端事件，确保不发生因工作不当引起的负面炒作）工作目标。扎实开展集中化解信访积案专项行动。全面深入排查梳理，建立一人一档、一案一策，着力推进实体性化解，规范办理程序，引导信访人复查、复核，开展无理认定工作。

2009年起，街道综治部门通过强化“大调解、大防控、基层基础”三大体系建设，全力维护硕放的政治社会和治安稳定。深入开展平安小区、平安学校、平安企业、平安家庭、平安市场、平安交通、平安铁路区段、无毒社区等创建活动。单位创建覆盖率达100%，群众对平安创建工作知晓率达90%以上。

2013年，硕放街道被中共无锡市委、市政府命名为“法治镇（街道）”创建工作示范单位。

三、信访调处

2000年前，人民群众来信来访工作由政府民政办公室具体负责。进入21世纪，人民群众来信来访工作由党政办公室兼管。随着城镇化建设和园区工业的大开发，拆迁安置、补偿、征地社保、外来人口管理、环境污染等引发的矛盾激增，突发群体性、历史积累性矛盾时有发生。2007年4月30日，设立硕放街道信访办公室，有专人负责，专职处理来信、来电、群众来访和网上信访等工作。2008年4月开始，空港产业园区（硕放街道）建立领导干部接访制度，由园区（街道）领导、部门负责人、信访办工作人员接访。接访期间，对农民房屋拆迁补偿、被征地农民安置补助、历年来征地补偿款去向、机场噪声拆迁、失地农民社保等问题，根据党的有关政策，解答疑惑，化解矛盾。2009年后，开展“信访积案百日活动集中整治”、集中化解信访积案专项行动、集中开展“四项排查”（排查突出信访问题、排查有风险预警的项目、排查安全事故隐患、排查基层工作的薄弱环节）工作、“化解信访积案专项行动”、规范“阳光信访”系统运行操作等工作，确保两会、建党九十周年、十八大等重大活动期间社会安全稳定。2013年，街道信访工作通过对上访人员宣讲法律、法规等政策，动之以情、晓之以理做思想工作，以解决政策性住房、帮扶救助等多种方式，妥善处理及缓解一批历史遗留问题，化解部分上访户的信访积案。完善提升“三个机制”（接访调处机制、应急处置机制、监督管理机制）。空港产业园区（硕放街道）党政领导亲自约访，各相关村、社区党支部书记上门亲自做工作，信访办与园区应急办、综治办、司法所及相关职能部门，发挥信息共享、工作联动、矛盾联调的机制优势，快速启动相关应急预案，及时干预，积极调处，成功调处“2・24”外来务工人员婴儿非正常死亡事件、空港一号（云港佳园）交房纠纷等突发情况，积极介入参与数起非正常死亡事件的后续处置。

四、机构设置

20世纪90年代初，乡党委、政府根据《全国人大常委会关于加强社会治安综合治理的决定》的精神，把社会治安综合治理列入党政工作目标管理。1991年12月，乡政府成立社会治安综合治理办公室。1995年5月，成立镇社会综合治理委员会，综治委主任由镇长兼任。下设社会治安综合治理委员会办公室，设专职主任一人。综治办、派出所、司法所、宣传办、党政办、人武部、法庭、工会、工业公司、文卫办、团委、妇联等单位负责人为委员。全镇各基层单位成立社会治安综合治理领导小组。2013年，根据上级政法委的统一部署，将街道社会治安综合治理委员会更名为街道社会管理综合治理委员会。工作任务是做好街道的社会综合治理工作，推进做好“平安硕放”建设。

1955—2013年硕放公安法庭历任负责人一览表

表 24-5

单位名称	负责人
硕放派出所（机场派出所）	周养凡、陆三南、朱森根、朱保家、查锡荣、杨旭强、陆　莹、蒋荣伟、张伟东
无锡市公安局新区分局交巡警大队三中队	魏文春、陈晓川、陈晓东、吴青松、谭剑鸿
硕放法庭	张友良、张仁根、陈玉祥、任　璐（女）、邵　明

第二十五章

军事

全民族抗日战争、解放战争、抗美援朝时期，境内一批仁人志士前仆后继，浴血奋战，抗击外患，除暴安良。全民族抗日战争时期，境内进步青年组成的抗日人民自卫队，在中共梅南区委的领导下，与包厚昌司令员带领的江南抗日挺进大队紧密配合，就地开展武装斗争，搜集情报，不断袭击敌人。解放战争时期，区武工队员面对反动势力十分猖狂的劣境，机智勇敢地与国民党反动派展开殊死斗争，为江南解放作出重大贡献。

中华人民共和国成立后，境内先后有近百名热血青年参加中国人民志愿军赴朝作战。同时广大民兵在民主革命、社会主义革命和建设中发挥积极作用，除参加护路、护桥、巡逻执勤等安全保卫活动外，还在兴修水利、整田平地、抢险救灾等活动中发挥突击队作用，分别完成浏河、太浦河、锡澄运河、新联河的水利工程和胡埭山绿化造林、劈山垒石造梯田任务。20世纪70年代起，硕放党委、政府深入开展一系列“拥军优属、拥军爱民”的“双拥”活动，曾多次被中共无锡市委、无锡市人民政府、无锡军分区评为“双拥模范镇（街道）”先进单位。

第一节　人民武装

一、抗日战争时期的武装

1.江南抗日义勇军

民国28年（1939年）5月，新四军根据党中央“向北发展，向东作战，巩固现在阵地”的战略方针，由新四军六团团长叶飞奉命以江南抗日义勇军（简称江抗）番号率部东进，5月中旬到达无锡锡东地区。境内老坝头村成为江抗经常出入的宿营地，叶飞曾在这一带活动，宣传抗日救国，主张积极开展“毁敌营、炸铁路”等武装斗争，有力地打击日军的反动气焰。部队在沪宁线硕放段，毙伤日军等数人，炸断铁轨100米。战斗结束后返回老坝头。

2.缉私队

民国29年（1940年），在无锡县十二区唐庄乡大树下，薛典乡竹桥头、溇金乡杨树坝、梅村区戴家坝分别成立缉私队，共有缉私队39人，根据上级指示，主要开展禁止粮食、茧子外流等活动。

3.常备队

民国30年（1941年），成立梅南区常备队，共有队员12人，常备队的任务主要是配合民主工作队开展斗争。

4.基干队

民国34年（1945年），在大墙门镇、金桥乡、南家乡、南家乡基干队硕住乡小组、金娥乡、北渡乡、薛典镇分别成立7个基干队，共有队员80人。他们在梅南区委领导下，广泛发动群众收集情报，袭击敌人，就地开展武装斗争。

5.武工队

民国34年（1945年），在无锡荡口区大墙门镇成立铁路武工队，共有队员11人，他们在中共荡口区委的领导下，组织发动群众在沪宁铁路硕放段开展破坏日军铁路运输等革命抗日活动。

抗日战争时期硕放武装队伍组织人员一览表

表 25-1

类别	名称	队员姓名
缉私队	大树下缉私队	凌福初（队长）、申永和（副队长）、陈玉培、毕子忠、朱宪林、金祥林、王二宝、陈汉生、金雪荣、谈荣林、王三毛、毕寿荣
	竹桥头缉私队	邹永生（队长）、邹雪康（特务长）、邹文祥（事务长）、徐增林、徐金祥、王阿荣、凌虎根、唐耀良、杨二度、蔡祖根、朱浩泉
	杨树坝缉私队	吕梅泉（队长）、王树明（副队长）、陶雪堂、杨映初、朱宝伦、朱小狗、华道生、陆金林、陆根林、周大来
	戴家坝缉私队	黄阿炳（队长）、黄荣泉（副队长）、黄仁祥、黄凤兴、过云生、过香宝
常备队	梅南区常备队	朱荣甫（队长）、钱仁俊（教员）、杨桂荣、陈国荣、邹和尚、邹荣林、黄阿大、朱树德、黄荣泉、过秀宝、过云祥、过云生
基干队	大墙门镇基干队	钱仁俊（队长）、顾炳荣（指导员）、邹耀忠、顾林寅、唐水根、邹金根、张金斗、吴兴根、义　南、钱锡培、杨根兴、杨锡英、邹孟芳
	金桥乡基干队	张振华（队长）、吕炳南（指导员）、王金生、吕晓初、吕兴康、杨伯荣、吴辛耕、蔡宝宝
	南家乡基干队	许阿四（队长）、杨林根（队长）、方志荣（指导员）、顾林林（副队长）、顾中元、顾寿福、许南生、尚锡根、吴银生、金德根、浦海泉、浦阿林、殷根荣
	南家乡基干队硕住乡小组	顾阿元（组长）、陈金泉、朱寿根、陆炳生、黄根泉、陆火威、朱三根、朱雪仁
	金娥乡基干队	吴三虎（队长）、朱文荣（指导员）、周荣生、周根荣、徐文康、邹金根、吴福昌、徐世保、沈阿弟、陈金林、朱小狗
	北渡乡基干队	浦大弟（队长）、李宪章（指导员）、丁荣根、朱虎宝、季福金、王小弟、朱阿福、王金荣、吴阿二、邹荣根、方志荣
	薛典镇基干队	黄德甫（队长）、胡根虎（队长）、黄佐达（指导员）、过水兴、黄云亭、陶南根、过小兔、黄小弟、钱三弟、过寿根、周阿桂、盛兴南、黄桂生、毛才根、黄阿炳、黄荣泉
武工队	大墙门镇铁路武工队	顾五宝（队长）、许阿四（副队长）、陈光梅（指导员）、王根山、邹进德、邹光华、凌福初、顾中云、邹福元、吴银生、金德根

二、抗战胜利后至解放前夕的人民武装

民国36年（1947年）7月，锡东县武工队队长吴道元到大墙门开辟武装工作，发展武工队员。首先物色荡口区观泗乡长田岸的王伯康，经介绍，王伯康去陆沿桥顾阿金家拿了一支德制二号匣子枪，子弹12发，然后又联系吴家湾吴邦祥，接着王伯康、吴邦祥在当地开始秘密活动。民国37年（1948年）10月，苏南工委派唐云清、吕炳南两人先后来到梅南，

把失去联系的党员关系接起来，领导开展党的秘密活动。组织成立梅南区武工队，唐云清任队长，吕炳南任指导员，共有队员6人。

三、新中国成立后的人民武装

解放初，无锡县各区建立人民武装部，镇设武装干事，各乡设民兵队长。

1951年，墙门区建立人民武装部，各小乡组建民兵队。

1958年，公社建立人民武装部，各联社、工区组建民兵营。

1962年，公社建立民兵团，各大队建立民兵营，各生产队建立民兵排。

1967年3月，硕放实行军管，由公社人武部部长主持全公社日常工作，1968年3月，硕放人民公社革命委员会成立后，公社的日常工作由公社革命委员会主持。1983年，改称硕放乡人民武装部；1993年，改称硕放镇人民武装部；2006年，改称硕放街道人民武装部。人民武装部受公社（乡、镇、街道）党委领导，业务上受市、县（新区）人民武装部管理和指导，领导组织民兵活动和训练、兵役登记、征兵和预备役工作等。

1985年12月24日，江苏省人民政府、省军区在无锡召开以劳养武现场会的代表参观硕放汽车附件厂以劳养武现场。硕放汽车附件厂被江苏省人民政府、省军区评为“以劳养武”先进单位。

1988年，硕放乡人民武装部被江苏省人民政府、省军区评为积极开展“三优”活动，努力加强国防建设先进单位。1988年、1995年、1999年、2001年、2004年、2005年，被无锡市人民政府、无锡军分区评为先进单位。

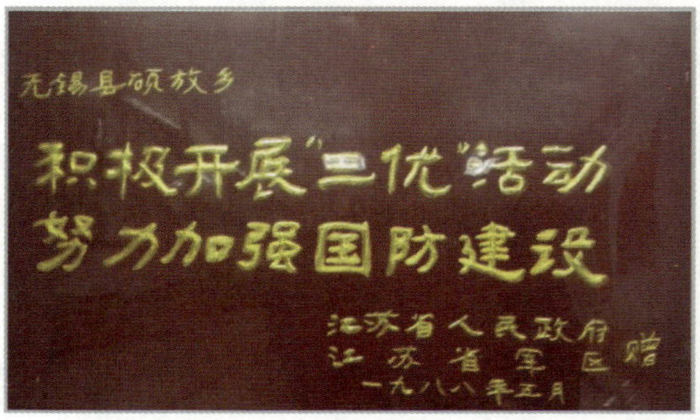

1988年硕放乡被江苏省人民政府授予积极开展“三优”活动努力加强国防建设奖牌

第二节　兵　役

清末与民国初期实行募兵制，招募兵员。20世纪20年代，改招募为推派，实行派兵制。

民国22年（1933年）6月，国民政府颁布《兵役法》，规定了国家实行征兵制，当时镇公所将名额分配到各保，各乡镇长和保长再按分配名额进行征兵。

抗日战争时期，有许多热血青年自愿加入抗日队伍。民国35年（1946年）10月，国民党为打内战扩充兵源，国民政府重新颁布《兵役法》，恢复征兵，乡镇长、保长根据县政府分配的名额买壮丁充数，硬性摊派壮丁捐（由适龄壮丁分摊），无力支付者则被抓去应征。

解放战争时期，境内许多有志青年参加中国人民解放军。

中华人民共和国成立后，国家实行志愿兵役制，人民群众以参军为光荣，适龄青年踊跃参加人民军队。

1950年冬至1955年上半年，全乡有100余名青年响应“抗美援朝，保家卫国”的号召，参加中国人民志愿军赴朝作战。

1955年2月，第一届全国人民代表大会常委委员会第五次会议决定，改志愿兵役制为义务兵役制，国家颁布《中华人民共和国兵役法》。1981年底，全社开展优抚普查工作，查清全社优扶对象底数。

1978年，全国人民代表大会常务委员会通过义务兵与志愿兵相结合的兵役制度。1984年，国家颁布新的《中华人民共和国兵役法》，实行以义务兵役制为主体的义务兵与志愿兵相结合、民兵与预备役相结合的兵役制度。

1992年、1999年、2001年、2002年硕放镇人民武装部被无锡市人民政府、无锡军分区评为征兵工作先进单位和人民武装工作先进单位。

硕放参加抗日战争、解放战争、抗美援朝部分人员一览表

表 25-2

村名	参加抗日战争、解放战争人员姓名	抗美援朝人员姓名
墙门村	夏　兴、杨继忠、吕新明、张金斗、顾林寅	杨寿荣、朱景富
墙南村	金季春、钱惠忠	张阿根、顾根兴、顾洪炳、顾均培、朱军生、杨泉根、王根虎、钱忠伦
墙西村	陆立本	邹金生、胡福良、邹锡祥、朱岳良、范中棋、邹泉根
墙北村	—	邹浩荣、邹兴宝、范锡初、周洪元、周泉根、吴召明、陈德南、毕明华
孙典桥村	吴福昌、诸振良	顾金林、朱寿元、诸兴林、吴根土、谢寿根
新农村	—	朱一明
里河村	吴阿宝	—
里新村	—	曹兴泉、曹定乾
安桥村	—	谢关元、沈正伟
黄家门村	陆逸之	朱福泉、吴阿三
西典巷村	尹万昌、尚锡根	顾福根、许春梅、尤福生、顾介福、顾士明、骆宗明
硕放村	—	华福根
杨家湾村	—	杨虎根、王福生
建新村	—	华云海
塔西村	—	孙根初、邹金狗、陆明康、邹荣德、林炳生、李丕绩
中华庄村	张焕明、曹永德、邹希清	—
王家桥村	—	邹银根、凌锡根、沈寿根
红力村	张祖峰、陈浩丰	陈云召
红光村	—	顾阿二、顾廷海、顾廷芝、华元兴、王福康、顾泉根、顾德胜、吴汝敏、王　强
秦村村	凌增宝	华启鹏、黄福生、张炳文
薛典村	—	袁阿弟、翁文仙、翁荣林、吴庆和、毛其昌
溇金村	—	吕瑞福、杨绍南、曹忠义、杨根兴、沈伯荣、唐如生、华泉生
建丰村	盛伯泉、应　礎、薛中川	唐联生、唐祖源、钱仁甫、黄榴庆、吴连坤、黄大昌

说明：参加抗日战争、解放战争、抗美援朝人员不含烈士

第三节　预备役

1955年，根据无锡县兵役局（后为人武部）有关精神，18—20周岁的男性公民办理预备役军人登记后，经目测等符合预备役条件的发预备役证。1957年初，将退伍军人编入第一类预备役；对年度内未被征集入伍的青年、40周岁以下的男性公民以及有专业技术的18—25周岁的女性公民编入第二类预备役。1960年至1980年，预备役登记、统计工作间断进行。1982年，在民兵组织调整的基础上，全面进行预备役登记、统计和核对工作，从而把民兵制度与预备役相结合，把平时的民兵、预备役工作与战时的兵员动员相结合。1985年，贯彻“减少数量，提高质量，抓好重点，打好基础”的方针，对民兵、预备役数量适当进行调整，一类预备役（基干民兵）和二类预备役（普通民兵）分别进行登记。

第四节　民　兵

一、组织建设

1949年12月起，根据中共无锡县委有关指示，陆续建立民兵组织。无锡县梅村区和华庄区建立民兵区大队，统一制服、发枪（区委书记、区长、副区长、治安股长也都配备枪支）。1950年5月，无锡县人民武装部成立。1951年，原来的区大队取消，设墙门区人民武装部。1952年11月，《中华人民共和国民兵组织暂行条例》颁发后，民兵组织更趋健全，乡设民兵中队，村设民兵分队。1953年，区成立民兵基干连，由18—25周岁的青年民兵组成，乡成立民兵基干排或民兵基干班。1957年，民兵分为基干民兵和普通民兵。1958年，毛泽东主席发出“大办民兵师”“全民皆兵”的号召，硕放人民公社人武部下设民兵营。1959年，建立硕放人民公社基干民兵营。1962年，硕放人民公社人民武装部根据无锡县人民武装部的指示精神和《民兵工作条例》要求，结合贯彻毛主席关于民兵工作要做到“组织落实、政治落实、军事落实”的指示，对民兵组织进行整顿，将16—45周岁的男性公民，16—35周岁的女性公民编入基干民兵，其余编入普通民兵组织。公社设民兵团，生产大队设民兵营，生产队设民兵排。

1981年，全社缩小组建民兵的范围，降低参加民兵的年龄，简化民兵组织的层次，取消公社民兵团的建制。1987年，民兵武器装备全部上缴无锡县人民武装部武器库统一保管。

1995年无锡市区划调整，硕放镇人民武装部直接受无锡市新区人民武装部管辖。镇民兵组织为基干民兵营。镇基干民兵营下设基干民兵连。另外各村设普通民兵营，配民兵营长一人，村党支部书记任教导员。

二、军事训练

1959年，公社出动武装民兵，与梅村人民公社合编一个营，配合驻无锡部队，进行历时40多天的海陆空实践演习。

1960年4月，公社民兵团副团长陆明康在北京出席全国民兵代表大会期间，在射击比武中，获冲锋枪射击第二名和“特等射手”荣誉称号。受到党和国家领导人接见，还被授予56式半自动步枪一支。是年9月，建丰大队民兵营副营长胡秀云（女）被无锡县武装部推荐到江苏省军区参加南京部队军政比赛大会。胡秀云等三人获集体轻机枪射击第二名和政治考试第一名，个人获轻机枪射击第二名，被南京部队司令部政治部授予“光荣证”奖状及奖品。1962年，硕放人民公社人民武装部在墙门中心小学操场组织历时八天的民兵军事训练。在参加实弹射击的人中，全队总评“良好”。1963年10月，五星大队民兵营参加苏州军分区历时两个月的军事训练比赛。冲锋枪班顾仁根比赛夺魁，被军分区授予冲锋枪一支的嘉奖。黄佩珍（女）获冲锋枪射击二等奖。1964年5月，顾仁根在历时一个月的江苏省军区军事比赛中获二等奖，奖品有《毛泽东选集》4卷、生活用品和学习用品等。1965年12月，硕放人民公社人民武装部在红星大队组织全社民兵骨干，分期、分类进行为期51天的集训，内容为射击、投弹、利用地形地物三大科目。全队在步枪实弹射击中获得总评“优秀”。

1980年5月，人武部组织民兵主要训练射击、投弹、爆破、战术及高射机枪专业等科目。在训练期间，坚持劳武结合，组织突击队开沟排水2300米，积肥运肥3700余担，还做三麦治虫、施肥等农活。1982年民兵训练中，按照南京军区关于基干民兵的军事考核成绩评定标准和无锡县人民武装部有关补充意见，对参加过两年训练的基干民兵进行军事考核，参加隐显目标实弹射击，及格率达95.8%；参加手榴弹考核，及格率达96.8%；参加步兵战术考核，及格率达97.7%；参加爆破技术考核，及格率达94.8%。

参加高射机枪训练的武装民兵

第五节　军民共建

1961年，公社在鳌塔桥建办培鹰小学，解决驻军官兵子女上学。20世纪60年代至70年代，境内发生多次火灾，驻军官兵迅速赶赴火灾现场，同群众一起进行救火行动，将火扑灭为止。20世纪60年代起，每逢下大雪，党委、政府组织民兵为驻军扫雪。每年“八一”建军节和春节期间，党委、政府领导带队到驻军进行慰问，赠送慰问物资。20世纪70年代至90年代，驻军放映电影，邀请境内群众前去观看。为公社（乡、镇）召开三级干部大会，提供会场。根据无锡县人民政府为争创“双拥模范”的要求，与驻军开展共建活动。在1991年和1999年两次抗洪救灾战斗中，驻军全力以赴，出动官兵，共同抗洪，排除险情。

进入21世纪后，硕放镇在创建国家卫生镇活动中，驻军多次出动官兵帮助附近村庄整洁卫生，清理垃圾。每年硕放中学初一新生入学时，驻军派最优秀官兵到校搞军训活动。

2011年1月，空港产业园区（硕放街道）在南星苑第二社区成立“军人之家”双拥工作示范点。成立后，无锡边防检查站与居民委员会签订军民共建协议，开展军民共建“碳汇林”植树活动；官兵扶贫帮困，关爱弱势群体。举办“红歌唱不停，真情献给党”同台演出活动；利用远程教育、电化教育平台，定期组织国防知识大讲堂，开展双拥双学经验座谈会。2011年，“八一”建军节前夕，硕放街道、驻军、无锡边防检查站、无锡教育电视台在硕放市民广场，联合举办庆祝“八一”建军节军民共建文艺晚会暨“和谐无锡幸福城乡行”大型活动。

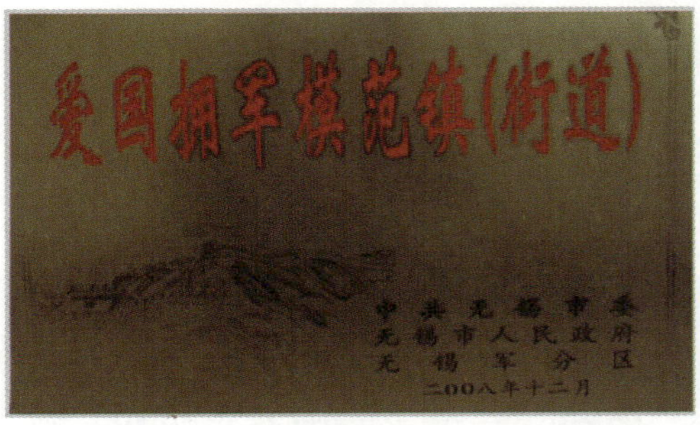

2008年被中共无锡市委、无锡市人民政府、无锡军分区授予“爱国拥军模范镇（街道）”荣誉称号

1983年，墙西村被评为江苏省和无锡市“拥军优属、拥军爱民”先进单位。1994年至1955年、1996年至1997年、2008年、2012年，硕放街道（镇）被中共无锡市委、无锡市人民政府、无锡军分区授予“爱国拥军模范镇（街道）”荣誉称号。

第六节　人民防空

2001年，硕放镇人民防空办公室成立后，街道（镇）人民防空办公室根据无锡市新区人民防空领导小组对人防工作的要求，不定期在硕放中学、小学和各社区开展人防知识、法规、国际军事斗争形势的宣传教育活动。硕放中学、小学每年两次（上半年4月10日、下半年10月20日）组织在校学生自救互救、应急疏散、隐蔽、消除空袭后果等演练。为落实《无锡市人民防空规定》，检验无锡市人民防空警报系统，无锡市人民政府于2013年11月25日14时30分至15时整，在无锡市区范围内，试鸣防空袭警报。

第五篇

文化

第二十六章

教　育

清末民初，新学兴起，境内私塾已很普遍，三村四巷都有。清光绪三十一年（1905年），邹仲泰在唐庄桥启智义塾的基础上集资创办境内第一所小学，取名启智小学。清光绪三十三年（1907年）学校迁至大墙门庵观，更名为泰伯市第三小学。民国元年（1912年），在硕望桥黄氏义庄创办泰伯市第七小学。民国2年（1913年），在竹桥头邹氏祠堂和毕家桥毕氏祠堂分别创办泰伯市第六小学和第八小学。民国5年（1916年），在何家里创办泰伯市第九小学。民国6年（1917年），翁景如创办的杨氏私塾由无锡县国民政府接收后改名为泰伯市第十三小学。民国13年（1924年），顾春堂创办西典初级小学。民国17年（1928年），张光磊创办小章家桥小学。民国18年（1929年），翁珏如创办翁家里小学。民国22年（1933年），境内泰伯市十二区在大墙门开办县立大墙门扩充简易农民教育馆。至民国28年（1939年），境内有墙门、西典、翁家里等15所小学。民国29年（1940年）至民国37年（1948年），境内又先后开办17所小学。校舍大多是庵堂、祠堂房屋，教育设施、设备极其简陋。解放前，境内共有私塾55所。

中华人民共和国成立后，学校由人民政府接管，教育事业不断发展，教育条件得到很大改善。至1956年，境内共有小学31所。1957年，在墙门镇东街开办初中补习班，1958年由无锡县人民政府接管，改为公立，取名为无锡县墙门初级中学，同年还创办农业中学。1958年9月，各大队普遍建办幼儿园、托儿所。1959年，硕放共有小学28所，初中1所，农业中学1所。“文化大革命”期间，教育质量明显下降，高考中断。1968年，学制普遍缩短，改为小学五年、初中两年、高中两年、大学三年，比“文化大革命”前缩短四年。是年9月，墙门中学增设三个高中班，为无锡县第十三所完全中学。1969年起，国家招收工农兵大学生，由公社党委、教育部门、贫农代表等组成招生评审小组，对推荐入学学生进行政治审查、文化测试、审议评定、上墙公示，最后按分配名额保送到大、中专院校。1977年国家恢复高考。

中共十一届三中全会后，各级政府重视教育，办学条件得到较好改善。1982年5月，成立硕放成人教育中心，开设大专班，进行专业技术培训。1986年教育体制实行新一轮改革，学校下放归乡级管理。1991年10月，硕放乡中小学“九年制义务教育达标”通过县级验收。1993年，硕放镇23所幼儿园全部完成登记注册。1995年3月，硕放镇划归无锡市新区，教育事业实现跨越式发展。1997年12月，硕放镇被评为江苏省实施教育现代化工程先进集体。2000年，镇政府投入资金，易地新建硕放中心小学，并于2002年启用。2004年11月，硕放中心小学通过创建达标，升格为江苏省实验小学。2005年，硕放中学获评“江苏省实施教育现代化工程示范初中”荣誉称号，硕放中心幼儿园被评为江苏省示范性实验幼儿园。至2007年2月，小学撤点并校工作全部完成。全街道仅设两所公办小学（硕放实验小学和南星苑小学），在无锡市新区率先实现规模办学。境内的一所民办小学——光明希望小学，由无锡市新区社会事业局直接管理。2013年8月，彻底结束了村级幼儿园的历史使命，形成硕放中心幼儿园（润硕苑82号）含分园、硕放南星苑幼儿园（南星一路138号）的格局。2011年11月，在市、区、街道的重视下，投入资金2.03亿元，易地新建硕放中学，2013年

8月，新校区交付使用。

硕放的教育巨变得益于改革开放后国民经济的迅猛发展，得益于社会各界的鼎力相助。政府投入大量人力、物力、财力，确保教育基础设施建设和教育机构正常运行，逐步形成幼教、小教、中教、成教和职教的办学体系。

第一节　私　塾

硕放境内的私塾教育有较长的历史，但都是一些初级学堂，规模较小。旧时儿童读书都就读于私塾和私立学校，塾生的学费称“束脩”，一般在清明、端午、中秋、重阳四个节日致送。启蒙教育时，学《三字经》《千字文》《百家姓》《幼学琼林》之类的韵文，对塾生注重读写抄练。读诵三年后，逐步加深读《大学》《中庸》《论语》《孟子》《诗经》《尚书》《礼记》《周易》《春秋》（简称“四书”“五经”）等经典著作。学习毛笔字由描红、仿影到临帖。同时还加授珠算，学习打算盘，增加自然常识，习作文、写对联等。教学不分年级，塾师对塾生逐批或逐个轮流授课，少数学问较深的塾师除教授“四书”“五经”外，还讲授诗律，习作诗文，为应试科举打好基础。学童入学第一天需跪在红毡毯上先向孔子牌位和塾师磕头，再请塾师吃枣茶。学童执笔（第一次学写毛笔字）、开篇（第一次写文章），家长都要送喜封。初春开学和年假放学，特备一席酒菜款待塾师。塾师责罚塾生主要用戒尺打手心。私塾假期腊月二十左右放年假一个月，清明、端午、中秋、重阳每个节日放假三天，中元节（农历七月十五）、十月朝（农历十月初一）放假一天，没有暑假。学童学习年限不定，贫家子弟读1—2年就辍学，富家子弟多读几年，女子入学者很少。

境内私塾大多以塾师在自己家中举办的“村塾”和有钱人家创办的私立初级学堂。清光绪年间（1875—1908年），由邹仲泰集资在唐庄桥创办启智义塾，有塾生32人，塾师3人。民国期间，竹桥头私塾有塾生40人，塾师4人；蔡家巷私塾有塾生50人，塾师3人。民国5年（1916年）至民国29年（1940年），“翁姓”大户翁景如、翁珏如、翁春元、翁志平、翁振元开办的“珏如学馆”“珏如学馆（春园家塾）”“杨氏私塾”，共收塾生65人，启用塾师6人，“翁”姓学童入学免费教育。民国时期，私塾改良，教学逐渐采用复式教授，教材统一采用审定的教科书。抗战时期，境内私塾和私立学堂大多遭受日军破坏，有的停办，有的转为民办小学，一些塾师转为小学教师。解放前，境内共有私塾55所，共有塾师74人，塾生998人。

解放前硕放境内私塾情况一览表

表 26-1

私塾地址	私塾名称	创办时间	塾师姓名	塾生数（人）
唐庄桥	启智义塾	清光绪三十一年（1905年）	邹仲泰等3人	32
庄　里	顾氏私塾	清光绪三十三年（1907年）	顾凤伟	23

续表 26-1

私塾地址	私塾名称	创办时间	塾师姓名	塾生数（人）
竹桥头	竹桥头私塾	民国元年（1912年）	邹仲怡、邹文潮、邹文勃、邹寿伦	40
蔡家巷	蔡家巷私塾	民国元年（1912年）	陈浩平、薛中川、凌六生	50
薛　典	杨氏私塾	民国4年（1915年）	杨怀企	120
杨氏祠堂	杨氏私塾	民国5年（1916年）	翁景如	20
陈家里	黄氏私塾	民国6年（1917年）	黄德明	10
许　卖	朱氏私塾	民国7年（1918年）	朱秀成	12
过命桥	姜氏私塾	民国7年（1918年）	姜开宝	10
邓家湾	吴氏私塾	民国9年（1920年）	吴汉仁	25
陈家里	邵氏私塾	民国9年（1920年）	邵戴敏	15
毕家桥	陆氏私塾	民国12年（1923年）	陆松林	120
大许巷	许氏私塾	民国16年（1927年）	许中学	13
柘树园	万氏私塾	民国16年（1927年）	万光统	12
翁家里	珏如学馆（春园家塾）	民国18年（1929年）	翁珏如、翁春元、翁志平、翁振元	20
西典巷	顾氏私塾	民国19年（1930年）	顾景如	4
小桥头	孙氏私塾	民国19年（1930年）	孙学科、吴汉仁	20
陆房湾	邹氏私塾	民国21年（1932年）	邹育启	11
谢家桥	杨氏私塾	民国23年（1934年）	杨云庆	23
季家湾	季氏私塾	民国23年（1934年）	季生树	10
朱家里	陈氏私塾	民国24年（1935年）	陈洪喜	15
赵家桥	沈氏私塾	民国24年（1935年）	沈云献	10
钱家湾	夯氏私塾	民国24年（1935年）	夯老师	20
小大房湾	邹氏私塾	民国24年（1935年）	邹介一	8
顾更上	徐氏私塾	民国27年（1938年）	徐祖庭	12
小园里	王氏私塾	民国27年（1938年）	王浩育	5
鲁家园	鲁氏私塾	民国28年（1939年）	鲁子修、鲁近祥	7
	杨氏私塾	民国28年（1939年）	杨云庆	10
朱家浜	郭氏私塾	民国28年（1939年）	郭文采	25
庙　下	钱氏私塾	民国28年（1939年）	钱梅初	10
石皮桥	朱氏私塾	民国28年（1939年）	朱连生	20
陆家桥	陆氏私塾	民国28年（1939年）	陆照南	10
陶家里	陶氏私塾	民国28年（1939年）	陶东丘	10
许九房	许氏私塾	民国29年（1940年）	许凤山	15
严家湾	严氏私塾	民国29年（1940年）	严耀泉	11
旺　店	朱氏私塾	民国30年（1941年）	朱荣法	8
薛家里	薛氏私塾	民国31年（1942年）	薛春芳	16
大庙上	秦氏私塾	民国32年（1943年）	秦　敬	10
马家湾	周氏私塾	民国32年（1943年）	周菊明	10
周家里	谢氏私塾	民国33年（1944年）	谢最良	6
西　房	邹氏私塾	民国36年（1947年）	邹耀祥、朱惠生	30
费典桥	费氏私塾	民国36年（1947年）	费志明	10
住基上	顾氏私塾	民国36年（1947年）	顾专和、薛伯怀等4人	30

续表 26-1

私塾地址	私塾名称	创办时间	塾师姓名	塾生数（人）
柘茶上	吴氏私塾	民国时期	吴允才	6
	杨氏私塾	民国时期	吴汉芝	14
龙眼里	俞氏私塾	民国时期	曹利华	10
田里四房	徐氏私塾	民国时期	曹根生	7
薛家里	薛氏私塾	民国时期	薛余庆	3
河浜上	曹氏私塾	民国时期	曹陟和	7
犁尖头	施氏私塾	民国时期	施阿根	3
绛湾里	葛式私塾	民国时期	葛才坤	2
石狗头	杨氏私塾	民国时期	李锦秀	3
方家门前	方氏私塾	民国时期	蒋一木	10
纱巷里	施氏私塾	民国时期	施明祥、白锡春	15
浜斗上	邹氏私塾	民国时期	邹福泰、邹企明、杨仲光、杨荣根	20

第二节 学前教育

一、沿革和发展

民国5年（1916年），薛典杨氏祠堂内办起私塾，后更名为“泰伯市第十三小学”，附设学前班1个，创办人翁景如。民国36年（1947年），大墙门小学校附设学前班1个，招收学龄前儿童学习，经过半年或一年后升入小学读书，时称幼稚班（民国时期称“半年级”）。后来，境内完全小学也相继附设幼稚班。

中华人民共和国成立后，幼教事业得到发展。1952年，各自然村为解除妇女后顾之忧，自办农忙托儿所。“大跃进”时期，各大队普遍建办幼儿园、托儿所。全公社共办幼儿园127所，入园儿童3474人；托儿所185所，入托儿童2932人。1958年，硕放人民公社中心小学内附设幼儿班，1968年10月关闭。

“文化大革命”期间，幼儿班更名为红儿班。1967年，春光大队翁家里红儿班开办。1971年，七一大队红儿班开办。1974年5月，硕放大队红儿班开办。1975年9月，硕放人民公社中心小学内附设的幼儿班恢复开办。1975年，新联大队柘茶上红儿班开办。1976年，五一大队红儿班与硕放人民公社中心小学内附设的幼儿班合办，教师工资由大队支付，办学场所由中心小学提供，办学方式农忙时开班，闲时不开班。同时开办的有先锋大队红儿班、五星大队硕望桥红儿班。

“文化大革命”结束后，红儿班又恢复为幼儿班。1977年，建新大队幼儿班开办。1978年，硕放人民公社中心小学内附设的幼儿班发展成为完整的公社中心幼儿园。常年招收幼儿60—70人。是年，全公社有八一、新星、里新、红光、东方红、红星、红力7个幼儿班相继开班，开班教室一般附设在当地小学内或另外安排场所。1979年，六一、建农、和平、光明大队幼儿班开办。1980年，五一大队幼儿班从硕放人民公社中心幼儿园分离，单独在杨和尚老宅中开办。1981年，墙西、里河大队幼儿园开办。1983年，新农村、建丰村幼儿园相继开办。至此，全乡共有村办幼儿园23个，班级26个，入园幼儿932人，教师28人。

1983年，中心幼儿园归硕放乡妇女联合委员会管理，定名为“硕放乡幼儿园”。1984年8月，墙门村幼儿园关闭，撤并至中心幼儿园。1989年9月，首次开设小班。1990年5月下旬，幼儿园搬迁至老乡政府（墙门东路二弄15号），更名为“硕放乡中心幼儿园”。

1993年，江苏省教委颁布《江苏省幼儿园（班）登记注册办法》，硕放镇23所幼儿园全部完成登记注册。同年，里河幼儿园撤并至里新村曹渡幼儿园。

1995年，随着区划调整，硕放镇划归无锡市新区管辖。全镇共有幼儿园22所，班级37个，入园幼儿865人，幼儿园教职员工67人。

1999年起，随着乡镇建设的快速发展，全镇有计划地进行拆迁，各村人口迅速向市镇转移，村办幼儿园人数逐年减少，幼儿园撤点并园和布局调整实施方案分步推进。1999年，薛典村翁家里幼儿园撤并至中心幼儿园，建新村幼儿园撤并至塔西村幼儿园。2000年，安桥村幼儿园撤并至里新村曹渡幼儿园，新农村大公幼儿园撤并至孙典桥村柘茶幼儿园，墙南村幼儿园一部分撤并至中心幼儿园，一部分撤并至西典巷村西典幼儿园，红力村幼儿园撤并至王家桥村光明幼儿园。2001年，墙西村幼儿园撤并至中心幼儿园。2003年，墙北村幼儿园撤并至中心幼儿园，红光村幼儿园撤并至新梅路村光明幼儿园，建丰村幼儿园撤并至中心幼儿园。至2003年年底，全镇共有幼儿园11所，班级36个，3—5周岁入园幼儿936人，入园率达100%。

2004年2月，镇政府投资1200万元在润硕苑82号新建中心幼儿园。硕放村幼儿园、西典巷村西典幼儿园撤并至中心幼儿园。中华庄村幼儿园撤并至新梅路村光明幼儿园。

2005年1月，黄家门村黄家门前幼儿园和杨家湾村硕望桥幼儿园撤并至中心幼儿园分园（老乡政府）。是年9月，秦村村幼儿园撤并至溇金村幼儿园。

2007年2月，政府投资1200万元在南星苑一路138号新建的南星苑幼儿园启用。

2007年7月，香楠村曹渡幼儿园撤并，一部分幼儿进入硕放中心幼儿园，一部分幼儿进入南星苑幼儿园。同年9月，东新村柘茶幼儿园撤并至硕放中心幼儿园。至此，全街道共有硕放中心幼儿园、南星苑幼儿园、溇金幼儿园3所。随着幼儿人数逐年递增，2012年，街道办事处为解决学龄前儿童入园问题，又投入资金800万元，在南星苑幼儿园基础上扩建9个班的教学楼。

2013年8月，溇金村幼儿园撤并至硕放中心幼儿园，彻底结束村级幼儿园的历史使命，形成硕放中心幼儿园（润硕苑82号）含分园、硕放南星苑幼儿园（南星苑一路138号）的格局。共有幼儿教师121人，职工人数94人，教职工人数达到215人。共有班级54个，入园幼儿1872人。

1958—2013年硕放街道（镇、乡、公社）幼儿园情况一览表

表 26-2

幼儿园名称	创办时间	撤并时间	办班数（个）	幼儿数（人）	教师数（人）	历任负责人
硕放中心幼儿园（公社、乡、镇、街道）	1958.4	—	22	776	52	王尧芬、谢兴娣、钱　静、吴慧丰
春光大队翁家里红儿班	1967.8	1999.8	3	60	3	杨文妹、沈英萍
七一大队红儿班	1971.8	2002.8	2	50	3	邹梅芬、蒋礼悦、张雪珍、蒋红娟
硕放大队红儿班	1974.5	2004	2	55	3	蒋珊娣、蔡凤妹
新联大队柘茶红儿班	1975.8	2007.1	3	70	5	谈秀英、朱惠芬、陆梅芬、杨惠芬
先锋大队黄家门前红儿班	1976.5	2005.2	3	78	5	周爱琴、俞雪珍、钱小萍
五星大队硕望桥红儿班	1976.8	2005.1	2	30	2	赵根南、邹建英、蒋末珍
五一大队红儿班	1976.9	1984.8	1	22	1	毛玉英
建新大队幼儿班	1977.9	1999.8	1	20	1	陆惠琴、朱铭英、邹静娴、华燕芹、张丽华
里新大队曹渡幼儿班	1978.4	2007.1	3	65	4	俞寿妹、黄美凤、方亚君
红星大队幼儿班	1978.8	2007.2	3	90	6	沈秀红、华燕芹、邹小娇、蔡凤妹、陆晓红、袁　英
红力大队幼儿班	1978.8	2000.9	1	40	2	谢桂娥
红光大队幼儿班	1978.8	2003.2	2	50	3	邹玉芬、袁红艳
东方红大队幼儿班	1978.8	2005.9	2	50	2	郭金娣、杨海云、黄亚萍
八一大队幼儿班	1978.8	2013.8	3	100	6	杨　燕、潘红娣、尚菊霞、袁　英
新星大队幼儿班	1978.9	2000.9	3	50	3	许凤仙、邹美菊
和平大队幼儿班	1979.4	2004	1	36	2	邹丽娟
光明大队幼儿班	1979.7	2007.2	3	100	6	邹丽琴、邹佩红
六一大队幼儿班	1979.8	2000.8	2	35	3	钱蓉霞、周　敏
建农大队西典幼儿班	1979.8	2004	2	40	3	顾秀珍、邹文英
里河大队幼儿园	1981.4	1993.8	1	25	1	杨惠芬
墙西大队幼儿园	1981.8	2001.8	2	30	2	石兴妹、杨桂英、邹丽珍、唐晓红
新农村大公幼儿园	1983.2	2000.9	1	30	2	李桂珍、陆彩玉
建丰村幼儿园	1983.9	2003.8	2	60	3	黄美新
硕放中心幼儿园分园	2005.9	—	6	220	13	华文红、方亚君
硕放南星苑幼儿园	2007.2	—	24	876	56	尚菊霞

说明：办班数、幼儿数、教师数为创办时至撤并时的最高数值。1993年红儿班、幼儿班名称均改为幼儿园

二、教育和保育

1958年9月，硕放人民公社成立。供销社和各大队相继办起托儿所，除带好孩子、教育孩子认字识数及简单计算外，很少组织孩子进行玩游戏等其他活动。20世纪60年代至70年代，为解放妇女劳动力，无人照看的孩子都被送到红儿班。因而每班人数较多，年龄大小参差不齐，加上聘用的幼儿教师没有经过专业培训，业务水平不高，没有规范的目标要求，教育上也不考虑幼儿的年龄和生理特点。

1981年开始，无锡师范学校幼师专业毕业生、县教师进修学校幼师专业进修班等毕业生逐年充实到境内各个幼儿园。至2013年，全街道共有幼儿园教师121人，均受过中师、专科、本科以上教育，其中女性119人，男性2人。按性质分：公办16人，合同制97人，代课8人；按学历分：本科51人，占教师总数的42.15%，专科、中师共69人，占教师总数的57.02%，高中1人，占教师总数的0.83%；按职称分：具有职称的教师86人，占教师总数的71.07%，其中高级教师51人（含小中高4人），占具有职称教师总数的59.30%；一级教师35人（含小学一级2人），占具有职称教师总数的40.70%。

20世纪90年代后期，幼儿园教育设施逐步规范，统一建有专用的厨房、卫生设施，健全一日生活作息、早晚值班、健康检查、卫生消毒隔离、安全防护和检查等制度，明确保育员、保健人员、食堂工作人员职责。每个幼儿配备“两巾一杯”（手巾、餐巾、喝水杯），每天进行晨间个人卫生检查，饭后一律在园午睡、活动，培养幼儿饭前便后洗手、按时作息等良好生活习惯。同时，根据教育部颁布的《幼儿教育纲要（试行草案）》《幼儿工作规程》，逐步使幼儿园教育和保健走向正轨。幼儿园针对幼儿年龄特点，从生活卫生习惯、体育活动、思想品德、语言、常识、计算、音乐、美术八个方面组织教育，并开设角色游戏、结构游戏、表演游戏、智力游戏、音乐游戏、体育游戏。课程设置动静交替，使幼儿保育与教育较好地结合在一起。

幼儿园保教工作贯彻“保教并重、教养结合”的原则，推荐保健教师上岗培训，成为专职保健教师。至2004年，两个班级配置一名保育员。2005年9月，每班达到“两教一保”（两名专任教师，一名保育员），真正体现保教结合的教育方式。

在创建示范性实验幼儿园过程中，1996年12月，硕放中心幼儿园通过无锡市二类幼儿园评估；2004年5月，通过无锡市一类幼儿园评估；2005年12月，完成江苏省示范性实验幼儿园的验收。1997年12月，王家桥村光明幼儿园通过无锡市二类幼儿园评估。1999年12月，溇金村幼儿园和里新村曹渡幼儿园通过无锡市二类幼儿园评估。

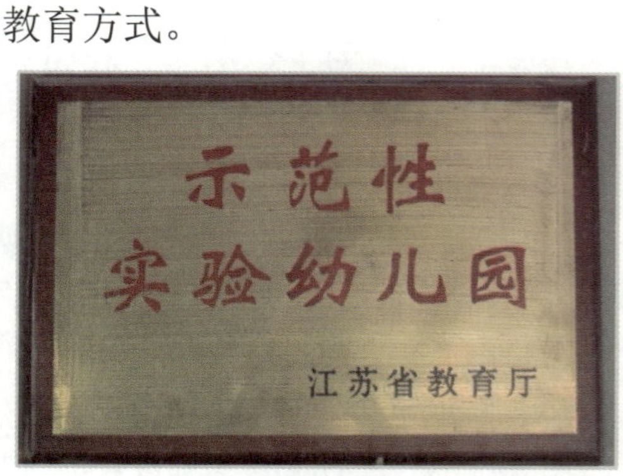

2005年硕放中心幼儿园被江苏省教育厅评为示范性实验幼儿园

三、主要幼儿园

20世纪70年代以来，以硕放中心幼儿园为辅导区，指导好村级幼儿园的各项工作。进入21世纪，随着城镇化建设的快速发展，大批农村人口转移到市镇，大部分村级幼儿园相继撤并到硕放中心幼儿园。2007年后，街道主要有硕放中心幼儿园（含分园）、南星苑幼儿园、溇金幼儿园、光明幼儿园、曹渡幼儿园。至2013年，溇金幼儿园、光明幼儿园、曹渡幼儿园分别撤并至硕放中心幼儿园（含分园）和南星苑幼儿园。随着幼教水平的逐年提高，涌现出一批优秀幼儿教师，整个辅导区先后获市、区级优秀教育工作者荣誉称号的有43人，获区级文明教工标兵的有2人，市级教育能手1人，市、区级教育新秀4人，区级学科带头人3人，区级教学能手5人。

1.硕放中心幼儿园

1958年9月，硕放人民公社中心小学内设幼儿班，教师王尧芬，于1968年10月关闭。1975年中心幼儿班恢复，由小学老师谢兴娣任教。1978年9月，小学改派钱静任教，幼儿进行一学年的完整教育后即可升入小学一年级学习。当时，幼儿比较多，每班有60—70人，办学条件差，没有课桌椅，幼儿们自带椅子就读。1980年，五一大队幼儿从中心幼儿园分离，开办五一大队幼儿班。

1983年，中心幼儿园行政上划归硕放乡妇女联合会管理，并取名为“硕放乡幼儿园”，地址仍在中心小学内。1983年至1990年期间，因受到校舍和场地的限制，幼儿园曾经在茧行、供销社、老文化站、硕放彩印厂设班。1984年8月，五一大队幼儿班并入硕放乡幼儿园。1989年，中心幼儿园有班级5个，幼儿106人，教职工11人。1990年5月，幼儿园搬迁至老乡政府内单独建园，更名为“硕放乡中心幼儿园”，共设有班级5个，幼儿112人。

1999年至2003年底，翁家里幼儿园、墙北幼儿园、建丰幼儿园先后撤并至中心幼儿园，墙南幼儿园部分班级划归中心幼儿园。由于撤并后班级增多，造成校舍紧缺，2004年镇政府在润硕苑82号新建硕放中心幼儿园，占地面积1.2万平方米，建筑面积8100平方米，户外场地面积4489平方米，绿化面积6300平方米。按18个教育班设置，可容纳学龄前儿童600多人。园内设有幼儿阅览室、科探室、美劳室、电脑室、舞蹈室、多功能媒体活动室、环保创意室等活动室，班班都有空调、钢琴、电话等设施。进入新园后，幼教教师进行跟班大循环施教，全园开设小班6个、中班5个、大班5个，共有幼儿545人，教师38人。随着幼儿教育的发展需要，增设双语班和托管班。

2004年至2005年，硕放村幼儿园、西典巷村西典幼儿园、黄家门村黄家门前幼儿园、杨家湾村硕望桥幼儿园相继撤并至中心幼儿园。2006年，街道文卫办公室组织各村民委员会、社区居民委员会、中心幼儿园三方协商，按就近原则确定各幼儿园学区范围。中心幼儿园通过多次召开家长会征求意见，合理分流幼儿，实现新学区幼儿的平稳过渡。2006年12月，东新村柘茶幼儿园撤并，其中户籍在本地的幼儿划入中心幼儿园，新市民幼儿划入南星苑幼儿园就读；2007年2月，中心幼儿园的施教区根据中心小学施教区的重新划分做好相应调整，部分幼儿从当时的中心幼儿园（包括分园）被分流到2007年新建的南星苑幼儿园就读，香楠村曹渡幼儿园撤并至中心幼儿园；2013年7月，漤金村幼儿园撤并至中心幼儿园。

2000年硕放中心幼儿园迎国庆幼儿绘画活动

硕放中心幼儿园1996年至2000年，先后被评为无锡市常规管理先进幼儿园；2000年至2002年连续三年在无锡市体育局举办的“儿童车赛”上获团体第一名；2001年在无锡教育电视台举办的“幼儿小巧手”大赛中获团体第一名；2002年，大二班幼儿在无锡市环保局、教育局联合举办的“唱环保歌曲、当绿色天使”歌咏赛上获二等奖；2004年至2013年，在“PHE、艺术之星、世界华人创意美术大赛”等各级各类绘画比赛中，多次获得集体一等奖，幼儿个人获特等奖62人次、金奖54人次、一等奖121人次。

2005年12月，获江苏省教育厅“示范性实验幼儿园”荣誉称号；2007年12月，获江苏省环保厅、江苏省教育厅颁发的“绿色幼儿园”荣誉证书；2008年10月，获共青团江苏省委“青年文明号”荣誉称号；2009年6月，获中国艺术教育促进会、国际青少年书画大会颁发的“第九届PHE国际中小学生幼儿美术书法大赛集体特等奖”；2010年5月，获得中国艺术人才研究协会颁发的“青少年艺术人才奖”；2013年9月，获中国基础教育研究会颁发的“教育科研先进学校”荣誉称号。

2007年获江苏省“绿色幼儿园”荣誉证书

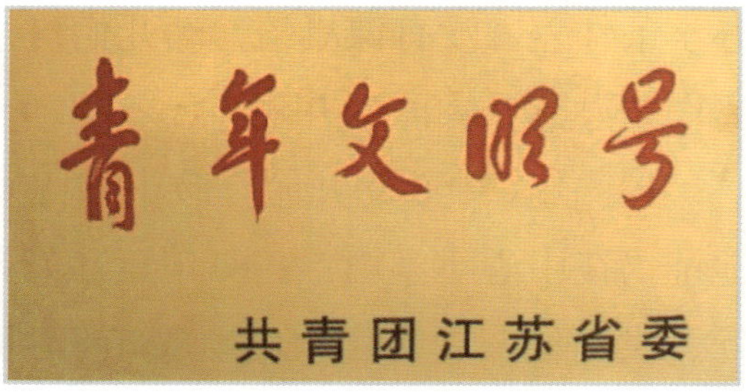

2008年获评共青团江苏省“青年文明号”荣誉称号

2.漤金幼儿园

1978年8月建园，园址在八一小学校内，设有班级1个，学前幼儿35人。1981年6月，发展到班级2个，学前幼儿70多人。1989年，漤金村委投资100多万元，易地新建独立幼儿园，占地面积2288平方米，其中建筑面积915平方米，户外活动面积1117平方米。全园设施齐全，建有符合幼儿学习和健康发展要求的活动室、午睡室、洗漱室；有培养幼儿兴趣与能力的多功能室；有适应幼儿雨雪天的室内活动场地近200平方米；有幼儿专用的大型多

漤金幼儿园

功能玩具等。

新建成的幼儿园，设全日制小、中、大班级各1个，可容纳100多名幼儿入园就读。全园共有教职工9人，其中教师7人，卫生保健员1人，食堂工作人员1人。在幼儿教育工作中，遵循体、智、德、美等方面相互渗透和有机结合，面向全体、因材施教，以游戏为基本活动，寓教于各项活动之中的原则。幼儿园建立“幼儿健康体检”制度和“健康档案”归档工作制度。做到每年体检1次，半年测身高和视力各1次，每季度称体重1次。每天保证幼儿不少于2小时的户外活动。

1999年11月，溇金幼儿园在申类评估工作中被评为无锡市二类幼儿园。是年12月，被评为无锡市卫生合格园。

2012年8月起，幼儿园不再招收小班，只保留中、大班2个班级。2013年7月，撤并至硕放中心幼儿园。

3.光明幼儿园

1979年7月建园，园址在王家桥小学内，设有1个幼儿班。开始时教学用课桌由大队的长木板搭成，椅子由幼儿自备，因陋就简地进行教育，办学条件甚为艰苦。1983年，幼儿班搬迁到光明小学内。1996年9月，王家桥村民委员会投资新建光明幼儿园，占地面积1248平方米，其中建筑面积750平方米，幼儿户外活动场地面积540平方米。开设小、中、大3个班级，可容纳100多名幼儿入园就读。1997年12月，在申类评估工作中被评为无锡市二类幼儿园。2007年2月，光明幼儿园撤并至南星苑幼儿园。

4.曹渡幼儿园

1978年4月建园，园址设在曹家门前大队办公楼里。招收里新、里河两个大队幼儿30余人。1981年4月，两个大队分开办班。1996年秋，两个村的幼儿园迁入曹渡小学校内，开设小、中、大3个班级，招收两个村的学前儿童100多人，有幼师5人，员工1人。1999年12月，曹渡幼儿园在申类评估工作中被评为无锡市二类幼儿园。2007年7月，曹渡幼儿园撤并至硕放中心幼儿园。

5.南星苑幼儿园

2005年，镇政府投资1200万元在南星苑一路新建南星苑幼儿园。2007年2月启用，幼儿园占地面积1.45万平方米，建筑面积7000平方米，幼儿户外活动场地面积6003平方米，绿化面积6300平方米，铺设人工草坪1470平方米、天然草坪150多平方米。幼儿园配置现代化教育设施，有厨房设备、校园音响和多功能舞台音响、校园防盗系统设备、舞台灯光、计算机宽带

南星苑幼儿园

上网与园内局域网系统工程、防寒降温设备。教学设备有电脑、钢琴、录音机、VCD 机、电视机和多媒体设备。办公设备有激光打印机、一体机、电话机、传真机等。生活设备有洗衣机、烘干机、消毒柜、冰箱等。幼儿户外活动器械、幼儿图书、音像资料、各类玩具、卫生保健等设备一应俱全。

2007年2月开园以来，共开设小班4个、中班3个、大班4个。入园幼儿共有350多人，幼师27人，员工14人。根据施教区划分，新梅路村光明幼儿园和合新村塔西幼儿园并入南星苑幼儿园。后根据幼儿生源逐年增多，按小、中、大各开设5个班级，共计15个班级，容纳530多名幼儿入园就读。

2012年9月，街道办事处又投资800万元扩建园舍，占地面积2710平方米，建筑面积2200平方米，户外活动场地面积730平方米，绿化面积1250平方米。新开设班级9个，新增容纳幼儿260余人。通过园舍扩建和硬件投入，全园有幼儿阅读室、科探室、美劳室、电脑室、舞蹈室、多媒体活动室、环保创意室、多功能活动室等专用活动室以供教学。

幼儿园在“和谐教育、精彩生活”的办园宗旨引领下，努力创建“色彩创意园”特色，先后开展无锡市教育规划“十一五”课题“幼儿色彩创意活动的实践研究”和“十二五”课题“幼儿园‘亲亲色彩’创意美术课程开发的研究”课题研究，以教科研带动幼儿园特色发展。先后被评为无锡市一类幼儿园、无锡市绿色幼儿园，2009年4月被评为江苏省优质幼儿园。

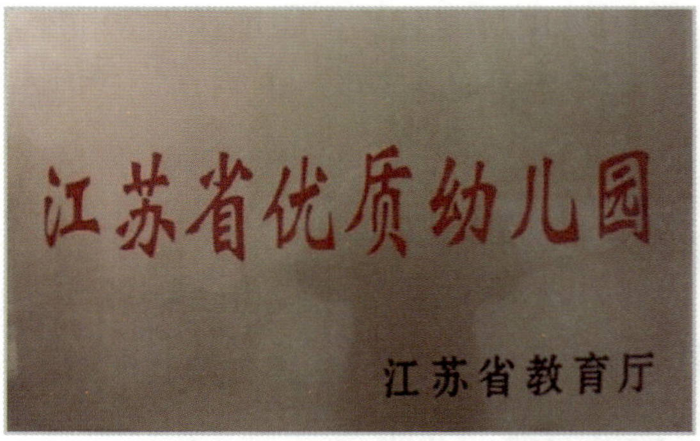

2009年南星苑幼儿园被江苏省教育厅评为江苏省优质幼儿园

第三节　小学教育

一、发展概况

辛亥革命无锡光复后，资产阶级改良运动不断发展，“废科举、倡新学”呼声日益高涨，从而推动社会教育事业发展。清光绪三十一年（1905年），邹仲泰在唐庄桥启智义塾的基础上集资创办境内第一所小学，取名启智小学。清光绪三十三年（1907年），为收受市镇周围学童入学，学校迁至大墙门庵观，更名为泰伯市第三小学。民国元年（1912年），在硕望桥黄氏义庄创办泰伯市第七小学。民国2年（1913年），在竹桥头邹氏祠堂和毕家桥毕氏祠堂分别创办泰伯市第六小学和第八小学。民国5年（1916年），在何家里创办泰伯市第九小学。民国6年（1917年），翁景如创办的杨氏私塾由无锡县国民政府接收后改名为泰伯市第十三小学。民国13年（1924年），顾春堂创办西典初级小学。民国17年（1928年），张光磊创办小章家桥小学。民国18年（1929年），翁珏如创办翁家里小学。民国20年（1931年），泰伯市第三小学更名为大墙门小学。至民国28年（1939年），境内有启智小学、泰伯市第三小学、泰伯市第七小学等15所小学。民国37年（1948年），大墙门小学更名为墙门镇中心国民小学。解放前，境内共有小学32所，均以所在地名命名。学校都是微型小学，初小、复式班较多。校舍大多是庵堂、庙宇、祠堂房屋，教育设施极其简陋。

解放前硕放境内小学情况一览表

表 26-3

校名	创办时间	性质	教员（人）	班级（个）	学生（人）	校址
启智小学	清光绪三十一年（1905年）	私立	2	2	70	唐庄桥启智义塾
泰伯市第三小学	清光绪三十三年（1907年）	市立	3	2	81	大墙门庵观
泰伯市第七小学	民国元年（1912年）	市立	2	1	54	硕望桥黄氏义庄
泰伯市第六小学	民国2年（1913年）	市立	2	1	42	竹桥头邹氏祠堂
泰伯市第八小学	民国2年（1913年）	市立	2	1	57	毕家桥毕氏祠堂
泰伯市第九小学	民国5年（1916年）	市立	2	1	42	何家里民房
泰伯市第十三小学	民国6年（1917年）	市立	2	1	45	薛典杨氏祠堂
育才小学	民国10年（1921年）	私立	2	1	51	住基上顾氏义庄
西典初级小学	民国13年（1924年）	公立	2	1	35	西典巷顾氏祠堂
小章家桥国民小学	民国17年（1928年）	公立	2	1	35	小章家桥张家祠堂
观庄小学	民国19年（1930年）	公立	10	6	300	观庄上民房
曹渡小学	民国22年（1933年）	私立	3	2	80	曹家门前香楠厅
俞尚坟小学	民国24年（1935年）	私立	2	1	40	俞尚坟祠堂
河泗桥小学	民国27年（1938年）	私立	1	1	25	河泗桥长寿庵内
竺祥庵小学	民国28年（1939年）	私立	1	1	48	竺祥庵徐家祠堂
翁氏开智小学	民国29年（1940年）	私立	3	3	50	薛典翁氏义庄
范蠡小学	民国29年（1940年）	私立	1	1	30	南庄邹氏祠堂
黄家门前小学	民国30年（1941年）	私立	3	2	45	黄家门前民房
庙下小学	民国30年（1941年）	私立	2	2	50	庙下南头村钱氏宗祠
浜斗上小学	民国30年（1941年）	私立	2	1	55	浜斗上邹启明家
方家门前小学	民国30年（1941年）	私立	5	6	120	方家门前祠堂

续表 26-3

校名	创办时间	性质	教员（人）	班级（个）	学生（人）	校址
王家桥小学	民国31年（1942年）	私立	2	1	52	王家桥“协和祥”茧行
泗水小学	民国31年（1942年）	私立	2	2	35	东沈巷毕民元、毕鹤琴家
大庙上小学	民国32年（1943年）	私立	4	3	95	大庙上村民房
溇金小学	民国34年（1945年）	私立	1	1	22	溇上杨家祠堂
秦村国民小学	民国34年（1945年）	公立	3	3	78	秦村西来庵
黄贵桥小学	民国34年（1945年）	私立	6	5	82	黄贵桥民房
华庄小学	民国34年（1945年）	私立	2	1	55	前华庄民房大厅上
大公小学	民国36年（1947年）	私立	7	3	130	大公锡禧庵
万寿庵小学	民国37年（1948年）	私立	2	1	60	大墙门万寿庵内
建农小学	民国37年（1948年）	公立	4	4	100	丁更上兴岭庵内
坝头小学	民国38年（1949年）	私立	2	2	55	老坝头祠堂

解放后，境内小学都由人民政府接管，并对学校组织机构、课程设置、规章制度作了调整。1952年，人民政府将规模较大私立、民办小学接收为公办学校，规模较小的撤并。当时，境内6个小乡设有中心小学：墙门乡有墙门中心小学、硕住乡有硕望桥中心小学、里河乡有曹渡中心小学、薛典乡有薛典中心小学、观泗乡有观庄中心小学、新中乡有小章家桥中心小学。

1955年，各学校试行教育部颁布的《小学生守则》。1958年9月人民公社成立后，全社基本形成一个大队一所小学的格局（个别大队也有两所小学），共有小学28所。当年，墙门中心小学更名为硕放人民公社中心小学，以中心辅导区管辖全公社的小学。1960年下半年，国家处于困难时期，部分小学生辍学，全公社小学生在校人数相应减少，导致教育事业计划相应收缩。1963年，国民经济有所好转，教育秩序恢复正常，教育质量明显提高。

1968年，小学辅导区成立教育革命领导小组，实行贫下中农管理学校。当时有春光、光明等13个生产大队的完全小学附设初中班。1969年，小学学制缩短为五年。硕放中心小学被撤销，学校下放到五一大队，更名为硕放人民公社五一学校。1973年，硕放中心小学恢复，重新负责全公社的小学及“戴帽子初中”的管理。1974年，社会上批判“修正主义教育路线”回潮，新的“读书无用论”抬头，教师地位和教学质量明显下降。

中共十一届三中全会召开以后，教育战线开始拨乱反正，教学秩序明显好转，教育设备逐步完善。按照无锡县教育工作会议精神，着手提高初中办学水平，分期、分批撤销小学附设初中班，至此，硕放人民公社的“戴帽子初中”与所在小学脱钩。

1983年撤社建乡，生产大队改为村民委员会，多数小学按当地村名改为校名。小学学制恢复为六年，统一使用省编教材。1985年，硕放乡有完全小学22所，初级小学3所，共有班级117个，在校学生4257人，专任教师179人。1985年6月，无锡县人民政府作出中、小学实行分级管理的决定，明确县、乡两级政府办学的责任，极大地调动了乡党委、政府的办学积极性，乡财政对教育经费纳入预算，加大对教育的投入，硕放乡基础教育事业迅猛发展。1983年至1985年，硕放乡连续三年初等教育“四率”（入学率、巩固率、毕业率、普及率）普查验收合格。1991年10月，全乡小学通过九年制义务教育达标验收。

1995年3月，硕放镇划归无锡市新区后，经济、社会事业快速发展，小学规模化、现代化建设进程随之加快。1996年8月至2007年1月，全镇（街道）先后撤并原来所有的村级小学，在新区率先实现规模化办学，办学效益得到明显提高。2000年，镇政府投入2500万余元，易地新建硕放中心小学，于2002年9月启用。2004年11月，硕放中心小学创建为江苏省实验小学。2005年，镇政府又投入2000余万元，新建南星苑小学，于2007年2月启用。至2013年，全街道仅有硕放实验小学（含硕望桥小学分部）和南星苑小学2所。学校都是花园式校园，教育设施、设备先进，为教育现代化奠定坚实的基础，实现规模化、现代化办学。

二、学制、课程和考试

清末民初的学制课程模仿日本，后受美国教育体制的影响，逐渐改为效法美国。民国元年（1912年），学堂一律改称学校。民国2年（1913年），小学学制为七年（初小四年，高小三年）。民国12年（1923年），小学学制为六年（初小四年，高小两年）。学校废止文言文教材，使用语体文。初等小学设置修身、图文、算术、手工、图画、唱歌、体操等课程，高等小学加授历史、地理和常识。三年级起算术科中加授珠算。民国19年（1930年），高小常识课改为自然课，另加授社会课。

抗日战争时期，无统一教材，学校自编乡土教材和选择一些宣传爱国思想的古文进行教学，引导学生关心国家民族的存亡，并教唱《义勇军进行曲》《毕业歌》《大刀歌》等革命歌曲，激发广大学生的爱国热情。抗战胜利后，学校课程设置为初小设团体训练、音乐、体育、国语、算术、常识、美术、劳作8门；高小设团体训练、音乐、体育、国语、算术、社会、自然、美术、劳作9门。

1949年4月无锡解放，人民政府接管学校，暑假后全部改用新教材。1951年，根据中央人民政府政务院颁布的《关于改革学制的决定》，小学学制为六年，修业年限为初小四年，高小两年。取消公民课。课程设置为一、二年级设语文、算术、体育、劳作、音乐、美术6门，每周24课时；三年级增设常识课2节，每周26课时；四年级增设珠算课1节，每周27课时；五、六年级增设自然、历史、地理课3节，每周30课时（此课程设置一直至1965年基本没有变动）。1956年起，学生学习成绩考核取消百分制，全面推行“五级记分制”。1958年后又重新恢复百分制。人民公社化后，小学由县下放到公社，劳动课列为课程。

1966年6月“文化大革命”开始，学生使用县和公社自编教材。语文是以《毛主席语录》为蓝本的教材，取消考试和升留级制度。1968年10月开始实行“贫下中农管理学校”。1969年3月起，小学学制改为五年制，课程从原来的9门改为政治、语文、数学、常识、军体、革命文艺6门。1971年2月改为春季始业招收新生。1972年起曾一度提出注重社会主义文化课，恢复考试、升留级制度，使用省编教材，恢复暑期招生。课程设置为一、二、三年级语文、数学、体育、革命文艺、劳动、红小兵活动，每周24课时；四、五年级加常识课，每周24课时，后加政治课，每周26课时，但很快又被作为“修正主义回潮妖风”批判。1977年9月，小学开始使用部编教材，恢复升学考试制度。1983年8月，小学由五年制分期、分批向六年制过渡，全部执行省教育计划，使用省编教材，课程设置为一、二年级设思想品德、语文、数学、体育、音乐、美术6门，每周24课时；三年级语文课加作文，另增劳动课，每周25课时；四年级增自然课，每周25课时；五年级增地理课，每周26课时；六年级减地理增历史，每周26课时。1985年6月，县政府决定中、小学实行分级管理，小学为乡办乡管。

“文化大革命”前，小学每学期进行期中和期末考试，毕业班以最后一学期的期末考试为毕业考试，小学毕业生升初中要参加升学考试。因公办初中招生名额有限，只能择优录取，部分落榜学生只能上农业中学或留在家中务农。“文化大革命”初期，小学曾废止考试制度，学生不经考试全部升级和毕业，小学毕业升初中由贫下中农推荐。1972年起恢复考试制度，曾提倡开卷考试，但多数小学仍实行闭卷考试。1978年，恢复小学升学考试。此后，县、公社都实行统考，作为了解各科教学质量和促进教学质量提高的重要手段。为应付统考，许多教师增加平时的测验考试次数，并大量布置作业，搞“题海战术”，出现小学生课业负担过重现象。1980年起，各小学执行省教育厅颁发的成绩考核规定，考试为期中、期末各一次，语文、数学为考试学科，其余为考查学科，一律采用百分制，凡学年成绩语文、数学两门不及格或语文、数学中一门不及格和考查学科两门不及格的作留级处理。

1988年，国家教育委员会下达关于减轻小学生课业负担过重问题的若干规定，由此，学校不再搞统考。为了解学校教学质量，由县教研室或中心小学教导处出卷，对中心小学和部分村校某两个年级语文和数学进行调研，抓合格率，不排名次，不张榜公布。各小学严格执行“三表”（作息时间表、课程表、课外活动表），增加课间操和眼保健操。控制学生每天在校时间不超过6小时，二年级至六年级学生一般每天家庭作业量控制在0.5—1小时，一年级不留家庭作业。学生的各科学习成绩不用百分制，改用优秀、良好、及格、不及格四个等第评定。

20世纪90年代起，全国实施课程改革，全面推进素质教育。全镇各小学以优化课堂教学为出发点，开展课堂教学结构改革和教学方法研究，并引进电化教学。课外活动作为课内教学向课外延伸的教学活动，中心小学和部分有条件的村校都开辟第二课堂，开展阅读、写作、民乐、书画、棋类、航模、计算机等各项活动。全镇各小学全面贯彻党的教育方针，扎实推进素质教育，根据“打好基础，发展智力，培养能力”的教改原则，不断改进教学方法，教学质量逐步提高。1997年开设计算机课，1998年小学三年级以上开设英语课，原来三年级以上的自然课改为科学课，高年级减历史、地理课增设社会课。2005年后，学校开设地方课程和综合课程（包含文艺、科技、班队活动和双语阅读、计算机、综合实践活动等），以丰富学生课外活动内容，培养和发展学生各方面的素质和技能。

三、九年制义务教育达标

20世纪80年代末至90年代初，无锡县开展九年制义务教育达标活动。硕放乡根据《无锡县九年制义务教育达标规划》文件精神，对全乡学校校舍、占地面积、建筑面积、设施设备、图书数量等硬件作了刚性要求，以此彻底解决中、小学义务教育阶段学校校舍陈旧，建筑面积、占地面积偏小，设施不全，图书不足等问题。1991年3月，硕放乡第十一届人民代表大会审议通过《关于硕放乡实施九年制义务教育规划的决议的实施意见》，全乡人民形成“人民教育人民办，办好教育为人民”的共识。是年，乡政府在九年制义务教育达标过程中，投入247.76万元，扩建硕放中心小学，对20所村级小学的校舍进行了改造和维修，完善教育设施，添置教育设备和图书。各学校加强和优化内部管理，使全乡学校面貌焕然一新。在这次九年制义务教育达标活动中，全乡出现盛况空前的捐资助学热潮，社会各界共捐资34.45万元，其中集体捐资10.80万元，个人捐资23.65万元。为铭记并感谢这次盛况空前的捐资助学义举，硕放乡人民政府特印制、颁发精致的“实施九年制义务教育达标捐资助学光荣册”。

时任中共无锡市市委书记刘济民（前一）等领导对硕放乡“九年制义务教育达标”进行复查验收

1991年10月11日，江苏省人民政府副省长吴锡军到硕放乡调研，了解学校“达标”进展情况，对“达标”工作作出指示。是年10月23、24日，无锡县副县长张斛西、教育局副局长黄宪辉等率无锡县教育督导室到硕放乡进行“达标”验收，对全乡中小学进行逐校逐项“达标”对照检查，乡党政领导和中、小学校长分别作工作汇报。黄宪辉宣布并祝贺硕放乡中、小学“九年制义务教育达标”通过验收。1991年11月5日，中共无锡市市委书记刘济民、无锡市副市长张怀西、无锡县副县长张斛西等专程对硕放乡“九年制义务教育达标”进行复查验收，对硕放乡实施九年制义务教育达标中所做的工作给予充分肯定。

四、规模办学、学校布局调整

中华人民共和国成立后，硕放境内的基础教育事业随着乡级经济的不断壮大而发展，学校办学条件逐步改善，教学资源不断优化。20世纪50年代起，规模小、学额少的学校逐年被撤并，并根据实际需要，建造新的小学。1950年，观泗乡的河泗桥初小并入新中小学。1954

年，因建造硕放机场，观泗乡的观庄小学和毕家桥小学被拆除，同时开设长田岸初小，方便就近的低年级学生上学，大部分学生被分流到观泗乡竺祥庵小学。1956年，塔西乡的方家门前小学、假山头小学迁至潘更上，更名为潘更上小学。1957年，浜斗上小学并入潘更上小学。1961年，为方便硕放机场军人子弟读书，在红星大队鳌塔桥新建培鹰小学。1965年，五一大队的万寿庵小学并入中心小学。1968年，八一大队的唐更上初小和溇上初小并入易地新建的八一小学。1969年9月，红光大队长田岸初小并入红光小学。是年，六一大队南河桥初小并入六一小学。1972年9月，东方红大队何家里初小并入东方红小学。1980年，为方便渔民子弟读书，在渔业大队开办硕放渔业小学。1983年8月，光明小学易地新建，王家桥小学与原光明小学合并，仍取名为光明小学。1988年，培鹰小学并入塔西小学。1991年8月，建丰小学、翁家里小学被撤并至薛典小学。1993年8月，六一小学撤并至硕放中心小学和西典小学。

1995年，硕放镇划入新区后，随着工业化、城镇化建设的快速发展，全镇小学布局随之加速调整。1996年8月，新建的东新小学启用，南庄小学、大公小学、曹渡小学相继并入。1998年8月至2000年1月，华庄小学、新中小学、红光小学相继并入扩建后的光明小学。2000年4月，硕放小学、大庙上小学、硕望桥小学并入新建的南星希望小学。2000年8月，墙西小学、柘茶小学撤并至中心小学；大庙上小学撤并至南星希望小学；黄家门前小学撤并，学生被分流到东新、西典、南星希望小学、中心小学。2002年8月，薛典小学、墙北小学、东新小学、西典小学、塔西小学撤并至易地新建的硕放镇中心小学。2005年8月，光明小学撤并，学生被分流到南星希望小学、江苏省硕放实验小学。2007年1月，溇金小学撤并至江苏省硕放实验小学，南星希望小学撤并至新建的南星苑小学。至此，硕放镇原有的村级小学全部被撤并，全镇仅有江苏省硕放实验小学、南星苑小学2所，实现规模办学。2010年8月，区管的民办外地民工子弟学校——光明希望小学被撤销，同年9月，硕放街道为接纳原来在光明希望小学就读并暂住在镇区的非本地户籍学生，开办硕放实验小学硕望桥分部。

1905—2011年硕放各小学开办、撤并情况一览表

表 26-4

序号	开办时名称	撤并时名称	开办、撤并时间	备注
1	启智小学	硕放实验小学	1905—	由境内第一所小学启智小学逐步演变而来
2	泰伯市第六小学（竹桥头）	墙北小学	1913—2002.8	并入中心小学
3	泰伯市第十三小学（雪典）	薛典小学	1917—2002.8	并入中心小学
4	翁氏私立开智小学	翁家里小学	1929—1991.8	被分流到薛典小学、中心小学
5	西典初级小学	西典小学	1924—2002.8	并入中心小学
6	小章家桥国民小学	新中小学	1928—1999.8	并入光明、红光小学
7	河泗桥小学	河泗桥小学	1938—1964	并入新中小学
8	泰伯市第七小学（硕望桥）	硕望桥小学	1912—2000.5	合并为南星希望小学
9	育才小学	硕放小学	1921—2000.5	
10	大庙上小学	大庙上小学	1949—2000.8	

续表 26-4

序号	开办时名称	撤并时名称	开办、撤并时间	备注
11	南星希望小学	南星希望小学	2000.5—2007.1	并入南星苑小学
12	曹渡私立小学	曹渡小学	1933—1996.8	合并为东新小学
13	范蠡小学	南庄小学	1940—1996.8	
14	大公小学	大公小学	1947—1996.8	
15	东新小学	东新小学	1996.9—2002.8	并入中心小学
16	俞尚坟小学	俞尚坟小学	1935—1971.8	并入黄家门前小学
17	黄家门前小学	黄家门前小学	1941—2000.8	被分流到东新、西典、南星希望小学、中心小学
18	溇金小学	溇金小学	1945—2007.1	并入中心小学
19	泰伯市第九小学（何家里）	何家里小学	1916—1972.8	并入秦村小学
20	秦村国民中心小学	秦村小学	1945.7—1998.8	被分流到薛典小学、溇金小学
21	泰伯市第八小学（毕家桥）	毕家桥小学	1913—1954.4	因建造机场拆除，被分流到竺祥庵小学、泗水小学
22	观庄小学	观庄中心小学	1930—1954.4	因建造机场拆除，被分流到竺祥庵小学
23	竺祥庵小学	红光小学	1939.9—1999.8	并入光明小学
24	庙下小学	六一小学	1941—1993.8	被分流到西典、中心小学
25	南河桥小学	南河桥小学	1950—1969.8	并入六一小学
26	建农小学	假山头小学	1948—1956	并入潘更上小学
27	浜斗上小学	浜斗上小学	1941—1957	
28	方家门前小学	方家门前小学	1941—1956	
29	培鹰小学	培鹰小学	1961—1988.2	并入塔西小学
30	潘更上小学	潘更上小学	1956—1988	
31	塔西小学	塔西小学	1988—2002.8	被分流到南星希望小学、光明小学
32	泗水小学	光明小学	1942—2005.8	1958年更名为光明小学，2005年8月被分流到南星苑小学、硕放实验小学
33	王家桥小学	王家桥小学	1942—1983.8	并入光明小学
34	坝头小学	秦村小学	1942—1945	1945年为秦村小学分部
35	黄贵桥小学	建丰小学	1945.9—1991.8	1969年更名为建丰小学，1991年8月并入薛典小学
36	华庄小学	华庄小学	1945—1998.8	并入塔西小学
37	万寿庵小学	万寿庵小学	1948—1965.8	并入中心小学
38	柘茶小学	柘茶小学	1950—2000.8	并入中心小学
39	香花桥小学	墙西小学	1953—2000.8	并入中心小学
40	渔业小学	渔业小学	1980.9—1986.8	并入中心小学
41	光明希望小学	光明希望小学	2005—2011.8	民办学校被撤销，学生被分流到硕放实验小学硕望桥分部及新区各镇小学
42	南星苑小学	—	2007—	—
43	硕放实验小学硕望桥分部	—	2011—	—

五、村级小学（含片校）

硕放境内小学都有着不同程度的历史文化底蕴，规模从小到大，教学质量逐年提高。学校几经变迁，为统一学校所在地名称，以1983年撤社建乡后的行政村村名为准。

1.墙北村

墙北小学（泰伯市第六小学） 民国元年（1912年），邹仲怡在竹桥头邹氏祠堂创办私塾。翌年被国民政府接收后改名为泰伯市第六小学，有班级1个，学生42人，教师2人，全年经常费443元。解放后，学校更名为竹桥小学，有校舍四开间二进，两侧有厢房，规模为2室3员，后发展到3室4员。1965年秋，学校为6个年级的完全小学，有学生200余人。1969年附设1个初中班，学校更名为七一学校，一年后初中班并入硕放中学，学校恢复为七一小学。1970年，学校就地翻扩建。1981年，学校更名为墙北小学。1986年暑假，村民委员会投资翻建学校，办学条件和校园环境大为改善。2002年8月，并入硕放中心小学。

2.薛典村

薛典小学（泰伯市第十三小学） 民国5年（1916年），翁景如在薛典杨氏祠堂创办私塾。翌年更名为泰伯市第十三小学，有班级1个，学生45人，教师2人，全年经常费615元。民国17年（1928年）更名为薛典国民初等小学，有班级1个，学生37人，教师2人，全年经常费528元。1950年，学校从杨氏祠堂迁至薛典东首的地主房子内，校名为薛典中心小学。有校舍20多间，既有木楼又有平房和大礼堂，大操场2000多平方米，校门头砖雕精致，戏文人物、飞禽走兽、高山流水、花草树木栩栩如生，校园内的台阶都是大青石条，大礼堂的台阶是通长的金山石。1957年10月，更名为薛典小学。1968年至1972年，小学附设初中班。1973年，在操场北端新建9间两层教学楼，初中与小学分开，学校为薛典初中，小学部并入翁家里小学。1991年8月，薛典初中并入硕放中学，校舍全面修缮，薛典小学恢复。是年8月，建丰小学、秦村小学高年级、翁家里小学部分并入薛典小学。2002年8月，薛典小学撤并至硕放中心小学。

翁家里小学（翁氏私立开智小学） 1940年上半年，由翁春元、翁志平、翁振元等人在“春园家塾”基础上创办私立“翁氏开智小学”，学校办在翁氏义庄内。解放后，学校改名为翁家里小学，开设3个班级（1个单班，2个复式班）。1960年开始，翁家里小学的五、六年级并入薛典小学，学校为一至四年级初小（2个复式班级）。1968年，小学附设初中班。1969年，翁家里为完全小学。1984年，学校易地新建一幢10间两层教学楼。1985年8月，薛典学校的小学部全部并入新建的翁家里小学。1991年8月，因薛典初中撤并至硕放中学，薛典小学恢复，翁家里小学撤并，学生被分流到薛典小学和硕放中心小学。

3.西典巷村

西典小学（西典公立小学） 民国13年（1924年），乡绅顾春堂在西典巷自然村顾氏祠堂创办公立初级小学，有班级1个，学生35人。民国17年（1928年），有班级2个，学生71人，教师3人，全年经常费732元。1945年发展为完全小学，校名为西典小学，有学生100余人。1958年3月，西典小学开设1个农中班。是年8月，农中班并入硕望桥农业中学。1968年，西典小学附设幼儿班、初中班，校名改为建农学校。1970年，初中并入硕放中学。1982年，恢复为西典小学。1990年，由村民委员会投资，小学易地至张生桥，新建9间两层教学楼，小学有班级6个、学生200余人。2002年8月，西典小学并入硕放中心小学。

4.红力村

新中小学（小章家桥国民小学） 民国17年（1928年），由张光磊在小章家桥张家祠堂私塾基础上创办小学。初办时只有初小班1个，学生30名。随着求知入学孩子的增多，在张家祠堂后面扩建房屋，增加2间教室，为三复式班的完全小学，人们称之为“洋学堂”，校名为“华庄乡小章家桥国民小学”。学校规模逐渐发展，在尤家里的尤家祠堂开设分部。20世纪30年代初，小章家桥国民小学成为共产党地下活动的秘密场所。薛永辉（解放后为无锡县首任县长）任校长，后来了一位共产党地下工作者高祥程任教。在他的影响下，夏介文、王中一成为了地下工作者（解放后夏介文为粟裕大将的秘书，王中一任中共无锡县委副书记、无锡县县长）。1938年冬，孙田安到校任教，1940年8月加入中国共产党后，去抗日救国前线战斗。1941年至1945年，共产党地下联络站工作由该校的尤卓君教师负责，1945年8月，尤卓君身患肺病，由党组织批准安排回家治病。1946年秋，时任五、六年级班主任的程青是共产党地下工作者，他对学生严格要求，谆谆教导，深受学生们的爱戴。1947年，学校成立学生会。晚上办民校，灌输革命思想。学校学习风气浓，教学质量高。程青所教的毕业班蒋凤昌等5名学生考取梅村师范，还有的学生被辅仁中学、无锡县中、无锡女子中学等学校录取，在当地引起轰动，学校声望远播。1948年秋，经程青引荐，地下党员董大光到校任教，他俩一起开展革命工作，小章家桥小学成为他们的联络点。无锡解放后，无锡县废除旧制，划乡建行政村。1949年11月，小章家桥划入新中乡，小章家桥小学更名为新中乡中心小学。随着形势的发展，又撤乡改名为新中小学，发展为6个年级的完全小学，教学质量一直处于前茅。1968年，村民委员会出资将小学分部（尤家祠堂）拆迁至本部（张家祠堂），改造扩建后的校舍共有21间平房，是一所6个年级的完全小学。1976年至1980年，附设初中班2个，学生达300多人，教工10余人。随着小学生源的逐步减少，原来6个年级的完全小学缩减为3个复式班完全小学。1999年8月，学校分别并入光明小学和红光小学。

河泗桥小学 1938年2月，由王云轩、许子常创办河泗桥小学，校址在长寿庵内，单室独教。第一任教师是王廷爵。当初，“江抗”组织派一位中共地下工作者王亮从高田小学到河泗桥小学教学生唱抗日歌曲，相继有倪秀英、杨汉文、周世泰、许保良、周剑霖、薛中川、查德民等中共地下党员到学校任教并进行革命活动。1950年8月，河泗桥小学为新中小学的分部，有一至三年级复式班1个，谢云元在此任教。1964年，该校撤并至新中小学。

5.杨家湾村

硕望桥小学（泰伯市第七小学） 民国元年（1912年），由硕望桥自然村“黄氏义庄”出资，黄溪堂负责创办硕望桥小学。随即被国民政府接收，更名为泰伯市第七小学。有班级1个，学生54人，教师2人，全年经常费430元。1937年后，因日军侵入，校舍被日军焚毁，学校停办。1945年，抗战胜利后，又在硕望桥自然村黄清公的茶馆内开办小学，起先为单室独教，后发展为初小。1950年，学校搬迁，规模扩大。校舍分为南北两部，南部的高小部设在硕住乡农会内（东马家湾），北部的初小部设在硕望桥一家地主的楼房内。1956年，学校所属华庄区墙南乡管辖，为乡中心小学，校名为硕望桥中心小学。1958年，校名恢复为硕望桥小学。1972年，学校附设初中班，更名为五星学校。1981年，初中与小学分开，并易地新建。小学仍在硕望桥自然村原地主的楼房内，校舍进行修缮、扩建，学校规模为复式完全小学，校名再次恢复为硕望桥小学。2000年5月，硕望桥小学与硕放小学两校合并迁入新建的南星希望小学。

6.硕放村

硕放小学（育才小学） 民国初期，顾氏家族在九房住基顾氏义庄创办私立学堂。民国10年（1921年），学校取名为育才小学，校长华薰。有教员2人，学生51人，教室1间，全年经常费385元。民国19年（1930年）更名为住基小学。抗战时期，顾氏义庄被日伪军侵占，成为军营，学校被迫停办。为解决小孩读书，由顾孝侯、钱慕莲夫妇在自己家中办起私立学堂，校名仍为住基小学。抗战胜利后，杨怀英在顾氏义庄再次开办小学，校名为后住基小学。解放初期，顾福兴将住基小学、后住基小学合并，学校设在顾氏义庄，校名为后住基小学。1959年以后，学校规模为2室2员。“文化大革命”初期，学校更名为硕放小学。1969年，学校附设初中班2个，1970年初中班并入硕望桥初中。1973年，大队将硕放小学翻造扩建为24间平房。2000年5月，硕放小学与硕望桥小学两校合并迁入新建的南星希望小学。

7.里新村

曹渡小学（曹渡私立小学） 民国22年（1933年），在巷式私塾基础上，由曹家门前乡绅创办曹渡私立小学。同年，由无锡县参议员曹颂美从中协调，该私立小学改为县立短期公立小学。学校起始为一至四年级（2个复式班），有学生70—80人，教师3人。之后，学校规模逐渐发展为一至六年级的完全小学，学生200多人，校址在香楠厅（昭嗣堂）。学校费用由曹姓祠堂公账田开销（昭嗣堂有460亩公账田）。抗日战争爆发，校舍被国民政府征用为仓库筹集军粮。学校停办两年后，由校长范士清（中共地下党员）协调，学校继续开办，规模如前。后姚均霖继任校长（中共地下党员，以教师身份为掩护从事革命工作，解放后到无锡县人民政府工作）。抗战胜利后，学校更名为县立曹渡小学。解放初期为里河乡曹渡中心小学。1958年改为曹渡小学。1968年，曹渡小学附设初中班，学校更名为曹渡学校，规模为班级13个，学生500余人，教师20多人，因当时校舍不够，租用当地民房，借用耀灯庵做教室。1982年8月，初中与小学分开，小学仍在香楠厅，初中易地新建。1984年，为保护古建筑香楠厅（昭嗣堂），学校易地新建。将里新村办公楼作为新的校址，同时里新、里河两村共同出资新建10间平房，建筑面积共640平方米，1986年9月启用。1996年8月，撤点并校、规模办学，曹渡小学、南庄小学、大公小学三校合并，迁入新建的东新小学。

8.黄家门村

俞尚坟小学 民国24年（1935年）创办，校址在俞尚坟祠堂内。1952年拆祠建校，为一至四年级（2个复式班）的初级小学。1960年学校由公办改为民办，为1个复式班的初小，学生40余人。1965年，因学校破旧进行原地翻建。1971年8月，并入黄家门前小学。

黄家门前小学 创办于民国30年（1941年），校址设在黄家门前自然村华邦基家，为一至四年级（2个复式班）初小，学生有40多人，校董华邦基。1950年为公立黄家门前小学。1954年，为4个教学班的完全小学。1971年，大队出资，把俞尚坟初小、黄家门前小学、北桥三官堂3处的房子拆除，在薛家里自然村新建黄家门前小学，建造校舍21间，校园占地面积2680平方米，外操场2000平方米，时任教师11人，校工1人。1972年，增设初中班，更名为先锋学校。1975年，初中、小学分开。1981年，学校恢复为黄家门前小学。1991年春，为迎接无锡县九年制义务教育达标验收，由硕放乡人民政府、黄家门村民委员会和8家村办厂出资11.8万元，在学校操场北端建造一栋教学楼，上下两层共14间房屋，建筑面积670平方米。2000年，因规模办学，黄家门前小学撤并，学生被分流到东新小学、西典小学、南星希望小学和硕放中心小学。

9.溇金村

溇金小学 民国34年（1945年），金桥乡公所募捐经费，将凌云声在民国25年（1936年）创办的“张舍场学堂”迁至溇上杨家祠堂，名曰“溇金学堂”（溇金初级小学），为单班独教初级小学。后学校因故迁至唐更上吴春元家，名为“唐更上学堂”。1961年，溇上杨家祠堂再次开办初小。1968年，贫下中农管理学校。由于生源增加，校舍紧缺，大队决定在溇上新建一所小学。1969年9月，10间平房交付使用。溇上、唐更上初小搬迁到新校舍。1970年9月，新校舍全面完工，取名“八一小学”，为6个年级的完全小学。1971年，附设初中班。1983年，更名“溇金小学”。1992年，村民委员会投入资金60万元，易地新建堪称新区一流的村级小学，有两层教学楼22间，平房食堂5间，教师9人，学生237人。2007年1月，学校撤并至硕放实验小学。

10.秦村村

何家里小学（泰伯市第九小学） 民国初期，由何氏家族在何家里民房内创办私立学堂。民国5年（1916年）由国民政府接收，学校更名为泰伯市第九小学，校址在何家里民房，有班级1个，学生42人，教师2人，全年经常费441元。民国17年（1928年），学校更名为何家里小学（县立），有班级1个，学生48人，教师2人，全年经常费528元。之后，学校为一至四年级（2个复式班）的初小，有学生60—70人，教师3—4人，校舍3间，教室2间，办公室1间。1972年8月并入东方红小学。

秦村小学（秦村国民中心小学） 1945年7月，由薛道卓、何民勤创办，校址在西来庵，校名为秦村国民中心小学，招五至六年级学生。是年12月，在坝头的祠堂内开设坝头分部，招一至四年级学生。解放后，更名为秦村小学。1968年，秦村小学附设初中班，学校改名为东方红学校。1969年，大队集资扩建校舍，新建平房6间。1970年8月，小学附设的初中班并入薛典初中，学校更名为东方红小学，1972年，何家里小学并入东方红小学。1978年至1981年，校办厂出资，先后翻建校舍平房10间，校名恢复为秦村小学。1991年8月，秦村小学的五、六年级并入薛典小学。1994年，村委投资，秦村小学易地新建一幢14间的两层教学楼，添置新的教育设备，校园环境和办学条件得到根本性的改善。1996年，为鼓励教育，秦村村民委员会在小学内创办德育教育基地。1998年8月，秦村小学学生被分流到薛典小学和溇金小学。

11.红光村

观庄中心小学（观庄小学） 创办于1930年，校址在观庄上自然村王家松家。解放后，为观泗乡的中心小学。1950年，学校规模为6个年级的完全小学，有学生300余人，教师10余人。1954年4月，小学因建造飞机场被拆除，学生大多被分流到竺祥庵小学。

红光小学（竺祥庵小学） 创办于1939年9月，由吴岳翥在竺祥庵开办1个小班。1948年秋，开办初级小学（一至三年级），校址在竺祥庵自然村西的徐家祠堂内（2间平房），校名为竺祥庵小学。1952年9月，校舍向东扩建1间，共3间平房，一至四年级为复式班，五、六年级为单室独教。1953年2月，竺祥庵小学从徐家祠堂搬入竺祥庵内，校舍为前面5间庵堂，学校为完全小学。1954年，因造飞机场观庄中心小学被拆除，学生被分流到竺祥庵小学。为解决校舍紧缺和方便南面就近自然村的学生入学，在长田岸王家祠堂开设一至四年级的1个复式班，隶属竺祥庵小学管理。1956年9月，学校更名为红光小学，学校规模为6个年级的完全小学，有教职工9人，学生300余人。1965年，无锡县文教局全额拨款并供应建材，学校负责施工，在学校操场南端路西造3间平房的标准教室。1968年，红光小学附设初中班。1969年8月，长田岸复式班并入红光小学，红光小学的1个初中班搬至长田岸。1970年2月，初中班并入光明初中。1986年，村民委员会投资，整修、扩建校舍，建造5间两层楼房和8间平房，校名恢复为竺祥庵小学。1992年，校名又恢复为红光小学。1997年，村民委员会投资在学校操场南端路东新建3间平房的标准教室。1999年8月，红光小学撤并至光明小学。

12.安桥村

南庄小学（范蠡小学） 1940年3月，在南庄自然村邹家祠堂创办，始称范蠡小学，校舍面积100平方米。时为一至三年级的初小，有学生30余人。1945年8月，改名为南庄小学。1954年，校址又迁至安桥头。1966年7月，更名为新星小学。1968年，附设初中班1个。1970年，初中班并入曹渡初中。1981年，校名恢复为南庄小学，有校舍14间，学校规模为6个年级的完全小学，有学生153人，教师7人。1991年，村民委员会投资12万元，在毛家浜易地新建小学，占地面积10亩，新建11间两层楼新校舍。1996年8月，学校撤并至东新小学。

13.墙南村

六一小学（庙下小学） 1941年，由宋更上钱福林在庙下南头村钱氏宗祠内创办小学，校名为庙下初级小学，当时人们习惯称“南头学堂”。1953年，庙下初小为一至四年级（2

个复式班），教师从原来的2人增加到5人。1960年，庙下初小升格为完全小学。1969年，祠堂房屋拆除，原地翻造二进17间平房，校园环境、办学条件大为改善，学校更名为六一小学。是年秋季开学，南河桥初小并入六一小学，学校有学生120余人，教师5人。1986年，村委筹措资金将学校的平房拆除，翻建5间两层楼房。1993年8月，学校撤销，学生被分流到硕放中心小学、西典小学。

南河桥小学 1950年，在南河桥的真武堂创办南河桥初小，一至四年级复式班1个，由周富兴任教。1969年8月，并入六一小学。

14.塔西村

浜斗上小学 创办于1941年，浜斗上邹启明在家中创办私塾学馆，后为浜斗上小学。1941年至1956年，浜斗上小学有一至五年级复式班，校董邹阿元，第一任校长为杨仲光。解放后，鲍俊山任校长，后由严申接任校长。1957年，学校并入潘更上小学。

假山头小学（建农小学） 解放前，万姓人士向无锡县国民政府申办私立小学，县政府颁发的校牌为建农初级小学，校址在假山头丁更上的兴岭庵内。1954年，更名为假山头小学，为一至四年级的初小，有学生100余人，校长薛武本。1956年，并入潘更上小学。

方家门前小学 创办于1941年，校址在方家门前祠堂内。后逐步发展为一至六年级的完全小学，校长张祖德。1956年，迁至潘更上。

潘更上小学 1956年，方家门前小学迁至潘更上，校名改为潘更上小学，本部在村西，分部在村东，校舍都是地主的房屋，共有校舍20多间，教室8间。1957年8月，浜斗上小学并入潘更上小学。1969年，初中下放到生产大队，潘更上小学附设初中班，由于原有校舍不够，另在潘更上村西租借4间平房作为初中教室。校名更名为红星学校。1971年，初中撤销，校名恢复为潘更上小学。1988年，潘更上小学撤并至塔西小学。

培鹰小学 1961年，在红星大队鳌塔桥方云界的楼房内创办空军部队子弟小学，初设班级2个，校名为“培鹰小学”。1964年8月，学校由公社接管，有校舍平房10间，学生120人，教工4人，部队负担办学经费。1988年2月，学校撤并至塔西小学。

塔西小学 1987年，村民委员会投资25万元在丁更上新建小学，校名为塔西小学。新校舍为一幢10间两层的教学楼和8间平房，学校占地面积6670平方米。有仪器室、图书室、少先队室、会议室等。学校规模为6个年级的完全小学。新学校竣工后，潘更上小学和培鹰小学撤并至塔西小学。2002年8月，塔西小学撤并，学生被分流到南星希望小学和光明小学。

15.王家桥村

毕家桥小学（泰伯市第八小学） 民国2年（1913年），在毕家桥毕氏祠堂创办学堂。是年被国民政府接收，校名为泰伯市第八小学，校长陈纲，有班级1个，学生57人，教师2人，全年经常费492元。解放后，学校更名为毕家桥小学。1954年4月因建造机场，学校被拆除，学生被分流到竺祥庵小学。

王家桥小学 1942年，由当地士绅凌云亭借用王家桥“协和祥”茧行的房屋创办小学，单室独教，校名为王家桥小学。1951年土地改革，小桥头凌云亭家的房屋被政府没收作为小学校舍，王家桥小学从“协和祥”茧行迁至小桥头。随着学生人数的增加，学校升格成为3室4员的复式完全小学。1981年，地方政府落实国家政策，凌云亭家土改时被没收的房屋退还，学校从中搬出。是年9月，在小大房湾建造的10间平房新校舍启用。1983年8月，学校并入新建的光明小学。

光明小学（泗水小学） 1942年，东沈巷有识之士毕民元、毕鹤琴两人分别在自己家里创办私立学堂，有学生30余人。解放后，毕民元弃教经商，所办学堂合并由毕鹤琴负责，后因学生增加，学校迁至泗水庵，校名泗水小学，后由人民政府接收，规模为3室4员的复式完全小学。1958年人民公社成立后，泗水小学更名为光明小学。1968年，中学下放到大队办。1983年8月，光明小学（原泗水小学）从泗水庵搬迁到小大房湾，与王家桥小学合并至新建的光明小学。同时，在原有校舍的基础上，又扩建10间平房作为新校舍。1998年8月，光明初中并入硕放中学，光明小学从小大房湾迁至泗水庵（原光明初中）。

16.建新村

大庙上小学 民国32年（1943年）8月，有一位叫秦敬的私塾教师在大庙上自然村办起一所3个复式班的私立学堂。1949年，在私立学堂基础上开办大庙上初级小学。1953年，开办复式教学。1964年，更名为建新小学。1972年，学校为3个复式班的完全小学。1984年，校名恢复为大庙上小学。2000年8月，大庙上小学并入新建的南星希望小学。

17.新农村

大公小学 民国33年（1944年），姚更上朱中林（县参议员）在小许巷吴阿二家开办私立学堂，校董范树清兼教师。民国35年（1946年）下半年，学堂搬至锡禧庵内。民国36年（1947年），荡口中学任教的朱中林回原籍，在私立学堂的基础上开办小学，取名为大公小学，朱中林任名誉校长，学校为完全小学。当时学校施教区范围很广，学校周边及后宅共20个自然村的孩子都到大公小学就读，学生最多时达300余人。解放后，学校更名为无锡县大公小学，学校规模为6个年级的完全小学。1982年后，生源减少，规模为3—4个班级的复式完全小学。1983年，村民委员会投资，拆旧翻新校舍16间。1996年8月，学校撤并至新建的东新小学。

18.建丰村

坝头小学 解放前，桥角里黄子解在老坝头祠堂创办初级小学，并担任学校董事。1945年，坝头小学成为秦村小学分部。1958年10月，学校从老坝头迁至小坝头。

建丰小学（黄贵桥小学） 1945年9月，黄贵桥自然村黄文宪在自己家创办初级小学，单室独教（一至五年级），教师张秋君等。1947年至1950年，因生源增加扩班，校舍搬至同村的黄国忠家，为2个复式初小班，校名为私立培智小学。1958年，在邻居黄庭华家增设班级1个，发展为3个复式班的完全小学，学校更名为黄贵桥小学。1962年9月，因生源减少，又缩减为一至四年级复式教育，有教师5人。1969年2月，黄贵桥小学更名为建丰小学，规模为完全小学。1975年，大队投资建造平房7间，于1976年9月投入使用，坝头小学2个班并入建丰小学。1977年，又建造平房5间，校舍面积合计为345平方米。1976年至1978年，附设初中班。1991年8月，学校并入薛典小学。

19.中华庄村

华庄小学　民国34年（1945年）抗日战争胜利后，由保长邹云山带头创办华庄小学，在前华庄自然村杨伯卿家的大厅上开设小学初级班，一至四年级由杨仲光任教。民国35年（1946年），邹云山牵头，在中华庄村邹姓祠堂内开办小学，校名为无锡县私立华庄小学，前华庄杨伯卿家的学生便并入其中。校董邹云山。1949年解放后，学校更名为无锡县华庄小学，学校规模一直为一至四年级初级小学。1955年8月，学校为完全小学。1957年因学生增加，校舍紧缺，由无锡县文教局拨款480元，公社、大队负责建造平房5间，学校扩至4个教学班的完全小学。1998年8月，学校撤并至塔西小学。

20.墙门村

万寿庵小学　1948年，在万寿庵内开办初级小学，单室独教。1965年8月并入硕放中心小学。

21.孙典桥村

柘茶小学　1950年秋，由柘茶上吴福祥、吴佐民两人发动当地群众在柘茶上自然村的唐村大皇庙内创办小学，当时为金娥墩小学分校，共有房屋12间，建筑面积300多平方米，校舍南面有操场约1500平方米。办学规模为一至四年级的复式班2个，还有学前班1个。1955年更名为柘茶小学，1958年又更名为新联小学。1967年开始增设高小班。1968年至1972年，附设初中班2个。1978年，柘茶小学为一至四年级的初小，有复式班2个，教师3人。1984年7月，学校搬迁至孙典桥，新建平顶房6间。1986年，6间平顶房扩建为6间两层楼房。1991年，学校在孙典桥再次易地新建，有房屋19间，学校占地总面积为3.02亩，校舍建筑面积692平方米，操场面积约1000平方米。当时有一至四年级班级3个，学生120余人，教师5人。2000年8月，柘茶小学撤并至硕放中心小学。

22.墙西村

墙西小学（香花桥小学）　1953年，在香花桥水月庵、唐庄大王庙内分别办班，创办公立香花桥初级小学，为一至四年级复式班。1958年转为民办小学。1968年至1970年，学校附设初中班。1984年，学校搬至唐庄桥原“义学堂”，学校更名为墙西小学，设一至四年级4个班级。1988年，墙西村在丝竹里投资新建10间两层教学楼。1989年9月，墙西小学搬入新校舍。2000年8月，学校撤并，学生被分流到硕放中心小学。

23.墙裕村

渔业小学　1980年9月，为便利渔民子弟读书，利用大队2间平房开办渔业小学。学校为一至四年级复式班初小，有学生32人，教师1人。20世纪80年代中期，随着经济的发展，渔民对子女应受教育的意识逐渐增强，入学率逐年上升。1986年8月，渔业小学撤并，学生被分流到硕放中心小学。

24.片校

东新小学 1995年，硕放镇人民政府和安桥村、里河村、新农村、里新村共同出资，在原曹渡初中旧址新建一所小学，命名为东新小学。1996年9月，新校竣工启用，大公、南庄2所小学同时并入，1997年9月，曹渡小学并入。当时为镇内占地面积最大、办学条件最好的农村片校，一至六年级共有教学班12个，学生340余人。2002年，因镇政府开发建设工业园区，学校被拆除，学生被分流到硕放中心小学。

光明小学 1998年9月，中华庄村华庄小学撤并，部分学生并入光明小学。1999年9月，红力村新中小学撤并至光明小学。是年，学校在原址向西扩地10亩，总投资300多万元，镇政府出资建造一幢教学楼；红光村出资建造运动场地（150米环形煤渣路面的跑道、水泥场地及场内绿化）；王家桥村出资建造校门、传达室、连廊；红力村出资建造校园四周的围墙；中华庄村出资建造食堂。2000年8月，学校竣工启用，红光小学撤并至光明小学。2002年8月，塔西小学撤并，部分学生并入。至此，硕放镇西片撤点并校工程完成，光明小学有教学班15个，学生500余人，教职员工20余人，为当时全镇规模最大的片校。2005年8月，学校被撤并，学生被分流到硕放实验小学和南星希望小学。

南星希望小学 1998年下半年，由硕放镇人民政府和硕放村、杨家湾村、建新村共同投资，在原硕望桥初中旧址新建一所小学，命名为南星小学。2000年5月，新校竣工启用，硕放、硕望桥2所小学并入。是年9月，大庙上小学并入。南星小学因外地民工子弟较多（占全校学生人数的60%），得到共青团无锡市委高度重视，同时在财力上给予大力支持，学校更名为无锡市南星希望小学。学校有教学班15个，学生500多人，教职员工36人。2007年2月，学校撤并至南星苑小学。

光明希望小学（民办） 2005年8月，随着城镇化建设进程加快，村庄大批拆迁，公办光明小学被撤并。非当地户籍务工者数量猛增，为解决外地务工者子女读书需求，由安徽籍教师徐国礼租借光明小学空置的校舍开办民办小学——光明希望小学，徐国礼担任学校董事。开办之初，有教学班6个，学生300余人，教师10余人，其学生全部是暂住在硕放的非当地户籍务工者子女。后来学校发展到教学班17个，学生600余人，教师20多人，其学生来自硕放以及周边新安、后宅、梅村等乡镇的非当地户籍务工者子女。2011年8月，由于学校超负荷运转，在师资力量、学生用餐、校车接送等方面存在诸多问题，无锡市新区社会事业局决定撤销光明希望小学，其学生由暂住地所属乡镇的公办小学接收。

1905—2011年硕放村级小学历任校长（负责人）一览表

表 26-5

校　名	姓　名
墙北小学（泰伯市第六小学）	恽衷济、蔡　磊、杨汉文、周志强、陆福祥、朱元根、黄兴林、吴天福、华建谊、杨雪芬（女）
薛典小学（泰伯市第十三小学）	浦　垠、翁春元、李鸿祺、邵炳威、许惠民、杨汉文、王廷爵、章梅鹤、黄凤森、钱永康、陆福祥、吴安君

续表 26-5

校 名	姓 名
翁家里小学（翁氏私立开智小学）	翁春元、杨汉文、王仲之、吴雪珍（女）、邹益民
西典小学（西典公立小学）	顾春堂、许荣祖、郁汉文、惠炳文、张鹤年、许凤生、周其根、杨汉文、周友石、邵锡珍（女）、顾泉根、张光琪、吴龙元、毕仲良、顾琦敏、顾才华
新中小学（小章家桥国民小学）	张光磊、薛永辉、邹均丁、毕洪祖、毕浩生、张哲初、张 鹏、过楚生、邹耀昌、尤志良、唐和生、陆靖峰、尤志良、张成大
硕望桥小学（泰伯市第七小学）	张 颠、蒋一木、毕石生、陆士镇、张明伦、童子明、张礼文、顾元德、周其根、王兴林、章梅鹤、徐兴南、方亦明
硕放小学（育才小学）	顾福寿、华 薰、顾孝侯、杨怀英、顾福兴、邹生泉、顾剑辉、沈月仙（女）、黄根南、尤国岐、顾伯勤、周其根、李树德
曹渡小学（曹渡私立小学）	范士清、姚均霖、曹炳涛、刘泽南、毛玉兴、李秉春、童子明、庄文英（女）、洪 亮、陈岐南、邹耀秀、邵锡珍（女）、杨汉文、鲁明昌、沈月亭
俞尚坟小学	陈祖培、赵熤炎
黄家门前小学	刁汉兴、张鹤年、张定一、周友石、徐兴南、顾祖根、顾泉根、钱红明、沈月亭、华国新
溇金小学	张光琪、黄凤生、顾伯勤、黄耀明、陆靖峰、周志强、顾才华、华建谊、吴安君、钱 栋
秦村小学（秦村国民中心小学）	薛道卓、邹耀秀、陆靖峰、顾维芳（女）、黄耀明、吴安君
观庄中心小学（观庄小学）	郁汉坤、李鸿祺
红光小学（竺祥庵小学）	杨汉文、邹文勃、浦桂林、罗宝菊、钱 栋、陆福祥、万晓东
南庄小学（范蠡小学）	邹生泉、杨 雯（女）、陈其南、张光琪、徐兴南、李凤娟（女）、周益新、顾泉根、顾祖根、戴建栋
六一小学（庙下小学）	周志仁、陈浩平、周清泉、钱 红（女）、蔡正南、顾伯勤、虞六如、顾泉根、周益新
潘更上小学	张祖德、尤国岐、邵锡珍（女）
培鹰小学	章梅鹤、沈瑞芬（女）、沈 斐（女）、沈月仙（女）
塔西小学	邵锡珍（女）、毕小伟
王家桥小学	吴祖培、蔡伯贤、冯炳生、钱志衡、王一明、周友石、张定一、沈月仙（女）、凌 枫
光明小学（泗水小学）	毕民元、毕鹤琴、邹温厚、谢南辉、章梅鹤、邵凤岐、周其根、邹耀秀、王廷爵、尤志良、凌 枫、周友石、周益新、钱 栋
大庙上小学	秦敬、朱中柱、章梅鹤、沈月仙（女）、方祖康、方良行、许海峰
大公小学	朱中林、范树清、强中良、吴家骏、章梅鹤、黄梓藩、叶福兴、周友石、陆靖峰、陆水根
坝头小学	黄志昌、薛道卓
建丰小学（黄贵桥小学）	黄毓琴（女）、浦永良、王忠秀、黄季煜、谢云源、杨汉文、陆福祥
华庄小学	邹云山、杨仲光、强科伟、邹肇康、周益新、邹元康
万寿庵小学	范拯民、陆立人、陆国兴、杨永康、谢云源
柘茶小学	钱保圻、唐洪良、鲁月珍（女）、顾祖根、华 鸣

续表 26-5

校　名	姓　名
墙西小学（香花桥小学）	陆茂德、吴静芝（女）、顾信良、钱　红、章梅鹤、陆天凤（女）、邹桂根、毕仲良、顾琦敏
渔业小学	朱忠德
东新小学	戴建栋、邹桂根
南星希望小学	戴建栋
光明希望小学（民办）	许　林、许攀中

六、镇级（街道）小学

1.硕放实验小学（硕放中心小学）

硕放中心小学　清光绪三十一年（1905年），邹仲泰在唐庄桥启智义塾的基础上集资创办境内第一所小学——启智小学。清光绪三十三年（1907年），为方便市镇周围学童入学，学校迁至大墙门庵观，更名为泰伯市第三小学。有教室2个，学生81人，教员3人，教学经常费346元。

启智小学校舍

清宣统三年（1911年），学校又迁至墙门老街东梢关帝庙内，俗称老洋学堂，有教员3人，班级2个，学生32人。民国9年（1920年）秋，新建楼房3幢，增开教室3个，并借水月庵增设分部。民国17年（1928年）改名为县立大墙门初级小学，有班级4个，学生156人，教员7人，全年经常费1548元。民国18年（1929年），由杨绍伯经手集资，在原墙门镇老街南端新建校舍22间（平房10间、楼房12间）。民国19年（1930年）秋，新学校启用，水月庵分部撤销，关帝庙为分部。翌年，学校增开高小班，为完全小学，学校更名为大墙门小学，俗称新洋学堂。民国29年（1940年）至民国31年（1942年），因日军入侵，学校断断续续上课。民国34年（1945年），有教员10人，班级7个，其中高级班2个，初级班5个，学生371人。民国36年（1947年），大墙门小学附设1个幼稚班。民国37年（1948年），学校更名为墙门镇中心国民小学。

1949年4月，无锡解放，学校由人民政府接管。1951年8月，学校更名为墙门中心小学，学校有学生350余人，教师16人，班级8个。1953年，由政府拨款，群众资助，新造大礼堂1个（5间），教室2个（4间），有学生400余人，教师16人，班级9个。

20世纪50年代墙门中心小学校舍

1958年，学校更名为硕放人民公社中心小学。1963年，无锡县文教局拨款，新建校舍9间，建筑面积为207.9平方米。

20世纪70年代至80年代硕放中心小学校舍

1969年撤销中心小学，学校下放到五一大队由贫下中农协会管理，更名为硕放人民公社五一学校，学校规模为小学8个班，初中4个班，高中3个班。1970年9月，五一学校的初中、高中班回归墙门中学。五一学校更名为五一小学。

1973年，中心小学重新组建，五一小学恢复为硕放人民公社中心小学。1975年，学校靠勤工俭学收入投资2万元，将1963年建造的9间校舍翻建为10间两层楼房，增加建筑面积223.3平方米。1976年，硕放中心小学又增设3个初中班。1977年，初中增加至6个班。1980年，初中班停办。

1983年，硕放人民公社中心小学更名为硕放乡中心小学。1984年，无锡县教育局拨款7.5万元，乡政府投资22.5万元，新建教学大楼1幢，共计建筑面积2008平方米，新大楼于1985年9月投入使用。学校有班级14个，学生620人，入学率达99.8%，有教职员工24人。

20世纪80年代至90年代硕放中心小学校

1991年，通过无锡县九年制义务教育达标验收。1993年2月，硕放乡人民政府投资45万元，在学校操场南端新建的10间四层教学大楼交付使用。1997年11月，通过江苏省教育现代化工程评估验收。1998年以后，硕放中心小学自主构建市级“九五”“十五”“十一五”立项课题研究，全校教师在核心期刊或专业期刊发表研究论文150余篇。

2000年，镇政府规划投资2500万元，易地新建一所充满现代化气息的硕放中心小学。学校占地3.56万平方米，建筑面积1.76万平方米，绿化面积1.25万平方米，可开设45个教学班，容纳2000余名学生，学校设施设备一流。学校于2002年8月25日竣工启用。学校从原来的墙门南路39号搬迁至通祥路8号。2004年1月18日，镇政府再次投入350万元建造的艺体教学大楼竣工启用。是年9月，学校有学生1885人，教师117人，教学班43个。是年11月，创建的江苏省实验小学经省专家组评估验收通过。

2002年硕放中心小学新校舍

2005年1月，学校更名为江苏省硕放实验小学。硕放实验小学校风：崇德尚礼、自强不息；教风：厚积薄发、诲人不倦；学风：善思乐学、求索不止。把“让每个学生都成功”作为学校的办学理念；把“求实、求真、求博、求新”作为学校的追求。学校注重素质教育、德育教育。

自1997年以后，学校曾获国家级荣誉20项（含校园文体）、省级荣誉9项、市级荣誉105项（含校园文体）。2009年以后，学生曾获国家级荣誉657项、省级荣誉517项、市级荣誉299项。

1997—2013年硕放实验小学（中心小学）国家级荣誉一览表

表 26-6

年份	荣誉称号	授予单位
1997	97香港回归知识竞赛优秀组织奖	中国关心下一代工作委员会
2002	世纪精英第二届中国书画大赛优秀奖	北京当代书画艺术交流中心
2002	“希望书库杯”第二届中国青少年读写大赛全国优秀组织奖	中国关心下一代工作委员会等
2003	中国青少年读写大赛全国优秀组织奖	中国关心下一代工作委员会
2003	亲情赞歌——中国书画邀请赛银奖	东方书画家协会
2011	第十六届全国中小学生绘画、书法作品比赛组织工作先进集体奖	教育部艺术教育委员会
2011	2010—2011年度全国校园影视教育研究工作先进集体	中国教育电视协会中小学校园电视专业委员会
2012	“雪花杯”全国中小学作文大赛优秀组织奖	中国中小学教育艺术教与学研究中心、《雪花》杂志编辑部
2012	中国寓言文学创作基地	中国寓言文学研究会
2012	2011—2012年度全国校园影视教育研究工作先进集体	中国教育电视协会、中小学校园电视专业委员会
2013	第二届“雪花杯”全国中小学作文大赛优秀组织奖	中国中小学教育艺术教与学研究中心、《雪花》杂志编辑部
2013	第十八届全国中小学生绘画书法作品比赛组织工作先进集体奖	中国艺术教育促进会
2013	第五届全国优秀少儿节目电视展播艺术教育先进单位	中国关工委教育发展中心、同一片蓝天电视晚会组委会
2013	七色童年·全国小学生征文大赛集体优秀奖	法国圣·榭尔曼文化艺术中心上海代表处、七色童年·组委会

1996—2013 年硕放实验小学（中心小学）省级荣誉一览表

表 26-7

年份	荣誉称号	授予单位
1996	江苏省中小学爱国主义教育系列活动优秀组织奖	江苏省教育委员会
1997	江苏省爱国主义教育读书活动优秀组织奖	江苏省教育委员会
1998	江苏省第三届中小学生读书活动优秀组织奖	江苏省教育委员会
2007	江苏省教育之星	江苏省广播电视总台《今日聚焦》栏目
2010	金钥匙“校园之间”电视竞技活动江苏省总决赛二等奖	江苏省教育厅、江苏省科学技术协会、江苏省精神文明办、江苏省科学技术厅
2011	江苏省健康促进学校铜奖	江苏省教育厅
2012	第二十四届“国际科学与和平周”全国中小学生（江苏地区）金钥匙科技竞赛青少年教育先进单位	江苏省教育厅、江苏省科学技术协会、江苏省精神文明办、江苏省科学技术厅等
2013	江苏省健康促进学校银奖	江苏省卫生厅、江苏省教育厅
2013	金钥匙“校园之间”智力竞技活动（第二赛区）江苏省优秀组织奖	江苏省教育厅、江苏省科学技术协会、江苏省精神文明办、江苏省科学技术厅等

1991—2013年硕放实验小学（中心小学）市级荣誉一览表

表 26-8

年份	荣誉称号	授予单位
1991	无锡市电化教育先进单位	无锡市教育委员会
1996	无锡市“三优化一提高”优秀组织奖	无锡市教育委员会
1997	无锡市先进家长学校	无锡市教育委员会
1997	无锡市德育先进单位	无锡市教育委员会
1997	无锡市先进家长学校	无锡市妇女联合委员会、无锡市教育委员会
1998	1996—1997年度无锡市军民共建先进单位	无锡市双拥共建工作领导小组
1998	无锡市少儿艺术沙画创意大赛组织奖	无锡市少年宫
1999	无锡市师训工作先进集体	无锡市教育委员会
2000	无锡市教育系统优秀教师群体先进集体	无锡市教育委员会
2000	无锡市第三届小学生科普知识竞赛活动优秀组织奖	无锡市教育委员会
2000	无锡市第三届小学生科普知识竞赛活动三等奖	无锡市教育委员会
2000	无锡市“育才杯”第三届中小学生英语演讲演唱比赛小学组课本剧一等奖	无锡市外语教学专业委员会
2000	无锡市德育先进学校	无锡市教育委员会
2000	无锡市教育系统优秀教师群体	无锡市教育委员会
2001	无锡市学校艺术教育工作先进单位	无锡市教育委员会
2002	无锡市现代教育技术实验学校	无锡市教育局
2003	“南洋国际杯”无锡市第五届中小学生英语口语比赛优秀组织奖	无锡市外语教学专业委员会
2003	无锡市安全文明单位	无锡市社会综合治理委员会
2003	无锡市现代教育技术实验学校	无锡市教育局
2003	无锡市远程教育实验基地	无锡市教育局
2003	无锡市“雄狮杯”少儿征画比赛团体组织奖	无锡市教育局
2004	无锡市第六届中小学生英语口语比赛小学组三等奖	无锡市教育局
2004	无锡市中小学心理健康教育合格单位	无锡市教育局
2004	无锡市园林式单位	无锡市绿化委员会
2005	无锡市学习新规范体会征文活动优秀组织奖	无锡市教育局
2005	无锡市先进教工之家	无锡市教育工会
2008	2006—2007年度无锡市信息技术创新与实践活动示范学校	无锡市信息技术创新与实践活动组织委员会
2008	“心中有祖国，心中有他人”主题活动20周年先进集体	无锡市教育局
2009	“无锡是个好地方”市中小学生绘画作品展优秀组织奖	无锡市教育局
2009	无锡市依法治校示范学校	无锡市教育局
2009	无锡市第三届阳光少年奇奇趣味运动会优秀团体	无锡市少年工作委员会
2010	无锡市健康促进学校	无锡市教育局
2010	“与世博同行、展少儿风采”无锡少儿美术书法作品展优秀组织奖	无锡市教育局等
2010	五（5）班被评为无锡市先进集体	无锡市教育局
2010	无锡市“巾帼建设”示范岗	无锡市教育委员会
2011	无锡市中小学优秀学生社团	无锡市教育局
2011	五（4）中队被评为无锡市先进集体	无锡市教育局

续表 26-8

年份	荣誉称号	授予单位
2011	在首届无锡市少儿文化艺术节“峰影杯”第四届无锡市小学生画信大赛优秀组织奖	无锡市教育局
2011	无锡市优秀少先队集体	共青团无锡市委员会、无锡市教育局、无锡市少年工作委员会
2011	《红领巾颂党恩》在“我为党的生日开 PARTY”命题式队会展评活动“最佳情境奖”	共青团无锡市委员会、无锡市少年工作委员会
2011	无锡市敬老先进学校	无锡市教育局
2011	无锡市平安校园	无锡市教育局
2011	无锡市低碳消费示范学校	无锡市教育局
2011	无锡市第四届阳光少年奇奇趣味运动会优秀团队、优胜奖	无锡市少年工作委员会
2011	小学课本剧《Big words of Bajie》在无锡市第十四届中外学生双语电视比赛一等奖	无锡市教育局
2012	无锡市先进学生集体	无锡市教育局、共青团无锡市委员会
2012	无锡市中小学校园文化成果网上展评活动二等奖	无锡市教育局
2012	无锡市“共享阳光 让爱飞翔”主题教育活动——援建真达爱心学校大型义卖活动优秀组织奖	无锡市“双有”主题教育活动组委会
2012	无锡市第十五届中小学生英语口语电视比赛小学组演唱一等奖	无锡市教育局
2012	无锡市少年儿童“心中有祖国，心中有他人”主题教育活动“双有”活动先进集体	无锡市教育局
2013	无锡市人民满意基层站所（单位）	无锡市纠风办
2013	无锡市青少年环保志愿者优秀社团	共青团无锡市委员会
2013	无锡市语言文字规范学校	无锡市教育局
2013	无锡市先进学生集体	无锡市教育局
2013	无锡市行业卫生先进单位	无锡市行业卫生协会
2013	无锡市第六届阳光少年奇奇趣味运动会优胜奖	无锡市少年工作委员会
2013	无锡市第十六届中小学生英语口语电视大赛小学组课本剧二等奖	无锡市教育局
2013	无锡市第三届小学生科学素养大赛网络知识竞赛“优秀学校”奖	无锡市科学技术协会、无锡市教育局

2010年硕望桥小学

硕望桥小学 2010年8月，无锡市新区管辖的民办外地民工子弟学校——光明希望小学撤销。为切实解决原在光明希望小学学生的就学问题，空港产业园区（硕放街道）投入资金200余万元，对原南星希望小学的校舍进行加固、维修，校名恢复为硕望桥小学，隶属硕放实验小学管辖。学校占地面积4800平方米，建筑面积1815平方米。配有35台电脑的电脑房1间，电化教室1个，有液晶投影设备

1套，视频展示台1套。是年9月1日开学上课，共有班级10个，学生307人，教职员工22人。学校有3名教师被评为无锡市优秀班主任，有56名学生在作文、泥塑等比赛中获奖。学校获新区中小学生“百灵鸟”艺术展演综合类银奖，鲲鹏航模社团获无锡市航空航天模型通讯赛团体一等奖。

2.南星苑小学

2005年，硕放镇人民政府规划投资2000余万元在南星苑小区内新建南星苑小学，于2007年2月启用。学校占地面积3.35万平方米，建筑面积1.65万平方米，绿化面积1.13万平方米，体育场地面积1.08万平方米。学校教育技术装备达到“江苏省中小学教育技术装备标准”四轨Ⅰ类要求，是一所教育现代化学校。

2007年1月，组建学校领导班子。硕放街道党工委、街道办事处通过“公推竞岗”方式选拔南星苑小学校长，吴安君当选。学校开办初有教学班21个，学生818人。外地学生占47%，专任教师52人。之后平均每学年增加教学班2个，至2013年9月，学校有教学班32个，学生1494人，外地学生占66%，专任教师81人。

学校以“让孩子享受终身受益的优质小学教育”为办学理念，抓管理、搞科研、育师资、创品牌，努力推进教育现代化，学校的办学水平和教育教学质量得到迅速提升。2008年7月，学校创建为“无锡市绿色学校”。是年11月，学校创建为“无锡市现代化学校”。

学校以无锡市“十一五”“新农村小学阅读文化建设的实践研究”规划课题引领师生发展，以“古诗文诵读”为学校特色教育项目，把中华古诗文诵读与书画学习、儿童诗创作有机结合，创办“书画苑”和“儿童诗社”，精心打造“书香校园、书香家庭”，广泛开展评比活动，打响阅读教育文化品牌。在2010年全国“新经典诵读实验研究”中获一等奖。2012年，被评为无锡市经典诵读示范学校。先后有30篇学生创作的诗文作品发表在《大江南北》《作文大世界》《小学生阅读报》《江苏科技报》等报纸杂志，《无锡教育》《大江南北》分别对学校诗社所作的文章《在诗意的童年里徜徉》《诗葩，在南星苑幸福绽放》进行专题报道。

2010年南星苑小学

2013年9月，在“书香校园”基础上创建“书韵校园”，书写师生的诗意人生。学校把“心中有爱、腹中有诗”作为育人目标，牢固树立以德育人理念，把培育和践行社会主义核心价值观贯穿学校工作全过程。学校把诗韵校园建设寓于“三读三香”活动之中，以“课外阅读、经典诵读、童诗创读”为载体，深入持久开展“书香教师、书香教室、书香家庭”的三评活动。是年，学校被中国艺术教育促进会授予“全国书画比赛组织工作先进集体”荣誉称号。

1905—2013年硕放镇级小学历任校长（负责人）一览表

表 26-9

校　名	姓　名
硕放实验小学（硕放中心小学）	邹仲泰、蔡　英、白兆锦、陈维翰、吴培德、杨善英、邵雪耕、陆茂德、周可澄、浦永宾、钱宗德、宋钟理、张锡良、郁汉坤、须祖荫、蔡正南、李加禄、顾元德、唐文斌、邹益民、吴天福、邹桂根、钱红明
硕放实验小学（硕望桥小学）	许海峰、万晓东
南星苑小学	吴安君、戴建栋、华建谊

第四节　中学教育

一、发展概况

解放前，硕放境内没有中学。1949年10月，在墙门镇中心国民小学内率先创办初中补习班，设初一、初二2个班级。解放初期，硕放的中学教育较周边乡镇还是相对滞后，学生上初中须北至梅村，南往望亭或去西南近太湖边的华庄中学就读，学生上学甚是不便。1957年7月，根据无锡县文教局“一个乡要有一所初中”的指示，由陆桂根、杨和生、吕湘周3人一起商讨研究，自筹资金，创办墙门民办初中补习班。1958年，由无锡县文教局批准，墙门民办初中补习班改为公办学校，校名为“无锡县墙门初级中学”。1958年，根据全国第四次教育行政会议精神，在硕望桥创办硕放农业中学。同时部分大队或几个大队联办农中。1959年至1964年，由无锡县文教局拨款，建造新校舍，扩建后的初中初具规模。1966年8月更名为无锡县墙门中学。1968年9月，墙门中学增设高中班3个（一个班分设在光明学校），成为无锡县第十三所完全中学。1968年11月，公社教育革命领导小组根据无锡县文教局关于“初中应一律下放大队”的指示精神，实行贫下中农管理学校。墙门中学初中部下放到各生产大队的小学里，实行小学“戴帽子初中”模式。当时有五一、七一、八一、春光、东方红、光明、红力、红光、红星、五星、硕放、先锋、里新13个生产大队的完全小学附设初中班。1970年9月又更名为无锡县硕放中学。1977年国家恢复高考制度，中断11年高考的往届毕业生都可以参加高考，学校举办复习班，当年硕放中学12名学生被大学本科和大专录取。1982年8月，创建光明、硕望桥、曹渡、薛典4所初中，归属硕放中学领导。1983年，两年制高中恢复为三年制。1984年，硕放乡中学有完全中学1所，初中4所。1986年，实施“县、乡、村三级办学，县、乡两级管理，政府为主，社会参与”的教育体制。1987年起，实施九年制义务教育，开展捐资助学教育的活动。经过数年努力，1991年10月，硕放中学通过无锡县九年制义务教育达标验收，初中入学率100%。随着硕放乡教育事业不断壮大，教育布局不断调整。1991年8月，薛典初中、曹渡初中撤并至硕放中学；1998年8月、1999年8月，光明初中和硕望桥初中先后撤并至硕放中学。1995年3月，硕放镇划归无锡市新区管辖，是年8月，无锡市硕放中学被无锡市教育局接收管理，成为无锡市教育委员会的一所直属学校。2005年5月通过无锡市教育局督导评估、江苏省示范初中验收和校长任期目标工作考核，学校跻身江苏省示范初中行列。2005年底，无锡市教育体制改革，突出政府和学校职能，实行“管办分离”，初中全部下放到区级管理，2006年1月，无锡市硕放中学成为无锡市新区的一所直属学校。新区管委会和硕放街道高度重视硕放中学的发展，加大对教育的投入，教育设施设备得到进一步改善。2008年，硕放中学通过江苏省教育现代化建设验收，达到省标准化建设Ⅱ类标准。2011年11月，由新区管委会投资、空港产业园区（硕放街道）提供土地，建造一所现代化中学，总投资2.03亿元，学校占地面积6.34万平方米。2013年8月新校区交付使用。硕放街道的中学教育从一所初中补习班起步，经过50多年的风雨历程，发展成为布局新颖、设施齐全、富有现代气息的美丽校园，硕放的教育质量大幅提升，为办“人民满意的教育”奠定良好基础。2006年以后，学校先后获得全国、省、市级诸多荣誉称号。

二、硕放中学

1957年7月，由墙门工商会负责人陆桂根、墙门老街中医杨和生和墙门中心小学教导吕湘周一起商讨研究，自筹资金，利用墙门镇东首的3间空房（原为粮仓）及后面杨继生（地主）居住的部分房屋作为校舍，创办墙门民办初中补习班，招初一2个班，有学生118人，是年9月1日开学上课。1958年，墙门民办初中补习班由无锡县文教局批准为公办学校，校名为“无锡县墙门初级中学”。1959年至1960年，无锡县文教局拨款，墙门初级中学扩建校舍24间。1964年，又建造围墙和传达室，学校初具规模，可容纳9个班级。1966年8月更名为无锡县墙门中学。1968年9月，墙门中学增设高中班3个（一个班分设在光明学校），成为无锡县第十三所完全中学。具有大专及以上学历的教师占全校任职教师总数的80%左右，学校高学历的师资比例在全县初中学校中名列前茅。墙门中学考入中专和高中的学生数持续攀升，学校教学质量稳步提高。是年11月，根据县文教局指示精神，墙门中学全部下放到大队办，并实行贫下中农管理学校。1970年9月，无锡县墙门中学更名为无锡县硕放中学。

1957年创办时的墙门民办初中补习班校舍

1976年10月，粉碎江青反革命集团以后，通过拨乱反正，平反冤假错案，落实知识分子相关政策，逐步改善教师生活条件，提高教师经济待遇，学校教育质量不断提高。

1982年8月，曹渡、薛典、光明、硕望桥4所初中划归硕放中学领导。1983年，高中由两年制恢复为三年制。1984年，硕放中学有初中班12个，

1960年新建的墙门初级中学校舍

学生571人；高中班6个，学生310人，公（民）办教职员工73人；下设初中4所（片中），班级10个，学生1500人，共有公（民）办教职员工61人。1986年至1987年，中学新建84间四层教学大楼。1987年3月，硕放中学第一届第三次教育代表大会召开，讨论通过了关于《教职工考勤考绩及奖惩办法》和贯彻执行《教师职工道德要求》及实施细则，确定硕放中学校风、教风、学风。校风是诚朴（诚实、诚信、朴素、朴实）、勤奋（勤奋学习、勤奋做事）、活泼（锻炼体魄、陶冶情操）、严谨（规范自己、规矩做人）；教风是爱生（诚滋桃李满天下，勤育英才泽神州）、勤恳（诲人不倦教有方，润物无声多雨露）、谦虚（铺床凉满梧桐月，月在梧桐缺处明）、创新（九章勾股量天穹，经纬地理游海角）；学风是尊师（一日为师，终身为父）、守纪（规矩方圆，人生其中）、勤学（少时懒惰，老来褴褛）、善思（伴思而行，创新不断）。为继承办学传统、规范学校管理，由学校教务处主任周洪生创作《硕放中学校歌》，作为对学生"继承传统，热爱学校"教育的一个固定内容。1987年起，实施九年制义务教育，全乡开展捐资助学教育活动，每年教师节，市、县、乡（镇）领导到学校看望教师，并召开座谈会，使全社会形成尊师重教的风气。1991年10月，硕放中学通过无锡县九年制义务教育达标验收，被评为合格初中。

1993年，学校更名为无锡市硕放中学。学校遵循当时提倡的"教育为经济发展服务"意图，拓展思路，开办职业班。同年，与无锡市交通技工学校合作开设汽车驾驶与维修专业汽运班。1994年，与无锡市电子职中和无锡市轻工技校联合开办电子班，电子班开办10多年来，毕业学生1000多人，毕业率和就业率均达100%，为服务新区、服务地方经济发挥积极作用。1995年3月，硕放镇划归无锡市新区管辖，硕放中学为无锡市教育委员会直属学校，教育事业建设日新月异，实现跨越式发展。1999年硕放中学开始创办职业高中预备班，为学习有困难的学生寻找一条新的出路。1999年起，硕放中学有初中、普通高中、职业高中和职高预备班4种办学模式，办学特色鲜明。2010年7月，职教部撤销。全校教职员工本着"自律自强、重塑形象、埋头苦干、办好硕中"的精神，同心协力，学校工作得到全面进步。20世纪90年代，硕放中学创办教科研刊物《硕中文苑》，为教师之间相互学习研究提供借鉴，选辑教师各类研究文章300多篇。

20世纪90年代的硕放中学

20世纪90年代初开始，学校连续5次新建或翻建校舍。1990年新建64间的四层教学大楼。1994年前后又建造68间的四层实验大楼，设有仪器室、实验室、电化教室等，还有一个1241平方米的两层自行车库以及教师、学生餐厅。1998年至1999年，又盖起四层行政办公大楼。2003年，建造新校门，铺设天然草坪田径场，增添多媒体教室、阶梯教室、电脑房，配置电脑及新增图书等，办学条件得到进一步改善。至2003年，硕放中学的占地面积扩大到63.58亩，比墙门初中时扩大5倍左右，教育设施、软硬件建设达一流水平，真正做到环境育人，校园成了花园。2003年，被评为江苏省绿色学校。2005年8月以来，学校在区、镇两级的支持下，投入资金对教学楼、实验楼、餐厅、行政办公楼等进行维修改造，新增学生阅览室、美术室以及物理化学实验室，新添学生课桌椅、教师办公桌，增加计算机168台，实现“三机一幕”（计算机、电视机、投影机、大屏幕）进教室，学校35个普通教室和10个专用教室都成为计算机网络多媒体教室。2011年11月23日，由新区管委会投资、空港产业园区（硕放街道）提供土地，在裕丰路以东、锡张高速公路以南、通祥路以西、长江东路以北，硕放中学新校区奠基，总投资2.03亿元，学校占地面积6.34万平方米，总建筑面积3.75万平方米，设计有54个教学班，可容纳2700名学生。2013年8月新校区交付使用。设有科技信息楼、教学楼、行政楼、实验楼、风雨操场、舞蹈健身厅、青少年活动中心、报告厅、食堂等，有400米8道标准跑道的田径场，还有足球场、篮球场等体育设施。绿化率35.6%，汽车泊位共156个，建成布局新颖、设施齐全的美丽校园。

2013年硕放中学主要设施（设备）情况一览表

表 26-10

类型名称	占用面积（平方米）	备　注
教学楼	8095	包括初一、初二、初三教学楼
行政办公楼	2471	—
实验楼	3734	包括教师办公面积
图书馆	854	在信息楼二楼，包括校史室
生活用房	14027	包括食堂和车库
室外运动场	21400	有400米标准跑道
校园绿化	17500	—
电脑、多媒体教室、网络教室	9778	微机房、电脑房、语音室

学校注重教学质量。硕放中学高中部有三个阶段的高考成绩比较突出。第一阶段是1977年恢复高考至1980年，有部分学生被清华大学、北京大学、南京大学、上海交通大学、武汉大学和南京工学院等名校录取；第二阶段是1983年至1986年，有部分学生被南京医学院、苏州医学院、南京师范大学等省内著名高校录取；第三阶段是1999年至2007年，考取本科人数195人，在新区同类学校中名列前茅。2010年至2012年高考中，本科、专科录取率连续三年在80%以上，为当地培养大量有用人才。根据无锡市人民政府和教育局实行高中规模办学的有关规定，2012年，硕放中学高中部停止办学。

1998—2012年硕放中学高中毕业生考取大专、本科一览表

表 26-11　　单位：人

年份	高中毕业生	考取大专人数	考取本科人数
1998	30	19	3
1999	120	38	7
2000	166	49	9
2001	159	52	15
2002	147	47	11
2003	152	54	8
2004	155	76	20
2005	148	75	24
2006	182	86	45
2007	180	72	56
2008	162	54	69
2009	136	58	38
2010	139	70	48
2011	147	60	62
2012	112	34	56
合计	2135	844	471

硕放中学初中部在1992年至1998年期间，中考成绩逐年上升。其中1994年，学校中考学科语、数、英、物、化、体、政平均成绩均超过无锡县平均成绩，特别是物理学科，县平均成绩为79分，学校平均成绩为88分，居全县第一名。1995年中考，共考取高中生177人，其中无锡市一中、二中录取28人；全国、省重点中专录取153人，其中无锡师范、洛社师范录取30人，共输送优秀学生330人。2003年至2004年，有57名学生在全国和省级初中数学、物理、化学、英语竞赛中，获得一等奖、二等奖、三等奖荣誉。2005年6月，硕放中学获“江苏省实施教育现代化工程示范初中”荣誉称号。2006年以后的历届中考中，学校的中考成绩始终位居新区8所学校前三名，其中2009年至2011年中考成绩实现三连冠，有2名学生在全国初三化学竞赛中获得省级二等奖。多年来，学校的教育、教学质量稳步提升，赢得良好社会声誉。

1991—1994年硕放中学中考成绩一览表

表 26-12

项目	1991年	1992年	1993年	1994年
中考满分成绩（分）	640	640	700	685
中师、中专、重点中学体检线（分）	576	564	637	608
全县中考学生数（人）	10218	14860	15226	15554
学校中考学生数（人）	171	323	324	438
学校进线人数（人）	28	49	61	131
全县进线学生比例（%）	12.53	11.51	11.09	19.35
学校进线学生比例（%）	16.37	16.17	18.83	30.00

硕放中学初中毕业生（部分年份）考取高中、中专一览表

表 26-13 单位：人

年 份	初中毕业生	考取高中人数	考取中专人数
1961	117	15	—
1965	128	29	5
1982	149	118	8
1984	140	115	9
1992	333	98	123
1995	459	177	153
2008	386	139	196
2009	438	190	209
2010	310	135	138
2011	300	128	124
2012	283	120	125
2013	316	116	129

学校注重德育教育。在“德育为先，育人为本”的理念引领下，学校建立一系列德育工作制度。围绕队伍建设、班级管理、学生活动、德育科研四项教育指标，开发利用校内外德育资源，构建学校、家庭、社会“三位一体”的多元评价体系，从而有效地开展各项德育工作，开展“祖国母亲我爱你”“家乡巨变社会调查”“孝为先”等主题的教育活动。同时，还开展“学雷锋做好事”“五四”青年义务咨询、志愿者服务、爱心募捐等活动。学校发行《墙门风》校刊，向学生和家长宣传教育政策法规。这些活动弘扬了校园正气，提升了学生的精神境界和文明素养。

学校注重课题研究。2004年，承担“网络环境下语文课堂教育”“文化社团活动策略和中学作文教育一致性研究”市级课题研究。2007年，学校的“新课程背景下教师专业发展创新研究”“新课程改革中‘动机教育’研究”为江苏省教育学会立项课题。学校开展“学陶师陶”活动，探索在学科教育中的德育渗透新途径。德育课题“城镇化转型期中学生思想现状的调查和教育策略研究”被列为无锡市陶行知研究会“十一五”规划课题。学校被无锡市教育学会吸收为初中教育教学专业委员会理事单位，市教育管理专业委员会、市教职工思想政治专业委员会会员单位。2009年以后，学校被评为全国高效课堂先进学校、全国中小学校心理健康教育示范学校、江苏省陶行知研究会实验学校等。

2011年硕放中学被评为中小学心理健康教育示范校

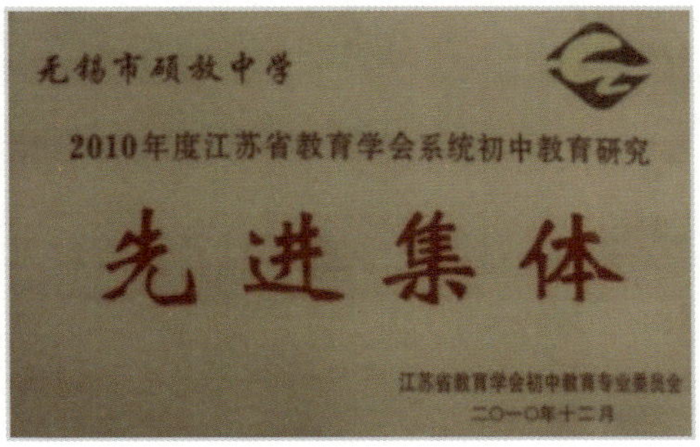

2010年硕放中学被评为先进集体

学校注重兴趣培育。2009年以后开设第二课堂，有晨钟文学社、雄鹰航模队、泥塑、篮球、百灵鸟合唱队、禅绕画、健美操等兴趣小组。特别是雄鹰航模队每年都参加无锡市举办的陆海空航模比赛，屡屡获奖。学校在新区艺术比赛中屡创佳绩，先后获得诸多奖项。

学校本着“让每个学生快乐健康成长”“让每个老师获得最佳发展”的宗旨，秉承“修德、达智、健体”的校训，与时俱进，创新发展。2006年以后，学校先后获得全国、省、市级诸多荣誉称号。

2011—2013年硕放中学国家级荣誉一览表

表 26-14

年份	荣誉名称	授予单位
2011	全国中小学心理健康教育示范校	共青团中央《青年心理》杂志社
2012	全国校园影视教育研究实验学校	中国电视教育学会中小学校园电视专业委员会
	全国作文教学先进单位	华东师范大学《语文教学与研究》杂志社、中国教育学会中学语文教学专业委员会
2013	全国高效课堂先进学校	教育部语用司、教育部基教一司、教育部语言文字报刊社
	学生营养与健康示范学校	中学生营养与健康促进会、中国关心下一代工作委员会

2004—2013年硕放中学省级荣誉一览表

表 26-15

年 份	荣誉名称	授予单位
2004	江苏省绿色学校	江苏省环境保护厅
2005	江苏省实施教育现代化工程示范初中	江苏省教育厅
2009	江苏省第五批陶行知研究会实验学校	江苏省陶行知研究会
2010	江苏省教育学会系统初中教育研究先进集体	江苏省教育学会初中教育专业委员会
	江苏省陶行知研究会实验学校	江苏省陶行知研究会
	江苏省健康促进学校铜奖	江苏省教育厅、卫生厅
2011	创建江苏省最具影响力初中先进集体	江苏省教育学会
2012	江苏省实施教育现代化工程示范初中	江苏省教育厅
	江苏省绿色学校	江苏省教育厅、环保厅
2012	江苏省健康促进学校银奖	江苏省教育厅、卫生厅
2013	江苏省平安校园	江苏省教育厅
	江苏省健康促进学校金奖	江苏省教育厅、卫生厅
	江苏省档案工作三星级档案室	江苏省档案局

1999—2013年硕放中学市级荣誉一览表

表 26-16

年份	荣誉名称	授予单位
1999	无锡市花园式单位	无锡市创建文明城市领导小组
2001	无锡市花园式单位	无锡市绿化委员会
2003	2003年度教育系统安全工作先进单位	无锡市教育局
2004	无锡市先进退休教工之家	无锡市退休教师协会
2005	无锡市绿色网吧学校	无锡市教育局
	无锡市现代远程教育实验基地	
2007	无锡市开展“冬季三项”锻炼活动先进学校	无锡市教育局、体育局
	无锡市德育先进学校	无锡市教育局
	心理健康教育示范学校	无锡市教育局
2008	无锡市双语实验学校	无锡市教育局
	无锡市青少年科技教育实验学校	无锡市教育局、无锡市科学技术协会
2009	第三批无锡市行知式青年教师集体	无锡市教育局
	无锡市义务教育现代化学校	无锡市教育局
2009	无锡市健康促进学校	无锡市教育局、卫生局
	“歌唱祖国、歌唱家乡”庆祝新中国成立60周年无锡市群众歌咏比赛表演奖	中共无锡市委宣传部、市文明办、无锡广播电视集团
	无锡市“家校通——同步课堂”实验基地	无锡市电化教育馆
	无锡市第27届陆海空航模比赛团体二等奖	无锡市科技协会
	无锡市健康促进学校	无锡市教育局、卫生局
2010	第二批无锡市语言文字规范化示范校	无锡市教育局
	无锡市廉政文化进校园示范校	无锡市教育局
2011	无锡市中小学管理规范先进学校	无锡市教育局
	无锡市依法治校示范校	无锡市教育局
	无锡市平安校园	无锡市教育局、公安局、综治办
	爱国卫生先进单位	无锡市爱国卫生运动委员会
	无锡市中小学优秀学生社团	无锡市教育局
	2008—2011年无锡市优秀红十字青少年会员	无锡市红十字会
2012	无锡市“两型社会”建设示范校	无锡市教育局、环保局
	无锡市低碳消费学校示范校	无锡市教育局、环保局
2013	无锡市廉政文化建设示范点	中共无锡市纪委、中共无锡市委宣传部

1957年至2013年，硕放中学（墙门初中）历任9位校长。1974年，学校成立党支部，至2013年，历任7位党支部书记。

硕放中学历任校长、党支部书记一览表

表 26-17

校长		党支部书记	
姓名	任职时间	姓名	任职时间
王塈光	1957.9—1958.8	朱学俊	1974.9—1988.8
许惠民	1958.9—1967.1	方纪根（兼）	1988.8—1989.8
段立方	1967.2—1967.7	朱寿南（副）	1989.9—1990.10

续表 26-17

校长		党支部书记	
姓名	任职时间	姓名	任职时间
李美士	1970.8—1972.7	朱寿南	1990.11—1998.1
朱学俊	1972.5—1984.7	过西民	1998.2—1999.8
朱寿南	1984.8—1998.1	刘洪潮	1999.9—2005.8
过西民	1998.2—1999.7	唐建忠（副）	2003.9—2005.8
刘洪潮	1999.8—2005.8	唐建忠	2005.9—2008.8
唐建平	2005.8—2013.12	唐建平	2008.9—2013.12

三、其他中学

1.农业中学

1958年，在发展巩固普通教育的同时，无锡县掀起大办农业中学的热潮，出现多种形式的办学局面。是年3月，硕放人民公社在五星大队硕望桥办起硕放农业中学，校长由硕望桥小学校长童子明兼任。同时，建农、建丰、红星、红光4个大队分别办起农业中学，以上农业中学各开办1个班，共有教师6人。1959年9月，为规范管理，以上4所大队农业中学并入硕放农业中学，顾耀栋任农中校长，有专、兼职教师14人，开设班级8个，有学生457人。1962年，硕放农业中学停办。1965年3月，硕放人民公社开办农一（建农、六一2个大队合办）、五一（五一、七一2个大队合办）、群新（里河、里新、新星3个大队合办）3所农业中学，各开设1个班，共有教师6人。是年9月，又增办4所农业中学，即农联农业中学，由新农、新联2个大队联合建办，校址在新农大队陆更上，有学生36人（新联16人、新农20人），教师3人，1966年下半年停办；建丰农业中学，由建丰、春光、八一、东方红4个大队合办，校址在建丰大队阙家桥阙杏根家，有教师3人。1966年下半年，该校搬迁至春光大队薛典（当时新建校舍10间平房），有班级2个，教师3人，1967年下半年停办；光明农业中学，由光明、和平、红力、红光4个大队合办，校址在光明大队安桥的庵堂内，开设班级2个，有学生70多人，教师3人，1968年9月停办；硕望桥农业中学，由硕放、五星、建新、红星4个大队合办，校址在五星大队硕望桥，有教师2人，1968年9月停办。农业中学学生实行半农半读，上午到校上课学习，下午回生产队参加劳动，开设语文、数学、农业知识等课程。

2.点上中学

1968年，硕放人民公社根据苏州地区“教育革命”的会议精神及“读初中不出大队，读高中不出公社”的要求，中学下放大队办，由一个大队或几个大队联合开办初中，部分小学附设初中班“戴帽子初中”。墙门中学初高中学生下放到薛典、光明、硕望桥、曹渡及五一大队5个点上初中。中学教师分派到点上初中或大队附设初中班任课，有关教学设备、课桌椅等按比例分配给各学校。1978年，根据全国教育工作会议精神，整顿、提高初中，调整、改革高中。撤销小学附设初中班，撤并减少初中点，五一大队点上初中撤并至无锡县硕放中学。至1981年，点上初中有薛典、曹渡、光明、硕望桥4所。1982年8月，硕放中学接管这4所初中。

薛典初中　1968年至1972年，薛典小学附设初中班“戴帽子初中”。1973年，初中与小学分开，小学部并入翁家里小学，在操场北端新建9间两层教学楼，新建薛典初中。1981年，在学校老楼房东又建造平房4间，有初中班6个，生源来自薛典及周边建丰、东方红、八一等大队。1991年8月薛典初中撤并至硕放中学。

曹渡初中　1968年8月，曹渡小学附设2个初中班“戴帽子初中”。1980年，公社为解决新农、安桥、里河、黄家门等大队的学生就近上初中的问题，在里新大队曹东生产队和里河大队东河头生产队各征地5亩，共10亩，建造平房30余间，新建曹渡初中，有初中班6个，学生277人，教师14人。1991年8月撤并至硕放中学。

光明初中　1968年，在光明小学附设初中班和高中班。1970年8月，新中、红光的初中班集中到光明，学校更名为光明学校。学校新建1幢20间两层教学楼，开设初中班6个、高中班1个，有教工20余人。1973年2月，高中班停办。1981年9月，建立光明初中，校址在光明大队泗水庵，有校舍31间，初中班6个，学生309人，教师18人。1983年，获得全乡中学系统初三语文、数学、化学和初一语文、数学、英语竞赛第一名。1984年，又获得初二语文竞赛第一名。1998年8月撤并至硕放中学。

硕望桥初中　1968年，在五星小学附设初中班“戴帽子初中”。1981年，小学和初中分开，建立硕望桥初中，校址在五星大队硕望桥，有初中班6个，学生300余人，教师20余人。1999年8月撤并至硕放中学。

1958—1972年硕放人民公社其他中学历任校长（负责人）一览表

表 26-18

校　名	姓　名
硕放农业中学	顾耀栋
薛典初中	王廷爵、钱永康（代）、章梅鹤、黄凤森、顾正南
曹渡初中	邹耀秀、孙志松
光明初中	邹耀秀、王廷爵、尤志良、周清泉、唐建忠
硕望桥初中	周清泉、冯惠铨、吴忠、徐伯屏

第五节　成人教育

一、民众教育

旧时，人民群众生活困难，农民受教育程度很低，大多数是文盲或半文盲。清光绪年间（1875—1908年），政府曾制定《强迫教育章程》，推行民众识字教育。民国8年（1919年）前后，平民教育风靡全国。无锡各社团、学校和热心教育人士也起而响应。北伐战争时期（1926—1928年），遵循孙中山“必须唤起民众”遗教，群众性民众教育运动兴起。民国

16年（1927年），无锡县教育局设立扩充教育课，与学校教育课并列，支持民众教育的各项行政事宜。民国17年（1928年）3月，教育家晏阳初、俞庆棠到无锡倡导民众教育。民国19年（1930年）起，全县划分8个教育区，境内先后在曹家门前的香楠厅、墙门老街、西来庵、竺祥庵、鳌塔桥、硕望桥、西典巷、庙下、小章家桥、翁家里等地设立民众学校，教育民众识字写算，指导民众娱乐生活，评选模范家庭、开设民众茶室、举办改进乡村会等。平时参加社会调查或举办各种纪念日活动，还协助乡公所开展造林活动、种痘运动等。

二、扫盲教育

解放初期，党和政府十分重视农民教育。农村掀起冬学运动的热潮，各小乡人民政府由1名干部分管农民教育，负责农村开展冬学运动。方式以当时小乡为单位，设立冬学民校，由每个小乡设1—2所，以农会积极分子和干部带头，吸收不识字或稍识字的儿童和成人参加。地址设在小学或农村俱乐部内，利用每天晚上或农闲时间上课。教员一般由小学教师或临时聘请的农村知识人士担任，教员都为义务教育，经费自筹。夜间上学的照明工具，多数用汽油灯。学员以青壮年为主，对家务忙的学员，采取送教上门，采用包教包学等形式。扫盲运动规模大、气氛浓。当时，扫盲的学员有自编的顺口溜“缝补做鞋学生字，烧饭锅底学写字，串门走户比识字，困在床上背生字”，充分反映当时学员学习的积极性。教材采用《农民识字课本》。1952年，开始推广祁建华速成识字法，开设速成识字班，境内掀起第一次扫盲高潮。1953年下半年，批判扫盲工作“冒进”，扫盲工作一度停滞。1954年9月，全县农民业余文化教育会议后，冬学工作恢复，境内先后派教师参加培训，举办冬训班。1956年1月，各乡负责扫盲工作的党支部委员带队，乡扫盲辅导员、各高级社副社长和1—2名扫盲教员以及若干名学员代表参加县召开的扫盲工作会议，掀起第二次扫盲工作高潮。在扫盲工作中境内出现王熙春、郭仁宝、马素英等一批扫盲积极分子，并出席无锡县扫盲积极分子代表大会。1958年“大跃进”时期，提出“苦战三个月，实现文化乡”口号，掀起第三次扫盲高潮。是年3月，全社共4719名青壮年文盲，参加扫盲学习人数为4229人，入学率达89.6%。是年9月，被无锡县授予“扫盲先进乡”荣誉称号。

1963年，全社业余教育共办起16个高小班和初中班，有800余人参加学习。1964年冬，随着社会主义教育运动的开展，经济得到复苏和发展，农村深入开展学政治、学文化活动。无锡县成立业余教育委员会，公社配备专职业余教育干部1人，并创办农村业余技术学校。教育对象以农村青壮年为主，教育内容除文化知识外，增加政治教育和农业技术教育的内容。1973年，公社分别在里新大队曹家门前、墙西大队杨家桥召开现场会，通过专人专教，集中认读1500个常用字。同时，文盲、半文盲较多的渔业大队举办扫盲班，借用鲁家园村巷的一处民房，由专人施教，共有26名学员脱盲。1978年，渔业大队自办扫盲班，有学生20人，聘用教师任教。1993年4月，墙裕村民委员会借用西典小学举办扫盲班，组织在厂职工和在船渔民共106人参加扫盲学习，全部通过学习达到小学文化水平。1995年，通过扫除青壮年文盲考核验收。全镇扫盲工作全面完成。

三、职工教育

随着社队工业的迅速发展和农产品市场竞争不断增加，及时提升产品质量，提高职工的技术水平，工业公司和成人教育中心联合组织，分期、分批对社队办企业职工进行文化、技术培训。培训对象主要是青年职工，教学方法采取“派出去”“请进来”“互教互学”等多种形式，选派40余人至科研、国营企业以及无锡市、县职工大学等单位进行技术培训。1981年7月，成人教育中心委员会在党校创办农民专科学校，开设第一届机械、电子2个大专班，招收78名高中生入学，学制两年，班级附设在硕放中学。政府每年投入教育经费10多万元，用于添置设备、仪表、授课及发放助学金。聘请上海交通大学、华东纺织工学院、复旦大学的教授、副教授、讲师60余人次，每周六、周日到校授课。学生学完计划的全部课程后，参加国家举办的自学考试或电视大学考试，考试合格方可取得毕业文凭。结业者被乡政府择优录取，分配到重点企业担任技术骨干，对部分成绩优异的学生，选送到大学深造。农民专科学校取得的成绩先后在《无锡县报》《无锡日报》《新华日报》《解放军报》《解放日报》《文汇报》《中国青年报》《人民日报》等报刊登载。1985年，农民专科学校又开设第二届机械、电子大专班，由无锡市轻工业学院负责授课教育，招收高中毕业生34人，学制两年，毕业后由无锡市轻工业学院颁发大专文凭学历证书，毕业生分配进乡办企业骨干厂工作。

四、农技教育

1965年春，硕放人民公社建立由农技站、大队、生产队组成的三级农技队伍。每年的农业技术教育主要是利用公社召开三级干部会议，结合农事活动进行技术讲座，有时还邀请县农业局技术专家辅导培训。1979年4月，公社组织大队党支部书记、大队长、农技干部共61人，举办为期三天的农业专题培训班，经过考试，平均分数达93.5分。1981年至1993年，硕放乡有52名农技干部参加无锡县农业干部学校的培训。通过培训考试，全部取得结业证书和技术合格证书，均获得无锡县人民政府颁发的农业技术人员“绿色”上岗证。1981年，在职公社农技员参加江苏省农林厅的统一考试，7名公社农技员取得江苏省农技员合格证书。是年，有4名公社农技员报考中央农业广播学校。三年后，五门单科学习结束，有3名公社农技员获得毕业证书。1982年，农业办公室挂牌成立“硕放人民公社农业技术培训学校”，开展对公社、大队两级农业干部的短期培训和系统培训工作。是年7月，与“公社成教中心”联合开办农业技术培训班，共参加133人，集中学习四天，对象为农业大队长、农技员、农技组成员，其中126人考试成绩在95分以上。1983年，农业技术培训学校制订全年水稻、三麦、油菜生产技术教育计划，分别对水稻、三麦、油菜按季节进行培训，授课课时共85学时，参加培训共982人次。1986年，经乡科技领导小组推荐一批农业科技人员，参加由无锡县科学技术委员会组织的技术职称考试的培训班，经考试合格，获得助理农艺师职称3名、农民技术员21名，并由无锡县人民政府颁发技术职称合格证书。1987年4月，经上级批准，成立“无锡县硕放乡农业技术学校”，校长万家福。在成人教育中心校的支持下，每年分期、分批对全乡农业、农机、水利、蚕桑、畜牧、水产、种植业、养殖业的技术人员进行学习培训。1988年、1990年8月，无锡县农业局、无锡县科学技术委员会相继组织各乡农业专业技术人员参加学习培训。通过考试，获得助理农艺师职称9名、农民技术员职称30名，并由无锡县人民政府颁发技术职称证书。1995年3月，无锡市区划调整，镇的农业技术培训班工作在新区农业经济局的领导下开展，村的农业技术培训由镇农业公司和成人教育中心校联合举办。2000年后，随着产业结构调整，种粮农田逐年减少，粮田转向种田大户规模经营。农业技术培训工作采取集中种粮大户季节性培训和农技人员上门指导服务两种方法。

五、成人（社区）教育中心校

1981年，硕放人民公社建立成人教育委员会，一手抓政治思想教育，一手抓文化技术教育。1982年5月，公社在党校（小农场）建立无锡县第一所成人教育中心（以下简称“成教中心”）。至1984年，成教中心共举办干部、农技、蚕桑、畜牧、财会、企业职工、建房、裁剪、文艺等培训班43期，共2839人次参加培训学习。其间，成教中心协助大队（村）举办文化技术培训班15期，683人次参加培训学习。同时，成教中心还组织在职人员通过参加省高等教育自学考试和收听统计学电视讲座等途径，获取大专、中专毕业文凭和结业证书。1985年，硕放乡成人教育委员会在成教中心的基础上成立“硕放乡成人教育中心校”，并配备成人教育专职教师，以及外聘大专院校教师进行授课。1987年，硕放乡成人教育中心校开办“硕放职业技术学校”，连年举办各类职业培训班。是年，硕放乡成人教育中心校还开办农村干部正规化理论教育班，招收学员38人，对象为村党支部书记和乡政府干部，学习培训结业，颁发结业证书。1996年1月2日，经无锡市教委对硕放乡成人教育中心校软硬件验收合格。1998年8月，又通过中共江苏省教委对硕放乡成人教育中心校的验收，被评为江苏省合格成人教育中心校。2010年，为整合党校、人口学校、文化体育等教育资源，空港产业园区（硕放街道）以硕放乡成人教育中心校为依托，成立社区教育中心，全面开展社区各类教育活动。2010年以后，社区、村（居）民委员会相继成立“居民学校”。利用居民学校阵地开展“学生社会堂”“老年养生堂”“墙门大讲堂”等形式的教育活动，形式多样，内容丰富。硕放团工委利用“学生社会堂”在“六一”国际儿童节邀请硕放籍留学博士为学生开展“选好书，多阅读”与“学外语，巧学习”等公益探索活动，力求将每一堂教育课上得切实生动，让学生有所得益。“老年养生堂”以健康咨询、心理咨询、食品卫生咨询为宗旨，开展中西医养生指导、健康保健指导、中西药服药指导、计划生育指导，为促进人民生活水平的提高，聘请名医轮流进社区上好专题讲座。“墙门大讲堂”组织专家、党员、群众代表三支宣讲队伍，以专场讲座、沙龙交流、经典诵读、主题演讲、曲艺说唱等形式宣传好党的路线方针和社会主义核心价值观，宣传空港产业园区未来规划蓝图。

第六节 职业教育

1987年，经无锡县教育局批准，硕放乡成人教育中心校开办无锡县硕放乡职业技术学校，承担全乡职业培训任务。1988年9月至1989年7月，硕放乡职业技术学校开办经济管理培训班，招收对象为企业厂长、经理、会计人员共42人，由无锡市干部学校和苏州大学派教师负责教学，学制一年，完成学业后颁发结业证书。1989年7月，无锡县农机技术干部现场会在硕放乡党校召开，无锡县硕放乡职业技术学校向大会介绍办学经验。1992年8月，在深圳举办的全国乡镇企业教育干部研讨会上，乡专职成教辅导员徐仁节代表硕放乡作办学交流发言。1995年至1996年，硕放镇职业技术学校与无锡县西漳汽运学校、无锡市机械制造学校合作开办两届汽运中专班，共招收学员86人，学生毕业后获得汽车驾驶证、汽车修理证和无锡市机械制造学校颁发的中专毕业证书。1995年，硕放镇职业技术学校与无锡市高级技工学校举办中级电工培训班，招收学员48人，学制一年，学员全部获得中级电工证书。1996年1月2日，硕放镇职业技术学校与无锡通达不锈钢集团公司合作，由不锈钢集团公司购买24台“486”型号电脑，创办“通达微机中心”，并与无锡高级技工学校合作，开办计算机培训班，共招收学员230人。通过分期、分批培训，均可取得计算机培训合格证书。1998年8月，无锡市硕放镇职业技术学校与镇办企业的六通厂、纺织厂、拉管厂、客车厂合作举办10期技术培训班。中央电视台科教频道专题拍摄六通厂职工学习实况，并向全国播出。同时，与墙西、红光、西典巷、里新、建丰、墙北等村办企业举办15期铸件工、车工的培训班，以提高职工技术水平。1997年至2001年，学校开办两届财会人员中专班，共计培训企业财务人员90人，经考试合格，均颁发中专毕业证书。

2001年，为进一步扩大办学规模，提高教育质量，经无锡市人民政府批准，在硕放职业技术学校的基础上成立无锡市硕放职业学校，性质为公办普通中等职业学校，全日制教育，学制三年，面向全社会招生，是无锡市唯一的一所镇办公立中等技术学校。2002年，镇党委、政府高度关注无锡市硕放职业学校的健康发展，将原硕放中心小学（墙门南路8号）的教学楼、办公楼、体育场地等一切设施作为职业学校所用，还将薛典翁家里小学作为第二校区，租用教室12间、技训室4间作为教育基地。2001年至2007年，无锡市硕放职业学校共计开办电子应用、机电一体化专业中专班，学制三年，毕业学员共2233人次，考试合格后，颁发中专毕业证书。2002年至2004年，无锡市硕放职业学校和中央广播电视大学联合开办企业管理大专班，学制三年，毕业后由中央广播电视大学颁发大专文凭学历证书。2003年至2006年，无锡市硕放职业学校和中央广播电视大学联合开办教育管理四年制（本科函授）班，招收学员40人，毕业后由中央广播电视大学颁发本科文凭学历证书。

2007年，为适应职业教育发展和社会事业的需求，无锡市硕放职业学校获悉无锡市园林技工学校即将停办，学校与街道领导共赴无锡市园林局进行磋商协调，在无锡市劳动局统一协调下，将无锡市园林技工学校成功转制为民营性质，“无锡市硕放职业学校”与“无锡市园林技工学校”两块牌子、一套班子进行运作。

无锡市园林技工学校是一所综合性职业技术学校，成立以后狠抓教育管理和教育质量，以技能功底教育为基本功，提高学生掌握专业技术的本领，毕业生深受中外企业的欢迎，企业频频到学校招聘，学校得到社会认可、家长满意。在教学工作中，学校有固定教师35人，为扩充师资力量、提高教学水平、提升教学效果，学校引进聘任多位高级讲师到校讲学授课，营造学风端正、纪律严明、校风严谨的良好氛围，培养出大批又红又专的有用人才。2007届毕业生周海燕（女），江苏无锡人，毕业后继续就读中央广播电视大学，主攻行政管理专业，后任佳友光电器质量检测部总监；2008届毕业生童周，江苏盐城人，毕业后继续攻读中央广播电视大学商务专业，后任江苏省中国人民银行业务外包总经理；2012届毕业生潘磊，江苏阜宁人，毕业后就读江苏科技大学机械设计及自动化专业，后任世博（苏州）公司技术开发部部长。2001年至2013年，无锡市硕放职业学校和无锡市园林技工学校招生的生源无锡地区占80%，其他地区占20%，以后逐步扩招辐射到全国各地。2013年，无锡市职业学校撤销停办。

无锡市园林技工学校

2008—2013 年无锡市园林技工学校办学情况一览表

表 26-19

年份	所属专业	学制（年）	入学人数（人）	毕业人数（人）
2008	园林技艺、机电一体化	3	324	320
2009	园林技艺、机电一体化	3	223	210
2010	园林技艺、机电一体化	3	134	120
2011	园林技艺、机电一体化、航空服务	3	162	142
2012	园林技艺、机电一体化、航空服务	3	123	113
2013	园林技艺、机电一体化、航空服务	3	102	95

职业学校和园林技工学校办学过程中，曾获得教育部中国教育发展联合会授予的“‘中国特色教育示范基地’实验学校”“全国社会满意学校”“教育先进集体”等荣誉称号。2010年4月，被中国陶行知研究会、农村教育实验专业委员会授予“实验学校”荣誉称号。

2010年职业学校被评为实验学校

1982—2013年硕放成人、职业教育历任校长（负责人）一览表

表26-20

校　名	姓　名
硕放成人（社区）教育中心校	陈岐南、沈　达、陈子德、顾泉根、许嘉模（兼）、杨建声（兼）、徐仁节、邹耀秀、陆　刚、吴安君
硕放职业学校	周锡昌（兼）、陆琴英（女，兼）、刘洪潮（兼）、陆　刚

第七节　教师队伍

一、师　资

清末，硕放境内教师队伍仍以塾师为主。

清光绪二十四年（1898年）起，无锡率先兴办新学，新式学堂的教习一般是科举进身的学子。清光绪三十二年（1906年）后，大批塾师经师范传习所培训改造为新式学堂教师。清光绪三十三年（1907年），聘请蔡英为泰伯市第三小学校长（校址大墙门庵观）。

辛亥革命后，无锡新学兴盛，学堂改为学校，教师队伍扩大。民国时期，境内共有小学32所，教员89人。民国6年（1917年），聘请浦垠任泰伯市第十三小学校长（校址薛典）。民国17年（1928年），创办的小章家桥国民小学是中共地下党活动的秘密场所，中共地下党领导人薛永辉任校长，其教员都是中共地下党党员，引导培养思想进步的学生，渗透革命思想。民国28年（1939年）暑期，无锡县东南教育辅导处集中教师100多名，在薛典乡翁家里举行为期一个月的小学教师暑期训练班。时任中共无锡县委书记薛永辉、无锡县长王承业亲自授课，进行以抗日战争及地方武装斗争为主要内容的革命形势教育。

1952年，原公办中、小学教师列入国家事业单位工作人员编制。“大跃进”时期，各大队办起幼儿班，有幼儿教师1—2名。1958年，墙门初级中学开办时，规模较小，师资力量较为薄弱。

“文化大革命”期间，正规师范学校毕业到乡村学校当教师的数量不多，而农家子弟入学的人数激增。为缓解乡村教师匮乏的状况，一方面从小学教师中提拔中学教师，另一方面从初高中毕业的社会知识青年、复员军人中选拔担任民办教师和代课教师。

1978年改革开放以后，各级教育部门不断强调教师素质，提高教师就职岗位的合格率。由此，代课、民办教师通过自身的职业学习，参加中级师范或高级师范的进修轮训，以达到相应的大、中专文化水平，通过教材教法合格考试和专业合格考试，取得“两证”（教材教法合格证和专业合格证书）。进入20世纪80年代，硕放中学开办初中班12个，高中班6个，公办、民办教职员工73人。各村办幼儿园选派具有初中以上文化的女青年担任教师。20世纪80年代后期，大多数代课、民办教师转为公办教师。同时，随着教育部门全面推行中小学教师聘任制和职称评定制，依法实施教师资格制度和晋级制度。从当地省市及外地引进中小学合格教师，并有计划地对所有教师进行不同程度的培训学习，逐步构成中小学教师

的终身学习制度。1989年起，开展青年教师达标活动（1年上课入门，2年教学过关，3年达标）。进入20世纪90年代，学校把教师职业道德与教学专业技能紧密结合于一体，打造专业的教师队伍。幼儿教师一般选用师范幼师专业的毕业生担任。1991年起，学校开展班主任工作三年达标活动，简称“双达标”。1993年，由江苏省高等教育自学考试指导委员会组织全省中小学、幼儿园教师进行大专、本科自学考试，以提高教师的文化知识、道德品质、专业水平等方面的素质，改善教师队伍学历层次结构，适应教育现代化和21世纪教育事业发展的需要。同年起，实施骨干教师队伍建设，培养市、区教育新秀、教学能手和学科带头人。1995年，上级教育部门提出“幼儿园、小学教师大专化，初中教师本科或双专科学历，高中教师有一定比例研究生”的要求。

至2013年，全街道幼儿园、小学、中学共有教学工作人员475人。幼儿园有幼儿教师121人，其中本科学历50人，大专学历62人，中专学历9人，大专及以上学历占幼儿教师总数的92.56%，全园教师均持有教师资格证或育婴师资格证；小学具有教师资格、专门从事教学工作的公办教师有182人，合同制教师42人，共224人，其中大专和本科及以上学历218人，占小学教师总数的97.32%；中学具有教师资格、专门从事教学工作的教师有130人，其中本科学历124人，占中学教师总数的95.38%。学校成为江苏科技大学、无锡科技职业学院、苏州健雄职业技术学院的优秀生源基地。

2013年硕放辅导区小学教职员工一览表

表 26-21 单位：人

学校	公办教师	合同制教师	辅助性员工						合计
			小计	门卫	食堂员工	保洁员	绿化工		
硕放实验小学（含分部）	124	18	30	7	17	5	1		172
南星苑小学	58	24	21	4	12	4	1		103
合　计	182	42	51	11	29	9	2		275

1958—2013年硕放中学（部分年）教师情况一览表

表 26-22 单位：人

年份	总数	其中		
		公办	民办	代课
1958	4	4	—	—
1970	62	—	—	—
1980	99	—	—	—
1990	104	84	8	12
2000	138	137	—	1
2005	134	133	—	1
2012	131	130	—	1
2013	130	129	—	1

二、支　教

硕放中学积极响应江苏省教育厅“千校万师支援农村教育工作”的号召，对支教工作高度重视。自1980年至2007年，有3位教师先后赴西藏、陕北和徐州进行支教工作，为当地（老区）的教育事业作出很大贡献。

钱浩荣于1980年7月至1982年6月为江苏省第四批援藏教师，在西藏山南洛扎县嘎布区公办小学、泽当东辉中学工作。鲁劲松于2001年至2002年，到陕西省黄龙县界头庙乡中学任副校长，被黄龙山人称赞为“黄土高坡一劲松”。陈宏伟于2007年至2008年到徐州市丰县刘王楼初级中学支教，积极推行课堂教学改革，输送苏南地区先进的教学理念，被徐州市评为“支教先进”个人，同时被评为江苏省“支教先进”个人。

三、职　称

1987年9月，开展全乡中小学教师（含退休教师）职称评审工作，于1988年6月结束。评出中学一级教师27人，二级教师44人，三级教师2人；评出小学高级教师58人，小学一级教师73人，小学二级教师27人，小学三级教师2人。

2013年，硕放街道有幼儿园在职教师121人。具有职称的教师86人，占教师总数的71.07%，其中高级教师51人（含中学高级3人），占具有职称教师总数的59.30%；一级教师35人（含小学一级2人），占具有职称教师总数的40.70%。

2013年，硕放街道有小学在职教师224人（含合同制教师42人）。具有职称的教师189人，占教师总数的84.38%；高级教师149人（含中学高级6人），占具有职称教师总数的78.84%；一级教师40人，占具有职称教师总数的21.16%。

2013年，硕放街道有中学在职教师130人，具有职称的教师129人，占教师总数的99.23%；其中高级教师30人，占具有职称教师总数的23.25%；一级教师67人，占具有职称教师总数的51.94%；二级教师29人，占具有职称教师总数的22.48%；三级教师3人，占具有职称教师总数的2.33%。

1999—2013年硕放幼儿园高级教师一览表

表 26-23

序号	姓名	性别	出生年月	出生地	毕业院校	评定职称	评定年月
1	杨锦华	女	1969.11	墙门村	中央广播电视大学	中学高级	2009.8
2	吴慧丰	女	1965.9	墙北村	中央广播电视大学	中学高级	2010.8
3	万咏梅	女	1969.2	无锡后宅	北京师范大学	中学高级	2012.8
4	尚菊霞	女	1970.3	墙门村	北京师范大学	幼教高级	1999.12
5	华文红	女	1966.9	杨家湾村	中央广播电视大学	幼教高级	2000.8
6	袁　英	女	1967.12	红光村	江苏教育学院	幼教高级	2000.8
7	邹文英	女	1963.10	西典巷村	江苏省无锡师范学校	幼教高级	2000.8
8	邹丽珍	女	1968.3	墙西村	江苏教育学院	幼教高级	2000.8
9	钱小萍	女	1965.10	黄家门村	江苏教育学院	幼教高级	2000.8
10	丁惠凤	女	1964.12	无锡后宅	北京人文函授大学	幼教高级	2000.8
11	黄敏芹	女	1966.10	秦村村	无锡县教师进修学校	幼教高级	2001.8

续表 26-23

序号	姓名	性别	出生年月	出生地	毕业院校	评定职称	评定年月
12	朱晓静	女	1969.12	建新村	江苏教育学院	幼教高级	2001.8
13	唐亚君	女	1971.7	建丰村	江苏教育学院	幼教高级	2001.8
14	邹佩红	女	1973.11	塔西村	中央广播电视大学	幼教高级	2003.8
15	方亚君	女	1973.4	西典巷村	北京师范大学	幼教高级	2003.8
16	黄美新	女	1963.9	建丰村	江苏省幼教师资培训中心	幼教高级	2003.8
17	谢建琴	女	1969.8	安桥村	江苏教育学院	幼教高级	2003.8
18	黄美莲	女	1965.4	湖南靖州	无锡县教师进修学校	幼教高级	2003.8
19	蔡凤姝	女	1972.11	硕放村	江苏教育学院	幼教高级	2003.8
20	吴京慧	女	1963.7	墙北村	江苏省无锡师范学校	幼教高级	2004.8
21	唐晓红	女	1973.12	墙西村	江苏教育学院	幼教高级	2004.8
22	陆静华	女	1977.6	黄家门村	中央广播电视大学	幼教高级	2006.8
23	时　娟	女	1984.6	江苏徐州	北京师范大学	幼教高级	2006.8
24	钱贤华	女	1977.7	墙南村	中央广播电视大学	幼教高级	2006.8
25	周　红	女	1975.1	硕放村	中央广播电视大学	幼教高级	2006.8
26	戴春燕	女	1978.5	安桥村	中央广播电视大学（函授）	幼教高级	2006.8
27	毛惠英	女	1977.4	黄家门村	西南大学（网络）	幼教高级	2007.8
28	蒋红娟	女	1977.10	墙北村	江苏教育学院（自考）	幼教高级	2007.8
29	杨文英	女	1976.11	墙门村	西南大学（网络）	幼教高级	2007.8
30	顾淑华	女	1977.7	西典巷村	江苏教育学院（自考）	幼教高级	2007.8
31	胡　娟	女	1977.5	薛典村	中央广播电视大学（函授）	幼教高级	2007.8
32	薛纫彦	女	1981.10	建新村	江苏教育学院（函授）	幼教高级	2008.8
33	沈霞芳	女	1978.3	黄家门村	北京师范大学（网络）	幼教高级	2008.8
34	项　吉	女	1979.10	墙门村	中央广播电视大学（函授）	幼教高级	2008.8
35	王晓维	女	1979.11	里河村	中央广播电视大学（函授）	幼教高级	2008.8
36	王燕兰	女	1980.6	无锡后宅	南京师范大学（自考）	幼教高级	2009.8
37	华燕娟	女	1978.1	中华庄村	中央广播电视大学（函授）	幼教高级	2009.8
38	杨雯若	女	1978.11	墙门村	北京师范大学（网络）	幼教高级	2009.8
39	张丽华	女	1976.11	建新村	中央广播电视大学（函授）	幼教高级	2009.8
40	许燕萍	女	1978.2	孙典桥村	武汉理工大学（网络）	幼教高级	2009.8
41	王君艳	女	1977.6	里新村	北京师范大学（网络）	幼教高级	2009.8
42	朱文霞	女	1980.2	建新村	中央广播电视大学	幼教高级	2009.8
43	黄美娟	女	1979.2	薛典村	江苏教育学院	幼教高级	2009.8
44	金明珠	女	1971.12	薛典村	江苏教育学院	幼教高级	2010.8
45	吴顺燕	女	1980.10	墙北村	江苏教育学院	幼教高级	2010.8
46	邹月飞	女	1978.10	安桥村	江苏教育学院	幼教高级	2010.8
47	邹　艳	女	1978.3	墙西村	北京师范大学	幼教高级	2010.8
48	张燕文	女	1977.7	红力村	江苏教育学院	幼教高级	2011.8
49	杨　华	女	1977.11	墙门村	中央广播电视大学	幼教高级	2011.8
50	李　萍	女	1976.10	无锡后宅	江苏教育学院	幼教高级	2011.8
51	袁红艳	女	1976.3	红光村	江苏教育学院	幼教高级	2012.8

1988—2013年硕放小学高级教师一览表

表 26-24

序号	姓名	性别	出生年月	出生地	毕业院校	评定年月	任教学科
1	唐文斌	男	1944.2	墙门村	—	1988.6	—
2	唐和生	男	1949.8	溇金村	—	1988.6	—
3	顾伯勤	男	1943.12	西典巷村	—	1988.6	—
4	张光琪	男	1933.2	无锡新安	—	1988.6	—
5	朱俊英	女	1939.7	墙北村	—	1988.6	—
6	谢明龙	男	1942.12	无锡梅村	—	1988.6	—
7	周友石	男	1932.12	溇金村	—	1988.6	—
8	吴龙元	男	1933.6	红力村	—	1988.6	—
9	尤志良	男	1934.11	红力村	—	1988.6	—
10	戴竹铨	男	1933.11	无锡坊前	—	1988.6	—
11	邵锡珍	女	1938.10	里河村	—	1988.6	—
12	周其根	男	1935.6	硕放村	—	1988.6	—
13	李树德	男	1942.3	杨家湾村	—	1988.6	—
14	徐兴南	男	1937.5	建新村	—	1988.6	—
15	周益新	男	1936.11	无锡新安	—	1988.6	—
16	毕仲良	男	1941.7	王家桥村	—	1988.6	—
17	顾祖根	男	1937.12	孙典桥村	—	1988.6	—
18	陆靖峰	男	1935.5	苏州吴江	—	1988.6	—
19	周志强	男	1937.12	溇金村	—	1988.6	—
20	李鸿琪	男	1924.11	红力村	—	1988.6	—
21	徐仁节	男	1936.12	红光村	—	1988.6	—
22	杨慈芬	女	1940.2	墙南村	—	1988.6	—
23	陆巾英	女	1939.5	无锡荡口	—	1988.6	—
24	顾子平	男	1936.2	西典巷村	—	1988.6	—
25	白　皓	男	1936.9	常州武进	—	1988.6	—
26	钱根荣	男	1936.10	常州武进	—	1988.6	—
27	余文玉	女	1938.12	墙门村	—	1988.6	—
28	余朝良	男	1942.11	墙门村	—	1988.6	—
29	张永兴	男	1934.7	红力村	—	1988.6	—
30	张成大	男	1945.8	无锡新安	—	1988.6	—
31	孙祖根	男	1933.11	塔西村	—	1988.6	—
32	冯秉生	男	1937.7	无锡新安	—	1988.6	—
33	曹云霞	女	1932.11	无锡查桥	—	1988.6	—
34	杨钰昌	男	1943.12	薛典村	—	1988.6	—
35	李细凤	女	1941.7	无锡宜兴	—	1988.6	—
36	周勤明	男	1926.11	薛典村	—	1988.6	—
37	蔡正南	男	1919.12	常州武进	—	1988.6	—
38	邹铁忠	男	1944.2	中华庄村	—	1988.6	—
39	顾泉根	男	1938.4	西典巷村	—	1988.6	—
40	方良行	男	1941.4	建新村	—	1988.6	—
41	吴天福	男	1946.2	墙北村	—	1988.6	—
42	高雪芹	女	1942.1	无锡梅村	—	1988.6	—
43	吴秀英	女	1940.1	薛典村	—	1988.6	—
44	黄云娥	女	1941.1	建丰村	—	1988.6	—
45	严炳根	男	1938.2	黄家门村	—	1988.6	—
46	邹元康	男	1942.9	中华庄村	—	1988.6	—

续表 26-24

序号	姓名	性别	出生年月	出生地	毕业院校	评定年月	任教学科
47	张建国	男	1932.2	无锡坊前	—	1988.6	—
48	邹凤琴	女	1941.8	中华庄村	—	1991.3	—
49	顾虎珍	女	1938.2	西典巷村	—	1991.3	—
50	顾惠玉	女	1945.4	西典巷村	—	1991.3	—
51	邹芹娣	女	1942.8	红光村	—	1992.12	—
52	姚凤珍	女	1939.9	硕放村	—	1992.12	—
53	朱宗德	男	1945.5	墙西村	—	1992.12	数学
54	凌　枫	男	1939.11	王家桥村	—	1992.12	—
55	沈月亭	男	1938.10	里河村	—	1992.12	—
56	邹耀平	男	1934.12	墙西村	—	1992.12	—
57	吴桂兴	男	1943.8	里河村	—	1992.12	—
58	朱永年	男	1944.1	新农村	—	1992.12	—
59	夏喜南	女	1955.2	墙门村	—	1993.11	—
60	邹学敏	男	1939.8	红光村	—	1993.11	—
61	陆福祥	男	1942.12	建丰村	—	1993.11	—
62	彭泽宇	女	1943.12	湖北黄安	—	1993.11	语文
63	邹秋根	男	1945.8	塔西村	—	1993.11	数学
64	唐怡生	男	1952.1	溇金村	—	1994.12	美术
65	邹其根	男	1945.10	墙西村	—	1994.12	数学
66	徐小平	男	1947.2	建新村	—	1994.12	—
67	黄根南	男	1941.9	杨家湾村	—	1994.12	—
68	方亦明	男	1944.3	杨家湾村	—	1994.12	—
69	马杏珍	女	1941.2	无锡杨墅	—	1994.12	—
70	白嘉平	男	1948.7	建新村	—	1994.12	—
71	沈月仙	女	1942.7	塔西村	—	1994.12	—
72	沈惠霞	女	1948.4	无锡梅村	—	1994.12	—
73	杨培敏	女	1947.7	薛典村	—	1994.12	—
74	毛筱梅	女	1944.1	薛典村	—	1994.12	—
75	邹益明	男	1963.4	墙北村	无锡教育学院	1995.8	数学
76	邹桂根	男	1959.10	墙西村	中央广播电视大学	1995.8	数学
77	陆　刚	男	1962.7	薛典村	中央广播电视大学	1995.8	数学
78	杨雪芬	女	1959.7	中华庄村	中央广播电视大学	1995.8	语文
79	吴安君	男	1961.4	建丰村	无锡教育学院	1995.8	数学
80	陆水根	男	1946.12	新农村	—	1995.8	—
81	华凤良	男	1941.5	杨家湾村	—	1995.8	—
82	顾汉生	男	1946.12	杨家湾村	—	1995.8	—
83	黄印德	男	1944.4	江苏苏州	—	1995.8	—
84	尤锡昌	男	1940.7	红光村	—	1995.8	—
85	李凤娟	女	1947.6	无锡后宅	—	1995.8	—
86	杨梅珍	女	1945.4	墙门村	—	1995.8	—
87	邹仲明	男	1942.10	红光村	—	1995.8	—
88	沈月琴	女	1942.10	王家桥村	—	1995.8	—
89	杨忠宝	男	1941.1	安桥村	—	1995.8	—
90	钱永康	男	1941.12	建丰村	—	1995.8	—
91	王永芳	男	1942.4	杨家湾村	—	1995.8	—
92	苏　珏	女	1963.4	无锡江阴	无锡教育学院	1996.7	语文
93	杨小兰	女	1964.4	墙门村	江苏教育学院	1996.7	语文
94	钱　栋	男	1957.6	溇金村	江苏大学	1996.7	数学

续表 26-24

序号	姓名	性别	出生年月	出生地	毕业院校	评定年月	任教学科
95	朱才良	男	1941.12	溇金村	—	1996.7	—
96	黄兴林	男	1948.9	薛典村	—	1996.7	—
97	华 鸣	男	1946.11	孙典桥村	—	1996.7	—
98	华惠康	男	1939.12	中华庄村	—	1996.7	—
99	张宝根	男	1943.7	红力村	—	1996.7	—
100	奚绍祥	男	1944.7	王家桥村	—	1996.7	—
101	马鸣娟	女	1949.4	杨家湾村	—	1996.7	—
102	凌志平	男	1942.11	王家桥村	—	1996.7	—
103	曹永良	男	1940.1	里新村	—	1996.7	—
104	朱梅英	女	1946.12	墙北村	—	1996.7	—
105	吴惠琴	女	1949.6	墙门村	—	1996.7	—
106	黄觉立	男	1940.9	杨家湾村	—	1996.7	—
107	杨园园	男	1963.10	薛典村	北京师范大学	1997.8	数学
108	许望原	男	1938.3	墙南村	—	1997.8	—
109	何彩珍	女	1942.5	建新村	—	1997.8	—
110	叶美华	女	1943.1	无锡后宅	—	1997.8	—
111	张玲娣	女	1942.11	无锡新安	—	1997.8	—
112	邹正生	男	1943.1	杨家湾村	—	1997.8	—
113	吴福元	男	1941.7	无锡坊前	—	1997.8	—
114	邹仲裕	男	1943.5	中华庄村	—	1997.8	—
115	方学良	男	1946.3	硕放村	—	1997.8	—
116	钱红明	男	1968.9	墙南村	北京师范大学	1998.8	数学
117	杨锡龙	男	1966.12	墙门村	北京师范大学	1998.8	数学
118	谢学梅	女	1964.2	红力村	江苏教育学院	1998.8	数学
119	毕小伟	男	1968.8	墙西村	江苏教育学院	1998.8	语文
120	鲁彩英	女	1964.1	黄家门村	江苏教育学院	1998.8	数学
121	华凤霞	女	1963.8	无锡梅村	江苏大学	1998.8	语文
122	华国新	男	1964.4	中华庄村	中央广播电视大学	1998.8	数学
123	吴祥妹	女	1947.4	薛典村	—	1998.8	—
124	曹秋涛	男	1970.12	秦村村	南京师范大学	1999.8	数学
125	戴建栋	男	1960.10	安桥村	中央广播电视大学	1999.8	数学
126	周燕婷	女	1969.12	黄家门村	江苏教育学院	1999.8	语文
127	杨晓红	女	1969.5	墙南村	中央广播电视大学	1999.8	数学
128	陆 芸	女	1971.3	红力村	北京师范大学	2000.8	数学
129	顾才华	男	1971.8	西典巷村	无锡教育学院	2000.8	数学
130	华建谊	男	1969.12	西典巷村	北京航空航天大学	2000.8	语文
131	万晓东	男	1971.1	无锡梅村	北京师范大学	2000.8	数学
132	唐 凯	男	1969.12	溇金村	北京师范大学	2000.8	数学
133	黄觉玄	男	1943.2	杨家湾村	—	2000.8	数学
134	杨庆元	男	1963.3	薛典村	江苏大学	2000.8	数学
135	蔡秀娣	女	1971.11	墙门村	中央广播电视大学	2001.8	语文
136	蔡建平	男	1972.2	墙门村	北京师范大学	2001.8	体育
137	浦月香	女	1972.12	墙门村	中央广播电视大学	2002.8	数学
138	许海峰	男	1972.12	墙西村	中央广播电视大学	2002.8	数学
139	薛红梅	女	1966.9	建丰村	江南大学	2002.8	语文
140	杨福林	男	1950.11	里河村	—	2002.8	数学
141	曹荣华	男	1972.12	中华庄村	江苏广播电视大学	2002.8	数学
142	王 英	女	1972.7	新疆阿克苏	南京师范大学	2002.8	数学

续表 26-24

序号	姓名	性别	出生年月	出生地	毕业院校	评定年月	任教学科
143	蔡芯一	女	1964.2	无锡梅村	无锡教育学院	2002.8	数学
144	王朝霞	女	1973.10	红光村	中央广播电视大学	2003.8	语文
145	曹琴媛	女	1973.3	中华庄村	盐城师范学院	2003.8	语文
146	邹小琴	女	1962.8	中华庄村	江苏大学	2003.8	语文
147	钱慧雅	女	1964.5	墙门村	江苏大学	2003.8	语文
148	张　毓	女	1973.12	无锡江阴	中央广播电视大学	2003.8	语文
149	顾　红	女	1971.11	墙南村	中央广播电视大学	2003.8	语文
150	周兴昌	男	1962.4	薛典村	中央广播电视大学	2003.8	体育
151	顾伟华	女	1966.7	西典巷村	江苏教育学院	2004.8	语文
152	顾佳珠	女	1973.3	西典巷村	中央广播电视大学	2004.8	数学
153	杨菊芹	女	1972.11	中华庄村	中央广播电视大学	2004.8	数学
154	顾晓红	女	1975.7	墙北村	北京师范大学	2004.8	音乐
155	尤　虹	女	1962.2	无锡鸿声	江苏大学	2005.8	语文
156	吴丽琴	女	1976.1	孙典桥村	江南大学	2005.8	语文
157	吴伟芳	女	1975.12	墙北村	中央广播电视大学	2005.8	语文
158	周秋明	女	1973.9	无锡新安	中央广播电视大学	2005.8	语文
159	过鸿梅	女	1967.1	薛典村	北京师范大学	2005.8	语文
160	顾利国	男	1975.10	西典巷村	中央广播电视大学	2005.8	数学
161	陆朝华	女	1975.10	无锡新安	中央广播电视大学	2005.8	数学
162	邹惠军	男	1973.1	安桥村	中央广播电视大学	2005.8	数学
163	毛　蓉	女	1975.8	墙门村	中央广播电视大学	2005.8	数学
164	邵　霞	女	1969.11	里河村	中央广播电视大学	2005.8	数学
165	杨秀华	女	1977.3	溇金村	南京师范大学	2005.8	音乐
166	朱朝华	女	1976.12	墙门村	中央广播电视大学	2006.8	语文
167	陆智琪	女	1973.7	墙门村	中央广播电视大学	2006.8	语文
168	毛秀娟	女	1967.4	薛典村	江苏大学	2006.8	语文
169	杨小莲	女	1977.8	墙门村	中央广播电视大学	2006.8	数学
170	黄卫芬	女	1971.12	无锡鸿声	江苏教育学院	2006.8	数学
171	周金英	女	1970.5	无锡新安	北京师范大学	2006.8	数学
172	浦毓敏	女	1977.1	溇金村	江南大学	2006.8	英语
173	方晓华	女	1972.10	杨家湾村	中央广播电视大学	2006.8	英语
174	华燕军	女	1976.3	中华庄村	江南大学	2006.8	英语
175	郭静峰	男	1976.7	秦村村	无锡教育学院	2006.8	体育
176	邹慧俊	女	1977.4	墙北村	中央广播电视大学	2006.8	音乐
177	徐红兰	女	1969.11	红光村	中央广播电视大学	2007.8	语文
178	陈　琼	女	1969.10	安徽颍上	中央广播电视大学	2007.8	语文
179	曹　祎	女	1978.8	里新村	中央广播电视大学	2007.8	语文
180	鲁晨黎	女	1978.12	墙南村	中央广播电视大学	2007.8	语文
181	周靖宇	女	1979.10	塔西村	—	2007.8	语文
182	朱　恒	女	1980.1	墙西村	中央广播电视大学	2007.8	语文
183	杨兆珍	女	1979.7	西典巷村	中央广播电视大学	2007.8	语文
184	施海英	女	1979.3	里河村	中央广播电视大学	2007.8	语文
185	邹晓来	女	1978.2	孙典桥村	中央广播电视大学	2007.8	语文
186	余小飞	女	1980.2	墙门村	中央广播电视大学	2007.8	语文
187	钱为群	女	1967.9	墙门村	中央广播电视大学	2007.8	语文
188	王　卫	男	1970.12	王家桥村	中央广播电视大学	2007.8	语文
189	陈志军	男	1979.11	墙西村	中央广播电视大学	2007.8	语文
190	朱　祎	女	1978.12	无锡后宅	中央广播电视大学	2007.8	语文

续表 26-24

序号	姓名	性别	出生年月	出生地	毕业院校	评定年月	任教学科
191	曹丽芳	女	1978.12	溇金村	江南大学	2007.8	语文
192	顾 波	女	1977.10	西典巷村	中央广播电视大学	2007.8	英语
193	周 洁	女	1980.1	新农村	中央广播电视大学	2007.8	数学
194	朱凤亚	女	1979.4	墙北村	南京师范大学	2007.8	数学
195	张 明	男	1979.11	上海徐汇	中央广播电视大学	2007.8	科学
196	邹华军	男	1977.4	西典巷村	中央广播电视大学	2007.8	数学
197	邹旻杲	男	1976.12	中华庄村	中央广播电视大学	2007.8	数学
198	朱凤娟	女	1978.4	墙北村	南京师范大学	2007.8	数学
199	薛新艳	女	1977.7	杨家湾村	中央广播电视大学	2007.8	英语
200	毛伟华	女	1979.2	里新村	南京师范大学	2007.8	数学
201	朱丽君	女	1972.8	墙门村	江苏理工大学	2007.8	数学
202	沈 琪	女	1979.10	墙北村	中央广播电视大学	2008.8	语文
203	乔秀彦	女	1967.11	黑龙江呼兰	北京师范大学	2008.8	语文
204	蒋雅娟	女	1979.10	墙北村	北京师范大学	2008.8	语文
205	朱勤华	女	1979.11	墙西村	中央广播电视大学	2008.8	语文
206	顾凤娟	女	1978.12	西典巷村	中央广播电视大学	2008.8	语文
207	俞鸿瑛	女	1980.1	黄家门村	中央广播电视大学	2008.8	语文
208	邹克波	女	1977.6	中华庄村	中央广播电视大学	2008.8	语文
209	叶 健	男	1979.10	黄家门村	武汉理工大学	2008.8	数学
210	毕 琪	女	1978.1	墙门村	江苏教育学院	2008.8	数学
211	吕小燕	女	1981.1	孙典桥村	中央广播电视大学	2008.8	英语
212	谢丽娟	女	1981.12	墙南村	中央广播电视大学	2008.8	英语
213	陈维芬	女	1968.7	新疆阜康	北京师范大学	2008.8	英语
214	鲁旻黎	女	1980.4	墙南村	江苏教育学院	2008.8	美术
215	沈柳丽	女	1980.3	上海启东	徐州师范大学	2008.8	美术
216	奚 江	男	1977.6	王家桥村	北京师范大学	2008.8	信息技术
217	张静英	女	1980.11	墙南村	中央广播电视大学	2009.8	语文
218	周川琪	女	1972.3	溇金村	北京师范大学	2009.8	语文
219	曹一凡	女	1982.10	硕放村	江苏教育学院	2009.8	语文
220	黄丹萍	女	1981.3	建丰村	中央广播电视大学	2009.8	语文
221	邹雪伟	女	1974.1	墙北村	中央广播电视大学	2009.8	语文
222	邹锡红	女	1978.1	墙北村	中央广播电视大学	2009.8	语文
223	杨 诺	男	1979.5	墙门村	中央广播电视大学	2009.8	语文
224	顾 玲	女	1980.3	墙南村	中央广播电视大学	2009.8	语文
225	华丽旦	女	1982.12	红光村	苏州大学	2009.8	语文
226	吴玉明	男	1976.9	里新村	中央广播电视大学	2009.8	数学
227	陆 淼	女	1981.8	墙门村	中央广播电视大学	2009.8	数学
228	邹育栋	男	1979.4	墙北村	中央广播电视大学	2009.8	数学
229	周丽红	女	1975.1	黄家门村	中央广播电视大学	2009.8	英语
230	王 芳	女	1983.2	墙门村	中央广播电视大学	2009.8	英语
231	王 扉	男	1981.4	塔西村	中央广播电视大学	2009.8	英语
232	邹玉芬	女	1979.11	西典巷村	江南大学	2009.8	英语
233	华丽娟	女	1982.1	无锡甘露	盐城师范学院	2009.8	英语
234	沈晓凤	女	1982.4	无锡梅村	中央广播电视大学	2009.8	音乐
235	何志娟	女	1981.11	淮安金湖	苏州科技学院	2009.8	音乐
236	杨靖国	男	1977.7	溇金村	常熟理工学院	2009.8	音乐
237	黄 萍	女	1982.10	秦村村	徐州师范大学	2010.8	语文
238	唐群峰	男	1974.2	墙门村	中央广播电视大学	2010.8	语文

续表 26-24

序号	姓名	性别	出生年月	出生地	毕业院校	评定年月	任教学科
239	陶瑞清	男	1966.6	溇金村	北京师范大学	2010.8	数学
240	沈雁平	男	1980.11	新农村	北京师范大学	2010.8	数学
241	杨　良	男	1980.2	薛典村	中央广播电视大学	2010.8	数学
242	邹霞娟	女	1979.12	塔西村	上海第二工业大学	2010.8	数学
243	张　敏	男	1978.10	孙典桥村	中央广播电视大学	2010.8	英语
244	徐景燕	女	1981.1	建新村	江南大学	2010.8	英语
245	陈　芳	女	1980.5	硕放村	中央广播电视大学	2010.8	体育
246	顾俏丽	女	1982.9	墙门村	中央广播电视大学	2010.8	英语
247	陈　菲	女	1982.10	镇江丹阳	中央广播电视大学	2011.8	语文
248	钱丽华	女	1983.11	泰州兴化	中央广播电视大学	2011.8	语文
249	顾淼汝	女	1982.11	墙门村	江苏教育学院	2011.8	数学
250	杨　林	男	1978.11	墙门村	北京师范大学	2011.8	数学
251	顾小明	男	1983.8	西典巷村	中央广播电视大学	2011.8	数学
252	吴　杰	男	1981.6	无锡宜兴	中央广播电视大学	2011.8	英语
253	陆　君	女	1973.12	安桥村	无锡教育学院	2011.8	科学
254	盛耀明	女	1981.2	建丰村	中央广播电视大学	2012.8	语文
255	唐　华	女	1979.3	墙门村	江苏教育学院	2012.8	语文
256	张　莉	女	1980.12	墙西村	中央广播电视大学	2012.8	语文
257	钱爱云	女	1980.12	建丰村	天津大学	2012.8	数学
258	周雪玲	女	1984.1	无锡后宅	江苏教育学院	2012.8	英语
259	强　钰	女	1985.8	西典巷村	徐州师范大学	2012.8	英语
260	周　丽	女	1985.11	无锡陆区	徐州师范大学	2013.8	音乐

说明：2006年至2012年期间，曹秋涛、毕小伟、杨晓红、邹桂根、杨园园、蔡秀娣的职称又被评为中学高级教师

1989—2013年硕放中学高级教师一览表

表 26-25

序号	姓名	性别	出生年月	出生地	毕业院校	评定年月	任教学科
1	朱寿南	男	1945.9	无锡新安	江苏师范学院	1989.8	物理
2	周洪生	男	1941.11	无锡新安	无锡师范专科学校	1994.8	英语
3	杨乐民	男	1941.1	薛典村	盐城师范专科学校	1994.8	数学
4	杨介福	男	1938.11	薛典村	南京师范大学	1995.8	语文
5	吕美娟	女	1942.2	江苏苏州	无锡师范专科学校	1995.8	物理
6	张国芬	女	1941.2	无锡钱桥	无锡师范专科学校	1995.8	数学
7	钱国平	男	1942.11	无锡新安	江苏师范学院	1996.8	数学
8	曹玉柱	男	1937.10	里新村	江苏教育学院	1996.8	历史
9	钱浩荣	男	1949.6	墙南村	江苏师范学院	1997.8	数学
10	徐仁义	男	1941.7	红光村	江苏教育学院	1997.8	英语
11	吴祖其	男	1941.6	塔西村	扬州师范学院	1997.8	化学
12	徐锡珍	女	1954.6	无锡后宅	江苏师范学院	1999.8	语文
13	王俐平	男	1953.8	无锡新安	江苏师范学院	1999.8	体育
14	顾锡明	男	1953.5	红光村	江苏师范学院	1999.8	数学
15	邵伟忠	男	1955.9	无锡新安	苏州大学	2000.8	化学
16	蒋黄龙	男	1951.3	墙北村	江苏师范学院	2000.8	语文

续表 26-25

序号	姓名	性别	出生年月	出生地	毕业院校	评定年月	任教学科
17	周明南	男	1948.3	墙北村	江苏师范学院	2001.8	语文
18	陆照欣	男	1947.3	薛典村	江苏师范学院	2001.8	物理
19	顾正南	男	1947.7	墙南村	江苏师范学院	2002.8	数学
20	钱民江	男	1948.6	墙南村	江苏师范学院	2003.8	物理
21	薛林根	男	1947.12	王家桥村	江苏师范学院	2003.8	物理
22	吴钰根	男	1948.7	硕放村	江苏师范学院	2003.8	数学
23	俞忠德	男	1953.1	无锡东绛	无锡教育学院	2005.8	语文
24	邹月珍	女	1957.6	无锡梅村	江苏师范学院	2007.8	英语
25	邹黎明	男	1964.4	塔西村	苏州大学	2000.8	数学
26	朱建平	男	1964.10	孙典桥村	扬州师范大学	2001.8	语文
27	唐建平	男	1962.2	墙门村	南京师范大学	2002.8	数学
28	顾泉洪	男	1958.3	红光村	无锡教育学院	2002.8	数学
29	章晓华	女	1965.1	无锡新安	苏州大学	2002.8	数学
30	周筱军	男	1963.9	墙门村	江苏教育学院	2003.8	物理
31	顾燕萍	女	1964.7	西典巷村	南京师范大学	2003.8	语文
32	邹新宇	女	1967.9	无锡后宅	南京师范大学	2003.8	语文
33	夏春生	男	1969.2	墙门村	无锡教育学院	2005.8	语文
34	邹萌菁	女	1969.8	中华庄村	南京师范大学	2005.8	英语
35	丁爱萍	女	1969.7	泰州兴化	南京体育学院	2005.8	体育
36	陆瑞娟	女	1967.1	无锡甘露	苏州大学	2006.8	体育
37	陆高红	男	1966.10	安桥村	苏州大学	2007.8	体育
38	曹雪琴	女	1971.1	无锡后宅	南京师范大学	2007.8	语文
39	过洪才	男	1967.3	建丰村	苏州大学	2008.8	历史
40	浦建涛	男	1970.8	溇金村	南京师范大学	2008.8	数学
41	秦　鹰	男	1963.1	墙门村	扬州大学	2008.8	政治
42	李晓峰	男	1972.10	河南泌阳	南京师范大学	2008.8	语文
43	张建明	男	1972.5	墙门村	扬州大学	2009.8	物理
44	黄家敏	男	1967.12	秦村村	江苏教育学院	2009.8	政治
45	邹志坚	男	1966.3	墙西村	苏州大学	2010.8	物理
46	邹　全	男	1968.8	墙西村	南京师范大学	2010.8	地理
47	周莲花	女	1970.12	无锡后宅	南京师范大学	2010.8	化学
48	许美华	女	1972.3	西典巷村	南京师范大学	2010.8	英语
49	马育伟	男	1972.8	溇金村	苏州大学数学科学学院	2010.8	数学
50	华昭君	女	1969.7	安桥村	中央广播电视大学	2011.8	英语
51	华晓明	男	1969.12	无锡荡口	南京师范大学	2011.8	音乐
52	唐亚峰	男	1969.12	建丰村	江苏教育学院	2011.8	物理
53	周陈娟	女	1971.12	无锡新安	苏州大学	2011.8	政治
54	陈小军	男	1972.12	江苏扬州	南京师范大学	2011.8	数学

四、荣　誉

硕放中小学教师中涌现一批先进人物，受到各级教育部门表彰。1956年，墙门中心小学教师荣惠芳被江苏省人民政府评为“江苏省中初等学校优秀教师”。1959年，硕放农业中学校长顾耀栋被江苏省人民委员会评为“江苏省社会主义建设先进工作者”。20世纪80年代以来，硕放乡（镇、街道）的教育事业迅猛发展，教学质量不断提高。先后有教师获评“优秀教育工作者”“师德高尚好园丁”“优秀青年教师”“师德先进教师”“支教先进教师”“优秀班主任”“教学新秀”“教学能手”“学科带头人”等各项荣誉称号。

1995年至2013年，硕放中心幼儿园有14人先后获评省、市级“优秀教育工作者”“优秀青年教师”“教学新秀”“教学能手”等各种荣誉称号，其中获省级荣誉的有1人，市级荣誉的有13人。

1989年至2013年，小学教师有45人先后获得省、市级“优秀辅导员”“先进个人”“优秀班主任”“优秀教育工作者”“又红又专青年教师”等各种荣誉称号，其中获省级荣誉的有3人，市级荣誉的有42人。

2001年以后，硕放中学有72名教师先后发表论文350多篇，并获得国家级、省级、市级教育部门各类奖项。其中获全国优秀论文一等奖的有27人、二等奖30人；获省级优秀论文一等奖的有20人、二等奖66人、三等奖59人；获市级优秀论文一等奖的有20人、二等奖60人、三等奖69人。至2013年，硕放中学有1人获得国家级荣誉，有3人获得省级荣誉，有41人先后获评市级“优秀辅导员”“先进个人”“优秀班主任”“优秀教育工作者”“又红又专青年教师”等荣誉称号。

1995—2013年硕放幼儿园教师获省、市级荣誉一览表

表 26-26

年份	姓名	荣誉称号	授予单位	备注
1995	吴慧丰	无锡市优秀教育工作者	无锡市教育局	市级
1997	尚菊霞	无锡市优秀教育工作者	无锡市教育局	市级
2000	尚菊霞	无锡市优秀教育工作者	无锡市教育局	市级
2001	钱小萍	无锡市优秀教育工作者	无锡市教育局	市级
2003	杨锦华	无锡市优秀教育工作者	无锡市教育局	市级
2005	万咏梅	无锡市优秀教育工作者	无锡市教育局	市级
2005	戴春燕	无锡市教学新秀	无锡市教育局	市级
2007	吴慧丰	无锡市优秀教育工作者	无锡市教育局	市级
2008	项　吉	江苏省优秀青年教师	江苏省教育学会	省级
2009	黄美娟	无锡市优秀教育工作者	无锡市教育局	市级
2011	戴春燕	无锡市优秀教育工作者	无锡市教育局	市级
2012	王燕兰	无锡市教学能手	无锡市教育局	市级
2012	华燕娟	无锡市教学新秀	无锡市教育局	市级
2013	尚菊霞	无锡市优秀教育工作者	无锡市教育局	市级

1956—2013年硕放小学教师获省、市级荣誉一览表

表 26-27

年份	姓名	荣誉称号	授予单位	备注
1956	荣惠芳	江苏省中初等学校优秀教师	江苏省人民政府	省级
1989	鲁彩英	无锡市优秀辅导员	无锡市教育局	市级
1996	浦月香	无锡市优秀班主任	无锡市教育委员会	市级
1998	杨小莲	无锡市又红又专青年教师	无锡市教育委员会	市级
1998	奚　江	先进个人	无锡市教育委员会	市级
1999	杨晓红	无锡市优秀教育工作者	无锡市教育局	市级
1999	杨小莲	无锡市优秀教育工作者	无锡市教育委员会	市级
1999	邹益民	无锡市优秀教育工作者	无锡市教育局	市级
1999	浦毓敏	无锡市优秀辅导员	无锡市教育委员会	市级
1999	顾　红	无锡市优秀辅导员	无锡市少工委	市级
1999	奚　江	无锡市优秀教育工作者	无锡市教育委员会	市级
2000	曹秋涛	无锡市又红又专青年教师	无锡市教育局	市级
2001	钱红明	无锡市优秀教育工作者	无锡市教育局	市级
2002	张静英	无锡市优秀辅导员	无锡市少工委	市级
2002	杨小莲	无锡市优秀辅导员	共青团无锡市委	市级
2002	邹慧俊	无锡市优秀团员	共青团无锡市委	市级
2003	蔡秀娣	无锡市优秀教育工作者	无锡市教育局	市级
2004	黄卫芬	无锡市优秀班主任	无锡市教育局	市级
2004	毛　蓉	无锡市优秀班主任	无锡市教育局	市级
2005	吴丽琴	无锡市优秀教育工作者	无锡市教育局	市级
2006	蒋雅娟	无锡市优秀班主任	无锡市教育局	市级
2007	俞鸿瑛	无锡市优秀班主任	无锡市教育局	市级
2007	沈晓凤	无锡市优秀教育工作者	无锡市教育局	市级
2007	曹丽芳	无锡市优秀教育工作者	无锡市教育局	市级
2008	陶瑞清	无锡市德育先进工作者	无锡市教育委员会	市级
2008	毕　琪	无锡市优秀班主任	无锡市教育局	市级
2008	万晓东	无锡市安全工作先进个人	无锡市教育局	市级
2009	邹桂根	无锡市优秀教育工作者	无锡市教育局	市级
2009	陶瑞清	无锡市优秀辅导员	无锡市教育局	市级
2010	邹克波	无锡市优秀班主任	无锡市教育局	市级
2011	陶瑞清	江苏省优秀辅导员、二级星星火炬奖章	江苏省教育厅	省级
2011	杨秀华	江苏省基础教育青年教师基本功大赛一等奖	江苏省教育厅	省级
2011	浦毓敏	无锡市教育系统“教书育人优秀共产党员”	无锡市教工委	市级
2011	顾利国	2009—2011学年度无锡市优秀教育工作者	无锡市教育局	市级
2011	蒋雅娟	2009—2011学年度无锡市优秀教育工作者	无锡市教育局	市级
2011	周雪玲	无锡市优秀少先队辅导员	共青团无锡市委、市教育局、市少工委	市级
2011	陈志军	无锡市优秀辅导员	无锡市教育局	市级
2012	吴　杰	2010—2011年度无锡市优秀班主任	无锡市教工委、市教育局	市级
2012	毕小伟	无锡市第五批名教师	无锡市教育局	市级

续表 26-27

年份	姓名	荣誉称号	授予单位	备注
2013	唐和生	江苏省教育系统关心下一代工作先进个人	江苏省教工委、省教育厅	省级
2013	毛　蓉	2013年“无锡市优秀少先队辅导员”	共青团无锡市委、市教育局、市少工委	市级
2013	杨秀华	2011—2013学年度无锡市优秀教育工作者	无锡市教育局	市级
2013	曹琴娟	无锡市优秀教育工作者	无锡市教育局	市级

1978—2013 年硕放中学教师获国家、省、市级荣誉一览表

表 26-28

年份	姓名	荣誉名称	授予单位	备注
1978	王鸣九	苏州地区先进教育工作者	苏州教育局	市级
1983	费明华	无锡市优秀少先队辅导员	共青团无锡市委	市级
1989	王鸣九	无锡市优秀教育工作者	无锡市教育局	市级
1991	唐建平	中国数学奥林匹克竞赛二级教练员	中国奥林匹克竞赛委员会	国家级
	徐锡珍	无锡市优秀教育工作者	无锡市教育局	市级
1992	唐建平	无锡市优秀班主任	无锡市教育委员会	市级
	邹志坚	无锡市又红又专青年教师	无锡市教育委员会	市级
1993	周筱军	无锡市优秀教育工作者	无锡市教育局	市级
	许长才	无锡市优秀教育工作者	无锡市教育局	市级
1994	俞忠德	无锡市关心下一代先进个人	无锡市教育局	市级
	蒋黄龙	无锡市优秀班主任	无锡市教育局	市级
1995	顾泉洪	无锡市优秀教育工作者	无锡市教育局	市级
	费明华	无锡市优秀教育工作者	无锡市教育局	市级
1996	徐锡珍	无锡市优秀班主任	无锡市教育局	市级
	陆照欣	无锡市消防安全工作先进个人	无锡市人民政府	市级
1997	杨新红	无锡市优秀教育工作者	无锡市教育局	市级
1997	徐锡珍	江苏省中小学优秀班主任	江苏省教育厅	省级
1999	顾锡明	无锡市优秀教育工作者	无锡市教育局	市级
	王俐平	无锡市优秀工会积极分子	无锡市教育工作委员会	市级
2000	唐建忠	无锡市唐氏教育奖	无锡市人民政府	市级
	顾正南	无锡市消防安全工作先进个人	无锡市人民政府	市级
2001	陆照欣	无锡市优秀教育工作者	无锡市教育局	市级
	顾正南	无锡市人保教育奖	无锡市人民政府	市级
2002	钱民江	中国人寿教育奖	无锡市教育工作委员会	市级
	邹月珍	无锡市巾帼示范岗先进个人	无锡市妇联	市级
2003	张建明	无锡市优秀教育工作者	无锡市教育局	市级
	邹新宇	无锡市优秀教育工作者	无锡市教育局	市级
2004	唐建忠	无锡市先进德育工作者	无锡市教育局	市级
	吴钰根	中国人寿教育奖	无锡市教育工作委员会	市级
2005	唐建平	无锡市优秀教育工作者	无锡市教育局	市级
	浦建涛	无锡市优秀教育工作者	无锡市教育局	市级
	邹月珍	无锡市优秀工会积极分子	无锡市教育工作委员会	市级

续表 26-28

年份	姓名	荣誉名称	授予单位	备注
2006	秦　鹰	无锡市先进德育工作者	无锡市教育局	市级
2007	华昭君	无锡市优秀教育工作者	无锡市教育局	市级
	丁昌明	无锡市优秀教育工作者	无锡市教育局	市级
	徐美芬	无锡市优秀班主任	无锡市教育局	市级
2008	费明华	江苏省教育学会教学研究先进个人	江苏省教育学会	省级
2009	唐建平	江苏省教科研先进个人	江苏省初中教育委员会	省级
	周云珠	江苏省第一届德育先进个人	江苏省教育厅	省级
	陈宏伟	江苏省支教先进教师	江苏省教育厅	省级
	许美华	无锡市优秀教育工作者	无锡市教育局	市级
	夏春生	无锡市教学能手	无锡市教育局	市级
	周陈娟	无锡市优秀班主任	无锡市教育局	市级
2010	唐建忠	无锡市教育系统优秀党务工作者	无锡市教育工作委员会	市级
2011	刘　玉	无锡市优秀教育工作者	无锡市教育局	市级
	邹雪燕	无锡市优秀班主任	无锡市教育局	市级
2013	唐建平	全国创新型校长	创新时代教育杂志社	国家级
	唐建平	江苏省青少年科技教育优秀校长	江苏省教育厅、科技厅	省级
	何燕华	无锡市优秀教育工作者	无锡市教育局	市级
	陈志刚	无锡市优秀班主任	无锡市教育局	市级

第八节　教育经费

一、经费投入

清末，硕放境内的私塾已很普遍，私塾办学经费主要靠学费收入。有的家族私塾、义塾以公田收入和族人募捐资助获得部分经费，教师大多由入学子弟逐户派饭。

民国时期，地方公立小学经费来源部分由县署拨款，学费仍是教师的主要收入。

中华人民共和国成立后，由乡政府倡导，村农会统筹经费，利用寺庙和没收的地主房屋，兴办小学。公立学校教育经费由县政府定额发放。民办学校教育经费以自筹为主，政府予以支持，学费仍是教育经费的主要来源。

“文化大革命”开始，学校停课，教育经费照发。但民办代课教师工资则由公社、生产大队统筹支付，学校扩建、改建合并等费用也由公社、大队两级支出。1978年后，办学经费采取国家拨款，地方政府统筹，公社、生产大队两级支持的多方筹措方式。

1984年12月，根据国务院《关于筹措农村学校办学经费的通知》精神及无锡县人民政府关于1985年下达的《无锡县征集农村办学经费暂行办法》，征收教育事业费附加，由地方政府组织实施。1986年，根据上级教育体制改革意见，中小学实行“分级办学，分级管理”，中小学教育经费列入乡财政预算。为发展教育事业，政府按企业销售收入的3‰—5‰征收教育事业附加费，实行银行托收，乡财政统一管理，做到专款专用，合理使用。1985年至1989

年，硕放乡教育事业费附加征收共计251.38万元。1989年秋季起，实施九年制义务教育法，小学及初中不收学费。

1985—1989年硕放乡教育事业附加费征收一览表

表 26-29　　单位：万元

年份	1985	1986	1987	1988	1989
征收额	35.08	30.39	50.09	63.96	71.86

1986 年以后，党委、政府对教育事业高度重视，特别是在中学、中心小学、中心幼儿园的易地扩建，中小学、幼儿园并校和教育设施的不断完善等方面投入大量资金。1986 年至 2013 年，硕放乡（镇、街道）财政教育经费共支出 45957 万元。

1986—2013 年硕放乡（镇、街道）财政教育经费支出一览表

表 26-30　　单位：万元

年 份	金 额	年 份	金 额
1986	92	2001	635
1987	109	2002	713
1988	128	2003	994
1989	143	2004	1106
1990	140	2005	1368
1991	185	2006	1683
1992	230	2007	2513
1993	425	2008	2482
1994	472	2009	3086
1995	323	2010	3660
1996	453	2011	3940
1997	556	2012	9748
1998	439	2013	9263
1999	508	合 计	45957
2000	563		

二、捐资助学

解放前，硕放乡间办学作为公益事业，地方乡绅、宗教人士、热心办学人士都有捐资。

1987年，硕放中学第一幢2800平方米的四层教学大楼落成。硕放乡人民政府、村民委员会、乡镇企业、市镇各单位纷纷解囊捐物，馈赠学校。物品有电子琴、音响设备、电扇、钢折椅、沙发、收录机、茶具等。硕放中学特在教学大楼门厅东侧树起“助学丰碑”，记录着各单位捐助的物品和数量。

1991年3月，硕放乡第十一届人民代表大会审议通过《关于硕放乡实施九年制义务教育规划的决议的实施意见》，并作出相应决议。会议以后，全乡人民形成“人民教育人民办，办好教育为人民”的共识，在无锡县人民政府、人大、教育局领导，硕放乡政府机关干部、人大代表、企业家带头捐款的带动下，全乡出现盛况空前的捐资助学热潮，近两个月，共收到捐资34.45万元，其中集体捐资10.8万元、个人捐资23.65万元。集体捐资1万元以上单位有六通厂、拉管厂；集体捐资5000元以上单位有织布厂、电机厂、驻军部队等。个人捐资1000元以上有6人；捐资500元以上有19人；捐资200元以上的有22人；捐资100元以上的有436人。是年10月，乡政府为感谢社会各界人士（单位）捐资助学的义举，印发“硕放乡实施九年制义务教育达标捐资助学光荣册”以作留念。

三、奖学助学

1.“六通奖学金”

1990年起，无锡县第六通用机械厂在硕放中学、硕放中心小学分别设立“六通奖学金”。对全乡中小学毕业生中学习成绩优异的学生实行奖励，一等奖500元，二等奖300元，三等奖100元。从1990年至1999年，每年都召开颁奖大会，基金会会长黄锡伦为20名学习成绩佼佼者颁奖，乡村领导、社会贤达也都到会祝贺获奖学生，被报刊、电视台多次报道。

2.“政府奖学金”

2008年，设立“硕放街道奖学金”，根据发放对象及标准的有关规定，定于每年10月进行大学生奖学金、高职中奖学金、困难学子补助金兑现工作。大学生奖学金：给予当年度参加全国统一高考并录取入学的本科新生一次性奖学金3000元、大专生2000元，当年度在全日制院校毕业的大学生考取研究生及以上学历的奖励3000元，当年度通过对口单招或专转本录取的奖励2000元。高职中奖学金：给予当年度初中毕业考取高中、中专、职校、技校并入学的学生一次性奖学金1000元，五年制大专生2000元，考入国外高中或大学的学生暂不享受。

同时，对部分家庭困难的中小学生、大中专学生发放困难补助金。2008年至2013年间，硕放街道办事处共发放助学奖学金697.1万元。2008年，对682名学生共发放政府助学奖学金129万元。2009年，对678名（大学本科、专科生及高中、中专、职技校生）学生发放政府助学奖学金121.1万元，同时对部分家庭困难的中小学生、大中专学生发放困难补助金21.6万元。2010年，对590名学生发放政府助学奖学金112.6万元。2011年，对581名学生发放政府助学奖学金111.8万元。其中硕士生、博士生19人，发放5.7万元；本科生143人，发放42.9万元；大专生213人，发放42.6万元；高中、职中生206人，发放20.6万元。2012年，对519名学生发放政府助学奖学金101万元。其中硕士生、博士生7人，发放2.1万元；本科生157人，发放47.1万元；大专生163人，发放32.6万元；高中、职中生192人，发放19.2万元。2013年，对513名学生发放政府助学奖学金100万元。其中硕士生、博士生13人，发放3.9万元；本科生147人，发放44.1万元；大专生167人，发放33.4万元；高中、职中生186人，发放18.6万元。

第二十七章

文化艺术

硕放境内具有悠久的历史和深厚的文化底蕴。中华人民共和国成立后，文化事业得到迅速发展，一些传统的民间文艺、滩簧锡剧、评曲、八吉舞、调龙灯、打莲湘、扭秧歌等得到传承与发扬。文学艺术创作队伍不断壮大，一大批文艺作品或见诸报刊或结集出版，群众文化娱乐活动内容丰富、形式多样，乡镇书场、图书馆相继扩建，公社、大队文艺宣传队十分活跃，广播电影普及农村，家庭电视机日益更新。1997年5月成立无锡市香楠书画协会，尽展书画爱好者风采。进入21世纪，随着农村城市化建设进程加快，政府进一步加大对公共文化设施投入，为群众创建文化艺术活动的平台。村（居）、社区、校园、企业、家庭文化活动内容丰富，形式多样。文化艺术队伍不断壮大，优秀文学艺术作品层出不穷。同时，政府加大对境内文物遗迹的保护、修缮力度。2006年5月25日，硕放昭嗣堂被国务院、文化部确定为第六批全国重点文物保护单位。在居民生活水平得到提高的基础上，涌现一批文物、古玩、字画等业余收藏爱好者，既丰富业余生活，又陶冶自身情操。2007年，街道办事处为切实繁荣文化事业，出台创建“中国曲艺之乡”的文件并积极开展创建活动，努力推动硕放街道文化事业向更广泛、多层次发展。2009年，全国政协委员、中国曲艺家协会党组书记、相声演艺家姜昆到空港产业园区检查、指导“中国曲艺之乡”争创工作。是年，占地面积16.67万平方米的硕放市民休闲街（市民广场）竣工启用，成为市民健身锻炼、休闲娱乐的主要场所。2011年，投资5000万元集多功能于一体的文化中心场馆竣工启用，促使文化事业向现代化迈进。全街道公共文化设施日臻完善，群众文化活动丰富多彩。2013年8月，硕放实验小学“小白鸽”舞蹈队赴北京参加第五届全国校园文化艺术活动，舞蹈《摇到外婆桥》获金奖。

第一节　文化设施及活动

一、书　场

“胸中成竹评说今来古往，舌底莲花弹唱离合悲欢”。评弹形成于明末清初，曾被誉为“中国最美的声音”，经过历代艺人的磨炼和创造，积累了丰厚的艺术底蕴，以其轻便灵活的形式、生动传神的说唱表演，成为江南城市喜闻乐见的“曲艺之花”。

说书有评话和弹词之分，评话便是一个人像讲故事那样演说，弹词以一男一女两人搭档，以说说、唱唱进行表演。听书人还将评话称“大书”，弹词称“小书”。因此，民间流传说谎编故事称为“说大书”。评弹的台上通常有一张高脚桌子，两张靠背椅子，桌子前有桌裙一块，桌子上放着三弦、琵琶、醒木、折扇等。女演员身穿旗袍、手持琵琶坐在左边，男演员身着长衫、手持三弦坐在右边，有说有唱，边唱边弹，说的都是苏州方言。

民国年间，墙门老街开设各种店铺，不乏多家饭馆和茶馆。常有说书先生以说书行当为营生，以茶馆为说书地点，人们泡上一壶茶，边品茶边听书，便是当时一种惬意的文化生活。当地顾阿根、杨曙云就在大墙门老街上开设过书场茶馆，从苏州光裕社（苏州第一个说书行会组织）请来说书先生，主要评说《三国》《庵堂相会》《杨乃武》《白蛇传》等经典曲目，听客每回支付12枚铜板。后杨曙云停业，顾阿根连茶馆一起转让给吴梅春（西香湾人）。坝后邹洪德自筹资金新开书场，后转由孙凤庆（苏北籍人）经营。

20世纪50年代初，塔西乡西四房夏增福家设有一书场，每年岁末年初，老年人都去喝茶、听书，开讲的《五虎平西》《文武香球》《双蝴蝶》等曲目深受老年人欢迎。20世纪60年代，墙门老街经过不断改造，逐步得到发展。说书的主要场所仍是墙门老街的饭店、茶馆，听书者以老年人居多，票价每位为0.12元。当时书场大多说的是《何文秀》《岳飞传》《香罗带》等才子佳人、忠孝节义之类，同时也评说英雄人物、新人新事等曲目。20世纪70年代以后，书场以茶馆为主，说书先生既有老者又有年轻人，票价每位为0.15元。

2004年，镇政府在南河景观带投资建造一栋仿古建筑，建筑面积约115平方米。黑瓦白墙，翘檐高脊，傍水而建，河边铺有长长的木板走廊，附近还有亭子、假山、花草、树木、鹅卵石小道、休闲长凳等。室内木质方桌方凳，室外石桌石凳，电灯、空调、音响等一应俱全。名为“南河书场”，亦称“南河茶室”。南河茶室启用后，居民们纷纷前往喝茶聊天，娱乐休闲。2006年9月9日重阳节，南河书场开张。江苏省评弹团副团长汪正华、上海市评弹团团长秦建国、上海卢湾评弹团团长陆佳乐都带人带书到场祝贺，苏州市评弹团、浙江省评弹团，上海卢湾、新艺、人民、东方等评弹团派人到场献唱祝贺，宾客盈门，门庭若市，盛况空前。南河书场采取以社会赞助、个人承包的经营方式，承包者负责与评弹团洽谈演出业务，在场演出的主要是苏州、上海、浙江、江苏、江阴、常州等地评弹团。书场实行售票听书，每位听众每场收费3元，每场听众一般在60—80人左右，基本满座，每场演出收费150—250元。从2006年开始到2011年，书场基本上做到天天有书说，天天有书听，说书内容丰富，具有较高水准和档次，深受听众欢迎。

2012年大墙门书场

2011年12月，硕放文化中心竣工并启用，内设的“大墙门书场”对外开放服务。书场设在文化中心三楼，面积约200平方米，古典墙瓦和小桥流水的造型体现出江南水乡的风格特色。书场外面有宽广的平台，建有古色古香的亭台和屏风。整个书场宽敞明亮，环境整洁优雅，内设中央空调、高档音响、小舞台及135张单人靠背沙发座位，作为听书者休憩活动的场所。南河书场听众逐渐趋向大墙门书场，南河书场停业后仍为群众文艺活动的场所。

书场的评弹演员主要来自苏州、常熟、上海、江苏、浙江、张家港、上海吴韵等大型评弹团体。文化中心负责与这些评弹团接洽，安排时间、曲目进行演出，每半个月轮换一次，文化中心提供住宿安排。书场于下午开放服务，每年高温期间（7月16日—8月15日）

停止一个月，通常每场演出时长为2—2.5小时。听书的多数为当地听众，也有邻近乡镇和无锡市区的，多数为老年人，基本场场满座。听书者实行免费听书，每人每场只需付2元的茶水费，政府每年补贴10多万元演出费。至2013年，共开说《上海女大亨》《关东奇案》《林立果选美》《李师师和陈圆圆》《秋海棠》《孝宗皇帝》《武媚娘》《江青》《潘汉年》《阿庆嫂到上海》《京都血案》《梦断西苑》《血滴子》等70多部书。评弹名家秦建国、汪正华、毛新林、周慧、蔡玉良、刘芳、徐杨剑等都到场表演过，深受听众欢迎。硕放籍评弹演员有戴小莉、顾静、孙瑜、赵美华、吴雪娟、盛喜喜等人，其中戴小莉、赵美华、盛喜喜时常回家乡为父老乡亲弹唱献艺。

二、图书馆

民国时期，周曰甫（新安人）在墙门老街上开办“周福泰书画店”（兼营文具用品），后由儿子周鸿楷接管。为扩大经营范围、增加图书的出租量、方便当地的读书喜爱者，20世纪70年代初，文化站从公社大院搬迁到公社后面原粮油供应站的4间砖木结构平屋里。其中西面1间设立图书室，为硕放人民公社最早办起的图书室，面积约25平方米，里面没有看书座位，所有图书阅看只能以出借方式，图书室备有借书登记簿，登记借书人姓名、地址、书名、借书数量及归书时间。一本书借金是每天0.05—0.1元，按借书天数计算借书费。图书室规模很小，仅有书籍近3000册，品种单一，主要是连环画和一些小说类的书籍。图书室由周曰甫负责，后来外包给老干部杨华生（副县级离休干部）经营管理。文化站不承担任何费用，借书金归他个人收入，增添书籍也由其本人负担，文化站不收取任何管理费。同时，各大队团支部纷纷办起图书室，五一、六一、七一、八一、春光、墙西、东方红、先锋等大队办得较好，当时春光大队团支部图书室的藏书量较为突出，拥有马列著作、毛泽东选集、政治、经济、长篇小说、历史、文学、文艺、连环画、农业科学、古典文学等各类书籍千余册。书籍来源主要是组织团员青年、党员、干部和群众自愿捐书，同时以大队团支部名义发信全国各地在外工作的春光籍人员自愿捐书，支持家乡图书室建设。硕放供销合作社新华书店也捐部分书籍支持春光大队图书室。图书室由团支部书记周俊德具体负责，实行记载借读为主，不收任何费用，广大团员青年借书看书热情较高，许多团员青年纷纷写出读书心得贴在图书室内，收到较好的读书效果，受到公社团委的肯定和表扬。时任共青团无锡县委书记鲍其珍曾前往视察，并给予高度评价。

1978年以后，文化事业不断发展，学校等单位图书室逐渐完善，日趋规范。20世纪90年代初，文化站在硕放党校单独开辟60平方米空间，将原来的图书室发展为图书馆，设施得到更新，增添各类书籍达1.5万册，由文化站管理租借经营，年借书金收入在6000元左右。2011年12月，图书馆随文化站搬迁至新建的硕放文化中心二楼，面积350平方米。图书馆设施先进，配备读报机、借书机、电子监控、电子感应等设备，拥有15台网络电脑供读者网上阅读，共有政治、哲学、社会科学、经济、文学、历史、天文地理、教育、文化、艺术、自然、生物、医药卫生、工业农业技术、环境、安全、古典文学等各类书籍2万余册。同时备有《人民日报》《新华日报》《无锡日报》《中国文化报》《法制报》《中国妇女报》《中国青年报》《人物曲艺》等10多种报纸杂志，全年无休，免费供读者阅读。

2006年以后，街道、村（居）社区都建有图书室（馆）。图书室（馆）面积在30—60平方米，都有标准的书架书柜，有阅读的座位和桌子，便于读者安静舒适地阅读。图书室（馆）图书品种齐全，一般有各类书籍约3000册，多一点的约有5000册。南星苑第二社区的图书馆规模最大，面积有150平方米以上，标准化书柜有12套，藏书1.3万多册。图书馆配有专职管理员1人，还配有6台网络电脑方便读者网上阅读。老年人、中青年人、学生是主要阅读者，形成一个爱读书、读好书的浓厚氛围。

2013年硕放文化中心图书馆

三、文化站、文化中心

1958年，民办文化事业发展迅速，公社设立文化站，组建文工团，属于民办性质，主要职责是围绕中心工作开展小型多样的文娱演出。建有图书室，开办民校，在全社开展扫盲等工作。

20世纪60年代中期，文化站从市镇单位、中小学、各大队抽调一批人员举办两项大活动。一是布置阶级教育展览馆，利用墙门初级中学5—6个教室展出在“破四旧”中收集到的各类物品；二是在公社大院布置“三忠于”（永远忠于毛主席、永远忠于毛泽东思想、永远忠于毛主席的无产阶级革命路线）艺术展览馆，展出用米、麦、绿豆等农副产品制作的艺术作品，主要有毛主席像、红宝书、忠字图、天安门、长城等，作品上乘。当时的中共苏州地委、中共无锡县委组织各地群众分期、分批前往参观、学习、取经。

1972年，公社建立毛泽东思想文艺宣传队，排演出很多精彩的样板戏、折子戏、革命歌曲、曲艺说唱、舞蹈小品及自编自演的文艺节目，经常下乡巡回演出，且逢会必演，每年参加县、市、地区、省级汇报演出，多次受到上级有关部门的表彰和奖励。

1984年，文化站性质由民办转为公办，核定编制1人。工作人员增加到4人，经费、工资由政府下拨。20世纪90年代初，文化站办公地点搬到党校。1993年6月，建立硕放镇文化中心，文化站隶属文化中心管理，开展文化市场管理、艺术创作、文艺演出、群众体育、各类培训、书画、摄影等工作。1997年，文化站组织中小学音乐教师、镇区内文艺骨干20多人组成“硕放文化宣传队”，深入各村开展“送文化下乡”活动，并经常受邀到后宅、梅村等乡镇进行宣传演出活动，节目形式多样，深受群众喜爱。2001年3月，由政府出资，文化站组建有30人组成的“硕放铜管乐队”，参加新区、街道组织的各类文艺活动。

2007年，为进一步繁荣文化事业，街道办事处出台《关于成立创建“中国曲艺之乡”领导小组的通知》和《关于成立创建“中国曲艺之乡”工作实施小组的通知》。根据文件精神，街道文化站积极开展社区文化、企业文化、家庭文化等活动，组织建立“业余文艺演出队”，每年通过“月月广场文艺”的形式，开展群众文艺演出，努力推动文化事业向更广泛、多层次发展。2009年5月24日，全国政协委员、中国曲艺家协会党组书记、相声演艺家姜昆到园区检查“中国曲艺之乡”争创工作，市、区有关领导陪同检查。姜昆实地考察南星苑第二社区和南星苑社区服务中心，观看无锡评曲演出，并为硕放睦邻中心、街道文化站和社区志愿者题词。

随着社会事业的发展，以及人们对文化生活的广泛追求，2010年空港产业园区（硕放街道）总投资5000万元，在薛典路与南星路交界处建造硕放睦邻中心（文化中心），占地面积2.5万平方米，建筑面积为1.01万平方米。2011年12月30日竣工并启用。影剧院、书场、多功能厅、图书馆、健身房、书画展厅等文化设施一应俱全，各种活动丰富多彩。文化站随之搬迁至文化中心。

文化中心本着“贴心服务，以民为先”理念，365天全天候开放，全年接待群众近30万人次。做到影剧院每晚放映电影；书场每天下午一场书；图书馆、健身房全天候免费开放；书画展厅不定期展出香楠书画协会及新区、其他街道乡镇的书画作品，同时举办各类文体培训及相关活动等，让广大市民在锻炼体能的同时又能享受丰富的精神食粮。1958年至2013年，文化站、文化中心历任负责人为黄锡庆、朱永康、周家明。

四、书画店

硕放境内文化气息浓厚，书画爱好者众多，随之也不乏书画店经营者。墙门老街周曰甫、墙西村沈晓西、红光村惠云华和邹文震、西典巷村顾松年、墙南村顾伯尧、墙门村杨大南等都在街上开过书画店。

1.周福泰书画店

1937年“七七事变”后，周曰甫从新安辗转薛典来到大墙门，在老街上开办“周福泰书画店”（兼营文具用品），当时独此一家。周曰甫擅长书画，当时很有名气。凡民间造房起屋上梁时要用的对联或横幅、新居落成后在正间（客厅）挂的“中堂”、结婚人家用的“和合中堂”、做寿人家用的“寿星中堂”，以及乔迁之喜、弥月之喜、年庚帖子乃至新春桃符等都要求助于书画店。儿子周鸿楷受父熏陶，也喜爱书画，且颇有造诣，后接手经营书画店。

2.晓西书画工艺品店

1991年，墙西村前唐庄人沈晓西在新安开办五年书画店后，积累了一定的经验和财富。1995年回到硕放，在小商品市场继续开店，取名“晓西书画工艺品商店”。后搬到政通路6号，有五开间门面，主要经营书画作品，包括装裱、画框业务及工艺品，是当时硕放镇上规模最大的书画工艺品店。2000年后，随着城镇化建设的快速推进，安居房、商品房日益增多，人们对家居环境的点缀装饰越来越讲究，由此书画工艺品交易量日见攀升。

3.邹鲁艺社

红光吴三房村惠云华的书画技艺、裱画工艺等有一定造诣。她拜无锡名画家凌再型、美籍华人朱一雄为师，还去上海大学美术学院国画系进修两年。2010年5月在南星苑二路166号开办“邹鲁艺社”，经营书画艺术品，兼营书画文化用品，品种繁多、一应俱全。同时还招生培训，开设儿童书法、儿童画、专业素描、色彩、国画班等。

五、歌舞厅

20世纪90年代中后期，硕放仅有东方歌舞厅1家。进入21世纪，随着硕放经济和城镇化建设的快速发展，农村居民向城镇集中。为丰富群众的业余文化娱乐生活，各种歌舞厅、KTV不断增多。至2013年底，全街道营业性歌舞厅、KTV共有11家，非营业性歌舞厅1家。其中歌舞厅有花都、蓝梦、飘逸香等4家，KTV有今世良缘、景新园、红茶馆、英豪等8家。

歌舞厅面积为150—200平方米，可容纳近百人集体跳舞。室内音响设施齐全，营业时间通常在下午、晚上。硕放文化中心歌舞厅属非营业性歌舞厅性质，免费对全街道居民开放，同时为企业、工会提供文体活动场所，深受广大群众欢迎。歌舞厅设在文化中心四楼，歌舞厅宽敞明亮，设施新颖，音响、彩色旋转灯光等一应俱全，面积250平方米，可容纳百余人集体跳舞，全年无休。KTV均设有多个小包间，每个小包间面积为25—30平方米，配有电脑、音响等现代娱乐设备，吸引很多青年人，活跃业余文化生活。

六、文化艺术培训

1.启之堂教育培训部

2004年7月，由顾培明、张晓军联手创办的启之堂教育培训部位于通祥路20-8号，面积500余平方米，设有行政管理、教务管理、专业教师、后勤服务等处室，教职员工近20人。同时在后宅、新安、坊前、洛社、前洲等地设有培训分部。培训部旨在利用寒暑假、节假日举办毛笔书法、硬笔书法、国画、素描、色彩、儿童画、卡通漫画、小记者、思维训练、新概念英语等各种培训班，以激发兴趣、陶冶情操、培养才艺，丰富少年儿童的业余生活，是一家集书画艺术培训及文化教育培训于一体的综合性培训机构。至2013年底，累计培训各类学生近2万人次。

2.满天星文化艺术培训中心

2012年，原江南大学音乐系教授张群与硕放文化中心签约入驻，在文化中心三楼、四楼利用10余间教室开设书法、美术、声乐、器乐、棋类等10多个培训班，拥有专职教师20人，兼职教师近50人，管理人员15人。满天星文化艺术培训中心隶属无锡满天星琴行（原名无锡市雷诺琴行）。至2013年底，已培训学生1000多人次。

七、硕放市民休闲街（市民广场）

2006年，政府为更好地完善城市功能，加大投资建设力度，努力为广大市民提供休闲、健身和文体娱乐的活动场所，投资2000余万元在薛典路、通祥路、裕丰路与环太湖高速立交桥交会处（高架桥控制区范围内），启动建设硕放市民休闲街（市民广场），于2009年竣工启用。休闲街以通祥路为中心，分东广场、西广场和南广场三处相互贯通，占地总面积16.67万平方米。广场树木葱郁、花草芬芳，土坡草坪覆盖，环境清洁优雅，古典灯光、落

2010年硕放市民休闲街

地喇叭、彩色喷泉及健身器材一应俱全。市民广场启用后，成为市民健身锻炼、休闲娱乐的主要场所。常有数百人随着音乐跳健身舞、交谊舞、街舞等。还有许多市民围着观看锡剧票友们演唱的锡剧选段和歌曲。为确保市民广场的良好秩序，政府在市民广场设立管理和服务机构，配备专职的管理人员和保安人员，让广大市民舒心、安心地进行休闲娱乐活动。

八、文化市场管理

随着文化事业的发展，文化市场日趋多元化。1993年，硕放镇建立文化市场管理组，文化站站长任组长，隶属无锡县文化市场管理办公室。镇文化市场管理组按照《无锡县歌舞厅管理条例》，对各歌舞厅开展文明歌舞厅创建活动。1995年起，为贯彻江苏省文化厅、公安厅《关于严格电子游戏管理的紧急通知》精神，硕放派出所、工商所、文化站不定期对电子游戏行业进行突击检查。对印刷业实行年审制、定点印刷厂负责人例会制等。1998年，对辖区内电子游戏厅（室）进行整顿治理，撤小并大。2000年，按照中共无锡市委、市政府制定出台的《关于在全市组织开展公共娱乐场所专项治理严厉打击黄赌毒社会丑恶现象的实施意见》精神，对辖区内电子游戏厅（室）、电脑游戏经营户重新登记，对不符合条件的一律停业。2006年，街道办事处成立文化管理领导小组，下设办公室和稽查处。文化监督稽查按照有关的法律法规以及上级文件精神，联合公安派出所、工商行政管理所对辖区内文化娱乐业加强管理整顿和指导：强化对大型文化活动和公共娱乐场所的安全管理工作力度；加强对互联网上网服务营业场所的管理，硕放街道关工委人员担任网吧义务监督员，不定期对网吧进行检查，严禁未成年人进入网吧；加大对音像市场违规经营的查处；加强对村（居）民委员会演出市场的监管；加强对印刷业、书刊市场的检查管理，对一些不符合法律法规的行业进行查处和整顿。由于监督管理常抓不懈，联合执法力度有增不减，使文化市场得到健康有序、繁荣发展。通过多年来的监督管理整顿，至2013年底，全街道有音像店4家，复印打字店5家，网吧10家，印刷企业17家。

第二节　文学艺术

一、文学、学术创作

“忠厚传家久，诗书继世长”。硕放深受吴文化浸润，民间有浓厚的耕读思想。境内学子遍布、人才辈出，并涌现许多专家、教授、作家、学者。他们活跃在祖国各地，坚守在各自的工作岗位，勤于工作、善于思考、勇于探索，在哲学、社会、自然、历史、文学、教育、艺术等方面颇有研究，造诣较深，且相继著书立说，在相关领域中都享有一定声誉。

硕放籍部分人员文学、学术创作情况一览表

表 27-1

姓　名	主要著作（作品）
邹文海	《自由与权力》《比较宪法》《各国政府与政治》《西洋政治思想史稿》《政治学》《代议政治》《邹文海先生政治科学文集》
顾介康	《我国政治机构概述》《江苏省“科技兴省”战略与政策研究》《企业思想政治工作新论》《市场经济手册》《县委书记领导艺术》《江苏县域经济三十年观察》《实践启示录》《调查研究行知录》《千虑一得录》《居幕后谋大局》《润绿集》
焦炳华	《生物化学与分子生物学》《现代生物工程》《现代生命科学概论》
陈国健	《解放战争战略防御·综述·大事记·表册·图片·重要战役简介·参考资料》《解放战争战略防御·回忆史料》《海军·综述》《海军·大事记》《海军·回忆史料》《海军·表册》《海军·文献》《科苑群星——海军先进科技干部事迹集萃》《海军政治工作大事记》《威震海疆——人民海军征战纪实》《中国共产党中国人民解放军组织史资料（海军部分）》《中国共产党海军师团部队组织史资料》
黄亦波	《阿布加和中国医生》，散文诗集《远方的礼物》《阳台上的小客人》《眼睛会动的布娃娃》《从小养成好习惯》《含羞草》《峨眉山上的奇遇》《罗姗娜和机器人》（与费正平合作）《小鸟在歌唱》（编辑）《虎孩》《魔匣》
颜中其	《战国策故事选》《苏东坡》《苏东坡轶事汇编》《苏轼论文艺》《包公传》《宋代科学家苏颂》《苏颂与本草图经研究》《苏颂年谱》《新编苏氏大族谱》《苏姓名人传》《中国皇室宫廷辞典》
翁寿元	《汉字基础知识》《无锡、苏州、常熟方言本字和词语释义》《走派常熟方言两字组连读变调》《读苏南和上海吴语的内部差异》
顾介贤	《舆论监督与新闻策划》《实用新闻谭》《两代风流》
吴龙龙	《消费信贷的消费挤出效应研究》《银行理财理论与实务》
邹宝生	《爱国教育家唐文治》《无锡吴文化丛书》《辉煌从这里起步》《梅中报告厅》
黄军伟	《高校德育创新成果》《大学生思想政治教育工作案例研究》《2008年高校招生录取与志愿填报指南（江苏）》《高校考试伦理问题研究——以改革开放以来中国学校为例》
邹农俭	《苏南地区社会发展报告》《小康社会的理论与实践》《小城镇新世纪》《江苏农民工调查报告》《现代化：太仓实践》
张道兴	《秋实文集》《秋实吟草》《当代邑人咏无锡诗词选》
黄树生	《薛福成文学评传》《薛福成年谱》《新课程背景下的课堂教学设计研究》
邹群燕	《论〈剪灯新话〉的艺术特色》《海明威小说创作的独特艺术》《职业教育中语文教学的困境与对策》《萧红小说中的男性群象》《简析审美领域中以丑为美的现象》《古代文艺作品中女性美丽标准的历史差异》
李振声	《作为新文学思想资源的章太炎》《季节轮换》《书架上的历史》《苏门答腊的郁达夫》《梦十夜》《上海》
李鸿声	《埝里的事》《老树的事》
杨　晓	《异军突起话锡山》《人大岁月》《星光灿烂》《追梦路上》《笔墨春秋》《春暖花开》《昨夜星辰》
周明南	《家庭教育指导（初中版）》《中学生心理例话》《打开心灵之门——心理学 ABC》
顾介祥	《和谐文明盈春风》《骆贡祺传奇人生》《族谱与村情》
邹颂安	《中国电影之最（上、下册）》《电影往事》《戏曲艺术行》
朱宗欣	《新编二胡演奏教程》《锡剧曲调介绍》

二、传统文艺

1.滩簧与锡剧

滩簧源于清代乾隆中期江南农村，已有200多年历史。农民闲时以山歌小调自娱，内容和曲调有口口相传的，有从道情、唱春、宣卷演变成的，还有从荡湖船、掉马灯等边演边唱的民歌小调融合进来的……调式以簧调为主，又从苏滩中吸收其他调式，久而久之，逐渐形成民间小曲滩簧。在当地农村流传较广，历史悠久。

滩簧最初以坐唱为主，后逐渐演变成边唱边演、且演且舞，并有简单情节的对子戏。其主要内容是讴歌劳动人民、讽喻封建地主、反对封建礼教、宣扬男女爱情，因而受到封建统治者的反对和查禁。然而，滩簧受到广大农民的喜爱，越禁越多、越唱越盛。清同治八年（1869年），余治撰《得一录》中说“滩簧小戏唱一出，十个寡妇九改节。”民国初，滩簧有常帮、锡帮之分，后常、锡帮游艺到上海“大世界”“小世界”等同台演出，又称“常锡文戏”。

锡剧旧时称滩簧，起源于无锡羊尖严家桥。墙门黄金沙里有位老艺人叫杨云祥，生于清光绪三十四年（1908年），家道贫寒，自幼爱唱民间曲调，14岁拜苏州名师李孝根为师，学唱滩簧。1951年，无锡文联聘请杨云祥参加筹建无锡县锡剧团等事宜。1952年，又被江苏省文联聘去筹建江苏省锡剧团，并任江苏省戏剧团副团长。“文化大革命”后，杨云祥被安排在江苏省戏剧学校当教师，授课讲解，培养一批又一批青年接班人，成为20世纪50年代至60年代锡剧泰斗。

2.宣卷

清代和民国期间，农村流行宣卷。农闲季节或春节期间，大家聚在一起由一位知书识字的人领头，用类似歌吟般照“卷”朗声宣读，并间以说白，每诵几句后，众人齐声随诵“南无阿弥陀佛”，用敲击木鱼来整齐节奏。这种寓教化和文艺于一体的活动称之为“宣卷”，在妇女和老人中较为流行。“卷本”是根据传说和小说改写的七言韵文，间以说白，表彰忠诚孝子等。境内宣卷作品有《白龙宝卷》《金牛宝卷》《目连救母》《香山宝卷》。

3.唱春

旧时，每逢春节或庙会节场，一些穷人手提小铜锣，肩背褡裢袋，到每户门口边敲小锣边唱曲，谓之“唱春”。唱春内容有“四季歌”“十二月花名”“孟姜女过关”及农谚等，也有人能因人因景，随编随唱，其中不乏精彩表演。唱完一曲或数曲后，户主会拿出一些糕团、零钱给唱春人，因此唱春人被视为“另类乞丐”。中华人民共和国成立后，人民生活普遍改善，唱春逐渐减少，只在庙会节场期间偶见。

4.评曲

无锡评曲（原称“说因果”）始于清康熙年间（1662—1722年），流行于无锡、常州、苏州及上海、杭州等地，以无锡方言单档或双档说唱。

20世纪70年代，无锡县文化馆为了在全县推广无锡评曲，在前洲人民公社举办演艺培训班，公社文化站选派顾建媛参加培训。此后，顾建媛与曹爱军排练的以中共地下党员（王中一）为原型的革命斗争题材评曲节目《智突重围》，参加无锡县文艺会演；反映农村实现农业机械化的评曲节目《小铁牛》；反映“农业学大寨”中涌现的先进人物评曲节目《老队长》，在全社进行下乡巡回演出。20世纪80年代后，随着乡镇企业的蓬勃发展，电影、电视的不断普及，公社文艺宣传队逐渐停止演出活动。进入21世纪以后，群众性文化活动再度兴起，无锡评曲又一次活跃在广大群众视线中。胡剑锋、黄佩君表演的评曲《无锡空港胜天堂》《无锡巨变》《回家》等节目分别在无锡市、无锡市新区文艺会演中获奖。为让无锡评曲这个有着300多年历史的文化遗产更好地传承、发扬下去，硕放文化中心积极挖掘和整理相关材料，致力完善论证工作，为创建“中国曲艺之乡”奠定基础。

5.八吉舞

为宗教信仰舞蹈，流传于境内竺祥庵一带，是具有江南特色的民间舞蹈。当地的善男信女在法师的组织下，凑齐资金，每晚进行穿八吉排练，祈求上天佛圣保佑五谷丰登、国泰民安。“八吉”在历史上是当地的吉祥物，颜色为金黄色，用薄板做成，也可以用其他材料制作，大小不一。在农村有的放在米囤上，祈求上苍保佑来年五谷丰登；有的放在小孩身上，祈求孩子一生平安；也有经商出门挂在内衣胸前，祈盼自己一路顺风、生意兴隆。

“八吉”标志

八吉舞在中华人民共和国成立后，经过竺祥庵顾廷范、邹中平、周兆基加工整理改编，于1956年冬代表苏州专区参加江苏省首届农村业余文艺会演，参加会演的有王丽芹等八人，编导周兆基。节目获得优秀演出奖和优秀节目奖，奖品有舞台乐器一套。

八吉舞

2007 年 12 月，八吉舞被录入由上海学林出版社出版的《中华舞蹈志》（江苏卷）。2009 年，被列入江苏省非物质文化遗产名录。

6.摘采茶

清朝末期，据说原是山区男女青年采茶时对唱的情歌，通过流传演变后，成为境内的一种民间文艺活动。每年农历二月初一至月半，男女青年利用晚上串村走巷，就地演出。用山歌或地方曲调，演出《渔樵耕读》《农家乐》《说白剪剪花》《小放牛》《天仙配》《梁山伯祝英台》《牛郎织女》《杨家将》《空城计》《捉放曹》《斩韩信》《无锡景》等节目。节目之间插演武术、杂技以及乐器演奏等。摘采茶在民国年间已经绝迹。

7.调龙灯

调龙灯是境内较为盛行的娱乐活动。龙灯有“日龙”和“亮龙”（里面装上蜡烛供晚上舞）两种，龙的颜色有黄、青、白、湖绿等。“龙”是用竹篾制作，龙头、龙身的大小与龙的长度成比例。一般龙头长约1.2米，直径约0.7米，龙身直径约0.5米，亮龙的龙身更粗大。每隔1.7米左右装一根竹棍（供人擎拿调舞）称为一节，有9节、13节，长的有37节。龙骨扎成后，用夏布或丝绵纸糊好（称龙皮），然后着上各种颜色，画上鳞片。讲究的龙灯，用绸缎做龙衣，更显得绚丽华贵。调龙头的人要身材魁梧，臂力过人，调龙尾的扮作丑角。调龙灯时，由锣鼓和绣球引导，上下翻舞徐徐向前，有立着调，坐着调，卧着调，步调一致，舞姿优美。每逢迎神赛会，各处龙灯相聚，各显其能，看客如潮，呼声震天，颇为壮观。

8.荡湖船

湖船是用竹子扎成，糊上纸，画上图画，贴上对联，船旁挂上珠子等饰物，把船装饰得十分漂亮。船中有两位打扮俊俏的姑娘，一个掌橹，一个扭绷。船前有两人拉纤（一个扮老头子，一个扮老太婆）扭扭捏捏，引人发笑。船中姑娘边摇边唱各种民歌和山歌，有《无锡景》《梳妆台》《叹五更》等，歌声悠扬，悦耳动听。

9.花果舞

花果舞由苏州西山一带传来，演员由6—8人组成。每人头戴花草帽，身穿红、绿绸布衣裤，左手拿花筐一只，右手拿手帕一块，脚穿花鞋，队形优美活跃。

10.放风筝

风筝当地惯称“鹞子”。解放前，春节至清明期间，成年人和孩子都喜欢放风筝。风筝用竹篾扎成，糊上纸，系上鹞线，有蝴蝶形、鹞鹰形、蜈蚣形、燕子形，还有六角、八角等几何图形。风筝有大有小，鹞线有粗有细。放的时候由一个人把鹞往上送，另一个人拉着鹞线逆风快跑，借助风力使它冉冉上升。有的风筝系上鹞琴或风铃，随风发出响声，清脆悦耳。晚上在鹞线上系着写有“太平”字样、燃点红烛的小灯笼称为鹞灯。灯笼有多有少，多的达50余盏，宛如夜幕上空斜挂着一长串明珠在闪烁着，着实动人。

11.打莲湘

打莲湘

打莲湘又称“霸王鞭”，是一种汉族舞蹈。莲湘系取一根约3尺长比拇指粗的竹竿，两端镂成3个圆孔，每一孔中各串数个铜钱，涂以彩漆，两端饰花穗彩绸亦称“花棍”“竹签”。舞时可由数人、数十人至百人参加。表演时男女青年各持莲湘做各种舞蹈动作，从头打到脚，从前打到后，边唱边打。亦可男女双人对打，行进时形成舞、打、跳跃的连续动作，可击打前进、停留、蹲下等多种步伐。广场上可组成“十”字、“井”字等队形。主要流行于江南地区。境内在大型活动时也屡有表现，1969年中共第九次人民代表大会召开，公社组织一支由60人组成的打莲湘队伍参加无锡市庆祝活动。

2010年，硕放文化中心组织建立一支约20人的打莲湘队伍，成员主要以中心幼儿园女教师为主。经过集训，是年4月27日，参加新区在空港产业园区举办的腰鼓莲湘选拔赛演出，获“徐家木业杯”铜奖。

12.踩高跷

踩高跷是汉族传统民俗活动之一。俗称缚柴脚，亦称“高跷”。“踏高跷”“扎高脚”“走高腿”是民间盛行的一种群众性技艺表演。踩高跷技艺性强，形式活泼多样，可由一队人或一群人组成。各人两条腿上扎两根同样高的木棒，取代一双脚在地上走路。表演时装扮成戏曲中的有关角色，如关公、张飞、吕洞宾、何仙姑、张生、红娘、济公、神仙、小丑等。高跷有高有低，以区别有长人或矮人，有老有小，高的达3米左右，矮的有1.5米。当时在乡村庙会上演出盛行，深受广大老百姓的欢迎。

13.扭秧歌

扭秧歌是汉族具有代表性的一种民间舞蹈形式，主要流行于国内北方地区，解放初流行于南方。秧歌又有陕北秧歌、晋北秧歌、东北秧歌、河北秧歌、山东胶州秧歌和鼓子秧歌等，扭秧歌既有表演性的，也有娱乐性的。

扭秧歌

各地的秧歌一般以秧歌舞蹈为主形态，舞队人数少则数十人多至上百人，既有集体舞，也有双人舞、三人舞等多种表现形式。舞者手持手绢、伞、棒、鼓、线鞭等道具，境内主要是腰系彩色长绸带、手持长绸带两端，表演不同的舞蹈姿势，在音乐的伴奏下翩翩起舞，既有激情豪放，又有柔美俏丽，气氛热烈，美不胜收。

2001年，文化中心组建秧歌队，成员以中青年妇女为主，人数在20人以上，参加镇、区各种大型文艺表演达10余次。组建以来，曾参加无锡市组织的秧歌比赛，多次参加新区的秧歌比赛和“徐家木业杯”秧歌赛，表演丰富多彩。

14.耍钢叉

钢叉分钢叉头和木柄两部分。钢叉头有3个尖齿，各长5寸左右，木柄长度以使用者身高而定，一般在齐下巴高，在木柄与钢叉头交接处系两块响片，舞动时会发出响声，钢叉头3个齿上各扎一条短彩条。表演时，人数不定，主要动作是飞——把钢叉飞向上方，待落下再飞出，接连几下；舞——单手或双手握钢叉忽左忽右，忽前忽后，忽上忽下，呼呼声响，动作多样；滚——钢叉在四肢上下轮番滚动，不落地不碰地；绕——分别以脖子、身腰为轴前后上下绕转；穿——在腋下、胯下穿插。整个飞、舞、滚、绕、穿一套动作交替进行，其中以飞最为惊奇。解放前很多自然村都有，每年唐庄桥庙会就有12—13个耍钢叉的班。

15.吹打

吹打是农村流传的一种民间习俗，是以唢呐为主奏乐器的吹鼓乐队。乐器种类很多，吹奏的曲调有昆曲、滩簧等。吹打班中“道行”高的人会唱会演，演唱有模有样声情并茂。结婚前夜男方家里“赕佛”，称为喜佛，结婚仪式和“见礼”场面十分热闹。

农历大年初一、二月十九观音菩萨生日、八月初“抬猛将”等重大节日，农历八月半“朝北斗”，七八月祈求风调雨顺，秋熟有个好收成一类活动，吹打班比平时更加忙碌。吹打班做婚丧事，出班人数有区别，喜事成双，丧事逢单。出班人数多，一般是大户人家。8个人一班，以“将军令”开场，6人班用“一枝花”。旧时，吹打也有行规，每班都划分所属范围的村巷“门图”。“门图”内的生意别的班不能随便跨图插手“抢做”，要有请才行。自己“门图”内请外班“客师”，要付“红钿”，必须互相尊重、守礼行规。

16.清客串

清客串实际上就是江南丝竹。20世纪60年代中后期，农村的文化生活活跃起来，民乐也发展起来，各地纷纷自发办起一支支民乐小乐队，这种小乐队比较简单，由8人组成，以一只羊皮大鼓、一个打击的三角铃（磬子）、两支曲笛、一把京胡或板胡、三把二胡共八件乐器组成。乐手多是农村中的男青年为主，自学练习而成。这种乐队常在人们结婚时应用，以增加喜庆气氛，因此民间称之为“清客串”。清客串的乐器上往往装上漂亮的装饰，笛子上面装上彩色珠珠串成的龙凤，下面挂上红色绣花的缎布裙；胡琴上挂上彩色的珠凤、蝴蝶等，在娶亲的队伍里整齐地走在前面，不断吹奏各种乐曲。新娘娶回家后，乐队更是卖力。往往需吹奏一整天，吹鼓手们除了喝上喜酒、拿上喜糖外，主人家客气地递上几元至几十元钱（喜封）以表谢意。当时的“清客串”乐队很兴旺，全公社有数十支，基本上每个大队都有。“清客串”乐队更为威风的是中共第九次人民代表大会召开时，公社组织庞大的游行队伍，数十支“清客串”乐队统一编排参加。

17.军乐队

军乐队

军乐队就是铜管乐队，这种乐器自西方国家引进，通常以8人组成，人们称之为“洋八队”。解放前后，境内逐渐出现以铜喇叭吹奏的乐器，乐手也是以青壮年男性为主，以后少量女性也参加这种乐队的吹奏。军乐队喜事吹奏人员逢双，丧事吹奏人员逢单。乐队配有1个大羊皮铜鼓，有时加小鼓，1—2个小喇叭(小号)，1个盘在身上的大喇叭（大号），俗称“幸福来”，多个不同规格的拉管（长号）和中型喇叭(中号)，吹奏出来形成一组高、中、低音的音乐。吹奏手穿着统一制服，由于乐队威武，吹奏雄壮，而逐渐被婚丧喜事所青睐。

境内有六一大队小房上、七一大队蒋更上、八一大队马家桥等10多支民间军乐队。特别是1969年，小房上军乐队在锡城体育场庆祝中共第九次人民代表大会召开，吹奏技艺高超，载誉而归。当时，政府都会在每年的征兵送参军期间请这些民间的军乐队接送新兵，每年召开总结表彰大会也会请军乐队吹奏。20世纪90年代中期后，民间军乐队活动以丧事为主。

18.民乐队

文化中心民乐队于2010年成立，为硕放街道建办的社会公益性文艺服务团体，不参加社会的商业性活动，有关经费由文化中心支出，主要承担硕放的文艺演出任务，经常参加上级组织的文艺会演和送戏进社区演出。民乐队人员由街道文化中心人员、社区工作人员、小学教师、社会人员等组成，民乐队以中青年为骨干，老、中、青结合，共有演奏人员15人，民乐队定期在文化中心学习训练。民乐队乐器较齐全，分吹奏类、拉弦类、弹拨类、打击乐类，又分高音、中音和低音。乐器有笛子、胡琴、琵琶、三弦、中阮、月琴、扬琴、大提琴、古筝等乐器，配备鼓、铃、锣、梆子等打击乐器。演奏方式多样化，有合奏、独奏、伴奏等。

19.锣鼓队

2001年，硕放镇成立“硕放女子威风锣鼓队”。威风锣鼓队由20名中老年妇女组成，属于文化站管理下的群众业余团队，主要活动于公益事业。威风锣鼓队由6个大鼓、4个大钹、4个小钹、4面大锣共18件乐器组合而成，由表演者各操一乐器合作，按不同的节奏有分有合地敲打各种乐器而发出不同的器乐声而成，鼓声如雷，钹音清脆，锣鸣噹噹，威风凛凛，所以叫做威风锣鼓队。

硕放女子威风锣鼓队

锣鼓队的人员参加表演都身穿统一的红色喜庆舞蹈服饰。6个大鼓有专门的鼓架摆放在中间，之后是大钹、小钹和大锣。敲鼓者围绕在鼓的周围以不同的节奏打鼓，中间有一人领鼓，操钹和打锣者更是以舞蹈的步伐和动作边敲打边表演，组成一组既有器乐又有舞蹈的打击乐综合性表演。硕放女子威风锣鼓队成立以后，乡镇（街道）的表彰大会、欢送新兵入伍、各种奠基等庆典仪式都会参加表演，以增加喜庆气氛。2003年，硕放女子威风锣鼓队参加新区举办的锣鼓大赛，表演的《丰收锣鼓》节目获得二等奖。

20.腰鼓队

腰鼓原流行于北方，解放后流行于南方。打腰鼓一般由多人组成的方队集体表演。队伍人数少则十多人，多则达百人以上。表演时演员腰间斜挂一个半尺长的红色圆形小鼓，双手执系彩绸的鼓槌一对，边行走边击鼓，有正击、顺击、倒击、胯下击等花样。随着前导的指挥而挥臂击

腰鼓队

鼓，其动作时而腾挪跳跃、热烈奔放，时而轻敲慢打、柔和灵巧；其队形时而长龙，时而方阵，变幻有序，步伐齐整，花样翻新，彩绸飞舞，鼓声震天，十分壮观。1991年，硕放乡通过九年制义务教育达标验收时，硕放中心小学的学生腰鼓队进行表演。

2010年，硕放文化中心组建一支20余人的腰鼓队，以各社区选派的中年妇女为主，在文化中心的管理指导下进行训练及演出。同年4月27日，腰鼓队参加新区在空港产业园区市民广场举办腰鼓、莲湘选拔赛中，获“徐家木业杯”铜奖。

三、群众文艺

中华人民共和国成立前，民众生活水平较低，民间文艺活动很少，仅在逢年过节、庙会节场请戏班子在土场上搭台演戏，俗称“草台班戏”。如农历三月初三的“徐府庄”庙会，关老爷出会，保佑四方百姓平安，并且伴有各种娱乐节目等，时间长达三天左右。

中华人民共和国成立初期，各小乡、行政村以冬学学员为主，成立业余剧团，以锡剧为主，辅以其他文艺形式，配合党和政府中心任务进行宣传活动，如新《中华人民共和国婚姻法》的颁布，演出《双推磨》《寡妇改嫁》《罗汉钱》；配合土地改革演出《白毛女》《不忘阶级苦，牢记血泪仇》；配合抗美援朝演出《夜攻汉城》《信陵公子》等节目。后西乡第一村（新农大队）自发组建农业业余剧团，排演节目有《牛郎织女》《冲喜》《红嫂》等。新中乡第一农会（和平大队）组织戏剧爱好者排演反对封建婚姻的锡剧《三上轿》。庙下红旗民校由社教工作队组织的小剧队排演的革命传统剧目《刘胡兰》，为当时群众文艺树立了典范，起到很好的宣传教育作用。1958年硕放文工团成立，为公社直属领导的文艺演出团体，团长吴汉章。共有演职员30—40人，其中男女演员10多人，乐队11人，后勤、运输、灯光、舞台、布景等人员10多人。是年，公社文工团前往望虞河工程工地慰问演出锡剧《红色的种子》，以及自编、自导、自演的反贪锡剧《120斤大老鼠》《悬崖勒马》等具有较强的感染力和教育意义。黄锡庆编导的《悟空与群仙》具有浓烈的戏曲性，歌颂硕放人民公社的大生产、新气象、新面貌。

20世纪60年代初，全社全面开展社会主义教育活动。各大队以团支部为主成立青年俱乐部，编排节目利用各种会议、乘凉晚会等阵地演出。节目内容有农村新人新事新风尚、反迷信破陋俗等。表演形式有相声、小合唱、表演唱、新故事、小锡剧等。

“文化大革命”期间，各大队相继成立毛泽东思想文艺宣传队，不少生产队纷纷组织文艺宣传小分队。20世纪60年代后期，绝大多数大队文艺宣传队以演唱《沙家浜》《红灯记》《智取威虎山》样板戏为主，表演形式有锡剧、京剧、锡夹京等。1972年冬，公社成立毛泽东思想文艺宣传队，由公社文化站直接领导。宣传队共有队员35名，其中演员20余名，乐队15人，是一支具有相当规模的文艺团体。宣传队在公社大会堂排演，在公社召开各种大会前进行文艺宣传演出。闲时，分别到各大队进行巡回演出。农忙期间深入基层，收集先进事迹，利用广播站向全社播放自编自演的文艺节目。宣传队创作不少优秀作品，如舞蹈《绿萍舞》，表演唱《气煞我们老太婆》《一条扁担》，锡剧小演唱《红管家》等。每年县里都要组织全县各公社宣传队进行文艺会演一次，每两年苏州地区组织一次会演。20世纪70年代，朱永康改编创作的锡剧小演唱《一把扫帚》，后改名为《红管家》，反映某生产队一对父女珍惜粮食颗粒归仓的事迹，歌颂农民的社会主义集体思想和勤俭节约的优良品质，该剧曾参加过苏州地区和江苏省的群众文艺会演。由朱宗欣根据中共地下党员（王中一）为原型的革命斗争题材，编写评曲节目《智突重围》，并参加无锡县文艺会演。1976年，由邹锡生和朱宗欣联合创作的锡剧小演唱《心连心》，在苏州地区会演中获二等奖，苏州电台录音播放，并在《新华日报》登载。1975年，宣传队员作为乡办塑料厂的职工，边上班边排演，工资由塑料厂支付。1977年，宣传队走“以工养文”道路，实行自负盈亏。20世纪80年代后，随着企业发展扩大以及影剧院兴起和电影、电视逐渐普及，文艺宣传队逐步退出历史舞台。

20世纪90年代末，文化站组织文艺爱好者和戏剧票友组成戏迷演唱队，夏、秋晚间义务演出或自娱自乐。朱宗欣创作的锡剧小戏《回乡路上》，反映一位在外的老华侨回乡探亲，一路所见无锡到硕放的巨大变化被深深地吸引和感慨，反映家乡由落后的农村发展为欣欣向荣的工业化城镇。

进入21世纪，广大居民安居乐业、生活小康，迫切需求文化娱乐。文体活动日趋活跃，每到夜间，中老年人集中到社区广场弹拉说唱、健身跳舞。政府顺应民意，投入大量资金建造硕放文化中心，各类文化设施一应俱全，文艺创作演出喜闻乐见、精彩纷呈，深受广大老百姓欢迎。随着园区工业的开发建设，大批企业落户工业园区，大多企业科技领先，转型发展，企业效益连年上升，广大员工不但在经济福利上得到实惠，而且文化生活搞得有声有色。无锡市滚动轴承有限公司、天津市金桥焊材集团有限公司无锡硕放分公司、力特半导体（无锡）有限公司等企业，为增加员工的凝聚力和归属感，在企业紧张的工作之余，经常组织举办丰富多彩的文化活动，进行各类棋牌、拔河、羽毛球、乒乓球、篮球、足球、舞蹈、插花艺术、卡拉OK等活动。2008年，周家明创作的相声《和谐的魅力》，生动反映农民变市民过着幸福愉快的生活，以及社区和谐文明、积极向上的精神面貌，节目被选送新区群众文艺会演。2009年，邹锡生创作的锡剧表演唱《小康生活乐开花》和无锡评曲《圆梦》，生动反映农民过上城里人生活的幸福梦。朱宗欣在邹锡生创作的锡剧表演唱《小康生活乐开花》基础上改编的锡剧表演唱《我想再活五十年》，参加新区文艺会演获一等奖。2012年，沈英年创作的无锡评曲《情暖夕阳》，真实反映新锦园社区姜进生家庭晚辈子女孝敬百岁老母的真实故事，生动刻画时代精神文明的新风尚。

附：家乡歌

硕望

1=♭B 4/4
♩=66

孙聪 力子 词
马绍闯曲

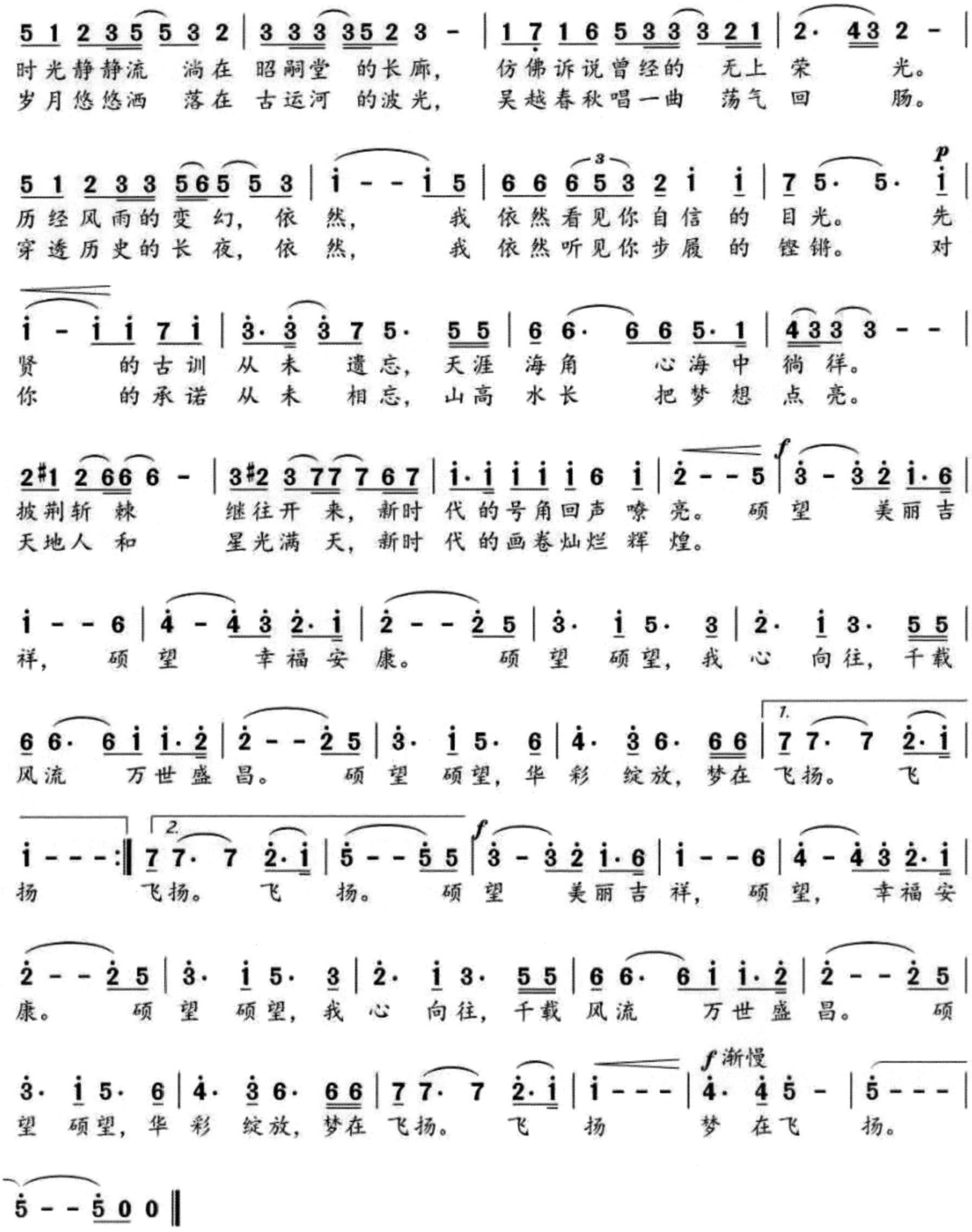

四、校园文艺

学校把文化艺术教育作为推行素质教育的突破口，确立“扩大艺术视野，树立审美观念，陶冶艺术情操，激发艺术兴趣，丰富文化生活”的艺术教育指导思想，丰富和加强学校的艺术教育。

硕放实验小学“小白鸽”舞蹈队

2002年，硕放中心小学成立“小星月艺术社团”，下设“小叮当合唱团”“小白鸽舞蹈队”，为无锡市小白鸽少儿艺术团分部。2003年以来，合唱队、舞蹈队参加无锡市“百灵鸟”文艺会演中曾多次获金奖、银奖、一等奖。2013年8月12日至15日，硕放实验小学“小白鸽”舞蹈队赴北京参加第五届全国校园文化艺术节活动，舞蹈《摇到外婆桥》获金奖。

2002—2013年硕放小学校园文艺荣誉一览表

表 27-2

年份	荣誉称号	授予单位	级别
2002	无锡市第二十二届小学生“百灵鸟”文艺会演一等奖	无锡市教育局	市级
2003	无锡市第二十三届小学生“百灵鸟”文艺会演一等奖	无锡市教育局	市级
2003	无锡市第二十三届小学生“百灵鸟”文艺会演舞蹈作品《黄河鼓娃》优秀创作奖	无锡市教育局	市级
2005	无锡市第二十五届“红豆源杯”百灵鸟比赛银奖	无锡市教育局	市级
2006	无锡市第二十六届小学生“百灵鸟”文艺会演银奖	无锡市教育局	市级
2007	无锡市“我的童年我的歌”少儿合唱节组织奖	无锡市教育局	市级
2007	无锡市第二十七届小学生“百灵鸟”艺术展演一等奖	无锡市教育局	市级
2007	无锡市少儿合唱节合唱银奖	中共无锡市委宣传部	市级
2008	无锡市第二十八届小学生“百灵鸟”艺术展演活动综合奖	无锡市教育局	市级
2009	无锡市第二十九届小学生“百灵鸟”文艺展演创作金奖	无锡市教育局	市级
2009	无锡市第二十九届小学生“百灵鸟”文艺会演金奖	无锡市教育局	市级
2009	无锡市第十届运动会集体舞大赛银奖	无锡市运动会组委会	市级
2010	无锡市第三十届小学生“百灵鸟”文艺展演合唱金奖	无锡市教育局	市级
2010	无锡市第三十届小学生“百灵鸟”文艺展演舞蹈金奖	无锡市教育局	市级
2010	无锡市第三十届小学生“百灵鸟”艺术展演活动先进集体	无锡市教育局	市级
2011	无锡市首届少儿文化艺术节市第三十一届中小学生“百灵鸟”艺术展演合唱银奖	无锡市教育局、无锡市文明办	市级
2011	无锡市首届少儿文化艺术节市第三十一届中小学生“百灵鸟”艺术展演舞蹈银奖	无锡市教育局、无锡市文明办	市级
2011	无锡市第四届新市民学校（子女）“我向党来唱支歌”才艺展示歌舞表演邀请赛组织奖	无锡市教育局	市级
2012	无锡市第三十二届中小学生“百灵鸟”艺术展演舞蹈金奖	无锡市教育局	市级
2012	无锡市第三十二届中小学生“百灵鸟”艺术展演合唱金奖	无锡市教育局	市级

续表 27-2

年份	荣誉称号	授予单位	级别
2012	“童心向党”歌咏活动全国会演工作先进集体	中共无锡市委宣传部、无锡市文明办、无锡市教育局	市级
2013	舞蹈《摇到外婆桥》获无锡市第三十三届中小学生“百灵鸟”艺术展演金奖	无锡市教育局	市级
2013	舞蹈《摇到外婆桥》获第五届全国校园文化艺术节金奖	中国关工委教育发展中心、同一片蓝天电视晚会组委会	国家级
2013	舞蹈《中华韵》节目在第八届“校园时代”全国青少年才艺电视展演录像评比活动中获小学组舞蹈银奖	中国教育电视协会、中国教育报社、国际舞蹈家协会、国际艺术家音乐与舞蹈协会	国家级
2013	舞蹈《爵士女孩》节目在第八届“校园时代”全国青少年才艺电视展演录像评比活动中获小学组舞蹈金奖	中国教育电视协会、中国教育报社、国际舞蹈家协会、国际艺术家音乐与舞蹈协会	国家级

南星苑小学的“经典诵读”和“儿童诗教学”，是学校文化的品牌和亮点。2007年学校开办以后，积极开展学校阅读文化建设的实践与研究，坚持“以人的特色彰显学校特色”的思想，开展各类经典诵读活动，阅读氛围浓厚，定期开展亲子诵读、“三香”评选（书香教师、书香班级、书香家庭）等活动，在各级各部门组织的活动中也取得较好成绩。2008年冬，中国儿童文学作家、诗人黄亦波到南星苑小学，为师生们带来精彩的儿童诗讲座“聪明的孩子爱读诗，读诗的孩子更聪明”。2009年春，由黄亦波题名的“南星苑儿童诗社”落地生根。每学期，黄亦波都会如约到校为师生们进行讲座，给学生上诗教课。学生发表的诗歌累计有80多首获奖，创作的诗篇在《快乐作文与阅读》《七彩语文》《南方日报》《作文大世界》《无锡教育》《大江南北》等全国多家报纸杂志报道和刊登。2009年10月，学校成为教育部“中华经典诗文诵读实验学校”。2012年9月，学校被评为无锡市经典诵读示范学校。教师蒋雅娟主持的课题“游祖国名山大川 读中华经典诗文”在全国教育科学规划教育部课题“新经典诵读实验”特色课程成果评比中获一等奖，蒋雅娟、俞鸿瑛、杨红珍等多位教师被评为推动经典诵读百佳教师，杨静国、杨诺两位教师参加全国教师新经典诵读大赛，分别获特等奖、一等奖。学生朗诵的节目《望月》在无锡市小学生经典诗文诵读比赛中获一等奖。

硕放中学注重抓好校园文艺工作，丰富学生课余文化生活。2009年获新区教育系统庆祝中华人民共和国成立60周年歌咏比赛一等奖；2010年获新区中学生文艺会演集体类节目舞蹈《雨竹林》一等奖；2011年获新区中小学生“百灵鸟”艺术展演合唱《英雄少年》一等奖；2012年获新区中小学生“百灵鸟”文艺展演舞蹈《山野小曲》金奖，获无锡市第三十二届中小学生“百灵鸟”艺术展演舞蹈专场比赛舞蹈《山野小曲》金奖；2013年获新区中小学生“百灵鸟”文艺展演合唱《格桑卓玛》《库斯克邮车》银奖，获无锡市第三十三届中小学生“百灵鸟”艺术展演合唱铜奖。

附：校歌

1. 硕放实验小学校歌

明天的太阳

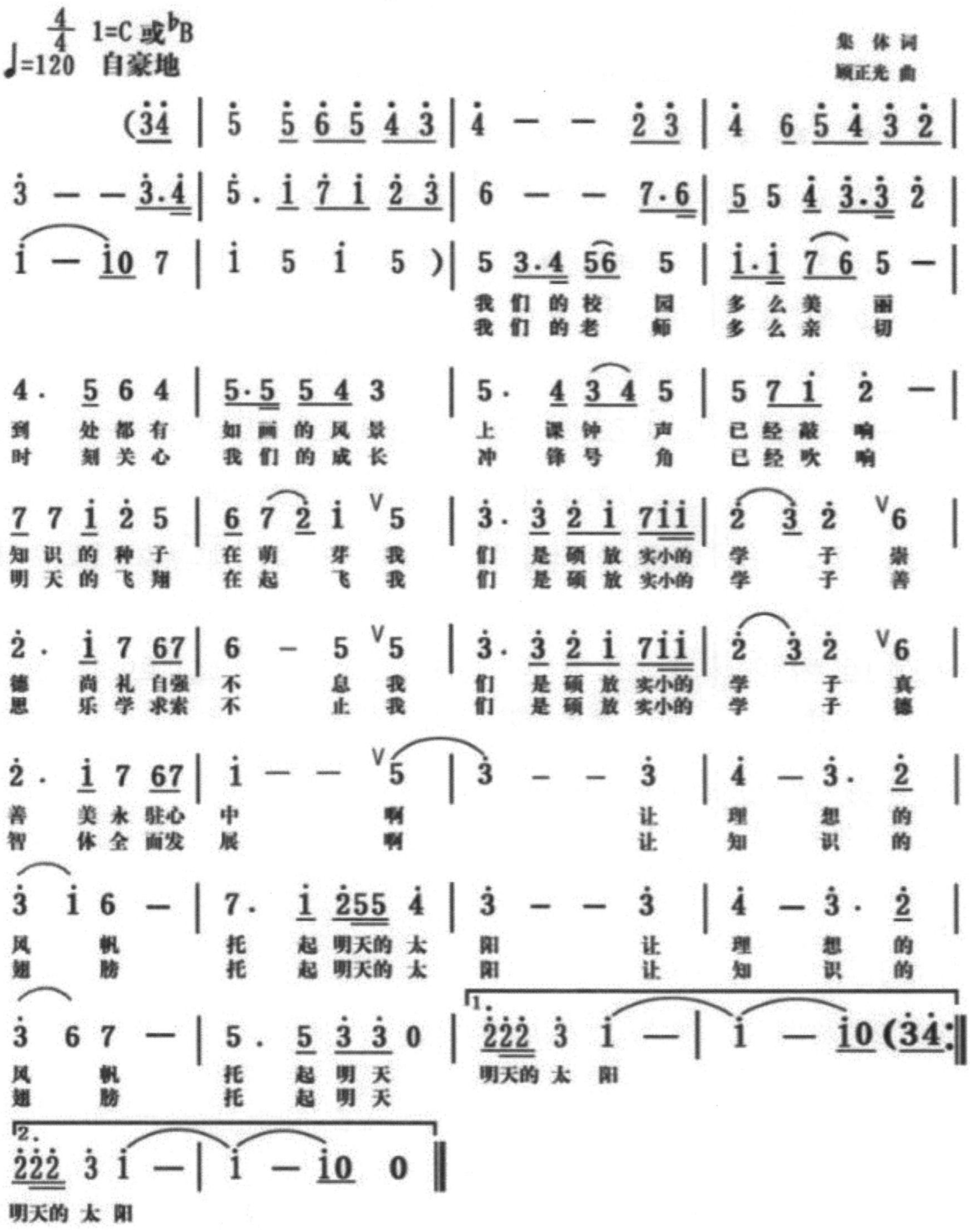

2. 硕放中学校歌

硕放中学校歌

集 作词
周洪生 曲

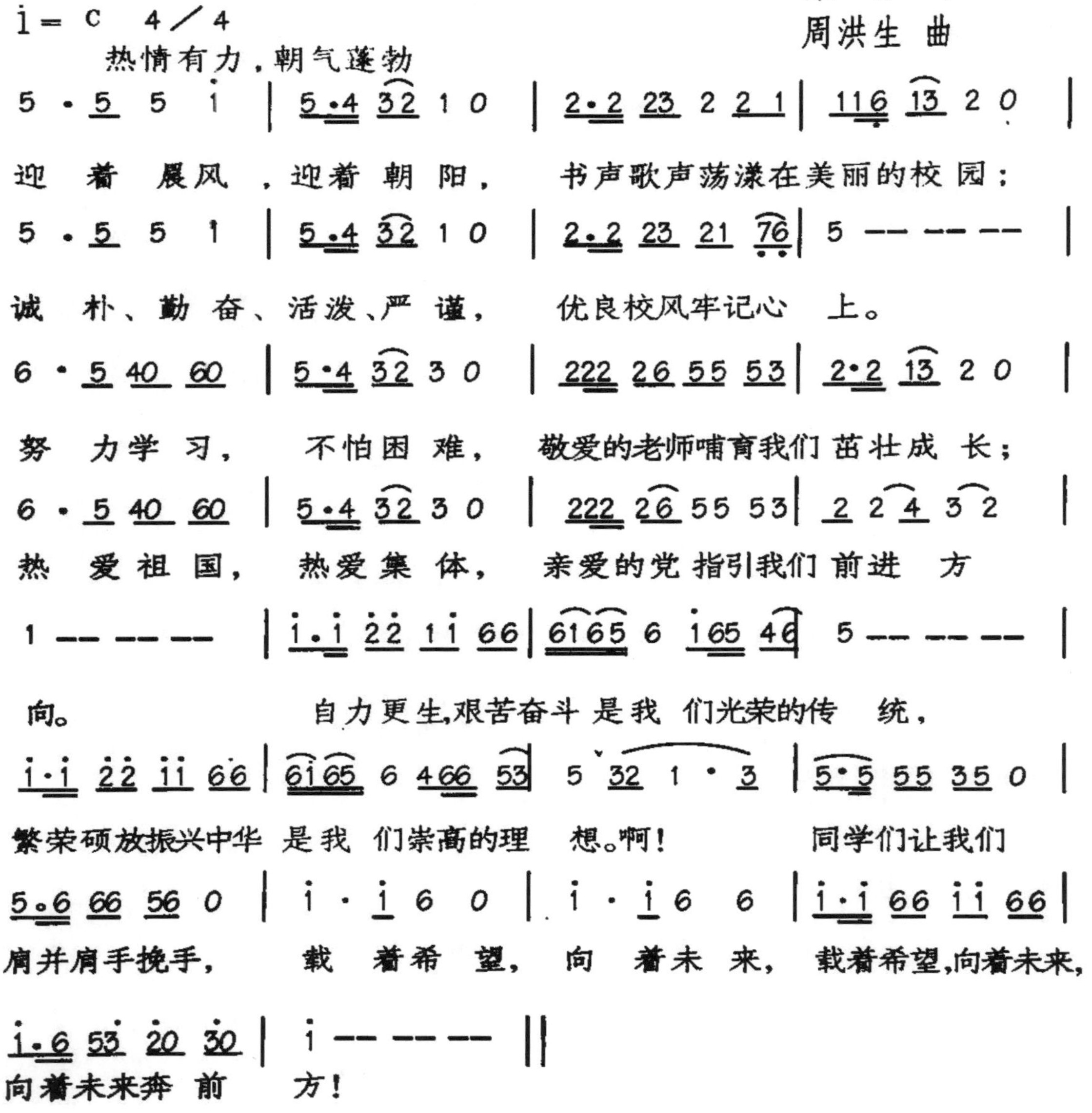

五、社区、家庭文化

1.社区文化

社区文化是社区的地域特点、人口特性以及居民长期共同的经济和社会生活的反映，是地方文化的具体表现。进入21世纪，硕放街道相继成立社区居民委员会，均建立文化活动室，丰富居民业余文化生活，各社区先后组织各类文艺团队，经常开展群众性的歌咏、健身、舞蹈、曲艺、民乐等活动，营造良好的文化氛围。

南星苑第二社区多措并举，积极组织引导居民开展社区文化教育活动，不断提升社区居民文化生活品位。社区干部自编《社区文明三字经》《社区邻里歌》，并以大型宣传牌形式固定。社区建立图书馆，免费向居民开放。建立曲艺社、民乐队、中老年舞蹈队等民间文艺团体，还专门为社区孩子开办少儿拉丁舞、少儿书法培训班。2006年创办全国首家“环保教育馆”，大力提倡“低碳生活，绿色环保”，受教育群众达10多万人（次）。2011年7月13日，德国图宾根区的三名环保专家抵南星苑第二社区参观考察低碳环保成果。2010年至2013年期间，经常组织社区与企业联谊会，举办近20场文艺表演，丰富社区居民的文化生活。丽景佳苑第一社区以“孝廉文化”为主题，精心打造一条以中华传统道德经典故事《二十四孝图》《弟子规》为内容的“孝廉文化长廊”。《无锡日报》《江南晚报》《无锡新区》杂志、无锡市新区政务网等媒体对社区的“孝廉文化”相继进行多次报道。新锦园社区打造一个面积为575平方米的文艺广场，为广大居民练操跳舞提供舒适的活动场所，还不定期邀请地方戏剧团到社区演出。2006年6月11日，硕放街道党工委、办事处和无锡电视台《今晚60分》栏目组在新锦园社区广场联合举办先进文化进社区、安全生产宣传月暨全民健身活动启动仪式，进一步促进和推动街道社区文化活动的开展。吉祥社区着力建立“活力型”文化社区，先后建立吉祥“一家亲”美食组、健康互助社、姐妹舞蹈队、魅力合唱队、老年电脑学习班等特色团队，结合传统节日举行重阳节趣味活动、金婚庆典演艺活动等，提高社区居民参与文化生活的积极性。南星苑第一社区于2009年组织江南丝竹民乐队参加新区文艺会演，表演的“中花六板”和“欢乐歌”节目获一等奖。香楠佳苑社区开展“每天一观”“每周一影”“每旬一书”“每月一课”“每节一演”“每年四赛”“每年十评”等文化系列活动。

2013年硕放街道社区文艺团队一览表

表 27-3

社区名称	团队名称	成立时间	参加人数（人）	活动内容
振发社区	“好日子”秧歌队	2004.8	22	秧歌舞蹈
	“好环舞”舞蹈队	2004.12	25	舞蹈
新锦园社区	新锦园“俏夕阳”文艺团队	2004.1	23	舞蹈
润硕苑社区	润硕苑秧歌队	2007	21	秧歌舞蹈
南星苑第二社区	南星苑二社区曲艺队	2006	20	曲艺舞蹈
	南星苑二社区舞蹈队	2008	35	舞蹈
硕放街道社区	“俏夕阳”舞蹈队	2009	21	舞蹈
南星苑第一社区	“美久美”舞蹈队	2008.1	68	舞蹈
	江南丝竹民乐队	2009	13	民乐
咏硕苑社区	咏硕苑社区舞蹈队	2006.3	21	舞蹈
香楠佳苑社区	香楠大合唱队	2010.8	20	歌舞
	香楠舞蹈队	2010.8	20	舞蹈
丽景佳苑第一社区	丽景舞蹈队	2010	20	舞蹈
吉祥社区	吉祥姐妹舞蹈队	2011.5	65	舞蹈
锦硕苑社区	炫舞飞扬舞蹈队	2011	50	舞蹈

2.家庭文化

随着物质生活水平的逐步提高，人们的精神文化需求日益增长，各类文化艺术活动逐步渗透到各个家庭。部分家长舍得投入培养孩子琴棋书画，全方位提高孩子的文化爱好；部分退休干部、教师、职工家庭有书画、摄影、垂钓、花鸟、戏剧、阅读、音乐、舞蹈以及电脑网络等爱好；许多家庭在室内布置一些字画，在阳台上摆设花卉、盆景等，装饰布置优雅；还有好多家庭常年订阅《无锡日报》《江南晚报》《江南保健报》等报纸杂志。从2009年起，真正做到报刊进万家，街道还每月向每户发放《新空港·新硕放》报刊一份。

在丰富的家庭文化氛围中，也涌现出一批文体特色家庭。墙联村胡剑峰从小就喜爱锡剧，12岁时就登上文艺舞台，1973年参加公社宣传队。其子孙受其艺术熏陶，积极发挥各类文艺特长，热情参加社会各类文化活动。2012年，胡剑锋与胡国民的原创小品《温暖》获得无锡市新区“高举承接与创新大旗、争当率先中的率先标兵”喜迎十八大情景剧大赛一等奖，同年，胡剑锋家庭被评为无锡市新区十佳文体特色家庭。大墙门村余朝良从事教师职业，书法艺术颇有建树，书法作品曾在日本展出。2011年，在无锡市庆祝建党90周年庆祝会上，其妻汤瑞珍代表新区参加的无锡评曲《无锡巨变》节目获得优秀奖；儿媳周丽红代表街道参加新区大合唱比赛，获得二等奖；孙子余江涛参加市、省、全国各种书法展览、诗朗诵等比赛屡屡获奖。2012年，余朝良家庭被评为无锡市新区十佳文体特色家庭。

第三节 文艺博览

一、书 画

1997年5月，成立无锡市香楠书画协会，有硕放籍会员40余人。协会成立以后，历年开展丰富多彩的活动，如在无锡市群艺馆举办会员书画展，中华人民共和国成立60周年、改革开放30周年等举办专题书画展。定期举办汇报展，还经常开展迎春送春联活动，书画进社区、进军营等活动。硕放文化中心启用后，为香楠书画协会辟有书画创作室和书画展厅，经常和全国、省、市及其他单位行家举行笔会，走出去请进来，相互交流，切磋技艺，常年展出并不定期更新会员作品。

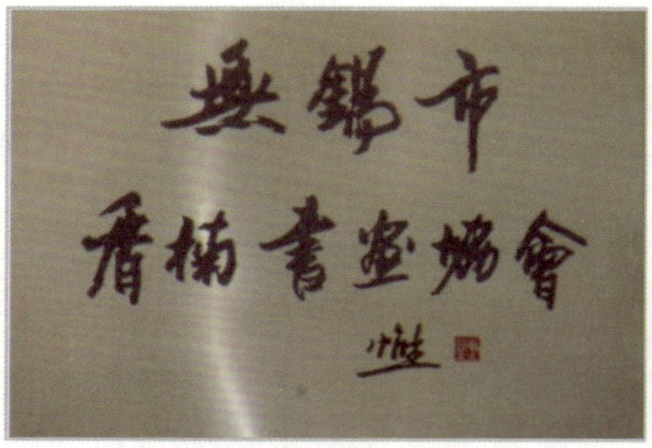

1997年无锡市香楠书画协会

许多会员的作品每年参加各级书画展，并多次获得全国、省、市级书画大奖。古华的作品多次在北京、无锡等地举办个展，还结集出版《古华画集》，有陈大羽题款，与亚明、黄养辉、钱绍武等都有合影题词，法国莱恩博物馆，港台、美国、无锡博物馆都收藏其作品。陈子德担任美国佐治亚州艺术家协会理事、中国艺术工作者协会终身名誉会长，为美国亚特兰大“4463画廊”签约画家。创作的现代中国画举办过多次个人画展，被邀参加“全美艺术家聘请展”等许多画展，作品《云山叠彩图》获美国佐治亚州艺术家协会画展金奖。出版过《画家陈子德》《黄永玉、陈子德双人集》等画册。文化部艺术品评估委员会及联合国艺术品保真认证协会为作品签发评估证书。全国硬笔书法协会会员、江苏省书法家协会会员、江苏省书法美术教育协会会员、山东鲁南书画社社员、无锡市香楠书画协会会长、小学高级教师唐怡生，1985年硬笔书法作品获全国二等奖，作品在北京中国美术馆展出并入选《中国钢笔书法集锦》；1991年赴上海师大美术系函授进修三年，书画功底日益见长。应邀参加省内外书画交流展览活动，作品多次获全国、省、市等级奖。1991年参加上海朵云轩、南京鼓楼公园举办的“无锡九人书画联展”；1998年刻字作品入选第三届国际刻字艺术展并收录《第三届国际刻字艺术展作品集》；1998年书法作品获江苏省中小学教师艺术作品展一等奖，并收录《艺海无涯》作品集，静慧寺、昭嗣堂等寺庙也收藏刻录其作品。中华硬笔书法家协会会员、江苏省硬笔书法家协会会员、无锡市书法家协会会员、小学高级教师余朝良，作品曾在全国比赛中获奖并在日本展出，部分作品在《中国书画报》等报刊上刊登。被收录进《中国硬笔书法家词典（1987年浙江大学出版社）》《教壇名人传记（内蒙古文化出版社）》。其硬笔书法作品入编《四体硬笔书法字典（江西科学技术出版社）》，毛笔书法入编《无锡书法作品选（百家出版社）》《艺海无涯（江苏省中小学教师艺术作品展）》。任教时，辅导的学生曾在无锡县小学生书法比赛中四次蝉联一等奖；在全国青少年书法美术争冠赛中获二等奖；在全国第十四、第十五届中小学绘画书法作品比赛中获书法类优秀奖；在江苏省第三、第四届中小学师生书法比赛中分别获得铜奖、银奖。原无锡县书法家协会理事、锡山市书法家协会主席、江苏省书法家协会会员、中国当代艺术家协会副秘书长鲁其昌，1986年起从师沙曼翁，2013年10月受聘为中国书画摄影家协会书法教育委员会副主任。多年来从事书法教育，教授学生的部分作品在全国书法大赛中获奖。江苏省书法家协会会员、无锡市书法家协会第五至第七届常务理事、无锡市香楠书画协会名誉会长邹建平，是书法家、收藏家、雕塑家钱绍武的入室弟子。1998年刻字作品入选第三届国际刻字艺术展并收录《第三届国际刻字艺术展作品集》。

硕放中心小学在20世纪80年代无锡县历年的小学师生书法比赛中，学生多次获得冠军，青年教师蔡芯一等曾获过“三字”比赛的第一名。1997年至1999年学校积极组织学生参加市级以上各类书画比赛，获奖60余人，其中全国级一等奖7人，二等奖9人，三等奖12人；省级二等奖1人，三等奖9人；市级一等奖3人，二等奖7人，三等奖11人。自2003年开始，学校先后组建软笔书法、硬笔书法、创意儿童画、线描基础、线描人物、泥塑社团。书画社团注重学生创造力的培养和学生审美水平的提高。学校自2000年开始连续13年参加全国中小学生书画作品比赛均获一等奖。2010年陈梓仪学生创作的儿童画《百年羊肉馆》，获市一等奖；学生的一幅蜡笔画《我们共同的家园》，获中国台湾雄狮集团纯金奖牌一枚，此画被印制成广告，在全国广为流传，影响甚大；儿童画《妈妈找回来》获全国书画一等奖。2011年，杨铭铭等学生在“徐悲鸿杯”国际少儿书画比赛中获一等奖、二等奖。2013年，杨一灵等学生在中日中小学生绘画作品交流展中均获一等奖。

硕放中学在2009年、2010年和2012年的无锡市“湖滨杯”中学生绘画比赛中均获团体三等奖，在2011年、2013年的无锡市“湖滨杯”中学生绘画比赛中均获团体二等奖。

境内的书画爱好者众多，书画作品颇有造诣，在当地有一定的影响的还有硕放籍的离退休干部、乡镇老领导、中小学教师等。

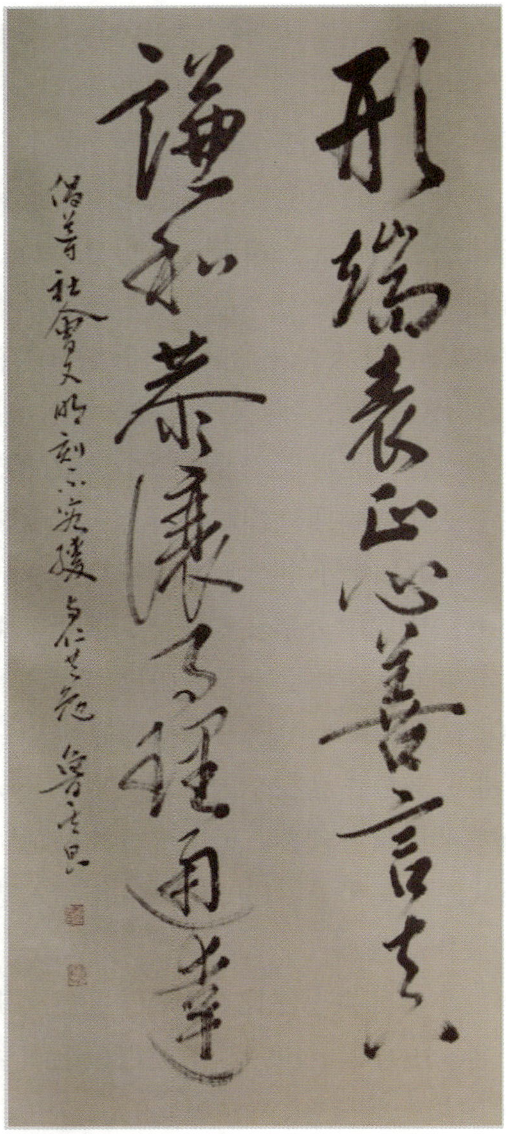

鲁其昌　行书

唐怡生　榜书

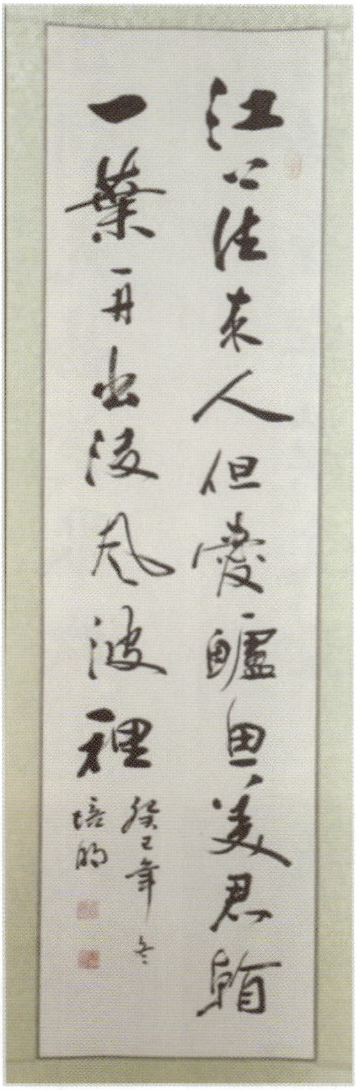

顾培明 行书

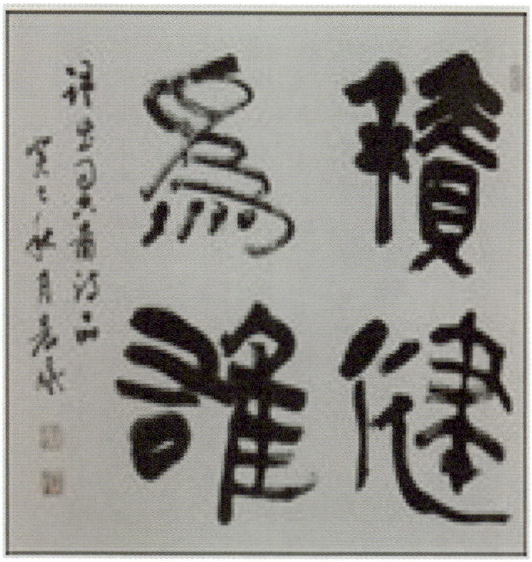

许晨曦 隶书

邹若君 花鸟

费明华 花鸟

蔡芯一 花鸟

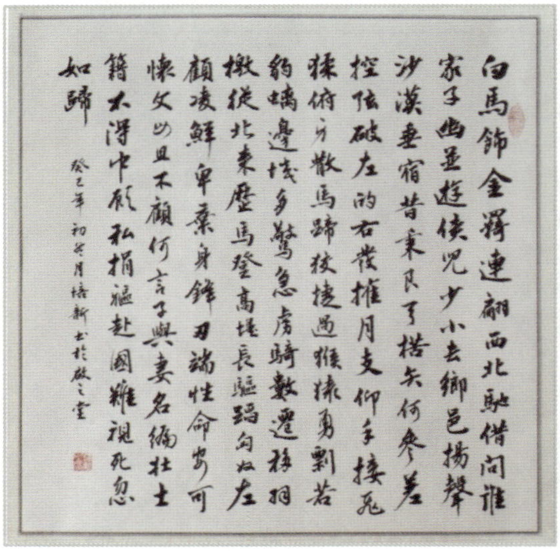

顾培新　行书

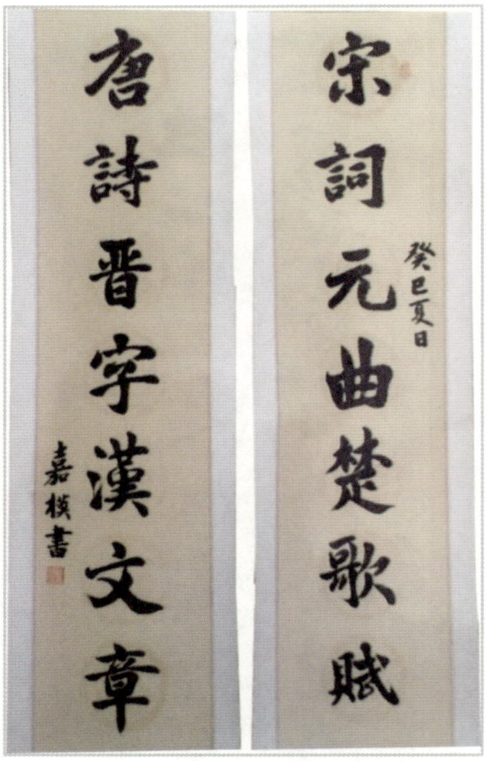

许嘉模　行楷对联

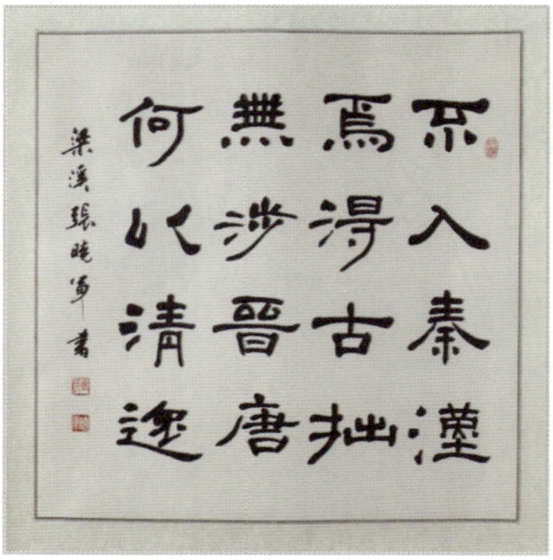

张晓军　隶书

邹古华、费家华　花鸟

邹建平　行书对联

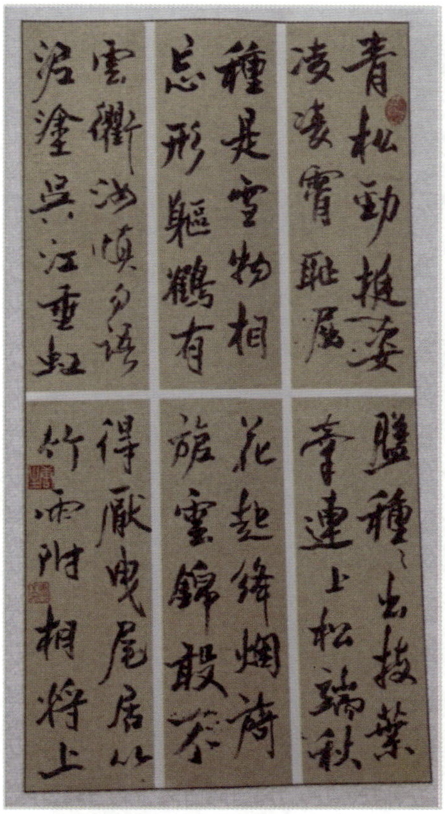

唐怡生　行书

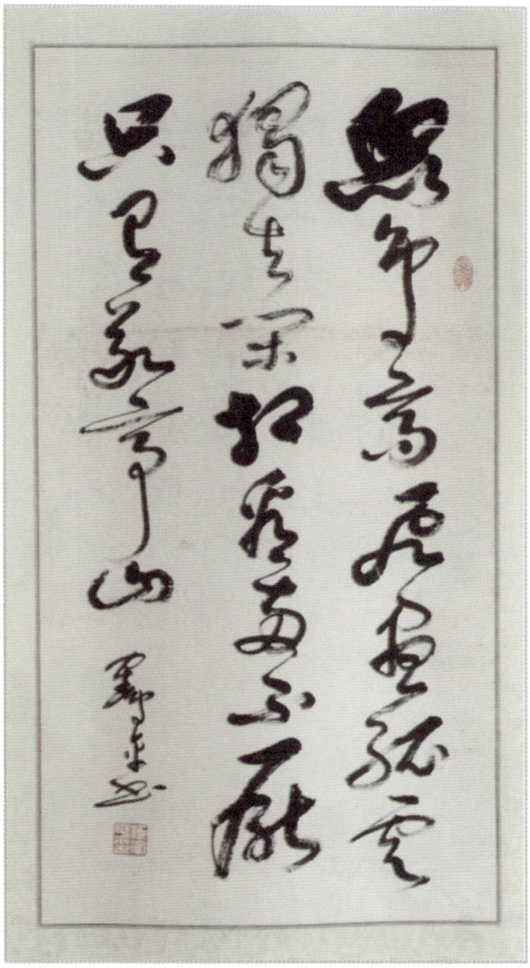

施鹤平　草书

张明娴　花鸟

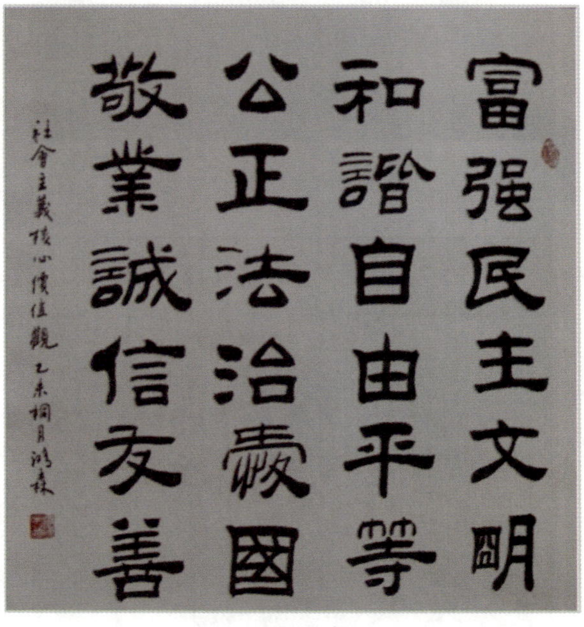

周洪生　隶书

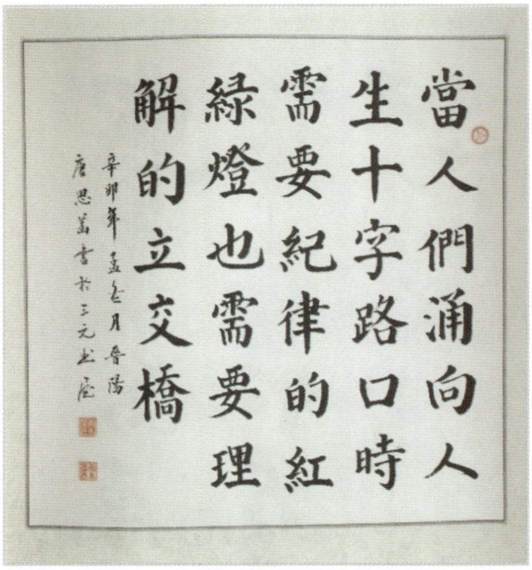

唐思菡　楷书

杨雪嶺　多寿图

陈子德　山水

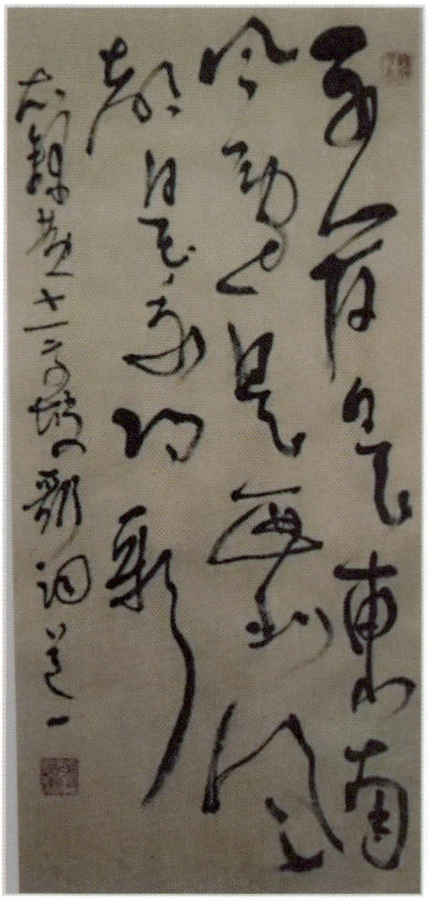

张道康　行草

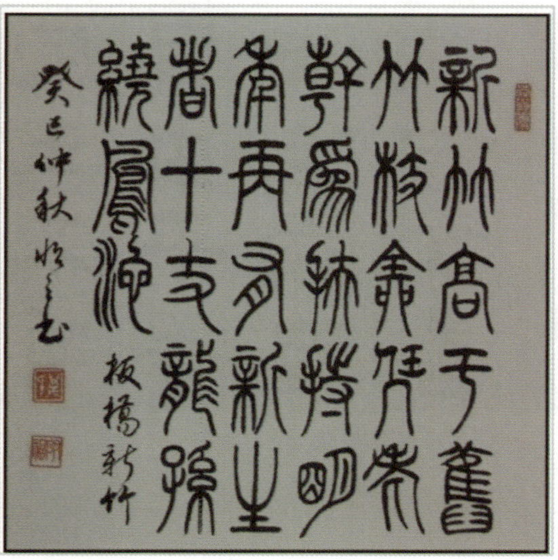

万家福　篆书

李超　山水

应礎　山水

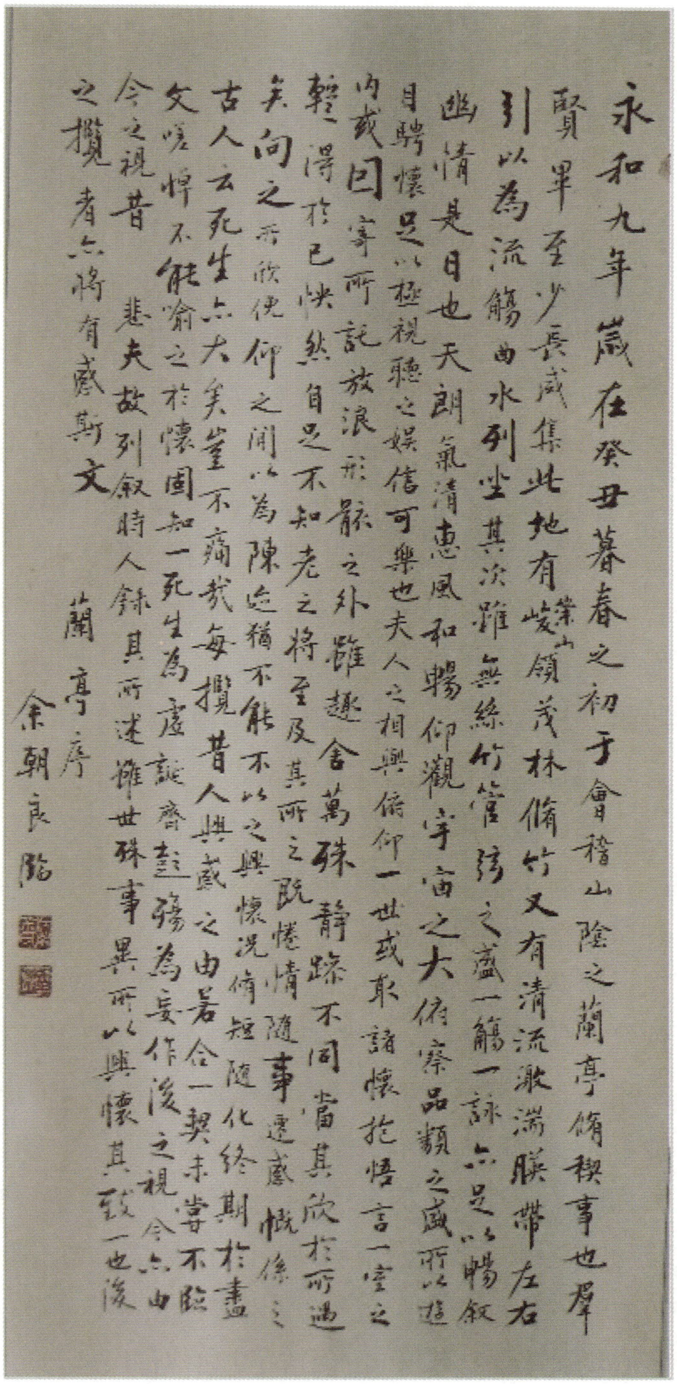

余朝良　行书

二、碑 刻

碑刻，泛指刻石文字或图案。

建丰村坝头黄怀觉、黄稚圭、黄良起父子三人被誉为当代德艺双馨的金石碑刻世家。经他们之手镌刻的作品甚多，石碑、建筑刻石、墓志铭、佛像等遍布全国各地。其刻石拓本流传极广，被海内外数家博物馆、图书馆、寺庙及世人所珍藏。所刻佛像如观音、罗汉、达摩、韦驮等更是惟妙惟肖，形神兼备。刻石代表作有杭州岳王坟《前出师表》《后出师表》，苏州寒山寺张继《枫桥夜泊》，灵隐寺“五百罗汉”，普陀山“历代观音宝像”，无锡“神仙告梦碑”等。名人名家字画大都寻找黄氏镌刻，如阎立本、董其昌、吴湖帆、刘海粟、唐云、程十发、弘一、黄宾虹、费新我、沙孟海、陆俨少、启功、王伯敏、刘江等。浙江电视台先后做专题报道，中国香港《书谱》、中国《美术报》、上海《书与画》等报刊刊登作品，由出版社集结出版《观音宝像》上下两册、《黄良起刻石艺术精品选》等书籍。

黄怀觉碑刻作品

三、微 雕

微雕是用刀具在骨牙、果核、玉石、头发等载体上刻出微小的字体或线描画面，是一种微小精细的雕刻技法。

墙西村民间奇人毕光天在微雕方面有较高的造诣。他自制铁笔，自配放大镜，用自己切割打磨的象牙片，创作了不少艺术精品。有苏东坡前后《赤壁赋》、诸葛亮《前出师表》《后出师表》、陶渊明《归去来兮辞》《桃花源记》、李白的诗词、文天祥的《正气歌》及毛泽东诗词等，还整理出一套微刻的技术技巧。花甲之年还创作雕刻《孙子兵法》共13篇。2010年8月，77岁高龄的他，在长度为3毫米多的象牙上刻出《般若波罗蜜多心经》，计292个汉字，创造了基尼斯世界纪录，并收录于《江苏省非物质文化遗产普查〈无锡新区资料汇编〉》。他的作品多次被选作礼品赠送给美国、加拿大、日本、澳大利亚等国家的友人，也为国内的爱好者所珍藏。《无锡日报》、无锡电视台等媒体都有报道。除了微刻，他还有陶刻、竹刻、红木雕刻、金属挂件制作等，在印章、烟嘴上刻字画，甚至还用不锈钢手工制作毛泽东头像模型，惟妙惟肖。

毕光天作品获上海大世界基尼斯之最证书

四、收　藏

20世纪80年代以后，随着人民生活水平的不断提高，一些收藏爱好者兴起文博收藏热，以充实和丰富业余文化生活。除收藏存世量较少的古书画、古钱币、紫砂壶、旧照片、古瓷器外，还有不少新兴专类物品的收藏，如各类票证、证券、钟表、名人像章、邮票、明信片等。墙西村的邹建平（无锡市收藏家协会副主席）不但在书法上颇有造诣，还十分喜爱古董、玉器、古家具的收藏。溇金村的杨国栋收藏各种古董文玩，在明清家具的收藏上颇有影响。香楠村的陆清桥在父辈收藏的影响下，也爱好古玩收藏；建新村的朱进良收藏的古币跨越先秦、战汉、宋元、明清、民国等多个时期，品种多样，很有特色。墙西村的邹伯民利用工作之便，系统收藏颇有价值的邮票。境内还有一批热衷收藏的爱好者，如墙西村的毕惠良，墙南村的钱桂林等。

现代和田玉籽料玉山（邹建平收藏）

清乾隆青花缠枝莲山高水长八宝纹碗一对（杨国栋收藏）

宋以前陶罐一组（陆清桥收藏）

民国王熙臣制紫砂壶（杨国栋收藏）

邮票一组（邹伯民收藏）

战国玉璧（朱刚收藏）

古玉一组（陆清桥收藏）

清晚民初竹篾天鹅绒花鸟挂屏一对（毕惠良收藏）

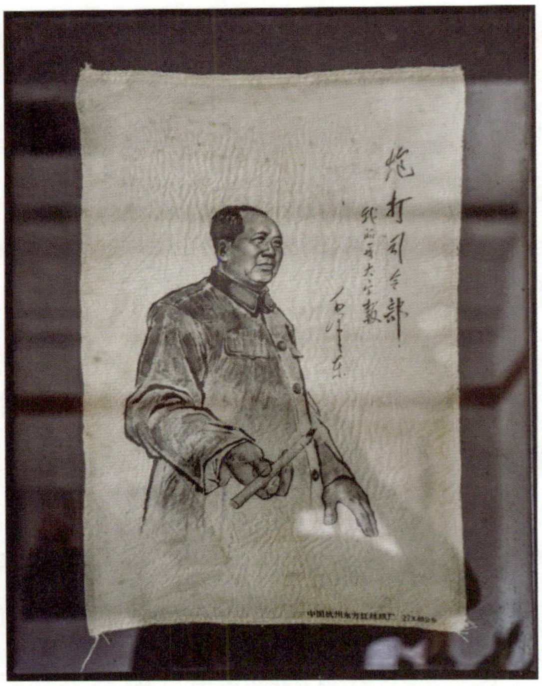

“文化大革命”期间毛泽东炮打司令部画像——丝织作品（邹建平收藏）

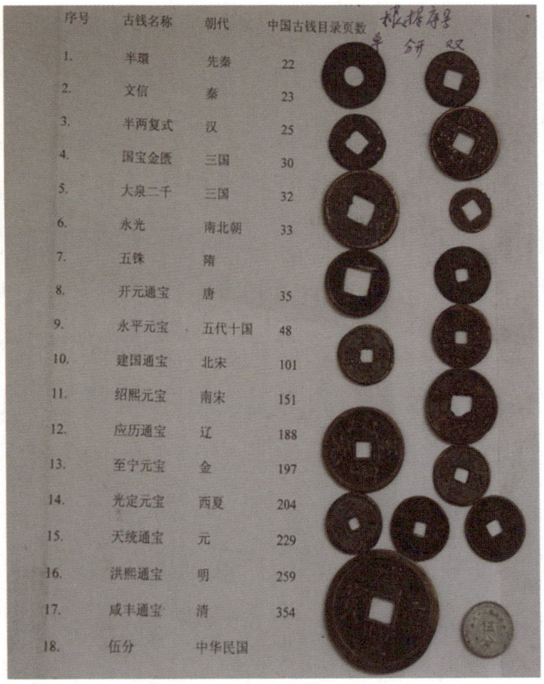

跨越先秦、战汉、宋元、明清、民国等多个时期的古钱币（朱进良收藏）

第四节　广电影视

一、广　播

1958年9月，硕放人民公社成立邮电广播局，以电话线送广播到22个大队办公室。1963年，广播与邮电分开，建立硕放人民公社广播站，用毛竹竿架广播线到大队，全社381个生产队通广播。1968年，户户通广播，共计全社有舌簧喇叭4800只，广播设备有机器100瓦1台，250瓦2台，300瓦1台，电唱机1台，录音机2台。20世纪70年代初，由于无锡县广播站新闻采稿的需要，公社建立通讯报道组，各大队配备1名通讯报道员（“土记者”）。公社广播站常年自办广播节目，宣传硕放农业大乡的典型事迹和新人新事等，极大地鼓舞了广大农民生产劳动的积极性。广播站自制5.5米水泥杆340根，取代毛竹竿，实现全社广播线路水泥杆化，线路由一线几大队改为一线一大队。1972年冬至1973年春，大办田头高音化，全社共装田头25瓦高音喇叭207只，社员家庭舌簧喇叭增加到5800余只，广播站扩音设备增加到1100瓦（550瓦2台）。1976年，23个大队先后自办广播室，装置150瓦扩大机23台，电唱机20台。1983年，公社广播站又增加扩音设备1000瓦1台，录音机2台，全社舌簧喇叭增加到6999个。1984年，乡广播站有机房6间，设备有扩大机6台（总功率4750瓦）、录音机5台、发电机1台、柴油机2台、电风扇2台、电唱机1台。全乡有高音喇叭207个、舌簧喇叭7230个，广播站自行架设线路杆506根，线路总长105公里，同时借用电力线路水泥杆架设广播线153公里。乡办企业装有功率150瓦的扩大机11台。

二、电　影

20世纪60年代中期开始，无锡县电影队不定期到硕放人民公社进行电影放映。当时由于交通不便，县电影队用手摇和机动小木船作为交通工具，到硕放人民公社放映电影。县电影队有小型汽油发电机、16毫米放映机、幻灯机等设备，地点一般选择有围墙的学校露天操场，售票入场，票价通常是每人0.1元。放映方式很简便，在土场上挖上两个坑，竖起用三根毛竹（约4—5米高）扎成的门字架，中间挂上4米宽、6米长的白色帆布银幕，音响喇叭挂在白帆布旁的毛竹竿上，在相距20米左右地方放上一张桌子，上面放上放映机、幻灯机，进行光线投影到前面白色的银幕上。影片当初多为黑白片，后发展有彩色片，内容大多为革命故事片、科教片，还有少量的戏曲片，在放映正片前先放上几分钟幻灯片，都是自制的宣传口号和政治语录宣传。由于数月才能轮到一次放映，因此每到放电影，四村八邻群众都赶来观看。

1970年，公社率先在无锡县建立电影放映队，购入8.75毫米电影放映机1台和有关设备。电影队设在公社院内，配备放映员3名。公社电影队成立后，一方面在公社新建的大会堂固定放映，另一方面到各大队流动放映。由于交通不便，放映员肩挑50多公斤的放映设备步行到放映点，后逐渐改用小木船和自行车作为运输工具。放映地点一般都在大队部的露天场地上。20世纪70年代，公社电影队的电影片源大多来自无锡县电影公司，实行租借式，场票费收入的35%作为租片费上缴，无锡县电影公司对公社电影队有放映指标考核。每场6—10元的电影放映费由大队支出，群众免费观看。影片大多为故事片、科教片、纪录片。公社电影队全年无休息，流动在各大队放映，全社24个大队基本上每月轮放到1次，全年放映500多场近千片次。放映员的工资在收取的放映费中发放，每人每月30元转到所在生产队实行交钱记工。

1982年底，公社电影队在硕放大会堂安装电影放映机后开始室内放电影。硕放大会堂成为开会、放电影、文艺演出的综合场所。电影队在大会堂内基本上每天晚上放电影，实行售票观看，票价每人0.2元。放映机初为8.75毫米，后更新为16毫米。影片内容广泛多样，极大地丰富了群众的文化生活。1989年，硕放大会堂座椅使用无锡市崇安会堂、解放电影院换下的硬板翻椅，共计700多座。

2002年，由于硕放大会堂设施陈旧，消防安全存在隐患，电影放映停止，电影队仍以下村放映为主。2011年12月30日，电影队搬迁到新建的硕放文化（睦邻）中心四楼，建有较现代化的影剧院，面积达600多平方米，内有332张阶梯式固定沙发座位，放映室灯光音响设备功能齐全，安装数码放映机、电脑控制台等先进设备。新建的电影院放映电影以公益性为主，放映费用由政府出资，免费发票到村、社区，由各村、社区组织居民入院观看。寒暑假期间，电影院经常组织学生专场，丰富学生假期的文化生活。电影队在文化中心影剧院内全年放映片场达200场次，同时继续保持到各村、社区进行流动放映，丰富硕放居民的文化生活。

2012年硕放文化中心影剧院

三、电　视

1990年3月，无锡市广播电视局批复将硕放乡广播站改名为硕放乡广播电视站。1993年11月，开始筹建有线电视网络，当年发展用户200户。1997年6月，镇有线电视与市有线电视台联网，电视节目从13套增至28套。1999年，实施“村村通”工程，架设光缆14.5公里，光纤总长34.8公里，架设电缆118.9公里，全镇24个村全部通光纤电视。2000年9月，镇广播电视站从政府机关大院搬迁至锡宅路85号，有线电视用户4500户，光缆36.1公里，光纤总长169.3公里，光节点26个，电缆320公里。2001年5月，无锡市广播电视局整建制接收市、区、镇广电播出机构，镇广电站划归市广电局垂直管理。2005年，镇有线电视网络有光发机4台，光收机32台，光缆38.9公里，光纤总长170公里，电缆395公里，有线电视用户9800余户。

2007年起，先后对振发公寓、丰硕苑、咏硕苑、润硕苑、新锦园、南星苑等小区进行网络双向改造，投入可观，为发展互动电视和宽带用户奠定基础。2008年，硕放街道广电站划归江苏省广电有线信息网络股份有限公司无锡分公司管辖。2013年，辖区有线电视用户计1.47万户，其中数字电视用户1.26万户，有线宽带用户256户，开通互动电视用户1808户。除收费频道外，用户能收看60多套节目。

1958—2013年硕放广播电影负责人任职一览表

表 27-4

单　位	姓　名
广播电视站	凌　枫、毛兴宝、王关庚、尤长高
电影队	蔡祖荣、曹其铭

第五节　文物古迹

一、出土文物

硕放境内文物出土主要集中在解放初期的机场建设和20世纪60年代至70年代农田水利基本建设及21世纪以后城镇大开发建设三个时期。据收藏在南京博物馆解放初期和20世纪60年代至70年代两个阶段的典藏文物资料，共考古挖掘14号墓、20—25号墓、27—28号墓、29号墓、朱郎桥墓和大墙门其他小型墓若干座，出土文物317件。其中按类别分：二级文物4件，一般文物313件。按年份分：春秋战国时期14件，汉代14件，东晋1件，金代1件，宋代3件，明代296件，清代1件。按墓葬分：14号墓52件，20—25号墓102件，27号墓35件，28号墓13件，29号墓5件，朱郎桥墓18件，大墙门其他墓92件。大开发建设阶段，先后考古挖掘建新村邹家湾邹琴思将军墓，里河村、黄家门村明代墓葬，出土文物收藏在无锡博物馆。

1954年，出土大墙门的春秋中晚期原始青瓷盅

1954年，出土大墙门的春秋中晚期原始青瓷碗

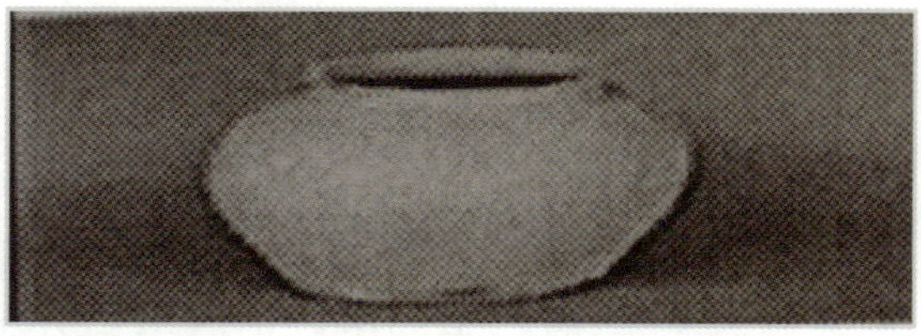

1954年出土大墙门28号墓的战国席纹红陶罐

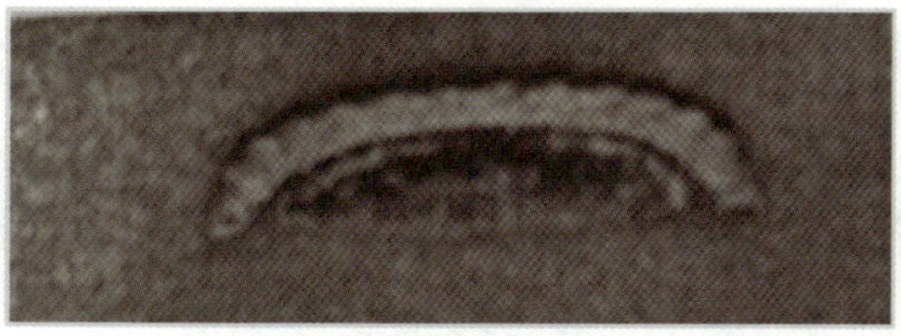

1954年出土大墙门20—25号墓的明代金丝玉背木梳（国家二级文物）

1954年出土大墙门27号墓的明代金耳环（国家二级文物）

1954年出土大墙门14号墓的明代银元宝

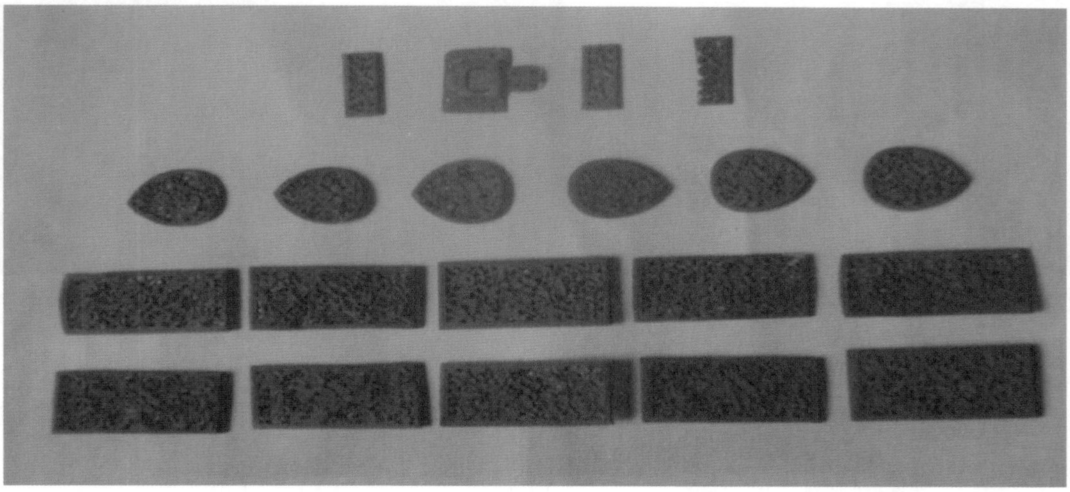

2002年出土建新村明代邹琴思墓葬的镂雕花卉纹木带板

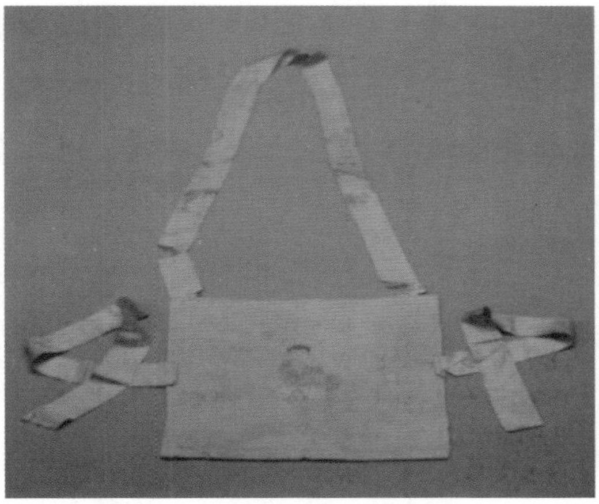

2003年出土里河村的明代墓葬文物金丝绣佛像缎香袋

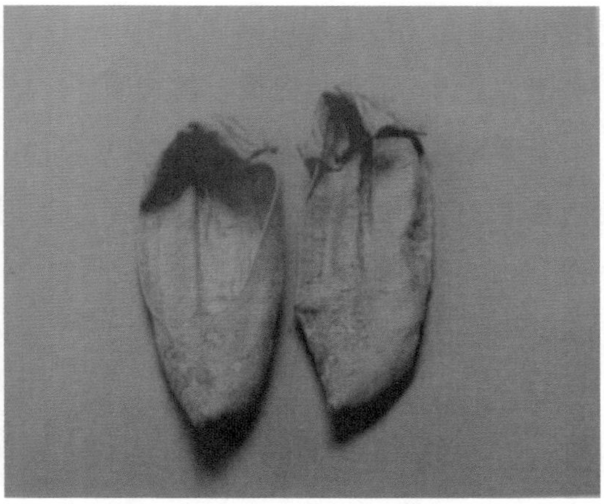

2003年出土里河村的明代墓葬文物罗底缎面绣花女鞋

2003年出土里河村的明代墓葬文物绣缠枝花卉纹缎长夹袍

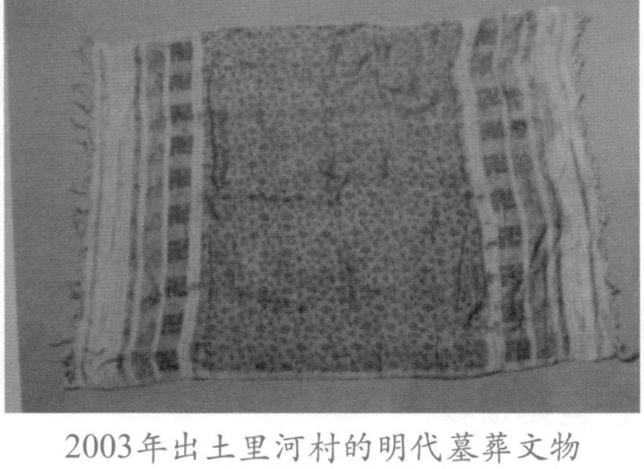

2003年出土里河村的明代墓葬文物缠枝花卉闪缎方巾

2003年出土里河村的明代墓葬文物
缠枝花卉纹缎夹裙

2008年出土黄家门村周家角明代墓葬的佛教石刻经幢

附：姚轩坟考古纪实

经查阅南京博物馆考古纪实资料。1954年，建机场（代号“四一四工程”）整地平坟时，南京博物馆有人在现场指导墓葬清理和文物保护工作。姚轩坟前假山下墓葬首先开挖，虽然开出的是楠木棺材，但墓主和随葬品都很一般，仅有金银玉器等。再开后假山中的一个墓葬。挖开堆土，下面是筑沙（由黄沙、石灰和糯米浆混合而成），砸开筑沙现出由金山石凿成、上下双合的巨大石椁，石椁长2.5米，宽厚各约1.5米左右。撬开石椁，先见套材，里面是楠木大棺材。打开楠木棺，尸首入殓时包裹非常考究，依然完好如新，是一具女尸。但见面色雪白粉嫩。尸体见到阳光后，由白转红再变黑。将尸体抬出棺材，似无骨状的柔软。随葬品除金、银物品外，也无意外发现。当时简单处理后，由民工抬到机场外桑树田边空地埋葬了事。过了一夜，南京博物馆专家想想总有些不对劲，为什么女尸是柔软的，要弄个明白。于是，再将女尸挖出细究，发现喉咙里有一颗夜明珠。后来，他们细致地进行各项清理，也不随便处理棺木、尸首，严格接下来的开挖工作。根据对墓葬的考究，专家认定，后假山墓葬规格高于前假山，应该是主墓葬所在。后来，人们只看到姚轩坟四周有解放军保护，不让看热闹的群众接近。据“四一四”工地曾有机会进入现场的人回忆，连续好几个晚上，一共开挖13个墓葬，墓主有男有女，其中有一个戴官帽的，穿的是锦缎大袍，上用黄金丝线绣成象征其身份的兽禽图案。虽然已经过去300多年，但衣冠、朝靴、尸首包裹依然完好如新，颜色鲜艳亮丽。据说是浙江湖州道台（市地级官员）。每口棺材里都有金银玉器，清理出的金元宝、金银首饰等好大一张桌子都摊不了。一口棺材中还有一把剑，但已腐烂不堪。最后，楠木棺和棺内所有物品都运往南京博物馆。

二、古迹遗存

1.文物保护单位

昭嗣堂　又称香楠厅。位于里新村曹家门前，是一组呈“品”字形、具有典型江南院落式民居特色的古建筑群，仿照皇家殿园的建筑风格，选址讲究、用料上乘、做工精细。

保存较为完整和典型的明代建筑楠木厅，在江南属于罕见，对研究明代的建筑具有较高的历史价值。

香楠厅始建于明嘉靖七年（1528年），坐北朝南，前后三进，中轴线上自前（南）至后（北）依序为照罐（河对岸）、门厅、大厅、大堂（昭嗣堂）、牌坊、后堂与后同，建筑面积约665平方米。该厅气势轩敞，面宽七开间达26米，进深十一架共14米，顶高8.4米。硬山顶，居中的三间屋架略高、左右两间屋顶略低——形似明代官帽。所用木料全为名贵粗壮金丝楠木。椽上置楠木望板，厅内金柱上首之雀替，月梁两端及脊檩均施彩绘，有旋子莲花、双钱、包袱垂角等纹样，贴金隐约可见，金柱下置覆盖形青石柱础。檐柱下为青石榁，山柱下为木榁和柱础。庭前有院墙，墙体下置青石须弥座，中为砖墙，上首有精雕刻砖。其建筑飞檐叠脊，雕砖磨石，雕梁画栋，气势非凡。可谓江南罕见，是一座典型、完整的标志性明代建筑。清乾隆十三年（1748年），曹察后裔将宅邸改为家祠，故后人称其为昭嗣堂。堂内，有坐花半亭长廊、醉月半亭长廊、曹察书房、卧室、琴房、前厅、正厅等特色建筑，尚有遗址牌楼所在。颇具特色的各类建筑不仅显示曹察官位的至尊至高，还因为女儿受嘉庆皇帝宠爱被册封为端妃而使曹氏家族盛极一时，香楠厅和曹察的名声也随之鹊起。

解放后，香楠厅一度被当地作为办学基地。1983年之后，为改善教学条件和确保古建筑的防火安全，小学迁出之后此地又作为村里停放拖拉机等农用机械的场所，昭嗣堂经抢救性加固整修。1995年被列为江苏省文物保护单位。1997年，省、市文物部门对昭嗣堂的修缮工作高度重视，派出专家和专业修缮队伍，由镇政府出资10万元进行临时性抢修。2005年，又筹措2000多万元进行全面修复，至此修缮一新的昭嗣堂对外开放。2006年5月25日，昭嗣堂被国务院、文化部确定为第六批全国重点文物保护单位。2007年至2008年，利用两年时间对昭嗣堂再次进行全面修缮。

牌楼遗迹

香楠厅

昭嗣堂前厅

昭嗣堂正厅

醉月半亭长廊

坐花半亭长廊

曹察卧室

曹察书房

翁氏义庄 位于薛典村翁家里，距苏南硕放国际机场约2公里。义庄为晚清时期的古建筑，其景观具有“农庄之韵味”。其结构的规模性、制作的精细性、保存的完好性，在当地纯属稀少，属无锡市新区文物控制保护单位。除义庄外，周围还附建有翁氏祠堂。

翁氏义庄一角

清光绪十七年（1891年），由翁氏族长翁福先（翁南辰之父，人称“老王”）负责会聚翁姓同族，并商请常熟翁同龢（晚清政治家，清同治、光绪两代帝师）筹资在翁姓住宅西建造翁氏宗祠。之后在清光绪二十九年（1903年），翁福先再次发动翁姓家属，又筹资在老祠堂的东南部，建造五间门面和两备弄的前后两进的高大平房。前朝正间门面上有木板铸就的“翁氏义庄”金字斋匾，后墙门头上有方砖雕刻隶体“垂裕后昆”四字的横匾，两边有细纹雕刻图像，有木栅栏和石狮子，整体房前有返轩相接。后进五间，中间三间，两边各一间，在正间的北面、上面有翁同龢书写的“敦厚堂”字匾，后进整个屋面是两层，上层盖瓦，下层是木结构梁柱和弓椽、云砖相结合的建筑。三间正厅前有一米多宽的返轩，正间装有落地长花窗，两边各有半长窗装在短墙上，正厅两边的房间前有小天井，房地铺设木板，正厅的墙壁是水磨方砖。义庄和家宅之间还有一条小河，贯穿东西，环境幽雅。义庄西北角种有八棵金桂大树，其高有10米之多，直

木结构梁柱和弓椽

径须两人合抱。东北角则有若干白玉兰树，高达20米，直径有两人合抱之多，气势雄伟，引人驻足，赞叹不绝。后被悉数挖掉，不知去向。

义庄建成后，翁姓族人在族长的召集下不定期在此集会议事、决策族规、处理族事、族内聚餐等。义庄拥有族田数十亩，有专人管理。翁氏家族本着“积金积玉不如积书教子，宽田宽房不如宽厚待人”的宗旨，每年秋夏开仓收租，将很大一部分收入用于资助翁姓子女求学考官。因此，翁姓家里代代问学蔚然成风。

解放后，翁氏义庄出租给农民使用，还办过私塾学堂及公立学校。后由于年久失修，部分房屋已经倒塌，一些砖墙雕刻和堂屋的“横匾”已不复存在。

安桥 位于中华庄村五丫浜河上。南北走向，是一座具有400多年历史的古建筑石桥。于明末清初重建，是石桥墩、石桥面筑成的全石古桥，石材采用苏州吴县金山石，石桥全长22米，桥板上凿刻四个圆圈，内刻楷书体“重建安桥”四字，顾名思义为祈求太平，安居乐业，故起名“安桥”。中心桥面由两块长6米、宽30厘米、厚50厘米的大石条串搁在石桥墩上，两块石条中间横铺13块长1米、宽50厘米、厚20厘米的石板，中心一块石板上似有莲花图案。南北两个桥墩各有三个侧面建筑，用长方形石块侧驳而成（长1.5米、宽30厘米、厚20厘米的石条），用石灰与石膏糨糊砌成。桥墩面用石块侧铺（长1米、宽50厘米、厚20厘米的石条），两边呈20度斜面连接铺成。桥墩宽8米，东西长8米，桥孔5.5米宽。20世纪70年代至80年代中期，过往船只多，碰撞桥墩多，石块掉在水中险遭倒塌成危桥，村民委员会多次抢修得以保存。至今保存完好，被列为无锡市新区文物控制保护单位。

2000年的中华庄村安桥

杨墓世家桥 位于漤金村新泾河上，是明代建筑的一座古桥。桥身通体用细石块修筑而成。清代，以金山石为石料进行重建，精雕细凿龙珠图案，是江南水乡一座小巧玲珑而又观赏性较好的龙珠桥，形似锡城的“清名桥”。桥之东西有两对四方小石条，称之为“石耳朵”，为乡农小憩乘凉的好地方。桥中央有一隆起“石馒头”，均匀布有三个脚印，被当地百姓称之为“仙人石印”，据传无论大人还是小孩子的脚，踏上去都正合适。桥底下有两条石雕青龙，中间还镶有一颗石夜明珠。石桥南北面各凿刻桥联，南桥上联为“北流直接梁鸿水”，下联为“南脉遥通范蠡湖”；北桥上联为“一声柔橹过新泾”，下联为“半月印潭仍旧迹”。至今保留完好，被列为无锡市新区文物控制保护单位。

漤金村杨墓世家桥

2.尚存遗迹

香花桥 位于墙西村香花桥浜。建于清乾隆年间（1736—1796年），南北横跨香花桥浜。由于桥对水月庵门堂，取名“香花桥”。香花桥为平板式石桥，材质为优质金山石。桥长6.8米，宽1.6米，桥面两边是长条石桥梁，中间有七块长方形石板，桥中心的石板上刻有圆形的莲花图案，花分六瓣，中心是莲花，图案古朴精美，令人叹为观止。石板与石板之间拼接紧密，石条与石条拼接四角有暗榫。桥下两边是条石桥堍，桥身石条侧面刻有“大清乾隆年制”字样，该桥至今保存完好。

2013年的墙西村香花桥

三、湮没古迹

1.古桥

望仙桥 位于墙南村鲁家园西南500米处唐庄河上，是三孔平板石桥。东西横跨唐庄河，桥长近20米，宽不足2米。主桥面（主航道孔）长约5米，东西两头次桥面（次航道孔）各长约4米。建造年代在明朝中期。石材采用苏州吴县金山石，通过加工凿刻，显得格外宏伟精美。主桥面石板用长形大石块铺设，次桥面呈梯形，石级横铺镶嵌，接于东西两岸坚固的石桥堍上。主桥梁两侧面各有三个大圆环，凿刻有“望仙桥”三字。主桥南北安放两对长方形扁石柱，桥北一对石柱上凿刻楷书对联一副，上联为“望眼将穿人间依稀劳我梦”，下联为“卷宗已杳烟波浩淼使人愁”。1970年被拆除后建造水泥双曲拱桥。

唐庄桥（观泾桥） 位于墙西村唐庄河上（古称观泾）。始建于明万历年间（1573—1620年），旧名观泾桥。清乾隆五十五年（1790年）重建，更名唐庄桥。重建的唐庄桥使用金山石料，石堍、石桥梁、石板桥面粗犷厚实，与望仙桥、赵家桥齐名。相传乾隆下江南，曾驾临唐庄桥以东1公里的善庆庵，特为重建的唐庄桥御书桥名，工匠勒石为碑。桥碑为青石料，高三尺余，宽一尺三寸，镶嵌入善庆庵大雄宝殿四大金刚背后墙内，碑铭外露。民国23年（1934年），善庆庵遭大火，大部分建筑被毁。1959年，桥碑被挖，用于修建养猪场。20世纪90年代桥被拆除，后南移80米翻建成水泥拱桥。

鳖塔桥 位于塔西村赵家桥河上。该桥在太平天国运动时期（1851—1864年）建造。传闻该河内有大鳖鱼一条（鳖鱼体形大，是大海中生存的海性鱼类，生性凶狠），无意游进长江再游弋到此，为征服鳖鱼而建造一座环洞形的石拱桥。桥长15米左右，宽3米，两边有石阶各十级。石材为金山石，并建有两面石栏，桥面中央还建有直径1米的六角形石塔一座，称之为“鳖塔”，成为镇鳖之塔。1954年，被改造成公路平桥。

小章家桥 位于红力村梅花港上。早先是一座老木桥，因年久失修而成危桥。1940年，张光磊、张云清、陈祥春筹划准备重建石桥，以他们三人出资为主，还有尤云庭、张漠芝等人社会募捐，于1941年10月建成。小章家桥为南北走向，横跨在东西走向的梅花浜上。桥长4.5米，宽1.6米。全桥三个桥孔，中桥孔宽供行船通行，两边两个桥孔稍狭。桥面由三节石板连接，每一节平铺三块石板，共计九块石板。两岸的桥堍由石块和条石相砌而成。式样是苏南三孔石板桥模式，做工精美，桥板侧面刻有“重建小章家桥”，桥墩上的石柱板上刻有桥联两副，向西看上联为“南通沈渎北达香泾”，下联为“西出张塘东连梅港”。向东看上联为“梁成十月此桥联梅里让乡”，下联为“国难当头何处是桃园乐土”。2003年，河道填塞，小章家桥刻有两副桥联的金山石柱移至无锡惠山古镇，桥名更改为“重建王家桥”。

南河桥　建于明嘉靖四十二年（1563年），是一座横跨南河港上的“环龙”月洞古桥，位于南河（宋朝就有此地名）真武堂南大门场地东侧，通途真武堂，是当时锡东梅村、茅塘桥及薛典等百姓途经大墙门、通往吴县望亭往返的必经之桥。桥南有墙南乡的大家桥、庄里等村巷（西典巷村），桥北有薛典乡的老二房等村巷（墙南村）。南河桥全部由凿磓成形的苏州金山石砌筑。桥顶面宽不足2米，桥顶高出地面1米，南北呈梯形，各有八级石阶。桥顶面与桥有相同宽的4方平台，正中方桥板圆环上阳刻“阴阳八卦双鱼图”，平台四角竖立四根20厘米见方、60厘米高的石柱，上方雕刻“坐形石狮”。石柱南北沿桥面的东西两边2米处，各置一对“桥盘头”镇守。“桥盘头”下方各配“M”形护挡。石柱、“桥盘头”间侧立20厘米宽、40厘米高的石条桥栏，护挡下接平放石条作栏。桥顶正中东西两侧，阳刻楷书“南河桥”桥名。桥下环龙月洞直径4米，河水正当时，倒影的桥洞呈一轮满月，圆整无比。月洞上顶正中方块石拱梁上，圆环中阳刻活灵活现的“环龙戏珠”图案。据传，在南河桥的桥东10米处，曾建有木栅“口子”，北岸边配看守棚“望风”，晚上关栅，以起到防寇、防盗、保平安的作用。2003年，因新锦园社区建设需要，南河桥被拆除。

永安桥　据《泰伯梅里志》记载：“嘉庆邑志：沈渎口、咸丰七年重建”。或曰：“在唐庄河梢者名永安桥”。永安桥横跨唐庄河（走马塘），桥东界址为西典巷村，桥西界址为杨家湾村。解放前，硕望桥开明地主黄溪堂出资在黄氏祠堂内创办一所完全小学，为方便河东附近的孩子上学，又出资在河上建造一座钢筋水泥结构的永安桥。后来日军入侵江南，永安桥遭日军炸毁。抗战胜利后，又重新修建新的永安桥。1969年7月被拆除。

丰乐桥　是横跨京杭大运河无锡段最南端的一座桥，大桥西南桥堍在苏州农业科学研究所，东北桥堍在黄家门村绛湾里自然村。据《泰伯梅里志》记载：“……盖郭郁苍，村落继之，相差如秀至兹地若辟而或闭之者，则兹桥为邑管钥也。九龙菁葱，挟溪流而湍悍东驶，如鲸鲵对喷。”“……赵候始事时，名其桥曰‘龙汇’，岂以为九龙之秀，得兹桥为聚而停蓄，而以地灵人杰，祈盛美于后来也哉。嗟乎，兹桥之为邑重也尚矣。”丰乐桥古名龙汇桥，始建于明万历三十一年（1603年），后桥名几经更改。清嘉庆二十一年（1816年），邑令齐彦槐、里人华瑞清重建古龙汇桥，重建后改名为丰乐桥，有“人和年丰，民生乐礼”的韵味。清咸丰十年（1860年），太平军攻破清军江南大营。四月初十，太平军攻克无锡，李秀成攻占新安、望亭，丰乐桥毁于战火。清同治九年（1870年），重建丰乐桥，改名为北望亭桥（俗称“北桥”）。后被拆除。

附：清·齐彦槐《丰乐桥成作诗纪之》

鸠工犹是赈余钱，父老功宏到济川。郑国舆乘非善政，滁州亭起却丰年。

更无蜚雁号中泽，长见垂虹落远天。此日改名聊记事，休将折柳拟前贤。

2．寺庵

善庆庵（又名善庆寺） 隶南禅禅寺，载邑志。在唐庄桥东庵西海，宋咸淳中，僧法喜建。后经僧明妙、德润重建，在明万历四十二年（1614年），僧满澄重建山门、香花桥，两房俱备僧庐、法宇经楼，基址6亩。1966年被拆除。

唐庄大王庙 泰伯乡平流里土地唐庄大王庙，坐落于墙西乡香花桥。坐北朝南，面对香花桥浜，建于明代中后期，五开间二进。1953年，庙宇内开办香花桥小学。

南河大王庙 平留里土地南河大王庙，明中后期建造，庙址在墙南乡庙下，坐北朝南，八开间二进，中有一个连接前后二进的竖头屋侧厢。后进为厅殿，前进为山门及配殿等。1970年代，庙的屋宇拆除移地建设作大队办公和大队办厂的用房。

南河庵（真武堂） 位于墙南乡南河桥北桥堍西。坐北朝南，二进，前造五开间，东为三间通间大厅，中间大门，西边两个单间，后进三间通间大厅。1950年，庵内开办南河桥小学。

三观寺院（三官堂） 位于墙南乡（黄家门）绛湾里自然村，建造于元末明初，有房屋四间三进。清光绪二十七年(1901年)改名为三官堂。1966年被拆除。

泗水庵 位于塔西乡（王家桥）凌家里自然村南200米，建造于清嘉庆年间（1796—1820年）。占地面积13亩，房屋建筑有五开间三进，四个侧厢，设有山门、正殿、观音殿、大雄宝殿等。20世纪60年代后期，庵内所有佛像都被清除，移作大队办公室和医疗卫生室之用。

竺祥庵 位于观泗乡（红光）竺祥庵自然村，清代中期由当地百姓募捐出资建造。该庵堂坐北朝南，设有山门、大殿、观音殿、云房、禅房、灶房等。1952年2月，庵内开办竺祥庵小学。

锡禧庵 位于后西乡（新农）小许巷自然村东，元泰定年间（1323—1328年）建造，占地20亩。锡禧庵南北坐落，有房屋前后三进，建筑面积0.6亩。1947年，庵内开办大公小学。

新昌庵、新昌庙 位于硕住乡（硕放）白泥墩自然村，建于明朝，三间四幢，六个厢房，共18间。东为庙，西为庵，中间仅隔一墙，是庙、庵合一的建筑。1966年，庙、庵被分配给老百姓作生活住房。

湮没的寺庵还有墙门的万寿庵，墙西的水月庵，墙北的蔡家堂庙、静慧庵，孙典桥的唐村大皇庙，西典巷的兴教庵，里新的耀灯庵，建新的圆通庵，塔西的兴岭庵，中华庄的张许庙，红力的长寿庵，安桥的菩碑庙，秦村的飞来庵，溇金的妙经禅院，建丰的葛神庙，薛典的东平王庙等。

3．古墓葬

2002年出土的“怀远将军镇江卫指挥同知邹琴思墓”墓志铭

2002年5月28日，在开发建设运河工业园南开路过程中，在建新村邹家湾自然村发现明代古墓群。随即工程负责人向当地政府、派出所汇报，并与无锡市文物部门取得联系。之后，考古专家进行为期两天的发掘考证，最终确定是一个家族墓群，其中有一位大将军的夫妻合葬墓，其形制完全符合明代墓葬的特点。墓主人的头朝北，脚朝南，从外到内分别是灌浆层、石椁、木椁、木棺。明代墓葬随葬品不多，即所谓“厚葬薄殓”。该墓颇为考究，既有墓志铭，又有墓志盖，墓志铭和墓志盖字字对合，并用铁条箍住。一般墓志铭都放在脚下，但是他的墓志铭却放在头上部。墓志铭上刻有“怀远将军镇江卫指挥同知邹琴思墓”，由此可见这位墓葬主人生前曾是镇江地区的最高军事长官。在完好的楠木棺内，虽然大将军面部肌肉已经萎缩，但是仍保持着其威严之势。木棺内随葬另有一套木质雕花带板、金簪、银盒及梳胡须的刷子等文物。将军的木质雕花带板做工精细，十分罕见，极具研究价值。在这个明代家族墓葬群中，另外有几对夫妻的合葬墓。其中一个是邹姓长清知县的夫妻合葬墓，从中出土铜镜等文物。除此之外，其他墓主遗体都没有了，仅有些遗骨。以上出土文物均由无锡博物馆收藏。

第二十八章

体 育

境内体育活动有着悠久历史传统和广泛群众基础。春秋战国时期，“拔河”这项运动就在当地民间流行，在当时不称“拔河”，而称为“钩强”或“牵钩”，后演变为“施钩之戏”。解放前，当地有群众喜闻乐见的以武术为主的“举石担”“甩石锁”“击沙袋”“舞刀弄枪”“气功拳术”等，掰手腕、荡湖船、太极拳、太极剑、跳秧歌、跳大绳、踢毽子、打莲湘、游泳和棋类等群众性体育活动也比较普及。1952年6月10日，毛泽东主席为体育工作题写“发展体育运动，增强人民体质”12个大字，在这一伟大号召下，极大地激发人民群众发展体育运动的积极性和主动性。群众性的体育活动蓬勃兴起，各级体育组织、体育项目、体育设施、竞技比赛等方面日趋完善。当时墙门镇文体活动较为活跃，镇区周边自然村和集镇上的青年组成硕放仅有的三支篮球队（青工队、群青队、健力队）和一支足球队，经常与望亭、后宅、黄埭等邻近几个乡镇的球队开展友谊比赛。

20世纪80年代，各类体育比赛项目丰富多彩。1986年，由中共硕放乡团委、文化站、妇联联合举办硕放乡第一届农民运动会，为群众性的体育运动奠定一定基础。1988年，硕放乡人民政府举办“五谷杯”农民运动会，这次运动会声势浩大，组织严密，是硕放历史上一次空前的体育盛会，全乡各村、市镇各单位共组建33个代表队，各路业余爱好者踊跃报名，参赛运动员有592人，比赛项目贴近农民生活，激发全乡人民的斗志，为硕放乡群众性体育运动的发展营造氛围。1989年11月，硕放乡成立体育运动委员会和农民运动协会。

20世纪90年代以后，随着经济的快速增长，体育事业得到较快发展。从地方政府到基层单位，加大对体育设施的投入，各项体育赛事日益增多，相互交流相互切磋的机会愈显增加，为发展群众性体育活动创造契机。1999年，硕放镇获评“江苏省体育先进乡镇”荣誉称号。

进入21世纪，随着城市化建设的快速推进，硕放境内的体育事业有了长足发展，群众性的体育组织、机构、设施、场所、项目等日臻完善，体育设施逐渐向专业运动项目接轨，全民健身运动日渐普及，打腰鼓、健美操、太极拳、广场舞以及乒乓球、羽毛球、足球、篮球、排球、门球等各种球类运动从校园体育影响到社会，逐渐走向千家万户，尤其是门球、太极拳、健身舞等一些老年健身的体育项目深入人心。2000年3月，“硕放龙舟队”更名为“无锡龙舟队”。是年4月，无锡龙舟队代表国家参加澳大利亚悉尼国际龙舟邀请赛，在17支龙舟队参加的国际比赛中，获得全程250米亚军、500米第四名、1000米第五名。无锡龙舟队被国家体育总局评为“A级龙舟队”，《国家体育报》《新华日报》《无锡日报》、江苏电视台、无锡电视台分别作专访报道。同时，无锡龙舟队代表国家参加国际龙舟赛被评为2000年江苏省十大新闻之一。2000年以后，引领硕放体育事业发展的群众性迎新春千人长跑活动持之以恒。每逢元旦，机关企事业单位、学校、村（居）社区，广泛发动，组织人员参加长跑活动，人员一年比一年多，范围一年比一年大。2000年，硕放镇被评为江苏省“亿万农民健身活动”先进乡（镇）。尤其是2010年以后，全民健身运动渗透各个居民小区，吸引万户家庭，社区老年组和幼儿教师组的全健排舞展示获新区全民健身活动“风采奖”。2013年，硕放街道获无锡市第十一届运动会“群众体育先进集体”，被授予“十佳群众健身活动站点”荣誉称号。

校园体育亮点纷呈，硕放中心小学的乒乓球更具特色，在20世纪70年代以后，一直名列无锡县、苏州地区、江苏省前列。1979年和1980年，乒乓球男子团体均获得无锡县、苏州地区第一名，分别获江苏省第一、第二名，女子团体一直保持在无锡县第二、第三名。1978年至1980年，乒乓球男子单打在无锡县、苏州地区的比赛中，查晓华连续包揽冠军，胡国民名列第二、第三名，在这三年中，查晓华获江苏省男子单打第二、第三名。1996年，硕放中学组建的雄鹰航模队，作为“一校一品”特色团队，多次在无锡市举行的航模比赛中获奖。2009年以后，硕放中学的篮球一枝独秀，男子篮球、女子篮球在新区组织的比赛中一直保持在第一、第二名。

第一节　社会体育

一、体育设施

解放前，硕放境内农民体育运动一无固定场所，二无标准像样的专用设备。广大业余爱好者因地制宜、就地取材，有的在家中住房梁上用绳索挂两个铁环，以作吊环；有的在树杈间搁两根木棍，便成单双杠；有的用旧木板自制的乒乓球板在家中春凳上练习乒乓球；跳高、跳远的竞技项目便结合农耕农作随处可见，体育设施十分简陋。

解放后，在毛主席“增强人民体质，发展体育运动”的伟大号召下，地方各级组织逐渐把体育设施的配置放上议事日程。首先从学校抓起，其次利用一些公共场所进行改造。尤其是20世纪80年代中后期，地方各级党组织把发展体育事业摆上重要位置，硕放乡体育运动委员会成立后，群众性体育运动愈显盛行，市镇企事业单位及各村对体育设施的增加、改造、完善制定长远的发展目标。在经济全面递升的基础上，体育设施随之配套完善，群众性体育项目得到进一步发展。

硕放市民休闲街南广场

进入21世纪，城镇化建设快速推进，园区企业突飞猛进，群众生活大大改善，强健体魄、健康长寿成为每个人的期待。另外，农民逐步走进社区成为城镇居民，人们的休闲生活方式有了极大转变，全民健身运动日趋普及，运动器材、运动场所随之不断更新改善。党委、政府在安置房建设规划过程中将体育设施作为配套工程，至2013年，硕放街道11个社区居民委员会和15个行政村及市镇单位先后建成篮球场（含三人制篮球场）10个，乒乓球馆12个，建立体育健身场地33片，共计约5万平方米。体育健身器材有单杠、双杠、太极、伸背器、臂力器、压腿器等358件。经营性体育场馆有4家，分别为无锡市新区硕放支点健身俱乐部、硕放群众体育馆有限公司、硕放新洲府健身馆、硕放亚美健身馆。经营体育健身活动场地1.18万平方米，开展有氧健身操、健身操、舞蹈、瑜伽、羽毛球、乒乓球、攀岩、游泳、沙狐球、桌球和相关健身项目。

2013年硕放街道经营性体育场馆设施一览表

表 28-1

名称	地址	面积（平方米）	场地（器械）数量	法人代表
硕放支点健身俱乐部	锡宅路128号	1070	跑步机4台、塑体椭圆机2台、综合训练器1台、乒乓球桌2张、腹肌板5张、哑铃组合2套、调节式练习椅1张、健身车2辆、高拉训练机1台、大飞鸟1架	魏敏颖
硕放群众体育馆有限公司	孙安路与振发路交界	5000	羽毛球场8片、乒乓球桌5张、桌球4张、攀岩壁1面、游泳池2个（大池：长25米、宽10米、深1.5米；小池：长15米、宽8米、深0.8米）、健身器材1套、沙狐球2张	吴苏侃
硕放新洲府健身馆	薛典路	4100	羽毛球场9片、乒乓球桌5张、游泳池5道×25米、健身器材1套	蒋红民
硕放亚美健身馆	哥伦布广场内	1600	乒乓球桌5张、游泳池5道×25米、健身器材1套	黄焕斌

硕放新洲府游泳馆

硕放支点健身俱乐部

支点健身馆

群众体育馆沙狐球室

群众体育馆高尔夫球室

文化中心舞美馆

2009年，竣工启用的硕放市民休闲街（市民广场），设有健身路径1套，多个活动功能区，交谊舞池2个、乒乓球锻炼点1个、篮球场1片、休闲步道5条、自行车骑行路径2处等。各类休闲健身设施齐全，为全街道居民提供休闲小憩、健身锻炼的场所。

2010年10月，硕放街道又投资建造硕放文化中心。室内体育健身有棋类培训中心、乒乓球馆、健身馆、舞美馆等。健身馆内主要设施有跑步机、动感单车、哑铃、臂力器等，乒乓球馆内有乒乓球桌4张，桌球台1张。体育健身场地实行全年无休免费开放。

至2013年，空港产业园区（硕放街道）在各村（居）、社区及市镇单位设立33个全民健身站点，为全民健身提供一个较好的平台。

二、农民运动会

1.第一届农民运动会

1986年11月，硕放乡团委主办，文化站、妇联协办第一届农民运动会，由各村、乡办企业、机关单位组织运动员代表队。参加比赛项目适合农村青壮年特点，设有3000米长跑、100米短跑、跳高、自行车慢骑、铅球、25公斤挑担、手榴弹投掷、拔河等田径运动项目和象棋、羽毛球等比赛项目。各代表队围绕比赛项目精心组织，荐举良才，运动会开得有声有色。硕放中学教师胡国民、黄兰芳（女）分别获羽毛球男子和女子单打冠军，3000米长跑冠军被墙南村胡国平摘取，其他项目的参赛代表也分别取得了较好成绩。这次运动会为硕放乡群众体育的开展营造良好的社会氛围，打下坚实基础。

2.首届“五谷杯”农民运动会

1988年农民运动会短跑比赛

1988年1月，在第一届农民运动会的基础上，为更好地推进地方精神文明建设，乡政府决定在这龙年之首举办全乡农民参加的具有特色的“五谷杯”农民运动会。运动会坚持寓教于文体活动之中的原则进行，提倡健康有益的群众文体活动，反对赌博、封建迷信活动，以丰富全乡群众业余文化生活、增强人民体质为宗旨。全乡各行政村、乡机关和市镇各单位共组成33个代表团、592名运动员，参加

1988年农民运动会自行车慢速比赛

越野长跑、挑担短跑、手榴弹投准、自行车慢速、拔河、乒乓球、羽毛球、铅球、康乐桌球、象棋10个项目的角逐，各个项目都制定相关的比赛细则。尤其是贴近农民生活的挑担短跑赛更是吸引眼球，这项比赛路程为50米，分男、女两组，用扁担挑起装满黄沙的蛇皮袋快速行走，男子挑担重量为40公斤，女子为25公斤，比赛中途若脱绳，必须系好后继续参赛，参赛者以最短的时间到达终点为胜。

“五谷杯”农民运动会的成功举办，为全乡精神文明建设打响第一炮，是硕放历史上空前的体育盛会，为开展有益身心健康的文体活动营造良好的社会氛围。

硕放乡首届“五谷杯”农民运动会获奖情况一览表

表 28-2

比赛项目		获奖者姓名	名次	成绩	所在单位
越野长跑 男：3000米 女：1500米	男子	胡国平	第一名	10′55″	墙　南
		邹继东	第二名	10′59″7	墙　西
		黄志明	第三名	—	派出所
	女子	王爱姐	第一名	6′23″	中　学
		杨英华	第二名	6′27″5	墙　门
		杨敏华	第三名	—	溇　金
手榴弹 男：30米 女：20米	男子	王惠秋	第一名	18米	中　学
		唐建华	第二名	18米	溇　金
		杨建民	第三名	6米	溇　金
	女子	杨秋萍	第一名	22米	溇　金
		王月琴	第二名	10米	乡机关
		王爱姐	第三名	8米	中　学
铅　球 男：5公斤 女：4公斤	男子	陆高红	第一名	10.95米	中　学
		唐建平	第二名	10.78米	中　学
		薛海峰	第三名	10.51米	中　学
	女子	王爱姐	第一名	7.9米	中　学
		杨美娟	第二名	6.8米	中　学
		毕爱琴	第三名	6.12米	硕　放
羽毛球	男子	胡国民	第一名	—	中　学
		龚俊卿	第二名	—	中　学
		王惠秋	第三名	—	中　学
		周永良		—	中　学
	女子	黄兰芳	第一名	—	中　学
		谢兴娣	第二名	—	中　学
		付继红	第三名	—	医　院
		周菱如		—	医　院

续表 28-2

比赛项目		获奖者姓名	名次	成绩	所在单位
康乐桌球		顾燕峰	第一名	—	彩印厂
		颜志强	第二名	—	粮管所
		陈惠民	第三名	—	供销社
自行车慢速	男子	杨炳元	第一名	4′33″94	孙典桥
		邹玉屏	第二名	2′24″6	中华庄
		钱军华	第三名	1′23″36	—
	女子	黄　芳	第一名	49″7	拉管厂
		顾彩珍	第二名	40″3	型材厂
		邹雪芬	第三名	33″71	墙　门
挑担短跑 男：80斤 女：50斤	男子	唐建平	第一名	10″1	中　学
		杨惠根	第二名	10″6	轻机厂
		蒋黄龙	第三名	11″2	中　学
	女子	杨敏华	第一名	11″2	溇　金
		孙凤珍	第二名	11″6	中　学
		李九妹	第三名	11″9	中　学
拔　河	男子	团　体	第一名	—	乡机关
			第二名	—	溇　金
			第三名	—	墙　门
	女子	团　体	第一名	—	硕　放
			第二名	—	杨家湾
			第三名	—	西典巷
乒乓球	男子	胡国民	第一名	—	中　学
		杨新红	第二名	—	中　学
		朱进跃	第三名	—	乡机关
		丁士良		—	客车厂
	女子	陶丽娟	第一名	—	建筑公司
		谢旭燕	第二名	—	供销社
		张雪芬	第三名	—	乡机关
		杨小兰		—	中心小学
象　棋		谢君玉	第一名	—	供销社
		谢明龙	第二名	—	中心小学
		钱云生	第三名	—	墙　门

三、农民龙舟队

硕放镇龙舟队组建于1999年4月，共有队员24人，其中桨手22人、舵手1人、鼓手1人。1999年5月，农民龙舟队代表无锡市新区参加无锡市第一届龙舟大赛夺得铜牌，为无锡市新区争得荣誉。

1999年12月，江苏省体育运动委员会收到国家体委龙舟运动协会的通知，点名邀请硕放龙舟队代表国家参加2000年4月澳大利亚悉尼国际龙舟邀请赛。2000年3月，“硕放龙舟队”更名为“无锡龙舟队”，并对原队员做了个别调整。国家龙舟协会专门派国家龙舟一级

2000年参加国际龙舟赛获得的奖杯

裁判、龙舟教练周立伟到任任教。250米速划最好测试成绩达到59秒。是年4月，在国家龙舟协会秘书长以及省、市、新区相关领导的带领下，无锡龙舟队到达澳大利亚悉尼，参加250米、500米、1000米三项龙舟国际比赛。经过激烈的苦战，无锡龙舟队取得优异的成绩。在17支龙舟队参加的国际比赛中，获得全程250米亚军、500米第四名、1000米第五名。《体育报》《新华日报》《无锡日报》、江苏电视台、无锡电视台分别作了专访和报道。无锡龙舟队代表国家参加澳大利亚悉尼国际龙舟邀请赛被评为2000年江苏省十大新闻之一。无锡龙舟队被国家体育总局评为“A级龙舟队”。

2002年6月，无锡龙舟队代表无锡市参加在上海苏州河举办的上海市全国龙舟邀请赛，获得亚军。

2003年5月，无锡龙舟队代表无锡市参加在南京举办的江苏省龙舟邀请赛，获得亚军。

2003年6月，无锡龙舟队代表无锡市参加在无锡太湖举办的无锡市龙舟国际邀请赛——国际组比赛，在前一天分组赛的两场晋级比赛中，排列小组总成绩第一名。晋级比赛结束当夜，17名队员出现食物中毒，虽然体力受到较大影响，但他们以坚强的毅力、战胜自我的精神在国际组决赛中仍获得第四名。

2000年无锡龙舟队队员合影

前排左起：赵卫东、徐欢庆、徐巍巍、俞解红、王　伟、邹　斌

中排左起：邹国良、雷良红、陆金龙、邹国平、徐国平、邹国庆、顾林初、王建汉

后排左起：周家明、邹武勇、杨俊杰、顾　青、华冰海、钱　明、陆高红、施建国

四、全民健身运动

1999年，硕放镇成立全民健身指导委员会。同年6月，在“99新区千人广播操”（第八套）会操比赛中，获得第三名；7月，硕放镇获评“江苏省体育先进乡镇”荣誉称号；2000年5月，硕放镇获评 “江苏省亿万农民健身活动先进乡镇”荣誉称号。2001年10月20日，全镇组织500人组成的硕放体育代表团参加新区首届体育运动会。2002年，在无锡市新区第一届全民健身活动周（晨、晚）团队展示比赛中，硕放代表团获得第三名，同时获优秀组织奖。2009年，新建的硕放市民休闲街（市民广场）为全民健身运动开辟了广阔的舞台。由社会民营企业相继组建的四家经营性体育场馆开设强身健体项目，为硕放体育事业提供优质服务，搭建提升水平的平台。2013年12月，成立无锡市新区硕放街道体育总会。下设社会体育指导员协会、羽毛球协会、乒乓球协会、篮球协会、足球协会等群体组织。

1.千人长跑活动

“迎新春”千人长跑活动是硕放发展群众性体育运动的一个大型传统活动。从1999年开始，这项活动周密部署、精心组织、持之以恒、从未间断，围绕镇区3000米范围，按指定路线进行长跑。政府机关从党政领导开始，全体人员全部参加，各村（居）社区、中小学、医院等企事业单位派出代表组成方队。从此，硕放全民健身运动形成“全覆盖”状态。

1999年千人长跑活动

2.乒乓球

中华人民共和国成立后，作为“国球”项目的乒乓球运动在学校、工厂、农村中逐年广泛活跃起来。20世纪70年代至80年代，硕放虽然没有一支像样的乒乓球队，但这项运动深受老、中、青业余爱好者的青睐。每年都会在地方政府机关的工会、团委、文化站等管理单位组织下，经常开展竞赛活动。通过内部选拔，与邻近乡镇进行友谊比赛。同时选出强者，代表硕放乡参加上级组织的各项比赛。1988年，硕放乡“五谷杯”农民运动会上，乒乓球参赛运动员达到100人，其中男运动员82人，女运动员18人。进入21世纪，在新区举办的第一至第五届运动会“日立麦克赛尔杯”乒乓球比赛中，硕放镇乒乓球队分别获得男团、女团、男单、女单以及混双的前三名。2013年7月，硕放乒乓球协会成立，并组织开展系列活动。是年12月，硕放乒乓球协会筹备组织新区首届“香梅哥伦布广场杯”乒乓球团体比赛，共有8个乒乓球队参加，硕放乒乓球队获得男子、女子团体冠军。

2013年硕放乒乓球队员参加乒乓球比赛

3.足球

2001年硕放街道足球队参加足球比赛

2001年，在无锡市新区第一届运动会“佳帕纳杯”足球比赛中，硕放足球队夺得第一名。2006年12月，硕放街道极限足球队成立，球队取名极限足球队寓意为挑战极限、超越极限，宗旨是“健康、快乐、团结、和谐”。球队成立以后，积极参与各项大小赛事，球员都是民间业余爱好者。2007年6月，球队并入硕放街道足球队，在硕放文化站的指导下开展系列活动。2007年春节，硕放、厚桥、无锡华邦足球队应邀参加荡口镇人民政府组织的“2007迎春杯”比赛。2009年9月，在硕放街道极限足球队成立两周年庆典之际，文化站组织首次邀请赛，共四个球队参加，分别为硕放街道极限足球队、鹅湖文化足球队、无锡某部队足球队、无锡东林足球队，硕放街道极限足球队获亚军。是年底，硕放街道极限足球队参加“鹅湖文化2009年迎春杯”足球比赛，获得亚军。2013年，球队参加无锡市雪弗兰4S店举办的五人制足球全国选拔赛，获得无锡赛区冠军，随后赴上海参加华东赛区的选拔赛，获得华东片区亚军。在征战无锡市足球乙级联赛过程中，取得7胜1平的不败战绩，以绝对优势获得冠军。同时，从乙级球队直接挺进甲级球队。

4.全健排舞

2010年中心幼儿园获新区全健排舞“风采奖”

进入21世纪以后，硕放的健排舞日渐活跃，各社区及中心幼儿园、文化站文艺骨干相应组织健排舞队伍。2010年9月16日，空港产业园区（硕放街道）在新锦园社区广场举办社区全健排舞展示活动，园区八个社区和中心幼儿园、文化站文艺骨干队的全健排舞队伍（每个队伍约30人）参加展示表演，深受广大群众喜爱。2010年，在新区全民健身节系列活动中，硕放街道“社区老年组”和“幼儿教师成年组”双双获得全健排舞展示“风采奖”。

5.老年门球队

2005年参加新区老年门球联赛

1970年，门球作为一项老年人娱乐健身活动得到逐步推广。20世纪90年代初，硕放已有一支由老年人自发组成的门球队，开展自娱自乐、健康向上的健身娱乐活动，后因种种原因而解散。2004年，由老队员周汝川、王文娟（女）等向文化站建议，重组硕放老年门球队，隶属镇老龄委和文化站领导，一支由17人组成的老年门球队在有组织、有领导、有经费的保障下，又在无锡地区活跃起来。当时，周汝川任队长，严锦文、尤祖坤任教练，张秀玲（女）、滕祖培任裁判。2004年至2010年，凡参加的新区联赛和三市会员杯赛，均以第二或第三名的成绩名列前茅。2010年至2013年，在每年无锡市组织的“三八”妇女赛中，获得市级第四名。

6.残疾人运动

振发社区骆仟园出生时由于先天性不足，导致右胸缺少肋骨，双目先天性白内障，右手大拇指丧失功能。身体的残疾无法阻挡他对体育运动的热爱，他坚持加强体育锻炼，积极参加篮球、游泳、跑步等健身活动，在田径运动项目上成绩突出。在中学时，一举夺得100米、200米短跑冠军，刷新学校历史纪录。他在代表学校田径队参加的新区运动会上，又夺得100米、200米项目冠军，并刷新200米项目的历史纪录。在无锡市第十届运动会上，他所参加的项目均夺得第一名。2009年参加的江苏省青少年田径锦标赛上，在100米、200米项目中赢得第一名。2010年，江苏省第八届残疾人运动会上，骆仟园在田径项目中获2枚银牌、2枚铜牌。

2008年骆仟园参加江苏省第八届残疾人运动会

7.其他项目

2010年8月8日，正值全国第二个全民健身日之际，由无锡市体委和上海城开（集团）无锡置业有限公司，在蠡湖中央公园联合举办2010年全民健身节系列活动启动仪式暨“上海城开杯”自行车健身游赠车活动。硕放街道组织的自行车队排列于新区代表队之首，领跑全市健身游长队。打篮球、打排球、打羽毛球、拔河、游泳、田径、下象棋以及拳、操、舞、剑、放风筝、钓鱼等全民健身项目在民间十分活跃。一些切磋技艺类似的内部竞赛，外出参赛等事项日益频繁，为地方体育事业的蓬勃开展增添生机和活力。这些项目同样为硕放街道的体育事业彰显魅力、争得荣誉，推动全民健身运动蓬勃开展。

挑担短跑

拔河比赛

硕放街道（镇）其他类项目重大比赛一览表

表 28-3

活动时间	参赛项目	赛事名称	参赛成绩
1999	广播操	“99新区千人广播操”（第八套）会操比赛	第三名
2001.10	中国象棋	新区第一届运动会老年组中国象棋比赛	第一、二名
2001.10	中国象棋	新区第一届运动会“村田杯”象棋比赛	第一、二名
2001.10	拳、操、舞、剑	新区第一届运动会老年组拳、操、舞、剑比赛	第三名
2001.10	拔　河	新区第一届运动会“统一马口铁杯”女子拔河比赛	第一、二名
2001.10	篮　球	新区第一届运动会“开盖禧杯”篮球比赛	第一名
2002	新区运动会	新区第二届运动会	优秀组织奖
2004	新区运动会	新区第三届运动会	团体总分第二名
2004	田　径	新区第三届运动会“环宇杯”田径比赛	团体总分第三名
2004	广播操	新区第三届运动会广播操	优胜奖
2010	羽毛球	无锡市“兴想·观山名筑”第二届全民健身羽毛球大赛	郭静峰男子单打8强 邹玉芬女子单打8强
2011	拔　河	新区运动会女子拔河比赛	第二名

第二节　学校体育

一、体育设施

1.小学

硕放实验小学操场

解放初期至20世纪70年代末，硕放各小学的操场面积极小，只有可供学生进行室外活动的院子或零星场地，没有规范的篮球场和跑道。体育设施、器材因地设置、因陋就简，仅有沙坑（供跳远、跳高用）、爬杆、荡秋千架、简易乒乓球桌等，大多数学生以拍皮球、跳大绳、踢毽子、跷跷板、骑木马、乘木船等体育游戏运动为主。20世纪80年代，随着学生规模的逐渐扩大，农村经济形势的逐步好转，地方政府对办学条件的改善提上议事日程，体育设施随之得到更新，操场有所扩展。20世纪90年代，镇、村两级加大对教育事业的投入，学校的体育设施、器材进一步得到相应改善。自1996年8月至2007年1月，政府投入巨资，实施规模办学。第一轮把全镇23所村小分片撤并，布局为4所片校和1所中心小学。新建、扩建的片校东新小

南星苑小学操场

学、南星小学、光明小学的体育场地设施都有明显改善，铺设煤渣地面的200米环形跑道。第二轮分批撤并各片的片校，新建可开设45个班级的中心小学和开设36个班级的南星苑小学。新建的中心小学、南星苑小学的体育设施、设备标准化配备：250米环形塑胶跑道、足球场、篮球场、风雨操场一应俱全。2011年9月，为接纳被新区教育局撤销的光明希望小学新市民学生，改扩建后的硕放实验小学硕望桥分部的体育场地、设施比较规范。

2013年硕放小学体育设施一览表

表 28-4

校名	设施名称	数量	面积（平方米）
硕放实验小学	环形跑道	250米一片	6318
	篮球场	二片	940
	内操场	/	3200
	健身器械场	一片	118
	乒乓室	一个	162
	风雨操场	一个	792
	体育器材室	一个	98
硕放南星苑小学	环形跑道	250米一片	7270
	篮球场	二片	1320
	内操场	/	1274
	健身器械场	一片	820
	乒乓室	一个	164
	风雨操场	一个	912
	体育器材室	一个	78
硕放实验小学硕望桥分部	环形跑道	一片	1987
	篮球场	二片	900
	乒乓球活动区	一个	100
	内操场	/	1500
	体育器材室	一个	50

说明：各小学环形跑道场地中包含足球场

2.中学

硕放中学于1958年建校，当时学校的体育设施十分简陋，学校仅有一片不足200平方米的土操场，操场上架有一副篮球架，校园内设有单杠、双杠、鞍马等基本的体育设施。建校以后，学校的隶属关系发生三次变化。随着学校体制的变化，学校同时经过三次大的扩建与新建，在上级教育部门和地方政府的关心支持下，体育设施得到较大的改进。20世纪90年代以后，

硕放中学操场（原址）

硕放中学操场（新址）

随着国家开展九年义务教育达标验收，地方政府不断加大对学校体育的投入，体育设施逐渐向规范化、标准化迈进。1991年硕放乡人民政府投资建成250米环形跑道，操场和一个篮球、排球合用场地。2003年，按照中学规范化、现代化建设的需要，改扩建成300米环形跑道、操场、三个标准篮球场，辅助设施、器械配套到位。2013年，易地新建的硕放中学，建有400米标准足球场和标准塑胶跑道，标准篮球场五片，标准排球场四片，铅球场地、沙坑、健身器材场地、健身器材室、体育器材室和风雨操场一应俱全，其中400米标准足球场和标准塑胶跑道总投资达450万元，风雨操场总投资364.38万元。

1991—2013年硕放中学体育设施三次变化一览表

表 28-5 单位：平方米

设施名称	1991年（老校区改造）	2003年（老校区更新扩建）	2013年（新校区）
环形跑道	6518（250米/圈）	13250（300米/圈）	24800（400米/圈）
篮球场	480	1420	2400
内操场	3500	4780	6480
健身器材场	218	326	652
乒乓室	172	324	540
风雨操场	792	1140	3424
体育器材室	108	128	456

二、体育教学

1.小学

清末，废科举，办学堂，按《学务纲要》规定，体操定为必修课目。民国元年（1912年），改学堂为学校，实施德、智、体并重，各学校设早操与体操课。民国11年（1922年），为贯彻《新学制课程标准》，各学校普遍改体操课为体育课，体育课内容低年级为游戏，三四年级为模仿操，高年级以上为田径运动。民国17年（1928年），实施《国民教育法》，小学体育课的内容为游戏、舞蹈、田径、球类等，课外活动有各种游戏和器械活动。民国25年（1936年），小学低年级设唱游课，高年级设体育课。日军侵占无锡时期，学校体育课程设置比较混乱。抗战胜利后，将小学低年级的唱游课分为音乐、体育两课，各年级体育课程按《小学体育课程标准》实施。

中华人民共和国成立后，学校均增设课外体育活动，1952年起学校推行广播操，1954年又推行少年广播操。继而实施《准备劳动与国家体育制度》，简称“劳卫制”，把学校体育列为提高教育质量的一个方面。学校每周安排两节体育课和两次课外活动，每天坚持做早操和课间操。1959年至1961年三年困难时期，小学曾停开体育课。1963年以后，又恢复体育课、课间操和课外活动。1975年起，为贯彻《国家体育锻炼标准》，体育教学逐步得到恢复，坚持课内课外相结合，普遍做到学生平均每天有1小时体育锻炼活动。1979年起，学校开展体育达标活动，达标率逐年提高。1980年9月，为贯彻教育部《关于中、小学体育工作暂行规定（试行草案）》，对体育课的结构、教学形式和方法、考试制度等进行改革探索，坚持学校体育以增强学生体质为主、普及为主、经常锻炼为主、卫生保健为主的方针。

20世纪90年代起，硕放中心小学（辅导区）每年举行“三节”（艺术节、体育节、科技节）活动和校运动会。1993年，把体育课程中的耐力、速度、球类活动列入中考内容，由此学校体育锻炼活动进一步加强。学校在体育节中开展跳绳、踢毽、抖空竹、钻山洞等各种游戏类、棋类和趣味类的活动，激发学生参加体育活动的积极性，提高学生健康素质；每年春季运动会上开展以跑、跳、掷为主要项目的田径竞技比赛，提高学生运动水平，培养学生顽强拼搏的精神，同时选拔体育尖子，组建学校体育运动队，加强训练，并参加县（区）、市（专区）、省和国家级比赛。

体能训练

硕放实验小学课间操

1997—2013年硕放实验小学体质测试情况一览表

表 28-6

时间	应测（人）	病残（人）	实测（人）	及格						不及格	
				人数（人）	百分比（%）	其中				人数（人）	百分比（%）
						优秀		良好			
						人数（人）	百分比（%）	人数（人）	百分比（%）		
1997	584	6	578	550	95.15	54	9.34	206	35.64	28	4.85
1998	653	9	644	621	96.43	60	9.32	230	35.71	23	3.57
1999	837	7	830	795	95.78	89	10.72	357	43.01	35	4.22
2000	872	8	864	816	94.44	103	11.92	361	41.78	48	5.56
2001	931	10	921	879	95.44	98	10.64	389	42.24	42	4.56
2002	942	9	933	885	94.86	102	10.93	402	43.09	48	5.14
2003	1928	15	1913	1834	95.87	212	11.08	840	43.91	79	4.13
2004	1859	11	1848	1756	95.02	223	12.07	798	43.18	92	4.98
2005	1960	9	1951	1877	96.21	238	12.2	881	45.16	74	3.79
2006	1939	11	1928	1743	90.40	199	10.32	746	38.69	185	9.60
2007	1851	8	1843	1759	95.44	216	11.72	813	44.11	84	4.56
2008	1940	12	1928	1759	91.23	301	15.61	714	37.03	169	8.77
2009	1900	13	1887	1767	93.64	233	12.35	683	36.20	120	6.36
2010	1991	9	1982	1854	93.54	381	19.22	612	30.88	128	6.46
2011	2034	12	2022	1864	92.19	274	13.55	838	41.44	158	7.81
2012	2082	12	2070	1951	94.25	355	17.15	839	40.53	119	5.75
2013	2050	14	2036	1937	95.14	376	18.47	876	43.03	99	4.86

2.中学

中华人民共和国成立后，党和政府十分关心青少年的健康成长，提出德育、智育、体育“三育”全面发展，逐步增加体育设施，建设学校操场，体育教学由“放羊式”走上正轨，并按“体育教学大纲”实施教学和考查。1959年至1961年三年困难时期，提出“劳逸结合”，取消体育课，并把操场开辟为“菜地”。1963年恢复体育活动场地，体育课逐步正常。“文化大革命”时期，体育课改为军体课，1978年后，体育课、课间操、眼保健操和课外活动逐步正规化。

硕放中学体育运动会

1958年建校以后，学校按照上级教育部门的要求，十分重视学生的体育教学。1975年为贯彻《国家体育锻炼标准》，坚持课内外相结合，开展体育达标活动，达标率逐年提高。1980年为贯彻中华人民共和国教育部《关于中、小学体育工作暂行规定（试行草案）》，遵循德、智、体全面发展的教育方针。对体育课的结构、教学形式和方法、考试制度进行改革探索。同时，根据中学生正是长身体的实际情况，有的放矢地开展学生体育教育。

20世纪90年代起，硕放中学每年举行“四节”（读书节、科技节、体育节、艺术节）活动和校运动会。1993年起，体育课程中的耐力、速度、球类活动列入初三中考内容。由此学校的体育锻炼活动得到进一步加强，学校的体育中考成绩逐年稳步上升，名列新区各校前茅。学校在各年级开足、开全体育课，初一、初二、初三各年级每班每星期安排三节体育课，每天一次广播操，每天两次眼保健操，每周两节课外活动，保证学生每天有1小时的体育锻炼活动。在体育节中，开展跳绳、踢毽子、拔河等各种游戏类、趣味类体育活动，激发学生参加体育活动的积极性，提高学生的健康素质。每年上半年参加新区的篮球、乒乓球、阳光伙伴比赛，每年下半年参加新区和无锡市的中小学田径运动会、健美操、航模机器人比赛，成绩均名列前茅。2007学年至2008学年度，获无锡市开展“冬季三项”锻炼活动先进学校；2010年，被评为无锡市新区“体教结合”A级学校；2010年至2012年，连续三年获无锡市新区第二、三届中小学校园文化体育艺术节中学组团体第一名。2011年、2012年和2013年，分别获得江苏省教育厅颁发的江苏省健康促进学校铜奖、银奖和金奖。

2004—2013年硕放中学体育达标情况表

表 28-7

时间	班级（个）	学生（人）	及格						不及格	
			人数（人）	百分比（%）	其中					
					优秀		良好			
					人数（人）	百分比（%）	人数（人）	百分比（%）	人数（人）	百分比（%）
2004	39	1577	1424	90.3	127	8.1	402	25.5	153	9.7
2005	39	1542	1419	92.0	121	7.8	405	26.3	123	8.0
2006	37	1309	1227	93.7	114	8.7	360	27.5	82	6.3
2007	34	1186	1111	93.6	99	8.3	351	29.6	75	6.4
2008	32	1161	1074	92.5	100	8.6	336	28.9	87	7.5
2009	31	1152	1148	93.6	102	8.9	354	30.7	74	6.4
2010	31	1126	1070	92.7	103	9.1	351	31.2	82	7.2
2011	30	1121	1045	93.2	99	8.8	334	29.8	76	6.8
2012	32	1180	1095	92.8	108	9.2	360	30.5	85	7.2
2013	32	1278	1195	93.6	116	9.1	397	31.1	83	6.4

三、竞技比赛

1.小学

1953年12月，无锡县举行中华人民共和国成立后的第一届体育运动会。至1995年，全县举办中学生田径运动会共25次，小学生田径运动会11次。自20世纪70年代开始出现过几个辉煌时期。第一个阶段（20世纪70—80年代），原中国人民解放军国家队乒乓球运动员、济南军区体工队教练杨新红部队退伍后在硕放中心小学任专职体育教师。在硕放中心小学任职期间，培养出一大批优秀的小学生运动员，所训练的田径队、乒乓球队、篮球队在无

2011年获得全国青少年棒球联赛无锡赛区第三名

锡县、苏州专区、江苏省小学生乒乓球、篮球比赛中，连续数年取得优异成绩。第二阶段（20世纪90年代以后），硕放中心小学的跳绳、踢毽、象棋，在新区、无锡市的比赛中成绩突出。在实施素质教育后，硕放实验小学（辅导区）体育教育全面加强，在不断提高体育课程教育质量的基础上，为培养、发挥学生的体育兴趣、特长，学校组建轮滑、篮球、羽毛球、乒乓球、棒球和田径项目等体育社团。这一时期硕放中心小学在体育教师杨锡龙教练的精心培养、严格训练下，在区、市级的各类体育比赛中取得可喜成绩。杨锡龙在1996年获江苏省推行《国家体育锻炼标准施行办法》先进工作者。1977年至1980年，硕放中心小学田径运动成绩尤为突出。

1977—1980年硕放中心小学在无锡县小学生田径运动会成绩一览表

表 28-8

年份	团体总分	跳高	手榴弹	铅球	中长跑
1977	第五名	张　萍第二名	顾培根第一名	顾彩英第一名 顾培根第二名	—
1978	第四名	张　萍第一名 陈美萍第二名	徐卫平第一名 顾培根第二名	顾彩英第一名 顾培根第一名	谢建芬 第一名
1979	第三名	张　萍第一名 陈美萍第二名	徐卫平第一名 顾培根第二名	顾彩英第一名 顾培根第一名	谢建芬 第二名
1980	—	陈美萍第一名	—	—	—

说明：原无锡县（现锡山区、惠山区）小学生田径运动会单项成绩纪录保持者：徐卫平手榴弹60米；顾彩英铅球（5千克）7.8米；陈美萍跳高（跨越式）1.28米

1977—1980年硕放中心小学篮球队参赛成绩一览表

表 28-9

年份	无锡县	苏州地区	江苏省
1977	第一名	第一名	第四名
1978	第一名	第一名	第三名
1979	第一名	第一名	第二名
1980	第一名	第一名	第四名

1976—1980年硕放中心小学乒乓球比赛成绩一览表

表 28-10

年份	组别	无锡县	苏州地区	江苏省
1976	团体	女子第二名	—	—
		男子第三名	—	—
	个人	男子杨新华第三名	—	—

续表 28-10

年份	组别	无锡县	苏州地区	江苏省
	个人	女子华桂芳第二名	—	—
1977	团体	男子第一名	男子第一名	男子第四名
		女子第二名		
	个人	女子华桂芳第二名	男子查晓华第二名	男子单打查晓华第三名
		女子杨小兰第三名	男子胡国明第四名	
1978	团体	男子第一名	男子少年组第一名	男子少年组第三名
		女子第二名		
	个人	男子查晓华第一名	男子查晓华第一名	男子单打查晓华第二名
		男子胡国明第三名	男子胡国明第二名	
		女子华桂芳第二名	—	—
		女子杨小兰第四名	—	—
1979	团体	男子第一名	男子第一名	男子第一名
		女子第三名		
	个人	男子查晓华第一名	男子查晓华第一名	男子单打查晓华第二名
		男子胡国明第二名	男子胡国明第二名	男子单打胡国明第五名
		女子华桂芳第一名	—	—
		女子杨小兰第三名	—	—
1980	团体	男子第一名	男子第一名	男子第二名
		女子第四名		
	个人	男子查晓华第一名	男子查晓华第一名	男子查晓华第二名
		男子胡国明第二名	男子胡国明第三名	男子胡国明第四名

1987—1994年硕放中心小学在无锡县小学生田径运动会成绩一览表

表 28-11

年份	获奖项目	获奖成绩
1987	无锡县小学生田径运动会学校团体总分7分	—
1988	无锡县小学生田径运动会学校团体总分37分	—
1989	无锡县小学生田径运动会学校团体总分31分	团体第六名
1990	无锡县小学生田径运动会学校团体总分24分	—
	顾伟获乙女跳远	第二名
	顾伟获乙女60米	第一名
	顾伟获乙女跳高	第三名
1991	徐兰获乙女跳高	第三名
	朱苏雪获乙女跳远	第三名
1992	朱苏雪获甲女跳远	第三名
	徐兰获乙女跳高	第三名
1993	黄益岩获甲男铅球	第四名
1994	刘英获乙女铅球	第五名
	陆小伟获甲男铅球	第六名
	骆丰伟获甲男垒球	第六名

1996—1999年硕放中心小学在无锡市、新区小学生体育项目成绩一览表

表 28-12

年份	获奖项目	获奖情况
1996	新区首届田径运动会总分90分	—
	小学生冬季体育锻炼运动	无锡市冬锻先进学校
1997	顾　琳　踢毽	新区第一名、无锡市第一名
1998	顾　琳　踢毽	无锡市第一名
	巫　吟　踢毽	无锡市第二名
	吴茹春　踢毽	无锡市第四名
	王　滨　踢毽	无锡市第八名
1998	硕放中心小学女子踢毽队	无锡市团体第二名
	硕放中心小学男子踢毽队	无锡市团体第三名
	硕放中心小学男子跳绳队	无锡市团体第三名
1999	顾　琳　女子踢毽	无锡市第一名
	吴茹春　男子踢毽	无锡市第一名
	张　蓉　女子跳绳	无锡市第二名
	薛　军　男子跳绳	无锡市第一名
	王　滨　男子跳绳	无锡市第二名
	学　校　男子跳绳	无锡市团体第一名
	学　校　男子踢毽	无锡市团体第一名
	学　校　女子踢毽	无锡市团体第一名
	学　校　女子跳绳	无锡市团体第二名

1997—2013年硕放小学体育参赛成绩一览表

表 28-13

年月	学校名称	项目	获奖情况
1997	中心小学	无锡市全民健身踢毽比赛市区组	男子团体第四名
1997	中心小学	1996—1997学年度无锡市冬季体育锻炼活动	先进单位
1998.1	中心小学	无锡市小学生跳绳踢毽子比赛	市区组女子团体第二名
1998.1	中心小学	无锡市小学生跳绳踢毽子比赛	市区组女子团体第二名
1998.4	中心小学	无锡市中小学全民健身冬季万人踢毽比赛	小学男子组团体第三名
2007.10	南星小学	新区第二届中小学生田径运动会	小学B组团体第三名
2008.10	南星小学	新区第三届中小学生田径运动会	优秀组织奖
2009.10	实验小学	新区第四届中小学生田径运动会	小学组团体第二名
2009.10	南星小学	新区第四届中小学生田径运动会	小学B组团体第一名
2009.12	实验小学	市第三届阳光少年奇奇趣味运动会	优秀团体
2009.12	实验小学	市第三届阳光少年奇奇趣味运动会	优秀奖
2010.1	实验小学	2010年MLB PLAY BALL!联赛无锡赛区C组	最佳风尚球队奖
2010.10	实验小学	新区第五届中小学生田径运动会小学组	男子团体总分第二名
2010.12	实验小学	新区首届中小学生运动会	小学组团体综合评比第一名
2010.12	实验小学	新区首届中小学生运动会	小学组团体综合评比第一名
2010.12	实验小学	新区首届中小学生乒乓球比赛	小学组团体第二名
2010.12	实验小学	新区首届中小学生运动会小学生羽毛球赛	团体第一名
2011.1	实验小学	2011年全国青少年棒球联赛	无锡赛区B组第三名

续表 28-13

年月	学校名称	项目	获奖情况
2011.4	实验小学	2011年MLB PLAY BALL!全国青少年棒球联赛无锡赛区B组	第三名
2011.6	实验小学	无锡市新区首届小学生武术比赛	团体第三名
2011.10	实验小学	无锡市新区首届小学生篮球比赛	男子组第一名
2011.10	南星小学	无锡市新区首届小学生篮球比赛	女子组第三名
2011.12	实验小学	无锡市第四届阳光少年奇奇趣味运动会	优秀团队
2011.12	实验小学	无锡市第四届阳光少年奇奇趣味运动会	优胜奖
2012.9	实验小学	新区第七届中小学生田径运动会	小学组总团体第二名
2012.10	实验小学	新区第二届小学生篮球比赛	男子第二名
2012.10	南星小学	新区第二届小学生篮球比赛	女子组第二名
2012.12	实验小学	新区第三届小学生羽毛球比赛	女子甲组团体第三名
2013.6	实验小学	新区第三届小学生篮球比赛	男子组第二名
2013.6	实验小学	新区第三届小学生篮球比赛	女子组第二名
2013.12	实验小学	无锡市第六届阳光少年奇奇趣味运动会	优胜奖
2013.12	实验小学	2013年无锡市锡山区“小海豚杯”围棋邀请赛小学B组	团体第三名
2013.12	实验小学	2013年无锡市锡山区“小海豚杯”围棋邀请赛小学A组	团体第三名
2013.12	实验小学	全国棒球联赛无锡赛区B组	第一名

2.中学

硕放中学体育成绩，自20世纪70年代以后，取得很大进步，特别是2005年硕放中学隶属无锡市新区教育局以后，学校在田径运动会、乒乓球、篮球和航模机器人比赛中成绩突出。实施素质教育后，学校的体育教育全面加强，在不断完善体育课程教育质量的基础上，为培养、发挥教师和学生的体育兴趣和特长，学校分别组建教师排球队、篮球队、乒乓球队、象棋队、围棋队和健美操队，学生篮球队、乒乓球队、雄鹰航模队和健美操队等体育团队，并在区、市级各类比赛中均取得可喜成绩。

2007年硕放中学参加无锡市新区运动会

硕放中学教工排球队从20世纪80年代到1994年，参加无锡县锡南片的排球赛，成绩一直居锡南片第一、第二名。1998年，参加无锡市教育工会教职工健身运动会的跳长绳比赛，获团体第四名。1999年，参加无锡市教育工会教职工健身运动会的颠乒乓球比赛，由王俐平、杨新红、顾青、胡国民组成的男队获团体第三名，胡国民获个人第二名。1999年，参加无锡市新区教职工健身运动会，分别获颠乒乓球、篮球和足球比赛第一名。

参加无锡市简易机器人比赛的硕放中学团队

1996年，硕放中学组建的雄鹰航模队，作为“一校一品”的特色团队，每年参加无锡市举行的陆海空航模比赛和简易机器人大赛。1997年，在无锡市第十五届“银燕杯”航模比赛中，获综合团体二等奖。1998年在无锡市航模比赛中，获综合团体二等奖、弹射机组团体一等奖、直升机组团体一等奖、杆身机组团体二等奖、空轿机组团体二等奖。2007年，俞忠德、张子虎、杨向东获评“优秀辅导员”荣誉称号，是年12月，在无锡市第二十五届车辆比赛中获车辆模型团体一等奖。2010年、2011年，获无锡市体育局、教育局、科学技术协会航空航天模型比赛团体一等奖。2012年6月，获无锡市航空航天模型通信比赛团体一等奖。周鹏飞在2009年获个人一等奖；朱国昊、夏天成获个人二等奖；吕鹃（女）、张子虎获评“优秀辅导员”荣誉称号。2009年无锡市青少年简易机器人（中学组）大赛中，朱国昊获个人一等奖；凌宏杰、夏天成获个人二等奖；杨丹（女）获个人三等奖；张子虎获评“优秀辅导员”荣誉称号。

至2013年，硕放中学共举办25届体育运动会。

2007—2013年硕放中学田径比赛成绩一览表

表 28-14

年份	组别	无锡市新区中小学田径运动会成绩
2007	团体	男子第一名、女子第二名、综合第二名
2008	团体	男子第一名、女子第二名、综合第二名
2011	团体	男子第二名
2013	团体	男子第一名、女子第一名、综合第一名

2009—2013年硕放中学参加无锡市新区篮球比赛成绩一览表

表 28-15

年份	组别	比赛成绩
2009	团体	男子第一名、女子第二名
2010	团体	男子第二名、女子第一名
2011	团体	男子第一名、女子第二名
2012	团体	女子第二名
2013	团体	男子第三名、女子第一名

2011—2013年硕放中学参加无锡市新区乒乓球比赛成绩一览表

表 28-16

年份	组别	比赛成绩
2011	团体	女子第三名
2012	团体	女子第二名、综合第三名
2013	团体	男子第二名、女子第二名、综合第二名

2011—2013年硕放中学参加无锡市新区健美操比赛成绩一览表

表 28-17

年份	组别	比赛成绩
2011	团体	二等奖
2012	团体	二等奖
2013	团体	一等奖

2001—2003年硕放中学参加无锡市新区运动会比赛成绩一览表

表 28-18

时 间	届 数	项 目	名次
2001	第一届	男子篮球	第一名
2001	第一届	男子足球	第一名
2001	第一届	男子排球	第二名
2001	第一届	拔河	第二名
2001	第一届	田径总分	第二名
2001	第一届	女子乒乓球	第三名
2003	第二届	女子乒乓球	第一名
2003	第二届	男子乒乓球	第二名
2003	第二届	田径总分	第三名

2010年至2012年，硕放中学教工运动队连续三年获无锡市新区教职工健身运动会综合团体第一名（乒乓球、羽毛球和健美操）。

表 28-19

至2013年硕放中学田径运动会最优成绩一览表

项目		初一组				初二组				初三组						
		男子		女子		男子		女子		男子		女子				
		姓名	成绩	姓名	成绩	姓名	成绩	姓名	成绩	姓名	成绩	姓名	成绩			
100米		张　富	12″95	蔡惜缘	14″1	梁宝双	12″	曹芳龄	14″7	闫　森	12″2	许钰莉	14″4			
200米		晏志远	27″7	潘思捷	32″3	梁宝双	25″2	曹芳龄	31″7	闫　森	25″5	季瑛洁	30″9			
400米		何海涛	1′06″	沈燕萍	1′16″9	戴　磊	1′04″	尹湘怡	1′12″3	丁　晨	1′01″7	瞿　莹	1′15″35			
800米		金梦凡	2′42″	方秋花	3′04″3	王贵友	2′36″8	尹湘怡	2′25″56	杨　洋	2′28″4	陈烨茗	2′59″2			
1500米		晏志远	5′42″7	邹晓岚	6′50″8	杨海兵	5′28″2	黄　夏	6′29″	杨海兵	5′18″4	黄　夏	6′35″4			
4×100米		—	1′00″1	—	—	—	59″9	—	—	—	56″71	—	—			
跳　高		林　健	1.34米	张　群	1.25米	岳恒子	1.53米	邹　怡	1.21米	岳恒子	1.6米	邹　怡	1.25米			
跳　远		张　富	4.73米	陆　佳	3.98米	杨亚洲	5.09米	曹伊琳	4.3米	高添栋	5.63米	曹伊琳	4.4米			
铅　球	男 5千克	何　真	6.86米	—	—	张　龙	10.74米	—	—	胡雪风	10.28米	—	—			
	女 4千克	—	—	赖　淼	6.31米	—	—	杨晓路	6.37米	—	—	钱君华	8.31米			

第二十九章

诗文谚谣

本章辑录碑文、诗词、楹联、地方谚语等。从侧面反映各个时期硕放境内经济、政治、社会、文化等状况，体现地方特色，以弘扬文化、佐证历史、启迪后人。

方言俗语、民歌民谣、歇后语等均是民间文学的一个组成部分，有较高的研究价值，值得“以古为鉴，鉴古知今”。

第一节　碑文选辑

一、重修昭嗣堂碑记

2006年重修昭嗣堂碑记

附：碑记原文

城市之印象，概自文脉灿烂，俊彦辈出。吾邑泰伯肇基，千年青史辉煌。独有“三泰一址”胜迹，东林风范高标，亦有众多名人故居，工商名城重望。而今，硕放镇昭嗣堂亮容显貌，兀立于锡城之南大门迎宾候客，焕焕乎，文采风韵，卓然于世。

昭嗣堂，又名香楠厅，位于无锡新区硕放镇香楠村曹家门前，为明嘉靖七年（一五二八）进士曹察宅第。曹察之女为嘉靖宠妃，皇赐曹家田地百亩和建楠木厅一座。乾隆十三年（一七四八），曹氏裔孙将宅改为家祠，遂有昭嗣堂之称。

昭嗣堂，不仅为锡城文物之宝，亦是江苏珍品，国中罕见。其构筑之巧思，形制之恢宏，材质之考究，斫作之精细，皆荟天地之精华，匠师之睿智也。堂坐北朝南，活水环流，绿荫抱合，面阔五间，气宇轩昂。大厅梁、柱、桁、椽，均采金丝楠木构造，雕梁画栋，望之惊叹。主殿双顶翼然，宛若龙飞凤翔。南院净朗，东腰须弥座院墙，黛色如洗，砖刻斗拱，形饰独特，飞禽走兽，鲜活于壁。南侧备弄幽深，巧置庭院小景。门前照壁映水，团聚阴阳之气，左右双虹漫跨，接紫阳，迎北斗，清风明月，何时不遇？遥想当年主人，承皇恩，荣乡里，何等春风得意！然百年风雨，沧桑复迁，昭嗣堂损坏严重，已失旧时风貌。

硕放镇党委、政府诚怀承传历史、保护文物的职责，自一九九五年起，邀请省内有关专家，实地踏勘、测绘，拟订抢修方案，进行局部修缮保护。二〇〇三年，邀请省文物专家戚德耀先生任技术总监，以“尊重历史、尊重原貌、尊重专家”作为修复原则，斥资贰仟万元，由无锡古典园林建筑公司担纲，无锡市文管会、无锡市博物馆、上海历史博物馆协助，实施全面修复改造布置工程。浩浩乎，工程繁艰不待细说，仅求楠木远至缅甸、老挝；明式砖瓦，多方从民间采集；砖雕、木刻、彩绘、油漆工艺专题研究，招募能匠高手操办，室内陈设按明式风格布置，匾额楹联请专家点睛落墨；前庭建亭树坊，勒石铭碑，点缀花木，和昭嗣堂融会一体。工程历时二年，于二〇〇五年底竣工，香楠古嗣还旧观，喜在今朝开新篇。二〇〇六年五月被国务院批准为国家重点文物保护单位。

感于硕放镇远见卓识之目光，科学求实之精神，保护文物弘扬文化之胆魄，堪为当今范例，心动之，欣然命笔，记于上。

二〇〇六年流火之月邑人许墨林撰

二、无锡商团大墙门分会碑记

附：碑记原文

无锡城南州里有镇曰大墙门附近村落星罗棋布桑麻遍野鸡犬相闻号富庶焉当民国肇建国体变更易专制而共和然名称虽异余孽犹存派别纷纷互相□伐干戈扰攘迄无宁岁以致盗贼蜂起闾阎不宁杀人越货殆无虚日拎斯时也一夕数惊眠食难安乡里之不靖达于极点矣我墙镇父老蒿目时艰惄焉忧之丞谋所以自卫者于是联络同志相互讨论佥以欲保乡里须备实力当训练优秀青年仿照欧西组织商团为刻不容缓之图询谋佥同遂于民国六年之春着手筹备购枪械制服装选团员勤训练而任事诸公亦无不矢忠矢勤陈力就列六阅月而卒底于成顾草创之初属于苏州之商团公会十三（甲子）年后奉本邑县署训令重加整编改隶无锡焉嗣后十余年间我全体团员无不黾勉从事始终不懈故每届商团会操成绩辄列前茅叠蒙上峰颁给奖状奖章以资鼓励而□镇间亦以团员之任劳任苦克尽厥职卒致盗匪远飏宵小剑迹乡之人乃得安其居乐其业而各事其事是则商团之服务精神以及其劳绩固为不可没也嗟乎亭林有言天下兴亡匹夫有责凡食毛践土者允宜敬恭桑梓以尽天职固不得以为功然自商团成□以来得无陨越而免覆餗之讥则又吾往事诸君差堪自慰者耳今也抗战胜利河山重光乡里武装奉令改组名曰自卫团是则商团之名自今日始将不复存在而成过去回溯旧时共事诸君或年寿短

促而归道山或两鬓丝丝而精力衰颓欲招旧侣话前事已寥若晨星非复当年所谓河山依旧人物已非抚今追昔感等沧桑爰将□备始末勤诸贞珉藉留纪念而垂久远亦雪泥鸿爪之意云尔。

中华民国三十五年岁次丙戌仲夏　涤陋生识　万壳人撰

当时往事诸君暨队员题名

会　长　毕显郊　杨敬甫　杨惠甫

董事长　杨德甫

董　事　杨雪梅　杨亦超　毕显圻　朱铭兰　翁蓉和　翁心培

余静初　余毓庆

司　令　李映娄　狄道平　尤温如　陆步奎

督察长　余石庆

督　察　翁建中

文　牍　杨召伯

会　计　余泰基

庶　务　陈耀明　施福清

出　纳　陆子政

支队长　杨祥启

教　练　汪仞千　杨仞千　吴慎思

队　员　杨步青　杨慈林　杨万兴　杨德年　程筱均　杨德琴

杨巧泉　余樾庆　张兆麟　周菊如　安二宝　马云生

须根林　杨祖如　潘敏中　程汉庭　杨桂宝　胡汉明

杨慰如　钱子道　朱祥麟　戴立钧　陈玉鳌　彭炳荣

吴阴政　杨祖国　陈昆元　项培福　杨耀元　陆菊轩

邹培庆　项三宝　罗根福　陆绥之　蒋川兴　杨金宝

余寄云　顾諟明　陈耀基　孙祖庆　谢裕庭　王三宝

杨正郎　罗礼生　方祖德　杨世玉　陈振华　朱仲熙

顾根寿　谢雨亭　陈福宝

里人杨自珍刻

三、“重建真武堂记”碑记

附：“重建真武堂记”碑刻前半部抄录

嘉靖四十二年岁在癸亥孟冬之初邑人顾守愚重建真武堂属予记之

曾闻让乡南河里中旧有真武堂毁于元季兵燹今化为禾黍荆棘丘墟垅亩矣越有二余年于兹而谋兴复者无其人也后友守愚君讳榷者忠厚纯朴缚有古人风昭晚好施予毅然欲捐资兴复之而力有弗建造谋诸族人咸曰此亦一善事也皆乐成之以舍其重基或助其金或塑其神像盖与君同志者非一人又有南溟数公今衢州郡侯亦出俸资助之以为首倡而一时乐助者奚

啬有百余家用是鸠千聚财物方定为建祠一所以奉玄上帝名曰真武堂前有左右两厢厢之前有殿殿之前下有门立以播柱缭以垣墙制度规模焕然复新禾及旬月而告厥成功若有神墨相之者其泗之形成南河桥在其前善庆庵在其后方为五溪西通震泽北向堋之则泰伯祠也若夫雨暘时若民安杨隼普洪泳以福苍生于无穷非徒神灵之赐抑亦君之精诚有以感之也君之功不其伟欲故为之记之

赐进士出身南京兵部郎中佥事致士大夫仲山问撰

嘉靖四十二年十二月榖旦立

（捐助人姓名及捐助银粮物等数额略）

四、重建唐庄桥碑记

附：吾里唐庄环洞石桥未浅建于何年损于何代自何年盖缘前人未立碑记是以无稽考所赖旧址犹存路通要道未可废弛后人建为木梁三架以通行客雨露风霜几经岁月革旧更新已有年矣近来木腐钉脱倾圮可危晦明风雨过客趑趄倘非中心创建未免险阻堪虞己酉春间偶会两图里人言及此事公议换建石梁庶可悠久众皆踊跃缘集里中居士之十余人襄成善事公会是年秋适新安休邑松溪胡公讳宏如者独倡首盟库圮桥溲振注来不待寒裳旧址顿新出入无烦涉水岁在庚戌爰始鸠工时维孟冬喜已告竣兹当落成爰寄数河勒石以志不朽俾没人之修葺者亦可知其所自焉

一收钟善捐轮共银叁佰陆拾千另柒佰文一石价银数壹佰捌拾玖千壹佰叁拾叁文一木料灰沙共银玖拾肆千壹佰叁拾贰文一工食榫费零星银肆拾陆千陆佰肆拾文一匠作总计银捌拾千零贰佰柒拾贰文桥成后总计银肆佰拾千零壹佰捌拾叁文桥缘银数欠缺肆拾玖千肆佰捌拾叁文贴补用空银顾胜仁拾捌千玖佰肆拾文胡宏如拾捌千玖佰肆拾文余承先拾壹千陆佰文

募缘顾胜仁余承先朱厚培杨茂林顾维新杨时升裴云龙龚志远钱有源助桥面三条新安休邑松溪胡毅诒堂助桥面一条打饭杨忠德邹福官大清乾隆五十五岁次庚戌嘉平月吉日碑记桥成尚未满面打饭已止以后七十余工朱厚培顾胜仁余承先均供石匠

第二节 诗词拾萃

曹荃 里新村曹家门前人，明崇祯元年（1628年）二甲五十五名进士，福建按察司副使。

又

采药来南里，名从人德馨。
山辉因玉润，水浅得龙灵。
始托兴吴迹，终叨奕世宁。

至今遗教在，礼让起家庭。
——摘于《曹氏家谱》

顾介康 红光村旺二房桥人，大学本科学历。曾任第二轮江苏省省志责任副总纂、江苏省哲学社会科学界联合会副主席、江苏省诗词协会副会长。

以下选辑顾介康所著《润绿集》“诗情”“词韵”“联趣”“文心”四部分中诗词。

伟哉，慈母恩！

痛悉高堂辞世去，望空九叩似山崩。
驱车百里奔丧急，唯见床头一盏灯。
才别慈颜方廿日，千呼万唤未回声。
灵前接续香一炷，两夜无眠忆殊恩。
严父英年先见背，稀糊二两祭冥程。
翌年爱妹相夭折，挥泪无言摔瓦盆。
祖父离孙心益碎，相继再次垒新坟。
余年十五八龄弟，母子三人守宅门。
立户长男身有责，归耕罢读是儿心。
慈颜力劝求深学，泪眼冀盼宅有薪。
晨起五更生灶火，夜深走线缀衣襟。
违心告借亲朋少，三两兔毛补学金。
十载寒窗遵母训，节衣缩食有精神。
孜孜苦读求深解，处世修身学做人。
立业成家慈母喜，孙儿膝下透天真。
一生只为儿孙苦，瞑目之时留泪痕。
呜呼！
痛哉，慈母去！伟哉，慈母恩！
世上只有妈妈好，天下慈母一般心。
两鬓添霜儿亦老，但愿夜夜梦慈亲！

农事闲笔四首

一

细雨茸茸绿意长，桃红梨白菜花黄，
声声布谷催农事，蜂涌村头采蜜忙。

二

霏霏淫雨摘梅时，树上瓜丝绕满枝，
暖日南风催麦熟，轻蛙卧叶夜鸣池。

三

行行大雁正南回，露重蝉声已可哀，
稻浪飘香人欲醉，肥蟹醇酒菊花台。

四

纷纷大雪卷轻烟，屋下红梅独自闲，
游子归来慈母喜，村中父老说新年。

题文房四宝

毫锋录尽世人声，黑白分明判假真，
五寸方池容四海，天空地阔任纵横。

樱　花

盛开已近清明节，不抢春华争素洁，
一夜东风绿满枝，唯余树下莹莹雪。

物悟人生十三章

睹物联想，常有所悟，集零为整，记以自勉。

钟悟惜时一

嘀嘀嗒嗒数逝年，人生苦短指弹间，
分分秒秒难留住，唯有惜时把寿添。

烛悟修身二

蜡炬成灰泪亦纯，光辉散尽不留痕，
心尘自拭三省悟，秉烛之明照我魂。

竹悟气节三

雨润鞭茎破土新，春风醉绿也形亭，
挺拔竞胜多英气，傲雪披霜叶越青。

菊悟淡泊四

百花争艳冀春留，无奈春光片刻休，
唯有路旁纤细菊，清纯淡雅立寒秋。

荷悟清白五

塘中浊水出芙蓉，暗送幽香沁吾胸，
挥洒毫锋添淡墨，欲留满纸写清风。

羊悟慈爱六

与世无争性本柔，绒毛细线解世愁，
咩咩憨态人皆爱，危急之时角对仇。

牛悟奉献七

春耕夏种望金秋，但喜路边嫩草稠，
摆尾池中犹自乐，埋头奋力又何求！

蚁悟合众八

终日奔忙一线连，艰辛备食过冬前，
频频交会通消息，聚力无声把物迁。

蜂悟勤劳九

菜花落尽刺槐开，结队群蜂日日来，
吸收芬芳千万朵，酿成甜蜜可隆杯。

马悟争先十

万马奔腾一马先，日行千里汗涟涟，
先贤已去良驹少，还赖驽骀也奋前。

舟悟奋进十一

逆水行舟胆未寒，深知水性尚悠闲，
顺风不忘涡流涌，搏浪还需舵把关。

蚕悟做事十二

四眠蜕变蕴丝纯，吐尽精华作茧珍，
凡是预谋多仿效，一丝不苟始方成。

鸦悟孝悌十三

鸦声凄厉使人惊，不忘反哺却有情，
孝悌齐家遵古训，远游常梦线衣萦。

说梦四首

其一

儿时常作蓝天梦，日月星辰挂吾胸，
凝视囊萤千百问，神驰万里叩蟾宫。

其二

十八秋夏寒窗梦，学海茫茫透日红，
欲觅嫏嬛游太虚，慈亲泪眼望春冬。

其三

未知天命功名梦，笔走龙蛇唤雨风，
绿水青山皆人画，窗前翠竹映长虹。

其四

双鬓已白归林梦，六十春秋两袖风，
亏欠妻儿多少事，稚孙绕膝乐融融。

颂德四首

其一

古来贤者重修身，处世品行立主根。
曾子三省寻过失，颜回二不养真纯。
受恩毋忘衔环报，施惠岂求感谢声。
兼爱坦诚容万物，光辉散尽不留痕。

其二

朱氏格言陋室铭，和谐美满共相亲。
三迁教子千寻志，一线牵魂万里灯。
举案齐眉夫妇道，让梨分食弟兄情。
难还父母深思在，反哺求鱼敢卧冰。

其三

术业专攻各有崇，双修德艺要亲躬。
朝堂议事为民虑，学府传知尽智穷。
润物无声文苑雨，扶伤有道杏林风。
业无贵贱皆成责，身正德高恪始终。

其四

大同天下在和谐，德法兼行去万邪。
正义方安全社会，公平可慰野人家。
扶贫济困雪中炭，爱幼尊长锦上花。
世上皆崇真善美，何愁不定大中华。

祖居拆除前的追思

剥落门扉存旧符，中含父祖一生图。
孤灯诵读留壁影，夜雨敲窗伴算珠。
屋内慈亲深教爱，堂前兄弟亦欢呼。
踯躅树下追思泪，摄下温情寄意殊。

清明扫墓

迁移祖墓未能回，挈妇将雏赎罪归。
一对明烛千滴泪，八串锡纸一堆灰。
香烟袅袅升天去，薄酒清清入地哀。
督教孙孙三叩首，家风有继报泉台。

黄树生 秦村村东堰湾人，网名阳光湖畔。博士学位，无锡市教育科学研究院研究生导师，江南大学、苏州大学、扬州大学兼职教授。

以下选辑《当代邑人咏无锡诗词选》中黄树生的诗词。

过鸿山

壮烈梁鸿志，翛然赋五噫。
盛邦投泰伯，孤塚畔要离。
林荫栖云洞，波澄涤砚池。
高风流万古，何以慰怀思。

高子水居

读书何处称遗迹，山水湖滨露苇丛。
五可雅楼风四面，三吴文脉水当中。
格知西学潮流用，师范东林节义崇。
薄暮匆匆思未减，后生迤逦见丹枫。

巫山一段云·虞美人崖

万顷明波碧，千寻夕照红。断崖隐约在云中，往事赋清风。
管社山行客，柔情月色中。芳洲嘉树说英雄，古庙望江东。

一剪梅·湖景静岭

东堰湾西夜曲觞。人在迴廊，月在迴廊。而今无绪度韶光，行也思量，坐也思量。
叶落飘零夕露霜。诗伴孤芳，魂伴孤芳。此情无寄梦还乡，来也松冈，去也松冈。

长相思·望虞河畔

曲水流。烟水流。陌上香尘下苇洲。月初古渡头。
岚影浮。竹影浮。蕉梦新诗忆旧游。细声拂画楼。

浣溪沙·东堰湾里

春晓梦馀山月斜。不知玉燕落谁家。井亭轻露点梨花。
一槛风声分岸色，数枝竹影卷窗纱。此情此水共天涯。

临江仙·思乡作（用苏轼韵）

梦里家山依旧是，桃源多少天真。一番细雨谢微尘。仙风聊妙丽，真道本青君。
曲巷芭蕉斜月影，那堪故事犹存。多情回首最伤神。萍踪何处寄，无梦入墙门。

菩萨蛮·夜宿茗岭

一钩新月凉如许。一般滋味知何处。思绪共烟浮。追欢怀旧游。
几多乡泪滴。寥落春风笛。今夕又无眠。客心东堰湾。

意难忘·新鸿路东望

紫陌林塘。似桃源误入，风媚韶光。烟香笼浅翠，露靓浥秾芳。菱角美，芋头香，天然妙文章。漫共伊、春晖喜雨，歌送瑶觞。

旧游往事堪伤。苦惜慈孝去，老屋荒凉。假山迷去路，蕉叶带余香。回首处，意凄凉。叹一片斜阳。只梦里、花前展读，明月芸窗。

七律·重阳思亲

明月寒窗半染霜，临风不语倍凄凉。
萱花丛里常流泪，椿树香中欲断肠。
石埠蒹葭浮梦寐，云岭薜荔伴行藏。
何时得叙天伦乐，东堰湾深是故乡。

七绝·世家桥

北流直接梁鸿水，南浪遥通范蠡湖。
欸乃一声尤妩媚，谁人再赋辋川图？

注：明代古桥，清朝重建，在无锡县硕放镇溇金村，伯渎河支流上

七绝·东堰湾桥

依然皎月落溪湾，疑似轻舟翠竹间。
花语弄晴新梦寐，心随伯渎共东还。

注：桥，原为木板桥，后重建为拱桥，在无锡市新区硕放街道秦村东堰湾，伯渎河支流上

七绝·曹家门前

浮岚秋野了无尘，让里人家物色新。
独喜霜蕤清照坐，枕流惟觉读书真。

七绝·忆端妃

莫名事变起宫闱，犬吠人家草舍微。
流水落花多少恨，撷芳惆怅忆端妃。

张道兴 薛典村张家湾人，学名张群雄，笔名秋实。中国诗词研究会会员，无锡市诗词协会、市诗歌学会会员，碧山吟社社员。

以下选辑张道兴主编的《当代邑人咏无锡诗词选》和《秋实吟草》中其原创诗词。

西江月·硕放镇

京杭运河穿绕，沪宁铁路相邀。更飞空客五洲翱。风景这边真好。
佳苑小桥浅映，园区厂密楼高。百年圆梦看今朝。换了人间新貌。

七绝·昭嗣堂

楠厅望北岁悠悠，让里世家心事留。
何日香魂归故里？双亲石上寄遥愁。

七绝·望虞河

沙墩遥接耿泾口，济太引江平两愁。
流水潺潺朝复暮，建功种德二千秋。

七律·祝福（鹤顶格）

阖第遨游在世间，**家**殷人健占春先。
幸颜留绮爱随地，**福**子荫孙乐满天。
万象更新呈瑞景，**事**端兹始看祥烟。
如鱼得水心知足，**意**兴悠然咏德年。

七绝·书香门第

德昭邻壑诗文中，万卷藏书学用通。
传续千年无数曲，儿孙成器透香风。

七绝·恬淡人生（鹤顶格）

恬静安然世俗间，**淡**心欲净惧何艰？
人逢贫富正常事，**生**得平安展笑颜。

七绝·开展志喜（鹤顶格）

——祝贺碧山吟社毛明强、邹国华等五位诗友书画展隆重开展

开门迎面扑春风，**展**会丹青翰墨丰。
志习隶楷行草篆，**喜**描华夏地天融。

七律·插秧

赤脚低头背对天，秧苗持手插良田。
纵横交错禾成线，经纬分明禾贯连。
俯首点栽汗水灌，弓腰拜叩苦劳咽。

足移猛悟人生妙，退步原来是向前。

七律・晚晴

夕阳未了几多情，一抹余晖峰透清。
登步春山心有志，荡游秋水欲无争。
英雄自古出青少，豪杰如今成老生。
欣喜后人臻美德，天年颐养晚来晴。

七绝・早春

眼前山野雨蒙蒙，笼住深寒浅绿中。
放出身闲消一日，先来幽赏杏梢红。

七绝・夏上光明亭纳凉

犊岭荫坡一径中，上行不觉到亭东。
炎炎夏日凉何得？且借湖前几树风。

五律・秋山览景

独步青冥里，融然一画图。
幽香生野菊，金果挂寒株。
涧落泉声细，风吹雁列娱。
秋霜还未烈，枫谷已涂朱。

宝塔诗・竹

竹。
竹，竹。
挺拔，不曲。
旷野长，山坡宿。
凌寒贯霜，枝翠叶绿。
世具凌云节，可折不可辱。
冰雪压顶何惧，君子贞气藏腹。
直节虚心向青天，终见旭日金光沐。

宝塔诗·雪

雪。
雪，雪。
飘逸，冰洁。
白无瑕，心纯澈。
万花天载，六瓣一绝。
苍穹缓缓飘，大地静静迭。
松竹瞬变琼枝，山川顿披玉霓。
妩媚无私洒人间，浊世污尘顷刻别！

如梦令·蠡湖之夜

细浪微波相拥。荧带霓虹争宠。侧耳听东风，天籁妙音轻送。如梦，如梦，新月箫韶人共。

鹧鸪天·春耕

袅袅炊烟起人家。牧童横笛醉烟霞。溪边蒲柳添妆束，陌上农夫惊晓鸦。
惊蛰始，瑞雷嘉。春锄扑扑播年华。东西南北繁忙处，笑语声声秋景巴。

蝶恋花·宝界残春

宝界残春留不住。云淡风清，满目桃花雨。但见野芳摇影处，引来双蝶霓裳舞。
今岁春光余几许？绿水华池，惊见莲花露。凝睇玉芝听寄语，寻芳惟有鸳鸯浦。

浪淘沙·春申涧

烟雨里观漫，瀑幕连天。卧云石上溅轻烟。饮马涧头升紫气，浮想联翩。
壁立激泉湍，九曲三弯。飞流碧水越千年。仁勇黄公芳百世，一代名贤。

沁园春·游鼋头渚感怀

鼋渚风光，水秀山清，满目妖娆。
看浮鼋翘首，横云缥缈，烟波浩荡，古寺香缭。
鹿顶迎晖，荷塘立玉，兰苑樱林花斗娇。
舒天阁，观万浪卷雪，心涌春涛。

落霞帆影鸥翱，引无数骚人学谢陶。
想沉浮荣辱，云烟过眼，富贫贵贱，随手飘消。
百岁人生，转头即逝，康乐平安最重要。
身长健，享优游卒岁，幸福逍遥。

邹古华 红光村人。中华诗词学会会员，江苏省诗词协会会员，江苏省美术家协会会员，无锡市诗词协会碧山吟社理事，无锡市二泉画院院长。

以下选辑《当代邑人咏无锡诗词选》中邹古华的诗词。

太　湖

龙山似卧牛，天目好源头。
吹浪平畴绿，花香白子柔。
浮鼋腾岸马，积水近沙鸥。
列岛仙人界，分泉井勺留。

邹忠公祠

千年犹得谒家祠，投老蛮荒自咏诗。
一片忠心扶宋室，犯颜不让折栏时。

太湖回舟望惠峰真如屏障

水国周流接望瞳，惠峰屹立一屏雄。
湖光山色星天外，海气江风大泽中。
塔影楼台虚禹迹，烟波石脉跨霓虹。
千年故事思吴越，不见鸥夷御远空。

太湖石壁

听涛鼋背日光浮，猎猎风声树影遒。
舞雨飞花来萦陌，拥书幕苇不移舟。
丹崖吴越题包孕，黛浪三山豁展眸。
乡梓久留行滞足，泛湖多半是亲鸥。

黄亦波 建丰村大河头人。儿童文学作家、资深童诗诗人、书法家，《小朋友》编辑室主任，《儿童诗》丛刊副主编、副编审，中国作家协会会员。

以下选辑黄亦波所著《给爱诗的孩子们》中的诗文。

中国孩子的骄傲

手拍红了
还在拍
喉咙喊哑了
还在叫
所有的男孩子女孩子
都是中国女足的“后腰”

中国女足大姐姐
是中国孩子的骄傲
她们用勇气和毅力
用对祖国的无限忠诚
整整齐齐地站到了
世界的前哨

游戏儿歌两首

（一）

去西墙，
看老虎。
哈哈哈，
西墙哪来虎？
西墙有老虎。
爬山虎，
爬西墙，
垂直绿化本领大，
胜过真老虎。

（二）

去棉田，
打老虎。

哈哈哈，
棉田平地哪来虎？
棉田有老虎，
名叫地老虎，
地老虎，
地里钻，
咬断棉苗一株株，
是只坏老虎。

滚铁环

小弟弟，小妹妹，
嘻嘻哈哈冲出来，
手里推个大铁环。
滚铁环，真有劲，
大的大，小的小，
快的快，慢的慢，
大小快慢不争吵，
个个都是好小孩。

斗　鸡

一人圈起一条腿，
奶奶孙孙玩斗鸡。
奶奶玩斗鸡，
忘了年纪六十几；
孙孙玩斗鸡，
哪管头上汗水滴。
老少面对面，
斗鸡好欢喜。

老鹰捉小鸡

你是老鹰，
我是小鸡，
你来捉我，

我就躲起，
躲到哪里？
躲到妈妈翅膀里，
妈妈翅膀最安全，
嘻嘻嘻，嘻嘻嘻。

看星星

夏夜乘风凉，
抬头看星星。
北方最亮的，
名叫北极星。
那边七颗星，
又叫什么名？
一二三四像只斗，
五六七颗是斗柄，
那是出名的北斗星。
天上的星星千万颗，
颗颗都有自己的名。

花朵和小鸟

你们是祖国的花朵
是花朵就要开放得鲜艳娇好
你们是林中的小鸟
是小鸟就要在林中唱歌鸣叫
啊，我把希望寄托在你们身上
希望你们个个都健壮聪明乖巧

我已是一个七十岁的老人
真羡慕你们年少，也为你们骄傲
我愿做绿叶为了红花作陪衬
让你们成长得健壮美好
我愿在青翠林中做一个听众
倾听你们清亮的歌声和欢叫

啊，遍地是鲜花孩子
到处有歌声诗声鸟叫
我们的祖国多么美好

真　诚

你不是我的女儿
也不是我的母亲
可像母亲一样慈祥
又像女儿一样孝顺
你不是我的老师
也不是我的学生
可像老师一样谆谆嘱咐
又像学生一样恭敬虔诚

出门时，你抓一把糖果塞进我的口袋
进门来，你又托出满盆橘子花生
满腔热情驱走了
作客的拘束不安
感觉到的就是
满室的亲切、温馨
今天我们要走了，我要走了
没有什么留下
就留下一颗朋友的心
我要走了，我们要走了
带走的，除了行李
就是朋友的朴素和真诚

小星星赞

四十八个小学生，
四十八条红领巾，
他们是四十八颗
闪闪发光的诗坛小星星。
别怀疑这些孩子，

将来能不能成为诗人；
要知道一棵参天大树，
不是从小苗苗长成？
是的，他们现在还小，
像小苗苗一样稚嫩，
可是她们会长大的，除了努力，
还有阳光的照射，雨露的滋润。
成长吧，小苗苗，
闪光吧，小星星，
祖国需要各行各业的建设者，
也需要能为人民歌唱的诗人。

大自然真好

太阳高高照，
彩云轻轻飘，
听喜鹊叽叽喳喳，
看燕子衔泥衔草。
脱去皮衣，摘去皮帽，
打开大门向外跑。
一头扑进大自然，
啊，大自然真好！

登上山顶最高处，
向四面八方远眺；
看长江滚滚东去，
望长城低低高高；
山下红花绿树相衬，
远处湖光山色妖娆……
啊，大自然真好，
大自然无限美好！

杨晓　薛典村杨更上人，大专文化。曾任《无锡县报》记者、编辑、新闻股股长，无锡市作家协会会员。

以下选辑杨晓所著《昨夜星辰》之“闲情偶寄”中的诗词。

人在旅途

鸿鹄展翅飞半空，放眼宇宙观苍穹。
山高海阔任我游，鹏程万里气如虹。
扬鞭催马踏征程，战友携手攀高峰。
青春年少岂畏难，革命路上向前冲。

别

昔日欢歌在一堂，而今南北各一方。
当君月下高歌时，我正徘徊在河旁。

梦

终日奔忙难相见，谁知梦中常会面。
却道从此不再别，共忆往事言语欢。

十五明月

十五明月泻清辉，未敢抬头看玉桂。
梦里不见嫦娥影，焉知娇容可憔悴？
对月吟诗醉一回，情思纷飞独举杯。
皎皎寒月照故乡，人间多情心欲碎。

观花有感

春光融融百花媚，妍紫姹红蝶双对。
梅花先秀桃花放，满园锦绣人自醉。
但见年年春又归，那闻青春去复回？
劝君珍惜青年时，莫教来年白发悲。

雨夜情思

人逢节日倍思亲，你我同志情意深。
何日放声歌一曲，兄当持笛和心声。
雨夜西窗灯独明，暂借纸笔诉衷情。
一日三秋别离多，情路坎坷心难平。

费明华　西典巷村前场湾人。江苏省教育学会会员，江苏省教育学会《初中教学研究》编辑、《无锡教育》特约编辑。

沁园春·空港颂

唐庄水域，万物得时，人杰地灵。
望空港崛起，雄鹰展翅；
楼厦栉比，路道交融。
云霞锦绣，人和惠畅，南河港畔尽春色。
墙门风，挟望虞波涛，昭嗣听松。
绘吴地天堂，看科学发展结硕果。
沐改革雨露，恩泽万民；春染千畴，硕放生辉。
古镇溢美，流光飞彩，只为新城浓妆来。
愿空港，天展三春景，耀眼穹宇。

清平乐·游昭嗣堂香楠厅

望虞涛远，昭嗣随韵卷。每籍古情唤旧年，一派让厘风范。贵楠金丝迷蒙，半亭泣露叮咚。明卿念女痛饮，洛莹丝绦亦红。

渔家傲·古镇新貌

泰伯后裔香楠梦，
只为硕放鹏程宏。
高楼栉比路道通，
舞彩虹，
霓灯璀璨映苍穹。
雄鹰轰鸣惊天空，
亭阁河桥绿荫丛。
立交横跨东西中，
情涌动，
墙门古镇变无穷。

情　溢

空港景色美如霞，小区环境似画廊；
楼厦华灯成列队，鸟语花香斗芬芳。

市民广场人如织，美妙歌声喜欲狂；
灯火阑珊映天穹，幸福生活胜春光。

邹广彪 塔西村油房里人，苏州市信访局退休干部。部分作品在省、市有关刊物（媒体）发表。

以下选辑邹广彪所著《潮汐集》中的诗词。

望江南·丰碑

极目处，昨日犹酣睡。
春风化雨正当时，桃园耕田始今岁。
芳菲惹人醉。
频相思，生当具大爱。
长空万里任扶摇，风里浪里不言败。
鞠躬凝丰碑。

漫步南河港（诗六首）

序

山水风光显旖旎，如梦似幻堪迷离。
尺幅鲛绡映天涯，人间天上两依依。

画 舫

画宫璀璨映粉黛，今古奇观扬四海。
几番梦里叹前朝，安知今夕君方醉！

凉 亭

朱颜雕梁并画栋，风韵别具犹未穷。
安得一憩凝相思，几度春秋悠然中！

平 台

依山傍水似瑶台，朝花夕月胜蓬莱。
衷情万缕系江山，而今着意添风采！

假 山

峰回路转复绵延，洞内窥外一线天。
红尘滚滚忆沧桑，岁月悠悠思变迁！

茶 室

风日温馨波光粼，满室生辉品香茗。
平生终遂千般愿，推盅且喜庆升平！

七律·调寄新世纪

天地玄黄传千古，人间沧桑复沉浮。
世态炎凉多悲欢，漫天风云犹可书。
欣看天公重抖擞，不拘一格铸新谱。
愿将此身付长空，化作鲲鹏尽欢舞。

满江红·反腐抒怀

春光无限，却吟叹，鬼蜮肆虐。仗光环，衷曲唱尽，骗术行彻。灯红酒绿倍雕饰，纸醉金迷当玉律。恨蠹虫，毁我好江山，恶至极。

旌旗扬，岂容亵；千秋业，凭谁蚀？惩腐恶，概是铜墙铁壁。众志成城斗凶顽，披荆斩棘除妖孽。待明日，悠悠大中华，举世绝！

七绝·观老年晨舞

新锦园每天晨舞的长者，体魄矫健，舞姿优美，煞是一道赏心的风景。

晨晖缕缕映苍穹，健姿翩翩舞东风。
自信人生二百年，夕阳堪比百花红！

虞美人·暮年

暮年岁月起沉疴，平添相思愁！念君伺我夜不眠，更将愁丝苦缕和泪咽。
一笑一颦心相印，厮守最难分。又忆当年盟如许，终到人间天上亦双飞！

李拯民　红力村河泗桥人。原无锡县南泉医院院长兼书记。

沉默思绪

受挫时要学会沉默，
在沉默中镇定，
在沉默中反省，
在沉默中坚强。
成功时更需要沉默，
在沉默中冷静，
在沉默中清醒，
在沉默中看准新目标。

沉默是一种美德，
沉默是一种智慧，
沉默是一种魅力，
沉默胜过真金白银。

追　梦

海阔任船渡，
水深鱼自游。
钟摆嘀嗒数日月，
追梦岂慢悠。
勤奋是高挂的帆，
专注是定向的舵。
远航彼岸展双翅，
梦想定成就。

心　声

笔墨点缀野花园，
微信屏现颂校愿。
同窗情谊易蹉跎，
六十岁月聚机缘。

赏　梅（游梅园）

枝绿缘春风，
梅兰绽艳红。
满目尽花朵，
沁香逸园中。
游人悦心境，
赏梅诗情浓。

四季轮转祝你健康

春送暖，
百花绽芳，

喜共乐康。
夏日长，
殿阁微凉，
养生体健。
秋风袅，
片片枫叶，
醉梦你我。
冬飞雪，
榆柳萧疏，
福寿恭祝。

邹锡生　硕放村东湾人。硕放街道创建办公室退休保养干部。

雄鹰腾飞的地方

（一）

科技领先齐转型，
学无止境创新奇。
发愤图强争上游，
展望前景日月异。
现引金凤新巢栖，
代胜辈出人才聚。
空中雄鹰迎朝阳，
港满春晖映大地。

（二）

和风吹又江南绿，
谐奏低碳乐曲声。
催问何方佳绝处，
生态似画鸟语闻。
幸指浩渺太湖畔，
福赐万民小康奔。
硕果压枝众共享，
放眼田野变新城。

七律·赞南河景观

柳叶似剪丝丝缠，南河蘸岸绿堪染。
曲径假山通幽处，亭阁琵琶吴语传。
荷塘鱼儿戏水欢，石舫辟波乘风远。
姹紫嫣红鸟声脆，春怡人居入画卷。

夜游市民广场（七言排律）

一轮明月天上挂，嫦娥瞰视人间美。
宫灯似星映人影，绿草织毯绣花卉。
雕塑牧童吹长笛，林中池畔奇石垒。
金童如蝶千秋荡，亭中蒲扇摇快慰。
曲桥倚栏观荷花，七彩喷泉迷人醉。
乐曲声声遥呼应，天地共舞入梦幻。

第三节　楹联辑录

一、《昭嗣堂》楹联

金石其心芝兰其室
琴磬之韵竹柏之贞

——《昭嗣堂》前厅

理以神超润色鸿业
文为德表扬聲紫徽

——《昭嗣堂》前厅

泰山乔岳以立身明镜止水以存心
青天白日以应事光风霁月以待人

——《昭嗣堂》香楠厅

能将忙事成闲事
不薄今人爱古人

——《昭嗣堂》香楠厅

一片垂杨春水渡
两崖啼鸟夕阳松

——《昭嗣堂》香楠厅

任头生白发
放眼看青山

——《昭嗣堂》醉月半亭长廊

水流心不竞
云在意俱迟

——《昭嗣堂》坐花半亭长廊

仁风畅家事国事万事兴
和声顺天象地气一脉通

——《昭嗣堂》广场仁和亭

福地恩惠佘地脉
洞天德泽开天光

——《昭嗣堂》广场惠泽亭

临风尚能绩典经
面雨更需继史册

——《昭嗣堂》广场博衍厅

春风杨柳昭嗣堂上扶光来
秋月芙蕖尧家故里浩气涌

——《昭嗣堂》广场崇光亭

二、古桥联

望仙桥联　明·佚名撰

望眼将穿人间依稀劳我梦
卷宗已杳烟波浩渺使人愁

杨墓世家桥联　明·佚名撰

北流直接梁鸿水
南脉遥通范蠡湖
一声柔橹过新泾
半月印潭仍旧迹

小章家桥联　民国·佚名撰

南通沈渎北达香泾
西出张塘东连梅港
梁城十月此桥连梅里让乡
国难当头何处是桃源乐土

袁步桥联　民国·佚名撰

出墙门到车站 太湖吞吐来源远
经梅花过伯渎 泰伯蜿延去路长

田舍桥联　民国·佚名撰

种田造桥为的是子孙万代
盖舍铺路传后代流芳百世

三、十二生肖对联

子鼠

岁月峥嵘应知花甲易屈指珍惜少壮
江山锦绣乐与赤子同存心服务人民
雪花献瑞五龙鳞甲飞大地
绿酒添欢家人父子庆丰年

丑牛

铁牛奔驰开辟康庄大道
春花烂漫装点锦绣前程
幸福基于众人奋斗
丰收全靠群众耕耘

寅虎

虎年至矣改革拓开千条路
新春来也中华更上一层楼
忆旧岁牛劲冲霄汉神鞭一指神州巨变
看今朝虎势喜人心众志成城中华腾飞

卯兔

春回大地百花吐艳
兔跃原野万物生辉
虎去犹存猛劲
兔来更显奇才

辰龙

华夏崛起龙有传人人有志
江山多娇地成美景景成春
物华天宝欣闻禹域鸣雏凤
人杰地灵喜看神州起卧龙

巳蛇

日丽风和喜看银蛇狂舞
民强国富全靠龙马腾飞
龙蛇同体角有角无安辨
已巳异头尾长尾短当分

午马

千帆竞发几经风雨几经浪
万马奔腾一路凯歌一路春
花红柳绿河山秀丽春色美
国富民欢快马奔腾日月新

未羊

送马年春花融白雪
迎羊岁喜鹊闹红梅
羊年吉庆千家敛福
国运昌隆万物生辉

申猴

猴喜满园桃李艳
岁迁遍地春光明
花果飘香美哉乐土
猴年增色换了人间

酉鸡

金鸡报晓共唱天下春色美
红杏新开喜看中华欢颜多
鸡唱万壑长天锦
日耀千山大地春

戌狗

人欢犬宁安且吉
国富家喜乐而康
犬卧阶眠知地暖
鹊登梅歌报春归

亥猪

丁盛百代锦绣画
亥成大计富贵图
天好地好春更好
猪多粮多福愈多

四、联　趣

以下摘录顾介康所著《润绿集》联趣篇（部分）。

挽孙中山先生联

中山卧钟山，英魂游霄汉；
逸仙胜懿仙，豪气薄云天。

挽毛主席联

华夏人杰，笑谈唐宗宋祖、孙武孔明，叱咤风云，指点江山，继往开来创千年世纪；
神州诗翁，漫评李白杜甫、稼轩子瞻，经纬天地，激扬文字，推陈出新领一代风骚。

赞邓小平联

胜算家事、国事、天下事，实事求是；
融会亲情、民情、世间情，真情满怀。

拆字联

信是人言，苟欲取信于人，必也言而有信；
诚乃言成，只有守诚斯言，方能成其为诚。
偷閒门中月；
能忍心上刀。
路草沾雨径满露；
秋雨浇心人皆愁。
雨落横山满天白（雪）；
火烧枯禾满地黄（秋）。
水火相济淡然也；
日月同辉明矣哉。
山风生雾气（岚）；
雨露结水珠（露）。
山岩林山石遍地；
木桥块乔木参天。

第四节　民歌民谣

一、民　歌

山歌引

山歌勿唱忘记多，
唱唱山歌念弥陀，
念念弥陀增百福，
唱唱山歌米也多。

山歌好唱口难开，
樱桃好吃树难栽，
白米饭好吃田难种，
鲜鱼汤好喝网难张。

山歌好唱口难开

啥人说山歌好唱口难开，唱歌郎说山歌好唱口难开；
啥人说樱桃好吃树难栽，贩卖郎说樱桃好吃树难栽；
啥人说白米饭好吃田难种，种田郎说白米饭好吃田难种；
啥人说鲜鱼汤好喝网难张，捉鱼郎说鲜鱼汤好喝网难张。

你在啥地方碰到唱歌郎，我在城里厢碰到唱歌郎；
你在啥地方碰到贩卖郎，我在角场里碰到贩卖郎；
你在啥地方碰到种田郎，我在田角落碰到种田郎；
你在啥地方碰到捉鱼郎，我在太湖里碰到捉鱼郎。

买点啥个想送唱歌郎，买本山歌簿子送给唱歌郎；
买点啥个想送贩卖郎，买只更篮送给贩卖郎；
买点啥个想送种田郎，买双芦花蒲鞋送给种田郎；
买点啥个想送捉鱼郎，买口丝网送给捉鱼郎。

一本簿子有几页，一本小书十八页；
一只更篮几化(多少)只眼，一只更篮有百廿个眼；
一双蒲鞋有多少滚，一双蒲鞋有十八个滚；

一口丝网有几化(多少)根，一口三两头丝网未成根。

唱歌郎死仔烂牙床，
贩卖郎死仔垩梅桩，
种田郎死仔杉木棺材楠木盖，
捉鱼郎死仔刮桥桩。

东南风起涨潮天

东南风起涨潮天，雨水调匀好种田，高田种到墩脚下，低田种到池塘边。（众和），高田种到墩脚下，低田种到池塘边。唉哟乐唉乐哟唉！

东南风起涨潮天，雨水调匀好种田，高田种到八角螺丝旋，低田种到着脚眠。唉哟乐唉乐哟唉！

东南风起涨潮天，雨水调匀好种田，糯稻种来千缸酒，晚稻种来纳官粮。（众和）糯稻种来千缸酒，晚稻种来纳官粮。唉哟乐唉乐哟唉！

东南风起涨潮天，雨水调匀好种田。种田指望风调和雨顺，盼来国泰民安好过年。（众和）种田指望风调和雨顺，盼来国泰民安好过年。唉哟乐唉乐哟唉！

牵砻歌

四角方方一片场，老黄砻摆在正中央，三根楠木嗳高搭起，六条金索挂三夯，今日牵砻好日来，当家娘娘诈困难，牵砻原是杨家将，拗砻还是吕纯阳，三百箩毛稻牵得二百九十九石九斗九升九合零九勺米，砻头稻还有二三仓。

渔樵耕读

渔　月出东方影婆娑，划了小船下大河，捕得鲜鱼满仓归，一枕黄粱笑呵呵。
樵　太阳一出亮堂堂，手拿镰刀上山岗，砍得柴草入市去，换取米粮度时光。
耕　日出而起日落归，春耕夏耘为何来，种出稻麦像黄金，一粒粮食一滴汗。
读　十年勤奋坐寒窗，天天攻读不敢荒，读书明理为报国，道德文章传四方。

禽言歌

（一）

布谷布谷，快快撒谷，养蚕已毕，要忙耕作。
黎明即起，切不贪宿，错过季节，荒芜一熟。

（二）

喜鹊喜鹊，叽叽喳喳，庭前宅旁，飞翔树梢。
主人迎出，眉开眼笑，报来吉祥，亲朋来到。

（三）

姑恶姑恶，阿婆凶恶，家有童媳，蓬头赤足。
鸡叫起床，糠菜果腹，怨声哀号，人间地狱。

上街歌

今朝下雨谢谢天，省得戽水再拗田。
趁得空闲上街去，买点农具买点盐。
逛逛街道望望店，种田老歌泪涟涟。
勿种田的吃白米，勿养蚕的穿绸衣。

养蚕姑娘进门来

养蚕姑娘进门来，添上喜气又添财。
头眠二眠眠下来，三眠三叶守蚕台。
大眠开叶忙碌碌，摇龙上山等钱来。
发财全靠手勤劳，懒人永世不发财。

长工歌

樱桃好吃树难种，白米好吃田难种。

六月里太阳似火烧，满身大汗像水浇，东家娘娘乘风凉，长工只能立在田里厢。寒冬北风呼呼叫，长工身上呒棉袄，东家在家把火烧，长工还在绞牛料。前世作孽今世苦，来世决不把长工做。

莳秧歌

手握秧苗站水田，哥哥在前妹在后，
巧手播出行行绿，退步原来是向前。

太湖渔歌

天上那个白云顺呀顺风飘，
地上那个羊群随草跑，

长江那个鲤鱼呀逆呀逆水游。
太湖渔船顶风里格摇。

无锡景

我有一段情呀，
唱拨嘞诸公听，
诸公各位静呀静静心呀，
让我么唱一只无锡景呀，
细细那道道么唱拨了诸公听呀。
小小无锡城呀，盘古到如今。
东南西北共有四城门呀，
一到宣统三年份呀，
新造那一座么，光呀光复门呀。
无锡去来往呀，
火车真便当。
通运桥堍下才是大栈房呀，
栈房里修饰得蛮清爽呀，
热闹那个市面么，像呀像申江呀。

春天去游玩呀

顶好是梅园。
顶顶惬意坐只汽油船呀，
梅园么靠拉笃太湖边呀，
满园那个梅树么，真呀真奇观呀。

第一好景致呀，
要算鼋头渚，
顶顶惬意夏天去避暑呀，
曲折多幽雅呀，
水连那个山来么，山呀山连水呀。

天下第二泉呀
惠山脚半边。

泉水生清茶叶泡香片，
锡山么相对那惠泉山呀，
山脚下两半边，开个泥佛店呀。

二、民　谣

种田人十二个月“月半”苦乐经

正月半，吃仔元宵龙灯看。
二月半，采茶姑娘茶园转。
三月半，木鱼咭咯拜田岸。
四月半，大麦溜秋盐大蒜。
五月半，莳棵黄秧看一看。
六月半，水车掮轴蒺藜转。
七月半，盆棵芋头看一看。
八月半，糖馅麦饼镬里熯。
九月半，新米团子斋三官。
十月半，家家老小吃得白罗汉。
十一月半，前面讨债后门盘（躲藏的意思）。
十二月半，老太婆蹲在灶仓旮旯里牵虱转。

渔民谣

一条渔船橹加篙，一天到晚水上漂。
一条裤子老到小，一天三顿吃不饱。

挑夫谣

杨木扁担哟颤悠悠，
担着自己的命运，
挑着他人的需求。
风霜雨雪，崎岖山道，
日复一日春夏秋冬。
登天的台阶上，
我把脚印深深留。
生活的担子啊4斤重，
问扁担，
何时我可不再愁。

三、儿歌童谣

1.一稀奇，麻雀肚里开飞机；二稀奇，二只蚱蜢追田鸡；三稀奇，三个姑娘长胡须；四稀奇，四只黄狗拜天地；五稀奇，猢狲阿三烫粉皮；六稀奇，六月里烧火冻煞嘞灶仓里；七稀奇，七只老虎淹死嘞汤罐里；八稀奇，八仙桌子放嘞抽屉里；九稀奇，九十岁公公坐嘞摇篮里；十稀奇，十块石头氽嘞太湖里。

2.今暄礼拜三，上海下来个小瘪三。爬惠山，爬锡山，跌到屁股粉粉碎。打个电话三零三，请个医生猪头三，铜钿用脱叫叫惯，结底看看不来三，买口棺材三百三，咪哩吗啦送下山。

3.天皇皇，地皇皇，我家有个夜啼郎，过路君子读一边，一夜困到大天亮。

4.先生先，屁股尖，骑嘞马上颠嘞颠，跌嘞地上牵嘞牵，拔根胡须吃筒烟。

5.荡缸里缸，一荡荡得里床，里床一只缸，缸里一个蛋，蛋里一个黄，黄里有个小和尚，嗯呀嗯呀要吃绿豆汤。

6.刘胡兰，十三岁，参加革命游击队，她为人民牺牲了，你说光荣不光荣？我说光荣真光荣。

7.你姓啥？我姓黄。啥个黄？草头黄。啥个草？青草。啥个青？碧咧青。啥个碧？毛笔。啥个毛？三毛。啥个山？高山。啥个高？年糕。啥个年？1960年，大饼店里好生意，一只大饼卖三年。

8.洋枪打老虎，老虎吃小孩，小孩捉蜜蜂，蜜蜂刺癞痢，癞痢背洋枪，洋枪打老虎……

9.点点窝窝，虫虫做窠；有柴有米，蹲在窠里；无柴无米，扑落一飞，飞到南阳山上寻白米。

10.牵磨淘磨，做饼张舅婆。舅婆嘞唠啰里？舅婆嘞唠高山上。捺亨上去？拿根红绿丝线吊上去。捺亨下来？拿根红绿丝线荡下来。

11.笃笃笃，卖糖粥，三斤胡桃四斤壳，吃仔你个肉，还仔你个壳。

12.荷花荷花几时开？一月里开。一月里弗开几时开？二月里开。二月里弗开几时开？三月里开。三月里弗开几时开？四月里开。四月里弗开几时开？五月里开。五月里弗开几时开？六月里开，六月里荷花朵朵开。

13.康铃康铃马来哉，隔壁大姐转来哉；买点啥个菜，茭白炒炒大虾，田鸡踏杀老鸦；老鸦告状，告拨文王；文王卖布，卖着姐夫；姐夫关门，关着苍蝇；苍蝇扒灰，扒着乌龟；乌龟放屁，放得满地。

14.萤火虫，夜夜红，公公挑水卖胡葱；儿子背包做郎中，媳妇背包捉眼虫，阿婆在家糊灯笼，糊仔三日三夜，糊着一盏破灯笼；一吹吹到河当中，急急忙忙去捞灯笼。

15.摇呀摇，摇到外婆桥，外婆叫我好宝宝。糖一包，果一包，买条鱼来烧烧。头勿熟，尾巴焦，盛在碗里蹦蹦跳；猫吃仔，咪咪笑，狗吃仔，豁虎跳。跳啊跳，一跳跳到卖鱼桥，宝宝乐得哈哈笑。

16.癞痢蜡咚呛，先开电灯厂；电灯厂个老板娘，买挺机关枪，打打白相相，打嘞癞子秃顶上，痛得癞子汪汪响。

四、唱春词

廿四个节气

“立春”六九第一天，“雨水”红杏花鲜艳，
“惊蛰”芦林闻雷报，“春分”蝴蝶舞翩跹，
“清明”风筝放段线，“谷雨”嫩茶冒尖尖，
“立夏”桑果赛樱桃，“小满”养蚕采桑田，
“芒种”忙种一齐种，“夏至”稻行白如练，
“小暑”风吹早豆熟，“大暑”池旁赏红莲，
“立秋”知了催人眠，“处暑”浇苗雨涟涟，
“白露”燕去又来雁，“秋分”桂香扑鼻前，
“寒露”田埂油菜绿，“霜降”芦花飞满天，
“立冬”报喜迎三瑞，“小雪”冰花落片片，
“大雪”鹅毛兆丰年，“冬至”团子尝新鲜，
“小寒”游子思乡归，“大寒”岁底迎新年，
一年节气都唱遍，大家听得笑眯眯，
谢谢诸位来捧场，有缘下次再相见。

孟姜女过关（十二月花名）

正月里梅花是新春，家家户户点红灯，
别人家夫妻有团圆日，孟姜女丈夫去造长城。

二月杏花暖洋洋，燕子双双绕画梁，
衔泥筑巢家园建，孟姜女孤单好凄凉。

三月桃花是清明，家家户户去上坟，
别人家坟上飘白纸，孟家的坟上冷清清。

四月蔷薇养蚕忙，手提竹篮去采桑，
想起我夫万杞良，蚕丝怎比情丝长。

五月里来石榴红，我与杞良喜相逢，
池畔结伴拜天地，棒打鸳鸯各西东。

六月里荷花热难挡，蚊虫飞来难提防，
宁可叮奴千口血，莫叮奴夫万杞良。

七月凤仙入秋凉，孟姜女替夫缝衣裳，
针线扎在蓝衫上，刺我心肝牵我肠。

八月桂花庭门开，仰望孤鹰传书来，
闲人只说闲人话，那见鸿雁送书来。

九月菊花是重阳，重阳美酒菊花香，
满满敬我我不喝，要我饮酒人成双。

十月芙蓉稻上场，家家牵砻新米尝，
想起我夫万杞良，泪水拌饭口难张。

十一月水仙雪花飞，孟姜女万里送寒衣，
天上乌鸦肯领路，地下无钱步难行。

十二月蜡梅忙过年，杀猪宰羊闹喧天，
别人家夫妻同饮三杯团圆酒，孟姜女思夫又一年。

五、匠人歌

（一）

新砌灶头亮堂堂，凤凰飞过鹤来朝。
仙童玉女来烧水，西池王母来上灶。
外镬烧起万年陈，米满仓来库满银。
多福多寿多男子，合家人口齐太平。

（二）

团圆糕粽盘装好，择日良辰梁来抛。
脚踏云梯步步高，寿长百岁福气好。
一个团子圆又圆，抛到地上团团转。
巷上佬小抢到手，能保四季吃不愁。
今朝上梁日脚好，八仙都来赴蟠桃。
招财童子一道来，专到东家来送宝。
上有三星来高照，下有五福齐来朝。
天赐元宝福气好，东家准备来接宝。
上梁正逢好时辰，又有天恩天喜星。

三星高照福禄寿，吉祥如意万年春。
馒头别号称大宝，抛得远来发得快。
今朝东家来抛梁，主人客人运气好。
一盘粽子裹得好，有子有孙有财宝。
今朝抛梁抛粽子，子孙代代步步高。
今朝抛梁抛到东，日出东方万里红。
阳光烘照高梁上，家眷老小福重重。
今朝抛梁抛到南，南极仙翁心喜欢。
驾鹤来到贵府上，夫妻携老共团圆。
今朝抛梁抛到西，西池王母笑嘻嘻。
此地乃是安心地，代代子孙太平巷。
今朝抛梁抛到北，东家新造黄金屋。
历程完满都舒服，从今以后多幸福。

第五节　方言俗语

方言是一个地区、一个时代的信息载体，使不同地方产生独具个性的文化风格和与众不同的文化氛围。亘古至今，硕放的方言为吴语，自周泰伯建吴国伊始，均属吴国之地。但受地理位置的影响，境内南部带有苏州（俗说蠡南）语音，西部带有无锡口音，其他地方略有差异。

一、方言称谓

老太公——曾祖父
老太太——曾祖母
爷爷——祖父
奶奶——祖母
舅公——外祖父
舅婆——外祖母
爹爹（爸爸）——父亲
姆妈（妈妈）——母亲
丈人——岳父
丈姆娘——岳母
家主婆（老婆）——妻子
寄爷——干爹
寄娘——干妈
老伯伯——伯父
姆妹——伯母
叔叔——叔父
婶婶——叔母
姨夫——姨父
阿姨——姨母
姑夫——姑爹
阿伯——姑母（孃孃）
娘舅——舅舅
舅姆——舅妈
伲子——儿子
囡唔——女儿
女婿——女儿的丈夫
新妇——儿子的媳妇
孙子——儿子的儿子

孙囡——儿子的女儿
外甥——女儿的儿子
外甥囡——女儿的女儿
玄孙——儿子的孙子
玄孙囡——儿子的孙囡
玄外甥——女儿的孙子
玄外甥囡——女儿的孙囡
师父——师傅
师母——师傅的妻子
继父——母亲后嫁的丈夫
继母——父亲后娶的老婆

二、常用俗语

轧闹猛　看热闹。

笃定　定心。

结棍　厉害。

一本正经　形容态度严肃，面容端庄，郑重其事。有时含讽刺意。

死样怪气　态度冷漠怪癖，或有气无力，或不理不睬。

野豁豁　范围大。

白相　玩。

勿来三　不行。

败家精　指那些乱用钱、败落家财的人。

一吹一唱　两人配合着说大话。

一刮两响　言谈或办事干脆利落。

七七八八　事情完成七八成，差不多。

七勿老三欠　指说话办事颠三倒四。

七勿搭八　语无伦次，前言不搭后语。

人怕出名猪怕壮　人怕出了名招致麻烦。

刁奸龌掐　阴险，狡诈。

大麦头　“乱哄大麦头”之缩语，原指不懂寻常农事之人，后指业务不精、无本事之人。

开条富　向对方提出要求或条件。

牛吃蟹　形容做事没有找到规律，费力。

毛手搭嘞脚　做事粗糙，不细致。

跌倒握把泥　形容人勤俭持家，精打细算。

光棍　普遍指没有结婚没有后代的人。

陈大姐　指一直未嫁人的高龄女性。

黄毛丫头　指少女容貌变化大，有“黄毛丫头十八变，临到上轿变三变”之说。

小大娘子　指刚生完孩子的年轻妇女。

毛脚女婿　即与女儿关系确定但没有完婚的未来女婿。

拖油瓶　后妻再婚带来的孩子。

二婚头 妇女再嫁人（填房）。

叔接嫂 小叔娶嫂。

十三点 不懂情理的人。

呒料 糟蹋，浪费。

标致 形容美，漂亮。

呒搭嘴 性格孤僻、难以接近。

乱吱野话 信口开河，说话不守规矩。

蜡蜡黄、墨墨黑、雪雪白、赤赤紫 指颜色深的意思。

推板 差的意思。

潫浴 洗澡。

糊调 指办事马虎。

假痴假呆 假装糊涂。

皇伯伯 意指办事不牢靠的人。

三只手节头捏只田螺 形容办事十拿九稳。

三角黄石 喻刺头，难对付的人。

三拳头打勿出一个闷屁 形容性格及其内向，不爱吭声。

乡下大姑娘，有吃呒看相 指讲究实惠，不讲究外表。

千穿万穿，马屁勿穿 比喻说好话、送财物招人喜欢。

大好佬 有名气的人物。

勿搭界 即不沾边，没关系。

阿胡乱 不明事理的人。

偎灶猫 精神不振的人。

青肚皮猢狲 自顾自，没孝心，有心计但总是重复犯错误的人。

拎勿清 不明事理，不机灵。

杂格乱盘 胡言乱语废话多。

嘘头霍显 说话噱头噱脑不着边际。

门槛精得九十六 指私心重，斤斤计较，不能吃亏。

两勿来去 互相抵过，谁不欠谁。

叫花子勿留隔夜食 意指吃光用光，生活无计划。

活龙活现 形容描述或模仿的人或事物生动逼真。

倒头光 形容一有钱财马上用光的人。

恶讼师 形容专门刁难、龊掐的人。

猪头瞎眼 不动脑、不观察的样子。

蛇吃黄鳝活迸煞 形容旗鼓相当，争斗导致两败俱伤。

一只碗勿响，两只碗叮当 指双方争吵都有责任，谁也脱不了干系。

一毛勿拔铁公鸡 形容人吝啬，只进不出。

黄泥萝卜，吃一段揩一段 得过且过，先应付了眼前再说。

一滴水滴在油瓶里 事情凑巧，正好说中或猜着。

一客不烦二主 一个人全部承担，或由一个人始终成全其事。

三个勿领笨，四个不买账 太狂傲，总以为自己是对的，谁来都不服输。

勿管三七廿一 不管后果如何，也不管青红皂白，贸然行动。

喉咙三板响 拉高嗓门讲话，或是找碴。

穷穷穷，家里还有三担铜 大户人家再喊穷，家里还是有点家底的，不至于一无所有。

勿三勿四 讲话行为不正派。

老三老四 嘴巴挺硬，在别人面前充大。

投五投六 十分要时髦，上蹿下跳，特别活跃兴奋，或花尽十分精力去办某件事。

七手八只脚 众人赶紧帮着做某件事。

六十岁学打拳 人老了，还在做从没做过的事。

六十年风水轮流转 好运、厄运不会永远属于一个人，世间万物也不会一成不变。

千说千有理，万说万有理 和“千有理百勿错”意同，嘴巴不饶人，件件都是自己占理。

三、方言拾趣

1.“呒”字头俗谚

呒病一身轻 意谓一个人健康强壮，就会处于身心放松的最佳状态。

呒风勿起浪，呒火勿生烟 指事物的产生都有因果关系。

呒谎不成媒 意谓做媒的人为了撮合男女成婚，往往言过其实，甚至撒谎。几乎成了该行业潜规则。

呒荤腥勿吃饭 意谓每餐必荤，没有荤菜，吃饭不香。或指伙食苛刻挑剔、要求高。

呒脚蟹肚肚 蟹肚肚指没有脚、螯的蟹。喻谓没有下手相帮的领导；光杆司令。没有丝毫人脉关系者。

呒痛讨苦吃 意谓自讨苦吃。

呒理矮三分 意谓理亏切莫无理取闹。

呒屎占坑缸 占了坑位不拉屎，意谓占了位子不做事。

呒事勿登三宝殿 三宝殿，佛殿，泛指佛庙。因佛教称佛、法、僧为三宝，故云。本义是指没有心事不上佛殿烧香求神拜佛；喻指没有事情，不登门拜访，来者必有所求。

呒心交道 此俗语有“没有料到”或“无缘无故”之意。

2.讲良心的俗语

手心手背侪是肉 指两者很难取舍，它们对当事人来讲同样重要。

眼睛生嘞头顶心里 “头顶心”即人的“天灵盖”，此俗语形容某人高傲自大，目空一切的样子。

喜欢弄花手心 “花手心”即“弄虚作假”之意，该俗语连在一起就是“他喜欢阴一套阳一套，欺骗人家”。

小和尚念经，有口无心 形容读书三心二意，或对所学的并不理解。

花心大萝卜 指某些人外表道貌岸然，骨子里却对爱情不专一，到处拈花惹草。

定定心心 亦说“心心定定”，是劝慰那些遇事心情急躁人的常用语，常与“要勿急”连用。

行得好心吪好报 自己好心做了好事，都得不到他人应有的尊重和理解。

狮子大开口 比喻要价或所提条件很高, 亦形容人贪心。

人心侪是肉做葛 这是句劝人为善的老话，说的是大多数人都是有良心，有同情心的，不要把人家看扁了。

抠心挖肚肠 把心肚挖出来，形容费心思索。

阿大娘硬光心 指旧时那些敢于担当、心直口快做事爽脆的“女娘家”。

人心侬勿足 此俗语告诫人们，对私欲膨胀的人，不能无原则地迁就，否则后患无穷。

人有良心，狗勿吃屎 这是一句流行甚广的老话，指某些素质不好的人是不会随意改变本质的。

开开心心则成人，气气恼恼则成病 指开心快乐不易得病，才能身心健康。

面和心勿和 表面上很和气，心里却有矛盾。

触心境 无意中触到别人的伤心事。

独腹心思 一个人思考问题钻牛角尖而不能自拔。

心急吃勿得热豆腐 比喻做事不要急躁，要注意工作方法，做到循序渐进。

艾葛老小白相心忒重 此俗语是指小孩不懂道理，十分贪玩。

直心直肚肠 此俗语用来形容某人个性直爽，肚子里藏不住东西。

3.方言中的忠告

忤逆不天打，一代还一代 “天打”指雷击。老百姓认为忤逆父母会遭到天打雷轰。但一代还一代就是回报的意思，父母对老一辈的态度在家庭里孩子耳濡目染，影响到下一代是必然的。

村里出了个好嫂嫂，满村姑娘侪学好 有了好的榜样，就可能见好样学好样，影响甚远。现实生活中我们能看到好的榜样，会影响社会风气的好转。

篱笆扎得紧，野狗钻不进 团结、和睦、知己知彼、相互信任，就不会被别有用心者挑拨离间。不过也得注意，如择友不慎，用人不当，引狼入室，篱笆再坚固也起不了作用。

尝遍天下盐好，走遍天下娘好 滋味千万种，但人不可一日无盐。儿行千里娘担忧，真诚无私的天下父母心，时时处处、事事呵护着、思念着。

月子里的小人娘引嗲，新过门的媳妇婆引嗲　对小孩不要过于溺爱，对新过门的媳妇不要过于迁就。

宁可绝子，不要贼子　所谓贼子，也指乱臣贼子，小则偷盗，大则贪赃枉法，祸国殃民，这种人连父母家人祖宗都受其辱，不要也罢。

忍一时之怒，免百日之灾　怒的原因多种，有时是他人的错。你不必以怒来惩罚自己，（怒伤身）也有是误会，解释清楚就好了。不要粗暴冲动，冲动是魔鬼，不计后果，忍无可忍一时失手，赔偿是小事，发展成民事刑事诉讼，甚至进了铁窗高墙，那就何止是百日之灾，成本太大了。

有理吃理出嘞众人嘴里　自认为有理是没有用的，还得从政策国法，乡规良俗、亲情友情，道德规范，前因后果……多方考虑，多听听众人的看法是不错的。

师傅领进门，修行在自身　意指师傅教会徒弟学习的方法后，徒弟是否能学好，还要靠自身的努力。

本地胡椒不辣人，外来和尚会念经　是一句带有点揶揄口吻的语句，意为不重视本土人才，一味“崇外”（带点不服）。因此客观地说，要重视本地有特色的东西，也要吸收外埠的好的经验及优秀人才。

少吃多滋味，多吃坏肚皮　任何事不可过，古话说“过犹不及”。多吃何止坏肚皮，高血糖、高血脂、肥胖病、胃溃疡、高血压……都会吃来的。

一只碗不响，两只碗叮当　这是说吵架有矛盾不是一个人的事，双方都有问题。仅为一些日常琐事，一句不让，恶言相加，争得面红耳赤，天昏地暗，这没有必要。多说了一句又如何呢，退一步海阔天空。

吃不穷，着不穷，不会算计一世穷　个人生活、家庭生活都要计划好，要勤俭持家，善于理财，细水长流。

4.碰运气的老话

一跤跌嘞青云里　指平民百姓、劳苦大众突然交上好运，由贫变富、从平民升到好职位，一个偶然机会，平步青云。

老虫跌嘞米窠里　指谋到好工作，寻到好人家，从此脱离苦海，吃穿勿愁，告别劳碌命。此外，也指贪官谋到了肥缺。

瞎猫碰着死老虫　比喻原本根本没有希望的事，却误打误撞，取得成功，似有上天照应，发生了奇迹。

牛吃稻柴鸭吃谷，烂泥菩萨住瓦屋　牛又大又辛苦，却只吃稻草；而鸭子很小不干活，倒要吃谷子。指世运好坏不均，各人自有各人福，又可指人的命运好坏自有上天安排。

阿巧娘碰着阿巧爷　原本是“山重水复疑无路”，却变成了“柳暗花明又一村”。束手无策时，遇上巧事，奇迹发生了，一切变得异常顺利。

运来推不开，倒霉一齐来　一切皆由命运变好，好运一到，什么都迎刃而解。厄运一来，倒霉的事接踵而来。亦指“福无双至，祸不单行”。

三十年河东，三十年河西 随着时间的流逝，都有可能发生戏剧性变化，这叫做“三十年风水轮流转”，就连“砖头瓦片也有翻身日”。

老屁眼碰着粗草纸 一物降一物，强人自有强人收。再老奸巨猾之徒，也有碰到厄运之时，好运气也会有用完的时候。

吃素碰着月大 过去老年人常要吃一个月素食，有时碰上大月，就得多吃一天素。比喻难得有事相求正好不凑巧而难以办成。

5.旅行中的俗语

在家千日好，出门一时难 就是在家什么都方便，什么都顺，因为家是最最熟悉的地方，离家之后，马上就会知道艰难，没有家人，也没有自己熟悉的环境，什么事情办起来都没有在家的顺利。

出门一里，不管家里 如今出门不必牵肠挂肚。旅游就是图个开心，不必老想着家里。昔日这个说法，不过是对出门人的宽慰。也指有些人逍遥生活，热衷于离家之外的活动。

金窠银窠，不及屋里狗窠 不仅指外出旅行，更指出门闯荡，寻找出路。外面的世界再眼花缭乱，总不如穷家安安逸逸。

远到河滩头，近到灶前头 这是昔日家庭主妇的生活写照，指昔日妇女的孤陋寡闻，一辈子忙于家务，围着锅台转。

三日三夜上杭州，十日十夜还在灶前头 指昔日家庭妇女出门之难，十分形象。她们也想出门开开眼界，但农村妇女烧茶煮饭、缝补浆洗、相夫教子、地头种菜、庭院打扫等家庭琐事，致使一天也难以脱身。空想了三日三夜，闲扯了十天半月，杭州没去成，还在灶前头打转。

白乘航船还要嫌比桐油臭 是指白占了人家便宜，揩了油，还要嫌好嫌坏，那叫不知好歹!

6.带颜色的地方话

血碰鲜红 形容非常红像鲜血一样随时一碰，就会冒出来。电影《冰山上的来客》中唱的“红得好像，红得好像燃烧的火焰。”就是这种意境。

红白团川 形容人白白胖胖，白里透红。这种红与白的结合，又比雪白粉嫩的，多了健康的气色，多了活力的象征。

红堂堂 一是比喻人的脸色好，面孔红堂堂，人嘛福得得，有股富态相。二是形容环境布置好，充满喜庆的吉祥。

夹料丝白 形容面孔白得没有一点血色。一般是指生病人脸色勿好看，或者是指人在受到极大惊吓后，面孔吓到煞白。

一白遮三丑 意思是皮肤白，都可以遮盖其他的缺点。

白来财 意外获得钱财或者收获。但老人常告诫后辈，勿要依靠白来财，只有凭双手赚来的，才是“作肉”格。

放白鸽 旧时指利用年轻女子，靠色相诈骗有钱人或老年人的钱财，一般都有团伙里外接应，一旦时候成熟，就会席卷被害人钱财逃之夭夭。

羊白地 旧时的迷信说法，认为女人属羊不吉利，嫁入夫家会殃及男方受穷。据说破解之法找婆家要对生辰八字，请大师作法等，这纯属没有科学依据的老话。

青奇古怪 为人怪癖，别人很难与之打交道。这类人不可以和他们开玩笑，你闲话讲得重一点点，都是绝对勿可以的。

青头鬼、青头婆 即社会上有学不上、有工作不做，整天不务正业、为非作歹的年轻男女。

青肚皮葛猢狲 指那些教来教去学不会的、没记性的、易健忘的甚至特别笨的人。

碧绿生青 绿得翠艳欲滴。常形容雨后树草颜色翠绿得十分娇艳。

灰扑绿拓 脸色非常难看，一般指人遇到极大打击，或过度疲劳、或生重病后的萎靡不振。

绿帽子 有时也称“绿毛乌龟”。指老婆有外遇，男人不知情，或知情后也毫无办法。这种男人在背后就被人笑话。

黑铁墨塌 形容人长得黑。引伸开来是指有些人难以摸清底细，无锡人就称之为“黑铁墨塌——吃伊勿煞”。

黑心黑肺黑肚肠 这种人等同于狼心狗肺，心狠手辣，凡事都是只顾自己，害人勿要商量。

呒用场的黑心人 有些人本事没有但心大到不得了，常常是心有余力不足，老想占别人的便宜，反被便宜搭得去，老做贪小利蚀大本的事情。

7.其他俗语

轻骨头 也可倒着说“骨头轻”。指轻浮、发嗲的意思，形容撒娇的姿态，大多指小孩的表现。

作骨头 常指一般不听人家规劝，自由散漫，七更八调，我行我素。

贱骨头 贱：便宜，不值钱。指不自重或不知好歹的人。

收骨头 意谓受到约束与管教。

黑骨头 比喻没有良心的人。

嫩骨头 指正在发育成长的青年人。

嵌骨头 意指说的话话中有话，使人听了很不舒服。

激骨头 喻谓事物很冷，能刺激骨头。

懈骨头 意谓骨头松散，比喻做事松松垮垮不上劲，不当一回事；办事不踏实，随随便便，不小心谨慎。

老骨头 意指年长的老年人。

贼骨头 指偷东西的人。

瞎起劲 做事不了解情况，没有明确目标，尽花些没用的力气。

瞎天盲地 指做事没个计划，干到哪里是哪里。

遮眼遮瞎 看见只当不看见，有少管闲事的意思，也有故意放人一马的意思。

瞎三话四 和“瞎七搭八”意思相近。三和四，七和八，都是个概数。指说话没根据，或没个准数，不可作准。

瞎缠“三官经” 胡搅蛮缠，胡说八道，或故意“搞七廿三”。

瞎子不晓得天亮 指不明底细，蒙在鼓里。

眼开眼闭 也称“张只眼，闭只眼”，与“遮眼遮瞎”意思相近，有多一事不如少一事的心态。

眼不见为净 指心里不以为然，但又没有办法，只好撇开、不管。

大眼瞪小眼 你看我，我看你，谁也想不出办法来。不是说眼大、眼小，而是指职位高低，意思很明白，也很形象。

眼睛一眨，老鸡婆变鸭 指瞬息万变，出乎意料，一下子回不过神来，也指突如其来，猝不及防。

第六节　地方谚语

一、政事谚语

“八”字衙门朝南开，有理无钱莫进来。

朝里无人莫做官。

有钱能使鬼推磨。

宰相肚里能撑船。

十路封建诸侯，政见各持一端。

财主就能当官，当官就是财主。

做官不论大小，只要铜钿钞票。

有钱就有理，无钱投牢里。

狗吏不畏刑，贪官不避赃。

财主算盘响，穷人眼泪淌。

穷人身上三把刀，租重税多利息高。

有钱难买众人口。

千穿万穿，马屁勿穿。

成人不自在，自在不成人。

留得青山在，不怕没柴烧。

人不可貌相，海水不可斗量。

两个社会两样天，一个苦来一个甜。

二、农事谚语

国家有法令，种田有节令。

三百六十行，种田第一行。

地是黄金饭，人勤地不懒。

季节不饶人，种田赶时令。

种到老学到老，小暑里莳秧不出草。

河泥要罱八月泥，莳秧赶在中莳里。

鲜灰宿粪暴河泥，莳秧不莳隔夜秧。

种麦种到雪花飞，莳秧莳到蜢蝉叫。

头莳不抢，二莳不让。

麦要早种，稻要垩壅。

好树结好桃，好种出好苗。

秧好稻好，娘好囡好。

秧好半熟稻。

灶里无柴难烧饭，田里无肥难增产。

寸麦怕尺水，尺麦怕寸水。

麦种满轮头，收麦多几斗。

冬天加工盖层被，春天加工还个礼。

春天拔掉一棵草，冬天可以吃一饱。

宁可拔草芽，不愿拔草爷。

芒种三月割麦忙，稻要河泥麦要粪。

立夏前的草，种田人的宝。

春二三月暖洋洋，种田人的生活在麦田上。

没有懒地，只有懒人。

秋前不搁稻，秋后要懊恼。

寒露无青稻，霜降一齐倒。

白露白迷迷，秋分稻穗齐。

稻熟三早，麦熟一夜，菜花成熟过顶桥。

稻老要养，麦熟要抢。

十八岁姑娘正要郎，十八日黄秧正好莳。

种田不离田头，读书不忘书本。

麦子三更稻起秧，黄秧落水就成稻。

秋前拔稗长兴稻，秋后拔稗当柴烧。

三十五日秧成棵，四十五日稻成行。

人补桂圆蜜枣，稻补河泥水草。

种兴稻不及养老稻。

人怕老来穷，稻怕寒露风。

一船河泥一船稻，多罱河泥产量高。

过去种田靠河泥，现在种田靠科技。

肥是农家宝，种田不可少。

正月里燕门开，对对双双燕子飞过来。

二月里加的田岸像铁，三月里加的田岸像雪。

二月清明秧是宝，三月里清明秧是草。

三月三，大蒜炒马兰。

冬菜种心，夏菜压根；冬菜浇心，夏菜浇根。

立夏见三鲜，蒜苗蚕豆搭菜苋。

桑是摇钱树，茧是银元宝。

处暑头上一个雷，秕谷收了二三担。

处暑不握泥，立秋不动耥。

小暑里种赤豆，大暑里抛绿豆。

清明前后种瓜点豆。

芒种忙种，样样要种。

养了三年蚀本猪，兴在田头不得知。

养猪不赚钱，回头看看田。

养猪无窍，窠干食饱。

家养十只兔，油盐开销有依靠。

白米饭好吃田难种，一滴汗水一粒米。

八成熟，十成收。

前人栽树，后人乘凉。

谷雨麦怀胎，立夏麦吐穗，芒种麦上场。

种田有三宝，猪灰、河泥、红花草。

种田不除草，庄稼长不好。

三、气象谚语

立春阳气转（回暖）。

百年难逢岁朝春。

两春夹一冬，吼不被头好过冬。

逢春落雨到清明。

立春天气晴，百物好收成。

春冷冻煞老牛精。

春二三月乱穿衣。

二月里的夜雨，黄梅天的根。

黄梅里葛迷露，雨在半路。

节到惊蛰，春水满地。

过了惊蛰节，农活不能歇。

清明断雪，谷雨断霜。

春霜不露白，霜白要赤脚，春霜三天白，晴到割大麦。

夏至有云三伏热，夏至无云三伏凉。

长到冬至，短到夏至。

雨中有蝉叫，预告晴天到。

小暑勿热大暑热，大暑勿热秋煞热。

六月不热，五谷不结。

小暑头上一声雷，半月黄梅倒过来。

三伏之中大热，三冬必有雨雪。

小暑里的日头，晒开石头。

东虹热头，西虹雨。

一阵秋风一阵凉，一场白露一场霜。

白露身勿露，寒露脚勿露。

重阳无雨立冬晴，立冬无雨一冬晴。

冬至有霜年有雪。

干净冬至邋遢年，邋遢冬至干净年。

腊雪瑞，春雪灾。

立春一日，百草回春。

春季造林，莫过清明。

立夏浸种，芒种莳秧。

一场秋风一场雨，一场寒露一场霜。

秋冬西北风，天晴多霜冻。

冬雨必暖，夏雨必凉。

立春落雨到清明，一日落雨一日晴。

重阳无雨看十三，十三无雨一冬晴。

日出东南红，无雨必有风。

田鸡乱叫，大雨要到。

处暑难得十日阴，白露难得十日晴。

一寸腊雪一寸金，冬有大雪是丰年。

天上满天星，明朝热煞人。

廿十盰盰（夯夯），月上一更。

雨后东南风，三天不落空。

立秋雷响，百日无霜。

热在三伏里，冷在三九里。

鲤鱼河中跳，大雨将来到。

阴天老鹰一现，不久就会晴天。

惊蛰一声雷，蛇虫百脚醒转来。

东北风，雨太公。

乌云接日头，明朝没有好日头。

三朝迷露刮西风。

夏雨隔块田。

上看初二三，下看十五六。

日晕三更雨，月晕午时风。

十五晴，月落明。

日出胭脂红，不是雨来就是风。

日落云连山，必定有雨来。

黄昏星雨淋淋，半夜里大天明。

行仔春风有夏雨。

云往东一场风。

云往南水满潭。

云往西披雨衣。

云往北快把麦来晒。

天上缸爿云，明朝晒煞人。

虹高日低头，连夜落大雨。

天阴无露水，风大露水稀。

中午雾不散，晚上有雨来。

东霍日头红，西霍雨重重，南霍长流水，北霍狂南风。

东霍霍，西霍霍，明朝仍旧干巴巴。

四、生活谚语

1.激励奋进，诚信做人

一寸光阴一寸金，寸金难买寸光阴。

一年之计在于春，一天之计在于晨。

磨刀不搭工，落得手里松。

一个和尚挑水吃，两个和尚扛水吃，三个和尚呒水吃。

只要功夫深，铁杵磨成针。

聪明一世，糊涂一时。

不懂装懂，永世饭桶。

嘴上呒不毛，做事不牢靠。

平时不烧香，急来抱佛脚。

人无千日好，花无百日红。

三个臭皮匠，顶个诸葛亮。

坐得正，立得正，不与和尚道士合板凳。

胸无大志，白活一世。

心慌吃勿得热粥，一口气烀勿得牛头熟。

兄弟道里团结紧，门前泥土像黄金。

患难朋友见真情，酒肉朋友不长久。

河底戳得够，人心戳不够。

海水可量，人心难测。

棒头上出孝子，筷头上出忤逆。

好男不当兵，好铁不打钉。

坐吃山空海要干，一斗银子不消吃二年半。

摇了大船上的橹，不晓得小船上的苦。

人不可貌相，海水不可斗量。

好事不出门，坏事传千里。

吃得苦中苦，方为人上人。

一个篱笆三个桩，一个好汉三个帮。

浪子回头金不换。

好记性不及烂笔头。

上梁不正下梁歪。

十句九笃落，一句不着落。

抱勿上的刘阿斗。

要么楼上楼，要么楼下搬砖头。

留得青山在，不怕没柴烧。

贪小利蚀大本，吃一堑长一智。

2.勤俭持家，相夫教子

勤耕勤作辈辈有，好吃懒做样样无。

吃食看来方，着衣看门房。

越吃越馋，越坐越懒，越困越瘫。

家有贤内助，夫业做得大。

船头上相骂，船艄上搭话。

种田不着一熟，讨家婆不着一世。

牡丹虽好，也要绿叶配。

物要防烂，人要防懒。

猪困长肉，人困拆屋。

聚沙成塔，积少成多。

勿当家勿晓得柴米贵。

吃不穷穿不穷，不会打算一世穷。

冷在风里，穷在债里。

荒年饿不死手艺人。

竹篮打水一场空。

虱多不痒，债多不愁。

有钱难买子孙贤。

行行有状元，处处有能人。

贪嘴不留穷性命。

食多伤胃，忧多伤神。

冬吃萝卜夏吃姜，一世不要请医生。

蜡烛不点不亮，木鱼不敲不响。

相骂呒好口，相打呒好拳。

烂木头余勒一浜斗。

龙生龙，凤生凤，老虫生格伲子掘壁洞。

精精精，剩条筋。

男做女工，越做越穷。

叫花子不留隔夜食。

颈根绝细，独想食祭。

吃饱差不动，坐定打瞌眈。

若要俏，冻得昂狗叫。

3.伦理道德，礼仪之道

白天不做亏心事，半夜不怕鬼敲门。

金乡邻，银亲眷，乡邻好，赛金宝。

若要好，老敬小。

家有老人是个宝，不敬不孝要懊恼。

若要人敬己，必先己敬人。

满碗饭好吃，满口话难说。

行仔好心有好报。

人情不欠礼，一礼还一礼。

行仔春风有夏雨。

你待我一尺，我还你一丈。

千里送鹅毛，礼轻情意重。

勤劲讨家婆，懒朴送丈母。

门前骑着高头马，不是亲来也是亲。

狗咬吕洞宾，不识好人心。

瘌痢头伲子自家好。

偷鸡不着蚀把米。

敬酒不吃吃罚酒。

死要面子活受罪，借子铜钿买棺材。

黄毛丫头十八变，临时上轿变三变。

天上老鹰大，地下娘舅大。

4.劝人为善，以诚相待

大佛磕磕拜，小佛踢一脚。

狗眼乌珠看人低，只认衣衫不识人。

人正不怕影子斜，脚正不怕鞋子歪。

朋友千个少，冤家一个多。

各人头上一方天。

困龙也会上天庭。

砖头瓦爿也有翻身日。

救人救只落坑狗，回过头来咬一口。

额骨头上七个字，只吃别人不吃自。

当仔和尚骂贼秃。

开开心心成人，气气闷闷成病。

第七节　歇后语

船头上跑马——走投无路；
乌龟爬门槛——但看此一番；
弄堂里拔木头——直来直去；
七总管死脱爷（爹）——六神无主；
剃头师傅赚钱——众人头上刮；
三婶婶嫁人——打主意勿定；
江西人钉碗——自顾自；
脱裤子放屁——多此一举；
猫见尿尿泡——空欢喜；
棺材里伸出手来——死要钱；
活猕敲镗锣——一场无结果；
活猕戴帽子——像煞有介事；
刀切豆腐——二面光；
瞎子吃馄饨——肚里有数；
城头郎出棺材——远兜远转；
顶仔石臼做戏——吃力勿讨好；
癞痢头撑阳伞——无法无天；
宜兴夜壶——独出张嘴；
老鼠躲在风箱里——两头受气；
三个节头指捏田螺——十拿九稳；
驼子跌跟头——两头勿着实；
叫花子死勒丰乐桥——两头勿管
橄榄核填台脚——活俚活络；
夜壶里蹲坑——恰扣恰；
外甥提灯笼——照旧（舅）；
肉骨头敲鼓——昏咚咚；
生米煮成熟饭——既成事实；
鼻头上挂鲞鱼——休想；
出头椽子——先烂；
床底下吹喇叭——低声下气；
床底下放鹞子——大高而不妙；
吊煞鬼擦粉——死要面子；
对牛弹琴——一窍不通；
飞机上吊大闸蟹——悬空八只脚；
狗捉老鼠——多管闲事；
挂羊头卖狗肉——表里不一；
过河拆桥——忘恩负义；
黄豆萁炒黄豆——绝子绝孙；
王婆卖瓜——自卖自夸；
黄鼠狼给鸡拜年——不安好心；
姜太公钓鱼——愿者上钩；
老虎头上拍苍蝇——自找死；
老鼠钻进书堆里——咬文嚼字；
两个哑子困勒一头——呒不话头；
螺蛳壳里做道场——打不开排场；
墙头上刷白水——白刷（说）；
热锅上的蚂蚁——团团转；
三亩田竹园一只笋——独一无二；
上眼皮看下眼皮——目光短浅；
铁将军把门——家中无人；
歪嘴和尚——念不出好经；
蚊子叮鸡蛋——无孔不入；
小葱拌豆腐——一清二白；
猪八戒照镜子——里外不是人；
竹篮打水——一场空；
苍蝇掐了头——死活不知；
老鸡婆生疮——毛里有病；
脚炉盖当镜子——看穿；
蜻蜓吃尾巴——自吃自；
蛇吃黄鳝——活迸煞；
肚皮上贴膏药——服帖；
泥菩萨过江——自身难保；
屎坑上敲锣——臭闹；
哑子吃黄连——有苦说不出；

擀面杖吹火——一窍不通；

骑驴看唱本——走着瞧；

三亩地通到河——没有岗（讲）头；

麻子涂粉——蚀煞老本；

戏台上的胡须——假的；

瞎子点灯——白费蜡；

胸口头挂钥匙——开心；

秃子头上的虱子——明摆着；

田鸡跳在戥盘里——自称自卖；

砻糠搓绳——开头难。

第六篇

社　会

第三十章

人民生活

中华人民共和国成立后，在中国共产党领导下，进行土地改革，农业生产迅速恢复和发展，尤其是农业合作化以后，粮食产量逐年提高。1957年，农民人均年收入为58元，比1955年合作化以前的46元增长近30%。人民公社成立后，人民生活进一步得到改善。1959年至1961年三年困难时期，经济状况一度倒退，境内非正常死亡时有出现，全社的人口自然增长率为-4‰，人民生活水平明显下降。1961年，全社人均分配水平又回到合作化以前的46.5元。“文化大革命”时期，农民收入增长缓慢，人均分配水平一直在百元之内徘徊，仅个别年份超过100元（1975年达到102.7元）。中共十一届三中全会以后，农村实行经济改革，乡镇工业迅速发展，农民年收入大幅度提高。1985年，全乡人均集体分配水平达到682元，与1975年相比，十年增长6.64倍。1990年以后，硕放乡人均收入超过1000元，并以50%以上的增长速度快速递增。1992年，人均纯收入1673元，超过国家统计局1992年公布的农民人均纯收入1200元的小康水平测评标准。至2000年，全镇人均收入水平达到5980元，比1990年的1025元增长5.83倍。人民生活从“小康型”向“富裕型”迈进。随着家庭收入的不断增多，居民生活条件逐步趋向城市化。人们的理财理念、消费观念也不断更新，投资趋向多元化。步入21世纪，随着城市化建设的快速推进，农村居民分期、分批向社区集聚，家居设施更新换代，居住条件得到进一步改善。人民群众的生活从学有所教向学有优教提升，劳有所得向劳有多得提升，病有所医向病有良医提升，老有所养向老有颐养提升，住有所居向住有宜居提升。2013年，硕放街道居民人均纯收入达到2.84万元，比2000年的5980元增长4.76倍。

第一节　生活来源

一、农民收入

解放前，硕放境内农民以从事农桑耕作为主要生活来源，生活极其贫困。境内157户地主和105户富农占总户数的3.5%，占有土地近20%，而占总户数96.5%的贫雇农及中农只占土地总数的80%，贫雇农人均占地不到0.5亩。占有大量土地的地主、富农则出租土地收取地租，部分无地或少地的农民则依靠打短工、扛长工、做佣人、佃入土地维持生计，一年辛勤劳动缴纳地租后，所剩无几，收不抵支极为普遍。

1949年10月，在地方政府的领导下，按照上级的组织部署，全面展开以减租减息为中心的群众运动。每亩租额一般减少稻谷20多公斤，租额高的每亩减少40多公斤。1950年9月，境内贯彻“放手发动群众，大胆开展运动”的方针，依靠贫农雇农，团结中农，孤立富农，有步骤地开展土地改革运动，消灭封建剥削制度，没收地主土地，分给无地少地的农民发展农业生产。同时还将没收来的房屋、随房家具、农具、家畜、粮食等生产生活资料分给无房少房和生活困难的贫雇农。土地改革实现了“耕者有其田”，广大劳动人民真正成为土地的主人，激发了广大农民的劳动热情，农业生产力在新的生产关系下得到发展，农民的生活来源得到基本保障。

农业合作化以后，粮食产量逐年提高，基本上家家有余粮可卖，农民生活逐年提升。1957年，农民人均分配水平58元。1958年9月硕放人民公社成立以后，人民生活进一步得到改善，但由于当时农村采用“大兵团作战”的方式，“瞎指挥”风盛行，大搞“一平二调”，境内各地大办食堂，实行“吃饭不要钱”，大刮“共产风”，虚报粮食产量，大放“高产卫星”，致使复苏的经济又面临滑坡。1959年至1961年三年困难时期，全社粮食产量大幅下降。1960年全社粮食总产仅1144万公斤，成为历史上的最低年份，比1959年1841万公斤减产698万公斤，减幅37.9%，人民生活又到了难以保障的地步。农民人均每月定量为6.2公斤，“瓜菜代、刮树皮、挖野菜”等充饥较为普遍，浮肿病、消瘦病、青紫病等营养不良症大量发生，人口自然增长率出现负数。1961年，全社人均分配降为46.5元。1962年起，在调整中具体落实党对农村的政策措施，农村粮食连续五年大幅增产。1966年，全社粮食总产达到了2283万公斤，人均分配口粮达300公斤，人均年收入水平为105.8元。20世纪60年代中后期至70年代中后期，农民收入增长缓慢，人均分配一直在百元左右徘徊。生产队年终分配，只有部分农户尚能分到少量现金，部分农户由于人多劳少、四属户（干部、职工、教师、军人四种人员的家属）等原因，成为亏欠户，只能交钱买粮或吃“周转粮”。

1959—1981年硕放人民公社农民人均口粮一览表

表 30-1

年份	分配人数（人）	人均口粮（公斤）	年份	分配人数（人）	人均口粮（公斤）
1959	29411	151.90	1971	38367	292.50
1960	28339	159.70	1972	38660	281.30
1961	29673	177.20	1973	38969	286.30
1962	29842	260.85	1974	39271	292.50
1963	33257	317.50	1975	39695	291.75
1964	34235	278.00	1976	40124	294.85
1965	34769	293.30	1977	40381	289.60
1966	35495	300.00	1978	40678	310.20
1967	35966	272.50	1979	40468	331.90
1968	36528	259.00	1980	40460	317.05
1969	37274	271.00	1981	40137	276.55
1970	37872	272.00			

1978年中共十一届三中全会后，国民经济和社会事业快速发展。1982年全社全面推行家庭联产承包责任制后，极大地调动广大农民生产积极性，农业生产稳步发展，国家又提高农副产品收购价格，农民收入有所增加。同时乡镇企业迅速发展，集体经济不断壮大，农村普遍建立“以工补农”“以工建农”制度，推动农业机械化和农业社会化服务。境内涌现出一批种粮专业户和小农场，承包各家各户的责任田，使大批农民转移到社队工业和第三产业，农民从“农兼工”为主逐步转向“工兼农”“工兼商”为主，家庭收入来源逐渐拓

宽，范围越来越大。各行各业欣欣向荣，人民生活不断提高。1992年，全乡农民人均分配水平达1623元。农民从工业、商业、运输业、服务业等非农业收入中得益的部分占人均分配的60.5%。1993年至2000年，农民收入来源更趋多元化，但从镇村工业所得的收入仍遥遥领先于其他收入来源。2000年，全镇工业企业237家，职工1.17万人，全镇农民从镇村企业所得人均收入为3887元，占全年人均分配水平的65%。

2000年以后，随着农村城市化建设的快速发展，地方政府结合当地实际，因地制宜提出的“农村变城市，农田变工厂，农民变市民”的愿景目标逐步实现。2003年5月1日，取消农业户口与非农业户口的差别，统一称为家庭户，农民逐步住进宽敞明亮的安置房和商品房。2013年，全街道居民人均年收入2.84万元，人民生活从“小康型”向“富裕型”迈进。

1957—2013年（部分年）硕放农（居）民人均年收入一览表

表 30-2 **单位：元**

年份	人均年收入	年份	人均年收入
1957	57.96	1993	2100.00
1958	54.05	1995	3050.00
1960	73.87	1998	4752.00
1966	105.80	1999	5308.00
1970	96.90	2000	5980.00
1975	102.70	2002	7080.00
1978	111.40	2003	7680.00
1979	133.60	2004	8300.00
1980	123.90	2005	10067.00
1981	128.60	2006	11810.00
1985	682.00	2008	14890.00
1986	803.58	2009	16678.00
1987	899.63	2010	18650.00
1988	998.00	2011	21500.00
1989	987.00	2012	25100.00
1990	1025.00	2013	28436.00

二、渔民收入

中华人民共和国成立前，渔民地位较低，当地人称其为“网船驼子”。他们长期过着“以船为家，捕鱼捉蟹”的水上生活，收入极不稳定；长年累月在江河湖泊水上作业，寒暑不辍，风吹日晒，手脚皲裂；加上缺粮少医，营养不良，疾病缠身者较多。渔船结构简陋，在船中舱架一棚子，两头用树棍、木棒搭成舱门楣，然后用一根竹子绑扎成拱形，在竹龙骨上盖一层芦扉，以油纸满铺，再盖上一层芦扉即成船棚。一般渔民虽有一条连家渔船和渔具，但几代相传，绝大多数是船漏网破，有的渔民不得不借高利贷租船使用，聊以糊口。遇到刮风下雨、冰冻雪飘，无法捕鱼时，部分渔民断炊即行乞村巷，被称为“渔化子”。

1953年，境内成立墙门渔会，隶属于无锡县渔会管理。从此，渔民享受市镇居民待遇，渔民的粮、油、煤、柴等生活必需品均由国家按月定量供应，使渔民的基本生活得到保障。1959年，原分散在外公社的渔民陆续回到硕放，公社新建渔业大队。20世纪70年代起，为摆脱渔民长期漂泊的流动生活，政府逐步为组织安排渔民陆上定居、建立固定的生产、生活基地创造条件。渔家子弟有了读书的机会，大队相继办起扫盲识字班、幼儿园、小学复式班。同时，又先后办起五金加工厂、电器开关厂、电器厂等工业企业。硕放人民公社的渔民开始走上渔、工、商全面发展的道路，渔业生产以养殖为主，工业生产以加工为主，商业以生活服务为主。中共十一届三中全会以后，渔民收入逐年提高，人均收入水平一直在当地农民人均收入水平之上。1985年起，渔民先后建起楼房。1998年，分别有5户人家建成别墅。随着渔硕苑安居房住宅小区的建成，至2013年，共有138户渔民入住。随着墙裕村居民收入水平大幅提升，居民生活发生翻天覆地变化。

1998年墙裕村别墅小区

1970—2013年（部分年）墙裕村居民人均年收入一览表

表 30-3　　单位：元

年份	1970	1975	1985	1995	2005	2013
人均年收入	95.5	156.4	820.7	3780.1	14188.0	28580.0

三、大集体职工收入

1956年，境内由原铁业、木业、竹业三个合作社组成硕放手工业联社（后为轻工机械厂）。1961年，由县手工业局接管，属大集体性质。当时由县社办企业局分配物资，进行家具、竹器和铁制农具等生产，定期缴纳税金，自负盈亏。当时木工（包括箍桶匠）、铁匠、竹匠、漆匠等学徒工的月工资为12—14元，跟师学艺一年，月工资为15—16元；两年后的月工资为18—20元；三年满师后，月工资为24元。但师傅的工资最多也不会比学徒工资多10元。刚开始，师傅工资：木工25元，漆工22元，铁工44元。裁缝因无法定工，有淡、旺季之分，故实行计件工资，但比起其他工种，还要低一截。20世纪60年代后期至70年代初，手工业联社全面实行计件工资制，但其平均月工资为40元。1978年，大集体职工基本日工资人均为1.8元，平均月工资55元。

四、乡镇企业职工收入

20世纪60年代中期至80年代初，社队办厂务工人员的报酬经历从工分制到工资制的系列变革。原为收入归队，由生产队评工记分。其间，在社队办厂务工的人员每天领取0.15元菜金补贴，工资全额转队，由生产队评工记分。1983年起，社队办厂全面实行工资制，职工工资调到1.2元、1.25元、1.5元，月收入分36元、37.5元、45元不等。技术人员日工资最高的有2元，月收入可得60元。以后又实行计件制和计时制，按劳取酬，多劳多得。年终统一编制方案，集中审批，分配兑现。20世纪90年代中后期，乡镇集体企业全面转制，企业与职工签订劳动用工合同，工资福利待遇进一步提升。2000年以后，职工年收入增长幅度一直保持在20%左右。

1973—2005年（部分年）硕放镇（公社、乡）企业职工人均年收入一览表

表30-4 单位：元

年份	人均年收入	年份	人均年收入
1973	376.80	1992	1969.00
1974	380.16	1993	2623.00
1975	340.92	1994	3299.00
1976	329.04	1995	3939.00
1977	340.68	1996	4560.00
1978	381.96	1997	5017.00
1979	382.56	1998	5738.00
1980	382.08	1999	6894.00
1981	419.04	2000	7694.00
1986	1069.00	2001	9123.00
1987	1189.00	2002	10223.00
1988	1318.00	2003	10998.00
1989	1309.00	2004	11823.00
1990	1328.00	2005	12513.00
1991	1108.00		

五、教职员工收入

解放前，教师收入较低，生活清贫，时称“十个先生九个穷”。清末兴办新学时期，不少教师为提倡新学而不计报酬，一般塾师生活比较清苦。民国23年（1934年），县立学校教师工薪：初中教师平均月薪39.4元，最低18元；完全小学教师平均月薪23.98元，最低16元；初级小学教师平均月薪16.54元，当时米价每石白粳为5—6元。民国29年（1940年），初小级任课教师月薪29元，高小级任课教师月薪30元，工资未升，而当时物价上涨10倍以上（当年2月每石白粳价70元），教师生活较为困难。民国31年（1942年）5月，每石白粳涨到250元，教师生活陷入困境，伪县政府发动小学生献大米救济教师，每个学生至少献米1升。民国32年（1943年），小学教师每月2石（120公斤），折米价发放。解放初，教书先生仍以大米作标准，每人每月大米35—40公斤。1950年初，以折实单位计发奖金，每人发放标准为13—30个折实单位（1个折实单位为1元），人均月薪为16个折实单位。1952年7月起实行工资分为单位的工资标准，公立小学教职员每人每月为73—84工资分，折现金为17.2—20元。1956年实行货币工资制，同年6月实行工资改革。工资改革后，中小学公办教师月薪平均36元。1963年，又一次较大幅度调整工资，半数以上教师得到调资。1972年，对部分低工资教职员工进行工资调整。1977年底，全社50%以上的教职员工增加一级工资。1979年底，又有50%的教职员工增加一级工资。1981年底，采用"先补后靠再升级"的办法调整工资。全社教职员工普遍增加一级工资，贡献大、教龄长，与同类人员相比，工资偏低的教职员工升两级。当年人均月薪增8.5元，民办教师每人每年增加补助费50元。1985年，实行以职务工资为主的结构工资制，首次实行工龄津贴和教龄津贴，小学教师人均月工资增加28.8元，中学教职员工人均月薪增加25.3元。至1989年底，全乡教职员工平均月工资为118.8元（含工龄工资、教龄津贴）。同时，对乡村幼儿教师参照公办教师工资改革的办法增加工资。2005年，小学在编教职员工人均月收入2000元，加年终奖金后年收入达2.8万元。民办教职员工人均月收入1760元，加年终奖金后年收入2.53万元。2009年，全面实行绩效工资制，小学在编的教职员工平均月收入4800元，加上绩效考核工资年收入均在7.8万元左右。中学教职员工平均月收入5000元，加上绩效考核工资年收入达8万元左右。2013年，在编教职员工平均月收入5600元，加上绩效考核工资人均年收入为8.9万元左右。中学教职员工平均月收入5700元，加上绩效考核工资年收入达9万元左右。

六、医务人员收入

解放前，大墙门、薛典、硕望桥、王家桥、曹家门前等地都设有私人诊所。医务人员主要是中医（俗称"郎中先生"），西医为数不多，仅有少数医校毕业生，中医主要以带徒的形式培养传人。旧时，郎中收费比较低廉，名气稍微响一点的郎中平日里比较忙，收费也就高一点。中华人民共和国成立后，各级医疗机构逐步健全，个体医生大多数参加联合诊所，游医药贩逐渐减少。1952年，地方政府将境内的个体医生组织起来，成立墙门联合诊所。所内实行按劳取酬，自负盈亏，人均月收入不到10元。1958年12月，墙门联合诊所更名为硕放人民公社医院，下设四个保健站（硕望桥、薛典、塔西、曹渡）。医院共有医护人员46人，经济统一核算。当时人均月收入为30元。1966年，硕放人民公社卫生院有工作人员48人。主要医生月收入71元，其他人员平均工资为40元。20世纪80年代，医护人员人均月收入45元。1993年硕放镇医院人均年收入2500元。进入21世纪，城镇化建设快速发展，医疗事业突飞猛进。2002年11月，启动新型农村合作医疗制度，医务人员收入有较大幅度提升，人均年收入达到3.5万元。2007年，成立硕放街道社区卫生服务中心，医疗事业得到长足发展。2013年，社区卫生服务中心在编医护人员人均年收入9.67万元，编外人员人均年收入6.75万元。

七、供销社职工收入

1951年8月供销社成立时，人均月工资为26元。1955年，人均月工资为32元。1956年工资改革，调整率达80%以上，工资增长20.5%。1963年7月起，供销社职工全面调整工资。1965年，按新颁发的八级工资制度调整职工工资，职工年平均收入455元。一段时间，职工年收入一直保持在450—500元，其中1973年职工年收入达495元。1977年至1978年，又有40%的职工工资调整，同时提高亦工亦农人员报酬，职工年平均收入548元。按照上级规定，对2%的拔尖人员先后有六次较大幅度的调整。1982年10月，职工人均月收入增加7元。1983

年，职工年平均收入达645元。1985年7月，人均月工资又增加18.2元。1986年10月，人均月工资再次增加12元。1991年，职工年平均收入1950元。之后的十年中，职工年均收入逐年递增。2000年，职工年平均收入为7800元。2001年12月，供销合作社全面改制，随着企业部门经济效益的提升，下属企业职工的工资明显增长。2005年，改制企业职工年平均收入达1.3万元左右。至2013年，职工年平均收入达到2.8万元左右。

八、机关干部收入

中华人民共和国成立之初，机关干部实行供给制和工薪制。1952年，供给制改为包干制，每月领取大米40公斤，人均年收入为480公斤大米。1956年，全国进行工资改革，乡级干部统一实行等级工资制（4类地区标准），人均月薪34.16元。1963年至1965年，人均月薪42元。1979年增资面较广，凡1978年底前参加工作的人员增加工资，人均月收入增加7.25元。同年10月，无锡地区工资类别由4类调整为5.33类标准。1981年以前进入机关的农村干部，工资转队靠农村大队同级定员干部核定其报酬。1982年10月，机关干部普调工资，公社干部人均月薪增8.3元。1985年，机关、事业单位工资改革，实行结构工资，人均月收入增加20.7元，硕放乡机关在编人员23人，月工资平均89.91元。同年，因物价不断调整，国家实行副食品补贴每月5元，四项补贴每月8元，加上住房补贴、书报费、洗理费等，人均年收入近1500元（含特殊奖金）。1990年3月、8月，两次普加一级工资，1995年机关干部人均年收入1.03万元。20世纪90年代中后期，机关干部实行基本工资加绩效考核工资（奖金），即平时按基本工资发放，年终按百分考核核定的报酬发放，年总收入逐年略有增长。2000年，机关工作人员人均年收入2.2万元左右。2001年以来，机关工作人员的年收入一般按地方经济增长的比例逐年递增。2005年，人均年收入4.11万元左右。2013年，人均年收入11.84万元左右。

第二节　衣食住行

一、衣

中华人民共和国成立前，人们的穿着习惯总体上还是沿袭清末民初的装束。穿西装、中山装的极少。普通男子服饰以黑青为主，以适应劳动时耐脏、耐洗、耐磨的需要。年轻女子较艳丽俏美，年长的讲究淡雅朴素，老妇人以黑灰为基调，质朴稳重，质地大多为农家自织的土布、粗纱布、青老布、竹布等。富人长袍马褂；商人长衫棉袍和对襟夹褂为多；平民则穿大小襟式或对襟短衫和棉袄，上衣为衫，下衣为裤。男子冬天系条竹裙保暖。女子穿的旗袍也有大小门襟，长及脚面，短仅过膝，春秋穿夹，夏穿单。袖口随季节变换，有中、长、短之分，质地有香云纱、织锦缎、丝绒、毛皮及普通的阴丹士林布，纽扣形形色色，如双排长脚纽、琵琶纽、蝴蝶纽等。富人都用绫罗绸缎、呢绒衣料，农民大多用棉布或自织土布成衣。也有家境贫寒的，以麻袋片或洋面粉袋缝就衣服蔽体，一件破棉袄，一根草绳束腰过冬。甚至一件衣服父母传给子女穿，兄姐传给弟妹穿，补丁加补丁。穿鞋戴帽差别也大，富人戴狐皮帽、穿呢绒鞋，平民戴罗宋帽、穿蚌壳棉鞋，穷人戴破毡帽、穿芦花蒲鞋。

中华人民共和国成立至20世纪70年代，人们穿着逐步好转，流行的服饰为中年人和青年男女穿灰色和藏青色的列宁装，大翻领、双排扣、束腰带；男学生装为立领暗袋，女学生装为宽阔背带短裙配白衬衫。年轻人中出现春秋装、上海衫、香港衫。中老年人还有穿对襟老式中装和长衫的。1960年前后，男男女女几乎都穿一身毛蓝布中山装。就农村而言，衣着变化不大，仍沿袭“新三年、旧三年、缝缝补补再三年”的传统。“文化大革命”期间，最时髦的是一身草绿色军装、军帽、球鞋，一条皮带加一只草绿色挎包。农村还一度流行裤子上“掼大腿，贴屁股”（裤子的大腿部和臀部容易坏）。农村中养羊人家剪下羊毛纺成粗毛线，织结成名实相符的羊毛衫。戴解放帽的居多，也有一些青年妇女戴绒线编结连两短小围巾的畚箕帽，穿解放鞋、松紧鞋。20世纪70年代起，盛行“的确良”和“尼龙袜”。20世纪70年代末，“涤卡”布料上市，男的做中山装，女的做一字领上衣，配以同类色的有机玻璃纽扣。后又盛行夹克、风衣、大衣。补丁衣服不穿了，粗纱布逐步消失。

20世纪80年代起，家庭经济收入增加，人们衣着逐渐讲究，穿滑雪衫、蝙蝠衫，V形领、三翻领等款式的衣服，戴皮帽、雷锋帽、绒线帽和穿皮鞋的人多了起来。20世纪90年代中后期，“唐装”渐起，仍以传统中式服装为主，只是裁制更合体，用料更华丽。人们穿衣不再仅为保暖，而是讲究舒适、整洁、大方。

进入21世纪以后，由于生活水平普遍提高，穿着打扮已趋向高档时尚。随国际流行，伴世界品牌，款式新颖，雍容华贵，彰显个性。年轻男女穿着打扮更是模特风范，女子服饰向紧身、轻薄、柔暖、艳丽方面发展。牛仔裤、背带裙、连衣裙、百褶裙、长的“一口钟”、短的“迷你裙”、露背露脐背心、露腿低腰裤成为年轻女性的夏日时尚。唐装、无袖旗袍、金毛长裙、各式西装、毛涤风衣、牛仔衣裤、休闲服装、各色羽绒服为男女老少所爱。

二、食

中华人民共和国成立前，人民生活多数处于贫困状态。一日三餐早晚两头稀已属中等水平，一日两餐薄粥菜糊充饥的也不少见。麦上场以面粉辅佐，到农忙季节才吃些瘪子团、包馅团、面疙瘩等耐饥点心。乡间流传着“面黄昏粥半夜，南瓜当顿饿一夜”的俗语。若逢水旱虫灾等荒年，不少人家只能靠山芋、南瓜、糠麸、野菜生存。下粥菜常有自家腌制的萝卜干、雪里蕻，或冬天踏一缸水腌菜，能吃上一冬一春，剩余的切碎晒干成菜干头，炖软仍可作下粥菜，也可同肉烹成菜干肉。中等人家也有以腐乳或炒碗黄豆下粥。饭菜常为青菜、韭菜、菠菜、萝卜等。逢年过节，亲友造访才舍得买些鱼、肉。平时想吃些荤腥，就到河滩头摸螺蛳，或到稻田里挖田螺，再就是捕鱼、捉田鸡、钓黄鳝。自产鸡蛋舍不得吃，要换油盐钱。农闲时村姑结伴到野外挖马兰头、荠菜。家酿老白酒是农民招待客人和自享的爱物。富户常年有酒肉，时有高档食品，也有日常较节俭者，聚敛钱财用以置办扩大田产。

中华人民共和国成立至20世纪70年代初，农民生活逐步摆脱困境。1958年9月，人民公社建立，境内办起200多个公共食堂，实行吃饭不要钱，时称“放开肚皮吃饱饭，鼓足干劲搞生产”，结果粮食吃空，生产还是搞不上去。紧接着三年困难时期，粮食供应紧张，中共无锡县委规定每人全年口粮为240公斤（原粮），按照“忙时吃干，闲时吃稀，粮菜混吃，细水长流”的原则安排。春节每人加粮2.5公斤，端午、中秋、国庆、元旦加粮1公斤。1961年，一段时间内每个社员月食粮标准仅12斤4两，时称每日“四两一钱三”。公社号召粮菜混吃，时称“瓜菜代”，有的社员割集体的红花草，视作“救命草”，开水一焯，挤干水，捏成团，滚层粉，时称“解放团子”；有的以榆树皮晒干磨粉做团子；有的挖浆板草、棉苋头等野草充饥。不少农户以家具或衣物，到无锡、苏州等地换取大米、豆渣、胡萝卜和山芋度荒。由于口粮紧张，农产品涨价，市场上大米每斤3元，猪肉每斤5元，山芋、胡萝卜、大白菜每斤0.64元。社员由于口粮减少，鱼肉等荤食品奇缺，营养跟不上，饥饿患病者增多，浮肿病、消瘦病、青紫病等大量发生。1962年，公社组织医务人员收留重病员观察治疗，根据病情轻重，可到粮管所照顾领取2—3斤青糠。大多数人病情得到好转，但由于当时环境恶劣，医疗条件有限，也有重病死亡人员出现。20世纪60年代后期，市场物资奇缺，粮油等物品实行计划价，居民生活日用品都要凭票凭证供应，与粮食有关的食品既要钱又要粮票，两者缺一不可。

1966、1976年硕放人民公社粮油食品计划价格对照表

表 30-5

年份	中白粳（公斤/元）	食油（公斤/元）	食盐（公斤/元）	黄酒（公斤/元）	青鱼（公斤/元）	肉（公斤/元）	鸡蛋（公斤/元）	阳春面（3两碗/元）
1966	0.28	1.54	0.30	0.44	1.08	1.50	0.10	0.10
1976	0.28	1.58	0.30	0.68	1.06	1.50	0.14	0.10

中共十一届三中全会以后，食品计划供应日趋淡化，市场供应逐步放开，每个家庭鱼、肉、蔬菜等食品搭配均匀，粮、油、蛋等主副食品有了基本保障。随着乡镇工业的迅猛发展，部分企事业单位办起食堂，单位员工都能在食堂就餐。晚上一家人围桌而坐，晚餐逐步成为正餐。

20世纪80年代起，农村实行家庭联产承包责任制，家家口粮自给有余，饮食开始讲营养，菜肴荤素搭配，日益丰富。20世纪90年代以后，人们对餐饮更加讲究，早晨开始有馒头、油条、鸡蛋之类，下粥菜也有花生及酱菜。因就近太湖水产丰富，餐桌上除常见的鲫鱼、鳊鱼外，青川鱼、基围虾、带鱼等也渐成佳肴。饮用啤酒开始普及。市场副食品供应比较充足，饮食有了较大的改善，除常见的蔬菜外，芦蒿、生菜、西芹、菇类等成了时尚的菜肴。鸡、鸭、鱼、肉属荤，海鲜、鸽子、鳗鳝、牛蛙、甲鱼等较昂贵的食品已出现在百姓的餐桌上。黄酒、葡萄酒、啤酒、各类名贵白酒、饮料和营养品不再是富豪的专用品。进入21世纪以后，随着“木园堂”的恢复盛行，一般普通百姓人家都会根据酒席桌数，预定搭建“木园堂”办酒席，既经济又实惠。人们生活水平日益提高，进入饭店、酒家的频率增多，尤其是逢年过节、婚丧喜事上酒店办酒席的不为少数。由于菜肴精、油水足、营养过剩，慢性病“三高”（高血压、高血脂、高血糖）人群日趋增多。

1984年，乡政府在墙门西街开凿一口120米深的水井，建30余米高、可储水120吨的水塔，镇区居民及周围墙南、墙门等五个村的农户率先使用自来水。20世纪90年代，境内又建造四座深井，全镇居民大部分用上自来水。2003年，为控制地下水严重超采引起的地面沉降，政府对全镇所有深井全面封井，居民普遍饮用太湖源自来水。

人们一日三餐的柴火沿袭祖辈传统，仍以稻麦柴草为主，尤其是20世纪70年代种了“双三制”后，稻麦柴更是紧张，一段时间大多数人家燃料不足。部分群众到铁路路基上扫煤屑；部分群众到望亭电厂附近扒煤灰；部分群众到省滩荡扒黑泥，还有部分群众用晒干的茅草树叶以解燃料不足之困。20世纪80年代起，许多家庭开始以煤球为主要燃料（凭票供应）。1990年以后，煤销量逐年减少，被液化气所取代。2000年以后，农村居民拆迁后渐向社区集中，开始使用无锡华润管道煤气，后又全面使用天然气。

三、住

中华人民共和国成立前，境内村民居住的房屋多为低矮平房，样式与类型大同小异，都是同墙合柱，有穿弄相通，基本上在一条线上，不能凸出凹进。一般人家大门堂为六扇和合门，也有一门一闼的，内屋隔墙都是泥打墙。有七架一披，有五架二进，多为砖木结构，芦扉木椽，开间狭，前后短。墙体大多不粉刷，开一二扇小窗，阴暗潮湿，一家人挤居一屋。少数贫困户或外来户（长工和罱河泥人）以及少数渔民住在竹梁草屋。经济条件较好的人家居两层小楼，伞形屋面、桁条木椽、础砖明瓦、粉墙黛瓦、砖地亮灶。个别富裕人家则高厅大院，深宅高楼、实拼门、风火墙、鱼脊垛头、雕梁画栋、天井宽敞、小花园精致、花木扶疏，屋内都为方砖铺地，卧房铺有地板。

20世纪60年代农家平房

中华人民共和国成立至20世纪60年代末，居民住房基本上没有变化。土地改革后，部分贫苦农民从地主处分得房屋，几户人家同住一大院子，各开门户生活。20世纪70年代中后期，当地农村掀起一股造房建房热潮，有的拆旧翻新，有的易地重建。按照公社、大队建设新农村的统一规划和农村社员建房的统一规定，由大队指定人员负责钉桩划线。村民开始用砖木、石灰、水泥建房。开间扩展到3.6米，长度一般为10米。少数人家有前楼房后平房，或前平房后楼房或前后两楼房。屋内普遍有客厅、灶间、卧室、浴间、柴间（猪圈）

等。白粉墙、玻璃窗、铺砖地、门前驳砖场。据1982年2月对全社农村社员住房改善情况调查，全社农村住房户共1.06万户，近10年共翻平房9377间，楼房1478间，共计10855间。其中1979年至1981年底，新建房屋共4911间（平房3599间，楼房1312间）。住进新房的户数达4141户，六一大队的川八，和平大队的小华更，红光大队的张干坝，建丰大队的旺东、黄更上、南五房等7个生产队的社员户户住进新房。

20世纪80年代农户楼房

20世纪80年代起，全乡农村掀起平房翻楼房的热潮，各村都规划住宅新村示范点，住宅小区相继建成。建房质量进一步提升，重视防震，用水泥钢筋打地腰箍，有的改空斗墙为实砌墙。装饰材料有了很大变化，钢结构门窗逐步取代木门窗，墙面用涂料或墙纸，铺地砖，贴瓷砖，外墙用釉瓷砖取代马赛克，钢结构门窗逐步更新为铝合金门窗。老式砖木结构的房子逐渐被楼高宽敞、装潢考究的新型住宅替代。1984年，全乡人均住房面积30.5平方米。尤其是渔业村建房地基在村民委员会统一规划下，逐步形成整齐划一、环境舒适的居民住宅新村。1996年，墙裕村部分居民建造五幢两层混凝土结构带围墙的独栋别墅。

2000年以后，随着城镇化建设的快速推进，工业园区的迅猛发展，农户的拆迁安置工作循序渐进，农村居民逐步住进宽敞明亮的安居房。经济较为富裕的居民购置商品房及别墅。截至2013年，硕放街道共建安居房212.23万平方米，人均居住面积达55平方米。

2009年丽景佳苑一期居民安居房

四、行

中华人民共和国成立前，境内除了各村巷仅有的几条接步石路外，都是弯弯曲曲的羊肠小道，全是坑坑洼洼的烂泥路，一下雨就泥泞不堪，老人小孩难以行走。上街购物或出售农产品都用小船，进城大多乘航船和轮船，乘轮船必须到望亭北桥、新安大运河的轮船码头。乘火车要到周泾巷、望亭车站。乡间富绅、名医等外出，主要坐轿、骑马、乘船，民间迎娶新娘也坐轿子。

20世纪60年代以后，随着农田改造，灌排渠道的形成，道路也随之得到改善。从烂泥路到接步石路，从接步石路到红砖（双砖）路，从煤渣碎石路到砂石路，从砂石路到水泥沥青路。20世纪70年代初，农村有了拖拉机、自行车，传统步行逐步改变。境内建成第一条通向无锡城的砂石公路，开始解决境内农民上城较难的问题。1985年，全乡已有自行车1.82万辆，摩托车30辆。20世纪90年代中后期，少数富起来的家庭购买小轿车、面包车，当时已有“摩的”和出租车出现。少数企业业主和公务人员外出公干从乘火车到改乘飞机。

进入21世纪，城乡之间的道路进一步拓宽贯通，公交车班次日益增加，服务时间进一步延长。境内道路四通八达，增设巡回公交班车。70周岁的老人免费乘坐公交车，极大地方便了广大居民的出行。据百户居民抽样调查统计，2013年底，全街道每百户居民家庭拥有家用轿车113辆，摩托车41辆，电动车82辆。

硕放街道（镇）部分年份百户家庭交通工具拥有量抽样调查汇总表

表 30-6　　单位：辆

品名	1995年	2005年	2013年
摩托车	59	70	41
电动车	3	36	82
家用轿车	4	44	113

第三节　消费结构

中华人民共和国成立前，农村大多数农民家中仅有少量生活用品。如遇上灾荒，一些苦寒人家以糊口度日为主，根本谈不上添置家庭生活用品。中华人民共和国成立后，人民生活水平逐步提高，但家庭成员的消费结构仍以主副食品为主，依次是穿、用、住的支出，一般农户没有积蓄。20世纪70年代后期，农民逐步重视衣着、耐用消费品和其他消费，农村住房改善的消费列居首位。20世纪80年代初，随着乡镇企业的发展，家庭成员务工收入增加，消费结构随之发生变化。当时风行“三转一嘀嗒”（缝纫机、电风扇、自行车，手表）、“四十八只脚”（家具），后又逐渐被收音机、电视机、洗衣机、手表等高档商品取代。20世纪80年代中后期，农村住房再次改造，绝大多数农户将平房翻建成楼房，农村农民的住房改造消费仍居首位。

1985年，对100家农户进行收入与消费调查，家庭常住人口394人，每户平均3.94人，全年每户人均收入802.3元。全年总支出平均每人613.73元，其中生活消费支出446.44元，家庭经营费用118.15元，纳税14.58元，上缴集体承包金17.2元，其他非借贷性支出17.43元。

1985年硕放乡百户农民年人均生活消费支出抽样调查汇总表

表 30-7　　单位：元

消费品名称	消费金额	消费品名称	消费金额
主　食	76.87	住　房	111.00
副　食	104.80	燃　料	20.18
其他食品	38.70	其他商品	0.02
在外饮食	4.31	学杂费	2.16
衣　着	39.64	医疗费	1.80
日用品	37.71	文娱费	0.60
文化娱乐用品	1.25	交通邮电费	2.20
书报杂志	0.60	合计支出	447.03
医药卫生用品	5.19		

镇区居民生活设施不断更新，除一般起居摆设外，还设有书房、库房、车库、活动室等，安装不锈钢大门，花岗岩地面、抽水马桶、淋浴器、盥洗台等。至2013年，境内居民户拥有太阳能热水器2417台。

根据1995年、2005年、2013年百户家庭高档商品抽样调查情况反映，常用商品更新换代，时尚商品取代大众商品，大多数高档商品使用量日趋增长。2013年，百户家庭拥有部分高档商品如电冰箱122台、洗衣机123台、各类空调315台、各类电脑221台、电视机254台和手机311部。

硕放街道（镇）部分年份百户家庭高档商品抽样调查汇总表

表 30-8

品 名		计量单位	1995年	2005年	2013年
电冰箱		台	58	100	122
洗衣机		台	70	104	123
电风扇		台	226	276	214
空 调	挂壁式	台	41	164	237
	柜 机	台	4	37	66
	中央空调	台	0	4	12
暖 气		套	0	4	6
热水器	太阳能	台	5	22	23
	电 热	台	8	25	30
	燃 气	台	25	64	94
电 脑	台 式	台	6	60	78
	笔记本	台	2	36	86
	平 板	台	1	9	57
微波炉		台	20	82	107
烘烤箱		台	1	6	22
宽 带		套	3	59	87
电视机		台	120	194	254
音 响		套	29	40	38
收录机		台	53	34	24
摄像机		台	2	15	18
照相机		只	28	59	74
电话机		部	54	104	83
手 机		部	34	176	311

第四节　投资理财

中共十一届三中全会以后，国家的经济发展战略逐步转向以经济建设为重心的轨道上。20世纪80年代初，农村全面实行家庭联产承包责任制，农村剩余劳动力大部分进入乡镇企业，农民收入大幅增长，手中有了余钱，住房、教育、保险、储蓄等投资概念逐步萌发。

20世纪90年代后，随着人民生活水平的不断提高，理财门路的进一步拓宽，理财观念愈加清晰，股票、基金、彩票等投资也被越来越多的人们接受。

一、储 蓄

1985年，全乡居民储蓄逐渐增加，当年储蓄余额达506万元，比上年增长35.6%，人均仅为121.5元。由于这一年代农村大多数家庭将积余款投资改造住房条件，储蓄还不多。20世纪90年代，随着经济的快速发展，农村居民的存款日益增多。1990年全乡居民储蓄余额8831万元，人均2145元。1995年，全镇居民储蓄（含邮政储蓄）共有1.25亿元，人均2884元。进入21世纪，企事业单位人员年终奖金大幅度递增，特别是民营企业经济效益大幅度增加，使居民储蓄成倍增长。2000年，全镇居民储蓄余额达2.63亿元，人均为6237元。2005年，全镇居民储蓄余额7.43亿元，人均9906元。2010年，全街道居民储蓄余额25.92亿元，人均2.74万元。2013年，全街道居民储蓄余额45.49亿元，人均4.43万元。

二、股 票

1991年，无锡太极股以指标任务分摊到乡镇机关，由民政部门具体负责，机关工作人员自愿领取太极股认购证，然后集中到太极集团摇奖，获得其中有效认购股票，到时获得红利。在这一年代里，境内已有一批“股民”以选取一种或几种股票投入到上海、无锡等地证券公司进行炒股，经常到证券市场了解行情，这些股民选取的股票品种和投入金额也多少不同，其中有人获得可观的回报，也有人一度连本蚀光，也有个别的成了炒股专业户。随着股市的快速发展，境内股民不断增加。2003年10月，无锡国联证券有限责任公司湖滨营业所在硕放建筑公司设点，方便当地股民对股市行情的了解，炒股队伍进一步扩大，股市投资日渐增加。尤其进入网络时代，利用手机、电脑以快捷的方式进行炒股，通过以老带新、以老帮新的形式，营造了“全民炒股”的氛围。

三、基 金

20世纪90年代中后期，基金产品种类繁多，有股票基金、混合基金、债券基金、货币基金等300余种。由于境内居民对基金认识不足，下达到地方银行的基金任务要靠银行工作人员向客户做宣传动员认购。进入21世纪以后，随着人民生活水平的快速提高，境内不少人员加入“基民”行列。部分年轻基民利用手机、电脑在网上做交易，少则投入1000元，多则数十万元，大多选取数只基金品种，在短则一个月，长则数年间有利就收。刚开始时，看好的基金品种回报率需超过15%，其后，“基民”越来越多，有些人把以往购买的国债和银行储蓄取出转作基金。至2005年，境内银行及邮政储蓄的基民客户上升到数千户，基金总额上亿元。随着金融业快速发展，理财产品日益增多，人们对投资理财的观念更加清晰，加上银行储蓄利率不断调整回落，不少“基民”调整理财思路，投资购买理财产品。理财产品少则5万元，多则上千万元，有短期（1—3个月）收效快的，也有长期（1年）收益稳的。至2013年，在境内江苏银行、中国银行、农业银行、工商银行、农村商业银行、建设银行、交通银行以及邮政储蓄所和证券机构等单位中购买理财产品的客户有近万户，交易总额数十亿元。

四、彩　票

彩票主要分为用于发展民政慈善事业的福利彩票和发展体育事业的体育彩票。福彩全国联销的有福彩3D、双色球和七乐彩。体彩全国联销的有排列3、排列5、大乐透、22选5、七星彩和足球彩票。彩票的种类有即开型彩票、传统型彩票、乐透型彩票、数字型彩票等。

进入21世纪，彩票风靡境内。2001年，原商业合作社职工杨福初经无锡市体育总会批准，在通祥路口开设硕放镇第一家彩票销售点。开张营业后，吸引众多彩民，每天有300余人排队购买彩票，购买者少则购买2—10元，多则100元，日营业额均在2000元左右。当时中奖额度虽然不大，仅有10元、50元、100元不等，但也深受众多彩民的青睐。随着彩票业的快速发展，境内彩票销售站点也日益增多。至2013年，境内彩票销售点发展到10多个，年交易总额300余万元。

第五节　社会保障

解放前，硕放境内人民生活无任何保障。解放初，人民生活有了一定的保障，地方政府对农村特困、受灾户实行公粮减免。对无依无靠的鳏寡孤独人员给予补助，以保障他们的基本生活。1958年9月人民公社成立后，县、公社民政部门不定期实施社会救济，对贫困家庭发放棉衣、棉被、困难补助金。20世纪70年代至80年代，政府加大了对优抚安置、社会福利、社会救济的投入力度。1982年，对烈属、军属、残废军人、病故军人等优抚对象发放优待劳动日7025工，折合金额达6.2万元。20世纪90年代中期，镇、村两级党员干部积极参加结对帮困工作，使一批特困家庭人员在生活得到保障的基础上有了进一步改善。进入21世纪，社会保障体系进一步完善。随着工业经济的快速发展和城镇化建设步伐的加快，镇劳动保障部门积极想方设法解决失地农民的就业。党委、政府制定一系列配套政策，建立健全养老、医疗保险和最低生活保障制度；成立慈善基金会，解困救急；实现社会保障全覆盖，使全镇优抚、劳动就业、医疗、安居、失地农民养老、残疾人、最低生活等社会保障制度不断完善、进步。

一、优抚安置

中华人民共和国成立初期，国家实行志愿兵役制。1950年冬至1953年春，境内热血青年积极响应“抗美援朝，保家卫国”的号召，有105名青年参加中国人民志愿军。凡参加志愿军的家庭，门上都挂有“光荣之家”的牌子。这阶段硕放地区各乡镇（当时小乡及大墙门镇、薛典镇）对烈军属家庭实行代耕、代种。1955年，国务院颁布《中华人民共和国兵役法》，改志愿兵役制为义务兵役制。农业合作化后，根据烈军属劳动力状况，由农业生产合作社评定误工补贴，年终分配时一次性兑现。同时对烈军属优抚对象进行慰问走访。1958年后的优抚政策是“大困难大补，小困难小补”。1965年，全社共优抚烈属、军属、复员、退伍、伤残军人五种对象124户，优待金额7116元。通过优抚，这些对象的生活水平略高于全社人均生活水平。1979年至1982年的4年中，对全社的1013户烈属、军属、残废军人、老复员军人、带病复退军人优待劳动日16.57万工，折实优待金15.94万元，带粮4.64万公斤。

1979—1982年硕放人民公社优待金情况一览表

表 30-9

优抚对象	项目	计量单位	1979年	1980年	1981年	1982年
烈属（失踪）	户数	户	15	15	13	15
	劳动日	工	1410	2927	4150	650
	金额	元	1027	1639	2492	3328
	带粮	公斤	—	—	1471	987
军属（病故）	户数	户	230	201	207	197
	劳动日	工	26328	34017	81773	5907
	金额	元	16546	19999	48499	57244
	带粮	公斤	—	—	27072	14981
残废军人	户数	户	1	6	8	8
	劳动日	工	150	670	790	146
	金额	元	73	365	526	880
	带粮	公斤	—	—	193	226
老复员军人	户数	户	6	11	15	7
	劳动日	工	266	1664	1666	142
	金额	元	272	977	1615	820
	带粮	公斤	—	—	633	500
带病复退军人	户数	户	6	18	31	3
	劳动日	工	335	2350	200	180
	金额	元	275	1273	1276	250
	带粮	公斤	—	—	150	175

1983年起，对应征入伍义务兵家属均按本村同等劳力全年报酬的80%发放，由户口所在村民委员会发给其家属，并以优待劳动日给予劳动带粮。1991年12月起，义务兵优待金由乡统筹、村代发，标准为每一个优待对象按全乡人均分配水平的70%进行统筹结算，然后按各村人口摊派，由各村负担。

1999年起，按照无锡市卫生局《关于对享受抚恤定补优抚对象减免部分医疗费用的通知》精神，重点优抚对象为享受抚恤金的革命烈士、因公牺牲军人、病故军人的家属（简称“三属”），享受伤残抚恤金的革命伤残军人，享受定期定量补助金的复员军人（含具有老复员军人身份的20世纪50年代至60年代精退老职工人员）以及带病回乡的退伍军人。凭有关证件到市级定点医疗机构就诊，享受医疗费用减免优惠政策。具体为挂号费、门诊费、注射费金额免收；住院诊疗费、护理费减免50%；X光透视（胸片）、心电图、B超、三大常规化验、住院普通病床费减免30%。

2007年，根据无锡市新区管委会《关于解决重点优抚对象医疗困难的实施意见》精神，对全街道参加新型合作医疗保险的重点优抚对象实行医疗费补助制度。门诊医疗费每人每年补助500元。住院医疗费在分别享受医疗费用减免和按新型合作医疗保险规定报支后，对符合医保规定的基本医疗费超额部分实施分类按比例补助制度，全年累计补助限额3万元，超出部分由本人自负。各类重点优抚对象补助和自付医疗费标准为享受抚恤金的烈士和因公牺牲军人家属（享受儿童医疗统筹的除外）、享受定期定量补助的抗日战争入伍的在乡复员军人住院医疗费比例为补助70%，自付30%；享受抚恤金的病故军人家属（享受儿童医疗统筹的除外）、享受定期定量补助的解放战争在乡复员军人住院医疗费比例为补助60%，自付40%；享受伤残抚恤金的在乡三等伤残军人和享受定期定量补助的中华人民共和国成立后入伍的在乡复员军人住院医疗费比例为补助50%，自付50%；享受定期定量补助的带病回乡退伍军人住院医疗费比例为补助40%，自付60%。

2001年，义务兵高中生优待金3900元，初中生优待金3600元。2003年，义务兵大学生优待金5000元，高中生优待金4600元，初中生优待金4200元。2010年，义务兵优待金人均8000元。2012年起由街道财政支付。2013年，义务兵优待金人均1.6万元。

硕放街道（镇）部分年份义务兵优待金一览表

表 30-10

年份	人数（人）	人均（元）	总额（万元）	年份	人数（人）	人均（元）	总额（万元）
2001	40	2900	11.63	2010	37	8000	29.60
2003	42	4130	17.34	2011	38	8500	32.30
2007	45	6550	29.47	2012	42	14200	59.64
2008	42	6460	27.14	2013	35	16050	56.18
2009	43	7000	27.94	—	—	—	—

中华人民共和国成立后，国务院在总结复员安置工作经验的基础上，根据当时的情况，于1958年制定《关于处理义务兵退伍的暂行规定》，使征兵和退伍安置工作开始走上制度化的道路，确定“从哪里来，回哪里去”的安置原则，回乡的部分复员退伍军人由当地政府妥善安置。20世纪70年代以后，社队企业迅猛发展，复员退伍军人一般被安排到乡镇企事业单位或机关工作。20世纪90年代中期，乡镇企业转制后，退伍军人一般仍回到原单位工作。2001年起，由镇财政发放退伍军人安置费，鼓励自谋职业。2003年起，退役士兵一次性经济补偿由无锡市民政局发放。

二、社会福利

中华人民共和国成立初期，对生活无依无靠的鳏寡孤独、残疾人员，人民政府给予赈济，保障基本生活。1958年9月人民公社成立后，公社办起敬老院，接纳孤寡老人9人由政府集中供养。1959年以后，由大队对无子女及因病致残的孤寡老人实行五保（保吃、保穿、保烧、保教、保葬）。1983年，乡政府在反帝桥旁建成硕放敬老院，建造24间平房，占地面积5100平方米。收住五保（保吃、保穿、保住、保医、保葬）老人18人，工作人员4人。1985年翻扩建12间楼房，接收五保老人54人，后又翻建楼房12间。2003年，政府投资500多万元，将原敬老院后二排两层楼房翻建三层楼，内设宾馆式房间70间，配有卫生间并添置彩电和空调。院内有食堂、锅炉房、健身房、娱乐室、图书室、医务室，并设有特级护理房。有荷花池及花卉树木，集“休闲、养老、疗养”于一体，成为老年人欢度晚年的理想场所。2005年，院内有五保老人45人，自费托养老人32人，工作人员13人。2011年，由于受国家工程——走马塘拓宽影响，硕放街道在振发路与孙安路交叉口，环太湖高速以东，投资9500万元新建硕放颐养园，于2013年9月12日竣工使用。新建的颐养园占地面积达2.43万平方米，建筑面积1.3万平方米，绿化率达65%。其内部环境优雅整洁，设施配套齐全，有自理老人颐养区、失能失智照护区、医疗康复区、多功能会议室、工娱疗活动室、图书阅览室、棋牌室、书画室、小型超市、美发室、医疗护理站、党员活动室、医用电梯等。所有楼道均设有老年人专用防滑扶手、缓坡台阶、无障碍通道，以保障老年人行走安全，是一所集颐养、娱乐、康复、保健于一体的综合性现代养老中心，成为空港产业园区（硕放街道）老人们颐养天年的乐园，享受晚年的福地。2013年，全院共有五保老人40人，自费托养老人70人，工作人员38人。

1987年至1994年，硕放敬老院连续八年被江苏省民政厅评为省文明敬老院。1988年至2006年，连续18年被无锡市民政局评为市文明敬老院。2009年至2010年，被无锡市民政局评为市文明养老机构。

墙裕村从1996年起，对年满60周岁以上的老年人每月发放50元尊老金，后增至每月100元，从2003年起，增加到每月200元，同时对年满80周岁以上的老年人，年终再次发放慰问金1000元。至2013年，全村共有120名老年人享受尊老金，当年共发放尊老金和尊老慰问金30万元。硕放街道根据无锡市民政局《关于无锡市尊老金发放和管理暂行办法》精神，从2008年7月1日起，对90—99周岁的老年人每月发放尊老金100元；100周岁以上（含100周岁）的老年人每月发放尊老金200元。根据无锡市民政局和无锡市财政局《关于进一步完善尊老金发放和管理办法的通知》精神，从2011年起，街道对80—89周岁的老年人每月发放尊老金50元；90—99周岁的老年人每月发放尊老金100元；100周岁以上（含100周岁）的老年人每月发放尊老金300元。2013年，全街道对1726位80周岁以上老年人，共发放尊老金116.94万元。

2013年硕放街道尊老金发放一览表

表 30-11

单位	80—89周岁		90—99周岁		100周岁以上		合计
	人数（人）	金额600（元/人·年）	人数（人）	金额1200（元/人·年）	人数（人）	金额3600（元/人·年）	
大墙门	119	71400	4	4800	—	—	76200
墙　联	119	71400	21	25200	—	—	96600
东　新	85	51000	2	2400	—	—	53400
香　楠	56	33600	2	2400	—	—	36000
安　桥	39	23400	4	4800	—	—	28200
黄家门	49	29400	—	—	—	—	29400
硕　放	25	15000	5	6000	—	—	21000
杨家湾	54	32400	—	—	—	—	32400
合　新	106	63600	17	20400	—	—	84000
新梅路	59	35400	—	—	—	—	35400
秦　村	45	27000	5	6000	—	—	33000
建　丰	24	14400	2	2400	1	3600	20400
溇　金	71	42600	8	9600	1	3600	55800
墙　裕	10	6000	3	3600	—	—	9600
振　发	79	47400	13	15600	—	—	63000
润硕苑	87	52200	5	6000	1	3600	61800
咏硕苑	135	81000	35	42000	2	7200	130200
新锦园	64	38400	32	38400	1	3600	80400
南　一	111	66600	12	14400	—	—	81000
南　二	123	73800	11	13200	—	—	87000
香楠佳苑	1	600	—	—	—	—	600
丽景一期	3	1800	—	—	—	—	1800
街道居委	63	37800	12	14400	—	—	52200
总　计	1527	916200	193	231600	6	21600	1169400

2005年起，硕放街道老龄会根据无锡市人民政府《关于进一步做好老年人优待服务工作的意见》文件精神，统一为60周岁以上老年人办理“江苏省老年人优待证”。2009年起，每年免费为2000多名老年人开展健康体检活动。根据市政府文件规定，凭“老年人优待证”可享受优待服务，如进入无锡市锡惠公园、蠡园、吟苑、青山公园、靖海公园（不含园中园）免购门票；进入无锡市太湖鼋头渚风景区、梅园横山风景区（不含园中园）60周岁以上的老年人实行半价优惠，70周岁以上老年人实行全免优惠；进入收取门票的文化宫（馆）、俱乐部、图书馆、博物馆、美术馆、纪念馆、展览馆以及体育健身等公共文化场所60周岁以上老年人半价优惠，70周岁以上老年人实行全免优惠。

1990年，在国家政策允许下，硕放乡人民政府积极创办社会福利工厂，为有劳动能力的残疾人创造自食其力的条件。至1991年，乡有福利企业10家，安置“四残”（肢体、智力、视力、听力）人员318人，工厂年产值903万元。至1995年，福利企业14家，安置“四残”人员393人，工厂年产值2.72万元。1990年代后期，由于国家政策的调整，乡镇企业全面改制，福利企业逐年减少。至2013年末，全街道仅有福利企业1家，安置“四残”人员40人，工厂年产值1.1亿元。

1992年4月，硕放乡残疾人联合委员会成立。2003年，中共无锡市委组织部、人事局、编委、财政局、残联联合下发《关于加强镇、街道残联建设意见》，提出残联为残疾人事业的群众团体，受地方党委和政府领导，列入机关社会事业口，残联与民政联合办公。硕放乡残疾人联合委员会成立以后，按照《中华人民共和国残疾人保障法》，为残疾人的生活、医疗等方面的服务起了积极的作用。每年组织残疾人参加免费康复体检，为享受低保对象的重残人员发放补助金；为无固定收入重残、一户多残、以老养残发放补助金；为残疾家庭结对帮扶。2004年以后，硕放镇慈善基金会对因残致贫的困难户实施慈善救济。

2012年5月15日，空港产业园区与捷普绿点精密电子（无锡）有限公司共同合作投资50万元建设而成的“捷普绿点康乐园残疾人农疗站”启用，占地面积2500平方米，室内面积400平方米，由“舒心工厂”“爱心农场”和“开心广场”等组成八大服务功能区，打造以日间农业劳作治疗为主，康复、娱乐、心理治疗为辅的优质农疗基地，成为空港产业园区推进残疾人康复事业的又一项民生工程。

2012年捷普绿点康乐园残疾人农疗站揭牌

三、社会救济

1.民政救助

中华人民共和国成立后，政府对农村困难户、受灾户实行公粮减免。对无依无靠的鳏寡孤独、残病人员给予赈济。同时发动群众生产自救、群众互济。经过安排生产和群众互助而生活上仍有困难的，政府发给必要的救济费，以保障他们的基本生活。1957年农业合作化以后，民政部门定期或不定期实施社会救济，每到冬天还酌情发放棉衣、棉被等，每逢旱涝灾害，组织赈灾。1958年后，贫困户救济主要由生产队给予劳动工补助。对临时生活困难的，给予临时补助。

20世纪60年代起，民政部门主要对军属优待户、“五保户”、社会困难户、下放老职工等实施社会减免和社会救济。1967年，全社共救助1017户，发放救济款6.38万元，其中军属优待户98户，共计7872元；“五保户”70户，共计7095元；社会困难户826户，共计4.72万元；下放老职工23户，共计1600元。同时发放救济补助布票97米，乙级棉花129公斤，乙级棉胎213条，棉被23条。主要补助缺少御寒衣被、生活有困难的烈军属、残废军人、复退军人、贫困农民及渔民等，由大队集体制成衣服、棉被及时发放到他们手中，共计受救济补助的有396人。1973年，公社先后三次救济生活困难的知识青年20人次，发放救济款1225元。1978年至1981年的四年中，国家共下拨社会救济（含救灾）款18.57万元，共救济4516人次。1981年，国家拨给社会救济款4.27万元，其中，农村社员1.83万元，精减退职老职工、老残人员0.96万元，自然灾害户0.16万元，扶贫救济户1.32万元。农村实行家庭联产承包责任制后，对困难户采取救济补助和扶持发展生产相结合，以发展生产为主的方法，救济和扶贫的经费由乡村公益金和政府补助解决。1986年，硕放乡被江苏省人民政府评为“江苏省扶贫工作先进单位”。

20世纪90年代起，乡镇工业发展壮大，农村主要劳动力参加务工和农副业生产，农民收入大幅度增长，人民生活逐渐向小康水平迈进，但还有各种原因造成少数家庭基本生活难以保证。针对这部分困难群体，政府一方面给予救济，民政部门对特困户进行临时补助，各村委在年终对困难户给予一次性补助。另一方面号召镇、村两级党员干部开展结对帮扶活动，力争使贫困群众早日摆脱贫困。

进入21世纪后，社会救助的主要对象是因病致贫、因灾致贫等家庭特困户。政府一方面重点加大补助力度，民政部门逐年增加社会救济额度；另一方面号召全体居民参加医疗保险，使患癌症等重症病人可获得60%以上的医疗报销，大大降低因病致贫家庭的经济困难程度。

2.慈善救助

2004年12月，镇政府成立的硕放慈善协会是一个非营利性民间团体，旨在协助政府在社会各个领域广泛开展扶贫济困、敬老助残等社会公益活动，倡导我为人人的社会互助精神，协会自成立后每年都在春节前发动全社会各界人士、企事业单位、私营企业业主、镇村两级党政党员干部及个人开展“一日捐”等捐款活动。慈善协会会长李锡惠热衷于当地慈善事业，从2004年开始，每年向慈善协会捐款30万元，至2013年，个人捐资达300余万元，在硕放的社会救济活动中功不可没。至2013年12月，慈善协会共募集捐款1700万元。先后救济困难群众2500余人次，发放救济款1230万元，在四川汶川、青海玉树地震中，共募捐赈灾款200万元。定居在中国香港的硕放籍爱国人士钱培荣从1997年起，一直热心关爱家乡慈善事业，连续11年对硕放的特困家庭、残疾人、贫困学生助学等捐助资金120万元，300多户家庭直接受益。无锡尚德塑业科技有限公司董事长邹运昌热衷慈善事业，经常帮困扶贫、捐资助学，为地震灾区捐款，为地方公益事业出力，在硕放颐养园开张之际，一次性捐赠32寸液晶电视机100台。无锡安久自动车有限公司总经理许明宗（马来西亚华裔）热衷于社会慈善事业，2003年至2004年，他先后向硕放敬老院捐赠2.8万元，向硕放慈善协会捐赠5000元。

四、最低生活保障

1995年起，根据无锡市新区最低生活保障暂行办法，为保障社会救济对象的基本生活，开始实行最低生活保障制度，最低生活保障标准为每人每月120元，以后标准逐年提高。2003年每人每月220元，2009年1月至6月每人每月350元，7月至12月每人每月380元，2013年1月至3月每人每月530元，4月至12月每人每月600元。随着人民生活水平的不断提高，2008年以后，境内最低生活保障的标准逐渐提升，最低生活保障的户数、人数逐年减少。

2003—2013年硕放街道最低生活保障情况表

表 30-12

年份	最低生活保障标准（元/年）	保障户数（户）	保障人数（人）	总金额（万元）
2003	2640	357	808	50.97
2004	3120	548	1196	148.96
2005	3120	520	1188	147.77
2006	3600	493	1217	170.42
2007	3600	508	1223	176.53
2008	3600	579	1281	216.01
2009	4380	569	1249	225.90
2010	4720	479	1126	214.80
2011	5280	458	1086	250.24
2012	6010	322	747	291.00
2013	6990	229	508	195.70

五、就业保障

20世纪80年代至90年代，境内农民的生活来源主要靠农副业生产的收入和社队办厂工资收入。1995年，硕放镇划归无锡市新区，根据新区开发建设规划的要求，为加快硕放工业园区的发展和城镇化建设的步伐，农村土地被大量征用，保障农民就业显得尤为重要。硕放劳动保障所严格按照“机构、人员、经费、场地、制度、工作”六到位标准，健全就业服务的机构建设，着重帮助失地农民解决就业问题并在各村（居）民委员会建立劳动保障工作站，由专人负责本单位的劳动保障工作，形成覆盖全街道的劳动保障服务管理网络。

2013年硕放劳动保障所服务大厅

硕放劳动保障所对全镇人口、劳动力做了详细调查，建立基础台账；就出生年月分年龄段，以文化学历、技术专长、就业状况分门别类建立档案，特别是对再就业下岗工人、失地农民及特困人员建立数据库。同时加强与企业的沟通和联络，实施动态管理和就业跟踪服务，使就业推荐安置工作有序进行。2002年至2013年期间，平均每年推荐就业2115人次，实际就业1750人次。其中2012年，完成推荐就业885人次，城镇下岗失业再就业人数达2070人，其中“4045”（“40”指女40岁以上，“45”指男45岁以上）人员再就业568人。2013年完成创业带动就业人数862人，高校毕业生就业率达96%，安排“4045”人员再就业919人。

2000年以后，为促进就业保障，提高就业率，劳动保障所加强职业培训。在镇成人教育中心建立就业培训基地，举办大、中专毕业生择业、就业培训班；开办计算机、会计、保安等专业培训班；配合劳动与安全部门举办特种行业培训班。至2013年共举办各种类型的培训班共70期，有4500人参加失地农民及下岗失业人员免费培训。通过培训极大地提高了就业率，全街道就业率达95%以上。

六、养老保险

1.企业职工养老保险

乡镇企业起始阶段，职工无退休金。企业根据退休职工月工资标准乘以工龄后的金额，作为工作补偿金一次性发给职工。

根据国家1995年颁布的《中华人民共和国劳动法》要求，用人单位必须履行参加社会保险的责任。1999年起，镇劳动管理服务所负责企业职工基本养老保险业务。2003年，镇劳动管理服务所改称镇劳动保障所，为切实做好企业职工的养老保险工作，要求各企事业单位除公务员、事编人员、教师外的参保对象，按照比例缴纳包括养老、失业、工伤、生育、医疗五种保险费。根据无锡市劳动和社会保障局规定，企业职工养老保险以个人每年的全年收入为基数，按照42.6%来征缴，如职工收入低于社会平均工资60%的，按征缴比例的60%征缴。

2002年前，硕放辖区内除原无锡县轻工机械厂、硕放供销合作社、硕放商业合作社三家单位138人参加职工养老保险外，其余用工单位均未有人参加职工养老保险。2003年起，镇劳动保障所全面开展企业职工参加养老保险的宣传、发动工作，邀请无锡市劳动和社会保障局、无锡市社会保险基金管理中心等单位有关人士指导、讲课，在有关企业进行试点。至2003年12月底，全镇有1382人参加职工养老保险。随着硕放工业园区的快速发展，企业职工逐渐增多，养老保险愈显重要，到2005年参保人数达7663人。在社会保障体系不断健全完善的前提下，各级劳动保障部门和企业对职工养老保险引起高度重视，全镇98%以上的企业均参加职工养老保险。至2013年年末，企业职工参保人数达2.16万人。

2003年硕放镇企业缴纳社会保险比例情况表

表 30-13

险 种	比 例（%）	其中	
		企业（%）	个人（%）
养老保险	28.00	20.00	8.00
失业保险	2.00	1.50	0.50
工伤保险	0.50	0.50	—
生育保险	0.90	0.90	—
医疗保险	11.20	9.20	2.00
合 计	42.60	32.10	10.50

说明：无锡市劳动和社会保障局规定的基数计算百分比

2003—2011年硕放街道（镇）社会保险费征缴一览表

表 30-14

年份	每月应缴					全年应缴		
	缴费基数（元）	比例（%）	总额（元）	其中		总额（元）	其中	
				集体（元）	个人（元）		集体（元）	个人（元）
2003.7—2004.6	794	42.6	341.42	254.08	87.34	4097.04	3048.96	1048.08
2004.7—2005.6	866	42.6	372.38	277.12	95.26	4468.56	3325.44	1143.12
2005.7—2006.6	945	42.6	406.35	302.40	103.95	4876.20	3628.80	1247.40
2006.7—2007.6	1048	42.6	450.65	335.37	115.28	5407.80	4024.44	1383.36
2007.7—2008.6	1189	42.6	511.27	380.48	130.79	6135.24	4565.76	1569.48
2008.7—2009.6	1369	42.6	588.67	438.08	150.59	7046.04	5256.96	1807.08
2009.7—2010.8	1369	42.6	588.67	438.08	150.59	7046.04	5256.96	1807.08
2010.9—2011.8	1583	42.6	680.69	506.56	174.13	8168.28	6078.72	2089.56

2.失地农民保障（居民养老保险）

随着工业园区开发和城镇建设的快速发展，2001年起，辖区内先后有红力、红光、墙北三个村整体拆迁。为保障失地农民基本生活，根据无锡市新区管委会《关于进一步完善被征地农民基本生活保障制度的意见》文件精神，将征地农民划分三个年龄段进行保障安置或保养安置。2002年1月起，针对正常保养（男60周岁以上、女50周岁以上）、提前保养（男50—59周岁、女40—49周岁）、放宽保养（男45—49周岁）、无业人员（男44周岁以下、女39周岁以下）这四种对象发放失地农民保障金。至2007年12月，全街道居民已全部纳入征地农民生活保障范围内。2009年起，劳动保障所根据2008年12月31日无锡市新区管委会出台的《关于进一步完善被征地农民基本生活保障制度的实施意见》文件精神，对全街道征地农民进行社会保障体系的梳理工作。历时一年多时间确认审核后，全街道有1.09万人可享受一次性补贴6000元的政策。享受失地农民保障金的发放政策执行到2009年12月31日。2010年1月起，对属正常保养、提前保养对象不参加无锡市城镇职工社会养老保险的人享受居民养老保险（政府保养金）的待遇。2010年1月至6月，正常保养人员每月保养金440元；提前保养人员每月保养金320元。2010年7月起，正常保养人员每月保养金465元，提前保养人员每月保养金330元。2013年4月1日起，正常保养人员每月保养金640元，提前保养人员每月保养金500元。街道办事处从2013年7月1日起对男年满60周岁、女年满50周岁的被征地保养人员每人每月增发助养金50元、补差30元，增发后正常保养人员每月保养金720元。至2013年12月底，全街道1.47万余名失地农民纳入无锡市城镇居民社会保险（政府保养金）范围。

2002—2013年硕放街道（镇）失地农民保障金（居民养老保险）发放标准情况表

表 30-15　　单位：元/月

年份	正常保养	提前保养	放宽保养	无业人员
2002.1—2003.12	195	185	180	105
2004.1—2005.12	229	200	180	105
2006.1—2006.6	229	200	180	105
2006.7—2007.6	300	250	200	105
2007.7—2009.9	400	300	210	105
2009.10—2010.3	440	320	210	105
2010.4—2010.6	440	320	—	—
2010.7—2011.6	465	330	—	—
2011.7—2012.3	500	360	—	—
2012.4—2013.3	570	430	—	—
2013.4—2013.6	640	500	—	—
2013.7—2013.12	720	500	—	—

2009年起，对男16—49周岁、女16—39周岁征地农民，实行保障安置（农龄折算工龄），纳入参加无锡市城镇职工养老保险范围。至2013年，全街道参加无锡市城镇职工养老保险人数达15800余人。

3.镇村干部养老保险

1993年7月，镇党委、政府下发《硕放镇干部管理章程》，其中第五章的九项条款明确干部的退休养老待遇。明确干部退休保养的对象，即镇管定员干部，包括各党支部（总支）书记、副书记；村民委员会正、副主任；实业公司正、副经理，主办会计；镇办厂正、副厂长，主办会计；镇办公司正、副经理，主办会计；市镇单位行政负责人、机关有关部门负责人以及其他的原定员干部。明确享受干部退休保养待遇的主要条件，即按连续任职5年以上或累计任职10年的，方可享受干部退休保养待遇，干部退休保养年龄在一般情况下，男满55周岁，女满50周岁，到龄即退。明确干部退休保养待遇的标准，对任职不满5年的镇管干部，有党委批准离职的，由所在单位做一次性补贴处理。补贴标准为每一年本人的2个月工资，按实际任职年计算。对符合退休保养条件的，退休保养费由基本补贴和干龄补贴两部分组成。基本补贴为书记或行政正职每月50元，副书记或行政副职每月45元，主办会计每月40元；干龄补贴每月按干龄乘以1.5元发放。同时章程还明确享受镇管干部待遇的村办企业和条线企业厂长，可享受主办会计级的同等保养待遇。在任职期间获得“全国、省、市级劳模（先进工作者）”等荣誉称号的，可按不同层次和比例提高退休保养待遇。对因犯错误受党纪、政纪处分，中断干部职务的年份，不列入干龄计算。党委决定免职的干部，不享受定员干部待遇等相关事项。为了深化社会保险制度改革和经济社会发展的需要，1994年3月，镇党委、政府又出台《硕放镇镇管干部养老保险制度暂行办法》，建立镇养老保险领导小组，暂行办法明确养老保险基金实行由集体与个人共同负担，其经费来源及列支渠道，对养老保险基金的提取标准、缴纳比例作明确规定。同时明确对实行养老保险前办理保养手续的干部，按原办法实行；对实行养老保险之后办理保养手续的干部，按新办法执行，即按1993年镇管干部章程中的有关规定发放，投保一年提高2%，依此类推。本着多缴多得的原则以个人投保总额的0.5%按月发放。1998年，为使干部管理体制适应和服从经济建设和改革发展的需要，根据“老人老办法，新人新办法”“企业转制前和转制后”“行政组织和经济组织”相区别的原则，镇党委、政府制定新的镇办企业干部管理办法和实行机制。根据“老人老办法、新人新办法”的原则，镇办企业的镇管干部，到龄即办理保养手续，按规定1994年前和1994年后两段结算办法计算养老金。2002年起，镇管干部的养老保险与社保接轨。随着经济建设和现代化建设步伐的不断推进以及社会保障体系的不断完善，2004年4月，1993年7月，镇党委、政府下发《硕放镇干部管理章程》再次出台《关于加强全镇干部管理的意见》，对原镇管保养干部，仍按“老人老办法”进行管理，保养工资根据镇财政的收入增长、生活水平提高等情况适度逐步递增。对在职镇管干部参加社会保险养老金缴纳费基数，本着逐年提高、逐步接轨的原则，从2004年起逐年递增，与全市平均水平逐步接轨。2008年10月，为进一步加强离岗退（保）养干部的管理工作，根据国家有关法规政策，以及空港园区关于干部管理工作的意见精神，结合硕放街道干部离岗退（保）养管理办法，中共硕放街道工作委员会又出台《关于调整离岗退（保）养干部管理办法的意见》，重申离岗退（保）养干部的定义、退（保）养年龄、若干规定及落实措施。其主要对各类相关人员离岗退养及法定退休的年龄界限，以及事业编制干部离岗退养期间的报酬待遇；参加社保和未参加社保“定员”性质干部离岗退养期间的报酬；参加社保和未参加社保原镇区企业“定员”性质干部离岗退养期间的报酬等作明确的规定。同时对未参加社保已保养“定员”性质干部，单独增设每年每人600元的医疗补贴项目。2010年起，街道对在职的镇管定员干部统一缴纳住房公积金，进一步提高镇管“定员”干部的养老保险待遇。

2010年、2013年硕放镇管“定员”干部住房公积金缴纳标准一览表

表 30-16　　　　单位：元

级别	2010年标准			2013年标准					
				1—6月			7—12月		
	单位缴纳（月）	个人缴纳（月）	小计（月）	单位缴纳（月）	个人缴纳（月）	小计（月）	单位缴纳（月）	个人缴纳（月）	小计（月）
书记(主任)级	550	550	1100	920	920	1840	1081	1081	2162
副主任级	500	500	1000	872	872	1744	1031	1031	2062
会计级	450	450	900	822	822	1644	981	981	1962

七、医疗保险

1969年5月，公社实行合作医疗制度。参加合作医疗的人员资金集体负担每人1.5元/年，个人负担0.8—1元/年，村民看病付0.05元挂号费，大病住院可享受限额药费的报销。1973

年12月起，全社合作医疗由公社合作医疗管理委员会统一管理。1980年起，合作医疗基金的筹集由社员、生产队、大队、公社四级负担，参加人员平均每年基金为2.8—3元，集体负担（大队、生产队）每人1.5元/年，社员自筹1元。属生产队负担部分列入年终分配方案，一次筹齐；属大队负担部分，分夏、秋两季筹集，剩余部分由公社负担。凡在卫生院住院或转院的医疗费一次报销10元，超过部分自理，全年报销不超过30元。对确有困难者，医药费较大，由个人申请、领导批准，进行适当补助。1990年，合作医疗经费以村为单位进行核算，资金筹集仍为集体和个人共同负担，亏损部分则由村负担。全乡参加合作医疗人数为2.28万人。

2002年11月，硕放镇启动农村大病（住院）医疗保险制度。该项医疗保险属社会统筹医疗保险，由区、镇两级政府共同组织实施。农村大病（住院）医疗保险是群众自愿参加，政府扶持，解决群众看病难的好形式，有效地减轻农民（居民）医疗负担。2006年，新型农村合作医疗是由政府组织、引导、支持，农民自愿参加，个人、集体和政府多方筹资，以大病统筹为主的农民医疗互助共济制度。当年统筹资金总额537.71万元，其中政府、集体409.87万元，个人127.84万元。参保人数2.46万人，参保率达98%。2009年，根据新区第七轮新型合作医疗政策的意见，年筹资标准为每人420元，其中区财政按每人50元，街道财政每人130元，村集体按每人95元的标准补助，个人出资调整为145元/人。所有“五保户”和低保对象的个人缴费部分由区重病救助金承担。当年参保人数2.27万人，参保率达99%。

2006—2010年硕放街道新型合作医疗筹集资金一览表

表 30-17

年份	参加人数	筹资总额（万元）	单位负担（万元）	个人负担（万元）
2006	24577	537.71	409.87	127.84
2007	26036	699.08	525.17	173.91
2008	22579	716.73	459.86	256.87
2009	22688	851.78	540.58	311.20
2010	20951	787.59	491.63	295.96

2011年实行城镇居民医疗保险。设置为两类保险：一是大病医疗统筹，二是基本医疗统筹。这两种保险可由参保居民自愿选择。统筹标准为学生少儿280元（其中个人缴费80元，财政补贴200元），老年居民和其他居民420元（其中个人缴费150元，财政补贴270元）。参保人数2.08万人，参保率达98%。2012年筹资标准作相应提高，在校学生和市区户籍18周岁以下的筹资标准为每人每年350元（其中个人缴费100元，财政补贴250元）；市区户籍的其他居民筹资标准为每人每年530元（其中个人缴费190元，财政补贴340元）。2013年城镇居民医疗保险统筹标准为学生少儿380元（其中个人缴费100元，财政补贴280元），老年居民和其他居民530元（其中个人缴费140元，财政补贴390元）。参保人数26860人，参保率达99.5%。

2012年，通过城镇居民医疗保险调整，提高居民医保待遇水平。住院医疗起付标准为200元/次（含门诊特殊病种治疗），其居民医保基金支付比例，在社区卫生服务中心就医的由80%提高到90%；在市内和市外（办理转诊手续）就医的由60%和50%分别提高至65%和55%；门诊特殊病种治疗（办理转诊手续）的统一由80%提高至90%。门（急）诊医疗，其发生的医疗费用年累计报销金额由600元提高至800元。

2013年硕放街道居民住院补偿比例一览表

表 30-18

项目		社区	市区内医院		市外医院		最高限额
		首诊	转诊	未转诊	转诊	未转诊	
住院	基金支付比例（%）	90%	65%（三级） 75%（二级）	32.5%（三级） 37.5%（二级）	55%	27.5%	20万元
	门槛费/次·元（学生）	200	300	600	300	600	
	门槛费/次·元（学生）	200	600	1200	600	1200	
	分娩医疗费	制度内可报销费用限额3000元，按住院报销、产检600元					
门诊	基金支付比例（%）	50%	40%	20%	40%	20%	800元

第六节 生产生活印记

在人们日常生产和生活中，有许多物件是常用而不可缺少的。但随着时代变迁，科学发展，生产工具逐步机械化，生活用品电气化，人们生活习惯也随之改变，许多物件现在已被淘汰，有的已采用了新的物件，一些农村旧貌也越来越难觅踪影，就是捕捉到的也堪称凤毛麟角。收录在本节生产和生活中的老房子、老物件、老行当、老票证等150多张老照片，难以全面、完整地反映硕放深远浓厚的历史风貌，但人们仍可从历史记忆中感受到斑斓、深厚、浓郁、古老的历史文化。

1.农业生产

境内常年种植水稻、小麦、油菜。水稻耕作过程为做秧田落谷、拔秧莳秧、耥稻耘稻、割稻脱粒等。主要生产的老物件有挡苗、指头篮、耥耙、卷耙、稻戟、扁担、担绳、甩床、风车等。

做秧田

落谷

拔 秧

莳 秧

耥 稻

捲 稻

耘 稻

割 稻

挑　稻

轧　稻

谷　囤

米　囤

整田平地

手工插秧机（20世纪60年代初）

罱河泥

柴草添河泥

手扶拖拉机耕田

牛车水

秧水桶舀水

修筑地下渠道

风 车

豁 床

挡 苗

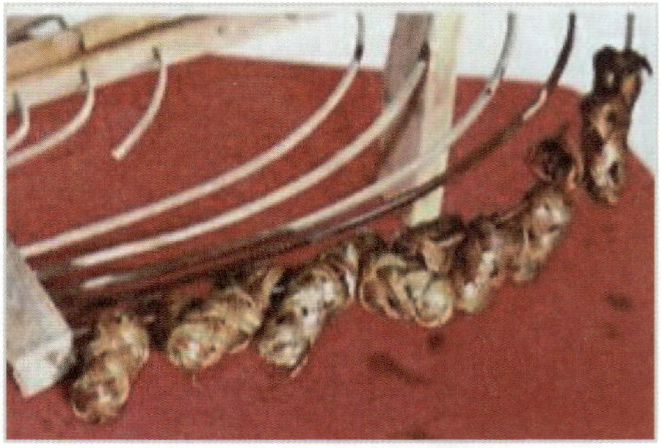
指头篮

耥耙卷耙

担 绳

盘 络

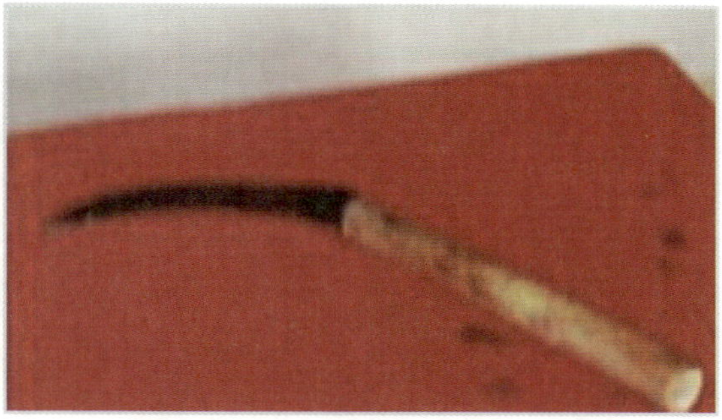

稻 戟

2.副业生产

境内的副业生产主要以养蚕、养猪为主。养蚕要经历领种收蚁、采桑孵叶、绞簇龙、上簇等。以家庭为主体的传统副业还有养禽养畜、水产养殖、果树苗木、纺纱织布、绞草绳、编草鞋、掼砖坯、打草包等。

蚕 种

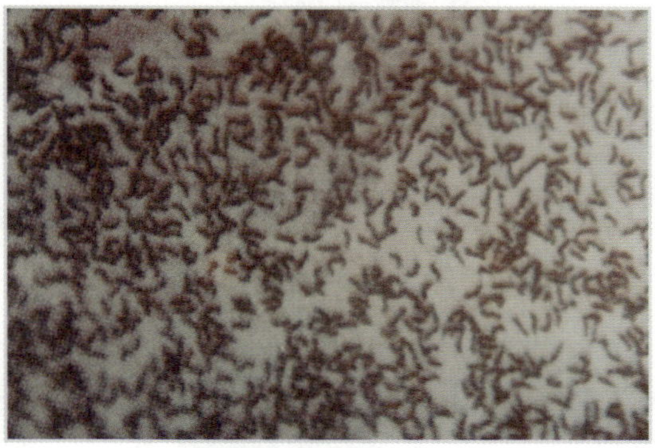

刚出壳的蚕蚁

头眠的蚕宝宝

大眠后蚕宝宝准备上簇结茧

绞簇龙

结好的茧子

绞草绳

纺 纱

编草鞋

掼砖坯

打草包

养 猪

3.农家生活

江南农家住房大多沿河而枕，河水十分清澈，给生活带来诸多方便。农民日常生活安逸温馨，逢年过节做团子、包粽子、蒸年糕等生活丰富多彩。

裹粽子

粽　子

蒸年糕

晒　菜

腌　菜

踏跺上洗刷

灶头烧饭

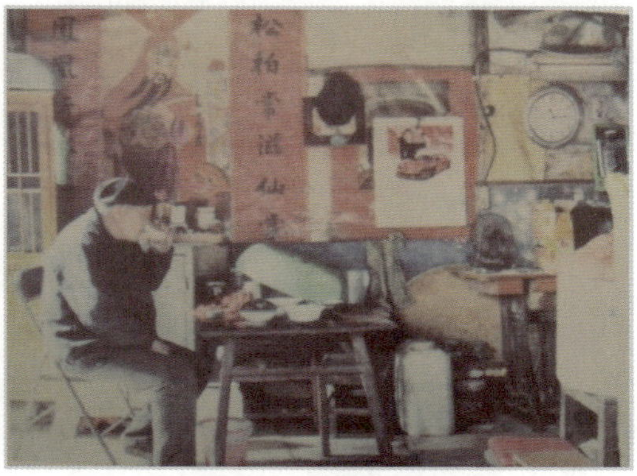
小樽小酌欢度晚年

家用水井

休闲乘凉

4.老房子

旧时，境内民居大多为小青瓦、白粉墙、人字尖顶屋脊。少有为马头风火山墙，一般为朝南一门一闼或一门一窗，客堂、天井，屋与屋之间的深窄小巷，也有砖木结构的门面，精巧玲珑的楼阁以及田园风光的自然村落。

墙门老街百货店

墙门老街店面

墙门老街中草药收购站

墙门南街矮脚楼

一门一闼民居

一门一窗民居

木格落地门窗民居

风火墙宅院

沿河建造的村庄（1）

沿河建造的村庄（2）

5.老物件

老物件是一种文化，它是中华民族文化库重要组成部分。老物件从造型、构件到饰纹，都有鲜明的时代特征，它融合了历史、文化、审美等多种元素。人们通过这一部分内容，可让子孙后代了解过去江南农家生活状态。

长 托

拗手脚盆

高脚木盆

夜 壶

官箱

马桶

菜篮

筲箕

行灶

汤罐

食盒提篮

升箩、木斗

大、小笆斗

石　磨

提　桶

风　箱

木　蒸

竹　蒸

水　缸

水　鳖

大、小木盘

钵 头

油 壶

盐钵头

铫 勺

铜 勺

铲 刀

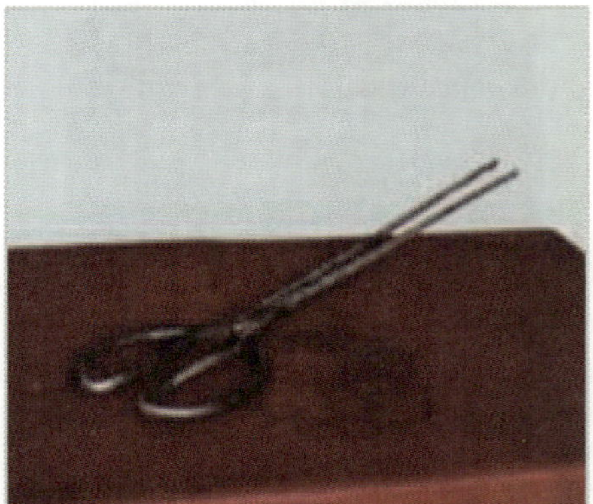

火 抉

米　桶

绍兴甏

烫婆子

脚　炉

台　钟

梳妆盒

樤

杌　子

写字台

算 盘

芦花蒲鞋

钉 鞋

捏 帽

木 屐

摇 篮

蓑 衣

木座车

睡 桶

立 桶

碗 橱

石 臼

竹 匾

针线匾

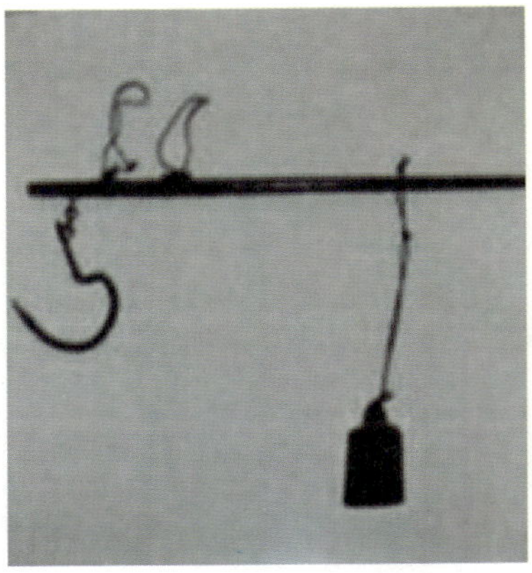

秤

茶 盅

青花鱼盆

紫砂壶

锡酒壶

舌簧喇叭

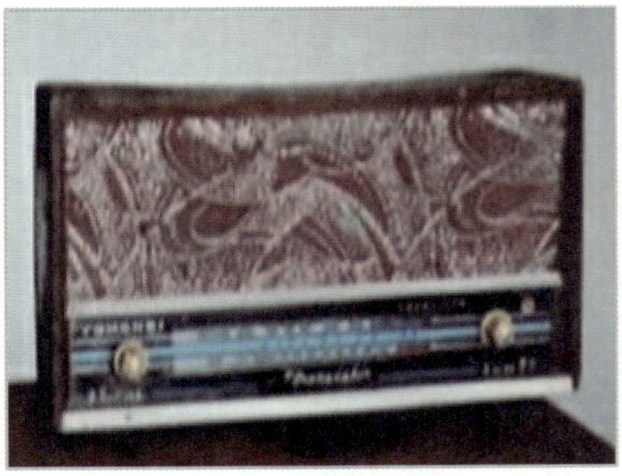

收音机

四喇叭收录机

二喇叭收录机

桅 灯

汽油灯

美孚灯

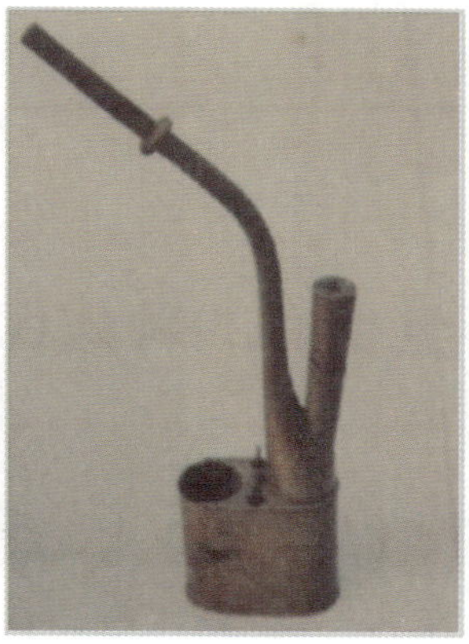

水烟筒

铜火（暖）锅

架子床

大厨、床头柜

铜香炉、蜡扦

梳妆镜台

6.老行当

俗话说："荒年饿不煞手艺人"。旧时，村巷上常见的有补锅匠、修锁匠、弹花匠、箍桶匠、竹匠、皮匠、白铁匠、补碗匠、剃头匠、换糖担、货郎担、卖豆腐花担、爆炒米担、磨剪刀担等民间百工串村走巷。老街上还有老虎灶、轧面店等老行当，为当地村民的生活带来方便。随着社会的发展，生产工具逐步机械化、生活用品电气化，很多传统手艺已经逐步消失，成为永恒的记忆。

卖豆腐花

爆炒米

补镬子

铜匠铺

货郎担

弹棉花

竹匠铺

箍 桶

皮匠摊

白铁店

豆腐坊

轧面店

老虎灶

剃头店

补 碗

换糖担

磨剪刀

7.老票证

在计划经济的年代，人们“吃饭凭粮票，买衣要布票”，以平均主义分配的票证制度，保证了居民的基本生活，但也给人民生活带来严重不便，票证扮演了特殊年代商品“护照”的角色。随着社会的发展、时代的变迁，这些老票证已成为人们的历史记忆。

建筑材料券

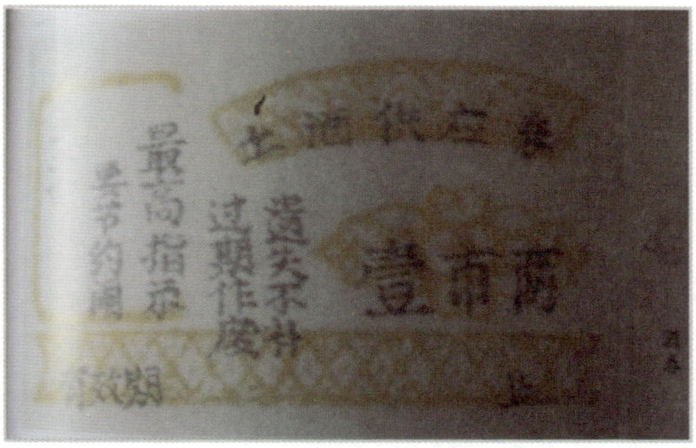

酒　券

江苏粮票和购油券

日用工业品券

荤食品券

布票、絮棉票

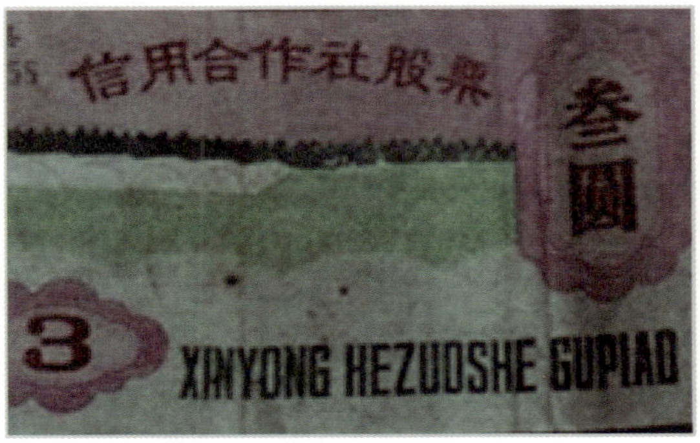

信用合作社股票

供销社股票

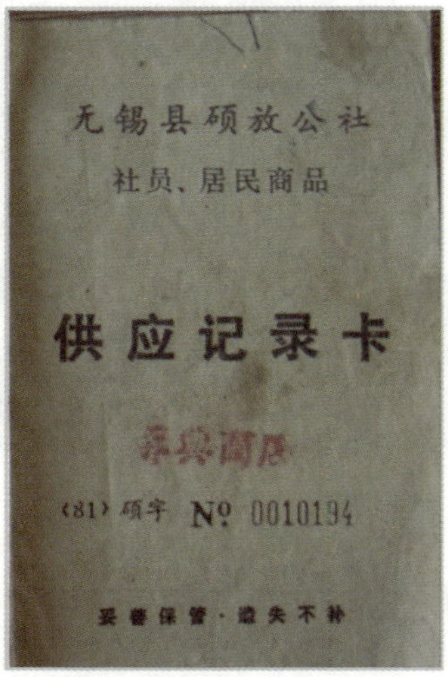

供销社供应记录卡

供销社入股社员证

城镇户供应证

第三十一章

社会新风

中华人民共和国成立以后，随着社会主义制度的建立和各行社会改革的开展，易旧俗、倡新风，尊老爱幼、团结互助、邻里和睦成为社会新的风尚。20世纪60年代初，在雷锋精神的激励下，社会风貌日新月异，好人好事蔚然成风。“文化大革命”初期，全国兴起“破四旧”“立四新”运动。中共十一届三中全会以后，全社会加强精神文明建设。1982年3月，中共中央、国务院规定，每年3月为“全国文明礼貌月”，全社上下与全国同步，开展以“五讲四美三热爱”活动为中心的思想政治教育，倡导社会主义文明新风，营造改革发展的良好氛围。人民的精神面貌发生了可喜的变化，社会风气不断改善。1986年，硕放乡被列入无锡县卫生镇行列。1987年，为贯彻中共中央《关于社会主义精神文明建设指导方针的决议》，开展创建文明镇村、文明单位活动，把乡风文明提升到新的高度。硕放乡党委、政府先后制定组织实施《两个文明建设双百分考核制度》《党政机关年度文明建设考核细则》《文明单位（村）建设管理条例》等规章制度。1997年、1998年，硕放镇被江苏省精神文明建设指导委员会评为“江苏省创建文明乡（镇）工作先进乡（镇）”。

2002年，全镇在加强党的建设的同时，出台加强精神文明建设工作意见，以“讲文明、讲道德、讲科学”为主题，深入开展打击黄、赌、毒，反对封建迷信，崇尚健康文明的各项活动。正确引导宗教信仰自由，正确引导公民业余生活，正确引导生存生活方式，继续大力宣传“爱国守法、明礼诚信、团结友善、勤奋自强、敬业奉献”的基本道德规范，确保精神文明建设常抓不懈、持之以恒。2006年，按照中央统一部署，认真组织开展学习《中共中央关于构建社会主义和谐社会若干重大问题的决定》，引导广大干部群众特别是青少年树立社会主义荣辱观，以“八荣八耻”（以热爱祖国为荣、以危害祖国为耻，以服务人民为荣、以背离人民为耻，以崇尚科学为荣、以愚昧无知为耻，以辛勤劳动为荣、以好逸恶劳为耻，以团结互助为荣、以损人利己为耻，以诚实守信为荣、以见利忘义为耻，以遵纪守法为荣、以违法乱纪为耻，以艰苦奋斗为荣、以骄奢淫逸为耻）为主要内容，深入开展文明村、文明单位、文明家庭的创建活动。2006年通过省、国家验收，被评为全国环境优美乡镇。在此基础上进一步加大创建力度，2007年，街道获评“国家卫生镇”荣誉称号。

2011年，为巩固来之不易的精神文明建设创建成果，进一步弘扬社会主义新风尚，空港产业园区（硕放街道）积极组织各基层单位开展文明标兵推荐工作。经过层层推荐、逐级评选，全街道27人获评“文明市民标兵”，23个家庭获评“文明家庭标兵”。

2013年，园区（街道）进一步开展“感动空港·硕放好人”评选活动，经过层层推荐、逐级评选，涌现出一批助人礼让、见义勇为、诚实守信、敬业奉献、敬老爱亲的好人。其中10人获评“硕放好人”荣誉称号。

第一节　移风易俗

一、男女平等

旧时，男尊女卑的封建意识根深蒂固，妇女社会地位低下，在公共场所无发言权，读书机会很少。童养媳、寡妇或不能生育的妇女更遭到歧视和虐待。随着社会的变革，这些束缚妇女的精神枷锁逐渐被打破。中华人民共和国成立后，废除一切歧视、束缚妇女的法律。在宪法和有关选举、劳动、教育、婚姻家庭、继承遗产等一系列法律和法规中，都鲜明地体现男女平等的精神。男女双方在结婚和离婚上的权利义务是平等的，夫妻在财产关系和人身关系上的权利义务是平等的，不同性别的家庭成员在家庭中的权利和义务也是平等的。妇女在政治、经济上与男子平等，在各级干部、人大代表中妇女占一定比例，出现女书记、女厂长、女企业家等，女医生、女教师、女会计、女技术人员更为普遍。女子受教育与继承遗产的权利得到法律保护，男女同工同酬，夫妻共同操持家务，寡妇改嫁或招赘不受歧视，子女随父姓、从母姓悉听自便。

二、婚事新办

1950年，国家颁布第一部《中华人民共和国婚姻法》，明确青年男女恋爱自由，婚姻自主。男、女青年到法定年龄，双方自愿，到人民政府办理结婚登记，领取结婚证，成为合法夫妻。20世纪50年代至60年代，迎娶不用花轿，改为步行，但有的还沿袭拜堂成亲的仪式。20世纪70年代至80年代，大部分用机帆船迎亲，当时彩礼甚少，酒席俭朴，没有拜堂成亲的仪式，有少数人采用旅行结婚的形式，尤其是20世纪70年代中后期，各大队各单位都组织举行集体婚礼，并馈赠扁担、竹柄等农具以示祝贺。从20世纪90年代起，随着人民生活水平的不断提高，大多数用轿车迎亲，有些到无锡大酒店或镇上饭店举办结婚仪式，有些采用传统的“木园堂”办酒席，举行仪式。

三、计划生育

长期以来，人们普遍受“多子多福”“养子防老”“重男轻女”等封建思想和旧习惯的影响，男女早婚早育，间隔甚密。20世纪60年代至70年代，在当地还流传着“宁可一日三顿粥，不生儿子不歇搁”的说法，对推行计划生育工作带来了严重的阻力，后来少生优生逐渐成为群众的自觉行动。

1962年12月，中共中央、国务院发出“关于认真提倡计划生育”的指示，公社党委、政府在全社进行计划生育的宣传和发动。1963年冬，全社三级干部（公社、大队、生产队）会议期间，要求全社党员干部积极响应计划生育号召，部分党员干部主动做了绝育手术。

1974年，提倡“晚、稀、少”（晚：指晚婚，年龄：男25周岁，女：23周岁；稀：指生育时间至少要间隔四周年；少：指一对夫妻只生两个孩子）。

1978年，根据中共中央《关于国务院计划生育领导小组第一次会议的报告》文件精神，大力提倡一对夫妻只生一个孩子。对只生一个孩子的夫妻颁发独生子女光荣证，独生子女父母从孩子出生至14周岁，每人每年可领取20元的独生子女奖励金，在产假、自留地、口粮、建房面积等方面给予优待。

1980年，中共中央发表了《关于控制人口增长问题致全体共产党员、共青团员的公开信》，并把实行计划生育确定为“基本国策”之一。而后，境内一对夫妇普遍只生一个孩子。从20世纪90年代起至2013年，境内的计划生育率几乎年年保持100%。

四、殡葬改革

1956年国家推行殡葬改革，提倡实行火化，各级组织层层宣传发动，逐级试点推行。20世纪70年代起，流传千百年的土葬习俗逐渐被火化替代。至20世纪80年代，火化率达100%。1998年，按照无锡市新区管委会《关于加强殡葬管理，整治私埋乱葬的通告》的文件精神，利用两年时间达到无坟镇标准，镇政府专门建立殡葬改革专项整治领导小组，下设办公室。各村主要负责人负总责。经过反复调查核实，在国道、省道和铁路等主要交通干线两侧300米内以及镇区四周私埋乱葬的坟墓约有1.2万座。两年内共平坟墓1.14万座，95%的村达标和基本达标。

1998年，镇政府投资100万元，在唐庄河畔的望仙桥旁建造硕放“梦仙堂”，从1999年4月1日启用，可存放骨灰盒2880个，后又根据当地群众的需求建有骨灰盒安葬地墓。从此，人们用花圈纸箔随乐队送葬替代旧式葬礼。随着工业园区和城镇建设的大开发需求，镇政府先后投资748万元在杨家湾村赵家桥征地拓展“梦仙堂”公墓，又在黄家门村周家角新建“天灵”公墓。至2013年12月底，公墓已安放4.9万余穴。

五、尊老爱幼

其中“尊老”指的是尊敬长辈，“爱幼”即爱护晚辈。中华人民共和国成立后，婆媳之间、妯娌之间、父子之间平等相处。父母教养儿女，儿女赡养父母，尊老爱幼已成为社会公德，孤寡老人受到社会关爱。1983年，乡政府办起敬老院，“五保”老人由集体供养，实行“五保”。至2013年，每年敬老节（重阳节）开展敬老爱老活动。政府、妇联组织评选“五好家庭”“硕放好人”等活动，把尊老爱幼、家庭和睦作为重要内容，促进社会稳定，家庭、邻里间的关系进一步融洽。

第二节　文明创建

一、创建活动

20世纪80年代，全乡各行各业坚持以“五讲四美三热爱”为指导思想，广泛开展以“爱国守法好、家庭和睦好、邻里团结好、优生优育好、勤劳致富好”为内容的五好家庭创建活动，以倡导健康文明的社会风尚。1984年，提出创建文明家庭的十条具体标准。进入20世纪90年代，创建活动内涵愈加丰富，评选标准由原来的道德型扩展为开拓进取型、智力开发型、共同致富型、奉献社会型、移风易俗型、健康向上型、生活多彩型等多种类型，活动形式也不断更新。在评选表彰“五好家庭”和“五好家庭标兵户”的基础上，从中评选“文明家庭百颗星”，通过报纸、广播、电视等媒体，广泛宣传他们的先进事迹。1996年，广泛开展爱国主义、集体主义、革命英雄主义的教育活动，组织党员干部学习孔繁森先进事迹，激发广大干部为加快发展振兴硕放建功立业的热情。

进入21世纪，为了不断加快城镇化建设步伐，加快创建文明卫生镇进程，进一步改善镇容村貌，优化投资环境，2000年2月，镇党委、政府成立镇创建领导小组和创建办公室。是年12月，镇党委出台《关于进行“百家文明新风户”和第二届“双十佳”评比工作的意见》，拟制“百家文明新风户”“十佳文明家庭”“十佳文明新人”的评比条件、产生办法和评选要求。经过层层推荐评选，镇党委于2001年2月召开表彰大会，下发表彰决定对“百家文明新风户”“十佳文明家庭”和“十佳文明新人”颁发铜牌、证书。同时要求全镇广大党员干部和群众开展向先进个人、先进事迹的学习活动，大力弘扬正气，塑造时代新人，以先进人物学习表彰活动为契机，把文明创建活动引向纵深。2002年2月，镇党委出台《二〇〇二年全镇党的建设、精神文明建设工作意见》，以“三个代表”重要思想为指导，坚持围绕经济发展为中心，立党为公，执政为民，着力强化核心观念，着力加强服务意识，着力凝聚民心力量作为党的建设和精神文明建设的指导思想。重点以“讲文明、讲道德、讲科学”为主体，深入开展打击黄、赌、毒，反对封建迷信、崇尚高雅健康专项活动；正确引导宗教信仰自由，正确引导公民业余生活，正确引导生存和生活方式。继续大力宣传“爱国守法、明礼诚信、团结友善、勤俭自强、敬业奉献”的基本道德规范。

2005年3月，镇政府在2004年度获得江苏省卫生镇的基础上制订创建“全国环境优美乡镇”和“国家卫生镇”的工作计划和实施方案，围绕组织管理、健康教育、基础设施建设、镇区环境卫生、公共场所及饮用水卫生、食品卫生、除害防病、环境保护、单位和居民卫生等工作目标，调整组建创建领导小组和创建办公室，从有关单位及部门抽调30多名人员，成立10个专业组。按照工作计划“抓基础、抓重点、抓整改、抓巩固”的要求，分4个阶段实施。主要措施是领导重视，摆上位置；全面发动，营造氛围；健全组织，各方配合；多方顾及，标本兼顾；明确任务，各负其责。全镇干部群众以创建“全国环境优美乡镇”和“国家卫生镇”为契机，以饱满的工作热情，投入参与创建工作，围绕进一步优化城镇环境，完善城镇功能，提高人民的生活质量和水平，为实现硕放经济繁荣、生活富裕、环境优美、社会文明的现代化新型城镇的愿景目标，团结一致、全力以赴、真抓实干、奋力拼搏。

2006年3月，根据镇党委下发的《关于在全镇组织开展学习、树立和实践社会主义荣辱观活动的意见》文件精神，在全镇广大干部群众中开展社会主义荣辱观教育活动，主要内容为“学荣辱、带好头；知荣辱、树新风；明荣辱、促和谐”。党政机关深入开展“做人民满意的公务员”“创建文明机关，当好人民公仆”活动，率先垂范，为全社会做出表率；村（居）社区把荣辱观教育纳入星级文明和谐社区创建活动中，扎实开展“党风民心型”

“民主法制型”“安全文明型”“爱心服务型”等特色村（居）社区创建活动。开展“尚德新风型”“勤俭节约型”“诚实守信型”“勤劳致富型”“团结互助型”等主题家庭创建活动，让何以为荣、何以为耻人人皆知。学校以“荣辱议事坛”等形式开展“不辨是非难处世，不知荣辱不成人”征文、演讲、板报比赛。医院紧紧围绕“看病难、看病贵、拿红包、吃回扣”等难点、热点问题，在教育的同时，进一步完善规章制度，自觉规范医疗行为，重塑医务人员的良好形象。2006年7月，硕放街道与江南大学共建大学生志愿者社会实践基地，鼓励大学生志愿者积极利用社区志愿服务平台参与多样化的志愿活动。2008年12月，空港产业园区（硕放街道）新硕志愿者服务队成立，60多名志愿者分别投身交通协勤、垃圾清理、“牛皮癣”清除、尊老爱幼等志愿活动，在人民群众中留下深刻印象。2010年，空港产业园区（硕放街道）又启动“做志愿先锋 建幸福硕放”的党员志愿者活动。组成文明礼仪宣传团，利用“大讲堂”等形式，开展“文明礼仪”进万家活动。2011年，在全街道掀起争创“文明市民标兵”活动的热潮。2013年，进而开展“硕放好人”评比活动，围绕“凝聚人心正气，弘扬道德力量”主题，经过群众海选、居民委员会推荐、初选入围、首轮评审、公告公示、公众投票、最终审定，产生丁惠芬、毕琪等10位“感动空港·硕放好人”，他们都是群众公认具有一定代表性、形象好、感召力强的典型代表，为和谐宜居空港新城建设发挥正能量。

二、创建成果

20世纪80年代中期，硕放乡开展创建文明单位、文明村、文明家庭活动中，墙西村、王家桥村被评为无锡县文明村。1986年，硕放乡被评为无锡县卫生乡镇，1987年，硕放乡敬老院被评为江苏省文明单位，同年硕放乡党校被评为江苏省先进基层党校。20世纪90年代后期，硕放镇被评为江苏省创建文明乡（镇）工作先进乡镇。1997年，墙裕村在开展创建省级卫生村中，第一个被评为江苏省卫生村。2000年，开展第二届“双十佳”文明新人和文明家庭活动中，共评选出“文明新人”10位、“文明家庭户”10户、“文明新风户”100户。2000年至2006年，在创建省级卫生村活动中，墙门村、墙联村、西典巷村、红光村、香楠村获评“江苏省卫生村”荣誉称号。2004年，硕放镇被评为江苏省卫生镇。2006年5月，硕放街道被评为全国环境优美乡镇。2007年，硕放街道被评为国家卫生镇。同年，南星苑第二社区被评为全国绿色社区活动（第二批）先进社区。2007年至2009年，溇金村获评“江苏省创建文明村工作先进单位”荣誉称号。2010年，街道评选出“文明市民标兵”20户。2013年，街道评选出“硕放好人”10名。

1983—2013年硕放街道（镇、乡）获市级及以上文明创建成果一览表

表 31-1

荣誉单位	荣誉称号	授予单位	授予年份	级别
硕放街道	全国环境优美乡镇	国家环境保护总局	2006	国家级
硕放街道	国家卫生镇	全国爱国卫生运动委员会	2007	国家级

续表 31-1

荣誉单位	荣誉称号	授予单位	授予年份	级别
硕放街道	国家卫生镇（复查通过）	全国爱国卫生运动委员会	2011	国家级
南星苑第二社区	全国绿色社区活动（第二批）先进社区	国家环境保护总局	2007	国家级
南星苑第二社区	《低碳与环保——中国社区在行动》全国社区教育特色课程	中国成人教育协会社区教育专业委员会	2012	国家级
硕放乡	江苏省精神文明建设先进单位	江苏省精神文明建设指导委员会	1983	省　级
硕放镇	江苏省创建文明乡（镇）工作先进乡（镇）	江苏省精神文明建设指导委员会	1997—1998	省　级
硕放镇	江苏省卫生镇	江苏省爱国卫生运动委员会	2004	省　级
硕放镇	江苏省“亿万农民健康活动”先进乡镇	中共江苏省委农工部、江苏省农林厅、江苏省体育运动委员会、江苏省农民体育协会	2000	省　级
硕放街道	江苏省人居环境范例奖	江苏省建设厅	2007	省　级
党　校	江苏省先进（红旗）基层党校	中共江苏省委	1987—2007	省　级
团　委	江苏省“五四”红旗团委	共青团江苏省委员会	2011	省　级
团　委	“江苏省青年志愿服务行动”组织奖	共青团江苏省委员会	2012	省　级
敬老院	江苏省文明单位	江苏省民政厅	1987—1994	省　级
墙裕村	江苏省卫生村	江苏省爱国卫生运动委员会	1997	省　级
墙裕村	江苏省安全文明村	江苏省社会综合治理委员会	1999	省　级
墙门村	江苏省卫生村	江苏省爱国卫生运动委员会	2000	省　级
墙联村	江苏省卫生村	江苏省爱国卫生运动委员会	2004	省　级
西典巷村	江苏省卫生村	江苏省爱国卫生运动委员会	2005	省　级
红光村	江苏省卫生村	江苏省爱国卫生运动委员会	2005	省　级
香楠村	江苏省卫生村	江苏省爱国卫生运动委员会	2006	省　级
溇金村	江苏省“依法治省”示范村	江苏省依法治省领导小组	2006	省　级
溇金村	江苏省创建文明村工作先进单位	江苏省精神文明建设指导委员会	2007—2009	省　级
溇金村	江苏省社会主义新农村建设先进单位	江苏省农村工作领导小组	2011	省　级
溇金村	江苏省和谐社会建设示范村	江苏省民政厅	2012	省　级
溇金村	江苏省文明村	江苏省精神文明建设指导委员会	2010—2012	省　级
南星苑第二社区	江苏省“南星苑杯”绿色环保宣传评比活动优秀组织奖	江苏省环境保护厅	2007	省　级
南星苑第二社区	江苏省民主法治示范社区	江苏省依法治省领导小组	2008	省　级

续表 31-1

荣誉单位	荣誉称号	授予单位	授予年份	级别
南星苑第二社区	江苏省绿色社区	江苏省环境保护厅	2006—2009	省 级
南星苑第二社区	江苏省环境教育基地	江苏省环境保护厅 中共江苏省委宣传部 江苏省教育厅	2011	省 级
南星苑第二社区	江苏省和谐社会建设示范社区	江苏省民政厅	2011	省 级
南星苑第二社区	江苏省文明社区	江苏省精神文明建设指导委员会	2010—2012	省 级
丽景佳苑一期社区	江苏省综合减灾示范社区	江苏省民政厅	2013	省 级
硕放镇	无锡市卫生镇	无锡市爱国卫生运动委员会	1998	市 级
硕放镇	无锡市“群防群治”工作先进单位	无锡市社会综合治理委员会	2001	市 级
党 校	无锡市先进基层党校	中共无锡市委	1983—2001	市 级
派出所	无锡市文明单位	中共无锡市委 无锡市人民政府	2007	市 级
人力资源和协会保障所	无锡市文明单位	中共无锡市委 无锡市人民政府	2008—2009	市 级
无锡滚动轴承有限公司	无锡市文明单位	中共无锡市委 无锡市人民政府	2008—2009	市 级
锡通科技有限公司	无锡市文明单位	中共无锡市委 无锡市人民政府	2010—2012	市 级
墙裕村	无锡市文明村	无锡市精神文明建设指导委员会	1997—1998	市 级
墙裕村	无锡市加快农村基层组织建设加快农村现代化建设示范村	中共无锡市委 无锡市人民政府	1999—2000	市 级
墙裕村	无锡市文明村	无锡市精神文明建设指导委员会	2001—2002	市 级
溇金村	无锡市创建文明村镇先进单位	中共无锡市委 无锡市人民政府	1999	市 级
溇金村	无锡市文明村	无锡市精神文明建设指导委员会	1999—2000	市 级
溇金村	无锡市加快农村基层组织建设加快农村现代化建设示范村	中共无锡市委 无锡市人民政府	2001	市 级
溇金村	无锡市文明村	无锡市精神文明建设指导委员会	2007—2009	市 级
溇金村	无锡市文明村	无锡市精神文明建设指导委员会	2010—2012	市 级
溇金村	无锡市社会主义新农村十佳示范村	中共无锡市委 无锡市人民政府	2013	市 级
墙南村	无锡市卫生村	无锡市爱国卫生运动委员会	2001	市 级
咏硕苑社区	无锡市创建文明社区	中共无锡市委 无锡市人民政府	2008—2009	市 级
南星苑第二社区	无锡市绿色社区	无锡市绿化委员会	2007	市 级
南星苑第二社区	无锡市文明社区	无锡市精神文明建设指导委员会	2005	市 级

续表 31-1

荣誉单位	荣誉称号	授予单位	授予年份	级别
南星苑第二社区	无锡市文明社区	无锡市精神文明建设指导委员会	2007	市 级
南星苑第二社区	无锡市文明社区	无锡市精神文明建设指导委员会	2008—2009	市 级
南星苑第二社区	无锡市社会治安综合治理先进单位	中共无锡市委 无锡市人民政府	2006—2010	市 级
南星苑第二社区	无锡市文明社区	无锡市精神文明建设指导委员会	2010—2012	市 级
新锦园社区	无锡市绿色社区	无锡市绿化委员会	2010	市 级
新锦园社区	无锡市文明老年活动室	无锡市老龄委员会	2012	市 级
丽景佳苑一期社区	无锡市农村社会管理先进单位	中共无锡市委 无锡市人民政府	2013	市 级
振发社区	无锡市创建文明社区	无锡市精神文明建设指导委员会	2010—2012	市 级

说明：学校不在其内

2000年硕放镇“十佳文明新人”一览表

表 31-2

单位	姓名	单位	姓名
镇居委	周汝川	镇机关	曹定良
墙 西	毕明荣	供销社	王建忠
安 桥	杜国琴	卫生院	吕肃鸣
安 桥	邹汉民	中学	黄文兴
墙 裕	王纪兴	八一塑料厂	邹新华

2000年硕放镇“十佳文明家庭”一览表

表 31-3

单位	户主姓名	单位	户主姓名
镇居委	余月华	多种经营服务公司	杨解康
墙 北	蒋文达	多种经营服务公司	朱毓琴
安 桥	曹大阿弟	中学	黄家敏
溇 金	杨寿兴	中心小学	余朝良
建 丰	周林泉	卫生院	黄榴芹

2000年硕放镇百家“文明新风户”一览表

表 31-4

单位	户主姓名
墙 门	毛建明、杨桂兴、唐美华
墙 南	颜冬胜、方月芹、陈 勇、顾明华
墙 西	崔祖良、邹海根、陶建昌、朱建选
墙 北	曹国贞、庄菊惠、戚银根、江达元
墙 裕	朱兴生、王末兴、王纪南、陆根生

续表 31-4

单位	户主姓名
孙典桥	朱菊泉、顾明生、徐全根
新　农	周雪瑛、钱月仙、陆中明、朱阿兴
里　新	曹宝根、徐福宝、曹菊生、华正芳
里　河	曹建康
安　桥	胡仁宝、王明仪、邹荣昌
黄家门	陆阿兴、陈林根、葛心石
西典巷	徐文明、顾伯勤、顾兴初
硕　放	顾炳荣、邹祖良、俞玲媛、查福纪
杨家湾	薛其民、朱明晓、过丽娟
建　新	朱永根、方　荣、朱玉珍
塔　西	金惠琴、张美英
中华庄	孙建平、华惠青、华凤兴、史秋芹
王家桥	严兴生、倪锦珍、沈逸民
红　光	徐正英
红　力	丁仁贤、顾寿娣、蒋惠英
秦　村	曹忠良、朱根南、曹美华
建　丰	沈维珅、钱丽英、钱兴根、顾美华
薛　典	袁德明、孙建达、顾一定、李宪文
溇　金	钱景林、陆惠明、马建平、陆海兴
农业公司	张忠林、沈裕民
建筑公司	朱兴国、顾才庆
六通集团	黄康明、陈明兴
通达集团	杨立新、鲁惠英
镇居委	王文娟、陈琴珍、钱水英、张光琪
派出所	钱桂春
电力站	王一草
粮管所	童丽蓉
卫生院	黄祥茂
供销社	尤中和、郑蓓芬、朱红燕
中　学	费明华、顾泉洪
交管所	朱敏根

2011年硕放街道“文明家庭标兵”户一览表

表 31-5

单位	户主姓名	单位	户主姓名
大墙门	黄玲珍	街道社区	夏旌安
墙　裕	朱兴生	振发社区	唐祖桐
东　新	吴友良	润硕苑社区	蒋建清
香　楠	张淑珍	新锦园社区	姜进生
安　桥	邹进民		顾军华
黄家门	顾振伯	咏硕苑社区	曹建明
杨家湾	邹善法	南星苑第二社区	王锡仁
合　新	李家祥	吉祥社区	刘学友

续表 31-5

单位	户主姓名	单位	户主姓名
新梅路	华锡良	香楠佳苑社区	姜亚萍
建　丰	邹凤仙	丽景佳苑第一社区	陆洪泉
秦　村	张　英	锦硕苑社区	聂大开
溇　金	杨永明		

2011年硕放街道“文明市民标兵”一览表

表 31-6

单位	姓名	单位	姓名
大墙门	孙建达	润硕苑社区	毕月仙
墙　联	钱　锋	新锦园社区	杨春芳
	鲁凤高	咏硕苑社区	吴均太
东　新	杨炳荣	南星苑第一社区	徐文奎
	朱吴玲		邹丽娟
香　楠	李忠泉	南星苑第二社区	曹定芳
安　桥	万阿七	吉祥社区	丁惠芬
黄家门	严建明	丽景佳苑第一社区	瞿凤娣
杨家湾	石福兴	香楠佳苑社区	邹瑞根
合　新	方志仪	锦硕苑社区	姚正雄
新梅路	周建英	硕放实验小学	毕　琪
溇　金	杨秋萍	硕放中学	费明华
	王金媛		
街道社区	王文星		
振发社区	谢桂娥		

2013年硕放街道“硕放好人”一览表

表 31-7

单位	姓名	单位	姓名
吉祥社区	丁惠芬	振发社区	高重国
硕望桥小学	毕　琪	润硕苑社区	黄惠珍
派出所	阳冬秋	锦硕苑社区	曹建良
咏硕苑社区	邹南珍	锡通有限公司	韩俊锡
丽景佳苑第一社区	徐小娟	南星苑小学	潘宁安

第三节　新风范例

一、见义勇为

2007年2月24日17时许，振发社区某幢六楼的一户人家，一位女孩趴在朝北卫生间的窗口，头从抓破的纱窗里探出，哭喊着“着火啦，救命啊！”对面楼的居民赶紧打了报警电话，居民们从各个方向涌向这幢大楼，站在楼下焦急地等待救援人员的到来。当时下着大雨，在这万分危急的时刻，泥水匠高重国和摩托车修理工万钢丁挺身而出，两人借助外墙

高重国

上的落水管，从楼梯间攀爬至卫生间窗外，万钢丁打开窗户，弄破纱窗，想把女孩拉出窗外，当时女孩已经烧伤，手上的皮都掉下来了，没有办法抓紧她。这时，高重国不顾个人安危，攀登到卫生间窗外，用力扯下纱窗，奋力进入室内，第一时间采取措施保护小女孩。此时，派出所的民警也赶到现场，他们带来绳索。高重国和万钢丁商量后，决定由身高臂长的高重国抱人往外送，当时烈火熊熊，稍有不慎即有可能发生意外，高重国一手抓住窗栅，一手抱起女孩，从半空中将女孩送到接应人的手中，女孩被安全救下，随即被众人急送医院救治，最后脱离生命危险。高重国见义勇为的事迹先后获得无锡市、江苏省见义勇为基金会表彰，并获得无锡市2007年度精神文明“十佳”新人新事奖励。2013年被评为“感动空港·硕放好人”。

二、舍己救人

2011年4月4日13时54分，硕放派出所接到无锡市公安局“110”指令，有一位老太在西典巷村方丈湾大坝闸门外河滩摸螺蛳不慎落水，情况十分危急。接警后，硕放派出所民警立即赶赴现场，发现老太已深陷淤泥，无法自行脱身，随时可能有生命危险。当时南星苑小学校长华建谊与当地群众邵焕中、张廷见奋不顾身跳入河中和派出所民警一起用绳子等工具将老太救上岸，使其脱离危险。

三、拾金不昧

2010年8月1日14点左右，家住润硕苑社区的杨志德，在社区西大门口的减速带上捡到一只钱包，内有几百元现金，还有身份证、银行卡等重要物件。他及时联系失主，随即将钱包交给社区居民委员会，居民委员会工作人员根据身份证上的信息，通过派出所找到失主。

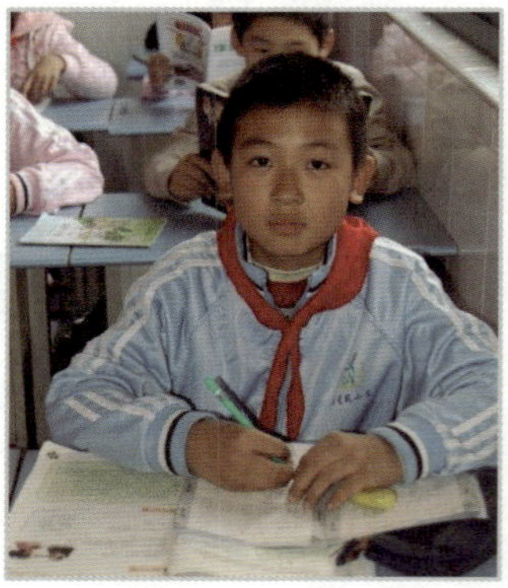
潘宁安

2013年11月3日傍晚，南星苑小学学生潘宁安在南星苑八区的路上捡到一只钱包，钱包里除了一些银行卡以外，还有现金1000多元。潘宁安赶紧回家把钱包交给父亲，潘宁安的父亲在第一时间报了警，并经警察联系上失主。2013年，潘宁安被硕放街道评为“感动空港·硕放好人”。

四、积德行善

解放前，塔西乡花园里有两位尊敬的老人——邹云峰、邹子卿同胞兄弟。邹子卿年少时在上海鹏寿堂当学徒，出师后在该店工作，是一名药剂师。邹子卿每年回乡探亲，经常听其哥哥邹云峰讲邻近多人被毒蛇咬伤致死的悲惨情况。于是，他暗下决心一定要研制治疗蛇伤的药物。经过多年悉心研究，终于成功。他自己掏钱配置药丸，并将其带回家乡，交给其兄邹云峰，并教他如何使用，邹云峰很快掌握技术要领。同时邹子卿嘱咐哥哥看病不要收钱。两位老人承诺终身做善事，免费为四乡八邻百姓服务。前来求医者每年少则10

多例，多则20多例。南到望亭、通安、浒关，东到后宅、鸿声、黄埭，北到梅村、坊前、江阴，西到新安、华庄等地均有患者来求医。他们不但免费为被毒蛇咬伤的患者医治，还给远道来的人免费提供食宿。后邹云峰年老时因眼睛看不清，就把医术传给儿媳朱兰芬，两代人50余年行医不收分文。

五、健康使者

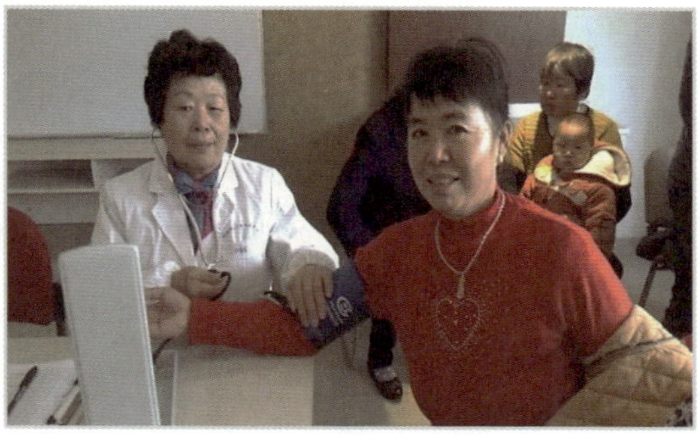
丁惠芬（左）

吉祥社区老年协会会长丁惠芬是一位从事医疗工作近30年的医务人员。退休后，继续奉献爱心，为民服务。2012年初，了解到吉祥社区老年居民中有许多血糖偏高、血压偏高的人。由于社区没有健康服务站，为方便居民量血糖、测血压，丁惠芬及时联系两位退休医生，开设健康保健讲堂，提供健康咨询。两年来，她将自己的职业技能在社区平台上延续，发挥余热。每逢周二“健康日”她便会在8点前到社区，为居民测血压、量血糖，提供健康保健、心理咨询等免费义务服务，为社区居民健康护航。关心居民的健康饮食起居，宣传健康的生活方式，积极有效地预防多种慢性疾病的发生，增强居民的健康保健意识。到2013年底，她所带领的吉祥健康互助社开展“一对一”的服务已达3000余人次。同时，她还协助吉祥社区举办两期“趁夕阳正红，享网络人生”老人电脑培训班，教会老年人掌握打字、浏览网页等电脑基础知识，既丰富老年人修心养身的知识，又陶冶老年人生活习惯的情操。2013年，丁惠芬被评为“感动空港·硕放好人”。

六、金贵乡邻

黄惠珍

2000年，64岁的徐巧珍突发中风半身不遂，瘫痪在床，丧失了生活自理能力。丈夫年事已高，勉强照顾自己。老人的子女由于工作原因也不能很好地照顾母亲。同村的黄惠珍知道情况后，自告奋勇地担当起照顾老人的重任，黄惠珍的家庭也全力支持她。黄惠珍12年来每天坚持给老人擦拭身体，从无例外，夏天天热时，还不止擦拭一次。老人常年卧床不起，吃喝拉撒全在床上，由于黄惠珍无微不至的照料，身上从未生过褥疮，即使盛夏连痱子都没有，房间里没有一点异味，床上的被褥干净整洁。2013年，黄惠珍被评为“感动空港·硕放好人”。

七、慈善爱心

2011年2月23日，香楠佳苑居民委员会团支部向硕放街道团工委反映曹梦婷突患急性白血病，家中父母都是残疾人，经济困难根本无力支付巨额医疗费的情况后，街道团工委一方面研究具体募捐活动，另一方面向街道党工委领导汇报，并得到领导的同意和支持，召开全街道各团支部书记以及各志愿者负责人会议，组织发动全街道团员青年、中学、小学等社会各界开展“爱心助梦婷”集体微公益活动，帮助曹梦婷筹集爱心善款。通过宣传发动，在短短10多天时间里，街道团工委共收到9000余人的爱心捐款，共计26.78万元。其中4000余名社会各界爱心人士捐款12.93万元，硕放中、小学共有5000余名师生捐款13.85万元。3月8日上午，街道团工委、社会事业处民政办、香楠佳苑居民委员会等领导一行，带着全街道的爱心捐款前往苏州市第一人民医院血液科看望曹梦婷，社事处民政办负责人代表硕放慈善协会也向曹梦婷送上1万元救助金。之后，曹梦婷的病情通过苏州市第一人民医院的医治，得到稳定和好转。

硕放街道各界开展“爱心助梦婷”活动

八、施善行者

无锡市滚动轴承有限公司董事长韩俊锡，长期援助原公司职工“两癌一残”钮晓凤家庭。企业员工钮晓凤于2001年查出乳腺癌晚期，韩俊锡一次次及时送上医疗费，鼓励她勇敢与病魔作斗争。得知钮晓凤因从小患有脑瘤已双目失明的儿子一直想上学，韩俊锡便帮助联系苏州聋哑学校，并帮助孩子的父亲在苏州租房陪读，让孩子圆了上学梦想，先后援助这个困难家庭约10万元。此外，韩俊锡得知公司员工小程不幸得了白血病，带头捐款1万元，并带动公司员工发起爱心捐款活动，共筹得善款4.81万元。2013年春节，韩俊锡还给小程送上2000元慰问金以及年货，后又捐助小程一家1万元。

2005年7月公司搬至硕放工业园区后，韩俊锡给老人们购买毛皮帽、保温杯、珊瑚绒毯、锦缎棉唐装、围巾、棉鞋、电暖袋、电热浴脚盆、羊毛袜、手筒套、床上用品等；夏天，送去饮料、水果、绿豆、风油精等清凉解暑物品；端午节送去粽子和咸鸭蛋，中秋节送去月饼、水果，重阳节送去重阳糕点。前后向敬老院捐赠物资和现金达20余万元。

韩俊锡（右）

2007年9月，韩俊锡向硕放中心小学捐赠1万元扶持当地教育。2008年2月在韩俊锡的带领下，公司组织全体员工向西部贫困山区小学捐赠数百套衣物，悉心打包后直接寄达贫困地区。5月12日，四川汶川发生特大地震，公司捐款5.3万元。公司有两名四川籍员工因地震房屋倒塌，韩俊锡向他们捐赠3000元和2000元不等的爱心款。2010年4月，青海地震，公司立即向灾区捐赠3万元。2010年8月，向安徽一所希望学校捐赠文具用品。2011年7月，向西部贫困山区学校捐《新华字典》100本。2013年4月，向雅安灾区捐赠现金1万元。2013年7月，向咏硕苑社区捐赠2万元经费用于装修老年活动室和居家养老中心，同时还捐赠电视机一台。2013年，韩俊锡被评为“感动空港·硕放好人”。

九、志愿标兵

硕望桥小学教师毕琪，自1997年踏上教师工作岗位后，不仅在教育讲坛上立足岗位，尽职尽责，而且在社会公益事业上，怀揣着“乐于助人，快乐自己”的人生信念，积极活跃在志愿者活动中，被人们誉为“心地善良的美丽天使”。2000年8月，当她从报纸上得知开展“慈善结对助学”的消息时，立刻就去无锡市慈善总会办理相关手续，认捐1000元，与一位姓夏的寒门学子结成助学对子。那时她的月工资才1000元左右。后来她陆续给夏同学寄钱，直到大学毕业。之后，她又先后与宜兴、荡口的贫困孩子结成助学对子。2002年起，连续五年她共献血1000毫升。2008年4月，她到无锡市中心血库采取血样，签下造血干细胞志愿捐血志愿书，成为中华骨髓库中的一名光荣志愿者。2012年9月，她调到硕望桥小学工作担任班主任，通过网络和朋友收集一些衣物和鞋子，分发给家庭困难的学生。班上有些孩子无人接送，她经常主动把孩子一一送到家。多年来，她曾先后被评为“空港优秀志愿者”“无锡市新区青年志愿者标兵”“无锡市优秀红十字会员”“无锡市优秀志愿者”“无锡最美教师”“感动空港·硕放好人”。

毕　琪（右）

十、致富楷模

安桥村种田大户曹大阿弟，是一个四世同堂的普通农家，全家16人承包村里21亩水旱田，还办起家庭水泥预制场，搞起多种副业项目经营。1990年至1992年，上缴国家粮食1.89万公斤，出售肉猪600多头，上缴国家税款12万元，成为远近闻名的“五好家庭标兵户”。这个家的户主曹大阿弟，人称“曹三万”，当时是无锡县得票最多的“十佳党员”。早在1983年，许多人别离家乡上城做工经商，57岁的曹大阿弟却带领家人承包16亩粮田，养了100多头猪，成为全县第一个种粮大户。当年交售商品粮超万斤、副业收入超万元、家庭纯收入超万元，“曹三万”由此得名。10年过后，“曹三万”仍执着地在土地上辛勤耕耘。平时全家一起在水泥预制场干活，农忙时全家一起下田劳动。曹大阿弟家的水泥预制场年营业收入达100多万元。曹家勤购置水泵、拖拉机、半自动脱粒机，主动承担附近村民小组300多亩的耕翻任务，为其他农户提供方便。1992年为乡中心小学捐资9400元，每学期为安桥村小学送去200元作为奖学金；每年给乡敬老院送去1000多元物品；1993年又为村民委员会捐款1万元建造两间老年活动室；春节又给村里两个特困户送去慰问金1000元。他曾获评“1983—1984年度、1988—1990年度、1993年无锡市劳动模范”荣誉称号，“1983—1984年度、1988—1990年度、1995年江苏省劳动模范”荣誉称号，1994年江苏省“五好家庭十佳标兵户”荣誉称号。

溇金村溇上村民杨映春从1984年11月开始养猪百头以上，发展为远近闻名的养猪专业户，从1984年至1993年共出售商品猪4800余头。1987年开始，杨映春在养猪的同时，规模种植西瓜、西红柿、大白菜、长豆等瓜果蔬菜共达5亩，收获的蔬菜专供无锡朝阳农贸市场。1989年杨映春的种植基地被无锡市人民政府授予“副食品基地”荣誉称号。1990年开始全身心投入养猪业。1994年，进一步投资拓建猪场，开始规模经营，当年出售肉猪2000多头，销售额为180万元，净收入达20万元。杨映春从1984年开始从事养猪业，到2001年共计出售（包括自宰）生猪1.77万头，发展成为规模养猪专业户，为城镇市民丰富了菜篮子，为社会做出一定的贡献。他曾获评“1985—1986年度无锡市劳动模范”“1987年江苏省劳动模范”荣誉称号。

十一、慈母孝媳

邹南珍，家住咏硕苑社区。家中既有一个80多岁的婆婆，又有儿子、儿媳两个聋哑人，是一个十分特殊的五口之家。数十年来，三代人生活在一起和睦快乐、幸福美满。2003年拆迁，邹南珍始终没有忘记公公的嘱托，她和家人商量，把婆婆带到身边一起生活。2008年的一场大雪后，天气寒冷，婆婆哮喘病发作住进医院。一个多月里，她家里、医院两头跑，耐心伺候婆婆。为治好婆婆的病，东拼西凑买了吸氧机，装上空调，想尽一切办法让婆婆病情减轻。10多年来，光医药费就花去10多万元。她的举动平凡而感人，受到当地群众的高度赞扬，屡次获评硕放“五好家庭”荣誉称号。2013年被评为“感动空港·硕放好人”。

邹南珍（右）

十二、孝子贤孙

20世纪80年代初，墙北村村民姜进生拿着数十元的月工资，当时自己四个孩子分别就读小学、初中、高中和大学，妻子身体不好，生活的重担全都压在他一个人身上，生活相当拮据。但他数十年如一日，从来没有跟老母亲分开过。

2002年，姜进生全家搬入新锦园社区。他经常给老母亲梳洗沐浴、修剪指甲，为了老人上厕所方便，将座椅式坐便器换成残疾人专用的坐便器；同时身材较小的姜进生经常背着老母亲下楼梯散步、晒太阳。2009年2月，他发现母亲右脚疼痛难忍，便急忙送至医院就诊，医师初步诊断为腿部血栓。在医院期间精心照料，经过三次手术，其母逐步恢复行路功能。

姜进生

在老母亲面前，姜进生是一个孝子。同时，在儿孙面前，他的身体力行，将传统美德深深的印刻在儿孙们的脑海里。在他家里，能经常看到儿孙们为老太太端茶倒水的情景。2010年，姜进生被全国敬老、爱老、助老主题教育活动组委会授予“全国孝亲敬老之星”荣誉证书。

十三、捐资助学

陈勇（右）

无锡北大建筑有限公司经理陈勇（墙南村人），2002年至2006年连续五年，向硕放实验小学“小星月”乐队赞助资金10万元。2005年至2011年连续七年，向湖南省桑植县四个贫困生从高中到大学毕业共资助14万元。2010年，当看到《扬子晚报》“利群”资助贫困学生阳光活动后，向江苏省句容县两名贫困学生捐资2万元。2009年至2013年期间，向建丰村的三名贫困大学生捐资6万元；向新锦园社区优秀学生、家庭贫困生、单亲家庭的学生捐资16.2万元；向香楠佳苑社区五名贫困生资助2.5万元。从2002年至2013年共捐资助学50.7万元。

十四、四世同堂

滕祖培家庭全家福

2013年，墙联村庙下居民滕祖培（85岁）、杨玉珍（84岁）夫妇双全，结婚65周年。他们育有三子一女，四子女都是独生子女户，四个子女第二代全部结婚，有了孙辈，一个22人的大家庭其乐融融，是境内少有的四世同堂家庭。滕家第二、第三代中有6人加入中国共产党，大儿子滕云初当过兵，在村里担任13年的党支部书记。孙子女的文化水平都是大专以上学历，其中孙女滕丽萍在江南大学从事医学教育和科学研究工作，获江南大学发酵工程专业生物制药方向博士学位，任硕士生导师。滕祖培生活有规律，开朗乐观，思维清晰，喜欢看报纸、听广播、看电视，喜欢与人交往、沟通、闲聊，耄耋之年仍身体强壮健康，还参加镇老年门球队。该家庭四世同堂，传承了长辈爱护小辈，小辈尊老、敬老的良好风尚。

第四节　规则公约

一、硕放乡公民守则

1987年3月，硕放乡第十届人民代表大会通过《硕放乡公民守则》，主要内容为“十要十不”：

1.要遵纪守法，不违法乱纪；

2.要勤劳致富，不搞歪门邪道；

3.要文明礼貌，不损社会公德；

4.要尊老爱幼，不虐待老人；

5.要破旧立新，不搞迷信赌博；

6.要安定团结，不妨碍社会秩序；

7.要优生优育，不无计划生育；

8.要珍惜土地，不违章建房不抛荒弃耕；

9.要整洁卫生，不污染环境；

10.要美化家乡，不损毁绿化。

二、村规民约

1983年，各村民委员会多次召开群众座谈会，发动干部群众修订村规民约。如墙西村《村规民约》主要内容为：

1.思想品德好，执行政策跟党跑，二个文明要抓牢，四化建设立功劳。

2.热爱集体好，国家利益先顾到，应交任务绝不少，损公肥私歪风扫。

3.勤劳致富好，广开门路财源找，正当副业要发展，歪风邪道绝不搞。

4.移风易俗好，勤俭持家要记牢，不搞迷信和浪费，计划生育不动摇。

5.尊老爱幼好，赡养父母尽孝道，教育子女听党话，粗语脏话要去掉。

6.家庭和睦好，夫妻相敬偕到老，婆媳妯娌心连心，邻居团结赛金宝。

7.五讲四美好，待人和气有礼貌，不准打人和骂人，陋规恶习要除掉。

8.遵纪守法好，主持正义讲公道，坏人坏事要检举，打击报复法不饶。

9.文明新风好，村容村貌大家搞，家庭整洁常打扫，科学文化装头脑。

10.四防安全好，经常教育要警惕，人民机场人民保，拥军优属莫忘掉。

三、社区文明“三字经”

2005年，南星苑第二社区居民委员会组织召开居民代表会议，制定社区文明“三字经”，主要内容为：

南星苑，为百姓，创平安，奔小康。荣辱观，记心头，树新风，建和谐。

守法纪，习礼仪，破迷信，移旧俗。家庭亲，邻和睦，爱老幼，孝为先。

同志间，互敬爱，必学超，争先进。勤劳动，俭节约，尚科学，优生育。

环境美，靠众人，脏乱差，要杜绝。抛杂物，不文明，防污染，最要紧。

爱公物，护绿化，生态好，百鸟鸣。心胸宽，善公益，办好事，人心舒。

行依路，车按道，大小车，勿乱停。水电火，皆无情，重防备，保安全。

晨练身，赏夜景，游园林，乐休闲。为社区，多奉献，齐努力，创辉煌！

第三十二章

医疗卫生

中华人民共和国成立前，硕放境内已有私人诊所和中医药店，医技人员是传统的中医“郎中”，有的自开中药店坐堂或出诊，有的在家中设诊所开处方治病。

中华人民共和国成立后，党和政府十分重视医疗卫生事业。1952年，毛泽东主席发出“动员起来，讲究卫生，减少疾病，提高健康水平”的号召，地方政府大力加强对医疗卫生事业的领导，各小乡建立爱国卫生运动委员会，组织发动群众，查螺灭螺、除“四害”、大扫除，改变农村、集镇卫生面貌。在此同时，境内先后建立五个联合诊所，开创医疗工作的新篇章。1958年成立硕放人民公社医院，对疾病防治大力贯彻“预防为主”的方针，动员和依靠全社会力量，开展爱国卫生运动，全面整治卫生环境，全员接种免疫疫苗，各种疾病得到有效控制和治疗。1962年，公社医院改名为墙门联合医院，1966年更名为硕放人民公社卫生院。1969年实行合作医疗制度，培养“赤脚医生”。1983年5月，公社卫生院更名为硕放乡卫生院。1984年成立无锡县第一个康复中心——硕放康复中心，收到较好的社会效益和经济效益。1986年后，卫生工作贯彻以农村为重点，预防为主，中西医并重，依靠科技与教育，动员全社会参与，为人民健康服务，为社会主义现代化建设服务的工作方针，政府不断加大对卫生事业的投入，形成县、乡、村三级医疗预防保健网。

1993年撤乡建镇，乡卫生院更名为硕放医院，同年通过江苏省一级甲等医院验收。20世纪90年代开始，全镇开展群众性的卫生户、卫生村和卫生镇的创建活动。2006年以后，硕放街道办事处十分重视医疗卫生，加大资金投入力度，政府共拨款6670万元用于发展医疗卫生事业，街道全面实行新型农村合作医疗制度。2007年，硕放医院更名为硕放街道社区卫生服务中心。2008年，分别通过无锡市和江苏省示范社区卫生服务中心验收。2009年，硕放街道参加新型合作医疗保险的人数为2.27万人，参保率达99%。2011年起，以街道社区卫生服务中心为主体，下设七个社区卫生服务站，以解决社区主要卫生服务设施的需求和满足广大居民基本医疗卫生服务的需要。全街道统一实行城镇居民医疗保险，进一步提高居民医保的待遇水平。2013年，硕放街道社区卫生服务中心已成为集医疗、预防、保健、健康教育、康复、计划生育技术服务指导“六位一体”的综合性社区卫生服务中心。

第一节　医药店铺

一、民间医生

清代和民国期间，医生大多为中医，俗称“郎中”。中医药治病历史悠久，境内中医名医辈出。近代名医黄心存幼承家学，研读医经，深究汉代张仲景之学，对疑难杂症无不精究。民国时中医钱一青精于中医外科、喉科。针灸医生顾益元、曹祖良，设摊进行针灸行医。他们有的开设中药店坐堂行医，有的在家中为病人开处方治病，有的走村串巷流动游医。

中华人民共和国成立初期，境内从事中医业务的还有许凤山、黄汉英、邹文涛、邹文艺、过安国、季文良、杨君如、吴国钧、顾秉仁、何可人、王继昌、邹济康、施勤甫、吴培元、陆如康、杨毓麟、吴君良等。以传统的中医秘方为主，为患者治病。从事中医针灸理疗的医生有王明周、马云如、杨继臣、吴文良、谢最良、朱永祥、王济良、朱文荣等。1952年成立联合诊所，以上大部分人员加入联合诊所。

解放初硕放境内个体行医情况一览表

表 32-1

姓名	主治科目	地点
邹康候	中医内、妇科	大墙门北街
杨毓麟	中医内、外科	大墙门北街
王仰旦	西医内科	大墙门东街
邹文艺	中医内科	大墙门北街
陆如康	中医内、外科	大墙门西街
薛伟民	牙科	大墙门东街
黄祖德	中医内、外科	大墙门老街
杨和生	中医	大墙门老街
杨　静	妇产科	大墙门老街
黄振新	中医内科	大墙门老街
钱春江	中医内、外科	墙门镇梅家里
方治忠	西医内、外科	墙西乡唐庄村
杨叔芹	西医内科	墙南乡川桥头
邹文涛	中医内科	薛典乡竹桥头
许凤山	中医内、外科	后西乡许九房
吴君良	伤骨科	后西乡柘茶上
朱仁斋	中医内科	后西乡陆贤桥
吴文良	针灸科	后西乡陆贤桥
朱永祥	针灸科	后西乡姚更上
邹文荣	针灸科	后西乡沈家湾
王继昌	疔喉外科	里河乡犁尖头
谢最良	针灸科	墙南乡周家角
顾益源	中医	墙南乡西典巷
顾涌源	中医	墙南乡西典巷
顾中宝	中医	硕住乡住基上
顾秉仁	中医	硕住乡住基上
季文良	中医内、外科	硕住乡季家湾
黄汉英	中医内科	硕住乡硕望桥
黄振环	西医内科	硕住乡硕望桥
施勤甫	中西医内、外科	塔西乡纱巷里
邹济康	中医	塔西乡纱巷里
邹治安	中医针灸	新中乡中华庄
万如生	中医内、外科	观泗乡柘树园
万如民	中医内、外科	观泗乡柘树园
尤鸿道	中医内、外科	观泗乡尤家里

续表 32-1

姓名	主治科目	地点
尤肃良	中医内、外科	观泗乡尤家里
王济良	针灸科	观泗乡田舍桥
王志旦	西医内科	观泗乡田舍桥
王馀旭	中医针灸	观泗乡田舍桥
吴国钧	中医内科	薛典乡陆更上
马云如	针灸科	薛典乡孙更上
黄杏天	中医	秦村乡老坝头
黄伯民	中医	秦村乡老坝头
周阿水	中医针灸	秦村乡旺市桥
吴培元	中医内、外科	薛典乡唐更上
杨继臣	针灸科	薛典乡溇上
何可人	中医外科	秦村乡何家里
何梦弼	中医内科	秦村乡何家里

二、中西药店

清同治年间至民国年间，中医盛极一时，药店逐渐增多。硕放境内前后共开设药店11家，大墙门镇有济春堂、王太和堂、恒大生堂、济仁堂、泰山堂、三星堂和人寿堂；薛典有树本堂、养生堂；硕望桥有益生堂；王家桥有致和堂。大墙门北街的恒大生堂，资本雄厚，善于经营，且能赊账，深得民心。大墙门南街的三星堂为三人合股经营，并由著名中医邹康候坐堂。

1954年，大墙门镇上三星堂和人寿堂两家药店进行互助合作，走合作化道路，并更名为星星药店。1956年全国开展对私营工商业的社会主义改造，星星药店公私合营，改名为硕放药店，性质属大集体，受无锡中医药公司和梅村中心供销社双重领导，资金不足由供销社帮助解决。职工除留下邹锦楠、周祖发、陆绍元、钱士奎四人外，其余均改行转业。

1957年，硕放药店开始收购中草药，品种逐年增多。主要品种有金钱草、地丁草、萹蓄、夏枯草、夜交藤、栝楼、天花粉、白僵蚕、龟板、蚕沙、鳖甲、龙衣、冬青子、梧桐花、夜合花、益母草、苏籽、苏梗、野菊花、鸡内金、陈皮、枸橘李、香元、丝瓜络、人中白、天仙藤、墨旱莲等30余种。

1958年前硕放境内主要中药店铺一览表

表 32-2

地址	店号	起讫时间	负责人	职员
大墙门镇	王太和堂	1880—1919	王振轩	2
	济春堂	1870—1946	王老三	3
	恒大生堂	1900—1953	杨惠莆	4
	济仁堂	1946—1951	邹云鹏	1

续表 32-2

地址	店号	起讫时间	负责人	职员
大墙门镇	泰山堂	1942—1954	唐虎宝	3
			朱洪飞	
	三星堂	1939—1954	邹康候	7
			方景哲	
			方景范	
	人寿堂	1941—1954	陆景苏	3
	星星药店	1956—1958	邹康候	4
	硕放药店	1958—1963	陆锡来	4
薛典镇	树本堂	1920—1962	翁振中	2
	养生堂	1937—1960	张年如	2
王家桥	致和堂	1880—1957	沈廷栋	1
硕望桥	益生堂	1880—1975	方耀章	1

1958年12月，实行医药合一，硕放药店归公社医院领导和统一核算。1960年，医药分开，实行单独核算，硕放药店又归商业系统管理。1964年，硕放药店的性质改为国营药店。1969年5月，全社实行合作医疗，药店兼营各大队卫生室医药业务。1970年，硕放药店负责硕放、新安、后宅三个公社所属医院、药店、兽医站等单位的西药及部分中成药批发业务。

1980年后，硕放药店大量收购中草药的同时，与墙西大队苗圃场签订合同，建立中草药培育基地，利用零星荒地10亩，种植米仁、红花、丹参、佩兰、大青叶、延胡索等品种。随着经济的发展，药店业务增长，1990年，全年销售额达634万元。

1984年8月，无锡锡新医药有限公司（硕放医药公司）是当时注册最早、规模较大的医药公司，地址在硕放经发七路1号，负责人王建中，员工81人。2003年8月，陈开颜在南星苑社区开办无锡汇华强盛医药连锁有限公司硕放第一药店。2004年2月，毕显明在振发路190号开办无锡市明善堂大药房。后注册医药店铺逐年增多，至2013年，境内共有注册登记药店21家。

至2013年底硕放街道注册登记药店一览表

表 32-3　　单位：人

序号	药店	地址	注册时间	负责人	员工
1	无锡锡新医药有限公司（硕放医药公司）	经发七路1号	1984.8	王建中	81
2	无锡汇华强盛医药连锁有限公司硕放第一药店	南星苑 E70-72-02	2003.8	陈开颜	3
3	无锡市明善堂大药房	振发路190号	2004.2	毕显明	2
4	旺盛医药连锁（商城药店）	硕放商城1号	2004.12	王建中	3
5	旺盛医药连锁（墙门药店）	墙宅路179号	2004.12	冯　波	8
6	旺盛医药连锁（润硕苑药店）	润硕苑2号房西套	2004.12	王建芹	8
7	天禾堂药房有限责任公司硕放店	振发路166号	2004.12	王朝兴	5
8	无锡市新区硕放镇同惠药店	通祥路250号	2005.1	徐　平	1

续表 32-3

序号	药店	地址	注册时间	负责人	员工
9	拯民药店	振发路25号	2006.9	李拯民	4
10	天润医药连锁有限公司华清药店	通祥北路69号	2006.11	袁　佳	2
11	无锡星洲百姓人家药店连锁有限公司振新店	通祥北路70号吉祥花园	2007.7	唐光秀	1
12	旺盛医药连锁（南星苑药店）	南星苑三路 D17-01	2007.9	吴红云	8
13	无锡星洲百姓人家药店连锁有限公司硕放二店	南星苑 E21-02号	2008.1	骆志英	3
14	无锡星洲百姓人家药店连锁有限公司硕放店	南星苑 D18-09号	2008.3	傅代岩	1
15	硕放九九大药房	南星苑三路 F1-5号	2009.5	查晓兰	1
16	旺盛医药连锁（同盛药店）	通祥路216号	2009.8	邹丽英	1
17	旺盛医药连锁（绿洲药店）	香楠佳苑31号二楼	2009.9	蔡文娟	1
18	无锡市生辉药店	振发路58号	2010.9	邹干平	3
19	无锡星洲百姓人家药店连锁有限公司杨家湾店	杨家湾15号	2009.11	傅代岩	1
20	旺盛医药连锁（太湖药店）	振发路122号	2009.11	陆瑞宝	3
21	无锡星洲百姓人家药店连锁有限公司瑞丰店	墙门南路21号	2011.9	张　晨	1

三、私人诊所

2000年以后，凡符合国家政策和医疗资质的人员均可申办私人诊所。2004年，墙门村杨继忠在墙宅路95号开办首家注册私人诊所——杨氏（继忠）诊所，至2013年，硕放街道有注册的私人诊所四家。

2004—2013年硕放街道（镇）私人诊所一览表

表 32-4

名称	地址	注册时间	面积（平方米）	资金（万元）	经营者	人员（人）
杨氏（继忠）诊所	墙宅路95号	2004.1	65	5	杨继忠	2
硕放振发门诊	硕放振发路13号	2004.11	125	1	许燕平	3
无锡太康门诊部	硕放振发路137号	2008.6	490	10	林朱华	5
硕放仁济诊所	南星苑二路171号	2008.11	110	5	邹士洪	2

第二节　医疗机构

一、农村联合诊所

1952年至1956年，硕放境内相继建立墙门、硕望桥、薛典、塔西、曹渡五所联合诊所，开创有史以来硕放医疗工作的新篇章。施诊范围遍及全乡，为方便群众就医，经常下乡巡回医疗。联合诊所业务先由无锡县人民政府公共卫生科指导，后由派出机构华庄区卫生所具体领导各乡联合诊所开展工作。1958年12月，撤销墙门联合诊所，建立硕放人民公社医院，硕望桥、薛典、塔西、曹渡四所联合诊所改称为保健站，作为公社医院的派出机构，负责原施诊范围内的防治疾病工作，管理上实行统一领导、统一人事调度、统一经济核算。

1.墙门联合诊所

1952年6月1日建立。诊所设在墙门老街北首（坝上）弄堂口，租用楼房三间，设简易病床16张。开展中西医、内外科医疗等业务。施诊范围为墙门集镇、墙南乡、墙西乡、薛典乡、后西乡等及部分自然村。

2.硕望桥联合诊所

1952年9月1日建立。诊所设在硕望桥中段，有房屋三间。开展中西医、内外科等医疗业务。施诊范围为硕住乡、塔西乡、墙南乡等及部分自然村。

3.薛典联合诊所

1952年10月1日建立，诊所设在薛典镇东街，租房屋两间。开展中西医、内外科医疗等业务。施诊范围为秦村乡、薛典乡及部分自然村。1952年在过家桥村东（原秦村乡驻地）开办的秦村门诊部于1954年关闭，黄祖德等医生调入薛典联合诊所。

4.塔西联合诊所

1953年5月1日建立，诊所设在新中乡安桥桥堍下张许庙（崇畐庵）内。1955年7月，因建造硕放机场，施诊范围有所变动，塔西联合诊所和新中联合诊所合并成立“新中宅基联合诊所”。开展中西医、内外科等医疗业务，统一经济核算。1956年，新中宅基联合诊所划归新安乡区域。1957年4月，改名为小章家桥联合诊所，坐落于尤甲里祠堂内。开展中西医、内外科医疗业务，当时施诊范围是新中乡、观泗乡、塔西乡及部分自然村。

5.曹渡联合诊所

1956年7月14日建立，诊所设在曹家门前北村，租房两间。开展中西医、内外科、疗喉科、针灸推拿等医疗业务。施诊范围为里河乡、墙南乡等及部分自然村。

二、医院（卫生院、社区卫生服务中心）

1958年12月，硕放人民公社医院院址在墙门北街，下辖曹渡、塔西、薛典、硕望桥四个保健站。全院有医务人员46人（含保健站），设有西医内外科、中医内外科、针灸伤科、口腔科、妇产科等。流动资金（含保健站）1.3万元，医院医疗器械仅有一架显微镜。租用房屋14间，面积304平方米。

1962年4月，硕放人民公社医院更名为墙门联合医院，与下辖保健站的隶属关系不变，经济单独核算。院址仍在墙门北街，有病床10张，流动资金3771元，房屋面积304平方米。1962年8月，施诊范围有所扩大，新增黄家门前保健站，五个保健站共有工作人员33人，经济实行单独核算。

1966年1月，墙门联合医院更名为硕放人民公社卫生院。全院设有西医内科、西医外科、中医内科、中医外科、针伤科、妇产科、化验室、护理室、住院部等。主要医疗器械有显微镜1架、手术器械包、简易手术床、四头无影灯1个、氧气瓶1个，病床22张，共有药资1.29万元（含5个保健站8217元）。房屋总面积384平方米，其中医疗用房324平方米。1972年，增设医技辅助科室，购置30毫安X光机1架，增设放射科。1973年，院址迁至反修桥南西桥堍。1982年10月迁至易地新建的硕放人民公社卫生院，地址为墙宅路359号。占地面积1.58万平方米，建筑面积5154平方米，其中医疗用房占地面积3432平方米。

1983年5月，硕放人民公社卫生院更名为硕放乡卫生院，有医务人员61人。门诊部有西医内科、西医外科、针灸理疗科、骨伤科、口腔科、五官科、儿保门诊等，另设有检验科、放射科、心电图、西药房等。住院部有内科病区、外科病区、手术室、妇产科、供应室等，共设病床133张。同年，硕放乡卫生院以“中国式的康复事业”为理念，城乡结合、资源共享、因地制宜，创建硕放康复中心。1984年3月4日，无锡县第一个康复中心——“硕放康复中心”揭牌成立。康复中心由医院副院长邹士洪分管。病房因陋就简，设在门诊二楼行政区，拥有30张床位。康复中心得到中国残疾人理事会康复协会、上海交通大学、上海市康复医学工程研究会和上海第一人民医院等专家教授的大力支持和悉心指导，成为中国残疾人联合会康复协会全国康复中心定点之一。在为肢残患者安装假肢的基础上，增加收治骨科、创伤外科的病人，使康复中心业务不断增多，规模不断扩大。

1987年7月12日，江苏省第一家红十字康复医院——无锡县红十字康复医院在硕放乡卫生院成立，由此与硕放乡卫生院及硕放康复中心形成三块牌子、一套班子的管理格局。1988年投入资金71万元，在卫生院东侧新建康复大楼，占地面积6666.7平方米，建筑面积2087.2平方米，设病房31间，床位70张。1989年4月7日，康复病人迁入新大楼，同时添置电刺激治疗仪、超声波按摩仪等康复理疗设备，并从日本进口水疗、蜡疗、温热治疗仪、脉冲、微型太阳灯五套设备，康复中心规模扩大后，增加收治单瘫、偏瘫、截瘫、肢体残缺、小儿麻痹症后遗症、高血压中风后遗症、骨折后功能障碍、腰腿痛、类风湿性关节炎和部分老年康复等患者。康复中心治疗手段较齐全，运用中西医结合方法，既采用现代先进的理疗、体疗方法，充分发挥传统医学如针灸、推拿、按摩的作用，又应用膳疗、心理治疗等方法。康复中心先后为10名肢体残缺者安装假肢。至1990年底，收治来自全国各地的伤残患者400多例，好转率、治愈率均在81%以上，收到较好的社会效益和经济效益。

病人正在进行康复锻炼

1985年10月，原国家卫生部副部长黄树则到中心考察，为康复中心题词“康复之家”“发展具有中国特色的康复事业”；同年11月7日，中共中央顾问委员会、原国家卫生部部长钱信忠视察后题写“城乡结合，发展康复”八个大字；1987年6月，卫生部副部长顾英奇也为康复中心成立三周年寄来“为发展具有中国特色的康复事业做出更大的贡献”的贺词。先后有中国康复医学研究会理事长陈仲武，卫生部医政司张自宽，卫生部咨询委员会李复、黄石，中国残疾人福利基金会副会长周天健教授，解放军总医院姚建祥以及全国各省、市80多个单位的领导、教授、专家到中心考察。

1993年撤乡建镇，硕放乡卫生院更名为硕放医院，同年通过江苏省一级甲等医院验收。1995年至2005年，为加快医疗卫生事业的发展，政府共计拨款463.82万元。1996年，新建2000平方米的四层候诊大楼，一楼为候诊大厅、西药房、口腔科、挂号收费窗口，二至三楼为特需病房，四楼为行政办公室。1998年以后，医院先后与苏州一院、苏州中医院、上海二军大附属长海医院协作，开设中医骨伤科、妇产科、消化科、皮肤科、耳鼻咽喉科等专科门诊，同时开设中医专家门诊等。

2006年撤镇建街道，硕放医院开展居民健康档案调查建档工作。2007年改称硕放街道社区卫生服务中心。社区卫生服务是社区建设的重要组成部分，是在政府领导、社区参与、上级卫生机构指导，以街道社区卫生服务中心为主体，全科医师为骨干，合理利用社区资源和技术，以妇女、儿童、老年人、慢性病人、残疾人等为重点，以满足社区基本卫生服务需求为目的，融预防、医疗、保健、康复、健康教育、计划生育技术服务功能等于一体的基层卫生服务。同年，通过无锡市新区示范社区卫生服务中心验收和供应室规范化建设验收。

2008年，硕放街道社区卫生服务中心分别通过无锡市和江苏省示范社区卫生服务中心验收，成为一所集医疗、预防、保健、康复、健康教育、计划生育指导“六位一体”的江苏省示范城市社区卫生服务中心。社区卫生服务中心设置医疗康复部、预防保健部、行政后勤部。医疗康复部设有全科（含内、外、妇、儿）、中医（含针灸、推拿、骨伤、理疗）、眼、耳鼻喉、口腔、皮肤、急诊、康复、门诊补液等临床科室，并设有放射、检验、B超、心电图、内窥镜、中西药房、消毒供应室等辅助科室。住院部设内科、外科、妇产科三个病区，共有床位75张。

2006年至2013年，城镇化建设推进，街道办事处加大医疗卫生事业投入力度，累计拨款6670.06万元。2013年，街道社区卫生服务中心拥有卫生专业技术人员123人，其中高级职称1人，中级职称31人。固定资产1041万元，主要医疗设备有日本Olympus电子胃镜、Pentax电子结肠镜、德国Siemens彩超、美国GE彩超—LOGIQ F6彩超、美国Kodak CR（计算机放射成像系统）、500MA-X光机、进口心电图机、心电监护仪、呼吸机、除颤机、日本东芝800Test全自动生化分析仪（TBA-40FR型）、希森美康Symex XS-800i全自动血液分析仪、血糖测定仪、微波治疗仪、红光照射等，为疾病诊断和治疗提供科学依据，有效提高医疗质量。可开展胆囊、胃、胃肠道肿瘤切除、人工股骨头置换、椎间盘突出复位及各类骨科手术，妇产科子宫肌瘤、肿瘤、囊肿切除、剖宫产等社区居民常见病、多发病的诊治；可实施多种危重病人抢救、疑难病诊治、肿瘤化疗等；还与市级医院建立双向转诊关系，定期开设专家门诊。全年门诊量达30万人次以上，业务收入达2990万元。

1995—2013年硕放卫生院（社区卫生服务中心）业务收入一览表

表 32-5

年份	业务收入（万元）	年份	业务收入（万元）
1995	506.15	2005	1242.94
1996	592.74	2006	1533.80
1997	655.65	2007	1783.46
1998	653.79	2008	2144.05
1999	633.74	2009	2510.27
2000	642.15	2010	2515.12
2001	649.35	2011	2738.82
2002	874.13	2012	2809.20
2003	1144.16	2013	2990.00
2004	1148.34		

硕放街道社区卫生服务中心万元以上医疗设备一览表

表 32-6

设备名称	数量	价格(万元)	配置日期
心电监护仪	1	3.50	2000
多功能麻醉机	1	4.50	2000
奥林巴斯电子胃镜	1	35.50	2002
VN12监护仪	1	2.95	2005
PS800胎心监护仪	1	2.50	2005
西门子彩超	1	68.00	2006
电热卧式消毒器	1	2.40	2007
超声经颅多普勒血液分析仪	1	2.50	2007
医用数控超声消毒机	1	2.20	2007
心电监护仪	1	1.85	2008
心电图机	1	2.60	2008
除颤监护仪	1	3.80	2008
电动呼吸机SC-5	1	4.30	2008
B超机（体检）	1	4.50	2008
牙科综合治疗台CUCK—1	1	4.80	2008
立式摄影架	1	1.50	2009
微波治疗仪	1	1.80	2009
Symex XS-800i全自动血液分析仪	1	25.00	2009
CR医疗设备	1	30.00	2009
高频遥控透视X射线机SOKW	1	36.00	2009
全自动生化分析仪	1	38.00	2009
全自动尿有形分析仪	1	38.00	2009
优利特-200型尿分析仪	1	1.20	2010
红外乳腺检测仪	1	1.95	2010
高频电刀	1	2.48	2010

续表 32-6

设备名称	数量	价格(万元)	配置日期
整体反射手术无影灯	1	2.50	2010
菲曼特牙科综合治疗机	1	4.99	2010
心电监护仪K66	1	5.80	2010
Pentax电子肠镜	1	28.00	2010
网络服务器	1	1.84	2011
高频遥控透视X射线机	1	19.50	2011
全自动血压计	1	1.50	2013
肺功能测试仪	1	2.75	2013
人体成分分析仪	1	4.50	2013
骨密度检测仪	1	8.00	2013
日本东芝全自动生化分析仪	1	89.95	2013
上海菲曼特牙科综合治疗椅	1	4.98	2013
日本东芝全自动生化分析仪	1	89.95	2013
合　计	586.09		

1958年12月至2013年，医院（卫生院、社区卫生服务中心）历任院长为王仰旦、毕显明、邹士洪、黄祥茂。

三、村卫生室（社区卫生服务站）

1969年，无锡县农村全面实行合作医疗制度。是年5月，公社建立合作医疗办公室，办公地点设在公社卫生院。同时，全社农村各大队成立大队合作医疗领导小组，相继建立卫生室（五一大队于1972年9月建立卫生室）。大队卫生室行政上属大队合作医疗领导小组领导，业务上接受公社卫生院和合作医疗办公室指导和管理。公社卫生院各派1名医生驻大队卫生室对“赤脚医生”进行带教。各大队卫生室一般有房屋1—2间，“赤脚医生”根据各大队人口配备：2000人以下的2—3人，2000人以上的3—4人。各大队选派优秀青年分期、分批参加无锡县卫生局举办的“赤脚医生”培训班，先后培训“赤脚医生”64人（男34人，女30人），6个月学习期满后回卫生室工作，主要负责大队的基本医疗、预防保健、妇女儿童保健、计划生育技术指导，开展巡回医疗，送医送药到田头等工作。“赤脚医生”的报酬贯彻同工同酬，一般高于同等劳力的10%—15%。

1969年硕放人民公社各大队卫生室情况一览表

表 32-7

大　队	启动资金(元)	房屋(平方米)	病床(张)	赤脚医生（人）
春　光	3625	32.0	1	2
八　一	5900	46.0	2	2
东方红	3424	28.0	1	2
建　丰	5196	27.0	1	2
七　一	5872	57.6	1	2

续表 32-7

大　队	启动资金(元)	房屋(平方米)	病床(张)	赤脚医生（人）
红　光	6086	43.0	1	3
红　力	4709	43.6	1	2
光　明	5252	36.0	1	2
和　平	4488	28.8	1	2
红　星	6407	34.4	1	2
建　新	2356	21.6	1	2
硕　放	9028	56.4	1	2
五　星	4091	43.2	1	2
墙　西	3150	36.0	1	2
六　一	4636	60.0	2	2
建　农	5152	21.6	1	2
新　星	4931	43.0	1	2
新　农	2305	43.0	1	2
新　联	2507	28.2	1	2
里　河	3152	36.0	1	2
里　新	3820	43.0	1	2
先　锋	2484	43.0	1	2
五　一	4879	32.0	1	2

说明：1972年9月，五一大队建立卫生室

1973年12月7日，公社党委根据无锡县卫生局《关于整顿巩固合作医疗的意见》，成立合作医疗管理委员会，由公社党委副书记兼任主任，公社文卫委员和公社卫生院负责人任副主任，妇联、卫生、民政、银行、大队主任、贫下中农代表、“赤脚医生”等有关单位人员为委员，统一管理全社合作医疗事业。原合作医疗办公室作为合作医疗管理委员会的具体办事机构，负责合作医疗日常工作。23个大队也相应建立由大队革委会副主任、血防委员、生产队干部代表、贫下中农代表和“赤脚医生”组成的大队合作医疗管理小组。1983年，全乡23个大队卫生室改为村卫生室。1989年，全乡有“赤脚医生”45名，经过多年的培训实践，全部通过县级考试，达到中专水平。当时乡村医生职称考试总平均分名列全县第一。是年，对乡村保健医生实施职称评定，有31人被评为乡村保健医师，25人被评为乡村保健医士。

2000年以后，随着城镇化进程的不断加快，农村大批房屋拆迁，行政区域作了多次调整，农民变居民，并安置入住小区。2005年以后，除溇金村、合新村卫生室外，其余卫生室逐步撤并，与社区卫生服务站并轨。2006年，硕放街道相继建立了社区卫生服务站，承担社区居民（包括外来人员）的预防、医疗、保

2006年南星苑一社区卫生服务站

健、康复、计划生育技术指导、健康教育、妇儿保健等各项公共卫生工作，行政与业务上隶属于硕放街道社区卫生服务中心管理。至2013年，全街道共有新锦园、咏硕苑、南星苑第一、南星苑第二、睦邻中心、合新、溇金七个社区卫生服务站。

硕放街道社区卫生服务站开办情况一览表

表 32-8

名称	建站日期	医务人员（人）	面积(平方米)	床位（张）
新锦园社区	2006	3	157.4	4
咏硕苑社区	2006	3	188.4	4
南星苑第一社区	2006	4	117.5	4
南星苑第二社区	2006	4	249.6	4
合新村	2006	3	162.0	4
溇金村	2006	3	160.0	4
睦邻中心	2012	5	350.0	4

第三节　医保制度

一、公费医疗

1952年，公费医疗制度建立，享受对象为行政编制的国家机关工作人员、全民所有制的文教卫生单位工作人员（包括离退休人员）、享受长期抚恤二等乙级以上的革命残废军人。由无锡县公费医疗实施委员会管理，为享受公费医疗待遇的人员，发放公费医疗卡，凭卡在乡镇卫生院及特约定点医院就诊，必要时还可持特约医疗单位的介绍信转外地或对口的专科医院诊疗，医疗费记账报销。1963年1月，根据《无锡县公费医疗预防实施暂行细则及换发新证的通知》文件精神，对公费医疗享受范围、就诊转院、使用药品、报销范围、经费结算和指定医疗机构等作出具体规定。1980年，实行划区医疗、定点就诊、逐级转院和医疗经费全额控制、核实补贴等管理办法。1985年，实行凭卡按季贴花挂号就诊，并对处方的用药范围、剂量、金额等作出新规定。1986年，公费医疗基金款数经县财政局核定后下拨给乡财政所，由卫生院向乡财政所结报。随着人们对卫生保健需求的增加，一些大病发病率上升、药品提价、医疗项目增加等因素的显现，公费医疗费年年超支。为此，1988年12月，实行“定额到单位，挂钩到个人”的新公费医疗管理办法，凡享受公费医疗待遇的人员按工龄长短定为4元、5元、6元、7元、10元五个等级，每月随工资发放给个人，就诊时一律自付现金，年终结算，超支部分由所在单位自行解决。1995年至1997年连续三年对公费医疗制度作了修正，规定基本医疗费由用人单位和职工个人共同缴纳，用人单位按在职职工上年工资总额的8%缴纳，在职职工按个人上年工资总额的2%缴纳。另外，个人工资中增发6元/月医疗补贴费，离退休人员不缴纳医疗保险费，也不享受医疗补贴。1997

年1月1日起，本地区机关事业单位停止执行公费医疗制度，全部纳入城镇职工社会基本医疗保险。医疗保险机构为公费医疗人员建立个人医疗账户，统一制发“社会保障卡”（IC卡）。医疗费用分门诊及住院两块结算，门诊费用根据工资、工龄、年龄在年初一次性拨入个人医保卡，全年包干使用；住院费用则扣除自理部分（镇内住院费300元，镇以上医院住院费600元）后按规定报销。

二、合作医疗

合作医疗是广大农民依靠集体力量同疾病作斗争的伟大创举，是解决农村缺医少药的根本途径，是广大农民必不可少的福利事业，是贯彻执行“把医疗卫生工作的重点放到农村去”方针的具体行动。

1969年5月，公社实行合作医疗制度，合作医疗基金实行社员个人、生产队、大队三负担。1974年1月1日，公社出台“农村合作医疗章程”。1977年1月，社办企业建立合作医疗制度，凡亦工亦农人员一律享受单位合作医疗待遇，不再参加大队合作医疗。1980年12月，公社合作医疗管理委员会对合作医疗章程作了重新修订，对组织、医疗机构、参加对象、基金管理、就诊制度、报销范围、管理制度等作了明确规定。合作医疗基金由银行转入合作医疗账户，专户储存，专款专用，实行统一管理，大队核算，计划使用，队办社管，公社补助的形式。同时实行限额报销、就地医疗和逐级转诊等制度。

三、新型农村合作医疗

进入21世纪，为加快建立农村医疗保障制度，提高农民健康水平，更好地促进城乡社会经济统筹协调发展，不断完善“三位一体”（小病门诊、大病医保、重病救助）新型农村合作医疗服务体系。2002年11月，硕放镇启动农村大病（住院）医疗保险制度。2006年，实施由政府组织、引导、支持，农民自愿参加的新型农村合作医疗政策（简称“新合医”）。“新合医”的筹资结构除参保个人出资外，大部分由政府财政、村集体给予补助。2009年，根据新区第七轮新型合作医疗政策的意见，参保病人小病门诊执行限额处方和年度累计最高限额制度，统一门诊报销比例为60%，大病住院执行首次住院“门槛”费制度，可报费用2000元及以下段的补偿标准为65%，大病住院最高补偿限额为12万元，基本上解决了农民“因病致贫、因病返贫”的问题，农民抗疾病风险的能力得到提高。

第四节　卫生防疫

解放前，境内天花、霍乱等传染病经常发生和流行，加上人民生活贫困，卫生环境较差、缺医少药，威胁人民身体健康和生命安全。1952年，境内各小乡建立爱国卫生运动委员会开展“除四害、讲卫生”运动。1958年，开展群众性的爱国卫生运动和血吸虫病防治工作。1964年，公社爱国卫生运动委员会下设办公室，积极开展传染病防治工作，大规模地开展查螺灭螺运动。1979年，公社卫生院建立防疫组，实行计划免疫，各种传染病发病率明显下降，1981年境内天花、白喉、小儿麻痹症、疟疾等基本绝迹。1983年，全国贯彻执行《中华人民共和国食品卫生法》，全面加强食品行业的监督管理。2003年，针对全国流行的非典型性肺炎（简称“非典”），镇政府积极开展“非典”宣传预防工作，境内未发现“非典”疑似病例。2009年，街道成立食品安全办公室，进一步加强食品行业的监督管理。

一、传染病防治

解放前，境内流行的传染病有天花、霍乱、麻疹（俗称痧子）、疟疾、白喉、流脑、小儿麻痹症等。特别是霍乱，被人们称为瘟疫。民国27年（1938年），霍乱流行十分猖獗，染病者很少得救。徐家沿（红光大队）有一妇女许阿胖，获悉娘家（梅村）祖孙三代人得霍乱死亡，前去吊唁送丧，回家后因染病也身亡。一人染病，全村遭殃，当时徐家沿村仅16户人家，因染疫病死亡七人。民国33年（1944年）2月，流行性脑膜炎大流行，朱家浜（六一大队）一户人家，一夜之间父子俩因染病身亡。西庄桥（先锋大队）一农户家，因贫困无钱请医抓药，两个孩子双双得病死亡。疟疾病在境内年年流行，发病率高达80%以上。

中华人民共和国成立后，党和政府十分重视卫生事业，贯彻“预防为主”方针，把预防、控制和消灭传染病作为一项重要工作来抓。1952年起，境内各小乡每年开展大规模接种牛痘疫苗工作，继而多年定期接种。1965年春，由于计划免疫系统的逐步完善，全社发生流行性脑膜炎134例，死亡仅2人。里新大队龙眼里和新农大队陆更上各发生一例流行性乙型脑炎，经治疗一例痊愈，一例留有后遗症。1979年起，对儿童按计划免疫顺序进行预防接种。1981年天花绝迹。1983年起，实行计划免疫系统管理，乙型脑炎在本乡未发生过。1985年，薛典村和西典巷村各发生霍乱一例，医院防疫组发现后立即采取消毒隔离，对周围人群进行预防服药等措施，有效地控制了疫情。1990年，硕放有肺结核患者128人，治愈126人。20世纪末小儿麻痹症、疟疾和白喉基本绝迹。

进入21世纪，因外地人口流动频繁，肺结核病人有所增加，为此医院开设结核病门诊，并配专职医生2人，结核病防治机构对初诊的肺结核病人提供免费治疗，并采取属地管理的原则，建立档案、定期复查、指导用药，加强对肺结核病人的跟踪服务。2003年3月，广州发现国内首例传染性非典型性肺炎，并迅速在全国多个城市流行，该病是一种急性传染病，传染性强、死亡率高。“非典”防疫工作成为政府工作的头等大事。4月，镇政府成立“防非”工作领导小组，制定“防非”应急预案，硕放医院增设“发热门诊”专科和医学观察室等；全镇紧急行动，全力以赴、广泛宣传、全民防疫；并指导中、小学生每天测体温两次；政府投入20多万元资金，用于人员、药品、防护用品等开支，对全镇的停车场、休闲场所、中巴车、餐饮场所及人群聚集地等进行全面消毒；组织人员对车站、机场、高速公路出口处等进出人员进行体温测量，防止“非典”病源入境，进行全面防控。通过从上到下严防死守，各项措施得力，境内未发现“非典”疑似病例。2004年11月，全国开始暴发禽流感，硕放镇相应成立禽流感防控指挥部，镇禽牧兽医站全面负责禽流感防控工作，采取路口设立检查站，严控禽畜及其产品的流通；关闭农贸市场禽产品供应和活杀家禽屠宰场所；发放消毒药片等一系列措施，有效地控制禽流感的传染蔓延。为有效控制各种传染病传播，镇政府高度重视卫生防疫工作，常年开展爱国卫生运动。防疫工作由硕放医院防疫组具体负责，做好各类传染病的普查、控制、隔离等工作，免费为群众接种免疫疫苗。2006年，防疫组改为预防保健部，有医疗用房面积220平方米，为使规范化创建达标，设疾病控制室、免疫接种室、健康教育室和儿童保健室。2011年，规范接种门诊管理，在接种之前医务人员对接种儿童进行门诊体检，提前发现儿童的接种禁忌症，避免由此带来的接种风险。

二、血吸虫病防治

血吸虫病，俗称“臌胀病”。太湖流域无锡地区是血吸虫病流行区，农村环境的污染和人口流动频繁，给血吸虫病的扩散提供了条件。血吸虫病在境内广泛流行。墙南乡田里四房自然村顾杨根、小根、根山祖孙三代及家属中，有7人均系血吸虫病死亡。墙南乡绛湾里仅10户38人的小村，有17人患病，4人丧命。

1955年11月，毛泽东主席提出“一定要消灭血吸虫病”的号召，各级人民政府积极响应。当地政府十分重视血吸虫病的防治工作，由各联合诊所抽调医生组成治疗组。无锡县血吸虫病防治站指派丁林祥医师在墙西唐庄桥设立血吸虫病治疗站，主要采用酒石酸锑钾治病。1958年，硕放卫生院抽调医生组成治疗组，下基层分片收治血吸虫病病人。1964年，公社成立血防领导小组，设1名专职血防副主任（副社长），各大队设血防大队长和1名专职血防员，各生产队配有1名血防员，建立血防专业队伍，深入开展查螺灭螺。钉螺是血吸虫病的中间宿主，灭钉螺是防治血吸虫病的主要环节。为此，公社采取专业队伍与群众运动相结合，查螺灭螺、查病治病、管水管粪等一系列综合防治措施。以大队为单位分成若干小组，对河道、沟渠划段编号，以段定框，以框计螺。水田查四边，块块过堂，连坟岗、宅基地等也进行全面搜查。在每年查螺基础上，血防组制定较为详细周密的灭螺计划，主要采用以土埋灭螺为主，辅以五氯酚钠进行喷、洒、浸、杀相结合的方法。具体做法：在河道水面上方沿岸挖深沟，将表层土铲入沟内压埋；开新渠填旧沟；结合整田平地，挑高填低，移位压埋；水田用五氯酚钠及石灰氮、茶籽饼灭螺。至1969年，全社共查出有螺面积398.26万平方米。其中河浜面积107.79万平方米，沟渠面积25.37万平方米，水田岸边面积252.03万平方米，池塘面积13.07万平方米。在查螺灭螺的同时，粪检是查清病情、确诊血吸虫病病人和考核疗效的主要方法，对全社群众反复多次进行大便检验。大便检验从3送3检、5送5检到7送7检。经过历年的综合查病，发现阳性病人立即集中进行治疗。1965年，全社共有血吸虫病患者1.26万人，占总人口3.69万人的34.26%，占总劳动力1.58万人的80%。治疗采用口服“锑-273”中速片10天疗法，以及“血防-846”麻油拌剂等药物治疗，经过长期的反复查治，收到良好的治疗效果。20世纪70年代血吸虫病基本灭绝。

三、食品卫生监督

1952年，境内各小乡成立爱国卫生运动委员会，组织和发动群众“除四害、讲卫生”，定期进行卫生监督检查。1960年，各类食品行业贯彻国家卫生部、商业部联合颁发的《食品加工、销售、饮食卫生“五四制”》，切实加强卫生监督管理工作。1979年，公社卫生院建立防疫组，组织从业人员进行体检，预防传染病，每年对冷饮、冷冻（店、柜）进行卫生检查，合格者发放“食品卫生许可证”。1982年11月，国家颁布《中华人民共和国食品卫生法》，硕放的食品卫生管理逐步走上法治轨道。卫生院防疫组具体负责对食品生产经营单位、食品商店、食品经营户（各饮食店、卤菜店）和各单位食堂等进行调查摸底，建立台账；对从业人员进行《中华人民共和国食品卫生法》的宣传教育、业务培训；对高危食品进行重点管理、专项检查。食品经营单位必须具备“三证”（卫生许可证、个人健康证、营业证）方可营业。政府每年组织工商、防疫、卫生、公安等部门联合执法，取缔无证经营单位。

进入21世纪以后，随着城镇化进程的不断加快，外来人口的增多，食品市场日趋活跃。当地政府加强对食品卫生安全工作的领导，把贯彻执行《中华人民共和国食品卫生法》作为保护人民群众身体健康的大事列入政府重要议事日程，进一步加强食品卫生的监管，严把食品安全关，让百姓吃得放心。2007年10月，建立硕放街道食品药品安全领导小组，由医院防疫组具体负责卫生防疫的监督管理工作。2009年，街道又专门设立食品安全办公室（简称食安办），地址设在睦邻中心。建立健全食品安全应急机制和食品监督工作的规范和程序。每年不定期组织有关部门开展食品放心工程和食品专项整治工作，每逢重大节日组织工商所、派出所、卫生防疫、安监等部门对辖区内餐饮食品行业进行联合执法大检查，执法检查的重点是查看菜市场、饭店、超市、学校食堂等单位的卫生许可证、工作人员健康证是否到位，查看食品操作间流程和消毒设施及进货渠道台账等，发现问题，及时采取措施进行整改，使业主依法经营、合法经营。严防“三无”（无生产日期、无质量合格证、无生产厂家）产品，过期变质食品和假冒伪劣食品在市场上的流行。食安办配合上级部门对食品行业核发卫生许可证，工作人员体检合格者发放健康证。对患有传染性疾病的工作人员实施调离食品行业。在菜市场设有检测室，配备专职检测人员和专业卫生检测设备，加强对农贸市场的食品卫生检测，做到抓食品安全不松懈，严把居民“入口关”。2013年，全街道有效卫生许可证发放率达100%，从业人员体检、培训率100%，有效健康证持证率98%，痢疾、伤寒、甲型病毒性肝炎、戊型病毒性肝炎、消化道传染病以及患有活动期肺结核、化脓性或渗出性皮肤病等有碍食品安全的疾病调离率100%。

第五节　妇幼保健

一、妇女保健

解放前，境内孕妇分娩大都把当地有临床接生经验的老年妇女（俗称“接生婆”）请到家里接生。因卫生知识缺少和受当时医疗条件限制，时常有产妇死于难产和产褥热，新生婴儿也常因破伤风、脐带感染、脸颊膜发炎（割螳螂子）等夭折。

中华人民共和国成立后，人民政府重视妇女保健卫生工作。1952年，乡联合诊所开始推广新法接生，培养新法接生员，并对老法接生婆进行业务培训，推广无痛分娩法，逐步在农村形成新法接生队伍。1958年起，公社对参加农村集体生产劳动的中青年妇女，推行妇女“四期”（经期、孕期、产期、哺乳期）劳动保护制度，有效提高妇女的健康水平。1959年至1961年三年经济困难时期，农村妇女营养差，劳动强度大，缺少必要的劳动保护，导致其普遍出现子宫脱垂、闭经。1960年，无锡市医疗队到当地开展妇女病普查普治，对查出有妇科疾病的患者集中到新安人民公社卫生院进行治疗。1965年冬，公社卫生院妇产科医生参加无锡县接生员培训。1970年，县、公社、大队三级妇幼卫生保健网建立。各大队女“赤脚医生”参加无锡县妇幼保健培训，充实并加强普查普治妇科病的技术力量。公社卫生院妇产科医生不定期对女“赤脚医生”进行学习辅导，健全并加强孕产妇围产期系统管理。一旦遇到疑难产妇，由女“赤脚医生”转接到公社卫生院住院分娩，杜绝新生儿破伤风和产妇产褥热的发生。20世纪80年代初，为确保产妇、婴儿的安全，产妇分娩必须统一由卫生院妇产科负责接生。

1976年、1978年、1982年分别对妇女病进行普查，1976年，参加普查的妇女有4131人，其中查出患病的有1877人，患病率45.43%，进行治疗的人数有1576人，受治率83.96%。对于霉菌性感染和轻度患者，政府免费发药，予以及时治疗；对于子宫癌患者，大部分进行手术切除治疗。1980年，贯彻围产期保健，各大队在卫生室内分设妇幼保健室，建立健全孕产妇管理制度。医院为怀孕妇女建孕妇围产卡，做好产前检查、围产期保健、住院分娩和产后跟踪服务等工作。公社每年轮番组织三分之一的大队进行妇女病普查。1990年开始，逐步做到三年查两头，头一年普查普治，后两年复查复治，对妇科病从查治为主转到防保为主。

1976—1990年（部分年）硕放乡（公社）妇科病普查情况一览表

表 32-9

年份	普查人数（人）	患病人数（人）	患病率（%）	受治疗人数（人）	受治率（%）
1976	4131	1877	45.43	1576	83.96
1978	4065	1287	31.66	1177	91.45
1982	580	324	55.86	299	92.28
1985	313	133	42.49	130	97.74

续表 32-9

年份	普查人数（人）	患病人数（人）	患病率（%）	受治疗人数（人）	受治率（%）
1986	348	226	64.94	226	100.00
1987	638	305	47.80	288	94.43
1988	427	128	29.98	128	100.00
1989	462	233	50.43	233	100.00
1990	608	219	36.02	219	100.00

2006年起，对适龄妇女以“两癌”（乳腺癌、宫颈癌）筛查为重点，每年开展一次妇科病普查，发现疾病及早指导治疗，妇科病患病率逐年下降，并进一步开展妇幼卫生知识教育，以确保妇女的身心健康。2010年至2013年，普查人数分别为5075人、5118人、5162人、5289人。

二、儿童保健

解放前，儿童除接种牛痘外，几乎无保健措施。解放后，人民政府重视儿童保健。1952年起，组织医务人员为儿童接种牛痘，接种卡介苗。20世纪70年代开始儿童计划免疫工作，使每个适龄儿童的身体健康得到保障。1979年，公社卫生院开设儿童保健门诊，管理对象为0—14周岁儿童，重点对0—7周岁儿童实行系统管理。同年对全社小学生进行肝功能普查，对查出的肝炎病患者组织治疗。根据计划免疫程序，按年龄接种。接种的类别有牛痘、卡介苗、麻苗、精白、流脑菌苗、乙型疫苗、小儿麻痹糖丸等。每年为幼儿园儿童和保健人员进行免费体检。为新生儿及时接种卡介苗和乙肝疫苗。在接种疫苗前，发放预防接种证，登记接种疫苗名称和日期，避免错种、重种或漏种，疫苗接种严格实施“一人一针一管”。1982年，因天花灭迹，牛痘停种。1983年起，规定每周星期五为儿童健康检查日。1984年，医院开设计划免疫门诊，对新生婴儿纳入计划免疫范围，实施计划免疫保健制，并颁发儿童免疫保健证。免疫规划程序从最初的“四苗防六病”（糖丸防小儿麻痹症，卡介苗防肺结核，百白破防百日咳、白喉、破伤风，麻苗防麻疹）逐年增加至国家扩大的免疫规划“九苗”（卡介苗、脊髓灰质炎糖丸、百白破、麻疹、乙肝、乙脑、流脑、麻风腮、甲肝）。为方便边远村婴儿接种，全乡分设里河、杨家湾、王家桥、薛典四个接种点，接种率达91%，超出上级卫生部门设定的90%标准。1984年，无锡县卫生局首次到硕放乡对不同年龄的400名儿童进行锡克期试验，测定白喉抗体情况，结果398人属阴性，两人属阳性，抗体率为99.5%。每年“六一”儿童节期间，卫生院对全乡7周岁以下儿童进行体格健康检查，发现病儿及时治疗，为儿童构筑常见传染病的有效免疫屏障。1990年开展全方位的“三优”（优生、优育、优教）知识普及教育。2001年以后，不断完善儿童保健系统工作，开展新生儿疾病筛查、儿童常见病防治及流动儿童权益保障等工作，对所查到的儿童疾病均及时进行矫治和治疗。

2013年，硕放街道社区卫生服务中心创建现代化儿童保健门诊。根据功能定位，分设体格测量室、健康检查室、综合评估室、健康宣教室、候诊活动区等功能区域。规范开展儿童的健康管理，免费为常住儿童开展新生儿家庭访视、新生儿满月健康管理、婴幼儿健康管理、学龄前儿童健康管理等，每次服务采集的信息纳入信息管理系统，为儿童提供生长发育与疾病预防等健康指导。

1983—2013年硕放街道（镇、乡）7岁以下儿童健康体检一览表

表 32-10

年份	7岁以下儿童体检人数（人）	年份	7岁以下儿童体检人数（人）
1983	4718	1999	3120
1984	4296	2000	3282
1985	3596	2001	3040
1986	3429	2002	3212
1987	3399	2003	3510
1988	3273	2004	3211
1989	3584	2005	3179
1990	3618	2006	3314
1991	3551	2007	3450
1992	3321	2008	3291
1993	3210	2009	3313
1994	3423	2010	3412
1995	3216	2011	3440
1996	3410	2012	3810
1997	3233	2013	4500
1998	3518		

1986—2013年硕放街道（镇、乡）3岁以下儿童系统管理建卡一览表

表 32-11

年份	3岁以下儿童建卡人数（人）	年份	3岁以下儿童建卡人数（人）
1986	444	2000	508
1987	622	2001	489
1988	507	2002	480
1989	670	2003	460
1990	668	2004	475
1991	654	2005	478
1992	598	2006	502
1993	621	2007	467
1994	611	2008	477
1995	589	2009	456
1996	562	2010	480
1997	587	2011	521
1998	502	2012	553
1999	521	2013	848

第三十三章

乡土风情

硕放境内民间流传的岁时祝祭、庙会节场、婚丧寿庆等风俗习惯和轶闻传说，具有浓厚的地方特色，体现丰富的民俗文化。随着经济的快速发展和社会的不断进步，意识形态方面有很大变革，许多陈旧东西逐渐被淘汰，一些民间陋习也逐步被现代新风尚所取代。春节、元宵节、清明节、端午节、中秋节、重阳节等传统节日仍在沿袭，婚庆、寿诞、丧葬等一些民间习俗还在传承。随着时代的不断变迁，这些节庆和习俗的形式有了改良和变化。民间信仰的宗教有佛教、道教、基督教、天主教，其中尤以佛教为盛。解放后，大多寺庙被移作他用。中共十一届三中全会以后，宗教政策得以落实，境内基督教堂、天主教堂、佛教寺庙相继修造，宗教活动得以复苏。

第一节　民风民俗

一、岁时习俗

1.春节

农历正月初一至正月十五称新年，是中华民族的四大传统节日之一，也是中国民间一年中最隆重的节日。辛亥革命后称春节。大年初一凌晨起，千家万户燃放开门炮仗，以示高升发禄，图个开门大吉。早餐都吃小圆子、糖年糕、长寿面，意为团团圆圆、高高兴兴、健康长寿。午餐要吃除夕的剩饭剩菜，寓意年年有余，吃饭时不能以汤浇饭，谓之出门可避雨。大年初一，人们都穿新装，出门见邻里、族人互祝“恭喜发财”，幼辈向长辈磕头拜年。大年初一，不讨账、不借贷、不扫地、不刮锅、不动刀剪、不说不吉利的话。晚上早睡忌点灯，哄孩子说是听老鼠做亲。当地农村一般利用春节期间，做寿拜年、结婚嫁囡、走亲访友，三亲六眷相聚一堂，其乐融融。

2.元宵节

农历正月十五是一年中第一个月圆之夜，故称“元宵”，亦称上元节，有通宵张灯之俗，又名“灯节”。元宵节家家有吃汤圆的习俗，意在团团圆圆。元宵夜出门赏月、燃灯放焰、喜猜灯谜、共吃元宵，合家团聚、同庆佳节，其乐融融，称之为闹元宵。正月十五前后，街头小巷张灯结彩，有时还有舞龙灯、调狮子等。旧时，还有“放田财”的习俗。晚上，村民在农田四角甩稻草烧起火堆，小孩举着稻草火把在田野奔跑，有“兜兜田角落，年年三石六”之说，意在祈望五谷丰登。

3.清明节

公历4月5日前后，为中华民族的四大传统节日之一。民间有清明上坟，吃青白团子的习俗。清明节（或前几天），家家都要备上“三荤三素”菜肴以及青白团子、水果、点心，点燃香烛，在祖坟前上供祭祀，并焚化纸钱锡箔俗称“上坟”，今谓之扫墓。祭毕，给坟头培新土，并用竹筷子在坟头上插青白团子，以示清清白白。插柳条和鲜花，挂红白纸长缕以示纪念。清明期间，又值桃红柳绿之时，人们大都结伴踏青游山观景。解放后，各机关、学校、团体均在清明时节开展祭扫革命烈士墓活动。

4.端午节

农历五月初五为端午节，“端午”是仲夏的开端，亦称端阳节，古称天中节，相传已有两千多年的历史，是中华民族的四大传统节日之一。旧时以五月为恶月、毒月、忌月，诸事不宜，五月五日是重五，毒上加毒，称为毒日。是日，家家户户在门上、屋内墙上挂上一束谷芒、艾草、菖蒲、蒜头，家中点燃漫烟条，遍洒雄黄酒，意示驱瘟避邪。给小孩穿雄黄衫（五毒衣）、虎头鞋，胸前挂着有艾草药的香囊，用雄黄酒在小孩额上写“王”字，门楣床头贴五毒符等以祛五毒。端午节，民间有吃粽子的习俗，还有赛龙舟之习，相传是为纪念古代爱国诗人屈原之举。

5.中秋节

农历八月十五为中秋节，此日恰在三秋（孟秋、仲秋、季秋）之中，故称“中秋”，俗称“八月半”，是中华民族的四大传统节日之一。传说这天是月亮的生日，故把中秋节当作“月圆花好人寿”的团圆节。当晚，全家团聚欢宴，吃月饼和桂花糖芋艿、赏月。节前，农村有“八月半糖馅麦饼镬里熯”之说。中秋夜，还有斋月的习俗，在家门口摆一张小方桌，桌上摆几只盆，盆内放有月饼、糖芋艿、南瓜子和水果供品，燃香点烛，祈求人月双圆。中秋之夜是全年最美的月夜，人们三五成群，一路赏月谈笑，兴尽方归，称之为“走月亮”。还要用线香做成南北两只香斗，也称“香升罗”（有曰：南斗、北斗解得千千满，一年四季保平安）。

6.重阳节

农历九月初九为重阳节，又称重九节或登高节，有登高赏秋、饮菊花酒、吃重阳糕之习。重阳糕是以米粉或蜜饯做成的五色糕或云片糕，糕寓意高，万事俱高。1989年，国家决定将每年的农历九月初九定为“敬老节”，倡导全社会树立尊老、敬老、爱老、助老的风气。每逢重阳佳节，人们都有走访慰问老年人的习惯。

7.冬至日

公历12月22日前后，民间有“冬至大如年”之说。冬至前夜称冬至夜，家人欢聚一堂共饮冬至酒，民间有吃冬至团子和吃冬至夜饭的习俗。旧时贫富差距很大，故有“有末冬至夜，呒末冻一夜”之说。还有腊月“戒火烛”的习俗。用杆棵棒、稻草搭一间小房子，搭成后将它点燃，旁边有人一边筛锣，一边高喊：“火着哉，火着哉”，人们迅速提水把火浇灭。从此，一到晚上各村巷有更夫和孩童组成的队伍“喊火烛”，“寒冬腊月，小心火烛；灶仓清清，水缸满满。”提醒大家注意防火安全。

8.除夕

农历腊月（十二月）的最后一天，称为除夕，俗称“大年夜”，前一天称“小年夜”。节前家家户户都蒸好年糕，备好年货。大年夜，人们十分重视，一年到头辛勤劳作的农民都歇在家中忙过年，在外工作的人都要回家中与家人团圆。那天屋内挂起新年画，大门上贴上新春联，灶神龛内摆上新的灶神像。吃年夜饭要先敬祖宗，叫摆年夜饭，也叫“过年”。八仙桌上摆上三代祖宗的酒盅、筷子，放上各种荤素菜肴，其中必有黄豆芽（称如意菜）、留有根的菠菜或青菜（称长庚菜）、笋干（称节节高），有红烧肉、肉圆（意肉肉足足、团团圆圆）、鱼（年年有余）、蛋饺以及豆腐、粉皮、百叶、萝卜等，菜肴种数要逢单数。年夜饭中要放黄豆、荸荠，谓白米之中有金粒，来年掘个大荸荠，财运滚滚。过年节时，点上香烛，跪地磕拜，酒过三巡，焚化纸钱，祭祀祖先，祈求祖宗保佑来年阖家平安，鸿运高照。祭祀祖宗结束，又重新摆上一桌丰盛的酒菜，阖家老少围坐在一起举杯畅饮，共享天伦之乐，称之为吃大年夜饭。吃过年夜饭，家中父母、长辈要给未成年的小辈发压岁钱，燃放烟花。客厅内点燃守岁烛，通宵不熄，寓意“守岁”。入睡前，将室内打扫干净，灶间里水缸挑满，灶下柴薪除清。关门前，还要燃放两个“关门”炮仗，辞旧迎新。

9.接路头

清代蔡云题诗：“五日财源五日求，一年心愿一时酬。提防别处迎神早，隔夜匆匆抱路头。”农历正月初五为五路神生日，俗称“财神（路头菩萨）生日”，一到子时，家家户户争先起来放炮仗，到公井上去吊一满桶水，称为“抢路头水”，意为有财有势。有的还备有香烛纸钱，用“三荤三素”（蹄髈骨汤、鲤鱼、鸡蛋；豆腐、百叶、粉皮）斋“井泉童子”，有的还烧香点烛，磕头求拜，祈求发财。

10.游北桥

农历正月二十，在北桥（北望亭桥）罗马将军祠（又称三官堂），当地百姓三日三夜烧香念佛，纪念驻守望亭洪山闸的罗马将军，祈求将军保佑四方平安。周边小商贩、跑码头戏班子也到那里经商或演出，十分热闹，人们将游北桥称为轧北桥。农历八月廿一，附近百姓也都要前往聚会。

11.吃冻狗肉

农历二月初八，气温常会骤降，春寒料峭。古时张大帝是日吃冻狗肉，因而民间也有打狗吃肉之举。意为这一天气温突然骤降，连狗肉都能冻起来。

12.百花生日

农历二月十二日为百花生日，亦称“花朝”。是日清晨，尚未出嫁的农家少女及小孩用红纸条贴在花果树上，或用红布条结在树上，寓意祈祷百花盛开，果实累累。农谚称“有利无利，但看二月十二”“雨打百花蕊，百样呒收成”。

13.三月三

古称上巳节，当地民间有“三月三蚂蚁上高山”之说，并书贴灶上，谓之可避蚂蚁。亦有“三月三，大蒜炒马兰，吃了上南山”之说。这天以后乡村赶庙会逐渐进入高潮。

14.立夏日

公历5月6日前后，民间习惯把它作为夏季的开始。有吃立夏蛋、立夏饼（又称苦饼）、尝三鲜（蚕豆、苋菜、蒜苗）和吃甜酒酿的习俗。旧时用丝线编成“蛋络子”，内放煮熟的蛋，挂在小孩胸前，祈求不“疰夏”（夏季身倦、体热、厌食等症状），立夏日小孩吃了立夏蛋长得白白胖胖，夏天不生病。是日，农家采摘“绵苋头”（一种野菜）掺和在米粉里做成有馅的饼，称之为立夏饼。民间有种田人难吃立夏饼之说（意为立夏过后农忙在即）。立夏日，一般大人、小孩都有称体重的习俗，据说称了不会“疰夏”。

15.夏至日

公历6月21日前后。这天白天时间最长，乡间家家吃馄饨，时称“夏至不吃馄饨，死后没有坟墩”之说，又传这天人们不能坐门槛，否则要“疰夏”。

16.谢灶

又称祭灶，农历六月初四、十四、廿四用“三素”供奉灶神，并焚化纸锭，祈求饮食安全，阖家太平，谓之谢灶。民间有“六月谢三次灶，赛过打个醮”之说。谢灶要在灶家老爷两边贴上一副小对联“上天奏好事，下界保平安”，还要念灶君经，祈求国泰民安。

17.六月六

农历六月初六，古称天贶节。意为进入农历六月，天气炎热，就连猫和狗也热得难以忍受要下河潨浴了，俗称“六月六，狗潨浴”。这一天开始农村孩童可在河中潨河浴。时值伏天，烈日当空，各家各户都晒衣被和书籍，以免生蛀虫及霉变，称之“煞伏”。

18.七夕节

农历七月初七为七夕节，古称七巧、乞巧节。传说七月初七夜是牛郎织女鹊桥相会之日，牛郎织女隔河相会。民间有吃“七巧果”，农家少女用凤仙花染手指甲，人们观看天上“七巧云”（秋云幻变）的习俗。

19.七月半

农历七月十五为中元节，俗称“鬼节”。民间有“过七月半”的习俗。一般在七月十五之前的逢单日，家家户户都要过节；隔年七月半后至当年七月半前，有人亡故的家庭要在七月十五过节。三荤三素祭祖宗，焚香点烛烧纸钱，祈求祖宗保佑全家平安。也有人在河塘中放荷花灯，寄托对先祖亡灵的怀念。

20.七月三十

农历七月三十，地藏王菩萨诞辰。晚上，家家户户大门口地上插红棒香。磕头跪拜，祈求人缘，名烧“地藏香”，也称“九思香”，讹称“狗屎香”，意为借地藏王生日隐祭元末惠政得民心的吴王张士诚，因张士诚生前倡导“九思”，百姓称其“张九思”。“九思香”点毕后，将香棒留好，待八月十五中秋节，用来扦插糖芋头。

21.腊八节

农历十二月初八为腊八，相传为如来成佛之日，故各寺庙煮粥，内杂枣栗果仁，施散结缘，并用此粥馈赠施主及附近居民，称作“佛粥”。民间百姓在那天祭祀祖先和神灵，在烧的米粥内加入黄豆、赤豆、豆腐、百叶、胡萝卜等八样佐料，煮成腊八粥而食之。人们相信是日食此粥能消灾降福，祛病延年。

22.掸檐尘

农历十二月十七、十八，家家户户都有掸檐尘的习俗，意在“若要发，掸十八”“十七十八，越掸越发”。每家都用长竹竿扎稻草或鸡毛掸子，掸除屋内杂物，扫除墙体上的蛛网、灰尘，意在干干净净过大年。

23.送灶、接灶

农历十二月二十四晚（俗称廿四夜）为送灶，有吃团子的习俗。相传这天是灶王爷上天述职之日，汇报每家每户一年中的善恶，故有“上天奏好事，下界保平安”之说法。所以家家都要在那天祭祀灶王爷。旧时，家家用纸糊成轿与车马（或灶神龛内的灶神像）在大门前焚烧。灶上点燃香烛，摆上供品为送灶家老爷（灶神）上天奏好事。翌年正月十五迎接灶神归来。其时禁忌恶声谩语，以示尊重，此为“接灶”。灶君王是兄弟三人，故要三个酒杯、三双竹筷。根据上代相传，有的人家供水，也有的人家敬黄酒。

二、婚事习俗

1.提亲、相亲

男大当婚，女大当嫁。旧时，男婚女嫁注重门当户对，均要听从父母之命、媒妁之言。一般是男方请媒人向女方提出结亲的要求，并将男方生辰八字、家庭情况作一番介绍，女方根据男方情况，如有联姻之意，便委托媒人向男方提出条件。一旦双方同意，由媒人至女家讨取“年庚八字”（出生年、月、日、时辰）和生肖，俗称“讨口生”。用红帖写好姑娘的生辰八字后，装入姻缘袋，有的还放桂圆、红枣、花生、莲子，以示早得贵子，多子多孙。还放入“太平”“兴福”字样的铜钱，用红绿线束合后，交媒人带回，此谓“纳采”。媒人将此年庚八字的红帖子送至男家灶房，压在灶山下。三日内如家中无不吉利事发生，即八字合婚，谓之“纳吉”。如同意缔结婚约，由媒人转告女方择日举行订婚。旧时，男女双方不能见面，要到洞房花烛夜，挑掉女方头上的方巾后，丈夫才能见到妻子的真面目。中华人民共和国成立后，男女婚配必须两相情愿，不以父母之命而定。在媒人牵线以后，由男女双方约定时间、地点见面，双方彼此进一步了解人品、容貌、性格和家庭情况，称为相亲。

2.订婚

又称定亲。男女双方父母交换子女年庚八字，男方委托媒人给女方送去彩礼作为定亲之物，男方还备酒席，请至亲前来贺喜，谓之“订婚”。女方邀至亲好友一起去男方家吃订婚酒，男方父母及长辈给未来媳妇见面礼，自此互定终身。订婚后，男方择日到女方家认亲，女方父母称其为“毛脚女婿”。“毛脚女婿”首次上门认亲要备好礼物，女方也要办酒席款待，女方父母及至亲长辈也要给见面礼。随后男女双方可以互相走动来往。

3.结婚

旧时俗称“做亲”，男方称“讨媳妇”，女方称“嫁囡囝”。结婚日期由男方择定黄道吉日。结婚前男方要办“蹄髈酒”宴请媒人和新阿舅（坐媒），称为请媒人，男方委托媒人送

“日脚帖子”（又称“好日”）和聘礼给女方，称“茶礼”，同时商量落实结婚当日的有关事宜。“好日”隔夜里，女方要准备好“子孙包”“子孙马桶”，分别放入五个红鸡蛋，意为“五子登科”。同时准备好“官箱”，箱面上放入公婆鞋子和围兜，意为新郎升官和媳妇孝敬公婆。同时，男方、女方都要办“落桌夜饭”。女方在“落桌夜饭”后，要举行“别祖”仪式。结婚当日称“正日”，男女双方都要大办喜宴，三亲六眷、亲朋好友都前往贺喜，称之为“吃喜酒”。

旧时，男方到女方娶亲，要请乐队（军乐队、清客串）吹奏，要用花轿（木轿、竹轿）供新郎新娘乘坐。新郎到女家门口，不能直接进入，要由新阿舅上前握手迎接，并由新郎随即递给一红包（俗称“抱舅钱”），方可入门。进门后先以大礼拜见女方长辈，受拜者给新郎“见面钿”；女方厨师要烧点心请新郎吃，吃完点心后，新郎还要将喜封放置碗底；随后厨师端出“揩面水”，新郎揩完后又将喜封放置脸盆下。仪式结束，良辰一到，男方多次鸣炮奏乐，一方面运送嫁妆，一方面催新娘子上轿。新郎娘舅掮“子孙包”、新郎姊妹手提“子孙马桶”先行，走在娶亲队伍最前的两人各执一根没有去掉根、枝、叶的“黄泥竹竿”领路，新娘子在媒人和喜娘的引领和陪同下哭泣上轿。新娘子乘坐的花轿有一人多高，四周格子式雕花装饰，正面为轿门配有轿帘，左右两边各有一小窗配有垂帘，轿中有座板，轿顶尖耸配垂苏轿帽。两边两根4米长的轿杠，穿在轿子左右，轿杠两端用绳索系短轿杠，一般由身强力壮的年轻人抬轿。轿子穿大红织锦缎轿衣，上绣龙凤、锦鸟等吉祥图案。新官人身穿织锦缎衣冠，胸前佩戴大红花；新娘子穿戴大红织锦缎凤衣凤冠，头披红盖头，手拿绣花手绢。喜庆人家成双成对都用两顶轿子，轿内放脚炉一只。新官人新娘子各乘一顶。最早时轿子只供新娘子乘坐。新官人骑高头大马，若没有马骑，新官人就随娶亲队伍一起走路。讲究的人家绝不亏待轿夫，隔夜“落桌”请他们四个单坐一桌，为的是不要“晃轿子”或戏弄新娘子。即使这样，娶亲队伍到了长村大巷，特别是看热闹吵新娘子的年轻人会一拥而上抓住轿子两边，有节奏地使劲摇摆“晃轿子”，把新娘子“晃”得头重脚轻，让她跌出来取乐。新娘子用力抓住大轿杠，两脚挺住不管用，就把脚炉踢出来警告。“总包相公”赶紧吩咐放爆仗派喜糖，接连不断地奏乐，在嬉戏哄闹中赶紧走出大村巷。轿至男家，鞭炮齐鸣，喜娘引新娘下轿，走至男方家要先跨过“三灯火”，娶亲人也齐跨“三灯火”。然后由新郎的姊妹搀扶新娘到老房歇息吃点心，三亲六眷、亲朋好友、众位乡邻都来吃圆子。在回来路上要走青龙头（上手走）。随即，娘舅、舅母将男女双方的被子、枕头等床上用品全部铺在床上，并放置铺床饼，俗称“铺床”，铺床者要夫妻双全者为佳。然后，新郎新娘举行结婚拜堂仪式，接受夫家长辈见面礼物。仪毕，喜娘引领新郎新娘踏着麻袋脚不着地（意代代相传）步入洞房，新郎挑去新娘头上的红方巾，新婚夫妇合卺交杯，至宾客筵散，合家吃团圆饭。接下来便是闹新房，越闹越发，寓意“吵发禄”。在喜宴过程中，男家要给乐队、抬轿人、喜娘、厨师等发喜封。喜宴结束，亲朋好友离去之后，有的还举行“拜祖”仪式，点上香烛，全家（包括新娘）一一跪拜、磕头，称之为拜祖，以示家中增添了一新人。至此，结婚仪式全部结束。仪式结束后，男方还要过个节（祭祖），然后吃团圆夜饭。辛亥革命以后，封建婚俗受到冲击，一度改良婚礼，提倡“文明结婚”，但成效甚微。

中华人民共和国成立后，颁布《中华人民共和国婚姻法》，倡导婚姻自主，到法定结婚年龄，男女双方经过登记领证，国家给予法律保护。同时，大力提倡移风易俗、婚事简办，婚俗礼仪大大简化，并出现集体婚礼、旅行结婚等形式。解放后至20世纪60年代末，娶亲以步行取代旧时的轿子；20世纪70年代至80年代，娶亲由机帆船替代；20世纪90年代起，娶亲逐步由轿车替代，同时逐步取消军乐队；进入21世纪，传统与现代结婚仪式并存，大多采用在“木园堂”或酒店举行结婚仪式。仪式中，新郎身着西装，新娘身披婚纱，婚庆氛围颇为温馨浪漫。

4.回门

婚后第二天，小夫妻俩带上礼品双双回门，并邀女方亲戚择日到男方吃“迎新亲酒”。待太阳落山，夫妻方可回家。

5.住满月

按规矩，新娘婚后一个月内不能住在娘家，叫“月不空新房”。满一个月后，须回娘家小住几天，称之为“住满月”。待回夫家时，娘家要做些团圆糕粽之类的点心（称满月点心）带回夫家，派给亲朋好友与邻居。

6.送夏

婚后当年的立夏前后，娘家要给女儿家送去凉席、枕席和扇子，俗称“送夏”，还要送给亲戚和乡邻以粽子为主的点心，每只粽子里包有两颗红枣，意为“早得贵子”。

7.招女婿

又称招“补代”。旧时，讲究传宗接代，上一代传下一代是指父传子，接代的都是男子，但有的夫妇只生有女儿，没有儿子，女儿不能接代，该家传代下去就缺了一代人，这样就招女婿进门，这进门女婿是为该家补一代传人，故称之为“补代”。招“补代”的男子要随女方姓。

8.填黄泥膀

年轻妇女丧夫后，招夫入赘，称之为“防儿荒”，谐音为“黄泥膀”，入赘男子被称为“填黄泥膀”，与招女婿相似，但不必改姓。

三、生育习俗

1.催生

生儿育女，历来被人们视为传宗接代的大事。旧时，称怀孕为“有喜”。娘家得知囡囿有喜以后，便准备好孩子的尿布、四季衣裤、抱裙、被褥等，在孕期足月时，连同苦草（益母草）、红糖等一起送到囡囿家，谓之“催生”。临产前，孕妇娘家还做“拖儿饼”（糯米粉制成的糕饼）分送给邻里乡亲。

2.分娩

旧时孕妇分娩时由“老娘”（接生婆）接生。分娩时不能让人知晓，认为多一人知道，小孩就迟一个时辰落地，增加产妇的痛苦。小孩一般都生在洗干净的脚盆内。20世纪80年代以后，孕妇都到医院分娩。

3.报生

孩子出生后，女婿前往岳母家报喜。当地有生儿子带雌鸡、生女儿带雄鸡报生的习俗。

4.过三朝

婴儿出生三天后，家中要过个节，以示祖宗保佑，保母子平安，称为“过三朝”。

5.坐月子

产妇生养以后称为“宿姆娘”，满月前不能下地，称为坐月子，也叫“做宿姆”。月子里产妇不能吹风，手脚不能碰冷水，不能受气，不刷牙，不干活。其间，亲戚都要送给产妇进补的食物。一般送蹄髈、鸡蛋、云片糕、糖果等，称为“送羹”。

6.开奶

婴儿第一次吃奶，叫开奶。母亲生下婴儿一天左右，要请人家有吃奶孩子的妇女来喂奶，如生的男婴，就请人家生女婴的母亲来开奶，反之则请男婴的母亲来开奶。

7.起名

大户人家按家谱辈分来取名，名字中不能用与长辈、前辈相同的字。有的请算命先生排“八字”，算出“五行”（金、木、水、火、土），缺什么就在名字中补上。解放后，起名一般没太多讲究，但带有时代特色和对子女的祝福、期望之词较多。

8.过满月

过满月是新生婴儿的第一个庆诞，主人家要办“满月酒”，或办“双满月酒”，亦称“剃头酒”。外婆家要备好团圆糕粽、鱼肉瓜果、四季服装、香烛鞭炮等送去“做满月”，还要准备孩子的剃头钱。主人家邀请亲朋好友前来庆贺，中午吃剃头面，同时给乡邻每家送上一碗面，晚上吃满月酒。赴宴亲友送孩子压岁钱。当天上午，要给孩子剃胎发，谓之剃“满月头”，头发不能剃净，以示“有发”。也可故意剃得很粗糙，谓之小孩吃得粗，长得快。婴儿剃下的胎发不能乱扔，要将它揉成团，用红布包好挂在床帐前，据传可以压邪，护佑孩子成年以后有作为。剃发后，小孩由外婆抱着撑新伞到外面兜风，在大朴树下靠靠，口中说些吉利话（叫“朴朴长”），以示孩儿今后有靠山，步步上升。旧时，还有农历正月不剃头，农历五月为毒月不剃头的习俗。

9.送外甥

外甥第一次到舅婆家去，出门时身上要别（佩）一块网巾或一块小红布，要插一枝桃树的枝头，胳膊上挂一只铜针箍和一个桃核。回家时，舅婆家还备有“头趟点心”（糕团、粽子之类）以馈送，称之为送外甥。

10.过百日

婴儿满百日，旧时称百日关。有不利于小孩健康成长的四季四时关、千日百日关等。小孩百日当天只能待在家中，不可外出。随着时代的变迁，境内过百日的习俗逐渐有所改变。百日这一天父母给孩子拍“百日照”以作纪念，并宴请亲友。

11.寄名

因小孩体弱多病，恐怕养勿牢，祈求小孩平安生长，因此让小孩认寄爷、寄娘（干爹、干妈），即为寄名。寄名要小孩和寄爷、寄娘生辰八字匹配，选择吉日，备好酒席、团子、糕、水果等礼物。用红布缝一只寄名袋，用红纸写上孩子父母姓名，内放小孩生辰八字和八枚硬币，袋口插一棵万年青，一起送到寄爷、寄娘家。寄名袋要挂在寄爷、寄娘家正梁上。寄爷、寄娘要办酒席宴请寄儿子（女儿）及其父母（称寄亲），并给寄儿女买鞋袜、帽子、衣服等物品，同时要连续三年给寄儿子（女儿）担年夜饭。寄儿子（女儿）每年都要备上礼物去寄爷、寄娘家吃年夜饭，对方也要有所回赠，直至小孩结婚。结婚时，寄儿子（女儿）要备上礼物酒水将寄名袋取回，称之为“续代”。结婚后双方仍作为亲戚关系往来。

12.担年夜饭

小孩出生后，舅婆家每逢过年要连续三年担年夜饭。年夜饭要用一只新碗盛一碗米饭，饭里有黄豆、荸荠，备有肉、鱼、蛋饺、肉圆、菠菜、黄豆芽等菜肴，同时还备有甘蔗和压岁钱。祈盼小孩岁岁平安、健康成长。

四、寿诞习俗

寿诞庆典按民间习俗，父母翌年60岁，子女要给父母做寿，称为六十大庆，以后逢十为寿庆之年。按旧俗，“做九不做十”，一般不选在生日当天。庆寿的礼仪和排场十分讲究。寿诞隔夜，女儿要备盘，备盘礼品主要有一盘面、一方肋条肉、两条青鱼；寿轴中堂、寿烛、寿香、寿衣、寿幛；干果、点心若干，有的还备团圆糕粽等。家中要张灯结彩，布置寿堂。寿堂正中挂寿星图或松鹤图，两旁挂寿联、寿幛，堂前摆寿桌，桌上放水果点心，点起寿烛寿香。寿诞当日，贺寿的亲朋好友都带着各式寿礼纷至沓来，济济一堂。祝寿时寿星端坐在太师椅上，小辈上前恭恭敬敬叫一声，磕三个头，平辈上前拱手作揖，表示祝贺，寿星要给小辈发压岁包。主人以寿酒、寿面宴请前来贺寿的亲朋好友，俗称“吃寿酒”。同时，女儿为娘家乡邻担寿面（一碗面上盖浇红烧肉、黄豆芽、百叶等如意菜）。解放后，寿庆一般从简，注重热闹简朴，对寿堂和拜寿仪式已不甚讲究，但送寿礼、吃寿面、喝寿酒等仍继续沿用。进入21世纪，随着生活水平的提高和居住条件的改善，对寿诞的操办更加注重，女儿要给父母添置新衣裳，为娘家乡邻担油、面、白糖、瓜果糕点等寿礼。有些人家在大酒店办寿宴，有些人家在“木园堂”办寿宴，形式多样，颇为隆重。

另外，吴地风俗，父母年满66岁时，子女要烧66小块红烧肉送给父母吃，意为可逢凶化吉，渡过人生的难关。此风俗仍在乡间流行。

五、丧葬习俗

旧时丧葬以棺木土葬为主，民间有人死后入土为安之说。1956年，国家倡导火葬。20世纪70年代后，境内全面实行火葬，骨灰盒土葬或放入安息堂内寄存供祭祀。棺木土葬之俗虽已废除，但许多礼仪习俗仍在延续。

1.卷床帐

死者寿终断了气，家人边哭边抽去死者枕头，并落下床帐卷起掷到屋面上，以示家中有人亡故。人死后有场上画石灰圈、放铁鐯、点地灯蜡烛之俗，按死者的岁数买若干支小蜡烛，从家门口向庙、庵的方向沿路点燃小蜡烛。

2.报丧

人死后，自族的人分头向三亲六眷去报讯，此谓报丧。报丧者每到一家都要在该家喝一口水，否则会给对方家带来晦气。三亲六眷、亲朋好友得讯后陆续前往奔丧，出丧礼，送花圈，家属要在死者面前哭几声，意为告知死者有人来看望。如遇大年三十或大年初一过世的，家人只当无事，将死者用被单盖上，既不能哭丧亦不能报丧。

3.守灵

人死后到出殡前，须日夜守灵，家中香烛不断，哭声不断。一般当天有直系亲属守灵陪夜，后有邻居、帮忙人守灵陪夜。

4.移尸

儿女首先为其浴尸（擦身），将小块银子纳于死者之口，称之为“含口银”，以防阴间饮“孟婆汤”时被迷住心窍。同时为死者更衣（件数取单）。后再由长子（或长孙）抱头，次子抱脚将死者移至灵堂搁置的门板上，头朝南，脚朝北，故有“若要享福，鼻头向北”之说，死者头后挂一块中间有个“奠”字的白布幔，称之为移尸。男性死者要请剃头师傅为其剃头修脸，当天儿子都要剃头；女性死者由女儿跪着为其梳理头发，念梳头经，并头枕“菱角枕”，用红布盖脸部，身边点一盏长明灯（用灯草点的油盏灯），脚上套一个斗（男左女右），手握一颗核桃和一枝天竺刺。

5.卷尸

死者移到堂前之后，请帮忙人将死者的衣物床铺丢到场角头，同时由两人拎着一根用竹竿、稻草、鸡毛扎成的“卷尸棒”，带着事先准备好的酒菜饭和死者衣服及无砣之秤，跟随道人送至“堆金地”秤衣，然后哭泣而归。

6.承孝

父母亡故，儿子要披麻戴孝，脖子上套细麻绳，头戴平头白包头，腰束白品带。孙辈戴黑袖套，佩黄布条，玄孙辈发红袖套。出嫁的女儿如公婆尚健在的，白品带要一头尖，一头平。翌日择时进行吊唁仪式。亲戚朋友到后“发白承孝”，承孝时由专人将白品带和袖套分户丢在地上，承孝者弯腰拾取。民间有父不戴子孝、兄不戴弟孝、长辈不能为小辈戴孝送终的风俗。

7.转殓

承孝结束，开始转殓。道人或和尚引领诵经，孝子披麻戴孝，家属人员和亲戚按辈分依次相随，所有人员在道人的引领下每人手拿一支燃香，一般转三圈为一次，长子喊一声死者，并为其揩一次面，三圈后换支燃香，连续转三次方毕。然后，依次向死者磕头跪拜，夫妻双全的要一起跪拜。

8.入殓

将尸体放进棺材称为“安拢”。入殓前，长子给死者喂饭，喂毕，饭盅在家沿石上摔碎，筷子折断，棺材四角内放进灯草、锡箔、纸锭以及石灰等防腐品。良辰一到，即进入入殓仪式，放高升，奏哀乐，道人念经。长子抱头，次子抱脚，将尸体放入棺内，后用被褥盖好。家属及亲戚朋友向灵柩施跪拜礼，与此同时，把屋顶上的床帐取下来。

9.出殡

一般以三朝或五朝为出殡之日。随之鸣炮发丧，抬棺材人扎好“千斤”架好扛担，抬材八汉（大户富户官绅户用十六人抬棺或更多）中头一人在棺材头上使劲碰碎瓦片高喊一声“起”，道人一手执幡一手摇铃，沿途由专人撒纸钱，俗称“买路钱”，棺材抬抬停停，停歇时用两捆稻柴衬垫（棺不着地），子孙重孝随灵柩哭泣行向墓地。送葬队伍跟在其后，一路由乐队吹吹打打，哭哭啼啼，俗称“出棺材”，把棺材抬到坟地。

10.安葬

旧时，墓穴由风水先生提前选好。棺至墓地，众人再次行拜，号哭尽哀。有的把棺木搁在坟地，每年冬至前有后辈人用柴草编帘，包裹棺木，以挡雨淋日晒，有的干脆用砖瓦在棺外盖小房的形式，俗称“砖棺材”，因此乡间到处可见大大小小的坟墩。在墓地上，棺椁入穴覆土，请风水先生选好方位（落金井），家属绕墓三周致哀。回程要另择路径，谓之不走“回头路”。送丧回家的人都在死者家门口跨过用芝麻萁、黄豆萁、麦秸秆扎成的“三墩火”，谓燎去晦气，然后都要用单筷吃些红糖圆子。20世纪70年代后，尸体实行火化，火化后的骨灰盒选择河边零星地安葬。1999年4月起，骨灰盒集中存放在梦仙堂寄存处或安葬在梦仙堂公墓、天灵公墓。骨灰盒安葬与棺木安葬习俗基本相同。

11.吃斋饭

旧时，落葬结束后要吃斋饭。斋饭以豆腐为主菜，必须有元宝头肉，即猪头肉。忌用大蒜、韭菜、鲢鱼。有“扎白布、吃豆腐”之说。吃好晚饭后，死者家属还要给帮忙人发“利事钱”，所借物件归还时需贴红纸讨个吉利。另外，奔丧和帮忙的人回家，要在自家门前烧张纸，并在火上跨过，方可进自己的家门。

12.摆灵台

死者出殡后，要在客堂间前首东侧放一张半桌，称为摆灵台。灵台上点上香烛，供亡者牌位、遗像、供品等。死者火化后回到家中，要将骨灰盒在灵台上摆放一下，家属至亲依次磕头跪拜。

13.做七

死者亡故以后每七天为一个“七”，共七个“七”，49天，其间家人不得嬉戏，不得理发，否则被视为不孝。座台上供的点心每“七”要换。头七馄饨、二七面、三七糕、四七团子、五七羹饭，富家逢七都做法事、道场、念经等，一般人家只做“五七”。

14.眚回

眚回日期由道人按死者生辰八字掐算而定，最短为死者去世后第九天，最长为18天。眚回日那天，家属在死者断气前1小时的相同时辰由道士把死者一身衣裤、鞋袜、帽子平铺在死者床上（摆放成死者失魂前的样子），哭拜，称之为“接时辰”，又叫“接眚”。因死者要回家，家中墙上的钉子都要套上纸锭。眚回日要做道场，请道人念经称之为辟亲。死者断气时辰一到，就把死者床上的衣帽等拿到外面。当天，孝子孝女要着白鞋面白沿条的鞋子，其他至亲要着青布鞋面白沿条的鞋子。

15.做五七

“五七”日期由道人掐算而定，所择日期应为亡者去世之日的第29—35天之内的单日（指农历）。嫁出的女儿（无女儿的可由侄女、寄囡或其他小辈）要办一桌酒菜（俗称“五七羹饭”）及纸钱和各种纸扎的生活用品，隔夜送到娘家。据传“五七”凌晨，亡灵已清醒，想回家可又不认识路，家人便把白品带、白包头挂在大门口旁的木梯上，从大门口用石灰粉一直洒到大路口，让亡灵沿着白线回家，到“望香台”前称之为“洒白路”，由道人念经后焚化“望香台”。随即死者子女放声痛哭，迎接亡灵回家，称之为“闹五更”。是日，要请道人做道场，拜忏念经，吹吹打打，超度亡灵，子女跪拜磕头。祭奠死者结束，然后再祭祀祖先，将死者与祖先合为一桌祭祀，俗称“并台”。随即死者座台可以撤去，称之为“摧座台”。家属亲戚所穿戴的孝服、白品带等可除去。

六、建房乔迁习俗

1.破土

旧时农村盖建新房、开凿水井、开门樘、倒树等先要请阴阳先生看风水选地基，择日破土。即在动工日的凌晨（日出之前），准备好三荤三素，点上香烛，祭斋土地公公，先用扫帚在需动土的地方扫一下，烧些元宝纸钱，然后再用铁耙在东南西北坌几下，称之为破土。

2.上梁

亦称“竖屋”。要请阴阳先生择好黄道吉日的最佳时辰上正梁。是日，亲朋好友都要前来出礼贺喜，女主人娘家要备盘送贺礼前来“抛梁”，盘里有鲤鱼、带脚的蹄髈、团圆糕粽、瓜子糖果、喜幛、爆竹及甘蔗等。上梁前，东家要备好红布做的“发禄袋”（寓意代代发禄），内装万年青、铜钱、桃枝头、稻秆桩、米麦绿豆、芋头之类的物品，还有百眼筛、镜子、秤等。“发禄袋”要预先挂在正梁中间。

上 梁

正梁上要贴“三星高照、五福临门”或“紫气东来、福星高照”等横批，庭柱或山墙上贴“立柱正逢黄道日，上梁巧遇紫薇星”等吉语对联。上梁时间一般选在日出卯时，时辰一到，爆竹齐鸣，泥水木匠把正梁摆准，由“作头师傅”拿着糕团糖果等物，登着长梯，一步一步攀到屋顶，嘴里一边说着吉利话，一边把糕团糖果物品从东到北向下抛，邻近村民前来“抢抛梁”，祈求万事如意。“竖屋”当天，东家要举办“上梁酒”，款待亲朋好友、泥水木匠、帮忙人等吃上梁酒，还要给工匠发喜封。

3.乔迁

购买新房后，要选择黄道吉日进行乔迁。乔迁前要镇宅、过节，祭祀祖宗。乔迁当天，由女主人娘家备盘，备有团圆糕粽、带脚蹄髈、鲤鱼、各种瓜果、甘蔗、鞭炮、“发禄袋”等，寓意“节节高、年年有余、代代兴旺”，所有物品放在客厅中央。良辰一到，燃放爆竹，主人拿着食油、米、水等物品先行进入。当天主人家要办“进屋酒”，款待前来贺喜的至亲好友。

第二节　其他习俗

一、分　家

旧时，子女成家后分家立户时，由媳妇娘家置办“分家盘”，包括糕团点心、鱼肉、碗筷、淘箩、筲箕、锅盆、铲勺等，其中淘箩（“万年箩”）放满米，内插一杆秤，以示称心如意，秤旁放盆万年青和糖果，象征以后生活吉祥甜蜜。有的还送一长梯，示为生活“步步高升”。分家时邀请公亲、族长，特别是娘舅到场，就家产分配进行公议，并将公议写成文书，称“分规”。事毕，设酒宴款待在场人员。

二、夜啼郎

婴儿夜间啼哭不止，请人用红纸条写上“天皇皇，地皇皇，我家有个夜啼郎，早上啼哭到深夜，父母大人心发慌，过路君子念一遍，一夜睡到大天光”。贴在村头、路口、电杆上、桥边等要道口，让路过行人阅读，以求婴儿安睡。

三、讨　饭

家中有81岁的老人过世，出殡前，子女要身穿蓑衣、头戴箬帽外出乞讨一户不同姓氏人家的一碗饭，以求子孙后代不会沦落为叫花子（乞丐）。

四、担孝糕

丧事人家当年不蒸年糕。“糕”与“高”同音，蒸糕寓意高高兴兴，此为丧家大忌。年底亲戚都要给丧事人家“担孝糕”，寓意祈求丧事人家来年“交好运”。这一习俗沿袭至今。

五、过忌日

在死者过世后的一周年、三周年要进行祭祀活动，有的要念佛，有的要做道场，俗称“过忌日”。在中堂设祭桌，备酒肴，烧香烛、纸钱。祭毕，邀自家至亲共享酒食，以示怀念。民间还有为死者百岁过阴寿的习俗。

六、指腹婚

又称“娃娃亲”，旧时包办婚姻的一种形式。两个家庭的女主人在怀孕前后，因双方交谊甚笃，就“指腹为婚”。意在定好亲事，日后亲上加亲。男女长大完婚，双方往往缺乏感情基础，幸福者甚少。另外，民间还流行一种“背带亲”，即婴儿时期由父母作主订婚。这一婚俗，即使在封建时代亦遭非议。元代规定“诸男女议婚，有以指腹割襟为定者，禁之”。

七、童养媳

旧时因家境困苦，将年幼女儿过早给较富裕的人家领养作童养媳，待双方年长就完婚圆房，不少童养媳受虐待，并时有悲剧发生。

八、抢 亲

解放前，男女婚姻一直是“父母之命，媒妁之言”，男女年龄还小就忙着攀亲，还有指腹为婚的。由于是自小定的亲，到成婚还有一些年月。在这段时间里，双方的家庭情况会有变化，譬如，经济条件落差等。一旦男方家境不好，有的女方就有意拖着不办，甚至赖婚。有的男孩年龄大了，拖不起，等不及，于是男方就纠集亲友去女方把新媳妇抢进门。还有的强抢民女，指的是纨绔子弟，有财有势恶少，还有已有妻室横行乡里的恶霸等类。他们看上了的美貌闺女、小寡妇，甚至已婚少妇，一定要占为己有而强抢做妻妾。

九、纳 妾

俗称“讨小老婆”。旧时有妻子不会生育的，家中要传宗接代，妻子往往也赞成纳妾。有的为显示身价，追求三妻四妾的奢靡生活而纳妾，以富人财主为多。中华人民共和国成立后，《中华人民共和国婚姻法》规定一夫一妻制，纳妾从此消失。

十、缠 足

旧时，缠足美其名曰“三寸金莲”“裹足为容貌之一助”“全身之胜在裙下双钩”。为此一些身为母亲、祖母的人逼令女孩子从幼年起就用长布条将足缠起来（裹小脚），缠足使女孩肉腐骨折，哀号痛哭。故有“小脚一双，眼泪一缸”之说。缠足使脚背、足趾骨折相叠呈弓形，举步维艰，蹒跚而行。既不能参加生产劳动，又妨碍家务活动。加深了女子对男子的依赖，降低了妇女的社会地位，有百害而无一利。清朝末年，一些进步人士提倡男女平等，开始反对缠足。辛亥革命后，孙中山下令各省禁缠，缠足之风遂被荡灭。

第三节 行业习俗

一、农 业

1.加田财

每年农历正月初五，农民接财神后，便拿铁耙到田的四角坌块土，谓请财神破土，祈求日后在田中劳作时平安。

2.抬猛将

旧时农历八月，水稻吐穗期为驱赶蝗虫。当地八月初八有抬猛将的习俗，农民抬着猛将神像，敲着大锣，在田间巡视，在神像经过处，插上小红旗，以示庄稼受到猛将保护，蝗虫不敢危害，秋后有个好收成。

3.斋蚕神

旧时农民栽桑养蚕，获利甚丰，故对蚕神崇拜甚恭，乡间对蚕神称“蚕三姑”。清明时节，蚕农在蚕台上贴蚕神像，焚香点烛斋蚕花娘娘，再插上一枝桃头，以示驱邪。农妇将蚕种焐在胸口，以体温催化。每当蚕茧取得较好收成时，蚕农们一般都要备酒肴祭祀，以报答“蚕三姑”的保佑。

4.斋猪圈

旧时农家砌猪舍在完工前，东家要请泥瓦匠在猪舍内吃点心后睡一会，讨个猪能吃能睡快长肉的吉利。每年除夕夜，农户要在猪圈里燃点香烛斋猪圈。

二、渔　业

渔民常年与风、水打交道，形成一套独特的风俗习惯。新船下水，要斋神，设神龛，在船头下用一枚铜钱钉住两条红绿布条。每年正月，渔民要烧香祭祀禹王神（俗称“水路菩萨”）。妇女不能立于船头，也不能跨过船头和网架，只能在“船棚”为界的后面，称妇女为“后半只”；妇女上下船，只能在船艄上走，以防不吉。渔民吃鱼时，不能将鱼翻身，忌讳翻船之意，为渔民大忌。吃好后切不可将筷子搁在碗上，以忌船“搁浅”“触礁”。船上不能炖鸡蛋，以忌沉船。渔民还有不能在船头上小便的规矩，以免得罪水神而捕不到鱼。女人吃饭时不与男人同桌，在船舱里另外吃或让男人先吃；即使同吃，要帮男人添饭。渔民休息时在船头插一只“海兜”，意为不要打扰。

三、商　业

各类商业店铺，其习俗大同小异。旧时商店开张，择吉日、拜财神、贴红字、挂招牌、放鞭炮。规模较大、实力雄厚的则宴请宾客，拉拢关系，打折扣销商品，以招揽生意。商店当门多为曲尺柜台，顶头有竖式招牌，名曰青龙牌，下方供五路财神。招牌都起吉利字号，每天都要擦拭干净。职工营业时要端坐凳上待客，手不能放在柜上，算盘不能空打，长凳不能骑放在门槛上。布店的尺不能敲，剪刀不能掼。理发店椅子上不能随便坐人，须用理发布兜遮住。米行、理发业内部人员交谈或与同行人谈话经常以行内切口交流。旧时对商店学徒规矩很大，每天的清洁工作、洗刷杂务都由学徒包干，还要给老板铺床叠被；吃饭时既不能手托碗底，又不能口中出声；要给老板及满师的师兄添饭；老板伸筷先尝，学徒才能伸筷；鱼肉汤不能用汤匙去舀，只能以筷头蘸着吃；吃饭位子固定，开明老板让学徒坐下首，大多学徒要待老板吃好再吃。药店学徒称老板不叫师傅而叫“先生”。

四、民间手艺业

手艺人同行之间互相招呼，都讲“行话”（又称“切口”），不同的行业有不同的“切口”。如：梯子叫“步步高”，木匠的锯子叫“钩齿”，元钉叫“洋钉”，跑路叫“走”，休息叫“歇一歇”……用餐、吃点心不能洗手，用干布擦一下就行，否则有洗手不干之讳。旧时，有师傅不动筷、徒弟不能先吃的习俗。漆匠最讲究一把刮灰刀，无论收工还是小停，必须擦拭干净或浸于水中，不使起毛或损口。裁缝的缝纫机不能空踩，裁剪刀不能掉地上，尺子更不能敲桌。铁匠重义，讲究“人不亲艺亲”，干活不说话，以锤指行，师傅敲小锤一下，徒弟敲大锤跟一下；每年大年夜到年初五都要在炉内烧香，以示一本万利。

第四节　宗　教

一、佛　教

硕放境内佛教宗派以净土为主，禅净并修，信徒层次不一，居住在寺庙内的出家僧人多数遵守戒律，以弘扬佛教为宗旨，拥护政府，热爱祖国。部分信徒属民间信仰层次的善男信女，不出家，以静养为主，一般在家中供一尊佛像（以观音为多），早晚一炷清香，朝、夜课分别念诵大悲咒、往生咒、金刚经、心经等。经济条件宽裕人家或佛头家中还设有小经堂，佛龛布幔、香烛经台一应俱全。教徒讲茹素、戒杀生，农历初一、月半吃素，六月吃一个月雷斋素，还有的常年吃素。佛事活动由佛头组织，活动形式主要有逢大年初一、三月初三庙会及菩萨生日，届时善男信女去念佛诵经，自带坐垫或小拜垫，有的还自办袈裟，早去晚归，中午吃上一顿素斋。还有“放生”活动，将事先准备的小鲤鱼、小乌龟等放归自然，积德奉善。还有常见的念大家佛，其目的是祛灾免祸求太平，因此也叫念太平佛，规模较大，往往整个村进行。也有善男信女身背香袋，衣着整洁，到无锡、苏州、杭州等地的寺庙烧香。另外，有些人家办喜事，或新房乔迁，或家遇不顺等事，为禳凶祈吉、家宅安宁，也请佛头安排一些小规模佛事活动。

无锡市硕放唐庄佛教活动点

1989年10月，墙西村唐庄桥佛教点被无锡市民族宗教事务局批准为合法宗教活动场所。2009年12月，硕放凝禧寺被无锡市民族宗教事务局批准为合法宗教活动场所。2011年3月，唐庄佛教活动点拆除，搬迁到原硕放大会堂内（墙门北路1号）。

二、道　教

道教在南朝梁武帝天监年间（502—519年）由道教圣地茅山传入境内。明清时期，无锡设专司道教事务的道录司。民国时期，由道教徒自己组织团体进行管理和活动。民国16年（1927年）秋，梅村泰伯道院住持陆凤翔等发起成立无锡县道教协会，会址在无锡城内洞虚宫火神殿，民国36年（1947年）春改组，更名为无锡道教协会。

道场法事主要有丧事和打醮。丧事道场做头七、眚会、五七、断七、周年、阴寿等，道场一般有做一天或数天的。一天的有四道法事：法符、拜表、斋王、试术。试术最庄重，要做三个小时。三天的除做以上四道法事外，还要增加关灯、转殓、大开地狱、行香等法事。丧事的出班道人为单数，一天的道场五名道人出班，三天以上增加人数。打醮有太平醮、煞醮几种。太平醮为保佑太平无事，祈求风调雨顺、五谷丰登等。

旧时，境内除泰伯道院的出家道士外，还有俗家道士（或称散居道士）主要分布在建丰唐家里、墙南庙下滕家里和中华庄小华更上等地，俗家道士相互联系到斋主家进行道教活动。

建丰村唐家里俗家道士起源于明万历年间（1573—1620年），历经400余年。唐氏先辈唐碧宇（碧宇公正隆大法师），生于明万历年间，早年以掌道教，晓彻阴阳，闻于乡里。明崇祯丙子（1636年），携妻室、儿子等，为避战祸自无锡西里（今前洲西塘村）举家迁徙到无锡南门外梅里乡锡典唐家巷（今建丰村唐家里）。经过12个世系的繁衍，唐氏家族将道教事业代代相传，发扬光大。唐达卿、唐和卿、唐锡南分别为梅村泰伯东院“慎真”“宏真”“德灵”三个道院的当家道人，唐应时为梅村泰伯西院当家道士。唐氏道教名扬锡南、锡东诸乡里。唐家里从事道教生涯的有33户，90多人，当地较有名气的道教老法师共有31人，家家户户均以习道、桑农为生计，成为远近闻名的道教村。教徒各有自家门徒生意，友谊传教，各守其规，无可越雷池于半步。有条件的男童，自六七岁起就送到泰伯东院或西院识字、习艺、习书法、习练各类乐器等，出师方可再随长辈继续习道，几经修炼，方成正果。普通人家的男童则到唐家里的学堂间请先生识字学艺。唐氏教徒传教于锡东、锡南诸地，收授门徒。道教徒各自有毛笔誊写完好，珍藏的线装本经忏有数百余册，仍在民间流传。道家音乐以江南丝竹、工尺曲谱为主，以“醉仙戏”“梵音”“十八拍”“将军令”等道教乐曲伴随整个诵经，唸忏声中，十分动人好听。

滕家里道人是墙南村庙下浜西滕姓一族祖上辈的职业行当，在当地颇有名气。滕姓道人能记得名字的先辈叫滕竹斋。在他之前，何时起始无法考证。滕竹斋育荫庭、瑞庭两子。滕瑞庭育炳生、福生、近生、兴生、祥生五子。滕荫庭无子，收弟瑞庭长子炳生为嗣子。滕竹斋侄儿辈有协庭、阿荣等，侄孙辈有绍德等。滕氏一门足可组成“道场”班子。滕家里男孩读了几年私塾后就要进梅村泰伯道院修习，“满师”后跟班，先从“小道人”做起，经过几年修炼后才能成为正式的道人。泰伯道院分东、西两院，滕家里道人是西院门徒。滕竹斋在当地是一位道化出众的法师，之后又出了滕瑞庭、滕福生、滕阿荣三名高足。滕瑞庭、滕福生父子俩，学养深厚，精通器乐，唱念做打功底深，法师扮相俊朗威严，尤其是滕福生，修炼得道，样样精通，法师做得相当有名。他常会被无锡道教名人华彦钧（“瞎子阿炳”）邀请去所在的道观雷尊殿，与云集在此的名家相互交流切磋，也要去同做法事。

中华庄小华更“泰衡道院”闻名无锡南门一带及至苏州吴县等地。老法师华锡琴，又名生宝，为道院当家道人，曾是无锡惠山道教会会员。副手华明发，又名桂宝。晚辈法师华佰康，又名阿大（华锡琴大儿子），熟识华彦钧。副手华仲康（华锡琴二儿子），书、字、乐器全能。道院中还有华叔康、华福康、华德仁、张锡荣、王佰昌、朱桂春、华银根等道人。当家道人华锡琴常骑由中共地下党送的白马外出，他们在从事道教活动的同时，多次保护中共地下党活动。曾掩护过王伯康等中共地下党员。他们念经、唱戏、奏乐十分热闹，曲调高雅，大、小锣鼓乐器齐全，用的是“工尺古谱”。解放后曾被邀去无锡市广播电台录音，作为民间音乐保留。道人华仲康、华银根等当上农村干部入了党，这套班子便退出了历史舞台。

中华人民共和国成立后，寺庙、庵堂被作他用，道教活动被列为封建迷信而被禁止。1966年“文化大革命”“破四旧”时所有寺庙、庵堂都遭破坏，道人的道具、经书和袍衣都付之一炬，丧之殆尽，道教活动曾一度匿迹，活动被取缔。20世纪80年代后，宗教信仰自由，地方上的道教活动得以复苏。

三、基督教

基督教是对奉耶稣基督为救世主的各教派统称，亦称基督宗教。19世纪中叶基督教传入无锡。20世纪30年代发展迅速，抗战时期英、美籍传教人员撤走，活动基本停止，抗战胜利后有所恢复。1958年后，基督教停止活动。1980年起落实中共党的宗教政策，基督教活动逐渐趋于正常。1984年，硕放基督教简易活动点（墙南村庵上）是无锡县八个基督教活动点之一。1994年6月，在墙北村陆房湾43号建造基督教堂，是无锡市宗教事务局审批的合法宗教场所。教堂内设分堂，副堂，主日大、小班等居家式建筑，占地面积1458平方米，一次可容纳500多人聚会。堂内有两名专职传教士和七个堂委负责教堂的日常管理，同时有本堂信徒代表组成的居家探望组、老人探视组等。

硕放基督教堂

教堂每周日上午8:30—10:30设为主日做礼拜；周四上午8:30—10:30设为查经集会日。硕放基督教堂还热心关注公益事业，关心民众疾苦，每年为弱势群体捐款、捐物1万—5万余元。20多年来，基督教堂坚持“三自原则”（自治、自养、自传）办教会，以爱国爱教、遵守教义教规、自养自给、自我管理为主旨。认真贯彻落实《江苏省宗教事务条例》等有关文件精神，通过认真学习中共党的民族宗教政策和法律法规，积极营造“爱国爱教、遵守教规、管理有序、文明礼教、维护稳定”的氛围。

四、天主教

明末，无锡始有部分渔民加入天主教。明崇祯十三年（1640年），意大利籍耶稣会教士毕方济由沪到锡传教。清同治三年（1864年），法籍传教士常驻无锡传教，此后到无锡的传教士陆续增加，且常年有神父驻教堂管理日常教务，天主教的影响逐渐扩展到无锡农村。境内渔民都是信仰天主教的，信教徒活动在苏州杨家桥、无锡三里桥和江阴陆家桥三个堂口。2011年，在锦硕苑143号筹建一座占地300平方米的天主教堂，为硕放天主教信众的活动点。

天主教四大瞻礼分别为圣诞节、复活节、圣神降临节以及圣母蒙召升天节。每逢天主教四大瞻礼，教徒要去教堂与亲朋聚会，听神父讲经。信教徒一生要经历七件圣事：圣洗、坚振、圣体、告解、傅油、圣秩、婚配。天主教徒在结婚、生小孩、去世前都要去教堂举行仪式，行结合礼节、洗礼、领终傅。在平时，年纪大的教徒每天早上、晚上都要念经，称之为念早课、晚课。凡周五，教徒都要持戒吃肉，不举行婚丧诸事。

硕放天主教堂

第五节　寺庙庙会

解放前，境内有唐庄大王庙、南河大王庙、唐村大皇庙、耀灯庵、葛神庙、泗水庵、锡禧庵等寺庙及庵堂28座。稍有规模的寺庙每年在不同时期开展各类庙会活动。每逢庙会，商贩云集，十分热闹。庙会期间，附近乡民还准备酒菜招待亲朋好友。解放后，一些寺庙庵堂被移作他用。20世纪60年代，寺庙庵堂遭受严重损毁，庙会也明令禁止。20世纪80年代后期，根据国家宗教政策，极少数的寺庙得到重修，庙会节场日趋复苏。

一、寺庙庵堂

1.善庆寺（善庆庵）

在唐庄桥东庵西海，宋咸淳中，僧法喜建。明洪武二十三年（1390年），僧明妙重建。明嘉靖三十三年（1554年），僧德润重修。明万历二十六年（1598年），僧真鉴、真鐩重建大雄宝殿。明万历四十二年（1614年），僧满澄重建山门、香花桥，两房俱备僧庐、法宇经楼，基址六亩。当地有一传说先有善庆庵，后有静慧寺。庵内有两棵大柏树，大雄宝殿、罗汉堂等规模甚大，善男信女常住烧香，香火甚旺。庵南有一石桥，名香花桥；庵东有一石桥，名鲤城桥；桥南有一河塘，常见鲤鱼跃出水面。清代太平天国运动期间，战乱不断，部分建筑遭火焚被毁。1964年，因建造小舍里电灌站，庵东的鲤城桥被拆除，后善庆庵被拆除。

2.唐庄大王庙

泰伯乡平流里土地唐庄大王庙，坐落于墙西乡香花桥。坐北朝南，面对香花桥浜，建于明代中后期。五开间二进。前五间居中一间为山门，门两侧各有一座似狮石兽，两边各两间。前后进中间有贯通大天井，天井东西各有侧厢，东小西大。前进东西两个单间住人、堆物，中间三间高出两边，是两层，上层为唱坛，供演出用，侧厢供洗衣烧饭等用。后进五间中，中间三间通间大殿，供奉三个大老爷。中间白脸是猛将，上首红脸称严审，下首青脸称舜尧。两边各为单间，东首单间是十殿阎罗、无常等，西首单间有上百尊上皇老爷等。唐庄大王庙地域辖区“六图半”，旧时一定数量的村巷为一图。庙所属地域东到竹桥头，西南至方家门前，北到观庄上（1954年建机场拆迁）。日军侵华时期，唐庄大王庙的看庙人丁杏金被日军杀害在庙场上。后由丁巧初、陈根虎接替看守庙宇、防火安全、打扫卫生及换洗老爷袍服等。20世纪50年代初，因墙门区粮食购销点的需要，改为储粮仓库。

3.水月庵

建于明朝中后期，位于唐庄大王庙东侧。坐北朝南，三开间二进。前一进东首一间是大门，内朝南供奉弥勒佛，背后是韦驮菩萨，屋角还有一个马夫；中间一间是观音殿；西边一间供关老爷及关平、周仓。往后是天井，天井中有一棵大香樟树，树身有好几人合围粗，后砍伐卖钱，用于庵前修葺石驳岸。天井东首有一侧厢，供做饭洗衣用。后进三间供念佛、住宿用。庵前建石桥“香花桥”，人走桥上，石板会发出响声，据说是有意做成“响板桥”，桥响可让庵庙里修行人知道香客来了，及时做好迎接施主的准备。解放前庵内的尼姑叫长发，收有一个徒弟，名叫林英。20世纪50年代初，因墙门区粮食购销点的需要，改为储粮仓库。

4.南河大王庙

平留里土地南河大王庙，建造于明朝中后期，位于墙南乡庙下，坐北朝南，八开间二进，中有一个连接前后二进的竖头屋侧厢，后进为厅殿，前进为山门及配殿等。主要供奉猛将、观世音、韦驮、关老爷、火神诸神。天井中有两尊圆形铸铁大香炉，直径70厘米，高近2米。庙的山门两侧有一对浮雕青石兽（扁圆形，直径60厘米，厚15厘米）坐落在高30厘米的石匣上。庙前场上有两棵大榉树，一棵大银杏树，东西依次排列。旧时，南河大王庙香火鼎盛，绵延不绝。1949年冬，随着破除迷信的思想解放运动。庙宇先后用作办扫盲班、大队办公室和公社麻纺收发站等场所。20世纪70年代，庙宇大部分拆除，易地建造大队办公室和厂房，仅剩下前朝最西边两间护庙屋还在原址。2002年，当地百姓为继香火，香客凑份子钱修建平屋四间，铺设水泥场地，又请回一尊观音菩萨、一尊南河大王佛像。至今每逢“初一月半”，当地老少香客仍沿袭传统，烧香拜佛，香火甚旺。

5.真武堂（南河庵）

真武堂（南河庵）位于墙南乡南河桥北桥堍西，始建于何时尚无考证。坐北朝南，两进，前朝五开间，东为三间通间大厅，中间大门，西边两个单间，后进三间通间大厅。二进间天井两头各有一侧厢，东小西大。后厅东山墙外及厅后檐外一转角有备弄一条，连接东侧厢。前厅最东间朝南檐墙中，砌有一块“明朝嘉靖四十二年十二月穀旦立”的青石碑。明嘉靖四十三年（1564年）一月，由里人顾守愚、曹徵献发起重建。“重建真武堂记”青石碑，高1米余，宽60厘米左右，碑中提到“毁于元季兵燹”。1950年，庵内开办南河桥小学。1963年秋季，大队在庵中开办轧米厂。至2002年城市化建设中被拆除。

6.蔡家堂庙

蔡家堂庙位于薛典乡（墙北）蔡更上自然村前，建于民国9年（1920年）。此庙五开间三朝二侧厢，庙内有观音殿、弥陀殿、罗汉殿等。曾有两名出家和尚，法名释常定、缪来，均为外地人，常定为住持，随缘乐助。中朝天井里有两棵一抱以上的参天银杏树。在日军侵华期间，蔡更上等自然村乡民在8米高的银杏树上搭起“望风台”，由各家轮流值班。解放后只留中朝一排五间，其中三间放所有佛像，两间作为缪来和尚居室，其他所有房屋全部分给吉某子、吉某生、邹某初等无房户。1966年佛像被烧，五间庙宇全部被拆除。

7.静慧庵

静慧庵坐落于薛典乡（墙北）周家湾自然村西，由倪倍善筹建，始建时间不详。庵堂有六间门面二朝双侧厢，设弥陀殿、猛将殿、火神雷尊殿等，侧厢为马夫间。庵中有尼姑四名，倪倍善为师太，李兴宝、李进福、朱仁祥为尼姑，随缘乐助。解放后，静慧庵中的泥塑佛像被扔入河中，庵房分给邹某生、李某根等无房户。

8.唐村大皇庙

唐村大皇庙位于后西乡（孙典桥）柘茶上自然村西北，始建时间不详。庙坐北朝南，庙门前有较宽广的一片庙场，约1500平方米，场南西边有河，河岸上有柏树10余棵。庙场东西两边各有烧香、烧纸钱的天库一座。该庙是砖木结构，东西排列，五间一披前后二进，中间天井，天井东西各有夹厢和走廊，共有房屋12间一披，约300平方米。庙前进：五间一披，靠东两间安放的是孟将老爷，中间一间大门通道，靠西两间一披放的是阎王老爷，一匹大白马以及马夫老爷。天井西隔厢摆放的是十殿阎王，其南面是白无常，北面是黑无常。其中有血河池、油锅，有把人绑在木桩上用大锯子锯的塑像（刑讯室），中间还有赌神老爷等。天井东隔厢是香客休息室。庙后进：中间三间是一个大厅，正厅中间是地藏皇菩萨，左边是关公老爷，关公两边有关平、周仓两员大将，右边是观音菩萨。大厅两边各有一间厢房，东厢房前后是灶间、卧室，西厢房是雷公、雷婆、闪电娘娘和蚕桑娘娘。中间天井有一棵古银杏树和一棵古紫薇花树。当地百姓每逢农历初一、十五到庙烧香，香火较旺，每年农历正月二十、六月廿三、八月十五举行庙会活动。1949年冬，庙内办起柘茶小学。1984年夏，校舍被拆除。

9.锡禧庵

锡禧庵位于后西乡（新农）小许巷自然村东，元泰定年间（1323—1328年）建造，占地20亩。锡禧庵南北坐落，正门朝南，庵内有大小佛像七八十尊。有房屋前后三进，建筑面积约400平方米。前二进是通转12间（前后进各东西五间，前后二进中间有三间天井，天井东西各有侧厢一间，连接前后二进），第三进与第二进后面相接。房屋前进五间，中间一间大门间，东西各两间双间；第二进五间，中间三间，正厅，东西各一间厢房；第三进三四间小屋，有后门。1946年，姚更上朱中林（荡口中学教师）为在家乡办学，当地群众将锡禧庵内的佛像泥菩萨丢入河中。1947年开办大公小学。1983年因房屋年久破旧，全部被拆除。

10.兴教庵

兴教庵位于墙南乡（西典巷）肖家桥自然村，始建时间不详。庵内有观音殿、厢房等14间。解放时，庵中有陆媛仁、刘月清、童昌红三名师太，其中大师太陆媛仁曾为江苏省佛教协会委员，后圆寂在兴教庵，二师太刘月清、三师太童昌红先后离开庵堂嫁人。1951年，兴教庵改为墙南乡办公地。后肖家桥村民方生泉因家中失火，房屋全部烧毁，无处安身，暂时安排到庵内居住。1966年“文化大革命”开始，造反派、纠察队先后入驻兴教庵。在“以粮为纲”的时代，肖家桥生产队利用庵堂空房，饲养母猪、肉猪。兴教庵建筑是木结构，经过10多年养猪，木头柱脚烂掉，成了危房。1982年集体养猪解散，后一场大雪，庵堂倒塌。

11.三观寺院（三官堂）

三观寺院（三官堂）位于丰乐桥北桥堍西，建造于元末明初，有房屋四间三进。一进有观世音菩萨等佛像；二进为一大院，东侧三间厢房，大院中靠东面有两棵上百年的银杏树；三进即大厅，厅上供有罗木将军神像，一把青龙偃月刀插于刀架。清光绪二十七年（1901年）改名为三官堂，后又改为随礼堂。1970年9月，大队将其拆除建造小学。

12.耀灯庵（凝禧寺）

耀灯庵（凝禧寺）位于里河乡（里新）曹家门前自然村香楠厅东南约100米处。寺院始建于明永乐末年（1424年），清康熙年间（1662—1722年）重建，清咸丰十年（1860年）毁于战火，“文化大革命”前已成小庵（耀灯庵）。庵内有尼姑4—5人。解放后分别落户曹家门前东队、南队。庵里供奉四大金刚等佛像。解放前香火甚旺，十里八乡的人都到此烧香拜佛，祈求太平。在耀灯庵南有水田4亩多，尼姑闲时自种自吃。此庵堂属曹氏家族总管，开销费用由昭嗣堂公账田支出和善男信女捐赠。20世纪60年代，庵堂改为曹渡小学分部，20世纪70年代改建为粮饲加工厂，2000年后粮饲加工厂停办，耀灯庵逐渐恢复烧香拜佛。

2008年重建的凝禧寺三宝楼

元末明初政治家、佛学家、文学家，高僧姚广孝，幼名“天禧”，因额“凝禧寺”，取“诸天凝禧”之意，由此耀灯庵改名为凝禧寺。2003年，在区、镇两级政府和宗教机构大力支持及广大信佛群众积极捐款捐物下，到苏州等地请回四大金刚、财神爷、关老爷、观音娘娘等一大批佛像，并委派5—6名年轻和尚到寺诵经念佛，凝禧寺再度兴旺。2008年重建凝禧寺，占地面积3500平方米，建筑面积1200平方米。主要建筑为三宝楼，面积约1000平方米，内设有玉卧佛一尊，玉佛长5.8米，为凝禧寺镇寺之宝。2009年12月，被无锡市民族宗教事务局批准为合法的宗教活动场所，并礼请上海宝华寺智清法师担任寺院住持。而后，由智清法师主持，举行开光仪式，周边信众近3000余人参加，盛况空前。2010年，凝禧寺被无锡市新区统战部、新区民族宗教局评为“和谐寺观教堂”。2011年被无锡市民族宗教事务局、无锡市公安局等六个部门评为“无锡市平安宗教活动场所”。

13.菩碑庙

菩碑庙位于里河乡（安桥）安桥头自然村，建造于清朝，有房屋14间。依据当时的风俗习惯，选址地安桥头称为“长安里土地”。在此地建造菩碑庙，为祭奠死去的长者，当地的风俗活动都会选在庙中进行。1954年，庙内办起南庄小学。1994年被拆除。

14.新昌庙、新昌庵

新昌庙、新昌庵位于硕住乡（硕放）白泥墩自然村，建于明朝。东为庙，西为庵，中间仅隔一墙，是庙、庵合一的建筑，有三间四幢，六个厢房，共18间，有三名僧人、两名尼姑。庙庵前有银杏树一棵，树身直径达1米左右，高7—8米。1966年庙庵内的佛像被毁，房屋由大队安排给困难群众居住，后自行翻建楼房。

15.兴岭庵

兴岭庵坐落在塔西乡（塔西）丁更上自然村，始建时间不详。房屋有五开间二进二侧厢，有山门、观音殿，庵内共有关老爷、韦陀佛像等七尊。1954年，庵内关老爷、韦陀等佛像全部被毁，在庵内先后办起假山头小学、大队办公室、医务室、红星服装厂等。1984年，因红星综合厂扩建的需要，将兴岭庵房屋全部拆除。后当地香客自发筹资在原地搭建供烧香拜佛之用的简易房屋。

16.观音殿（福缘庙）

福缘庙的前身观音殿，位于新中乡（中华庄）安桥桥堍北，有100多年历史。1950年土地改革时，华南平全家住在观音殿。1965年9月，光明农业初中建办在此（1968年停办）。1984年，华南平全家搬出，处于无人管理状态。1999年，由中华庄、王家桥、红力、红光、新安镇新光村村民委员会以及私营业主、群众等自发筹集资金22万元，重新修建观音殿，共建房屋11间，其中正间5间，食堂饭间等6间，重建后取名福缘庙。正间有观音菩萨、地藏王菩萨、张亭大老爷、猛将大老爷等，还有小菩萨及小观音200多尊。西侧厢有一个土地公公。每逢农历初一、十五，当地香客要去烧香。每年农历正月二十、二月十九、六月十九、七月二十五、九月十九、十二月二十，当地信徒都要集中去念佛烧香。

17.泗水庵

泗水庵位于塔西乡（王家桥）凌家里自然村南200米，建造于清嘉庆年间（1796—1820年）。占地面积13亩，有五开间三进，四个侧厢，有山门、正殿、观音殿、大雄宝殿等。供奉大小佛像六七十尊，其中大雄宝殿内有18尊罗汉。天井里有生铁铸大香炉一只。解放后，庵内所有佛像都被清除，东沈巷的私立小学迁至庵内。

18.张许庙

张许庙位于泗水庵西，塔西乡（王家桥）凌家里南200米。始建于清朝末期，民国28年（1939年），由尤春宝、张云山募捐重修。墙门头上面有“张许庙”三个大字。大门口凿雕一个马夫牵着一匹大白马。走过天井，有三间大殿，大殿内有四个大老爷，分别为张巡大老爷、许安大老爷、赵姓大老爷、李姓大老爷，还有小老爷五六十个。当时，看庙人是阿根宝（鸿山马塘桥槐树下人）。20世纪60年代初，庙内部分佛像搬至和平大队安桥桥堍观音殿，部分被毁。光明大队部迁至此庙中。20世纪60年代后期，大队办起“三菌厂”，后经改造办起硕放中学光明高中班。

19.长寿庵

长寿庵位于观泗乡（红力）河泗桥自然村，紧靠香泾浜，始建时间不详，民国25年（1936年）重修。庵内有宝殿、云房、厨房等六间，佛主是观祯，佛婆是野蚕娘娘。长寿庵正面朝南，两旁的墙呈“八”字形分开。左右石柱上开槽，能移动的木头高门槛。后面是两扇大门（念大佛开）。东侧是一扇门（平时人们进出用），门上方方砖上刻着“南无阿弥陀佛”六个大字。民国25年，慧通和尚重修长寿庵，占地面积1.7亩，有山门、观音殿等17间，佛像20尊。进入正山门前殿，有端坐弥勒佛一尊，背面向北是韦陀菩萨。向东是千间屋。南北佛堂半墙上装有玻璃窗，东面墙上两扇和合门，出门就是内场。往西走进门是三间屋，北面墙台上放有雷公、雷婆像各一尊。前殿往北是个院子，种着花木。东侧厢里东边靠墙边上供着一个高1.5米、宽0.5米的牌位。西侧厢靠西边的墙台上，上层是财神菩萨，下层是刘、关、张像各一尊。院子北面四间是宝殿。东面一间靠北墙台上供着观音菩萨。中间两间供着三世佛（过去佛、现在佛、未来佛）。西面一间靠北墙台上供着释迦牟尼。宝殿东南屋下面挂着一只大钟（钟底面积1.57平方米，高度1.5米）。用1米长、大碗口粗的棕木撞击，发出的声音在三里远地方亦能听到。钟上浇铸着募化人的姓名、银圆数及年份。宝殿东西面各有一间屋，宝殿东墙大钟往北有两扇和合门。民国27年（1938年），许子常、王云轩在长寿庵内开办河泗桥小学。1964年河泗桥小学并入新中小学后，作为红力大队部用房。20世纪90年代，原长寿庵全部拆除。

20.竺祥庵

竺祥庵位于观泗乡（红光）竺祥庵自然村，清代中期由当地百姓募捐出资建造。该庵堂坐北朝南，房屋前进为七间，中间是山门，西三间为大殿，供奉四大金刚、马夫差使、猛将老爷、大王老爷等。东一间路头堂，两间为庵丁沈梅方住房。前进后面有个大天井，内一口古井，两棵银杏树（解放前被毁）。天井东侧厢为灶间，西侧厢供放小菩萨，供香客烧香念佛之用。后进为四间，其中三间为观音殿，观音殿内中间供奉观音菩萨，两旁供奉千手观音、白衣观音等20多尊佛像，东面一间为休息室。庵堂后有一座假山，假山上有一棵4人合抱的大榉树。1952年2月，原竺祥庵小学从徐家祠堂搬入竺祥庵内。当时校长浦桂林重新种植两棵银杏树，近50年的栽培和管理，该两棵银杏树长势茂盛。2004年，竺祥庵被拆除，两棵银杏树迁移至昭嗣堂（全国重点文物保护单位）。

21.西来庵

西来庵位于薛典乡（秦村）施方园自然村，始建时间不详。有房屋七开间二进，两个侧厢，观音殿有佛像五尊。某日有个杭州飞来峰寺庙和尚化缘到此，见当地百姓民风淳朴，不辞慷慨，便萌生在当地建寺传道的想法。在当地百姓支持下建造西来庵，建庵后香火旺盛，因和尚来自飞来峰，故当地百姓称呼此庙为“飞来庵”。民国34年（1945年），由薛道卓、何民勤在庵中创办秦村国民中心小学。1969年，秦村小学扩建，此庵被拆除。

22.妙经禅院

妙经禅院位于薛典乡（溇金）华家里自然村，建造于明朝年间，庵内有猛将殿、观音殿、大王殿，有大小佛像75尊，共有房屋20多间及1个大天井。民国32年（1943年），由俞夕香、曹承立两人经办，重修妙经禅院。1967年，禅院被拆除。

23.葛神庙

葛神庙位于薛典乡（建丰）薛更上自然村，始建时间不详。据传，由苏州丝绸业一商贾巨头牵头出资在家乡兴建，当地百姓也捐助部分资金。庙宇共有房屋36间，设有大王殿、火神殿、观音殿、雷尊殿、猛将殿、十皇殿等，有大小佛像300多尊，僧人六名，另有侧厢是马夫间。1956年，此庙为富强高级社的办公地点。1960年后，拆剩的3间由看庙宇的农户居住。当地颇有名气的葛神庙被湮灭。20世纪90年代末，有一信徒在原址上盖了1间小屋，供村民祭祀叩拜，后随工业园区开发建设的需要被拆除。

解放初期硕放境内寺庙、庵堂一览表

表 33-1

小乡名称	寺庙、庵堂名称	地址
墙门乡	善庆寺（善庆庵）	庵西海
	万寿庵	小桥头
墙西乡	唐庄大王庙	香花桥
	水月庵	香花桥
墙南乡	南河大王庙	庙下
	真武堂（南河庵）	南河桥北桥堍西
薛典乡（墙北）	蔡家堂庙	蔡更上
	静慧庵	周家湾
后西乡（孙典桥）	唐村大皇庙	柘茶上
后西乡（新农）	锡禧庵	小许巷
墙南乡（西典巷）	兴教庵	肖家桥
墙南乡（黄家门）	三观寺院（三官堂）	丰乐桥北桥堍
里河乡（里新）	耀灯庵（凝禧寺）	曹家门前
硕住乡（硕放）	新昌庵、新昌庙	白泥墩
硕住乡（建新）	园通庵	沈渎浜口
塔西乡（塔西）	兴岭庵	丁更上
新中乡（中华庄）	观音殿（福缘庙）	安桥
塔西乡（王家桥）	泗水庵	凌家里
	张许庙	凌家里
观泗乡（红力）	长寿庵	河泗桥
里河乡（安桥）	菩碑庙	安桥头

续表 33-1

小乡名称	寺庙、庵堂名称	地址
观泗乡（红光）	竺祥庵	竺祥庵
薛典乡（秦村）	西来庵	施方园
薛典乡（溇金）	妙经禅院	华家里
薛典乡（薛典）	东平王庙	孙更上
薛典乡（建丰）	葛神庙	薛更上
后西乡	关帝庙	徐府庄

说明：徐府庄于1950年7月至1951年11月隶属墙门区后南乡、后西乡管辖

二、庙会

庙会（俗称“节场”）是民众祈求风调雨顺、消灾降福的民间信仰活动，一般选在寺庙节日或传说中的某个菩萨诞生之日举行。每年农历三月和秋分时节，境内的唐庄大王庙、南河大王庙、唐村大皇庙、徐府庄关帝庙、周家湾静慧庵等民俗庙会活动较为频繁。

南河大王庙庙会一般在农历三月上旬，将猛将老爷从庙中请出，端坐在有华盖四周空的轿子上。庄严无比地先给洗脸，再穿新袍，然后旗幡开道，大锣大鼓吹吹打打抬着出庙。抬猛将有小轿班和大轿班之分。大轿班场面大。待猛将是一年中最庄重最盛大最热闹的活动，四面八方百姓都来看热闹。白天有节场，夜晚看节戏。商贩云集，搭棚设摊，卖农具土产、日用百货、玩具摊、糖果糕点。还有吹糖人、卖拳头、耍猴人等。南河大王庙老爷“出会”从农历三月初三开始持续六天，三尊老爷：猛将和青、红二将。红面孔老爷喜女眷，“出会”时要将其双手反锁在椅背上，不让“闯祸”。巡查中歇五个码头，大墙门、翁家里、竹桥头、毕家桥、长田岸，这几个大地方富户多，“庙捐”多。到庙下时，庙下猛将老爷要出迎作揖。

唐庄大王庙每年农历三月初连续六天“老爷出会”，出会时“行班”抬着三尊老爷，巡行遍唐庄大王庙所辖六图半的每个村巷。另外还抬一顶小轿，上坐童男童女，名“爽角小轿”。猛将老爷等每行到一村，村民们都会做些点心、烧点茶水招待，到了夜晚就在村中住下，由该村管吃管住，第二天再行别村。最后一天，转到化纸钱“银两”的范介浜“解纸场”，虔诚焚烧纸马纸钱，称“解纸”。一切仪式停当，老爷回庙。

周家湾静慧庵每年秋分时节举办一次待猛将民俗活动，场面十分热闹，有调龙灯、走高跷、荡河船等民间娱乐活动。猛将老爷出巡时有八位青壮年抬着从庵中出发，绕北绛、石子街、前竹桥、后竹桥等自然村一圈。据说猛将封神后专门驱赶蝗虫，所以村民纷纷来到庵中烧香点烛，祈求丰收，并拿着从庵中取回的彩色小旗插在水稻田中，借神力驱赶害虫。

徐府庄关帝庙庙会每年农历三月初三开始，历时3天。庙会举行时，宗教礼仪活动十分庄重。老爷出堂“巡视”，前呼后拥，声势浩大。出会队伍分别由10多支小队伍组成。第一是走在最前面的响当队，敲着抬着的大锣，击打各种响器作开路。第二是行牌队，由4人举着4块行牌，牌上分别写着“回避”和“肃静”。第三是武士队，每人身穿旧式武士短装，

手拿木制的大刀、长矛，各色棍棒。第四是旗幡队，每人手中擎着各色旗幡，旗上书有关公封号。第五是逍遥伞队，每人手拿旗伞。第六是礼护队，各人身穿旧式各色官服，头戴官帽，分别扮作不同等级的文武官员。第七是拜香队，由来自周围各村的善男信女组成。第八是轮车队，一个大人坐在车上，肩上扛着三个涂脂抹粉、扮演各种历史人物的小孩，大人有数人轮流替换。第九是抬阁队，有十多座阁。所谓“阁”，类似轿，四周不设轿帘，可让人观看轿内坐者。阁中分别由小孩扮演各种神仙，如八仙等。有的扮作武官太保，有的扮作历史名人等，但其中必定有“仙人灌水”。第十是楠轿队，由数顶名贵楠木制作而成的轿子组成。第一顶轿内坐的是诸葛亮塑像。其他几顶坐的皆为地方上有一定身份的乡绅。轿前轿后均有一队乡民扮演的武士，手拿朴刀、棍棒。还有大轿三顶，轿内分别是关公、关平、周仓的塑像。每顶大轿由8人抬着，众人跟随，轮流替换。轿前轿后均有乡民扮演的六部司吏。大轿后跟随的是四乡八邻的善男信女以及前来逛庙会的乡民。解放初，还增加舞龙队、走高跷队、荡河船队等。舞龙队每到一村，选择在较宽阔的场上表演一番，场上群龙飞舞，观者人头攒动。根据历代定出的规矩，老爷出堂“巡视”，第一天为徐府庄自然村东片数十个村巷，每到一个村巷，各户均要在场上设香烛，鸣炮列队迎候，同时还要设茶水招待。晚上，老爷在万更上自然村“住夜”。据说，万更上自然村是老爷的舅婆家，由此万更上自然村晚上要设宴迎神祭祀。同时还会邀请戏班来助兴。第二天，老爷出堂“巡视”到戴家里自然村。第三天到曹家门前香楠厅。最后回到徐府庄庙内。老爷所到之处，受到的迎神礼遇大致相同，既敬畏，又崇拜。老爷出堂“巡视”，地域范围相当广，东到后宅大新村等村巷；南到境内杨家渡村巷；西南到曹家门前、西庄、外浜、庄里等村巷；西到陆更上、旺家沿等村巷；西北到牛池头村巷；北到后宅安渡桥等村巷。庙会期间，四处小贩云集。河里停满来自四面八方做生意的船只。他们在村上路边设摊，有卖各种水果的，各种小吃的，各种玩具的，各种生活用品和农具的，也有耍猴的、唱戏的，推销“狗皮膏药”的等。场面热闹非凡，人头拥挤。徐府庄关帝庙虽不大，但举办庙会所涉及的范围、参与的人数、老爷出堂“巡视”的排场以及随之所形成的节场闻名遐迩。

第六节　轶闻传说

一、地名传闻

1.大墙门（传说一）

《无锡县志》记载：大墙门原名杨李巷。明代，村东有当铺，因该当铺的墙门用铜色包钉，故时称“铜墙门”，门面朝向集市处也便称之为“铜墙门口”。随着岁月流逝，时代变迁，到后来当铺没有了，铜墙门也不见了，而集市依然存在，且逐渐扩展成了一个小集镇。因硕放方言中的“铜”与“大”相近，久而久之“铜墙门口”便演变为“大墙门口”了。

明朝进士邵宝（1460—1527年），无锡人，别号二泉，刚正清廉，曾任贵州巡抚、礼部尚书等职。在《邹氏庄东新居记》中详细描述了邹昭伯宅第的位置、历程、概貌等。文载："漕河贯锡城东南流，左涯有支渠二，曰伯渎、沈渎，……欲知昭伯者，请观于斯作新居记。"译文为："大运河流经无锡的东南，左边有两条支流，即伯渎河、沈渎浜，它们都流经吴郡，后通向大海。伯渎、沈渎之间有水流相通，即观泾河。观泾西边有五条小的河流，都是往北流入一里多而止，将这片土地分成五块，总共有良田2000多亩，在当地，这是块位置幽深、景色优美的沃土，这个地方叫'塘庄'，邹氏家族世代拥有之。"当时，邵宝亲临塘庄邹昭伯新居，并特意作记。由此看来，500年前的大墙门已是十分壮观。

明成化年间（1465—1487年），柏轩府君把其中的40亩地给了他的儿子邹林泉。邹林泉扩展地块旁边的土地，在中间营造宅第，并由龙泾迁徙到这里，然后在旁边继续盖房给五个儿子居住，但是房屋还未完工，邹林泉就去世了。

明正德年间（1506—1521年），塘庄府第发生火灾，才有另外造屋的设想。按照父亲邹林泉的意愿，四儿子邹昭伯由于排行老四，得到了房屋左边的地块，该地块实际上已靠近观泾河。起初观泾河旁的地块，柏轩府君也打算给予邹林泉的，邹昭伯考虑再三决定拿下这块地。为了完成父亲原来的计划，邹昭伯开始构思大规模修建房屋。考虑到母亲大人长久住在旁边的房舍，于是就紧挨着该屋开始基建，以十倍于原来的房屋，仿效塘庄而修建住宅。

修建后的宅第大门内，有前、后两厅，中间有门相隔，里又有三堂，后边有两排房屋。厅旁四周有厢房相绕，房有内有外，布局深思熟虑，装饰整齐规严，做工精细，选材优良。将原来四块旧匾"力田世家""迎薰"（欢迎美好的）、"正德"（品德端正）、"崇礼"（崇尚礼节）挂在各个厅堂，时时不忘思考做人的道理。还有一堂缺少匾，邹昭伯的姊夫——户部郎中钱世恩为他题词："养志"（有修养、有志向），以称赞邹昭伯品行高尚、家业昌盛、勤劳多助。其母亲也说过孩子的志向需要好好培养的道理。"有修养、有志向"，这一为人之道就是大墙门的文化内涵，同时也昭示着后人应该品高业精、明志奋进！

清光绪二十三年（1897年）吴熙编定的《泰伯梅里志》记载："邹昭伯第：在塘庄东，今宅已废，而犹有大墙门之称。"可见，大墙门即为邹昭伯的宅第，且早在1897年，邹昭伯的宅第已不见踪迹。

旧时传：先有唐庄桥，后有大墙门。可见唐庄桥街市由来已久。朝东、朝北的门面房，前面都搭有四架头落椽瓦凉棚，供摆摊、喝茶、歇脚用。商家店铺一字排开。有米行、布店、木行、棺材店、铁匠店、理发店、肉铺、茶馆、书场等。河边有轮船码头。凉棚里卖蔬菜、豆腐、鱼虾、本地土特产等。唐庄桥东北两面环水，是一个便利经商的水码头。开木行的有好几家，程姓宁波人家最大。街市木行生意是大头。河里有好多连着扎好的木排。"米蛀虫"邹志仁米行也很出名。他左手打算盘，右手记账，熟能生巧，既快又准，从无差错。周围村庄的人们，都来这里购物交易，相当长一段时间里，唐庄桥是一个热闹的街市。后来，唐庄桥逐渐冷清，传说是因为铲死了"活龙"。唐庄桥有人在桥堍下开粪坑，今天挖深了，明天又满了，接连几天都这样。这户人家就去请教阴阳先生，那个阴阳先生说不出所以然，也想不出好办法，却出了个馊主意，教他们傍晚收工时，把铁铲插在坑里不要拿起来。结果，第二天一坑血水。唐庄桥活龙之地的“活龙”被铲死了。由此，唐庄桥街市萧条冷落，商铺店面逐渐向东杨李巷一带迁徙，大墙门街市逐渐兴旺，其名声流传至今。

大墙门（传说二）

早在殷商末年，周人古公亶父（周太王）长子泰伯为让王位于弟季历及季历之子昌（周文王），以遂父愿，偕二弟仲雍由陕西来到梅里耕耘建家立业，时称荆蛮。时后数百年，荆蛮人杨氏一小伙子与李姓姑娘私订终身，因父母不允，便私奔梅里之南十余里一树林里，搭起草棚，安家落户，繁衍生息，逐渐形成村巷，取名杨李巷。女儿出走之后，她的父母日夜思念，想尽了办法，最后终于找到了女儿，心愿既了，便就在杨李巷旁的小河（唐庄河浜梢）南面定居下来。

清嘉庆年间（1796—1820年），徽州盐商遭朝廷责罚重刑，波及整个徽商，于是纷纷离家出走。有一余姓徽商携带家眷仆人迁居杨李巷，节衣缩食，靠诚信经营，贩售棉花、豆饼、丝绸之类，有了原始积累。于是，购田地、置房屋，逐渐在杨李巷的南面建造房屋居住，开店铺做生意。

随着余家数代人的努力，杨李巷已成集镇，特别是余氏大房（俗称“大余”）实力雄厚，就在集镇东首开了典当。在当时来说，当铺的建筑气势雄伟，特别是墙门头更是显赫，大得惊人，所以民间曾有“驴驮钥匙，马驮锁”之戏说。二房、三房、四房也渐成气候，余氏家族的店面房已占了整个集镇的一半（俗称“余半街”）。乡里农民凡遇手头拮据，也常到典当里去，以解燃眉之急。久而久之，附近村民见面打招呼问道：“你哪里去”？答曰：“大墙门口去”。于是叫习惯了，无形中“大墙门口”就形成了杨李巷的代名词。据传，清朝光绪年间杨李巷改名为“大墙门口”。

“大墙门口”后来成了“大墙门”也有一个说法。解放前，上海“三大亨”之一黄金荣是大墙门北面竹桥头邹家的外甥，曾开了小汽艇在大墙门口停泊上岸来竹桥头探亲。据传，蒋介石在大墙门附近茅塘桥也有一亲戚（蒋的舅妈），少年时曾来大墙门口游玩过，蒋曾写了一篇回忆文章，刊登在《申报》上，只因将“大墙门口”的“口”字漏掉了，于是“大墙门口”便成了“大墙门”。由于上述原因，大墙门的名声为此也大了起来，所以解放前的邮件只要写“沪宁线望亭大墙门镇”或“无锡南门外大墙门”就能准确无误地送到收信人手中。

2.薛典

据《梅里志》记载薛店杨氏世居。明徵士杨喭自杨墓析居于此，亦作雪典杨枞。《雪典村志》载：“元至正间，有远人雪典者流寓于此，得穴金致富。时政苛，富人惧祸，敛迹。典与相国脱脱、御史福寿有旧，独设铺质钱便乡里，继遭鼎革，饥馑频仍，典尽散赀财，活饥民无算，民咸德之，因名其村曰雪典村。”

相传元末明初，江南战乱，一天有一个满头白发的有钱人逃难到老住基，隐姓埋名居住下来，人称“雪白老人”。“雪白老人”为当地百姓做了很多善事。其一，开河造田，变十年九荒、贫瘠无收的高旱地为水稻良田。他连续多年利用农闲时发工钱招附近男劳力，在村南一大片荒旱田内开挖了三条南北走向长各有300米、“川”字形的河浜，分别取名为东浜、中浜、西浜（后称黄泥浜）。在那相对落后的农耕时代，江南农村种植水稻，只能用踏水车、牛车水或两个人用水木桶舀水来灌溉。有了这三条河浜，实实在在地解决了人们种植水稻的一大难题，“雪白老人”为当地百姓做了一件功德无量的大好事。其二，开典当，接济百姓。他在老住基西南面开了一家典当，在每年青黄不接之时，为附近穷苦百姓放粮放钱，解决人们缺钱饿肚皮等燃眉之急。由于“雪白老人”乐善好施，名声也传开了，慢慢地人们就把他的典当叫作“雪典”。

20世纪初，有一个姓薛的私塾先生到“雪典”教书，经常为当地老百姓代写书信，常常把地址写成“薛典”，同时民国时期有一个镇长也姓薛，当时的政府也就默认了这一地名——薛典。

3.白泥墩（状元坟）

白泥墩位于硕放西房生产队。传说是明洪武年间（1368—1398年），荡口有一周姓大豪绅十分信风水，他为了今后子子孙孙永远荣华富贵，一心要寻找一风水宝地建坟筑墓。历经数年，终于在境内找到了一所谓的“活龙”之地。于是动用了大量的人力、物力，在这块所谓的宝地上大兴土木，建坟筑墓，工程巨大，墓域占地20多亩，筑墓采用四周挖河，中间堆土的方式，坟的地基呈一椭圆形，结果填成了近80米高、底部800米左右周长的椭圆形锥体，墓地土墩十分雄伟。由于填上的土均来自挖河的生泥，略显白色加上常年风雨洗涮，白泥分外明显，故而取名“白泥墩”。

另一传说是，当年挖河筑坟到扫尾阶段，围墩河即将合龙。有一风水先生路过此地时，得知此地正在建坟筑墓，心生好奇，他环顾墓地四周，又用罗盘（格盘）左转右转，他大吃一惊，原来这块地风水极佳，是踏破铁鞋也找不到的一块宝地，是确确实实的“活龙宝地”。他顿生邪念，想方设法要“破”这块“活龙”之地。一方面，他买通了民工，并让他们在围墩河即将合龙时，把挖河的铁耙、铁铲、铁镐等工具深插在合龙的坝基上，千万不能拔出来。民工们得了他的好处，收工时都没带走工具，待第二天上工时，发现新挖成的围墩河的水面全是红色，一条“活龙”被铲死了，血流成河，“活龙”之地就此成了“死龙”之地。另一方面，这位风水先生偷偷摸摸在“白泥墩”的正前方约200米处，建了一座并不显眼的小坟，它抢了白泥墩的风水，他的后代发达了，并相继出了“状元”，故而后人把这座小坟叫作“状元坟”。

4.树巷里、油房里、纱巷里、花园里和长房里

明代，位于古运河畔的姓邹大户，家有良田千顷，五朝墙门，内造石桥五座，瓦屋5041间。据传，生火做饭处称“树巷里”，储存食油处为“油房里”，纺纱织布处为“纱巷里”，栽种花木处为“花园里”，长工居住处为“长房里”，号称“驴驮钥匙马驮锁，挑糠飨银十八箩”。清朝乾隆皇帝三下江南时，邹氏骇惧巡查，撒银挑土，兴筑假山，以挡门庭；翌年，邹氏犯下三条人命案，便纵火焚屋，化为灰烬。后邹氏后裔在原地另起造屋，原“树巷里”“油房里”“纱巷里”“花园里”这些名字作为自然村名沿用至今。

5.方家门前

相传南宋年间，有位祖籍河南的方姓人氏，在京都杭州为官。由于他博学多才、文武双全，深受皇帝宠爱，后身居高位。在60多岁时，经皇帝恩准告老还乡，安度晚年。受皇命，携幼带眷及下属数百人，乘13艘官船，载金银万两（传说有九缸十八瓮），浩浩荡荡沿大运河北上。数日后，船行到新安附近，天色将晚就令停船过夜，船工们拔橹插篙，靠岸带缆，丫鬟支锅做饭，共进晚餐。餐毕丫鬟洗碗，不慎将他用的金碗掉落河中，经下属打捞无果，方官员不乐。翌日，总管令船队下橹拔篙准备开船时，发现竹篙生出竹叶，于是告知方官员。方官员心想，昨晚掉落金碗，今晨竹篙生叶变活，此地定是块风水宝地，决定不回河南老家，于此安家落户。

此后，他开挖河道，在距新安东数千米外安营扎寨。开挖的河道，取名方家浜，造房建屋数百间，形成的自然村落取名方家门前。

6.朱米山

相传元朝末年，由于连年灾荒，封建政府腐败无能，民不聊生，农民起兵造反。当年朱元璋带兵在此连日作战，将士人困马乏，粮草断绝，面临绝境。当地百姓见状纷纷拿出自己仅有的粮草支援起义军，使将士得以继续作战，赢得胜利。朱元璋感动之余许下诺言：“今日赠我米面一碗，他日定报相救之恩。”朱元璋得天下后，即下旨赐大米万担，堆积如山。后因村上朱姓居多，故称“朱米山”。

且说该村百姓得到如此多的大米，就不思劳作，整日吃喝玩乐，此事被巡按禀报皇上，朱元璋是个节俭的皇帝，对此事很是为难，为报恩赐予大米实属应该，但如此铺张不是办法。此时刘伯温进言皇帝：“皇上你恩赐再多，长期下去终究要坐吃山空，不是长久之道。当地家家有小竹林，不如你赐予他们竹刀一把，让他们以竹为生吧。”朱元璋觉得言之有理，于是下旨赐每户竹刀一把。于是，该村人都以制作竹器为生，历代相传。

7.其他自然村地名

里新村的龙眼里：自古有条小河，水清澈，形似龙，村舍位于“龙头”处，宛如画龙点睛，故称龙眼里。

西典巷村的大家桥：相传张同沟畔有座桥，因沟淤桥塌，由全村各户出资，于遗址重建石桥，故有“先有张同桥，后有大家桥”之说。

西典巷村的陆贤桥：系六位贤人资助营造，故称陆贤桥。

硕放村的龙潭湾：传说古代有条巨龙，自天而降，始成一潭，故而取名龙潭湾。

王家桥村的王家桥：宋朝年间，景云乡与北泰伯乡一河之隔，河面搭桥，两乡之界取名横界桥。“横界”与“王家”，吴语同音，系后人叫别成王家桥。

王家桥村的白水井：传说古时，有一条小白龙来此取水，尾巴一甩，形成一个水潭，潭中之水，取之不尽，用之不竭，故取名白水井。

溇金村的朱败六：早先，村上有一种田大户，姓朱名培禄，收租放债，颇有权势。是年，霍乱流行，暴尸遍地，十户中有九户姓朱的人家绝代，当地村民戏称朱培禄为朱败落，后又改成朱败六。

二、老桥传闻

1.杨墓世家桥

位于溇金村新泾河上，是明代建筑的一座古桥。据传，“世家桥”是活龙之地。传说杨姓人居住在新泾河西，而墓地全在河东，居住地河上无桥，一旦出丧，棺木需借远处新泾河上其他桥过河，为此曾受到邻近街坊的讥讽，出言不逊说“杨氏家族连一座桥都建不起”。后传杨氏家族中有一乡绅叫杨乡农，个人出资，并向族人募捐，建起一座古式石拱桥，以解决墓葬便利，也予人出行方便。故桥名特加“杨墓”两字，更名为“杨墓世家桥”。

2.鳌塔桥

鳌塔桥建于明末清初，太平天国时重建。据传，境内赵家桥河内曾有一条怪鱼，龙头鱼身，人称“鳌鱼”。“鳌鱼”在河里兴风作浪，呼风唤雨，危害百姓，当地百姓生活不安宁。为镇妖，当地官员、绅士及百姓捐资，建造石曲拱桥一座，取名鳌塔桥。桥身全部用金山石砌成，桥洞成环筒形。在桥面中央造六角形石塔一座，直径1米，高1.5米，并有道士颂“镇妖经”万卷，以此降服妖鱼。桥建成后，“鳌鱼”被驱走，四周百姓生活安宁。

3.许卖桥

很久以前，有一个姓许的商人，做卖布的生意，主要是兜售手工粗布，整日里穿村走巷，生意也做得不错，方圆几十里地的村民都叫他“许卖布”。有一天，他多走了几个村庄而忘了时间，一看太阳已经西沉，原路返回为时已晚，于是他就想着抄近路回家。他看看方位，做了判断，而后直奔东南方向而去，到了后来称为“许卖”的这个地方，当时是一个只有几户人家的小村落，没有村名。他只顾赶路回家，却不料一条宽阔的唐庄河横在面前，左右找不到过河的船只。一打听才知道，周围五里都没有桥，也没有摆渡的船只，无法过河。“许卖布”只能借宿此村，在一户朱姓人家住了一夜。这朱姓人家热情款待，照顾得相当不错。第二天早上，他觉得这户人家挺客气又朴实，是个厚道人家，于是就提出要租住下来，作为自己做生意的落脚点。老东家看“许卖布”也是一个老实本分的生意人，就同意了。

过了一些年头，“许卖布”赚了钱，就在河面上造了一座石桥，方便了自己也方便了路人。人们为了感谢他，决定将此桥取名为“许卖布桥”。后人又因为叫起来拗口，又把一个“布”字省去了，直呼“许卖桥”。后来，许卖自然村也因此得名。

4.朱郎桥

据传，桥是姓朱的郎中（中医药师）所建，未取桥名，人们都称其为朱郎中桥，慢慢叫顺口，就习惯称之“朱郎桥”。桥北以东约100米处，有一块水田叫“郎中住基”，相传是朱郎中的住宅遗址。朱郎桥自然村由此得名。

三、坟墓传闻

1.三宝坟

明朝，有一邹姓大将军于一次出征中战死疆场，首级也被敌人掳去，只运回一具无头尸。于是家人只好铸了一只金头颅配上，请来风水先生，择定在吴三房、张干坝、殷家桥三个村巷的交界处围地72.5亩造坟。坟墓坐北朝南，坟南面前有一条人工开挖的东西向河浜，成为罩河(因为在当时上规模的坟前都有一条河围住坟东西两边，使坟成为活龙宝地)。堆土坟有丈许高，坟面上青石月围，置有石板、石凳、石马等，中间设有石台，供上香祭拜之用。墓穴里，楠木棺材外加两层石套，下填峰块石（石块有一张半条凳长，宽一米左右，尺把厚)。传说坟内藏有三件宝贝，一件是金蜘蛛，虽说蜘蛛不大，但吐出的丝一直连到南阳山；一件是金鸡，每天早晚二啼分秒不误；一件是金乌龟，每天地晦暝辄出呜呜之声。说的真、听的神，附近村妇清晨起来倾耳细听，隐隐约约有其音。故名三宝坟。

2.姚轩坟

明代，有一个姓邹的放牛人，小名叫勒瑟阿四。一天傍晚放牛回去路上，看见一条蛇（火赤链）和一只野鸡在草丛中斗得不可开交。勒瑟阿四听人说过，此状为“龙凤呈祥”，认为这地下一定有宝贝，是块风水宝地，才会出现如此状况。于是他把牛拴在树上，捉住了野鸡和蛇，脱下外裤把蛇和野鸡分放在两只裤脚管里，并扎紧带回家。

第二天，他到蛇鸡相斗的地方用铁锹挖掘，果然挖出一样宝贝“华秒”(似划船的桨)。勒瑟阿四就成了当地的大财主。皇帝知道后向勒瑟阿四借“华秒”。民间“皇帝还要借华秒”的说法就是这个典故。勒瑟阿四不答应，皇帝大怒，派人把勒瑟阿四捉到京城，以“私藏国宝”的罪名杀了。人头挂在城门口示众，勒瑟阿四家人只拿回一具无头尸体，请金匠依样为他做了金头颅入葬。为防盗墓，又为他做了三座坟，姚轩坟、邹魁坟、三宝坟。让人看不出哪个坟是勒瑟阿四的葬身之地。

在开挖墓地罩河的时候，勒瑟阿四后人请风水先生选定地段。但是，雇用的挖河人今天挖深了，明天仍然和未挖一样，河里泥土又满了，一连几天都这样，总是挖不深。挖河人就去请问风水先生，风水先生原本对东家招待有怨气，非常不满意，但又说不出。因此乘机对挖河人说：今晚收工时，你们把锄头铁锹都坌在土中，不要拿起来，空身回去好了。挖河人照此做了。第二天，挖过的河中一池血水。人们都说，铁锹插在河中，把河下的一条活龙给铲死了。因此，姚轩坟的罩河没开成功。

姚轩坟坐北朝南，坟前和左首有一条分汊河浜。姚轩坟有前后两座堆高的墓地“假山”。前（东）假山规格较高，有进入的墓道，两边分置石人石马。

姚轩坟名扬硕放，乃至苏锡。姚轩坟开出“金骷髅头”传得沸沸扬扬，真容谁也没有见到。人们从四面八方涌到姚轩坟，都想一探真假。“姚轩坟”大名由此传开。

3.九凰坟

九凰坟位于北宅浜东、桥角里自然村境内。原占地5余亩，后部分被开垦成桑田、水田。此处常年松柏蔽日，静谧凉爽。盛夏时分，常有田间干活的村民在此歇息。据传，此坟原属一黄姓的大户，其祖上曾有人朝廷为官。民国初期，该户人家办丧事，下葬时，翻开寿穴石板，竟飞出八只凤凰，还有一只被石板压伤。由此，名为“九凰坟”。

4.中书坟

中书坟位于朱郎桥东边，河北百米。坟的平面呈“品”字形，朝向东南，“品”字下两口比上口各长出约15米，占地10亩左右，后面有2米多高，前面略低平。坟的后身用乱石围砌成矮墙，称后假山。“品”形正中用乱石砌成圆形低墙坟圈，民国时期倒塌，仅剩石基。坟周遍植松树，历经年代后松树高大参天。人们要走到中书坟去，必须过桥又转弯，故习惯称此地为“松坟湾”。

1964年，农田灌溉做明渠，渠道必须横穿中书坟。南京市博物馆派出专家两人指导开挖中书坟。平掉坟头堆土深及一米后，露出“筑沙坑”。砸开筑沙坑见一对石棺，撬开石棺见套材，打开套材便是生漆拉花楠木大棺材。两口楠木棺材开出来，其中男尸大部分腐烂，女尸尚完好，浮在棺液中。棺材中没有金银玉器和其他陪葬品。南京市博物馆研究员邹厚本考证后得出结论，墓里男主人是县衙里的文职当差，也就是“文书”一类，但不知是哪方人氏。传说他毛笔书法很有功力，在任时声望俱佳，知县既信任又赏识，关系亲密。去世后，经知县呈请，封了个“中书”虚衔。

四、其他传说

1.三官堂

三官堂位于丰乐桥北桥堍西约50米，坐北朝南，距运河10米左右。厅上有罗木将军塑像，一把青龙偃月刀插于刀架。传说罗木将军镇守龙门闸，为望虞河一带百姓保平安。当地百姓感恩于他，为他立堂祭祀。元末明初，浩瀚的太湖水岸边长满了芦苇，这无边无际的芦苇成了强盗藏身之地。罗木大将在沙墩港口建造一鸿门闸，并亲自坐镇此闸。自罗木将军镇守鸿门闸后，强盗抢劫事件已基本绝迹。将军保了一方平安。当地百姓为了纪念这位为百姓保平安之将，专为他设堂塑像，并把三观寺院改名“三官堂”。清朝时的三官堂曾改为随礼堂。“随礼”两字有多种解释，其中比较确切的意思是“相信意愿没变”。

每年农历正月二十、八月二十一是丰乐桥（北桥）周围村庄人游北桥日子。传说正月二十是罗木将军生日，八月二十一是他夫人的生日。农历正月十九晚，八月二十晚，绛湾里自然村村民把罗木将军塑像抬到早已搭好的三间“木园堂”中，点上香烛，放上供品。并专请和尚为罗木将军“待佛”（宴请神灵来喝酒、看戏曲、听颂歌），时间将近一夜。马戏团、卖拳头等小商小贩，在游北桥两天前，摇着小船赶到丰乐桥地段，把船泊在篦箕荡北岸，抢好场子，等待第二天游人到来好做生意。正日那天早晨，四周百姓涌向丰乐桥（北桥），人山人海，热闹非凡，直至晚上结束。晚上，罗木大将军又由人从“木园堂”抬入三官堂。

2.容易亭

大许巷村伪保长许全生，因长期吃白粉，咽喉处发生溃烂，得了烂淤痧病，到望亭李之易诊所看病。李之易认为是吃白粉得病，为其打针，不料一针下去，许全生浑身发抖，没了性命。许家族认为是误诊致死，通过交涉，李之易为了求得许全生家族宽容，在距大许巷村前300米处建造亭子，取名容易亭。容易亭周围300米无村，解放前那里坟地多，比较荒凉，有了亭子，遇到雷阵雨天气，过路人到亭里躲雨，百姓在农田里干活，累了到亭子里休息一会儿，方便群众。至1978年，经风雨侵袭而倒塌。

3.召王石

早前，墙西乡潭子泾自然村朱仲熙家有一块“召王石”。朱仲熙因为不知石头来历，凑巧自家后面河边要打石驳岸，就把召王石当普通石头一样砌入驳岸。历史上，每年黄梅雨发水季节，不知为何，河里的鲶鱼特别多，在排水沟落水口河面聚集，人们只要用竹簸箕就可捞到鱼，而且捞到的全是鲶鱼，没别的鱼。传说鲶鱼是来朝拜召王石的。这种状况一直延续到1954年建造机场。听说，曾有江西人到此觅宝。江西人慧眼识宝，他们看出朱仲熙建造的驳岸里有块不同寻常的召王石，便向朱仲熙开口诚意买下。朱仲熙由此也看出了召王石的名贵，虽然貌不惊人却是块“灵石”，如果一旦出卖可能坏了风水，招来灾祸，就以撬出石头驳岸会坍的理由，拒绝卖石。建造机场时，潭子泾全部搬迁。朱仲熙的驳岸在平地填河过程中，推土机连土带石一并推入河中，召王石从此不见天日，不再显“灵”。那条潭子泾连接陆家桥的河浜里，就再也没有了鲶鱼的踪迹。

4.李中末的“聚宝盆”

元朝末年，蠡河畔有一财主李中末，率家丁数名，航船到外地做买卖不如意，回家路上却捞到了一只氽在水面上的石猪食槽。当时李中末在打捞时就想：石头怎会氽，可能是宝。回家后便放在猪圈里，过了几天，一家丁偶尔发现倒在猪食槽里的食物变得多了。李中末得知后急忙前去察看，果然如此，便自己偷偷把猪食槽移到内房，每天往里放少许白米让它长，就这样日积月累，李家的白米藏了一间又一间。后来李中末又不满足了，在猪食槽里改放金银元宝，从此李家靠了这只“聚宝盆”发了大财，成了闻名遐迩的大财主。李中末自诩：“家有房屋几千间，驴驮钥匙马驮锁，有啥年子饿着我。”

到了明朝，南京城东门处城墙经常倒塌，朱元璋闻得李中末有一“聚宝盆”，便要借宝。李惧于皇帝开金口不得不借，但要皇帝定一个还期。朱元璋说：“南京城打五更钟便还你。”李中末早知南京城从来只有打四更钟，朱元璋说打五更钟便是骗他。后李中末心有不甘，以下犯上，发配充军。临走前，李中末对着一座家桥喟叹：“桥啊，桥啊，此番我李中末若一去不返，你就塌吧。”好几年过去，李中末再没有回来，其间家产被抄，桥也塌了。

5.叫花子死嘞丰乐桥——两头勿管

由于丰乐桥造在无锡金匮县和苏州吴县的交界处。两县的县令根据桥的位置商定桥南面的运河段由吴县管，桥北面的运河段由金匮县管；桥的东岸段由吴县管，桥的西岸段由金匮县管，就是没有商洽到桥上或桥下发生的事由谁来管。有一年冬天，金匮、吴县一带下了大雪，在极其寒冷的冰天雪地里，有两个叫花子饿着肚子由桥南向桥北走去，因为丰乐桥高，一级一级的石级很多，两个叫花子只能伏下身子，在雪地里十分艰难地爬到桥面上去，他们还没有爬到桥面的最高处，冻僵的四肢已经动弹不得，两人一前一后地冻死在桥面上。第二天早晨，过桥的行人看到桥面上有两具冻僵的死尸，便报告金匮县和吴县的当地两乡，两乡接报后都派了公差到桥上去勘察，但见两个叫花子已僵死在桥面上，两乡的公差都认为桥面上的事不在自己管辖的范围，便各自抽身回去报告了乡长，两乡乡长也均没有理会此事。

叫花子横尸桥面无人理涉的事情很快地闹到了两个县的县衙，两县县令也都亲自前往勘验，一到现场，两县县令都认为丰乐桥桥面上的事情均不在自己的管辖范围内，便打道回府了。就这样叫花子横尸桥面竟有七八天之久，到后来还是桥两边的老百姓实在看不下去了，把靠在金匮县一面的死尸葬在当地的桥堍边，靠吴县一面死尸葬在当地一边的桥堍边，此事才算了结。但是叫花子死嘞丰乐桥，金匮、吴县两不管的事情在当地传开，并留下了“叫花子死嘞丰乐桥——两头勿管”这句带有浓厚地方色彩的歇后语，在境内流传甚广，至今仍在相传。

6.阿奶渡桥的传闻

清康熙年间（1662—1722年），蠡河北的泰伯乡陆浇烛巷（新农村陆更上）有位姓陆的村民，有事要摆渡前往蠡南，他匆匆来到渡口，上了船行到河中央，摆渡人向他索取摆渡钱。姓陆的因出门匆忙忘了带钱，他反复同渡工商量，过几天还钱。但摆渡人一口拒绝。一定要让他付清了摆渡费，才肯把他摆到对岸。因为姓陆的人确实付不出摆渡钱，摆渡人竟把船返还北岸，把他从船上赶上岸。并对他说：“有钱摆渡，无钱请回。”

姓陆的上了岸，气愤至极，心想摆渡人实在欺人太甚！于是临河发誓：“我总有一天让你摆不了渡！”

姓陆的回到家里，把自己的遭遇和誓言告诉了家里和村上的人。大家对他深表同情，同时支持他通过募捐在此渡口建造一座桥梁方便过河的穷人。

没过几天，姓陆的真的削发为僧，并为自己取了个法号，名叫悟尘。为了筹集建桥资金，他告别了家人，云游四方募捐。经过多年的艰辛奔波、风餐露宿，终于募捐到一笔足够建桥的资金。接着，他选了个黄道吉日，请一批造桥工匠在阿奶渡口破土动工。四乡八邻听说在此建桥，都纷纷前来援助，地方官府也大力支持。大家齐心协力，有钱出钱、有力出力。通过几个月的努力，于清康熙六十一年（1722年）端午节，悟尘终于在阿奶渡口架起一座高大的石拱桥，这就是阿奶渡桥。

竣工那天，附近村上的人都扶老携幼前来观看祝贺。悟尘为了答谢那些施主，特地举办一场完工酒席。席间，大家欢欣鼓舞、热闹非凡。悟尘也特别高兴，一则为大家办了一件好事，二则实现了当年的誓言。告诫今后势利小人别看不起穷人。他越想越高兴，最后竟大笑圆寂而去。士人吴宪德，是年端午日，悟尘上人募建阿奶渡桥落成，喜而作诗曰："湖波浩渺久无梁，驱石谁能济此乡。鹊架三秋云四合，飞虹一道水中央。暂将开士浮杯涉，顿免行人唤渡忙。喜极正堪酬令节，红榴花下醉蒲觞。"

第三十四章

宗祠家谱

明清时代，境内民间祠堂建筑发展迅速，各姓氏都依靠族人的地位和实力建造不同规模的祠堂，高档的祠堂建筑多为雕梁画栋，匾额楹联的大字均为镏金的，氏族中出进士、举人的一般都在祠堂前广场上竖有旗杆石。祠堂中除供奉列祖列宗牌位外，还有供桌、餐具、器皿等祭祀用具。中华人民共和国成立前，境内有曹氏、翁氏、顾氏、钱氏、杨氏等祠堂15处，还有在惠山祠堂群及外乡镇的邹氏、吴氏、刘氏、陆氏、朱氏等祠堂10处。

中华人民共和国成立后，境内家谱续修一度停止。2008年起，境内一些氏族中有名望的有识之士慷慨解囊，组织续修家谱工作。续修过程中，每个家庭中的男女均可入谱，并新增名人照片和相关图表以及推陈出新的内容，反映了鲜明的时代特色。至2013年，境内已完工和续修中的不同氏族的家谱共有13部。

第一节　宗　祠

宗族家祠，是一个氏族的象征，是族人祭祀祖先或先贤的场所，也是族长行使族权的地方。一个氏族繁盛后，都把筹建或扩建祠堂（包括公堂）作为族人的一件大事。经收集整理，解放前涉及境内姓氏宗族有史记载的大小祠堂有25处。

一、祠堂布局

祠堂建制并无明文规定，规模也有大有小，其建筑为数开、数进宫殿式建筑，大部分采用轴线对称布局。境内稍有规模的祠堂院落为三进或四进建筑，由大门、仪门、享堂、寝堂、走廊、陪弄、厢房、庭院等建筑构成。享堂是祠堂的正厅，又称祭厅，是举行祭祀仪式或宗族议事之所，其规模最大、用材最考究、装饰最华丽。寝堂为安放祖先神位或画像之所，在建筑的后部均设有神龛。

硕放姓氏宗族祠堂一览表

表 34-1

宗祠姓氏	堂号	坐落	始建年代	修缮年代	现状
曹氏	昭嗣堂	里新村曹家门前	明嘉靖七年（1528年）	1997—2008年	完好
翁氏	敦厚堂	薛典村翁家里	清光绪十七年（1891年）	—	已拆除
顾氏	亲仁堂	西典巷村西典巷	清乾隆年间（1736—1796年）	民国14年（1925年）	已拆除
钱氏	锦树堂	墙南村老庙下	明中后期	—	已拆除
杨氏	天乐堂	溇金村溇上	不详	—	已拆除
黄氏	不详	杨家湾村硕望桥	明末	—	已拆除
张氏	孝友堂	红力村小章家桥	不详	—	已拆除
方氏	不详	塔西村方家门前	南宋	—	已拆除

续表 34-1

宗祠姓氏	堂号	坐落	始建年代	修缮年代	现状
尤氏	遂初堂	红力村尤甲里	不详	—	已拆除
俞氏	不详	黄家门村俞尚坟	不详	—	已拆除
凌氏	不详	墙北村蔡更上	不详	—	已拆除
杨氏	不详	薛典村薛东	不详	—	已拆除
邹氏	不详	墙北村竹桥头	不详	—	已拆除
黄氏	不详	建丰村坝头	明末	—	已拆除
邹氏	不详	中华庄村中华庄	不详	1946年	已拆除
邹氏	敦叙堂	惠山邹忠公祠	明万历年末	清乾隆二十四年（1759年）	完好
吴氏	至德堂	惠山祠堂群	东汉永兴	—	完好
刘氏	永思堂	惠山祠堂群	明初	清乾隆二十六年（1761年）	完好
陆氏	仰贤堂	惠山绣嶂街	南宋绍兴五年（1135年）	2009年	完好
马氏	忠孝堂	惠山直街	清顺治二年（1645年）	清光绪二十六年（1900年）	完好
朱氏	听隶堂	白丹山紫阳观	明永乐十五年（1417年）	明正统七年（1442年）	完好
李氏	雍穆堂	洛社	不详	2012年5月	完好
唐氏	敬爱堂	前洲	不详	—	待修
蒋氏	一梅堂	宜兴周村	清顺治乙亥年（1658年）	清乾隆乙丑年（1769年）	完好
施氏	麟庆堂	上海崇明	不详	—	不详

二、祠堂活动

祠堂中举行的最隆重仪式是对祖宗的祭祀。祭祀活动通常由宗族族长或有权势人主持，祭祀的费用多为祠田族产收入，也有族人自愿赞助。宗族在每年春、夏、秋、冬举行四时祭祀，有的宗族举行春、秋两祭，有的宗族只举行春祭。遇到子孙科举、晋升官爵、朝廷恩荣赏赐，也可开祠堂特祭。祭前洒扫祠堂，以照诚敬。祠堂祭祀有相应规定，逢清明节可在前三天择晴天祭祀，先到祠堂祭祖，然后各自到祖先墓地祭扫。冬至日则风雨无阻，不得改日。祠堂中的神龛供奉祖宗长生牌位或画像，祭祖均按氏族先祖规定的规则进行，并有明确分工，有主祭人、分祭人、司赞、司祝、司爵、司筵、纠仪等执事人员，分别负责主持、司仪、读颂词、管祭品、纠察纪律等。到时族众咸集、热闹非凡。在祭祀日，全族成年男子都应参祭。族众于祭日的清晨务必风雨毕集，不得迟到。参祭者必须身着礼服、衣冠整肃，不得蓬头赤足或身着短衣小帽。祭祖的原则是“必丰、必洁、必诚、必敬”。其中最根本的是“敬”，就是对冥冥之中的祖先必存敬畏，虔诚信奉，“事死如事生”。凡年满16周岁的男丁吃过祠堂酒就标志着步入成年人的行列。另外，每年族内重大的喜庆活动，往往是好戏连台。

祠堂也是惩处违背族规家法者（俗称“开祠堂”）的场所。如族人遇天灾人祸，一时无住所，可暂时搬到祠堂居住。有的祠堂还开展助学育才，奖励学子，宣讲学教礼法，讨论族中重大兴革事宜等活动。中华人民共和国成立后，祠堂大多数改成学校或移作他用，祠堂活动一度销声匿迹。随着国家宗教政策的不断完善，人们生活水平不断提高，传统文化习俗得以恢复，有些宗族祠堂又进行祭祖活动。

第二节　祠堂选介

一、曹氏祠堂

位于里新村曹家门前，堂号为昭嗣堂。祠堂为明嘉靖七年（1528年）进士曹察所建，距今有485年的历史。其建造布局仿照紫禁城，四周挖围河，占地百余亩。两旁开河向南延伸，直通蠡河（东南为庄里浜，西南为外浜），引进蠡河（望虞河）水，形成活水环流，被称为活龙之地。祠堂建筑风格仿宫殿式建筑，南大门建石门框，砖雕大墙门头，两旁放置1.5米见方的旗杆石（据传，每逢曹家喜庆即升旗以示荣耀）。墙门头上方有砖雕横匾“让里世家”，寓意是曹家世代的家训——忍让谦让，告诫族人宠辱不惊、忍让谦让的深刻哲理。宅第中的大厅为坐中朝南，建筑精美，面阔五间，进深十一架，硬山顶，全部采用粗壮金丝楠木建成，门面落地长窗，高大门槛，做工精细，雨青石台阶整块磨滑，雕梁画栋，彩绘贴金，工艺绝称。正厅抱柱联为“泰山乔岳以立身明镜止水以存心，青天白日以应事光风霁月以待人”。厅前院墙建造精细，砖雕飞禽走兽，栩栩如生。大厅后门有青石柱牌楼，两旁有青石狮子一对，风格非凡。清乾隆十三年（1748年），曹察裔孙将宅第改为家祠。整个祠堂保存完整，是典型的明代建筑——金丝楠木厅，对研究明代建筑具有较高价值。民国22年（1933年），当地在香楠厅办起县公立小学。1966年该厅遭受严重破坏，一些有价值的匾额和设施从此毁灭。

20世纪90年代中后期，镇政府出资10万元对昭嗣堂进行抢救性修缮。2005年，政府又筹措2000多万元进行大规模的整修和内设布置，为世人重新展示昭嗣堂的原貌。

二、翁氏祠堂

清光绪十七年（1891年），翁氏族长翁福先会聚翁姓族人，商请常熟族亲翁同龢一起筹资，在薛典镇翁家里西建造占地面积3亩的翁氏宗祠，翁同龢亲笔题写堂号——敦厚堂。祠堂为砖木结构，前后二进五开间门面，左右都有厢房备弄。天井中间走道用砖侧砌成高扁圆形。前排正间前后砌有高耸的墙门头，前挂“翁氏宗祠”金字匾额。后有“承前裕后”匾额，以水磨方砖砖雕而成，周边还有戏文雕花。正间前门为黑色木栅栏，门前一对石狮威武肃穆，后门两扇厚重的杉木和合大门甚为气派。整栋建筑还有2米宽的弓椽反轩相连，宽敞优雅。祠堂前，有一片约1.5亩的砖场，场西北有水井一口，供水饮用。场东南筑有土高墩，周边种有六棵松柏大树，环境洁幽。清光绪二十九年（1903年），翁福先再次发动翁姓家属，筹资在老祠堂东南部，圈地建造新祠堂，其面积、结构、格调都跟老祠堂相仿。解放后，翁氏老祠堂被地方政府征作粮库之用。土地改革时，新祠堂分给贫雇农居住。1971年，粮库搬迁拆除，祠堂随之消失。

三、顾氏祠堂

位于西典巷村西典巷自然村。由顾氏沿河支顾敷公创建于清乾隆年间，堂号亲仁堂，占地面积2.4亩。宗祠房屋为三进两厢房，五开间门面，顾氏宗祠沿河有石驳岸。正中间两侧有一对石狮子，东首一间为王姓祠丁居住。第一进房屋后是个大天井，两边各有厢房。第二进是三间大厅，惟祀二公先祖，左右各有次间，祀各支木主。后面又是天井，第三进一排五间，主要放置各支木主。民国7年（1918年），南河顾氏开始修缮扩建宗祠，先后由凤丹、杨烈负责。民国13年（1924年），由顾春堂在祠堂内办起公立西典初级小学，顾姓子孙免费入学，福荫子嗣。抗日战争时期，曾成为新四军的联络点。20世纪60年代也曾作为大队办公驻地。2003年，已有250余年历史的西典顾氏宗祠被拆除。

顾氏宗祠手绘图

四、钱氏宗祠

位于墙南村老庙下南头自然村。明朝中后期建造，是以庙下为主的钱姓祠堂，堂号锦树堂。祠堂坐北朝南，三开间三进，第一进为三个单间，中间门楣上方挂有“钱氏宗祠”金字匾额，大门两侧有一对圆形青石兽，石兽间后背有可以上装下卸的高门槛。第二、第三进之间东西各有厢房，东小西大。后大厅两山墙外连接西厢有一条陪弄。钱氏宗祠是供钱氏宗族祭祀议事活动的场所，供奉钱氏祖先长生牌位，设有香案供桌，还可停放“寿材”，备有一架“老庙下”救火会撳压式木桶水龙。1941年，宋更上钱福林以“宗教道义会”名义在祠内牵头举办“新学堂”。1969年，祠堂二进拆除，翻建为二进平屋校舍，祠堂随之消失。

第三节　族规家训

每个氏族都制定相关族规家训，作为制约家族、训饬子弟的法规，令族内子弟严格遵守执行，其内容为劝世歌、治家格言、处世纲要等。虽说族规家训有其封建糟粕，但它弘扬民族美德以及和谐相处的精神至今仍有借鉴与启迪意义，使人们以忠厚孝悌做人处世，以温良恭俭待人接物，以坚韧拼搏成就事业。部分宗族的族规家训选辑如下：

一、邹氏族规家训

尽孝悌、敦和睦、肃祭祀、端蒙养、培斯文、勤职业、戒犍讼、禁斗狠。二十而冠，礼固有仪；十五而冠，义亦从宜。未冠则概以童子之品目，既冠则责以成人之作为。吾自汝总角，爰适今兹，听汝言而察汝质，必能卓然建立，称吾所期，方吾窜岭表也。

二、顾氏族规家训

族规：敦孝悌、慎祭祀、端品行、勤读书、肃管箴、重师傅、力稼穑、择交游、睦宗族、和妯娌、戒赌博、遏邪淫、毋骄奢、恤贫乏、勿酗酒、宽婢仆。

家训：一曰仁、二曰忠、三曰慈、四曰孝、五曰恭、六曰和、七曰柔、八曰礼、九曰信、十曰敬、十一曰爱、十二曰尊。

三、刘氏族规家训

宗规：敦族宜、正名分、立人品、务本业、谨祭祀。

家训：忠君上、孝父母、别夫妇、友兄弟、信朋友、睦宗族、和乡党、重耕读、立名节、慎交友、息争讼、习勤俭、戒奸淫、戒嫖赌、赈贫穷、防盗贼。

四、蒋氏族规家训

夫国家者，国与家耳；有国乃有家，有家方成国。夫家谱者，尤国史也；俾木本水源，代代可考也。祖公崇德，历历可稽。尊祖敬宗，惟祠宇为先；敦本睦族，以谱牒为最。祠能安祖，赖以祭祀；谱能别尊，卑辨昭穆。

五、李氏族规家训

族规：忠孝礼仪、至善至孝、昭信纪实、重本笃亲。

家训：激励、承前、发扬、治国。

六、吴氏族规家训

族规：奉祖先、孝父母、和兄弟、睦宗族、和乡邻、教子弟、戒习染、奖名节、慎婚嫁、急赋税。祖训：忠君亲上以报国恩，孝亲敬长以笃人伦。尊祖敬宗以溯源本，教子训弟以守典型。兄友弟恭以重手足，夫义归顺以正家道。敬老慈幼以睦宗族，尊师重道以培书香。崇正黜邪以端学术，持廉立节以敦品行。力耕勤织以趋本务，作工商以正事业。致敬尽诚以奉祭祀，急公奉上以完钱粮。安分守纪以保身家，忍愤思维以释怨仇。周贫恤乏以厚族谊，好义行善以绵世德。积善余庆，不善余殃。用期后嗣，俾炽而昌。因垂家训，教以义方。凡我子孙，不愆不忘。

家训：信义、忠贞、贤德、必诚、必敬。

七、陆氏族规家训

正心、改过、重文、明道、择友、惜阴、保身、修德、小心、读经、诚笃、性释。并有“三好三必”：男子好吃者必贪，女子好吃者必淫，男女好乐者必殃。

八、朱氏族规家训

“三要三不要”：要顺父母、要端心术、要饰容体；有势不可使、有勇不可使、奸诈不可使。

九、马氏族规家训

大丈夫立志，穷且益坚，老当益壮。致富积财之人，贵在能够赈济困贫。为国尽忠，殒命疆场，马革裹尸，不死床箦。

十、钱氏族规家训

族规：乡约当遵、祠墓当展、族类当辨、宗族当睦、闺门当肃、蒙养当豫、姻里当厚、职业当勤、赋役当供、争讼为止、节俭当崇、守望当严、邪巫当禁、四礼当行。

家训：个人一正心、二修身、三谨慎、四谦和、五忍耐、六诚实、七坚决、八好学、九克己、十择业。家庭一孝敬、二和睦、三嫁娶、四祖先、五宗族、六教育、七勤俭、八秩序、九破迷、十佣仆。社会一信义、二慷慨、三公益、四交友、五办事、六乡邻。国家一爱国、二守法、三纳税、四奉公。

第四节　姓氏分布

姓氏的起源、发展、演变历史悠久，它是以本家族子孙一代一代血缘之躯环环紧扣的生命链条，是血脉贯通宗族相连的一条永世割不断的血缘纽带。2013年底，硕放境内共有姓氏277个。谨此记述当地分布较广的邹、顾、杨、朱、王等姓氏。

邹　境内邹姓主要分布在中华庄的安桥、翻扒头、华庄，墙西的东轩坟、唐庄村，墙北的竹桥头、邹家里、蔡家桥，安桥的周典巷、南庄、安桥头，塔西的油房里、西四房、外头三房、树巷里、浜斗上、花园里、长房里，红光的张干坝、吴三房、殷家桥，硕放的西房、马家湾，西典巷的小桥头、陆贤桥等自然村。

顾　境内顾姓主要分布在墙南的老二房、小房上，墙北的堰田下，西典巷的大家桥、庄里、徐家湾、西典巷、田里四房，硕放的陆房湾、园上，杨家湾的堰头上，红光的居更上、旺二房桥、陆家桥，黄家门的顾家湾等自然村。

杨　境内杨姓主要分布在墙门的庵西海、小典巷、黄金沙、大河头、东街、南街、西街、坝前、坝后，薛典的老住基、杨更上、薛典，里新的杨家里、双车湾，里河的杨家里，安桥的杨家渡，杨家湾村的杨家湾，墙北的杨家里，中华庄的前华庄、中华庄、后华庄，溇金的世家桥、溇上、井头等自然村。

朱　境内朱姓主要分布在墙南的朱家浜，墙西的叶家弄口，新农的桥头、姚更上，里河的田堵里，西典巷的西墙门、朱更上，建新的小朱家里、沿塘朱家里，秦村的朱米山，溇金的朱败六等自然村。

王　境内王姓主要分布在墙南的川桥头、旺家浜，里新的西浜，里河的王家里，安桥的角里，建新的王家里，塔西的河东湾、旺家沿，红光的张更上、长田岸、田舍桥等自然村。

吴　境内吴姓主要分布在薛典的吴家店；墙北的吴家桥、吴更上，孙典桥的柘茶上、朱家里、孙典桥、西香湾、堰里，新农的南河头、西沿上、杨沙浜，里新的双车湾，红光的吴家湾、袁更上、吴三房等自然村。

黄 境内黄姓主要分布在黄家门的黄家门前，杨家湾的硕望桥，红光的长浜绛，秦村的北宅、象斗树下、杨家湾、陈家桥、施方园、东堰湾，建丰的黄贵桥、桥角里、坝头、黄更上、南五房，硕放的项家浜等自然村。

周 境内周姓主要分布在薛典的周家园、周纪章，墙北的周家湾、过命桥，新农的南河头、丁更上，安桥的周典巷、蔡家里，黄家门的坟塘桥、周家角，硕放的钱更上、西马家湾，秦村的何四房、沈典巷，溇金的坝东、周三房，建丰的旺市桥等自然村。

张 境内张姓主要分布在薛典的张家湾，红力的张更上、小章家桥，红光的张更上，溇金的张更上、张修船，中华庄的张牛皮、张更上等自然村。

曹 境内曹姓主要分布在里新的庄里、曹家门前、龙眼里、西庄，里河的曹家里、毛更上、河浜上、东河头，安桥的周典巷，秦村的沈典巷、曹家里，溇金的小大房、华家里、曹家湾等自然村。

陆 境内陆姓主要分布在薛典的陆更上，新农的胡更上、沿里庄、陆更上，里河的小陆更上，王家桥的鸭船上，秦村的朱米山，溇金的陆家湾，墙西的陆家桥，安桥的陆更上等自然村。

钱 境内钱姓主要分布在墙门的钱家桥、梅家里，墙南的庙下、宋更上、沿河、南头，墙北的查家桥，硕放的钱更上，杨家湾的钱家湾，王家桥的枫外桥、建丰的大河头、螺蛳浜，溇金的外场桥等自然村。

徐 境内徐姓主要分布在墙南的安上，墙北的石子街，里新的田里四房、旺家沿，黄家门的西码头，西典巷的马头湾，建新的河南，红光的徐更上、徐家沿、竺祥庵，建丰的薛更上等自然村。

陈 境内陈姓主要分布在墙南的朱家浜，孙典桥的陈家沿，黄家门的陈德屋，硕放的钱更上，杨家湾的陈家里，建新的大庙上，王家桥的陈家里、凌家里，红力的陈甲里，秦村的陈家桥等自然村。

沈 境内沈姓主要分布在墙北的沈更上、竹桥头，新农的西沿上，硕放的沈家里、沈巷上，王家桥的小大房湾、西沈巷、南房湾、小园里、东沈巷，红力的张更上，秦村的沈典巷，建丰的沈家里等自然村。

华 境内华姓主要分布在安桥的华更上，黄家门的华家里，杨家湾的赵家桥，塔西的潘更上，溇金的华家里、杨树坝、南小园等自然村。

李 境内李姓主要分布在薛典的吴家店，新农的旺店，里河的李更上、张家里、东河头，建新的大庙上，塔西的树巷里，红力的河泗桥等自然村。

许 境内许姓主要分布在墙南的鲁家园，孙典桥的树皮巷、许九房，新农的小许巷，里新的曹石桥，西典巷的大许巷，硕放的陆房村，塔西的吴家桥，红力的河泗桥等自然村。

方 境内方姓主要分布在墙南的方家里，西典巷的方丈湾、肖家桥，杨家湾的赵家桥、方家里、良更上、王道人巷，建新的河北、大庙上、沿塘朱家里、王家里，塔西的方家门前、鳌塔桥等自然村。

唐　境内唐姓主要分布在墙北的唐家里，溇金的唐更上、唐家里、苏家湾，建丰的唐家里，墙门的小桥头、张更上等自然村。

刘　境内刘姓主要分布在墙门的南街，黄家门的陆家湾、严家里，杨家湾的严家浜等自然村。

孙　境内孙姓主要分布在薛典的孙更上，孙典桥的倪巷桥，中华庄的翻扒头，红光的殷家里等自然村。

蒋　境内蒋姓主要分布在墙北的蒋更上，王家桥的蒋家坝、白水井、奚更上，红力的蒋巷上等自然村。

赵　境内赵姓主要分布在黄家门的赵家湾，杨家湾的赵家桥，王家桥的奚更上、白水井等自然村。

俞　境内俞姓主要分布在墙北的石子街，里新的龙眼里、西庄，黄家门的绛湾里、俞尚坟、西码头，硕放的俞家里，王家桥的俞家里，红光的田舍桥等自然村。

第五节　家谱选辑

家谱，又称族谱、宗谱、家乘、谱牒、世谱，是中国古代宗法社会中记载家族或宗族家世渊源、传承世系和宗族事迹的典章文献。家谱历来被视为与正史、方志并列的三大史学体系，是中华传统文化亟待开发、整理、研究的瑰宝。简言之，即家族或宗族的史书。

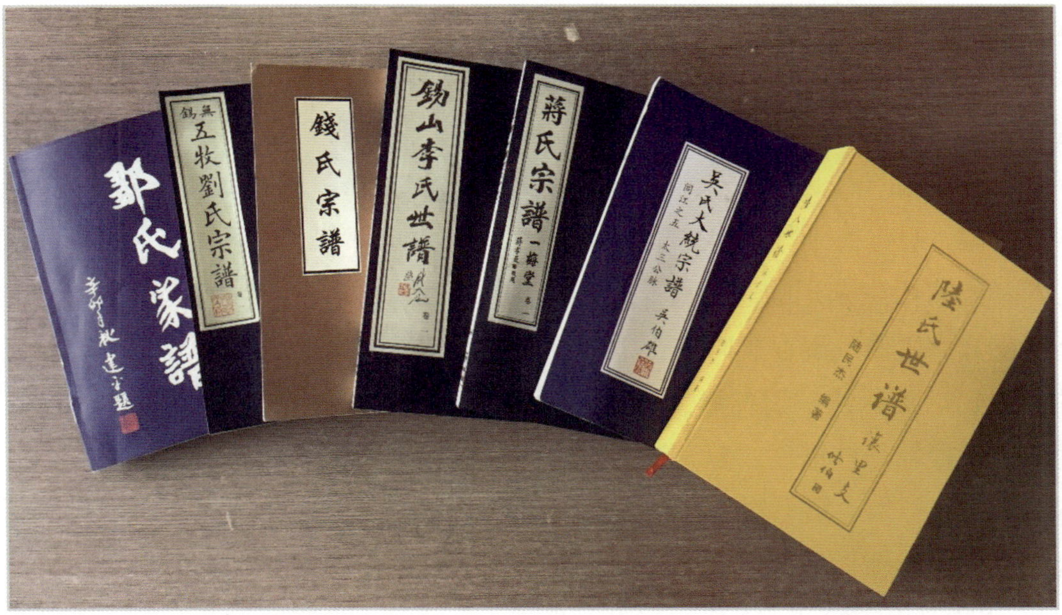

2013年部分姓氏家谱

2008年起，邹、吴、陆、钱、顾、曹等家族中有识之士组织族人，筹措资金，续修家谱。至2013年，境内有已完工和续修中的存世家谱13部。

至2013年硕放姓氏家谱续修一览表

表 34-2

家谱名称	宗祠堂号	纂修年代	解放前最后一次续修年代	再次续修时间
邹氏家谱	敦叙堂	南宋绍兴十八年（1148年）	清光绪二十九年（1903年）	2011年完工
吴氏大统宗谱	至德堂	东汉永兴二年（154年）	清乾隆丁亥年（1767年）	2013年完工
陆氏世谱	仰贤堂	南宋绍兴五年（1135年）	民国37年（1948年）	2012年续修中
钱氏宗谱（墙门、墙南）	锦树堂	明永乐四年（1406年）	民国20年（1931年）	2012年完工
钱氏宗谱（建丰大河头）	锦树堂	明永乐四年（1406年）	民国20年（1931年）	2012年完工
钱氏宗谱（建丰螺蛳浜）	锦树堂	明永乐四年（1406年）	民国20年（1931年）	2012年完工
锡山李氏世谱	雍穆堂	清顺治丙申年间（1656年）	民国38年（1949年）	2012年重修中
五牧刘氏宗谱	永思堂	北宋淳化年间（990—994年）	民国36年（1947年）	2009年完工
蒋氏宗谱	一梅堂	北宋崇宁二年（1103年）	民国36年（1947年）	2011年完工
朱氏宗谱	听隶堂	清康熙初年	民国13年（1924年）	2013年续修中
顾氏宗谱	亲仁堂	清康熙三年（1664年）	民国14年（1925年）	2013年重修中
曹氏宗谱	昭嗣堂	东晋末南朝宋初	民国22年（1933年）	2013年续修中
马氏宗谱	忠孝堂	南宋绍兴三十二年（1162年）	清光绪二十八年（1902年）	2013年续修中

一、邹氏家谱

无锡邹氏从唐末宋初的邹实开始，迄今1000多年，已修过七次大统宗谱。第一次，南宋绍兴十八年（1148年），六世祖邹浩次子栩（邹氏七世裔）主修，现存谱序一篇。第二次，南宋宝祐四年（1256年），邹栩四世孙应熊（邹氏十一世裔）主修，现存谱序一篇。第三次，明初邹璧（邹氏十四世裔，竹桥支始祖珪二弟）主修，现存《文庄公题九峰公谱后》一篇。第四次，明宣德十年（1435年），无锡邹氏十六世邹恕（沈渎支裔）主修，现存邹恕请当时兵科给事中陈东玘的序一篇。第五次，清康熙三年（1664年），无锡邹氏二十五世邹陛（全五支裔）主修，现存当时进士邹式金（无锡邹氏二十三世裔）写的序一篇和主修邹陛写的序一篇。第六次，清乾隆二十五年（1760年），无锡邹氏二十六世邹一桂（龙泾支裔）主修，现存邹一桂谱序二篇，请当时金匮县令韩锡胙写的序一篇，以及《小山公重修邹氏家乘公启》一篇。第七次，清光绪二十九年（1903年），无锡邹氏三十二世邹仁溥（龙泾支裔）主修，由邹仁溥撰序，全谱三十六册，续修无锡邹氏二十二个支派的后裔。2006年5月，无锡《邹氏大统宗谱》进行第八次修谱，经查阅，无锡邹氏共有二十七个支派，其中硕放有十一个支派。2008年，按照无锡《邹氏大统宗谱》续修委员会要求，境内十一个支派修谱工作由无锡邹氏三十四世邹建平（龙泾长房支裔）组织，于2011年9月完成。

二、顾氏宗谱

《南河顾氏宗谱》于清康熙三年（1664年）首次重修，主修人顾球，字雍良，野王公三十三世孙。编修的《南河顾氏宗谱》，共辑入沿河、南田、上塘、荆村、二房、三房、四房、西典八支。清乾隆四十六年（1781年）再次重修，主修人顾树本，字敦裕，号立亭，野王公三十七世孙。修谱时，通过慎重校核，添入上次修谱遗漏的小园、浒墅关两支，共计十支。清光绪元年（1875年）第三次重修，主修人顾琫清，号眉轩，野王公三十九世孙。此次修谱添入飞九、庄里、小房三支，南田、浒墅关两支因无法承接而删除，上塘支中无法承接的部分也被删，共编修十一支。民国14年（1925年）第四次重修，由野王公四十二世孙顾扬烈主修。此次修谱将上次修谱删除内容补入，其中包括南田、浒墅关两支及部分上塘支，另有序言及传记，为南河支保存弥足珍贵的历史资料。该谱共入编十四支。2013年第五次重修，由野王公四十七世裔孙顾建明主修。

三、吴氏大统宗谱

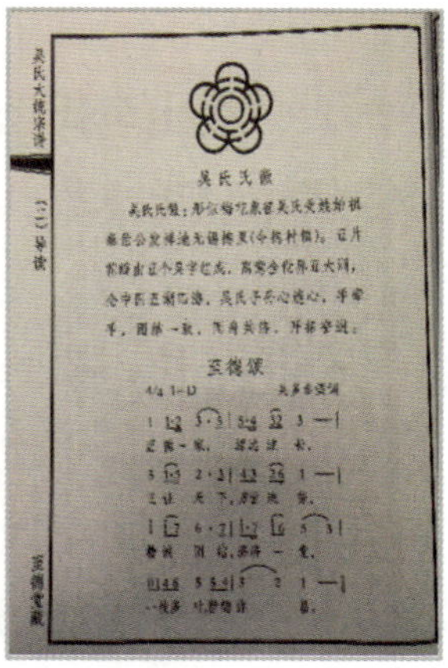

吴氏氏徽、至德颂

东汉桓帝永兴二年（154年）纂修的吴氏宗谱。本宗原为一谱，后又分为凝西姪、闾江鸿山两支。再后又合一谱，形成谱成而可分可合，水源木本同归于一也。南宋淳熙六年（1179年）第四次修谱；明洪武八年（1375年）第五次修谱；清乾隆丁亥年（1767年）第九次修谱；2013年续修完工。谱中记载，女子和男子一律平等，同样修入谱中以传后世。中国国民党第十任党主席吴伯雄曾为吴氏宗谱题字“吴氏大统宗谱”。原国务院副总理陈云曾为吴氏宗谱题字“炎黄子孙，不忘世祖”。

四、陆氏世谱

《陆氏世谱让里支》存放在无锡惠山陆宣公（陆贽）祠堂内，陆宣公祠是无锡陆氏后裔祭祀祖宗的祠堂。据《陆氏世谱》（仰贤堂民国37年版）记载，自元侯公陆一世（公元前299年）至唐元和七年（812年），历时1111年，陆氏已形成大尉支等四十九支宗系。陆宣公第十二世裔孙“朝散大夫”陆宲迁居无锡后，于南宋绍兴五年（1135年）建祠修谱。根据民国11年（1922年）修订的《陆氏世谱让里支》卷三十六记载，五十九世陆建业，师正子，字屏宇，配徐氏，潞安知府。生子二：顺元、嘉元。陆建业为“让里太伯二处始祖”。又云：六十世，嘉元：子一万经，居泰伯乡，子孙繁衍其地，遂曰：陆家巷又名陆洨烛，金匮里“让里支”。在绵长的500多年岁月里，“让里支”已经繁衍到二十六代，先后分出了让里支陆家巷派、陆家巷河北派、黄埭派，胡更上派、浒墅关派，其中陆家巷派为大部，这就是后来的陆更上。“让里支”在《陆氏九十六支系表（民国11年/1922年）》为三十九支。至民国37年（1948年），在《陆氏二百六十五支系目录（民国37年）》中，境内让里支为三十六支系。于2012年进行续修。

五、钱氏宗谱

钱氏族徽

无锡钱氏家族源自浙江钱镠，钱姓是古尧的姓氏。无锡钱氏宗谱编修，始自明永乐四年（1406年），钱进九世孙（武肃王十六世孙），文林公钱恒以锡山后裔续之，称《锡山钱氏世谱》。后经不断续修，有《总谱》《支谱》《家谱》《堂谱》之分，谱本很多，已因历史原因所存无几。所存《堠山钱氏宗谱》；清道光九年（1829年）七房桥钱绍霖、钱穆父钱承沛参与续修的《钱氏文林公支宗谱》；清光绪丁酉年（1897年）钱承康重辑的《钱氏湖头分支马桥宗谱》；民国20年（1931年）钱基博撰《堠山钱氏丹桂堂家谱》以及《钱氏宗谱砖桥支》五套宗谱记载于《无锡宗谱》中。境内《钱氏宗谱》于2009年无锡开始续修，主要分支有堠山鼎八支武一派泰伯老庙下、武七派墙门朱家浜、文二派墙门大河头、文二派墙门鹭鸶浜等，于2012年8月完成。

六、锡山李氏世谱

锡山李氏，系出陇西，至北宋至和年间（1054—1056年），有讳赓者始迁无锡。雍穆堂《锡山李氏家谱》上修于1949年，距今已有60多年。据《锡山李氏世谱》记载，该谱于顺治丙申年纂修，康熙己巳重修、乾隆己未重修、嘉庆甲子重修、道光壬午重修、咸丰乙卯通族集议重修、同治庚午通族合议重修、光绪丁亥通族集议重修。2012年，当地李氏通族集议参与《锡山李氏世谱》的重修。境内的九曲沈渎支和大墙门镇李家巷（原里河村李更上）分支记载于《锡山李氏世谱》第二十二卷中。

七、五牧刘氏宗谱

根据无锡市档案馆、图书馆、史志办、市文联、祠堂研究会、谱牒研究会查阅，《五牧刘氏宗谱》始修于北宋淳化年间（990—994年），境内部分刘氏辑于《五牧刘氏宗谱》，属清名桥支。明朝至民国36年（1947年），《五牧刘氏宗谱》共续修辑八次。2009年，《五牧刘氏宗谱》第九次续修完成。《五牧刘氏宗谱》世系图表明第一代为翰、第二代为羽和翚，翚为新安锡邑始祖，第三代为珙、第四代为叔英、第五代为傺、第六代为术、第七代为理（刘五原）。《五牧刘氏宗谱》分支甚多，迁徙亦广。刘氏宗祠（永思堂）珍藏的《五牧刘氏宗谱》，其扉页上曾有孙中山长子孙科“本因支荣”的题字。

八、蒋氏宗谱

北宋崇宁二年（1103年），蒋氏祖先祖颖叔魏国公奉敕纂修《蒋氏宗谱》。蒋氏九十五世祖重珍，字良贵，号一梅，南宋嘉定十六年（1223年）癸未科状元，是无锡历史上的第一个状元。锡山蒋氏后裔，因为蒋重珍爱梅，号一梅先生，自立为“一梅堂”。清康熙甲戌年（1694年）一梅堂入谱，康熙壬辰年（1712年）续谱，乾隆甲辰年（1784年）续谱，嘉庆庚午年（1811年）续谱，道光甲辰年（1845年）续谱，同治甲戌年（1874年）续谱，宣统己酉年（1909年）续谱，民国丁亥年（1947年）续谱。2011年，续修完的《蒋氏宗谱》卷七中二十一世系起有王家桥的蒋家坝、白水井、奚更上，红力蒋更上，均属茂芝公支。卷十八中二十五世系起有塔西村方家门前，属梅里方家浜支。卷二十中二十一世系起有墙北村蒋更上，属蒋巷上茂芝公支。

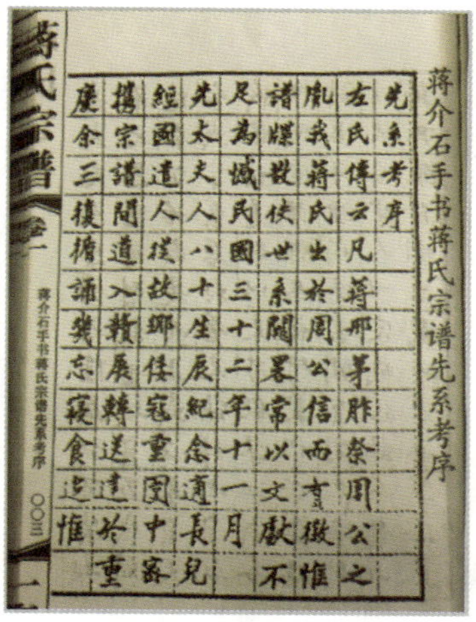
蒋介石手书蒋氏宗谱先系考序

先系考序
左氏傳云凡蔣邢茅胙祭周公之
胤我蔣氏出於周公信而有徵惟
諸牒數佚世系闕畧常以文獻不
足為憾民國三十二年十一月
先太夫人八十生辰紀念適長兒
經國遣人從故鄉倭寇重圍中寄
携宗譜間道入贛展轉送達於重
慶余三復循誦幾忘寢食追惟

蔣氏宗譜　卷一
蔣介石手书蔣氏宗谱先系考序　〇〇三

蒋介石手书蒋氏宗谱
先系考序

第七篇

人物

第三十五章

人物传略

硕放境内各氏族始祖，有的是朝廷命官和官吏家庭成员，有的是奉旨迁徙而来，有的是为开垦谋生而来，有的是为避灾难而来，多数是重视耕读、尊儒崇文、科举登第者。里新曹家渡曹氏一族二进士，一端妃的曹察、曹荃、曹洛莹及建新邹家湾的白兆锦、邹琴思等皆为光耀门庭的楷模。从1840年鸦片战争到1919年五四运动前夕，硕放籍人物在经济、政治、军事、文化、教育、医疗等领域成就卓著，有的独树一帜，成为一代宗师和领军人物，对当代及后世产生重要影响。五四运动后，境内更是人才辈出，既有英雄模范人物，又有知名“草根”人士，他们在国内各个领域中不懈努力，艰苦奋斗，为中华民族和人类的进步作出了重大贡献，甚至献出了宝贵生命。尤其在国内革命战争、抗日战争、解放战争、抗美援朝和社会主义革命和建设等各个时期，有大量的仁人志士、热血青年投身于革命斗争。他们为中华民族的独立自由和人民的解放事业及祖国的繁荣昌盛抛头颅、洒热血，前仆后继，浴血奋战，谱写了一曲曲可歌可泣的英雄赞歌。他们业绩辉煌，风范永存。

经收集整理，为境内的9位古代人物和50位近现代人物（含25位革命烈士）立传。

第一节　革命烈士

境内25名硕放籍革命烈士事迹辉煌，风范永存。他们分别是在抗日战争中牺牲的陈光梅、邹凤坤等6位烈士；在解放战争中牺牲的吴道元、郭善尧等10位烈士；在抗美援朝中牺牲的杨阿梅、谈根虎等6位烈士；在社会主义建设事业中牺牲的徐敏昌等3位烈士。

（以牺牲时间先后顺序排列）

蒋小弟（1917—1942年）　红力蒋巷上人。民国30年（1941年）参加革命，民国31年（1942年）在坊桥光荣牺牲，年仅25岁。

方炯（1921—1943年）　别名方福林，塔西鳌塔桥人。民国31年（1942年）年参加革命，为游击队员。民国32年（1943年），游击队在苏北如皋县的一个镇上转移粮食时，被日军包围，突围时光荣牺牲，年仅22岁。

陈光梅（1917—1945年）　又名李光楣，排行老四，因祖籍苏北盐城，当地人惯称江北阿四，盐城东河庄人。民国9年（1920年）发大水，盐城遭受水灾。父亲陈阿二以四块银圆买了一条破船，全家七口人逃荒至墙西朱郎桥姨夫许某家和墙北许卖娘舅家投亲暂居，时年陈光梅4岁。三四年以后，全家搬迁，租住墙门小店巷杨根官两间房子。后移居墙门钱家桥。民国30年（1941年）父亲去世后，由当时中共梅南区地下党领导人杨华生带领陈光梅去苏北参军。民国32年（1943年）3月经杨华生介绍加入中国共产党，后任江南办事处武工队员。民国33年（1944年）在苏中第三军分区特务连（后编为52团1营1连）任战士，参加过中家庄、中家坟子、三垛河伏击战。民国34年（1945年）2月返江南参加游击活动，组织铁路武工队，任武工队指导员，9月初，武工队为扩大武器装备，准备去望亭镇缴获国民党自卫队的两支汤姆枪。按照事先布置，他们在师姑弄分三组行动，每组两人，以防敌人逃跑时两头受阻。第三组是陈光梅和队员邹进德，地点在弄堂口，当三个敌人走到陈光梅身边时，陈光梅试图缴枪失败，两个敌人伺机开枪。此时，驻在望亭北桥堍亭子里的自卫队也向陈光梅开枪，陈光梅中弹光荣牺牲，年仅28岁。

邹凤坤（1918—1945年）　墙西崔家里人。民国33年（1944年）参加新四军，与战友端掉日军驻沪宁线石桥头（位于硕放村内）据点。后北撤苏北，为第一军分区特别团1营3连战士。民国34年（1945年）4月于苏北三垛河伏击战中光荣牺牲，年仅27岁。1950年由苏南行政公署主任管文蔚、副主任刘季平签发烈士证书。

周光昌（1921—1945年）　别名周杏生，王家桥奚更上西人，中共党员。民国32年（1943年）参加锡东武工队，与朱建波一起参加新四军。民国34年（1945年）4月在苏北三垛河伏击战中光荣牺牲，年仅24岁。

万炳初（1924—1945年）　红力柘树园人。民国29年（1940年），同曹铨、陆志明、王中一等人一起在锡东地区从事地下革命工作，负责本地收粮、联络情报以及破坏日军运输线路等工作。民国34年（1945年）7月13日，在梅村高田上姚六房参加会议，散会后遇上日军，进行搏斗。因寡不敌众，光荣牺牲，年仅21岁。

杨锡英（1925—1946年）　安桥杨家渡人。民国32年（1943年）入伍，在中国人民解放军86师257团3营9连任副连长。参加过苏北邵白涟水、高桥、高家塘、刘庄、临泽等地战斗。民国35年（1946年）3月，在东台南阳地区作战中光荣牺牲，年仅21岁。

严中贤（1920—1946年）　红光吴家湾人。曾任中国人民解放军中原野战军6纵警卫排排长。民国35年（1946年）7月，在山东大坟口战斗中光荣牺牲，年仅26岁。

邵泉根（1926—1946年）　墙门邵更上人。民国32年（1943年）参加革命，为江南办事处武工队员，民国33年（1944年）在苏中第三军分区特务连（后编为52团1营2连）任战斗组长。参加过中家庄、中家坟子、木家村、唐立郭村，如皋、泰兴、三垛河伏击战。民国35年（1946年）9月，在苏北海安镇与国民党军作战中光荣牺牲，年仅20岁。

李明远（1921—1947年）　别名李阿狗，红力蒋巷上人，中共党员。民国29年（1940年）冬参加新四军游击队，后为华东野战军6纵18师54团战士。民国36年（1947年）11月，在盐城卞仓战斗中光荣牺牲，年仅26岁。

王锡生（1927—1947年）　又名王锡根，建丰旺贵桥人。民国34年（1945年）4月参加革命，为华东野战军11纵32旅95团3营9连战士。民国36年（1947年）11月，在盐城卞仓战斗中光荣牺牲，年仅20岁。

吴银生（1921—1947年）　孙典桥堰里人。民国34年（1945年）9月参加新四军，在33旅95团2营6连任副排长。民国36年（1947年）12月27日，在苏北临南战斗中光荣牺牲，年仅26岁。

吴道元（1917—1948年）　化名曹荣金、陈易新，秦村北巷人，中共党员。民国21年（1932年），年仅16岁的吴道元随父亲去苏北江都黄镇南办的一艘客轮上学机匠，来往于扬州、邵伯之间。民国26年（1937年）冬，任梅村陈家湾地区抗日保家自卫队副队长，深入锡东地区抗日游击斗争中。民国31年（1942年）春，在中共锡东县委的领导下，建立无锡人民抗日自卫军，杨步云（后叛变被镇压）任司令，中共锡东县委副书记刘敏（马政三）任政委兼副司令，钱仁斋任参谋长，李荣光为大队长，吴道元任副大队长，开展武装反“清乡”斗争，转战锡东、苏西和苏西北广大地区。吴道元在反“清乡”斗争中，率领部队与敌伪顽军进行了艰苦的斗争，在群众中颇有影响。

民国37年（1948年）1月，中共澄锡虞工委决定成立中共苏锡武装工作委员会，任命顾明为书记，吴道元为武工队长。分派顾明以苏西北地区为主开展工作；吴道元以锡东地区为主，并明确锡东地区以梅北为基地，开辟梅南。民国37年春节后，吴道元带领警卫员顾玉山随顾明在梅北、梅南进行侦察熟悉情况，以便开展工作。3月6日，在与敌人的遭遇战中，因寡不敌众，在顽强抵抗30多分钟后，不幸身中数弹，壮烈牺牲，年仅31岁。

郭善尧（1921—1948年）　又名郭忠，秦村中巷人，中共党员。民国33年（1944年）冬，在武工队队长吴道元的指引下参加锡东地区武工队，秘密打入敌人内部，在荡口日本宪兵队与中共地下党员盛伯泉一起开展地下革命工作。民国35年（1946年）冬天，地委决定，由吴道元带领郭忠、马振民、汤文轩等10余人回到江南无锡地区开展武装斗争。他们先后镇压了向反动派告密的坐探金娥乡乡长周某和鸿声乡马桥小学校长张洪祥。民国37年（1948年）3月23日，武工队组长郭忠，敌情组组长马振民、汤文轩等人在渡蠡河执行任务时，遭后宅国民党突击队袭击，中弹光荣牺牲，年仅27岁。

杨祖德（1924—1948年）　又名杨掌生，薛典人，中共党员。民国30年（1941年）参加革命，不久加入中国共产党，曾任华东野战军11纵31旅93团3营8连指导员，先后荣立二等功1次、三等功1次。民国37年（1948年）10月淮海战役中光荣牺牲，年仅24岁。

黄汉明（1917—1949年）　杨家湾硕望桥人。民国32年（1943年）参加国民党海军，民国35年（1946年）被派往英国学习海军专业，主修航海雷达技术。民国37年（1948年）5月被分派到“重庆”号巡洋舰雷达室服役，民国37年8月随“重庆”号巡洋舰归国。民国38年（1949年）2月25日在上海吴淞口参加“重庆”号巡洋舰起义，3月4日随军舰安全驶抵葫芦岛港，成为中国人民解放军海军的一名炮手，3月18日，在葫芦岛“护舰战斗”中，被弹片击穿胸部，不幸壮烈牺牲，年仅32岁，遗体安葬在葫芦岛市龙港区英山公墓。

顾国良（1928—1951年）　别名大男，溇金苏家湾人。民国38年（1949年）参加革命。1951年5月，参加中国人民志愿军，为27军81师241团3营战士。同年在朝鲜江原道金化郡战斗中光荣牺牲，年仅23岁。

谈根虎（1932—1951年）　墙北后竹桥人。1951年4月19日入伍，为中国人民解放军华东军区23军69师207团9连战士。1951年7月在朝鲜战场光荣牺牲，年仅19岁。

杨阿梅（1920—1953年）　墙西杨家桥人。1951年2月参加中国人民志愿军赴朝参战，为志愿军37370部201团战士。1953年3月23日在战斗中光荣牺牲，年仅33岁，后安葬在锡东烈士陵园。

夏学均（1935—1953年） 别名夏桂初，红力夏家湾人。1953年2月参加中国人民志愿军，为志愿军136师战士。同年6月在战斗中光荣牺牲，年仅18岁。

吕耀中（1928—1953年） 又名吕金根，孙典桥柘茶上人。1951年2月参加中国人民志愿军，为23军67师200团3营机炮班弹药手。1953年8月19日，在朝鲜洞口丁家山后面一个山头与敌军作战时光荣牺牲，年仅25岁。

胡宝春（1925—1953年） 别名胡桂春，新农胡更上人，共青团员。1951年3月参加中国人民志愿军，为23军67师199团运输连战士。1953年在朝鲜石岘洞北山战斗中，前线至后方交通被敌人封锁，弹药无法运送，后组织突击队，胡宝春在运输弹药途中双腿被敌人炮弹击中鲜血直流，因流血过多光荣牺牲，年仅28岁。

徐敏昌（1945.9—1966年） 建丰薛更上人，共青团员。1965年10月参加中国人民解放军。曾获嘉奖1次，被评为五好战士1次。1966年6月25日在战斗中光荣牺牲，年仅21岁。

朱建昌（1962.2—1981年） 西典巷前场湾人。1980年9月9日考入中国人民解放军某军事学院。1981年8月回家探亲期间，为抢救落入沼气池的村民，不幸中毒身亡，年仅19岁，后被追认为革命烈士。

黄克明（1946—1984年） 杨家湾方家里人。1965年参加中国人民解放军，曾任副营级教员。1984年9月在部队猝死，后被追认为革命烈士。

第二节 古代人物

（1840年前逝世者，以卒年先后为序）

曹洛莹（？—1542年） 里新曹家门前人，进士及第、福建三明知府曹察的爱女。明世宗嘉靖皇帝朱厚熜中年时期的宠妃，初封端嫔。明嘉靖十五年（1536年）八月，她生下皇长女常安公主（见《国榷》卷首之一）。同年九月初九，她被册封为端妃，故称曹端妃。三年后又生一女宁安公主（见《明书》卷21）。明嘉靖二十一年（1542年）受“壬寅宫变”牵连而被处死。

曹察（1499—1558年） 字明卿，号晴峰，里新曹家门前人。生于明弘治十二年（1499年），卒于明嘉靖三十七年（1558年）。明嘉靖七年（1528年）由乡荐进京赶考，明嘉靖八年（1529年）中己丑科进士。授官福建邵武县知县，到任后把邵武治理得井井有条，在任期间深得当地百姓爱戴和拥护。明嘉靖十三年（1534年）曹察赴京觐见，到京后领旨任户部福建司主事。明嘉靖十八年（1539年）升任福建汀州知府（现位于福建和江西交界处，三明、永安等地）。由于汀州和邵武同属福建地方，曹察以治理邵武之道治理汀州，使得民众安居乐业，社会安定太平。后赴京任户部郎中。

明嘉靖二十一年（1542年）受其女儿曹端妃“壬寅宫变”牵连，曹察从户部离职返乡，居家务农养生。为了纪念女儿，他将端妃冤死后世宗安抚发放给他的所有钱财拿出来，精心建造了全国罕见的楠木厅。“女儿”在无锡话中有“囡”的称法，与“楠”字同音，方言中“香”与“想”也是谐音，“香楠厅”即是想女儿“流芳百世”“不朽千年”。香楠厅正门与普通建筑不同，是向北的，门侧原有一青石碑坊代表父母双亲（青），遥对京城，安静而又焦虑地等待着爱女的归来，哪怕等到石烂。曹察虽遭变故，却十分坦然。临终时对家人说：“生老病死是十分正常的事情，我死以后，你们只要在墓碑上刻‘明大夫户部郎中’即可。”

邹琴思（生卒年不详）　建新邹家湾人。明朝年间，任镇江卫指挥所怀远将军（镇江地区最高军事长官），其夫人是华太师的女儿。邹琴思生卒年限、生平失考，卒后安葬于无锡硕放建新村境内。2002年5月，硕放镇在开发建设工业园区过程中，发现邹琴思的坟墓，得其出土墓志铭，棺内遗物等均保存于无锡博物馆内。墓志铭上刻有“怀远将军镇江卫指挥同知邹琴思墓”字样。

白兆锦（生卒年不详）　建新邹家湾人。清光绪年间（1875—1908年）第八名秀才，深受孔孟礼教的熏陶，执教严谨，一丝不苟，麾下得意门生很多，如曾任无锡县参议院议员的黄文澡。白兆锦为人正直，严于律己，几近严酷，在当地颇有名气，有极好的口碑。有一年其胞弟把人家桑树田桑叶偷卖出去，仅因区区几块钱，便责令胞弟绝食反省。民国初期，白兆锦亲自筹建无锡县后宅图书馆，并任该图书馆的第一任馆长。

曹应豹（生卒年不详）　里新曹家门前人。贞嗣子字廷光，号冲垣初赠承德郎，南京刑部主事，再赠中宪大夫福建漳州知府。

曹荃（生卒年不详）　应豹长子，字元宰。里新曹家门前人。明崇祯元年（1628年）二甲五十五名进士。除南京刑部主事。疏陈时政忤旨。谪詹士府录事。稍迁大理寺寺副。劾黄应恩招权纳财，词连首辅张至发，至发缘是去位。官至福建按察司副使。

曹时芬（生卒年不详）　里新曹家门前人。南京兵部武学掌教升授宿松县知县。

曹藩（1820—1884年）　里新曹家门前人。奉直大夫保举五品衔，赏戴蓝翎太学生。

曹承綍（1852—1883年）　里新曹家门前人。奉政大夫五品衔候选同知太学生。

第三节　近现代人物

（1840年后逝世者，以卒年先后为序）

黄心存（1840—1910年）　墙门镇人。祖父、父亲均业医，幼承家学，研读医经，深究东汉张仲景之学。经过多年临床实践，深得其父随症剖析和精心培植之术，医疗业务精湛。荡口华世芳（字若溪）得伤寒症后，经他精心医治转危为安，由此名闻远近，求医者趾踵相接，出诊远至苏州、无锡、常州、宁波、上海等地，对疑难杂症无不精究。著有《医方存案》《心存医话》等论文载入《无锡近代医家传略》。

曹铭（1878—1914年）　里新曹家门前人。原名锡令，字文华，号鹤琴，清封奉直大夫，蓝翎五品衔太学生。

张步英（1854—1924年） 又名张选，红力小章家桥人。在家开办蒙童学堂，教几个学生。张选为人忠厚，一生清贫，立志上进，努力学习，清光绪二十年（1894年）时考中秀才，时年40岁。从此，在小章家桥、薛典翁家里等地私塾教书20余年。练得一手好字画，常出卖字画补贴家用。

钱一青（1895—1957年） 墙门村梅家里人。清宣统元年（1909年），当时地方瘟疫流行，患者甚多，有钱人到城市求医，穷人无钱求医。钱一青目睹此情，心中不忍，托亲友介绍拜姑苏马筱岩老中医为师，随师学医，勤学钻研，精于外科和咽喉科，钻研岐黄之术，攻读《伤寒杂病论》《金匮要略》《外科正宗》《囊秘喉书》等医学著作。结业后在苏州城北行医，当时门庭若市。民国4年（1915年），经当地名流指点，他返乡在梅家里设立“钱一青中医诊所”，钱一青医德高尚，开业后诊所名声大振，有远道乘船求医者，常见数十只船停在河浜中，有上海、杭州、苏州、南京等地病人慕名前来求医，时有众多青年前来拜师学医。收学生陈绍基、钱志芳等10余人，均满师行医，为民服务。民国26年（1937年）日军入侵家乡，战事频繁，经他人介绍在苏州市黄埭镇开设诊所。著有《钱氏内科手本》《中医咽喉科手本》。

曹侃（1903—？） 里新曹家门前人。原名嘉德，字允中，号梦天。曹氏二十二代孙。留学法国巴黎国立高等美术学院。早年学西洋画，拜美术大师刘海粟为师。在上海与刘海粟共同创办美术学院，任美术学院西洋画主任兼艺苑指导员。抗日战争爆发，美术学院迁至外地，后又受聘于上海京剧学院创作布景工作。

姜富荣（1927—1957年） 泰州姜堰人，落户墙南村庙下浜东颜雪英家，中共党员。民国34年（1945年）3月抗日战争时期入伍，曾任中国人民解放军第三野战军副班长、班长、副排长、排长、副连长等职，中尉军衔。参加过四平、黄桥、淮海、渡江等战役。立一等功1次，二等功1次，三等功3次，四等功4次。获淮海、渡江战役解放纪念章及立功证书。解放后历任中共墙门区委通信员、人武部长，宜兴县钢管区人武部长。1957年8月30日，在宜兴县人武部军事训练中不幸溺水，因公殉职。

法学家邹文海

邹文海（1908—1970年） 墙北竹桥头人，父邹仲怡为晚清秀才。民国9年（1920年），邹文海毕业于锡城东林小学。是年秋，考入江阴南菁中学。由于他勤勉好学，深受校长董伯豪器重，被校长亲自授以英文。民国13年（1924年），齐卢战起，南菁的同学都返乡避难，唯有他继续留校，研读不辍。民国15年（1926年）考入清华大学政治系，民国19年（1930年）毕业，留校任助教。当时与顾毓琇、钱钟书同在清华大学，人称“清华无锡三子”。民国24年（1935年）被保送至英国留学，入伦敦政治经济学院，师从拉斯基和怀纳等专攻西洋政治思想与制度。在伦敦期间，他每天到大英博物馆研读，六个月无一日缺席。民国26年（1937年）夏，邹文海因国家多难而放弃学业，自英返国，途经法国、比利时、德国、波兰、苏联等国，沿路考察各国政情民意。归国后，他抱着“教育救国”的理想，历任上海私立沪清中学校长、国立湖南大学教授、江苏省立江苏学院政治主任兼教务主任、国立厦门大学教授、国立暨南大学教务长及法学院院长、国立政治大学教授等职。

1949年，邹文海去往中国台湾，初在花莲测量学校任教，后任台湾省立行政专科学校教务主任及改制后的法商学院（今中兴大学）教授。1955年，政治大学在台湾复校，邹文海被聘任为教授，并先后兼任副教务长、教务长、政治学系主任，法学院院长及政治研究所主任等职。

邹文海热爱祖国，痛恨外国侵略者。在英国留学时，闻知国内抗战爆发，国家多难，便毅然返国，投身教育事业。他淡泊名利，数十年坚守教育岗位，以“传道、授业、解惑”为师道，把一生献给教育事业，深得师生爱戴和敬重。他一生著作甚丰，早年著作有《自由与权力》一书，到台后著有《代议政治》《政治学》《各国政府与政治》《比较宪法》等，后来辑成《邹文海先生政治科学文集》。他的学生和挚友用其稿费成立“邹文海奖学金”，奖励台湾政治大学优秀学子和故乡无锡梅村中学的优秀学生。1970年1月5日，邹文海因肺癌在台北病逝，享年62岁。

钱荣初（1900—1986年）　建丰大河头人。16岁师从周梅谷，专攻碑刻。民国15年（1926年），在苏州开设碑帖印章作坊“贞石斋”（意为“寿之贞石”），后“贞石斋”成为苏州碑刻业的一个著名商号。解放后，碑帖印章作坊并入合作联社，又吸纳蔡谨士、张寒月、矫毅、王能父等能工巧匠，并成立“艺石斋”。年近八旬的他加入“艺石斋”并带徒传艺，培养出一批青年碑刻能手。经“艺石斋”拓裱的《枫桥夜泊》诗轴，畅销全国并出口海外，苏州碑刻再次声震海内外。

钱荣初作品甚多，其代表作《毛泽东诗词手迹》《郭沫若书写的毛主席诗词27首》与金鱼林《王羲之兰亭集序》《寿星图》，时忠德《米南宫法帖》《万岁通天帖》等，集中体现了苏州碑刻水平。钱荣初一幅《毛泽东诗词手迹》（全篇诗词16首），刻于20厘米×13厘米×2厘米的青石片上，并以楷书注文，最小字幅仅4.5毫米，精细程度极高。该作品参加1978年全国工艺美术展时，叶圣陶曾赋诗赞曰：“钱老摹刻神乎技，钢笔柔画龙蛇舞，传真人称珂罗版，君作谁堪与之伍？”

邹希清（1919—1987年）　中华庄村华更上人，中共党员。民国34年（1945年）在苏北参加革命工作，先后任苏南锡东县梅西区人民政府文书，淮北盐务管理局第四圩务所助理员、代所长，阜东县货物管理局八大家分所所长。民国36年（1947年）9月参加阜东县自卫战斗中，获个人三等功。民国37年（1948年）后，任华中工委总务科行政副官、苏南区党委行政副官。解放后，先后任中共无锡县委调研科科员、苏南农村工作团第六大队调研组组长，安镇、武进等工作组组长，中共蠡园区委书记，杨市乡党委书记等职。退休后，享受离休干部待遇。

钱惠忠（1916—1987年） 又名阿水，墙南村宋更上人，中共党员。民国30年（1941年）抗日战争时期参加新四军，于江南打游击，在荡口打掉日军一个中队，再北撤抗日。后任侦察连长，参加了淮海、渡江等战役，多次立功受奖，获淮海、渡江战役解放纪念章。随解放军南下转地方工作。解放后在苏州吴江县任震泽区区长，盛泽乡党委副书记、乡长等职，后任八坼人民公社副主任，1975年离休。

碑刻家、金石家
黄怀觉

黄怀觉（1904—1988年） 建丰坝头人，碑刻家、金石家，对碑刻、拓碑、裱帖、抚拓钟鼎彝器全形以及治印、修复古籍书本皆造诣颇深。黄怀觉家境贫寒，3岁丧父，因生活窘迫，仅读四年私塾，后至苏州“徵赏斋”碑帖店随黄吉园学艺。黄怀觉聪颖、勤奋，六年满师时，已学会刻字、拓碑裱帖、抚拓钟鼎彝器等一手好技艺。黄怀觉出师后，奔走于江苏、浙江、上海、安徽等地从事刻字、拓碑裱帖，作品难以计数，其裱工极为行家所赏识。《枫桥夜泊》一诗，由黄怀觉重刻后置于姑苏寒山寺中。1954年，他所刻泰州革命烈士碑，吕凤子所绘鲁迅像、孙中山像、列宁像，柯璜所书毛泽东诗、郭沫若诗、朱德诗，都刻出了较高水准。后又赴南京灵谷寺刻阵亡将士纪念塔碑（今为灵谷塔）。1956年，黄怀觉应聘去上海市历史文献图书馆。1970年，在上海朵云轩专门镌刻了毛泽东诗词手稿。1979年，黄怀觉在上海图书馆退休。后应西安市之邀，赴西安指导拓印名碑。而后又赴浙江杭州市督刻岳飞手迹，诸葛亮《前出师表》《后出师表》及十六英尊、五百罗汉等，深得当地政府和文化界人士器重。

刘海粟对他的裱工和刻工称誉备至，并赞曰：“现下无人能望其项背”，郑逸梅誉之为“刀法佳妙令人莫测，为近百年所未有”。代表作有《张謇荷锄图》《狼山大圣象》《铁琴铜剑楼》《千秋岁祠》《快雪时晴帖》《赵孟頫四时诗》《刘海粟铁骨梅花图》《程十发屈子行吟图》等。黄怀觉于1988年3月5日逝世，享年85岁。去世后，刘海粟发唁词：“铁笔留翰墨，贞石生气殒”；陆俨少发唁词：“名与金石同寿”；王伯敏题词：“一代治石大家”。

邹高治（1936—1988年） 墙北陆房湾人。中共党员，上海复旦大学遗传研究所副教授。邹高治从小深受家父邹育启深情教诲，天资聪颖，就读于梅村初中，无锡荣巷高中，考入浙江大学遗传系深造。大学毕业后，被分配到中国科学院遗传研究所工作，后又调至复旦大学遗传研究所专研水稻单细胞的培养，一举培养成功，属世界首创，堪称是中国“人工种子”研究开拓者之一。因劳累过度，于1988年5月病逝。

王柳影（1916—1991年） 黄家门陆家湾人，中共党员。王柳影出身于一个贫民家庭。20世纪30年代末，在上海学徒，受共产党的影响走上了革命的道路。后他的爱国抗日行为被敌人发现，有被捕的危险，经组织通知，连夜离开上海，奔赴苏北，参加了新四军。抗战胜利后，他为中国人民解放军第二十四军战士，参加过苏北七战七捷、孟良崮战役、淮海战役、渡江战役。抗美援朝时，随部队赴朝，在志愿军总部工作。获中华人民共和国三级解放勋章、三级自由勋章和华东军区颁发的渡江胜利纪念章、中南军区委员会颁发的纪念章等。1955年被授予少校军衔，离休后，享受13级离休干部待遇。1991年6月20日在南京逝世，享年75岁。

陆立本（1926—1996年） 墙西小园里人，中共党员，新四军江南抗日支队老战士。参加过抗日战争、解放战争，后转入地方工作。解放后在墙门抽水站工作，任工会主席。1952年参加治理淮河工程。1954年，建机场时全家搬迁至无锡县八士乡斗山，后又迁居扬州。曾任扬州某邮电支局局长、党支部书记，扬州市商业机械厂厂长等职。1986年离休。1996年病逝，享年70岁。

邹冈（1932—1999年） 祖籍墙北邹家里，中国科学院资深院士、为享誉中外的药理学家，主要从事神经药理学的基础研究。民国26年（1937年）抗日战争全面爆发，全家由上海沿长江逃难到重庆。先后在重庆市立第一女中附设初小、南山小学、广益小学、广益中学求学。民国35年（1946年）夏，他随全家由重庆回到上海。经人介绍在私立美国长老会办的清心中学就读高中。中华人民共和国成立后，他以优良的成绩考取国立上海医学院（后改为上海第一医学院、复旦大学上海医学院）。1953年9月，他被抽调参加在母校药理科举办的高级师资培养班学习，并受训于药理学家张昌绍教授，获益匪浅。1954年8月，毕业于上海第一医学院，经统一分配到上海第二医学院药理教研组任助教。

1957年3月，考入中国科学院上海药物研究所，为张昌绍教授的研究生，开始神经药理学研究生涯，并选择吗啡为研究课题，取得突出成果。1961年，他在毕业论文答辩中阐明的吗啡镇痛作用原理，受到在场答辩导师张香桐教授充分赞赏和推崇。1964年，吗啡镇痛作用原理以英文发表在《中国科学》上，引起国内外学术界的高度重视，以后被联邦德国药理学会副会长、生理学家赫尔茨和美国等国的科学家誉为吗啡作用原理研究的“里程碑”。

1961年起，先后担任中国科学院上海药物研究所助理研究员、副研究员、研究员，药理三室副主任、主任，药物所顾问等职。曾为中国药理学会、中国生理学会、中国生化学会、国际脑研究组织（IBRO）、国际神经化学会、美国神经科学会、美国华人生物学家学会会员，《生理学报》编委，《中国药理学报》副主编，《中国生理科学学报》编委，国际神经化学学会杂志编委。

邹冈在《生理学报》《中国科学》等报纸杂志上先后发表了《双甲苯氧烷季铵盐的肌肉松弛作用》《猫脑室内注射箭毒和毒扁豆碱对条件反射的影响》《惊厥剂和 r-氨基丁酸猫脑室内注射的观察》《脑室内或脑组织内微量注射吗啡的镇痛效应》《吗啡对大鼠数种操作式条件反射的影响》《脑组织内微量注射丙烯吗啡对抗吗啡镇痛的研究》《吗啡镇痛作用部位的脑内微量注射研究》等主要论著。1980年，当选为中国科学院院士（学部委员）。1982年，他的吗啡镇痛作用部分研究成果被国家评为自然科学二等奖。1999年2月因病逝世，享年67岁。

颜中其（1926—2000年） 墙南庙下浜东人，中共党员，教授。他毕业于中国新闻专科学校本科，1949年10月任无锡县北七房小学教导主任，1951年应聘为沈阳师范学校国文教员，1954年调（长春）东北师范大学，先后任东北师范大学学报编辑、研究员、编审、编辑部副主任、古籍整理专业硕士生导师。他对北宋文学家、书法家、画家苏东坡颇有研究，曾任长春苏颂学术研究会会长，发表研究苏东坡的学术论文近百篇，出版《苏东坡》《苏东坡轶事汇编》《苏东坡论》《苏东坡论文艺》等学术专著7部，成为海内外苏轼研究专家。2000年6月逝世，享年74岁。

王中一（1919—2002年）　原名王书德，红力栢树园人。毕业于无锡吴风中学。抗战时期曾任保安队队长，民国28年（1939年）参加革命工作，民国29年（1940年）10月加入中国共产党。曾任锡东地区后鸿区区长，梅南区区长兼区武工队长，中共锡东地区梅南、后鸿、东桥等区特派员，新四军澄锡虞江南办事处联络组长。抗战胜利后，任中共华中一地委江南工委机关支部书记、长江工委联络情报科科长。1949年4月参加渡江战役。

中华人民共和国成立后，历任无锡县荡口区区长、无锡县人民政府农税科科长、税务局长、政府办公室主任、计划委员会主任。1954年后历任无锡县副县长，中共无锡县委书记处书记、副书记兼鸿声工委书记，中共昆山县委副书记。“文化大革命”后任中共无锡县委副书记、无锡县人大常委会主任。1981年离休。离休后，被聘为无锡县税务学会名誉理事长、无锡县民间文学会顾问、中共无锡县委党史征集委员会副主任、新四军无锡研究会副会长。2002年8月逝世，享年83岁。

杨震明（1939—2003年）　墙门西街人，早年就读于梅村初级中学，在无锡市第三中学高中毕业。1956年至1957年，在北京外国语学院（学俄语）深造。1957年至1962年，赴苏联列宁格勒大学无线电物理系学习。1962年7月，回国在中国科学院电子研究所工作。1966年，调入中国科学院701工程处从事卫星发射和测控工作。1978年，任中国人民解放军测量通信研究所主任、科技委主任，获高级工程师职称。1989年，任国防科工委专职委员，同时兼任国家科委“863”计划中308信息获取和处理领域高科技专家组组长。

杨震明在研究航天测控通信设备工程和理论研究方面颇有造诣，是航天测控学的带头人。曾参加过东方红一、二号，风云一号的总体设计工作，特别是“331”通信卫星工程总体设计，获国家技术进步特等奖。1992年起享受国务院政府特殊津贴，1997年起获中国航天基金津贴等特殊待遇，其职务为军四级研究员（正师级）。2003年病逝于北京。

经济学家杨寿标

杨寿标（1909—？）　又名润玉，硕放人，经济学家。民国15年（1926年）毕业于江苏省立常州中学，后考入清华大学政治系，民国19年（1930年）毕业，获法学学士学位。民国20年（1931年）在上海加入中国经济学社，任该社研究委员会研究员。民国21年（1932年）加入中国统计学社，任上海市地方学会《上海市统计》主编，同年7月，任广东有限银行经济研究室主任。翌年任中山大学经济系教授，并先后主编广东省《银行》月刊、《经济论丛》。民国29年（1940年），任中国农民银行经济研究处副处长，兼任东吴大学、沪江大学联合法商学院经济系教授，主编《中农月刊》。民国31年（1942

年）2月，任国民政府财政部统计长，同年加入中国国民党。民国35年（1946年）又兼任国立政治大学教授，同年加入中国国民经济研究会，任理事长。中华人民共和国成立后，任上海财经学院、财政部上海财政学院教授，1956年加入中国民主同盟。1979年加入中国统计学会。著有《中国财政统计大纲》《经济论丛》《论中国的法币政策》《财政与统计》等。

应礎（1926.11—2006.11）　原名唐伯泉，建丰村唐家里人。中共党员，南京军事学院战术教研组组长（副师职），军队离休干部。在薛典翁家里小学读书四年即到上海春明书店做学徒。民国30年（1941年）春，15岁就到苏北参加新四军。民国32年（1943年）加入中国共产党。曾先后在新四军一师、联抗、苏中军区、23军、三野司令部任报务员、报务主任、电台台长。后在七兵团电训队任教务主任，电区队区队长、通信参谋。中华人民共和国成立后，为建设现代化国防军，培养文武双全的指挥员，应礎被调到南京军事学院基本系学习至毕业，毕业后留校任通信教员、战术教研组组长。1982年离休，副师职。生前曾获淮海战役纪念章、渡江胜利纪念章、抗美援朝纪念章、三级独立自由勋章、三级解放勋章、独立功勋荣誉勋章、新四军成立60周年纪念章、抗战胜利60周年纪念章。2006年11月18日逝世，享年80岁。

杨胜（1919.1—2007.7）　原名杨家璋，墙门镇人，畜牧学家，教授。抗战初期在重庆沙坪坝中央大学学习。民国31年（1942年）毕业于西北农学院农业化学系，历任陆军军医学院生物化学科及陆军营养研究所、中央大学医学院生物化学科、北京大学农学院畜牧系、北京农业大学畜牧系讲师、副教授、教授。兼任北京市人民政府饲料顾问团顾问、中国饲料工业协会理事、中国动物营养学会荣誉理事、中国粮油学会常务理事、北京生理科学会理事、《中国营养学报》常务编辑、《中国粮油学报》常务编辑等职。

畜牧学家杨胜

他主编的书籍有《饲养分析》《饲料分析》《饲料分析及饲料质量检测技术》《家畜饲料实验指导》《家畜饲养学》《动物营养学进展》《畜牧名词术语标准》（营养部分）、《中国大百科全书》（农业卷——饲养标准部分）等。译著有《家畜饲养与饲料》《猪的营养与饲料》《人和动物营养中的微量元素》《动物营养及饲料》。“肉脂型猪的饲养标准”获1984年农牧渔业部技术改进一等奖；“猪的营养需要与饲料配方的研究”获1986年农牧渔业部科学技术进步二等奖、获1991年中国饲料工业协会首届全国饲料工业科技进步特别奖。“饲料粗蛋白、粗脂肪、粗纤维等测定方法（GB 6432—6439—86）”获1989年国家技术监督局标准化科学技术进步四等奖，在“六五”“禽畜饲料数据库”及“七五”“中国饲料数据库”科研工作中做出贡献，该课题获1989年国际农业工程学术讨论会金奖及1990年农业部科学技术进步三等奖。2007年7月逝世，享年88岁。

夏介文（1920—2007年）　红力夏家湾人，中共党员。民国29年（1940年）6月参加新四军，同年11月加入中国共产党。抗战时期任连队文书、团参谋、苏中军区司令部作战参谋等职，参加过苏北三大著名战役。解放战争时期，任华中军区司令部作战科参谋等职，参加著名的“七战七捷”战役。1954年至1981年3月，曾任中国人民解放军总参谋长粟裕秘书、《世界军事史》副总编，1983年9月离休。1955年，被授予中华人民共和国三级独立自由勋章、中华人民共和国三级解放勋章。1988年，被授予中国人民解放军独立功勋荣誉章，荣立二等功1次、三等功2次。

吴能贤（1942—2008年）　西典巷人。中共党员，大学学历，高级工程师，乳化炸弹专家。自幼聪颖好学，1965年毕业于西安冶金建筑学院。毕业后到武钢大冶铁矿工作，历任技术员、副主任、主任等职。1987年被聘为大冶铁矿采矿高级工程师。1981年任中国民爆协会湖北省爆破协会会员。1983年至1988年当选湖北省黄石市第六届政协委员。1987年获EL与12J系列乳化炸药国家发明二等奖。1988年8月在开展国家“六五”重点科技攻关项目、年产千万吨级型露天矿成套设备研究制造中，获国务院重大表彰奖。1989年7月，获武钢公司颁发的“大冶铁矿5#浆状炸药交联剂改进项目”科技二等奖。吴能贤凭着过硬的专业技术和出色的工作业绩，在专业领域取得多次科研成果，填补国家专业领域空白。2008年因心脏病发作不幸离世，享年66岁。

杨华生（1913—2011年）　墙门村小店巷人。民国30年（1941年）3月经杨汉英介绍秘密加入中国共产党，为“农抗会”干事。民国31年（1942年）为杨更上党小组组长，是年7月任梅南区联络员，积极开展地下工作。民国34年（1945年）任苏州吴县黄桥区委员、指导员，并组织一个武装小组向东桥地区开辟工作。是年11月16日，中共锡东吴县县委组织200多名北撤人员在鸿声集中，由李易时、赵建平等带领乘轮船前往苏北，21日到达如皋黄家市新四军江南办事处，编入教导队学习。民国35年（1946年）9月，杨华生以教书匠作掩护与魏顺南下到常熟白茆开展地下工作。为了不使敌人怀疑，民国36年（1947年）下半年经上级党组织批准，将家属杨彩娥及四个小孩接到任阳，开一家小店维持生计直至解放。中华人民共和国成立后，曾任常熟县唐市区组织委员、无锡县八士区监察委员。1957年任华庄区硕放乡乡长，1958年9月任硕放人民公社管理委员会主任（社长）。离休后享受副处级待遇，曾任硕放离退休党支部书记。2011年9月逝世，享年98岁。

金季春（1924—2013年）　又名德根，墙南村旺家浜人，中共党员，一等残废军人。民国31年（1942年）抗日战争期间参加新四军，在江南打游击，后北撤抗日。解放战争中参加过涟水、孟良崮、淮海、渡江等多次战役，头、背、腿等处留有弹片。一次战斗中，被敌人一枚火箭筒弹头从胸部打进后背穿出，背上留下碗口大疤，夏天闷热不出汗，伤残致靠椅行走。获淮海、渡江战役解放纪念章及立功证书，抗战60周年纪念章等。解放后，部队将他安排进荣军医院治疗休养，但他坚决要求到地方去做力所能及的工作，继续发扬光大革命传统。在他的一再坚持下，安排到无锡第四制药厂任保卫组长。厂里分给他一套大户型住房，他主动让给高龄青年作婚房，他家住在30多平方米的小屋，自己在楼梯下搭铺栖身。离休后，享受离休干部待遇。

第三十六章

人物简介

位于太湖之滨的硕放，历史悠久。自古至今，人才辈出，尤其在新民主主义革命和社会主义现代化建设各个不同时期，一批批硕放籍人士踏着前辈的足迹，不忘初心、牢记使命，在经济、政治、军事、教育、文化、医疗卫生等领域中功勋卓著，他们紧跟时代步伐，为振兴中华、建设中国特色社会主义事业，奋力拼搏，建功立业，为建设美丽家乡作出重大贡献。经收集整理硕放籍的知名人士以及副高技术职称和行政副处、军队副团职级以上人员共245人。

第一节　党政军干部

本节收录军队职务副团职级、行政职务副处职级以上的硕放籍人员共38人，以出生时间先后为序。

杨汉英（1923.10—　）　薛典杨更上人，中共党员。民国29年（1940年）7月参加梅南区金桥乡农民协会和抗日人民自卫队，先后任农会总务股长、自卫队队长。民国30年（1941年）4月加入中国共产党，7月起，加入梅南区“青抗会”，在当地参加“减租减息”运动。同时为清除日伪军“清乡扫荡”的耳目，在墙门镇展开搜捕捉拿降敌奸细分子的工作。民国31年（1942年）春，参加中共无锡县委临时工作队。民国33年（1944年）秋，由组织安排去常熟县砖窑小学校工作，以教师身份配合当地党组织开展地下革命斗争。民国34年（1945年）3月回到家乡，参加抗日武装斗争。后被分配到中共苏中第一地委土地改革工作队，参加启东、海门两个区域的土改工作。民国34年（1945年）9月，参加华中野战军政治部前线工作队工作，民国36年（1947年）2月在华东野战军政治部的民运部工作，任干事。是年8月，参加莱芜战役，任华东野战军军政随营干部学院党委第一总支宣传委员。

民国36年至民国37年（1947—1948年），先后参加孟良崮战役、济南战役、淮海战役、渡江战役，先后担任前线工作组组长、民运科干事。1949年7月，任49团卫生队党支部书记、政治指导员，参加安徽省金寨县大别山“剿匪”工作，剿匪结束后任政治部文化科干事，兼文工团党支部书记、政治指导员等职。1951年参加抗美援朝战争。1953年2月奉命回国，在上海有色金属厂工作。先后任厂长秘书，计划科、统计科科长，工会主席等职。1984年10月离休，享受处级离休待遇。

张祖峰（1928.11—　）　红力小章家桥人，清朝秀才张步英之孙，中共党员，曾任无锡商业干部学校校长。民国37年（1948年）9月在私立无锡中学高三读书时，就参加苏北解放区地下革命的秘密组织工作。1949年1月7日，到海安县仇湖镇中共华中第一地委干部学校政治队进修学习，后参加中国人民解放军，在解放军第20军文工团工作。4月21日在苏北江都县三江营参加渡江战役，时任军部政工队第一班班长。是年6月，部队进入上海后，第20军编入上海军管会，他参加政工队搜捕行动。1950年11月11日，随政工队赴朝鲜走上抗美援朝的征途。其间参加过多次战役，历任政工队班长、朝鲜支前团秘书、军部见习民运干事等职。回国后，在浙江宁波解放军华东第一速成小学任数学教学组长、数学科助理。1955年8月调入学校整风办公室工作，中尉军衔。1956年2月加入中国共产党，任校党支部委员、共青团书记、政治处秘书，在宁波教师进修学校数学大专班毕业，在保定空军第二预备学校任学员指导员兼政治教员，因工作出色被评为五好干部。1960年进南京空军政治学校，政治经济学班专科毕业期间，编写《纪念白求恩》《中国社会各阶级分析》《湖南农民运动考察报告》《矛盾论》等教材的辅导讲稿。1964年8月调至河北省新城县“四清”工作大队任副队长，曾被评为五好队员。回保定空军第二预备学校，任五大队教导员兼政治委员、中共团党委委员。1968年8月调任北京化工学院机械系军宣队教导员、机械系主任、院党委委员，被评为五好个人。1969年11月调到陕西汉中三机部3187工厂，任军管组副组长、政治处负责人。后任航空第二预备学校教研室副主任，组织进行党史、哲学、政治经济学的教学及政治审查工作，主编12万字的《南昌井冈山参观资料》一书，同时编写《中国共产党历史资料》教材。由于工作卓有成效，被授予航空第二预备学校（师级）嘉奖，并提为国家行政17级干部。

1979年10月转业，在无锡市马山南京化工学院无锡分院工作，任宣传科科长兼管共青团、马列主义教研室工作。1981年9月调至江苏省无锡商业学校，任副书记兼管无锡市商业干部学校。1984年被任命为无锡商业干部学校校长，主事培训商业局各分公司经理书记以上干部。其间编写《中国党史参考资料》《陈云同志文稿选编辅导材料》等书。1984年10月获无锡市人民政府颁发的30年教龄荣誉证。1985年到1987年连续三年被评为先进教育工作者。1987年评为党史、政治经济学讲师。1989年10月离休，享受副处级离休待遇。

张焕明（1929—　）　中华庄张更上人。民国34年（1945年）参加新四军，在无锡一带活动。民国36年（1947年）渡江北上与苏北大部队会师，编入中国人民解放军某部。1949年参加渡江战役，过江解放无锡地区。抗美援朝前夕，与韩德彩、王海、张积慧、李世英等同时被挑选为第一批空军飞行员。进航空学院学习后，即赴抗美援朝前线作战。朝鲜战争结束后，在北京、江西等空军部队工作。1985年从中国人民解放军空军某部正师级岗位转业至苏州市文化用品公司工作。

颜凤其（1933.1— ） 墙南庙下人，中共党员，曾任苏州市财政局局长、党组书记，高级会计师。1949年10月参加工作。历任无锡市滨湖区会计，无锡县财政科总会计、股长，苏州专署财政科（局）科员、预算组长、副局长，苏州市财政局副局长、局长、党组书记，苏州市人大常委会常务委员、副秘书长等职。1996年4月退休后，创办苏州工业园区首家国有“江苏华星会计师事务所”，任董事长、所长、党支部书记。2000年华星转制至2004年期间，任监事长、高级顾问、党支部书记。后又被聘任为苏州市会计学会名誉会长，苏州市法制工作研究会常务理事，苏州市老专家协会理事，财政专家组组长。在任期间及退休后，获得苏州市级和工业园区等多个奖项。所著《苏州地区财政收入为什么能快速增长》《对改革现行财政补贴的探讨》等多篇文章获奖。《苏州日报》曾刊文称其“园区有把铁算盘”。

周祖仁（1933.8— ） 墙门东街人，中共党员，曾任中国人民解放军某部炮兵科长（正团级）。民国34年（1945年）6月，在大墙门镇老和祥店当学徒。1951年3月参加中国人民解放军。1952年10月至1956年3月，先后为某炮兵团观训队学员、司令部炮兵室观测员、炮兵团指挥连测地班班长、炮兵野炮营营部侦察排排长，其间参加抗美援朝战争。1961年1月至1978年10月，先后任某炮兵司令部见习测地参谋，炮兵司令部参谋，炮兵团指挥连连长，司令部炮兵室参谋，炮兵科副科长、科长兼党委委员（正团级），其间参加珍宝岛自卫反击战。1982年4月转业至江苏省昆山县供电局工作，任党支部书记。1985年9月退居二线，任供电局调研员。1993年10月退休。

陈浩卓（1934— ） 墙西大树下人，中共党员，曾任南京军区政治部主任，大校军衔。1951年毕业于梅村中学，后保送华东军区军事交通学校读书，加入中国人民解放军。1956年赴朝参加中国人民志愿军，曾任代理政治指导员，南京军区后勤部干部部干事、政治部干部部任免科干事，江苏省军区政治部干部处副处长、处长，南京军区政治部主任、副政委，江苏省军区后勤部副政委，大校军衔。1983年当选南京市第九届人民代表大会代表，先后8次当选江苏省军区、南京军分区人民代表，江苏省第六届政协委员。

张寿玉（1934.2— ） 女，红力小章家桥人，中共党员，曾任江苏省武警总队机关直属党委副书记（副处级）。1952年8月毕业于无锡县师范学校。先后在无锡县胶南、刘潭、西漳、藕塘、杨市、广益、黄泥头等小学及广益乡农中任教，曾任教导主任、副校长、校长、革命委员会主任、党支部书记等职。曾被评为无锡县“三八红旗手”、先进工作者等。1976年至1980年期间，因工作需要调任江苏省公安厅民警处，任协理员、党总支副书记，后又调入中国人民解放军武装警察部队江苏总队，历任政治部组织科副科长、总队团工委副书记、司令部机关工作处协理员、直政处处长、总队机关直属党委副书记。其间在总队被评为优秀共产党员。1988年退休。

江文源（1935.1— ） 墙南庙下人，中共党员，曾任淮安市国家安全局局长、市政法委副书记。1954年6月加入中国共产党，7月被选荐到江苏省干部政治学校学习，1955年8月结业后分配到淮阴地区工作。先后任地区医药公司文书，地委五人小组办公室干事，地区公安处秘书科科员、副科长、科长，公安局副局长、局长，市国家安全局局长，市人民政府副秘书长，市政法委副书记。1963年获得江苏省“五好干警”奖章。1972年被淮阴市公检法军管会召回到政法队伍中。1979年中央政法干校培训后，先后在淮阴师范、中共淮阴市委党校等讲课，并被聘为兼职讲师、教授。

任淮安市国家安全局局长、市政法委副书记期间，在一次中共淮阴市委召开的县处级领导班子思想作风建设座谈会上，他的一篇《增强自我监督意识、自塑人民公仆形象》廉洁自律发言，由江苏省国家安全厅加按语后在《政工简讯》全文转发，要求全省国家安全系统广泛学习。同时《淮阴日报》头版刊登《廉洁自律的江文源》一文，介绍其事迹。1995年3月退出领导岗位。退休后，中共淮阴市委聘请他去市关心下一代工作委员会，任办公室副主任、主任，2003年任副会长。

周建民（1935.11—　）　新农南河头人，中共党员，副师职研究员，大校军衔。1955年3月参加中国人民解放军某部无线电集训队。1958年8月加入中国共产党。1958年至1978年8月，先后在中国人民解放军某部任独立通讯营副排长、技师，通信科参谋、科长。1978年9月任通信学院通信教研室教员。1985年5月为通信学院通信教研室教员（正团职）。1988年5月，晋升为通信指挥学院军事通信学术研究所学术研究室研究员（副师职）。1990年3月授予大校军衔。1957年、1958年、1961年先后获三等功4次。

诸振轩（1936.8—　）　孙典桥柘茶上人，中共党员，空军勤务学院航材系大专学历。1956年2月应征入伍。1959年加入中国共产党。1963年10月到1965年1月，在中国人民解放军空军后勤学校（江苏徐州）学习，并荣立三等功（“五好学员”荣誉称号）。1968年8月至1978年1月，在中国人民解放军某仓库任业务股股长。1978年1月至1995年5月，在中国人民解放军空军勤务学院（江苏徐州）任教。其间曾担任空军航材部举办的空军航材系统岗位练兵比武竞赛裁判、主任评委，为空军航材部举办的空军航材仓库主任训练班授课讲学。1995年5月，正师职退休。在长期的部队生涯中，诸振轩曾担任过宣传委员、组织委员、党支部书记等职。从1973年至1992年期间，为空军航材部编写了《航材保管员教材》《航材仓库管理》《空军后勤工作条例》《空军航材仓库管理学》等著作，在军内刊物上发表学术论文三篇，获科技三等奖。

马祥兴

马祥兴（1940.10—　）　薛典孙更上人，中共党员，高级工程师，大校军衔。1960年墙门初中毕业，同年考入无锡无线电工业学校学习。1964年分配到国防科工委工作。在国防科工委工作期间，曾荣立三等功2次，获高级工程师职称。1992年被授予大校军衔，享受副军职待遇。1994年获国防科工委技术进步二等奖。2000年退休。

陈国健（1941.2—　）　墙门西街人，中共党员，曾任中国人民解放军海军政治部编研室主任（正师级），大校军衔。1958年上半年，自行研制了一台插秧机（模型），出席无锡县青年积极分子代表大会。随后调到硕放人民公社农业机械厂工作。1960年下半年应征

陈国健

入伍，参加中国人民解放军。多次被评为五好战士，获评“二级技术能手”荣誉称号，1962年8月加入中国共产党。1964年7月，提升为海军某部加工修理连排长，授予海军少尉军衔。1965年，晋升连副政治指导员，后调到团政治处宣传股工作。1970年上半年，从部队选调到北京海军领导机关工作。1971年初，选派到中国人民解放军军政大学举办的“高级干部理论辅导员学习班”学习。先后担任中国人民解放军海军后勤部党委常委学习中心理论辅导员、海军政治部党委学习中心理论辅导员、海军党委常委学习中心理论辅导员，获评“建设社会主义精神文明先进个人”荣誉称号。此后，一度调到海军院校工作，先后担任海军军械学校、海军工程学院（后改称海军工程大学）的政治理论教员（正营级）。调回海军领导机关工作后不久，晋升为海军政治部宣传部院校教育处处长（正团级）。1982年1月，获《海军杂志》积极作者二等奖。1983年1月，获中国人民解放军总政治部颁发的“建设社会主义精神文明先进个人”荣誉奖章。1985年下半年，晋升为海军政治部政治工作研究室研究员（副师级）。1988年9月，中国人民解放军恢复军衔制度，中央军委主席邓小平颁发了授予陈国健等海军大校军衔的命令状。随后，调任海军政治部办公室副秘书长（副师级）。1990年10月19日，出席海军先进科技干部表彰大会，受到中央军委、三总部首长接见。获中国人民解放军海军颁发的“海军先进科技干部表彰大会”纪念章。

1992年初，晋升为海军政治部编研室主任（正师级）。先后兼任中国人民解放军历史资料丛书海军编审委员会委员、中国人民解放军海军军事史书编审委员会委员、海军著名英烈传记丛书编审委员会委员等职。在编撰出版军事著作的高峰期，曾担任编审委员会委员、编辑组组长、副主编、主编等职。先后组织参与编纂出版了“中国人民解放军历史资料丛书”《解放战争战略防御·综述·大事记·表册·图片·重要战役简介·参考资料》《解放战争战略防御·回忆史料》《海军·综述》《海军·大事记》《海军·回忆史料》《海军·表册》《海军·文献》以及《科苑群星——海军先进科技干部事迹集萃》《海军政治工作大事记》《威震海疆——人民海军征战纪实》《中国共产党中国人民解放军组织史资料》（海军部分）《中国共产党海军师团部队组织史资料》等20多部（册）著作。同时，还先后组织参与编审了《可爱的海疆》《近代中国海军》《人民海军的生命线——海军政治工作四十年历史经验》《人民之子——“爱民模范”赵尔春传》《中国人民解放军海军编年史》《中国海军百科全书》等多部著作。调研撰写的《关于健全和发展基层民主生活问题的探讨》《海南实行特殊开放政策后部队将面临的问题及对策》《松在领导，散在干部，乱在机关》等多篇论文获得了全军优秀论文奖。多次受到党和国家领导人接见。1996年5月退休。

蒋宗祥（1941.7— ） 王家桥蒋家坝人，中共党员，中国人民解放军国防大学教授。1955年初中毕业，1956年参加农业生产。1964年进入南京军区步兵学校学习，毕业后任南京军区后勤部战勤处参谋、副处长。1974年调北京军政大学，任副团职教员。1978年调至中国人民解放军后勤学院，任正团职教员。1984年至1986年选调出国，任坦桑尼亚高等军事学院高级军事后勤专家。回国后调中国人民解放军国防大学后勤教研室工作。参加编写《军事后勤学》《战略后勤学》，发表多篇学术论文，曾获三等功2次。1991年后，任中国人民解放军国防大学教授（正师职）。

邹水泉（1941.8—　）　塔西纱巷里人，中共党员，大专学历，曾任中共锡山市委副书记、纪委书记。1965年至1976年，任红星大队会计、大队长。1976年至1989年，历任硕放人民公社革命委员会副主任、硕放乡管理委员会副主任、硕放乡经济联合委员会主任、硕放乡党委副书记、硕放乡党委书记。1990年1月起任中共无锡县常委、纪委书记，中共无锡县委副书记，中共锡山市委副书记、纪委书记。1984年至1989年任硕放乡党委书记期间，为加速改变硕放的落后面貌，带领党委、政府一班人，提出“唱好农业一台戏、念好粮食一本经”的工作思路。1989年全乡农、副、工三业总产值比1985年的三业总产值翻了1.58倍。同时提出“树好党校一面旗”，硕放乡在当时创办了江苏省第一所乡镇党校。1989年被评为江苏省优秀党务工作者。1995年在参加查处无锡“邓斌案件”中，成绩突出，被中央纪律检查委员会、中华人民共和国监察部、人事部评为“全国优秀监察系统先进工作者”，获二等功。出席全国纪检监察系统表彰大会，受到党和国家领导人的接见。2001年退休，退休后聘任为惠山区革命老区促进会会长。

邹水泉

邹元国（1941—　）　中华庄张牛皮人，教授，文职正师级。1954年7月毕业于无锡县华庄小学。1957年7月毕业于无锡县中华中学。1960年7月毕业于无锡县梅村中学，考取北京外国语军事学院。1964年毕业分配至洛阳外国语学院任教，其间被评定为教授，享受文职正师级待遇。2001年退休。

方嘉德（1942.7—　）　建新大庙上人，中共党员，大学本科学历，高级工程师，曾任中国海员工会全国委员会主席，中华全国总工会书记处书记、党组成员。1966年毕业于大连海运学院航海系。毕业后被分配到上海远洋运输公司工作。先后任上海远洋运输公司远洋轮船船长，中国海员工会全国委员会主席，中华全国总工会书记处书记、党组成员，中国航海学会第一至第四届副理事长。当选全国第七、第八、第十届政协委员。在中国共产党第十五次代表大会上，当选为中国共产党中央纪律委员会委员。他是一位中国航运事业发展中的杰出人才，对航海事业非常熟悉，为国家航运事业《交通标准化》出台作出了贡献。从1980年9月至1981年6月的10个月中，往返20航次，共运货103吨、103.6万件，没有发生差错，迅速、及时、安全、优质地完成了任务。在任“丰城”号轮船船长期间，该船连续三年被交通部评为全国交通系统安全优质标兵船。

方嘉德

邹敖大（1942.7—　）　建新邹家湾人，中共党员，高级工程师，曾任中国人民解放军空军某部军参谋长助理（正师级）。1958年8月参加中国人民解放军，在空军某部先后任空军飞行学员、飞行员、中队长、大队长、副团长、师副参谋长、军参谋长助理等职。1969年被选拔为中国首批宇航员预选对象，并参加了实验工作。20世纪70年代，中国首台飞行练习器试制成功，为当年部级国庆节科研献礼项目。他作为空军飞行员唯一特约代表参加了该项目的研制工作，为研制工作提供了大量有用的飞行数据，受到空军首长的表扬。在空军部队业绩突出，曾荣立二等功、三等功各1次。1983年6月18日，在夜航训练中他和战友驾驶“歼教-6”飞机，机械发生重大故障，航油全部漏光，在发动机停止工作的紧急关头（按空军特性处置条例规定应跳伞），他和战友为保护人民生命和国家宝贵财产，奋不顾身，用高超的飞行技术，利用空滑，放下起落架，在机场内迫降成功，创造了空军夜航史上的奇迹，受到空军党委宣传表彰及晋级奖励，成为空军首批特级飞行员。1989年7月转业到天津建材局，任纪委书记（副局级），后被评为高级政工师、高级工程师。

王进一（1943.2— ） 红力柘树园人，中共党员，高级经济师，曾任大庆师范专科学校党委书记。1961年毕业于梅村中学，同年考入北京大学历史系，1965年毕业后分配到中共黑龙江省松花江地委工作。1971年调入大庆油田钻井指挥部政治部，曾在全国著名的1205、1202红旗标杆钻井队蹲点协助工作，参加喇嘛庙油田会战。曾任政治部副主任、指挥部党委副书记等职。1981年调入大庆师范专科学校，任党委副书记、党委书记。1988年当选中共大庆市委候补委员，兼任大庆市历史学会理事长、全国师专历史教育研究会理事长。1989年被授予“大庆市优秀党务工作者”荣誉称号。

顾介康

顾介康（1943.3— ） 红光旺二房桥人，中共党员，大学本科学历。曾任中共江苏省委政策研究室主任、省委副秘书长、省人大常委会秘书长、党组成员、省“333高层次人才培养工程”专家委员会副主任委员。1961年考入南京大学政治系哲学专业；1966年大学毕业；1968年2月至1970年5月，在文化部政治部工作；1970年5月至1977年12月，在淮阴地区革命委员会组织组、中共淮阴地委组织部工作，任秘书、组织科副科长；1977年12月至2000年8月，在中共江苏省委政策研究室（后改为省委研究室）工作，其间，先后任综合组、科教组组长。1983年11月任研究室副主任（副厅职），1993年任研究室主任（正厅职），1994年6月任中共江苏省委副秘书长、研究室主任；2000年8月在中共江苏省委办公厅工作，任省委副秘书长，主持办公厅日常工作。2003年2月至2008年2月，在江苏省人大常委会工作，任秘书长、党组成员。2008年11月退休后，被江苏省人民政府聘为江苏省地方志二轮省志责任副总纂，兼任江苏省哲学社会科学界联合会副主席，江苏省经济学会会长，江苏省“333高层次人才培养工程”专家委员会副主任委员，中共江苏省委党校等兼职教授。曾当选为中共江苏省第九、十、十一届党代会代表，第九届省委委员；江苏省第八、九、十、十一届人民代表大会代表，第八、九、十届人大常委会委员。

在长期的工作实践过程中，顾介康在省以上报刊（内刊）发表30多篇学术论文、70多篇思想评论、90多篇调查报告；主编出版《我国政治机构概述》《企业思想政治工作新论》

《实践中的新探索》《江苏“科技兴省”战略与政策研究》《市场经济手册》《县委书记领导艺术》《江苏宏观经济运行态势与规律研究》《邓小平理论在江苏的成功实践（经济卷）》《江苏农村城镇化和城市现代化与对策研究》《江苏人大工作五十年》《民主政治建设的理性探索》《改革开放30年：江苏经济发展的道路与特色研究》《江苏县域经济三十年观察》《实战启示录》《调查研究知行录》《千虑一得录》《润绿集（诗词集）》《居幕后谋大局》等著作、文集。其研究成果曾获国家和江苏省人民政府的10多个奖项，其中《江苏“科技兴省”战略与政策研究》于1991年获江苏省科技进步二等奖，于1992年获国家科技进步三等奖；《县委书记领导艺术》于1997年获江苏省第五届哲学社会科学优质成果一等奖。

曹金初（1943.9— ） 墙门曹家湾人，中共党员，曾任山西省孝义市市长。1959年后宅初中毕业。1962年镇江粮校毕业，后分配到山西省兴县粮食局工作，历任粮食局副局长、局长。1990年3月调任山西省孝义县县长，1993年任山西省孝义市市长，1998年任山西省孝义市人大常委会主任。2002年退休。

马祖元

马祖元（1945.3— ） 薛典孙更上人，中共党员，曾任浙江省武警总队干休所政委，上校军衔。1961年8月参加中国人民解放军。后到南京军事学院学习，先后任中国人民解放军某部排长，浙江省军区杭州武警中队连指导员、专业办公室主任，浙江省武警总队干休所政委等职。

金志高（1949.8— ） 杨家湾硕望桥人，中共党员，大学本科学历，高级经济师，曾任上海空军政治学院蓝天宾馆总经理，专业技术6级（正师级）。1969年12月参加中国人民解放军。1974年8月，先后任空军某部干部食堂管理处管理员、招待所所长。1978年8月起，历任上海空军政治学院军需处给养助理、军需处副处长。1989年12月任上海空军政治学院蓝天宾馆常务副总经理、总经理。2001年4月任上海空军政治学院机关企业管理局副局长。在部队服役期间，先后受空十军、空军全军通报嘉奖，并提前晋级工资，荣立三等功1次。1992年晋升高级经济师，专业技术7级（副师级）。1997年3月由专业技术上校级晋升为专业技术大校级。2000年6月专业技术晋升为6级（正师级）。2006年退休。

朱雪林（1950.2— ） 溇金南小园人，中共党员，大专学历，高级政工师，曾任中国人民解放军航空兵某部团政治委员，上校军衔。1969年12月入伍，1971年3月加入中国共产党。先后在空军某军直属队和航空兵某部任技师，干事，连指导员，飞行大队副政委，团政治处副主任、主任，团政治委员等职。3次荣立个人三等功，多次获团、师、空军政治学院、军区空军嘉奖。1993年转业后，先后在无锡县、锡山市、惠山区物资系统任党委副书记兼物资集团公司副总经理，后任中共惠山区委老干部局局长。多次获评“市、县（区）先进个人”荣誉称号。2010年退休。

唐新初（1950.3— ） 溇金唐更上人，中共党员，大专学历，曾任中国人民解放军空军某部团政治委员，上校军衔。1968年3月入伍，1969年5月加入中国共产党。在空军某部历任连副指导员、团组织科干事、飞行大队教导员、团政治处主任、团政治委员等职。2次荣立个人三等功。1994年转业后，先后任锡山市新安镇党委副书记、惠山区民政局副局长。2010年退休。

陆民杰（1952— ）　新农陆更上人，中共党员，大学学历，曾任辽宁省营口军分区副司令员，大校军衔。就读于后宅中心小学和后宅初中。1968年7月在后宅新力大队邵湾里插队落户。1969年2月入伍，9月加入中国共产党。在中国人民解放军陆军某部服役，历任班长、排长、营长、大连陆军学院教官、学员队队长、军务处长、营口军分区副司令员。荣立个人二等功1次、三等功4次。在部队期间，获得辽宁大学干部专修、北京人文大学法律专业、中央党校经济管理专业等证书。2002年7月转业参加地方建设，曾担任万达商业地产物业公司副总经理、大连万达物业管理公司副总经理、沈阳万达广场总经理、万达集团党委组织委员等职，获得国家注册物业管理师职称。被评为大连市西岗区劳动模范。著有《幸福十年——感恩集》一书，由中国文联出版社出版。

华瑞平（1954— ）　秦村陈家桥人，中共党员，大学本科学历，曾任青海省海西州国土资源局党组书记、局长（副厅级）。1970年毕业于硕放中学，1977年毕业于青海大学矿业系。1978年到青海省地质局第二区调队，任技术员。1983年至1988年，任青海省海西州轻工业公司干事、副总经理、总经理。1989年至1998年，任青海省海西州德令哈市副市长、常务副市长。1999年调至青海省海西州地矿局，任局长。2001年至2010年，任青海省海西州国土资源局党组书记、局长。2010年退休。

王建华

王建华（1956— ）　红光吴家湾人，中共党员，曾任陕西省宝鸡军分区副司令员，大校军衔。1973年入伍，1976年在兰州部队修理所任连司务长、副指导员。后在兰州军区任团军械股股长、团后勤处处长、炮兵第一旅后勤部部长、军区后勤部管理处处长、军区军马局局长。后调入陕西省宝鸡军分区，任副司令员。曾荣立过个人二等功、三等功。转业后，任无锡市文化局副局长、无锡市文化广电新闻出版局副局长、纪检组组长。

唐建华

唐建华（1956.10— ）　溇金村唐更上人，中共党员，大专学历。1974年硕放中学高中毕业。1981年6月任硕放人民公社通讯报道组通讯员。1983年4月任乡经联委文书。1984年任乡党政办主任兼党委秘书。1988年兼乡机关党支部书记，同年任乡党委委员、党委办公室主任兼秘书。1994年3月任硕放镇副镇长。1998年11月任硕放镇党委副书记、副镇长。2000年11月，任无锡高新物流中心总经理、新区管委会沪宁高速公路直通式转关运输监管点办公室主任。2005年6月，任梅村镇镇长、党委副书记。2006年5月任鸿山镇党委书记。2008年7月任江溪街道党工委书记。2009年7月，兼任新区工业博览园委员会主任。2010年2月明确为副处级。

朱卫国

朱卫国（1959.6—　）　孙典桥柘茶上人，中共党员，研究生学历，江苏省教育厅副厅长、党组成员。1975年7月至1981年9月，为硕放人民公社新联大队的“赤脚医生”；1984年1月入党；1984年8月至1987年5月任省教育厅办公室、政策研究室干部（其间1985年9月至1988年7月在苏州大学中文专业函授本科学习，1986年5月至1987年5月挂职任睢宁县李集乡乡长助理）；1987年5月至1992年4月任省教委政策研究室副科级视导员；1992年4月至1993年6月任省教委政策研究室正科级视导员；1993年6月至1996年6月任省教委政策研究室副主任；1996年6月至2000年11月任省教委政策法规处处长；2000年11月至2002年2月任省教育厅办公室主任；2002年2月至2005年12月任省教育厅发展规划处处长（其间2002年9月至2003年12月在省委党校科学社会主义专业在职研究生毕业）；2005年12月至2009年12月任省教育考试院党委书记，2006年7月被评为研究员；2009年12月任省教育厅副厅长、党组成员。

在江苏省教育厅工作30多年，主要从事教育宏观管理和研究工作，先后从事教育现代化研究与实践、教育发展规划的制定和实施、高校考试招生制度改革和实践等工作，参与起草重要教育文件，参与教育改革发展重要问题的决策。先后分管高校招生就业、大学生管理、高校后勤、安全稳定、基础教育、学校体育卫生艺术、教育督导、科研、装备、财务、学生资助等工作。同时对有关教育理论问题进行研究探讨，先后在报纸杂志上公开发表文章60余篇，编著过多部著作。

邹伟南

邹伟南（1959.8—　）　塔西花园里人，中共党员，研究生学历。曾任中国人民解放军空军某部师政治委员、党委书记，大校军衔。1976年7月硕放中学高中毕业，1978年12月参加中国人民解放军。1982年3月入党。先后考入空军第二炮兵学院、空军上海政治学院、河北师范大学学习。在部队先后担任连队主官，团和师级政治委员、党委书记，北京军区空军干部处、组织处副处长。曾获三等功2次。2008年4月，由空军航空大学外训系转业，任北京市旅游发展委员会工会主席、党委副书记（副厅级）。

吴福昌（1960.6—　）　王家桥小园里人，中共党员，大学学历，会计师，江苏省国信资产管理集团有限公司酒店管理部副总经理（正处级）。1983年毕业于苏州大学，分配至江苏省财政厅行政事业财务处工作。1983年至2013年，先后任江苏省财政厅行政事业财务处科员、副科长、科长，江苏省国有资产经营有限公司科长，江苏省国有资产经营（控股）有限公司旅游事业部副总经理，江苏省国信资产管理集团有限公司酒店管理部副总经理（正处级）。1992年，与江苏省财政厅姜其温等人合撰的《江苏财政发展战略研究》获江苏省哲学社会科学三等奖。

沈雪芳（1962—　）　漤金杨树坝人，中共党员，大学学历，曾任无锡市新区管委会副主任，无锡高新技术产业开发区管委会副主任，无锡空港产业园区党工委书记、管委会

沈雪芳

主任（正处级）。1978年7月硕放中学高中毕业。1984年至1987年任溇金村八一塑料厂副厂长；1987年至1991年先后任溇金村农工商联合社副社长、村党支部委员；1991年至1996年12月，任溇金村党支部书记兼八一塑料厂厂长；1996年12月至1998年11月，任硕放镇党委委员、党委副书记；1998年11月至2001年2月，任硕放镇党委副书记，镇政府副镇长、代镇长、镇长（其间1996年9月至1997年7月中共江苏省委党校干部函授学院经济管理专业大专毕业）；2001年2月至2006年1月，任硕放镇党委书记、人大主席（其间2003年12月明确为副处级）；2006年1月至2006年3月，无锡市新区党工委委员、管委会副主任，无锡高新技术产业开发区管委会副主任，硕放镇党委书记；2006年3月至2012年9月，任无锡市新区党工委委员、管委会副主任，无锡高新技术产业开发区管委会副主任（其间2004年9月至2006年7月华东理工大学网络教育学院工商管理专业大学毕业）；2012年9月，任无锡市新区党工委委员、管委会副主任，无锡高新技术产业开发区管委会副主任，无锡空港产业园区党工委书记、管委会主任。1997年，被共青团江苏省委、江苏省青年企业家协会评为第二届“江苏省优秀青年企业家”。2006年，被国家环境保护总局评为“创建全国环境优美乡镇活动先进个人”。

陈 琪

陈琪（1962.5—　）　秦村陈家桥人，中共党员，博士研究生导师，教授，中国船舶工业综合技术经济研究院院长、党委副书记。1983年起，在镇江船舶学院工程系任教，任系办公室副主任。1991年起，先后担任华东船舶工业学院人事处处长，管理工程系副主任、主任，镇江市金舟软件有限责任公司董事长。1994年获清华大学经济管理学院管理学硕士学位。2001年12月至2013年4月，先后担任北京船舶工业管理干部学院院长助理、副院长、院长。2005年9月至2013年4月，先后任中国船舶工业综合技术经济研究院副院长、院长、纪委书记、党委副书记、党委书记。2006年获南京航空航天大学管理学博士学位。

任教期间，主要讲授管理学、管理经济学、管理艺术等课程。出版《企业科技进步与经济增长研究》等专业著作5部，在《企业管理》等核心期刊上发表《企业技术创新的环境与对策研究》等学术论文20余篇。主持“人力资源价值研究的重要突破——当期实现价值理论、统计模式与实证研究”“科技成果转化为现实生产的研究”等多项省部级科学研究项目，其中“人力资源价值研究的重要突破——当期实现价值理论、统计模式与实证研究”获国家统计局第六届全国统计科研优秀成果一等奖。

黄建新

黄建新（1963—　）　建丰坝头人，研究生学历，曾任中国人民解放军总装备部装备研究中心科技处处长，大校军衔，享受国务院政府特殊津贴。1978年硕放中学毕业，考入郑州解放军测绘学院。毕业后分配到中国人民解放军总装备部装备研究中心，主要从事军事装备发展论证等方面工作，任科技处处长，研究员职称。被聘为中国科技大学兼职博士生导师，哈尔滨工业大学兼职教授。

曹建兴

曹建兴（1965.1—　）　秦村曹家里人，中共党员，大学学历，无锡空港产业园区党工委副书记、管委会副主任。1986年1月至1992年7月，在无锡轻工机械厂工作，是年7月任无锡县华美丝绸印染厂副厂长。1995年9月任硕放镇工业总公司科长，同年11月起任建丰村党支部书记、实业公司经理。1999年5月至2003年2月，任无锡市硕放经济发展有限公司副总经理、党支部书记、总经理，硕放镇党委委员（1997年9月至2000年7月在中共江苏省委党校干部函授学院经济管理专业大专毕业）。2003年2月起任硕放镇副镇长，兼任无锡市硕放经济发展有限公司党支部书记、总经理。2003年10月任硕放镇党委副书记、镇长。2005年8月至2007年12月中共中央党校函授学院公共管理专业毕业。2006年5月任硕放街道党工委书记，是年被国家环境保护总局评为“创建全国环境优美乡镇活动先进个人”。2007年4月至2012年11月，任空港产业园区党工委委员、管委会副主任，硕放街道党工委书记。2013年4月，任空港产业园区党工委副书记、管委会副主任。

殷铭圻

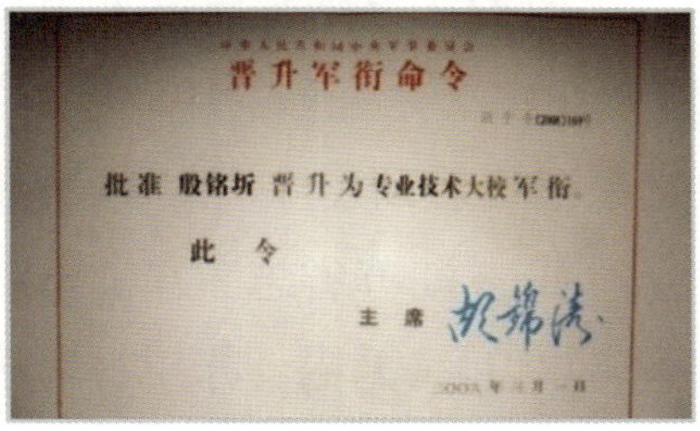

2008年，批准殷铭圻晋升为专业技术大校军衔

殷铭圻（1965.12—　）　红光殷家里人，中共党员，大学本科学历，曾任中国人民解放军信息工程大学电子技术学院广州分院院长，大校军衔。1983年考入中国人民解放军电子技术学院。1987年毕业，先后在中国人民解放军信息工程大学电子技术学院广州分院等单位工作，历任参谋、所长、大队长、院长等职，技术职称先后为工程师、高级工程师、副教授。2008年3月，晋升为专业技术大校军衔。先后有15项科研成果获军队科技进步奖，3次荣立三等功，4次提前晋职晋级。2012年3月，转业至广东省公安厅工作，任机场公安局空防国保支队支队长，一级警督，曾记三等功1次。

邹继东

邹继东（1967.5—　）　墙西唐庄村人，中共党员，大学本科学历，中国人民解放军空军某部特级飞行员（副师职），大校军衔。1985年，空军部队在硕放中学“招飞”时应选入伍，在长春飞行预校学习。1989年3月加入中国共产党。1988年2月至1990年6月，在锦州空军第三飞行学院学习，1991年航校毕业，授中尉军衔。1991年至2007年，为空军某师飞行员。2007年起在空军某师飞行，历任团长、副师长，授大校军衔。荣立二等功2次、三等功4次，多次参加空军组织的军事演习和对抗空战，安全飞行3600多小时。

孙磊（1970.5—　）　硕放镇居委人，中共党员，大学学历，曾任无锡（太湖）国际科技园（无锡国家传感信息中心）党工委委员、管委会副主任。1995年7月毕业于江苏石油化工学院。1995年8月至2002年6月，先后任硕放镇党政办党委秘书、团委书记，党政办公室副主任、主任，硕放镇党委委员（其间1997年8月至1999年12月中共中央党校函授学院经济管理专业大学毕业，2000年2月至2002年1月南京理工大学管理科学与工程专业研究生课程进修班结业）。2002年6月至2005年1月，先后任无锡市新区党政办主任助理、宣传统战部副部长、招商五局副局长、招商一局副局长。2005年2月至2006年5月，任硕放镇党委委员、副镇长。2006年5月至2009年2月，任梅村镇党委副书记、镇长。2009年2月至5月，任梅村镇党委书记。2009年5月至2011年4月，任梅村街道党工委书记。2011年4月至2013年3月，任梅村街道党工委书记兼人大工委主任。2013年3月起，任无锡（太湖）国际科技园（无锡国家传感信息中心）党工委委员、管委会副主任（聘任制）。2013年3月至5月期间，兼任梅村街道党工委书记、人大工委主任。

孙 磊

第二节　科教文卫人士

本节收录硕放籍副高级以上技术职称和知名人士共52人，以出生时间先后为序。

翁寿元（1929.10—　）　薛典人，中共党员，苏州大学副教授。1951年在墙门区西典小学任教。1952年经政府推荐作为调干生考入苏南师范学院（后改为江苏师范学院）中文系，系科调整到南京师范学院中文系学习，1955年毕业，后留校在中文系任教。1958年8月调入江苏师范学院（后改为苏州大学）。先后任苏州大学中文系汉语教研室主任、苏州市语言学会会长、江苏省语言学会常务理事、全国汉语方言学会理事、《江苏省志·方言志》副主编。1986年，评为苏州大学副教授。主编论著有《汉字基础知识》《无锡、苏州、常熟方言本字和词语释义》《走派常熟方言两字组连续变调》《读苏南和上海吴语的内部差异》等。1990年退休。

吴以文（1932.2—　）　女，薛典吴家店人，中共党员，北京档案工作杂志社副主编，研究馆员。1949年7月参加中国人民解放军。1953年起一直从事档案工作。1982年起任北京档案工作杂志社副总编，其间主要负责刊物的编审工作，同时撰写社论、评论、专访、通讯报道等文章。多年来，先后做过机关档案工作、档案理论研究工作和档案刊物编辑工作。曾参加编写《1949—1959年档案工作大事记》《档案学基础》等书，以笔名吴景周、叶力群、求真、亦木、一闻等发表大量文章。

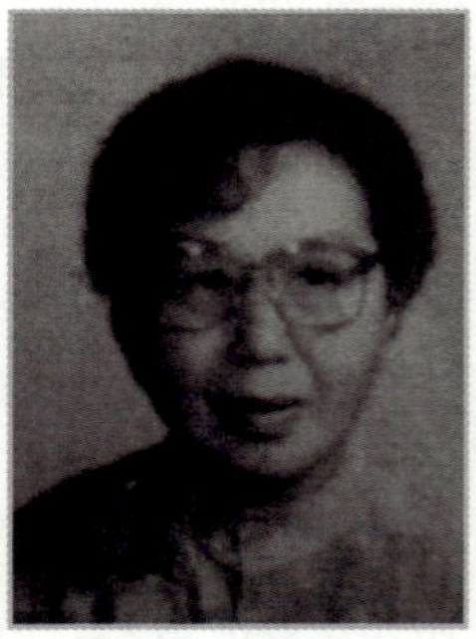

吴以文

顾介贤（1933.4—　）　红光旺二房桥人，笔名艾风。《四川日报》高级编辑、四川省新闻传播研究所所长、四川省社会科学院教授、新闻专业硕士生导师，享受国务院政府特殊津贴。民国37年（1948年）毕业于梅村中华中学。1949年2月在梅北地区参加中共地下党，后参加中国人民解放军某部服务团。1954年调入四川日报社任地方记者，后任自贡—内江记者站站长。1979年，在四川日报社，先后任永川记者站、成都记者站站长，后又任机动记者、《民主与法制》专版主编、新闻研究所所长、全国新闻核心期刊《新闻界》主编。1992年被评为高级编辑，同年被四川省社科院聘为兼职新闻学教授，并任四川新闻传播研究所所长、硕士研究生导师，兼职从事硕士生新闻学教学10多年。先后撰写一批新闻理论与新闻业务方面的研究论文，出版个人专著《舆论监督与新闻策划》和《两代风流》两部，并主编新闻理论专著《新闻实用谭》和《都市报现象研究》两部。其新闻作品先后获得国家级、省级的新闻理论奖、社科成果奖、新闻奖等10多次。1998年离休后，又受聘于四川省新闻中心参与创办“四川新闻网”，并担任总编辑。

顾介贤

朱仲芬（1933.6—　）　墙西叶家弄口人，中共党员，高级工程师，享受国务院政府特殊津贴。1955年毕业于上海同济大学工程测量系，毕业后被分配到中国科学院南京地理研究所工作。1958年调任中国科学院新建立的武汉测量地球物理研究所重力实验室工作，该所于1972年隶属中科院国家地震局地球物理研究所管辖。1976年唐山大地震后，国家成立地震局，武汉测量地球物理研究所更名“武汉地震局”，后改名“湖北省地震局”。1980年起任实验室主任，专业于地震理论及地震仪器的研究工作。1983年起共发表论文15篇，其中《ZYZY海洋重力》论文刊登在1983年美国《大地测量》期刊，1984年的《东海测量结果》论文刊登在英国《大地测量》期刊，引起国内外业内人士的重视和研究。1984年获国家科学技术进步二等奖。1983年至1985年，实验室研制成功的“海洋重力仪”（研究地震的仪器）获国家海洋局科技发明一等奖。1986年评定为高级工程师。

朱仲芬

金士欣（1933.12—　）　墙西叶家弄口人，高级工程师、总工艺师、总工程师，研究所所长。毕业于中国人民解放军某部后勤干部学校。多次参加中国人民解放军沿海岛屿战斗。后调上海钢铁加工工业公司任技术员，主管军工生产，首创的不锈钢密封耐压软管和包塑金属软管产品，填补国内空白，获国家级产品二等奖和上海市优质产品一等奖。研制出的超高低温、超高压不锈钢波纹管产品用于国内第一颗人造地球卫星、长征运载火箭和毛主席纪念堂等工程，获冶金部科技进步二等奖、上海市优秀新产品二等奖、全国科学大会合作成果奖、轻工部四等奖。同时受到中共中央、国务院、中央军委和毛主席纪念堂工程指挥部的贺电贺信，并获毛主席纪念堂筹建纪念章一枚。他是设计金属软管达国家标准的首位起草人和开创者，制定的一整套金属软管标准达到国际先进水平，获冶金部科技成果证书，推动国家金属软管的发展。曾任ISO/TC5金属管及管件技术委员会国内工作组副组长和国际标准化组织钢管技术委员会金属软管及伸缩接头（金属软管与膨胀节）分技术委员会（ISO/TC5/SC11）观察员。1979年被评为上海冶金系统“工业学大庆”先进代表。1989年被评为上海市冶金局质量管理先进工作者。1990年，因在“728”核电任务中成绩卓越，获上海市核电办公室颁发的荣誉证书和纪念章。个人被载入《上海高级专家名录》《无锡市名人辞典》《世界华人杰出专家名典》《世界优秀专家人才名典》。专著有《金属软管生产》，论文有《金属软管新国标采用国际标准水平对比分析》。

余秉楠

余秉楠（1933—　　）　祖籍大墙门镇，中共党员，离休干部，艺术设计教育家、设计家，清华大学美术学院视觉传达设计系教授，享受国务院政府特殊津贴。1956年毕业于鲁迅美术学院，毕业后被选派到民主德国学习，是新中国第一代选派的留学生，也是第一位在国外获得艺术设计硕士学位的中国人。1962年学成归来，任教于中央工艺美术学院装潢系（清华大学美术学院视觉传达设计系），为中央工艺美术学院书籍艺术系主任、院学术及学位委员会委员，后为清华大学美术学院视觉传达设计系教授。曾任全国印刷字体工作委员会委员、国际平面设计社团协会联合会（ICOGRADA）副主席、国际平面设计联盟（AGI）会员、德国莱比锡平面设计及书籍艺术学院客座教授。

1961年，余秉楠经过两年的努力，在莱比锡创作出国际上第一套由中国人设计完成的拉丁字母印刷体，取名为“友谊体”。1962年9月回国后，被文化部出版局借调至上海印刷技术研究所工作一年，其间参与“宋一”“黑一”“宋二”“黑二”四款印刷用字体的设计工作。另外，还为《辞海》专门设计一款拉丁文字体——“辞海细体”。在长期的艺术设计实践中，十分重视表现中国独有的传统文化，并用大量的设计作品和论著践行自己的设计及教育的理念。在中央工艺美术学院任教期间，承上启下，著书立说，进一步建立和完善我国当代平面设计和书籍设计教学理论体系。所倡导的书籍整体设计、版面设计、网格设计与自由版面设计概念在中国设计界得到广泛的认知与应用。为改变国家长期以来书籍艺术设计理论薄弱的状况，先后编写、翻译了《世界书籍艺术流派》《现代德国插图》《科学技术插图》《书籍设计》《版面设计》《美术字》《字体设计基础》《发展中的书籍艺术》《全世界最美的书》《欧洲书籍艺术简史》等著作。

先后获得“民主德国最美的书奖”“民主法国当代最佳印刷字体奖”“全国印刷新字体评选一等奖”“德国莱比锡谷腾堡终生成就奖”“日本东京字体指导俱乐部（TDC）奖”“新闻出版署评选国家图书奖”等奖项，为国家培养数代优秀设计师，被国际同行赞誉为中国设计通往国际的桥梁。

毕光天

毕光天（1934—　）　墙西唐庄桥人，名江南盖天，号朝阳画室主人。在书、画方面有一定造诣，篆刻更是精妙。他自制铁笔，自配放大镜，自创一整套微刻技巧技艺，用自己切割打磨的象牙片，创作了不少叹为观止的微雕精品，其作品有苏东坡前后《赤壁赋》、武侯前后《出师表》、陶渊明的《桃花源记》、李白的诗词、文天祥的《正气歌》以及毛泽东诗词等。花甲之年还创作了《孙子兵法》13篇。在一块面积仅5.261平方毫米的象牙板上，刻下《般若波罗密多心经》计292字，获上海大世界基尼斯之最证书、中国之最证书、“微雕大师”荣誉称号。他的作品多次被选作礼品赠送给美国、加拿大、日本、澳大利亚等国的友人。

黄稚圭（1935.8—　）　建丰坝头人，黄怀觉长子。自幼受父金石碑刻艺术熏陶、习字走刀。1964年，在山西太原迎泽宾馆所刻的一套“毛主席二十七首诗词”为其处女作。不久，又为画家、南京艺术学院院长刘海粟刻画装裱，为常州和苏州刻制瞿秋白、齐白石像，名声渐长。1978年底，黄稚圭代父赴杭重刻岳王庙碑刻，镌刻岳飞手迹，诸葛亮《前出师表》《后出师表》作品，刻锋细致古朴，其刚柔虚实，气韵迹象，忠实地保持了原作的品相特点。1979年，黄稚圭调回无锡，并在市园林管理处工作。先后为鼋头渚、锡惠公园镌刻了由林散之重书的郭沫若诗“太湖佳绝处，毕竟在鼋头”，以及“古华山门”“古银杏”等刻石，刻工精妙绝伦。

多年以来，他集刻（文字、图画）、拓（碑、版、钟鼎、铭文）、装（裱贴、修补古籍）、制（高级楹联、匾额）于一身，技艺独树一帜，为当今业内全能高手。其刻石数千余方，遍布于无锡、苏州、上海、杭州、开封等地乃至德国，其拓本流传更为广泛，遍布海内外。

邹文越（1935—　）　墙北竹桥头人。1954年在江苏省卫生干部学校学习。1955年在江苏医学院（今南京医科大学）解剖教研室工作，任实验室主任，获副主任技师职称。由于他成绩斐然，贡献突出，曾获江苏省教委晋升工资一级嘉奖，先后10多次获评“院、系先进工作者”荣誉称号。曾为全国解剖学会大体学会实验室领导小组成员，发表专业论文35篇以上，刊于全国、省级专业学报。

尚保忠

尚保忠（1937.1—　）　黄家门秦家坝人，中共党员，南昌航空工业学院（南昌航空大学）材料科学和工程系主任，教授。享受国务院政府特殊津贴。1965年7月至1979年11月，在西北工业大学材料科学和工程系锻压教研室任助教、讲师，曾任锻压教研室副主任、材料科学和工程系主任教学助理。1979年11月至1998年7月，在南昌航空工业学院（南昌航空大学）材料科学和工程系锻压专业任讲师、副教授、教授。其间1982年4月至1984年4月赴美国伦塞利尔理工学院、美国密歇根大学进修。曾任南昌航空工业学院锻压教研室主任，材料科学和工程系副主任、主任。1998年8月退休。

他在国内外专业刊物和杂志发表论文20多篇，主要编写的《金属塑性加工理论与工艺》等4本专业教材由出版社出版。1985年12月被江西省人民政府评为“江西省优秀教师”。1991年9月被国家航空航天部评为“有突出贡献的回国留学人员”，1993年3月被评为优秀研究生导师。他曾被聘兼任的社会职务有江西省高校教师系列高级职称评审委员会工学学科组成员；第三、四届江西省科学技术进步奖评审委员会机械行业评审组成员；1988年至1993年任航空工业科技成果（科学技术进步奖）评审委员会委员；《航空工艺技术》杂志编委会委员；中国航空工业总公司航空材料、热工艺及理化测试技术发展中心理事会理事等职。曾当选江西省南昌市西湖区第十一届人民代表大会代表。

黄亦波

黄亦波（1937— ） 建丰大河头人，儿童文学作家、诗人、资深儿童文学编辑、书法家，中国作家协会会员。1956年，在创刊不久的《萌芽》杂志上发表了第一首诗《造星》，之后又写了不少民歌。1958年被调入少年儿童出版社，任《少年文艺》见习编辑。1989年，他负责主持《小朋友》刊物的编辑工作。举办小诗人夏令营并建立儿童诗社。1998年加入中国作家协会、文艺家协会。著有诗歌《阿布加和中国医生》，散文诗集《远方的礼物》《阳台上的小客人》，故事集《眼睛会动的布娃娃》，儿歌集《从小养成好习惯》，诗歌《含羞草》，散文《峨眉山上的奇遇》。译著《罗姗娜和机器人》）（与费正平合作）获全国第二届优秀少年儿童读物翻译奖，《小鸟在歌唱》（编辑）获全国第二届优秀儿童文学奖，《虎孩》获全国少年儿童出版社优秀少儿读物编辑奖，《魔匣》获全国第四届少年儿童出版社优秀读物编辑奖。为全国各地中小学建立了不少儿童诗社、儿童诗夏令营。2009年3月，硕放南星苑小学“南星苑儿童诗社”成立，黄亦波被聘为诗社顾问，并为《南星诗苑》题写刊名。

毛欣根

毛欣根（1937.4— ） 薛典陆更上人，中共党员，中国工程物理研究院研究员。1956年9月就读于北京师范大学化学系，1962年9月北京大学毕业，后被分配到国家第二机械工业部第九研究院，从事核武器研制工作，后任北京原子能研究所副研究员。1964年4月赴中国第一个核武器研制基地工作，全程参与中国第一颗原子弹和第一颗氢弹的核试验工作。1971年赴四川省绵阳市，在国家二机部第九研究院二所工作（1992年9月，第九研究院改名为“中国工程物理研究院”）。毛欣根从参加工作起参加中国45次核试验的研究工作。1997年退休后留用。

邹桂根

邹桂根（1938— ） 塔西浜斗上人，大学教授，享受国务院政府特殊津贴。上海交通大学毕业，后留校任教，曾任精密电子系教研组长、系主任。1981年7月至1983年9月，在硕放开办机电大专班期间，他为家乡培养专业技术人才、支持乡镇工业的发展作出了较大贡献。退休后出任上海航天局海军研究所顾问。他对神舟飞船与天宫一号的研制，特别是天宫一号的对接机构研究有特殊贡献，在核潜艇及航母研发中也有较大贡献。

毕仲其（1938.10— ） 硕放人。国土资源部南京地质矿产研究所研究员。主要从事地质调研工作和撰写科研报告、论文等。作品有《下扬子地区青龙群划分沉积特征及含钾可能性研究总结》（1986年获地矿部科技成果三等奖）《长江中下游三叠系膏盐沉积环境与铁铜等多金属成矿作用的关系》《下扬子区（兼论中上扬子）中、下三叠系沉积环境及石油气预测》《中下扬子地区二叠纪岩相古地理》《苏皖沿江中生代陆盆层序地层研究》等多篇论文及译本。

杨醒民

杨醒民（1939.2—　）　薛典人，中共党员，教授，专业技术四级，享受正军级薪资待遇。1956年考入哈尔滨工业大学，同时入伍。1960年10月毕业后，在军事工程学院任教。1961年5月，在装甲兵工程学院数学教研室任助教，授中尉军衔。1962年荣立三等功。1983年，任装甲兵工程学院教研室副主任（正团职）。1986年，任装甲兵工程学院基础部主任、师党委书记。1988年至1991年，参加钱学森主持的“钱学森系统科学讨论班”，任全军“高级职务评委会”委员、装甲兵工程学院“全军教育评价”专家组组长、装甲兵工程学院教学督导专家组组长等职务。1993年，评为专业技术五级，享受副军级薪资待遇。1997年，获全军优秀教育成果一等奖，被中国人民解放军四总部授予证书和奖章，同年被评为专业技术四级，享受正军级薪资待遇。2001年，获全军优秀教育成果三等奖，被中国人民解放军四总部授予证书和奖章。曾主编并出版《军校大学生学习论》《学会学习》《现代实用教学艺术》等专著，并在核心刊物上发表各类论文47篇，其中部分论文被英国皇家图书馆收藏。

方炳炎（1939.11—　）　墙门坝后人，高级工程师、研究员，中国地图科学研究所所长，享受国务院政府特殊津贴。毕业于武汉测绘科技大学。曾任中国地图出版社高级工程师、编辑部副主任、开发部主任，地图科学研究所所长，中国测绘学会常务副秘书长（副厅级）、研究员。设计有“等差分纬线多圆锥投影”等多种世界地图投影，其成果载入大学专业教科书，并收入《辞海》条目。编著有《地图投影学》《地图投影计算用表》等书，并译著多部。

杨祖达（1940.2—　）　薛典人，教授，华中农业大学林学系副主任，享受国务院政府特殊津贴。先后就读于薛典小学、梅村中华中学、常州高级中学，1962年毕业于南京林业大学，同年分配至林业部调查规划局设计院工作，后调任华中农业大学任林学系副主任。曾任民盟湖北省委常委、民盟华中农业大学主委、武汉市洪山区人大代表、湖北省政协委员（农业组长）；兼任武汉生物工程学院园林系主任、教授，后聘任为华中农业大学研究生教育督导。在华中农业大学任教期间，主讲《林业遥感》《森林经理学》等课程，曾获评“农业部优秀教师”荣誉称号。在主持和参与国家、省（部）级课题研究“林业遥感技术研究”“长江中游生态经济型防护林体系建设研究”“栎树资源永续利用研究”等项目中，先后获国家科技进步二等奖1次、国家科技进步三等奖1次、省部级科技进步奖6次。主编与参编教材5部，发表科研论文数10篇。

周如宝（1940.3— ） 墙北周家湾人，中共党员，高级工程师。1956年7月初中毕业。同年8月参加中国人民解放军，任南京军区空军修建四分部试验室试验员。1960年9月，被部队选送至南京建筑工程学院工业与民用建筑专业学习深造。1964年7月毕业，分配至南京军区后勤设计院工作，从事地下工程及营房设计、施工、预决算等编审工作。担任地下工程组技术员、工程师（技术9级），行政级别晋升为17级。1982年12月至1985年12月，任南京军区后勤部修建处工程科科长，负责军区空军工程范围内的工程设计施工管理及工程造价的核定工作（1984年7月至1987年7月在空军气象学院半脱产学习）。1987年7月，任南京军区后勤部基建处工程办负责人（正团职），后由行政工作改做技术工作。1989年1月至2001年12月，任南京军区后勤基建处高级工程师，技术5级。在军内刊物上发表论文多篇，主要是关于地下工程锚喷支护应用及设计、工程建设费用包干使用的探讨等。组织编写《空军场道施工规范〈草本〉》，供空军编委审评，其喷锚支护操作规程获空军、军队优质工程奖多项。从军期间荣立三等功1次，集体三等功1次，获评“空军空管工程建设先进工作者”“模范共产党员”等荣誉称号。2001年12月退休，享受正师级待遇。

邹士洪

邹士洪（1940.4— ） 中华庄史更上人，中共党员，内科副主任医师。1963年分配到墙门联合医院工作，1983年任副院长，1994年任党支部书记、院长。1988年获“内科副主任医师”职称。先后为中国残疾人联合会康复协会理事、中国截瘫研究会理事、上海康复医学工程研究会理事、江苏省康复协会理事、无锡县医学会理事、红十字会理事，为中华医学学会会员、中国特色医疗医药学会会员。主编《临床医师备用手册》，参与编写《江苏省乡村医生教材复习题解》，无锡县乡村医生复训包括基层医学、临床医学、预防医学等教材。在无锡县卫生进修学校任教，发表论文20多篇，其中《试论当前乡镇卫生院的联合办医》获1993年至1994年无锡县自然科学优秀学术论文三等奖，无锡县人民政府优秀论文二等奖。参加无锡市乡村医生考试命题，无锡县卫生系统高、中级职称评委，入编《无锡市名人录》《中国专家人才库》《中国专家大辞典》。先后当选为无锡县政协常委、人大代表，硕放镇党代表、人大代表，被评为无锡市优秀院长、无锡县十佳社会主义优秀医务工作者、无锡县卫生系统先进个人、无锡县建功立业标兵。2000年退休。

李拯民

李拯民（1941.8— ） 红力河泗桥人，中共党员，外科副主任医师。1963年无锡医专毕业后分配在墙门联合医院工作，先后任硕放医院外科医师、主任、主治医师、副院长。1989年至1995年，任无锡县南泉医院院长、党支部书记（其间1989年至1991年参加卫生部卫生事业管理学院函授学习，获管理专业证书），后调任无锡县梅村医院副院长。1996年破格晋升外科副主任医师，先后担任《中国现代基层医学》特约编辑、《中国临床医生》杂志特约通讯员、中国未来研究会会员。曾当选为无锡县第八、九、十届人大代表，多次获得无锡县、市先进工作者、优秀党员、优秀党支部书记等荣誉。1982年起，先后在国家、省、市级医学刊物发表论文17篇（其中医学论文13篇、管理论文4篇），获优秀论文奖7篇。参与编纂42万字的《乡镇卫生院院长培训手册》，为该书主编之一。参加全国性学术经验交流会15次。1998年2月，入选《中国当代医药界名人录》；是年10月，入选《中国当代名医名药大典》；1999年，入选《二十一世纪人才库》。2001年退休。

毕显明（1941.10—　）　王家桥邓家湾人，中共党员，中医内科副主任医师。1963年无锡医专毕业后分配到无锡县华庄医院工作，至1980年先后任院长、党支部书记（其间1970年在苏州中医院进修内科和心电图）。1980年调硕放卫生院工作，任院长兼党支部书记。1994年调无锡县钱桥卫生院，任院长兼党支部书记。1997年获评“中医内科副主任医师”职称。后调任锡山市中医学会常务副秘书长。先后任江苏中医学会委员、江苏省中医学会养生营养专业委员会委员等职。1991年获无锡县人民政府颁发的先进工作者荣誉证书。1996年，题为“深化改革创新路，科技兴医促发展”的论文获中国卫生政策杂志社首届国际“中越”医院管理学术研讨会二等奖。1997年获无锡市人民政府颁发的三等功荣誉，同年获无锡市振兴中医药工作领导小组授予“无锡市振兴中医杏林奖”先进个人。与他人合作出版《家庭饮食宜与忌》一书。2001年退休。

张东山（1941—　）　红力小章家桥人，中共党员，教授、机械工程专家。1964年在华东化工学院（华东理工大学）化学机械系毕业后留校任教，曾任机械系副主任、研究生处处长、化工机械研究所所长、机械学科主任等职。1994年至2004年任华东理工大学副校长，中国机械工程学会高级会员，曾兼任全国热交换器学术会议暨压力容器分会换热器委员会委员，上海市化工设备管理学会常务理事、副会长，上海市现代设计法研究会理事。主要从事有关过程设备开发设计、数值分析、计标机辅助设计和机械设备状态监测等方面的教学和研究工作，著有《有限元方法在化工机械设备中的应用》《化工设备结构分析与设计》等专著和译著，并发表论文30余篇。

顾轩强（1941.5—　）　西典巷人，锡山区农林局林业指导站副站长、高级农艺师，享受国务院政府特殊津贴。曾任中国茶业学会会员，江苏省茶叶学会理事，无锡市林学会理事，锡山市茶业协会会长。中国香港新华通讯社技术顾问，浙江农业大学实习老师，中国名茶“太湖翠竹”创始人。

顾轩强

顾轩强从事茶业专业工作40年，任职期间带领全区茶业工作者，亲手研制的“太湖翠竹”茶工艺先进技术，获“世界优秀技术专利”，编入《中国茶叶大辞典》《中国名茶志》。“太湖翠竹”茶在江苏省第三至第十届“陆羽杯”评比中蝉联第一名；在“中茶杯”评比中荣登榜首；在第一、二届国际名茶评比中获金奖；在中国农业博览会上，2次被认定为全国名牌产品。经长期研究，创立的“早春名优茶栽培技术”“名优茶机械化加工技术”在全省推广后，制茶效率提高5.4倍，成本下降20%，春茶的正品率大幅度提高，推动了茶叶科技进步，对名优茶加工工艺的革新具有突破性的意义，取得了显著的经济效益和社会效益。

1997年12月，顾轩强被中国香港新华通讯社聘为技术顾问。1998年3月，被浙江农业大学聘为实习老师。其撰写的8篇茶业论著先后在国家、省级刊物发表，参与编写1994版的《无锡县志》茶业章节，同时为无锡县科学技术协会编写一套6万字的培训教材，制定“太湖翠竹”茶省级标准，支持拍摄“太湖翠竹”茶的制作技术和“绿化造林”专题片2部。“太湖翠竹茶研制”和“名优茶机械化加工技术的研究”等11项科研成果分别获部、省、市、县科技进步二、三、四等奖。他多次获省、市、县先进工作者的表彰和奖励。在“八五”“九五”期间获评“江苏省先进工作者”荣誉称号；1997年荣立锡山市三等功；2001年获评“江苏省科协优秀科技工作者”荣誉称号；2001年获无锡市人民政府腾飞奖。2000年10月，中国改革发展丛书编纂委员会将其编入《当代中国人才库》。

唐则祁

唐则祁（1941.3— ） 建丰阙家桥人，中共党员，大学本科学历，高级研究员，享受国务院政府特殊津贴，是中国太阳能技术开发研制项目的领军人物之一。1964年毕业于上海华东师范大学化学物理电源专业，毕业后进入电子工业部18研究所、航天部上海航天局811研究所等单位。1982年起，担任上海市太阳能学会（第二、第三届）常务理事专业委员会主任。2005年起，担任宁波杉杉尤利卡太阳能科技发展有限公司副总经理（正处级）。从事航天太阳电池及方阵工作40余年，参与中国第一颗太阳电池卫星的太阳电池研制生产。先后任中巴地球资源卫星太阳电池主管设计师、资源2号卫星（军用）太阳电池方阵主管设计师。参与10多颗卫星太阳电池的研制及方阵工作，并负责编制所级和院级卫星太阳电池军用标准，独立编制院级卫星太阳电池设计规范。

工作期间，他获得由国家知识产权局颁发的“太阳电池自动精确涂胶机构（专利号：ZL03116585.0）”“太阳电池自动封装机构（专利号：ZL03129054.X）”“超薄型空间太阳电池片涂胶封装一体化机器人（专利号：ZL200310122802.1）”“太阳电池自动布贴系统（专利号：ZL200410067817.7）”等6项发明专利和“丝网印刷铝背发射结N型单晶硅太阳电池（专利号：ZL200620047100.0）”实用新型专利。曾在国际、国内光伏会议及专业杂志上发表《国内空间光伏应用现状及发展趋势》《航天太阳电池系列化研究》等学术论文20余篇。1986年，“40×40毫米太阳能电池”研究项目被中国航天部授予“航天部科技进步二等奖”；1992年，“风云一号电源系统”项目被中国航天部授予“航天部科技进步一等奖”；1997年，“航天太阳电池多功能平行微间隙精密电阻焊工艺研究”项目被中国航天工业总公司授予“航天部科技进步一等奖”；2001年，“JB-3卫星一次电源”项目被中国国防科学技术委员会授予“国防科技二等奖”。

钱铭铨

钱铭铨（1941.8—　）　墙门梅家里人，中国林科院林产化学工业研究所（江苏南京）高级工程师，大专学历。1964年至1970年，在林业部林业机械研究所（北京市）工作。1970年至1975年，在林业部泰州林业机械厂（江苏泰州）工作。1975年至1976年，在江苏省扬州地区煤矿指挥部工作。1976年至2001年，在中国林科院林产化学工业研究所（江苏南京）工作。1992年被评定为高级工程师职称。工作期间，其主要科研成果有75系列全风冷内燃机设计，负责风冷系统设计；汪克尔型全风冷转子发动机研究；松香连续氢化中间试验，负责自动控制研究设计，该项目1985年获国家科技二等奖，林业部科技一等奖；栲胶泵轴密封的研究，该项目1983年获江苏省科技三等奖。研究的“多层振动流化床干燥机”和“活性炭间接加热炭活化炉”两项获国家专利。编写的《关于栲胶泵目前存在的问题及改进意见》《松香连续氢化中间试验》《栲胶泵轴密封的研究——副叶轮动力密封和飞球离心式机械停车密封装置》《钢球离心式机械停车密封》《多层振动流化床干燥机及其应用》等学术论文，分别在《林化科技》《林产化学与工业》《流体机械》《生物质化学工程》等杂志上发表。

施鹤高

施鹤高（1942—　）　塔西纱巷里人，中共党员，大学本科学历。毕业于中国药科大学（原南京药学院）。1965年9月参加中国人民解放军。1971年10月加入中国共产党。先后任昆明军区69医院药师、药剂科副主任（代主任）。1978年3月调入南京军区101医院，任药械科主任。1986年12月任药械科副主任药师，技术职称5级、文职级别5级（正师级）。曾先后担任云南省曲靖地区药学会副理事长，无锡市药学会理事、药剂学组组长，江苏省药剂学组副组长等职。中国人民解放军药品制剂规范编委、编辑。他长期从事药学工作，积累了较丰富的经验，取得了较好的成绩。

在20世纪70年代，重点对中草药罗锅底（雪胆）、石椒草、蒲公英、地皮消等进行了较系统的发掘研究工作。在中国科学院昆明植物研究所、上海第一医学院、上海药物研究所等专家教授的帮助下，通过对雪胆的提取分析、药理试验、临床观察等方面深入研究，获得成功并制成一种新药，发表多篇论文，并被刊载于《中国药典》。1977年4月在昆明军区科技大会上获二等奖1项、三等奖3项。在《中国医院药学杂志》《中国药学杂志》《药学情报通讯》等杂志上发表文章63篇。参加《中国人民解放军药品制剂规范》《中药临床手册》等书的编辑工作。获评昆明军区“先进科技工作者”荣誉称号。2002年退休，享受副军级生活待遇。退休后，获评南京军区联勤部“先进离退休干部”荣誉称号。2005年至2010年，连续六年被无锡市民政局评为“优秀共产党员”。

顾毓斌（1944.5—　）　红光旺二房桥人，中共党员，高级会计师。1963年毕业于梅村高级中学，同年考入中央财经大学金融系。1968年分配到国家第五机械工业部江西177厂工作，从事工厂财务会计管理工作。1983年被评为江西省企业管理能手，先后任厂财务处处长、副总会计师、总会计师。1988年5月，被评定为国家机械工业委员会高级会计师。1990年因工作需要调到南京理工大学工作，在经济管理学院任教，先后任会计教研室主任、经济贸易系主任、南京理工大学财务处处长、校副总会计师、副教授。2004年退休，至2011年继续为学校发挥余热。他主编的书籍有《新编企业财务管理》（东南大学出版社）、《财政与金融教程》（江苏人民出版社）、《财务管理学》（中国财政经济出版社）、《注册会计师操作实务》（南京理工大学出版社）。编写的《建立健全我国中小企业融资担保制度》《国外中小企业融资担保制度》《一级市场收益率的变化与新股发行制度的改革》《国际收支及人民币汇率变动的回顾与展望》等八篇论文分别在《现代经济探讨》《世界经济与政治论坛》《南京理工大学学报》《统计与决策》等杂志上发表。

顾毓斌

邹雄（1945.3— ） 墙北邹家里人，山东大学齐鲁医院检验科主任医师，教授、博士生导师，享受国务院政府特殊津贴。主要从事肿瘤标志和肿瘤免疫的研究工作，1991年起主持省科委项目“肿瘤最佳标志群的研究”，1998年获山东省科技进步三等奖，1996年起主持省科委“MHC、T细胞共刺激信号因子和肿瘤转移”的重点项目，获2003年省科技进步二等奖、2004年教育部推荐国家科技进步二等奖。2002年参与“863”课题“新型MUC1上皮广谱肿瘤疫苗抗肿瘤作用的研究”为课题组副组长。

工作期间，曾担任《中华检验医学》杂志编委，《诊断学理论与实践》杂志编委，《临床检验》杂志编委，《临床和实验医学》杂志编委，《中国实验诊断学》编委，《齐鲁检验医学》杂志副主编，《实用检验医师》杂志顾问。他先后在国内外主要杂志以第一作者或通讯作者发表论文40余篇。主编《高效液相色谱在生命科学中的应用》，获1997年北方十省市科技图书一等奖；主编《肿瘤分子生物学》获山东省教委二等奖；主译《癌症》（560万字）；主编《分子免疫学和临床》《基本检验技术及仪器学》《现代实验诊断学》；参编《当代检验分析技术与临床》《检验医学自动化及临床应用》《临床生物化学和生物化学检验》（第三版）等著作。

邹雄先后担任山东省检验学会名誉主任委员，中华微免学会山东省分会副主任委员，中华检验学会常务委员，中国医师学会检验分会常务委员，中国抗癌协会肿瘤标志专业委员会副主任委员，中华检验学会肿瘤标志专家委员会主任委员，中华医学会医疗事故技术鉴定专家组成员，中国实验室认可委员会医学分会委员。

奚毓敏（1945.3— ） 王家桥奚家庄人，江苏省电力设计院高级工程师。毕业于武汉测绘学院工程系。1984年任中国测绘学会、江苏省测绘学会理事。先后在《测量员》《电力勘测设计》《测绘技术》《江苏测绘》等专业刊物上发表论文9篇。在江苏省测绘学会学术年会上交流论文4篇，先后获省部级先进生产者等荣誉及奖励。个人简历及业绩编入《世界华人杰出专家名典》《中国专家大辞典》等。

黄良起（1947—　）　建丰坝头人，黄怀觉次子，别号良器，金石碑刻家，国家一级美术师（资深教授），当代公认的“碑刻圣手”。曾先后任职于杭州市美术工作团、中国美术学院、浙江省图书馆。他子承父业，深得真传，且得益于父亲挚友吴湖帆、刘海粟、郑逸梅、陆俨少、唐云等教诲，技艺精湛，将书画艺术的韵味融于刻刀之中。后经陆维钊、沙孟海、陆抑非等指导，石刻书画艺术更臻炉火纯青，运刀如笔，其作品有“铁笔传神，石上生花”之誉。其诸多作品为世人及博物馆所珍藏。

黄良起

30多年间，黄良起刻的碑石已逾千方。2001年结集出版的四十九观音宝相、十六尊者和十八罗汉，被誉之为“墨痕双璧有奇功”。黄良起刻碑石主要散布在上海、浙江各地，如杭州灵隐寺里的五百罗汉碑（由黄良起和他的父亲、弟弟、妻子和侄女完成）、上海玉佛寺的历朝观音碑，以及吴昌硕、程十发、唐云、沙孟海、沈迈士、刘海粟、启功等书画大家的墨宝、画宝碑。广州六榕禅寺和甘肃敦煌莫高石窟内，均有黄良起的作品。2008年9月28日，黄良起拓片艺术馆在宁波紫竹林艺术馆三楼开馆，内藏刻古今书画名家作品拓片1020个，其中“五百罗汉”全国只有一套，碑石已在灵隐寺封存。

吕福根（1949.7—　）　硕放西湾人。1972年4月就读于南京理工大学自动武器设计制造专业。1975年毕业，被分配到中国轻武器研究所工作，从事枪械设计工作。1982年，在北京理工大学进修概率数理统计管理。1986年，参加筹建中国北方国际射击场。1987年7月，任中国北方国际射击场副总经理（副处级），负责外联工作。1993年，调入海南三亚合资的射击场工作，任副总经理。1996年，在中国轻武器研究所与北京王府井百货大楼合作的北京龙迪尔商贸公司工作，任总经理（正处级）。1997年，调到上海奉贤洪庙的南上海射击中心工作，任副总经理。1998年，在北京蓝波技术信息开发有限公司工作，任总经理。2004年，在北京鑫睿会友咨询服务中心工作，任总经理（正处级）。

吕福根

吕福根在轻武器研究所工作期间，曾在《轻武器》杂志上发表多篇学术论文。1989年，随北方公司出国，为泰国、斯里兰卡军队的排级以上干部讲授轻武器课。2009年退休。

严国群（1949.10—　）　祖籍江苏宜兴，户籍无锡硕放。中国人民解放军军事科学院研究员（正局级），从事军事理论研究。任军事科学院高级专业技术职务评审委员会委员。曾获军事科学院科研成果二等奖、三等奖，获全国、全军个人优秀期刊奖。个人出版专著4本（共计80万字），其中一本著作获全国金钥匙图书三等奖。在《人民日报》《光明日报》《解放军报》等报刊发表论文200多篇。其中《多行不义必自毙——李登辉如何成了孤家寡人》获中国管理学会全国现代化建设征文二等奖。曾被中国科协、《解放军报》等50多个单位联合评选为“全国自学成才优秀人物”。荣立个人三等功1次。

曹根泉（1950.12— ） 里河河浜上人，中共党员，曾任空军某研究所正团职副处长，空军上校军衔。毕业于苏州吴县望亭中学，1968年3月应征入伍，1969年12月加入中国共产党。在空军气象学院计算机应用专业学习，毕业于空军雷达学院作战指挥自动化专业。后被分配到空军第三航空学校，历任班长、气象报务员、气象台测报组副组长、司令部保密室机要保密员。1989年6月，调入空军司令部气象研究室工作，任技术员。后调入空军第七研究所，历任技术员、助理工程师、工程师、科技处参谋、正团职副处长，专业技术7级。曾被评为五好战士，荣立个人三等功2次。在军事科研工作中，完成各项科研课题的研究、研制任务。其中，获国家科技进步三等奖1项，军队科技进步一等奖2项、二等奖1项、三等奖1项。退休后受聘于中国气象局北京敏视达雷达有限公司工作，为中国新一代多普勒气象雷达的研究、生产和组网建设做出了贡献。

庞连智（1955.2— ） 建新小朱家里人，曾用名朱良根，中共党员，研究生导师，全国劳动模范，全国“五一劳动奖章”获得者。曾任上海市闸北区中心医院党委书记，上海市卫生工作者协会社区卫生服务专业管理委员会主任。在任上海市闸北区临汾地段医院院长期间，先后经历了承包制、股份合作制、委托经营模式试点改革工作。开设了上海首家安宁护理病区，率先推行“一人一诊室”服务。身怀专业课题与美国、比利时进行国际研究合作，组织编写5本老年护理医学专著，在各种杂志刊物发表论文18篇。被第二军医大学聘为社会医学硕士研究生导师。当选为上海闸北区第十三届人大代表，任区人大常委会科教卫工委委员、上海市闸北区社区卫生服务管理中心主任、上海市卫生工作者协会社区服务专业管理委员会主任、上海市医学会全科分会副主任委员、上海凯成养老管理中心主任等职。先后获评上海市卫生系统“精神文明优秀组织者”等7项荣誉称号，1999年至2002年获上海市卫生系统“先进个人”荣誉称号，2004年至2006年获全国五一劳动奖章和“全国劳动模范”荣誉称号。连续九次应邀到青海医学院、第二军医大学等高校作学术专题报告。2005年两项课题入选上海市医学社区重点建设项目；主导的“安宁护理社区拓展及临终病人生存质量评价的研究”“城市社区老年护理实践研究”课题获上海市科技进步三等奖。

施鹤平（1956— ） 塔西纱巷里人，民革党员，大学学历，科技部高级技术专家，国家高级工艺美术师，享受国务院政府特殊津贴。1969年毕业于北京理工大学无线电专业。常年从事半导体器件、集成电路（IC）及计算机、自动控制、程控电话、通讯载波机、LED显示、电子照明节能等产品的研发、生产、营销工作。曾任总工程师、副总经理等职。先后被国家电子部、科技部等聘为全国集成电路标准化技术委员会数字电路分会委员、科技部高级技术专家，多次获国家、省级等奖项。发表过《我省微电子发展的设想和建议》《绿色照明与照明节能产品》等多篇论文，编写并出版《中国集成电路大全——ECL 超高速集成电路的特性和应用》《中国半导体器件手册——ECL 电路分册》《国家标准——半导体集成电路测试方法的基本原理》等专著。

1996年毕业于上海市虹口业余大学书法篆刻专业，师从韩天衡、周志高等名家。作品曾入选上海中日书画展，西泠印社篆刻展，1999年上海书法展，2007年上海市书法篆刻大展，第七、八届全国刻字大展，第十二届国际刻字交流展，书作还被刻入“中华嶂石岩”碑林。曾分别举办个人展览2次，曾东渡日本进行艺术交流。著有《施鹤平会意书法》，编写《楷书三字经》《隶书百家姓》《篆书千字文》系列书法教材。分别在《上海书协通讯》《书法导报》《书法报》上整版发表刻字学术论文。曾为中国书法家协会会员、上海市书协刻字委员会副主任、上海市书法家协会会员、上海长宁区书协刻字专委会副主任、上海陶行知书画院常务理事、中共上海市委党校书画协会名誉会长、上海市广种福田书画院副院长、上海市大自在艺术沙龙副院长、上海汲古斋签约篆刻家、上海鲁艺高级教师、上海紫藤艺术会馆馆长、国家高级工艺美术师。

陈忠达（1956.4— ） 新农沈家湾人，研究生学历，教授，博士研究生导师。1982年7月至长安大学（原西安公路学院）任教，一直从事路基路面工程的教学和科研工作。1989年获硕士学位。长期工作实践中，主持科研项目100余项，其中国家级项目10余项，研究成果大多为国际先进水平或国内领先水平。曾获省部级科技进步奖20余项，其中一等奖1项、二等奖10余项，取得了良好的经济和社会效益。培养研究生120余名，其中博士研究生近20名；发表学术论文150余篇，其中30余篇被《工程索引》（EI）收录；出版《路基路面工程》《路基支挡工程》《公路挡土墙设计》《公路挡土墙施工》等近10部学术著作或教材；曾获国家专利授权20项，其中发明专利7项。在公路界有一定声誉。

陈忠达

邹农俭（1957.6— ） 黄家门汤家桥人，中共党员，法学博士学位，南京师范大学社会发展学院院长、教授、博士生导师。1983年毕业于南京大学历史系。毕业后进入江苏省社会科学院社会学研究所从事研究工作，随即参加由费孝通主持的“六五”国家哲学社会科学研究重点课题“江苏小城镇研究”和“七五”国家哲学社会科学研究重点课题“小城镇与城乡关系研究”。1990年7月任江苏省社会科学院社会学研究所副所长。1991年任江苏省社会科学院第三、四届学术委员会委员。1998年毕业于中国社会科学院研究生院，获法学博士学位。1999年6月调入南京师范大学。后任南京师范大学社会发展学院院长、南京师范大学社会学研究所所长。主要社会兼职有江苏省社会学会副会长；江苏省城镇化研究会副会长；中国社会科学院研究生院兼职教授；北京工业大学人文学院兼职教授；江苏省人民政府研究室特约研究员，江苏省人民检察院兼职教师。为南京师范大学社会发展学院中国史（中国现代史）博士生导师。2002年9月至2003年4月，为美国伯克利加州大学高级访问学者。

邹农俭

发表主要论文有《小城镇大问题》《迈向现代化的苏南农村》《农村税费改革：国家·乡

村集体·农民的利益博弈》《社会建设的若干重大制度建设》等100余篇。主编的著作有《苏南地区社会发展报告》《小城镇新世纪》《江苏农民工调查报告》《现代化：太仓实践》等9部，其中有7部作品获省部级以上奖。

李振声（1957.8— ） 红力河泗桥人，教授，博士生导师。1985年复旦大学硕士研究生毕业。1991年获复旦大学文学博士学位。2000年至2005年，为日本信州大学中文系教授、博士生导师。主要从事中国当代文学研究、批评与教学。代表性论文有《作为新文学思想资源的章太炎》等；主要论著有《季节轮换》《书架上的历史》等；译著有《苏门答腊的郁达夫》（铃木正夫）、《梦十夜》（夏目漱石）、《上海》（横光利一）等。

邹农基（1961.4— ） 黄家门汤家桥人，中共党员，博士，教授。江苏科技大学西校区党工委书记、管委会主任，大学生心理健康教育中心主任。

邹农基

邹农基长期从事群体心理卫生及咨询活动，尤其是对当代大学生健康人格的培养，青少年心理困惑、不良行为的矫正有较深的研究。主持并参与教育部人文社科基金项目、江苏省高校哲学社科基金项目、江苏省社科联资助项目等多项省部级课题。获得江苏省哲学社会科学优秀成果奖三等奖、江苏省社科联社科应用研究精品工程优秀成果二等奖、中国应用心理学高峰论坛优秀论文奖。在《江海学刊》等核心期刊上发表论文30余篇。个人曾获镇江市新长征突击手、江苏省科协科普宣传先进个人、江苏省心理学会优秀理事，江苏科技大学先进工作者，2007年获评镇江市“优秀理事长”等荣誉称号。

周彬忠（1961.12— ） 秦村毛家桥人，博士，教授。1979年考入成都地质学院（现成都理工大学）地球物理勘探系。1986年7月获地球物理学专业硕士学位。1989年5月赴澳大利亚弗林德斯大学留学，于1993年9月获地球物理学博士学位。1993年至1995年，在英国牛津大学林肯学院做埃尔夫（ELF）博士后研究。1995年9月，加入澳大利亚联邦科学与工业研究组织（CSIRO），曾为CSIRO煤矿开采研究所煤矿安全与环境小组高级首席地球物理学家（教授级）。致力于研究高分辨率地球物理测井和成像方法在煤矿、金属矿以及油气开采上的应用，特别是在矿藏详测、矿山设计及矿山安全上的应用。采用地球物理测量方法，来提高识别矿体和地质构造的能力，更好地了解围岩的岩石力学特性，改进矿山设计，降低矿山安全风险，提高矿山产量和利润。为煤炭行业开发和引入了高分辨率三维地震勘探技术，在澳大利亚煤矿行业得到了广泛应用。经常与中国科学院，成都理工大学，山东、淮南等煤矿企业单位合作，为改进和提高中国煤矿的安全生产和效率作出了较多贡献。周彬忠的研究在国际上受到同行们的高度评价与肯定，是澳大利亚勘探地球物理学家协会（ASEG）、美国勘探地球物理学家协会（SEG）和欧洲地质学家与工程师学会（EAGE）的会员。曾任澳大利亚《勘探地球物理学》副主

周彬忠

编；22届 ASEG 国际地球物理年会和展览技术委员会主席；2013年在北京举行的第一届亚太区近地表地球物理学术研讨会暨展览（NSGAPC）学术委员会副主席；20多份国际著名地球物理期刊的审稿人，共发表期刊文章和研究报告200多篇。担任昆士兰华人科学家与工程师协会（昆华科协 QCASE）的通信部长，为促进中澳特别是中国与昆士兰州在科学技术和教育领域的广泛交流与合作做出了积极贡献。

焦炳华

焦炳华（1962.8— ） 王家桥奚更上人，中共党员，教授，博士生导师。1988年3月，任上海第二军医大学微生物学教研室讲师；1989年2月破格晋升为副教授；1992年12月提前晋升为教授。2001年起，先后任上海第二军医大学基础部微生物学教研室副主任、卫生毒理学教研室主任、生物化学与分子生物学教研室主任，博士生导师，国家首批高等院校青年骨干教师。主要从事细菌内毒素的结构与功能及细胞因子生物学活性方面的研究。在国外及国家核心期刊共发表学术论文100余篇，主编出版《肿瘤坏死因子及相关细胞毒素》《分子内毒素学》及《现代微生物毒素学》等专著。

焦炳华曾为国际内毒素学会会员，中国微生物学会干扰素与细胞因子专业委员会主任委员、中华航海医学会常委兼海洋生物工程专业学会主任委员、中国药学会生化药物专业委员会委员、中国微生物学会分析微生物专业委员会委员、上海市微生物学会理事、上海市微生物学会医学专业委员会主任委员、上海市药学会海洋药物专业委员会副主任委员等职。曾为国家自然科学基金、军队科技进步奖和上海市科技进步奖评审专家，军队首届药审专家库成员，全军医学科学技术研究“十五”计划课题评审委员会委员，《药物生物技术》《第二军医大学学报》和《国外医学——微生物学分册》编委。

在内毒素研究方面率先阐明了脆弱类杆菌和鼠伤寒沙门菌粗糙型内毒素类脂A的化学结构，并首次提出了存在于光滑型内毒素中“不完全类脂A”的概念。系列研究“细菌内毒素的结构与功能”获军队科技进步二等奖，“口腔厌氧菌内毒素的生物活性及其防治研究”获联合国创新发明科技之星奖。

主持国家级重大项目——新型肿瘤坏死因子项目的研究工作。研制成功高效、低毒的国家一类抗癌新药，该项目已通过科技部的验收，并经国家药品监督管理局批准进入临床验证。新型肿瘤坏死因子及其制法获国家发明专利。“重组人新型肿瘤坏死因子专题”2001年获科技部、财政部、国家计委、国家经贸委“九五”国家重点科技攻关计划优秀科技成果，2000年度上海市优秀发明一等奖和香港国际新产品新技术博览会“21世纪重大科技成果奖”，2001年获得中国药学发展奖提名奖。主持研究的“九五”国家级重点专题“重组鲨鱼软骨素”获突破性进展，率先从中国姥鲨软骨组织中分离得到分子量为8KD 的糖蛋白组分，该物质可抑制内皮细胞的增殖、抑制新生血管的形成，并具有显著的体内抑瘤效应，从而阐明了鲨鱼软骨抗癌作用之谜。他所带领研究的课题分别被列为“八五”国家科技攻关计划生物技术领域重大项目、“九五”国家科技攻关计划医药生物关键技术基因工程药物“重中之重”专题、国家自然科学基金项目、全军医药卫生基金课题重点项目及上海市科技发展基金项目。

朱祖华

朱祖华（1963.6— ） 西典巷前场湾人，中共党员，大学文化，高级工程师（教授级）。1984年大学毕业后，进入铁道部第二勘测设计院（中铁二院工程集团有限责任公司）从事铁路和城市轨道交通工程设计工作。历任设计所副所长、所长，建筑院副总工程师，华东公司总工程师，中铁二院工程集团有限责任公司副总工程师（华东地区城市轨道交通技术总负责人）、高级工程师（教授级）。国家一级注册结构工程师、一级建造师、注册监理工程师、英国皇家特许建造师、国家发改委综合评标专家库专家。担任多项铁路和地铁工程总体设计负责人和总咨询师。

朱祖华参加国家住建部《城市轨道交通技术规范》和《城市有轨电车工程设计规范》文件的主要编写工作。主持完成的“深圳地铁重叠隧道设计与施工关键技术研究”科研成果获国家科技进步二等奖，“上海轨道交通9号线二期工程”、贵阳站房等多项设计成果获国家和省部级优秀工程设计一、二、三等奖。

黄树生

黄树生（1963.10— ） 秦村村东堰湾人，中共党员，研究生导师。1995年6月获南京大学法学硕士学位，2005年6月获苏州大学文学博士学位。1980年9月参加工作，为硕放中学英语专职教师。2001年8月应招考入无锡市滨湖区教育研究发展中心，2005年7月应聘考入无锡市教育科学研究院，专门从事教育科研工作。完成“新课程背景下的课堂教学设计研究”“吴文化内核的校本课程开发研究”“主动参与式课堂有效学与教研究”和“中学科学教育主动参与式学习的中英课例比较研究”等江苏省教育科学规划课题研究。2007年4月获首届江苏省基础教育教学成果奖特等奖，2010年12月获教育部基础教育课程改革教学研究二等奖。博士学位论文《薛福成研究》在《中国优秀博硕士学位论文全文数据库》出版，填补了文学史上关于薛福成专题研究的空白。主要专著有《薛福成文学评传》《薛福成年谱》和《新课程背景下的课堂教学设计研究》丛书等。

许洪元

许洪元（1964.5— ） 黄家门姚家里人，大学学历，博士学位，高级工程师。1987年在上海电力学院电力工程系电力系统教研室任教；1992年6月在东南大学电气工程系电力系统及其自动化专业博士研究生毕业，获博士学位。后到深圳赛格集团华达电脑软件公司（后独立为深圳远望城多媒体电脑软件有限公司），从事信息管理软件开发及应用工作，任软件开发工程师、部门经理等职；1996年5月调到深圳市华力特电气有限公司，从事变电站自动化系统研发及应用工作，任技术部工程师、经理，公司副总经理等职，主持FARAD 200B超高压变电站自动化系统的研发工作。2005起，历任江苏金智科技股份有限公司电网事业部总经理、市场总监、公司副总经理兼上海金智晟东电力科技有限公司总经理，高级工程师，负责公司智能配电网业务。曾获江苏省科技进步二等奖。

邹哲（1964.9—　）　红光徐家堰人，中共党员，高级工程师，享受国务院政府特殊津贴。毕业于南京工学院（东南大学），1988年获天津大学硕士学位。工作期间，先后任天津市城建规划局办公室主任、天津市城市规划设计研究院总工程师、中国城市交通规划学术委员会理事长，南开大学、天津大学兼职教授，《城市》杂志副主编，是中国城市规划学会会员、美国交通工程师学会会员、天津市规划委员会会员、天津市建委专家委员会委员、全国注册城市规划师考试专家专员。曾获评天津市“十佳青年科技工作者”、天津市“城市规划专家”荣誉称号。

陆利民（1965.7—　）　新农胡更上人，南京理工大学工程硕士，高级工程师，资深设计师，高级业务主管。1980年硕放中学初中毕业。1984年，无锡无线电工业学校毕业后，分配到中国电子科技集团公司第十四研究所工作。1991年东南大学本科毕业。1999年，主持研制的某导弹指挥通信系统，获江苏省国防科技进步特等奖。2001年，主持研制的某电子指挥系统，获国防部工委国防科技进步一等奖。2005年，参与研制的某雷达获国家科技进步一等奖。

吴龙龙

吴龙龙（1965.10—　）　孙典桥柘茶上人，中共党员。工作期间，曾担任广州市中小企业服务中心公共服务平台专家委员会委员，广东中山农村商业银行股份有限公司独立董事，广州略胜资产管理有限公司高级顾问。先后为大型商业银行、农村商业银行、农村信用社和工商企业组织业务培训。曾参与多个项目的投融资方案设计和运作管理。曾作为主研人员参与多个国家级和省部级课题的研究，主持和参与西南财经大学信托与理财研究所横向课题4项，著有《消费信贷的消费挤出效应研究》《银行理财理论与实务》等6部学术著作，在《消费经济》《商业研究》《经济与管理》《经济研究参考》等核心刊物公开发表学术研究论文30余篇。

邹宝生

邹宝生（1966.1—　）　塔西树巷里人，中共党员，大学本科学历，中学高级教师。1985年起先后在无锡县实验小学、无锡县教师进修学校、江苏省梅村高级中学工作。2003年被聘为国家基础教育资源库高二语文学科主讲教师。2005年任江苏省梅村高级中学党委副书记。2012年起，任无锡市第三高级中学党委书记、副校长。曾为中教语文学科无锡市第四批学科带头人，江苏省教育学会考试专业委员会会员。曾获评“无锡市学科带头人”“无锡市德育先进工作者”“无锡市属院校优秀党务工作者”等荣誉称号，学校“九五”“十五”“十一五”期间省级以上课题研究骨干人员和领题人。主编《爱国教育家唐文治》《无锡吴文化读本》《辉煌从这里起步》《梅中报告厅》4本书。在省级以上刊物发表论文40多篇，指导学生在市级以上刊物发表或竞赛获奖文章40多篇。

黄军伟

黄军伟（1968.4— ） 建丰黄贵桥人，中共党员，哲学博士，研究员，南京师范大学博士生导师，南京师范大学宣传部部长。曾主持省部级项目4项，横向项目2个，并参与完成多项省部级研究项目。主编《高校考试伦理问题研究——以改革开放以来中国高校为例》《高校德育创新与发展成果选编》《大学生思想政治教育工作案例研究》《2008年高校招生录取与志愿填报指南（江苏）》著作4部，参编著作5部。在《高校理论战线》《人民日报（理论版）》《中国教育报（理论版）》《江苏高教》等刊物发表论文20余篇。个人获教育部高校德育创新发展研究成果一等奖、江苏省高等教育学会优秀论文一等奖，获评全国优秀团干部、江苏省思想政治工作先进个人。

徐 峰

徐峰（1969.2— ） 西典巷人，大学本科学历，医学博士学位，脑神经外科副主任医师。1984年毕业于硕放中学；1984年至1987年就读于无锡天一高中；1987年考取中国协和医科大学，1995年毕业并获医学博士学位。毕业后，在苏州大学附属第一人民医院工作，任脑神经外科副主任医师。工作期间，曾多次到国内外神经外科中心参观学习，主攻颅脑外伤、脑血管病及颅脑肿瘤等疾病，并擅长神经导航、神经内镜等显微手术。发表学术论文10余篇，参著《颅脑损伤》《垂体瘤》及《脑膜瘤》等著作。其中“垂体瘤的基础和临床研究”获2001年中华医学奖，“颅脑损伤的基础及临床研究”和“全长 cDNA 表达谱芯片的研制和应用及其人脑胶质瘤中全长新基因 PKIβ 的研究”获江苏省科技进步奖。

黄克俭

黄克俭（1969.6— ） 建丰过家桥人，教授，主任医师，中华医学会上海分会肠外与肠内营养学组委员。2000年至2002年，任上海市第一人民医院普外科主治医师。2003年起，历任上海交通大学附属第一人民医院普外科副主任医师、主任医师。曾赴日本研修腹腔镜及消化道肿瘤治疗新技术。在长期从事普外科工作中，对普外科疾病的诊治积累了丰富的经验。擅长腹部外科疑难疾病的诊治，擅长胰腺癌、胃肠肿瘤根治术，同时也擅长胃肠肿瘤、胆管结石、腹壁疝、切口疝、甲状腺结节、脾切除等各类腹腔镜手术，为腹腔镜手术积累了丰富的经验。

金军华（1971— ） 红光大二房桥人，中学高级教师。毕业于上海师范大学中文系。1993年8月到无锡梅村梅里中学任教，先后任教科室主任、校长助理、副校长。2001年被教育部、人事部授予“全国优秀教师”荣誉称号。2002年被评为无锡市十大杰出青年、无锡市新长征突击手标兵、全国中语教改新星。曾先后多次参加省、市级课题调研，发表50多篇教学论文，参编10余部教学著作和教学指导用书。曾任全国中语会课教学研究中心研究员，《初中教学研究》特约编辑，无锡市中考命题组成员，无锡市青年联合会会员。

第三节　人物名录

本节收录硕放籍军队职务副团级、行政职务副处级、技术职称副高职称等以上人员。以祖籍所在行政村分列，以出生时间先后为序排列。在境内幼儿园、小学、中学任教过并被评为中学高级教师职称的硕放籍教师已收录在第二十六章第七节教师队伍中。

一、墙门村

顾林寅（1924.9—2009.3）　华东第3军械学校教务科参谋、助理员。

杨　师（1927.10—　）　上海社会科学院人口研究所，上海人口协会常务副秘书长、副研究员。

杨忠华（1936—　）　上海康复杂志社主编，高级记者。

杨平南（1937—　）　江苏仪征建筑设计院副经理，高级工程师。

邹寿泉（1937—　）　中国航天科技集团六院101所，高级工程师。

钱慧娟（1942—　）　女，中国林业科学研究院林产化学工业研究所，高级工程师。

顾家良（1947—2010.8）　中国人民解放军某团副政治委员，中校军衔。

尚菊明（1962.10—　）　上海交通大学助教，博士学位。

邹百青（1966.3—　）　无锡城市发展集团有限公司总裁、党委副书记。

曹晓红（1970.3—　）　女，国家环境保护部项目评估二部副主任。

二、薛典村

翁寿麟（1931.3—　）　曾任江南大学校长兼党委书记，教授。

杨祖民（1935.7—2002）　西北电力局副局长兼西力学校校长。

吴祥坤（1935.5—　）　国家核工业部第二研究设计院，高级工程师。

杨介宝（1937.2—　）　中国石油化工集团公司处长。

杨学民（1939.2—　）　吉林化工公司化工机械厂厂长，高级工程师。

杨兆元（1947.7—　）　锡山区教师进修学校，高级讲师。

毛建萍（1963.4—　）　女，苏州大学建筑学院高级实验师。

翁林民（1963.11—　）　无锡市建设局局长。

杨建荣（1963.11—　）　中国银行江苏省分行副行长，硕士研究生。

范　良（1969.1—　）　无锡市惠山区教育局局长，中学高级教师。

翁　鸢（1969.2—　）　无锡市第四人民医院大外科主任医师，江南大学教授。

荣晓松（1974.6—　）　无锡市人民医院心外科副主任，主任医师。

三、墙南村

江万里（1906—2003.1）　中学特级教师。

滕新民（1951.10—　）　梅村中学人事秘书，中学高级教师。

方忠元（1955.2—　）　望亭发电厂副总经济师，高级政工师。

顾海斌（1972— ） 上海消防总队杨浦支队防火处处长，中校军衔。

四、墙西村

邹淮钧（1953.5— ） 中共甘肃省白银市委统战部副部长、白银市工商联党组书记（正处级）。

邹锡良（1962— ） 锡山区人民医院内科副主任医师。

邹路易（1964.5— ） 江南大学副教授，系主任。

五、墙北村

邹海明（1931.2— ） 国防科学技术工业委员会武汉管理学院院长，教授。

邹 救（1939— ） 甘肃省高台县政协副主席，甘肃省政协委员。

邹 敬（1940— ） 常州建工局设计室工作，高级工程师。

邹 成（1946— ） 中国香港驻沪轴承办事处，高级工程师。

姜巧玲（1965.3— ） 女，苏州卫生职业技术学院副院长、主任医师、副教授。

六、孙典桥村

吴福昌（1926.7—2013.2） 金阊公安分局教导员（享受副处级离休待遇）。

孙军伟（1962.2— ） 锡山区政协副主席（副处级）。

黄根春（1963.2— ） 武汉大学电子信息学院教授。

吴福林（1963.4— ） 无锡市第二人民医院肿瘤科副主任，主任医师。

顾建军（1965.8— ） 江苏省人大常委会法制工作委员会经法处处长。

七、新农村

江泉永（1940.4— ） 北京卫戍区某部团政治委员，上校军衔。

八、里河村

朱晨华（1974— ） 女，苏州大学学生处科长，副教授。

九、里新村

曹安时（1909—2006） 曹察后裔二十二代孙，昭嗣堂掌门人。

张耀生（1932.11—2011.4） 南京军区空军驻南昌部队飞行大队长（正团职）。

曹国泰（1933.10— ） 新疆维吾尔自治区叶城县县长（正处级）。

张福根（1939.12— ） 中国人民解放军内蒙古某部团政治委员（正团职）。

张福林（1945.1— ） 无锡市人防办公室主任（正处级）。

曹静康（1945— ） 苏州市市立医院主任医师（教授级）。

曹文康（1951.9— ） 国家知识产权局济南市代办处处长。

曹建春（1958.2— ） 中国人寿保险公司江苏省分公司副总经理（正处级）。

吴福昌（1959.9— ） 中国人民解放军某部团参谋长（副团职）。

曹红奋（1965.11— ） 上海海事大学党委书记兼副校长。

陆纳新（1967.12— ） 无锡市自来水总公司副总经理、办公室主任，高级工程师。

曹建强（1974.3— ） 苏州市金枪新材料股份有限公司董事长，副教授。

十、安桥村

邹浩文（1963.9— ） 上海市检察院办公室主任。

胡兴林（1964— ） 国家电网苏州供电公司党委办公室副主任，高级政工师。

杨叙军（1973.4— ） 无锡国联副总经理。

周 红（1974.3— ） 上海制药厂科长，高级工程师。

邹兰军（1978.11— ） 上海市气象局中心气象台，高级工程师。

十一、黄家门村

顾克明（1941.9— ） 中国人民解放军后勤部某团副团长。

邹一兵（1948.7— ） 上海市总工会宣传部部长。

黄建伟（1962.4— ） 江苏省南京句容监狱政委。

周秋萍（1963.9— ） 女，苏州市相城区科技局，副研究员。

浦晓峰（1978.10— ） 达涅利冶金设备有限公司（意大利）研发项目经理，博士，研究员。

十二、西典巷村

许明德（1923.7—2003） 高级工程师，研究员，享受国务院政府特殊津贴。

顾伯兴（1943.10—1989.6） 中国人民解放军57314部队某部7级文职干部（正团级）。

顾德荣（1945.7— ）苏州市公安局副局长兼任苏州工业园区公安局局长(正处级)。

十三、硕放村

季瑞林（1941— ） 甘肃省甘南藏族自治州高校，高级讲师。

邹玲媛（1959.4— ） 女，苏州大学材料与化学化工学院，高级实验师。

黄 敏（1971.4— ） 无锡朗世泰机械制造有限公司总经理，高级工程师。

许 健（1979.9— ） 中国航天科技集团公司第六研究院主推进发动机设计部副主任，高级工程师。

十四、杨家湾村

戴勤峰（1970.10— ） 江苏省锡山高级中学总务主任，中学高级教师。

黄海樑（1976.3— ） 中国人民解放军南京军区某集团军某团参谋长（副团职）。

十五、建新村

梁锡林（1962.4— ） 广州市环保局机动车污染控制处处长。

梁成才（1965.10— ） 上海市华东计算研究所研究员，技术总监。

方炳兴（1964.8— ） 国务院国资委监视工作局副局长。

徐海波（1975.9— ） 江苏省水利厅水资源处主任科员，高级工程师。

十六、塔西村

邹文培（1932.5—2011.11） 四川省机械厅副厅长、厅长、党委书记。

邹广彪（1937.10— ） 苏州市人民政府信访局备案处处长，纪委委员（副处级）。

瞿才坤（1943.1— ） 锡山区农林局工作，高级畜牧师。

林其南（1948—1999） 中国人民解放军沈阳军区营口某部副团长。

张振良（1950.12— ） 中国长城资产管理股份有限公司江苏省分公司业务拓展部中级业务主管（副处级），高级经济师。

邹惠农（1952.8— ） 上海市人民政府档案局局长。

邹复平（1963.5— ） 中国人民解放军陆军船艇学院财务主任，大校军衔（副师级）。

邹中伟（1968.4— ） 杭州市公安局地铁分局副局长（副处级）。

邹立群（1968.10— ） 无锡市社会治安综合治理委员会办公室副主任（副处级）。

十七、中华庄村

邹福培（1923— ） 无锡市吴桥同化布厂党委书记，高级政工师。

曹永德（1927— ） 中共福建省漳平县县委书记、人大主任。

张季裕（1939— ） 苏州市文化局党委书记。

邹祖培（1939— ） 四机部华东地区办公室主任，高级工程师。

十八、王家桥村

毕高明（1932.10— ） 上海警备区政治部宣传处处长（正团级）。

王国华（1945—2011） 中国人民解放军通讯兵工程学院实验室主任（正团级）。

许浩明（1945.11— ） 苏州市火车站副站长（副处级）。

奚胜南（1953— ） 新安中学任教，中学高级教师。

蒋坚民（1954— ） 苏州市人事局副局长（副处级）。

顾海江（1974.7— ） 中国人民解放军73106部队医院院长，主治医师，上校军衔。

十九、红力村

陈浩丰（1928—2012） 江苏省检察院法纪处处长（厅局级）。

万志明（1935—1981） 中国人民解放军福建某炮兵部队团长。

沈才裕（1938.9— ） 吴江同里中学党支部书记、校长，中学高级教师。

邹瑞兴（1942— ） 苏州吴中仪表厂，高级经济师。

李卫民（1942—2010） 江苏靖江市中医院外科主任医师。

邱维华（1942— ） 江苏靖江市中医院妇产科副主任医师。

张　军（1942.12— ） 梅村中学高级教师。

朱月新（1943.1—2010.7） 中共江苏省委办公厅秘书处秘书（副处级）。

俞秀军（1946— ） 女，中共无锡县委常委、副县长，无锡县政协副主席、统战部部长，正处级。

黄家禄（1947— ） 上海铁路局苏州工务段党委书记（正处级）。

万燕文（1949.11— ） 女，苏州大学外语学院副教授。

曾天民（1957.5— ） 苏州市第三中学副校长，中学高级教师。

许嘉宁（1960.9— ） 江苏省国营江心沙农场党委书记兼场长（正处级）。

唐 军（1973— ） 锡山区人民医院鹅湖分院内科副主任医师。

李海燕（1976— ） 无锡市第九人民医院妇产科副主任医师。

二十、红光村

顾兴保（1925.2— ） 中共无锡县委副书记、纪委书记。

王仲旦（1927— ） 中华人民共和国轻工业部机关党委书记。

顾毓琇（1929— ） 四川省攀枝花市组织部部长。

顾毓文（1932.8— ） 中国人民解放军空军15师机务处主任（正团职），离休干部。

顾治平（1935— ） 上海市石洞口电厂副总指挥，高级工程师。

邹耀光（1933— ） 无锡市经委政工处处长，高级政工师。

顾如松（1935— ） 上海市杨浦区延吉中学任教，中学高级教师。

吴英伯（1937—1993） 中国人民解放军防化研究所，高级工程师。

徐庭昌（1939—2009） 中央军委某首长保健医生，大校军衔（正师级）。

王兴昌（1940—1988） 中国人民解放军内蒙古某部团副政治委员（副团职）。

邹凤高（1945.6— ） 航天部614研究所热能工程公司副经理，高级工程师。

顾锡兴（1952— ） 无锡市新区梅村医院副院长，内科副主任医师。

邹坚峰（1960— ） 国家气象局工作，正处级干部。

顾敏峰（1961.8— ） 无锡市人民医院内分泌科主任医师。

邹小娟（1961— ） 女，《扬子晚报》主任编辑。

王青哲（1963.1— ） 苏州市党校高级讲师。

邹群燕（1970.2— ） 女，苏州农业职业技术学院副教授。

王 晔（1974— ） 美籍华人，美国国立卫生研究所研究科学家。

邹 运（1977.2— ） 上海市申银万国证券研究所高级研究员，高级经济师。

二十一、秦村村

黄水昌（1932— ） 无锡市南长区政协主席（正处级）。

华启鹏（1933— ） 中国人民解放军某团政治部主任（副团职）。

黄耀华（1934.6— ） 航天部某研究所高级工程师。

何家驹（1935— ） 南京航空航天大学教授。

何天民（1941— ）后宅医院院长，内科副主任医师。

二十二、淎金村

曹胜荣（1955.4— ） 苏州市电力学校工会主席，高级讲师。

华伟荣（1965.5— ） 无锡市国联证券有限责任公司董事、总裁、党委书记，高级会计师。

李　桃（1977.2—　）上海财经大学、澳门大学教授。

二十三、建丰村

薛宏昌（1924.7—　）无锡市师范学院校长，中学高级教师。

盛健生（1947.8—　）陕西省建工局局长（正处级）。

黄振健（1960.9—　）苏州市立医院主任医师。

黄小平（1967.2—　）江苏省财政厅社保处副处长（副处级）。

二十四、硕放居民委员会

邹沂心（1949.12—　）上海新沪钢铁厂副厂长、党委书记，高级政工师。

夏建阳（1957.11—　）中国太平洋人寿保险股份有限公司苏州分公司副总经理，高级经济师。

邵文松（1968.10—　）中共无锡市滨湖区委常委、组织部部长（副处级）。

二十五、其　他

《无锡县志》（1994年版）所载硕放籍人物，但尚未查证到出生年月和所在行政村。

王怡之　上海交通大学材料科学系副教授。

许　辉　江苏省社科院历史研究所副研究员。

张长凤　大同市教育学院副教授。

邹　京　山西晋东南师范专科学院副教授。

俞翠芬（女）　兰州化工工业公司有机厂高级工程师。

顾宏慈　机电部55研究所高级工程师。

翁振天　太原西山矿务局总医院副主任医师。

张　政　中共江苏省委党校管理研究室。

吴以敏（女）　鞍钢集团机械制造公司高级工程师。

吴剑鸣　上海核工程研究设计院高级工程师。

邹源国　中国人民解放军外国语学院计算机中心副教授。

第三十七章

人物表

本章辑录享受国务院政府特殊津贴人员杨震明等15人；获得县级及以上劳动模范陈凤媛等22人；获得市级及以上先进荣誉称号陆明康等63人。

第一节　享受国务院政府特殊津贴人员

新中国成立后，境内有15名硕放籍人员享受国务院政府特殊津贴，他们的简历和业绩分别在人物传略、人物简介章节中作了阐述，本节仅归纳列表。

表 37-1

姓名	原籍	工作单位及职务、职称
杨震明	墙门村	中国人民解放军测量通讯研究所主任、科技委主任，高级工程师，文职四级研究员（正师级）
方炳炎	墙门村	中国地图科学研究所所长，高级工程师、研究员
朱仲芬	墙西村	国家地震局地球物理研究所实验室主任，高级工程师
邹　雄	墙北村	山东大学齐鲁医院检验科主任医师，教授，博士生导师
尚保忠	黄家门村	南昌航空大学材料科学和工程系主任，教授
顾轩强	西典巷村	锡山区农林局林业指导站副站长，高级农艺师
许明德	西典巷村	国家七机部三院558厂三室主任，高级工程师，研究员
邹桂根	塔西村	上海交通大学精密电子系教研组长、系主任，教授
施鹤平	塔西村	全国集成电路标准化技术委员会数字电路分会委员，科技部高级技术专家，国家高级工艺美术师
邹　哲	红光村	天津市城建规划局办公室主任，高级工程师
顾介贤	红光村	四川省新闻传播研究所所长，四川省社会科学院教授、新闻专业硕士生导师，《四川日报》高级编辑
杨祖达	薛典村	华中农业大学林学系副主任，教授
唐则祁	建丰村	宁波杉杉尤利卡太阳能科技发展有限公司副总经理，高级研究员
黄建新	建丰村	中国人民解放军总装备部装备研究中心科技处处长，大校军衔
余秉楠	墙门市镇	清华大学美术学院视觉传达设计系教授

第二节　劳动模范

本节收录新中国成立后，祖籍硕放，在境内工作并获县、市、省、国家级劳动模范荣誉称号的人员（以获奖时间先后排序）。

一、国家级及国家级条线劳动模范

表 37-2

姓名	性别	户籍所在地	工作单位及职务	获取年度
陈凤媛	女	硕放村	硕放供销社副主任	1985

二、省级及省级条线劳动模范

表 37-3

姓名	性别	户籍所在地	工作单位及职务	获取年度
邹耀祥	男	墙门区硕望乡	农业系统	1952
曹大阿弟	男	安桥村	综合经营户	1983—1984
			种田大户	1988—1990、1995
杨映春	男	溇金村	养猪专业户	1987
徐金生	男	建新村	硕放镇环卫所所长	2000
王建中	男	墙门村	无锡锡新医药有限公司董事长	2010

三、市级劳动模范

表 37-4

姓名	性别	户籍所在地	工作单位及职务	获取年度
曹大阿弟	男	安桥村	综合经营户	1983—1984
			种田大户	1988—1990、1993
杨映春	男	溇金村	养猪专业户	1985—1986
徐金生	男	建新村	硕放镇环卫所所长	1996
黄锡伦	男	薛典村	江苏六通机械（集团）公司总经理	1993
杨小华	男	薛典村	无锡通达不锈钢有限公司总经理	1995、1998
邹元生	男	墙西村	墙西村农业技术员	1996
戴瑞珍	女	安桥村	硕放镇敬老院院长	1996、1998
吴天福	男	墙北村	硕放中心小学校长	1995、1998
张耀康	男	溇金村	八一塑料厂职工	2001
张德明	男	溇金村	溇金村党支部书记、八一塑料厂厂长	2005
黄定伟	男	秦村村	秦村村民委员会主任	2008
王铭树	男	硕放村	硕放街道农业服务中心主任	2011

四、县级劳动模范

表 37-5

姓名	性别	获取年份
王阿金	男	1951
陶寿根	男	1958
华锡良	男	1976
汤金根	男	1976
顾月珍	女	1976
刘增士	男	1976
黄桂根	男	1976

说明：摘自《无锡县农业志》

第三节　先进工作（生产）者

先进个人即收录新中国成立后，祖籍硕放，在境内工作并获得市级以上先进个人荣誉称号的人员（以获奖时间先后排序）。

一、国家级及国家级条线个人荣誉

表 37-6

姓名	工作单位	荣誉	授予荣誉单位	授予时间
陆明康	公社人武部	获奖品56式半自动步枪一支	国防部	1960.4
陈凤媛（女）	供销社	全国“三八”红旗手	中华全国妇女联合会	1983
杨耀良	乡农业公司	全国农牧渔业丰收三等奖	农业部	1989
李俊松	乡政府	第四次全国人口普查国家级先进个人	国务院第四次全国人口普查领导小组	1990
王月琴（女）	乡计生办	“从事计生工作满十五年”荣誉	国家人口和计划生育委员会	1992
黄锡伦	六通集团公司	全国乡镇企业家	农业部	1994
钱明萍（女）	镇计生办	“从事计生工作满十五年”荣誉	国家人口和计划生育委员会	1996
钱凤泉	镇统计站	第一次全国基本单位普查全国先进个人	第一次全国基本单位普查办公室	1997
庄菊惠（女）	镇计生办	“为了美好的明天”人口资源环境知识竞赛三等奖荣誉	国土资源部、国家计划生育委员会、国家环境保护总局	2000
		“从事计划生育满十五年”荣誉	国家计划生育委员会	2011
刘雪燕（女）	镇计生办	“从事计划生育满十五年”荣誉	国家计划生育委员会	2005
浦秀珍（女）	镇计生办	“从事计划生育满十五年”荣誉	国家计划生育委员会	2005
沈雪芳	镇党委	创建全国环境优美乡镇活动先进个人	国家环境保护总局	2006

续表 37-6

姓名	工作单位	荣誉	授予荣誉单位	授予时间
曹建兴	镇政府	创建全国环境优美乡镇活动先进个人	国家环境保护总局	2006
曹定良	镇党委	创建全国环境优美乡镇活动先进个人	国家环境保护总局	2006
邹晓华（女）	街道团工委	2006年度全国青年中心建设先进个人	共青团中央委员会	2007
周家明	南星苑第二社区	全国绿色环保先进个人	中共中央组织部、民政部、国家环境保护总局	2007
唐耀忠	建筑安装工程公司	全国优秀施工企业家	中国工程建设监督管理协会	2008
方锦宇	街道司法所	全国模范人民调解员	国家司法部	2010
姜进生	新锦园社区	全国孝亲敬老之星	全国敬老爱老助老主题教育活动委员会	2010

二、省级及省级条线个人荣誉

表 37-7

姓名	工作单位	荣誉	授予荣誉单位	授予时间
顾耀栋	硕放农中	江苏省社会主义建设先进工作者	江苏省人民委员会	1959
胡秀云（女）	建丰大队民兵营	南京军区轻机枪射击比赛第二名	南京军区	1960
顾仁根	五星大队民兵营	江苏省军区军事比赛二等奖	江苏省军区	1964
蒋永才	七一大队	江苏省人民调解工作积极分子	江苏省人民政府	1980
		江苏省治保调解工作积极分子	江苏省人民政府	1982
陈凤媛（女）	供销社	江苏省“三八红旗手”	江苏省妇女联合会	1981
		江苏省“三八红旗手”	江苏省妇女联合会	1982
邹水泉	乡党委	江苏省优秀党务工作者	中共江苏省委	1989
李俊松	乡政府	第四次全国人口普查先进工作者	江苏省政府人口普查领导小组	1990
		全省颁发居民身份证先进工作者	江苏省公安厅	1991
黄锡伦	六通集团公司	1989年度乡镇企业家	江苏省人民政府	1990
杨耀良	镇农业公司	江苏省油菜生产新技术推广竞赛三等奖	江苏省农林厅	1996
		江苏省农村科普先进工作者	江苏省科学技术协会	1996
钱凤泉	镇统计站	“全国第三次工业普查”先进个人	江苏省第三次工业普查领导小组	1997
		“第一次全国农业普查”先进个人	江苏省农业普查领导小组	1997
钱凤泉	镇统计站	江苏省首次统计行政登记先进个人	江苏省统计局	1997
		“三五”普法全省先进个人	江苏省统计局	2001
夏克威	镇关工委	江苏省第二次关心下一代工作先进个人	江苏省关心下一代工作委员会	1997
杨建声	镇政府	江苏省1998年度农业系统生态农业“164”工程建设工作中成绩显著	江苏省生态农业建设领导小组	1999
		江苏省农业科技先进工作者	江苏省人民政府	2002

续表 37-7

姓名	工作单位	荣誉	授予荣誉单位	授予时间
邹筱琴（女）	镇经管办	全省乡镇企业系统财务工作先进工作者	江苏省乡镇企业管理局	2001
周家明	镇文化站	江苏省先进体育工作者	江苏省人民政府	2001
	南星苑第二社区	江苏省绿色先进个人、绿色社区创建先进个人	江苏省环境保护厅	2006 2007
孙浩元	镇统计站	全省乡镇企业系统统计工作先进工作者	江苏省乡镇企业管理局	2001
		2005年人口抽样调查先进个人	江苏省人口抽样调查领导小组	2006
杨秋萍（女）	淡金村	全省计划生育优秀工作者	江苏省计划生育委员会	2001
黄招泉	镇财政所	江苏省财政系统先进工作者	江苏省财政厅	2002
杨晓忠	镇党委宣传办	全省婚育新风进万家活动先进个人	中共江苏省委宣传部、江苏省计划生育委员会	2004
朱进跃	镇党校	全省首届优秀党课教育评比三等奖	中共江苏省委宣传部	2004
		江苏省五一劳动奖章	江苏省总工会	2011
		第八届江苏省十佳文明职工	中共江苏省委宣传部、江苏省总工会	2011
任　璐（女）	硕放法庭	2005—2006年全省法院案例分析三等奖	江苏省高级人民法院	2006
邹晓华（女）	镇团工委	江苏省优秀共青团干部	共青团江苏省委员会	2004 2012
		江苏省“三为三新”活动先进个人	共青团江苏省委员会、农工部、科技厅、劳动保障厅、农林厅	2006
刘雪燕（女）	街道计生办	全省计划生育先进工作者	江苏省计划生育委员会	2006
方锦宇	街道司法所	江苏省2005—2006年度人民调解，防止民间纠纷激化工作先进个人	江苏省司法厅	2007
		江苏省司法系统二等功	江苏省司法厅	2008
顾惠康	镇资产办	第二次全国农业普查省级先进个人	江苏省第二次农业普查领导小组办公室、江苏省统计局	2008
	镇资产办	第六次全国人口普查先进个人	江苏省统计局、江苏省人口普查领导小组办公室	2011
王纪兴	墙裕村	2008年度团结管湖先进个人	江苏省太湖渔业管理委员会办公室	2009
孙　丹（女）	墙联村	江苏省农村妇女“双学双比”竞赛活动先进个人	江苏省妇女联合会	2010
黄蓓华（女）	农业服务中心	江苏省农村妇女“双学双比”竞赛活动先进个人	江苏省妇女联合会	2010
王建中	供销社	2010年度江苏省供销商业系统先进个人	江苏省供销合作总社	2011

续表 37-7

姓名	工作单位	荣誉	授予荣誉单位	授予时间
王建华	街道物价办	第六次全国人口普查先进个人	江苏省统计局、江苏省人口普查领导小组办公室	2011
曹素妹（女）	镇敬老院	2011年度尊老爱老先进个人	江苏省老龄工作委员会	2011
朱荣初	润硕苑社区	第六次全国人口普查先进个人	江苏省统计局、江苏省人口普查领导小组办公室	2011
王秀芬（女）	新锦园社区	第六次全国人口普查先进个人	江苏省统计局、江苏省人口普查领导小组办公室	2011
王燕文（女）	南星苑第二社区	第六次全国人口普查先进个人	江苏省统计局、江苏省人口普查领导小组办公室	2011
王亚萍（女）	墙联村	第六次全国人口普查先进个人	江苏省统计局、江苏省人口普查领导小组办公室	2011
周燕兰（女）	硕放居民委员会	江苏省优秀共青团员	共青团江苏省委员会	2010
周兴荣	街道党工委	全省基层计划生育协会优秀会长	江苏省计划生育协会	2010
庄菊惠（女）	街道计生办	全省人口和计划生育工作先进个人	江苏省人口和计划生育委员会	2011
邵　明	硕放法庭	江苏省优秀法官	江苏省高级人民法院	2012
周文燕（女）	街道计生办	国策服务标兵	江苏省人口和计划生育委员会	2012
顾云琴（女）	硕放居民委员会	江苏省人口和基础信息应用操作标兵	江苏省人口和计划生育委员会	2012
朱　敏	无锡市滚动轴承有限公司	江苏省优秀工会积极分子	江苏省总工会	2013
许海峰	街道社事处文卫办	省青少年科技教育先进个人	江苏省教育厅、江苏省精神文明建设指导委员会、江苏省科学技术协会、江苏省科学技术厅	2013

三、中共无锡市委、市政府表彰的个人荣誉

表 37-8

姓名	工作单位	荣誉	授予荣誉单位	授予时间
顾仁根	五星大队民兵营	苏州军分区冲锋枪比赛夺魁，获冲锋枪一支	苏州军分区	1963
黄佩珍（女）	五星大队民兵营	苏州军分区冲锋枪射击比赛获二等奖荣誉	苏州军分区	1963
顾　颖（女）	硕放卫生院	1982年苏州地区计划生育先进工作者	苏州地区行政公署	1982

续表 37-8

姓名	工作单位	荣誉	授予荣誉单位	授予时间
朱荣铭	墙北村	无锡市计划生育工作先进个人	无锡市人民政府	1985
	街道经贸中心安监办	无锡市2006年度安全生产先进个人	无锡市人民政府	2006
王月琴（女）	乡计生办	计划生育先进工作者	无锡市人民政府	1989 1991
万家福	乡政府	万亩油菜亩产150公斤高产栽培技术四等奖	无锡市人民政府	1993
杨耀良	乡农业公司	万亩油菜亩产150公斤高产栽培技术四等奖	无锡市人民政府	1993
周金明	乡农业公司	万亩油菜亩产150公斤高产栽培技术四等奖	无锡市人民政府	1993
杨建声	乡政府	1992—1993年度计划生育先进工作者	中共无锡市委、无锡市人民政府	1994
		1996年度无锡市农业战线争先创优中评为百名农业先进个人	中共无锡市委、无锡市人民政府	1997
		1999年抗洪救灾先进个人	中共无锡市委、无锡市人民政府	1999
钱金兴	镇水利站	1996年度无锡市农业战线争先创优中评为百名农业先进个人	中共无锡市委、无锡市人民政府	1996
钱凤泉	镇统计站	1996年度无锡市基本普查和统计工作先进个人	中共无锡市委、无锡市人民政府	1996
		1998年度农业战线争先创优中百名先进个人	中共无锡市委、无锡市人民政府	1998
		1998—2000年度扶持薄弱村工作成绩显著	中共无锡市委、无锡市人民政府	2001
唐耀忠	镇建筑公司	1996年度无锡市明星厂长（经理）	中共无锡市委、无锡市人民政府	1997
赵锡昌	镇多种服务公司	一九九七年度农业战线争先创优竞赛活动先进个人	中共无锡市委、无锡市人民政府	1998
王纪兴	墙裕村	1999年度无锡市明星厂长（经理）	中共无锡市委、无锡市人民政府	2000
蒋福康	镇多种服务公司	无锡市财贸工作（满意工程）先进个人	中共无锡市委、无锡市人民政府	2000
方锦宇	街道司法所	“四五”普法工作先进个人	中共无锡市委、无锡市人民政府	2006
吴　军	街道经发公司安监办	无锡市2006年度安全生产先进个人	无锡市人民政府	2006
钱福明	街道人武部	基层人武工作先进个人	无锡军分区	2009
朱进跃	街道党校	2007—2009年度无锡市防范和处理“邪教”工作先进个人	中共无锡市委、无锡市人民政府	2010
高重国	振发社区	无锡市见义勇为先进分子	无锡市人民政府	2011
庄菊惠（女）	街道计生办	无锡市“十一五”人口和计划生育先进个人	无锡市人民政府	2011
宋双喜	街道人武办	基层人民武装工作先进工作者	无锡市人民政府、无锡军分区	2013
顾惠康	杨家湾村	无锡市2012—2013年度优秀党务工作者	中共无锡市委	2013

附　录

革命斗争故事

硕放人民具有光荣的革命斗争传统，民国28年（1939年）5月，由叶飞率领的江南抗日义勇军（简称江抗）东进到澄锡虞地区。江抗转战江南各地，有力地打击了敌人。江抗部队从境内老坝头村出发，参加浒墅关的战斗，在战斗中，全歼据点中的日军34名，对当地人民群众的影响极大。

全民族抗日战争时期，以青年农民骨干组成的基干队，在中共梅南区委的领导下，就地开展武装斗争，他们时合时散、神出鬼没、搜集情报，不断袭击敌人，连续取得胜利。

解放战争时期，境内武工队员面对国民党反动势力十分猖狂的劣境，机智、勇敢地与国民党反动派展开殊死的斗争，为江南解放作出应有的贡献。

一、全民族抗日战争时期

1.奇袭日军

日军侵华期间，曾在紧靠沪宁铁路旁的石桥头驻有一个8—9人的日军据点，他们的任务就是保障沪宁铁路在本地段的运输通畅，确保日军军需物品和部队的快速调运。石桥头据点的驻防，给周围人民群众带来沉重的灾难，日军奸、淫、烧、杀无恶不作，罪行累累，罄竹难书，驻地周围的老百姓不时对日军进行反抗、袭击，他们撬铁轨破坏路基，剪电网、电线，倾覆铁轨。民国29年（1940年）前后，太湖游击队队员多次袭击石桥头日军据点。有一次在农历十月，太湖游击队的情报人员得知据点日军每天晚上都去住基上义庄里看戏，寻欢作乐，据点里仅留1—2人值班站岗，这是袭击据点的最好时机。于是太湖游击队一战士化装成商人模样，头戴毡帽，身穿黑长衫，直奔据点，准备穿过据点去硕望桥执行消灭一个大汉奸的任务。当这个战士走过石桥头小桥，即将通过岗哨时，站岗日军突感战士行迹可疑，吆喝："站住！"该游击队员反应迅速，以极快的速度拔出手枪向站岗日军连开两枪，将其消灭。像这样的袭击从1938年到日军投降有7—8次，极大地打击了日军的嚣张气焰，增强了当地人民抗日的决心。

民国30年（1941年）某日下午，中共领导的太湖游击队派侦察员到石桥头进行侦察。侦察员见卡口上只有一个日本兵在检查手持良民证的百姓。乘其不备举起手枪，一枪打死这个日本哨兵，并立即往大沈渎方向奔跑。据点里的日本兵听到枪声，并见到已被打死的哨兵，立即派兵向大沈渎渡口方向追赶。游击队员见日本兵追来，便加快脚步，赶到沈渎渡口。此时渡船上已有五六个乘客，摇渡船的凌阿根正准备撑船离岸，见有一人急匆匆要上船，他马上把船靠岸并让此人上了船。侦察员一上船，立即催促凌阿根开船，于是凌阿根用力摇船向对岸驶去。当日本兵追到渡口时，凌阿根的渡船已到运河西岸，日本兵只能拿起枪向对岸的人群开枪，所幸没有人伤亡。游击队侦察员上岸后，立即向太湖根据地方向奔去。日本兵见此现状只能悻悻而回。当凌阿根的渡船回到大沈渎渡口时，一群日本兵抓住凌阿根并往死里打，凌阿根被日本兵打得皮开肉绽，所幸性命并无大碍。

2.迷魂阵退敌

民国30年（1941年）4月中旬，中共梅南区委在鸿声阿沙泾召集地下乡长开会，忽有人来报说墙门镇上来了日本兵和黑壳虫（穿黑制服的伪军），有二三十人，为顺利完成军粮的筹集任务，区委决定乘敌人立足未稳，出其不意地迷惑袭击敌人。当时，新四军温玉成部某排正驻在阿沙泾村，区委派吴云章做向导把部队带到石子街，一面串联地下党成员杨汉英、杨华生等人，分头准备好鞭炮、铳、火油箱等。晚8时许，一切都按部署布置完毕。在大墙门镇北的荷典桥、许卖及镇西的朱郎桥分别设立袭击点，主力排分两路扼守在朱郎桥和小典巷桥，等待伏击敌人，区委书记程进亲临现场指挥，鸣枪发号，三处同时放铳，火油箱内放鞭炮，口中高呼“冲啊……杀！”霎时，枪声四起，杀声震天。镇上的敌人误认为大部队打来了，个个如惊弓之鸟，拼命地往坝后炮楼里躲藏，架起机枪，掷弹筒，一齐朝北面打来。一颗炮弹落在小桥头村里，炸塌一户民房的屋角。半小时后，枪声渐渐稀下来，由于早有防备，义勇军皮毛无损。而这群敌伪军被吓得连夜逃走。

3.夜袭铁路线

民国32年（1943年）抗日战争进入最残酷阶段。倪巷桥中共地下党员曹阿根根据上级指示，积极到沪宁铁路沿线村庄宣传抗日救国思想，组织抗日积极分子，在曹家门前一带先后秘密发展共产党员。民国32年10月底，中共锡东县委和包厚昌领导的江南抗日义勇军商量决定在沪宁铁路望亭至硕放境内沿线搞一次大的破袭行动。沪宁铁路是日军把战略物资从上海运往南京乃至全国各地的主要交通干线。日军在境内121号铁路桥（大洋桥）建有钢筋水泥碉堡，并有一个班看守，日军和汪伪绥靖队强迫要求铁路沿线各乡、保长组织青年看护铁路和沿线电线杆，要求晚上每根电线杆旁站一个人看护，以防新四军游击队破坏。10月底的一天傍晚，由中共锡东县委领导的一支武装队伍和梅村、鸿声等组织来的抗日积极分子200多人先后到达倪巷桥集合待命，由中共地下党员曹阿根领头，曹宪章、曹继忠秘密联络的本地抗日积极分子100多人参加。晚上10点，在中共锡东县委领导的一声令下，进行破铁路、扒枕木、撬铁轨、锯断电线杆等破袭行动。这次行动有300多人参加，共破坏铁路2公里，锯断电线杆几十根，使日军的铁路运输瘫痪，通信中断。后来曹宪章等人也发动几次破袭行动，使敌人闻风丧胆，一到晚上，日本绥靖队不敢出动，只能龟缩在洋桥头碉堡里乱放枪。

4.黑夜除奸

日军侵华时期，汉奸黄阿福经常在薛典一带敲诈勒索，奸淫妇女，搜集中共地下党组织的情况，向盘踞在硕放村石桥头据点的日伪军通风报信，严重威胁中共党组织的安全。民国33年（1944年）冬，中共梅南区区长王中一要求薛典中共地下党组织想尽办法尽快处决黄阿福。由于黄阿福十分狡诈，又经常居住在石桥头据点里，一时难以下手。民国34年（1945年）7月的一天夜晚，过命桥的中共地下党员周培祥发现黄阿福在境内的一个姘妇家鬼混，立即与徐大毛、周柏生、邹良根等六名中共地下党员商定，守住黄阿福姘妇家的前后门，决不能让他逃脱。凌晨4点左右，黄阿福刚从姘妇家溜出来，守在门口的徐大毛、邹良根等一拥而上，当场将他捉住，绑到过命桥对面的一条水渠内处死。当清晨过路群众看到黄阿福尸体时，无不拍手称快。

5.严惩伪班长

盘踞在洋桥头（望亭西铁路桥）据点里的国民党绥靖队中有个姓孙的班长，强拉民夫看铁路，并将看铁路的李云梅毒打致死并强占其妻。平时对过路行人、来往船只以搜查为名进行敲诈勒索，是个民愤极大的恶棍。民国34年（1945年）4月上旬，北渡乡基干队队长浦大弟带领队员七人，在李云梅家把伪班长擒获，后带到大陆更上高坟上将其枪毙，为民除一害，极大地震慑了盘踞在洋桥头的绥靖兵，使他们从此再也不敢敲诈勒索。

6.活捉杨才生

民国34年（1945年）6月，中共梅南区委武工队长杨文荣和通信员吴水金在北渡乡一带活动，突然遭到坏人秘密杀害。经中共梅南区委领导王中一和当地基干队群众调查证实，大量事实证明杀害杨文荣和吴水金的凶手就是杨文荣同村的杨才生。据查，杨才生已到东北塘投靠原忠义救国军的毛策部队，与中共地下党为敌，他带了毛策部下十多个人，用大刀将杨文荣、吴水金砍死。区委把捉拿凶手的任务交给南家乡基干队，经基干队员的侦察发现杨才生近几天一直到俞尚坟茶馆吃茶。基干队队长杨林根等人研究活捉杨才生的方案，预先约定行动暗号“巧嘞里”。于是一行四人前往俞尚坟茶馆。此时，杨才生正在茶馆里面玩牌，基干队员许阿四走到他身后，用手拍拍他的肩膀说：“杨兄，巧嘞里！”话音刚落，其他队员迅速冲上去把杨才生擒获。基干队员把杨才生捆绑着带到凌家里，交给区政府。王中一立即对杨才生进行审讯，杨才生对杀害杨文荣、吴水金的罪恶供认不讳。不久，王中一就接到县委的批复“宣判杨才生的罪恶后立即处决”。根据县委指示，同年7月，王中一、陈英（区常备队副）把杨才生押到烈士像前，宣布罪状，而后把他拉到后宅邹打鼓桥北面坟上进行处决，并且张贴布告。

7.智斗日军

民国34年（1945年）抗日战争逐步转入战略反攻阶段。是年5月下旬某日，共产党抗日武装一行五人在墙门以北薛典附近活动，发动群众进行抗丁、抗粮、抗捐斗争。驻扎在墙门的日军得到情报，立即派出十余名日军前往清剿。我抗日武装得知消息，根据敌众我寡的不利情况，决定为保存自己的有生力量，避免与日军发生正面直接冲突，立即向西北方向——梅村转移。一行人因都不是本地人，当走到黄贵桥村上时迷失方向。他们向正在删“蚕山柴”（供蚕宝宝“上山”做茧用的稻草）的村民黄其昌问讯，然后快速向西北方向转移。10余分钟后，日军赶到，一把抓住黄其昌，二话未说，先上来扇了两个耳光，然后恶狠狠地问道：“是否看到10多分钟前有5个陌生人（共产党员）路过？他们朝什么方向跑的？”黄其昌出于不出卖良心和自己同胞兄弟的初衷，忍着痛楚向反方向指引说：“看见他们朝那个方向去了。”于是凶恶的日军叫黄其昌在前边带路，快步向西南方向追去。

追到埝头下自然村，经过搜查，没有发现抗日武装人员的踪影。日军大发雷霆，将黄其昌一顿毒打，直打得皮开肉绽，鲜血直流。然后将其绑在梯子上，给他嘴里灌井水。日军轮流灌了10来分钟后，强迫一女村民（顾生宝的妻子）继续灌水。该女村民看到黄其昌遭严刑拷打，而肚子里又被灌了很多井水，出于善良和对同胞的同情，故意放慢速度，并将水灌在嘴角边，这样可以多浪费一点，少灌进一点。日本兵看到后，将那女村民拳打脚踢后扔向一边。随后日本兵又亲自轮流灌水，边灌边拷问："到底有没有看到共产党？往哪个方向去了？"不管日本兵使用什么伎俩，黄其昌就是死死咬定不松口。日本兵见无计可施，便将奄奄一息的黄其昌从梯子上解下来，在他的肚子上狠狠打两枪托，狠踢一脚，顿时，井水从黄其昌的嘴里、鼻子里喷涌而出。日本兵还是不死心，继续严刑拷打，但黄其昌自始至终没有说出那5个共产党员的真正去向。至此，日本兵只能心灰意冷而去，后在乡亲们的帮助下，将黄其昌抬回家中，并将自家炒菜的菜油涂在伤口上消炎（当时没有药品，村民都用这种方法作为对伤口的消炎及治疗），随后村民黄福生拿出家里珍藏的伤药为黄其昌疗伤。在众乡亲的悉心照料下，黄其昌终于死里逃生。

二、解放战争时期

1.溃军投降

民国34年（1945年）10月的一天，时任无锡县梅南区区长的王中一在杨树坝看到鸿声老马桥、华家桥一带的老百姓纷纷携儿带女向西南方向逃避，上前一问，都说那边来了穿黄衣裳的国民党匪兵。这使王中一立即想起县交通站不久前送来的情报：根据国共签订的《双十协定》，粟裕将军率领的部队从浙江天目山区撤向苏北途中，经过常熟东塘市时，把当时听命于蒋介石政府的汪伪熊剑东师打得落花流水，四散溃逃。部分溃军流窜无锡境内，县委要求各地发现后就地截住他们。于是王中一就马上带着通信员蓄才宝迎着人群向前走去，果然发现吴家桥村前场上架着一挺机枪，桥堍下安放步哨，一队汪伪军歇在那里。王中一和通信员赶紧赶到紧靠吴家桥的双板桥，一面派人马上向在鸿声西仓以南活动的县委报告，请求迅速调遣力量来消灭这股敌人，一面把当地基干队招来监视敌人。吴家桥再往南6里便是沪宁铁路，当时处在敌人的控制下，步行一个小时就可以到达，到下午3点多钟，县大队并没有到来，王中一十分焦急。打吧，仅有的武器是一支驳壳枪，3颗子弹和通讯员的2颗手榴弹，显然是寡不敌众；等吧，县大队不知何时能到，而敌人随时可以跑掉，他认真考虑一下，下决心要把这股敌人截住。他拔笔写张条子，找当地一个比较魁梧的青年杨文廷送去。条上写道："你们是常熟熊剑东部，昨日被我军击溃逃窜而来，现在仍在新四军的辖区内，你们被包围了，只有缴械投降，才有生路，限你们在下午4点半放下武器……"到4点半，一个排长带着兵果然来了。王中一和通信员迎上去，向他们宣传共产党政策，要求他们缴械投降。那排长自称姓肖，当场很干脆地答应过半个小时后前来缴械。半个小时过去，敌人却没有来，杨文廷再次过来说，他们都往南跑了，情况非常紧急，王中一指挥基干队利用地形熟悉的有利条件，抄到敌人前头，毁掉去铁路必经的两座木桥，还掷了1

个手榴弹造声势，敌人弄不清基干队有多少兵力，被搞得晕头转向，加上天已黑下来，他们再不敢往前窜了，就在大墙门镇西南的川桥头村停了下来。下半夜，县大队赶到，但只有60来支步枪，且子弹很缺，王中一和夏阳认真分析敌情，认为敌人兵器优良，火力充足，如硬拼，他们定会狗急跳墙。现在他们之所以不肯投降，主要是对逃跑存在幻想。因此，只可智伏，不可强擒，于是，他们详细制定战斗方案。次日，天刚蒙蒙亮，县大队在墙门小学西边一带摆开战斗的阵势，敌人看到后十分紧张。因此，当王中一和夏阳向他们的阵地走去时，姓肖的排长主动迎了上来。王中一就虎下脸，声色俱厉地责备他们不守信义，声言要用武力解决。夏阳进一步向他们宣传共产党的政策并指明出路。原来，他们之所以没有按约来缴械，主要是看到我方人少，又不像正规部队，而且已隐约听到火车的鸣叫声，满以为很快就能逃掉。现在，慑于我方威势，连连赔不是，并请求宽恕。接着，他集合部队缴了枪。就这样，基干队仅掷了1个手榴弹，就俘获24名汪伪军，收缴18支步枪、1挺机枪、2个掷弹筒和几千发子弹。

2.破袭铁路

抗战胜利后，为阻止国民党抢夺胜利果实，无锡地区的中共地下党、武工队和革命群众展开一系列保卫抗战胜利果实的斗争。民国34年（1945年）10月中旬，中共锡东县委获悉国民党陆军第三方面军司令汤恩伯将由上海乘专车来无锡，于是决定由县委组织部部长惠峻山、县政府军事科科长夏阳、梅南区区长王中一组织破路指挥部，破坏望亭西大洋桥至硕放石桥头约1.5公里的铁路轨道。薛典地区的中共地下党支部接到指示后，立即组织党员进行认真研究，认为这是一项艰巨任务，除依靠民兵基干队外，必须发动群众，共同完成任务。因为公开发动有困难，决定以共产党员、基干队为骨干，个别串联，每人发动几个积极分子，壮大力量，同时着手落实撬铁轨工具。会议后中共薛典地下党员徐大毛、蔡阿巧、凌增宝、黄阿大、杨大本等人一边发动群众，一边把家里的旧铁耙、锄头等收集起来，集中到盛家湾（建丰村）由一个小名叫阿盘的铁匠，按照事先搞到的铁轨铆钉式样，锻打扳头、撬棒共100多件。经过10多天的紧张工作，一切准备就绪。这天晚上，徐大毛、蔡阿巧、凌增宝等共产党员走村串巷，通知事先动员好的积极分子，没多时就聚集近200来人的队伍，县委组织部部长惠峻山亲自作战前动员，并宣布行动纪律。随后队伍悄无声息地从薛典前往铁路旁的石桥头。在指挥人员发出信号后，大家一起行动，扳道钉的、撬铁轨的忙个不停。但由于自制扳头质量不高，扳几下就滑牙，影响破路速度，费了好大功夫才撬下几根铁轨。这时破路行动被盘踞在望亭附近大洋桥的国民党守军发现，开枪射击，破路指挥人员组织队伍迅速撤离，并把撬下的铁轨丢入附近河中。

3.严惩匪首

荡口区后宅镇伪自卫队队长朱明，兵痞出身，干过特务，一贯敲诈勒索、奸淫妇女、横行霸道，曾参与谋杀中共锡东县委军事部长吴道元的活动。武工队曾写信警告他不要与人民为敌，要做一个安分守己的中国人，朱明非但不接受，反而大骂武工队员是土匪，还带领人马多次围捕武工队员，反动气焰十分嚣张。民国37年（1948年）2月，中共梅南区唐云清武工小组根据中共锡东县委的指示，把严惩朱明的任务交给武工队员吴邦祥、王树兴和苗俊义3人。吴邦祥等3人根据中共地下党员吕子良和吕秋枫侦察的情况，化装后来到后宅镇上，吴邦祥在伪自卫队门口桥堍上负责警戒，王树兴和苗俊义直奔朱明常去的“正阳馆”面楼。片刻，朱明和一卫兵来到面楼，说时迟那时快，王树兴扣动扳机，两颗子弹在朱匪头上开了花。这时，和朱匪一道上来的那个卫兵，右手掏枪，左手提起一张凳子，向王树兴头上扔来，嘴里还大喊：“不要放了新四军……”没等他再喊出第二句，老王“砰砰”两枪，道：“好小子，陪你的队长去吧。”然后把两匪的手枪摘下。这时守在门口的苗俊义听到楼上枪声一响，迅速从腰中拔出匣子枪，朝楼门口一站，向人群里喊道：“新四军为民除害，特来枪决朱匪1人，与其他人无关，请不要惊慌……”人们喧哗着散开了。碉堡里的自卫队，听见正阳馆楼上响起枪声，知道自己的队长出事了，都不敢出来，只在天井里乱放几枪。只有3个班长在朱茂祖威逼下，硬着头皮冲出来，可是他们刚跨出大门，吴邦祥从腰中拔出一支匣子枪，吼道：“不准动，谁敢动老子叫他脑袋开花，不识相就给点颜色让你们看看。”这时伪自卫队乱成一团，听到枪声都吓得魂不附体，都往屋里退去。趁这空当儿，武工队员拿起朱明丢下的手枪和子弹，顺利地撤出后宅镇。

4.忠贞不屈

民国37年（1948年）12月的一天，为打击国民党反动派和地方恶霸的嚣张气焰，中共薛典地下党支部党小组长周柏生到苏州地区参加关于“镇霸运动”的会议，直到深夜才结束。周柏生装扮成木匠，背着锯子、斧头等木工工具匆匆沿路返家。这天夜晚，天黑得伸手不见五指，又时值寒冬，气温在-8℃左右。周柏生虽身穿破棉袄，脚穿破单鞋，但心里却是热乎乎的。当他快到浒墅关车站时，已是深夜12点。突然有几束刺眼的电筒光向他射来，又传来脚步声，周柏生心想一定是碰到国民党的巡逻队了，要躲避是来不及了，果然一队敌巡逻兵将周柏生围住，将他强行拉到巡逻队驻地威胁逼问。周柏生镇定自若说自己在苏州做木匠，今天刚好完工，所以完工晚饭吃得晚了。敌人就是不信，用皮鞭反复抽打，要周柏生承认自己是共产党并供出同党。尽管他被打得血痕累累，也没有说出自己的真实身份，一口咬定自己是木匠，敌人不罢休，把他的衣服、裤子全部扒光，只留一条短裤，关在一间小屋里，并狠狠地说：“你不说出共产党的活动情况就让你冻死、饿死在这里！”凌晨周柏生冻得直发抖，只能在屋里不停地跑步暖身，直到第二天中午，巡逻队长反复查看他的手，看到他手上的确有许多老茧，才相信他是木匠，然后把他放了。

5.抗丁抗捐

在国民党的反动统治下，苛捐杂税多如牛毛，什么户口捐、人头捐、保甲捐、壮丁费……名目繁多，花样百出，税额也越来越重，而且三天两头下乡催捐逼税，催捐差夫还趁机敲竹杠，捞油水。不仅如此，国民党还大抽壮丁，凡年满18—25周岁的男性公民都为适龄壮丁，年满26—45周岁的男性公民为预备壮丁。在中共梅南区武工队的领导下，党员、骨干深入群众，宣传“好铁不打钉，好男不从丁”，发动群众开展抗丁、抗捐斗争，动员青壮年尽量躲避，使敌人抽不成丁，由于敌人到处扑空，就想出新花样：抓到壮丁“身当”，抓不到壮丁“钱当”，趁机敲诈勒索，中饱私囊，部分群众东借西贷，甚至卖掉田地应付壮丁费。为维护群众利益，武工队员深入群众，动员他们尽量拖交、少交或抗交。民国38年（1949年）初，杨树坝青年吕振新、吕泉根、华克东、华七明4人，因不从抽丁，每月要交75公斤稻谷的壮丁费，吕振新等4人在武工队的支持下，与伪乡、保长展开针锋相对的斗争，不许他们到村上催迫壮丁费，不许他们向国民党青年军吐露抗丁真情和领捉抗丁人员。伪乡、保长慑于我方威势，乖乖地应顺上述两条意见。圆满完成抗丁任务。

6.智截败兵船

民国38年（1949年）解放前夕，薛典杨增荣在过命桥发现有一只国民党败兵船在朝墙门方向摇去，船上共有5个人，船舱里的东西用大雨篷盖着。杨增荣迅速来到石子街，与徐增林商量对策，区武工队员王树兴也正在场。于是，他们就在村上喊了周洪元等几个积极青年，随手抄起几件家伙，一路小跑至过命桥南的薛家桥两岸的树林里埋伏起来，船到临桥，大家一齐高呼“不许动，举起手来！”早已心惊胆战的败落兵遭此袭击，个个魂飞魄散，本能地举起双手，乖乖地听从命令，一步一颤地爬上岸。这些家伙看清我方仅一支手枪，其余均是铁耙木棍时，耷拉着脑袋，气得不出声响。这次行动共缴获手榴弹4箱、燃烧弹20枚。

附：日本侵略军罪行录

民国26年（1937年）10月21日，日军侵占大墙门镇，镇上部分百姓分乘10多只渔船逃难至无锡县玉祁杨树园。中午时分，遇日军飞机轰炸，5只渔船被炸翻，船上人落水，日军又用机枪扫射，11人中弹身亡，其中东街队项培琛一家5人惨亡（3个兄弟、母亲和姑妈）。

民国26年（1937年）11月，西典巷村有12人被日军刺刀戳死，16人被打伤，132间民房被烧毁，222亩稻垛被烧掉。沪宁铁路沿线村庄被日军纵火劫掠，周家角、绛湾里、严家里、沈巷上、石桥头、马家湾、大沈渎、梁家桥、小沈渎、方家浜、西四房、大庙上等村庄全部房屋被烧毁。住基上、硕望桥、邹家湾、方家门前等村庄部分房屋被烧毁。其中硕放村因临近石桥头日军据点，受害更深，全村被烧掉房屋560间、稻垛56亩，有几十名妇女被日军奸污，其中10人被奸杀，部分人在慌忙逃离中被日军电网触死。西马家湾孙水根一家4人被日军杀死。鲁家园鲁金福被日军砍死。鲁柏生被日军当活靶无辜打死。

民国26年（1937年）冬的一天，盘踞在石桥头的日军分队，窜到鲁家园前桥小场上，男女老少急忙躲避。日军瞧见场上有鸡鸭就合围抓抢。追到顾金福家，顾金福因患严重红眼病睡在床上，听到日军进屋，慌乱之中急忙爬上阁楼躲避，藏身未稳，门被破开。日军进房搜寻，看到上面瑟瑟发抖的顾金福，不由分说把他拽下来。尽管顾金福一再说：“我有红眼毛病。”日军仍然把他架起，一路拖到场南水沟边，硬将其踢跪地上。顾金福母亲在里屋闻听外间大响声，察觉大事不好，马上急忙追赶上去，向日军哭喊求饶。杀红眼的日军反用腰刀向她当头劈去。一刀劈在手臂上，顾金福慌忙叩头大喊救命，日军越加疯狂，兽性大发，又用枪刺对准他的胸脯狠命乱戳，顾金福哀号几声便立时倒在血泊之中。日军残忍杀人后仍不罢手，又将顾金福血淋淋的尸体推到河里。顾金福遇害后妻子远走他乡，母亲以泪洗面不久离世，这一家就此绝户。

民国26年（1937年），中华庄西头自然村6户人家，20多间房屋被日军烧毁，10多头猪羊被烧死。后华庄自然村邹金裕父亲、前华庄自然村杨杏生父亲、小华更自然村华兴林父亲在逃离中被日军无辜枪杀。

民国27年（1938年）夏天某日中午，日军在汉奸翻译官的带领下，直扑红力湾里自然村寻找游击队伍，当发现游击队伍早已无踪影时，日军一把大火将湾里自然村4户人家20间房全部烧毁。

民国27年（1938年）冬，日军为捉拿杨祥启，避难群众3人、游击队员1人在墙门大河头被日军打死。

民国28年（1939年）某日，中共地下党员许阿毛在大墙门镇被驻扎在后宅的日军小队长清水抓去，受尽折磨，英勇就义。

民国28年（1939年）7月底，汉奸金伦祥领一队日军到大墙门镇捉拿强学增部下邹正祥，包围杨祥启的戏馆，当场刺死无辜观众3人，刺伤1人，并对一名戏子肆意侮辱，连刺7刀，后观众凑钱送医院，经抢救无效死亡。

民国31年（1942年）某日，杨祥启的自卫团打死一名日军后，夜里日军到大墙门镇捉拿杨祥启。杨祥启掏驳壳枪射击，不料子弹卡壳，用枪把砸死一名日军后，通过家中的地道逃到坝旁跃过小河脱身。日军将杨祥启的房子和墙记大戏院一并烧毁。

民国34年（1945年）某日，墙北村新四军队员吴锡根到大墙门镇上执行任务，汉奸告密后被日军抓住，押解到无锡城黄埠墩，日军把吴锡根赤条条绑在石柱上，唆使洋狗先咬鼻子，后咬耳朵，再咬胸膛，直咬到剩几根骨头。

地名由来

硕放位于太湖之滨，地势平坦，村舍分散，地名纷繁。历代传承下来的地名、村名反映了古代先民的文化观念和生存智慧。

一、“硕放”名称由来

明朝末年，老坝头（属建丰村）黄氏的第十房后裔培卓、庆卓两兄弟朝西南方向十余里的唐庄河畔迁移。以“种客田”为业，落脚于现硕放桥一带，为了方便出入，便在河道上用三块长木板架木桥一座，起名十房桥。清雍正四年（1726年），十房桥属金匮县泰伯乡管辖，十房桥也注图成名。后来，十房桥的异姓香火失传，被黄氏独占。黄氏却子孙兴旺，纷纷分房出宅，形成大村落。至清朝年间，十房桥的黄氏和住基上的顾氏两家合资建造石拱桥。并约定，顾氏建南桥堍，桥面用石块，精雕细琢，注重外表。黄氏造北桥堍，施工别致，里光外毛，以示区别。并将桥名“十房”改为“硕望”（一说“硕”为石头堆，“望”为望亭镇；二说“十”谐音“硕”，“望”即为直通望亭之路）。民国18年（1929年），硕望桥一带属十二区，始称硕望乡。

1954年，国家在境内筹建军用机场（“四一四工程”）。因该工程占地面积大，用的建材多，便修建了一条靠近“四一四工程”工地的临时铁路（沪宁铁路至赵家桥）来运输材料。然而考虑到长久之计，上海铁路局决定，在沪宁线的望亭车站与周泾巷车站中间再造一个新火车站。车站造毕，地方代表再提出以离车站稍远的“硕望桥”来命名，就叫“硕望火车站”。军方代表向上海铁路局打报告，称呼硕望火车站时，因口音之误，把“硕望”误写成“硕放”两字。新车站的新名称得以批准，“硕放火车站”就此诞生。1956年机场建成后亦称为“硕放机场”。1957年10月，无锡县开展撤区并乡工作，将墙南中乡，薛典中乡，宅基中乡的塔西、新中及后西乡的部分地区合并为一个大乡，借用“硕放火车站”之名，取“硕放”两字，命名为硕放乡。“硕放”两字一直沿用至今。

二、自然村名称的由来

1.以地理位置和地形地貌而取名

如：墙门村的庵西海、黄金沙、花瓶丼、大河头；墙南村的庙下、庵上；墙北村的石子街、竹桥头；墙西村的东轩坟、唐庄桥、香花桥；孙典桥村的西香湾、柘茶上、牛池头、木桥头；新农村的南河头、丁更上、沿里庄；里河村的河浜上、东河头、犁尖头、田堵里；里新村的西庄、双车湾、西浜；安桥村的中巷、南庄、角里；黄家门村的西码头、西庄桥、石狗头、绛湾里；西典巷村的燕马桥、马头湾；硕放村的白泥墩、草屋里、同桥头、二亩四里；杨家湾村的下沿湾、阴松浜；建新村的大沈渎、小沈渎、大庙上；塔西村的老住基、浜斗上、小巷郎、河东湾；中华庄村的翻扒头；王家桥村的枫槐桥、小园里；红力村的河泗桥、小章家桥、柘树园；红光村的长田岸、桥头湾、田舍桥、竺祥庵；秦村村的北宅、东堰湾、象斗树下；建丰村的旺市桥、老坝头、小坝头、螺蛳浜、大河头、桥角里；溇金村的溇上、南小园、杨树坝、石桥头、坝东、丼头、当中横、世家桥；薛典村的老住基等。

2.以姓氏、氏族、村舍组合而取名

如：墙门村的张家住基、曹家里、程家里、吴华桥；墙南村的方家里、老二房、小房上；墙北村的唐家里、杨家里、沈更上、顾更上；墙西村的唐庄村、陶家里、崔家里、许家里、陆家桥；孙典桥村的倪巷桥、中四房、朱家里、陈家沿；新农村的小许巷、江家里、汪家里、陆更上；里河村的薛家里、吴家里、浦家里、王家里、李更上；里新村的曹家门前、庄里、杨家里；安桥村的华家里、蔡家里、戴家里、杜家里、陆更上；黄家门村的黄家门前、陈德屋、杨家里、华家里、严家里、顾家湾、赵家湾；西典巷村的庄里、大许巷、尤家里、厅上大房、张家里、惠家里；硕放村的九房住基上、万家里、蒋家里、俞家里、前头三房、三家村、陆房桥、老五房、姚家里、沈巷上、陆家里、季家湾；杨家湾村的方

家里、陈家里、唐家里；建新村的何家里、大朱家里、小朱家里、小二房；塔西村的方家门前、西四房、长房里、丁更上；中华庄村的前华庄、中华庄、后华庄、小华更上；王家桥村的东沈巷、小大房湾、俞家里、凌家里、金家里、陈家里；红力村的蒋巷上、朱家里、查甲里、陈甲里、夏土婆湾；红光村的大二房桥、殷家里、袁步桥、袁更上、毛家湾；秦村村的何家里、曹家里、项家里、朱米山、凌家园；建丰村的南五房、唐家里、沈家里、盛家湾；溇金村的唐更上、阙家里、曹家湾；薛典村的翁家里、张家湾、陆家里等。

3.以吉利词汇和行业组合而取名

如：墙门村的荷典桥、小店巷；墙南村的旺家浜、糖坊上；墙北村的许卖；墙西村的旺家里、丝竹里；孙典桥村的树皮巷；新农村的旺店；里新村的旺家沿；杨家湾村的良更上；塔西村的纱巷里、油房里；王家桥村的鸭船上；红光村的旺二房桥；建丰村的黄贵桥；薛典村的薛典等。

三、篦箕荡、杨柳墩的由来

杨柳墩位于京杭大运河、望虞河两河交汇处，杨柳墩西北水面即篦箕荡。杨柳墩又名“漾流墩”，漾指水面微微动荡，流为河水之意，此墩起挡水作用。《泰伯梅里志》云“……桥下水势湍急，常虑覆舟”，由于太湖水位高，太湖水从沙墩港泻于京杭大运河，西北京杭大运河流向东南的急水，两股激流相交，丰乐桥又是瓶颈，京杭大运河、望虞河北上之船，根本无法靠近丰乐桥。

挖篦箕荡，拓宽水面，使水由急为缓，堆杨柳墩挡水，又使水停滞，并迂回又向西北方向流动，在靠西北一块面积约2500平方米水域之处形成一股较大的漩涡缓流，水又在靠西北岸转向丰乐桥方向流去。

北上之船，只要靠西北方岸边行驶，顺着漩流，来到丰乐桥堍，人走在拱形桥洞中的过路石上（丰乐桥拱形桥洞中，靠西南桥堍凸出一条约80厘米宽的石条，专供拉纤人在拱形桥洞中行走），身背纤绳，手抓住丰乐桥洞的铁链（古人建丰乐桥时，在西南桥堍二则面，凸出一块中间带孔的，约60厘米长，40厘米宽，20厘米厚之金山石块，铁链两头穿石孔链接，专供纤夫手抓），使船安全过桥。

杨柳墩历来是兵家必争之地。《太湖历史文化研究》载：“杨柳墩处大运河望虞河交汇口，面朝太湖。原为3万多平方米，地势险要，四面河围，历为军事要地。明常遇春在此争奇达半月之久，太平军筑炮台防守，以镇太湖。”

此墩是葬平民之地。《太湖历史文化研究》云：“杨柳墩，为东月城北望虞环抱的一小洲……是（越）干王族王城（即月城）外之干庶人坟地，考《周礼·冢人》‘冢人掌公墓之地……先王之葬居中，以昭穆后居左右……凡死于兵者不入兆城。……以爵等为丘封之度，与其树数’。疏‘尊者丘高而树多，卑者封下而树少……案《春秋纬》云天子坟高三仞，树以松；诸候半之，树以柏；……庶人无坟，树以杨柳。’遗址就可了然。”

篦箕荡在清雍正时为下塘月城范围内。靠东为鱼塘，靠南为菱塘。见《太湖历史文化研究》："月城又名越城，原是越干王城，在明中期防倭寇而重建月城，利用原干王城的部分筑城开河，约2平方公里。把运河直航改为月城河航行，并设置东南北三门。南门……东门路古月城河，由于雍正运河拓宽改道直航，把月城一分为二，即上塘月城与下塘月城。下塘月城筑了三个坝，变为鱼塘、菱塘……东城废。"可见篦箕荡就是原鱼塘和菱塘总称。

杨柳墩岸四周并无石块叠垒，墩面长满树，以榆树居多。篦箕荡盛产菱、鱼。20世纪60年代中期，当时硕放人民公社渔业大队在绛湾里自然村篦箕荡河岸南与东北两处，筑坝连向杨柳墩，成一养鱼荡。2010年，随着望亭水利枢纽工程建设的展开，望虞河拓宽，篦箕荡消失，杨柳墩面积约缩小三分之二，高度降至离水约2米。在望虞河拓宽工程中，杨柳墩挖掘出的文物有宋朝的棺木、石碑，明朝的几何印纹硬陶，清朝的150多公斤炮弹等。

火灾事故

1955年10月，里河乡杨家里杨姓家的热火灰复燃引燃灰堆旁的柴草，着火的柴草火势迅速蔓延，火苗蹿上芦便屋顶。正在田间劳作的人们发现火情，从四面八方拎着水桶，端着脸盆赶来救火。经过1个多小时的抢救灭火，仍烧掉5户人家的19间房屋和家什财产。

1955年11月，薛典乡南头光棍钱阿荣因泄私愤纵火，火势借助西北风一路连烧6户，烧毁房屋14间，殃及房屋5间。钱阿荣因纵火罪被逮捕判刑。

1956年11月某日20时至21时，薛典乡东朱家浜钱姓家因小煤油灯倒翻，引起屋内柴草着火。火势趁着初冬干燥的西风迅速蔓延。等到村上四邻赶来救火，火苗已冒出屋面并烧向两边。钱氏的大儿子奋勇当先，还是扑火无望。突然想起三个妹妹还睡在里屋，马上转身入屋救人。正当他两手夹着两个小妹，后面跟着一个大妹夺路欲冲出大门时，不料吊在沿梁上的寿材板因绳烧断而砸下来，正好把他们兄妹都压在下面。待大火扑灭后，人们清理现场时，翻开烧焦的寿材板一看，18岁的哥哥仍然紧紧地抱着两个妹妹，兄妹4人已无生命迹象。这次火灾共烧毁6户房屋12间，损坏1户2间，钱姓家1户被火灾夺去4条人命。

1962年，新星大队杨家渡村民杨根福为其60岁母亲在家里做寿。因连夜点燃的寿烛不慎引起家中大火，共烧毁房屋24间。12月，墙西蟑螂山发生重大火灾，损失惨重。火灾共烧毁6户房屋24间以及粮食、衣被、家具等物。

1966年3月初的某日早上9时许，西南风很大，墙西大队唐庄村传来老人和小孩的哭叫声，正在田间拍麦的村民看到一股浓烟冲天而起，火借风势，越烧越旺。劳动的村民、附近的群众、硕放机场的解放军都赶来救火。经过2个多小时的奋力扑救，大火终被扑灭。火灾共烧毁12户村民的36间房屋及许多家什家具。

1968年11月秋种时节，某日早上6时许，晨雾很浓，村民们出早工在外。里新大队双车湾杨姓家因碰翻煤油灯而引燃蚊帐，又烧着被子、床具、房屋。隔壁邻居陆某发现火情，马上敲击脸盆，急喊救火。正在田间忙活的村民急忙放下手中农活，冲进屋内扑火搜救。

杨家的两个小孩躲在米囤里被大火烧焦身亡。杨家和陆家的5间房屋被烧毁。

1970年冬，坐落在墙西大队香花桥的硕放开花厂（五金厂的前身）因用电不慎，厂内着火，烧毁轧花设备及棉花数10吨，房屋数间，经济损失严重。

1979年3月6日下午，正值春耕。六一大队南头钱姓家因灶膛火外延而失火，火势蔓延。硕放机场解放军开来消防车，因都是小田埂，消防车无法驶入，解放军只能带着灭火器奋力扑救，群众倾力相助，火势得到控制。火灾烧毁房屋8间，损坏2间，损失较大。

2008年7月19日，香楠村曹家门前陆姓家在搅拌化工原料时，搅拌棒不慎击碎屋中电灯泡，漏电火花引燃化工液体导致发生火灾。大火烧伤2人，烧毁房屋4间（四上四下楼房），损失惨重。

2013年7月9日17时左右，坐落在长江南路工业园13号的无锡新能锂业有限公司201标房13号生产车间突发大火，火势较猛，因仓库内5吨金属原料遇水会发生爆炸，情势十分危急。街道、派出所、城管会同新区消防队紧急制定扑救方案，采用工业盐及干水泥进行喷撒灭火，直到23时左右控制火势。这起火灾涉及两家企业，烧毁房屋面积约2500平方米，经济损失惨重。

文件选辑

中共硕放公社委员会、硕放公社管理委员会关于粮油作物按劳分配、分组联产承包制实施办法

（草案）

（一九八一年九月）

第一章　总则

第一条，建立农业生产责任制，是农村经济调整、改革的重要内容，是改革经营管理，贯彻按劳分配，进一步巩固集体经济，发展农副工生产的中心环节，必须积极引导，切实抓紧抓好，因队制宜，民主讨论决定，选择适合本生产队实际的责任制形式，不搞一刀切。

第二条，建立生产责任制，其根本目的是要充分调动干部社员的积极性，发挥集体经济的优越性，挖掘劳动潜力，合理利用资源，发展商品生产，提高劳动生产率，提高经济效果，对国家多作贡献，集体增加积累，社员增加收入，使农村尽快地富起来。

第三条，建立生产责任制，在做到集体和社员两个积极性一起考虑的基础上，达到四个要求，符合四条标准。

1. 四个要求是：有利于发挥集体经济的优越性；有利于充分调动社员的积极性；有利于农副工生产的全面发展；有利于完成国家任务，壮大集体经济和增加社员收入。

2. 四条标准：一是农业生产队伍相对稳定，现有农业机械和水利设施要充分发挥作用，粮油产量稳定提高，经济效果和劳动生产率显著提高；二是集体多种经营门路开足，林、牧、副、渔业迅速发展，劳动力自然资源充分利用，农工商综合经营，社员家庭副业相应发展；三是集体经济不断壮大，社员收入稳定地持续增加；四是要积极完成和超额完成粮油生产大包干任务，保证完成国家下达的农副产品收购派购任务，正确安排好三者关系，自给性实物分配做到统筹兼顾，协调各方，分配合理。

第二章　“三不变”

第四条，生产资料所有制不变，建立责任制后，生产队的土地、农机具、物资、机械、仓房、场地等生产资料仍然属于生产队集体所有，其性质不得改变，任何人不得强占、瓜分或破坏。承包的土地，承包者职能按生产队的统一作物布局，完成计划种植。不准自由耕作；不准自行变动对土地的面积和位置；不准转让和出租买卖；不准建造房屋；不准埋挖作坟。严禁任意开荒、填沟、挖路、掘绛、毁埂等破坏水利设施，承包田使用不当，集体有权收回或作必要处理。

第五条，基本核算单位不变。联产到组（劳）后，生产队仍是基本核算单位，一切农、林、牧、副、渔等产品和经济收入、支出账目都由生产队全面记载，进行统一的经济核算，并负责处理国家、集体、个人的一切经济往来，不许以任何形式代替核算单位。

第六条，按劳分配原则不变。建立责任制后，生产队土地只能按劳力承包，不能按人

平均，并根据承包土地的多少和完成任务的好坏，给予合理的报酬和奖励。进一步贯彻按劳分配原则。

第三章　“五统一”

第七条，在坚持统一经营的原则上，做到统一生产计划和作物布局，统一安排劳力；统一使用大中型农机具和生产设施；统一财务管理；统一收益分配。

第四章　统一经营、三业分开、大组联产

第八条，农业生产搞得好，副业门路比较广，集体经济比较巩固，分配水平较高的生产队，在三业分开，专业承包的前提下，生产队将务农劳力基本固定下来，单独建立一个大组，承包粮油作物和某些经济作物的生产任务，实行“三定奖赔、联产计酬”。

第九条，在大组内部，必须按照用工需求，以田定工，以工定劳，推行“分段包工”，收种管“一条龙包工”的办法，或二头统、中间包的办法，切实做到联产到组、分工到劳、责任到人。

第五章　统一经营、三业分开、分组联产

第十条，规模较大，务农劳力和田亩较多，粮油生产，多种经营，集体经济和经营管理都有一定基础，分组有一定骨干的队，可将务农劳力分成若干小组（包括联户联产），分别承包粮油作物和某些经济作物的生产任务，实行“三定奖赔、联产计酬”。

第十一条，搞好分组（联户）联产，一要统一制订全年生产计划和作物茬口布局；二要发展集体副业，使生产队手里有雄厚的经济实力，增加社员收入，不搞作业组的“小而全”；三要改善组内小段包工，推行田间管理责任到劳，包工到户的办法；四要妥善处理小组与小组之间的矛盾，防止“和牌”，禁止闹分队。

第六章　统一经营、三业分开、联产到劳

第十二条，统一经营、联产到劳，就是生产队将农业生产的任务直接承包给务农劳力，实行生产队统一核算、统一分配，“三定奖赔、联产计酬”。

第十三条，实行联产到劳的生产队，要加强领导，不能撒手不管；要坚持三业分开，专业承包；要按务农社员的劳动能力来确定承包土地的多少，劳力强的适当多包，劳力弱的适当少包，决不允许按人平均分田。经生产队同意外出的劳力，原则上不承包土地，有的队劳力少，生产任务重经社员讨论决定，适当承包部分责任田。但要切实防止那种“家家粮油茧，户户小而全”生产形式的出现。

第十四条，承包劳力。劳动力是各尽所能，按劳分配的基础。生产队要根据各业发展的需要和人尽其才，各尽所能的原则，搞好农、林、牧、副、渔、工、商的专业分工，劳力合理定位，比较合理地确定承包任务，使各业之间劳力的报酬协调。

第十五条，对几种人员承包责任田的处理。

1.五匠和从事其他经营外出的社员，根据本生产队田劳负担情况，经社员讨论决定，包与不包或少包。

2.县社队企业务工社员，可少包或不包粮油生产责任田。社队企业在生产队粮油承包任务落实后，即使工业生产任务不足，也不能擅自辞退务工劳力，厂方应负责妥善安排，广找门路，生产自给。

3.大队农机手，电工、管水员、赤脚医生、幼托教师、兽医等，根据他们专业任务的轻重，适当少包或不包。

4.生产队主要干部（队长、会计、农技员）和大队副职干部，原则上同社员一样承包责任田。

5.大队定员干部，在保证做好工作的前提下，可以承包部分粮油责任田。

6.公社机关工作人员、民办教师，以及社办企业的定员干部，原则上不承包责任田。

第十六条，承包土地。在生产队统一安排作物布局的基础上，分茬确定承包田。社员承包的责任田，一般根据田块的远近、土质好坏、水利灌溉等情况按劳承包，归户划田（不硬性搭配，可用产、工、本调节）稍多稍少适当掌握，尽量做到田块完整。

第十七条，为了稳定责任田，种地和养地结合，鼓励社员多投工、多投肥，改良土壤，提高地力。承包给社员的土地，一定四年不变（到1985年）。划分责任田时考虑人口、劳力等变动情况，生产队可适当留5%左右的机动田，并将机动田短期承包给劳力较强的务农社员。

第七章　“三定奖赔”

第十八条，定产量（产值），承包产量指标应与粮食大包干指标和生产计划指标区分开来，但要考虑国家、集体、个人三者关系安排的需要，生产队要统一布局，合理确定种植比例和作物品种，分坵、分茬合理定产，落实到组（劳），定产指标，既要积极可靠，又要留有余地，使承包社员经过努力有产可超，有奖可得。为了解决粮质好坏的矛盾，在定产的同时，可按国家收购标准价格定交售产品的产值，超值归己，减值赔偿。柴草随粮定产（麦柴、前后季稻柴斤粮七两柴，单季稻柴斤粮斤柴；油菜箕按斤籽二斤箕计算）以分配价定值。

第十九条，定成本，根据勤俭办社和生产合理需要的原则，实行分茬定额包干，亩成本一般可定位30—35元（油菜在内），成本内容大体是：种子、家肥、化肥、农药、水电费、机耕费等六项。

第二十条，定工分，根据各种作物需要的用工量，按季按田，定额包工，超工不补，余工不扣，一般定额包工标准：油菜30—35工，三麦30—35工，前、后季稻分别为25—30工，单季稻35—40工。

第二十一条，奖赔结算，从鼓励社员发展生产、增产增收出发，可实行超产减产实奖实赔或比例奖赔的办法，也可以实行奖钱不要物、赔物不赔钱的办法。奖钱金额的计算，一般按国家收购标准价格按户结算。

第二十二条，“三定奖赔”，一般一年一定，有些地方经验丰富，也可随责任田一定几年不变。

第八章 统一分配

第二十三条，生产队的产品和收入，必须纳入生产队统一核算，在公社的指导下，按照按劳分配政策，坚持统一分配，处理好国家、集体和社员三者关系。

1.国家的粮油柴统购派购任务和农业税等要保证完成，水电费到期贷款和粮、茧定金要积极缴纳。国家统购粮、油柴任务，“由队组织，联户运送，分户交售，发给凭证，转队结算”。

2.集体应留的积累，种子、饲料粮、储备粮、用柴等要提足留好，公共积累分别项目，专户存储，储备粮由国家保管；集体饲料、用柴由集体统一保管使用；承包田种子，应按生产队统一品种布局，由社员自选、自留、自管、自用。

3.社员粮油柴等实物分配，要归户计算，产品按承包田结算，由队统一分配。经济分配，按分配方案和奖赔一起结算，按户兑现。缺钱户要坚持交钱买粮，超支户要积极归还。

4.县社、队亦工亦农、亦干亦农的人员，仍然按照县委【81】第51号文件规定，实行工资全额转队，“分成分配”的办法。

5.五匠（包括学徒）和从事其他经营的外出社员（包括小商小贩）都应按照县委【80】第116号文件规定精神，根据实际情况，双方签订合同，可采取定额上交，比例上交或分成分配等办法，把他们的经济收入纳入集体，归户结算。

6.未经公社、大队允许，自由外出、长期脱离集体生产的社员，不能享受生产队的一切经营成果，并按议价买粮、油、柴等实物。

第二十四条，核实产量收支，编造分配方案，实事求是搞好分配。核实产量，必须如实上报，由队组织核产小组，按国家收购粮标准，统一验收核产。分户保管如自留田、饲料田的粮食与责任田分开脱粒的，责任田单独核产；如混在一起的，三田统一核产，结算出责任田单产和总产。

第二十五条，烈军属、“五保户”、困难户，由队按优、供、补政策安排落实到户。劳弱户应安排力所能及的副业生产劳动，用多照顾非生产工的办法，使其增加收入。

第九章 签订合同，结算兑现

第二十六条，责任制合同是承包双方表示信用的有效形式，也是双方行使权、责、利的法律依据。因此，承包双方在协商自愿的基础上，对各个承包项目都必须以合同形式确定下来，一年或几年不变。

第二十七条，合同内容，应包括承包的责任田或其他农副生产的项目、面积、产品、产量、产值、费用开支，劳动报酬和奖赔办法以及各项协商条款。

第二十八条，合同要由生产队与承包组（户）双方签名盖章，大队统一鉴证，一式三份，承包双方和鉴证单位各执一份。合同一经签订，必须坚决履行，更改合同，须经三方同意，单方毁约，鉴证单位有权调处，造成的经济损失，要追究经济责任。

第二十九条，在正常年景下，不论超产或减产，都按合同办事，坚持年终结算兑现。属于遭灾减产，一般可按全大队粮油减产幅度，统一调整承包指标，坚持结算兑现。

第十章　队劳（户）责权

第三十条，生产队的责权是：

1.加强政治思想工作。要经常不断地进行“四项基本原则”和“五讲四美”的教育，联系实际进行互助友爱和安定团结的教育以及兼顾国家、集体、个人三者关系的教育，及时解决和正确处理各种矛盾纠纷，大力表扬好人好事。

2.制订和检查生产计划，并根据农事季节，及时提出增产措施，质量要求，加强技术指导，搞好科学种田。防病治虫、管水由集体组织专业人员统一进行。（农药，特别是剧毒农药一定要集体保管，统一使用）

3.搞好集体经营的生产项目，积极开展多种经营和副业生产。并鼓励和扶持社员开展正当的家庭副业，走劳动致富的道路。凡适宜集体经营的生产队要组织集体经营，并根据不同项目的特点和规模，宜组则组，宜户则户，宜劳则劳，分别承包生产任务，同样实行“几定奖赔、联产计酬”责任制。十边地，零星隙地，可以实行种子自理，工本不记，定额上交，收入归己的大包干责任制。凡适应社员个体经营的项目，再由社员户经营，生产队加以组织和扶持。

4.加强集体财产管理，妥善安排，合理使用农机具、仓房、场地。

5.贯彻等价交换、自愿互利的原则，组织互助协作，调配劳力，调剂家积肥，确保各组（户）完成承包任务。

6.按照党的分配政策，正确处理三者关系，及时搞好夏季预分和年终分配。

7.按照规划要求，适时搞好农田基本建设，合理分配和派好集体的基建和非生产用工，非生产用工应严格控制。

8.根据联产到劳责任制的要求，发动群众，民主制定“队规民约”，教育社员共同遵守。

第三十一条，劳（户）责权是：

1.自觉服从生产队的统一领导，执行承包合同，完成承包任务。

2.执行“五统一”，服从生产种植计划，接受科学技术指导，搞好科学种田，提高耕作水平。

3.实事求是上报产量，积极完成国家的农副产品统购派购和集体需要的上交任务。国家的征超购任务，必须按下达的品种保证完成。

4.树立爱队如家思想，爱护集体财产，发扬互助协作，团结友爱的精神。

5.积极完成集体的基建工和非生产性派工。

6.坚决执行党的政策和国家的法律、法令，不搞投机倒把、不搞雇工剥削、不放高利贷，遵守“队规民约”。

第三十二条，本办法（草案），通过实践，将不断修改，不断完善。

中共硕放镇委员会、硕放镇人民政府
关于加快硕放经济发展的激励意见

（一九九四年三月）

各党支部（总支）：

为了激励全社会各阶层人士为硕放经济发展，硕放事业振兴作贡献，特拟订以下激励意见：

一、帮助引进资金奖

凡帮助引进资金者，按引进期限一年，数额壹佰万以下（含壹佰万）给予1%奖励；壹佰万以上给予1.2%的奖励（外资以人民币折算）。凡引资利息低于当时国家标准的，低于部分归引资者。奖金发放凭资金进账单，直接进企业的，由企业直接支付；凡进镇融资办由全镇统一调度使用的由工业公司支付。

二、帮助引进人才奖

凡企业单位引进一个大中专毕业生，奖给厂长经理100元；一个大学本科毕业生，奖给厂长经理200元；一个工程师（含技师），奖给厂长经理300元；一个高级工程师，奖给厂长经理500元。

三、帮助引进新产品、新项目、三资企业奖

1.凡帮助引进新产品、新项目投资额在壹佰万元以上的，待项目正式投产，对引荐者按投资额1%给予奖励，投产后一年内产生效益的，再按结算利润额的10%给予奖励。

2.凡带产品、项目、技术到本镇工作的，所带产品、项目、技术可作价入股永久性按股分红。工资在原级别上提高二级，并每月给予贰佰至壹仟元的技术津贴和提供比较舒适的食宿条件。产品项目开发成功（达到规划目标）按投资额1%给予奖励，投产后一年内结算利润达伍拾万元以上的，再按结算利润的20%给予奖励。

3.凡帮助引进一个三资企业，对引荐者除按企业注册资本的0.5%给予奖励外，再按外资到账额（折人民币）的1%给予奖励。

四、帮助批租土地奖

对所有批租，开发硕放土地的介绍人，按批租开发土地的面积与价格等情况给予1%—2%的奖励。

五、发展速度奖

1.对达到下列发展速度的镇办企业，村实业公司和有关公司给予奖励：

（1）上年度销售额在伍佰万以上壹仟万以下或利税在伍拾万以上壹佰万以下，来年增幅达50%的，给企业单位领导集团人员奖4000元。

（2）上年度销售额在壹仟万以上贰仟万以下获利税在壹佰万以上贰佰万以下，来年增幅达48%的，给企业单位领导集团人员奖6000元。

（3）上年度销售额贰仟万以上叁仟万以下或利税在贰佰万以上叁佰万以下，来年增幅达46%的，给企业单位领导集团人员奖9000元。

（4）上年度销售额叁仟万以上肆仟万以下或利税在叁佰万以上肆佰万以下，来年增幅达44%的，给企业单位领导集团人员奖12000元。

（5）上年度销售额肆仟万以上伍仟万以下或利税在肆佰万以上伍佰万以下，来年增幅达42%的，给企业单位领导集团人员奖15000元。

（6）上年度销售额伍仟万以上或利税在伍佰万以上，来年增幅达40%的，给企业单位领导集团人员奖18000元。

因增幅特大而增值后规模达到上一档次的靠上档次计奖。

以上奖金的分配企业单位主要负责人得60%，领导集团其他人员得40%。

2.对达到下列规模的镇办厂、村实业公司和有关公司给予奖励：

（1）年销售额达亿元或利税达仟万元的，给厂长（经理）奖拾万元，其他领导集团人员奖壹万元。

（2）年销售额达贰亿元或利税达贰仟万元的，给厂长（经理）奖贰拾万元，其他领导集团人员奖贰万元。

（3）年销售额达叁亿元或利税达叁仟万元的，给厂长（经理）奖叁拾万元，其他领导集团人员奖叁万元。

（4）年销售额达肆亿元或利税达肆仟万元的，给厂长（经理）奖肆拾万元，其他领导集团人员奖肆万元。

（5）年销售额达伍亿元或利税达伍仟万元的，给厂长（经理）奖伍拾万元，其他领导集团人员奖伍万元。

（6）凡规模达亿元以上销售额或仟万元以上利税的厂、村、公司来年有增幅，但达不到上一档次的，按每增壹仟万元销售额或壹佰万元利税，给厂长（经理）奖壹万元，其他领导集团人员奖壹仟元。

六、鼓励投入奖

凡年工业固定资产投入额达贰佰万元以上，按投入量的0.3%给予厂长（经理）奖励。

七、发展外向型经济奖

1.凡创办一个三资企业，给厂长（经理）基础奖贰仟元，另按注册资本金（美元）的0.5%给予奖励。

2.出口创汇企业按出口创汇额的1%给予奖励，其中厂长（经理）得奖金总额的10%。

3.凡年出口创汇额达壹仟万元的，给厂长（经理）奖壹万元。

4.凡年出口创汇额达伍仟万元的，给厂长（经理）奖伍万元。

5.凡年出口创汇额达亿元的，给厂长（经理）奖拾万元。

八、扭亏为盈奖

凡到亏损企业去工作的厂长（经理），按当年实现结算利润额的2%给予奖励，扭亏特别显著而盈利特别大的再给予特殊嘉奖。

九、建功立业奖

对支持硕放经济建设和社会事业建设作出突出贡献的镇机关和市镇各行政职能部门的有功人员给予建功立业特别奖，得奖者由基层推荐，党委、政府决定。

十、有关事项

1.发展速度奖中所涉销售额，凡产品销售外的其他销售按5∶1计算。

2.奖金来源：引进人才奖、引进产品项目奖、帮助批租土地奖和发展外向型经济奖中第三条除给厂长经理奖以外的企业人员奖励由各企业单位支付，其他没有明确规定的由镇筹集后镇里发放。

3.奖金发放，由企业单位申报，主管部门和镇经管办审核，镇党委、政府审批决定后发放。

4.此件从九四年度开始执行，此前颁发的激励文件停止执行。

中共硕放镇委员会、硕放镇人民政府
关于镇村集体企业转制工作规范操作意见

（一九九六年十月八日）

今年，我镇企业经营机制转换工作，镇党委、镇政府提出了“抓大扶强，转中放小”的工作思路，要求各级领导把企业经营机制转换工作摆上重要位置。根据企业的不同情况，确定不同的转制形式，为了努力提高转制工作的质量，把握好转制工作的操作程序，根据镇党委、镇政府的工作要求，对我镇转制中的各种不同形式和具体做法及操作规范提出如下意见：

一、拍卖企业的基本做法

1.拍卖的概念及性质。

拍卖是按照等价交换原则，采取买卖方式，将企业的产权有偿转给购买者。企业产权拍卖后，原集体企业法人主体消失，企业按购买者新的投资主体的经济性质重新登记成立。

2.租赁、拍卖相结合的概念及性质

租、卖结合，是指将企业的不动资产部分（房屋及建筑物、土地、电力基础设施等）实行租赁，将企业的动产部分（设备、工具、流动资产包括债券债务等）实行拍卖，性质由购买者新的投资主体来决定，个人或几个人合伙购买的，即为私营企业。

3.拍卖企业的范围、形式、拍卖权

（1）范围（对象）。

〈1〉规模小、人员少的微利企业；

〈2〉经营不善，亏损资不抵债的企业；

〈3〉条件成熟适于拍卖转让的企业。

（2）形式

拍卖的形式：一是个人购买；二是合伙购买；三是全资股份购买（股份合作制）；四是企业法人购买（兼并）。目前我镇采用的主要是个人购买或合伙购买（转私营企业）。

（3）拍卖权

镇村集体企业的拍卖权属于企业资产所有者，即：镇集体企业的拍卖权属于镇人民政府，村属集体企业的拍卖权属于村实业公司。

4.拍卖的方法、程序

（1）拍卖的方法

拍卖采取公开招标的方法，要坚持公开、平等、竞争、择优的原则，强调公开性、透明度、机会均等。即使只有一个人购买，也要公开招标，防止利用权力和关系趁机化公为私，以确保集体资产保值、增值，不受损失，并体现自愿、公平、竞争等原则。

（2）拍卖的程序

〈1〉搞实企业基数，按照现行价格进行资产评估。

〈2〉根据资产评估结果及其企业有关情况，由拍卖方研究确定拍卖标底和办法。

〈3〉按规范程序进行公开招标：（一）拍卖方报请镇人民政府批准；（二）发布招标公告和拍卖简章及标底；（三）有意购买者提交投标申请书（现任厂长必须提交投标申请书）；（四）对投标申请者进行资格审查；（五）由镇审查合格的投标申请者，到拍卖企业进行考察，提出购厂方案，投标标的，准备投标书，递交投标书；（六）拍卖方组织公开开标，确定中标者。

〈4〉签订企业产权转让协议书（合同），交纳购买款。

A.签订企业产权拍卖转让协议书，协议书内容应包括：（a）拍卖企业的名称、地点；（b）拍卖资产及债权、债务处理；（c）成交价格及价款支付规定；（d）土地、电力基础设施及其他不动产的租赁；（e）企业职工；（f）其他事项。

B.企业产权拍卖转让协议有关附件：（a）镇集体企业转制领导小组批准企业拍卖的文件；（b）资产评估报告书、确认书、资产评估清单及附件；（c）拍卖招标记录及全部材料；（d）拍卖成交价款分期付款协议书（一次性付清者除外）；（e）土地、电力基础设施等租赁协议；（f）其他文件。

（3）办理法律及有关手续

〈1〉企业产权拍卖转让协议书（包括附件），提请公证机关办理公证。

〈2〉办理原企业报歇、新企业登记注册手续。（工商部门）

〈3〉重新办理税务登记手续。(国税所、地税所)

〈4〉办理房产产权转移手续。(房产部门)

〈5〉办理土地租赁登记手续，领取土地使用权出租管理证明书。(土地管理部门)

〈6〉将协议（合同)、附件等资料抄送各有关部门（镇集体企业转制领导小组、经管办、银行、工商所、土管所、司法办）备案。

二、租赁企业的基本做法

1.租赁企业的概念及性质

租赁是在资产所有权不变，企业性质不变，隶属关系不变的前提下，按照两权分离的原则，签订租赁合同，在特定时期内将企业的资产使用权和经营权转移给承租者，由承租者自主经营、自负盈亏和独立承担经营风险的一种经营方式，如果个人或者合伙租赁的是公有私营，如果是企业全员租赁的是公有民营。

2.租赁企业的范围、形式、出租权

租赁企业的范围、形式、出租权和拍卖企业的范围、形式、拍卖权相同。

3.租赁企业的方法、程序

租赁企业方法、程序和拍卖企业的方法、程序相同。

4.签订租赁合同、交纳租赁抵押金

（1）签订租赁经营合同，并按租赁资产的10%—20%交纳租赁抵押金。

（2）租赁合同主要内容：(一）租赁期限；(二）租赁资产（包括债权、债务处理）与责任；(三）租赁担保；(四）租金；(五）财务与收益分配；(六）双方的权利与义务；(七）企业职工；（八）违约责任；（九）其他事项。

（3）租赁合同有关附件：(一）镇集体企业转制领导小组批准租赁经营的文件；(二）资产评估报告书、确认书、资产评估清单及其附件；(三）租赁担保财产清单、家庭财产共有人财产担保书；（四）租赁招标记录及有关资料。

5.法律及其他手续：(一）租赁合同（包括附件)，申请公证机关办理公证；(二）报经工商部门办理变更登记手续；（三）由土管部门办理土地租赁登记手续，领取土地使用权出租管理证明书。

三、组建有限责任公司的基本做法

1.概念及性质

有限责任公司，股东以其出资额为限对公司承担责任，公司以其全部资产对公司的债务承担责任。公司以其全部法人财产，依法自主经营、自负盈亏。

2.设立有限责任公司应具备下列条件

（一）股东符合法定人数：由二个以上五十个以下股东共同出资设立。

（二）股东出资达到法定资本最低限额：

〈1〉以生产经营为主的公司人民币五十万元；

〈2〉以商品批发为主的公司人民币五十万元；

〈3〉以商业零售为主的公司人民币三十万元；

〈4〉科技开发、咨询、服务性公司人民币十万元。

（三）股东共同制定公司章程，主要内容包括：

〈1〉公司名称和住所；

〈2〉公司经营范围；

〈3〉公司注册资本；

〈4〉股东的姓名或者名称；

〈5〉股东的权利和义务；

〈6〉股东的出资方式和出资额；

〈7〉股东转让出资的条件；

〈8〉公司的机构及其产生办法、职权、议事规则；

〈9〉公司的法定代表人；

〈10〉公司的解散事由和清算办法；

〈11〉股东认为需要规定的其他事项。

四、组建股份合作制企业的基本做法

1.概念及性质

乡、村股份合作制企业是以合作经济为基础，引入股份经营方式，以资金、技术、设备等生产要素为股份，实行统一经营，自负盈亏，民主管理，按劳分配为主，与按股分红相结合，有不可分割的公共积累，能独立承担民事责任，经依法批准成立的经济组织。

2.形式

（1）增资扩股型是指老企业在将原有资产清理评估折算成股份的基础上，根据生产经营状况所需增加资金进行增资扩股，吸引职工，合作经济组织成员和其他企事业单位入股所组成的股份合作制企业。

（2）存量转股型是指老企业将资产存量清理评估折算成股份，然后划出一部分股份进行招股转让所组成的股份合作制企业。

（3）合股兴办型是指新办企业时，由集体、个人以资金、技术、设备等生产要素入股，直接组成的股份合作制企业。

（4）参股联营是指松散联合的各企业、单位相互参股，资本联合，统一经营所组成的股份合作制企业；相同类型的小型企业以各自的生产要素折股参股，扩大规模，联合经营所组成的股份合作制企业。在股份合作制形式上我镇主张办成前三种形式。但不准以原有集体资产以配股、影子股、贡献股等形式量化到人。

3.组建程序

（一）发起人建立筹备组织，并向镇集体企业转制领导小组报告；

（二）编制企业发展规则，提出创设股份合作制企业的可行性报告；

（三）办理原有资产的评估验审；

（四）确定股本总额、招股办法和股权证，向镇集体企业转制领导小组申请批准。

（五）起草企业章程和招股说明书；

（六）发布招股公告，进行招股、认股和催交股款，招股结束后，向有关部门申请验资；

（七）发起人召开筹备会议，介绍筹建过程，提请讨论企业章程草案，酝酿董事会、监事会选举事宜。

（八）办理成立股份合作制企业的批准手续，向工商部门申请注册登记。

（九）召开股东（代表）大会，审议通过企业章程，选举董事会、监事会，宣布企业依法成立。

五、需要注意的其他事项

1.严格把好资产评估关。严格搞实企业基数。对企业所有资产包括无形资产都要详细登记造册，不疏漏、不重复，根据实事求是的原则，邀请内行人员共同参与监督，进行正确、合理的评估和确认，严防集体资产流失。在具体掌握上：

（1）对固定资产的评估方法上，可采取二种方法：（一）按固定资产的现行价计价，扣除已提折旧进行计算；（二）按固定资产的现行价计价乘以目前新旧使用程度折算进行计算。

（2）对债权、债务的评估，原则上可按应收应付款发生的时间长短划分进行处理：二年以内或二年以上但仍保持正常业务往来的作为正常应收款；三年以上五年以内按80%—90%计算，五年以上八年以内按60%—70%计算，八年以上十年以下按50%—60%计算，十年以上按30%—40%计算。

（3）对存货的评估方法，库存材料按净价计算；对在产品可按实际成本计算，对产成品可按售价的75%—80%计算，对在产品、产成品中的次品、废品可协商作价处理。

（4）对无形资产的评估方法，原则上按企业的商标、广告、产品技术含量和证明企业或产品规模、档次、资格等有关证书、证件进行评估进去，方法上可采取双方协商解决。

（5）对亏损企业的评估方法，对目前企业资不抵债的，如果是原始厂长的，可采取倒轧账办法进行计算，也就是从该厂主管部门办厂时投入资金加历年政策提留结余税收减免实际所得额加历年分配后的利润结余部分，减去每年上交主管部门的，计算出该企业净资产实际应该多少，作为拍卖标底的基础。

2.严格把好拍卖资金到位关。拍卖成交后，在签订协议时，原则上购买者应将款项一次性付清，对拍卖额较大，一次性付款确有困难的可以分期付款，但期限不得超过二年，同时按银行的同期利率计算利息。

3.严格把好租赁企业的租赁抵押关。根据1994年实行租赁的企业，承租者大部分用房产抵押，但存在很大的弊端，因此，这次搞租赁的，包括租赁已到期继续租赁的一律按租赁资产的10%—20%货币资金或有价证券进行租赁抵押，同时，在逐年经营所得中提取30%增加抵押金，在这个问题上，不得马虎，不得迁就。

4.对今年租赁企业到期的，在通过清算，处理好租赁的有关事项，特别是租赁费、规费等都须承租者交清，如拖欠或集体资产减值的，主管单位一定要采取有力措施进行处理好，在终止前一轮租赁合同的基础上，双方不存在疑义的，对下一轮的转制，原则上进行拍卖，对进行拍卖条件不成熟适合继续租赁的，要严格处理好二个重点：一是对债权债务当时没有卖断的，这一次一定要卖断；二是要完善监督机制，对抵押金、租金、规费上交要严格把关，按时交纳，促使厂长搞好企业的责任感、紧迫感、压力感。

5.把好公开招标关。对拍卖、租赁的招标，一是要公开招标，公平竞争，提高透明度；二是坚持政策，坚持原则执行纪律，严防权钱交易、人情交易等以权谋私行为。

6.关于职工问题。凡是租赁、拍卖企业对原来企业职工都要接受，不得推向社会。对接受后职工的劳动报酬、劳保福利、合作养老等都要安排好，并要向职工签订好劳动用工合同。

7.关于转制后的财务制度执行。一是继续实行会计派任制，由主管部门负责委派；二是要继续执行乡镇财务制度，依法纳税、依法经营。

8.租金的确定。租赁企业仍由三个部分组成：（1）资产使用费，按租赁资产的15%计算。（2）土地使用费，可根据厂区所处的地理环境及实际使用面积分别确定：实际使用面积达60%以上的，每平方米按10—15元计算；实际使用面积低于60%的，每平方米按8—10元计算。（3）利润分享，按企业利润的一定比例确定。拍卖企业由三个部分组成：a、按租用不动产的15%—20%计算；b、土地使用费，视同租赁企业计算；c、电力设施使用费，按每 kVA400—500元计算。

9.抓住当前各地都在搞转制的机遇，各单位要想方设法进行招租，利用空余的厂房、设备、场地、电力等优势，引进人才、引进项目、引进资金。在具体形式上，可提供经营场地、厂房、设备，让对方经营，一切债权、债务由对方负责，或者出厂房、土地、设备进行合营。总之，在经济责任方面不负连带责任，按土地、厂房、电力出租，收取租金的方法为妥。

10.通过转制后，不管企业性质变化与否，都要继续执行国家和地方政府的各项政策和规定，承担和支付独生子女父母奖励金和计划生育费、治安联防费等和应由企业承担支付的各项规费及代扣代交应由企业职工承担的规费等。

11.对拍卖资金、租金和抵押金的使用管理。

对拍卖资金要专户储存，不经批准，不得擅自动用，严禁用于非生产性建设和开支。租金可用于企业主管单位的日常行政开支。租赁抵押金和承包风险抵押金同样要专户储存，专项保管，严禁使用。

12.对合资、合作企业的转制，要在征得合资、合作对方的同意的基础上进行。对享受政策优惠的企业同样要谨慎对待。凡是继续实行资产增值承包的企业一律要交纳一定数额的风险抵押金，以后按年终分配确定的报酬资金的20%逐年扣减抵押，以增强承包者的风险意识和集体资产的保值增值力度。

无锡空港产业园区管理委员会办公室
关于深入开展“察民情、解民忧、促民生”活动实施意见

（二〇一三年三月五日）

为深入贯彻落实党的十八大精神和省、市相关工作会议精神，切实转变工作作风，密切党群干群关系，推动机关干部深入基层一线“听民声、察民情、解民忧、促民生”，切身感受群众生活冷暖，帮助困难群众解决具体问题。现就园区深化和完善困难群体帮扶工作提出如下意见：

一、工作目标

确保每个困难对象都有专人结对帮扶，实现政府救助“全覆盖”、党员干部助困“一帮一”、企业慈善捐助“一对一”，使困难群众及时得到救助，摆脱贫困。

二、困难对象的界定

以低保家庭和低收入家庭为主体，兼顾退休困难职工家庭、失业特困家庭、特困职业家庭、重度残疾人家庭和社会特困家庭，以最贫困、最迫切、最必要帮扶的困难家庭为帮扶重点对象。

三、实施部署

成立机构：成立园区困难对象帮扶工作领导小组，由园区党工委、管委会社会事业分管副主任任组长，社会事业管理处处长、分管副处长任副组长，组织、纪委、宣传、财政、民政、文卫、劳动保障等相关部门负责人及村居社区主要负责人为成员。领导小组下设办公室，由分管副处长任办公室主任，副主任由民政助理兼任，办公室设在民政办。

发动部署：由园区困难对象帮扶工作领导小组召集各部门主要负责人召开专门会议，对帮扶工作进行部署，明确分工，落实责任规范程序，强调要求组织结对：由园区组织部门根据园区机关干部职工情况确定参与人员结对名额分配，逐一落实帮扶责任人，建立联系卡，确保每一个困难户都有人联系、有人帮扶。

考核督查：开展困难对象帮扶工作将作为对各处室部门年度考核的重要依据之一，纪委将通过困难对象回访等形式，负责对各处室部门落实活动开展情况进行专项检查，并把活动开展情况列入机关部门作风建设考核的重要内容。

四、措施办法

（一）对于低保家庭和低收入家庭结对帮扶办法。一是对困难对象要经常进行联系、走访，每季度不少于1次，特别是重要节日要慰问。二是了解和掌握困难对象在教育、医疗、社保、出行、住房、养老等方面的突出困难，及时向社区、街道、相关部门反馈，协调解决实际问题。三是发挥各自优势，通过多种渠道和形式，整合协调各方面力量，尽量帮助困难对象解决工作、生活中碰到的实际困难和问题，力争一年至少办1件至2件实事、好事。四是力所能及给困难对象以适量的实物和经济救助。五是参加帮扶的人员要认真填写结对帮扶记录，作为存档备查依据。

（二）对于因病致贫家庭救助办法。（贫困家庭指家庭月人均收入在当地最低生活保障标准以上1.5倍以内）

1.凡符合《关于开展市区基本医疗保险参保人员重特大疾病医疗救助工作的通知》（锡民救〔2012〕14号）文件规定的对象全部纳入救助范围。

2.对于不能纳入锡民救〔2012〕14号文件规定的，在上一年度发生的住院医疗费用，经基本医疗保险、补充医疗保险和住院医疗互助以及医疗救助（实时）、大病保险等补偿后个人负担在5000元以上的（原则上医疗保险规定范围外的费用除外），视困难程度给予救助。救助资金由财政资金和慈善协会捐赠资金及其他资金给予保障。

3.对于60岁以上困难老年人补助办法。一是散居无子女、单身老人参照无锡市"三无"老人集中供养标准给予补差，由财政资金给予保障；二是对上一年度患有疾病的经医保结报后个人负担1000元以上，且子女家庭月收入在当地最低生活保障标准以上2倍以内的老年人，视困难程度给予救助。救助资金由财政资金和慈善协会捐赠资金及其他资金给予保障。

4.其他患重大疾病本人及家庭难以负担医疗费用，且生活困难的特殊对象由慈善协会推荐，与园区企业结对，定向接受爱心捐助。

5.救助程序：

（1）申请。救助对象向户籍所在地村、居社区提出救助申请，并提供民政、残联、工会等部门出具的低保、"三无对象"、残疾人证、特困职工等证明和家庭所有人员的收入证明，医疗机构的疾病诊断、医疗费用有效票据与费用清单等资料。

（2）受理。由村居社区对申请人提供的资料进行初审，符合条件的报民政办。在受理后30个工作日内由民政办组织相关人员采取上门走访，召开座谈会、听证会等方式进行审核，将符合条件的报送园区困难对象帮扶工作领导小组。不符合申请条件的，以书面形式告知申请人。

（3）复核审批。园区困难对象帮扶工作领导小组对上报的救助资料进行复核汇总后，确定救助名单和救助金额，进行公告接受社会监督。

（4）救助金拨付。经公告后无异议的救助对象，由街道财政按照确定的救助金额，每季一次拨付到村居社区。

（5）长效管理。由村居社区按照扁平化管理工作的要求，对困难对象实行不少于一次的走访，及时了解贫困户家庭的变动情况，建档立卡，向领导小组办公室提供各类困难帮扶对象的具体情况，并通过季度和年度审核，实施动态管理。

五、工作要求

高度重视。开展困难群众救助活动是贯彻落实党的十八大精神，进一步改善和保障民生的重要内容，园区各处室部门、各单位要高度重视，统一认识，强化措施，着力落实，切实做好困难对象的帮扶工作。

严格把关。规范审核审批程序，确保确定的对象是“最贫困、最迫切、最必要”帮扶的困难群体。同时，在认定结对家庭时，一定要选择家庭素质较好、没有前科劣迹的困难家庭。

注重实施。开展困难对象帮扶工作要与改进机关部门工作作风、深化领导干部下基层“三解三促”活动结合起来，与建立健全直接联系服务群众长效机制结合起来，营造党员干部广泛参与、社会共同关注的良好氛围，推动活动真正取得实效。

报纸摘录

《人民日报》1984年4月12日第一版
硕放乡办农民专科学校

江苏省无锡县硕放乡在上海交通大学、华东纺织工学院的支持下，办了一个农民专科学校。

这个学校是在今年1月办起来的。学校开设机械和电子两个班，聘请上海交通大学、华东纺织工学院的教授、副教授、讲师每周六、日来校授课。第一期入学的学生有七十八名，他们原是本乡社队企业，村队的农村知识青年、专业户和劳动能手。入学前，硕放乡委托上海交大和华东纺织工学院按照大学招生的办法，在全乡三百二十三名二十岁以下的高中毕业生中，进行考试体检，然后择优录取。

硕放乡农民专科学校学制暂定脱产学习二年。机械专科班主要学习制图、材料热处理、机械原理、数学、工程力学等；电子专业班主要学习电子线路、数字显示、数学、工程力学等。学生在校期间，农村学员每月发助学金十五元，社办厂的学员每月发厂里的基本工资；成绩优异的另发奖学金十元。学生学完计划规定的全部课程后，要参加国家举办的自学考试或电视大学考试，方能取得毕业文凭。结业者，由乡政府根据学习成绩，择优分配到乡队企业中担任技术骨干。对部分成绩优异的学生，再选送到大学深造。

《无锡日报》2005年5月20日 A3版
境内外“帮手”齐聚划蓝图
硕放：打造“空港卫星镇”

20日，来自香港、台湾、深圳等境内外的43家开发商和规划机构齐聚新区硕放镇，从商贸服务规划、城镇基础设施等要素入手，按照服务业发展的总体规划，加快打造“一中心两路三区”的新城镇业态。

硕放镇大力实施农村城市化发展战略，成功地实现了由农业大镇向工业大镇的历史性跨越。全镇人均年收入超万元，综合实力位居全市乡镇前列，并通过省卫生镇和全国环境优美乡镇的创建。随着无锡环太湖大道立交、城际铁路、高速铁路的相继建设，硕放将构成全国一流的集“水、陆、空”于一体的现代化交通枢纽。为提升城市化功能，该镇将现代服务业的发展作为区域经济内生性“增长剂”的动力源。此次请来各路高手，旨在进一步完善全镇功能，为绘就此间新农村建设的蓝图出谋划策。

围绕建设“空港卫生镇”的目标，硕放推出了以通祥路为纵、南星路为环的镇区新商业轴为中心，建造南河路、南星路两条景观街和仿古商业街，辅以社区综合活动休闲区、昭嗣堂文保旅游区和商贸居住区的新版图。目前，社区综合活动休闲区已破土动工，商贸区也已完成集高档住宅小区、商贸商务中心、星级酒店和高档娱乐休闲场所于一体的功能规划。空港和道口物流园区正在规划实施中，前期各项准备工作紧锣密鼓，仿古商业街、商贸居住区也已启动建设。

许多人对硕放的发展潜力、总体环境、配套设施和区位优势表现出浓厚的兴趣，而对于硕放现有的标准房和农民公寓建设更是啧啧称奇。来自台湾权威电子有限公司的老总看好此间日新月异发展，他表示将尽力为硕放的新农村建设作出贡献。

《无锡日报》2006年10月8日 A3版
生态经济为新型工业化导航
硕放探寻和谐发展路径

硕放控寻和谐发展路径对于新区硕放镇的经济发展来说，一个3000万美元的投资项目是送进兜里的“黄金”。孰料，这等送上门的“好事”却在该镇的“项目评审机制”面前止步——就因为不符合生态经济政策。而总投资1250万美元的法国芭尔丹公司却在硕放被视为座上宾，尽管这个项目体量不大，但它是以回收废旧钢铁加工为主、发展循环经济的企业。这两相不同的境遇，折射出硕放人正确处理资源环境和经济发展之间的关系，把人和自然的协调发展，提升为经济新一轮增长的关键。

硕放是个农业大镇，在向工业强镇跨越的“二次创业”中，以“居住社区化、保障社会化、工业园区化和环境生态化”为宗旨，较为理性地探寻和谐发展的路径。该镇一改过去“捡到篮里就是菜”的做法，按照规划要求，把主导产业和配套服务业集中统筹布局。新建的380个工业项目经评审“过堂”后全部进入工业园，形成比较完整的“生态工业链”。

围绕和谐发展，硕放高起点规划编制“生态经济圈”，用评审机制“作坝”，严格控制污染源、高耗能的工业项目。去年至今共审查20多个项目，确保所有项目达标。该镇把新型工业化道路的重心放在用高新技术改造传统产业上，优先发展电子信息、生物医药、机电等支柱产业。两年多来,伴随着2亿美元的外资进入，一批国际较为领先的制造技术和信息技术接踵而来。杭建物流、华冶钢铁等几家重点培育的年产出超10亿元的企业势头良好，而日桂香、太阳绿宝科技等一批现代农业企业也乘势而上。

和谐的生态经济成为此间经济、社会全面发展的“新动力”。今年前五个月，全镇技工贸总收入54.88亿元，财政收入1.2亿元，实现注册外资6000万美元，这一数字成为该镇历史同期之最。

《新华日报》2006年9月4日 A版
无锡硕放集镇高水平“翻新”
天上不结“蜘蛛网”七种管线全入地

8月29日，记者在无锡新区硕放镇东侧薛典路上看到，几十个民工挥汗如雨，正在把直径1米的蒸汽管埋入地下。街道城市建设管理办公室人员告诉记者：规划5平方公里的无锡硕放“空港新城区”核心区里，以后将看不到一根电线杆，更没有在老城区里到处可见的电线纠结的“蜘蛛网”；雨水、污水、自来水、供电、通信、天然气、蒸汽等7种管线将全部进入地下。

无锡机场的扩建发展，使机场所在地的硕放从昔日的农业大乡一跃而成为给机场配套、重点发展服务业的“空港新城区”。硕放请苏州科技大学联手上海同济大学，先后制定了“概念性规划”和“硕放中心区城市设计规划”，按照规划进行道路施工，同步铺设7种管线，“其中仅供电就铺设了5种孔管，电压最高的1万伏，最小的220伏；通信电缆预埋了12种孔管”。经过近4年的建设，无锡硕放“空港新城区”基础设施投入资金约4.3亿元，其中各类管线入地投入资金就达2.5亿元。

新建道路各类管线入地，原来老镇区缺乏基础设施的街区则进行分批改造。中心商业街通祥路,长约800米，因为没有预埋雨水管和污水管，过去雨水一大就污水外溢，一片汪洋，居民意见很大。去年5月，硕放镇投资1000万元，对这条老商业街进行道路扩建和管线预埋，彻底治愈了原来的“胎里病”。镇上居民说：农村集镇“翻新”成新城区，我们老百姓先得益了。

《新华日报》2011年8月10日 A8专版
凌空展翅：再造一个“黄金投入产出期”
——无锡空港产业园区扫描

无锡空港产业园区（硕放街道），是生机勃勃之无锡新区中蓄势待发的重要板块，占据“苏南两极”苏州、无锡中心地带有利位置，依托苏南（硕放）国际机场独特优势。在无锡市委市政府、新区党工委管委会的正确领导下，2010年园区财政收入较成立初期实现三年翻番，技工贸总收入大幅增长。今年上半年，无锡空港产业园区各主要经济指标快速增长：完成技工贸收入211亿元，GDP45亿元，税收同比增长41.2%，其中一般预算收入同比增长48%，实际到位外资同比增长45%，按市委、市政府提出的再创一个“黄金发展期”的要求，园区着力再造一个“黄金投入产出期”。

如今，以空港物流为特征的现代服务业集聚，航空装备制造、IC 等新兴制造业引领，一座现代化空港新城正在无锡市东南部崭露头角。“国家环境优美镇”“国家卫生镇”“中国曲艺之乡”“江苏人居环境范例奖”“省级现代服务业集聚区”……一张张新名片，展示着无锡空港产业园区新魅力。

【区位优势】

2007年，无锡市委、市政府决定以无锡机场为核心，整合硕放工业园等周边资源, 建立无锡空港产业园。园区规划面积43.2平方公里，其中机场规划8.2平方公里，常住人口11万。

无锡空港产业园区区位优势独一无二：沪宁铁路、沪宁高速、环太湖高速、锡张（张家港）高速、312国道，构成了园区“一环四射”的放射型对外干道轴线；长江南路、经一路南北相望，与薛典路、通祥路、裕丰路连起园区内部交通路网；京杭大运河、望虞河、沪宁城际铁路穿园而过；加上位于园区腹地的苏南硕放国际机场，共同构成了无锡空港产业园独有的四通八达的水、陆、空立体交通网。

【产业特色】

无锡空港产业园区产业特征明晰，重点做大做强“空港物流”“新兴制造产业”，同时帮助创新创业型企业快速裂变，帮助传统制造业快速提升。

1.临空物流园。随着苏南（硕放）国际机场规模持续扩大，“临空经济”辐射效应凸显。目前，园区中“临空物流经济”发展最为夺人眼球：普洛斯物流园和丰树物流园发展迅猛，已吸引中国邮政、日本住商、大田、顺丰速运、德邦物流、近铁物流、嘉里大通等28家知名物流企业入驻，物流总量超百亿元。在美国上市的国内著名的当当网华东总部已经建成；中通速递江苏总部、韵达货运江苏总部项目正式落户园区。另外，总面积达1.5万平方米的空港保税物流中心仓库已经投用，从事电子商务物流、投资9000万美元的中外合作宇培物流项目也即将入驻园区。

2.长江南路新兴产业带。园区业已形成临空型先进制造业集聚带，其中投资30亿元的半导体封装基板项目已经落户；法国腾达航勤设备有限公司，边生产边建设，新厂房即将投用；中达航空部件项目已投产。同时，园区积极推进著名公务机项目落户。另外，以斯威克、通达锂电、昕能元为代表的新能源产业，以投资1亿美元的生产晶圆的康可电子、爱沃富光电科技为代表的IC产业，以新银叶机电为代表的风电产业，显示出园区新兴产业多样性魅力。

3.临空总部科技园。园区抢占创新型经济高地，临空总部科技园主要引进临空型电子信息产业项目等，如：知谷网络、柏瑞科技、欧亚盛信科技、普拉澳科技等都已产生经济效益。其中，知谷网络竞得中国残联“盲人无障碍智能导航服务系统”项目，全国政协副主席、中国残疾人联合会名誉主席邓朴方在观看了知谷网络在国家盲文图书馆的导航服务系统后表示高度赞赏。鼎源科技研发的“银盾智能消防管理系统”，成为国内唯一的“物联网智能安防预警平台”。东方通用航空总部项目已签约入驻。生命科技园总部研发区5万平方米载体已建成，10多家生命科技和医药科技服务外包企业将先后入驻。另外，无锡食品药品检验检测中心正在加快建设中。

4.现代商贸服务核心区。园区核心商务区雏形已成：苏宁电器苏南总部项目已经投运；澳商投资的10万平方米城市综合体——瑞港商业广场已营业，目前集聚了迪欧咖啡、中国黄金等200余家各类品牌餐饮、休闲、购物项目，形成了金融一条街、餐饮一条街、娱乐一条街；五星级瑞港豪生大酒店即将建成。投资15亿元的百联奥特莱斯项目，也于6月初全面开工。

5.传统制造产业转型及企业上市加快。通达集团、八一塑料厂、中通集团、硕阳不锈钢、金桥焊材、祥生医疗、锡通科技、军工电力等传统制造企业，正加快转型发展，生产规模、经济总量不断增长。其中祥生医疗、军工电力正在加快企业上市步伐。

6.科技创新发展迅速。政产学研合作力度不断加大，园区与南京航空航天大学签署政产学研合作发展计划框架协议。园区全面落实“千人计划”“530计划”，引进双高人才55人，留学人才32人，同时申报嫁接式创新人才8人。锡通科技集团公司与南京理工大学合作成立院士工作站；斯威克科技有限公司与哈尔滨工业大学联合成立了博士后工作站，今年前6个月公司销售增幅达52.2%。

【民生实事】

发展的出发点和落脚点都是为了造福民生。基于“民生第一”的理念，无锡空港产业园区实施了一系列民生实事工程。

1.安居房工程：政府高度重视，高水平规划、设计、建设安居房，提高被征地群众的居住条件，先后建成振发公寓、新锦园、咏硕苑、润硕苑、南星苑、丽景佳苑、香楠佳苑等现代化小区及相关配套设施。另外，集居民办事、生活休闲于一体的新载体——硕放睦邻中心，囊括了社区事务服务中心、社区文化中心、社区卫生中心等多个项目，这里将成为居民健康生活的新坐标。

2.教育和政府助学工程：先后建设了硕放实验小学、硕放中心幼儿园及南星苑小学、南星苑幼儿园；2010年又正式启动硕放中学移址新建工作，让原农村社区群众同样享受优质教育资源。建立政府助学金制度。

3.就业和再就业工程：强化劳动保障，促进“4050”人员、被征地农转非劳动力、城镇下岗失业人员充分就业，2008年、2009年、2010年就分别解决1725、2007、2600人次的就业；同时免费为被征地农民、城镇下岗失业人员提供创业培训、技能培训和职业指导培训。

4.社会保障工程：园区全面完善社会保障体系，4万多被征地农民分别纳入城镇在职职工、城镇居民社会保障体系。

5.医疗保险和健康工程：园区城镇居民医疗保险覆盖率达96%，养老保障综合覆盖率达100%。建成社区卫生服务中心1个，社区卫生服务站7个，居民不出社区就能就诊求医。近两年间，每年免费为2000多名60岁以上老人开展健康体检活动，另外，集颐养、娱乐、康复、保健为一体的综合性现代养老中心——硕放颐养园，总投资达亿元，主体工程年内完工。

6.环境保护工程：强化水环境治理，建成污水处理厂，全面实施完成农村截污，完成了11个社区14673户阳台的截污工程。进行河道整治、驳岸、建闸、清淤，累计河道清淤长度达70公里。建成南河港滨河景观带、市民休闲街、昭嗣堂文化广场、长江南路湿地游园等生态亮点项目。新建现代化垃圾中转站，外观好似会所一样美观，极大改善了社区垃圾收集条件。同时实施的，还有富民合作工程、社区管理和服务水平提升工程、文化品牌工程等，深受群众欢迎。

【发展目标】

作为无锡新区的特殊功能园区，无锡空港产业园区“十二五”期间的发展定位是：建设“一个新城”，加快“两个集聚”，实现“三个跨越”，即：建设国际化现代化空港新城；加快以空港物流产业为特征的现代服务业的集聚，加快以新兴产业为引领的先进制造业的集聚；努力实现从构建园区交通枢纽到完善区域功能的跨越，从一般制造业主导到新兴产业引领的跨越，从社会和谐到富民幸福的跨越。

“十二五”期间，无锡空港产业园区经济保持40%以上的增长速度，力争“十二五”期末实现经济总量1500亿元，新兴产业占比达70%。未来三年，园区财政收入力争翻番，到“十二五”期末实现30亿元，无锡空港产业园将成为无锡新区经济和社会发展的新增长极。

《无锡日报》2011年9月27日 A4专题报道
空港产业园区：再造一个“黄金投入产出期”

无锡空港产业园区（硕放街道），是无锡新区中充满生机、正在崛起的重要板块。在无锡市委市政府、新区党工委管委会的正确领导下，2010年园区财政收入较成立初期实现三年翻番，技工贸总收入大幅增长。今年1—8月，无锡空港产业园区各主要经济指标快速增长：税收收入与去年同比增长41%，一般预算收入同比增长53%，实际到位外资同比增长22%。按市委、市政府提出的再创一个“黄金发展期”的要求，园区着力再造一个“黄金投入产出期”，努力建设无锡空港新城。

空港产业，凌空展翅飞

无锡空港产业园区产业特征明晰，重点做大做强“空港物流”“新兴产业制造”，实现创新创业型企业快速裂变，提升传统制造业发展水平。

【魅力元素一】——临空物流园

伴随着苏南（硕放）国际机场进入“黄金发展期”，“临空经济”辐射效应更加凸显。目前，园区中“临空物流经济”发展最为夺人眼球：位列全国速递行业前三名的中国邮政、顺丰速运等均已落户园区。国际著名的普洛斯物流园和丰树物流园发展迅猛，已吸引日本住商、大田、德邦物流、近铁物流、嘉里大通等28家知名物流企业入驻，物流总量超200亿元。空港物流特征日趋显现，总部经济影响力突出，当当网华东总部、韵达快运江苏总部项目等建成或正式落户园区。投资5亿元的中联金物流项目已开工建设，总面积达1.5万平方米的空港保税物流中心仓库已经投用，从事电子商务物流、投资9000万美元的中外合作宇培物流项目也已入驻园区。至2015年，临空物流园产出将超500亿元。

【魅力元素二】——新兴产业迅猛发展

一是IC产业风生水起。国内行业排名第一的投资30亿元的深南电路半导体封装基板项目已经落户；生产5英寸晶圆的康可电子今年销售将超10亿元。到“十二五”期末，该产业预计产出超100亿元。

二是新材料产业迅速崛起。通达集团与日本一全球500强企业旭硝子清美公司合作成立了国内目前规模最大的锂电池正极材料企业——通达锂能科技有限公司，项目总投资5亿元，年销售将达50亿元。硕阳不锈钢新材料今年年产30亿元，10月将新增一条生产线，另两条生产线将于明年投产，达产后产销超百亿元。行业中位居全国第一的金桥焊材无锡公司将通过三期扩建，生产焊材新材料，大幅度提高附加值。“十二五”期末，预计新材料产业形成200亿元产出。

三是航空制造业异军突起。法国腾达航勤设备有限公司新厂房即将投用；中达航空部件项目已投产。同时，园区积极推进模拟机航空设备等一系列航空制造产业项目落户。航空制造业作为园区特色产业，力争到“十二五”期末实现100亿元。

【魅力元素三】——临空科技总部

园区抢占创新型经济高地，临空总部科技园主要引进临空型电子信息产业项目等，如：知谷网络、柏瑞科技、欧亚盛信科技、普拉澳科技等都已产生经济效益。其中，知谷网络运用物联网技术，自主研发完成的项目广泛运用于国家盲文图书馆、广州白云机场等。鼎源科技研发的“银盾智能消防管理系统”，成为国内唯一的“物联网智能安防预警平台”。

生命科技园总部研发区5万平方米载体已建成，国家“千人计划”项目禾邦生物、“863计划”项目三联生物等10多家生命科技和医药研发服务外包企业将先后入驻。另外，无锡食品药品检验检测中心正在加快建设中。

【魅力元素四】——商贸服务业集群

加快发展现代服务业，着力打造新区城市副中心和空港门户形象区。苏宁电器苏南物流区域总部项目已经投运；10万平方米城市综合体——瑞港商业广场集聚了迪欧咖啡、中国黄金等200余家各类品牌餐饮、休闲、购物项目；五星级瑞港豪生大酒店即将建成。投资15亿元的以销售国际、国内著名品牌折扣服饰为主，集休闲、餐饮、娱乐等诸多商业业态为一体的大型商业购物广场——无锡百联奥特莱斯品牌直销广场项目，正在建设中。

【魅力元素五】——人才科技创新

政产学研合作力度不断加大，园区与南京航空航天大学签署政产学研合作发展计划框架协议，并着力推进。全面落实“千人计划”“530计划”，引进双高人才55人，留学人才32人，同时申报嫁接式创新人才8人。园区75%以上的“530”企业已实现销售，帝宝新材料、鼎瑞科技、柏瑞科技等一批“530”科技类项目年内销售均超千万元。锡通科技集团公司与南京理工大学合作成立院士工作站；斯威克科技有限公司与哈尔滨工业大学联合成立了博士后工作站，上半年公司销售增幅就达52.2%。今年1—8月园区还完成专利申报总量726件，位列新区第二，其中发明专利申报136件。

民生优先，铺就幸福路

发展的出发点和落脚点都是为了造福民生。基于“民生第一”的理念，园区和着“惠民、利民、便民”的幸福节拍，注重载体建设，实施了一系列民生实事工程。

【幸福节拍一】——宜居建设工程

高水平规划、设计、建设安居房，先后建成振发公寓、新锦园、润硕苑、咏硕苑、南星苑、丽景佳苑、香楠佳苑、锦硕苑等现代化小区及相关配套设施。吉祥国际花园、空港一号花园商品房为园区增添了现代都市气息。另外，集居民办事、生活休闲于一体的1万平方米新载体——硕放睦邻中心，囊括了社区事务服务中心、社区文化中心、社区卫生中心等多个项目，这里将成为居民健康生活的新坐标。

【幸福节拍二】——就业和社会保障工程

强化劳动保障，促进“4050”人员、被征地农转非劳动力、城镇下岗失业人员充分就业，累计就业人数2.5万多人，占有就业意愿劳动力的95%。同时免费为被征地农民、城镇下岗失业人员提供创业培训、技能培训和职业指导培训。

园区全面加快完善社会保障体系，扩大社会保险覆盖面，4万多被征地农民分别纳入城镇在职职工、城镇居民社会保障体系。

【幸福节拍三】——医疗保险和健康养老工程

园区城镇居民医疗保险覆盖率达96%，养老保障综合覆盖率达100%。建成社区卫生服务中心1个，社区卫生服务站7个,居民不出社区就能就诊求医。近两年间，每年免费为2000多名60岁以上老人开展健康体检活动。不断完善养老服务设施建设，总投资达上亿元的集颐养、娱乐、康复、保健为一体的综合性现代养老中心——硕放颐养园，主体工程年内完工。

【幸福节拍四】——生态环境及历史文化保护工程

在建成南河港滨河景观带、市民休闲街的基础上，近年来又建成25万平方米长江南路湿地游园等生态亮点项目。大力实施里夫泾浜生态保护工程。在建成昭嗣堂文化广场的基础上，建成了融入硕放当地吴文化、大墙门、让里世家等文化元素的长江南路景观。积极开展大墙门明清历史建筑群的保护工作。

建成污水处理厂，全面实施完成农村截污，完成了11个社区14673户阳台的截污工程。进行河道整治、驳岸、建闸、清淤，累计河道清淤长度达70公里。新建现代化垃圾中转站，外观好似会所一样美观，极大改善了社区垃圾收集、分类处理条件。

【幸福节拍五】——社会管理“三贴”工程

园区全面创新社会管理，实行社区“贴近、贴亲、贴心”管理服务，努力提高百姓幸福感和满意度。贴近：“社区管理”零距离服务群众，通过社区车库改造、增设车位、车辆管理、进驻物业、绿化美化等有力措施，保障百姓生活安心、舒心、放心、开心。贴亲：“暖心服务”打造亲情社区。积极通过“畅通渠道听民声、走家入户结民亲、帮困结对送温暖”等活动，密切沟通群众。贴心：“数字民政”与群众心连心。坚持把群众意愿作为第一选择，全面推开扁平化管理示范社区的创建，社区服务全面升级。

同时，实施的还有文化品牌工程。园区拥有独特艺术魅力的省级非物质文化遗产——无锡评曲，“中国曲艺之乡”已花落硕放。

奋斗目标，描绘新蓝图

作为无锡新区的特殊功能园区，无锡空港产业园区将认真贯彻落实市第十二次党代会精神，凝心聚力，奋力争先，实现建设“一个新城”，着力“两个加快”，实现“三个跨越”的目标，即：建设国际化现代化空港新城；加快空港物流产业的集聚，加快新兴产业制造的集聚；努力实现从一般制造业为主到新兴产业支撑的跨越，从构建交通枢纽到建成空港新城的跨越，从社会和谐到富民幸福的跨越。

“十二五”期间，无锡空港产业园区经济保持40%以上的增长速度，力争“十二五”期末实现经济总量1500亿元，临空物流、IC、新材料、航空制造等新兴产业占比达70%。未来三年，园区财政收入力争翻番，到“十二五”期末实现30亿元，城市化率超90%，无锡空港产业园区将成为无锡新区经济和社会发展的新增长极，并建成无锡空港新城。

索 引

一、人 名

二笔画

丁士良……805
丁元宽……527
丁仁贤……944
丁巧初……993
丁永根……116
丁杏金……993
丁阿五……221
丁招根……607
丁林祥……968
丁昌明……747
丁金萍……610
丁荣根……675
丁爱萍……613、743
丁 晨……822
丁惠凤……735
丁惠芬……54、116、940、945、947

三笔画

万士良……583
万少云……610
万凤德……614
万光统……686
万如生……955
万如民……955
万壳人……826
万志明……1074
万 里……4、36、422、448
万里明……610
万阿七……945
万咏梅……735、744
万钢丁……945、946
万炳初……2、1029
万晓东……711、718、739、745
万家明……301
万家福……40、41、129、146、217、420
……459、588、591、620、621
……631、632、640、641、642
……729、780、1083
万德康……132
万檗人……625
万燕文……1074
刁汉兴……711
马云生……826
马云如……955、956
马文龙……610、655
马西妹……222
马兴根……433、434
马 防……2
马志良……627
马杏珍……738
马阿二……608
马其根……116

马鸣娟……739
马周阳……338
马育伟……743
马定柏……580、596
马建平……944
马恤民……143、459
马祖元……1047
马素英……728
马振民……1030
马祥伦……83、149
马祥兴……1043
马筱岩……1033
马德生……608

四笔画

王一明……711
王一草……944
王二宝……675
王三毛……675
王三宝……826
王大弟……607
王大姐……222
王大奎……221
王小弟……675
王　卫……159、740
王子琏……613、618
王飞岳……22、582
王天才……608
王云仙……222
王云轩……703、997
王云鹤……586、607、614
王友松……580、625、626
王中一（王书德）2、132、318、580、581、596、607、703、761、767、1029、1037、1087、1088、1089、1090
王水宝……222
王仁辅……65
王介英……420、629、639
王月芹……635
王月琴……217、635、804、1079、1083
王文星……159、945
王文娟……808、944
王末兴……475、943
王巧生……608
王　平……84、276、278
王永良……138
王永芳……738
王永根……129、138、584
王召生……608
王老三……16、527、956
王亚萍……84、87、1082
王贞英……607
王尧芬……689、691
王廷昌……608
王廷爵……703、710、711、727
王　伟……55、143、277、806
王仲之……711
王仲旦……1075
王仲达……221
王仰旦……955、963
王兆先……625
王关庚……103、116、122、787
王汎杰……480
王兴林……613、711
王兴昌……1075
王守纪……34、35、587、590、630、640
王纪中……113
王纪兴……149、442、943、1081、1083
王纪良……159、279、635
王纪国……149

王纪南…………………… 149、943
王进一…………………… 1046
王志仁…………………… 613
王志平…………………… 100
王志旦…………………… 956
王　芳…………………… 741
王丽芹…………………… 761
王秀芬………… 159、279、1082
王伯春…………………… 105
王伯泉…………………… 606、627
王伯敏…………………… 782、1035
王伯康…………………… 675、991
王君艳…………………… 736
王君铭…………………… 608
王君鑫…………………… 608
王阿凤…………………… 515、608
王阿兴…………………… 526
王阿弟…………………… 608
王阿招…………………… 149
王阿金………… 23、359、1079
王阿宝…………………… 524
王阿妹…………………… 608
王阿荣…………………… 675
王阿根…………………… 425
王青哲…………………… 1075
王　英…………………… 739
王国华…………………… 1074
王国良…………………… 526
王国强…………………… 655
王国福…………………… 602
王明仪…………………… 944
王明周…………………… 955
王忠秀…………………… 711
王鸣九…………………… 618、746
王佰昌…………………… 991
王金生…………………… 675
王金虎………… 138、420、459
王金妹…………………… 222
王金荣…………………… 432、675
王金根…………………… 608、627
王金娣…………………… 221
王金媛…………………… 945
王怡之…………………… 1076
王学宝…………………… 221
王定仙…………………… 221
王建中…… 500、536、957、1078、1081
王建汉…………………… 806
王建华（秦村村）…… 140、279、280
…………………… 576、1082
王建华（南星苑第二社区）… 138、159
…………………… 276、280
王建华（红光村吴家湾）……… 1048
王建芹…………………… 957
王建芳…………………… 520
王建忠…………………… 943
王建林…………………… 149
王建南…………………… 589、634
王承业…………………… 733
王妹妹…………………… 222
王姓娣…………………… 221
王玲妹…………………… 222
王荣良…………………… 159
王柳影…………………… 1035
王树兴…………………… 1091、1092
王树明…………………… 675
王宪廷…………………… 459
王贵友…………………… 822
王俐平………… 616、742、746、819
王　亮…………………… 132、703
王庭宪………… 138、315、420
王养源…………………… 626
王济良…………………… 955、956

王祖高……608
王　勇……146、277、279、607
王素珍……222
王振轩……956
王荷娣……616
王根山……675
王根生……425
王根虎……677
王晓维……736
王　晔……1075
王爱姐……804
王家松……706
王馀旭……956
王浩育……686
王　海……1041
王能父……1034
王继中……433
王继昌……954、955
王梅仙……222
王铭树……116、280、301
……379、420、1078
王彩娣……608
王朝兴……957
王朝霞……740
王惠秋……616、804
王惠琴……607
王　斌……475
王　扉……741
王　强……677
王　媛……655
王瑞璋……616
王锡仁……944
王锡生（王锡根）……1029
王　滨……818
王福生……677
王福妹……608
王福康……301、606、607、611、677
王静轩……582、608
王熙春……728
王墅光……725
王赛根……222
王燕文……138、1082
王燕兰……736、744
王羲之……1034
王耀明……222
支学良……616
尤三茂……525
尤云庭……794
尤中和……944
尤长高……787
尤志良……711、727、737
尤阿根……536
尤卓君……703
尤国岐……711
尤明德……135
尤肃良……956
尤春宝……996
尤　虹……740
尤祖坤……809
尤祖根……135、433、584、628
尤晓红……135
尤彩云……138
尤鸿道……955
尤温如……826
尤瑞麟……618
尤锡昌……738
尤福生……677
毛才根……675
毛才福……433
毛凤仪……625
毛玉兴……711
毛玉英……689

毛玉敏……………… 80、279、576
毛玉琪………………… 515、516
毛伟华……………………… 741
毛华根……………………… 627
毛兴宝……………… 438、459、787
毛进根……………………… 80
毛秀娟……………………… 740
毛其昌……………………… 677
毛明强……………………… 835
毛欣根……………………… 1056
毛泽东… 29、33、237、585、586、611
…… 678、679、754、755、766
…… 782、785、800、954、968
………… 1034、1035、1055
毛建明……………………… 943
毛建萍……………………… 1071
毛泰祥………………… 635、641
毛惠英……………………… 736
毛　策……………………… 1088
毛　蓉……… 616、740、745、746
毛锡泉……………………… 527
毛筱梅……………………… 738
毛新林……………………… 754
毛增福……………………… 608
文天祥……………… 782、1055
方云祥……………………… 625
方云藻……………………… 625
方月芹……………………… 943
方文琴……………………… 221
方四妹……………………… 221
方生泉……………………… 995
方召兴……………………… 119
方亚君………………… 689、736
方　伟……………………… 50、53
方亦明………………… 711、738
方纪根……………… 591、607、725
方进益……………………… 625
方志仪……………… 125、441、945
方志荣……………………… 675
方伯平……………………… 625
方　冷……………………… 515
方良行………………… 711、737
方坤泉……………………… 84、90
方林兴……………………… 399
方其初………………… 125、379
方英芬……………………… 524
方尚志……………………… 119
方忠元……………………… 1071
方治忠……………………… 955
方学良……………………… 739
方定康……………………… 441
方承德……………………… 520
方　荣……………………… 944
方柳珍……………………… 222
方秋花……………………… 822
方亭康………………… 119、434
方炳兴……………………… 1073
方炳炎……………… 1057、1077
方　炯（方福林）……………… 1028
方祖康……………………… 711
方祖德……………………… 826
方桂泉……………………… 122
方晓华……………………… 740
方家栋……………………… 411
方继德……………………… 580
方啸声……………………… 625
方景范……………………… 957
方景哲……………………… 957
方锦宇……… 122、279、635、1080
……………… 1081、1083
方福培………………… 122、628
方嘉德……………………… 1045

方德新……625
方耀昌……515
方耀章……957
尹万昌……677
尹继善……288
尹湘怡……822
凤　丹……1015
孔繁森……593、939
邓小平……587、593、602、644
……646、855、1044、1047
邓　斌……1045

五笔画

艾　东……53
石小妹……522
石兴妹……689
石兴根……90、458、459
石志忠……315
石福兴……945
叶　飞……674、1086
叶圣陶……1034
叶阿仙……222
叶胜和……420、590、606
叶美华……739
叶　健……741
叶福兴……711
申永和……675
史阿宁……526、527
史建敏……520
史秋芹……944
付治国……479
付继红……804
白兆锦……2、718、1028、1032
白近智……625
白　皓……737
白瑞根……420、630、640
白锡春……687
白嘉平……738
包厚昌……674、1087
冯小琴……278
冯纪兴……433
冯伯云……639
冯秉生……737
冯　波……957
冯炳生……711
冯彩英……222
冯惠铨……727
冯德生……607
司阿宁……526
司晋卿……543
弘　一……782

六笔画

过小兔……608、675
过云生……675
过云祥……675
过水兴……581、608、675
过正生……551
过西民……613、726
过安国……954
过寿荣……608
过寿根……608、675
过丽娟……944
过丽韻……119
过秀宝……675
过省哉……580、601
过香宝……607、675
过洪才……743
过洪祥……146、277
过晓华……280

过银寿……………………… 608
过彩英……………………… 222
过鸿梅……………………… 740
过楚生……………………… 711
过耀祖……………………… 135
成本君……………………… 520
毕小伟…… 613、711、739、742、745
毕小妹……………………… 222
毕子忠……………………… 675
毕方济……………………… 991
毕月仙……………………… 945
毕石生……………………… 711
毕民元……………… 696、708、711
毕光天………………… 782、1054
毕仲良……………… 711、712、737
毕仲其……………………… 1056
毕寿荣……………………… 675
毕明华……………………… 677
毕明荣……………… 420、655、943
毕建东……………………… 523
毕绍裘……………………… 625
毕显圻……………………… 826
毕显明……………… 957、963、1059
毕显郊………………… 624、826
毕洪祖……………………… 711
毕宪嘉………… 83、113、420、584
毕爱琴……………………… 804
毕高明……………………… 1074
毕浩生……………………… 711
毕　琪.. 54、741、745、940、945、949
毕惠良………………… 783、785
毕道南……………………… 625
毕献圻……………………… 526
毕献郊……………………… 526
毕鹤琴……………… 696、708、711
吕小燕……………………… 741
吕子良……………… 581、607、1091
吕凤子……………………… 1035
吕兴康……………………… 675
吕　兵……………………… 520
吕其荣……………………… 80
吕肃鸣……………………… 943
吕明兰……………………… 433
吕金生………… 143、347、459、584
吕金娣……………………… 222
吕相周………………… 613、616
吕秋枫……………………… 1091
吕泉根……………………… 1092
吕美娟……………………… 742
吕炳南…… 22、581、582、596、608
……………… 626、675、676
吕洞宾………………… 763、879
吕祖福……………………… 608
吕振新………………… 608、1092
吕振霖……………………… 52
吕晓初………………… 608、675
吕培清……………………… 625
吕梅泉……………………… 675
吕惠贤……………………… 627
吕　鹃………………… 616、820
吕　锋……………………… 607
吕湘周………………… 718、719
吕瑞福……………………… 677
吕新明……………………… 677
吕福根……………………… 1063
吕耀中（吕金根）……………… 1031
朱一明……………………… 677
朱一雄……………………… 757
朱三根……………………… 675
朱土根………………… 583、627
朱才良……………………… 739
朱小狗……………………… 675

朱小妹……222
朱卫国……1049
朱元根……710
朱元璋……1004、1008
朱云生……433
朱中林……23、708、711、994
朱中柱……711
朱水根……103、432
朱仁斋……955
朱仁祥……994
朱月新……1074
朱凤亚……741
朱凤娟……741
朱凤娥……221
朱文仙……221
朱文荣……675、955
朱文信……80、96、99、459、627
朱文清……339
朱文霞……736
朱冬青……58
朱玉珍……944
朱巧珍……221
朱世泉……423
朱兰芬……947
朱永年……738
朱永林……221
朱永根……122、944
朱永祥……955
朱永康……635、756、767
朱老坤……524
朱　光……78、80
朱　帆……581
朱　刚……784
朱　伟……94、280
朱伟杰……520
朱仲芬……1053、1077
朱仲熙……826、1008
朱华平……514
朱旭东……500
朱兴生……442、943、944
朱兴国……944
朱　宇……520
朱宇倩……520
朱军生……677
朱红燕……944
朱纪根……239
朱寿元……432、434、677
朱寿金……583
朱寿南……725、726、742
朱寿根……675
朱进良……783、785
朱进跃……80、280、607、612
……805、1081、1083
朱　远……159
朱苏雪……817
朱杏泉……121
朱丽君……741
朱连生……686
朱吴玲……945
朱秀成……686
朱秀宝……221
朱伯良……524
朱启年……99
朱阿兴……944
朱阿福……675
朱茂祖……1091
朱虎宝……675
朱国英……221
朱国昊……820
朱国南……127、132、159、276
朱　明……100、1090、1091
朱明晓……119、159、277、279、944

朱明澜……526
朱忠德……712
朱佳昌……100、277
朱岳良……677
朱金寿……608
朱学俊……725、726
朱宝伦……675
朱宝明……613
朱宗欣……759、767
朱宗德……738
朱　祎……740
朱建中……113
朱建平（南星苑第一社区）……159、277
朱建平（硕放中学教师）……610、743
朱建平（墙西村）……90、247
朱建昌……1031
朱建波……1029
朱建春……122、159
朱建南……439
朱建选……943
朱荣本……440
朱荣生……221
朱荣甫……675
朱荣初……93、159、1082
朱荣法……686
朱荣根……607
朱荣铭．93、279、379、459、635、1083
朱树德……675
朱厚培……827
朱厚熜……2、1031
朱保家……671
朱俊英……616、737
朱炳兴……520、611
朱洪飞……957
朱洪元……105、440
朱洪斌……613
朱　恒……740
朱宪达……294
朱宪林……675
朱宪蛟……294
朱祖华……1068
朱祖根……113
朱祖耀……80、239、347、584、627
朱耕裕……93、203、246、635
朱素宝……527
朱素珍……221
朱振益……99
朱桂春……991
朱桂根……96
朱根云……279
朱根林……627
朱根南……140、944
朱晓晓……247、279、591、592
……635、642、643
朱晓静……736
朱浩文……222
朱浩泉……675
朱浩清……526
朱浩然……627
朱海平……80
朱家乐……442
朱祥麟……826
朱继平……122、433、434、441
朱培兴……399、607
朱培禄……1005
朱培德……627
朱菊泉……944
朱梅生……113、159、277、280
朱梅英……739
朱雪仁……675
朱雪林……1047
朱晨华……1072

朱铭兰……………………625、826
朱铭英……………………689
朱银仙……………………220
朱银寿……………………581、608
朱银泉……………………433
朱　敏……………………1082
朱敏根……………………105、315、944
朱朝华……………………740
朱森泉……………………627
朱惠生……………………686
朱惠芬……………………689
朱惠珍……………………222
朱惠新……………………80
朱景富……………………677
朱景德……………………433
朱森根……………………671
朱腊妹……………………222
朱渝云……………………616
朱勤华……………………741
朱新哥……………………149
朱福林……………………99
朱福泉……………………677
朱福根……………………514
朱毓琴……………………943
朱蕙芬……………………625
朱　德……………………32、1035
朱鹤年……………………239、459
朱燚福……………………149、247、279、280
朱耀祖……………………27、28、29、536、590
……………………628、629、639、640
乔秀彦……………………741
仲山问……………………827
仲　雍……………………11、64、184、1002
任国庆……………………602
任　璐……………………668、671、1081
华七明……………………1092
华士明……………………433
华元兴……………………677
华云海……………………677
华世芳……………………1032
华仁始……………………551
华凤兴……………………944
华凤良……………………738
华凤霞……………………739
华文红……………………689、735
华文荣……………………221
华巧娣……………………222
华正芳……………………100、103、944
华邦基……………………705
华伟江……………………475
华伟荣……………………1075
华仲康……………………990、991
华冰海……………………806
华兴林……………………1093
华兴根……………………608
华如兴……………………608
华寿元……………………433、434
华寿康……………………584、585、586、590、603
华芹娣……………………222
华克东……………………608、1092
华丽旦……………………741
华丽娟……………………741
华伯元……………………222
华启鹏……………………677、1075
华阿毛……………………221
华阿金……………………527、607
华阿妹……………………222
华阿荣……………………129、628
华雨辰……………………44、45、588、632、642、643
华叔康……………………991
华国兴……………………135、459
华国锋……………………33

华国舜........ 38、40、217、587、588
.... 591、632、641、642
华国新................... 711、739
华明发........................ 990
华明祥........................ 222
华 鸣................... 711、739
华佰康（阿大）................. 990
华建勇........................ 315
华建谊...... 710、711、718、739、946
华绍曾.................... 21、345
华荣昌........................ 441
华南平........................ 996
华昭君................... 743、747
华泉生........................ 677
华彦钧........................ 990
华炳炎........................ 143
华炳康................... 138、441
华宪章........................ 607
华桂芳........................ 817
华桂林........................ 308
华根娣........................ 222
华晓明........................ 743
华晓勇........................ 140
华雪影........................ 222
华银根................... 129、991
华惠青........................ 944
华惠康........................ 739
华道生........................ 675
华瑞平....................... 1048
华瑞康........................ 434
华瑞清.................... 16、795
华献丰.............. 111、277、279
华锡良.............. 129、945、1079
华锡琴................... 990、991
华福其........................ 433
华福根........................ 677
华福康........................ 991
华德仁........................ 991
华燕军........................ 740
华燕芹........................ 689
华燕娟................... 736、744
华 薰................... 704、711
庄文英........................ 711
庄菊惠·279、635、943、1079、1082、1083
刘月清........................ 995
刘 玉........................ 747
刘 邦..................... 12、64
刘有旻......................... 84
刘夷清........................ 526
刘 江........................ 782
刘红亮........................ 479
刘寿生........................ 119
刘 芳........................ 754
刘伯温....................... 1004
刘阿大........................ 524
刘 英........................ 817
刘季平....................... 1029
刘泽南........................ 711
刘学友........................ 944
刘荣保........................ 221
刘洪潮................... 726、733
刘胡兰................... 766、861
刘济民.................... 39、699
刘炳生........................ 526
刘 贾..................... 12、64
刘海萍........................ 479
刘海粟·144、782、1033、1035、1055、1063
刘家桂.............. 592、607、633
刘雪燕·217、280、607、635、1079、1081
刘 敏（马政三）............... 1030
刘 清........................ 476
刘源益........................ 524

刘增士……1079
刘德勇……475
刘　濞……12、64
齐白石……1055
齐彦槐……16、795、796
闫　森……822
关　平……993、994、1000
江万里（江义福）……2、1071
江文源……1042、1043
江达元……943
江仲立……479
江　青……33、585、592、719、754
江泉永……1072
江益青……580
江静波……22、23、582、626
汤文轩……1030
汤关宝……222
汤金根……1079
汤恩伯……1090
汤瑞珍……774
安二宝……826
安　中……520
安寿堂……543
祁建华……728
许才生……116
许小弟……524
许义忠……135
许卫东……279
许子常……703、997
许中学……686
许长才……746
许长兴……90、286
许凤山……686、954、955
许凤生……711
许凤仙……689
许凤鸣……475
许文标……626
许　可……576
许全生……1008
许杏娣……222
许阿毛……1093
许阿四……675、1088
许阿胖……967
许　林……712
许明宗……606、906
许明德……1073、1077
许忠辉……279
许绍荣……113
许绍增……583、627
许春梅……677
许玲仙……96
许荣祖……711
许南生……675
许保良……703
许美华……743、747
许炳生……440
许洪元……1068
许晋培……87、90
许钰莉……822
许　健……1073
许浩明……1074
许海峰……711、718、739、1082
许晨曦……777
许盘生……140
许　康……536
许望苏……138
许望原……739
许惠民……710、725
许　辉……1076
许嘉宁……1075
许嘉模．588、591、606、607、733、778
许墨林……825

许燕平......................... 958
许燕萍......................... 736
许攀中......................... 712
孙中山.... 727、855、987、1022、1035
孙水根................... 20、1092
孙　丹................... 617、1081
孙凤庆......................... 753
孙凤珍......................... 805
孙田安......................... 703
孙　权.......................... 12
孙延新......................... 475
孙军伟........................ 1072
孙志松......................... 727
孙伯林......................... 524
孙宏庆......................... 613
孙宝琪......................... 610
孙金生......................... 608
孙学科......................... 686
孙建平. 127、129、278、606、635、944
孙建达.................. 944、945
孙经如......................... 526
孙春泉......................... 442
孙荣生......................... 608
孙泉兴......................... 441
孙　科........................ 1022
孙祖庆......................... 826
孙祖根......................... 737
孙莘农......................... 625
孙根初......................... 677
孙浩元.................. 279、1081
孙渭明.......................... 83
孙　瑜......................... 754
孙锡祥......................... 125
孙煜民......................... 607
孙殿安......................... 610
孙　磊..... 606、607、621、632、633
.... 635、643、1051、1052
阳冬秋................... 54、945

七笔画

贡培兴.......................... 47
严才兴......................... 279
严中贤........................ 1029
严　申......................... 707
严兴生......................... 944
严进兴.................. 132、597
严阿荣.................. 111、628
严　奇......................... 500
严国良......................... 111
严国群........................ 1063
严建明......................... 945
严南平......................... 516
严炳根......................... 737
严晋德......................... 627
严益明......................... 520
严富生.......................... 90
严锦文......................... 809
严耀泉......................... 686
苏东坡......... 759、782、1037、1055
苏伟东......................... 520
苏　珏......................... 738
苏　颂......................... 759
苏哲子......................... 489
杜小狗......................... 627
杜永才.................. 432、434
杜国琴......................... 943
杜　旎........... 217、592、606、632
.... 633、634、635、643
杜福生.......................... 21
巫　吟......................... 818

李一生........30、31、586、590、629
李九妹........................805
李小敏........................56
李广明........................420
李之易........................1008
李卫民........................1074
李云梅........................1088
李中末........................1008
李月芬........................222
李凤娟........................711、738
李世英........................1041
李丕绩........................536、677
李　龙........................279
李　白........................782、855、1055
李加禄........................718
李扣林........................597
李光明........................125
李　华........................616
李行宝........................221
李庆柏........................476、480
李师师........................754
李兴宝........................994
李　阳........................500
李进福........................994
李孝根........................760
李志茂........................135
李志勇........................135
李秀成........................16、256、795
李希丹........................520
李应樵........................480
李其方........................222
李明远（李阿狗）..............1029
李易时........................1039
李忠泉........................105、945
李秉春........................711
李金凤........................220
李金根........................122
李建秋........................50、589、634
李细凤........................737
李　政........................580、601
李拯民........................847、958、1058
李荣光........................1030
李树德........................618、711、737
李映娄........................826
李　昇（徐知诰）..............13、64
李　复........................960
李俊松......246、606、607、630、631
..........635、640、1079、1080
李美士........................726
李宪文........83、90、459、627、944
李宪武........................438、459
李宪章........................675
李振声........................759、1066
李桂珍........................689
李　桃........................1076
李根水........................105
李晓峰........................743
李海燕........................1075
李家祥...........125、379、458、459
...............584、627、944
李　培........................626、627
李　萍........................159、736
李梅珍........................222
李银龙........................119
李鸿声........................759
李鸿琪........................737
李鸿祺........................710、711
李登辉........................1063
李　超........................781
李惠珍........................221
李　强........................279
李锡惠............46、230、621、906

李锦秀……………………687
李煜伟……………………536
杨一灵……………………775、776
杨二荣……………………308
杨二度……………………675
杨人寿……………………527
杨三庆……………………79、551
杨才生……………………1088
杨大本……………………584、596、608、1090
杨大南……………………756
杨万兴……………………826
杨小兰……………………738、805、817
杨小华……………………83、446、458、459、1078
杨小弟……………………111
杨小莲……………………616、740、745
杨义三……………………524
杨义根……………………105
杨之诚……………………476、500
杨卫国……………………459
杨子卿……………………526
杨乡农……………………1005
杨云庆……………………686
杨云祥……………………760
杨水金……………………411
杨水泉……………………159、433、438
杨介宝……………………1071
杨介福……………………742
杨　丹……………………820
杨凤高……………………608
杨凤斌……………………524
杨文仙……………………524
杨文廷……………………1089
杨文兴……………………108
杨文钊……………………608
杨文英……………………736
杨文妹……………………689
杨文荣……………………1088
杨方健……………………584、627
杨火根……………………99
杨玉珍……………………951
杨巧泉……………………826
杨正郎……………………826
杨世玉……………………826
杨龙生……………………608
杨平南……………………1071
杨仞千……………………826
杨乐民……………………742
杨立新……………………476、944
杨汉文……………………618、703、710、711
杨汉英……………………580、581、596、607、610
……………………613、1039、1040、1087
杨永明……………………945
杨永春……………………308
杨永根……………………80、239、315
杨永康……………………527、711
杨召伯……………………625、826
杨亚洲……………………822
杨亚新……………………527
杨尧甫……………………527
杨　师……………………1071
杨廷龙……………………608
杨竹君……………………524
杨兴南……………………430
杨仲光……………………687、707、709、711
杨　华……………………736
杨华生……………………2、25、526、527、581、585
……………………590、596、607、628、639
……………………754、1028、1039、1087
杨自珍……………………826
杨向东……………………820
杨全生……………………410
杨兆元……………………1071

杨兆珍........................740
杨旭强........................671
杨庆元........................739
杨亦超..........526、543、624、826
杨交泰........................625
杨　军........................610
杨红珍........................770
杨寿兴..................142、943
杨寿荣........................677
杨寿标（润玉）..............2、1037
杨志德........................946
杨杏生.......................1093
杨杏泉..................119、459
杨杏娣........................222
杨杏根........................347
杨步云.................582、1030
杨步青........................826
杨时升........................827
杨园园..................739、742
杨秀华..............740、745、746
杨伯荣........................675
杨伯卿........................709
杨应龙........................608
杨怀企........................686
杨怀英..................704、711
杨　良........................742
杨君如........................954
杨君儒........................527
杨阿根........................544
杨阿梅.................1028、1030
杨坤荣........................544
杨其昌........................129
杨茂林........................827
杨英华........................804
杨　林........................742
杨林宝........................527
杨林根.................675、1088
杨叔芹........................955
杨虎根..................433、677
杨国栋...78、83、247、277、783、784
杨明芳.........................80
杨明昌..................122、459
杨忠华.......................1071
杨忠宝........................738
杨忠祥........................551
杨忠德..................635、827
杨和生..............718、719、955
杨和尚..79、232、525、551、687、688
杨岳九........................608
杨金宝........................826
杨金根........................308
杨念春........................524
杨学民.......................1071
杨学庆........................524
杨宝珍........................222
杨建民........................804
杨建声..93、217、239、247、420、588
......591、592、604、607、617
......631、632、641、642、643
..............733、1080、1083
杨建良........................476
杨建国（农业银行）..............520
杨建国（墙南村）.........84、87、159
杨建荣.......................1071
杨绍元........................526
杨绍伯..................526、712
杨绍南........................677
杨春芳........................945
杨荣根........................687
杨柏林........................220
杨映初........................675
杨映春.38、142、390、949、950、1078

杨秋文…………………………524
杨秋红…………………………408
杨秋萍…………… 804、945、1081
杨泉元……………122、246、607
杨泉根…………………108、677
杨俊良…………………119、339
杨俊杰…………………………806
杨叙军…………………………1073
杨　胜（杨家璋）……………1038
杨美娟…………………………804
杨炳元…………………………805
杨炳荣…………………………945
杨　洋…………………………822
杨祖民…………………………1071
杨祖达………………1057、1077
杨祖如…………………………826
杨祖国…………………………826
杨祖德（杨掌生）……………1030
杨　勇…………………119、655
杨素英…………………………222
杨素珍…………………………221
杨桂兴…………………608、943
杨桂英…………………………689
杨桂宝…………………………826
杨桂珍…………………………221
杨桂荣…………………………675
杨根兴…………………675、677
杨根官…………………………1028
杨根泉…………………433、441
杨根福…………………………1096
杨　烈…………………………1015
杨　晓…………………759、843
杨晓中…………111、606、607、655
杨晓红……………739、742、745
杨晓忠…………………………1081
杨晓峰…………………………279
杨晓路…………………………822
杨钰昌…………………………737
杨海云…………………………689
杨海兵…………………………822
杨　诺…………………741、770
杨祥启……18、20、21、23、294、305
……………523、526、826、1093
杨继生…………………………719
杨继臣……………625、955、956
杨继贤…………580、581、596、607
杨继忠…………………677、958
杨继周…………………………608
杨培敏…………………………738
杨基隆…………………………527
杨基雄…………………………527
杨菊芹…………………………740
杨梅仙…………………………221
杨梅珍…………………………738
杨雪庆…………………………524
杨雪芬……………616、710、738
杨雪梅…………………………826
杨雪嶺…………………………780
杨铭铭…………………………775
杨敏华…………………804、805
杨盘生…………………………524
杨彩娥…………………608、1039
杨隆演…………………………64
杨敬甫…………………526、826
杨戟臣…………………………624
杨朝安…………………………475
杨惠芬…………………………689
杨惠甫…………………527、826
杨惠珍…………………………479
杨惠莆…………………………956
杨惠根…………………………805
杨　雯…………………………711

杨雯若……………………736
杨　暕……………………2、1002
杨善英……………………718
杨锡龙……………………739、816
杨锡英……………………675、1029
杨锦华……………………735、744
杨靖国……………………741
杨解康……………………399、943
杨新华……………………816
杨新红……………………746、805、815、819
杨慈芬……………………737
杨慈林……………………826
杨福初……………………900
杨福林……………………739
杨福宝……………………524
杨　静……………………955
杨静国……………………770
杨毓英……………………607、616
杨毓麟……………………955
杨增荣……………………608、1092
杨　磊……………………279
杨　震……………………94、96
杨震明……………………2、1037、1077
杨　镇……………………479
杨德仁……………………222
杨德年……………………826
杨德甫……………………826
杨德兴……………………108
杨德琴……………………826
杨慰如……………………826
杨　燕……………………689
杨醒民……………………1057
杨曙云……………………752、753
杨燦峯……………………625
杨耀元……………………826
杨耀良……………………379、391、392、1079、1080、1083
肖来法……………………143
肖朝会……………………279
时忠德……………………1034
时　娟……………………736
吴三平……………………326
吴三虎……………………675
吴才云……………………222
吴小米……………………96、159、246、339
吴小妹……………………222
吴卫峰……………………280
吴子英……………………440
吴天福……………………616、710、718、737、1078
吴元坤……………………111
吴云章……………………520、551、1087
吴友良……………………944
吴水金……………………1088
吴月甫……………………608
吴月珍……………………222
吴文良……………………955
吴以文……………………1052
吴以敏……………………1076
吴允才……………………687
吴玉明……………………741
吴正明……………………138、458、459、584
吴龙元……………………711、737
吴龙龙……………………759、1069
吴生泉……………………221
吴汉仁……………………686
吴汉芝……………………687
吴汉章……………………766
吴永康……………………94、96
吴召明……………………677
吴邦祥……………………675、1091
吴协初……………………99

吴伟芳……740
吴全林……96、458、459、591、607
……632、642、643
吴全宝……608
吴庆和……677
吴关德……83、149、459、584、627
吴汝敏……677
吴兴根……675
吴兴德……221
吴安君.710、711、717、718、733、738
吴 军……1083
吴阴政……826
吴红云……958
吴纪文……536
吴寿荣……607
吴进高……433
吴均太……945
吴苏侃……802
吴丽琴……740、745
吴连坤……146、459、677
吴良材……232、525
吴秀英……737
吴秀明……93
吴秀玲……222
吴佐民……99、122、583、584、709
吴佐明……149
吴伯雄……1021
吴辛耕……536、675
吴辛根……626
吴启兴……433
吴初衍……526
吴君良……955
吴阿二……675、708
吴阿三……111、677
吴阿土……527
吴阿伴……222
吴阿宝……677
吴阿妹……221
吴青松……671
吴英伯……1075
吴林春……99、279、286、576
吴 杰……742、745
吴国荣……96、635
吴国钧……524、954、956
吴昌修……479
吴昌硕……1063
吴明刚……23
吴 忠……727
吴岳之……524
吴岳高……515
吴岳翥……706
吴金坤（安桥村）……108
吴金坤（硕放村）……116、433
吴京慧……736
吴治军……589、606
吴治农……99
吴建选……50、51
吴建强……475
吴春元……705
吴春凤……222
吴春生……524
吴茹春……818
吴顺燕……736
吴俊芬……622、633、634
吴剑鸣……1076
吴炳生……96、149
吴炳源……543
吴洪昌……103、438、458、459
吴宪德……1010
吴祖其……742
吴祖培……711
吴莱英……221

吴桂兴……738
吴根土……677
吴根福……96
吴钰根……743、746
吴家骏……711
吴祥兴……627
吴祥坤……1071
吴祥妹……739
吴能贤……1039
吴培元……524、954、955、956
吴培岳……544
吴培德……718
吴梅春……544、753
吴雪珍……711
吴雪娟……754
吴唯婷……607
吴铭义……480
吴银生……675、1029
吴彩萍……278、606、607
吴维忠……93
吴惠明……379、459
吴惠琴……739
吴景芝……524
吴道元（曹荣金、陈易新）……2
……581、620、675、1028
……1029、1030、1090
吴湖帆……782、1063
吴勤志……581、608
吴锡民……133
吴锡军……39、699
吴锡根……1093
吴新意……475
吴慎思……826
吴福元……739
吴福民……94、96、276、277
吴福林……1072
吴福昌（王家桥小园里）……1049
吴福昌（孙典桥村）……677、1072
吴福昌（里新村）……1072
吴福昌（金娥乡基干队）……675
吴福祥……709
吴静芝……712
吴　熙……1001
吴慧丰……689、735、744
吴德明……108、277
邱维华……1074
何广志……338
何子裕……458、631、641
何天民……1075
何仁荣……90
何文秀……753
何可人……524、954、956
何民勤……705、998
何式卿……345
何志荣……520
何志娟……741
何宏伟……120、276、277、520
何阿毛……222
何阿妹……222
何学明. 459、586、587、629、630、640
何宗棠……625
何载贤……625
何　真……822
何海涛……822
何家驹……1075
何梦弼……956
何　铭……625
何彩珍……739
何锡根……627
何燕华……747
佟　珍……291
余小飞……740

余文玉......................737
余月华......................943
余石庆..............523、526、826
余江涛......................774
余志云......................279
余国华......................536
余秉楠..............1054、1077
余金培......................665
余 治......................760
余承先......................827
余春明......................479
余泰基......................826
余铁华..................80、576
余情初......................526
余寄云......................826
余朝良.....737、774、775、781、943
余静初......................826
余毓庆......................826
余樾庆......................826
狄道平......................826
邹一兵......................1073
邹一桂......................1020
邹干平......................958
邹士龙......................527
邹士洪.........958、960、963、1058
邹才良......................325
邹大勇......................520
邹大根......................125
邹大浩......................536
邹小荣......................93
邹小娇......................689
邹小勇......................279
邹小娟......................1075
邹小琴......................740
邹广忠..................125、458
邹广彪..............846、1074
邹义生......................125
邹卫星......................279
邹子芳......................543
邹子卿......................946
邹开元......................113
邹元生......................1078
邹元国......................1045
邹元康..................711、737
邹云山..................709、711
邹云峰..................946、947
邹云娥......................221
邹云鹏......................956
邹云福......................222
邹中平......................761
邹中伟......................1074
邹中其......................551
邹 冈......................1036
邹水泉（塔西村）....32、36、37、125
..............587、588、590
..............591、629、630
.............640、1045、1080
邹水泉（黄家门村）.............111
邹长伟......................109
邹长松......................527
邹仁昌......................128
邹仁宝......................128
邹仁根......................116
邹仁溥......................1020
邹介一......................686
邹介伦......................442
邹月飞......................736
邹月珍..................743、746
邹凤生......................551
邹凤仙..................222、945
邹凤华......................610
邹凤坤..............1028、1029

邹凤高……1075
邹凤娥……221
邹凤琴……738
邹凤楣……625
邹文艺……954、955
邹文英……689、735
邹文荣……955
邹文勃……686、711
邹文涛……954、955
邹文海……2、759、1033、1034
邹文祥……675
邹文培……1073
邹文越……1055
邹文震……756
邹文潮……686
邹心卓……625
邹心岳……23
邹心活……626
邹玉芬……689、741、810
邹玉英……90
邹玉屏……805
邹正生……739
邹正祥……1093
邹古华……778、838
邹东艺……613
邹生泉……711
邹立群……1074
邹兰军……1073
邹汉民……107、392、943
邹永平……138、640、641
邹永生……675
邹永根……525
邹永康……459
邹幼明……159
邹式金……1020
邹百青……1071
邹　成……1072
邹光华……675
邹同生……423、550
邹刚祥……475
邹伟南……1049
邹仲文……441
邹仲明……738
邹仲怡……625、686、702、1033
邹仲泰……17、684、685、694、712、718
邹仲裕……739
邹华民……440
邹华军……741
邹华明……108
邹向东……90、280
邹　全……743
邹企明……687
邹兴宝……677
邹农俭……759、1065
邹农基……1066
邹如坤……138
邹寿伦……686
邹寿泉……1071
邹寿衡……625
邹进民……944
邹进德……675、1029
邹　运……1075
邹运昌……906
邹均丁……711
邹志义……544
邹志仁……523、543、1001
邹志坚……743、746
邹志良……591、603、607、632、635、642
邹芹娣……738
邹克波……741、745

邹杏初……………………… 522
邹杏宝……………………… 221
邹更娣……………………… 222
邹丽英……………………… 958
邹丽珍……………… 689、735
邹丽娟……………… 689、945
邹丽琴……………………… 689
邹坚心……………………… 122
邹坚峰…………………… 1075
邹进民……………………… 944
邹利民……………………… 129
邹伯民……………… 783、784
邹伯明……………………… 325
邹希清……………… 677、1034
邹沂心…………………… 1076
邹良根……… 596、608、1087、1088
邹启明……………… 695、707
邹阿元……………………… 707
邹阿纪………… 19、107、423、424
邹武勇……………………… 806
邹其昌……………………… 279
邹其根……………………… 738
邹若君……………………… 777
邹英仙……………………… 222
邹林泉…………………… 1001
邹林根……… 99、105、108、246、459
邹叔道……………… 294、625
邹国平……………………… 806
邹国华……………………… 835
邹国庆……………………… 806
邹国良……………………… 806
邹明伟……………………… 520
邹明南………… 135、138、459、576
………… 591、603、606、607
邹明鹤……………………… 125
邹旻杲……………………… 741
邹和尚……………………… 675
邹岳祥……………………… 544
邹佩红……………… 689、736
邹金生……………………… 677
邹金狗……………………… 677
邹金根…… 105、108、116、628、675
邹金裕…………………… 1093
邹　京…………………… 1076
邹育启………… 301、686、1035
邹育栋……………………… 741
邹育起………… 38、40、620、640
邹治安……………………… 955
邹　怡……………………… 822
邹学敏……………………… 738
邹宝生……………… 759、1069
邹　实…………………… 1020
邹建中………………………… 93
邹建平… 41、90、434、458、459、588
. 591、607、621、622、631、632
. 633、641、642、643、644、775
……… 778、783、785、1021
邹建生……………………… 442
邹建英……………………… 689
邹建林……………… 90、459
邹建波………… 120、279、280
邹建洪……………………… 108
邹建峰……………… 159、278
邹建浩……………… 127、129
邹孟芳……………………… 675
邹妹妹……………………… 222
邹绍基……………… 108、459
邹玲娣……………………… 222
邹玲媛…………………… 1073
邹荣元……………… 127、129
邹荣林……………………… 675
邹荣昌………… 99、409、944

邹荣根……………………675
邹荣德……………………677
邹南珍……………54、945、950
邹柏生……………………626
邹树林……………………23
邹树德……………………108
邹厚本……………………1007
邹昭伯……………………1001
邹钟麟……………………221
邹钢祥……………486、500
邹秋根……………………738
邹叙福……………………583
邹复平……………………1074
邹泉根……………………677
邹泉培………129、149、339、536
邹剑波……………………125
邹美菊……………………689
邹炳生……………………129
邹炳芳……………………526
邹炳欣……25、26、584、585、590
邹炳荣……………………536
邹炳泉……………………93、159
邹洪根……………………116
邹洪德……………520、627、753
邹济康……………………954、955
邹宪华……………………311
邹祖良……………………944
邹祖泉……………………536
邹祖培……………………1074
邹　陞……………………1020
邹　艳……………………736
邹敖大……………………1045
邹　哲……………1069、1077
邹桂和……………………607
邹桂根（硕放小学）……712、718、738
……………………742、745
邹桂根（塔西村）………1056、1077
邹根大……………………143
邹根云……………………222
邹根生……………………143
邹根荣……………………99
邹　栩……………………1020
邹晓平……………………441
邹晓华………279、607、1080、1081
邹晓来……………………616、740
邹晓岚……………………822
邹晓明……………………159
邹钰泉……………………654、655
邹铁忠……………………737
邹颂安……………………759
邹高治……………………1035
邹　敉……………………1072
邹益民……………711、718、745
邹益明……………………738
邹　浩……………………1020
邹浩文……………………1073
邹浩兴……………………433
邹浩军……………………278
邹浩荣……………………677
邹海明……………………1072
邹海根……………………943
邹家明……………………440
邹家琛……………………626
邹祥林……………………583
邹祥和……………………627
邹　恕……………………1020
邹能贤……………………279
邹继东……………………804、1051
邹培庆……………………826
邹萌菁……………………743
邹菊泉……………………439、440
邹梦剑……………………120

邹梅芬……………………… 689
邹雪伟……………………… 741
邹雪芬……………………… 805
邹雪康………………… 432、675
邹雪燕……………………… 747
邹银根……………………… 677
邹康候………… 527、955、956、957
邹淮钧……………………… 1072
邹琴思·2、45、788、789、797、1028、1032
邹 敬……………………… 1072
邹朝忠……………………… 475
邹森林……………………… 113
邹惠军……………………… 740
邹惠农……………………… 1074
邹惠南……………………… 96
邹 雄…………………… 1062、1077
邹 斌……………………… 806
邹善法……………………… 944
邹 焰……………………… 607
邹温厚……………………… 711
邹渭德……………………… 543
邹瑞兴……………………… 1074
邹瑞根…………… 576、641、945
邹路易……………………… 1072
邹锡生…………… 576、767、849
邹锡红……………………… 741
邹锡良……………………… 1072
邹锡祥……………………… 677
邹锡惠…………… 111、277、278
邹锦楠……………………… 956
邹筱琴…………… 279、607、1081
邹新华……………………… 943
邹新宇………………… 743、746
邹源国……………………… 1076
邹福元……………………… 675
邹福民……………………… 222
邹福官……………………… 827
邹福泰……………………… 687
邹福培……………………… 1074
邹福康………………… 113、459
邹群燕………………… 759、1075
邹静芳……………………… 247
邹静娴……………………… 689
邹肇康……………………… 711
邹慧俊………………… 740、745
邹黎明……………………… 743
邹稼英……………………… 584
邹德程……………………… 125
邹霞娟……………………… 742
邹 璧……………………… 1020
邹耀平……………………… 738
邹耀光……………………… 1075
邹耀秀…………… 711、727、733
邹耀昌……………………… 711
邹耀忠………… 116、583、639、675
邹耀奎（墙北村）…… 279、286、459
……………… 607、621、635
邹耀奎（硕放供销社）………… 536
邹耀祥………………… 686、1078
言锡凤……………………… 222
应 礎（唐伯泉）…… 677、781、1038
闵惠芬……………………… 43
汪正华………………… 753、754
汪仞千……………………… 826
汪 泉……………………… 54
汪洪坤……………………… 146
汪鸿雁……………………… 55
汪群峰………………… 589、634
沙阿根………………… 581、608
沙孟海………………… 782、1063
沙曼翁……………………… 775
沈三南………………… 434、441

沈才裕……1074
沈小弟……116
沈元喜……132
沈云飞……395
沈云生……16、525
沈云献……686
沈太明……580
沈水根……433、441
沈仁林……222、527
沈介伦……625
沈月仙……711、738
沈月亭……711、738
沈月琴……738
沈玉芳……221
沈正伟……677
沈乐兴……125
沈 达……733
沈迈士……1063
沈年庆……640
沈廷栋……957
沈伟文……93
沈兴初……132
沈纪生……625
沈寿根……608、677
沈丽芬……616
沈连兴……125、576
沈秀红……689
沈伯荣……430、459、576、677
沈君龙……93、279
沈阿弟……675
沈英年……83、767
沈英萍……689
沈国华……120
沈和生……608、627
沈金根……433
沈宝珍……221
沈柳丽……741
沈泉根……608
沈振中……279
沈桂生……132、149、420
沈晓凤……741、745
沈晓西……756
沈浩忠……132
沈梅方……997
沈雪芳.42、44、45、46、53、143、217
……442、588、589、591、592
……617、621、632、634、642
……643、1049、1050、1079
沈逸民……944
沈维珅……944
沈 琪……741
沈惠霞……738
沈雁平……742
沈 斐……711
沈裕民……132、944
沈瑞芬……711
沈锡宝……222
沈燕萍……822
沈霞芳……736
宋双喜……607、618、1083
宋东光……476
宋钟理……718
宋剑青……606
启 功……782、1063
张 飞……763
张士诚……977
张小军……476
张子虎……820
张云山……996
张云清……20、794
张友良……671
张长凤……1076

张仁根……671
张凤山……607
张凤企……135
张文荣……515
张文清……475、500
张巧芸……221
张 龙……822
张 平……475
张东山……1059
张礼文……711
张永兴……737
张永良…40、41、588、591、632、642
张永林……433
张再群……105、159、246、247
……279、286、576、635
张有道……585、590
张成大……711、737
张光琪……711、737、944
张光磊……20、625、626、684
……694、703、711、794
张年如……957
张廷见……946
张 伟（薛永辉）.132、580、596、601
……703、711、733
张伟东……671
张仲景……954、1032
张仲篪……625
张自宽……960
张兆麟……826
张 军……1074
张寿玉……1042
张丽华……689、736
张丽珍……640、641
张辰奇……159
张步英（张选）……1033、1041
张 里……475、500
张秀玲……809
张怀西……699
张阿根..87、239、458、584、628、677
张茂荣……135
张 英……945
张国芬……634、742
张昌绍……1036
张 明……140、277、741
张明伦……711
张明娴……779
张忠林……280、944
张忠根.591、592、607、632、642、643
张季裕……1074
张金凤……222
张金斗……675、677
张金荣……610
张居正……199
张治中……301
张宝其……608
张贤武……127
张宝根……739
张定一……711
张建华……48、589、634
张建国……738
张建明……743、746
张玲娣……739
张 政……1076
张香桐……1036
张秋君……708
张秋明……587、627、630、640
张保生……527
张美英……944
张炳文……677
张洪祥……149、1030
张祖峰……677、1041
张祖康……583、607、635

张祖德…………………707、711
张振华…………………581、608、675
张振良…………………1074
张哲初…………………711
张　莉…………………742
张桂娥…………………103、515、584
张晓军…………………757、778
张积慧…………………1041
张祥生…………………627
张　继…………………782
张菊平…………………279
张　萍…………………816
张雪芬…………………635、805
张雪珍…………………689
张　晨…………………958
张　敏…………………742
张彩珍…………………608
张斛西…………………39、699
张焕明…………………677、1041
张淑珍…………………944
张惠明…………………325
张道兴…………………759、834
张道康…………………83、591、607、780
张寒月…………………1034
张　富…………………822
张瑞和…31、32、586、587、629、630
张　蓉…………………818
张锡良…………………718
张锡荣…………………991
张锡根…………………20、581、607
张　鹏…………………711
张新根…………………434、441
张煊楠…………………476、480
张漠芝…………………794
张福林…………………1072
张福根…………………1072
张　群……279、634、635、757、822
张　骞…………………1035
张静英…………………741、745
张　毓…………………740
张德明…………………143、500、1078
张鹤年…………………711
张燕文…………………736
张　颠…………………711
张耀生…………………1072
张耀康…………………446、1078
陆三南…………………671
陆士近……35、36、587、588、590
…………607、630、631、640
陆士镇…………………711
陆才兴…………………459
陆小龙…………………103、434、440
陆小伟…………………817
陆巾英…………………737
陆子政…………………826
陆天凤…………………712
陆元明…………………475、500
陆中明..99、159、247、279、635、944
陆中和…………………432
陆水根…………………711、738
陆凤妹…………………411
陆凤娟…………………146
陆凤翔…………………989
陆文云…………………432
陆火威…………………675
陆正祥…………………146
陆生元…………………433、434、442
陆立人…………………711
陆立本…………………677、1036
陆永年…………………434
陆永青…………………613
陆永春…………………105

陆民杰 1048
陆吉明 479
陆光英 520
陆　刚 .... 616、733、738
陆兴元 .... 37、83、588、591、607
　　 .... 631、640、641
陆兴方 628
陆兴根 551
陆如康 955
陆纪根 99
陆寿宝 379
陆抑非 1063
陆志明 1029
陆　芸 739
陆步奎 826
陆利民 1069
陆启良 .... 432、433
陆　君 742
陆阿兴 944
陆阿连 23
陆阿妹 .... 220、221
陆纳新 1072
陆茂德 .... 712、718
陆松林 686
陆国兴 711
陆国良 99
陆明康 ... 27、90、108、122、125、129
　　 ..... 379、607、677、679、1077
　　 1079
陆季庭 625
陆　佳 822
陆佳乐 753
陆依民 .... 94、99、276、277
陆金龙 .... 105、806
陆金生 .... 111、159
陆金林 675
陆金根 99
陆宗游 625
陆建业 1021
陆建华 432
陆建荣 279
陆林仁 543
陆绍元 956
陆　春 610
陆春祥 103
陆贵根 527
陆钟灵 608
陆钟英 625
陆俨少 .... 782、1035、1063
陆炳生 .... 515、675
陆洪泉 945
陆素金 221
陆　赉 1021
陆　莹 671
陆桂根 . 427、527、536、654、718、719
陆根生 943
陆根林 675
陆根宝 607
陆晓红 689
陆高红 .... 743、804、806
陆益民 551
陆浩明 105
陆海兴 .... 399、944
陆海泉 640
陆晋德 543
陆　宲 1021
陆绥之 826
陆菊轩 826
陆菊英 222
陆菊根 140
陆梅芬 689
陆雪元 83

陆彩玉……………………… 689
陆彩霞……………………… 627
陆逸之……………………… 677
陆清桥………………… 783、784
陆维钊……………………… 1063
陆琴英………… 217、591、607、632
………… 635、642、643、733
陆朝华……………………… 740
陆惠明……………………… 944
陆惠琴……………………… 689
陆景苏………………… 527、957
陆　淼……………………… 741
陆智琪……………………… 740
陆　斌………… 94、459、607、634
陆媛仁……………………… 995
陆瑞兴………………… 93、628
陆瑞宝……………………… 958
陆瑞娟……………………… 743
陆照欣………………… 743、746
陆照南……………………… 686
陆锡元……………………… 640
陆锡来……………………… 957
陆靖峰………………… 711、737
陆福祥…………… 710、711、738
陆静华……………………… 736
陆嘉良……………………… 635
陆熙康…………… 90、459、628
陆毅刚……… 56、83、247、482、588
………… 589、592、606、607
………… 632、633、634、643
陆曙辉………………… 475、480
陈三宝……………………… 526
陈大羽……………………… 774
陈小军……………………… 743
陈小芳……………………… 610
陈义文……………………… 146
陈子德………… 733、774、775、780
陈开颜……………………… 957
陈　云……………… 1021、1041
陈云召……………………… 677
陈云良………………… 132、247
陈少麟……………………… 476
陈凤英……………………… 640
陈凤林……………………… 116
陈凤媛……… 36、616、1077、1078
……………… 1079、1080
陈玉祥……………………… 671
陈玉培……………………… 675
陈玉鳌……………………… 826
陈东玘……………………… 1020
陈生大……………………… 23
陈生巍………………… 475、479
陈汉生……………………… 675
陈永康（全国劳模）·28、293、356、363
陈永康（墙南村）……………… 87
陈永福……………………… 440
陈达泉………………… 122、459
陈光梅（李光楣）…… 2、21、608、675
……………… 1028、1029
陈伟其……………………… 301
陈仲武……………………… 960
陈寿宝……………………… 544
陈志刚……………………… 747
陈志军………………… 740、745
陈志高………… 51、589、606、607
……………… 621、644、655
陈　芳……………………… 742
陈　克（赵建平）………… 580、1039
陈岐南……………… 613、711、733
陈宏伟………………… 735、747
陈　君……………………… 84
陈阿二……………………… 1028

陈阿水……………………525
陈　纲……………………707
陈其明……………120、276、277
陈其南……………………711
陈　英……………………1088
陈林根……………………944
陈昆元……………………826
陈国良……………………576
陈国昌……………………159
陈国荣……………………675
陈国健…………759、1043、1044
陈国祥……………………433
陈昌盛……………………49
陈明江……………………132
陈明兴……………………944
陈忠达……………………1065
陈佳昌……………………536
陈岳锋……………………500
陈佩芬……………………222
陈金林……………………675
陈金泉……………………675
陈学桂…………26、27、585、590
陈绍君……………………526、536
陈绍基……………………1033
陈荣金……………………585、590
陈复宝……………………544
陈复根……………………544
陈泉根……………………108
陈剑豪……………………634
陈美萍……………………816
陈炳南……………………96
陈洪喜……………………686
陈祖兴……………………95
陈祖其……………………635
陈祖培……………………711
陈　勇……………………943、951
陈圆圆……………………754
陈振华……………………826
陈祯明……………………13
陈根林……………116、434、441
陈根虎……………………993
陈根度……………………536
陈晓川……………………671
陈晓东……………………671
陈晓青……………………127、159
陈烨茗……………………822
陈　涛……………………655
陈浩丰……………………677、1074
陈浩平……………………686、711
陈浩卓……………………1042
陈祥春……………………20、794
陈　菲……………………742
陈梅珍……………………221
陈梓仪……………………775
陈银妹……………………222
陈盘兴……………………475
陈维芬……………………741
陈维翰……………………718
陈琴珍……………………944
陈　琪……………………1050
陈　琼．140、247、633、634、655、740
陈惠民……………………805
陈瑞源……………………475
陈　雷……………………480
陈锡泉……………………122
陈福宝……………………826
陈德兴……………111、246、247
陈德南……………………677
陈　熠……………………520
陈燕萍……………………668
陈璧显…41、47、586、590、607、629
陈耀明……………………826

陈耀基……826
邵凤岐……711
邵文松……1076
邵伟忠……742
邵　明……668、671、1082
邵　宝（二泉）……1000、1001
邵宗衡……583
邵贵元……222
邵泉根……1029
邵炳忠……143
邵炳威……710
邵雪耕……718
邵辅南……129、434、607
邵焕中……946
邵锡珍……711、737
邵戴敏……686
邵　霞……740
邵耀祖……606、635

八笔画

苗俊义……1091
范士清……704、711
范中棋……90、325、459、584、677
范　良……1071
范阿纪……107、431、627、628
范金凤……222
范拯民……711
范树清……708、711
范锡初……677
范　蠡……1、11、289
林立果……754
林永康（Lin Yongkang）……479
林朱华……958
林其昌……125、591、607、635
林其南……1074
林　英……993
林金妹……221
林建荣……433、434
林炳生……627、677
林　健……822
林海康……514
林　彪……585、592
林散之……1055
杭玉夫……475、479
郁汉文……711
郁汉坤……711、718
郁达夫……759、1066
郁根生……627
郁晓春……500
郁家树……48
郁银华……279
尚志凤……627
尚杏仙……221
尚宝善……526
尚保忠……1055、1077
尚根邦……544
尚菊明……1071
尚菊霞……689、735、744
尚锡根……675、677
罗　马……976
罗　木……995、1007、1008
罗礼生……826
罗运来……4、34、349
罗志军……57
罗宝菊……711
罗荣春……536
罗根福……826
季　历……64、1002
季文良……954、955
季生树……686
季荣坤……588、591、607

季银云…………………… 221
季瑛洁…………………… 822
季瑞林…………………… 1073
季蓉玉…………………… 516
季福金…………………… 675
侍朝谦……………… 626、627
岳　飞………… 753、1035、1055
岳恒子…………………… 822
金三宝…………………… 222
金士欣…………………… 1053
金卫忠……………108、246、277
金水根…………………… 286
金仁根…………………… 607
金石平…… 458、459、591、632、642
金伦祥…………………… 1093
金军华…………………… 1070
金纪山…………………… 607
金寿云…………………… 222
金志高…………………… 1047
金　坚…………………… 582
金秀英…………………… 221
金国强……………… 279、280
金明珠…………………… 736
金和妹…………………… 222
金季春（德根）………… 677、1039
金鱼林…………………… 1034
金建成…………………… 613
金荣权…………………… 634
金炳南…………………… 138
金宪国…………………… 514
金晓忠………… 46、108、458、482
……………… 607、619、634
金祥林…………………… 675
金梦凡…………………… 822
金雪荣…………………… 675
金铭刚…………………… 78
金惠琴…………………… 944
金德根…………………… 675
周二男（许中杰）…… 581、582、596
周士綗…………………… 625
周才宝…………………… 433
周才福…………………… 608
周大兰…………………… 440
周大来…………………… 675
周小金…………………… 475
周小妹…………………… 221
周川琪…………………… 741
周义昌…………………… 96
周卫南…………………… 442
周王毛…………………… 308
周天健…………………… 960
周云珠…………………… 747
周友石………………… 711、737
周曰甫………… 527、754、756
周仁昌…………………… 442
周　仓………… 993、994、1000
周凤英…………………… 222
周凤娥…………………… 222
周凤媛…………………… 159
周凤楠………… 93、140、247、279
周文莲…………………… 616
周文燕……………… 279、1082
周玉英…………………… 222
周世泰…………………… 703
周可澄…………………… 718
周立伟…………………… 806
周永良…………………… 804
周永康…………………… 393
周光昌（周杏生）………… 1029
周兆基…………………… 761
周汝川……… 621、808、809、943
周兴昌…………………… 740

周兴荣…… 50、589、633、634、1082
周如宝…… 1058
周　红…… 736、1073
周志仁…… 711
周志高…… 1065
周志强…… 710、711、737
周　丽…… 742
周丽红…… 741、774
周丽琴…… 476
周谷香…… 581
周应泉…… 524
周　忱…… 2、14
周启云…… 625
周阿水…… 956
周阿纪…… 308
周阿妹…… 308
周阿桂…… 608、675
周阿根…… 524
周陈娟…… 743、747
周其根…… 711、737
周林妹…… 220
周林泉…… 943
周明南…… 743、759
周金兰…… 221
周金英…… 740
周金明…… 1083
周金福…… 524
周宗文…… 221
周建民…… 1043
周建华…… 479
周建英…… 945
周绍先…… 146
周荣生…… 675
周柏生…… 584、596、608、1087、1091
周秋明…… 740
周秋萍…… 1073
周泉根…… 677
周俊德…… 83、754
周剑霖…… 703
周胜林…… 441
周养凡…… 671
周　洁…… 576、741
周洪元…… 677、1092
周洪生…… 576、720、742、779
周祖仁…… 1042
周祖发…… 956
周素娣…… 222
周振嘉…… 607
周莲花…… 743
周桂坤…… 423
周根金…… 309
周根荣…… 675
周根娣…… 222
周根培…… 220
周恩来…… 32
周爱琴…… 689
周益新…… 711、737
周海达…… 665
周海燕…… 732
周家明．138、159、276、280、635、756……767、806、1080、1081
周理萍…… 586
周　捷…… 592、632、643
周培金…… 524
周培胜…… 635
周培祥…… 608、1087
周菱如…… 804
周菊仙…… 222
周菊如…… 826
周菊明…… 686
周彬忠…… 1066
周梅谷…… 1034

周梅英……………………… 221
周雪英…………………… 94、99
周雪玲………………… 742、745
周雪瑛……………………… 944
周　敏……………………… 689
周敏炜………………………… 54
周盘均………………… 590、607
周盘林………………… 80、576
周清泉………………… 711、727
周鸿楷………………… 754、756
周惠民……………………… 434
周惠琴……………………… 222
周善法……………………… 220
周渭江………………… 439、459
周富兴……………………… 707
周　谦………………………… 48
周勤明……………………… 737
周锡昌…… 588、590、591、606、607
…… 617、631、632、641、733
周锡忠……… 587、607、630、640
周锡新……………………… 203
周筱军………………… 743、746
周鹏飞……………………… 820
周靖宇……………………… 740
周福祥…………… 140、584、628
周　慧……………………… 754
周燕兰……………………… 1082
周燕婷……………………… 739
周巍峰……………………… 279
周鑫诚……… 475、500、610、655
庞志翚………………… 629、639
庞连智（朱良根）…………… 1064
郑志强……………………… 279
郑忠林……… 279、591、592、607
郑佩琴……………………… 480
郑宗功……………………… 500
郑宝国……………………… 640
郑修实………………… 475、500
郑逸梅…………… 144、1035、1063
郑蓓芬……………………… 944
法　喜………………… 796、992
宗兆善………… 23、24、582、611
居　斌……………………… 655
屈永军……………………… 475
屈金培……………………… 122
屈　原……………………… 975
孟子英……………………… 576
孟建康……… 246、617、618、621
………………… 631、635、641
孟　简……………………… 304

九笔画

项三宝……………………… 826
项中英……………………… 526
项玉坤……………………… 520
项　吉………………… 736、744
项建末………………… 278、279
项建国……………………… 280
项培生……………………… 423
项培琛………………… 19、543、1092
项培福……………………… 826
项福明……………………… 286
赵卫东……………………… 806
赵文骅……………………… 606
赵文斌………………… 607、655
赵阿大………………… 584、627
赵佳佳……………………… 616
赵金妹……………………… 279
赵孟頫……………………… 1035
赵显亿……………………… 476
赵保根……………………… 526

赵俊雯……………………… 610
赵美华……………………… 754
赵素妹……………………… 222
赵根南……………………… 689
赵海良……………………… 459
赵 旋……………………… 520
赵惠甫……………… 146、439、459
赵道根……………………… 119
赵 蓓……………………… 475
赵锡昌………………… 420、1083
赵熤炎……………………… 711
赵 鹰……………………… 279
荣晓松……………………… 1071
荣惠芳………………… 743、745
胡仁宝……………………… 944
胡 龙……………………… 140
胡汉明……………………… 826
胡扬忠……………………… 440
胡兴林……………………… 1073
胡宏如……………………… 827
胡志明……………………… 309
胡秀云………… 27、639、679、1080
胡阿宝……………… 99、222、584
胡国平………………… 803、804
胡国民………… 616、774、801、803
……………… 804、805、819
胡国良（阿三）……………… 425
胡国明……………………… 817
胡宝春（胡桂春）…………… 1031
胡剑锋………………… 761、774
胡根虎……………………… 675
胡 娟……………………… 736
胡雪风……………………… 822
胡瑞生……………………… 83
胡锦涛………………… 588、602
胡福良……………………… 677
柯昌大……………………… 526
柯 璜……………………… 1035
查晓兰……………………… 958
查晓华………………… 801、817
查锡荣………………… 247、671
查福纪……………………… 944
查德民……………………… 703
查福纪……………………… 116
钟晓栋…… 49、589、633、634、644
钦根培……………………… 525
钮晓凤……………………… 948
段立方……………………… 725
俆 兰……………………… 817
须祖荫……………………… 718
须根林……………………… 826
俞夕香……………………… 998
俞云娣……………………… 221
俞水泉……………………… 608
俞火根……………………… 347
俞正明……………………… 103
俞石英………………… 606、655
俞成良……………………… 476
俞华明……………………… 203
俞庆棠……………………… 728
俞寿妹……………………… 689
俞秀军……………………… 1074
俞君惠……………………… 627
俞国平……………………… 119
俞忠德………… 616、743、746、820
俞金祥……………………… 608
俞玲媛……………………… 944
俞桂泉……………………… 432
俞铁铮……………… 338、458、536
……………… 630、640、654
俞爱芳……………………… 222
俞雪珍……………………… 689

俞鸿瑛……………… 741、745、770
俞解红………………………… 806
俞福林………………………… 608
俞翠芬………………………… 1076
施小弟………………… 105、432
施云泉………… 93、105、108、459
……………… 584、627、628
施凤根………………………… 125
施兴元………………………… 527
施丽珍………………………… 324
施阿妹………………………… 221
施阿根………………………… 687
施明祥………………………… 687
施岳根………………………… 395
施金培………………………… 108
施建国………………………… 806
施海英………………………… 740
施勤甫………………… 954、955
施福清………………………… 826
施福新………………………… 105
施鹤平…… 779、1064、1065、1077
施鹤高………………………… 1061
闾东影………………… 589、604
姜三男………………………… 608
姜开宝………………………… 686
姜巧玲………………………… 1072
姜永超………………………… 475
姜亚萍………………………… 945
姜进生…… 51、767、944、950、1080
姜阿荣………………………… 524
姜其温………………………… 1049
姜　昆………… 9、50、752、756
姜金根………………………… 524
姜富荣………………………… 1033
洪　亮………………………… 711
洪　浩………………………… 520
洪锦炘………………………… 43
恽衷济………………………… 710
祝英台………………………… 761
祝伟中………………………… 479
费干泉……………… 438、458、459
费正平………………… 759、1056
费寿南………………………… 301
费孝通………… 37、88、344、1065
费志明………………………… 686
费其法…… 122、125、239、459、628
费明华………… 616、746、747、777
……………… 845、944、945
费金法………………………… 125
费家华………………………… 778
费菊根………………………… 222
费彩云………………………… 221
费鸿泉………………………… 624
费新我………………………… 782
姚三度………………………… 525
姚广孝………………………… 995
姚水兴………………………… 132
姚凤珍………………………… 738
姚文英………………………… 640
姚正雄………………………… 945
姚如荣………………………… 96
姚　红………………………… 520
姚均霖………………… 704、711
姚吾千………………………… 111
姚利峰………… 111、277、278、280
姚阿弟………………… 222、597
姚　昕………………………… 500
姚建华………………………… 54
姚建祥………………………… 960
姚绍荣………………………… 99
姚洪良……………… 116、277、576
姚根娣………………………… 221

姚海峰……279
姚盛寒……280
姚　晰……476
姚嘉炳……606
骆丰伟……817
骆仟园……56、809
骆志英……958
骆贡祺……759
骆宗明……677
骆福昌……99

十笔画

党渭铭……500
泰　伯……11、64、184、304、344
……382、864、1002
秦昌福……616
秦建国……753、754
秦雪根……514
秦　敬……686、708、711
秦嘉洪……585、639
秦　鹰……743、747
袁丁山……524
袁大梁……315
袁文元……511、608、627、635
袁玉良……38、138、379、588、591
……621、631、640、641
袁立桥……524
袁兴元……138
袁兴昌……222
袁红艳……689、736
袁阿弟……83、677
袁　英……689、735
袁　佳……958
袁惠根……391
袁新恭……520
袁德明……433、944
聂大开……945
聂腾云……476
莫若理……610
莫善珏……475、500
真　鉴……992
真　鐩……992
贾明杰……480
贾明夏……520
夏子珍……543
夏天成……820
夏中孚……520
夏介文……132、703、1038
夏华忠……475
夏　兴……677
夏兴华……53
夏　阳……589、604、655、1090
夏克威……217、607、620、630
……631、640、1080
夏学均（夏桂初）……1031
夏建阳……1076
夏春生……610、655、743、747
夏秋生……78
夏浩生……527
夏旌安……944
夏喜南……738
夏惠珍……220
夏福民……432、434
夏增福……753
涤陋生……826
顾一定……83、944
顾三云……221
顾士兴……113
顾士明……677
顾才华……711、739
顾才庆……944

顾小弟…………………………147
顾小明…………………………742
顾小妹…………………………222
顾子平…………………………737
顾元德………………711、718
顾专和…………………………686
顾云琴…………………………1082
顾五宝…………………………675
顾中元…………………………675
顾中云…………………………675
顾中伟…………………………520
顾中兴…………………………618
顾中宝…………………………955
顾水云…………………………221
顾水生………………286、635
顾水泉…………………………96
顾壬娣…………………………222
顾仁根…………679、1080、1082
顾介生…………………………544
顾介贤……759、1052、1053、1077
顾介祥…………………………759
顾介康……759、828、855、1046
顾介福…………………………677
顾月珍…………………………1079
顾凤伟…………………………685
顾凤娟…………………………741
顾凤康…………………………113
顾火泉…………………………583
顾玉山…………………………1030
顾玉龙…………………………222
顾正平…………………………432
顾正南…………727、743、746
顾　平…………………………520
顾生宝…………………………1089
顾汉生…………………………738
顾老坤……23、111、346、583、628
顾再达…………………………527
顾扬烈…………………………1021
顾廷芝…………………………677
顾廷范…………………………761
顾廷贤…………………………221
顾廷海…………………………677
顾　伟………………203、817
顾伟华…………………………740
顾仲贤………………120、125
顾兴初…………………………944
顾兴保…………………………1075
顾守愚………………826、993
顾军华…………………………944
顾如东…………………………607
顾如松…………………………1075
顾　红………………740、745
顾寿娣…………………………944
顾寿福…………………………675
顾孝侯………………704、711
顾均培…………………………677
顾均堂…………………………301
顾克明…………………………1073
顾杨根…………………………968
顾轩强…………1059、1060、1077
顾利国………………740、745
顾秀凤…………………………221
顾秀珍…………………………689
顾伯永…………………………113
顾伯尧…………………………756
顾伯兴………………459、1073
顾伯贤…………………………544
顾伯勤……613、711、737、944
顾　汶…………………………476
顾宏慈…………………………1076
顾阿二…………………………677
顾阿土…………………………526

顾阿元……675
顾阿金……675
顾阿根……305、752、753
顾阿福……441
顾　青……806、819
顾其祥……113、576
顾若琴……625
顾英奇……6、37、960
顾林生……113、140、459
顾林初……806
顾林林……222、675
顾林寅……286、675、677、1071
顾松年……756
顾松贤……625
顾叔琴……23
顾虎珍……738
顾国民……138
顾国良（大男）……1030
顾国荣……520
顾　明……1030
顾明生……944
顾明华……87、943
顾明霞……536
顾鸣鹤……625
顾秉仁……954、955
顾佳珠……740
顾侣芳……576
顾金林……677
顾金虎……515
顾金根……96、627、628
顾金福……1092
顾　波……741
顾治平……1075
顾宝泉……90
顾定奎……222
顾建民……279
顾建军……1072
顾建良……87、247、576
顾建明……1021
顾建栋……113、159、247、279
顾建峰……279
顾建媛……761
顾春梅……624
顾春堂．18、684、694、702、711、1015
顾　玲……741
顾玲珍……113
顾玲娣……113
顾荣春……543
顾树本……1021
顾树东……159
顾俏丽……742
顾信良……712
顾泉生……544
顾泉洪……616、743、746、944
顾泉根……665、677、711、733、737
顾剑辉……711
顾胜仁……827
顾美华……944
顾炳荣……675、944
顾洪炳……677
顾祖根……711、737
顾振华……84、90、159、276、278
顾振伯……944
顾挹清……625
顾桂春……149、420、438、459
顾根仙……222
顾根兴……87、90、99、122、338
……458、459、677
顾根寿……826
顾根娣……222
顾晓红……740
顾益元……954

顾益源……………………… 955
顾浩勤……………………… 440
顾海江……………………… 1074
顾海泉……………………… 515
顾海斌……………………… 1072
顾涌源……………………… 955
顾家良……………………… 1071
顾继春……………………… 423、543
顾　球……………………… 1021
顾培明……………………… 757、777
顾培根……………………… 816
顾培新……………………… 778
顾菊仙……………………… 221
顾　萍……………………… 655
顾梅宝……………………… 221
顾雪芹……………………… 221
顾敏峰……………………… 1075
顾彩英……………………… 816
顾彩珍……………………… 805
顾彩娣……………………… 516
顾望岵……………………… 544
顾淑华……………………… 736
顾维芳……………………… 711
顾维新……………………… 827
顾琫清……………………… 1021
顾　琳……………………… 818
顾琦敏……………………… 711、712
顾朝阳……………………… 143、277
顾惠玉……………………… 738
顾惠良……………………… 96
顾惠英……………………… 325
顾惠康…… 113、119、277、279、607
………… 635、1081、1083
顾惠新……………………… 278、279
顾景如……………………… 686
顾淼汝……………………… 742
顾富根……………………… 135、159
顾锡兴……………………… 1075
顾锡芳……………………… 103
顾锡明……………………… 742、746
顾　颖……………………… 1082
顾福兴……………………… 704、711
顾福寿……………………… 711
顾福奎……………………… 392
顾福根……………………… 677
顾　静……………………… 754
顾毓文……………………… 1075
顾毓琇……………………… 1033、1075
顾毓斌……………………… 1061、1062
顾毓麟……………………… 625
顾德君……………………… 607、614
顾德荣……………………… 1073
顾德胜……………………… 677
顾燕峰……………………… 805
顾燕萍……………………… 743
顾謂明……………………… 826
顾瞻岵……………………… 625
顾耀栋……… 26、99、239、459、607
……… 726、727、744、1080
顾　懿……………………… 280
顾　麟……………………… 132
晏阳初……………………… 728
晏志远……………………… 822
钱一青……………………… 954、1033
钱三弟……………………… 524、608、675
钱士奎……………………… 956
钱小花……………………… 616
钱小妹……………………… 222
钱小萍……………………… 689、735、744
钱子道……………………… 826
钱云生……………………… 805
钱云娣……………………… 222

钱水英……944
钱仁达……581、596、607
钱仁甫……677
钱仁贵……222
钱仁俊……675
钱仁斋……1030
钱月田……159
钱月仙……944
钱凤泉……570、591、592、607、635
……1079、1080、1083
钱凤根……607
钱文英……627
钱为群……740
钱玉珍……639
钱世恩……1001
钱生初……146
钱永康……710、727、738
钱民江……743、746
钱有源……827
钱仲良……221
钱兴根……944
钱守祥……93
钱军华……805
钱　红……711、712
钱红明……613、711、718、739、745
钱　进……1022
钱志军……441
钱志芳……1033
钱志衡……711
钱苏兴……279、280
钱丽华……742
钱丽英……944
钱汶霞……87
钱君华……822
钱阿虎……628
钱阿荣……1096
钱阿福……527
钱虎根……95、583
钱贤华……736
钱国平……742
钱国贤……628
钱国治……122、135、439、458、459
钱　明……806
钱明川……87
钱明萍……1079
钱忠伦……677
钱鸣其……116
钱岳山……221
钱佩芝……613、616
钱金兴……132、379、1083
钱金坤……583、626
钱育良……665
钱学森……1057
钱宗德……718
钱承沛……1022
钱承康……1022
钱绍武……774、775
钱绍康……222
钱绍霖……1022
钱春江……955
钱荣寿……442
钱荣初……2、144、1034
钱　栋……711、738
钱钟书……1033
钱顺芝……80、459
钱保圻……711
钱信忠……6、36、960
钱　恒……1022
钱觉民……607
钱祖兴……80、103
钱桂林……783
钱桂春……944

钱根荣……………………737
钱晓荣……………………520
钱晓晨……………………94
钱爱云……………………742
钱颂章……………………625
钱益田……………………627
钱浩春……………………87
钱浩荣…………618、735、742
钱培荣………257、606、621、906
钱基博……………………1022
钱梅初……………………686
钱铭铨……………………1061
钱　敏…………78、80、277、280
钱惠忠（阿水）…………677、1035
钱惠德……………………628
钱景林……………………944
钱　锋……………………945
钱　斌…………………84、280
钱蓉霞……………………689
钱锡培……………………675
钱新元…………………138、434
钱福民……………………279
钱福林…………………706、1015
钱福国……………………146
钱福明……………………1083
钱　静…………………689、691
钱静珍……………………222
钱慕莲……………………704
钱慧娟……………………1071
钱慧雅……………………740
钱德华……………………432
钱德昌……………………514
钱　镠……………………1022
钱　穆……………………1022
铁砚章……………………53
倪永福……………………357
倪秀英……………………703
倪南炎.588、591、603、607、612、619
倪晓伟……………………520
倪倍善……………………994
倪锦珍……………………944
徐大毛……608、1087、1088、1090
徐大勇………590、591、606、607
徐小平……………………738
徐小英……………………122
徐小京……………………576
徐小根……87、90、149、420、459
徐小娟…………………54、945
徐卫平……………………816
徐云泉……………………440
徐仁义……………………742
徐仁节…………731、733、737
徐文明………113、570、591、607
……………635、642、944
徐文奎……………………945
徐文康……………………675
徐巧珍……………………947
徐正英……………………944
徐正南……………………440
徐世茂……………………576
徐世保……………………675
徐　平……………………957
徐再良…………93、113、639
徐同一…………………629、639
徐伟民…………………279、554
徐全根……………………944
徐关生……………………221
徐兴南…………………711、737
徐欢庆……………………806
徐红兰……………………740
徐纪达……………………432
徐志文……………………315

徐杨剑……………………754
徐秀英……………………221
徐伯生……………………524
徐伯屏……………………727
徐君良……………………475
徐英棠……………………627
徐国平……………………806
徐国礼……………………710
徐国华……………138、607
徐　明………279、580、601
徐和生……………………527
徐和尚……………………608
徐金生………122、286、1078
徐金祥……………………675
徐宝根……29、130、132、590、628
徐荣城……………………479
徐庭昌……………………1075
徐美芬……………………747
徐炳根……………100、103
徐宪章……………………294
徐祖定……………………627
徐祖庭……………138、686
徐根娣……………………222
徐　峰……………………1070
徐浩文……………432、434
徐海平……………………475
徐海邦……………………120
徐海波……………………1073
徐敏昌…………1028、1031
徐敬炎……………………338
徐悲鸿……………………775
徐惠芬……………………222
徐雅仙……………613、616
徐景燕……………………742
徐锡珍……………742、746
徐福宝……………………944
徐福康……………………87
徐增林……608、627、675、1092
徐燕明……………100、103
徐巍巍……………………806
殷小妹……………………221
殷金花……………………410
殷定金……………………222
殷根荣……………………675
殷晓军……120、122、633、634
殷铭圻……………………1051
奚毛根……………596、608
奚巧生……………433、608
奚永生……………………132
奚　江……………741、745
奚绍中……………608、627
奚绍祥……………………739
奚胜南……………………1074
奚炳坤……………………83
奚炳根……………………627
奚毓敏……………………1062
翁士锋……………………625
翁文仙……………628、677
翁心培……………………826
翁心畬……………………625
翁汉元……………………524
翁同龢………17、792、1014
翁齐贤……………………625
翁寿元……………759、1052
翁寿麟……………………1071
翁志平……20、685、686、702
翁林民……………………1071
翁　鸢……………………1071
翁　贤……78、83、247、278、279
……………280、286、635
翁建中……………………826
翁春元……20、685、686、702、710、711

翁春苑…………………… 625
翁珏如……… 18、684、685、686、694
翁荣林…………………… 677
翁南辰…………………… 792
翁振天…………………… 1076
翁振元………… 20、685、686、702
翁振中……………… 625、957
翁景如17、684、685、686、687、694、702
翁景和…………………… 524
翁景祐…………………… 625
翁御心…………………… 526
翁蓉和…………………… 826
翁新香…………………… 526
翁福先……… 17、792、1014、1015
凌一茹…………………… 581
凌子才…………………… 515
凌云声…………………… 705
凌云亭…………… 525、707、708
凌六生…………………… 686
凌永华…………… 315、458、576
凌再型…………………… 756
凌志平…………………… 739
凌伯平…………………… 582
凌宏杰…………………… 820
凌启鸿……………… 42、354
凌阿弟…………………… 23
凌阿根……………… 309、1086
凌　枫…………… 711、738、787
凌虎根…………………… 675
凌浩晓…………………… 279
凌锡荣…………………… 222
凌锡根…………………… 677
凌福初…………………… 675
凌增宝……… 608、627、677、1090
高杏生…………………… 627
高京乐…………………… 474
高重国………… 54、945、946、1083
高前锋…………………… 606
高素华…………………… 607
高海晖…………………… 475
高祥程…………………… 703
高雪芹…………………… 737
高跃峰…………………… 301
高　敏……………… 48、589
高添栋…………………… 822
高福泉………… 587、590、606、607
…………… 614、630、640
郭仁怀……………… 22、582
郭仁宝…………………… 728
郭凤根……………… 122、665
郭文采…………………… 686
郭金娣…………………… 689
郭沫若……… 1034、1035、1055
郭泉生…………………… 580
郭维毅………… 247、276、633、634
郭善尧（郭忠）……… 2、1028、1030
郭静峰……………… 740、810
席善政……………… 482、634
唐一民……………… 581、582
唐小妹…………………… 221
唐　云……………… 782、1063
唐云清…… 582、596、675、676、1091
唐水根…………………… 675
唐仁山……………… 80、583
唐文治……………… 759、1069
唐文斌……………… 718、737
唐为民…………………… 143
唐正镛…………………… 625
唐亚君…………………… 736
唐亚峰…………………… 743
唐达卿…………………… 990
唐光秀…………………… 958

唐则祁……………… 1060、1077
唐　华……………………… 742
唐　军……………………… 1075
唐如生…………… 143、628、677
唐志芳……………… 515、520
唐杏泉……………… 581、608
唐秀英……………………… 220
唐应时……………………… 990
唐启益……………………… 625
唐林根……………………… 442
唐雨旭…… 40、217、588、591、631
…………… 632、641、642
唐虎宝……………………… 957
唐　凯……………………… 739
唐和生…… 616、618、711、737、746
唐和卿……………………… 990
唐怡生…… 622、738、775、776、779
唐建平. 726、743、746、747、804、805
唐建华. 482、588、591、606、607、632
……… 642、643、804、1048
唐建明……………………… 301
唐建忠…… 613、726、727、746、747
唐绍宇……………………… 524
唐荣宝……………………… 222
唐思菡……………………… 780
唐美华……………………… 943
唐洪良……………………… 711
唐祖桐……………………… 944
唐祖源……………………… 677
唐泰山……………………… 527
唐晓红……………… 689、736
唐联生……………………… 677
唐锡南……………………… 990
唐新初……………………… 1047
唐群峰……………………… 741
唐碧宇……………………… 990
唐耀良……………………… 675
唐耀忠… 146、239、500、1080、1083
浦大弟……………… 675、1088
浦小祖……………………… 390
浦月香……………… 739、745
浦龙昌……………………… 301
浦永良……………………… 711
浦永宾……………………… 718
浦丽平……………………… 279
浦秀珍……………… 122、1079
浦阿林……………………… 675
浦国栋……………… 84、279
浦学文……………………… 432
浦定荣……………………… 105
浦建涛……………… 743、746
浦　垠……………… 710、733
浦荣昌……………… 143、536
浦桂林……………… 711、997
浦晓峰……………………… 1073
浦海泉……………………… 675
浦菊根……………… 93、143
浦煜文……………………… 440
浦毓敏……………… 740、745
浦德富……………………… 525
悟　尘……………… 1009、1010
诸冬初……………………… 393
诸兴林……………… 149、677
诸阿莲……………………… 432
诸国强……………… 482、634
诸学其……………………… 96
诸振轩……………………… 1043
诸振良……………………… 677
诸菊根……………………… 515
诸葛亮… 782、877、1000、1035、1055
祥　泰……………………… 524
谈秀英……………………… 689

谈建南……122
谈荣林……675
谈根虎……1028、1030
谈家福……613
谈　锋……576
陶小弟……432
陶东丘……686
陶　旦……159
陶行知……723、732、724
陶寿根……1079
陶进德……414
陶志强……475
陶丽娟……805
陶阿毛……83
陶建昌……943
陶南根……608、675
陶雪堂……675
陶渊明……782、1055
陶瑞清……616、742、745
姬清杰……479
格桑卓玛……771
勒瑟阿四……1006

十一笔画

堵　一……580、596
黄才根……608
黄大昌……677
黄小平……1076
黄小弟……608、675
黄小裕……475、500
黄卫芬……740、745
黄子解……708
黄文兴……943
黄文澡……1032
黄云龙……581
黄云亭……608、675
黄云娥……737
黄中德……526
黄水昌……1075
黄仁春……345
黄仁祥……675
黄丹萍……741
黄凤生……711
黄凤兴……675
黄凤贤……581、608
黄凤娣……581、608
黄凤森……710、727
黄文宪……708
黄文超……524
黄文藻……626
黄心存……954、1032
黄以新……420、628、629、639
黄巧珍……222
黄正环……222
黄　石……960
黄印德……738
黄兰芳……803、804
黄汉英……524、954、955
黄汉明……1030
黄吉园……1035
黄亚军……279
黄亚萍……689
黄永玉……775
黄再庆……434
黄贞英……616
黄　伟……500
黄兆良……222
黄亦波……759、770、839、1056
黄兴林……710、739
黄军伟……759、1070
黄寿娣……581、608

黄进宝…………………………627
黄志达…………………………611
黄志昌…………………………711
黄志明…………………………804
黄志忠…………………………279
黄志超…………………………119
黄　芳…………………475、805
黄克明…………………………1031
黄克俭…………………………1070
黄杏天…………………………956
黄利敏…………………………520
黄佐达…………607、610、611、675
黄伯民…………………………956
黄伯范…………………………608
黄怀觉·2、144、782、1035、1055、1063
黄良起………………………782、1063
黄阿大…………………608、675、1090
黄阿兴…………………………608
黄阿寿…………………………309
黄阿弟…………………………608
黄阿炳…………………………607、675
黄阿福………………………1087、1088
黄招泉………………………111、1081
黄其昌………………………1088、1089
黄茂生…………………………309
黄英才…………………93、146、583
黄林祥…………………………146
黄杰标…………………………479
黄国平…………………………140、277
黄国忠…………………………708
黄国祥…………………………278、635
黄忠平…………………………479
黄和珍…………………………608
黄季煜…………………………711
黄佩珍………………………679、1082
黄金初…………………………608
黄金荣………………………138、1002
黄金根…………………………639
黄宝仙…………………………222
黄宗羲…………………………511
黄定吉…………………………608
黄定伟………………………140、1078
黄建平…………………116、277、286
黄建伟…………………………1073
黄建栋…………………………520
黄建树…………………………246
黄建新………………………1050、1077
黄春元…………………………140
黄玲珍…………………………944
黄荣泉…………………………607、675
黄荣根…………………………580
黄荣梅…………………………524
黄树生·583、584、627、759、832、1068
黄树则…………………………6、36、960
黄　钦…………………………53
黄泉根…………………………111、286
黄亮茳（Wee Liangkiang）……479、500
黄庭华…………………………708
黄养辉…………………………774
黄美凤…………………………689
黄美金．586、587、590、607、611、630
黄美莲…………………………736
黄美娟…………………………736、744
黄美新…………………………689、736
黄恒初…………………………625
黄觉立…………………………739
黄觉玄…………………………739
黄宪辉…………………………699
黄祖德…………………………955、959
黄振华…………………………280
黄振环…………………………524、955
黄振健…………………………1076

黄振新……………………… 955
黄莉新……………… 47、53、54
黄荷珍……………………… 222
黄桂生……………………… 675
黄桂根……………………… 1079
黄根昌……………………… 146
黄根春……………………… 1072
黄根南………………… 711、738
黄根泉…………… 608、627、675
黄　夏……………………… 822
黄益明……… 111、591、592、607
黄益岩……………………… 817
黄海樑……………………… 1073
黄家敏………………… 743、943
黄家禄……………………… 1074
黄宾虹……………………… 782
黄祥茂………………… 944、963
黄　萍……………………… 741
黄梓藩……………………… 711
黄　敏……………………… 1073
黄敏芹……………………… 735
黄康明……………………… 944
黄康候……………………… 625
黄焕斌………………… 610、802
黄清公……………………… 704
黄清泉…………… 103、111、584
黄淑珍……………………… 222
黄棋南……………………… 119
黄惠珍…………… 54、945、947
黄瑞良……… 27、29、30、130、585
………… 586、590、629、640
黄瑞昌……………………… 140
黄蓓华………………… 617、1081
黄锡伦.. 83、438、446、458、459、591
…….. 749、1078、1079、1080
黄锡庆. 146、438、459、635、756、766
黄锡明……………………… 80
黄锡渭..... 247、279、606、607、634
黄稚圭………………… 782、1055
黄　颖……………………… 520
黄溪堂……… 17、524、703、795
黄福生………………… 677、1089
黄榴庆……………………… 677
黄榴芹……………………… 943
黄毓琴……………………… 711
黄镇中……………………… 524
黄德甫………………… 608、675
黄德明……………………… 686
黄潮佳………………… 475、479
黄鹤嘉……………………… 627
黄璞山……………………… 625
黄儒初……………………… 442
黄耀华……………………… 1075
黄耀明……………………… 711
梅全荣……………………… 122
曹一凡……………………… 741
曹大阿弟……… 36、106、424、620
………… 943、949、1078
曹小龙……………………… 279
曹小胖……………………… 105
曹云霞……………………… 737
曹友琴……………………… 607
曹仁杰……………………… 96
曹文康……………………… 1072
曹玉柱……………………… 742
曹世福……………………… 222
曹石红……………………… 279
曹永良……………………… 739
曹永德………………… 677、1074
曹伊琳……………………… 822
曹兴生……………………… 149
曹兴荣………………… 116、459

曹兴泉……………………677
曹安时……………………1072
曹红奋……………………1072
曹进兴……………………222
曹志良……………103、338、516
曹芳龄……………………822
曹丽芳……………………741、745
曹时芬……………………1032
曹利华……………………687
曹应豹……………………1032
曹阿小……………………524
曹阿火……………………424
曹阿妹……………………221
曹阿根……………………1087
曹坤生……………………111
曹其铭……………………787
曹　杰……………100、105、159
曹国贞……………………943
曹国泰……………………1072
曹国强……………………143
曹忠义……………………677
曹忠良……………………944
曹　侃（嘉德）……………2、1033
曹金初……………………1047
曹金娥……………………222
曹周其……………………103
曹宝根……………………944
曹定芳……………………945
曹定良……140、482、588、591、592
……606、607、632、643
……655、943、1080
曹定乾……………………677
曹　祎……………………740
曹建三……………………279、286
曹建兴……46、48、58、146、217、482
……588、589、592、619、621
……632、633、634、643
……644、1051、1080
曹建军……………………100、277
曹建良……………………54、945
曹建明……………………103、944
曹建春……………………1072
曹建康……………………944
曹建强……………………1073
曹承立……………………998
曹承鋕……………………1032
曹妹妹……………………222
曹　荃……………2、827、1028、1032
曹荣华……………………739
曹荣根……………………516
曹秋涛……………616、739、742、745
曹胜荣……………………1075
曹美华……………………944
曹炳涛……………………711
曹洪良……………………246
曹洛莹……………………2、1028、1031
曹宪章……………………1087
曹祖良……………………954
曹陟和……………………687
曹素妹……………………1082
曹莲琴……………………279
曹根生……………………687
曹根泉……………………1064
曹根度……………………103
曹晓红……………………1071
曹　铭……………………1032
曹爱军……………………761
曹颂美……………………625、704
曹祥初……………………80
曹祥和……………………424

曹继忠……………………1087
曹培川……………………432
曹菊生……………………944
曹菊仙……………………220
曹梦婷……………………947、948
曹雪琴……………………743
曹 铨……………………1029
曹彩宝……………………221
曹彩娣……………………222
曹琴娟……………………746
曹琴媛……………………740
曹 静……………………515、520
曹静康……………………1072
曹嘉良……………………103
曹 察…2、15、791、792、824、1014
……1028、1031、1032、1072
曹德耀……………………129、301
曹徵献……………………993
曹 藩……………………1032
曹鹰昌……………………625
戚银根……………………943
龚三弟……………………420
龚吕坤……………………627
龚志远……………………827
龚伯云..45、217、588、592、632、643
龚若芳……………………616
龚俊卿……………………804
龚 勇……………………50
盛三元……………………80、146、635
盛才根……………………146
盛大元……………………524
盛兴法……………………146
盛兴南……………………675
盛志明……………………146
盛伯泉……………………677、1030
盛松林……………………433
盛和尚……………………524
盛建明……………………146
盛 珍……………………607
盛 宪……………586、587、590、607
……………629、630、640
盛健生……………………1076
盛崇德……………87、140、146、515
盛喜喜……………………754
盛惠初……………………442
盛耀明……………………742
崔文俊……………………222
崔林娣……………………221
崔祖良……………………943
矫 毅……………………1034
章木虎……………………414
章太炎……………………759、1066
章文伟……………………338
章晓华……………………743
章梅鹤……………710、711、712、727
阎立本……………………782
梁山伯……………………761
梁生根……………………627
梁成才……………………1073
梁宝双……………………822
梁益明……………………441
梁锡林……………………1073
梁锡根……………………122
屠金娣……………………221

十二笔画

彭金连……………………524
彭泽宇……………………738
彭炳荣……………………826
葛才坤……………………687
葛心石……………………944

葛伟勇……476、500
葛寿宝……515、520
葛秉法……606
葛铭华……279
董大光……703
董　平……479
董占元……551
董伯豪……1033
董其昌……782
董　明……616
董桂英……221
董耀鹏……55
蒋一木……687、711
蒋才珍……221
蒋小军……474
蒋小弟……1028
蒋川兴……826
蒋卫国……514
蒋介石……1002、1023、1089
蒋凤昌……703
蒋文达……943
蒋玉珍……221
蒋末珍……689
蒋礼悦……689
蒋永才……640、641、666、1080
蒋红民……802
蒋红娟……689、736
蒋进兴……132
蒋坚民……1074
蒋阿妹……222
蒋国芳……476
蒋国良……379、1142
蒋宗祥……1044
蒋建清……944
蒋玲娣……222
蒋珊娣……689
蒋荣伟……671
蒋重珍……1022
蒋桂娣……222
蒋黄龙……742、746、805
蒋梅仙……222
蒋惠英……944
蒋雅娟……741、745、770
蒋锡宝……475
蒋廉培……665
蒋福康……93、1083
蒋耀芳……221
韩天衡……1065
韩宝根……103
韩　信……12、64、761
韩俊锡……54、475、945、948、949
韩晓邦……159
韩锡胙……1020
韩德彩……1041
惠云华……756
惠　君……440
惠建良．458、588、591、631、632、641
惠炳文……711
惠根福．588、590、606、607、621、635
惠峻山……582、1090
惠　康……606
粟　裕……132、703、1039、1089
智　清……995
程一龙……475
程十发……782、1035、1063
程中广……500、655
程汉庭……826
程　进……580、581、1087
程　青……703
程海根……458、591、632、642
程筱均……826
程德兴……616

傅代岩 958
傅炳华 125
焦叶旦 127、278、279
焦炳华 759、1067
焦裕禄 602
储文光 476
储　江 40
释常定 994
鲁子修 686
鲁月珍 711
鲁凤高 87、439、459、576、945
鲁过根 439
鲁　迅 1035
鲁近祥 686
鲁劲松 735
鲁其昌 775、776
鲁林祥 439
鲁明昌 711
鲁昃黎 741
鲁金福 1092
鲁柏生 1092
鲁根大 432
鲁晨黎 740
鲁彩英 739、745
鲁惠英 944
童子明 711、726、1142
童丽蓉 944
童昌红 995
童明康 49
童　周 732
童荣庆 87
曾天民 1075
曾玉定 479
曾协新 135
曾伟民 135、149
曾益明 632、633、643
温玉成 1087
谢云元 703
谢云源 711
谢仁根 433、434
谢仲伟 279
谢旭燕 805
谢关元 677
谢兴娣 689、691、804
谢寿根 677
谢杏云 222
谢丽娟 741
谢秀娟 31、590、614
谢君玉 805
谢雨亭 826
谢明龙 737、805
谢金妹 221
谢金亭 414
谢学梅 739
谢建芬 816
谢建初 42、43、588、591、632、642、643
谢建琴 736
谢南辉 711
谢莹婷 159
谢桂娥 689、945
谢　浩 479
谢银娣 221
谢最良 524、686、955
谢裕庭 826
强中良 711
强学曾 626
强学增 1093
强科伟 711
强　钰 742

十三笔画

蓄才宝........................1089
赖建法..................475、500
赖　淼........................822
雷良红........................806
雷建明........................111
雷　锋.593、602、614、615、723、936
虞六如........................711
鲍其珍........................754
鲍秉强........................520
鲍建嘉........................633
鲍俊山........................707
鲍爱云........................222
亶　父..............11、64、1002
廉孟熙........................625
阙杏根........................726
阙明生..............143、149、515

十四笔画

蔡士贤..............581、596、608
蔡　云........................976
蔡友诚........................606
蔡水德..............159、439、459
蔡凤妹..................689、736
蔡文娟........................958
蔡文渊..........586、607、611、629
蔡玉良........................754
蔡正南..............711、718、737
蔡龙兴..........587、630、631、640
蔡光军...........34、587、630、640
蔡兴荣..........432、434、627、628
蔡芯一..............740、775、777
蔡秀娣..............739、742、745
蔡伯贤........................711
蔡阿小........................221
蔡阿巧.............596、608、1090
蔡阿娥........................221
蔡　英..................718、733
蔡宝宝........................675
蔡建平........................739
蔡荣甫.........................80
蔡洪先........................536
蔡祖国.........................80
蔡祖荣........................787
蔡祖根..................524、675
蔡根福........................608
蔡培森........................543
蔡惜缘........................822
蔡鲁珍........................222
蔡谨士.......................1034
蔡福定........................608
蔡　磊........................710
裴云龙........................827
管水生........................432
管文蔚.......................1029
谭剑鸿........................671
谭　健........................634
谭震林........................613
熊　杰........................222
熊剑东.......................1089
缪　来........................994

十五笔画

慧　通........................997
德　润..................796、992
滕云初..............87、246、951
滕竹斋........................990
滕丽萍........................951
滕阿荣........................990

滕荫庭……………………990
滕祖达……………………87
滕祖培……………………809、951
滕祖群……………………459
滕瑞庭……………………990
滕新民……………………1071
滕福生……………………990
颜中其……………………2、759、1036
颜凤其……………………1042
颜冬胜……………………943
颜志强……………………805
颜国良　458、515、627、629、630、635
颜雪英……………………515、627、1033
潘宁安……………………54、945、946
潘汉年……………………754
潘红娣……………………689
潘丽军……………………520
潘荣娣……………………222
潘思捷……………………822
潘敏中……………………826
潘辉章……………………524
潘新宇……………………480
潘静华……………………536
潘　磊……………………732

十六笔画

薛小弟……………………119
薛元来……………………524
薛中川……………………608、677、686、703
薛伟民……………………955
薛　军……………………818
薛红梅……………………739
薛纫彦……………………736
薛伯怀……………………686
薛余庆……………………687
薛宏昌……………………1076
薛武本……………………707
薛其民……………………944
薛林根……………………743
薛春芳……………………686
薛春南……………………146
薛政一……………………159、276
薛　钟……………………122
薛　亮……………………441
薛祖荣……116、246、420、591、607
……………631、632、635、640
……………641、642、654
薛根元……………………393
薛海峰……………………804
薛培荣……………………433
薛梅根……………………627
薛道卓……………………705、711、998
薛福成……………………759、1068
薛新艳……………………741
薛瑾康……………119、132、338、420
霍志斌……………………479

十七笔画

戴力君……………………526
戴小莉……………………754
戴介林……………………513
戴石安……………………520
戴立钧……………………826
戴亚红……………………475
戴竹铨……………………737
戴建栋……………711、712、718、739
戴建梁……………………520
戴春燕……………………736、744
戴泉元……………………108
戴　敏……………………159

戴淦生...... 80、149、434、442、459
戴瑞珍.................... 1078
戴勤峰.................... 1073
戴解平.................... 48
戴新初.................... 108
戴碧华.................... 80
戴　磊.................... 822
檀来锁.................... 480
魏文春.................... 671
魏　顺.................... 1039
魏敏颖.................... 802

十八笔画

瞿才坤.................... 1074
瞿大本.................... 125
瞿凤娣.................... 945
瞿伯荣.................... 476
瞿秋白.................... 1055
瞿泉明.............. 635、641、642
瞿　莹.................... 822
瞿耀明.................... 408

外国人名

Burnham 479
Chen Steven 480
Chung Yewfai 480
David Highl.................... 479
Dorn Thomas.................... 480
Hajizadeh Mahyar bar.............. 480
Ian Paul 479
Lambrecht Dirk.................... 480
Loh Syh.................... 476
Loh Shyh.................... 480
Lordian 479
Takeshi Morioka 480
Tan Danil sze hwa.................... 480
Wong Kimsiong.................... 479
小泽善孝.................... 479
山崎长德（Yamazaki Nagano）. 479、500
田木桂三（Tagi Keizo）........... 480
早田让二（Soda Joji）............ 480
竹下雄大（Takeshita Yudai）........ 479
竹田嘉彦.................... 479
坂田一成（Sakata Takazunari）..... 479
怀　纳.................... 1033
迪斯特.................... 476
拉斯基.................... 1033
林隆司（Hayshi Takashi）.......... 479
罗伯特（Loisen Robrecht）......... 479
牧野俊清（Makin Toshikiyo）...... 479
保尔泽姆瑞卡.................... 55
哥伦布.................... 475
夏目漱石.................... 1066
海明威.................... 759
铃木正夫.................... 1066
基辛格.................... 659
笹沼靖憲（Sasaivuma Yasuno）..... 480
植田文裕（Ueda Fumhiro）........ 479
楠见健次郎（Kusumi Kenjiro）..... 479
赫尔茨.................... 1036
横光利一.................... 1066

二、图

无锡县十七市乡（区）界域示意图……67
1993年硕放镇乡村分布图……73
1991年墙门村区域图……78
1991年薛典村区域图……81
1991年墙南村区域图……85
1991年墙西村区域图……87
1991年墙北村区域图……90
1991年孙典桥村区域图……94
1991年新农村区域图……97
1991年里新村区域图……101
1991年里河村区域图……104
1991年安桥村区域图……106
1991年黄家门村区域图……109
1991年西典巷村区域图……112
1991年硕放村区域图……114
1991年杨家湾村区域图……117
1991年庙廊村区域图……121
1991年塔西村区域图……123
1991年中华庄村区域图……127
1991年王家桥村区域图……130
1991年红力村区域图……133
1991年竺祥庵村区域图……135
1991年秦村村区域图……138
1991年溇金村区域图……141
1991年建丰村区域图……144
2013年墙裕村区域图……147
1949年10月—2013年12月硕放行政机构演变图……635—638
顾氏宗祠手绘图……1015

三、表

表1-1　2013年各行政村、社区居民委员会所辖村民（居民）小组一览表..........70
表2-1　1958—2006年硕放各行政村名称演变情况表..........74
表2-2　1986年硕放乡自然村一览表..........75、76
表2-3　2003—2005年大墙门村农村经济收益分配情况表..........77
表2-4　2003—2005年大墙门村工业经济情况表..........77
表2-5　2003—2013年大墙门村主要干部任职情况表..........78
表2-6　1960—2000年（部分年）墙门村（五一）基本情况表..........79、80
表2-7　1978年、1990年、2000年墙门村（五一）工业情况表..........80
表2-8　1959—2003年墙门村（五一）主要干部任职情况表..........80
表2-9　1960—2000年（部分年）薛典村（春光）基本情况表..........82
表2-10　1978年、1990年、2000年薛典村（春光）工业情况表..........82
表2-11　1959—2003年薛典村（春光）主要干部任职情况表..........83
表2-12　2003—2005年墙联村农村经济收益分配情况表..........83、84
表2-13　2003—2005年墙联村工业经济情况表..........84
表2-14　2003—2013年墙联村主要干部任职情况表..........84
表2-15　1960—2000年（部分年）墙南村（六一）基本情况表..........86
表2-16　1978年、1990年、2000年墙南村（六一）工业情况表..........86
表2-17　1959—2003年墙南村（六一）主要干部任职情况表..........87
表2-18　1960—2000年（部分年）墙西村基本情况表..........89
表2-19　1978年、1990年、2000年墙西村工业情况表..........89、90
表2-20　1959—2003年墙西村主要干部任职情况表..........90
表2-21　1960—2000年（部分年）墙北村（七一）基本情况表..........92
表2-22　1978年、1990年、2000年墙北村（七一）工业情况表..........92
表2-23　1959—2003年墙北村（七一）主要干部任职情况表..........93
表2-24　2004—2005年东新村农村经济收益分配情况表..........93
表2-25　2004—2005年东新村工业经济情况表..........94
表2-26　2004—2013年东新村主要干部任职情况表..........94
表2-27　1960—2000年（部分年）孙典桥村（新联）基本情况表..........95、96
表2-28　1978年、1990年、2000年孙典桥村（新联）工业情况表..........96
表2-29　1959—2004年孙典桥村（新联）主要干部任职情况表..........96
表2-30　1960—2000年（部分年）新农村基本情况表..........98
表2-31　1978年、1990年、2000年新农村工业情况表..........99
表2-32　1959—2004年新农村主要干部任职情况表..........99
表2-33　2004—2005年香楠村农村经济收益分配情况表..........100

表2-34　2004—2005年香楠村工业经济情况表……100
表2-35　2004—2013年香楠村主要干部任职情况表……100
表2-36　1960—2000年（部分年）里新村基本情况表……102
表2-37　1978年、1990年、2000年里新村工业情况表……103
表2-38　1959—2004年里新村主要干部任职情况表……103
表2-39　1960—2000年（部分年）里河村基本情况表……104、105
表2-40　1978年、1990年、2000年里河村工业情况表……105
表2-41　1959—2004年里河村主要干部任职情况表……105
表2-42　1960—2000年（部分年）安桥村（新星）基本情况表……107
表2-43　1978年、1990年、2000年、2005年安桥村（新星）工业情况表……108
表2-44　1961—2013年安桥村（新星）主要干部任职情况表……108
表2-45　1960—2000年（部分年）黄家门村（先锋）基本情况表……110
表2-46　1978年、1990年、2000年、2005年黄家门村（先锋）工业情况表……110、111
表2-47　1959—2013年黄家门村（先锋）主要干部任职情况表……111
表2-48　1960—2000年（部分年）西典巷村（建农）基本情况表……112、113
表2-49　1978年、1990年、2000年、2005年西典巷村（建农）工业情况表……113
表2-50　1959—2013年西典巷村（建农）主要干部任职情况表……113
表2-51　1960—2000年（部分年）硕放村基本情况表……115、116
表2-52　1978年、1990年、2000年、2005年硕放村工业情况表……116
表2-53　1959—2013年硕放村主要干部任职情况表……116
表2-54　1960—2000年（部分年）杨家湾村（五星）基本情况表……118
表2-55　1978年、1990年、2000年、2005年杨家湾村（五星）工业情况表……118、119
表2-56　1959—2013年杨家湾村（五星）主要干部任职情况表……119
表2-57　2004—2005年合新村农村经济收益分配情况表……120
表2-58　2004—2005年合新村工业经济情况表……120
表2-59　2004—2013年合新村主要干部任职情况表……120
表2-60　1960—2000年（部分年）建新村（庙廊）基本情况表……121、122
表2-61　1978年、1990年、2000年建新村（庙廊）工业情况表……122
表2-62　1959—2004年建新村（庙廊）主要干部任职情况表……122
表2-63　1960—2000年（部分年）塔西村（红星）基本情况表……124
表2-64　1978年、1990年、2000年塔西村（红星）工业情况表……125
表2-65　1959—2004年塔西村（红星）主要干部任职情况表……125
表2-66　2001—2013年新梅路村农村经济收益分配情况表……126
表2-67　2001—2013年新梅路村工业经济情况表……126
表2-68　2001—2013年新梅路村主要干部任职情况表……127
表2-69　1960—2000年（部分年）中华庄村（和平）基本情况表……128、129

表2-70　1978年、1990年、2000年中华庄村（和平）工业情况表 129
表2-71　1959—2001年中华庄村（和平）主要干部任职情况表 129
表2-72　1960—2000年（部分年）王家桥村（光明）基本情况表 131
表2-73　1978年、1990年、2000年王家桥村（光明）工业情况表 132
表2-74　1959—2001年王家桥村（光明）主要干部任职情况表 132
表2-75　1960—2000年（部分年）红力村基本情况表 134
表2-76　1978年、1990年、2000年、2005年红力村工业情况表 134
表2-77　1959—2004年红力村主要干部任职情况表 135
表2-78　1960—2000年（部分年）红光村（竺祥庵）基本情况表 137
表2-79　1978年、1990年、2000年、2005年红光村（竺祥庵）工业情况表 137
表2-80　1959—2006年红光村（竺祥庵）主要干部任职情况表 138
表2-81　1960—2000年（部分年）秦村村（东方红）基本情况表 .... 139、140
表2-82　1978年、1990年、2000年、2005年秦村村（东方红）工业情况表 140
表2-83　1959—2013年秦村村（东方红）主要干部任职情况表 140
表2-84　1960—2000年（部分年）溇金村（八一）基本情况表 143
表2-85　1978年、1990年、2000年、2005年溇金村（八一）工业情况表 143
表2-86　1959—2013年溇金村（八一）主要干部任职情况表 143
表2-87　1960—2000年（部分年）建丰村基本情况表 .... 145、146
表2-88　1978年、1990年、2000年、2005年建丰村工业情况表 146
表2-89　1959—2013年建丰村主要干部任职情况表 146
表2-90　1990年、2000年、2005年墙裕村（渔业）经济情况表 148
表2-91　1959—2013年墙裕村（渔业）主要干部任职情况表 149
表2-92　2013年空港产业园区（硕放街道）社区概况一览表 159
表2-93　1983—2013年硕放街道（乡镇）社区主要干部任职情况表 159
表3-1　1982年硕放人民公社 各大队地面真高情况表 .... 162、163
表3-2　1955—2013年硕放街道（镇、乡、公社）降水量情况表 .... 165、166
表3-3　硕放多年气象资料统计 167
表3-4　1979年硕放人民公社土壤普查情况表 .... 167、168
表3-5　1979年硕放人民公社土壤剖面理化性状情况表 168
表3-6　1979年硕放人民公社百亩土壤养分含量表 168
表3-7　1982年硕放人民公社主要河浜一览表 .... 170、171
表3-8　2013年硕放街道河流河浜分布一览表 .... 172—174
表4-1　1993年硕放镇土地分类面积情况表 185
表4-2　2005年、2013年硕放街道（镇）各村耕地面积一览表 .... 185、186
表4-3　2013年硕放街道农村土地利用现状二级分类面积统计表 .... 187、188
表4-4　1958—2013年（部分年）硕放人均耕地情况一览表 189

表4-5　1996年硕放镇土地利用情况表……193
表4-6　1982年各大队粮田、桑田承包面积统计表……194
表4-7　2005年硕放镇农业用地一览表……195
表4-8　2005年硕放镇非农用地一览表……197
表4-9　2000—2013年硕放街道（镇）部分建设用地情况表……198
表4-10　1991年硕放乡非农业建设用地收费标准一览表……201
表4-11　1994年硕放镇有关项目地价一览表……201
表5-1　硕放街道（镇、乡、公社）第二至第六次全国人口普查情况表……207
表5-2　硕放街道（镇、乡、公社）第三至第六次全国人口普查各民族人口情况表……207、208
表5-3　硕放街道（镇、乡）第四至第六次全国人口普查年龄构成情况表……208
表5-4　硕放街道（镇、乡、公社）第三至第六次全国人口普查文化程度情况表……209
表5-5　硕放乡（公社）第三、四次全国人口普查职业状况表……209、210
表5-6　硕放街道（镇、乡）（部分年）在业人口产业分布情况表……210
表5-7　2013年硕放街道姓氏情况表……211—214
表5-8　1974—2013年硕放街道（镇、乡、公社）人口自然变动情况表……215、216
表5-9　硕放镇（乡）历届计划生育协会负责人一览表……217
表5-10　2013年硕放街道外来人口情况表……218
表5-11　2010年硕放街道第六次全国人口普查外来人员分布情况表……218
表5-12　1989—2013年硕放街道（镇、乡）已故百岁老人情况表……220、221
表5-13　2013年硕放街道耄耋老人（90—99岁）情况表……221、222
表6-1　2000—2013年硕放街道（镇）安居房建设一览表……232
表6-2　2013年硕放街道主要公共设施一览表……233、234
表6-3　2000—2013年硕放街道（镇）拆迁安置情况表……243
表6-4　2013年末硕放街道各村拆迁安置一览表……243、244
表6-5　2000—2013年硕放街道（镇）涉及拆迁村落及安置一览表……244—246
表7-1　2013年硕放街道镇级主要公路情况一览表……253、254
表7-2　2000年末村级主要道路情况一览表……255
表7-3　2013年硕放街道主要河道公路桥梁一览表……258、259
表7-4　硕放街道（镇、乡、公社）其他桥梁情况一览表……260、261
表8-1　2009年硕放街道部分废水排放情况统计表……265、266
表8-2　2012年硕放水处理厂进出水水质情况一览表……268
表8-3　2012年硕放街道排污管网情况表……269
表8-4　2012年硕放街道环境空气质量监测结果情况表……270
表8-5　2012年硕放街道地表水监测结果情况表……271
表8-6　2012年硕放街道地下水监测结果情况表……272

表8-7　2012年硕放街道土壤及底泥监测结果情况表……272
表8-8　2007年硕放街道河长制管理情况表……276—278
表8-9　2009年硕放街道路长制管理情况表……278—280
表8-10　2005年硕放镇无害化卫生厕所建设情况表……281
表8-11　2005年硕放镇农村改厕情况表……281
表8-12　1990年硕放乡平原绿化达标验收一览表……282、283
表8-13　2005年硕放镇农田林网情况表……283、284
表8-14　2005年硕放镇绿化覆盖情况表……284
表8-15　2013年末硕放街道主干道绿化面积情况……285
表8-16　1952—2013年硕放街道（镇、乡、公社）环境管理机构历任负责人一览表．286
表9-1　1971—1981年硕放人民公社修筑暗渠情况表……292
表9-2　1975—1981年硕放人民公社修筑暗排情况表……292、293
表9-3　1957—1982年硕放人民公社灌排系统建设情况表……293
表9-4　1960年硕放人民公社各大队灌水车埠一览表……295
表9-5　1981年硕放人民公社各大队主要电灌站情况一览表……296、297
表9-6　1998—2013年硕放街道（镇）排涝闸泵站分布情况表……299、300
表10-1　1983年硕放乡乡镇企业机动船情况表……307
表10-2　1983年硕放乡各村农用船情况表……307、308
表10-3　1983年硕放乡货运车辆一览表……310
表10-4　1986—2013年硕放机场民航客运量一览表……313
表10-5　至2013年硕放机场客运航线一览表……314
表10-6　2004—2013年硕放机场民航货运量一览表……314
表11-1　2010—2013年苏南硕放国际机场营运实绩一览表……321
表12-1　1981—2013年（部分年）硕放邮政业务一览表……329
表12-2　2000—2013年硕放街道（镇）电话安装一览表……331
表12-3　2010—2013年硕放街道安装宽带、互联网端口一览表……332
表13-1　1964—1975年硕放人民公社供电容量情况表……335
表13-2　1983年硕放乡供电设备情况一览表……336
表14-1　1995年硕放镇农业适度规模经营情况表……350
表14-2　2000年硕放镇农田渠系工程情况表……352
表14-3　1981年2月硕放人民公社土壤分区改良利用表……353
表14-4　1965—1975年硕放人民公社夏熟作物种植面积一览表……355
表14-5　1965—1975年硕放人民公社秋熟作物种植面积一览表……355
表14-6　1990—2000年硕放镇（乡）粮油种植面积及育秧方式一览表……356
表14-7　1962年硕放人民公社粮食产、销情况一览表……362、363

表14-8　1957—2000年硕放镇（公社、乡）水稻、三麦、油菜产量一览表（一）
……363、364
表14-9　1957—2000年硕放镇（公社、乡）水稻、三麦、油菜产量一览表（二）
……364、365
表14-10　1985—2000年硕放镇（乡）手扶拖拉机及配套机具一览表……371
表14-11　1985—2000年硕放镇（乡）中型拖拉机及配套机具一览表……371、372
表14-12　1985—2000年硕放镇（乡）脱粒、植保、条播 机械一览表……373、374
表14-13　1985—2000年硕放镇（乡）灌溉、运输机具一览表……374、375
表14-14　1985—2000年硕放镇（乡）农副产品加工机械一览表……375、376
表14-15　1995年硕放镇各村农机库房拥有量一览表……376、377
表14-16　1985—2000年硕放镇（乡）农机作业服务收费标准一览表……378
表14-17　1965—2013年硕放街道（公社、乡、镇）农业部门主要负责人一览表……379
表15-1　1985—1998年（部分年）硕放镇（乡）蚕茧收购价格表……386
表15-2　1957—2000年硕放镇（公社、乡）蚕桑生产一览表……387
表15-3　1975—2005年硕放镇（乡、公社）生猪生产情况一览表……391
表15-4　1980—2001年硕放镇（乡、公社）养禽生产情况表……393
表15-5　1977—2001年（部分年）硕放镇（乡、公社）养蜂情况一览表……394
表15-6　1987—2001年硕放镇（乡）鹌鹑养殖一览表……395
表15-7　1975—2005年硕放镇（乡、公社）成鱼养殖情况一览表……398、399
表15-8　1994—2000年（部分年）硕放镇（乡）葡萄种植情况表……409
表15-9　1984—1993年（部分年）硕放镇（乡）食用菌种植情况一览表……410
表15-10　1958年—2002年硕放镇（公社、乡）多种经营主要负责人一览表……420
表16-1　清末民国时期境内手工业情况一览表……425
表16-2　20世纪70年代硕放人民公社队办企业一览表……432、433
表16-3　1982年硕放人民公社初具规模队办企业一览表……434
表16-4　1969—1982年（部分年）硕放人民公社 社队工业综合情况表……435
表16-5　1983—2000年（部分年）硕放镇（乡）村工业情况表……436、437
表16-6　1985—1990年硕放乡工业经济联合体情况一览表……437
表16-7　1987年硕放乡、村工业产品目录一览表……438—442
表16-8　1990—1998年硕放镇（乡）校办工业经营成果一览表……443
表16-9　1990—1995年硕放镇（乡）福利企业经营情况一览表……443、444
表16-10　1995年硕放镇福利企业经营实绩一览表……444
表16-11　1994—2000年硕放镇外向型经济情况一览表……445
表16-12　1969—2000年（部分年）硕放镇（乡、公社）企业务工人员情况表……446
表16-13　1991年硕放乡工业行业结构情况表……452
表16-14　1994年硕放镇镇办集团公司经济营运状况一览表……453

表16-15　2000年硕放镇镇办集团公司经济营运状况一览表……453
表16-16　1992年硕放乡镇工业经营成果一览表……454
表16-17　截至2000年硕放镇企业改制基本情况表……455
表16-18　1971—2002年硕放镇（乡、公社）工业公司历任负责人一览表……458、459
表16-19　1958—2000年硕放（镇、乡、公社）企业主要负责人一览表……459
表17-1　硕放工业园区（一期）首批进驻企业一览表……463、464
表17-2　2000—2013年硕放工业园区经济运行情况表……468
表17-3　2013年及2008年空港产业园区所属行业比重及人均销售对比表……469
表17-4　2013年园区工业应税销售前100位企业排序表……470—472
表17-5　2013年园区三产营业收入前20位企业排序表……472
表17-6　1999—2013年硕放工业园区招商情况一览表……474—476
表17-7　2013年硕放工业园区高新技术企业一览表……477
表17-8　2013年硕放工业园区“三资”企业一览表……479、480
表17-9　2001—2013年硕放工业园区“三资”企业营运状况一览表……481
表17-10　2013年硕放工业园区自营出口企业情况表……481
表17-11　1998—2013年空港产业园区经济管理机构历任主要负责人一览表……482
表17-12　2013年硕放工业园区部分重点企业主要负责人一览表……500
表18-1　1986—2013年硕放街道（镇、乡）财政收入情况一览表……503、504
表18-2　1986—2013年硕放街道（镇、乡）税收收入明细表……505
表18-3　1986—2013年硕放街道（镇、乡）可用财力情况表……506
表18-4　1986—2013年硕放街道（镇、乡）财政支出情况表……507
表18-5　1986—2013年硕放街道（镇、乡）财政支出明细表……508
表18-6　2000—2013年硕放街道（镇）财政收支平衡情况表……509
表18-7　1986—2004年6月硕放镇（乡）农业税征收情况表……511
表18-8　1986—2013年硕放街道（镇、乡）工商税收统计表……512、513
表18-9　1981—2013年硕放税务管理机构历任主要负责人一览表……514
表18-10　1954—1957年境内小乡信用社负责人一览表……515
表18-11　1960—1961年硕放营业所工作站情况一览表……516
表18-12　1986—2013年硕放街道（镇、乡）银行存款年末余额表……518
表18-13　1986—2013年硕放街道（镇、乡）银行贷款年末余额一览表……519
表18-14　1951—2013年硕放金融保险单位主要负责人一览表……520
表19-1　大墙门商业店铺情况一览表……526、527
表19-2　1958年硕放人民公社 合作商店情况表……532
表19-3　1980—1982年硕放供销合作社农村“双代店”经营实绩一览表……533、534
表19-4　1982年硕放供销合作社合作商店基本情况表……534
表19-5　1951—2013年硕放商业单位历任负责人一览表……536

表19-6 1978—1983年硕放供销合作社 其他农副产品收购一览表................537
表19-7 1971—1983年（部分年）硕放供销合作社主要生产资料供应情况一览表
....538、539
表19-8 1971—1983年（部分年）硕放供销合作社 主要生活资料供应情况一览表..540
表19-9 1978—1983年硕放供销合作社废旧物品收购情况表........................541
表19-10 解放前境内粮行一览表.....................................543、544
表19-11 1984年硕放粮、油、副产品购销价格一览表.....................545、546
表19-12 1959—1984年硕放粮食征购、储备、口粮一览表..................546、547
表19-13 1955—1982年硕放市镇居民粮食供应一览表..........................548
表19-14 2013年硕放街道物业管理情况一览表................................553
表19-15 1986—2013年（部分年）硕放街道（镇、乡）第三产业情况表...........554
表20-1 1952—1985年（部分年）硕放乡（公社）商品价格一览表...............559
表20-2 1955—1992年（部分年）硕放乡（公社）粮油收购价格表.........559、560
表20-3 1990—2013年（部分年）硕放街道（镇、乡）商品消费价格统计表..560、561
表20-4 1995年硕放镇各村劳动力情况一览表...........................565、566
表20-5 1995年硕放镇各村主要经济指标情况表...............................567
表20-6 2000年硕放镇各村工业主要经济指标情况表....................567、568
表20-7 1986—2013年（部分年）硕放街道（镇、乡）社会、经济发展综合情况一览表
....568、569
表20-8 1999年硕放镇村级集体资产清查一览表...............................574
表20-9 1969—2013年硕放综合管理部分单位历任负责人一览表..................576
表21-1 1950—1954年中共墙门区委负责人任职表..............................582
表21-2 1954年各小乡党支部负责人一览表...................................583
表21-3 1956—1957年境内高级社党支部书记一览表............................584
表21-4 1957—1958年9月中共硕放乡委员会负责人任职表.......................584
表21-5 1958年9月—1966年5月中共硕放人民公社委员会负责人任职表...........585
表21-6 1966年5月—1976年10月中共硕放人民公社委员会负责人任职表..........586
表21-7 1976—2006年硕放镇(公社、乡)委员会负责人任职表..............587、588
表21-8 2006—2013年硕放街道党工委历任领导任职表...........................589
表21-9 2007—2013年空港产业园区党工委历任领导任职表.......................589
表21-10 1983—2011年硕放街道（镇、乡）党校荣誉情况一览表..................595
表21-11 1971—1992年硕放乡（公社）党员情况一览表.........................597
表21-12 1993—2000年硕放镇新发展党员情况一览表.....................597、598
表21-13 2001—2013年硕放街道（镇）新发展党员情况一览表....................598
表21-14 1971—2000年硕放镇（乡、公社）党组织情况统计表....................599
表21-15 2001—2013年硕放街道（镇）党组织情况统计表.................599、600

表21-16　1985—2013年（部分年）硕放街道（镇、乡）党组织先进情况一览表.....601
表21-17　1983—2013年硕放街道（镇、乡）党员党纪政纪处分情况表.............605
表21-18　1958—2013年硕放街道（镇、乡、公社）机关党群口各部门负责人任职表
....606、607
表22-1　1950—2013年职工团体历任负责人一览表.............................613
表22-2　硕放中小学历任少先队大队辅导员一览表.............................616
表22-3　1985—2013年退（离）休教师协会历任负责人一览表...................618
表23-1　民国18年（1929年）大墙门镇及16乡负责人一览表.............624、625
表23-2　民国23年（1934年）大墙门、薛典镇及各乡负责人一览表..........625、626
表23-3　1950年墙门区人民政府负责人任职表...................................626
表23-4　1950年硕放境内各小乡干部一览表.............................626、627
表23-5　1953年墙门区公所负责人任职表.......................................627
表23-6　1954年硕放境内各小乡干部一览表.....................................627
表23-7　1956—1957年硕放乡高级社社长一览表.................................628
表23-8　1957—1958年硕放乡人民委员会负责人任职表...........................628
表23-9　1958—1966年硕放人民公社管理委员会负责人任职表.............628、629
表23-10　1966—1968年硕放人民公社管理委员会负责人任职表....................629
表23-11　1968—1976年硕放人民公社革命委员会负责人任职表....................629
表23-12　1976—1981年硕放人民公社革命委员会负责人任职表....................630
表23-13　1981—1983年硕放人民公社管理委员会负责人任职表............630、631
表23-14　1983—1993年硕放乡人民政府负责人任职表............................631
表23-15　1993—2006年硕放镇人民政府负责人任职表............................632
表23-16　1991—2006年硕放镇人大负责人任职表................................632
表23-17　2006—2013年硕放街道办事处负责人任职表............................633
表23-18　2006—2013年硕放街道人大工委负责人任职表..........................633
表23-19　2007—2013年无锡空港产业园区管委会负责人任职表....................634
表23-20　2007—2013年无锡空港产业园区处室负责人任职表......................634
表23-21　1957—2013年硕放政府机关各部门负责人一览表........................635
表23-22　硕放镇（公社、乡）第五至十五届人大代表一览表..............638、639
表23-23　1984—2013年硕放街道（镇、乡）社会总产值一览表............646、647
表23-24　1990—2013年硕放国民生产总值一览表................................647
表23-25　2000—2013年硕放固定资产投资完成额一览表..................647、648
表23-26　1983—2005年硕放镇（乡）历届（次）人民代表大会提案一览表........654
表23-27　2003—2012年历届滨湖区政协会议硕放委员一览表......................655
表24-1　2000—2013年（部分年）硕放街道（镇）案件发案及破案情况表.........660
表24-2　2010—2013年硕放街道交通事故处理情况表.............................664

表24-3 1990—2013年（部分年 ）硕放街道（镇、乡）民事纠纷调解一览表. 666、667
表24-4 2005—2013年硕放法庭受理各类民、商事案件情况一览表 668
表24-5 1955—2013年硕放公安法庭历任负责人一览表 671
表25-1 抗日战争时期硕放武装队伍组织人员一览表 675
表25-2 硕放参加抗日战争、解放战争、抗美援朝部分人员一览表 677
表26-1 解放前硕放境内私塾情况一览表 .... 685—687
表26-2 1958—2013年硕放街道（镇、乡、公社）幼儿园情况一览表 689
表26-3 解放前硕放境内小学情况一览表 .... 695、696
表26-4 1905—2011年硕放各小学开办、撤并情况一览表 .... 700、701
表26-5 1905—2011年硕放村级小学历任校长（负责人）一览表 .... 710—712
表26-6 1997—2013年硕放实验小学（中心小学）国家级荣誉一览表 714
表26-7 1996—2013年硕放实验小学（中心小学）省级荣誉一览表 714
表26-8 1991—2013年硕放实验小学（中心小学）市级荣誉一览表 .... 715、716
表26-9 1905—2013年硕放镇级小学历任校长（负责人）一览表 718
表26-10 2013年硕放中学主要设施（设备）情况一览表 721
表26-11 1998—2012年硕放中学高中毕业生考取大专、本科一览表 722
表26-12 1991—1994年硕放中学中考成绩一览表 722
表26-13 硕放中学初中毕业生（部分年份）考取高中、中专一览表 723
表26-14 2011—2013年硕放中学国家级荣誉一览表 724
表26-15 2004—2013年硕放中学省级荣誉一览表 724
表26-16 1999—2013年硕放中学市级荣誉一览表 725
表26-17 硕放中学历任校长、党支部书记一览表 .... 725、726
表26-18 1958—1972年硕放人民公社其他中学历任校长（负责人）一览表 727
表26-19 2008—2013年无锡市园林技工学校办学情况一览表 732
表26-20 1982—2013年硕放成人、职业教育历任校长（负责人）一览表 733
表26-21 2013年硕放辅导区小学教职员工一览表 734
表26-22 1958—2013年硕放中学（部分年）教师情况一览表 734
表26-23 1999—2013年硕放幼儿园高级教师一览表 .... 735、736
表26-24 1988—2013年硕放小学高级教师一览表 .... 737—742
表26-25 1989—2013年硕放中学高级教师一览表 .... 742、743
表26-26 1995—2013年硕放幼儿园教师获省、市级荣誉一览表 744
表26-27 1956—2013年硕放小学教师获省、市级荣誉一览表 .... 745、746
表26-28 1978—2013年硕放中学教师获国家、省、市级荣誉一览表 ...... 746、747
表26-29 1985—1989年硕放乡教育事业附加费征收一览表 748
表26-30 1986—2013年硕放乡（镇、街道）财政教育经费支出一览表 748
表27-1 硕放籍部分人员文学、学术创作情况一览表 759

表27-2　2002—2013年硕放小学校园文艺荣誉一览表……769、770
表27-3　2013年硕放街道社区文艺团队一览表……773
表27-4　1958—2013年硕放广播电影负责人任职一览表……787
表28-1　2013年硕放街道经营性体育场馆设施一览表……802
表28-2　硕放乡首届“五谷杯”农民运动会获奖情况一览表……804、805
表28-3　硕放街道（镇）其他类项目重大比赛一览表……810
表28-4　2013年硕放小学体育设施一览表……811
表28-5　1991—2013年硕放中学体育设施三次变化一览表……812
表28-6　1997—2013年硕放实验小学体质测试情况一览表……814
表28-7　2004—2013年硕放中学体育达标情况表……815
表28-8　1977—1980年硕放中心小学在无锡县小学生田径运动会成绩一览表……816
表28-9　1977—1980年硕放中心小学篮球队参赛成绩一览表……816
表28-10　1976—1980年硕放中心小学乒乓球比赛成绩一览表……816、817
表28-11　1987—1994年硕放中心小学在无锡县小学生田径运动会成绩一览表……817
表28-12　1996—1999年硕放中心小学在无锡市、新区小学生体育项目成绩一览表……818
表28-13　1997—2013年硕放小学体育参赛成绩一览表……818、819
表28-14　2007—2013年硕放中学田径比赛成绩一览表……820
表28-15　2009—2013年硕放中学参加无锡市 新区篮球比赛成绩一览表……820
表28-16　2011—2013年硕放中学参加无锡市 新区乒乓球比赛成绩一览表……821
表28-17　2011—2013年硕放中学参加无锡市 新区健美操比赛成绩一览表……821
表28-18　2001—2003年硕放中学参加无锡市新区运动会比赛成绩一览表……821
表28-19　至2013年硕放中学田径运动会最优成绩一览表……822
表30-1　1959—1981年硕放人民公社农民人均口粮一览表……887
表30-2　1957—2013年（部分年）硕放农（居）民人均年收入一览表……888
表30-3　1970—2013年（部分年）墙裕村居民人均年收入一览表……889
表30-4　1973—2005年（部分年）硕放镇（公社、乡）企业职工人均年收入一览表……890
表30-5　1966年、1976年硕放人民公社 粮油食品计划价格对照表……894
表30-6　硕放街道（镇）部分年份百户家庭交通工具拥有量抽样调查汇总表……897
表30-7　1985年硕放乡百户农民年人均生活消费支出抽样调查汇总表……897
表30-8　硕放街道（镇）部分年份百户家庭高档商品抽样调查汇总表……898
表30-9　1979—1982年硕放人民公社优待金情况一览表……901
表30-10　硕放街道（镇）部分年份义务兵优待金一览表……902
表30-11　2013年硕放街道尊老金发放一览表……904
表30-12　2003—2013年硕放街道最低生活保障情况表……907
表30-13　2003年硕放镇企业缴纳社会保险比例情况表……908
表30-14　2003—2011年硕放街道（镇）社会保险费征缴一览表……909

表30-15 2002—2013年硕放街道（镇）失地农民保障金（居民养老保险）发放标准情况表 910
表30-16 2010年、2013年硕放镇管“定员”干部住房公积金缴纳标准一览表 911
表30-17 2006—2010年硕放街道新型合作医疗筹集资金一览表 912
表30-18 2013年硕放街道居民住院补偿比例一览表 913
表31-1 1983—2013年硕放街道（镇、乡）获市级及以上文明创建成果一览表 .... 940—943
表31-2 2000年硕放镇“十佳文明新人”一览表 943
表31-3 2000年硕放镇“十佳文明家庭”一览表 943
表31-4 2000年硕放镇百家“文明新风户”一览表 .... 943、944
表31-5 2011年硕放街道“文明家庭标兵”户一览表 .... 944、945
表31-6 2011年硕放街道“文明市民标兵”一览表 945
表31-7 2013年硕放街道“硕放好人”一览表 945
表32-1 解放初硕放境内个体行医情况一览表 .... 955、956
表32-2 1958年前硕放境内主要中药店铺一览表 .... 956、957
表32-3 至2013年底硕放街道注册登记药店一览表 .... 957、958
表32-4 2004—2013年硕放街道（镇）私人诊所一览表 958
表32-5 1995—2013年硕放卫生院（社区卫生服务中心）业务收入一览表 962
表32-6 硕放街道社区卫生服务中心万元以上医疗设备一览表 .... 962、963
表32-7 1969年硕放人民公社各大队卫生室情况一览表 .... 963、964
表32-8 硕放街道社区卫生服务站开办情况一览表 965
表32-9 1976－1990年（部分年）硕放乡（公社）妇科病普查情况一览表 .... 970、971
表32-10 1983—2013年硕放街道（镇、乡）7岁以下儿童健康体检一览表 972
表32-11 1986—2013年硕放街道（镇、乡）3岁以下儿童系统管理建卡一览表 972
表33-1 解放初期硕放境内寺庙、庵堂一览表 .... 998、999
表34-1 硕放姓氏宗族祠堂一览表 .... 1012、1013
表34-2 至2013年硕放姓氏家谱续修一览表 1020
表37-1 享受国务院政府特殊津贴人员 1077
表37-2 国家级及国家级条线劳动模范 1078
表37-3 省级及省级条线劳动模范 1078
表37-4 市级劳动模范 1078
表37-5 县级劳动模范 1079
表37-6 国家级及国家级条线个人荣誉 .... 1079、1080
表37-7 省级及省级条线个人荣誉 .... 1080—1082
表37-8 中共无锡市委、市政府表彰的个人荣誉 .... 1082、1083

参考书目及采集单位

一、方志类

《无锡市志》……………………庄申主编……………………1995年10月

《无锡市志》……………………无锡市地方志编纂委员会编……………………2005年

《无锡县志》……………………谈汗人主编……………………1994年1月

《无锡县农业志》……………………蒋国良主编……………………1989年12月

《锡山市志》……………………顾伟伦主编……………………2008年8月

《无锡县土地志》……………………彭焕明主编……………………1998年5月

《无锡县教育志》……………………唐涵德主编……………………1992年12月

《锡山市志》上、下册……………………顾伟伦主编……………………2008年8月

《无锡县卫生志》……………………唐尧根主编……………………2001年2月

《玉祁镇志》……………………刘卫骥主编……………………2009年8月

《横山桥镇志》……………………宋建清主编……………………2010年12月

《梅村志》……………………童子明主编……………………1991年7月

《梅村志》……………………《梅村志》编纂委员会……………………2014年12月

《新安志》……………………《新安志》编纂委员会……………………2015年5月

《洛社镇志》……………………陈为民主编……………………2017年8月

《江溪街道志》……………………《江溪街道志》编纂委员会……………………2014年

《旺庄志》……………………旺庄街道办事处……………………2015年

《望亭镇志》……………………《望亭镇志》编纂委员会……………………2007年6月

二、年鉴类

《江苏年鉴》……………………江苏省人民政府主办……………………1997年、2001年

《无锡统计年鉴》……………………无锡市统计局编……………………1994年

《无锡县统计年鉴》……………………无锡县统计局编……………………1987—1994年

《长江三角洲城市年鉴》……………………《长江三角洲城市年鉴》编辑部……………………2012年

《无锡民营经济年鉴》……………………宗菊如、李祖坤、吕锡生主编……………………2009年

《无锡高新区大事记》（1992—2012年）

……………………中共无锡新区工作委员会办公室主编……………………2012年11月

三、史料类

《中国共产党江苏省无锡县组织史资料》（1923.2—1987.12）
....无锡县委组织部、党史办、档案局编..........1989年7月
《江苏省无锡县地名录》..........无锡县地名委员会编..........1986年
《无锡县概览》..........谈汗人主编..........1990年3月
《无锡市近现代名人》..........无锡市史志办公室编..........2014年4月
《无锡县乡镇概况》..........无锡县志编纂委员会办公室编..........1987年
《无锡县社队工业年谱》..........董欣宾、郑旗主编..........1995年
《百年无锡名人图谱》上、下册
....赵永良、华晓主编..........2013年
《心中的丰碑》..........无锡市新吴区梅村街道办事处、
无锡市新四军历史研究会编..........2016年

四、资料采编单位

无锡市档案局

无锡市史志办公室

无锡市图书馆

锡山区档案馆

无锡空港产业园区（硕放街道）机关各部门、市镇各单位、驻镇各单位、各村民委员会、社区居民委员会

编纂始末

2012年12月24日，无锡市新区硕放街道办事处、无锡市空港产业园区管理委员会办公室发文成立《硕放志》编纂工作领导小组办公室，标志着《硕放志》编纂工作这一项浩繁的文化建设工程拉开序幕。在经过前期各项准备工作以后，2013年3月中旬，《硕放志》的编纂工作全面启动。历经七度寒暑，数易其稿，不断校核，于2021年3月定稿。

谋篇定目 夯实基础 志书的谋篇布局、架构设计、纲目设置，为志书的编纂起到了举纲张目、夯实基础的重要作用。编纂组全体人员经过两个多月反复研讨，初步形成了《硕放志》的编纂大纲和总体方案，报送空港产业园区（硕放街道）主要领导及编委全体成员审阅；并分别召开不同类型的座谈会征求意见。而后，再次对志书篇、章、节、目的设置进行梳理调整。在确定编纂大纲和总体实施方案的基础上，一方面分期、分批培训各村、各单位联络员；另一方面组织编纂委员会办公室全体人员外出取经学习，切实加强自身的业务学习。根据编纂工作的总体方案，为了便于阅读和充分发挥志书“存史、资政、教化”的三大主要功能，针对收录的村（居）史料难以全部融入“通志”，对此我们通过反复研讨，确定先着手编纂《硕放志——村（居）史略》。经过一年多时间的努力，2015年1月出版了50多万字的《硕放志——村（居）史略》一书。既为编纂《硕放志》夯实了基础，又为各村（居）留下了宝贵的史料。在《硕放志》的编纂过程中，我们在实践中不断摸索，反复推敲，修正纲目设置，完善架构设计，调整工作部署，力求使《硕放志》与全面建成小康社会“五位一体”的国家战略总体布局相对应，在志书的谋篇布局上有所创新和突破。在编纂工作的总体方案中，我们把“体现时代特征、彰显硕放特色、记述主体特点”三个“特”作为贯穿编纂工作的始终。

搜集资料 形成文稿 采集真实、翔实的资料是编纂工作顺利推进的基础和关键。全体编纂人员和基层各单位联络员，千方百计征集历史资料，分门别类查阅有关硕放的档案年鉴、书籍报刊、影像网络、祠堂家谱等资料。同时，把资料的搜集整合贯穿志书编纂的全过程，采用“走出去、请进来”的办法，查询考证资料的真实性。我们十分注重20世纪80年代初留下的尚未形成志书的手稿资料，查阅整理各时期的档案资料，广泛收集整理改革开放30多年来反映农村经济、社会和人民生活巨大变化的各项翔实数据。在搜集整理资料的过程中，我们遵循志书编纂的规范要求，按照编纂《硕放志》的总体方案，围绕篇、章、节、目的主体内容，分期拟定《硕放志》资料报送通知书，利用《新空港·新硕放》刊登征集知名人士等相关人物资料的启事，并以《硕放志》下限时间2013年12月为节点，发动广大干部群众提供线索及考证资料。对难以获取但必须反映的资料，如“人民生活”章节中的交通工具、家用电器等生活必需品，我们采取抽样调查的方式获取资料，建立了硕放民情调查数据库。通过资料的科学甄别、认真筛选，按照总体方案设定的章节，分类整理逐一形成文稿，以篇撰写成册，报送园区（街道）领导及相关部门、单位审阅。

数易其稿 精益求精 在志书文稿的形成过程中，我们始终坚持采取“三定三审”（定时、定调、定责，自审、专审、共审）环环相扣的工作措施，确保按时有序推进。一是按照编纂大纲的规范要求，把各篇、章、节的起草任务分别落实到每个编纂人员。二是按照凡例规定和史笔史德的要求，将各章节中的文字图表一气呵成，形成初稿，随即对各自整理起草的文稿进行自审自改。三是对已形成的文稿报送编纂委员会办公室领导审改。四是以篇汇集，采用影像投放屏幕、集体统审统改的方式，切实解决文稿中数据缺失不全、内容交叉重复、表述失当不一等问题。通过统审统改，再次分工负责复核校对，以篇装订成册，报送编委领导及相关部门单位一并审核。同时我们将各篇文稿特邀相关专家审阅，在收到征求意见的前提下，再作斟酌修改。五是在完成各篇审核修改的基础上，再次逐篇统审，全面审阅本书的编辑、排版、文字、标点、图表、照片等。2020年7月底，形成《硕放志》征求意见稿。《硕放志》设7篇，37章，164节，739幅图和照片，420张表格。六是广泛征求意见，进一步修改完善。2020年9月24日，召开《硕放志》复审工作会议，诚邀曾在硕放工作过的老干部以及基层工作过的老前辈，参与评审建议，根据评审意见，我们逐章逐节进行整改。2020年11月18日，在新吴区档案史志馆的组织协调下，召开《硕放志》终审工作会议。按照专家、顾问提出的专业意见，我们又从志书文稿的综合性、志书出版要求的规范性、篇章布局的结构性等方面作了进一步修改完善。于2021年3月，最终形成《硕放志》送审出版稿。

《硕放志》的编纂工作，始终得到了无锡空港产业园区（经济开发区）和硕放街道党工委、办事处的坚强领导和组织保障，得到了市、区机关有关部门，市镇企事业单位、全街道各村（社区）居民委员会以及广大干部群众的关心支持，得到了省、市、区地方志办公室，无锡市图书馆、档案馆，无锡县档案馆等领导、专家的指导帮助；《无锡市志》《无锡县志》《无锡农业志》以及鸿山、新安、梅村等相邻乡镇街道给我们提供了很多史料。《玉祁镇志》《横山桥镇志》《望亭镇志》《洛社镇志》等给了我们莫大的启示，值此志书出版之际，谨向所有关心和支持《硕放志》编纂工作的各级领导、单位部门、专家学者、社会各界人士一并表示崇高的敬意和衷心的感谢。《硕放志》的编纂，由于时间跨度大，涉及面广，部分资料难以寻觅，加上编者的经验与水平不足，难免有疏漏和差错之处，敬请广大读者批评指正。

《硕放志》特约评审成员

顾介康　原中共江苏省委副秘书长、政策研究室主任、省人大常委会秘书长、省地方志二轮省志责任副总纂

龚　伟　无锡市档案史志馆方志处处长

孙　怡　无锡市《崇安志》主编

顾洪兴　无锡市档案史志馆方志处主任科员

杨永良　无锡市档案史志馆退休人员

胡　碧　无锡市新吴区档案史志馆馆长

审定单位

无锡市档案史志馆方志处

无锡市新吴区档案史志馆

中共江苏无锡空港经济开发区工作委员会

江苏无锡空港经济开发区管理委员会

中共无锡市新吴区硕放街道工作委员会

无锡市新吴区硕放街道办事处